叫全国的文明从江阴发起

—— 孙中山

1912年10月19日

2016

# 江陰年鑑

# Jiang Yin Almanac

江阴市人民政府　主办
江阴市史志办公室　编

方志出版社
Publishing House of Local Records

**图书在版编目（CIP）数据**

江阴年鉴. 2016 / 江阴市史志办公室编. -- 北京：方志出版社，2016. 9
ISBN 978-7-5144-2075-3

Ⅰ. ①江… Ⅱ. ①江… Ⅲ. ①江阴—2016—年鉴
Ⅳ. ①Z525.33

中国版本图书馆CIP数据核字（2016）第222297号

**江阴年鉴（2016）**

**编　　者**：江阴市史志办公室
**责任编辑**：齐　笑
**出 版 人**：冀祥德
**出 版 者**：方志出版社
地址　北京市朝阳区潘家园东里9号（国家方志馆4层）
邮编　100021
网址　http://www.fzph.org
**发　　行**：方志出版社发行中心
电话（010）67110500
**经　　销**：各地新华书店
**印　　刷**：南京凯德印刷有限公司
**开　　本**：889×1194　1/16
**印　　张**：32.75
**字　　数**：1186千字
**版　　次**：2016年9月第1版　2016年9月第1次印刷
**印　　数**：0001~2500册
ISBN 978-7-5144-2075-3　**定价**：180.00元

# 江阴市地方志编纂委员会



# 《江阴年鉴》编辑部



地址：江苏省江阴市澄江中路9号　电话：0510-86861613（传真）　邮编：214431

# 江阴市获得的2015年全国性荣誉

【被评为全国青少年校园足球试点县（区）】

【通过国家卫生城市复审】

【被评为全国超千亿产值纺织产业集群地区】

【排名外籍人才知晓度县级市第一名】

【蝉联全国县域经济基本竞争力排名“十三连冠”】

【实现中国全面小康十大示范县（市）“八连冠”】

2015年5月9日，参加俄罗斯庆祝卫国战争胜利70周年阅兵式的中国人民解放军陆海空三军仪仗队新式礼宾服由江苏阳光集团承制。图为承制的礼宾服

2015年9月7日，市委宣传部、市文广新局以“炎黄”事迹为素材，组织创作编排的大型音舞情景剧《寻找“炎黄”》在江阴大剧院举行首场演出

（图片由沈思远提供）

2015年10月25日，2015江阴半程马拉松赛在敔山湾举行，来自全市及周边地区的1500余名长跑爱好者参加比赛

2015年10月27日，第十届中国音乐金钟奖民乐（二胡、弹拨）比赛闭幕式暨颁奖音乐会在江阴大剧院举行。图为江阴市天华艺术学校民族乐团在音乐会上表演《丝绸之路》

（图片由张 岚提供）

**华西世界公园**

公园内有世界各地的典型建筑，有美国的国会大厦，英国的肯特红屋，法国的凯旋门，德国的天文台，有捷克、菲律宾、罗马别墅，还有维也纳画廊，是具有华西特色的旅游度假区

华士

**华墅公园**

又称华士健康主题公园，通过山水景观、雕塑小品等手法，再现了“五岭寒涛”“承恩泻月”“鸥亭听雨”“护龙晚钟”“牧牛朝梵”等“龙砂八景”的独特魅力

（图片由华士镇提供）

**璜土生态公园**

2007年8月开放，2009年9月被无锡市全民健身指导委员会评为十佳全民健身景观。公园内建有惠风广场、篮球场、门球场、健身路径等，有在该镇出土的高城墩遗址玉琮玉璧模型，有该镇以近代文化名人命名的岛、庐、廊、桥和名人所作书画诗篇等

璜土

**璜石湖公园**

园区行车道路全长约1.5千米（金公堤南路0.76千米，金公堤北路0.71千米），自行车道全长约2千米，有文化展示板块、生态游憩板块、休闲度假板块等板块

（图片由璜土镇提供）

**中央公园**

2013年7月向市民开放，划分为五大功能片区：康体游憩养身区、时尚生活演艺区、滨水商娱休闲区、自然生态体验区、体育健身运动区

临港街道

**锦湖公园**

分健身运动区、文化展示区、亲子游乐区、幽静散步区四个区域。申港河有座钢结构锦虹桥，跨度为30米，联接公园东西

（图片由临港街道提供）

**红豆乡村旅游基地**

顾山镇红豆村红豆树坞以千年古树——江阴三奇之一的红豆树而闻名遐迩。2014年以来，该基地建成千亩桃园、占地8公顷的百花园等

（图片由顾山镇提供）

**如意滩项目**

该项目以“时尚南闸、海角洞天”为主题，向市民提供休闲、娱乐、健身的公共场所，分A、B两区，总占地面积4.3公顷，建筑面积2500平方米（图片由南闸街道提供）

**凝秀湖公园**

该公园于2013年10月建成，采用市民广场式布置和中国传统园林设计手法，市民广场、汇演广场、中心湖岛景观、自然生态滨水区、生态湿地各具特色、交相辉映，相互融为一体，彰显青阳历史文化品位和地方特色　（图片由青阳镇提供）

**水景公园**

新桥镇充分利用原有水系和生态条件，建有民乐广场、基督教堂、晚唱舫、滨水草堂、砺耕山房、环碧亭、安全主题园等建筑　（图片由新桥镇提供）

## 徐霞客湿地

该湿地依托丰富的植被和蜿蜒曲折的水系以及新增设的16.67公顷的湿地景观绿化，营造出一幅生态自然灵动画卷，总长3600米、宽6米的环湖路通过5座桥梁的建设全部串连起来

## 鑫城湖公园

该公园取马镇金马、璜塘金凤、峭岐金牛之三“金”和“澄南新城”规划概念之“城”来命名，分水上活动区、湿地景观生态区、中心广场活动区、复合性功能区四大区域，建有“三马齐腾”“三羊开泰”等标志性雕塑以及老年活动中心、儿童游乐等区域

（图片由徐霞客镇提供）

## 江阴绮山森林公园

该公园连接绮山、花山的绿色廊道，结合山体地形作自然式布置，开挖30公顷的湖面，沟通绿地内所有水系，公园内道路全部环通，总长31千米

## 敔山湾公园

该公园东起定山，西至白屈港，北至芙蓉大道，南至名豪山庄，核心区规划面积517公顷，区域内原生态山体资源丰富，山水自然环境优越

（图片由云亭街道提供）

## 百川公园

该公园设有小桥流水、亭台湖泊、健身场地、灯光球场，向居民提供一个健身、休闲、娱乐的好场所

## 东舜湖公园

该公园依水而生，原水而盛，设有文化舞台、垂钓中心、科普长廊、晚霞夕照、人行步道、喝茶休闲区等功能区域，满足不同人群的需要

（图片由长泾镇提供）

月城

**民生广场**

该广场于2012年6月开园，建有市民广场、清音草庐、水上传歌舫（戏台）、小戏文化展示长廊（在建）等功能区域，突出月城水乡风貌和小戏文化特色　　（图片由月城镇提供）

周庄

**港东公园**

该公园整体呈正方形，园中建有湖水环绕西南两侧，园内建成健身广场、篮球场、羽毛球场、儿童嬉戏场所、水韵舞台等功能区域

**缴墩公园**

该公园在保留原有缴湖古墩的基础上，建成一个集瞻仰供奉、学术研究、参观旅游于一体的风景旅游区。分吴王八子墓、梅坞小筑、曹氏宗祠、寺庙区、生态休闲、商业配套六个区域

（图片由周庄镇提供）

**古镇记忆公园**

该公园是江阴市于2011年春建成的首个乡镇级非物质文化遗产主题公园。公园由“才荟苑”“能荟苑”“技荟苑”三个主题庭院和一个山歌台组成。非物质文化遗产保护项目以图文碑刻、场景雕塑和现场演示的方式贯穿于水景湿地、绿地碧草丛中

祝塘

**文林公园**

该公园突出水乡主题，融入文林的传说人文历史典故等。园内有石刻、碑刻、大茶壶等景点，建有开放式文化广场、健身活动区域

（图片由祝塘镇提供）

2015年8月，北大街社区君永小区2号楼楼道美化工程以环保楼道为主题，社工与小区居民合作，使住宅通道成为绿色宣传廊、环保知识窗 （刘月云　沈思远　摄）

2015年7月4日，驻江阴某部官兵来到君山社区，与社区居民一起打扫小区卫生 （鲍丽雅　沈思远　摄）

2015年6月2日，澄江街道君山社区定波新村10幢楼道内，住户以书法、绘画、剪纸等张贴成楼道文化墙。图为77岁的居民叶永生在张贴最新一期的内容 （鲍丽雅　沈思远　摄）

2015年7月21日，学生利用暑假时间到香山书屋做义工。图为3名学生在整理书架 （沈思远　摄）

2015年11月18日，长泾实验幼儿园组织学生利用板纸、废木料等环保材料制成30多座古桥，通过“泾水古韵”的主题向小朋友传达环保理念　　（沈云忠 张 岚 摄）

2015年5月1日，市公用事业管理局在江阴学院场举行“建设海绵城市、促进生态文明”宣传咨询活动。图为市民在节水倡议书上签名

（黄 晖 张 岚 摄）

2015年1月22日，蒲桥社区开展便民服务。图为志愿者们在为社区居民打磨刀具

（张珍洁　沈思远　摄）

2015年1月23日，青阳镇旌秀社区工作人员与社区居民在新投入使用的“民声会客厅”交流，为他们答疑解惑

（汤志雯　沈思远　摄）

2015年1月28日，澄南社区乐澄义工服务社“亲情365”医疗服务进社区公益创投项目投入使用。图为市中医院医务志愿者在为社区老人测量血压　（孙　敏　沈思远　摄）

2015年2月6日，祝塘镇文林社区市民学法苑内，普法义工制作展板为市民普及法律知识（谭　芸　沈思远　摄）

2015年4月20日，市地税局工作人员到市职业技术学院为学生提供创业就业指导　（黄丽娅　沈思远　摄）

2015年1月18日，青阳镇旌秀社区工作人员在为居民处理日常事务 （汤志雯 沈思远 摄）

2015年1月，江阴外滩重要干道之一——鲥鱼港路建成使用 （陈 强 摄）

2015年1月，位于芙蓉大道南侧、长山大道西侧的敌山湾公交首末站建成 （陈 强 摄）

2015年4月1日，南闸街道卓远农庄的工人在给梨树授粉（市民记者蒋祖麒 摄）

2015年4月20日，徐霞客镇耕耘园内百亩蓝莓花盛开 （包蓉蓉 张 岚 摄）

2015年5月，璜土镇锡旺甜野果园的油桃丰收。图为果农徐朝晖在查看油桃生长情况 （詹绍辉 小 朱 摄）

2015年6月3日，顾山镇红豆村水蜜桃种植基地内，桃农王炯在给桃子套上纸袋以防鸟虫叮咬 （王摄烨 沈思远 摄）

2015年8月19日，江阴许多市民带着孩子前往后梅猕猴桃专业合作社，享受采摘鲜果的乐趣　　（梅月红　张　岚　摄）

2015年1月，顾山镇一处梅花盛开。图为市民在观赏　　（沈思远　摄）

2015年11月10日，顾山镇红豆村4公顷杭白菊盛开。图为工人在田间抢收杭白菊　　（赵月萍　张　岚　摄）

2015年12月12日，由市教育局主办的2015江阴市中小学生啦啦操比赛在市第一中学体育馆举行。图为比赛队员在表演
（严汉文　摄）

2015年7月31日，由海澜集团500余名女员工组成的广场舞团在海澜飞马广场上表演　（沈思远　摄）

2015年11月1日，由市体育局、市文广新局和江阴日报社联合主办，市健身操舞协会承办的2015年江阴市“牙博士杯”第三届全民广场健身舞在江阴体育馆落幕，青阳灵之舞队夺得比赛冠军。图为一支健身操舞队在表演　（晓　青　摄）

2015年1月29日，君山社区老年合唱队在进行汇报演出
（鲍丽雅　沈思远　摄）

2015年3月20日，青阳镇文化服务中心开放使用。图为居民在阅览室中阅读
（汤志雯　沈思远　摄）

2015年3月22日，市民借着好天气到敔山湾游玩。图为一对父子在草坪上开展趣味活动
（山　风　摄）

## 助人为乐

**张纪清** 男，1941年生，祝塘镇退休职工。1987年6月28日，张纪清首次化名“炎黄”汇款1000元资助祝塘幸福院建设，此后27年间，从数百元到上千元不等，他化名“炎黄”或“黄炎民”多次以虚构的地址向祝塘镇敬老院、中国青少年发展基金会、革命老区、自然灾害地区和中西部贫困地区捐钱捐物。2015年1月，荣登“中国好人榜”、荣获“感动中国2014年度人物”，并作为第五届全国道德模范候选人公示

**姚本凤家庭** 徐霞客镇方园村村民。2014年6月25日，在市红十字会办公室，41岁的姚本凤在遗体捐献协议上签下自己的名字，以一己之力，为社会做奉献。十多年前，患有尿毒症的丈夫薛度和年事已高的婆婆也在遗体捐献上签下了自己的名字

**薛生龙** 男，1940年生，青阳镇退休教师。自2000年退休以后，他利用自家空房办起家庭辅导阅览室，藏书3万余册、报刊4万多份，无偿供村上众乡亲和中小学生阅读。他先后获评市关心下一代先进工作者、省城乡社区校外教育辅导站工作先进个人。他的家庭也获评无锡市“文化特色户”“优秀农家书屋”“十佳幸福家庭”和江阴市“文明中心户”“文化特色户”和“学习型家庭”等荣誉

## 敬业奉献

**李良宝** 男，（1940.6—2014.7），原长江村党委书记。自1992年担任长江村党委书记后，使长江村从一个名不见经传、贫困落后的江边渔村发展成为全国闻名的“富裕村”“幸福村”，全村人过上了“家家住别墅、人人有股份、户户有存款、个个有金银、年年有保障”的幸福生活

**蒋奕蕾** 女，1973年生，市中医院医生。2012年8月至2013年12月，她来到新疆伊犁哈萨克自治州霍城县中医院开展医疗援助工作。在援疆的一年半时间里，凭着优秀的业务能力帮助当地医院提高妇产科医疗水平，并成功抢救5位产后大出血的产妇

**徐澄** 男，1972年生，市公安局交警大队徐霞客中队长。2013年5月28日，徐澄在璜塘实验小学护送学生过马路时，被一辆卡车撞断的电线刮倒，他护住孩子，自己却摔倒昏迷，造成颅底、眉骨、颈椎三处出血骨折，需住院长期治疗，但他只保守治疗了十天后便回到了工作岗位。平时，他乐于助人，近年来爱心捐资助学费用6万余元

孝老爱亲

## 缪琴珍

女，1971年生，临港街道创新村村民。多年如一日，无怨无悔照顾患癌的公婆，成就了一段孝亲敬老的佳话

诚实守信

## 熊汉云

1937年生，璜土镇普通农民。这位79岁的老人40年来坚持为五保户、孤儿、学生、老人免费修补衣物、雨伞等生活用品，先后获评“无锡好人”“江苏好人”。2015年入选“中国好人榜”

见义勇为

## 汤齐宝

1928年生，云亭街道花山村石塘桥人。2012年3月20日傍晚，一名年仅3岁的小男孩独自一人玩耍，不慎落入门前3米多深的水塘中。恰好路过此处的汤齐宝老人不顾年事已高，毅然纵身跳入水中救人，使出浑身力气一点点将奄奄一息的孩子拖回岸边，成功救起一条幼小的生命

## 澄之尘义工服务社

2009年3月正式成立，2014年6月在市民政局注册。从创立时的25个成员发展成至1100余名成员。6年来，团队坚持“尽己所能、服务社会”的办社宗旨，围绕助老、助残、助病、助学、助困及其他社会公共服务领域持续开展志愿服务活动。每年有团队义工获评江阴市级以上先进义工，团队负责人朱海平获评2014年江苏省优秀志愿者，团队也获评江阴市志愿服务先进集体和江阴市“公益之星”等称号

（以上图片由市文明办提供）

# 编辑说明

一、《江阴年鉴》是由中共江阴市委领导、江阴市人民政府主办、江阴市史志办公室负责逐年编辑的江阴地方年度资料性文献。

二、《江阴年鉴(2016)》是《江阴年鉴》于1993年创刊后的第24卷。它全面系统、准确翔实地记载2015年度江阴市自然、政治、经济、文化和社会、生态文明建设等方面的基本情况,反映全市各行各业贯彻党的十八届三中、四中、五中全会精神,在产业转型升级、改革创新、城市建设、生态文明建设、民生改善、社会治理等方面的新思想、新举措、新亮点。该部年鉴的编辑,旨在为各级领导决策提供参考依据,为江阴经济社会发展服务,为中外人士了解和研究江阴提供可靠信息,也为编史修志积累资料。

三、《江阴年鉴(2016)》按分类记事体例,设42个类目。类目下共设269个分目、1508个条目。总篇幅118.6万字,彩色插页66页,随文图片112幅,表格133张。为便于检索,除卷首设详细目录外,卷尾还设主题分析索引。

四、为体现时代特色、年度特色、地方特色和与时俱进的要求,《江阴年鉴(2016)》与《江阴年鉴(2015)》相比,彩色插页新设《全国获奖荣誉》《难忘精彩》《美丽家园》《文明新风》《便民服务》《花果飘香》《文化生活》《十佳好人》《2015年度人民满意机关》《2015年度绩效考核优胜机关》等专栏。取消《居民》和《改革》类目。《财政·税务》类目降为分目,归入《经济事务管理》类目。增设《经济总览》《公共安全》2个类目。《沿江开发》类目改为《开发区建设》。《群众团体》类目改为《群众团体和组织》,增设江阴市慈善总会、基层自治组织和社会组织3个分目。《社会工作》类目增设人口管理、生育管理、文明创建、诚信建设、社会志愿服务5个分目,其民政工作分目改为民政事务,老龄工作分目改为老龄事业,民族宗教工作分目改为民族宗教事务。其他类目基本框架不变。

五、《江阴年鉴(2016)》人物类目收录2015年度江苏省级以上劳模和先进个人简介及江阴市级以上先进个人名录,逝世人物收录原江阴市级领导、旅外江阴籍地市级以上领导干部和正高级职称以上知名人士。

六、《江阴年鉴(2016)》部分机构用简称,部分条目涉及缩略语(注有"*"号),其注释按首字笔画顺序排列。机构的全称与简称对照表及缩略语注释列于目录前。书名由中国书协名誉主席、江阴籍著名书法家沈鹏题写。

七、《江阴年鉴(2016)》采用的稿件,由各单位提供,并由各单位领导审定。各类目编辑署名于该类目尾页,彩色插页编辑为吴海英。撰稿者署名条目之后(连续两个以上条目为同一撰稿者,不一一署名)。

八、《江阴年鉴(2016)》正文所用统计数据,因统计来源、口径、方式、方法和时间不同而有一定差异,使用时请以江阴市统计局提供的《经济社会发展统计资料》数据为准。

九、《江阴年鉴(2016)》有纸型版和光盘版两种版本。光盘版随纸型版年鉴同时发行。

十、因时间仓促、水平有限,《江阴年鉴(2016)》难免有疏漏不当之处,敬请读者批评指正。《江阴年鉴(2016)》的编辑出版得到各单位领导和撰稿者的关心和支持,在此谨表谢意。

# 各单位审稿领导名单

（以姓名首字笔画为序）

| | | | | | | | |
|---|---|---|---|---|---|---|---|
| 万庆涛 | 王　冰 | 王　栋 | 王　敏 | 王文平 | 王利峰 | 王新达 | 韦庆才 |
| 卞　宏 | 六　扬 | 方伟良 | 尹　平 | 卢建法 | 叶海舟 | 叶雪琴 | 史雪芳 |
| 印国兴 | 包锡龙 | 朱　勇 | 朱　勤 | 朱立新 | 朱伊民 | 朱富强 | 任东飚 |
| 任素惠 | 刘　锋 | 刘文红 | 刘建国 | 江　良 | 江　城 | 汤龙生 | 许　晨 |
| 许忠新 | 孙明江 | 孙福康 | 严会东 | 严军明 | 严建定 | 李俊伟 | 李满刚 |
| 吴　钢 | 吴芸芸 | 吴建良 | 吴海平 | 吴海英 | 何忆芳 | 何建华 | 沈　辉 |
| 张　伟 | 张　忠 | 张少波 | 张冬梅 | 张再兴 | 张光伟 | 张英毅 | 张建明 |
| 张晓东 | 张浩伟 | 张韶峰 | 陆红娟 | 陈　泓 | 陈　虹 | 陈　晨 | 陈　鑫 |
| 陈卫东 | 陈兴初 | 陈国君 | 陈国林 | 陈忠宇 | 陈建龙 | 陈俊虎 | 陈海华 |
| 陈智敏 | 陈福良 | 杭　成 | 郁李达 | 郁秋皓 | 季　震 | 季相云 | 金锡妹 |
| 周　琛 | 周法祥 | 赵　炯 | 赵　强 | 赵巧新 | 赵志军 | 赵国明 | 胡　兵 |
| 胡品洪 | 胡莹洁 | 查建标 | 俞　良 | 俞　彪 | 俞伟人 | 俞烈彪 | 施迪庆 |
| 洪　伟 | 费　伟 | 袁秋中 | 袁雪梅 | 顾　平 | 顾　军 | 顾立新 | 顾志强 |
| 顾金辉 | 顾洪伟 | 顾高浪 | 顾培植 | 顾福平 | 钱文琴 | 钱华光 | 钱丽英 |
| 倪颖伟 | 徐文侠 | 翁国琪 | 高文展 | 高晓东 | 郭向明 | 陶正贤 | 黄　葵 |
| 黄亚伟 | 黄林法 | 梅海荣 | 曹乐平 | 龚国贤 | 龚振东 | 盛建锋 | 章见良 |
| 屠湘如 | 董　伟 | 蒋　青 | 蒋和兴 | 喻伟力 | 程学仨 | 傅建荣 | 傅洪文 |
| 蔡　欣 | 蔡　高 | 翟　菁 | 缪　红 | 缪　敏 | 缪剑波 | 潘　勇 | 薛　炯 |
| 薛东升 | 薛建国 | 薛晓星 | 戴振威 | 檀春节 | 魏　锋 | 濮益民 | |

# 各单位分管领导名单

（以姓名首字笔画为序）

| | | | | | | | |
|---|---|---|---|---|---|---|---|
| 马建民 | 王　凯 | 王　寅 | 王玉龙 | 王萍芳 | 王维秧 | 王新颜 | 卞丹娟 |
| 计慧红 | 孔玉兰 | 叶雪琴 | 冯正兴 | 冯明刚 | 成　锐 | 朱　健 | 朱　斌 |
| 朱　勤 | 朱立新 | 朱佳虎 | 朱新开 | 任龙平 | 华　锋 | 邬闽澄 | 刘文红 |
| 刘丽渊 | 许　坚 | 许卫国 | 许立新 | 许金辉 | 许曹军 | 许崇标 | 苏文海 |
| 苏曦泓 | 巫秋华 | 李俊伟 | 杨国洪 | 杨益生 | 肖朱东 | 吴　洁 | 吴　彪 |
| 吴　灏 | 吴有成 | 吴自强 | 吴芸芸 | 吴群力 | 沙健新 | 沈　平 | 沈　军 |
| 沈　辉 | 沈小狮 | 沈桂祥 | 沈卿芸 | 张　伟 | 张　海 | 张　磊 | 张　燕 |
| 张冬梅 | 张英毅 | 张建强 | 张晓东 | 张晓新 | 陆　雁 | 陆卫力 | 陆永祥 |
| 陆建兴 | 陆桂兴 | 陆晓东 | 陈　虹 | 陈　曦 | 陈　鑫 | 陈亚蕾 | 陈国林 |
| 陈国强 | 陈建华 | 陈海华 | 陈海峰 | 陈雪源 | 范本福 | 季克军 | 金　莉 |
| 金锡妹 | 周　铁 | 周　鑫 | 周林海 | 周美华 | 周晓虹 | 周章洪 | 单红霞 |
| 居　琳 | 赵　笛 | 赵国明 | 赵勇兵 | 赵晓平 | 赵晓敏 | 赵惠千 | 郝周光 |
| 荣英姿 | 胡振芳 | 俞　良 | 施丽娟 | 洪　伟 | 宦雪忠 | 祝忠武 | 姚剑刚 |
| 袁　锋 | 袁春霞 | 耿东霞 | 夏天华 | 夏宏伟 | 夏源秋 | 顾立新 | 顾行行 |
| 顾培植 | 顾敏明 | 顾福平 | 钱　标 | 钱华光 | 倪继宏 | 徐　鸣 | 徐广怡 |
| 徐建峰 | 徐剑锋 | 徐前锋 | 徐益民 | 徐智文 | 徐富康 | 徐霞红 | 殷文华 |
| 殷永华 | 翁国琪 | 高晓东 | 郭向明 | 席卫平 | 唐　微 | 唐建荣 | 浦　强 |
| 谈海燕 | 陶郁峻 | 黄建祥 | 黄新栋 | 曹　琰 | 曹晓元 | 曹海英 | 盛建锋 |
| 彭林芳 | 蒋尧严 | 喻伟力 | 程卓强 | 谢映军 | 楚海芹 | 蔡　高 | 缪建伟 |
| 颜　虎 | 薛　健 | 戴振威 | 戴新海 | 檀春节 | 瞿江烨 | | |

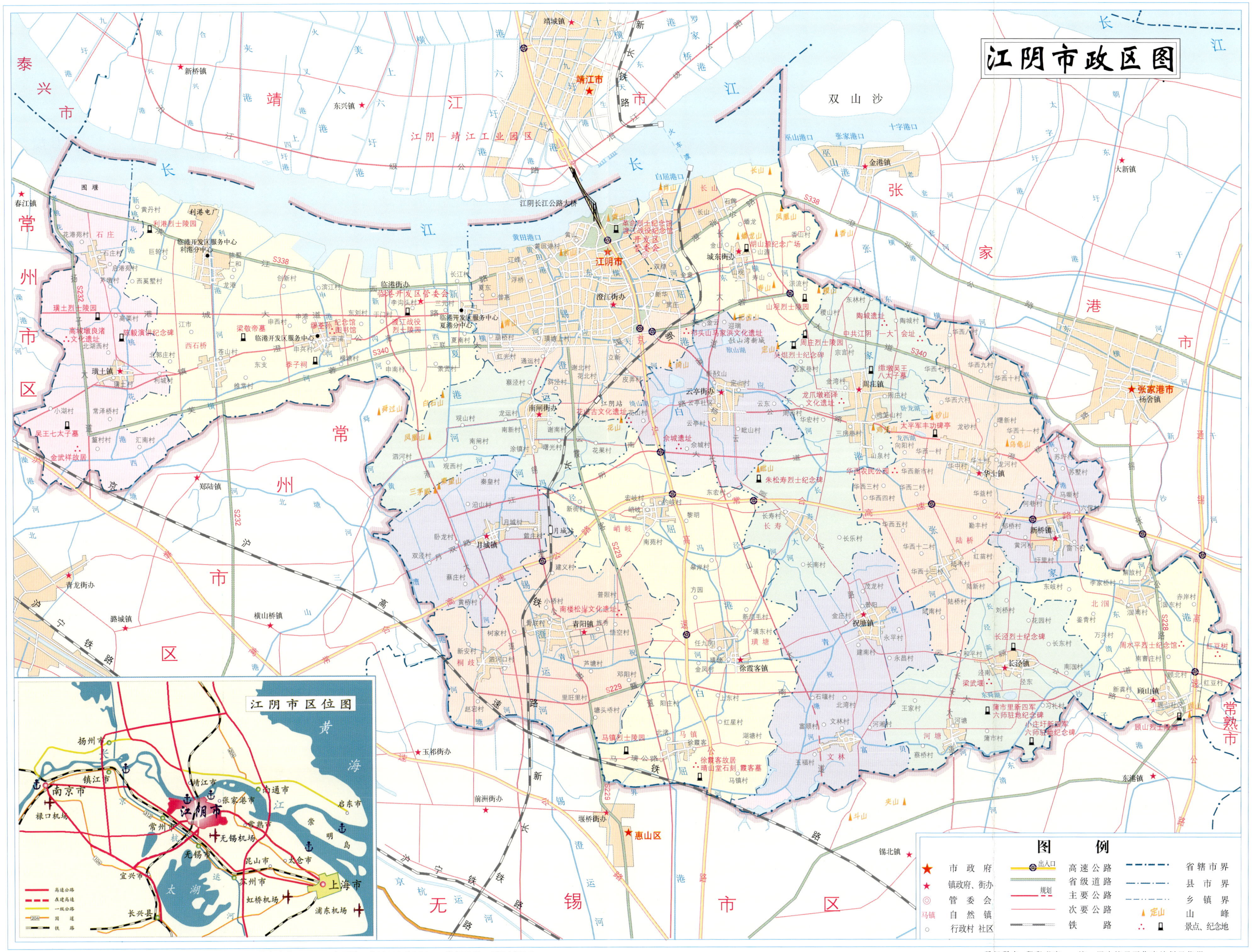


江阴市史志办公室　江苏全方测绘地理信息有限公司　联合编制　审图号：苏S(2016)006　编制日期：2016年5月

　注：图中境界不作实地划界依据

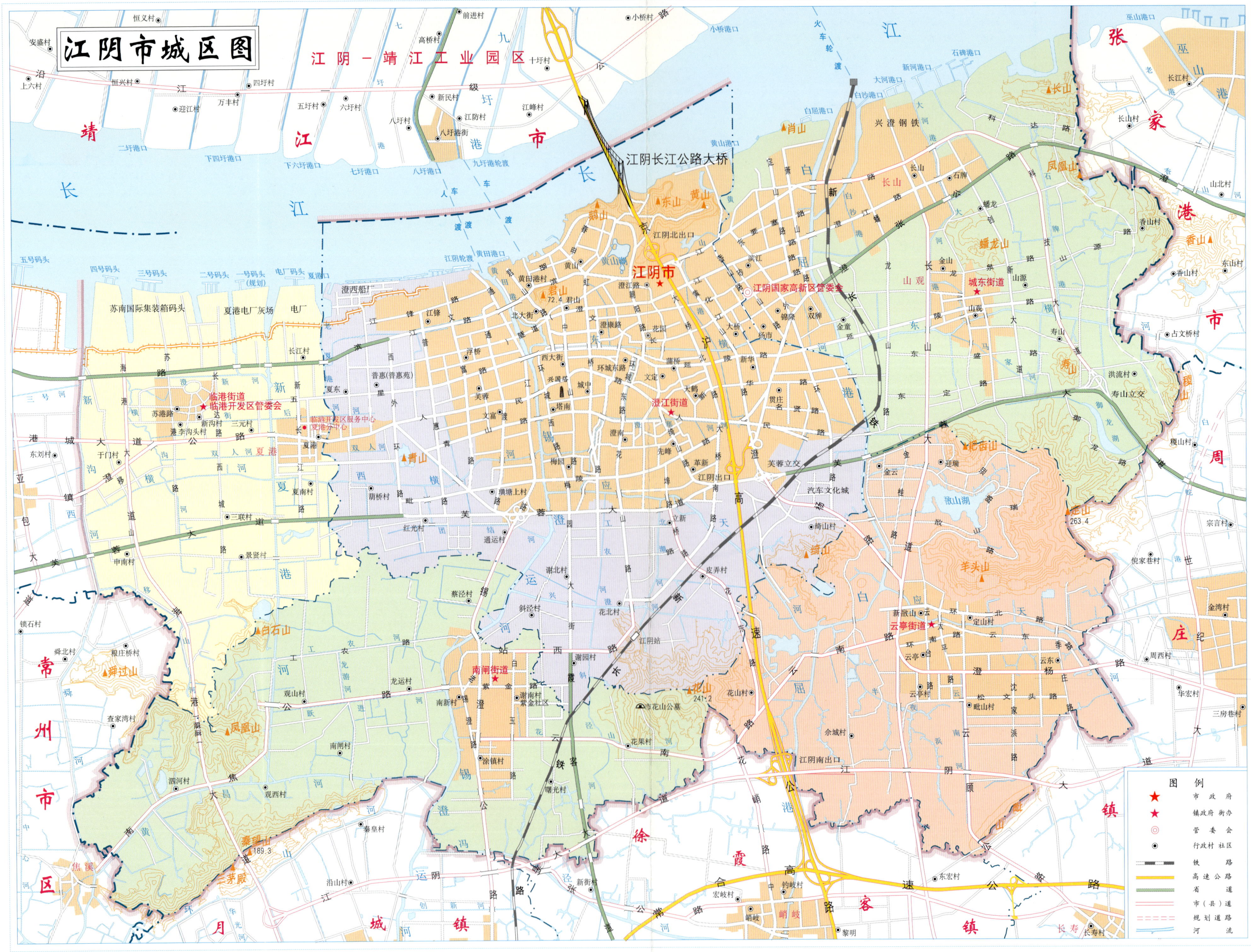

江阴市城区图
江阴－靖江工业园区
靖江市
张家港市
常州市区
长江
江阴长江公路大桥
江阴市
江阴国家高新区管委会
城东街道
澄江街道
临港街道
临港开发区管委会
临港开发区服务中心
(夏港分中心)
云亭街道
南闸街道
兴澄钢铁
苏南国际集装箱码头
夏港电厂灰场
电厂
澄西船厂
江阴北出口
江阴出口
江阴南出口
芙蓉立交
寿山立交
汽车文化城
敔山湖
市花山公墓
江阴站
君山
72.4
黄山
鹅鼻山
东山
肖山
长山
凤凰山
香山
寿山
蟠龙山
秦望山
189.3
花山
241.2
定山
263.4
绮山
羊头山
白石山
舜过山
三茅殿
焦溪
徐霞客镇
周庄镇
月城镇
长寿
峭岐
夏港
图例
市政府
镇政府 街办
管委会
行政村 社区
铁路
高速公路
省道
市(县)道
规划道路
河流

# 江阴市部分机构全称、简称对照表

| 全　称 | 简　称 |
|---|---|
| 中共江阴市委员会 | 市委 |
| 江阴市人民代表大会常务委员会 | 市人大常委会 |
| 江阴市人民政府 | 市政府 |
| 政协江阴市委员会 | 市政协 |
| 中共江阴市纪律检查委员会 | 市纪委 |
| 中共江阴市委办公室 | 市委办 |
| 中共江阴市委农村工作办公室 | 市委农工办 |
| 中共江阴市委统一战线工作部 | 市委统战部 |
| 江阴市精神文明建设指导委员会办公室 | 市文明办 |
| 中共江阴市委台湾工作办公室 | 市委台办 |
| 中共江阴市委政法委员会<br>（江阴市社会治安综合治理委员会办公室） | 市委政法委<br>（市综治委） |
| 中共江阴市委市级机关工作委员会 | 市级机关党工委 |
| 中共江阴市委党校 | 市委党校 |
| 江阴市人大常委会办公室 | 市人大办 |
| 江阴市政府办公室<br>（江阴市政府外事办公室） | 市政府办<br>（市外事办） |
| 江阴市发展和改革委员会 | 市发改委 |
| 江阴市经济和信息化委员会<br>（江阴市信息化办公室） | 市经信委<br>（市信息化办） |
| 江阴市科学技术局 | 市科技局 |
| 江阴市人力资源和社会保障局 | 市人社局 |
| 江阴市国土资源局 | 市国土局 |
| 江阴市住房和建乡建设局 | 市住建局 |
| 江阴市交通运输局 | 市交通运输局 |
| 江阴市水利农机局 | 市水利农机局 |
| 江阴市文化广电新闻出版局 | 市文广新局 |
| 江阴市卫生和计划生育委员会 | 市卫计委 |
| 江阴市市场监督管理局 | 市市场监管局 |
| 江阴市环境保护局 | 市环保局 |
| 江阴市安全生产监督管理局 | 市安监局 |
| 江阴市政府法制办公室 | 市政府法制办 |
| 江阴市城市管理局 | 市城管局 |

| 全　称 | 简　称 |
|---|---|
| 江阴市口岸办公室<br>（江阴市港口管理局） | 市口岸办<br>（市港口局） |
| 江阴市政务服务管理办公室 | 市政务办 |
| 江阴市园林旅游管理局 | 市园林旅游局 |
| 江阴市民防局<br>（江阴市人民防空办公室） | 市民防局<br>（市人防办） |
| 江阴市公用事业管理局 | 市公用事业局 |
| 江阴市民族宗族事务局 | 市民宗局 |
| 江阴市政府侨务办公室 | 市侨办 |
| 江阴市市级机关事务管理局 | 市机关管理局 |
| 江阴市供销合作总社 | 市供销社 |
| 江阴市人民法院 | 市法院 |
| 江阴市人民检察院 | 市检察院 |
| 江阴市人民武装部 | 市人武部 |
| 江阴高新技术产业开发区管理委员会 | 高新区管委会 |
| 江苏江阴临港经济开发区管理委员会 | 临港经济开发区管委会 |
| 江苏江阴—靖江工业园区管理委员会 | 靖江园区管委会 |
| 共青团江阴市委员会 | 团市委 |
| 江阴市妇女联合会 | 市妇联 |
| 江阴市科学技术协会 | 市科协 |
| 江阴市归侨侨眷联合会 | 市侨联 |
| 江阴市文学艺术界联合会 | 市文联 |
| 江阴市工商业联合会 | 市工商联 |
| 江阴市残疾人联合会 | 市残联 |
| 中国民主同盟江阴市委员会 | 民盟江阴市委 |
| 中国民主建国会江阴市委员会 | 民建江阴市委 |
| 中国民主促进会江阴市委员会 | 民进江阴市委 |
| 中国农工民主党江阴市委员会 | 农工党江阴市委 |
| 九三学社江阴市委员会 | 九三学社江阴市委 |
| 江阴市无党派知识分子联谊会 | 市知联会 |
| 江阴市关心下一代工作委员会 | 市关工委 |
| 江阴市国家税务局 | 市国税局 |
| 江阴市地方税务局 | 市地税局 |

# 缩 略 语 注 释

**“一带一路”** 指丝绸之路经济带和21世纪海上丝绸之路。

**“一案四访”工作** 指在查办违法违纪案件的同时，对违纪人员、违纪人员的身边人、发案单位、办案工作人员进行回访，通过有计划地开展跟踪走访、谈话教育、督查整改等工作，把查办案件的过程变成教育引导、整改规范、加强监督、促进发展的反腐倡廉建设过程，使各级党员领导干部引以为戒、警钟长鸣。

**“三公”消费** 指政府部门人员在因公出国（境）经费、公务车购置及运行费、公务招待费（即“三公”经费）产生的消费。

**“三农”** 指农业、农村和农民。

**“三同时”项目** 指新建项目的安全、环保等设施，必须与主体工程同时设计、同时施工、同时投产使用。

**“三改一拆”** 指改造旧住宅区、旧厂区、“城中村”，拆除违法建筑。

**“三严三实”** 指严以修身、严以用权、严于律己，谋事要实、创业要实、做人要实。

**“三走进三服务”** 指走进企业、走进社区、走进农村，服务发展、服务基层、服务群众。

**“三改造”工程** 指改造背街小巷、农贸市场、老旧小区的环境整治工程。

**“三审一评”** 指联合审理直属单位案件、简易程序审理党纪案件、交叉审理申诉案件，案件质量检查考评。

**“三学三讲”** 指学党史、学原文、学典型，讲党课、讲体会、讲奉献。

**“三资”** 指农村集体经济中的资金、资产、资源。

**“三资”投农** 指利用工商资本、外商资本、社会资本投资开发现代农业。

**“三高两低”企业** 指高能耗、高污染、高危险、低产出、低效益企业。

**“三解三促”** 指了解民情民意、破解发展难题、化解社会矛盾，促进干群关系融洽、促进基层发展稳定、促进机关作风转变。

**“三管三查”** 指拓展案源管理，建立多元的排查机制；强化过程管理，建立规范的检查机制；优化质量管理，建立高效的责查机制。

**“四个全面”** 指全面建成小康社会、全面深化改革、全面依法治国、全面从严治党。

**“四个提升”** 指提升领导干部推动发展的能力、提升选人用人公信度、提升基层党组织服务群众的能力、提升人才工作整体水平。

**“四风”** 指形式主义、官僚主义、享乐主义和奢靡之风。

**“四边三化”行动** 指在公路边、铁路边、河边、山边区域开展洁化、绿化、美化行动。

**“四种形态”** 指党内关系要正常化，批评和自我批评要经常开展，让咬耳扯袖、红脸出汗成为常态；党纪轻处分和组织处理要成为大多数；对严重违纪的重处分、作出重大职务调整应当是少数；而严重违纪涉嫌违法立案审查的只能是极极少数。

**“五个统筹”** 指统筹城乡发展、统筹区域发展、统筹经济社会发展、统筹人与自然和谐发展、统筹国内发展和对外开放。

**“五水共治”** 指治污水、防洪水、排涝水、保供水、抓节水。

**“五有五好”** “五有”指有合法的组织机构、有健全的章程制度、有规范的服务行为、有专业的服务人员、有一定的服务能力。“五好”指内部管理好、人员素质好、防治效果好、服务信誉好、经济效益好。

**“五先五好”** 指思想建党走在先，信念坚定好；统筹发展走在先，勤政务实好；服务改革走在先，敢于担当好；改善民生走在先，为民服务好；改进作风走在先，清正廉洁好。

**“六有五服务”** “六有”指有坚强有力的领导班子，建设服务意识强、服务作风好、服务水平高的党组织领导班子；有本领过硬的骨干队伍，培养带头服务、带领服务、带动服务的党员干部队伍；有功能实用的服务场所，建设便捷服务、便利活动、便于议事的综合阵地；有形式多样的服务载体，创新贴近基层、贴近实际、贴近群众的工作抓手；有健全完善的制度机制，形成规范化、常态化、长效化的工作制度；有群众满意的服务业绩，取得群众欢迎、群众受益、群众认可的实际成效。“五服务”指服务改革、服务发展、服务民生、服务群众、服务党员。

**“六查六看六整治”** 指查修身严不严，看是否做到信念坚定、党性坚强、道德高尚，整治理想信念动摇、信仰迷茫、精神迷失，宗旨意识淡薄、借为民办事搞个人政绩、侵害群众利益，党性修养缺失、不讲党的原则等问题；查用权严不严，看是否做到为民用权、秉公用权、依法用权，整治权力寻租、权钱交易、以权谋私，侵吞国有资产、插手工程建设和土地出让等问题；查律己严不严，看是否做到心存敬畏、手握戒尺、遵纪守法，整治无视党的政治纪律和政治规矩，心中无党纪、眼中无国法，听信和传播甚至制造政治谣言，搞团伙、小圈子，重大问题不请示、不报告，边整边犯、顶风违纪等问题；查谋事实不实，看是否做到尊重规律、尊重科学、尊重实际，整治政绩观不正确、拍脑袋决策、搞形象工程，脱离实际、好大喜功、盲目攀比，急功近利等问题；查创业实不实，看是否做到真抓实干、锐意进取、敢于担当，整治“乱作为”“慢作为”“不作为”，自满懈怠、斗志消退、固步自封，见到矛盾推、遇到问题躲、碰到难事拖等问题；查做人实不实，看是否做到忠诚老实、襟怀坦荡、公道正派，整治执行中央和省市委决策打折扣、搞变通，阳奉阴违、自行其是，弄虚作假、投机钻营，心浮气躁、贪图虚名，私心严重、处事不公等问题。

**“七整七治三提升”** 指2015—2017年三年城乡环境综合整治行动，整治“城中村”、城郊接合部、老旧小区、背街小巷、城乡河道、农贸市场、城乡绿化；治理违法建筑、工地环境、停车秩序、户外广告、市容镇貌、环境扰民、村庄环境；提升市民文明素养、综合治理能力、长效管理水平。

**“八礼四仪”** “八礼”指仪表之礼、仪式之礼、言谈之礼、待人之礼、行走之礼、观赏之礼、游览之礼、餐饮之礼。“四仪”指入学仪式(7岁)、成长仪式(10岁)、青春仪式(14岁)、成人仪式(18岁)。

**中央“八项规定”** 指中央政治局关于改进工作作风、密切联系群众的八项规定：一要改进调查研究，切忌走过场、搞形式主义；要轻车简从、减少陪同、简化接待，不张贴悬挂标语横幅，不安排群众迎送，不铺设迎宾地毯，不摆放花草，不安排宴请；二要精简会议活动，严格控制以中央名义召开的各类全国性会议和举行的重大活动，未经中央批准一律不出席各类剪彩、奠基活动和庆祝会、纪念会、表彰会、博览会、研讨会及各类论坛；提高会议实效，开短会、讲短话，力戒空话、套话；三要精简文件简报，没有实质内容、可发可不发的文件、简报一律不发；四要规范出访活动，出访活动严格控制出访随行人员，严格按照规定乘坐交通工具，一般不安排中资机构、华侨华人、留学生代表等到机场迎送；五要改进警卫工作，减少交通管制，一般情况下不得封路、不清场闭馆。六要改进新闻报道，中央政治局领导出席会议和活动应根据工作需要、新闻价值、社会效果决定是否报道，进一步压缩报道的数量、字数、时长；七要严格文稿发表，除中央统一安排外，个人不公开出版著作、讲话单行本，不发贺信、贺电，不题词、题字；八要厉行勤俭节约，严格遵守廉洁从政有关规定，严格执行住房、车辆配备等有关工作和生活待遇的规定。

**“双招双引”战略** 指招商引资和招才引智战略。

**江苏“外专百人计划”** 指江苏省自2013年起，利用5年左右的时间，引进100名国际知名的高层次、紧缺外国专家。

**“地平线2020计划”** 指欧盟理事会、欧洲议会及欧委会制定的2014—2020年“第八个科研框架计划”，于2014年1月1日实施，其内容囊括欧盟所有科研项目，分基础研究、应用技术和应对人类面临的共同挑战三大部分，主要目的是整合欧盟各国的科技资源，提高科技效率，促进科技创新，推动经济增长和增加就业。

**“两个责任”** 指党委负主体责任，纪委负监督责任。

**“两化融合”** 指信息化和工业化融合。

**“两路一河”工程** 指海港大道、江阴大道及锡澄运河航道整治工程。

**“两新”** 指新经济组织、新社会组织。

**“幸福一点通”** 指借助现代化网络通信及信息技术，依托社会服务资源，向社区老人家庭尤其是“空巢”、独居、病残老人家庭提供紧急呼叫救助和日常生活照顾的个性化、信息化的家庭养老服务体系。老人们可使用直接连接到家庭固定电话上的呼叫装置，足不出户享受到医疗卫生、心理咨询、家电维修、家政服务等十多项人性化服务。

**国家“千人计划”** 指中央人才工作协调小组关于实施(中央层面)“海外高层次人才引进计划”，简称“千人计划”，主要是围绕国家发展战略目标，从2008年开始，用5年到10年时间，在国家重点创新项目、重点学科和重点实验室、中央企业和国有商业金融机构、以高新技术产业开发区为主的各类园区等，引进2000名左右人才并有重点地支持一批能够突破关键技术、发展高新产业、带动新兴学科的战略科学家和领军人才回国(来华)创新创业。

**省“六大人才高峰计划”** 指从2001年起，江苏省实施关于加快构建教育、医药卫生、电子信息、机械汽车、建筑、农业六大人才高峰的意见，加快培养、引进一批行业发展急需的高层次人才，以构筑新世纪人才高地，推进江苏省重点行业的快速发展。

**省“双创人才”** 指江苏省高层次创新、创业人才。

**省“双创计划”** 指江苏省高层次创新创业人才引进计划。

**省“双创团队”** 指江苏省创新、创业团队。

**省“双创博士”** 指从2010年起，江苏省开始实施“企业博士集聚计划”，计划用5年时间资助2000名左右在企业创新创业的博士，对被列入计划的创新创业博士给予每人不低于20万元的资助，吸引人才扎根企业科研一线。

**省市“十项规定”** 指中共江苏省委关于改进工作作风、密切联系群众的十项规定：一要切实改进调查研究，每年到基层调研时间不少于两个月；二要着力解决民生难题，每年安排5—7天开展驻点调研；三要大力精简会议活动，提倡开短会、讲短话，未经省委、省政府批准，不在省辖市任职的省领导一律不出席各地各部门主办的各类剪彩、奠基活动和庆祝会、纪念会、表彰会及各类论坛等；四要大幅减少文件简报，没有实质内容、可发可不发的文件简报一律不发；五要严格规范出访活动；六要着力简化接待工作；七要简化改进新闻报道，省领导出席会议和活动应根据工作需要、新闻价值、社会效果决定是否报道，进一步压缩报道的数量、字数、时长；八要从严控制文稿发表，除省委统一安排外，省领导同志个人不公开出版著作，不发贺信、贺电，不题词、题字；九要带头厉行节约，工作会议一律不摆放花草、不制作背景版，就餐不上高档菜肴，不安排宴请，住宿一律安排在定点接待宾馆；十要始终坚持廉洁从政，从严要求配偶、子女、亲属和身边工作人员，自觉加强道德修养，培养健康的生活情趣。中共无锡市委依据省委上述规定也出台了关于改进工作作风、密切联系群众的十项规定。

**“强富美高”** 指经济强、百姓富、环境美、社会文明程度高。

**“新三板”** 指中关村科技园区非上市股份有限公司股份报价转让系统，因进入该系统的挂牌企业多为高科技企业而不同于原转让系统内的退市企业及原STAQ、NET系统挂牌公司(俗称“老三板”)，故称为“新三板”，是科技部、中国证监会、中国证券业协会、深圳证券交易所和中关村管委会落实党中央、国务院科技创新战略，以金融创新促进科学技术创新、助力成长性高新企业，完善中国多层次资本市场的重大举措。

# 类　目

# 目　录

## 特　载



## 重　要　文　献



## 大　事　记



## 江　阴　概　况

# 中共江阴市委

# 江阴市人大常委会



# 江阴市人民政府

# 政协江阴市委员会



# 纪检·监察



# 民主党派·工商联·知联会



# 群众团体和组织

## 武装·法治

## 人 力 资 源



## 经 济 总 览

# 农村工作与农业



# 水　利　建　设



# 工　　业

## 开放型经济



## 开发区建设

# 企　业　上　市



# 建　筑　业

## 商贸流通业



## 餐饮住宿业·旅游业·居民服务业

# 金　　融



# 港　口　口　岸

## 城乡建设与管理

## 生　态　建　设



## 信息化建设



## 交通·邮政·物流

# 经济事务管理

## 科　学　技　术



## 教　　育

# 文 化 建 设

# 卫　生



# 体　育

# 社 会 工 作

## 公　共　安　全



## 街道·镇概况

# 组织机构和领导人员名录



# 人　　物

## 附　录



## 索　引



## 彩色插页

# Content

## Special Records



## Important Literature



## Chronicle of Events



## Brief Introduction of Jiangyin



## Jiangyin Municipal Committee of the Communist Party of China



## The Standing Committee of Jiangyin Municipal People's Congress

## Jiangyin Municipal People's Government



## Jiangyin Municipal Committee of the Chinese People's Political Consultative Conference



## Discipline Inspection & Supervision



## Democratic Parties & Association of Industry and Commerce & Intellectual Fraternity



## Mass Group and Organization



## Military Equipment & Rule of Law



## Human Resource

## Economic Overview



## Rural Work & Agriculture



## Water Conservancy Construction



## Industry



## Open—Oriented Economy



## Construction of Development Zones



## Enterprises Listing



## Architecture

## Business Circulation



## Lodging and Catering & Tourism & Residents Service



## Finance



## Port & Harbor



## Urban & Rural Construction and Administration



## Ecological construction



## Informationization Construction



## Traffic & Postal Services & Logistics

## Economic Affairs Management



## Science Technology



## Education



## Culture Construction



## Sanitation



## Sports



## Social Work

## Public Safety



## Survey of Block & Towns



## Name List of the Organizations and the Leaders



## Personages



## Appendix



## Index



## Colored Inserts

# “互联网 +”时代来临

**编者按**:2015 年 3 月 5 日,李克强总理在第十二届全国人民代表大会第三次会议的政府工作报告中提出:“制定‘互联网 +’行动计划,推动移动互联网、云计算、大数据、物联网等与现代制造业结合,促进电子商务、工业互联网和互联网金融健康发展,引导互联网企业拓展国际市场。”之后,各行各业利用互联网信息通信技术,把互联网和包括传统行业在内的各行各业结合起来,在新的领域创造一种新的生态。

在通信领域,“互联网 + 通信”有了即时通信,人们用即时通信 App 进行语音、文字甚至视频交流。数据流量业务的收入大幅超过运营商担心的语音和短信收入下滑,更促进了运营商进行相关业务的变革升级。在交通领域,移动互联网催生了一批打车拼车专车软件,如滴滴、快的,通过移动互联网和传统的交通出行相结合,改善了人们出行的方式,增加了车辆的使用率,提高了效率、减少了排放,对环境也是一个贡献。在金融领域,互联网金融得到有序发展,二维码支付成为普遍,银联对二维码支付也出了标准。互联网金融得到国家相关政策的支持和鼓励。在零售、电子商务等领域,传统行业与互联网结合,起到了很大的升级换代的作用。“互联网 +”不仅正在全面应用到第三产业,形成了诸如互联网金融、互联网交通、互联网医疗、互联网教育等新生态,而且正在向第一和第二产业渗透。工业互联网正在从消费品工业向装备制造和能源、新材料等工业领域渗透,全面推动传统工业生产方式的转变;农业互联网也在从电子商务等网络销售环节向生产领域渗透,为农业带来新的机遇,提供广阔发展空间。

“互联网 +”的提出,站在一个新的战略高度来看待信息技术和传统产业的“生态融合”的全新定位,正在把一批新兴产业培育成主导产业。在江阴,随着互联网的加速发展,云计算、大数据、物联网等新技术更快融入传统产业、包括金融理财等民生领域,以及家电等传统制造业等等,PC 互联网时代升级到移动互联网时代。以下选载部分内容。

## 江阴天安数码城打造江阴首个“互联网 + 产业园”

天安数码城作为一个国内专业的城市产业地产运营商,成立 26 年以来一直专注于产业运营与企业服务,已服务超过 6000 个成长型企业,助力 59 个公司成功上市。江阴天安数码城是 2011 年江阴市重点招商引资项目,位于江阴市城东高新区长山大道与东盛路交汇处,总占地 260 亩,总建筑面积 45 万平方米,是城东规模最大

江阴天安数码城一角　　　　（钱湘满 摄）

的融 AAAAA 级产业大厦、独栋总部楼、风情商业街、官邸别墅、海派高层及精品公寓于一体的城市综合体。运作团队来自深圳一线，有成熟的运营经验，肩负起促进江阴城市产业发展的重要使命，为地方浩荡的产业发展贡献力量。

2015 年，江阴天安数码城直面迎合“互联网＋”的发展大潮，搭乘“互联网＋”的风口，率先打造极具江阴特色的“互联网＋产业园”，与江阴高新区经发局、科技局、江阴市人社局等部门通力合作，共同解决江阴中小企业转型困境，激发江阴“大众创业、万众创新”的潜能，形成天安电商产业园、阿里云创业创新基地、江阴市大学生创业园三园合一的创新格局，打破了江阴长久以来分散的产业形态，一座具有“互联网＋”思维的现代化科技园区应运而生，已入驻科技、软件、金融、培训、电商、物流企业及商户近 200 个（户），汇集高科技人才近千人。

**互联网风潮席卷全球，江阴势在必行**

江阴地处长江三角洲腹地，是中国民族工业发源地之一，也是改革开放以来中国经济发展最快的地区之一，这里密集地分布着大量的中小企业，且中小企业数量保持 7%—8% 的增长率。如今，传统中小企业普遍遭遇“三荒”：由于贷款难、贷款成本高带来的“资金荒”；由于物价普涨、原料价格大幅上涨带来的“原料荒”；由于劳动力结构性短缺、技术工人缺乏所导致的“招工荒”。近些年来，由于多重压力叠加，部分省份的中小企业出现了经营困境，不少企业濒临破产及倒闭边缘，正在面临着新一轮生存及发展的挑战。江阴的中小企业同样无法避免，急需催发新的生产力，产业转型迫在眉睫。比尔·盖茨说过：“21 世纪，要么电子商务，要么无商可务！”未来十年，电商改变一切！面临诸多困难，传统中小企业纷纷投身网络营销与电子商务，向互联网要利润。2014 年中国网民人数已达 8 亿人，首次超越非网民，中国电子商务交易总额数突破 10 万亿元！网络营销和电子商务正在飞速崛起，为传统企业发展带来新的突破和海量的商机。

天安数码城作为一个立足国内、辐射海外的全球性集团企业，以产业发展和企业需求为核心，在经济发展风云变幻的当下，深悉江阴城市产业发展所面临的困境，迈出助力企业转型的第一步。

**天安扛鼎产业转型，紧扼电子商务**

2015 年 5 月 21 日，江阴天安数码城经批准正式挂牌成立江阴首个“天安电商产业园”（归江阴国家高新区经发局主管），正式迈出了“互联网＋”战略的第一步。“互联网＋产业园”运营得好不好，关键在于对入驻园区企业的服务和孵化功能是否到位！打造一个共赢的互联网生态圈，是做好“互联网＋产业园”的关键一环。电子商务发展到今天已经成为一个分工高度细化的产业，一个网商的业务链，有许多环节都需要通过外包的形式完成，从摄影、美工，到培训、推广，再到仓储、物流，之前线下传统企业常常自己完成的这些工作，在大部分网商那里则是通过外包完成，所以，是否有足够优质优量的外包服务商存在，是目前网商最大的难题之一。园区具有集群优势，借助园区平台可将网商、服务商聚集起来，打通相互之间交流、合作的空间瓶颈，从而提高交易效率、降低交易成本。

2015 年 5 月 21 日，江阴天安电商产业园开园

（刘太中 摄）

天安电商产业园成立之初，就重视构建完整的电子商务生态链，紧紧围绕“三个一”目标，即打造一批知名电商企业、培育一批电商人才队伍、建设一个区域电子商务平台，并充分融合电商运营、电商物流、电商金融、电商培训、电商系统解决方案等，大力推进电子商务产业的发展，形成纵横交汇发展的一站式综合性服务园区：

平台方面：天安电商产业园主动与国内五大电商巨头阿里巴巴、京东、亚马逊、慧聪网、敦煌网建立了战略合作关系，帮助入驻园区的电商企业与平台电商直接对接、做大做强；

服务方面：天安电商产业园为企业贴身订制十大服务平台，从基础物业服务，包括水电费代缴、注册申请代办、安保停车导引、清洁维修等，到人才引进、金融支持、定制化 IT 技术服务，以及企业交流、园区活动等，均营造一个良好的电商经营环境；

配套方面：天安电商产业园不仅引入了专业的电商运营服务商“品牌梦工厂”，为电商企业提供从电商运营、电商培训、电商摄影、美工设计到店铺托管及代运营一站式服务，还成立了天安电商商学院，不定期邀请业内知名培训讲师至园区传授业务，为企业培养、储备及输送高素质电商人才，及时解决电商人才紧缺的难题。

**阿里云全链路扶持，云服务落地生根**

天安电商产业园继省级科技孵化器项目的成功运作后，江阴国家高新区科技局再次选址天安数码城，强强联袂，全面引入国际互联网巨头阿里巴巴旗下的阿里云创业创新基地，以承接阿里云产业移植，为园区云计算大数据产业培育、发展提供优良的"云基因"。阿里云是以互联网创业者的实际需求为起点，利用内外部资源的不断整合，通过"创客 +"平台向基地创业者提供开发、云服务资源、办公场地到前后期投资的全链路创业扶持。如支付宝颠覆传统商业模式一样，阿里云将成为颠覆传统信息化模式的一种方式，有了以云计算为基础的创业创新基地，每一个开发者就都能与大公司站在同一起跑线上，去做他们想做的创新。

阿里云两大强势功能，将为江阴创客提供前所未有的创新创业生态体系：助力园区、孵化器运营功能：帮助园区招募优秀项目团队；提高科技园区运营能力，形成园区入驻、扶持政策流程标准化；共同打造园区、孵化器品牌影响力。提高创客技术、融资能力功能：通过路演、峰会、赛制等，提高创客融资能力；通过技术专家培训、沙龙，提高创客技术竞争实力，解决开发者技术瓶颈；通过创业帮导师招募、CTO 俱乐部运营，为创客创造行业领袖直面机会。

江阴阿里云创业基地和大学生创业园　（刘太中 摄）

**大创园孵化助跑，创新创业遍地开花**

江阴市人社局为了全面激发大学生创业意识，真正解决大学生"就业难"问题，构建"大众创业、万众创新"的崭新局面，于天安数码城创建江阴首个大学生创业园，着力激发全市创新创业的新活力，带动就业。而天安数码城作为创业者的孵化沃土，又作为"互联网 + 产业园"的运营载体，成立之初就十分重视科技人才的培养与发展，无论是从施工建设、设施配备还是物业服务都给予了大力的支持与帮助。2015 年 9 月，江阴市大学生创业园顺利开园。

江阴市大学生创业园拥有四大服务功能，为孵化助跑。创业孵化功能：以大学生创业苗圃、大学生创业孵化区的形式，提供低成本创业场地和个性化创业服务，找准定位、熟悉市场；并提供政策咨询及跟踪服务，提高创业成功率和存活率。创业实训功能：组织创业导师为大学生开展指导讲座、创业培训、创业实训、模拟实战训练，提供分层次、分类别的教育培训，增加大学生的创业经验，提升市场适应能力。创业示范功能：将基地建设成大学生创业的示范园，从创业项目的选择、创业的路径程序、创业的团队协作、创业的典型示范和创业见习实训等方面为全市大学生提供示范，并开展参观交流、结对联谊和大学生创业研究等活动。项目招引功能：利用园区招商政策优势和科技平台吸引项目进驻，同时将模拟实训、项目评审及创业大赛中有代表性的、经评估可转化的创业项目引入基地。一期 1162 平方米场地已成功入驻 16 个大学生企业，涵盖艺术设计、技术推广、网络运营等诸多领域，二期加速建设中。

江阴天安数码城一角　（频　放 摄）

天安数码城身为城市产业地产的先行者，又作为创新企业生态圈的首创者和运营商，一直致力于通过打造企业生态圈形成核心产业竞争力与创新能力，从而促进区域的产业优化升级和城市价值提升。近些年，天安数码城在"互联网 +"道路上积极探索与前行，在智慧园区、众创空间、互联网金融等领域不断创新，与华为结为战略合作伙伴，利用华为云服务的技术和资源，共同打造"一站式"拎包入驻的智慧园区；充分运用"1 发布""硅谷直通车"等服务平台，通过线上系统为园区企业打通线下的各种服务需求。基于对产业与城市的突出贡献，2015 年 9 月，天安数码城荣获"中国产业地产第四强"的殊荣。

江阴天安数码城承载集团优秀的产业基因和优质的"互联网 +"资源，2015 年在开拓、摸索、学习中不断前行，寻找到了适合于江阴城市与产业特色的"互联网 + 产业园"的江阴模式。2016 年及未来，江阴天安将继续扩大"互联网 +"的合作深度与广度，致力于为江阴的产业振兴及城市经济发展做出贡献，相信会做得更好！

（刘太中）

# 海之语在“互联网+创业”的道路上阔步前进

技术的进步、社会的发展，推动了科技创新模式的转变。传统的以技术发展为导向、科研人员为主体、实验室为载体的科技创新活动正转向以用户为中心、以网络平台为载体、以“共创、共享、共赢”为特点的“互联网+创业”新模式。为响应江阴普及“互联网+”的政策，与时代接轨，2014年7月，投入200万元成立江阴市海之语青年网络创业孵化基地，成为江阴市首个网络创业孵化基地，由江阴市科技局和江阴市社保局进行业务管理，坚持“政府主导、共同规划，企业管理、市场运作”的模式运营，成立之初，基地面积只有几百个平方米，基地面对的也只是下岗青年和残障人员，业务也仅限于帮助他们网上开店，技术支撑。

江阴市海之语青年网络创业孵化基地

（江阴海之语电子商务有限公司提供）

2015年，李克强总理提出了“大众创业、万众创新”之后，公司开拓思路，贴近市场，服务社会，为大中专毕业生、失业/下岗工人、残疾青年、专职妈妈、转业/退伍军人等创业人群和小微企业人员开展互联网络创业/转型的技能培训、“创客孵化”、网销货源和人才输送等服务，为零基础或起步阶段的创业青年和小微企业提供“朋友圈”的创业氛围和“定制化”的配套服务，主要有以下几个功能模块。

**模块一：网创培训中心**

一是传统电商：如淘宝、微商、京东、天猫、诚信通、速卖通等。成立以来已经培训各类人员2.3万余人次。帮助6000余人掌握多项网络技术及网站运行知识。有100余人成功入驻海之语网络创业基地。

二是劳务技术：包括运营、文案、美工、软件开发、网站托管等。

公司成立了专门运营团队，有专业文案、美工。独立或合作软件开发，共开发各类软件12项。有11个网站在海之语托管。

三是自媒体：有新浪微博、微信公众号、论坛、QQ群、QQ空间等。

四是衍生服务：有快递服务站、线下体验/引流店、社区便民服务点等。基地与多个快递公司合作，为商品第一时间到达客户手中提供了保障；与50余个实体店合作，进行线上线下的互动分享。

**模块二：青年创客空间**

海之语网络创业基地在政府发展“众创空间”的政策措施支持下，为创业创新搭建起了新的平台。海之语建成创客空间，面向所有公众群体开放，采取基础服务免费、增值服务收费的制度，为创业者提供相对较低成本的成长环境。通过沙龙、训练营、培训、大赛等活动促进创业者之间的交流和圈子的建立，共同的办公环境促进创业者之间互帮互助、相互启发、资源共享，达到协同进步的目的，通过“聚合”产生“聚变”的效应。

实行团队与人才结合，创新与创业结合，线上与线下结合，孵化与投资结合。通过提供场地、举办活动，方便创业者进行产品展示、观点分享和项目路演等。此外，向初创企业提供其在萌芽期和成长期的便利，在金融服务、工商注册、法律法务、补贴政策申请等方面提供服务，帮助其健康而快速地成长。

海之语众创空间在技术上的支持有：（一）优化网店，帮助商品拍摄、页面装修、店铺优化。（二）运营推广，帮助平台对接、培养运营理念、训练推广技巧。（三）创业氛围，开展导师帮扶、创业伙伴、学术交流。海之语在青创平台与多个科技院校合作，为院校学生进行培训，共计培训学生3000余人次。

2015年7月，组织创客们徽杭古道励志徒步

（江阴海之语电子商务有限公司提供）

**模块三：青农网销平台**

海之语青年网络创业孵化基地实行免费入驻制，供应商和分销商均可免费进驻，免收平台费。有20余个供应商和50余个分销商入驻。可以一键开店，分销商在后台自由勾选，一键复制开设独立网店。提供江阴特产、进口零食、农副产品三大货源，均可零成本销售。2015年

平台共助销江阴农副产品、江阴特产计800余万元。有21个农副产品和特产基地与海之语合作。通过合作快递公司，这些农产品及土特产快速进入了江阴的千家万户。这样就解决了这些农产品的销路问题。

海之语在扶持个人的同时，也开展了与企业的合作之路，为企业进行“互联网+”的运行提供帮助，开拓市场，并在技术上给予支持，有江阴八方旅游用品有限公司、江阴自强户外运动有限公司等9个公司入驻海之语。海之语年产值1000余万元。

2015年6月，临港开发区举办大学生就业创业论坛。图为创业导师张青作创业讲座

（江阴海之语电子商务有限公司提供）

由于成绩突出，海之语青年网络创业孵化基地成为无锡市唯一一个“江苏省农村青年电商创业培育示范基地”，海之语众创空间是江阴市唯一一个通过江苏省，无锡市、江阴市三级政府共同认定的众创空间，同时也是江阴市首个在江苏股权交易中心挂牌上市的众创空间。各级领导通过各种方式给予了海之语的支持。2015年5月20日，共青团江苏省委书记万闻华到海之语考察时说：你们用旧的厂房改造成创业孵化基地，形成这样一个氛围，来帮助青年创业、助力传统企业转型，非常好！无锡市委常委、江阴市委书记陈金虎在得知海之语的具体服务体系后，为海之语点赞：这个创业服务还是很好的，尤其是青年人，他想创业，不知道怎么创业，你们提供成熟的经验，提供一些创业的机会，这个是非常好的。海之语在发展过程中，由于发展迅猛，服务面及业务量的扩大，旧有的基地不能满足公司的发展。临港街道积极与相关部门协调，解决问题，将基地搬迁到了临港街道申新路518号，面积扩展到了1800余平方米。

随着公司的发展，人才的紧缺也越来越大，为此，海之语与多个技术公司进行合作。并在基地现有技术人员的基础上，外聘了讲师团队，基地拥有专职网络创业导师6名，兼职网络创业导师3名，为海之语以后的发展打下了坚实的基础。海之语的下一步目标是提高技术力量，提升服务水平，扩大服务范围，为江阴的“互联网+创业”工作添砖加瓦。（江阴海之语电子商务有限公司）

# 澄e工场孵化未来电商新星

江阴市电子商务创业孵化基地——澄e工场，位于滨江西路2号，成立于2015年9月。是由江阴长江港口综合物流园和无锡博棠电子商务有限公司联合打造的创业园区，是江阴起步较早的电子商务创业孵化基地，也是江阴未来电商新星的起航地。园区分三期规划，2015年第一期，拥有1600平方米，共84个工位，可容纳2-6人的创业团队30个。澄e工场承担着对创业团队孵化、扶持、培训、指导、整合等服务工作。创新运用“政府搭台引导、企业化运作、集聚化发展”合作新模式，依托政府助推和博棠电商的优势资源，以扶持、孵化、服务、指导、创新的服务新模式为抓手，驱动传统制造业与商贸业的通过电子商务模式转型升级。

澄e工场已入驻28个创业团队，举办4期创业培训、6次沙龙座谈、4期电子商务技能提升班、4期农产品电商培训等培训活动，电商应用型人才输出达到500人次。工场内拥有专业的管理人员8人、创业指导老师8人、淘宝讲师5人。

澄e工场众创空间一角　（科技局提供）

澄e工场还为创业团队提供多媒体教室、会议室、培训教室等配套设施；仓储办理、公司注册等一条龙服务。2015年被评为江苏省电子商务人才培训基地、无锡市众创空间、无锡市电子商务示范产业园等。（科技局）

# “淘江阴”成为地方最大生鲜电商

江阴市在国务院《关于促进内贸流通健康发展的若干意见》精神指引下，将提升发展商贸服务列为经济工作战略重点，积极推进电子商务、市场转型和商贸载体建设，商贸流通业呈快速推进、稳步发展的良好态势。为响应政府构建智慧城市，打造本地电子商务平台的号召，江阴广电集团及其所属的江阴大澄新媒体发展有限公司与江阴九澄网购电子商务有限公司联合创立了为江阴本土生活服务的电商“淘江阴”，于2014年1月1日上线试运行。

江阴大澄新媒体发展有限公司拥有“淘江阴”品牌和衍生产品服务品牌的所有权及与此相关标志的知识产权；江阴九澄网购电子商务有限公司由江阴大澄新媒体公司授权，负责“淘江阴”线上线下各类业务的日常运营。

“淘江阴”试运营初期，以传统网站商品为经营手段，虽产生了一定的社会反响，但销售业绩一般，经营3个多月，营业额仅100多万元。为将“淘江阴”做强做大，做出品牌，江阴九澄网购电子商务有限公司于2014年4月29日向市委、市政府提交了一份请示报告，准备继续加大投入，在各社区建立“淘江阴”社区生鲜直投站，以政府认证的优质农产品基地为保障，为广大市民群众提供更加方便、快捷、平价、安全的生鲜采购服务。项目运作采用线上交易、线下送货的全新商业模式。消费者可以通过江阴官网、自助终端、手机应用、电话订购等方式24小时全天候选购，以支付宝、银联卡、现金等方式支付，在家门口的配送点就能享受到严格认证的生鲜产品。同时，借助集中种植、采摘、分拣、包装、冷藏、配送于一体的产业链和物流，实现从“田头到灶头”的全程质量监控，让市民们真正感到“安全、便捷、实惠”。

这份报告立即得到市委书记周铁根的高度重视，很快批示：“利用电子商务平台，建设社区生鲜直投站，服务城乡居民，安全便利，是件好事、新事。请市商务等相关部门，澄江等相关镇、街给予支持！”

“淘江阴”设在江阴市政府的服务点　　（徐玉华 摄）

此后，各有关部门，包括工商、税务、农业、交通等，都在政策范围内给予“淘江阴”大力支持，加快了“淘江阴”的布局及发展速度。2014年底，建设自提服务站点20个，累计产生订单15万单，全年销售400万元，注册用户达2000个。至2015年年末，累计投入资金5000万元，共建设覆盖社区及企、事业单位的投送点近100个。注册用户超过5万户，微信粉丝达15万人，每天订单近3000单，日营额超10万元，全年销售超3000万元。

“淘江阴”不仅产生了明显的经济效益，还取得了明显的社会效益。主要表现在：一是惠农增收。实施种养基地战略合作后，拓宽了农产品销售渠道，提高了农民的种养收入。二是平抑菜价。生鲜菜、肉、鱼、蛋产品直接由地头、河塘等到达百姓的厨房，减少了流通环节，又降低了流通成本，所以价格公道，成为江阴菜价的风向标。三是增加就业。采购物流、配送、管理各营运环节开通后，增加了1500个就业岗位。四是普惠民生。由于全程一体化管理控制后，价格更实惠，食品更安全，采购更方便，送货更快捷。五是节约投资。传统模式下，在社区周边3公里范围内配备一个菜场，投资成本需要上千万元，但建一个配送点几平方米至十几平方米面积只要投资10多万元即可，在社区周边配套5至6个网点，也只要花几十万元，同样能够辐射3千米范围。在“淘江阴”取货点，每到中午及下午下班后，络绎取菜的消费者都能非常熟练地从生鲜柜取出自己预定的蔬菜、生鲜制品，带回家马上蒸、煮、煎、炒，就可以大快朵颐了。他们反映：现在不需要起早赶菜场，就能买到价廉物美的食品了。

“淘江阴”开业以来，已成为江阴本地最大的生鲜电商平台，被江苏省商务厅评为生鲜电商示范企业，被江阴市物价局评为网上平价商店，被江阴市农委评为本地农产品网上指定销售平台等。2015年，“淘江阴”初步成为江阴本土电商第一知名品牌。其社区生鲜直投站模式创造性地结合了电子商务和传统零售，已拥有上万种农副产品和日用品的货源，以遍布社区的生鲜直投站为载体，已经使消费者可以提前在“淘江阴”网站实现在线订购有安全认证的生鲜品。物流则将客户订购的各种商品分拣直送到消费者所在社区的智能保鲜柜中，打造了一个集电子商务、商品销售、现代物流、便民服务为一体的大型综合性消费平台，实现了让消费者尽享绿色、安全、方便与实惠的服务愿景。

为长远可持续发展，“淘江阴”累计投资已达5000万元，建成了超过3000平方米的生鲜存储加工分拣中心和检测中心，可对鲜活农产品进行分拣、加工、包装和检验、检测；还建成了包括冷藏库、冷藏车在内的全套冷链物流体系，确保鲜活商品的配送优质安全。

2016年，“淘江阴”为了更好地服务社会，做强品牌，将与中科招商旗下重要农业板块企业——无锡壹家美食荟合作，计划再建设直提服务站200个，覆盖江阴城区

90%的小区。注册用户超10万个，全年销售超亿元。“淘江阴”还规划扩张发展，初步打算向张家港、太仓延伸。

“淘江阴”在前进的过程中也有意料不及的情况出现：一是突出表现在2015年11月11日“光棍节”及12月12日促销日，订单业务猛增，由于准备不足，只得放弃了好多单子，损失了部分业务。还有少量商品延时送达，造成了一些不良影响，以后必须做好预案，增强快速反应能力，防止此类情况再次发生。二是有些设在企事业单位的生鲜食品投放柜尚未与周边社区群众共享，引发了周围消费者的不满，也将进一步研究方案妥善解决。

（徐玉华）

# 金顾山创客汇领跑农村电商

江阴市金顾山创客汇成立于2014年8月，位于江阴市顾山镇锡张路268号江阴市金顾山电子商务产业园内，一期总面积1200平方米，是江阴市首个乡镇众创空间。

创客汇依托江苏众网互联网有限公司为基础的服务平台，同时为相关的创业者提供一个低成本、便利化、全要素、开放式的创业服务平台。致力于推动互联网创业的发展，整合人才和资源优势，鼓励创客进行互联网创业和技术创新，为广大互联网创业者提供良好的工作空间、网络空间、社交空间和资源共享空间。

创客汇服务：秉承“创新、协调、绿色、开放、共享”的五大发展理念，全面开展创客创业孵化及传统企业互联网转型服务，定期开展项目路演和创业大赛，运用互联网思维，积极推进创业文化“走出去”，普及和推广“大众创业、万众创新”的国家政策。

创客汇使命：致力于为创客及中小微企业创新创收。

创客汇愿景：以模式创新带动服务创新，打造最具特色的电子商务产业集聚区。

2014年8月注册，10月规划与招商，只用4个多月时间即挂牌正常运行，1年多时间成功招商入驻25项项目，入驻人员47人，带动就业160人。共举办25次大小活动，包括创业沙龙、项目路演、网络营销扒皮会、互联网营销公开课、演讲俱乐部、大学生创业实践、中学生课外实践等，极大地丰富了创业文化和氛围，让入驻创客、社会创业青年、传统企业经营者、在校学生、各级政府官员获得了难得的学习与交流机会。运营团队有70人，计划在2016年将顾山镇的内衣企业整合起来，大力发展电子商务，形成电子商务与制造业互动、电子商务与金融服务互动、电子商务与传统商贸互补的新型商业生态圈，为农村电子商务的发展打上一针“强心剂”。

金顾山创客汇一角　　　　（科技局提供）

2015年，江阴市金顾山创客汇被评为江苏省众创空间、无锡市中小企业二星级公共服务平台等。（科技局）

# “互联网+金融”让江阴农行业务迅猛发展

1992年，江阴农业银行安装的第一台自动取款机出现在江阴街头之后，现代化的电子银行业务开始快步走进人们的生活。银行利用计算机和网络通信技术，将银行业务和电子化渠道相结合，为客户提供各种金融信息、金融交易和各类金融衍生服务的业务营销渠道和相关产品。2000年后，江阴农行致力于创新发展、转型升级，网上银行基本覆盖现金以外的所有业务，自助设备投放加快，手机银行、电话银行功能不断完善，电子渠道交易成为主渠道，使众多客户通过互联网技术，获得开户、查询、对账、行内转账、跨行转账、信贷、网上证券、投资理财等服务，足不出户就能管理自己的活期和定期存款、支票、信用卡及个人投资等。

2015年3月，随着“互联网+”国家战略实施，由于外部环境改善与信息技术高速发展，网上商城、网络融资、移动支付产品大量涌现，农行的金融产品也加快升级换代。网上银行、掌上银行发展迅猛，由于具有使用快捷方便，功能强大，不受时间、地点的限制等优势，已经得到越来越多客户的青睐。客户只要轻点鼠标，就能够轻松管理各类账

2015 年 5 月，农行江阴分行西郊支行客户经理在江阴金属材料市场指导企业财务人员使用网上银行 （肖秋云 摄）

户。账户之间汇款能够即时到账，通达全国。专业的外汇交易分析工具，则让客户进行外汇理财变得更加轻松。

2015 年 8 月，农行江阴分行又在江苏省率先推出利用微信渠道办理信用卡业务，为客户提供每天 24 小时移动端自助办卡服务，突破了物理网点和时间限制，进一步推动了“互联网 + 金融”业务的发展。至是年末，江阴农行网上银行客户达 47.5 万户（其中个人客户 45.3 万户，其余为企业客户），掌上银行客户 36.9 万户，客户规模稳居同业第一。农行采取多种宣传方式培养众多客户改变业务办理习惯，使其从柜面转移到电子渠道，实现电子银行客户呈几何倍数增长，不仅节省了银行的运营成本，而且节省客户亲临网点的资源耗费，还提升对客户的服务质量。是年，农行共发生网银渠道交易 3185 万笔，自助设备交易 1733.2 万笔，掌上银行交易 292 万笔，电子渠道分流率达到 87.4%（即每发生 100 笔业务有 87.4 笔在电子渠道办理），与柜面相比，相当于配备了 2154 个电子柜员，业务量等于再建了 7 个农业银行江阴市支行。

然而，随着“互联网 + 金融”业务的蓬勃兴起和迅猛发展，一些不法分子利用互联网进行电信诈骗的手段也层出不穷。江阴农行为维护客户的利益，针对这些新情况，每年都开展大规模的“金融消费者权益日”宣传活动，向市民发放《电子银行客户安全提示书》，提醒客户谨防诈骗，帮助客户学习防骗知识。平时，农行开展防骗宣传进社区、进企业、进学校活动，告诫大家牢记：要登录正确的网上银行网站，不要轻易透露账号和密码，最好设

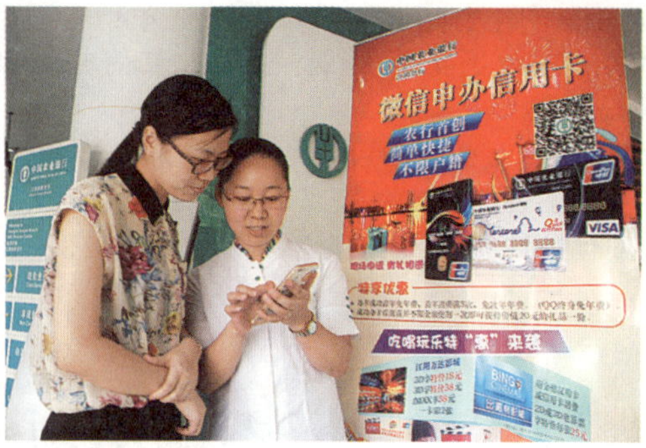


2015 年 8 月 17 日，农行江阴分行新桥支行大堂经理在指导客户使用掌上银行和微信办卡 （肖秋云 摄）

置复杂的密码作为单独的网上银行密码等防骗要领。为更好地向面广量大的农村金融消费者服务，农行在徐霞客镇的马镇湖塘村建立江苏省第一个村级农村金融综合服务站，并在全市 243 个行政村设立“惠农通”服务点，利用这些基层网络推广“互联网 + 金融”业务、宣传防范诈骗知识。农行员工在工作时，还通过“一看、二问、三劝阻、四报警”的方式阻止诈骗行为继续。例如发现客户一边听手机，一边按照手机指令到自动柜员机上汇款时，便上前询问可疑情况，发现有诈骗迹象就耐心劝阻或报警。2015 年，农行江阴分行各网点共成功拦截 53 件诈骗案件，挽回客户损失 195 万元。（肖秋云　李绯宁）

2015 年 11 月，农行江阴分行马镇支行工作人员向老年人宣传防电信诈骗知识 （肖秋云 摄）

# “互联网 + 医疗”走在全省同类城市前列

“互联网 + 医疗”，是互联网在医疗行业的新应用，包括了以互联网为载体和技术手段的健康教育、医疗信息查询、电子健康档案、疾病风险评估、在线疾病咨询、电子处方、远程会诊及治疗等多种形式的健康医疗服务。代表了医疗行业新的发展方向，有利于解决中国医疗资源不平衡和人们日益增加的健康医疗需求之间的矛盾，是国家积极引导和支持的医疗发展模式。

江阴市积极打造具有地方特色且符合实际的智慧医疗服务体系，经过近几年的建设已初具规模，走在了全省同类城市前列，具体包括 3 个方面，一是搭建区域信息平台，建设全市统一的数据中心，全市医疗卫生数据资源互联互通，实现个人全生命周期健康管理，切实达到管理一生、服务一生目标；二是建设共享型中心，建成全市影像会诊中心、检验中心、区域体检中心、远程会

江阴市医疗卫生数据中心　　（卫计委提供）

诊中心及急救中心，实现全市优质医疗资源的共享和纵向流动，提高医疗资源运行效益；三是建立居家健康服务平台，给特定人群配备远程血压仪，实现全市健康小屋、中医四诊仪实时全联网，并与个人健康档案无缝对接。

市人民医院远程会诊中心内景　　（卫计委提供）

**医疗信息互联互通，为“互联网＋医疗”打下坚实基础**

2015年，区域卫生信息平台正式投入试运行，以此为载体，实现全市各医疗卫生单位全接入，各医疗卫生单位实现每一张检查报告单、每一张检验报告单、每一份电子处方、每一份电子病历以及所有妇保、儿保、慢病、传染病及用血、急救等资源的全整合，保障卫生行政单位能够实时监管辖区内相关医疗卫生单位日常业务。整合了全市分散在各社区卫生服务中心的远程血压仪、健康小屋及中医四诊仪信息，各监测终端监测的居民血压、身高体重及中医档案等全部归入个人健康档案，切实发挥了各自助设备在健康档案管理中的应用。

**“互联网＋医疗”实现优质医疗资源共建共享**

江阴市以共享型中心为抓手，建设区域影像会诊中心，实现江阴市域范围内放射、内镜、B超、心电等统一会诊、统一审核，基层医疗机构享受市级医院专家水平；建设远程会诊中心，基层医院门诊、住院与医联体龙头医院实现疑难重症初诊与转诊，并与南京、上海等三甲医院实现远程病历会诊；建设区域体检中心、区域检验中心、区域消毒供应中心等，实现全市域优质医疗资源的共建共享。

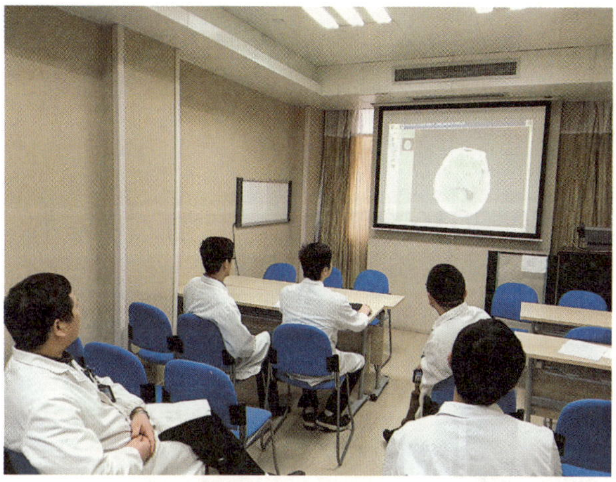

市人民医院影像会诊中心内景　　（卫计委提供）

**“互联网＋医疗”构建江阴健康品牌**

江阴市构建百姓健康服务互动平台，以此作为建设健康惠民工程的具体体现。搭建“江阴健康”门户网站，创设“江阴健康”微信公众号，全市医疗机构预约挂号、预约检查、预约检验实现信息化，并实现转诊、预约一体化管理，促进优质医疗资源向基层倾斜；在市内两大医疗联合体框架下，建设先诊疗后付费模式，解决就诊“三长一短”问题。向公众开放健康档案，年内已实现检验、检查、用药、出院以及体检、慢性病、妇女保健、儿童计划免疫、老年人等档案向公众开放查询。

（卫计委）

■类目编辑　王萍芳

# 立足新起点　建设新江阴<br>为实现“十三五”良好开局而努力奋斗

## ——2016年1月8日在市委十二届八次全体(扩大)会议上的讲话

中共无锡市委常委、江阴市委书记　陈金虎

（王　琰摄）

这次市委全会的主要任务是，深入学习贯彻党的十八大和十八届三中、四中、五中全会精神，以及中央、全省经济工作会议精神，按照省委十二届十一次全会、无锡市委十二届十次全会的部署要求，回顾总结2015年和“十二五”工作，科学谋划“十三五”发展，全面部署2016年工作任务，动员全市上下进一步统一思想、凝聚共识，开拓奋起、真抓实干，立足新起点，建设新江阴，为实现“十三五”良好开局而努力奋斗。

**一、2015年的发展和“十二五”的成就**

过去的一年，面对严峻复杂的宏观形势，在中央、省委和无锡市委的正确领导下，市委团结带领全市广大干部群众，主动适应经济发展新常态，统筹抓好稳增长、促改革、调结构、惠民生、防风险各项工作，全市经济社会发展和党的建设取得新进展。经济运行稳中有进。预计全市实现地区生产总值2880亿元、公共财政预算收入218.9亿元、全社会固定资产投资1128.6亿元，分别增长7.2%、9.1%和7.9%。完成到位注册外资10亿美元，进出口总额203.5亿美元。转型升级步伐加快，高新技术产业产值占比达42%，服务业增加值占比达43.4%。城乡建设扎实推进。以创建全国文明城市为引领，城乡环境综合整治深入开展，重点片区和重大工程建设有序实施。全市完成拆迁155万平方米，新建成安置房199万平方米，9000多户超期未安置被拆迁户得到妥善安置。生态建设有序实施。积极开展重点行业节能改造，关停热电企业6个、“三高两低”企业56个，淘汰燃煤型锅炉235台，全市空气优良率提升到64.9%。绮山应急备用水源地、秦望山产业园建设全面启动。全市供水、供热、供气、环卫、治污等工作取得新进展，新增绿化造林247.47公顷。社会事业协调发展。十件民生实事全面完成，民生民计持续改善，预计城乡居民人均可支配收入分别达50770元、26120元。教育、文化、卫生、体育、养老、慈善等各项社会事业协调发展。法治江阴、平安江阴建设深入推进，社会大局和谐稳定。党的建设全面加强。深入贯彻全面从严治党各项要求，持续抓好党的群众路线教育实践活动专项整改，扎实推进“三严三实”* 专题教育，党的思想建设、组织建设、作风建设、制度建设和反腐倡廉建设全面加强，统战、人武、法院、检察、群团、双拥、老干部、老龄、对口援建等各项工作也取得了新的成绩。

2015年工作的较好完成，标志着“十二五”的顺利收官。过去的五年，全市各级党组织团结带领广大党员干部和全市人民，振奋精神、埋头苦干，推动经济社会实现了新发展、各项事业取得了新成效，为“十三五”发展奠定了坚实基础。综合实力不断增强，地区生产总值、公共财政预算收入分别跃上2500亿元、200亿元两大台阶，11个企业位列“中国企业500强”，13个企业位列“中国制造业企业500强”，县域经济基本竞争力连续十三年位居全国第一。产业质态继续优化，三次产业结构更加合理，服务业增加值占比提高4.3个百分点，新兴产业产值占比达42.8%，高效农业占比达63.5%，农业适度规模经营占比达85%。城乡面貌稳步提升，沿江地区、南门地区等一批重点片区形象初现，江阴大道、海港大道等一批重大交通基础设施项目建成投用，城乡一体化水平稳步提升。生态环境持续改善，民生环保行动深入开展，环保基础设施建设加快推进，环保体制机制更加健全，主要污染物“十二五”减排目标提前完成。改革开放深入推进，全面深化改革的路线图、时间表、任务书更加明确，重点领域和关键环节改革取得阶段性成果，三大开放园区体制机制不断完善，高新区成功跻身国家级高新区、苏南国家自主创新示范区建设行列。民生福祉明显增强，社会保障体系更加健全，各项社会事业协调发展，农村居民人均可支配收入连续15年名列全省同类城市第一，江阴实现中国全面小康十大示范县市“八连冠”。这一切，都是全市人民团结拼搏、奋力攻坚的结果，凝聚着大家的智慧、心血和汗水，在此，我代表市委向全市广大干部群众和各级各部门、各驻澄单位，向各民主党派、工商联、无党派知识分子和离退休老领导、老同志，向所有关心、支持和参与江阴发展的社会各界人士，致以崇高的敬意和衷心的感谢！

**二、努力开创“十三五”发展新局面**

“十三五”时期，是我市深入贯彻落实习近平总书记系列重要讲话特别是视察江苏重要讲话精神、推动全面建设新江阴取得重大进展的重要时期，是高水平建成全面小康社会的决胜阶段和积极探索开启基本实现现代化建设新征程的重要阶段。站在新的起点上，要想在县域竞争和服务大局中勇立潮头、勇于担当、勇挑重担，必须对江阴发展面临的现实性、根本性、战略性问题，有一个清醒的认识和深入的思考：

——产业如何加快转型？改革开放30多年来，江阴积累了坚实的产业基础，形成了鲜明的特色优势，但产业层次以传统产业为主、产业结构以重化工业为主、产品结构以中间产品为主的结构性矛盾也比较突出。经济发展的新常态下，江阴产业结构偏重、层次偏低、布局偏散等问题更加凸显。如何充分发挥广大企业家抱负远大、思路开阔，善于洞察市场、主动求新求变的禀赋优势，加快实现产业发展的智能化、绿色化、服务化、高端化，是江阴优化产业结构、增强竞争优势的必然选择。

——动力如何快速转换？当前，面对持续加大的经济下行压力，我们长期沿袭的传统发展方式所积累的矛盾，已经开始集中显现，企业的经营困难和潜在风险不断增多，土地、人才、生态等瓶颈制约日趋严峻，依靠资源投入、要素扩张的传统动力越来越难以为继。如何牢固确立创新发展的理念，培育发展新动能，改造提升传统动能，加快形成以创新为主要引领和支撑的经济体系、发展方式，推动经济保持中高速增长、产业迈向中高端水平，已经成为江阴“十三五”发展必须全力破解的难题。

——机遇如何科学把握？党的十八大以来，中央陆续出台了一系列重大发展战略，无论是“一带一路”*、长江经济带战略的深入推进，还是上海自贸区、苏南国家自主创新示范区的加快建设，都给江阴发展带来了新的巨大机遇。与之相应，省和无锡市层面也密集出台了一系列配套政策，为我们在新起点上加快发展带来了许多利好。如何进一步增强战略意识、机遇意识，更加积极地对接国家战略、落实省市部署，借力乘势推动江阴发展，全面构建新一轮发展优势，是我们面临的一项重大课题。

——城市如何更具活力？多年来，江阴城市建设的投入力度不可谓不大，也取得了一些成绩，但客观地讲，我们的城乡面貌与江阴经济发展水平不相适应，与周边先进地区的差距逐步拉大。如何抢抓当前投资品价格相对较低、城市基础设施投融资体制更加开放等机遇，加快优化城市形态、完善基础设施、打造功能载体，加强和创新城市管理，迅速提升城市承载力、人才吸引力和高端业态集聚力，使江阴真正成为现代化有特色的美丽宜居城市，显得尤为迫切和重要。

——群众诉求如何更好回应？尽管我们的民生投入逐年提高、民生工作不断改进，但无论是教育、医疗、卫生、文化等公共服务水平，还是社会保险、社会救助、慈善事业、养老助残等社会保障体系，无论是城乡环境整治、交通体系建设，还是生态环境修复、社会治理创新，人民群众都有很多的需求和很高的期盼。如何更加突出问题导向，更好回应民生关切，让江阴的发展更有“温度”，让老百姓的幸福更有“质感”，是我们做好一切工作的出发点和落脚点。

——执政能力如何提升？随着新常态的到来，江阴的发展已经进入一个新的阶段，发展的环境、条件、任务和要求都发生了很大的变化,如何加快完善和创新党领导经济社会发展工作的体制机制、方式方法,如何提高各级党委把握方向、谋划全局、提出战略、制订政策、推动改革、破解难题的能力,如何打造一支想干事、能干事、不出事的党员干部队伍,确保江阴这艘改革发展的航船行稳致远,所有这些,都对我们各级党委政府的执政能力提出了新的挑战。

在思考问题和挑战的同时,我们更应该看到优势和潜力。纵观江阴发展历程,从乡镇企业起步,我们的经济发展由小变大、由弱转强,经受了一场场风雨历练,闯过了一道道艰难险阻,每一次遭遇难题、面对危机,我们都能坚持问题导向,精准发力、化危为机,每一次浴火重生、凤凰涅槃,都是政企抱团、党群同心、携手并进的结果。实践证明,江阴的企业,根植性牢、坚韧性强;江阴的人民,敢打敢拼、善战善赢,江阴从来没有过不去的坎!站在新一轮发展的历史关口,我们要大力传承和弘扬“人心齐、民性刚、敢攀登、创一流”的江阴精神,在一切艰难险阻和困难挑战面前,始终不低头、不服输,只要我们鼓足干劲、思危奋进,定能把握大趋势、抓住新机遇;只要我们固优固强、补差补短,定能抢占制高点、掌握主动权;只要我们众志成城、奋力攻坚,定能实现新突破、重塑新优势!

“十三五”时期,我市发展的指导思想是:高举中国特色社会主义伟大旗帜,全面贯彻党的十八大和十八届三中、四中、五中全会精神,以马列主义、毛泽东思想、邓小平理论、“三个代表”重要思想、科学发展观为指导,深入贯彻习近平总书记系列重要讲话精神,以总书记视察江苏重要讲话精神为引领,坚持“四个全面”战略布局,坚持发展第一要务,积极践行创新、协调、绿色、开放、共享发展理念,统筹推进经济建设、政治建设、文化建设、社会建设、生态文明建设和党的建设,全力建设“强富美高”新江阴,高水平建成全面小康社会,积极探索开启基本实现现代化建设新征程,继续当好全省全国县域经济发展的排头兵和领头羊。

“十三五”时期,我市发展的主要目标是:“经济强”上有突破进展。现代产业体系更加完善,创新发展能力显著增强,提前实现地区生产总值比2010年翻一番,基本建成具有一定国际竞争力的先进制造业基地和特色产业科技创新城市,县域经济基本竞争力继续保持全国领先。“百姓富”上有切实成效。低收入者收入明显增加,中等收入群体持续扩大,经济薄弱村全部脱困转化,收入差距逐步缩小,提前实现城乡居民收入比2010年翻一番,社会事业全面发展,公共服务均等化水平显著提高。“环境美”上有显著改善。生产生活方式绿色化、低碳化水平明显提升,资源节约集约利用水平明显增强,主要污染物排放总量大幅减少,节能减排任务全面完成,黑臭河道和地表水劣Ⅴ类水质全面消除。“社会文明程度高”上有明显提升。全市人民的思想道德素质、科学文化素质、健康素质明显提高,全社会法治意识不断增强,人民群众安全感持续提升,全力创成全国文明城市。通过“十三五”的努力,建成一个老百姓能够感知、充分认可的高水平全面小康社会,为迈向基本实现现代化奠定坚实基础。

实现“十三五”发展目标,必须牢牢把握以下六个方面:

(一)必须把产业强市作为首要战略。产业是经济的命脉,是决定城市地位的关键因素。从江阴自身看,作为一个区域面积不大的县级市,能够始终位居县域经济发展的前列,立足之本就在于产业基础比较扎实,产业实力比较雄厚。我们要坚持把发展产业、壮大产业、振兴产业,作为解决发展问题的基础和关键,坚定不移走产业强市之路,不断做优做强实体经济,不断推进产业转型升级,牢牢抢占产业发展制高点,以企业强促进产业强,以产业强支撑经济强,奠定江阴发展的坚实基础。

(二)必须把创新驱动作为制胜法宝。创新是产业发展的灵魂。面对区域竞争日趋激烈、发展动力加快转换的新形势,我们唯有矢志创新、加快创新,才能在“十三五”发展中任凭风浪起、稳坐钓鱼台。要始终坚持把发展的基点放在创新上,充分激发企业创新积极性和社会创新活力,大力推进科技创新、人才创新、治理创新、模式创新、机制创新等各方面创新,让创新在全社会蔚然成风,以更加健全的创新机制、更加显著的创新成效,全面激发转型提升新动能、构筑区域竞争新优势。

(三)必须把改革开放作为根本动力。作为改革开放30年全国18个典型地区之一,江阴过去的成功得益于改革开放,当前和今后的发展仍然要靠改革开放。我们要主动适应新常态新形势新要求,坚持整体推进和重点突破并举,在更大层面、更深层次完善体制机制、破解发展瓶颈;坚持“引进来”和“走出去”并重,在更大范围、更广领域配置资源要素、拓展发展空间,用深化改革充分释放基层、企业和全社会的发展活力,以扩大开放全面加强经济、城市、人才等各领域的国际化步伐,为江阴“十三五”发展注入澎湃动力。

(四)必须把城乡统筹作为重要路径。城乡一体化水平是区域综合实力的象征、城市文明程度的标志。特别是对于江阴而言,城市和农村相互渗透、相互影响,没有城市的辐射带动,农村的发展缺乏动力;而离开了农村的空间支撑,城市的建设也难以持续。我们要紧紧围绕“城市现代化、城乡一体化”目标,科学统筹城市建设和农村发展,持续优化市域空间布局、提升城市功能品质,加快新型城镇化和美丽乡村建设,加快“六个一体化”进程,促进城乡要素平等交换、合理配置和基本公共服务均等化,形成城乡互动发展、互促并进的和谐景象。

(五)必须把绿色发展作为核心价值。绿色是永续发展的必要条件,是人民对美好生活的重要追求。对于江阴这样一个经济体量大、自然资源少、环境承载力弱的城市来说,绿色发展显得尤为重要、尤为迫切。我们必须切实增强绿色发展的紧迫感、自觉性,坚持把环境保护和生态文明建设作为最大的民生、发展的生命,坚持从生产和生活两头入手、治理和保护两手齐抓、约束和激励两端发力,强化刚性执法,注重集约发展,守住生态红线,促进经济发展与生态文明相辅相成、相得益彰。

(六)必须把民生优先作为目标追求。当前,随着经济社会发展和收入水平提高,广大群众追求美好生活的内容更丰富、要求更高。我们要牢固确立共建共享的发展理念,把保障民生需求作为经济社会发展的根本导向,按照人人参与、人人尽力、人人享有的要求,兜牢底线、突出重点、完善制度、引导预期,让城乡居民更多更公平地分享改革发展成果,做到生活水平与发展水平同步提升、民生改善与经济增长保持一致,不断增进广大群众的获得感、幸福感和满足感。

**三、全力以赴做好今年工作**

今年是实施"十三五"规划的开局之年,也是加快建设"强富美高"新江阴的重要之年,做好今年的工作,意义重大。从国际看,世界经济仍将延续疲弱复苏态势,主要经济体增速将低于潜在增长率,新兴经济体增速继续放缓,但美国等发达国家宽松货币政策转向正常、新兴市场国家加快转变发展方式、大宗商品价格回归常态,为世界经济复苏奠定了基础。从国内看,经济增速换挡、结构调整阵痛、动能转换困难相互交织,有效需求乏力和有效供给不足并存,但我国经济发展长期向好的基本面没有改变。去年底的中央经济工作会议,强调要在适度扩大总需求的同时,着力推进供给侧结构性改革,明确提出总体思路是宏观政策要稳、产业政策要准、微观政策要活、改革政策要实、社会政策要托底,重点任务是去产能、去库存、去杠杆、降成本、补短板,根本保障是全面深化改革,这必将增强我国经济持续增长动力,推动社会生产力水平整体改善。从我市看,经济下行压力仍然在加大,制约因素依然较多,向上向好的拐点还未出现,但经过多年的积淀,我市经济发展具备了较强的抗风险能力,各级领导干部、广大企业家积累了应对风险、破解难题的宝贵经验。全市各级既要高度重视存在的问题和风险,认清形势的复杂性、严峻性,坚持底线思维,增强忧患意识;又要抓住当前由快到好的"转型机遇"、由大到强的"升级机遇",看到我市发展的良好基础、有利条件,坚定信心、积极作为,推动江阴经济社会发展不断取得新成效。

今年全市经济社会发展的主要预期目标是:地区生产总值增长7.5%左右,公共财政预算收入增长7.5%左右,全社会固定资产投资增长10%左右,社会消费品零售总额增长10%左右,完成到位注册外资9亿美元,进出口总额力争正增长,城乡居民收入与经济保持同步增长,单位地区生产总值能耗、主要污染物减排完成上级下达的目标任务。

围绕以上目标要求,重点抓好六个方面的工作。

(一)坚定走产业强市道路不动摇,做优做强实体经济。江阴经济发展的历程、禀赋和定位,决定了我们必须走产业强市的发展道路。新一年,我们要按照省委、无锡市委关于推进供给侧结构性改革的具体要求,紧紧扭住产业发展这个龙头,坚持以质量和效益为中心,统筹存量与增量两个方面,抓好传统产业与新兴产业两条主线,促进新动能成长和传统动能提升,全力确保经济增长保持在合理区间、发展质效位居苏南前列。

全力支持大企业大集团发展。大企业大集团是江阴实体经济发展的中流砥柱,是全市稳健发展的"压舱石"。我们要把支持大企业大集团发展作为做优做强实体经济的重要抓手,鼓励和支持大企业大集团全面加强技术创新、产品创新、管理创新、商业模式创新,加快抢占产业链、市场链、价值链高端;主动顺应混合所有制经济发展趋势,通过国资合作、兼并重组、股权投资等形式,巩固行业地位,提升市场份额,增强核心竞争力;继续加快企业国际化步伐,在把总部经济和核心价值留下来的同时,大胆走出去,在全球范围内配置资源、集聚要素,加快培育一批国内有地位、世界有影响的千亿元级企业集团和本土跨国公司。

全力扶持中小企业做强做大。稳定经济要靠大企业支撑,繁荣发展必须激发中小企业活力。要引导中小企业专注主业,走"专精特新"发展道路,加快进行以装备更新、新品开发、节能降耗、信息化改造为重点的技改扩能,深化产学研合作,强化与知名企业的产业链配套,打造一大批在细分领域市场占有率高、拥有核心技术、成长性好的"小巨人"企业。要针对中小企业发展中存在的突出问题,设立中小企业产业扶持基金,鼓励引导企业抱团设立互助基金,做大做优创投、风投基金,引导金融机构创新服务,以精准施策助推中小企业平稳健康发展。

全力重塑"江阴板块"优势。资本市场上的"江阴板块"是江阴经济发展最闪亮的名片。近年来,随着后发地区加速赶超,"江阴板块"的领先优势有所弱化。要坚持把企业上市作为集聚发展要素、优化治理结构、扩大品牌效应的重要途径,抢抓中央扩大直接融资比重、启动股票发行注册制改革、设立战略性新兴产业板、改革创业板等重大机遇,按照到"十三五"末上市公司总数超过50个的目标,把每年动态筛选的100个后备企业作为重点培育对象,加大要素资源倾斜力度,加强实力券商战略合作,巩固"优选一批、培育一批、辅导一批、上市一批"滚动发展的良好格局,力争年内新增境内外上市公司6个、"新三板"*挂牌企业15个。同时,大力鼓励和支持上市公司开展并购重组和再融资,把上市优势转化为资源整合优势,切实增强盈利能力,实现上市公司数量与质量同步提升、产业资本与金融资本比翼齐飞。

全力加大产业项目投资力度。无论是即期的稳增长,还是长远的增后劲,项目都是主抓手、主动力。我们要把项目牢牢抓在手上,任凭东南西北风,狠抓项目建设不放松。要狠抓内源发展上项目。江阴拥有一批实力不俗的规模企业和上市公司,这是我们上项目、抓投入最宝贵的资源。要在完善装备贴息政策,引导企业围绕转型升级抓技改、换装备、上项目的同时,鼓励企业充分发挥自身优势,加快与跨国公司、大型央企、实力民企构建以利益为纽带、市场为核心、资源为依托的合作共赢机制,以产权换资金、以合作换市场、以存量引增量。要狠抓外源驱动引项目。招商引资始终是项目投入的主路径。要把工作重点放在招引体量大、质地优、带动力强的项目上,放在国际中高端产业和终端产品上,提高先进制造业、现代服务业在利用外资中的比重,提高超亿美元重大项目在项目投入中的比重,提高世界500强、大型央企、实力民企投资项目在新上项目中的比重。要以生产性服务业项目招引建设为重点,加快实施服务型制造重点项目,培育一批制造业服务化示范企业,大力促进现代物流、现代金融、信息技术等重点产业加快发展,培育壮大平台经济、文化创意、工业设计、休闲旅游等新兴业态,积极打造现代服务业集聚区。要在镇街园区开展项目招引建设主题竞赛活动,通过排序通报、现场观摩等方式,激发全市上下抓项目的积极性,形成各个板块竞相投入、项目竞相投产的生动局面。

全力优化政府服务效能。形势越严峻,企业越困难,政府服务越要给力。要把服务企业作为政府天职,以全天候、无条件、不打折的高效便捷服务,为企业排忧解难、暖心鼓劲。要以深化行政审批制度改革为重点,全面提升行政效能,全力消除"中梗阻",让企业办事创业更方便、更快捷、更舒心。要按照上级关于降低实体经济企业运行成本的最新要求,梳理和出台我市相关政策,扎实做好"降成本"工作,切实减轻企业负担,力争江阴的政府服务效率周边最高、企业经营成本周边最低。广大金融机构要牢固确立与实体经济唇齿相依、荣辱与共的"共同体"意识,千方百计对上争取指标、对下扩大投放、降低融资成本,确保信贷增量高于去年。要严控经济金融风险,健全防控体系,完善预警机制,强化属地责任,严打各类非法金融活动和恶意逃废债务行为,确保不发生有影响的经济金融风险事件。

(二)积极推进城乡一体化,大力提升城市功能品质。对一个地区而言,城市是综合实力的直接体现、拉动发展的强大引擎和百姓生活的幸福家园。要牢固确立协调发展理念,按照大城市定位,顺应城市发展规律,统筹推进城乡建设,确保到"十三五"期末,江阴城乡面貌有一个质的提升。

提升完善城市规划。规划是城市建设的龙头。要牢固树立"规划一张图"理念,统筹全市城镇、产业、居住、生态布局,实现"多规合一",打造层次分明、形态优美、集约集聚的城乡空间布局。要以新一轮城市总规为总纲,按照城乡一体化、城乡规划起点一样高的要求,加快完善各片区、各专项规划,形成以总规、详规、控规为主的规划体系。要坚持把城市作为一个作品来打造,高水准完成城市重要区域、重要街区、重要节点及周边景观的城市设计。要严格规划刚性执行,真正做到一张蓝图绘到底,一年接着一年干,一任接着一任干。

加强基础设施建设。客观地说,江阴在重大基础设施建设方面,可以挖的潜力、需要补的短板仍然很多。要在持续推进滨江地区和锡澄运河"一江一河"、南门、敔山湾、万达周边等重点片区开发建设的同时,超前规划、合理布局,统筹推进交通基础设施建设,以攻坚的决心打通城区断头路,加快主干道路快速化改造,全面完成锡澄运河航道整治、渡口迁建工程,加快推进与周边地区交通基础设施的对接,全力推进南沿江铁路、泰锡宜铁路开工建设的各项工作,构建内外畅通的现代快速交通体系。要加强各类市政基础工程的建设维护、各类老旧设施的提标改造,完善城市地下空间开发利用规划,开展海绵城市建设试点,探索推进地下综合管廊建设和易涝点改造,不断增强城市综合承载能力。

做好农业农村工作。对江阴来说,农业是小比例、大问题。要加快转变农业发展方式,以家庭农场、现代农业产业园、农民合作社为重点,加快培育新型农业经营主体,发展多种形式适度规模经营,不断增强农业物质装备和技术水平,确保年内"三资"*投农10亿元。要大力发展绿色农业、循环农业、特色农业和品牌农业,促进农村一二三产业融合发展。加快落实农村改革综合性实施方案,全面推进土地承包经营权确权登记颁证工作,健全农村产权交易服务体系,深化村级集体经济股份制改革。按照到"十三五"期末经济薄弱村年收入全部达超250万元的目标,全面启动新一轮扶持工作,全力推进经济薄弱村脱困转化。

深化城乡环境整治。近年来,江阴多轮次开展城乡环境综合整治,城乡面貌逐年改善提升,但与全国文明城市的测评要求、与全市人民群众的真切期盼相比,还存在不小的差距。我们要以更大的决心、更大的力度,深入开展城乡环境综合整治,加快城乡规划区内老旧小区、城中村改造和违建拆除工作,确保年内完成城中村改造17个、50.5万平方米,老旧小区改造14个、85万平方米,拆除各类违法建筑15万平方米;持续开展城市治堵治乱专项整治,优化交通组织,增加停车资源,实现主城区过境货车禁行,全面完成城区混凝土搅拌站外迁;持续开展城乡净化、绿化、美化工程,深化实施镇村环境整治行动,加快建设美丽乡村,持续改善农村人居环境。

提升城市开发管理水平。一座城市,三分靠建,七分靠管。要确立"大城管"理念,落实主体责任,完善联动机制,紧紧围绕群众最关心、最急迫、最现实的问题,深入推进网格化管理,不断夯实基层基础,实现城市管理的常态化、精细化、信息化。要充分发挥江阴民间资本充足的优势,结合投融资体制改革,引导民间投资通过投资基金、特许经营等途径进入基础设施、公共事业等领域。出台系统化解房地产库存的政策意见,保持房地产市场平稳健康发展。

(三)更加注重保护生态环境,建设现代化有特色的美丽宜居城市。保护生态环境,关乎民生福祉,关系江阴长远发展大计。要牢固确立绿色发展理念,树立生态文明标杆,坚持人民满意标准,下决心把环境保护各项工作抓紧抓实抓好,全力建设人文与山水交相辉映、人与自然和谐共生的美丽宜居家园。

推进产业结构转型。尽管经济形势依然严峻、稳增长压力很大，但环保标准不能降格以求，各级党委政府要严把环保关，严格执行新上项目能耗环保标准要求，严格实施环境总量控制区域限批，切实加大源头治理力度。要坚决淘汰落后产能，重拳整治小钢铁、小化工、小水泥、小电镀、小印染"五小"企业，加快燃煤机组超低排放改造，严控燃煤消费总量，年内确保关停"三高两低"企业*50个，10蒸吨以下燃煤型锅炉全部淘汰到位。大力发展绿色循环低碳经济，积极推动传统产业绿色化改造、重点企业清洁化生产、开放园区生态化改造，有效减少污染物排放。

完善生态治理体系。按照攻难点、还欠账、补短板的要求，深入推进环保基础设施建设，加快形成城乡衔接的生态治理体系。加强污水处理厂规范化管理，推进城区生活污水控源截污改造，完成黑臭河道整治14条，地表水考核断面好于III类的比例逐年提高。加快建设绮山应急备用水源地，持续推进城乡供水设施改造工作，全面实现全市域供水一张网。加快推进秦望山产业园、光大垃圾发电厂三期扩能建设，实施生活垃圾分类试点扩面。狠抓工业废气、汽车尾气、建筑扬尘、秸秆焚烧等治理，年内全市空气优良率超过65%。大力实施生态修复工程，突出路边河边山边村边，加强景观设计、绿化美化、山体复绿等工作，年内植树造林66.67公顷，打造一批环境优美的景观带和风景线。

提升集约发展水平。江阴作为工业经济大市、人口密集城市，空间占用多，资源消耗大，环境负荷重，发展空间和资源环境"两大制约"已经成为新一轮发展的最大瓶颈。要牢固确立精明增长的理念，实施能源和水资源消耗、建设用地等总量和强度双控行动，更大力度加强重点领域节能，严控高耗能、高污染和资源性行业发展，确保完成上级下达的节能减排任务。更大力度推动节约集约用地，开展城乡建设用地整治行动，通过提高土地保有成本等手段，从严控制新增用地，积极盘活低效用地，全面清理闲置用地，促进全市域集约集聚发展水平再上新台阶。

加大环保执法力度。严格落实环境保护"党政同责、一岗双责"要求，强化对干部的考核奖惩力度。坚决执行生态红线区域保护规划，落实排污权有偿使用和交易、污染第三方治理和生态补偿制度，完善企业环保信用等级评定，健全环保约谈制度、环境损害责任终身追究制度和环境损害惩治制度，以严格的制度保障生态文明建设。坚持源头严防、过程严管、后果严惩，完善环境行政执法和司法联动机制，建立网格化环境监管体系，按照"关停一批、登记一批、整治一批"的清理要求，全面完成环保违法违规建设项目的清理整治，严厉打击环境违法行为。

（四）进一步扩大对外开放，对接好国家重大发展战略。当前，中央制定实施的一系列重大发展战略，既为我国经济发展注入了强大动力，也为区域经济发展带来了重大机遇。要牢固确立开放发展理念，增强机遇意识，建立政企定期沟通协调机制，加强政策对接，主动对上争取，深挖战略红利，不断拓展江阴开放发展的新空间。

积极对接"一带一路"战略。随着"一带一路"战略的深入实施，江阴企业"走出去"的空间越来越广阔。要充分发挥江阴开放度比较高、实力比较强的优势和基础，坚持企业为主、政府推动、市场化运作，抢抓亚投行、丝路基金、境外资产抵押贷款等政策机遇，鼓励和引导全市有条件的企业，通过投资建厂、跨国并购、承包境外工程、承揽系统集成业务等多种形式，在参与"一带一路"建设中增创竞争新优势。

主动融入长江经济带建设。长江经济带建设，是一次长江沿线城市竞争力、影响力和综合实力的大洗牌。要充分发挥我市城市滨江、口岸优良、腹地宽广、两岸联动开发等优势，主动融入长三角，积极对接大上海，加快提升沿江开放园区品质能级，有序推进重大基础设施规划建设，大力整合岸线资源，不断优化通关服务，切实增强沿江产业、港口码头的辐射集散功能，为打造产业强市注入强大动力。

加快苏南国家自主创新示范区建设。苏南国家自主创新示范区建设，对全面提升江阴自主创新能力和带动辐射能力，具有重大而深远的意义。要高水平建设江阴滨江科技城，打造创新核心区，加快集聚一批具有全球视野和战略思维的创新创业领军人才，培育一批高成长性创新型企业，打造一批具有国际竞争力的创新型产业集群。在此基础上，充分发挥示范区政策资源优势，辐射带动全市各镇街、园区的科技创新，优化江阴区域创新体系和创新平台布局，推动人才、资金、技术等创新要素在全市域合理流动、优化配置和高效组合，形成全市域协同创新效应，全面提升江阴的区域创新能力。

创新提升开放园区。开放园区集聚了全市最多最好的发展资源，理应成为稳增长、快转型、大开放的主力军。高新区、临港开发区、靖江园区三大开放园区要继续发挥优势、做强特色，积极探索开放与创新融合、创新与产业融合的发展道路。要加大开放园区平台载体建设，力争临港开发区升级为国家级经济技术开发区、江阴保税物流中心成为国家级综合保税区，加快高新区青阳园区基础设施建设、项目招引落地，鼓励推动高端创新要素、服务要素和人才要素向开放园区集聚。要大力推进腾地拆迁、招商引资、项目建设、功能配套、环境整治等工作，使开放园区真正成为全市现代产业集聚区、改革创新示范区和最强劲的增长极。各镇街工业集中区也要按照集约化、特色化发展要求，加快优化规划布局、拓展发展空间、完善功能配套，加快实现提档升级，为壮大镇街经济实力奠定基础。

全力做好外资外贸工作。江阴经济的开放度高，做好外资外贸工作尤为重要。要全方位、多领域利用外资，不仅在产业项目、基础设施建设上引进外资，更要在高端医疗卫生、文化教育等社会事业上加大引资力度，集聚更多的外部要素发展自我、提升自我。要加快转变外贸增长方式,不断优化出口企业主体结构和产品结构,鼓励企业扩大具有自主知识产权、自主品牌的商品出口,以高质量的商品、集成化的服务赢得国际市场。

(五)更加重视民生保障,不断增强人民群众获得感。保障和改善民生,让人民过上美好的生活,是我们的奋斗目标。要牢固确立共享发展理念,扎实办好各项民生实事,切实做到补短板、保基本、兜底线、上水平,确保民生改善工作年年有进步,群众生活一年更比一年好。

持续提升保障水平。就业保障上,实施更加积极的就业扶持政策,重点抓好江阴籍高校毕业生、被征地农民、困难家庭等群体的就业工作,全年提供就业岗位5.5万个,促进本地劳动力就业2.2万人,江阴籍高校毕业生就业率达到92%以上。社会保障上,突出应保尽保、扩面提标,新增城保参保4万人,新农合筹资标准由每人每年740元提高到800元,城乡居民最低生活保障标准由每人每月670元提高到760元,被征地农民养老年龄段人员养老补助金由每人每月600元提高到670元,居民基础养老金由每人每月250元提高到280元。住房保障上,从实物保障为主逐步转向货币补贴为主,完善准入退出机制,强化动态管理,加快推进城镇常住人口住房保障应保尽保。救助帮扶上,统筹政府资源,汇聚社会力量,大力发展慈善事业,稳步提高救助标准,以常态化、精准化的扶贫帮困,保障困难群众基本生活。

大力发展社会事业。以促进公共服务均等化为重点,统筹推进各项社会事业,着力构建起覆盖全市、惠及全民的公共服务体系。教育上,以教育现代化为统领,以提高教育质量为核心,进一步放大优质教育资源、均衡城乡师资配置,持续优化城乡学校布局,促进各类教育优质协调可持续发展。卫生计生上,推进市医疗中心建设,全面实施社区卫生服务站提档升级工程,加强"医联体"(指区域医疗联合体,是将同一个区域内的医疗资源整合在一起,通常由一个区域内的三级医院与二级医院、社区医院、村医院组成的一个医疗联合体)建设,深化公立医院改革,全面实施一对夫妇可生育二孩政策。文化上,持续深入开展文化惠民活动,全面提档升级基层公共文化服务阵地,加快培育壮大文化龙头企业,促进文化事业与文化产业协调发展。体育上,继续深化体育"三进校园"(万球进校园、冠军明星进校园、资深教练进校园)工程,启动全民健身综合馆建设,扎实推进全民健身活动和设施普及普惠。养老上,推进医养护结合,加快养老设施建设和养老机构公办民营改革,优化居家养老服务,切实提高老有所养水平。

不断创新社会治理。围绕提高社会治理的科学化、法治化水平,进一步强化市、镇、村三级社会治理服务平台规范化建设,全面深化村(社区)网格化服务管理和综治信息系统建设,健全源头预防、动态排查、多元化解的矛盾排查化解机制,把各类矛盾纠纷化解在基层一线、消除在萌芽状态。全面深化司法体制改革,启动实施"七五"普法,加快各项建设的法治化进程。完善立体化现代化社会治安防控体系,依法严防和惩治各类违法犯罪活动,不断提升群众安全感。牢固树立安全发展理念,严格执行安全生产"党政同责、一岗双责"要求,严格落实企业、属地、部门"三方责任",强化隐患排查,强化监管整改,强化应急处置,坚决杜绝重大安全事故发生。

加快提升社会文明程度。始终把全国文明城市创建工作,作为有效提升城市文明程度、提升市民文明素养的重要举措。深入开展中国特色社会主义和中国梦宣传教育,大力弘扬江阴精神、华西经验、"炎黄"风尚,激发全市上下励精图治、开拓奋进。深入开展文明单位、文明行业、文明村镇等创建活动,开展"寻找江阴好人"主题活动,宣传表彰身边典型和凡人善举,在全社会营造崇德向善、见贤思齐的良好氛围。不断完善网格化管理推进机制、常态化督查问责机制,确保创建工作扎实有序推进。要强化宣传造势、创新参与渠道、丰富创建活动,特别是要大力弘扬江阴志愿者之乡的优良传统,健全志愿服务长效机制,不断激发全社会的参与热情,共同掀起全国文明城市创建的新高潮。

(六)大力营造干事创业浓厚氛围,共同创造江阴人民更加美好的生活。当前,江阴发展形势严峻、任务艰巨,但越是形势严峻,越要坚定信心、保持清醒头脑;越是任务艰巨,越要激扬斗志、凝聚奋进合力。我们要始终保持干事创业的激情、争先进位的状态,瞄准目标不放松、抢抓机遇不懈怠,干出一个你追我赶、争先恐后的发展态势,拼出一个竞相发展、蓬勃向上的生动局面。

充分调动企业家积极性。改革开放以来,江阴之所以能在县域经济版图上异军突起,很关键的是培育和涌现了一大批胸怀全局、敢闯敢干、执着发展、扎根江阴的优秀企业家。当前,经济下行的时间长、压力大,企业家创业兴业的艰辛不言而喻,我们要始终把广大企业家作为全市经济发展最稀缺、最宝贵的资源,倍加关爱,倍加支持,深入开展"三走进三服务"*活动,继续实施领导干部与重点企业、重大项目"双挂钩"制,广泛开展企业家特别是新生代企业家培训,大力宣传表彰优秀企业、优秀企业家,最大可能地激发企业家的干劲、鼓舞企业家的斗志、提振企业家的信心。

充分提振党员干部精气神。面对当前千帆竞发的竞争局面、不进则退的发展态势,我们要与时俱进大力弘扬江阴精神,全面激发江阴党员干部敢为人先不服输的心劲、勇争一流站排头的豪情、激情奋斗不停步的斗志。要更加重视正向激励,宽容工作失误,体谅干部困难,旗帜鲜明地为那些干事创业、无私奉献的党员干部多担当、多撑腰、多鼓劲。要全面强化考核导向,完善绩效评价体系和奖惩机制,让勇于担当、崇尚实干、善作善成,成为江阴党员干部的鲜明特质。

充分激发全社会创新创造活力。创新人才多、创业氛围浓,是发展生生不息的源头活水。要通过引进本科大学、建立专业人才培养基地等方式，加快打造“引得进、用得上、留得住”的人才高地。要围绕打造“创新型城市”目标，创新人才体制机制，强化人才创造财富、财富回报人才，营造保护创新、尊重创造的良好氛围，建立完善激励机制，搭建更多“双创”（大众创业、万众创新）平台，让全社会的创造活力竞相迸发、创新源泉充分涌流，真正形成“大众创业、万众创新”的生动局面。

充分汇聚共谋发展的强大合力。完成全年各项目标任务，需要全市上下群策群力，调动一切积极因素共同奋斗。要坚持和完善人民代表大会制度，支持人大及其常委会依法行使职能，完善人大讨论、决定重大事项制度，加强人大监督职能。要充分发挥政协作为协商民主重要渠道和专门机构作用，支持人民政协围绕民主和团结两大主题，更好地协调关系、汇聚力量、建言献策、服务大局。要巩固和发展最广泛的爱国统一战线，更好发挥各民主党派、工商联、无党派知识分子的参政议政作用。要把群团事业作为党的事业的重要组成部分，更好发挥工会、共青团、妇联等群团组织的桥梁和纽带作用，最大限度地凝聚社会各界推进改革发展、维护和谐稳定的共识和力量。

**四、坚定不移推进全面从严治党**

实现“十三五”良好开局，党建是保障，关键在干部。全市各级党组织要牢牢把握新形势下全面从严治党新要求，切实增强管党治党意识，落实全面从严治党责任，整体提升全面从严治党水平，为江阴“十三五”发展提供坚强保障。

（一）强化思想引领，坚定正确政治方向。思想过硬才能政治坚定、作风优良。要坚定理想信念。扎实推进学习型党组织建设，认真学习党的重大政治理论、方针政策，学习习近平总书记系列重要讲话精神，在学习教育和实践磨炼中，切实增强“三个自信”，认真践行“三严三实”。要重视党性锤炼。严格党内政治生活，不断强化党章意识，引导广大党员干部始终保持对党的绝对忠诚，做到任何情况下政治信仰不变、政治立场不移、政治方向不偏。要增强大局意识。各级党组织要始终与市委保持高度一致，把本地区本部门的工作，放到全市大局中统筹考虑、统筹谋划，确保市委决策部署不折不扣落到实处。

（二）狠抓队伍建设，提升干部能力素质。全面从严治党，重点要抓住领导干部这个“关键少数”。要严格选拔任用。以市镇两级换届为契机，按照“二十字”好干部标准，全面落实干部选拔任用工作条例，选优配强各级班子，推进干部跨地区、跨部门交流，真正使有能力、有经验、敢担当的干部充实到发展一线。要加强教育培养。健全干部教育培训机制，完善落实中心组学习、江阴大学堂培训等制度，更好发挥党校作为干部培养主渠道作用，灵活高效开展各级各类培训；要深化“墩苗培养计划”，多渠道培养年轻干部，搭建完善基层锻炼平台。要从严管理监督。严格执行干部个人有关事项报告核查制度，严格规范干部日常行为，抓好对干部“八小时外”的监督，实现干部监督管理的全覆盖。

（三）夯实基层基础，构筑坚强战斗堡垒。党的基层组织是党的全部战斗力的基础。要切实发挥基层党组织作用。以构建区域化大党建格局为抓手，以镇村两级党组织为核心，不断深化“五先五好”*服务型党组织建设。推广党建工作标准化流程，建设一批高标准、高质量的基层党建示范点。积极探索“两新”组织*等新兴领域党建工作新模式新办法，做响党建工作品牌，提升新兴领域党建工作水平。要切实发挥基层带头人作用。认真做好村、社区两委换届工作，着力优化村、社区干部队伍素质结构、年龄结构。完善村级民主管理制度，强化村账镇代理、“三务”公开等工作，用法治思维和民主方式优化村级管理。要切实发挥基层党员作用。严格落实党员领导干部结对帮扶群众、各级党代表联系服务群众等制度，形成党员干部直接联系服务群众新常态，引导广大党员干部更好地担负起推动发展、维护稳定的重任。

（四）保持勤政廉政，彰显共产党员本色。加强党风廉政建设，是营造风清气正政治生态和干事创业良好氛围的关键举措。要持续改进作风。紧盯“四风”*新形式新动向，细化作风建设考核办法，健全职能部门日常监管和联动检查机制，加大通报曝光力度，加快形成作风建设新常态。要全面提升效能。认真贯彻落实上级关于推动担当作为、防治为官不为的政策意见，健全完善“有为激励、无为问责”的制度体系，让马上就办、立说立行的实干作风，成为全市党员干部的思想自觉、行动自觉。要强化党风廉政建设。进一步完善责任清单、向同级党委和上级纪委“双报告”和“一案双查”（重大税务案件、查稽查执法、查税源管理）等制度，加强对“两个责任”*落实情况的管理考核和监督检查，推动“两个责任”落实常态化。深入贯彻《中国共产党廉洁自律准则》《中国共产党纪律处分条例》，坚持把纪律和规矩挺在前面，抓早抓小，动辄则咎，促进干部规范用权廉洁自律；深化“双巡双述（述廉述职）”工作，突出问题导向，注重结果运用；坚决抓好省委巡视组反馈意见的整改落实，确保如期完成各项整改任务，努力构建不敢腐、不能腐、不想腐的有效机制，确保江阴干部清正、政府清廉、政治清明。

同志们，宏伟的蓝图鼓舞人心，发展的重任催人奋进。让我们高举中国特色社会主义伟大旗帜，以习近平总书记系列重要讲话特别是视察江苏重要讲话精神为指引，深入贯彻落实党的十八大和十八届三中、四中、五中全会精神，以更加高昂的斗志、更加务实的态度、更加扎实的举措，确保实现“十三五”良好开局，为加快建设“强富美高”新江阴而努力奋斗！

# 政府工作报告

## ——2016年1月18日在江阴市第十六届人民代表大会第五次会议上

江阴市市长　沈　建

(张　岚摄)

## 2015年工作及"十二五"回顾

2015年,在中共江阴市委的正确领导下,全市上下面对错综复杂的宏观环境,全面贯彻党的十八大和十八届三中、四中、五中全会精神,深入学习贯彻习近平总书记系列重要讲话特别是视察江苏重要讲话精神,牢牢把握稳中求进总基调,积极适应经济发展新常态,统筹推进稳增长、促改革、调结构、惠民生、防风险等各项工作,较好地完成了市十六届人大四次会议确定的各项任务。

(一)经济运行稳中有进。坚持把稳增长作为首要任务,千方百计采取各项政策举措,经济增速稳定在合理区间,预计全年地区生产总值比2014年增长7.2%左右;完成一般公共预算收入218.9亿元、增长9.1%。实体经济平稳发展。切实发挥重点企业稳增长主力军作用,百强企业工业产值和入库税金预计分别增长3.1%和7%,11个企业入选"中国企业500强"。扎实推进资本经营,新增"新三板"挂牌企业14个,上市企业并购重组海内外优势企业5个,定向增发募集资金53亿元。积极开展"三解三促"*活动,帮助企业解决实际困难,全年减轻企业税费负担34.5亿元。有效投入持续增加。突出重点重大项目建设,完成固定资产投资1128.6亿元、增长7.9%。其中,工业投资514.6亿元、增长7.5%,服务业投资607.3亿元、增长9.1%。完成到位注册外资10.1亿美元,其中制造业项目占比达65.3%,中芯长电、中建材1.5吉瓦薄膜太阳能电池等一批重特大项目相继落户。扎实推进中芯国际3D集成芯片、华泰汽车自动变速器、汉邦PTA二期等重点项目建设,大明重工金属新材料、海澜财富中心等一批超亿元项目顺利竣工,全市70项重大产业项目当年完成投资227.1亿元。消费需求不断扩大。举办"江阴购物节"、房交会、购车节等活动,社会消费品零售总额首次突破700亿元、增长9.7%。积极推进"互联网+商贸流通"融合发展,"淘江阴""澄e工场"等一批自主电商品牌加快成长。着力完善农副产品供给网络,建成生鲜农产品配送中心2个、平价生鲜超市55个。房地产市场基本平稳,商品房销售面积、销售金额分别增长11.1%和18.2%。对外开放日趋向好。主动融入国家开放战略,着力优化贸易投资便利化环境,预计全年完成进出口总额204亿美元,其中出口额124亿美元。加强中小微外贸企业融资服务,外贸融资宝、中信保受益面持续扩大。积极培育进出口平台和产业示范基地,建成无锡地区首个省级进口商品交易中心。全年新批对外投资项目超30项,完成中方协议投资额超6.8亿美元、增长27.6%,投资总额位列全省同类城市首位。积极应对外贸企业贸易摩擦,江阴德玛斯特钻具有限公司、江苏三房巷集团有限公司、江苏华宏实业集团有限公司等企业"反倾销、反补贴"案件得到妥善解决。金融环境稳定有序。深入开展"工业企业健康体检"活动,协调处置不良贷款53.7亿元。设立中小企业互助资金平台5个,市镇两级为企业提供应急转贷资金59.6亿元。建立市级信贷风险补偿资金池,助推大众创业、万众创新"双创"和中小微企业发展。新增商业银行分支机构2个,全市金融机构存贷款余额3099.3亿元、2485.5亿元,分别比2014年增长5.6%和5.4%。加快企业信用体系建设,依法防范和处置经济金融风险,切实保障经济平稳增长。

(二)转型升级步伐加快。着力加快产业结构调整,推进改革创新,增强发展活力,发展的质量和效益明显提升。产业结构持续优化。推动传统产业改造升级,完成工业技改投入387.1亿元、增长13.5%,新认定省级“两化融合”*示范试点企业8个。全年实现规模以上工业产值5772.4亿元、增长1.44%,高新技术产业产值占规模以上工业产值比重较2014年提高2个百分点。加快发展现代服务业,预计实现服务业增加值1250亿元、增长8%,占地区生产总值比重达43.4%,提高0.6个百分点。江阴港新增对外开放泊位2个,完成货物吞吐量1.4亿吨。徐霞客休闲旅游度假区获批省级旅游度假区。加快推进高效农业,完成农业总产值89亿元,粮食生产连续实现丰收,农业适度规模经营比例预计达85%。创新能力显著提升。扎实推进高新区苏南国家自主创新示范区建设,组织实施省级以上科技计划项目325项、重点产学研合作项目60项,获得国家科技进步奖3项、国家专利优秀奖1项。新认定省高新技术企业97个、省民营科技企业157个、省高新技术产品209种。新批省工程技术研究中心13个、省研究生工作站13个,苏南中关村科技成果转化中心、江阴市节能环保产业技术研究院等相继建成。新增国内标准化组织1个,新申报省名牌产品12种,新认定中国驰名商标5件、省著名商标17件,万人有效发明专利拥有量达13.7件,国家级船舶材料质检中心通过国家质检总局验收,江阴兴澄特种钢铁有限公司、江苏阳光集团有限公司获第二届中国质量奖提名奖。加大科技人才引育力度,新引进诺贝尔奖得主1人,新培育国家“千人计划”*人才2人、江苏省“双创团队”*1个、“双创人才”*16人,新增江苏“外专百人计划”*人才1人。获评江苏省企业首席技师2人,澄西船厂技工学校成功创建省高技能人才培养示范基地。综合改革稳步推进。深化政府机构改革,“一办三中心”政务服务体系建设全面完成,工商质监、食品药品监管、不动产统一登记机构和职责整合到位,供销合作社综合改革全面推进。编制公布行政权力清单,实施工商营业执照、组织机构代码证和税务登记证“三证合一”“一照一码”登记制度。积极推进“三集中三到位”(指部门行政审批职能向一个科室集中、承担审批职能的科室向行政服务中心集中、行政审批事项向电子政务平台集中,审批事项进驻落实到位、授权到位、电子监察到位),一站式政务服务综合平台基本建成。严格落实全口径预算编制,财政预算、部门预算、“三公”经费*预算和政府专项资金清单全面公开。认真执行财政专项资金事前绩效目标、事中跟踪审计、事后绩效评价的管理机制,绩效评价实现全覆盖。扎实推进农村综合改革,8个行政村完成村级经济股份制改革,80%以上行政村启动农村土地确权登记颁证工作。着力完善农村产权交易服务体系建设,市级农村产权交易中心建成投运。

(三)城乡建设统筹推进。实施新一轮城市建设五年行动计划,着力优化城市功能,改善群众居住环境,城市品质不断提升。片区开发扎实推开。强化城区重点片区规划设计,加快“一江一河”、南门、敔山湾及万达周边地区开发建设,澄星广场、九方城等商业综合体顺利推进。虹桥路南延伸段、应天河风光带二期加快建设,人民东路完成改造,皮弄路二期、前进路、普惠路中段等竣工通车。切实抓好拆迁安置工作,全市完成拆迁155万平方米,其中城区68万平方米;澄南花苑、通惠花苑等安置小区建成交付,全市新建成安置房199万平方米,9000余户被拆迁户完成安置分房。基础设施日益完善。新锡澄运河25千米航道全线通航,申港河西新渡口、锡澄高速公路花山互通基本建成,世纪大道改造全线竣工,锡澄路大修、新长路长泾段等工程开工建设。新建公交候车亭50只、公交电子站牌40只,城市空港候机楼建成投运。城区公共自行车服务系统扩容升级,新建网点126个,投放自行车2500辆。启动农村供水老旧管网和一户一表改造试点,城区污水主次管网改造一期工程顺利完成。完成热网整合南线工程,新增天然气居民用户3.1万户。新沟河延伸拓浚工程进展顺利,长泾东部、文林社区防洪排涝工程基本完工,新华路泵站、鲥鱼港闸站完成改造。综合管理有力有效。深入开展全国文明城市创建工作,扎实推进“七整七治三提升”*城乡环境综合整治,城乡环境面貌有效改善,国家卫生城市顺利通过复审。实施城中菜场、天鹤菜场等城区农贸市场标准化改造,完成15个老小区、9个城中村、15个背街小巷改造。加快推进光大垃圾发电厂三期工程前期工作,启动建设城区餐厨废弃物处理点、镇街餐厨果蔬垃圾综合处理点,土地山建筑垃圾集中处置场建成投用。强化城市交通秩序管理,城区政府投资性公共停车泊位实现社会化运营。落实新建住宅小区“零违建”验收制度,查处违法建设10万平方米。

(四)生态环境不断优化。强化环境突出问题专项整治,统筹推进环境建设、管理和保护工作,生态环境持续改善。综合治理力度加大。严把项目准入门槛,否决一批不符合环保要求项目,改造提升印染企业200余个。实施张家港河及沿线支流整治,完成黄山港河等4条城市黑臭河道整治。落实大气污染防治措施,推进利港电厂、苏龙热电超低排放改造,关停热电企业6个、“三高两低”企业56个,淘汰燃煤锅炉235台、黄标车及老旧机动车9004辆,PM2.5平均浓度较2014年下降5.6%,城市空气优良率64.9%、较2014年提高6个百分点。加强畜禽养殖污染整治,农业废弃物综合利用率达96%。强化城市噪声功能区管控,工地施工、娱乐场所等噪音扰民问题得到有效治理。资源利用效率提升。实施煤炭总量控制,预计万元地区生产总值能耗下降5%。组织实施重点节能改造工程,年节能量超过10万吨标煤。落实资源综合利用措施,全年综合利用固体废物总量500万吨以上。推广清洁生产技术和清洁能源,建成分布式光伏发电项目28.7兆瓦。深化水资源管理,创建省市级节水型载体10个。加强耕地和基本农田保护,完成土地综合整治43.57公顷,盘活存量土地182公顷。环境保护全面加强。完善全市域生态补偿机制,生态红线区域面积占市域国土面积达21.06%。启动绮山应急备用水源地、秦望山产业园建设,推进城镇污水管网建设改造,新建污水主管网30千米,建成生活污水处理设施村庄50个。江阴大道、海港大道等一批重点绿化工程顺利完成,秦望山地质环境治理复绿8万平方米,全年新增造林绿化面积247.47公顷,全市林木覆盖率23.92%,人均公园绿地面积达15.94平方米。月城芙蓉湖生态保护区入选国家级水利风景区,获批省级湿地公园。强化行政司法联动和环境刚性执法,全年立案查处环境违法案件304件。

(五)社会事业协调发展。加大民生事业投入,扎实推进民生实事,群众生活不断改善。社会保障逐步完善。着力推进创新创业,大学生创业园正式开园,创客联盟团、三牛众创等6个众创空间成功投运。全年提供就业岗位5.8万个,解决本地劳动力就业4.3万人,预计全年城镇和农村居民人均可支配收入分别达到50770元、26120元,增长8.3%和9%。城乡养老保险制度不断完善,被征地农民社会保障"即征即保"加快落实,企业退休人员养老金、最低生活保障标准等保障待遇稳步提升,全年社会保险扩面新增4.5万人。不断加大医保惠民力度,新农合基本医疗保障筹资水平提高到人均740元,政策范围内住院费用报销比例达80%。着力优化养老服务体系,夕阳红二期等工程进展顺利,实施政府购买居家养老援助服务1万余户,新建社区居家养老服务站18个,获评省现代民政示范市。民生事业加快发展。积极创建江苏省首批教育现代化建设示范区,完成新一轮教育发展规划编制,扎实推进市第一初中易地新建、市二中改扩建等工程,实施20所农村小学办学点标准化建设,教育质量明显提高。加快完善医疗卫生设施,市医疗中心土建工程主体封顶,市120急救中心建成投运。全面推进公立医院改革,医联体建设进展有序。人口计生服务持续优化,"单独二孩"政策平稳实施。深入推进国家公共文化服务体系示范区创建,在全国率先探索社会资本参与全民阅读社会化模式,组织开展市民文化周系列活动100多场。张纪清入选感动中国年度人物,"炎黄精神"广泛传颂。启动实施学生"人人学会游泳"三年行动计划,全面完成1000个全民健身点规范整治,成功创建首批江苏省公共体育服务体系示范区,获评全国青少年校园足球试点县(市)。社会管理不断深化。全面推进村、社区网格化管理,社区减负增效取得实效,社会组织、社工队伍不断壮大。组织开展"社会治理创新深化年"活动,深入推行社会稳定风险评估,依法处理涉法涉诉信访案件,劳资、拆迁、环保等矛盾纠纷有效化解。"六五"普法全面完成,全民法律素养稳步提升。不断加大食品药品监督管理力度,市食品安全检测中心建成投用。全面落实安全生产责任,扎实开展安全标准化建设,切实加强道路交通、消防、危险化学品等领域安全监管,全市安全生产形势平稳向好。深化防范和处置"两欠一逃"(拖欠工程款、拖欠农民工工资、弃企逃债)专项工作,认真开展打击治理"两盗一扒一骗"(入室盗窃、盗窃电动自行车,扒窃,电信网络诈骗)犯罪、百城禁毒会战等专项行动,群众安全感持续提升,治安满意率继续保持领先,社会大局保持和谐稳定。

(六)政府建设全面加强。着力优化政府运行机制,加强依法行政、高效施政、廉洁从政,政府服务能力有效提升。依法行政扎实推进。严格按照法定权限和程序行使权力、履行职责,自觉接受市人大及其常委会的法律监督、工作监督和市政协的民主监督,办理人大代表议案、建议168件,政协委员提案304件。"城区过境货运车辆禁行""加快城区企业退城搬迁"议案决议基本实现既定目标。落实重大行政决策程序规定,决策实施后社会风险评估等制度不断完善。完善规范性文件后评估常态化工作机制,政府法律顾问制度初步建立。健全政府信息公开机制,行政权力网上公开透明运行进一步加强。服务效能不断提高。统筹实施事业单位改革,严格落实控编减编措施,机构编制、财政供养人员实现"零增长"。提升公共服务平台功能,"12345""110"等服务热线实现联动互通。继续推进行政审批服务提速提质提效,投资建设项目行政审批流程不断优化简化。规范中介服务行为,行政审批中介服务项目目录清单制度全面推行。深化"强镇扩权"工作,徐霞客镇完成承接下放行政权限项目714项。机关作风持续改进。扎实开展"三严三实"*专题教育,深入推进"三走进三服务"*、领导干部服务企业等活动,以作风建设成效推动各项工作落到实处。完善作风建设联动和问题导向督查机制,积极整改落实上级和群众意见建议。推进行政公权力、窗口服务单位作风建设,慵懒散怠、不作为现象得到有效整治。严格落实中央"八项规定"和省市委十项规定精神,政府采购、财务管理、公车管理使用等更加规范,"三公"经费*开支下降22%。落实党风廉政建设责任制和廉洁从政各项制度,推进预防和惩治腐败体系建设,廉政建设实现长效化、常态化。

2015年全市主要目标任务的完成,标志着"十二五"发展顺利收官。"十二五"时期,是江阴发展进程中极不平凡的五年。全市人民凝聚智慧和力量,积极应对国际金融危机,努力破解发展难题,推动各项事业协调并进,较好地完成了"十二五"规划既定的各项目标任务,全市经济社会发展迈上了新的台阶。

过去的五年,是经济发展平稳健康、综合实力显著增强的五年。我们始终坚持解放思想不动摇,牢牢把握科学发展这一鲜明导向,着力完善有利于发展的体制机制,全力稳定经济增长,加快提升经济发展质量和效益,全市经济实力始终保持在同类城市前列。地区生产总值年均增长9.4%,人均地区生产总值达到2.8万美元,一般公共预算收入年均增长10.9%,规模以上工业产值年均增长4.4%。着力培育大企业大集团,开票销售超百亿元企业达到19个。突出有效投入,全社会固定资产投资累计完成4670亿元、年均增长

12.5%。兴澄特钢特殊钢线材、远景能源、中建钢构二期、信越化学、斗山机械、万达广场、海澜智能化立体仓储、金三角建材市场等一批重点项目相继建成。加大企业上市扶持力度,"江阴板块"不断扩容,9个企业顺利上市,累计达35个上市公司、36只上市股票。新批超亿美元项目20项,到位注册外资总额达42.2亿美元、年均增长13.1%,进出口总额、出口额分别突破200亿美元、100亿美元大关。

过去的五年,是产业结构加快调整、转型升级取得实效的五年。我们始终坚持转型升级不动摇,牢牢把握改革创新这一根本动力,在逆境中克难奋进主动转,在机遇前乘势而上加速转,加快提升传统产业,做大做强新兴产业,着力提升现代服务业,积极发展现代农业,走出了一条具有江阴特色的转型发展之路。着力发展先进制造业,高新技术产业产值占规模以上工业产值比重提高25个百分点。不断壮大现代服务业规模,服务业增加值年均增长11.1%。加快发展高效农业、设施农业,农业园区化率年均提高3个百分点,设施农业面积扩大2666.6公顷。三次产业比例由2010年的1.8∶59.2∶39调整到1.6∶55∶43.4。扎实推进科技创新,全社会研发投入占地区生产总值比重提高0.62个百分点。江阴获评国家知识产权示范城市,高新区成功跻身国家高新区和苏南国家自主创新示范区行列,全市累计建成国家"火炬"计划特色产业基地5个、国家级科技孵化器3个。新增国家"千人计划"*人才17人,拥有高新技术企业381个,新增授权专利3.6万件,中国驰名商标累计49件。

过去的五年,是功能配套日益完善、城乡面貌稳步提升的五年。我们始终坚持城乡统筹不动摇,牢牢把握协调发展这一重要原则,紧紧围绕建设滨江花园城市总目标,加快提升城市品质能级,更加注重城乡一体发展,城市现代化、城乡一体化进程实现新的进展。全市域控规、各片区各镇总体规划、市域镇村布局规划完成修编,城乡空间布局得到优化。沿江、沿锡澄运河地区形象初现,南门地区路网体系基本形成,敔山湾、城西地区功能配套不断完善。持续推进城乡基础设施建设,江阴大道、海港大道等6条省级干线公路相继建成,30多条城区"断头路"陆续打通。市人民医院新病房大楼等一批精品工程顺利投用,市广播电视中心扩建(改造)工程获中国建筑工程"鲁班奖"。城区实行过境货车分时段禁行,城市公共交通出行分担率28.5%,行政村实现公交全覆盖。完成青祝河治理等一批流域区域水利工程,全市综合防洪能力有效提升。扎实推进新市镇、新农村建设,累计创建无锡市幸福镇7个、幸福村152个,农村土地确权、产权交易等综合改革不断深化。着力提升群众居住环境,累计完成拆迁1246万平方米,建成安置房1065万平方米,改造老小区45个,村庄环境整治全面推进。

过去的五年,是生态建设不断加强、环境质量持续改善的五年。我们始终坚持环境保护不动摇,牢牢把握生态宜居这一核心价值,切实把生态建设与经济发展、民生改善有机结合、协调推进,着力优化生产、生活和生态空间,全市环境面貌持续好转。严格划定生态红线保护区,率先在全省推行环境信用评价制度。扎实推进节能减排工作,关停"三高两低"企业*313个、热电企业11个,提前完成主要污染物"十二五"减排任务,万元地区生产总值能耗较"十一五"期末下降20%。大力开展环境专项整治,治理疏浚河道289条,化工园区生产和仓储企业整治全面完成。建成地下水应急备用水源地,新建城乡污水主次管网300千米,在全省率先实现建制镇污水处理设施全覆盖。新增造林绿化面积0.28万公顷,林木覆盖率较"十一五"期末提高3.19个百分点,创建资源节约型、环境友好型社会示范乡镇11个、省级生态村30个。

过去的五年,是社会事业快速发展、民生福祉不断提高的五年。我们始终坚持以人为本不动摇,牢牢把握共建共享这一现实追求,把改善民生作为政府工作的出发点和落脚点,尽心尽力促民富、解民忧、保民安,让人民群众充分享受到改革发展成果。推动就业扶持政策城乡并轨,累计提供就业岗位28.5万个,成功创建省创业型城市。城镇、农村居民人均可支配收入分别比"十一五"期末增长68.2%、75.3%,农村居民人均可支配收入连续15年名列全省同类城市第一。城乡基本养老保险制度全面衔接,企业退休人员养老金、居民养老保险基础养老金等逐年提高,全市人均期望寿命达81.47岁。推动教育优质均衡发展,新建中小学校舍33.4万平方米,获评全国义务教育发展基本均衡市,累计投入教育经费177.8亿元。大力发展卫生事业,组建市人民医院和中医院两大医联体,实行公立医院药品零差率销售,在全国率先建立大病补充保险制度。加快发展文化体育事业,万人拥有公共文化设施面积达1830平方米,成功创建国家体育产业基地。

五年来,地方志、档案、接待、外事、审计、统计、物价、人武、民防、民族、宗教等工作取得新进展,对台、拥军优属、侨务、妇女、儿童、青少年、红十字、残联、对口援建等各项事业实现新进步。

各位代表,"十二五"和过去一年取得的成绩,是全市人民在中共江阴市委的坚强领导下,凝心聚力、顽强拼搏的结果,是社会各界和衷共济、团结奋斗的结果。在此,我代表市人民政府向全市人民,向人大代表、政协委员,向各民主党派、工商联、各人民团体和各界人士,向离退休老同志,向驻澄人民解放军、武警官兵和公安干警,向驻澄单位,向所有参与、支持和关心江阴建设与发展的各界朋友,表示衷心的感谢和崇高的敬意!

在总结成绩的同时,我们清醒地看到经济社会发展依然存在着一些问题和挑战:产业结构性矛盾仍然突出,部分行业、企业经营困难,转型升级任务艰巨。城乡基础设施、基本公共服务还不够完善,城市建设和管理水平有待提升。节约集约利用资源的程度不够高,破解要素制约的办法还不够多,环境保护和生态治理任重道远。经济社会发展领域的一些潜在风险不容忽视,社会治理面临许多新情况、新问题。依法行政能力和行政服务效能有待提高,转变作风长效机制还需要进一步完善。对这些困难和问题,我们将采取切实有效的措施加以解决。

## “十三五”期间的主要目标和发展战略

“十三五”时期,是我市深入贯彻落实习近平总书记系列重要讲话特别是视察江苏重要讲话精神、推动全面建设新江阴取得重大进展的重要时期,是高水平全面建成小康社会的决胜阶段和积极探索开启基本实现现代化建设新征程的重要阶段。从国际看,金融危机深层次影响长期存在,新一轮科技革命和产业革命蓄势待发,世界经济在深度调整中曲折复苏。从国内看,我国经济发展面临着很多困难和挑战,但韧性强、回旋余地大,经济发展长期向好的基本面没有改变。从江阴看,我们正处于负重爬坡、加快转型的关键时期,随着经济发展新常态带来的发展方式、发展动力转变,特别是“一带一路”、长江经济带建设等国家战略的实施,江阴也面临着新的重大机遇。我们要坚定发展信心不动摇,坚持谋在先、干在前,牢牢把握发展机遇,主动适应经济发展新常态,把全部精力集中到加快转变经济发展方式、加快调整经济结构、加快培育形成新的增长动力上来,全力建设“强富美高”新江阴,高水平全面建成小康社会,积极探索开启基本实现现代化建设新征程,继续当好全省全国县域经济发展的排头兵和领头羊。

“十三五”发展的主要预期目标是:地区生产总值年均增长7%左右,一般公共预算收入年均增长7%左右;高新技术产业产值占规模以上工业产值比重达45%,服务业增加值占地区生产总值比重达46.5%;全社会研发投入占地区生产总值比重超3%;单位地区生产总值能耗和二氧化碳排放量分别比“十二五”期末降低15%和19%;提前实现城乡居民收入比2010年翻一番。实现“十三五”发展主要目标,必须全面贯彻创新、协调、绿色、开放、共享五大发展理念,认真落实供给侧结构性改革新要求,主动适应经济发展新常态,大力实施六大发展战略:

实施产业强市战略。主动融入全球产业分工体系,推进信息化和工业化、制造业和服务业深度融合,积极发展新产业、新技术、新业态和新模式,不断推进产业转型升级,抢占产业发展制高点,以企业强促进产业强,以产业强支撑经济强,奠定江阴发展的坚实基础。

实施创新驱动战略。坚持把发展的基点放在创新上,把创新贯穿于“十三五”经济社会发展的全过程和各方面,充分激发企业创新积极性和社会创新活力,加快形成以创新为主要引领和支撑的经济体系、发展方式,使创新这个推动发展的主引擎释放出更为强劲的动力。

实施改革开放战略。始终把改革开放作为江阴可持续发展的活力之源,突出重点领域、关键环节,全面深化各项改革,不断健全体制机制,坚持“走出去”和“引进来”并重,加快经济、城市、人才等各领域的国际化步伐,全面激发转型提升新动能、构筑区域竞争新优势。

实施城乡统筹战略。紧紧围绕“城市现代化、城乡一体化”目标,科学统筹城市建设和农村发展,持续优化市域空间布局、完善城市基础设施、提升城市功能品质,加快新型城镇化和美丽乡村建设,深入推进城乡发展一体化综合改革,加快推进城乡规划、产业发展、市场体制、基础设施、公共服务、管理体制“六个一体化”进程,形成城乡互动发展、相得益彰的和谐景象。

实施绿色发展战略。坚持把环境保护和生态文明建设作为最大的民生、发展的生命,从生产和生活两头入手、治理和保护两手齐抓、约束和激励两端发力,大力优化产业结构、能源结构和生态治理结构,更加注重集约发展,加快形成节约资源和保护环境的空间格局、产业结构、生产方式、生活方式。

实施民生优先战略。把民生需求作为经济社会发展的根本导向,按照人人参与、人人尽力、人人享有的要求,坚守底线、突出重点、完善制度、引导预期,让城乡居民更多更公平地分享改革发展成果,做到生活水平与发展水平同步提升、民生改善与经济增长同步协调,让全市人民在共建共享中不断增强获得感、提高满意度。

## 2016年工作任务

2016年是“十三五”规划开局之年,做好今年经济社会发展各项工作意义重大。今年政府工作的总体要求是:全面贯彻党的十八大和十八届三中、四中、五中全会精神,深入贯彻习近平总书记系列重要讲话特别是视察江苏重要讲话精神,坚持“四个全面”战略布局,坚持创新、协调、绿色、开放、共享发展理念,坚持发展第一要务,坚持稳中求进总基调,紧紧围绕高水平全面建成小康社会和全力建设“强富美高”新江阴的总目标,以提高发展质量和效益为中心,突出创新驱动,推进改革开放,加快转型升级,提升城市功能品质,加强生态环境建设,切实保障和改善民生,确保经济平稳健康发展和社会大局和谐稳定,努力实现“十三五”发展良好开局。

2016年,全市经济社会发展的主要预期目标是:地区生产总值增长7.5%左右。一般公共预算收入增长7.5%左右。全社会固定资产投资增长10%左右。社会消费品零售总额增长10%左右。城乡居民收入与经济保持同步增长。城镇登记失业率控制在3%以内。万元地区生产总值能耗和主要污染物排放削减量完成无锡下达的目标任务。

实现上述目标,今年重点抓好以下六个方面的工作：

一、坚持提质增效，全力推动经济转型升级

落实供给侧改革要求，坚持以提升经济发展质量和效益为中心，着力稳定经济增长，加快产业结构调整，推进产业智能化、绿色化、服务化和高端化发展，努力打造现代产业新高地。

支持实体经济发展。支持大企业大集团通过国内外资本强强合作、兼并重组、股权投资等方式，不断巩固行业地位、提升市场份额，全面增强核心竞争力。引导中小企业做优做精主业，推动企业间开展产业链协作配套，加快培育一批"专精特新""小巨人"企业。支持上市、挂牌企业借力资本市场做大做强，新增境内外上市公司6个、"新三板"*挂牌企业15个，加快"江阴板块"扩容升级。加强金融创新服务，优化信贷结构，新增银行各类融资300亿元。完善市镇两级转贷平台服务机制，妥善化解各类经济金融风险，确保区域经济金融生态安全。继续清理不合理收费，规范完善政策扶持机制，切实帮助企业降低运行成本。健全服务企业常态化机制，继续开展"三走进三服务"*等活动，帮助困难企业走出发展困境。

加大产业项目投入。深化产业链招商，突出以企引企、以外引外，确保新引进外资9亿美元以上。坚持增量引进和存量提升并重，积极发展混合所有制经济，加强高端领域、重点关键环节对接合作，争取更多央企、大型外企民企优质产业项目落户江阴。完善装备贴息政策，推动装备更新、新品开发、信息化改造，不断提高产品技术、工艺装备水平。发挥政府引导性资金杠杆效应，创新政府和社会资本合作模式，支持初创期成长型中小企业加快发展。推动资源要素、优质服务向重大产业项目集中，推进一批在手在建项目快建设、早投产，加快培育新的经济增长点。

培育先进制造业集群。突出基础产业优势，推动制造业向高端装备、高新技术、高度集成发展，着力增强制造业竞争力，力争完成工业总产值6600亿元，规模以上工业增加值增长7.5%左右。大力实施"中国制造2025江阴五年行动计划"，着力推进冶金、化工、机械制造、纺织服装等传统产业生产方式向柔性、智能、精细转变，加快推动产业结构由中低端向中高端迈进。立足江阴现有产业基础，重点培育新能源、新材料、新一代信息技术、生物医药、节能环保等战略性新兴产业，大力推进物联网、大数据等产业化，新兴产业产值占规模以上工业产值比重提高0.5个百分点。加快建设一批智能车间、智能工厂，争创省"两化融合"示范试点企业5个。

提高现代服务业质量。突出服务业重点区域、重点行业、重点项目，加快传统服务业提档升级、新兴服务业提速扩面，力争服务业增加值占地区生产总值的比重达44%。依托制造业发展优势，大力发展工业设计、服务外包、融资租赁等新兴服务业，加快推进企业向"微笑曲线"两端延伸，着力提升生产性服务业发展水平。实施工业企业分离发展服务业，年内完成分离发展企业30个。发展互联网平台经济，打造一批以钢铁、化工原料等大宗商品为主的行业性电子商务综合平台。培育大型商贸、文化、养老、医疗健康等消费市场，加快生活性服务业向精细和高品质转变。推进建设徐霞客省级休闲旅游度假区，整合开发特色旅游资源，促进旅游产业健康发展。加快长洋码头、5号码头等新建扩建工程建设，推动江阴港主动融入上海航运中心，促进港口物流、临港产业与城市功能协调发展。

壮大高效农业规模。深入实施农田水利建设规划，加强高标准农田建设，提升生产设施装备水平，力争农业园区化率达45%。创新农业生产经营形式，壮大新型农业经营主体，发展农业电子商务，促进农业龙头企业、农民专业合作社、家庭农场发展，新建合作社示范社10个，无锡市级以上农业龙头企业销售收入增长8%。大力发展无公害农产品、绿色食品和有机农产品，加强农产品质量安全监管和追溯体系建设。新建省级标准化蔬菜生产基地2个，确保粮食、蔬菜自给率稳定在45%以上。

二、坚持改革创新，不断增强发展后劲活力

扎实推进重点领域和关键环节改革，集聚创新资源，提升开放水平，努力把改革红利和开放优势转化为发展新动能。

深化综合改革。积极推行政府责权清单管理，公布政府部门责任清单。深入推进"三集中三到位"，全面推行"三证合一""一照一码"登记制度改革，继续清理规范中介服务项目，加强行政审批事项事中事后监管，进一步提高审批服务效率。深化经济发达镇行政管理体制改革试点工作，进一步激发发展活力。深化预算管理改革，完善全口径预算管理体系，推进预决算信息公开。优化国有资产管理体制，拓展国资公司经营范围，确保国有资产保值增值。发挥财政专项资金和股权投资基金引导作用，推行PPP（公私合作模式）发展模式，提升资产投入多元化水平。加强政府性债务管理，严控增量债务，消化存量债务，压降债务成本。继续推进人事制度改革，实施机关事业单位养老保险制度改革。深化农村产权制度改革，创新农村合作经济组织发展方式，加快农村土地承包经营权确权登记，实现镇街农村产权交易服务中心建设全覆盖。

突出创新驱动。坚持企业主体地位，加强关键核心技术攻关，加快科技成果转化，力争高新技术产业产值占比超41%，新增省高新技术企业50个。聚焦新一代信息技术、新材料、智能制造、生物技术等领域，实施一批科技成果转化项目，搭建一批重大科技创新平台，培育一批创新型产业集群，力争万人发明专利拥有量达14件。完善产学研合作机制，新建产业技术研究院1个、省级以上研发机构15个，实施重点产学研合作项目60项。推进高层次人才集聚行动，大力引进带技术、带项目、带团队的创新创业领军人才。深化产教融合、工学结合、校企合作，大力推行现代学徒制试点工作，加快培养契合产业发展的技术技能型人才，新增高技能人才3000人。

扩大对外开放。主动对接国家“一带一路”、长江经济带等发展战略,加快富余产能走出去,提升企业开放水平。积极发展跨境电子商务、外贸综合服务平台,加强出口基地建设和品牌打造,巩固出口市场、扩大出口规模、拓展服务贸易,力争进出口总额实现正增长。搭建稳外贸公共平台,帮助企业规避贸易壁垒和风险,促进外贸平稳增长。鼓励本土企业探索境外经贸合作方式,支持钢铁、纺织服装等传统产业向海外转移,提高产品国际竞争力。复制推广上海自贸区贸易便利化措施和经验,加快电子口岸二期建设,着力巩固区域性江海枢纽港地位。

提升园区贡献度。放大开放园区载体优势、产业优势,坚持增量扩容与结构优化同步推进,着力提升园区发展水平和质量。增强高新区苏南国家自主创新示范区辐射效应,积极培育创新型产业集群,促进重大科技成果加速转化,全力打造创新驱动发展先行区。加快青阳园区基础设施建设,积极引进智能装备、电商物流等产业项目,增强园区发展能力。做强临港开发区特色产业园区,继续推进综合保税区等平台建设,提高长江岸线综合利用水平,推动区港联动和产城融合,着力打造江阴进出口贸易基地和长三角地区功能性港口。做大做强靖江园区临江主导产业集群,招引一批重大产业项目,进一步完善联动开发体制机制,再造园区发展新优势。着力推动各镇街工业集中区特色化发展,提升开发利用效率,增强对镇域经济的带动作用。

**三、坚持协调发展,扎实推进城乡一体化进程**

深入实施新一轮城市建设五年行动计划,统筹推进城乡建设与管理,不断提升城市能级和品质,着力建设现代化有特色的美丽宜居城市。

强化城乡规划。完善城乡规划修编,确保“十三五”规划与城市总体规划、土地利用规划和各类专项规划全面衔接。优化城市重点建设地区规划设计,提升城市建设品质。深化城际轨道、港口集疏运、快速路网等综合交通规划研究,完善电力、供水、污水处理等基础设施专项规划,强化重大产业项目和民生项目规划服务,努力促进紧凑集约、高效绿色发展。完善城乡一体功能布局,重视城市地下空间规划,加快城市现代化、城乡一体化建设进程。严格规范控制性详规调整,促进城乡建设有序推进。

完善功能配套。科学把握开发节奏,推进重点基础设施建设,不断提高城市综合承载能力。全力推进南沿江铁路、泰锡宜铁路开工建设的各项工作,实施芙蓉大道城区段快速化改造,建成投用锡澄高速公路花山互通。加快建设征存路、塘前路东段,改造西大街、环城西路,完成锡澄路大修、紫金路、光明路等道路工程。启动黄田港、韭菜港渡口搬迁,完成老锡澄运河航道迁移,加快沿河景观工程和北大街历史文化街区建设。推进南门重点地块拆迁安置,建成应天河风光带,加快打造南门历史风貌街。完善城西地区、敔山湾公共服务设施和路网体系,提升片区开发建设水平。完善拆迁征收机制,年内完成拆迁120万平方米、其中城区50万平方米。推行“房票”安置模式,降低商品房库存率。

推进镇村建设。推动以人为核心的新型城镇化、城乡一体化,深化城乡发展规划、产业布局、基础设施、公共服务和社会管理融合对接。加快城乡一体化先导示范镇建设,着力打造一批功能齐全、特色鲜明的产业强镇、商贸重镇和旅游名镇。有序推进农村危房改造,实施重点村、特色村农民住房改造试点,切实改善农民居住条件。加快美丽乡村建设,深化落实村庄环境长效管理机制,保护好自然山水和村落文化。推进农村供水老旧管网和一户一表改造工程,新建生活污水处理设施村庄50个。实施镇村河道轮浚工程,完成新桥镇圩区等防洪排涝改造,提升易淹易涝地区防洪能力。

深化城市管理。扎实推进全国文明城市创建,积极争创省优秀管理城市,深入开展城乡环境综合整治行动,着力化解一批群众关心的热点问题。健全建筑垃圾、户外广告、电子屏等管理机制,及时处置临时亭棚、流动摊点等违规占道行为,规范废旧物品回收行业经营,完成城区10个农贸市场标准化改造,确保市容市貌整洁有序。实施景园小区等14个老小区、17个城中村改造,依法整治私搭乱建等违法行为,切实改善群众居住环境。加强物业企业行业监管,推进物业管理标准化建设。完善城区停车资源发展规划,深入推进公共停车资源市场化管理,新增完善机动车泊位1000个。完善数字城管等平台建设,提升智慧化、信息化管理水平。

**四、坚持绿色发展,持续改善生态环境质量**

顺应群众对良好生态环境的期盼,更大力度开展环境突出问题治理,推动生态文明与经济社会同步发展,促进生态环境持续改善。

加强源头管控。落实控增量、优存量、调结构措施,转变资源利用方式,着力提高绿色发展水平。加强化工、电力、印染、钢铁等行业管理,严格控制污染物排放总量,做到增产不增污。加快落后产能淘汰和传统产业绿色化改造,年内关停“三高两低”企业*50个。实施煤炭消费总量控制和碳排放控制,组织推进一批重点节能改造项目,推广太阳能、风电等清洁能源,优化能源消费结构。强化工业用地绩效管理,提升节地水平和产出收益。加强水功能区管理,创建10个省市级节水型载体,提高水资源利用效率。

加强整治修复。深入开展环境综合整治,切实改善大气、水环境质量。加快推进热电企业整合整治,启动澄东南燃气电厂建设,全面淘汰燃煤小锅炉。扎实推进扬尘、尾气等专项治理,确保市区空气优良率超过65%。推进新沟河延伸拓浚、绮山应急备用水源地等工程建设,扎实开展集中式饮用水水源地达标整治。落实全市河网保护措施,完成14条黑臭河道整治。深入推进畜禽养殖专项整治,提升农业面源污染防治成效。实施白石山宕口等地质灾害隐患点治理,加快造林绿化、湿地修复和重点绿化工程建设,确保全年植树造林66.67公顷,新增绿地80万平方米,林木覆盖率24%。

加强环境保护。严格落实生态环境损害责任终身追究制,建立环境监管网格化管理制度,健全生态文明和环境保护机制，着力提高区域环境保护能力。提高危险废物处置能力，推进固体废物、污泥等规范处置和综合利用，实施秸秆和农业废弃物循环利用。全面推进光大垃圾发电厂三期工程建设，实施生活垃圾分类试点扩面，推进镇街餐厨果蔬垃圾综合处理点建设，提高废弃物无害化处理和资源化利用水平。加大污水处理厂整合整治力度，新建污水主管网 20 千米，完成城区 40 个小区控源截污改造工程。认真开展环境突出问题专项整治，完成违法违规建设项目清理整治，严厉打击环境违法行为。

**五、坚持民生优先，着力提高人民群众获得感**

切实将保障和改善民生摆在突出位置，拓宽群众增收渠道，加快推进基本公共服务均等化，让更多的发展成果惠及全市人民。

促进富民增收。探索富民增收新机制，进一步改善城乡居民生活质量。实施更加积极的就业政策，着力做好高校毕业生、下岗失业人员、被征地农民等群体就业工作，确保城乡居民充分就业、稳定就业，全年提供就业岗位 5.5 万个，促进本地劳动力就业 2.2 万人。推进大众创业、万众创新，新建大学生创业孵化基地 5 个，年内扶持自主创业 2000 人以上。提升社会保障水平，推进城乡居民全面持续参保，城保新增参保人员 4 万人，居民养老保险基础养老金提高到每人每月 280 元，被征地农民养老年龄段人员养老补助金提高到每人每月 670 元，新农合筹资标准提高到人均 800 元。完善社会救助体系，坚持基本生活救助与专项救助相结合，最低生活保障标准提高到月人均 760 元。推进住房公积金制度扩面，新增住房公积金缴存职工 2.5 万人。大力发展社会福利和慈善事业，切实保障困难弱势群体生产生活。扎实开展薄弱村帮扶工作，加大精准扶贫力度，建立长效稳定增收机制。

优化公共服务。加大优质公共产品和服务供给力度，推动公共服务体系向基层延伸覆盖。加快建设高水平的省教育现代化示范区，推进市第一初中易地新建、江阴华姿中专校改扩建和敔山湾幼儿园等项目建设，促进教育优质均衡发展。深化公立医院改革，扎实推进医联体重点专科建设，初步形成分级诊疗体系。加快建设市医疗中心，完善社区基层卫生服务体系，提高城乡医疗卫生均等化水平。全面实施一对夫妇可生育两孩政策，促进人口健康发展。加快全市养老服务体系建设，推进云亭颐养中心、顾山敬老院等项目建设。全面深化“书香江阴”建设，提档升级基层公共文化服务阵地，开展文化惠民活动 3000 场以上。加强全民健身设施建设，推进群众体育普及普惠。

加强社会管理。完善“政社互动”“三社联动”工作机制，强化村（社区）网格化管理，实现市、镇、村（社区）三级社会管理服务平台规范化运行全覆盖。全面启动“七五”普法宣传教育，提升全社会法治意识。完善社会稳定风险评估机制，积极开展社会矛盾排查和信访积案化解活动，畅通信访渠道，妥善化解社会矛盾。完善社会治安立体化防控体系，加强社会治安重点地区排查整治，坚决依法打击各类违法犯罪行为。加大食品安全检测力度，切实保障群众饮食安全。全面落实安全生产责任，加大监管执法力度，深入开展“打非治违”和安全生产大检查，持续推进事故隐患整治，大力实施重点行业领域专项整治，提高安全生产应急管理水平，坚决遏制较大事故发生，确保全市安全生产形势总体稳定。

**六、坚持依法行政，切实加强政府自身建设**

巩固提升“三严三实”* 专题教育活动成效，切实转作风、敢担当、优服务、办实事，着力打造风清气正的法治政府、廉洁政府。

严格依法履职。加快法治政府建设，健全依法决策机制，落实政府法律顾问制度，加强决策实施的跟踪评价，确保重大决策科学规范。开展综合行政执法体制改革，整合政府部门执法职能和资源，不断加强重点领域基层执法队伍建设。严格规范行政执法行为，落实行政执法责任制，推进行政执法与刑事司法相互衔接，依法惩处各类违法行为。加强行政复议规范化建设，积极开展行政争议调解，高效解决群众的合理诉求。深化和扩大政务信息公开，推进行政权力网上运行，保障人民群众的知情权、参与权和监督权。坚决执行人大各项决议决定，自觉接受人大及其常委会的法律监督和工作监督，主动接受政协民主监督，认真办理人大代表建议和政协委员提案，不断改进政府工作。

严格作风建设。认真贯彻执行中央“八项规定”* 和省市委十项规定* 精神，积极整改省委巡视组反馈的问题，组织服务基层、服务企业、服务项目等活动，推进作风建设常态化、制度化。加强行政公权力、窗口服务单位日常监管，大力整治拖延推诿、敷衍塞责等行为，提升政府公共服务形象。广泛听取社会各界意见建议，开展“政风面对面”“万人评议机关”等民主评议活动，建设“12345”政府公共服务热线统一话务平台，不断提升社会各界对政府工作的满意度。严格执行行政督查问责机制，对重大部署、重要工作、重点工程实施全程跟踪督查，坚决杜绝慢作为、不作为、乱作为现象。

严格廉洁从政。认真落实党风廉政建设责任制，不断完善惩治与预防腐败体系建设，严格执行廉洁从政各项规定，坚决查处各类违纪违法行为。突出公共资源交易、工程招投标、政府采购等重点领域风险防范，着力规范村级财务收支等“三务”（村级党务、政务、财务公开）管理，深入推进工程建设领域专项治理，遏制腐败现象的发生。强化制度约束和权力内控，推动政府专项资金科学管理，实现政府投资项目全过程监管。严控公务经费支出，确保“三公”经费* 只减不增。

各位代表，蓝图鼓舞人心、目标催人奋进。让我们在中共江阴市委的正确领导下，牢记人民重托，不辱时代使命，众志成城，奋发图强，确保实现“十三五”良好开局，为加快建设经济强、百姓富、环境美、社会文明程度高的新江阴而不懈奋斗！

■类目编辑　纪晓华

# 大事记

## 1月

**1日** 江阴市居民养老保险基础养老金标准由原先的月人均210元提高至250元，同时符合相关规定的被征地农民养老年龄段人员保养金（养老补助金）由月人均500元提高至600元。

△ 江阴市调整居民养老保险缴费标准和缴费补贴，居民养老保险个人缴费标准与补贴调整为年人均300元（补贴70元）、500元（补贴90元）、700元（补贴110元）、900元（补贴130元）、1100元（补贴150元）、1300元（补贴170元）、1500元（补贴190元）、2000元（补贴210元）、2500元（补贴230元）9个档次。

△ 江阴市调整无业三、四级精神和智力残疾人救助政策，生活救助金按月人均80元发放。

**1—3日** 由省棋类运动协会、江阴市体育局主办的2015年江苏省“小太阳杯”儿童棋类比赛在江阴市辅延中心小学举行，江阴市华士弈趣棋社获得围棋团体C组第二名；围棋队选手王禹石、赵奕博分获围棋女子C组第一名、围棋男子B组个人第五名。

**5—6日** 中共江阴市委十二届六次全体（扩大）会议在江阴大剧院召开，会议的主要任务是：深入贯彻党的十八大，十八届三中、四中全会和习近平总书记视察江苏重要讲话精神，认真落实中央经济工作会议、省委和无锡市委全会精神，总结2014年工作，研判当前形势，部署2015年任务，动员全市各级党组织和党员干部，团结带领全市人民，科学统筹、提升发展，振奋精神、埋头实干，全面建设经济强、百姓富、环境美、社会文明程度高的新江阴，奋力再创江阴新一轮改革发展新辉煌。

**9日** 江阴渔民在鲥鱼港公园附近捕获一条野生“娃娃鱼”，这是长江江阴段首次发现野生“娃娃鱼”。

**11日—2月15日** 由江阴市小锡班学员表演的《拔兰花》《梁祝》《珍珠塔》等近50部经典剧目在中央电视台11套戏曲频道黄金时段播出，播出时间为：1月11日、18日、25日，2月1日、8日、15日的19:20。

**12日** 政协江阴市第十四届委员会第四次会议在江阴大剧院召开，368名政协委员出席会议，选举大会通过选举办法，补选卞宏、吴钢、符跃进、缪红为江阴市第十四届政协常务委员会委员。

**16日** 江阴市工商、质监、食品药品管理体制改革动员暨市场监督管理局成立。此举是按照省政府统一部署，将工商、质监由省级以下垂直管理调整为江阴市管理。该局整合原食品安全办、工商、质监和食品药品监管部门的职责以及卫生部门承担的食品安全监管职责。

**17日** 由国家发改委中国改革报社和中国经济导报社联合主办的2014年中国改革与发展论坛暨第十三届中国改革人物颁奖典礼在北京钓鱼台举行，江阴华西村党委书记吴协恩获“2014中国改革十大创新人物”称号。

**22日** 由香港老年体育协会主办的中华老年体育舞蹈国际艺术节在香港九龙湾国际展贸中心举行，江阴市阳光女子乐坊队夺得三等奖；江阴市木兰拳协会百花园健身点夺得优胜奖；由江阴老年女排组成的啦啦队获啦啦队全场最高奖——最佳啦啦队组织奖。

**是月** 商务部、工信部、海关总署、质检总局、国家认监委联合公布2015年度符合申领汽车和摩托车产品出口许可证条件企业名单，江苏常隆客车有限公司连续9次榜上有名。

## 2月

**1日** 中央电视台“新闻联播”再次聚焦华西，介绍华西在产业转型上的新做法、新亮点、新经验，由点及面地反映江苏深化结构调整、强化创新驱动，不断寻找发展新动能，推动经济迈上新台阶。

**2日** 中央精神文明建设指导委员会公布《关于表彰第四届全国文明城市（区）、文明村镇、文明单位的决定》，江阴市新桥镇被评为全国文明镇。

**3日—2月9日** 由《现代快报》、南京师范大学、南京大学艺术研究院联合主办的“第三届重塑东方美画展——美在慧眼·水墨心印”在江阴市展览馆开幕，共展出海峡两岸13位中国当代水墨画家的73幅中国画作品。

**16日** 经中国银监会批准，中国农业银行江阴市支行升格为分行，成为江阴市银行业金融机构中首个分行。

**27日** “感动中国2014年度人物颁奖盛典”在中央电视台一套综合频道播出，化名“炎黄”的江阴老人张纪清入选“感动中国2014年度人物”，并亲临现场受奖。3月，由中国文明网策划的第202期“好人365”栏目，专题介绍“炎黄”张纪清的行善故事。5月，由《现代快报》、中央电视台联合开展“感动中国·江苏十大感动人物”推选活动，江阴市民“炎黄”张纪清获选。

**是月** 江苏华宏实业集团有限公司注册的“伍仕 WU SHI”和江阴市茂达棉纺厂注册的“双竹 SHUANGZHU 及图”2件商标被认定为中国驰名商标。

△ 江阴市史志办公室编撰的《中共江阴历史》第二卷（1949—1978）由中共党史出版社出版发行。

## 3月

**12日** 恒丰银行江阴支行正式开业。

**19日** 《中国文化报》在头版头条刊登《文化是一种潜移默化的氛围——江阴公共文化建设走笔》，重点介绍江阴市公共文化建设成绩。

**25日** 江阴市天邦涂料股份有限公司在北京“新三板”挂牌，简称“天邦涂料”，代码为831771。

**26日** 中国文联党组书记、副主席赵实到江阴，就江阴市文联贯彻落实党的十八大和十八届三中、四中全会精神和习近平总书记文艺座谈会讲话精神，开展关于修改完善《中国文学艺术界联合会章程》课题的调研。

**27日** 由江苏新扬子江造船有限公司为上海中波国际船舶管理有限公司建造的全球载重吨位最大的重吊船——“黄河”号命名交付，该船载重36000吨，最大起吊能力520吨。

**28—29日** 由北京斯迈夫体育产业有限公司主办的斯迈夫体育论坛10周年（江苏）年会暨江苏体育产业大会在南京举行，江阴体育中心被评为江苏省十佳体育中心。

**是月** 江阴港等级最高、规模最大的公用型码头——申夏港区港口集团通用码头工程2个10万吨级（水工结构兼顾15万吨级）海轮泊位投入试运行。

△ 省民政厅公布2014年社会组织评估结果，江阴市老年人体育协会被评为5A级社会组织。

△ 江阴出入境检验检疫局与上海海事大学共建的全国口岸首个压载水专业研究中心——国际航行船舶压载水研究中心启用。

△ 工信部公布第二批符合《船舶行业规范条件》企业名单，中船澄西船舶修造有限公司入选。

△ 江阴市新桥镇通过全国安全社区综合审定委员会审定，被命名为全国安全社区。

## 4月

**2—3日** 中国教育学会名誉会长顾明远率国家教育咨询委员会一行，就深化教育综合改革有关工作到江阴调研。

**3日** 宝利·比图米那集团俄罗斯战略会议在江阴市举行，来自国内外企业界、金融界的专家学者共同研讨中俄企业经贸关系发展。

△ 新东方教育集团董事长俞敏洪到江阴教育大讲堂作公益讲座。

**9日** 由江苏省政府主办的全省公共体育服务体系建设推进会在扬州市召开，江阴市被命名为第一批江苏省公共体育服务体系示范区。

**11日** 由江阴市文学艺术界联合会主办、江阴市国际标准舞协会承办的第十一届长三角国际标准舞全国城市公开赛在江阴体育馆举行，有来自全国各地的60多支代表队4000多名体育舞蹈爱好者参加。

**11—12日** 由国家体育总局游泳运动管理中心和中国游泳协会主办的首届全国游泳俱乐部锦标赛在江阴市民水上活动中心举行，江阴市游泳协会选手王天雨以1分23秒02的成绩夺得第一名，董天宁和陈菁分别在女子25—29岁组级50米蝶泳和女子55—59岁组级50米蝶泳中夺得冠军。

**13日** 江苏省委书记罗志军、省长李学勇率领全省深入实施转型升级工程推动经济发展迈上新台阶工作会议与会代表一行到江阴参观考察。

**16日** 江苏省人大常委会党组副书记、常务副主任张卫国一行到江阴，调研全省人大工作会议精神落实情况以及县乡人大、开发区人大工作开展情况。

**18日** 由国家外国专家局和深圳市政府主办的第十三届中国国际人才交流大会在深圳举行，大会揭晓“2014魅力中国——外籍人才眼中最具吸引力的中国城市”评选结果，江阴市列排行榜第一名。

**20—30日** 首届全国青年运动会男子足球16岁以下年龄组预赛（江苏江阴赛区）在江阴体育中心举行。

**22日** 江阴市调整住房公积金贷款部分政策，对于首次公积金贷款，不再区分房屋的面积，首付比例统一调整为不得低于房屋总价的20%。第二次公积金贷款，首付比例不得低于房屋总价的30%，第二次公积金贷款利率不再上浮，均执行基准利率。

**27日** 国家一级演员、中国曲艺家协会主席姜昆率相声表演艺术团到江阴市长江村举行专场演出。

**28日** 2015年庆祝五一国际劳动节暨表彰全国劳动模范和先进工作者大会在北京人民大会堂举行，江苏新长江实业集团有限公司董事长、长江村党委书记李洪耀被评为全国劳动模范。

**是月** 光明网、党建网等网站刊发《关于当前我国农村培育和践行社会主义核心价值观的思考——基于江苏省华西村的探索与实践》，新华网、人民网、法制网、中国网、中国文明网、中国青年网、国际在线、大河网、东方网、新民网、环球网等100多个主流网站进行转载。

△ 江阴市周庄镇山泉村通过司法部、民政部审核,被评为第六批全国民主法治示范村(社区)。

△ 由江苏省旅游局主办的2015年江苏乡村旅游节新闻发布会在宜兴举行,江阴市双泾云外水庄水乡美食节、璜土葡萄节、华西世界厨师联合会亚太区主席分会3项项目入选旅游节内容。

△ 江阴市第二中学女足队员黄媛媛、黄沁怡、罗思怡、徐婷入选2015年中国女足U14国少队。

△ 由国家体育总局游泳运动管理中心和江苏省体育局联合主办的2015首届全国少儿游泳达标邀请赛在南京五台山游泳跳水馆开赛,江阴市游泳队少儿选手夺得2个第一、3个第二的好成绩。

## 5月

**1日—10月31日** 由意大利米兰市政府、伦巴第大区政府、米兰博览会基金会以及米兰工商会等单位协办的2015年意大利米兰世界博览会在米兰市举行,中国江苏常隆客车有限公司设计的两辆纯电动三门低地板公交客车参展。

**8日** 由中国桥牌协会主办,浙江省桥牌协会、浙江省黄龙体育中心承办的2015年"南方机电杯"全国桥牌锦标赛在浙江杭州黄龙体育中心举行,江阴市桥牌协会获基层团体比赛第三名的历史最好成绩。

**9日** 参加俄罗斯庆祝卫国战争胜利70周年阅兵式中国人民解放军陆海空三军仪仗队新式礼宾服由江苏阳光集团精心设计制作。8月31日,国际奥委会第128次全会上,北京申请2022年第24届冬奥会举办权的代表团成员所穿天蓝色服装的面料由江苏阳光集团有限公司提供。9月3日,参加纪念中国人民抗日战争暨世界反法西斯战争胜利70周年阅兵式的三军仪仗队和军乐团的新式礼宾服均由江苏阳光集团参与设计制作。

**12—13日** 江苏省委常委、无锡市委书记李小敏到江阴实地考察了解江阴经济社会发展情况,明晰新一轮发展的方向和路径。

**16日** 第十届中国徐霞客国际旅游节暨第二届敔山湾帐篷音乐节开幕。

**16—18日** 无锡市委常委、江阴市委书记周铁根率江阴市代表团赴日本开展系列招商活动,在东京举办的2015江阴(东京)投资说明会上,现场签约信越光棒二期、栗田水处理等8项项目,总投资2.67亿美元。

**16—25日** 全国第十一届书法篆刻作品展终评及面试工作在北京举行,江阴市书法协会副秘书长许达获优秀作品奖。

**19日** 2015海峡两岸纪念徐霞客公祭典礼在徐霞客故居仰圣园内举行,来自海峡两岸徐霞客研究会的代表共同缅怀中国杰出的地理学家、旅行探险家和游记文学家徐霞客。

△ 第十一届中国徐霞客国际学术研讨会暨友好城市签约仪式在徐霞客博览园举行。

△ 全国政协副主席、民进中央常务副主席罗富和到江阴考察调研传统产业转型发展情况。

**19—23日** 由江苏省体育局和教育厅联合主办的省青少年举重锦标赛在宿迁市泗洪县体育馆举行,江阴市体育学校举重运动员梁雨航夺得少年甲组52公斤级抓举、挺举、总成绩三枚银牌;曹洛豪夺得少年乙组52公斤级抓举、挺举和总成绩三枚金牌。

**20日** 共青团江苏省委书记万闻华一行到江阴进行考察调研。

**21日** 江苏省人大农田水利设施建设调研组一行到江阴调研农田水利设施建设情况。

**21—22日** 由中国图书馆学会、福建省晋江市政府主办,福建省图书馆学会、晋江市图书馆承办的"中国图书馆学会第五届百县馆长论坛"在福建省晋江市召开,江阴图书馆提交的案例《建设"三味书咖"城市阅读联盟 推动江阴全民阅读社会化发展》获一等奖。

**22日** 由江阴市园林旅游管理局、新疆伊犁哈萨克自治州伊宁市旅游局、霍城县旅游局、巩留县旅游局等联合举办的和美伊犁·最新疆2015中国·霍城第五届薰衣草文化旅游节长三角旅游推介说明会在江阴市举行。

**22—24日** 由北京斯图加特国际会展有限公司主办的2015年中国国际体育用品博览会在中国国际展览中心举行,江阴市四方游泳设备有限公司、江阴市文明橡塑科技有限公司、无锡绿舒坦人造草坪有限公司、江阴同创体育机械有限公司4个企业参展。

**25日** 在浙江舟山考察工作的习近平总书记,来到江阴临港经济开发区新长江集团长宏国际船舶修造有限公司,登船坞、观作业,了解企业发展情况,与工人亲切交流并合影,希望企业"在国际竞争中抓住机遇,增强信心,拼搏向前"。

**26—28日** 由国家体育总局篮球运动管理中心、江苏省体育局主办,江阴市体育局承办的"江阴农商银行杯"2015洲际男篮巅峰争霸赛在江阴体育馆举行,中国、美国、加拿大和澳大利亚4支国奥男篮共进行6场对决。

**是月** 省教育厅、省体育局公布全省首批13个青少年校园足球试点县(市、区),江阴市入选。

△ 江阴市产品质量监督检验所得到法国船级社(BV)检测实验室认可证书,成为BV认可实验室。

△ 中国造船业史上第一个超20亿美元合同大单——扬子江船业(控股)公司与西斯班航运公司签订的25艘万箱船订单合同全部生效执行。

△ 广东沣和堂文化传媒有限公司建设计划3—5年总投资约10亿元的国际珠宝文化产业园落户江阴经济开发区靖江园区。

△ 江阴市检察院"未检社会化支持体系建设"项目在全省未成年人刑事检察工作创新事例评选中获"十佳创新事例奖"。

△ 由江阴市史志办公室和祝塘镇机关党工委编印的《纪念抗日战争胜利70周年读本——祝文地区抗战史料选辑》出版发行。

△ 江苏省经信委公布2014年度省科技"小巨人"企业名单,江阴市神宇通信技术有限公司、江阴市电工合金有限公司2个企业入选。

△ 江苏省报纸副刊编辑协会公布省第25届报纸副刊好作品评选结果，江阴日报社编辑周玫、牛新生策划主持的《江阴历史文化名人寻访》系列散文，金怡怡采写、唐筱敏编辑的通讯《菁存烟云千张纸 心系乡邦万卷书》分获三等奖。

△ 江阴市被中国纺织工业联合会评为全国超千亿元产值纺织产业集群地区。

△ 由中船澄西船舶修造有限公司承担的世界首制3.88万吨节能环保型散货船"真爱"命名交付。

△ 共青团中央、最高人民法院、国家新闻出版广电总局等18个部委办局联合发文，公布"2013—2014年度全国青年文明号"名单，江阴市图书馆入选。

△ 江苏省商务厅公布2014年度省进出口公平贸易预警点，江阴市化纤行业预警点入选。

△ 江阴市初级中学初三(6)班学生梅淑昕被评为2014年度全国优秀共青团员。

△ 由共青团中央组织发起的寻找"最美青工"活动公布评选结果，江苏双良节能股份有限公司工程师余喆入选。

△ 江苏省经信委公布星级中小企业公共服务平台名单，无锡金企中融信息技术有限公司、江阴诚信会计师事务所有限公司、江苏中泰检测检验有限公司、江阴市金顾山物流中心有限公司被认定为江苏省二星级中小企业公共服务平台，无锡恒元会计师事务所和江阴市永兴专利事务所被认定为江苏省一星级中小企业公共服务平台。

## 6月

**2日** 江苏省委常委、省纪委书记弘强到江阴调研党风廉政建设"两个责任"*落实情况。

**3日** 荷兰帝斯曼集团董事迪米特里·德·弗里兹到江阴市考察。

**10—11日** 国家节水型城市复查考核组对江阴市节水工作进行现场复查考核并通过初审。

**11日** 江苏孚尔姆焊业科技股份有限公司在北京"新三板"挂牌，简称"孚尔姆"，代码为832229。

**12—14日** 第十一届"青海绒业三江源杯"中国青海国际抢渡黄河极限挑战赛在青海循化撒拉族自治县举行，江阴长江冬泳队作为全省唯一一支队伍参加比赛。

**13日** 由《江南时报》、江苏单车网发起主办的"2015中国24小时单车环太湖认证赛"在无锡太湖国际博览中心开赛，江阴市福玛特单车俱乐部选手肖亮夺得500千米组第8名，用时17小时50分钟40秒，这也是江阴市首个在24小时内完成500千米骑行的选手。

**16日** 由光明日报社、中国艺术研究院联合主办的"中国梦·光明魂——纪念创刊66周年暨黄河画家徐惠君作品展"在北京举行，共展出黄河、海浪、重彩三大系列作品35幅。

**17日** 由中国艺术研究院、中央电视台、中央新闻纪录电影制作厂(集团)、国家艺术基金，中共江阴市委、市政府共同主办的人物传记纪录片《百年巨匠——刘天华》开机仪式在江阴大剧院举行。

△ 由中国音乐家协会、中央民族乐团、省文联等联合主办的光明行——海内外纪念民族音乐家刘天华先生诞辰120周年音乐会在江阴大剧院举行。

**17—21日** 2015年全国男排冠军赛第一站在江阴体育馆举行，比赛采用单循环赛制，每天三场比赛时间分别为上午9点半、下午1点半和3点半。

**21日** 诺贝尔医学奖获得者巴里·马歇尔教授一行5人访问江阴市中医院，寻求双方合作，联合开展临床治疗和科学研究。

**22日** 2015江苏省第二十五届"省长杯"中老年足球赛(青年组)在太仓落下帷幕，江阴市代表队以4∶1的成绩战胜连云港代表队，蝉联该赛事冠军。

**24日** 江苏省职业经理人协会在省内设立的第一个工作站在江阴市揭牌。

△ 全省重大项目建设调研推进会在江阴市举行，省委常委、常务副省长李云峰出席会议，并调研江阴市部分重大项目建设情况。

**25日** 中国社科院法学研究所调研组对江阴市法治建设情况展开为期一周的调研。

**27日** 江阴市普降暴雨，城区日雨量突破历史极值，达到241.5毫米，占到正常年份一年总雨量的六成。是日，晚9时青阳镇内河水位达5.32米，超过警戒水位达1.32米，比历史最高水位高出0.2米。

**28日** 由中国民族产业联合会、北京民营经济发展促进会主办的"中国民营经济华西论坛"在江阴市华西村举行，600余名来自全国的民营企业家就新形势、新格局、新发展和民营经济的热点、难点问题进行深入探讨、对话磋商。

**30日** 江阴市召开纪念中国共产党成立94周年大会。

**是月** 江阴出入境检验检疫局检疫执法人员在一批来自德国的原毛中截获检疫性有害生物白苍耳，这也是国内首次截获白苍耳。

△ 由江苏省委宣传部、省妇联共同发起的2015年寻找"江苏最美家庭"活动候选人名单出炉，江阴市张纪清、吴仁彪家庭入选。

△ 江苏省经信委公布2015年度江苏省中小企业专精特新产品名单，江苏双良新能源装备有限公司生产的大型节能型还原炉、江阴众和电力仪表有限公司生产的ZH200汽轮机数字调节器入选。

△ 全国第11批"千人计划"*入选资格名单公布，远景能源(江苏)有限公司孙毓平、刘曙源入选。

## 7月

**1日** 江阴市调整职工医疗保险政策，对低收入退休(职)人员(含离休亲属)的个人账户资金的最低记入标准提高为：70周岁以下按700元记入；70周岁以上按800元记入。同时提高慢性病人员的门诊医疗费用补助，对患一种慢性病的，年门诊医疗费补助基数上限由原3000元提高到3500元；对患有两种及两种以上慢性病的，年门诊医疗费补助基数上限由原4500元提高至5000元。

△ 江阴市调整低保标准，由原先月人均600元提高至670元。

△ 江阴市调整2015社保年度社会保险有关基数：在2015社保年度内达到法定退休年龄或领取企业职工基本养老保险待遇年龄的参保人员，基础养老金计发基数为5149元；参保单位和职工缴纳社会保险，月缴费基数上限为15446元，下限为2299元；个体工商户、灵活就业人员缴纳社会保险，月缴费基数一档为2299元、二档为4273元、三档为4832元、四档为15446元。

**2日** 由中国幼儿基本体操促进会江苏分会主办的第十六届江苏省幼儿基本体操表演大会在南京举行，江阴市云亭幼儿园派出的甲队和丙队均获金奖，并获团体一等奖，这也是云亭幼儿园连续6年蝉联该赛冠军。

**3日** 由中国村社发展促进会主办的第九届全国大学生村干部论坛暨全国"村长"论坛第十一次执委会议在江西南昌举行，党的十八大代表、华西村党委书记吴协恩等全国著名村干部带头人、大学生村干部、专家学者400余人参加会议，共同商讨中国农村的发展大计。

**8—9日** 由阿里巴巴集团主办的第二届中国县域电子商务峰会在浙江桐庐举行，江阴市被评为2014年度全国电子商务百佳县。

**9日** 江阴市首个区域性基层社联合社——江阴市澄东南供销合作联合社揭牌成立。

**15日** 国务院侨办主任裘援平到江阴考察调研。

**17日** 由远景能源主导研发的EcoSwing超导风机项目获欧盟"地平线2020计划"资助金1亿元，这也是中国企业迄今为止在欧盟获得的最大金额的研发支持。

**17—23日** 由江苏省教育厅、江苏省体育局举办的江苏省"省长杯"青少年校园足球联赛总决赛在常州举行，江阴第一中学足球队分别战胜安宜、海州高中足球队获得高中男子足球传统校组季军。

**24日** 由中国工程院院长周济率领的"苏南制造2025"课题调研组到江阴市，走进江苏长电科技股份有限公司、江苏双良集团有限公司、远景能源等企业展开深度调研，重点考察高端装备制造业、物联网等产业发展情况，为编制"苏南制造2025"作准备。

**24—30日** 由江苏省教育厅、江苏省体育局举办的2015年江苏省"省长杯"校园足球联赛(初中女子组)总决赛在宿迁市淮北中学举行，江阴第二中学女子足球队以五胜一负的成绩进入决赛，决赛中负于苏州队获得亚军。12月，江阴第二中学女子足球队被省教育厅、省体育局评为2015年度江苏省青少年校园足球比赛初中女子组一等奖。

**28日** 中国共产党新闻网和人民网、光明网、党建网、求是网、凤凰网等50多个网络媒体，纷纷刊发题为《吴协恩的"三字经"》的专题文章，引起社会各界人士的广泛关注和高度好评。

△ 全国农业广播电视学校农民职业教育研讨会在江阴市华西村举办，来自全国31个省、直辖市、自治区和新疆建设兵团，黑龙江农垦，广东农垦等地区的农广校负责人以及相关领域专家参加研讨会。

**29日** 由江苏省委宣传部、省文明办主办的爱国敬业诚信友善——省道德模范与身边好人(无锡·江阴)现场交流活动暨第二届"十佳江阴好人"颁奖典礼在江阴市举行，李良宝、徐澄、蒋奕蕾、张纪清、薛生龙、姚本凤、缪琴珍、熊汉云、汤齐宝、澄之尘义工服务社入选。

△ 由江阴市烹饪协会、江阴国际大酒店主办的首届"非遗"美食文化交流活动在江阴国际大酒店举行，来自江苏省、浙江、广东等全国28个烹饪协会及知名酒店的80道"非遗"美食代表作品参展。

**是月** 工信部发布2015年"两化融合"管理体系贯标试点企业名单，扬子江船业(控股)有限公司入选。

△ "江阴市经济文化成就展"在友城意大利托尔托纳市古建筑Palazzo Guidobono展览中心举办。

△ 江苏省商务厅公布首批"江苏老字号"名单，江阴市滨江酿酒有限公司、江阴市和丰食品厂、江阴市邵氏食品有限公司、江阴市苏之酥食品有限公司4个企业入选。

△ 江阴市调整职工住房公积金及新职工住房补贴缴存基数，月最高缴存基数从15100元调整为16700元，月最低缴存基数从1480元调整为1630元。

△ 由俄罗斯工贸部、俄罗斯科技部和俄罗斯能源部联合主办第六届俄罗斯国际创新工业展在俄罗斯叶卡捷琳堡国际展览中心开幕，江阴市常隆客车携旗下明星产品——米兰世博会官方指定用车常隆纯电动公交以及先进的车载电控系统登场参展。

△ 由中华老年体育舞蹈(香港)国际艺术节组委会主办的第一届全国广场舞赛在香港举行，江阴市月城健身队获得总分第八名、首届全国广场舞赛金奖三等奖的好成绩。

△ 江苏省经信委公布2014年度省营业收入超百亿元工业企业(集团)名单，海澜集团有限公司、江苏华西集团公司、江阴兴澄特种钢铁有限公司、江阴澄星实业集团有限公司、江苏阳光集团、扬子江船业(控股)有限公司、江苏三房巷集团有限公司、江苏法尔胜泓昇集团有限公司、江苏西城三联控股集团有限公司、江苏新华发集团有限公司、江苏新长江实业集团有限公司、江苏双良集团有限公司、江苏利电能源集团、江苏华宏实业集团有限公司、中石油江苏燃料沥青有限责任公司15个企业入选。

△ 江苏省经信委、省财政厅、江苏保监局公布省重大装备(首台套)保险试点名单，江苏华宏科技股份有限公司的报废汽车环保拆解流水线、江苏方程电力科技有限公司的QFC-A型风光储式发电微网系统、江苏海鹏特种车辆有限公司的JHP600ZXPBI型液压平板车、江苏华西村海洋工程服务有限公司的大功率潜水射流前后喷冲气举海底管线挖沟机和无锡亿恩科技股份有限公司的新型节能煤调湿成套设备5个企业的产品入选。

△ 中国科学技术咨询服务中心在江阴市设立服务企业发展综合试点基地，这是中科协咨询服务中

心首次在全国设立试点基地。

△ 中国文明网发布“中国好人榜”名单，江阴市璜土镇七旬老人熊汉云入选，并获“诚实守信好人”称号。

△ 江苏省经信委、省工商联公布2014年度省百强民企榜单名单，海澜集团有限公司、江阴澄星实业集团有限公司、江苏阳光集团有限公司、江苏三房巷集团有限公司、江苏法尔胜泓昇集团有限公司、江苏西城三联控股集团有限公司、江苏新华发集团有限公司、江苏新长江实业集团有限公司、江苏双良集团有限公司、江苏华宏实业集团有限公司10个企业入选。

△ 江阴市地税局创新涉税风险管理方式，率先利用“互联网+第三方信息”概念，自主开发全国首个专门应对涉税风险系统——涉税风险年度自查填报系统。

△ 国家创新基金2015年第二批验收项目名单出炉，江阴市赛英电子有限公司承担的“轻型高压直流输电用平板压接式IGBT多模架陶瓷管壳研发及产业化”和江阴润玛电子材料股份有限公司承担的“8—12英寸集成电路用超净高纯硝酸”入选。

△ 由江阴市疾控中心报送的科研项目“基于HIS系统的慢性病监测报告信息系统建设研究”获省卫生计生委立项。

△ 江苏省高层次卫生人才“六个一”工程评选中，江阴市人民医院高恒、刘鹏飞、虞桂平被确定为江苏省第一批“卫生拔尖人才”培养对象。

△ 江阴市通过经省住建厅考核评估，获农村人居环境调查奖补资金。

△ 省经信委、财政厅公布江苏省2015年度工业和信息产业转型升级专项资金项目名单，江阴市53项项目入围并获3044万元资金扶持。

△ 华士镇通过全国文明镇复评。

## 8月

**7—12日** 由中国象棋协会主办的腾讯棋牌2015年全国象棋男子甲级联赛“中览杯”第二阶段赛会制在江阴市周庄镇举行，来自全国13个省市的14支队伍参加比赛。

**9日** 国家再生有色纤维新材料研发生产基地揭牌暨东华大学与江河化纤产学研合作签约仪式在江阴市祝塘镇举行。

**16日** 由中美关系全国委员会的安排，美国参议院银行、住房及城市事务委员会国家安全与国际贸易金融小组委员会职员主任Mr. Bryan Blom，带领美国国会高级工作人员代表团到江阴访问。

**17日** 中共江阴市委召开十二届七次全体(扩大)会议。会议深入贯彻落实省委十二届十次全会和无锡市委十二届九次全会精神，总结上半年工作，研判当前形势，部署下半年任务，动员全市上下进一步统一思想、振奋精神，矢志转型、凝神实干，不断加大转型提升可持续发展力度，奋力推动全面从严治党迈上新台阶，为建设“强富美高”新江阴、再创改革发展新辉煌奠定坚实基础。

**22日** 全国县域经济专业研究机构社会智库北京中郡研究所发布《2015县域经济发展报告》，江阴市蝉联第十五届全国县域经济与县域基本竞争力百强县榜单第一名，实现“十三连冠”。

△ 由中国企业联合会、中国企业家协会主办的2015中国500强企业高峰论坛在南宁召开，会上发布“2015中国企业500强”榜单，海澜集团有限公司、江苏三房巷集团有限公司、江苏华西集团公司、江阴澄星实业集团有限公司、江苏新长江实业集团有限公司、江苏西城三联控股集团、江苏阳光集团、扬子江船业(控股)有限公司、江苏双良集团有限公司、江苏法尔胜泓昇集团有限公司、江苏新华发集团有限公司11个企业入选。

△ 由江苏法尔胜泓昇集团有限公司研制的光纤预制棒OVD沉积设备、烧结设备和保温设备3项项目通过由中国航天电子技术研究院院士、所长王巍等7名专家组成的专家委员会评审。

**25日** 全国工商联公布2015年中国民营企业500强榜单，海澜集团有限公司、江阴澄星实业集团有限公司、江苏新长江实业集团有限公司、江苏西城三联控股集团有限公司、江苏阳光集团、扬子江船业(控股)有限公司、江苏双良集团有限公司、江苏法尔胜泓昇集团有限公司、江苏新华发集团有限公司、江苏三房巷集团有限公司、江苏华宏实业集团有限公司11个企业入选。

**是月** 《福布斯》杂志公布2015亚太最佳上市公司50强榜单，海澜集团有限公司入选。

△ 江苏省经信委公布2015年度江苏省创新示范企业名单，江苏法尔胜泓昇集团有限公司、江苏长电科技股份有限公司2个企业入选。

△ 江阴市澄康路社区老人薛冬梅耗时三年半制作完成十字绣“清明上河图”，该十字绣全长22米，计980万针。

△ 国家创新基金2015年第三批验收合格项目名单公布，江阴市东发机械设备制造有限公司承担的“水煤浆制备工程”、江阴市精成数控有限公司承担的“风力发电机用新型自润滑关节轴承”、江阴中利生物技术有限公司承担的“高品质竹醋液有效成分提取提纯工艺技术”以及江阴市通联电液控制技术有限公司承担的“基于总线技术的摊铺机高精度智能电控系统”4项项目入选。

△ 国家工商总局公布中国驰名商标名单，江阴市“西城钢铁图形”“AKCOME及图”“鼎威DING-WEI及图”“信元及图”“保丹BAO-DAN”5件商标入选。

△ 省国土资源厅公布江苏省国土资源节约集约利用模范县(市)名单，江阴市入选。

△ 江阴市慈善总会出台《江阴市贫困家庭儿童重大疾病慈善救助实施细则》，江阴市户籍、患重大疾病、18周岁以下的孤儿(含弃婴、事实上无人抚养儿童)和低保家庭、低保边缘家庭中的儿童，患白血病(含再生障碍性贫血、血友病)、先天性心脏病、尿毒症、恶性肿瘤，可申请慈善救助。

## 9 月

**2 日** 二战题材电影《开罗宣言》江阴首映式在江苏阳光集团职工之家举行。

**7 日** 由华西村和江阴市烹饪协会共同主办的 2015 年世界厨师联合会亚太地区主席峰会在江阴市华西村举行。

**7—8 日** 江苏省委常委、宣传部部长王燕文带领“苏南所有制结构协同发展实践研究”课题组到江阴市调研。

**8 日** 江苏省省长李学勇到江阴市调研华泰(江阴)汽车有限公司、江苏阳光集团、江阴苏南国际集装箱码头有限公司,还实地察看新沟河延伸拓浚工程建设情况。他指出,江阴要抢抓国家战略机遇,加快拓展国际市场的步伐,积极培育新的经济增长点。

**9—10 日** 由民盟中央教育委员会、民盟江苏省委员会主办的第三届民盟教育论坛在江阴市举行,论坛主题为“深化教育改革,推动民办教育发展”。

**11 日** 全国标准化工作组——全国锻压机械标准化技术委员会物资回收加工机械工作组成立大会在江苏华宏实业集团有限公司举行。

**20 日** 江阴市天华艺术学校民族乐团应中国驻瑞士大使馆和瑞士卢塞恩州政府的邀请启程出访,并分别在意大利托尔托纳、瑞士卢塞恩、瑞士首都伯尔尼 3 个城市举办《天华之声》中国民族交响音乐会。28 日,赴中国驻瑞士大使馆举办的庆祝中华人民共和国成立 66 周年暨中瑞建交 65 周年招待会庆典演奏《天华之声》中国民族交响音乐会。

**21 日** 扬子江船业(控股)有限公司成为新加坡《海峡时报》指数 30 支成分股之一。

**23 日** 新华社及《中国体育报》《新华日报》《扬子晚报》《现代快报》《扬子体育报》,省广电总台新闻中心、教育频道、广播电台等 9 个媒体到江阴,对校园足球进行巡礼集中采访。

**24 日** 国家体育总局群体司调研组到江阴,调研拆装式游泳池国家试点项目及建管情况。

**28 日** 澳大利亚巴拉瑞特市市长约翰·菲利浦斯带领巴拉瑞特市政府代表团到江阴市参观考察。

**是月** 由国务院办公厅联合 14 个国家部委发起,中国政府网、中国网络电视台主办的“发现双创之星”大型主题系列活动公布评选结果,远景能源科技有限公司张雷入选江苏省“发现双创之星”。

△ 由“飞向北京——飞向太空”全国青少年航空航天模型教育竞赛活动组委会主办的全国航空航天模型教育竞赛活动总决赛在海南海口举行,江阴市新桥中心小学航模队获季军。

△ 由商务部主办、国家标准化管理委员会承办的“非洲国家标准化官员研修班”在江苏省举办。21 日,研修班中来自埃及、埃塞俄比亚、津巴布韦、肯尼亚、利比里亚、毛里求斯、南非、南苏丹 8 个国家的 22 名司处级标准化官员参观江苏阳光集团。

△ 教育部发布全国 38 个青少年校园足球试点县(区)名单,江阴市入选。

△ 由教育部命名的 8627 所全国青少年校园足球特色学校名单发布,江阴市城中实验小学、江阴市花园实验小学、江阴市夏港实验小学、江阴市第一初级中学、江阴高级中学、江阴市第一中学和江阴市第二中学 7 所学校入选。

△ 由江苏远望神州软件有限公司自主研发的“公共安全与应急管理演练系统”在北京通过国家科技成果评价。

△ 由江苏省委宣传部、省文明办、省总工会、团省委、省妇联、新华报业传媒集团、省广电总台主办的五届江苏省道德模范推选活动在南京举行,江阴市“炎黄”张纪清获“江苏省道德模范”称号,并当选为江苏省助人为乐模范。张纪清还入围第五届全国道德模范候选。

## 10 月

**1—4 日** 由中国国际象棋协会主办,浙江省棋类协会协办的第十一届“华源杯”全国国际象棋公开赛在浙江绍兴举行,江阴市新桥中心小学国际象棋队获男子 C 组团体亚军、男子 D 组团体亚军和 E 组团体季军的好成绩。

**11 日** 首届紫金·江苏文学期刊优秀作品奖颁奖典礼在南京举行,江阴市作家夏坚勇的长篇散文《绍兴十二年》获《钟山》文学奖。

**13 日** 江阴市农民企业家宦国清用自己注册的“华伯”商标从农业银行江阴分行办理 150 万元贷款,这是江阴市首单家庭农场商标权质押担保贷款,也是中国农业银行在全省发放的首单商标权质押担保“金农贷”。

△ 江阴市明康绝缘玻纤有限公司、江阴市九通机械管件有限公司、江阴凯普特动力机械制造有限公司、江阴市正源制氧有限公司、江阴市杰盛五金配件有限公司、江阴新泰富金属制品有限公司、江阴市高峰纺织印花有限公司、江阴市金九金属有限公司、江阴翰祥机电有限公司、江阴雄晨纺织有限公司、江阴市圣博液压机械有限公司、江阴利尔包装有限公司 12 个企业在江苏股权交易中心集体举行挂牌仪式。

**20 日** 2015 年江阴经贸合作洽谈会在江阴大剧院开幕,现场签约华南城电商产业园、星科金朋集成电路等 55 项重点重大项目,项目总投资 913.12 亿元。

△ 建设苏南国家自主创新示范区恳谈会在江阴市国家高新技术产业开发区举行,现场签约 18 项重点重大项目,总投资 200 亿元。

△ 2015 年江阴经洽会临港开发区项目签约仪式在江阴市举行,现场签约 46 项重大项目,总投资 584.34 亿元。

△ 2015 年江阴经贸合作洽谈会暨靖江园区产业发展恳谈会在江阴市举行,现场签约 7 项重大项目,总投资 38 亿元。

**22 日** 莫桑比克希莫尤市市长劳尔·安得理亚诺一行到江阴市参观访问。

**23 日** 苏南中关村(江阴)科技成果转化中心、江阴三牛众创空间揭牌成立。

△ 由中国医院品管圈联盟、清华大学医院管理研究院主办、深圳市公立医院管理中心协办的第三届全国医院品管圈成果大赛在深圳举行,江阴市人民医院心内科的“心动圈”项目获三等奖。

**27日** 第十届中国音乐金钟奖民乐(二胡、弹拨)比赛闭幕式暨颁奖音乐会在江阴大剧院举行。

**28日** 国内管径最大、地埋最长的供气管道——江阴市城区热网整合工程东南线供热主管网投入运行。

**30日** 省司法厅召开全省社区矫正队伍建设会议,江阴市澄江街道司法所获省社区矫正工作集体二等功。

**是月** 江苏节能减排工作会议对节能减排工作突出的集体、个人进行表彰,江苏法尔胜泓昇集团有限公司获江苏省2014年度节能先进单位称号。

△ 江苏省经信委与省纺织工业协会联合公布2014年度百亿特色名镇名单,江阴市周庄镇、祝塘镇入选。

△ 江阴市青阳医院针灸科被列入省基层医疗机构中医特色专科建设项目。

△ 由台湾建国科技大学主办的首届2015年台湾彰化国际青少年发明展(TCIYIE)暨海报竞赛在该校举行,江阴市敔山湾实验学校学生郭逸韬、徐天驰、王博涵制作的“新型红外控制轮椅的发明”获银奖,鲍杰、李书真、孟泽楷制作的“防残留酸奶盒系列发明”获铜奖。

△ 2014年度全省国家级、省级开发区综合评价工作结果揭晓,江阴临港经济开发区经济实力位居全省省级开发区第一名,实现“四连冠”。

△ 江苏省文明办、省教育厅、团省委、省妇联、省关工委、新华报业传媒集团、省广电总台联合公布第三届江苏省“百名美德少年”“十大美德少年标兵”评选结果,江阴市初级中学初三(16)班学生王仕阳入选省“百名美德少年”。

△ 国棉纺织行业协会公布2014—2015年度棉纺织行业竞争力百强及成长型优良企业测评结果,江阴福斯特纺织有限公司、江苏天华纱业集团、江苏康妮集团公司、江阴美纶纱业有限公司分列百强企业第34、第44、第47、第81名,江阴市广业纺织有限公司、江阴市茂达棉纺厂有限公司被评定为成长型优良企业。

## 11月

**3日** 由工信部、国家发改委、商务部、科技部、中国科学院、中国工程院、中国贸促会、联合国工业发展组织和上海市政府共同主办的第17届中国国际工业博览会在上海国家会展中心举行,江苏双良节能系统股份有限公司承包的新疆信友奇台电厂2台66万千瓦火电机组全钢结构间接空冷系统EPC项目获产品类银奖。

**6—8日** 由国家体育总局体操运动管理中心主办的2015年全国啦啦操冠军赛在无锡举行,江阴市实验小学七彩阳光啦啦队夺得小学组集体花球自选项目冠军。

**7日** 在盐城举行的江苏省青少年举重冠军赛上,江阴市体育学校举重队队员曹洛豪夺得少年乙组56公斤级抓举、挺举、总成绩三枚金牌。

**11日** 中央政法委副秘书长、中央综治委副主任、中央综治办主任陈训秋到江阴调研社会治理创新工作。

**15日** 由上海、江苏、浙江、安徽、福建、江西、山东华东六省一市厅(局)共同主办、华东六省一市文化(群艺)馆共同承办的首届现代地方小戏大赛在安徽合肥举行,中国民主同盟江阴市委员会成员蔡晓英编创的小锡剧《今天老师来家访》获金奖。

**16日** 中国民营企业联合会、中国管理科学研究院企业研究中心联合发布“2015中国民营500强企业榜单”,江苏新长江实业集团有限公司、海澜集团有限公司、江阴澄星实业集团有限公司、江苏西城三联控股集团有限公司、江苏阳光集团、扬子江船业(控股)有限公司、江苏双良集团有限公司、江苏新华发集团有限公司、江苏三房巷集团有限公司、江苏利安达集团有限公司10个企业入选。

**20日** 首届中国县级中医院发展论坛暨中国县级中医院发展联盟成立仪式在江阴市举行。

△ 江阴市调整非居民用管道天然气价格,销售价格由每立方米3.95元调整为3.23元。

**23日** 格拉布同位素标记中国(江阴)研究院、周永茂院士工作站在江阴市举行成立仪式。

**28日** 江阴—靖江工业园区重点产业项目集中举行开竣工仪式,8项项目总投资超42亿元。

**是月** 由中国石油、化学工业联合会发布“2015中国石油和化工民营企业百强榜单”,江阴澄星实业集团有限公司名列第四。

△ 在国家质检总局科技司组织召开的科技计划项目验收会上,江阴出入境检验检疫局承担的总局科技计划项目《林木害虫诱芯及缓释技术的研究》通过验收。

△ 由江阴市产品质量检验监督局筹建的国家船舶材料质量监督检验中心通过由国家质检总局组织的国家质检中心专家组验收。

△ 国家质检总局公布第一批中国出口质量安全示范企业名单,江苏阳光集团和江苏法尔胜泓昇集团有限公司2个企业入选。

## 12月

**3—7日** 江阴市经贸代表团赴台开展招商引资活动,现场签约重大项目7项,总投资13亿美元。

**5日** 由省文学艺术界联合会主办,省曲艺家协会、宜兴市文化广电新闻出版局承办的第六届江苏曲艺芦花奖颁奖仪式暨惠民演出在宜兴举行,江阴市评弹团团长陈希伯主创的中篇苏州弹词《李良宝的故事》获作品奖。

**11日** 江阴百意中医医院股份有限公司百意中医“新三板”(证券简称:百意中医 证券代码:834612)挂牌上市,这是江阴首个上市的中医板块股票。

**13 日** 由民进中央支持,青爱工程等 8 个社会组织主办的第二届中国青少年艾滋病防治教育工作座谈会在全国政协礼堂召开,江阴职业技术学院青爱小屋(心理健康教育中心)获"全国特色小屋"称号。

**15 日** 全国教育科学规划领导小组办公室公布全国教育科学规划 2015 年度课题立项名单,江苏省南菁高级中学申报的课题"基于优秀传统文化的普通高中美育课程整合研究"被立项为全国教育科学"十二五"规划教育部重点课题。

**17 日** 由本特塞缪森诺奖研究院孵化并投资的项目——江苏斯坦德利医疗科技有限公司落户江阴扬子江生物医药加速器。

**20 日** 由中国全面小康论坛组委会主办的 2015 年第十届中国全面小康论坛在北京举行,江阴市获 2015 年中国全面小康十大示范县市第一名,实现八连冠。

**27 日** 由国家发改委中国经济导报社、中国经贸导刊杂志社主办的 2015 年中国改革高峰论坛暨第十四届中国改革人物巡礼活动在北京举行,江阴市华西村党委书记吴协恩被授予"中国改革十大最具影响力人物"称号,华西村获 2015 年中国改革管理创新奖。

**29 日** 全国地方志系统先进模范座谈会在北京人民大会堂召开,江阴市史志办公室获"全国地方志系统先进集体"称号并赴京领奖,受到中共中央政治局委员、国务院副总理刘延东亲切接见。此次"全国地方志系统先进集体"评选由人力资源和社会保障部组织,经全国地方志系统先进集体和先进工作者评选委员会评选,并报国家表彰奖励办公室批准。江阴市史志办公室此次获此殊荣,是江苏省五年来地方志系统获得的唯一一个"全国地方志系统先进集体"荣誉称号。

**是月** 央企上市公司中国房地产集团的全国电商总部项目——江苏中融邻里互助合作社电商平台签约入驻江阴天安电商产业园。

△ 由江苏省棋类运动协会举办、无锡市崇安区棋牌协会承办、无锡市棋类协会等协办的第三届江苏省"连元杯"少儿棋类公开赛在无锡连元街小学保利校区举行,江阴市新桥中心小学国际象棋队获团体冠军。

△ 第一届江苏省轻工业科学技术奖励颁奖大会在南京举行,江阴市产品质量监督检验所与江南大学联合申报的"食品包装材料中污染物的表面增强拉曼光谱快速检测方法研究及应用"项目获技术奖一等奖。

△ 江苏省经信委公布 2015 年省级企业技术中心名单,江阴市华方新技术科研有限公司技术中心、江阴苏利化学有限公司技术中心、江苏亿金环保科技有限公司技术中心、建禾钢品有限公司技术中心 4 个单位入选。

△ 由中国纺织工业联合会主办的 2015 年内中国纺织创新年会在北京召开,江阴市红柳被单厂有限公司获 2015 年中国纺织工业联合会产品开发贡献奖。

△ 江苏省质监局和省经信委联合组织评选 2013—2015 年江苏省能源计量示范单位,江阴兴澄特种钢铁有限公司被评为江苏省能源计量示范单位(2013—2015)。

△ 工信部发布"能效之星"产品目录(2015 年),江苏双良锅炉有限公司生产的燃气锅炉获全国"能效之星"。

△ 2015 年胡润百富 16 周年庆典暨最受尊敬的企业家颁奖晚宴在北京举行,扬子江船业(控股)有限公司董事长任元林被授予"2015 年中国最受尊敬的企业家"荣誉称号。

△ 中国毛纺织行业协会第五次会员大会暨五届一次理事会在江苏阳光集团举行。

△ 2015 年省级新产品暨科技成果鉴定会在江苏阳光集团举行,由该集团研发的多元深加工毛纺面料、超薄型羊毛针织印花面料、多层羊毛针织面料、三明治羊毛大衣呢 4 种新产品通过省级新产品暨科技成果鉴定。

△ 由江阴兴澄特种钢铁有限公司研制开发的"超高强度海洋工程用钢""高等级抗 HIC 管线钢""高韧性桥梁结构用钢""高质量汽车等速万向节用钢""高档汽车悬架弹簧用热轧盘条"和"微合金化轮毂轴承用碳素轴承钢"6 种新产品通过省经信委组织的专家鉴定委员会技术鉴定。

△ 由江苏法尔胜泓昇集团有限公司提交的《悬索桥主缆预制平行钢丝索股》国际标准成功立项,项目编号为 ISO/NP 19427,这也是中国在桥梁缆索领域首次主导起草国际标准。

△ 江苏省文化厅公示第四批省级非物质文化遗产名录推荐项目名单,江阴市有 8 项项目入选:谢氏正骨疗法、锡剧、家具制作技艺(精细木作技艺)、酿造酒酿造技艺(黑杜酒酿造技艺)、酱油酿造技艺(华士冰油酿造技艺)、周氏妇科疗法、中医肝病疗法(肝胆疾病中医外治法)、朱氏诊法(咽喉诊、脐腹诊)。

△ 工信部、财政部公布 2015 年国家技术创新示范企业名单,江苏法尔胜泓昇集团有限公司入选。

△ 国家标准化管理委员会下达关于 2015 年第三批国家标准制修订计划的通知,江阴市产品质量监督检验所国家船舶材料质量监督检验中心(江苏)申报主持修订的《金属和合金的腐蚀　盐溶液周浸试验》国家标准被列入该计划,获国家标准委批准立项。

■类目编辑　杨佳杰

# 江阴概况

## 市情简介

**【建置沿革】** 江阴古称暨阳,位于长江三角洲,有7000年人类生息史、5000年文明史、2500年文字记载史。西晋太康二年(281年)置暨阳县,属毗陵郡,治所在今江阴市东南。南梁绍泰元年(555年)废县置郡,建治君山之麓,因地处长江之南,遂称江阴郡,下辖江阴、利城、梁丰3县,为"江阴"名称之开始。此后江阴分别为郡、国、军、路、州治,建置几经变化。元至正二十七年(1367年),恢复县建置。1949年4月23日江阴解放后,属苏南行署常州专区。1953年改属苏州地区。1983年3月实行市管县体制,改属无锡市。1987年4月经国务院批准撤县建市。

**【地理位置】** 江阴市位于北纬31°40′34″至31°57′36″、东经119°59′至120°34′30″。北枕长江,南近太湖,东接常熟、张家港,西连常州,地处苏锡常"金三角"几何中心,交通便捷,历来为大江南北的重要交通枢纽和江海联运、江河换装的天然良港。

**【区域面积】** 江阴市总面积986.97平方千米,陆地面积811.7平方千米,水域面积175.8平方千米,其中长江水面56.7平方千米。沿江深水岸线长达35千米。城市建成区面积125平方千米。

**【行政区划】** 2015年,全市有10个镇、5个街道,200个行政村,55个社区,43个村居合一社区。市政府设在澄江中路9号。

**【人口】** 2015年,全市常住人口163.7万人,户籍人口124.1万人,人口出生率9.14‰,人口死亡率7.09‰,人口自然增长率2.05‰。人均预期寿命81.47岁。(史 志)

**【气候】** 江阴属北亚热带季风性湿润气候,四季分明,光照充足,雨量丰沛。2015年,江阴市气候总特点:气温正常,降水异常偏多,日照正常。降水时空分布不均,4月和9月明显偏多,6月和11月异常偏多,其中6月雨量为868.4毫米,是常年同期的5倍,并刷新历史极值(此前6月雨量极值为391.6毫米,出现于1999年)。6月21日至7月12日为梅雨期,梅雨期长度22天,梅雨量538.8毫米,梅雨期内出现大暴雨2天,大雨2天,中雨2天。2015年入梅出梅均偏晚,梅雨期长度与常年持平,梅雨量异常偏多。全年出现≥35℃的高温日数13天,雾日21天,雨日135天,无霜期259天,霜初终间日数119天,雪初终间日数93天。

**2015年江阴市气象资料一览**

表1

| 项目 | | | 1月 | 2月 | 3月 | 4月 | 5月 | 6月 | 7月 | 8月 | 9月 | 10月 | 11月 | 12月 | 全年 |
|---|---|---|---|---|---|---|---|---|---|---|---|---|---|---|---|
| 平均气温(℃) | 2015年 | | 5.2 | 6.3 | 10.4 | 15.7 | 21.2 | 24.2 | 26.8 | 27.7 | 23.8 | 18.9 | 12.9 | 6.8 | 16.7 |
| | 1957—2014年 | 平均值 | 3.0 | 4.6 | 8.8 | 14.7 | 20.0 | 24.2 | 28.1 | 27.7 | 23.3 | 17.8 | 11.8 | 5.4 | 15.8 |
| | | 最高值 | 6.1 | 9.0 | 12.5 | 17.9 | 23.2 | 27.2 | 32.0 | 31.5 | 25.6 | 21.1 | 15.7 | 7.9 | 17.6 |
| | | 年份 | 2002 | 2007 | 2002 | 2005 | 2007 | 2005 | 2013 | 2013 | 1999 | 2006 | 2011 | 1968/1994 | 2007 |
| | | 最低值 | -0.2 | 0.7 | 5.5 | 12.1 | 17.7 | 22.1 | 25.4 | 24.3 | 20.6 | 15.1 | 7.7 | 0.5 | 14.5 |
| | | 年份 | 1977 | 1964 | 1970 | 1965 | 1977 | 1983 | 1976 | 1980 | 1957 | 1981 | 1976 | 1967 | 1957/1980 |

续表1

| 项目 | | | 1月 | 2月 | 3月 | 4月 | 5月 | 6月 | 7月 | 8月 | 9月 | 10月 | 11月 | 12月 | 全年 |
|---|---|---|---|---|---|---|---|---|---|---|---|---|---|---|---|
| 最高气温(℃) | 2015年 | | 17.5 | 19.3 | 29.1 | 31.1 | 31.6 | 34.9 | 37.3 | 38.9 | 31.9 | 27.4 | 28.1 | 18.0 | 38.9 |
| | 日期 | | 4 | 14 | 31 | 2 | 14 | 12 | 28 | 5 | 1 | 1 | 6 | 1 | 8月5日 |
| | 1957—2014年 | 最高值 | 20.8 | 26.8 | 30.4 | 34.3 | 36.3 | 38.2 | 39.6 | 41.3 | 37.8 | 33.3 | 28.8 | 23.2 | 41.3 |
| | | 日期 | 31 | 12 | 9 | 21/28 | 20 | 21 | 26 | 6 | 7 | 4 | 1/2 | 10 | 8月6日 |
| | | 年份 | 2014 | 2009 | 2013 | 2004/2005 | 2011 | 2006 | 2013 | 2013 | 1995 | 2002 | 1979/2003 | 2008 | 2013 |
| 最低气温(℃) | 2015年 | | -5.6 | -5.0 | -1.5 | 2.9 | 11.1 | 15.2 | 18.4 | 21.3 | 15.5 | 9.1 | -4.4 | -4.5 | -5.6 |
| | 日期 | | 2 | 9 | 11 | 9 | 5 | 4 | 7 | 28 | 13 | 28 | 27 | 18 | 1月2日 |
| | 1957—2014年 | 最低值 | -14.2 | -11.4 | -7.5 | -1.0 | 3.8 | 11.7 | 15.5 | 17.1 | 9.3 | 1.3 | -4.6 | -10.0 | -14.2 |
| | | 日期 | 31 | 6 | 3 | 4 | 5 | 6 | 5 | 30 | 29 | 30 | 30 | 29 | 1月31日 |
| | | 年份 | 1977 | 1969 | 1958 | 1962 | 1961 | 1969 | 1976 | 1968 | 1972 | 1986 | 1971 | 1991 | 1977 |
| 降水量(毫米) | 2015年 | | 37.4 | 50.8 | 112.8 | 133.3 | 76.3 | 868.4 | 143.8 | 177.4 | 140.4 | 37.8 | 110.3 | 40.2 | 1928.9 |
| | 1957—2014年 | 平均值 | 42.3 | 53.2 | 73.7 | 83.1 | 98.3 | 160.0 | 187.5 | 150.3 | 94.6 | 57.8 | 51.4 | 31.9 | 1084.1 |
| | | 最多值 | 136.8 | 147.6 | 206.7 | 180.9 | 249.5 | 391.6 | 481.7 | 552.0 | 281.2 | 223.1 | 162.3 | 110.0 | 1914.4 |
| | | 年份 | 2006 | 2014 | 1991 | 1958 | 2002 | 1999 | 1991 | 2011 | 1990 | 1994 | 1967 | 1959 | 1991 |
| | | 最少值 | | 5.2 | 13.3 | 21.0 | 22.6 | 19.2 | 8.8 | 9.5 | 1.4 | 0.4 | 0.0 | | 581.8 |
| | | 年份 | 1963 | 1968 | 1962 | 2011 | 2003 | 2010 | 1971 | 1978 | 1997 | 1979 | 1995 | 1973/1987 | 1978 |
| 日照时数(小时) | 2015年 | | 123.0 | 118.1 | 134.5 | 193.7 | 176.6 | 103.1 | 153.2 | 212.2 | 189.3 | 175.9 | 72.0 | 115.9 | 1767.5 |
| | 1957—2014年平均值 | | 140.5 | 129.0 | 151.8 | 168.3 | 186.4 | 164.0 | 211.7 | 220.6 | 171.2 | 180.1 | 154.9 | 155.0 | 2033.5 |

(马恒俊　顾春霞)

# 经济发展

**【综合实力】** 2015年,江阴市实现地区生产总值2880.86亿元,比上年增长7.4%。全年实现一般公共预算收入218.92亿元,比上年增长9.1%;政府性基金收入17亿元,比上年下降90.4%;上划中央四税收入183.2亿元,比上年增长7.7%。实现一般公共预算支出205.35亿元,比上年增长9.7%,其中政府性基金预算支出18.2亿元,比上年下降89.5%。

**【企业上市】** 2015年,全市有35个上市公司,36只股票,其中境外上市12个,创业板2个,中小板11个,主板10个。首发融资188亿元,合计融资(包括再融资)557亿元。

**【农林牧渔业】** 2015年,全市完成农林牧渔业总产值96.3亿元。粮食总产量17.65万吨,油料总产量2795吨,茶叶总产量5吨,水果总产量7.4万吨。全年粮食种植面积2.52万公顷,油料种植面积1110公顷,蔬菜种植面积1.47万公顷,水果种植面积3200公顷。主要畜产品中,肉类总产量4万吨,其中猪牛羊肉2.7万吨;禽蛋总产量8743吨。奶牛存栏0.5万头。全年水产品产量2.69万吨。

**【工业】** 2015年,全市工业用电量208.5亿千瓦时。完成工业总产值6527.6亿元,其中规模以上工业企业实现产值5772.4亿元。规模以上工业中,轻工业实现产值1830.2亿元,重工业实现产值3942.2亿元。全市规模以上工业实现主营业务收入5517.8亿元,产品销售率97.2%,实现利税510.7亿元,利润351.1亿元。规模以上工业企业亏损面18.3%,亏损额20.3亿元。全市百强企业中,6个企业集团主营业务收入超200亿元,5个企业集团主营业务收入超100亿元,12个企业超50亿元,12个企业超20亿元,14个企业超10亿元。55个工业百强企业利税总额超亿元,其中超10亿元12个。全市工业百强企业全年完成产品销售收入3886.6亿元,实现利税410.1亿元。

**【建筑业】** 2015年,全市建筑业实现总产值109.2亿元,比上年下降11.1%;全年获中国建设工程鲁班奖1个,无锡市"太湖杯"优质工程奖11个,无锡市建筑装饰优质工程3个,2个企业被评为无锡市优秀装饰企业。

**【水利建设】** 2015年,全市水利工程建设总投资7.3亿元,完成各类土石方455万立方米,疏浚整治河道38条49.54千米,新建加固护岸53.03千米、圩堤5.6千米,新(改)建灌排泵站17座、桥梁21座,建设防渗沟渠23.2千米,修建小型配套建筑物825座。

【房地产业】 2015年,全市完成房地产开发投资260.4亿元。商品房施工面积1727.3万平方米,房屋新开工面积310.6万平方米,房屋建筑竣工面积346万平方米。商品房销售面积211.5万平方米,其中商品房现房销售面积68.7万平方米,住宅52.5万平方米。商品房期房销售面积142.8万平方米,住宅125万平方米。商品房销售成交总额149.2亿元,其中住宅销售额119.6亿元。

【金融业】 2015年,全市年末金融机构各项本外币存款余额3099.29亿元;居民存款本外币余额1034.54亿元。各项本外币贷款余额2485.51亿元。人民币贷款中,短期贷款1374.7亿元,中长期贷款832.1亿元。全市证券交易开户总数54.8万户。证券机构交易金额14893.36亿元。全年实现保费收入49.82亿元,其中财产险收入19.96亿元,人寿险收入29.86亿元。

【国内贸易业】 2015年,全市实现社会消费品零售总额705.16亿元,其中,城镇零售额512.24亿元,农村零售额192.92亿元;批发和零售业零售额664.94亿元,住宿和餐饮业零售额40.22亿元。在限额以上批发和零售业零售额中,书报杂志类比上年增长47.2%,五金电器类比上年增长24.9%,建筑及装潢材料类比上年增长20.5%,粮油及食品类比上年增长16.3%。

【邮电通信业】 2015年,全市邮电业务总收入24.8亿元,与上年持平。城乡本地固定电话用户36万户,其中住宅电话23.9万户。在网手机用户总量227万户,比上年减少3万户,互联网宽带用户52.11万户,比上年增加6.8万户。

【交通运输业】 2015年,全市完成客运量7119万人次,比上年下降5%;完成货运量4021万吨,比上年增长3.8%。全市港口货物吞吐量12602万吨,比上年增长1.1%。年末全社会拥有车辆45.2万辆,其中汽车37万辆,比上年增长14.3%。私人汽车年末达31.6万辆,比上年增加4.5万辆,增长16.8%。

【固定资产投资】 2015年,全市固定资产投资完成1128.59亿元。全年固定资产投资建成投产项目683项,项目建成投产率89%;新增固定资产595.2亿元,固定资产交付使用率83.2%。

【外向型经济】 2015年,全市完成进出口总额203.11亿美元,其中出口124.12亿美元,进口78.99亿美元。全市19个出口品牌列入2015—2016年度无锡市重点培育和发展的国际知名品牌,江苏省、无锡市两级出口品牌51个,数量保持全省县级市及无锡市各板块领先地位。全年完成到位注册外资10.11亿美元。新批协议外资超3000万美元重大项目24项。全年新增服务外包企业13个,完成服务外包业务合同金额17.53亿美元,完成服务外包业务执行金额15.58亿美元。完成服务外包离岸业务合同金额8.4亿美元,完成服务外包离岸业务执行金额7.4亿美元。全年新批境外投资项目32项,其中超千万美元项目12项,全年完成中方协议投资额6.8亿美元。

【旅游业】 2015年,全市接待旅游、参观、访问及从事各项活动的入境游客4.6万人次;接待国内游客1545.8万人次,比上年增长5.5%。旅游总收入237.6亿元,比上年增长8.7%。全市拥有A级以上景区8个,其中国家AAAA级景区2个,国家AAA级景区2个,国家AA级景区4个;农业旅游点35个。年末全市星级以上宾馆12个,其中五星级宾馆3个,四星级宾馆4个;拥有旅行社42个,其中出境游组团社3个。

## 社会事业

【科技】 2015年,全市新获无锡市级以上各类科技计划项目342项,争取到上级各类科技扶持资金1.6亿元。实施重点产学研项目60项。全市新申请专利14010件,其中申请发明专利6313件,授权专利7502件,全市万人发明专利拥有量14.2件。江阴高新区被评为国家知识产权试点园区,江阴临港机械产业园被评为省级科技产业园,江阴滨江科技城被评为省级创新型园区。全年新获认定省级高新技术企业97个,累计381个。新增省级高新技术产品209个,全市高新技术产业产值占规模以上工业的比重达42.2%。全年新获批省工程技术研究中心13个、省研究生工作站13个,无锡市工程技术研究中心8个、无锡市工业设计中心6个,新建江阴市级以上院士工作站5个,节能环保产业技术研究院挂牌运行,规模以上工业企业研发机构覆盖率74.6%。创客联盟团等5个众创空间获批省级众创空间,新获批省农村科技服务超市3个,云亭街道获批省创新型试点乡镇。

【教育】 2015年,全市年末拥有各类学校教职员工数16498人,其中专任教师14320人;全市年末各级各类学校在校学生165569人,其中小学92329人,普通中学54657人,职业学校18426人(其中大专5068人),特殊教育157人。幼儿园在园幼儿41689人。88%以上的幼儿在省、市优质园就读。小学和初中普及率均为100%。初中毕业生升学率98.3%。江阴市被评为江苏省义务教育均衡发展先进集体,通过国家责任督学挂牌督导创新市省级验收。

【文化】 2015年,全市万人拥有公共文化设施面积1859平方米,公益性文化设施达标率100%。组织开展可移动文物普查,完成6021件(套)计17521件可移动文物的信息采集和数据报送工作。江南丝竹和二胡艺术2项"非遗"项目分别成功申报国家级、省级补助资金,命名江阴市非物质文化遗产传承示范点45个。

【卫生】 2015年,全市拥有各类医疗卫生机构573个,其中医院、卫生院44个,社区卫生服务中心7个,开放床位7829张,年末拥有卫生技术人员8975人。全年新农合人均筹资标准740元,参合群众55万人,227.8万人次得到结报补偿。

【体育】 2015年,全市人均公共体育设施面积2.7平方米,提档升级"10分钟体育健身圈",培育社会体育指导员400余人,完成国民体质测试3000余人次。体育产业获得省级引导资金650万元,连续5年位列全省县级市第一;承办洲际男篮巅峰争霸赛等国家级以上赛事5项

20余场次;体育彩票年销售额5.4亿元,继续保持全国县级市领先。

## 城市建设

**【基础设施建设】** 2015年,江阴市船厂公园、鲥鱼港公园等工程竣工,沿江区域景观路网基本形成。中山南路南延伸段、青果路南延伸段、皮弄路二期等工程竣工。锡澄运河航道全线通航。锡澄高速花山互通主体工程基本建成。世纪大道改造竣工通车。新建自行车服务网点126个,投放自行车2500辆。在江阴汽车客运站售票大厅东侧建立城市空港候机楼。

**【公用事业】** 2015年,全市新增照明建设管理道路12千米、光源1072个,全社会用电量、供电量和售电量分别为235.6亿千瓦时、213.61亿千瓦时和209.79亿千瓦时。全年供水量2.56亿立方米。全年管道天然气销售量为5.4亿立方米,液化天然气和压缩天然气1948万吨。全年无害化处理生活垃圾50.8万吨。新建污水主管网30千米,21个城镇综合污水处理厂处理污水1.36亿吨。

**【环境保护与治理】** 2015年,全市城区空气质量优良天数比例为64.9%,城市集中式饮用水源地水质达标率100%,环境噪声达到功能区要求;年内继续淘汰10吨/小时以下燃煤锅炉215台;主要污染物排放总量超额完成“十二五”减排任务,排放强度进一步下降,单位地区生产总值化学需氧量、二氧化硫、氨氮、氮氧化物排放强度分别下降到0.41千克/万元、1.1千克/万元、0.03千克/万元、1.41千克/万元。

**【造林绿化】** 2015年,江阴市城市建成区绿化覆盖面积5335公顷,绿地面积4912.5公顷,公园绿地面积541公顷。全市林木覆盖率24%,建成区绿化覆盖率42.7%,人均公共绿地面积15.94平方米。

## 人民生活

**【就业创业】** 2015年,全市提供就业岗位5.8万个,本地劳动力实现就业4.3万人,城镇新增就业2.4万人,城镇困难人员再就业1684人,全市城镇登记失业率2.37%,农村调查失业率2.83%,江阴籍返澄高校毕业生就业率92.8%,困难家庭高校毕业生就业率100%。全年扶持自主创业2315人,带动就业13278人,发放各类创业补贴436.2万元,发放小额担保贷款3940万元。

**【社会保障】** 2015年,全市实现企业职工基本养老保险扩面新增4.5万人,净增1.1万人;全市企业职工基本养老、医疗、失业、工伤、生育保险参保人数分别达54.8万人、70.3万人、43.1万人、43.1万人、42.9万人;全市居民养老保险领取人数达21.1万人。全年城镇企业职工养老保险总支出34亿元。全市各类福利机构拥有床位11689张。城乡居民最低生活保障对象10473人,其中市区2861人;全年发放低保金5257.4万元,其中城镇低保1570万元。实施城乡医疗救助19725人次,支付救助金1485.9万元;实施临时救助10419户次,发放救助金1333.8万元。全市重点优抚对象5861人。全年全市慈善组织累计募集善款(含冠名基金)4563万元。

**【城乡居民生活】** 2015年,全市全体居民人均可支配收入42756元,比上年增长8.2%。其中城镇居民人均可支配收入50701元,比上年增长8.1%;农村居民人均可支配收入26012元,比上年增长8.5%,农民收入连续第十六年蝉联全省同类城市第一。城镇居民家庭恩格尔系数29.3,农村居民家庭恩格尔系数30.2。城镇居民人均消费性支出26970元,比上年增长8%。农村居民人均消费性支出16716元,比上年增长9.2%。居民住房条件继续改善,据抽样调查资料显示,城镇居民人均住房面积58.1平方米,农村居民人均住房面积70.3平方米。

(金海峰)

## 人文风情

**【民族宗教】** 江阴市居民绝大部分是汉族。20世纪80年代中期起,四川、云南、广西、贵州、湖南等地农村少数民族女子婚嫁到域内农村,成为常住少数民族人口主要来源。1990年第四次全国人口普查全市有24个少数民族1415人。90年代后期起,新疆、宁夏、甘肃、青海、内蒙古等地少数民族群众到江阴经商务工,暂住少数民族人口增加。2000年第五次全国人口普查全市有34个少数民族5253人。2015年,江阴市有35个少数民族4887人。

江阴民间信奉的宗教主要有佛教、道教、天主教、基督教。佛教在三国时传入,隋唐达鼎盛,至近代渐衰。新中国成立后,寺庵改为学校和粮仓较多。“文化大革命”期间佛教活动停止,1979年后恢复,佛教信徒日增。江阴著名高僧有唐代道松、清代通琇、当代巨赞等。道教传入、兴盛的年代与佛教一致,明中叶后走向衰落。1949年后道士、道姑改行,道观充公。1978年后少数非职业道士恢复活动,以做法事为营利。从2001年起,政府把散居道士逐步纳入管理。天主教在清康熙初年传入,1913年建造的青阳圣母主教堂是江南教区规模最大的教堂。1949年后天主教徒参加爱国运动,施教活动一直正常开展。“文化大革命”期间停止,1978年后恢复活动。基督教在清光绪时传入,后逐步发展。新中国成立后实行自治、自养、自传的革新运动。“文化大革命”期间停止活动,部分教徒在家过宗教生活,1981年恢复。2015年年末,全市有合法宗教活动场所102处。

**【民风方言】** 江阴地处江尾海头,沃野平畴,气候宜人,远古就有先民在这大江大海融合之地繁衍生息,在不断抗争中,勤劳而充满智慧,创造悠久的人类文明史。自古以来,江阴人民滨江而居,依江而生,在奔腾不息、永不回头的长江哺育下,铸就了宽广博大、直爽豪放、勇往直前的秉性。江阴有着得天独厚的自然环境,城北黄山插入江心,与对江岸仅距1.25千米,形成山锁大江之势,因此自古被称为“锁航要塞”,历来是兵家必争之地,早在春秋时期就建烽火台,明清时期建炮台,解放战争等重要战争中都有著名战斗。战火洗礼、忧患纷扰,赋予了江阴人民坚韧不拔、顽强拼搏的精神和民性刚毅、负有担当的气质。有文字

2015 年拍摄的海澜国际马术俱乐部一角　　（新桥镇政府提供）

记载以来，江阴即有“延陵古邑”“春申旧封”之称，春秋战国时期先后为吴国公子季札、楚国春申君黄歇封地，既是吴文化的发源地之一，又受楚文化的熏陶。杏花烟雨、吴韵楚风成就了江阴人灵秀儒雅、讲究礼仪的品性。江苏学政驻节江阴近300年，按试八府三州秀才，素有“文章司令”“风教总持”之地美称，尚文重教之风根植于民间。新中国成立以来，特别是改革开放以来，勤劳智慧的江阴人民勇立潮头，敢为人先，创造了辉煌业绩，获得100多项全国性荣誉。成为经济活力魅力城市，同时也总结出“人心齐、民性刚、敢攀登、创一流”的江阴精神，不断昭示每个江阴人不断开拓创新，与时俱进，争取新的辉煌。

江阴在隋朝起长期隶属常州府，主要方言归属吴语太湖片毗陵小片，俗称江阴话。非吴语地区有利港下乡片及零星渔民集居村落，属江淮方言，俗称滩里话。方言按地域差异大致分为澄西片、澄中片、澄东片、澄南片和江淮片。江阴方言在发展中有内部变异情况，也有受周边张家港、常熟、无锡语言影响变化的，并因年龄不同而有差异。近30年来，江阴话发生了比较大的变化，一些显著特征在逐渐消失和消退，声调调类减少，一些特色词消失，固有词变得更趋近普通话。江阴话在家庭中使用比例最高，工作中次之；普通话在其他环境使用比例最高，工作中次之。

**【名胜古迹】** 江阴是吴文化发祥地之一，域内考古发掘证明，这里新石器时代就有先民活动。见证江阴历史悠久的遗存有祁头山、高城墩、佘城（国家文物保护单位）等古遗址20余处；有兴国塔、徐霞客故居、适园、黄山炮台旧址、刘氏兄弟故居、国民党江阴要塞司令部旧址（以上6处均为国家文物保护单位）、文庙、梁武堰遗址、江苏学政衙署遗址等古代和近现代建筑；有舜过井、虎跑泉、广济泉（四眼井）、万安桥、犀带桥、五云桥等古井古桥；有王羲之换鹅碑、心经碑、晴山堂石刻、倪云林山水石刻等古碑刻150余块，有吴季札墓、吴王八子墓、楚春申君黄歇墓、酒圣杜康墓、三国大将凌统墓、梁敬帝墓、徐霞客墓、杨名时墓等古墓葬近40余座；有中共江阴一大会址、渡江战役纪念馆、陈毅演讲处、新四军六师驻地旧址等革命遗址遗迹30余处。千古奇人徐霞客、狂草巨碑心经碑、梁代昭明太子萧统手植之红豆树被誉为“江阴三奇”，享誉海内。

江阴旅游资源丰富，主要有滨江要塞旅游区（国家AAAA级景区）、江苏学政文化旅游区（国家AAAA级景区）、长泾古镇文化旅游区（国家AAA级景区）、国家工农业旅游示范区（华西新市村、海澜工业园）、徐霞客故里文化旅游区等旅游板块。

**【历史名人】** 江阴钟灵毓秀，历代人才辈出。唐代有诗人魏璞；宋代有出了33名进士的葛氏一族，其中有词人、国子监祭酒葛胜仲，诗论家、词人、吏部侍郎葛立方，左丞相葛邲等；明代有杰出的地理学家、旅行家、探险家徐霞客；清代有理学家，兵部、吏部、礼部尚书杨名时，词人蒋春霖，诗人金武祥，小说家夏敬渠和屠绅，画家缪炳泰，创办京师、江南两图书馆（后为北京图书馆和南京图书馆）的中国近代图书馆之父、目录学家、方志学家缪荃孙等。宋至清，域内共出进士415人、武进士14人。近现代则涌现众多政治家、军事家、科学家、教育家、文学家、艺术家、实业家和一大批其他精英人物。其中，中国科学院和中国工程院院士12人、国际宇航科学院和美国纽约科学院院士3人、高等院校校长100余人、共和国将军20余人。杰出代表有：著名现代文学家、语言学家刘半农，民族音乐家、国乐一代宗师刘天华，爱国高僧、佛学家巨赞，社会学家、人类学家、民族学家吴文藻，化学家赵承嘏，中医学家、针灸学家承淡安，化学家张大煜、钱保功，地理学家章申，建筑材料与土木工程专家吴中伟，“中国现代机器人之父”蒋新松，电影表演艺术家上官云珠，教育家吴研因，油画家吕斯百，中国妇女运动领导人罗琼等。

## 2015年江阴市全国性荣誉

**【概况】** 1978—2014年，江阴市先后获得全国性荣誉162项。2015年，江阴全市上下面对复杂严峻的宏观形势，全面贯彻党的十八大和十八届三中、四中、五中全会精神以及习近平总书记系列重要讲话特别是视察江苏重要讲话精神，牢牢把握稳中求进总基调，积极适应经济发展新常态，统筹稳增长、促改革、调结构、惠民生、防风险等各项工作，全市经济社会保持稳中有进的良好态势。是年，江阴市蝉联全国县域经济基本竞争力排名“十三连冠”、中国全面小康十大示范县市“八连冠”，通过国家卫生城市复审，被评为全国青少年校园足球试点县（区）、全国超千亿元产值纺织产业集群地区，列外籍人才知晓度县级市第一名，总计获全国性荣誉6项。至年末累计获全国性荣誉168项。

**【蝉联全国县域经济基本竞争力排名“十三连冠”】** 2015年8月,北京中郡县域经济研究所发布《2015县域经济发展报告》,同时发布第十五届全国县域经济与县域基本竞争力百强县(市)榜单。此次评选的宗旨为“一壮大二升级三提高”,即壮大县域经济,打造县域经济升级版和升级县域治理现代化,提高县域相对富裕程度、县域相对绿色指数和县域居民满意度。评选标准特别增加了反映县域经济活力和内生动力的新增企业登记注册数量指标,并突出居民收入、节能减排、绿色发展和科技进步等县域经济质量和效益,继续强化社会安定、安全生产、环境保护和廉政建设等县域科学发展评价的约束。榜单上,江阴市在县域经济基本竞争力等级、县域相对富裕程度等级、县域相对绿色指数等级上均达到A+级,再度蝉联第一名,实现“十三连冠”。

**【蝉联中国全面小康十大示范县市“八连冠”】** 江阴市在全面小康建设进程中,着力加快转型提升,坚持产业强市;着力实施区域协同,坚持城乡一体;着力强化生态建设,坚持生态宜居;着力拓展发展空间,坚持合作共赢;着力提升民生福祉,坚持机会公平。2015年,江阴市致力于挖掘存量要素资源的发展潜力,致力于发挥区域发展先发优势、竞争优势,致力于补短板、增效益,积极发展具有江阴特色的县域经济。12月,由中国全面小康论坛组委会主办、中国扶贫开发协会协办的第十届中国全面小康论坛在北京举行,江阴荣获“2015中国全面小康十大示范县市”第一名,实现“八连冠”。 (史 志)

**【被评为全国青少年校园足球试点县(区)】** 江阴有着良好的校园足球传统,第二中学女足在第20届世界中学生女子足球锦标赛中获得冠军。2014年,江阴市率先在全国范围推广全市中小学“一校一球一操”的校园足球模式,将传统足球项目和现代拉拉操项目融合到一起。2015年初,江阴市启动校园足球特色学校建设计划,计划通过3年时间创建一批国家、省、市级校园足球特色学校,其中国家级10所、省级20所。是年8月21日,教育部发布的全国38个青少年校园足球试点县(区)里,江阴市名列其中。同时,教育部还命名全国青少年校园足球特色学校8627所,江阴市城中实验小学、花园实验小学、夏港实验小学、第一初级中学、江阴高级中学、第一中学和第二中学7所学校入选。 (李忠耘 周 玲)

**【通过国家卫生城市复审】** 2015年,根据《国家卫生城市考核命名和监督管理办法》,江阴市接受国家卫生城市巩固复审。5月初,江阴市召开国家卫生城市复审迎检工作会议,成立复审迎检工作指挥部,下发《江阴市国家卫生城市复审迎检工作方案》和目标责任书。5月中旬至10月下旬,指挥部组织两轮次全时段、网格式督查,查出各类问题300余个,下发整改通知单251张。各部门单位齐心协力,加强农贸市场内部环境整治,对道路、道板破损,交通护栏破损,主要道路、小区绿化缺失等问题及时进行整改,确保城市主要公共场所的环境卫生保洁力度和清扫频率,及时清除建筑垃圾和暴露垃圾,主次干道、居民小区、背街小巷的保洁质量得到提升。11月,江阴市通过全国爱国卫生运动委员会组织的国家卫生城市复审验收。 (陶卓芬)

**【被评为全国超千亿元产值纺织产业集群地区】** 江阴是全国知名的纺织产业基地,拥有海澜集团有限公司、江苏阳光集团有限公司、江苏三房巷集团有限公司等一批知名企业。2012年以来,江阴市纺织产业集群公共服务平台建设不断加强,集群内生产力不断提高,生产方式不断优化,区域品牌建设取得一定成效。同时,在环境治理、人才培养、产品创新、社会责任等方面探索了很好的做法,集群规模经济的优势日趋明显,企业规模不断发展,产品质量不断提高,成为全市经济、民生的重要支柱。2014年,江阴市纺织工业完成工业总产值1519.8亿元。2015年4月,江阴市被中国纺织工业联合会评为全国超千亿元产值纺织产业集群地区。

2015年12月,江阴市获“2015中国全面小康十大示范县市”第一名

(杨佳杰 摄)

**【列外籍人才知晓度县级市第一名】** 2012年以来,江阴市进一步加大引进海外高层次人才力度。至2015年初,全市引进诺贝尔奖得主3人,入选国家“外专千人计划”3人,入选江苏省“外专百人计划”1人,获评江苏省“友谊奖”1人,建立海外工程师工作室10个。是年4月18—19日,由国家外国专家局和深圳市政府主办的第十三届中国国际人才交流大会召开,会上揭晓“2014魅力中国——外籍人才眼中最具吸引力的中国城市”评选结果,江阴市在外籍人才知晓度最高的5个县市中排名第一,其余4个获选县市依次是昆山、义乌、绍兴、常熟。 (史 志)

■类目编辑 邢 盈

# 中共江阴市委

## 重要会议

**【市委十二届六次全体（扩大）会议】** 2015年1月5—6日，中共江阴市委常委会主持召开十二届六次全体（扩大）会议。市委书记周铁根代表市委常委会作题为《科学统筹，奋起实干，全面建设经济强百姓富环境美社会文明程度高的新江阴》的工作报告。市委副书记、市长沈建作会议总结并部署当前工作。大会通过《中国共产党江阴市第十二届委员会第六次全体会议决议》《中共江阴市委关于贯彻落实党的十八届四中全会精神、全面推进依法治市的实施意见》《中共江阴市委常委会履行党风廉政建设主体责任的情况报告》。市委委员、候补委员出席会议。全体市领导、市纪委委员、部分老领导、副处级以上领导，各镇街、园区、机关、直属单位、驻江阴市单位、各民主党派、工商联、无党派知识分子联谊会主要负责人，以及有关村、企业主要负责人列席会议。周铁根指出，刚刚过去的一年，面对严峻复杂的宏观形势和相互叠加的矛盾困难，全市上下牢牢把握稳中求进的总基调，紧紧围绕“四个提升”*的总要求，坚定信心、咬定目标，奋力拼搏、合力攻坚，经济运行平稳健康，城乡面貌不断提升，生态环境持续改善，深化改革稳步实施，社会大局和谐稳定，党的建设全面加强，全市保持经济社会稳健发展、各项事业协调并进的良好态势。当前中国经济进入新常态。面对新常态，全市上下要始终高举发展大旗，扬长补短、埋头实干，以新状态引领新常态，以新作为赢得新发展。2015年，要重点抓好“五个统筹”。一要统筹传统产业和新兴产业发展，加快推动产业结构向高端迈进。以产业升级稳增长、强经济，以增量投入调结构、添后劲，以创新驱动促转型、增动力，以园区建设强支撑、争贡献，以优质服务鼓信心、提效能。二要统筹经济发展和生态建设、民生改善，加快提升城乡宜居环境和居民幸福指数。大力优化产业结构、能源结构、生态治理结构，大力加强环保执法，以生态建设倒逼发展提质；完善群众增收长效机制、社会基本保障机制、民生事业发展机制，让市民群众共享发展成果。三要统筹城市建设和农村发展，不失时机地推进城乡一体化。加快完善全市区域性功能规划，大力推进中心城区建设，全力实施城乡环境综合整治，有序推进新型城镇化和新农村建设。四要统筹深化改革和依法治市，加快推进治理体系和治理能力现代化。深化政府管理体制改革、行政服务体制改革、财税体制改革、国资国企改革和农村综合改革，以深化改革激活发展动力；营造团结民主的政治环境、公平正义的法治环境和平安稳定的社会环境，以法治建设保障发展有序。五要统筹事业发展和人的发展，加快提升社会文明程度。大力争创全国文明城市，培育核心价值观，提升市民文明素养，推动文化发展惠民，建设社会诚信体系。周铁根强调，要坚持从严治党，全面加强党的建设，为建设新江阴提供坚强保障。思想政治建设重在党的先进性建设，干部队伍建设重在从严管理，基层组织建设重在战斗力提升，作风效能建设重在推动工作落实，党风廉政建设重在落实责任，要切实增强党建工作的针对性、有效性，共同推动江阴的改革发展大业不断向前。

**【市委十二届七次全体（扩大）会议】** 2015年8月17日，中共江阴市委常委会主持召开十二届七次全体（扩大）会议。市委书记周铁根代表市委常委会作《矢志转型，凝神实干，加快建设“强富美高”新江阴》的工作报告和《从严真抓，从实真治，奋力推动江阴全面从严治党迈上新台阶》的讲话。大会通过《中国制造2025江阴五年行动计划（2016—2020）》《关于大力推进江阴高新区加快建设苏南国家自主创新示范区的实施意见》《江阴市实施长江经济带建设和参与国家“一带一路”战略三年行动计划（2015—2017）》和中共江阴市委《关于推动全面从严治党迈上新台阶的实施意见》《中国共产党江阴市第十二届委员会第七次全体会议决议》市委委员、候补委员出席会议。全体市领导，市纪委委员，部分老领导，副处级以上领导，各镇街、园区、机关、直属单位、驻江阴市单位、各民主党派主要负责人及各党委村（社区）、市百强企业主要负责人列席会议。周铁根指出，2015年以来，面对复杂严峻的宏观形势和多重叠加的矛盾困难，全市上下紧紧围绕“四个提升”“五个统筹”的总要求，咬定发展不放松，克难前行不退缩，千方百计稳增长、促转型、抓改革、惠民生，经济运行稳中有进，城乡建设有序推进，生态环境持续好转，改革创新稳步实施，民生福祉不断提升，党的建设全面加强，全市保持经济社会平稳发展、各项事业协调并进的良好态势。全市上下必须以经济稳增长和转型提升发展的新成效，推动江阴各项事业开辟新境界、攀上新高峰。周铁根强调，实现经济稳增长和转型提升发展，要准确把握“五个关系”，一是稳增长和调结构的关系，二是传统产业和新兴产业的关系，三是制造业和服务业的关系，四是创新驱动和投资拉动的关系，五是经济因素和非经济因素的关系。重点做好三项工作，一要千方百计稳增长。围绕抢抓市场稳增长、服务企业稳增长和防控风险稳增长，积极作为、精准施策，深挖增长潜力，厚植发展优势。二要全力以赴调结构。以优化产业结构为主方向，以壮大主导产业为着力点，以猛攻项目投入为主抓手，为经济实现中高速增长提供持久动力。三要增强合力促转型。加快政府组织经济工作方式转型，加快企业生产经营方式转型，加快载体平台功能转型，合力增创江阴经济转型新优势。对于下半年工作，全市上下要在努力实现经济稳增长和转型提升发展的同时，理清思路、突出重点，统筹推进城市、生态、民生、社会等各项工作，确保圆满完成全年目标任务。一要全力推进城乡建设新突破。加快城市重点工程建设，强势推进环境整治，提升城市管理水平，创新城市发展方式，以重点工作的强攻突破，实现城乡面貌的明显提升。二要不断推动生态文明建设上台阶。把优生态与调结构、转方式、惠民生、促和谐有机结合起来，着力打好节能减排攻坚战，推进生态环境专项治理，优化环保基础设施，完善环境保护机制，以生态环境建设的实际成果造福于民、取信于民。三要持续增强民生改善的获得感。准确把握促发展和惠民生的结合点，不断健全民生保障，积极发展民生事业，不断增进百姓民生福祉。四要积极开创社会和谐稳定新局面。以治理体系和治理能力现代化为方向，不断加强民主政治建设、法治江阴建设和平安江阴建设，确保江阴安定有序、和谐稳定。江阴要深挖国家战略红利中不断增创的发展新优势。着力建设苏南国家自主创新示范区，全面提升江阴的区域创新能力；主动融入“一带一路”战略，以经贸合作与人文交流的互动并进，不断提升江阴的经济国际化、城市国际化水平；加快对接长江经济带建设，积极打造长江经济带建设的关键节点城市；科学编制“十三五”规划，主动对接中央、省市“十三五”规划及重大国家战略。周铁根强调，全市每一个板块、每一个部门、每一个条线都要立足于“快”，雷厉风行、立说立行；要立足于“实”，求真务实、真抓实干；要立足于“好”，干出业绩、抓出成效。就推动全面从严治党迈上新台阶，周铁根指出，全市各级党组织和广大党员干部要深刻学习领会习总书记系列重要讲话精神，准确把握推动全面从严治党迈上新台阶的总体要求，紧紧围绕协调推进“四个全面”*战略布局，以全面从严为主基调，以密切党同人民群众血肉联系为核心，以落实管党治党责任为关键，以深入实施党建工作创新工程为抓手，切实加强党的思想、组织、作风、反腐倡廉和制度建设，在全面从严治党上做到管理更严格、纪律更严明、干部更清正、政治更清明，真正交出令上级、群众满意的答卷，为建设经济强、百姓富、环境美、社会文明程度高的新江阴提供坚强保证。一要大力加强思想政治建设，强化理想信念教育，高度重视党性锻炼，深入践行社会主义核心价值观，打牢坚定奋进的思想基础。二要大力加强党的作风建设，持之以恒整治“四风”*，真心实意联系群众，守土尽责推动发展，形成持续整改的工作常态。三要大力推进干部队伍建设，坚持标准选好干部，科学有效用好干部，全面系统管好干部，夯实干事创业的人才支撑。四要大力推进基层组织建设，全面增强基层服务功能，持续加强基层队伍建设，有效提升基层保障水平，筑牢本固基强的战斗堡垒。五要大力推进党风廉政建设，推进“两个责任”*落地生根，突出治理腐败预防在先，保持惩治腐败高压态势，营造风清气正的政治生态。周铁根强调，全市各级党组织要着眼江阴改革发展和党的建设全局，把全面从严治党作为重大政治责任、分内责任、刚性责任，把推动全面从严治党迈上新台阶各项任务落到实处。要强化主业意识，不断完善规范化责任体系；突出制度治党，不断完善科学化制度体系；严格考核问责，不断完善系统化督查体系，以更大的决心、更严的举措、更实的作风，奋力推动全面从严治党迈上新台阶。

**【党政领导干部会议】** 2015年12月27日，市委召开全市领导干部会议。无锡市委常委、组织部部长朱劲松在会上宣读中共江苏省委、中共无锡市委关于江阴市委书记、江阴高新技术产业开发区党工委书记领导职务调整的决定，免去周铁根中共江阴市委书记、常委、委员、江阴高新技术产业开发区党工委书记职务；任命陈金虎为中共江阴市委委员、常委、书记、江阴高新技术产业开发区党工委书记。省委常委、无锡市委书记李小敏出席会议并讲话。徐州市委副书记周铁根，无锡市委常委、江阴市委书记、江阴高新技术产业开发区党工委书记陈金虎，江阴市委副书记、市长沈建先后讲话。

**【创建全国文明城市暨城乡环境综合整治、机关作风建设动员大会】** 2015年3月22日，市委、市政府召开创建全国文明城市暨城乡环境综合整治、机关作风建设动员大会，市委书记周铁根讲话，市委副书记、市长沈建作工作部署，市委副书记蔡叶明主持会议。周铁根指出，江阴已进入全面创建全国文明城市的新阶段。各级各部门要紧扣创建测评体系，以突出问题整治为抓手，以构建常态化、长效化机制为关键，全面发动、全民动员，上下联动、齐抓共管，全力补缺补短补软，确保各项指标全面达标、创建目标如期达成。一要更大力度整治城乡环境。在市容市貌上突出治“脏”，在公共秩序上突出治“乱”，在基础设施上突出治“差”,开展以“七整七治三提升”*为主要内容的城乡环境综合整治专项行动。二要更大力度提升市民素质。要把提升市民素质作为创建工作最根本的任务,重点推进社会主义核心价值观培育实践工程、市民行为习惯规范工程、未成年人思想道德建设工程、新市民管理服务提质工程“四大工程”,让文明成为江阴的思想自觉、行动自觉。三要更大力度引导社会参与。要强化宣传造势、创新参与渠道、丰富创建活动,最充分地把全市上下的热情调动起来、干劲发挥出来、智慧激发出来,让创建和整治工作得到最广泛的理解、支持和参与。四要更大力度完善工作机制。要重点健全组织领导机制、推进落实机制、检查督办机制、考核问责机制“四大机制”,通过建立健全长效工作机制,确保管长远、管根本。周铁根强调,全市上下要进一步统一思想举全市之力、聚万众之心,强势推进创建和整治工作,为2017年创成全国文明城市奠定坚实基础。全市各级党员领导干部要锤炼过硬作风,以担当的勇气、务实的作风为创建全国文明城市提供坚强保障,做到守土有责、勇于担当,动真碰硬、攻坚克难,真抓实干、务求实效,确保建成全国文明城市这一美好梦想变成生动的现实。沈建在部署工作时要求,各级各部门要统一思想认识、正确把握形势,切实增强创建全国文明城市的信心和决心。要动员全民参与、落实过硬措施,坚决打赢创建全国文明城市的攻坚战。具体在提升政务环境、法治环境、诚信环境、市场环境、人文环境、城乡环境、社会环境、生态环境上下功夫。要坚持综合施策、狠抓关键环节,深入开展城乡环境综合整治三年行动。重点加快完善城乡基础设施、着力优化城乡环境秩序、不断健全城乡管理体制。要明确工作责任、精心组织推进、健全保障机制、强化舆论引导,加强组织领导、集聚各方合力,确保全国文明城市创建活动取得实效。会上,30个责任单位领取《创建工作任务书》。

**【全市生态文明建设暨环境保护大会】** 2015年4月2日,市委、市政府召开全市生态文明建设暨环境保护大会。市委副书记、市长沈建要求各级各部门进一步统一思想、凝心聚力,以更加坚定的决心、更加务实的举措,加快建设环境优美、蓝天碧水、绿色宜居的新江阴。沈建指出,过去一年,江阴坚持以民为本,创新体制机制,打造示范亮点,生态建设成效显著,民生环保推进有力,服务发展主动靠前,生态环境质量持续改善。下阶段,全市生态文明建设和环境保护要做好三个方面工作:一是准确认清形势,高度统一思想,充分认识生态文明建设的重要意义。要始终把生态文明建设作为事关全局和长远的重大问题紧抓不放,结合江阴实际,创新发展思路,以生态文明理念引领经济社会发展,努力推动经济效益、社会效益、生态效益同步提升、同步发展。二是落实目标任务,狠抓重点领域,全力推动生态文明建设取得实效。要扎实推进生态环境综合治理,强化污染源头管控,推进环境基础建设,实施生态环境修复;大力开展生态环境专项整治,防治大气污染,改善生态环境,规范固废处置业;不断健全生态保护长效机制,加强信访案件处置,加大环境执法力度,创新环境监管制度,努力在解决实际问题中夯实生态环境基础,着力推动生态文明建设再上新台阶。三是强化责任担当,集聚各方合力,着力提升生态文明建设的发展环境。要敢于担当、履职尽责,立足长远、诚信守法,加强宣传、正确引导,推动环境保护工作迈上新台阶,不断开创生态文明建设新局面。市委副书记蔡叶明主持会议并宣读有关表彰决定,市委常委、常务副市长孙小虎作工作报告。

**【全市千企提升发展暨人才强企大会】** 2015年4月18日,市委、市政府召开全市千企提升发展暨人才强企大会。市委书记周铁根指出,改革开放以来,企业成为江阴发展的根基所在和最大优势所在。步入转型提升的新阶段,江阴只有依靠企业的结构调整、科技创新、增量投入,才能实现经济的可持续健康发展,进而推动城市建设、城乡统筹、社会事业、民生福祉和社会文明程度的全面提升。广大企业要准确认识把握新常态,用正确的态度认真研究思考新常态下宏观经济环境、行业发展环境、企业内部环境发生的变化,制定更加精准的发展战略。具体要在三个方面下功夫,一要通过加快转型来实现企业的“脱胎换骨”,推动产品、商业模式、管理的创新和增长动力的转变,焕发企业新的生命;二要抢抓产业变动中的巨大红利,在兼并重组、新兴业态发展、“互联网+”、混合所有制经济等方面实现突破,为企业可持续发展注入强劲动力;三要抢占人才、技术的制高点,在引进高端人才、增强职工创新、转化科技成果、提升研发层次上下功夫,推动发展模式由“橄榄型”向“哑铃型”转变。周铁根要求,政府部门要进一步转职能、调政策、优服务,坚持为企业营造良好的服务环境和发展环境。要持续改进行政审批、行政服务、行政管理中存在的不足,通过不断深化改革来提高服务效率;要切实加大对发展新兴业态、科技创新、人才引进、技术改造、兼并重组等方面的支持力度,更好地发挥政策杠杆作用;要主动加强协调、积极对上争取,帮助企业发展得更快更好,努力为企业营造一个适合创业创新的服务环境。市委副书记、市长沈建主持会议。要求全市上下要广泛凝聚共识,切实增强发展信心;要强化创新举措,着力提升发展水平;要主动担当重任,确保完成既定目标,再创江阴新一轮改革发展新辉煌,加快建设经济强、百姓富、环境美、社会文明程度高的新江阴。

**【全市招商引资工作会议】** 2015年5月13日,市委、市政府召开全市招商引资工作会议。市委书记周铁根指出,招商引资仍是当前和今后一个时期经济发展的一项重要任务。各镇街、园区、企业要注重发挥投资在稳增长、调结构中的关键作用,抢抓“一带一路”、长江经济带国家战略以及国际资本流动活跃、国内新一轮兼并重组浪潮等重要机遇,通过扩大对内对外开放,拓展新的发展空间,全力引进项目、增加投入,以投资拉动和创新驱动的“双轮驱动”,推动江阴经济实现转型升级、可持续发展。周铁根强调,要围绕江阴结构调整、优化转型、稳健增长的需要，确定招商引资的目标和重点，突出招引龙头型、基地型产业项目，突出招引新兴产业项目，突出招引新型业态项目，突出招引超前研究国际产业前沿高端产品的项目，不断提升招商引资的成效和水平。各级领导要强化招商意识，真正把招商引资工作摆上重要议事日程；各镇、街道，特别是各园区要把招商引资作为工作的重中之重，做到主要领导亲自抓，要成立一支专门的招商队伍，进一步强化考核奖惩机制；各职能部门要整体联动、全力支持，为镇街、园区、企业招商引资营造好环境、做好服务，通过全市上下的共同努力，实现招商引资工作的新突破。市委副书记、市长沈建主持会议，市委常委、副市长计军作全市招商引资工作报告。

**【第二十五届科技节暨大众创业万众创新工作推进会】** 2015年10月23日，市委、市政府召开第二十五届科技节暨大众创业万众创新工作推进会，市委书记周铁根指出，市委、市政府始终坚持把创新驱动作为优化产业结构、促进经济转型、提升区域竞争力的重要工程抓紧抓好，全力以赴强科技，千方百计引人才，科技工作取得较好的成效。就推进大众创业、万众创新工作，周铁根要求，一要统一思想，凝聚共识。全市上下要站在战略和全局的高度，以更加强烈的使命感、责任感和紧迫感，积极投身到推进大众创业、万众创新的时代大潮中。二要突出重点，强化举措。要强化主体培育，激发大众创业、万众创新的巨大潜力，推动规模企业加快转型升级，扶持中小企业实现做大做强，激发怀揣梦想的人才大胆创新创业。以众创促创新，大力推进众创空间和网络众创平台建设；以众包促变革，鼓励企业通过基于互联网的新型服务外包形式，推动企业合作从传统的点对点升级到点对面、面对面，为企业集智创新提供新的动力，为个人创业就业开辟新的空间；以众筹促融资，探索股权众筹、网络借贷等互联网金融模式，注重发挥财政资金的撬动作用，大力发展科技信贷，吸引更多社会资本投向创新创业，加快形成多方位、多渠道的投入体系。要强化环境营造，释放大众创业、万众创新的生机活力。三要加强组织，强化领导。各级各部门要强化发展意识、典型引导和考核激励，积极整合资源要素、统筹各方力量，确保各项工作落到实处。市委副书记、市长沈建主持会议。市委常委、组织部部长钱文琴宣读《关于表彰江阴市大众创业万众创新先进代表的决定》，副市长费平作工作报告。

**【省委巡视江阴市工作动员会】** 2015年11月16日，市委召开省委第二巡视组巡视江阴市工作动员会，省委第二巡视组组长韩波就即将开展的巡视工作作动员讲话，省委常委、无锡市委书记李小敏就支持配合做好巡视工作提出要求，无锡市委常委、江阴市委书记周铁根主持会议并作表态发言。周铁根表示，江阴上下将坚决拥护省委巡视工作部署，以高度的政治责任感和使命感，自觉接受监督检查、真实反映情况问题、精心做好保障服务，切实抓好巡视成果运用，努力把省委交办的巡视任务完成好，推动全面从严治党迈上新台阶。坚持把配合巡视与做好当前工作结合起来，千方百计稳增长、全力以赴调结构、增强合力促转型，加快建设"强富美高"新江阴。省委第二巡视组副组长姜昕及巡视组全体成员，无锡市委巡视工作联络机构成员，江阴市委、人大、政府、政协领导班子成员，法院、检察院党组成员，纪委监察局、组织部领导班子成员，市委、市政府办公室主任、副主任，所辖镇(街道)、园区党政主要负责人，市各机关部门、直属单位、人民团体主要负责人，近3年退休的老同志，巡视工作联络组成员参加会议。

## 重要活动

**【"三严三实"专题教育活动】** 2015年5月29日，市委书记周铁根主持召开市委常委(扩大)会议，讨论研究《关于在县处级以上领导干部中开展"三严三实"*专题教育的实施意见》《市委常委会开展"三严三实"专题教育工作方案》。会议强调，要深刻领会和准确把握中央、省委、无锡市委关于开展"三严三实"专题教育的重大部署及重要意义。要高度重视，按照上级要求不折不扣抓好落实，认真谋划安排、精心组织实施好，高质量抓好专题党课、学习研讨、民主生活会、整改落实等规定动作。要把专题教育与巩固群众路线教育实践活动成果相结合、与自身存在问题的整改相结合、与解决群众反映强烈的问题相结合、与推动各项工作有机结合，真正把专题教育的成果转化为推动建设新江阴的强大动力，推动江阴在调结构、促转型、可持续发展中取得更大成绩，促进江阴经济社会全面发展。

6月2日，市委书记周铁根以《"三严三实"：领导干部的为政之道与行为准则》为题，为全市党员领导干部上党课，并代表市委常委会对全市开展专题教育工作提出要求。要求各级党员干部要坚持知行合一，带头做践行"三严三实"的表率。要始终心中有党、忠诚于党，做严以修身的表率，始终坚定理想信念，自觉加强党性锻炼，时刻严守纪律规矩；要始终心存敬畏、公私分明，做严以用权的表率，牢固树立正确的权力观，时刻保持对权力的敬畏感，把权力关进制度的"笼子"；要始终警钟长鸣、清正廉洁，做严以律己的表率，严格管好自己，慎待亲情友情，自觉接受监督；要始终遵循规律、实事求是，做谋事要实的表率，树立正确的政绩观、科学的方法论和牢固的群众观；要始终为官有为、勇于担当，做创业要实的表率，在恪尽职守中体现责任，在攻坚克难中体现担当，在狠抓落实中体现作为；要始终公正无私、胸怀坦荡，做做人要实的表率，做到光明磊落，公道正派，科学选人用人。周铁根强调，要按照中央、省委、无锡市委的部署，结合全市专题教育实施方案，强化严的精神、实的作风，确保"三严三实"专题教育取得实效。确保在深化"四风"*整治、巩固和拓展党的群众路线教育实践活动成果上见实效，在守纪律讲规矩、营造良好政治生态上见实效，在真抓实干、推动改革发展稳定上见实效。要扎实做好"关键动作"，抓好"四专题一强化”，即讲好专题党课，组织好专题学习研讨，搞好专题调研，开好专题民主生活会，强化整改落实和立规执纪。要从严抓好组织实施，强化督查指导，加强宣传引导，注重统筹兼顾，把开展专题教育与巩固群众路线教育实践活动成果结合起来，与党员领导干部自身整改结合起来，与解决群众反映强烈的问题结合起来，与做好改革发展稳定各项工作结合起来，真正做到专题教育与日常工作两手抓、两促进，以转型提升可持续发展的实际成效检验专题教育成果。市委副书记、沈建主持会议并提要求。27日，江阴大学堂邀请上海市委党校党史党建教研部、政党研究所教授周敬青，作践行“三严三实”加强党性修养方面的专题讲座。市委书记周铁根主持讲座。全市副处级以上领导干部听取讲座。

7月16日，全市副处级以上领导干部来到华西新市村，深入学习吴仁宝先进事迹，围绕“严以修身，加强党性修养，坚定理想信念，把牢思想和行动的‘总开关’”主题，进行第一次集中交流研讨。市委书记周铁根主持学习交流会。要求各级领导干部要坚持深入学习、做到真学真懂、入脑入心。领导要带头学，抓住重点学，注重常态学，要深入学习习近平总书记系列重要讲话精神，认真研读重点书目，联系自身的思想和工作实际带着思考学，进一步坚强党性、坚定信念、坚守品德；要坚持边学边改，做到查摆深刻、整改到位。他指出，“三严三实”专题教育是群众路线教育实践活动的延展深化，要借鉴和利用好聚焦问题、解决问题的成功经验，查摆问题要“实”，剖析问题要“深”，整改问题要“快”，努力以解决问题的实际成效取信于民；要坚持统筹兼顾，做到知行结合、推动工作。22日，“江阴大学堂”举办重温党的历史、争做“四有”干部专题讲座，邀请中共中央党校党史教研部教授、博士生导师、毛泽东思想教研室副主任祝彦授课。全市副处级以上领导干部听取讲座。

8月4日，市委举行学习习近平总书记系列讲话精神、争做“三严三实”好干部学习交流会，全市副处级以上领导干部围绕“严于修身”专题进行第二次交流研讨。市委书记周铁根主持学习交流会，希望大家围绕“严以修身”这个主题，结合“三严三实”学习内容，紧密联系思想工作实际，从不同角度交流自己的学习心得和体会，发言不遮不掩、抓住本质，既查摆问题，又找到方向，每个人都能受到一次触及灵魂深处的思想洗礼。周铁根强调：一要强化责任意识。领导干部要带头学习、带头践行“三严三实”，认真查摆“不严不实”问题，深刻剖析、深度整改，切实解决问题。市委和组织部门等要组织、协调、督查指导好专题教育的各项工作。二要深化学习研讨。学习研讨要围绕三个专题的核心要求来设计、组织和推进。各位领导干部要紧密联系实际，真正把自己摆进去、把职责摆进去、把实际思想和工作摆进去，把“不严不实”问题找出来，切实增强自我净化、自我完善、自我革新、自我提高的能力。三要着力解决问题。学习和践行“三严三实”的要求，最终要落实到解决实际问题、转变工作作风、推动事业发展上来。要对照“三严三实”要求列出问题清单，根据问题清单提出有针对性、操作性强的整改措施，做到边学边查边改。同时，要把问题整改与推动当前工作相结合。13日，市委举行“三严三实”专题教育第三次学习交流会，全市副处级以上领导干部围绕“严于律己，严守党的政治纪律和政治规矩，自觉做政治上的‘明白人’”主题进行学习交流。市委书记周铁根主持学习交流会。省政协原副主席、党组副书记张九汉，无锡市委常委、组织部部长朱劲松列席学习交流会。周铁根强调，一是思想认识要再提高。进一步强化理论武装、查摆问题、整改落实，切实提高自己的综合修养、始终保持高度的政治责任感和政治敏锐性，始终把党的纪律作为自己的行为准则和工作指南，始终践行党的群众路线，牢固树立正确的政绩观、权力观、地位观、利益观，自觉在思想上政治上行动上同党中央保持高度一致，做一个政治上的“明白人”。二是学习研讨要再深入。一方面理论学习要入脑入心，要在真学真懂真用上狠下功夫，紧密联系工作实际、思想实际，把重要问题学习深、理解透，真正将从严治党的精神要求植根于思想深处。另一方面交流研讨要真刀真枪，要继续弘扬整风精神，更加自觉地拿起批评和自我批评这个有力武器，抛开面子、动真碰硬，既深刻剖析自己，又诚恳相互批评，在严格的党内政治生活中不断锤炼党性、提升境界。三是解决问题要再加强。要对照问题清单，明确整改目标和措施，坚持边学边查边改，把新查找的问题与教育实践活动整改不到位的问题结合起来、深入整改，把持续整治“四风”与经常性思想政治建设结合起来、坚持下去，锤炼严和实的好作风，形成严和实的新气象。四是推进工作要再发力。要按照省、无锡市委的最新工作要求，体现在行动上、实干上和抓落实上，千方百计稳增长、调结构、促转型；科学统筹城乡发展、生态建设、民生改善、深化改革，大力推进江阴全面发展进步；抢抓国家战略机遇，谋划好“十三五”；落实全面从严治党，使风气正、重实干成为江阴干部的鲜明特征，为建设经济强、百姓富、环境美、社会文明程度高的新江阴提供坚强有力的保证。28日，江阴大学堂邀请焦裕禄干部学院副院长田野，作《学习焦裕禄精神，践行“三严三实”》专题讲座。全市副处级以上领导干部听取讲座。

11月30日，市委举行“三严三实”专题教育第五次学习交流会，全市副处级以上领导干部围绕“严以用权，真抓实干，实实在在谋事创业做人，树立忠诚、干净、担当的新形象”主题进行学习交流。市委书记周铁根主持学习交流会。省委第二巡视组副组长姜昕列席学习交流会。周铁根指出，权力更多对应的是责任和担当，党员领导干部要树立正确的权力观，在工作中敢于负责、敢于担当、敢于创新；权力和权威不能划等号，党员干部要通过用好权力、为民服务树立威信和良好形象；权力是把“双刃剑”，用好可以为人民谋利益、实现个人的社会价值，而用权力去谋私则可能把自己推向“火海”、葬送前程；权力必须接受制约,要依法依规用权,以完善的制度体系约束权力,让权力接受监督、在阳光下运行。关于如何用好权力,周铁根强调,一要以依法为前提,做到用权守规矩不越界。二要以为民为目标,做到用权促发展惠民生。三要以尽责为关键,做到用权敢担当有作为。四要以廉洁为保障,做到用权不谋私守底线。

**【领导干部学习活动】** 2015年1月26日,市委常委会召开民主生活会。常委班子及其成员深入学习贯彻习近平总书记系列重要讲话精神,以严格党内生活、严守党的纪律、深化作风建设为主题,以认真贯彻中央"八项规定"*和江苏省、无锡市委"十项规定"精神、坚决反对"四风"*、持续抓好整改落实为重点,认真开展批评与自我批评,进一步增强干事创业的责任心和深化作风建设的自觉性,奋力推进江阴各项事业的发展。市委书记周铁根主持会议。会议通报市委常委会教育实践活动整改落实情况。

3月28日,市委举行市管干部"四个提升"*轮训暨年轻干部挂职墩苗锻炼动员大会。市委书记周铁根出席会议并讲话,市委常委、组织部部长钱文琴主持大会。周铁根指出,当前,江阴正处在转型提升发展的关键时期,能否实现市委提出的全面建设经济强、百姓富、环境美、社会文明程度高的新江阴的目标定位,关键在于建立一支思想素质过硬、能力水平出众的干部队伍。举办市管干部"四个提升"专题轮训,旨在进一步贯彻落实省、市委对新形势下各项工作的新要求,不断提升领导干部执政能力和水平。同时,通过开展双向挂职锻炼,使年轻干部在基层得到磨砺锻炼,帮助他们增长才干、丰富阅历、开阔视野,为江阴长远发展打下坚实基础。周铁根强调,全市领导干部要不断提高自身思想素质,自觉践行和弘扬社会主义核心价值观。坚定共产主义远大理想,牢记作为共产党员的崇高追求,矢志不渝为中国特色社会主义而奋斗,始终忠诚于党的事业,全心全意为人民服务;严于律己坚守底线,严格遵守党纪国法,时刻以共产党员的先进性严格要求自己,做道德文明的模范,始终敬畏权力、慎用权力,创造出经得起实践、人民、历史检验的实绩。要进一步加强执政能力建设,积极适应新形势新要求,不断提高思想理论水平、依法执政能力和解决复杂矛盾的本领。善于在谋全局中谋一域,从全局态势中把握发展的方向,使本地区本部门的工作与市委、市政府的中心工作合拍,把握工作的整体性和系统性;善于在取得认同中达成共识,提升做群众工作的水平、增强沟通协调能力,充分调动各方积极性,形成推进工作的动力和合力;提升驾驭复杂局面的能力,敢于面对矛盾、善于处理矛盾,促进社会和谐。29日,市委中心组举行专题学习会,传达贯彻学习全国"两会"精神。市委书记周铁根要求,全市上下要迅速传达学习、全面贯彻落实全国"两会"精神,牢牢把握"四个全面"*战略布局,落实"四个提升"和"五个统筹",努力建设经济强、百姓富、环境美、社会文明程度高的新江阴。

7月8日,市委邀请国家安监总局党组成员、总工程师王浩水应邀作危险化学品安全生产方面的专题讲座。市委书记周铁根,市委常委、常务副市长孙小虎,副市长唐仲贤,各镇(街道)镇长(主任)、分管安全的副镇长(副主任),市有关部委办局主要负责人、分管安全生产负责人,市危险化学品生产、经营、储存、运输等重点企业负责人,市重点企业负责人及各级安监人员约1100人听取讲座。12日,市委、市政府在长江村举办"以习总书记视察为强大动力,弘扬老一辈创业精神,再创长江发展新辉煌"座谈会,学习宣传李良宝的先进事迹,在全市上下形成解放思想、敢为人先,振奋精神、埋头实干,开拓创新、克难奋进的浓厚氛围,推动江阴各项事业不断迈上新台阶。全体副处级以上领导干部参加会议。会前,市领导为李良宝事迹展览馆揭幕,并参观展览馆。市委书记周铁根指出,李良宝是中国共产党的优秀党员,当代农村干部的杰出代表,社会主义新农村建设的突出探索者、实践者。学习宣传李良宝,就是要学习他敢为人先、矢志创业、勇立发展潮头的先锋精神,要始终大力弘扬改革创新的时代精神,勇于挑战自我、善于抢抓机遇、敢于改天换地,不断确立更高的目标追求,不断破解各类矛盾瓶颈,不断探索和实践具有时代特征、区域特点、地方特色的发展目标和道路,加快开创江阴建设新局面;要学习李良宝牢记宗旨、心系村民、践行群众路线的赤子情怀,要始终牢记全心全意为人民服务的宗旨,把造福人民群众作为人生的最大追求,把群众满意作为检验工作的唯一标准,坚持实干兴市、共同富裕,努力为群众办实事、做好事、解难事,让改革发展的成果更多更好地惠及广大人民群众;要学习李良宝生命不息、奋斗不止、毕生忘我工作的执着追求,要不断弘扬励精图治的敬业精神,不断增强率先发展、加快发展的责任感和紧迫感,努力发扬顽强拼搏、忘我工作、积极进取的昂扬精神,立足本职,爱岗敬业,奋发有为,在谋事创业、干事兴业中实现共产党人的人生价值;要学习李良宝淡泊名利、无私奉献、始终忠诚于党的崇高品格,要自觉加强党性修养,牢固树立正确的权力观、地位观和利益观,清正廉洁,克己奉公,以为民务实清廉的良好形象赢得人民群众的拥护和信任。座谈会上,与会人员观看电视纪录片《德泽长江》。

9月22—24日,市委、市政府组织全市副处级以上领导干部专题学习"四个全面"重要思想。22日上午,全市领导干部"四个全面"专题学习会暨江阴大学堂第十八讲全面建成小康社会专题讲座在江阴大剧院举行。江苏省政府参事室主任、南京大学博士生导师宋林飞教授,以《全面建成小康社会的理论与实践》为题作专题讲座。22日下午,南京大学原党委书记、博士生导师洪银兴教授,围绕全面深化改革作专题讲座。23日上午,上海市委党校公共管理教研部副主任陈保中教授,围绕依法治国作专题讲座。24日上午,围绕全面从严治党,结合正在开展的"三严三实"专题教育活动,全市副处级以上领导干部进行学习讨论。市委书记周铁根要求领导干部围绕专题教育主题进行学习交流,防止偏离主题,以解决不严不实问题为最终要求;防止形式主义,坚持从实际出发,出实招、求实效;防止把专题教育搞成一次活动,要结合工作实际,讲纪律、明规矩,把专题教育融入平常、形成制度。明确查摆问题和整改要求,避免模糊笼统和泛泛而谈,更多地联系个人思想和工作实际,认真查找和解决不严不实的突出问题。

11月2日,市委书记周铁根主持召开市委常委(扩大)会议,传达学习贯彻党的十八届五中全会精神。会议要求,各级各部门要把学习贯彻十八届五中全会精神作为重要政治任务来抓,认真学习、深刻领会,科学谋划江阴"十三五"经济社会发展,努力开创江阴改革发展新局面。

12月16日,市委召开全市领导干部警示教育暨党纪条规学习会,深入学习《中国共产党廉洁自律准则》和《中国共产党纪律处分条例》,并以少数腐败分子腐化堕落的典型案例,警醒全市领导干部以案为鉴,进一步增强廉洁自律意识和拒腐防变能力。市委书记周铁根要求全市领导干部要吸取教训、深刻反思,防微杜渐、警钟长鸣,进一步强化党员干部的党章党规党纪意识,用纪律和规矩全面规范自身言行。省委巡视办副主任陈良灵应邀作学习贯彻准则和条例的辅导报告,省委第二巡视组副组长姜昕列席会议。

**【重要工作推进活动】** 2015年1月19日,市委召开全市党(工)委书记抓基层党建工作述职评议会。市委书记周铁根要求,全市各级党组织尤其是党委(党组)主要负责同志要深入学习贯彻习总书记系列重要讲话精神,全面履行党建工作"第一责任人"职责,与时俱进加强新形势下党建工作,不断开创全市党的建设新局面。市委副书记蔡叶明主持会议。市委常委、组织部部长钱文琴,市委常委、宣传部部长袁秋中参加会议。人社局、卫生局、南闸街道、璜土镇、周庄镇、长泾镇党(工)委书记在会上进行述职,周铁根逐一进行点评。就抓好基层党建工作,周铁根强调,全市各级党组织,尤其是党委(党组)主要负责同志一要深入学习贯彻习近平总书记系列重要讲话特别是总书记视察江苏重要讲话精神,牢固树立"抓好党建是最大政绩"的意识,自觉用全面从严治党的要求统一思想、指导实践,全面履行党建工作"第一责任人"职责,与时俱进加强新形势下党建工作。二要全面落实管党治党责任,进一步提升党建工作科学化水平。突出书记管党治党责任的全面落实,突出从严治党各项举措的执行到位,突出党建制度改革创新的有力推进。三要着力夯实基层组织基础,充分发挥基层党组织的战斗堡垒作用。要围绕中心任务抓党建,要夯实基层基础抓党建,要加强队伍建设抓党建,要强化党风廉政抓党建。确保江阴干部清正、政府清廉、政治清明。25日,举行临港开发区深化行政体制改革工作会议,全面部署临港开发区深化行政体制改革工作。市委书记周铁根希望临港开发区,以本次深化行政体制改革为新起点,全力打造全市经济发展的主阵地,城乡一体化的先导区,百姓安居乐业、幸福和谐的示范区。市委书记周铁根和市委副书记、市长沈建共同为新成立的临港开发区四个产业园揭牌,市委常委、临港开发区管委会主任徐冬青就落实深化行政体制改革工作作部署,市委常委、副市长计军就临港开发区深化行政体制改革工作作说明,市委常委、组织部部长钱文琴宣读有关干部职务任免的通知。

2月5日,召开全市安全生产工作会议,市委书记周铁根要求全市各级各部门统一思想,强化安全生产责任制,深入持续开展安全生产检查整改工作,切实消除各类安全生产隐患,确保社会平安稳定和人民生命财产安全。市委副书记、市长沈建主持会议。市领导孙小虎、计军、冯爱东、吴芳、袁秋中、戴旭东、费平、封晓春、唐仲贤、张继文参加会议。会议结束后,市领导周铁根、冯爱东、唐仲贤实地检查瀚宇博德科技(江阴)有限公司和先锋平价菜场的安全工作,市领导沈建检查长达钢铁有限公司和江阴客运站的安全情况。市领导根据各自包片及职责分工组成18个检查组,率分管部门负责人对各镇街园区、相关行业领域进行安全生产大检查,主要检查各镇街园区高危行业领域企业,重点抽查危险化学品、油气输送管道、烟花爆竹、燃气、劳动密集型、建筑施工、道路交通、消防、粉尘涉爆及有限空间作业等行业领域企业。9日,中共江阴市第十二届纪律检查委员会举行第五次全体会议,深入学习贯彻习近平总书记重要讲话精神,落实中纪委、省纪委、无锡市纪委全会精神,回顾总结2014年全市党风廉政建设和反腐败工作,安排部署2015年目标任务。市委书记周铁根强调,各级各部门要按照全面从严治党的要求,深入落实党风廉政建设党委主体责任、纪委监督责任"两个责任",推动党风廉政建设和反腐败工作再上新台阶,为建设经济强、百姓富、环境美、社会文明程度高的新江阴提供坚强保障。沈建、赵国权、薛良、孙小虎、徐冬青、计军、孙英、钱文琴、冯爱东、吴芳、袁秋中、戴旭东等市四套班子领导以及市纪委领导出席会议。市委副书记、市长沈建主持2014年度江阴市领导干部述法测评。市委常委、市纪委书记孙英作工作报告。市委与各单位各部门党委主要负责人签订2015年党风廉政建设责任书。27日,召开全市政法工作会议,市委书记周铁根讲话,市委副书记、政法委书记蔡叶明,副市长韩民参加会议。周铁根要求全市政法工作者一要高度统一思想,切实增强做好新形势下政法工作的责任感和使命感。二要强化工作举措,推动政法工作在新的起点上实现新发展。三要全面加强队伍建设,坚定政治信仰,提升能力素质,坚守清廉本色,加大保障力度,努力把政法队伍打造成一支忠于党、忠于国家、忠于人民、忠于法律的"铁军",为全市政法工作开展提供坚强保障。同日,召开全市党建工作会议,市委书记周铁根讲话,强调要以改革创新精神统筹推进党的思想建设、组织建设、作风建设、反腐倡廉建设和制度建设,着力打造学习型、服务型、创新型、廉洁型党组织,推动党建工作再上新台阶,为建设经济强、百姓富、环境美、社会文明程度高的新江阴提供坚强保障。市领导蔡叶明、孙英、钱文琴、袁秋中参加会议。会议由市委副书记蔡叶明主持。市委常委、组织部部长钱文琴,市委常委、宣传部部长袁秋中分别对全市的组织、宣传工作进行总结部署。

4月18日,市委书记周铁根主持召开全市经济运行分析会,要求全市上下适应新常态,切实增强发展的紧迫感和责任感,主动作为、积极谋划、放大优势、补缺补软,全力促进经济平稳发展,推动各项经济发展目标任务按时序进度完成。市领导沈建、赵国权、薛良、蔡叶明、孙小虎、徐冬青、孙英、钱文琴、冯爱东、吴芳、戴旭东等参加会议。22日,市委、市政府召开高标准建设国家知识产权示范城市暨知识产权强市工作推进会,动员和号召全市上下深入实施创新驱动发展战略和知识产权强市战略,高标准推进国家知识产权示范城市(2009年试点,2014年列入国家第三批示范城市)建设,大幅提升知识产权贡献度,为全面建设"强富美高"新江阴提供强劲支撑。国家知识产权局副局长贺化,省知识产权局局长支苏平,无锡市副市长曹佳中,市委副书记、市长沈建,副市长张继文参加会议。市委副书记、市长沈建作工作报告。深入推进高标准建设国家知识产权示范城市暨知识产权强市工作,江阴市将大力实施区域试点示范计划、企业知识产权质量提升计划、知识产权保护专项行动计划和知识产权人才集聚计划,加快提升知识产权对经济社会发展的贡献水平,努力使江阴真正成为创新活力强劲、成果转化高效、保护措施有力、管理体制完善、专业人才集聚的知识产权强市。

5月8日,召开城区公园绿化项目检查推进会,市委书记周铁根强调,各相关部门要坚定目标,持之以恒,以高标准、高要求、高品位推进城区公园绿化项目稳步有序实施,进一步拓展城市绿色空间,全力打造环境优美、绿色宜居的新江阴。副市长封晓春参加推进会。会前,周铁根一行实地检查芙蓉湖公园、滨江公园、林荫大道、芦花沟、西横河滨河、应天河、大桥公园等城区绿化项目,详细深入了解项目的实施进度、改造规划、日常维护等情况。座谈会上,周铁根要求,下阶段要在原来规划的基础上,坚定目标,脚踏实地,继续推进城区公园绿化项目,争取在3年内初见成效。15日,市委书记周铁根主持召开全市经济运行分析会,要求全市上下要着眼长远,抢抓一系列国家性、区域性重大发展战略的机遇,推动江阴转型提升可持续发展;紧抓当前,集中精力稳增长、坚定不移促转型,确保上半年各项经济指标时间过半、任务过半。市领导沈建、赵国权、薛良、蔡叶明、孙小虎、计军、孙英、钱文琴、冯爱东、吴芳、袁秋中、戴旭东等参加会议。

6月16日,举行第22个"安全生产月"启动仪式暨江阴市首届应急技能运动会开幕式,省安监局局长陈正邦,无锡市及江阴市领导周铁根、王进健、孙小虎、徐冬青、唐仲贤、韩民参加开幕式,并为江阴沿江危险化学品应急救援基地奠基。市委书记周铁根要求全市上下充分认识到安全生产工作的长期性、艰巨性和复杂性,强化"以安全保增长、保建设、保稳定、保民生"的意识,持续开展排查整治,有针对性地开展专项治理行动,完善隐患整治领导挂牌督办制度,严格落实安全生产值班工作机制,全力保障安全生产形势稳定。要加快完善应急体系,提升应急能力,把沿江危化品应急救援基地建设作为重要工作,全面增强事故防控处置能力。要切实加强组织领导,在法治轨道上推进安全生产工作,着力形成安全生产齐抓共管的工作局面,全力保障全市安全形势持续稳定好转。17日,市委书记周铁根,市委副书记、市长沈建分组冒雨深入全市城乡防汛重点部位进行检查指导。市人大常委会、市政协主要领导,市委、市政府全体领导也分赴各地指导防汛抗涝工作。周铁根一行先后来到长泾镇、祝塘镇、徐霞客镇,每到一处,都认真查看防汛设施、隐患排除、河道治理、区域积水等情况,研究部署防汛抗涝工作。沈建带领相关部门负责人先后赶赴青阳镇、月城镇、临港街道和璜土镇,详细了解各地防汛抗涝开展情况,指导下阶段排涝举措。18日,市委书记周铁根主持召开全市经济运行分析会,要求全市上下认清形势、埋头苦干、全力冲刺,确保实现"双过半"。市领导沈建、赵国权、薛良、蔡叶明、孙小虎、徐冬青、孙英、钱文琴、冯爱东、吴芳、袁秋中等参加会议。

7月27日,市委书记周铁根主持召开全市经济运行分析会,要求全市上下千方百计稳增长,强攻项目抓投入,服务企业增信心,全力确保完成全年各项经济发展目标任务。市领导沈建、薛良、蔡叶明、孙小虎、徐冬青、计军、孙英、冯爱东、吴芳、袁秋中等参加会议。29日,由省委宣传部、省文明办主办,无锡市委宣传部、无锡市文明办及江阴市委、市政府承办的"爱国敬业诚信友善——江苏省道德模范与身边好人(无锡·江阴)"现场交流活动暨第二届"十佳江阴好人"颁奖典礼隆重举行,市委书记周铁根在致辞中希望全市上下以本次活动为契机,大力学习、宣传、弘扬好道德模范和身边好人的可贵精神,在全社会形成学习好人、关爱好人、争当好人的浓厚氛围,让文明成为全体江阴人的思想自觉和行动自觉。要让好人好事家喻户晓,让美德善行滋润人心,让正能量温暖社会、绽放光芒;要让好人群体得到充分关爱,倡导弘扬"好人好报"的主流价值导向,尊重、礼遇和帮助好人,激励大家见贤思齐、争做好事;要让好人现象成为最美风尚,充分发挥典型的示范、带动效应,引导市民群众爱江阴、爱岗位、爱生活、爱家人,争做好公民、好学生、好干部,为建设经济强、百姓富、环境美、社会文明程度高的新江阴做出积极贡献。

8月3日,市委、市政府召开创建全国文明城市工作推进会,市领导周铁根、沈建、薛良、蔡叶明、孙小虎、徐冬青、计军、孙英、钱文琴、冯爱东、吴芳、袁秋中、戴旭东等参加推进会。会议以实地检查和观看暗访视频的方式,查找文明城市创建工作和城乡环境整治中的"死角"和"盲区",督促相关职能部门和镇街进行整治、整改。周铁根指出,市委、市政府坚定不移抓全国文明城市创建工作，创建工作还存在着一些问题，城乡环境面貌“脏乱差”的现象依然存在，城市公共秩序还有待提升，创建氛围还不够浓。各级领导干部要以高度的责任感，投身到创建工作中，以扎实的举措赢得群众的口碑。就下一步深入推进文明城市创建，周铁根提出四方面要求。一是坚持问题导向。根治环境“脏乱差”，完善基础设施，推进河道清淤，制定农村生活污水集中处理计划，使城乡环境面貌有根本性好转。二是强化目标管理。各专项工作组和相关部门、镇街每个月都要制定目标任务，逐级落实责任做好每一项整改。三是严格考核问责。要把文明创建作为一项专项工作进行考核，建立谈话、问责机制，完善督查工作制度，认真听取市民巡访团意见，强化宣传造势。四是建立长效机制。要以张家港为标杆完善各方面管理机制，一以贯之地抓好创建工作。市委副书记、市长沈建要求各级各部门进一步提高认识，把创建全国文明城市作为一项重点工作来抓，通过条线和板块相结合、治标与治本相结合、整治重点和全面工作相结合，综合施策，协力同心把江阴建设成全国文明城市。

9月2日，召开快速路体系研究情况汇报会，市领导周铁根、沈建、赵国权、封晓春、喻伟力出席会议。在听取相关部门的汇报后，市委书记周铁根指出，城市快速路体系规划建设要从江阴经济社会发展、城市建设、民生改善的角度出发，立足当前、着眼长远，以全面、整体、系统的理念来规划完善和推进建设快速路体系。要求在现有交通体系、资源的基础上，重点在优化提升、高点建设上下功夫，围绕环路衔接、交通组织设计、道路配套等方面持续优化，着力解决当前突出的交通问题，不断提升道路通行率和交通形象，打造全市城市建设亮点；要整体系统规划快速路体系，科学合理制定建设时序进度，统筹安排建设资金；要结合江阴实际有序推进项目建设，突出解决重要节点拥堵问题，完善城市内部道路“细枝末节”建设，优化交通管理，力争通过5年时间的努力，让江阴城市交通格局有较大的改善，让人民群众出行更加快速便捷。市委副书记、市长沈建提出要求。

6日，举行重点重大产业项目建设推进会暨高新区重点重大项目现场观摩活动。周铁根、沈建、赵国权、薛良、蔡叶明、孙小虎、徐冬青、计军、孙英、钱文琴、冯爱东、吴芳、戴旭东等市四套班子领导出席会议。市委副书记、市长沈建主持会议。市委书记周铁根强调，全市上下要统一思想，高度重视项目投入，紧抓重点重大项目建设不放松，确保完成项目投入目标任务，夯实江阴转型提升可持续发展基础，为调整优化产业结构注入新的动力。一要形成共识，把思想认识统一到抓项目投入上来。二要突出重点，力争项目投入有更大突破。三要引导服务，努力营造优质的项目投入环境。14日，市委、市政府召开创建全国文明城市推进会，现场观摩澄江街道社区文明创建重点、亮点项目。市领导周铁根、沈建、赵国权、薛良、蔡叶明、孙小虎、徐冬青、计军、孙英、钱文琴、冯爱东、袁秋中、戴旭东等参加会议。与会人员先后现场观摩大桥社区、蒲桥社区、先锋社区、环城东路社区、城中社区、西大街社区、江锋社区和黄山社区。市委书记周铁根指出，从现场观摩情况看，江阴环境面貌发生很大变化，文明创建工作有“三改一拆”“四边三化”“五水共治”* 的浙江样本，江阴要“走出去”学习，以先进为标杆，大力度推进乡镇街道、基层农村“文明城市”“美丽乡村”建设。全市城乡环境综合整治和文明城市创建工作要进一步明确重点目标：营造大环境，重点推进快速交通体系建设、景观绿化、河道清理、老小区和背街小巷改造、环境保护、停车秩序等专项整治工作；管好小环境，做到社区“脏乱差”治理全覆盖，全面建立长效管理机制，使社区管理和文化服务全面上水平；提升软实力，按照中央文明委的要求，加强党的建设、文化建设、经济建设、生态建设和民主建设，夯实江阴文明创建的基础。就下一步工作，周铁根提出三方面要求：一是全面发动、整体联动。要发动社会参与，动员企业和群众参与到城乡环境综合整治和文明创建工作中，通过板块和职能部门之间的合作、联动，切实解决存在问题。二是问题导向、目标管理。对发现和存在的问题，要迅速确定目标任务，做到逐项管理、逐步推进。三要强化督查、强力推进。暗访、检查力度要进一步加大，继续通过现场观摩、现场推进的方式，进一步抓好落实，使江阴的文明创建取得更大、更好的进展。15日，市委书记周铁根主持召开全市经济运行分析会，要求全市上下团结同心、抱团取暖，确保稳增长，全力抓项目，重视防风险，实现全市经济的平稳健康运行。市领导沈建、赵国权、薛良、蔡叶明、孙小虎、徐冬青、计军、孙英、钱文琴、冯爱东、袁秋中等参加会议。

10月15日，市委书记周铁根主持召开全市经济运行分析会，要求全市上下奋战四季度，确保全面完成全年各项目标任务。市领导沈建、赵国权、薛良、蔡叶明、计军、孙英、钱文琴、冯爱东等参加会议。28日，市委、市政府组织相关部门和单位，花一天时间，对澄江街道花园社区等20个社区文明创建重点、亮点项目进行现场观摩并召开创建全国文明城市工作推进会，市领导周铁根、沈建、赵国权、蔡叶明、徐冬青、计军、孙英、冯爱东、吴芳、袁秋中、戴旭东等参加有关活动。周铁根指出，江阴文明创建虽然取得一定成效，但仅在初步阶段，对照高标准要求仍有差距，创建工作依然任重道远，还须倍加努力。当前要重点做好三方面工作：一是“脏乱差”整治必须全面覆盖。主次街道、背街小巷要展开拉网式整治，在半年内全面解决“脏乱差”问题。二是管理水平要深化提升。要把社区管理作为重中之重，完善提升社区服务功能，做到居家养老服务、志愿者服务全覆盖，明确服务项目、内容和对象，全面推广楼道管理，按照高标准、严要求深化、提升。三要持之以恒推进长效管理。要用长效机制巩固整治效果，建立队伍、制度和保障机制，为创建工作打下坚实基础。周铁根强调，下阶段，江阴要围绕“三改一拆”“四边三化”“五水共治”*的浙江样本,高标准推进文明城市创建工作。相关职能部门要拿出具体实施意见,全面部署农村、镇街环境整治工作;市创建办、市文明办要抓好统筹工作,迎接省文明办测评,并按照国家文明委颁布的标准,每个月、每阶段对重点工作进行挂图作战;人大、政协要重点抓好督查工作,通过全市上下共同努力,使文明创建工作一浪高过一浪,成效一次比一次大,百姓满意度越来越高。

11月16日,市委书记周铁根主持召开全市经济运行分析会,要求全市上下增强信心,埋头苦干,全力冲刺,确保圆满完成全年各项目标任务。市领导沈建、赵国权、薛良、孙小虎、徐冬青、计军、孙英、钱文琴、冯爱东、袁秋中、戴旭东等参加会议。

**【走访调研活动】** 2015年2月3日,市领导周铁根、沈建、赵国权、薛良、计军、钱文琴、朱敏、虞卫才、须振宇分组走访慰问市老领导。5日,市委书记周铁根来到经济薄弱村青阳镇树家村和结对户周梅娣家中走访慰问。9日,市委书记周铁根,市人大常委会主任赵国权,副市长虞卫才走访江阴边防检查站和武警江阴市中队。市委副书记、市长沈建,市政协主席薛良,市委常委、市人武部部长戴旭东走访市人武部、预备役高炮营、武警江阴市消防大队。13日,市委书记周铁根、无锡市副市长刘霞走访慰问驻江阴市63680部队和73055部队。13日和15日,市委书记周铁根、无锡市副市长刘霞走访城东街道养老服务中心,慰问特困职工尤建惠家庭,道德模范、江阴好人费龙顺。16日,市领导周铁根、计军、袁秋中、封晓春、韩民走访小湾水厂、交警岗亭、消防大队、江阴日报社、江南农副产品批发市场;沈建、吴芳、费平、龚振东走访市人民医院、供电公司电力调度中心、天力燃气公司、广电集团、澄江环卫所城南中转站、南闸蔬菜基地等市内部分保供单位、加班部门和新闻单位,检查节日市场供应、安全保障、医疗卫生等工作。26日,市领导分组开展“走访企业、服务发展”活动。周铁根、孙英、费平、唐仲贤带领有关部门走访江苏华西集团公司、江苏华宏集团公司、江苏阳光集团有限公司、海澜集团有限公司;沈建、冯爱东、袁秋中、程政带领有关部门负责人走访法尔胜泓昇集团有限公司特钢制品厂、江苏长电科技股份有限公司、江阴兴澄特种钢铁有限公司、中建钢构江苏有限公司;赵国权、计军、戴旭东、张继文带领有关部门负责人走访无锡圣马科技有限公司、江苏裕华汽车零部件有限公司和江苏协统汽车附件有限公司;孙小虎、吴芳、虞卫才带领有关部门负责人走访江苏富仁集团有限公司、江苏吉鑫风能科技股份有限公司和江阴市东泽铝业科技有限公司;徐冬青、龚振东带领有关部门负责人走访江阴联合铁钢(中国)有限公司、江苏双良集团有限公司和阿尔法(江阴)沥青;钱文琴、封晓春带领有关部门负责人走访江阴恒润环锻有限公司、江阴升辉包装材料有限公司和江苏坤达电器装饰有限公司。深入企业一线,看现场、摸实情、解困难,激励企业坚定发展信心,加快转型提升。

4月,市委、市政府发出通知,继续实行市领导与“双百企业”挂钩服务制度,定期深入企业一线,对挂钩企业实行聚焦服务,宣传市委、市政府有关企业发展的政策措施,了解企业发展情况,指导推动企业创新发展、转型提升,协调解决企业发展中遇到的困难和问题。

5月15日,市领导周铁根、赵国权、薛良、钱文琴、龚振东、虞卫才率相关部门负责同志分组走访部分残疾人服务机构,并看望慰问部分残疾人。

6月1日,市领导分组走访慰问儿童福利院、部分小学和幼儿园。周铁根、赵国权、钱文琴、龚振东走访市儿童福利院、实验幼儿园、实验小学;沈建、薛良、唐仲贤、陈兴初走访花园实验小学、花园幼儿园。

7月,市委、市政府开展领导干部下基层“三走进三服务”活动。市委、市政府全体领导和其他县处级以上党员领导干部,在7—8月集中开展下基层活动,走进企业、村(社区)、群众家庭,以实际行动为基层和群众做实事、办好事、解难事。领导干部根据各自结对挂钩的村(社区)、企业及困难群众情况,结合分管工作和职能,把比较困难、经济薄弱和矛盾比较突出的地方作为重点调研对象,重点围绕帮助基层解决发展方面遇到的困难和难题,帮助基层创新工作思路,提出解决问题的新措施、新办法,推动各项工作的落实和有效开展。20日,市委书记周铁根来到青阳镇桐岐村,走进村庄农户,深入企业车间,询问村里发展情况,了解企业经营情况,认真倾听基层干部和群众对当前开展“三严三实”专题教育活动的意见和建议,并同大家一起谋划农民致富、农业增效、农村发展的办法举措。28日,市领导沈建、薛良、戴旭东走访慰问驻江阴市63680部队、武警江阴中队、江阴边防检查站官兵。30日,市领导周铁根、虞卫才、陈兴初走访慰问市人武部、预备役高炮营、武警江阴市消防大队、驻江阴市73055部队官兵。

8月上旬,市委书记周铁根先后到徐霞客镇、云亭街道、顾山镇、长泾镇走访调研企业,走进厂房车间实地查看企业生产经营情况,与10多个企业负责人座谈交流,全面了解企业的发展状况、面临的主要困难和突出问题,为企业发展鼓劲加油、出谋划策、排忧解难。18日,市委书记周铁根检查全市危险化学品安全生产工作,副市长韩民陪同检查。

9月8日,市领导沈建、薛良、陈兴初走访江阴职业技术学院、南菁高中和长山中学,看望一线教职员工。9日,市领导周铁根、赵国权、徐冬青、龚振东走访实验小学、利港中心幼儿园、江阴高中,慰问教职员工。16日,市领导周铁根、沈建、赵国权、薛良、龚振东检查市医疗中心工程建设情况。

10月,市委、市政府开展领导干部“村村到、户户访”调研走访活动,全市各市领导、相关部门主要负责人在10月17日左右,对全市经济薄弱村、低收入农户开展调研走访活动。13日,市委书记周铁根走访徐霞客镇峭岐村、黎明村和两村的部分困难群众。16日,市领导周铁根、赵国权、钱文琴走访徐霞客镇马镇敬老院、月城敬老院、澄江街道革新社区居家养老服务中心；沈建、薛良、徐冬青、虞卫才走访璜土镇敬老院、临港街道创新村居家养老服务中心和临港街道申港敬老院。

11月至12月中旬，市委部署集中开展调查研究活动，要求市委常委、副市长分别牵头，围绕全市大局、结合分管工作，就全市经济社会发展的重点工作开展调研活动。

**【表彰活动】** 2015年2月2日，市委、市政府举行2014年度江阴市重点骨干企业座谈会，市委书记周铁根为海澜集团有限公司、江苏利电能源集团、江阴天力燃气有限公司、远景能源（江苏）有限公司4个2014年度本地入库税金净增超亿元以上的企业颁奖，向2014年度工商销售收入首次超百亿元的企业远景能源颁奖。25日，市委、市政府举行2014年度全市先进表彰大会，全市40个经济社会发展考核先进单位、263个先进集体和574名先进个人受到表彰。

3月19日，市委、市政府发文表彰2014年度全市农村工作先进集体和先进个人。

4月2日，市委、市政府召开全市生态文明建设暨环境保护大会，会议表彰2014年度生态文明建设和环境保护先进单位和先进个人。18日，市委、市政府召开全市千企提升发展暨人才强企大会，会议颁发人才先进集体奖牌和人才资助资金。22日，市委、市政府召开高标准建设国家知识产权强市工作会议，会议表彰创建国家知识产权示范城市先进集体和先进个人。30日，市委、市政府召开庆祝“5·1”国际劳动节大会，会议表彰2015年各级各类劳动模范、先进集体和先进个人。

5月13日，市委、市政府召开全市招商引资工作会议，会议表彰全市招商引资工作先进个人。

6月1日，市领导周铁根、沈建、钱文琴、袁秋中、陈兴初参加江阴市“美德少年标兵”座谈会，并为“美德少年标兵”颁发荣誉证书。16日，市委、市政府发文表彰2014年禁毒工作先进集体和先进个人。30日，市委召开纪念中国共产党成立94周年大会，会议表彰25个江阴市“五先五好”服务型党组织、105名2012—2014年江阴市优秀党务工作者。

7月29日，江阴市举行第二届“十佳江阴好人”颁奖典礼，无锡市和江阴市领导周铁根、王国中、蔡叶明、孙小虎、袁秋中、喻伟力出席。

9月9日，市委、市政府发文表彰2015年江阴市教书育人标兵。

10月23日，市委、市政府召开第二十五届科技节暨大众创业万众创新工作推动会，会上表彰一批大众创业、万众创新先进代表。

**【考察活动】** 2015年3月20—21日，市委书记周铁根，市委副书记、市长沈建率市党政代表团赴浙江省富阳、桐庐、上虞和江苏省张家港市学习考察，学习借鉴先进地区文明城市创建、城乡环境综合整治等方面的先进经验。

5月16—18日，市委书记周铁根率市代表团赴日本开展系列招商活动，围绕产业转型提升，结合江阴产业优势，强攻知名企业、突破重大项目，突出招引龙头型和基本型产业项目、新兴产业项目、新型业态项目，开展系列招商活动。代表团先后拜访日本三菱商事株式会社、罗森株式会社、信越化学工业株式会社、JFE商事株式会社等世界500强企业，日本长濑化学株式会社、日本蝶理株式会社等行业内龙头企业，推动一批高端制造业、品牌连锁经营新兴业态项目达成合作意向。在东京举办的2015年江阴（东京）投资说明会上，现场签约信越光棒二期、栗田水处理等8项项目，总投资达2.67亿美元，涉及精密机械、环保处理、光纤通讯、品牌连锁、现代物流等领域。并应法属波利尼西亚法阿市市长奥斯卡·特马鲁邀请，于20—24日对法阿市进行友好访问。市委常委、副市长计军参加活动。

8月20—23日，市委书记周铁根率市党政代表团赴新疆伊犁哈萨克自治州霍城县考察，推进对口支援工作，并看望慰问在霍城县工作的江阴援疆干部和专业技术人员。副市长龚振东参加考察活动。

12月3—7日，市委书记周铁根率市经贸代表团赴台湾开展招商引资活动。代表团拜访台湾华新丽华集团荣誉董事长焦廷标、董事长焦佑伦，华科事业群董事长焦佑衡，永丰余集团董事长何寿川和台湾工业总会秘书长蔡练生，台湾工商建研会理事长廖万隆、荣誉理事长吴嘉璘等一批台湾知名企业家和主要工商团体负责人。与相关企业签约落地一批台湾企业重大项目。深入推进江阴和台湾在产业、金融、文化创意等领域的广泛合作，市领导徐冬青、计军参加活动。

**【项目签约、奠基、竣工活动】** 2015年，江阴市党政主要领导参加的全市项目签约、奠基、竣工仪式主要有：1月29日，总投资10亿美元的中建材凯盛集团500兆瓦CIGS薄膜太阳能电池落户临港开发区；4月22日，诺贝尔奖得主本特·塞缪森生命科学中国（江阴）研究院、夏照帆院士工作站、中瑞国际生物医药创新中心揭牌；5月16—18日，江阴（东京）投资说明会上，现场签约信越光棒二期等8项项目，总投资达2.67亿美元。7月9日，江阴市小微企业融资项目签约，23个银行与300个企业对接，授信意向金额22.3亿元。20日，新加坡星科金朋有限公司在高新区投资5亿美元，设立半导体封测工厂签订项目投资协议；9月16日，中芯国际、国家集成电路产业投资基金、美国高通公司三方注册资本2.8亿美元的中芯长电二期增资项目在北京签约；10月20日，江阴市经贸洽谈会上，有55项重点重大项目现场签约，项目总投资913亿元。其中：制造业项目35项，总投资670亿元，服务业项目20项，总投资243亿元。23日，苏南中关村（江阴）科技成果转化中心、江阴三牛众创空间揭牌，江阴市节能环保产业技术研究院成立；11月23日，诺贝尔化学奖得主罗伯特·格拉布教授领衔的同位素标记中国（江阴）研究院、中国工程院院士周永茂工作站落户高新区；26日，总投资100亿元的中建材凯盛集团1.5吉瓦铜铟镓硒薄膜太阳能电池项目落户临港开发区；28日，靖江园区8个重点产业项目集中开竣工，总投资超42亿元；12月3日至7日，市经贸代表团赴台湾开展招商引资项

目,签约一批台资重点重大项目,总投资超13亿美元,洽谈推进一批在手在谈项目。 (徐建平)

## 组织工作

**【概况】** 2015年,江阴市委组织部全面贯彻落实全国、全省和无锡市组织部长会议精神,紧紧围绕建设“强富美高”*新江阴选干部配班子、建队伍聚人才、抓基层打基础,扎实有序推进各项工作,取得良好成效。全市共任免干部713人次,其中提拔任用干部81人,具有镇、街等基层一线工作经历的干部37人,占新提拔副科领导干部的67.3%;新提拔女干部10人,35周岁以下的干部7人;同职级任免干部228人次(其中交流轮岗70人次),保留、享受原职级待遇358人,军转安置团职干部21人。选派检查组重点对干部退(离)休后社团兼职、党政领导干部企业兼职、领导干部因私出国(境)备案审批、干部超职数配备消化整改、干部“带病提拔”倒查进行核查,逐条对账销号。举办市管领导干部“四个提升”*主体轮训班2期,分别围绕“产业升级研究”和“社会建设生态文明研究”两个专题脱产培训177名市管副科职领导干部。共举办江阴大学堂7期,培训领导干部、机关中层、企业负责人8400余人次。举办全市新任市管领导干部培训班、组工干部学习贯彻《党政领导干部选拔任用工作条例》专题培训班、优秀年轻干部双向挂职墩苗锻炼培训班,共培训干部593人次。深化实施人才强企战略,坚持党管人才原则,发挥企业主体作用,加快各类高层次人才招引,大力实施高层次人才集聚计划,加快推进主导产业人才集聚区建设,全市新培育国家“千人计划”*人才2人累计达25人,省“双创计划”(江苏省高层次创新创业人才引进计划)团队1个累计达8个,省“双创计划”人才5人累计达49人、“双创计划”博士11人累计达42人,贝瑞森公司杨森教授获2015年度国家“国际科技合作奖”,受到习近平总书记的亲自颁奖。江阴连续14年获评江苏省人才工作成绩突出县(市、区),《江苏省县(市)人才竞争力报告(2015)》中江阴继续保持县人才综合竞争力第2名。以“暨阳党建先锋行”为主题,持续创新基层党建,强化服务型党组织建设,扎实深化“五先五好”*服务型党组织建设,表彰江阴市“五先五好”服务型党组织25个、江阴市优秀党务工作者105名。全面落实“一把手”抓党建责任,深入开展“三级联述联评联考”,组织实施党员组织关系排查,严格落实民主生活会和组织生活会制度,建立执行“基层党组织统一活动日”制度,创设江阴党建微信公众平台,全市基层组织基础进一步巩固夯实。全面贯彻实施无锡非公党建“雁阵计划”,江苏焱鑫科技集团、南闸医院等8个单位入围无锡选育对象。

**【“三严三实”专题教育活动】** 2015年,江阴市按照市委“六查六看六整治”*主线,突出问题导向,扎实推进专题党课、专题学习、专题研讨、专题整改等工作,编制下发专题教育工作指南、实施意见、工作方案和“三走进三服务”*为主要内容的《“1+3”工作手册》,先后组织副处以上干部到基层上党课42场次,开展学习交流会6次,组织《吴仁宝老书记情景剧》巡回演出6场次,市四套班子和领导干部共查不严不实问题清单457条,制定“445”整改方案,针对“改革发展、专项整治、民生服务、长效机制”4大类45个问题、13项专项整治任务要求,强化定期督查整改,逐项落实销号,建立专项整治月报制度,整治和整改情况5批在《江阴日报》上进行公示,充分接受社会和群众监督。省“三严三实”*专题教育调研检查组充分肯定江阴市专题教育工作。

**【“四个全面”专题学习会】** 2015年,江阴市围绕习近平总书记提出的“四个全面”*战略思想和战略布局,举办“四个全面”专题学习会,集中两天培训全市63名副处级以上干部,邀请江苏省政府参事室主任宋林飞作全面建成小康社会专题讲座,南京大学原党委书记洪银兴作全面深化改革专题讲座,上海市委党校公共管理教研部副主任陈保中作全面依法治国专题讲座,并围绕全面从严治党专题进行学习讨论。

**【干部人事制度改革】** 2015年,江阴市制定出台有关干部动议、民主推荐、任前档案审核、考察、任前听取意见、任前公示等6个方面工作的意见,与《关于健全干部选拔任用科学机制的意见》形成“1+6”干部选任制度体系。制定出台《关于进一步从严干部管理监督的实施意见》和有关五方联审、个人有关事项公开等8个方面工作的意见,形成“1+8”干部监督体系,组织88个镇园街、机关部门签订选人用人工作责任书,落实选人用人单位党组织的主体责任、主要领导的第一责任,全市“一报告两评议”测评满意率达93.94%,新选拔任用干部测评满意率达96.47%。出台实施《关于加强镇(街道)干部队伍建设的意见》和有关市管干部“四个提升”*专题轮训、优秀年轻干部墩苗培养、大学生村官项目化锻炼、村干部队伍建设、“三个一线”(发展一线、稳定一线、民生一线)挂职锻炼5个意见,形成“1+5”干部教育培养机制。全面推行《江阴市干部选拔任用事前报告和全程纪实办法》,把提拔担任机关、事业单位股级职务和国资一级公司中层及以上职务的对象,全部纳入干部选拔任用全程纪实范围,实现机关、事业单位、国有企业、村干部选拔任用全程纪实全覆盖,对新提拔的81名干部全部实行全程纪实,建立“一人一档”的干部选拔任用文书档案。严格落实干部选拔任用中止程序,做到“五个一律”,即凡通不过干部档案审核关的一律中止程序、凡通不过个人有关事项报告关的一律中止程序、凡通不过三级廉政鉴定关的一律中止程序、凡通不过五部门联合政审关的一律中止程序、凡通不过公示关的一律中止程序,全市共有23名干部因存在影响任用情形而中止程序。开展领导干部谈心谈话200多人次,对6名有关领导干部实施关爱提醒。全面推行科级干部报告个人有关事项工作,对246名拟提拔和在职市管干部就房产购买、持有股票、经商办企业、出国(境)等情况进行抽查核实。

**【优秀年轻干部双向挂职墩苗培养】** 2015年，江阴市组织实施为期2年的优秀年轻干部“双向挂职墩苗培养计划”，严格按照干部选拔任用程序，采用全程纪实办法，选拔来自18个镇（街道、园区）、48个机关部门、82个村（社区）的共142名年轻干部，分“三类”开展双向挂职墩苗锻炼。其中，挂职镇（街道）、部门见习副主任科员岗位48人，挂职村（社区）见习副书记、副主任46人，挂职镇、街道、市级机关见习中层职务48人。

**【干部人事档案专项审核】** 2015年，江阴市按照干部管理权限和“谁管理、谁把关、谁审核、谁负责”的原则，统一部署、主动作为、整体推进，重点审核干部“三龄两历一身份”（出生时间、参加工作时间、入党时间、学历学位、经历、干部身份）以及家庭主要成员及重要社会关系等重要信息，共计6864人（卷），全市审核完成率为98%，“三龄两历一身份”等重要信息组织认定率为92%。市管干部应审核1348卷，审核完成率100%，组织认定率为95%。补充收集各类归档材料9751份。

**【产业强市人才强企战略】** 2015年，江阴市制定出台《关于建设“主导产业人才集聚区”的意见》以及产业技术研究院、博士后科研工作站管理办法等政策意见，专题召开主导产业人才集聚区建设暨双招双引推进会，深入实施诺奖得主、院士、海外工程师三大集聚计划，成功引进诺贝尔奖得主罗伯特·格拉布到江阴市设立研究院，成立夏照帆院士工作站、周永茂院士工作站和节能环保产业技术研究院。《人才强企的江阴实践》一书编撰完成由国家行政学院出版。建立集瑞典生物医药项目培育、国外人才引进孵化、国内外风投基金于一体的中瑞国际生物医药创新中心。依托科技镇长团的资源优势，组织40多个企业分别赴长沙、成都举办产学研对接暨高校毕业生招聘活动，组织企业参加深圳第十三届中国国际人才交流大会、中国（上海）外籍人才招聘会、第八届中国留学人员南京国际交流与合作大会、中国留学人员广州科技交流会等招才引智活动。全面实施高层次人才“一卡通”制度，制定《江阴市人才公寓管理办法（试行）》，启用敔山湾创智家园人才公寓，截至2015年底已申请入住100余套。

**【基层服务型党组织建设】** 2015年，江阴市全面落实“六有五服务”*的要求，坚持“一村一品牌、一社一特色、一企一亮点”做法，新建成新桥园区党群服务中心、祝塘文林村、璜土故乡情农业合作社等党建示范点23个，组织编写《基层服务型党组织建设100个创新案例》。扎实开展党内访贫问苦送温暖活动，重点对70岁以上无劳动能力、无收入来源、无法定赡养人的“三无”困难老党员（无劳动能力、无收入来源、无法定赡养困难党员）和身患重病的在职市管干部进行慰问，全年慰问699名困难党员、41名农村70岁以上“三无”困难老党员和15名身患重病的市管干部。深化“三走进三服务”*活动，推进领导干部与1950余名工人、农民、专家、企业家、老同志、党代表6个层面结对活动，落实党员干部直接联系服务群众制度。

**【村（社区）干部队伍建设】** 2015年，江阴市组织全市274名村（社区）书记参加无锡专题培训班，组织150名优秀村（社区）“两委”干部到华西新市村开展专题培训，组织48名“两新”党组织优秀党支部书记赴浙江培训，组织50名村（社区）书记前往上海培训，对全市60余名45周岁以下村书记进行摸底定位，开展村党组织书记后备人才推荐活动，建立跟踪培养制度。实施以村（社区）书记为重点的新进村（社区）“两委”班子成员全程纪实，对6名拟任村书记人选进行复核审查。

**2015年江阴市党的基层组织设置情况一览**

表2　　　　单位：个

| 党（工）委 | | | | | | 党总支部 | | | | | 党支部 | | | | | 党组 |
|---|---|---|---|---|---|---|---|---|---|---|---|---|---|---|---|---|
| 总数 | 其中 | | | | | 总数 | 其中 | | | | 总数 | 其中 | | | | |
| | 党工委 | 企业 | 事业单位 | 机关 | 其他 | | 机关 | 事业 | 企业 | 其他 | | 机关 | 事业 | 企业 | 其他 | |
| 120 | 8 | 25 | 20 | 38 | 29 | 362 | 43 | 23 | 81 | 215 | 4035 | 423 | 482 | 3026 | 104 | 29 |

说明：行政村（社区）党委33个

**2015年江阴市党员队伍结构情况一览**

表3　　　　单位：人

| 总数 | 性别 | | 年龄 | | | | | 学历 | | | | | |
|---|---|---|---|---|---|---|---|---|---|---|---|---|---|
| | 男 | 女 | 35岁及以下 | 36岁至45岁 | 46岁至54岁 | 55岁至59岁 | 60岁及以上 | 研究生 | 大学本科 | 大学专科 | 中专 | 高中 | 初中及以下 |
| 85149 | 62421 | 22728 | 21376 | 16147 | 14016 | 6036 | 27574 | 1997 | 22098 | 17216 | 3024 | 13453 | 27361 |

**2015 年江阴市发展新党员情况一览**

表 4　　　　　　　　　　　　　　　　　　　　单位:人

| 总数 | 性别 | | 年龄 | | | 学历 | | | | | |
|---|---|---|---|---|---|---|---|---|---|---|---|
| | 男 | 女 | 35岁及以下 | 36岁至59岁 | 60岁及以上 | 研究生 | 大学本科 | 大学专科 | 中专 | 高中 | 初中及以下 |
| 828 | 498 | 330 | 499 | 328 | 1 | 14 | 377 | 210 | 46 | 133 | 48 |

(吴晓飞)

## 宣传工作

**【概况】** 2015 年,江阴市宣传思想工作坚持全面贯彻党的十八大,十八届三中、四中、五中全会和省市委全会精神,深入学习贯彻习近平总书记系列重要讲话精神,紧扣全面建设经济强百姓富环境美社会文明程度高的新江阴这条工作主线,大力提升党员干部思想理论水平,大力提升舆论引导能力水平,大力提升市民文明素养和城市文明形象,大力提升城市文化品位,大力提升宣传文化干部工作水平,不断为再创江阴新一轮改革发展新辉煌提供强有力的思想保证、舆论支持、精神动力和文化支撑。坚持以学习习近平总书记系列重要讲话精神为首要政治任务,以市委中心组为垂范,依托江阴大讲堂、“三严三实”* 专题教育等载体,推进学习型党组织建设。深化“百场讲座送基层、千名书记讲党课、万名党员争先锋”活动,编发《党员之友》近 100 万册,创办“江阴党员微学堂”,轮训党员 8 万余人次,参训率 95% 以上,推进马克思主义大众化教育。围绕市委、市政府中心工作和重大项目,组织刊播稿件 3000 余篇,向省级以上主流媒体发稿 800 余篇。以网络舆情为“第一信号”,建好网民诉求“中转点”,解决热点问题和突出舆情 10 余件。强化融媒体平台建设,新闻 APP“无线江阴”“秀江阴”及“两微一矩”的影响力持续增强,“江阴发布”被评为江苏十大党政新闻发布微信。文明创建全面推进。全面启动全国文明城市创建工作,建成区 35 个网格工作成效明显。广泛开展寻找“江阴好人”和推荐评选“最美人物”等活动,成功举办全省道德模范与身边好人现场交流活动暨第二届“十佳江阴好人”颁奖典礼,引导激励干部群众争当好人,争做好事,涌现了身边好人典型 200 余名,其中 1 人获评全国道德模范、2 人获全国道德模范提名、3 人获评江苏省道德模范、3 人获评无锡市道德模范、1 人获无锡市道德模范提名;中国好人 7 人、江苏好人 10 人、无锡好人 40 人;江苏省美德少年 3 人,无锡市美德少年 34 人。华西新市村党委书记吴协恩荣膺“CCTV 2015 年度三农人物”。推进“讲文明树新风”公益广告布设工作,新增大型宣传阵地 400 余处,阅读栏 100 余座、印发各类宣传资料 35 万份,社会主义核心价值观宣传自然贴切地嵌入百姓生活。举办“身边人讲身边事、身边事教育身边人”道德宣讲 2200 余场次,“文明江阴 · 从我做起”理念深入民心。宣传弘扬“炎黄”精神,推动志愿服务活动常态化专业化特色化,香山书屋志愿服务队被评为全国最佳志愿服务组织。健全学校、家庭、社会“三位一体”德育模式,评选表彰“百名江阴美德少年”,成立“传统文化百人宣讲团”,新建 10 个未成年人教育基地。文化事业繁荣发展。开展第四届“我心中的美丽家园”文艺创作活动和首届“芙蓉花”奖群众文艺会演比赛,推动精品文艺创作生产。情景剧《寻找“炎黄”》在全市巡演。举办纪念刘天华诞辰 120 周年“光明行”音乐会,第十届中国音乐金钟奖民乐比赛颁奖音乐会,江阴市书画作品意大利展,“霞印天下”书画作品昆明展,“江阴百景”美术书法作品展等交流活动,天华艺校赴意大利、瑞士友城演出圆满成功。“书香江阴”读书活动引领社会新风尚,香山书屋运行模式得到拓展,“三味书咖”城市阅读联盟成为全国典型。马文化博物馆、凤凰文化广场等产业项目有序推进。“金一文化”获评省民营文化企业 30 强。全市 12 座影院票房收入超过亿元。队伍建设继续加强。配齐配强镇(街)、园区宣传文化干部和村(社区)专兼职文化辅导员队伍。通过“请进来、送出去”,提升新闻发言人、宣传文化干部、网络评论员整体素质。依托百名专家学者千场讲座、“江阴百景”书画霍城展等平台,着力提升基层文艺骨干创作水平。加强非遗传承人的培养,新增 8 名江阴市代表性传承人,命名 45 个市级非遗传承点。实施传统文化进校园工程,开设 19 个“小锡班”、18 个“二胡班”,涵育着广大中小学生。

**【江阴市委被评为全省学习型党组织建设先进单位】** 2015 年 11 月,江苏省委组织部、宣传部面向全省组织开展学习型党组织建设工作先进单位(2014—2015 年度)评选工作。在 2016 年 2 月 23 日全省学习型党组织建设工作协调小组第七次会议上,江阴市委等 60 个单位作为全省学习型党组织建设先进单位受到表彰。这是江阴市继 2012 年 4 月被确定为全省首批 30 个学习型党组织、学习型领导班子建设工作示范点之后,再次作为无锡地区唯一的单位受到表彰。

**【创建“江阴党员微学堂”微信公众平台】** 2015 年,中共江阴市委宣传部顺应信息化发展趋势,利用微信公众平台,创新党员教育载体,开设“江阴党员微学堂”微信公众平台,推动党员教育分众化对象化互动化。“江阴党员微学堂”设有“理论”“道德”“人文”“法律”“廉政”五大栏目，及时传播高层声音，充分展现各地、各部门理论学习、党员教育等方面图文并茂的工作信息。该平台经过两个月的试运行，于12月1日正式上线运行。

**【学习宣传贯彻党的十八届五中全会精神】** 2015年11月2日，无锡市委常委、江阴市委书记周铁根主持召开市委常委（扩大）会议，传达学习贯彻党的十八届五中全会精神。11月26日，邀请省委宣讲团成员、省教育厅厅长、省委教育工委书记沈健在江阴大剧院为全市领导干部作宣讲辅导课，深入解读党的十八届五中全会和省委十二届十一次全会精神，系统阐释贯彻落实会议精神、推动江苏省教育事业加快发展举措。全市各级党委（党组）坚持把全面准确地把握十八届五中全会精神实质作为中心组理论学习和2015—2016年度党员冬训的重要内容，引导广大干部群众把思想和行动统一到全会的各项决策部署上来，以发展理念转变引领发展方式转变，推动发展质量和效益提升，为经济社会发展定好向、领好航。

**【加强思想建党经验得到省委肯定】** 2015年7月3日上午，江苏省委罗志军书记在盐城主持召开部分市、县委书记和市县相关部门负责人座谈会，听取参会人员对推动全面从严治党迈上新台阶的意见建议。盐城、南京、镇江、泰州、淮安以及常熟、海门、邳州、江阴等地党委负责人以及有关部门负责人分别发言。大家从全面从严加强思想建设、用纪律管住大多数、重视抓“关键少数”带动党员干部、健全作风建设长效机制、强化基层组织建设保障等各方面积极提出意见建议。江阴市委常委、宣传部部长袁秋中代表全省90多个县（市、区）委宣传部长，作《牢记“主战线、主阵地、主力军”使命努力推动基层党的思想建设迈上新台阶》专题汇报，重点介绍党的十八大以来，江阴市委以高度的政治自觉抓好思想建党这一首要任务，唱响主旋律，提振精气神，激发正能量，为“建设新江阴，再创新辉煌”提供精神动力的做法、体会和建议。

**【“全面建设新江阴”新闻主题宣传】** 2015年，江阴市委宣传部深入贯彻党的十八大，十八届三中、四中全会和习近平总书记视察江苏重要讲话精神，引导和激励全市上下在凝心聚力、开拓奋进中再创改革发展新辉煌，江阴市委宣传部组织《江阴日报》、江阴广播、电视以及江阴网、大澄网、江阴宣传文明网，围绕市委、市政府中心工作，突出统筹传统产业与新兴产业发展、统筹经济发展与生态建设、民生改善，统筹城市建设与农村发展，统筹深化改革与依法治市，统筹事业发展与人的发展等“五个统筹”，精心策划专题报道，丰富报道方式内容，不断为全面建设经济强、百姓富、环境美、社会文明程度高的新江阴提供强有力的精神支持和舆论保障。在“科学统筹、奋起实干、全面建设新江阴”专栏中围绕“企业风景线”“转型新路径”“民生新亮点”“城乡新面貌”“改革新步伐”等五大重点开展宣传报道，在“争创全国文明城市、建设现代化滨江名城”专栏中，重点开展文明城市创建宣传。

**【对外宣传】** 2015年，市委宣传部组织向无锡以上主流媒体发稿2000余篇次，其中中央电视台38条，中央人民广播电台16条，江苏卫视478条，江苏人民广播电台305条，继续保持全省县级市对外发稿数量的领先地位。针对“转型升级”“低碳发展”等市委、市政府重点关注的内容，组织新华社智库到江阴开展专题调研，共推出《让上市公司成为自主创新第一方阵》《江阴构建生态环境保护市场化机制》等专题调研文章4篇；中央电视台新闻联播《江苏：新常态下寻找发展新动能》等3篇报道聚焦江阴经济转型升级亮点；《新华日报》在头版“今日推荐”栏目分别刊发《江阴：开放发展点亮“产业之光”》和《江阴：低碳账本锁定绿色发展》2篇重点报道；抓准时机主动“来事”。在全国瞩目的“9·3阅兵”期间，深入挖掘江阴元素开展外宣，组织中央、省及无锡重点媒体集中采访为解放军三军仪仗队制作新式礼宾服的江苏阳光集团股份有限公司。针对中央提出的“一带一路”发展战略，积极与中央电视台、江苏电视台、江苏电台及《无锡日报》等主流媒体策划报道江阴企业“走出去”的主要成果。

**【李良宝先进事迹“六个一”宣传工程】** 2014年7月16日，江苏省委办公厅《快报》第133期“社情民意”专栏刊发《基层希望开展学习宣传李良宝先进事迹活动》，省委书记罗志军和省委常委、宣传部部长王燕文分别作出开展调研的批示。随后，省委宣传部、无锡市委宣传部到江阴市会商李良宝的先进事迹宣传方案。9月3日，江阴市委下发澄委发〔2014〕24号文件《关于向李良宝学习的决定》。根据统筹安排，江阴市委宣传部牵头市文化广电新闻出版局、市文学艺术界联合会、江阴广电集团等单位，会同长江村党委筹划建设李良宝先进事迹“六个一”宣传工程，即李良宝先进事迹展览馆、电视专题片《德泽长江》、故事集《中国幸福村带头人——李良宝的故事》、李良宝纪念画册和评弹剧《李良宝的故事》等。2015年7月12日，市委、市政府在长江村举办“以习总书记视察为强大动力，弘扬老一辈创业精神，再创长江发展新辉煌”座谈会，学习宣传李良宝的先进事迹，在全市上下形成解放思想、敢为人先，振奋精神、埋头实干，开拓创新、克难奋进的浓厚氛围，推动江阴各项事业不断迈上新台阶。“六个一”工程于是年7月全面完成，成为宣传李良宝先进事迹和开展社会主义核心价值观教育的重要载体。

**【音乐情景剧《寻找“炎黄”》上演】** 张纪清化名为“炎黄”捐助社会长达27年，直到自己在银行汇款时晕倒，他“隐身好人”的身份才被公众发现，他的事迹立即传遍全国。2015年2月，“炎黄”张纪清被中央电视台“感动中国”栏目授予“感动中国2014年度人物”。《寻找“炎黄”》主创人员通过查阅“炎黄”的相关资料，采访“炎黄”的朋友、同事等，历时半年创作完成该剧。该剧以《溜掉的“秘密”》《爱在路上》《阿毛的感激》《敬老院里的猜想》《谁是真“炎黄”?》《被误解的真情》《心灵交集》《真情告白》《感动中国》等为展示场景，一路追寻，一路探问，还原“炎黄”事迹的细微点滴，铺演“炎黄”的心路历程。辅以《寻》《谢谢你》《感激》《高高一棵树》《夜色如水》《涓滴见沧海》等歌舞形式,入情入心呈现“小城大爱”,刻画出“一个人,一群人,一座城”所共有的无疆大爱和美好关照。整台演出情节真实感人,让现场观众再次回顾感人的“炎黄”事迹,接受一次深入的思想道德教育。10月至12月该剧在全市各镇(街道)、园区巡演。9月7日晚上,江阴市委宣传部、江阴市文广新局以“炎黄”事迹为素材,组织创排的大型音乐舞台情景剧《寻找“炎黄”》在江阴大剧院成功首演。江苏省委常委、宣传部部长王燕文,无锡及江阴市领导周铁根、王国中、赵国权、薛良、徐冬青、计军、孙英、冯爱东、吴芳、袁秋中等,与“炎黄”张纪清,江阴市第一届、第二届“十佳好人”及千余名江阴各界干部群众一同观看演出。

**【“江阴发布”被评为江苏十大党政新闻发布微信】** 2015年12月22日举行的腾讯大苏网年度政务峰会上,“江阴发布”微信被评为江苏十大党政新闻发布微信。江苏地区微信政务排行榜是以覆盖江苏全省各类活跃政务微信公众平台为对象,通过监测其在2015年1月至11月期间政务信息传播、舆论引导与政务服务等方面的数据表现,综合考量微信传播的23项指标数据而形成。“江阴发布”作为江阴市政府新闻办公室官方微信,致力打造权威政务信息的发布平台、本地热点事件的传播平台和江阴形象展示的外宣平台,现拥有粉丝数7万多人,头条平均阅读量8000次,是本地最具影响力的新媒体平台之一。

(黄永平　余益平)

## 统战工作

**【概况】** 2015年,江阴市委统战部按照各级统战工作会议精神和《中国共产党统一战线工作条例(试行)》要求,紧紧围绕江阴经济社会发展大局,突出大团结、大联合主题,形成高水平建成小康社会和建设“强富美高”新江阴的统一战线强大合力。协助调整《市委领导干部与党外人士联系交友名单》和《进一步加强和完善政府有关部门及司法机关与各民主党派、工商联、无党派知识分子联谊会对口联系工作》2个文件,深入开展坚持和发展中国特色社会主义学习实践活动。积极培育和践行社会主义核心价值观,市各民主党派、工商联和无党派知识分子联谊会分别以公益活动、发出倡议、政情报告等多种形式积极参与全国文明城市创建活动。举办2015年度党外骨干培训班,进一步提升党外人士政治把握、参政议政、组织领导、合作共事、解决自身问题等“五个能力”。开展“1+1”专题调研,形成关于产业发展、社会诚信体系建设等调研报告14篇。举办“双月谈”会,协调市各民主党派、工商联和知联会参加政情交流会、民主议政会、民主协商会。全年,各民主党派、工商联和知联会提交提案197件(重点提案9件),社情民意300多条。进一步打造“同心”实践基地、教育基地、文化添彩、扶贫结对等系列品牌,进一步提升统一战线成员的良好社会形象。支持民主党派、无党派知识分子联谊会加强组织建设,协助民建和知联会完成届中调整。指导基层支部开展示范支部建设和跨党派结对活动,提升履职能力,增强组织活动。加强党外后备干部培养,全年选派6名优秀党外青年干部参加全市青年干部双向挂职“墩苗行动”。大力推进民促会组织机构建设,13个镇(街道)已建民促分会。举办全市民族宗教政策法规宣传月活动,对民宗干部和民宗团体、民促分会、宗教场所负责人以及教职人员进行政策法规培训。制定关于回族等10个少数民族居民清真食品补贴方案。积极开展“民族团结进步宣传月”活动,开展民族工作“五进”活动。海澜集团被评为“全国民族团结进步模范集体”称号。认真梳理民宗工作权力清单内容40项。组织开展宗教活动场所安全大检查和专项检查,全年98场重大宗教活动安全无事故。主动对接第四届世界佛教论坛,编辑出版《巨赞法师画传》。指导市道协完成换届工作,稳步推进国际礼拜堂、君山寺圆通阁、神华寺等项目建设,继续开展星级宗教场所和星级档案室创建,累计认定省三星级以上场所11处,列无锡市第一,君山寺被认定为全省五星级宗教场所,禅乡寺通过省三星级档案室验收。大力开展扶贫帮困和捐资助学活动,民族宗教界全年累计捐款捐物近百万元。发挥江阴旅港同乡会、香港江阴商会等涉侨海外社团作用,积极开展经贸交流活动,香港江阴商会在澄投资2.5亿元港币建设石墨烯产业园,帮助允升科技香港复牌,并捐赠1000万元人民币设立“锡剧文化发展基金”。成立美国北加州江阴同乡会,配合做好欧美同学会无锡报国基地建设,协助做好香港江苏社团总会的成立工作。承接中华海外联谊会海外华侨华人中青年代表人士研修班和“中国寻根之旅”华裔青少年夏令营等活动,协助天华艺校赴意大利、瑞士等国开展文化艺术交流和访问演出,扩大江阴在全球(海外)的知名度。江阴华侨中心成为无锡市首个为侨服务示范中心。深化侨务示范社区创建,江阴市“侨创联盟”模式和华士镇华士社区的侨务工作得到国侨办主任裘援平的充分肯定,长泾镇泾南社区和临港街道申港社区分别创建成为国家级和省级侨务示范社区。举办江阴统一战线纪念抗日战争暨世界反法西斯战争胜利70周年座谈会,3名江阴籍侨界代表赴北京和南京参加系列庆祝活动。深入开展以守法诚信为重点的理想信念教育,积极发挥工商联作用,通过建立“商会+银行”联谊机制、“商会+地税”联动机制和“商会+党支部”联系机制,举办政策讲座、银企座谈,引导广大非公经济人士增强诚信、守法经营意识,促进非公企业健康发展。重视发挥镇级商会和行业商会的桥梁纽带作用,通过组织会员企业、青年企业家学习培训、考察交流、读书分享、户外拓展等,着力提高新的社会阶层人士创新创业和经营管理能力,引导非公经济人士健康成长。依托省、市社会主义学院,培训统战成员和统战干部近1000人次,开展读书赠书活动,举办部长上党课、专题讲座、双周学习会等活动,进一步提升统战干部业务能力和综合素质。建立“六个一”工作联系制度，即市委统战部5名部领导分别挂钩联系一个民主党派、一个片区、一个乡镇（街道）、一个宗教活动场所、一个侨资企业和一个非公企业，定期走访联系单位，开展工作调研。制定《统战宣传信息工作考核办法（试行）》，开展统战工作重点单位观摩交流活动，落实重点工作每月督查督办制度，较好地完成年度各项目标任务，全市统战工作获得无锡县市区综合考评第一名。

**【跨党派结对推动示范支部建设】** 2015年，江阴市委统战部大力推进民主党派强基工程，在市各民主党派支部（支社）、无党派（小组）中开展示范支部建设和跨党派结对活动，联合制定下发《关于在民主党派、无党派基层组织中开展示范化建设活动的意见》和《关于“跨党派结对，推进支部示范建设活动”的会议纪要》，2015年评选出四星示范支部2个、三星示范支部3个、二星示范支部7个。通过示范支部建设，倡导示范引领作用，促进基层组织自身建设和履职能力的提高，不断提升其生机和活力。2015年第一批跨党派结对12个支部相互牵手成功。

**【党派“1+1”专题调研模式】** 2015年，江阴市委统战部贯彻落实《中共中央关于加强社会主义协商民主建设的意见》精神，完善参政议政工作机制。民主党派、工商联、知联会开展“1+1”重点课题调研（1个指定课题+1个自选课题），民主党派、工商联、无党派围绕新农村建设、产业转型升级、创建文明城市、生态文明建设和民生事业等方面进行多方位调研，形成构建社会诚信体系、创新融资渠道等14个课题的调研报告14篇。

**【统战工作重点单位观摩交流活动】** 2015年，5月12日和12月22日，江阴市委统战部分别组织来自机关党工委、教育局、科技局、人社局、监察局、司法局、住建局、农林局、文广新局、卫计委、审计局、环保局、体育局、法院、检察院、南菁高级中学、江阴高级中学、职业技术学院、中等专业学校、人民医院、中医院等22个单位的分管领导，参观市各民主党派“同心”实践基地、“同心”教育基地、民主党派示范支部、宗教活动场所、全国社区侨务工作示范单位、华侨中心等统战工作对外交流窗口，及时传达学习最新统战工作会议文件精神，开展部门统战工作交流，进一步增进统战成员单位对统战工作的了解，增强做好统战工作的使命感和责任感，为提升全市统战工作水平打下良好的基础。

**【“同心”添彩活动】** 2015年，江阴市委统战部深化“同心”实践基地建设，6月24日，新成立普惠苑社区“同心”实践基地（联合，为第7个）；由市委统战部和民盟江阴市委牵头，在南菁高级中学建成“同心”教育基地《黄炎培》纪念馆；市委统战部与民进江阴市委牵头澄江街道党工委，完成《民进与江阴》展览馆扩馆工作，并于2016年1月9日正式对外开馆。开展“同心”文艺添彩活动，6月24日，携手普惠苑社区举办以“同心共筑中国梦·同行共建文明城”为主题的“同心”文艺晚会；9月26日，与共建单位塔南社区联合举办主题为“盛世欢歌共筑中国梦·携手共建共创文明城”的“同心”文艺晚会。 （潘少峰　邵　磊）

## 涉台工作

**【概况】** 2015年，江阴市委台办紧紧围绕争创江阴新一轮改革发展新辉煌、确保江阴在全省全国领先地位这一全市工作的中心和大局，全面深化澄台经贸合作、积极扩大对台交流交往、扎实做好涉台信息宣传报道，取得良好成绩。全市新批台资企业2个，增资企业1个，完成工商登记协议注册台资4696万美元、到位注册台资4077万美元。全年接待台湾工商界参访团组14批340余人次。全年审批公务赴台8批47人次，审批商务赴台41批122人次；公务接待9批，近240人次。市党际交流团、农业参访团连续访问台东，徐霞客镇和台东县池上乡深化友好交流，江阴天华艺校赴台北华冈艺校参访。9月24日，江阴天华艺校成为首批江苏省对台交流基地。2015年作为服务台商基层走访年，累计走访台资企业82个次，帮助台商协调解决具体困难和问题102个。充分利用现代化信息工具服务台商，建立江阴台商QQ群和微信平台。做到和台商交流零距离、沟通无障碍，台商的诉求件件有着落、事事有回音。6月9日，市委常委、副市长计军主持召开港台企业座谈会，搭建政府与台资企业互通交流的桥梁，听取企业的建议，并以现场办公的形式解决企业在发展过程中遇到的困难。9月28日，江阴市委台办被评为全省首批台商服务示范点。在首次江苏台资企业500强评比中，江阴市有17个台资企业入榜，在全省县级市中排第二位。2015年，全年向上级台办和各级各类媒体报送各类文章、信息48篇，被国台办“中国台湾网”、省台办《台湾工作动态》、无锡《对台工作通讯》、《江阴日报》等媒体录用涉台信息75篇次，在全省县级市中名列第二，较好地宣传和反映江阴市对台工作的成绩和风貌。专访《焦佑衡：爱心绽放的稳健实干家》被国台办《两岸关系》录用。加强与台北江阴同乡会的联络，为《江阴乡讯》供稿十余篇。是年，江阴市委台办被江苏省委台办评为全省台商服务示范点，江阴市连续十三年被台湾电机电子工业同业公会评为“台商投资祖国大陆极力推荐城市”。

**【赴台招商引资】** 2015年12月3—7日，无锡市委常委、江阴市委书记周铁根率江阴市经贸代表团赴台招商引资。在台期间，代表团一行密集拜访台湾华新丽华集团、永丰余集团等台湾知名企业家和工商界领袖，洽谈并签约一批台资重点重大项目，深入推进江阴市和台湾在产业、金融、文创等领域的广泛合作。签约落地总投资5亿美元的城市综合开发项目、总投资3亿美元的永丰余城市综合体项目、总投资1亿美元的南门首府综合体二期项目、总投资1亿美元的华新科技园项目、总投资1亿美元的锂电池用铝塑复合膜项目、总投资1亿美元的家电用金属新材料项目、总投资1亿美元的新光投资基金项目等一批重点重大台资项目。

**【创建省级台商服务工作示范点】** 2015年,市台办为创建台商服务示范点先后建立3个载体、5项制度、8个平台,打造台商"微服务"品牌。3个载体包括:建立市台商权益协调保障委员会,把台胞接待站变更为市台商投资服务中心,成立服务台资企业顾问团。5项制度包括:市台办工作人员挂钩服务重点台资企业制度、定期走访台资企业制度、台资企业困难问题现场办公协调制度、台商投诉求助规范化办理流程制度、台商服务微信群、QQ群制度。8个平台包括:台商法律和仲裁服务平台、台商财务和审计服务平台、台商劳动用工和人才招聘服务平台、台商融资服务平台、台商就医服务平台、台商子女入学服务平台、台商入出境服务平台、台商申领驾照服务平台。9月28日,江苏省台办正式授予江阴市台办首批"全省台商服务工作示范点"称号。

**【天华艺校被批准为江苏省对台交流基地】** 天华艺校以民族音乐为纽带,与台湾音乐界和社会民众开展广泛的交流。2006年4月3日,江阴天华艺校和台湾华冈艺校在台北国父纪念馆举行《天华之声·华艺之乐》的两岸青少年国乐联演。同日,天华艺校与华冈艺校正式签约,结为姐妹学校。2007年、2008年、2013年和2015年,华冈艺校师生4次回访天华艺校,2013年和2015年,天华艺校师生也2次组团赴华冈艺校交流。2013年4月14日,《天华之声·山海感动》两岸联合音乐会台湾台东县艺文中心大剧院举行。江苏省台办副主任张为、无锡市台办主任相江多次来到天华艺校实地考察、并带台湾团组参访交流。2015年9月24日,江苏省台办同意江阴天华艺校成为江苏省对台交流基地。

**【中国国民党中常委范成连一行参访江阴】** 2015年4月25日,中国国民党中常委范成连、江硕平率台北、高雄、彰化等12个地区的台湾地方基层人士参访江阴。参访团一行34人参观考察华西新市村,华西建村60多年来艰苦奋斗自力更生的创业精神和取得的辉煌成就在客人心里留下深刻的印象。江阴市委副书记蔡叶明设晚宴欢迎参访团一行并向来宾介绍江阴经济社会发展和澄台经贸交流合作的有关情况。市委常委、纪委书记孙英陪同参观并出席晚宴。

**【台东县教育参访团到江阴交流参访】** 2015年10月30日,台东县县长夫人陈怜燕女士带领台东县教育参访团一行31人来江阴参访交流。上午,参访团抵达江阴市敔山湾实验学校,来自台东新生中学的师生与敔山湾实验学校的同学们共同参与英语教学公开课。课上,两校学子还互赠小礼品并用文艺表演的方式传递着彼此的地域文化。课后,台东县新生中学与江阴市敔山湾实验学校签订交流合作备忘录,为两校进一步交流合作架桥铺路。下午,参访团赴江阴天华艺校参访交流,孩子们还在天华艺校老师的带领下初次体验民族乐器演奏。随后还赴江阴军事博物馆、鹅鼻嘴公园参观,江阴的地理条件和人文历史给台东孩子们留下美好的印象。

**2015年台湾到江阴市参访活动情况一览**

表5

| 序号 | 参访时间 | 参访单位或人员 | 参访人数 | 参访内容 |
|---|---|---|---|---|
| 1 | 4月15日 | 台湾彰化市长邱建富一行 | 8人 | 到江阴市参访交流 |
| 2 | 4月25日 | 台湾国民党中常委范成连带领台湾地方基层人士一行 | 35人 | 到江阴市参访交流 |
| 3 | 4月25日 | 国民党中常委江硕平一行 | 2人 | 到江阴市参访交流 |
| 4 | 4月28日 | 台湾华新丽华股份有限公司电线电缆事业群总经理焦佑慧一行 | 8人 | 到江阴洽谈华新钢缆增资项目 |
| 5 | 5月19日 | 海峡两岸徐霞客研究会代表 | 11人 | 在徐霞客故居仰圣园内举行两岸纪念徐霞客公祭典礼 |
| 6 | 5月20日 | 台湾东南科技大学 | 11人 | 2015海峡两岸徐霞客文化交流会,与江阴职业技术学院签署《合作协议书》 |
| 7 | 5月22日 | 澳门中联办台务部部长李维一及澳门和统会一行 | 21人 | 到江阴市参访交流 |
| 8 | 6月3日 | 台湾富裔实业股份有限公司董事长祝文定一行 | 5人 | 到江阴市参访交流 |
| 9 | 6月22日 | 国民党台东县委员会一行 | 19人 | 到江阴市参访交流 |
| 10 | 7月23日 | 台湾华新中投有限公司董事长曹建华一行 | 4人 | 到江阴市洽谈江阴南门首府二期地块开发事宜 |
| 11 | 10月30日 | 台东县县长夫人、健康家庭文教基金会董事长陈怜燕率云端爱筵英语教育交流团一行 | 31人 | 到江阴市参访交流 |
| 12 | 11月10日 | 台湾新光金控金融投资有限公司总经理邱忠义一行 | 7人 | 到江阴市考察 |
| 13 | 11月13日 | 台湾振新医院院长李寿东一行 | 5人 | 到江阴市参访交流 |

(刘晗波)

## 机构编制管理工作

**【概况】** 2015年,江阴市机构编制部门主动适应行政体制管理改革和机构编制管理工作新常态,以推进各项改革作为中心任务,以简政放权为突破口,以转变政府职能、建设法治政府和服务型政府为核心,强化大局意识、创新意识、服务意识、合作意识、廉政意识,攻坚克难,全力以赴做好各项工作。编办内部开展"强化作风建设、努力保障发展"专项活动,出台《2015年度江阴市机构编制委员会办公室工作目标绩效考核实施方案》。推进全市政务和公益中文域名应用和普及,规范党政群机关和事业单位网上名称管理,实现651个机关事业单位中文域名注册全覆盖,促进全市党政群机关和事业单位依法行政和依法履行职责。

**【行政管理体制改革】** 2015年,江阴市机构编制部门推行政府责权清单管理,完成政府行政权力清单编制工作,对外公布市政府各部门行政权力事项5851项、行政审批事项487项、行政事业性收费事项49项、162项非行政许可审批事项全部调整取消。出台权力清单管理办法,实行清单动态管控。开展政府责任清单编制工作,完成初步审核并上网征求意见。承接行政审批制度改革领导小组职能,推进行政审批职能归并,将涉审部门行政许可职能统一归并到行政许可服务科,全市33个具有行政审批职能的市级部门全部完成行政审批职能归并工作,其中16个部门单独设立行政许可服务科。推动审批服务提速规范,出台《关于推进企业投资建设项目并联审批规范中介服务的意见》,明确并联审批协同责任。实行工商营业执照、组织机构代码证和税务登记证"三证合一""一照一码"登记制度改革,优化审批流程,提高登记效率。对涉审行政事业性收费进行清理规范,出台《关于开展清理规范行政审批中介服务专项治理的实施意见》,积极稳妥开展整治"红顶中介"工作,切断权力依附和利益输送关系。推进政府职能转变,成立由编办牵头负责的政府推进职能转变协调小组,确定以"517"为主要内容的政府职能转变基本框架(其中的5指,行政审批事项目录清单、行政权力事项清单、责任清单、专项资金管理清单与行政事业性收费目录清单5张清单;1指政务平台;7指落实强化事中事后监管、推进监管执法体制改革、促进社会组织健康发展、推行政府购买服务制度、全面推行政府绩效管理制度、健全责任追究制度、深化地方政府机构改革7项相关改革)。出台《关于深化行政审批制度改革加强事中事后监管的意见》,逐步形成"1主5辅"的事中事后监管制度体系,"1主"是指加强事中事后监管的意见,"5辅"是指发改委、经信委、市场监管局、安监局、环保局等5个重点部门正在研究制定投资管理、信用管理、维护市场公平交易秩序、加强产品质量、食品安全、安全生产、环境保护等关键领域的事中事后监管办法。强化政务服务体系建设,完成"1办3中心"体系建设,其中1办指政务服务办公室,3中心指项目服务中心、公共资源交易中心、政府公共服务热线受理中心。基本形成"12345"政府公共服务热线与网上审批服务平台、服务大厅"三位一体"联动互补的政务服务格局。完成市场监管体制改革,组建市市场监督管理局,建立起覆盖生产、流通、消费全过程的更全面、更专业、更高效的市场监管体系。协助徐霞客镇做好承接714项下放的行政权限的任务,确保下放的行政权限顺利承接和有效运转。推进经济开发区管理体制机制创新,临港经济开发区与璜土镇实施区镇一体化管理,对于提升开发区发展水平、促进江阴经济发展,具有重要意义和深远影响。

**【深化政府机构改革】** 2015年,江阴市机构编制部门按照精简统一效能原则,强化政府机构和职责整合,规范机构设置,理顺组织体系,完善体制机制,推进实施大部门制改革,形成精干高效的政府组织体系。年内,优化组织结构,调整机构设置,整合市卫生局食品安全监管以外的职责、市人口和计划生育委员会的计划生育管理和服务职责,组建市卫生和计划生育委员会,为市政府工作部门,不再保留市卫生局、市人口和计划生育委员会;工商、质监部门调整为属地管理后,整合工商、质监、食品药品监管以及卫生局食品安全监督管理方面的职责,组建市市场监督管理局,为市政府工作部门,挂市食品药品监督管理局牌子,统一负责辖区内的工商、质监和食品药品监管等市场监管职责,同时承担市政府食品安全委员会的具体工作,不再保留江阴工商行政管理局、江阴质量技术监督局;整合市住房保障和房产管理局除房屋登记外的职责和市建设局的职责,组建市住房和城乡建设局,为市政府工作部门,不再保留市建设局、市住房保障和房产管理局;市公用事业管理局由在市建设局挂牌调整为单独设立,为市政府工作部门;市民族宗教事务局由在市委统战部挂牌调整为单独设立,为市政府工作部门;市行政服务中心更名为市政务服务管理办公室,挂市政务服务中心牌子,仍为市政府派出机构;撤销市公共资源交易管理办公室,原承担的职责划入市政务服务管理办公室(市政务服务中心);市级机关事务管理局更名为市机关事务管理局;市发展和改革委员会不再保留市企业上市工作办公室牌子。整合相关职责,规范机构管理,市发展和改革委员会承担的市市级机关工作目标绩效考核领导小组办公室的职责划入市机构编制委员会办公室;市发展和改革委员会的企业上市管理的相关职责划入市政府金融工作办公室;原市人口和计划生育委员会的研究拟订人口发展战略、规划及人口政策职责划入市发展和改革委员会;市商务局承担的生猪定点屠宰监督管理职责划入市农林局,在镇(街道)畜牧兽医站加挂动物卫生监督分所的牌子;土地登记、房屋登记、林地登记、农村承包土地经营权、渔业养殖证等不动产登记职责整合到市国土资源局;市住房和城乡建设局不再承担参与管理城市国有土地使用权出让的职责;镇(街道)的人口和计划生育办公室更名为卫生和计划生育办公室,不再保留镇(街道)的社会事务服务中心(社区事务服务中心)增挂的人口和计划生育服务站牌子,人口和计划生育服务的相关职责划入镇(街道)社区卫生服务中心;原市行政服务中心承担的市行政审批制度改革领导小组办公室的职责划入市机构编制委员会办公室。撤销市公共资源交易监督管理委员会,其原有的“负责全市公共资源交易的监督管理和公共资源交易工作的重大决策,领导、协调公共资源交易的重大事项”职责由市经济体制和生态文明体制改革专项小组承接。改革后,江阴市政府工作部门有33个。

**【事业单位管理和改革】** 2015年,江阴市机构编制部门建立健全市创建全国文明城市的组织机构体系,组建江阴市志愿服务指导中心,保障全国文明城市创建工作。加强市政府金融工作办公室机构编制管理工作,对其工作职责、内设机构、人员编制进行调整,进一步加强对金融业和企业上市工作的指导、协调和监管。加强食品安全检测工作,组建江阴市食品安全检测中心,整合卫生、质监、粮食、农林等部门的食品检测职能。整合土地、房屋、林地等不动产登记职能,组建江阴市不动产登记中心。完成市场监管局、市政务办等部门下属事业单位机构编制调整工作,进一步优化资源配置。改革事业单位登记管理制度,533个事业单位法人年度报告完成网上公示,强化对事业单位运行效能监管。

**【机构编制综合管理】** 2015年,江阴市机构编制部门出台《关于做好全市控编减编工作的意见》,建立“强化专属管理、强化信息系统建设、强化督查力度”的管控机制。年内,建立健全用编计划年度申报制度,严格执行用编计划。参与完成机关事业单位副科级以上领导职数核查工作,参与机构编制领域存在问题的专项治理工作,会同市人社局等相关部门进一步开展党政机关借用人员清理规范工作。强化江阴市机关事业单位信息管理系统功能建设,数据对接中央机构编制委员会办公室机构编制统计及实名制网络管理系统,每月及时报送核查数据,全面、即时掌握全市机构编制和财政供养人员变动情况。优化机构编制资源配置,精简事业单位5个,收回事业编制38名。精确做好机关、事业在编人员进出平衡的测算工作,严格控制招录、调动等进编人数,全年达到人员进出编动态平衡,实现机构编制“零增长”和财政供养人员只减不增的总目标。承接市机关工作目标绩效考核职能,制定江阴特色的机关绩效管理基本制度和工作体系,顺利完成2015年度市级机关工作目标绩效考核工作。完善机构编制事项公开制度,接受群众监督,不断提高机构编制政务公开管理水平。 (梅湖冰)

## 机关党工委工作

**【概况】** 2015年,市级机关党工委学习贯彻党的十八大,十八届三中、四中、五中全会和市委十二届六次、七次全体(扩大)会议精神,按照“全面从严治党”新要求,围绕服务中心,建设队伍的总目标,认真落实“两个责任”,紧紧抓住党的执政能力建设、先进性和纯洁性建设这条主线,深入开展“三学三讲”主题教育活动,以推进基层组织建设和作风建设“两个突破年”活动为抓手,拓宽思路,创新手段,用好资源,培育品牌,不断提升机关党建科学化水平,为建设经济强、百姓富、环境美、社会文明程度高的新江阴提供强有力的思想和组织保证。年内,完成84个党组织换届选举,调整各级党务干部115人次,接转党员组织关系641人,机关党组织设置更加科学合理;严把入党质量关,培训入党积极分子194名,发展党员25名,转正党员64名;召开机关党建工作碰头会2次,机关党工委委员会议4次,共收缴党费966366.4元;有45个基层工会换届选举和调整补选,新增机关团组织1个、妇委会1个。注重对机关干部职工的人文关怀和心理调节,充分发挥机关职能部门优势,整合利用各方资源,组织开展“文体欢乐行·汇聚精气神”机关文化系列活动,开设太极拳、网球、中国画等机关干部喜欢的文体培训班;开展“浦发杯”羽毛球赛、“袜云馆杯”足球赛、“信和财富杯”机关篮球赛、“信和财富杯”网球赛、乒乓球邀请赛等活动;组织23个机关部门共759人参加一年一度的健康体检。机关工会组织开展的“一局一品”冠杯赛事文体活动,机关团工委组织机关废旧书刊或旧电池换取小绿植活动,得到机关党员干部的热烈响应。机关妇工委在机关广泛宣传“和谐”“爱心”“书香”“达人”等特色家庭事迹,组织“机关孕妈妈胎教亲子”等活动,受到普遍欢迎。落实好机关离退休老干部“两个待遇”,加强未成年人的教育帮助,大力开展党员志愿服务、结对帮扶、“慈善一日捐”等活动。

**【学习型党组织建设】** 2015年,市级机关党工委坚持把争创“学习型”党组织示范点作为机关党员干部加强党性锻炼和党性修养、提高能力素质的基础工程。组织机关64名党务干部赴湖北省委党校进行系统培训,实地考察学习武汉文明城市创建、市民之家、社区党建,开阔眼界、创新思路。举办机关基层党组织书记轮训班,组织学习党的十八届五中全会精神,开展机关党的组织工作、纪检工作、群团工作等方面的基础性业务培训,针对性、操作性强,得到基层党务干部的普遍认可。开展“书香伴我行、建设新江阴”读书荐书活动,向机关党员干部推荐赠送“2014中国好书”系列、第九届茅盾文学奖获奖作品等5000余册精选书籍。开辟机关大楼“图书阅读角”,提供阅读书目和阅读交流空间。以赛促学,以学促进,开展“微型党课大家讲”评选活动,党务干部踊跃参赛,参赛课件58个,进一步丰富基层党课教育形式和内容,提高基层党课质量。提倡“日读一小时、周上一堂课、月读一本书、季有一交流”的学习机制,让读书学习活动真正融入机关工作和日常生活,成为一种良好习惯。开展机关学习型党组织示范点创建活动,机关各党组织围绕“班子带头、全员学习、载体建设、制度创新、成果转换”等五个重点,进行机关学习型党组织示范点的创建。通过创建,确立一批学习理念,创新一批学习载体,打造一批学习品牌，建立一批学习机制，取得一批学习成果。

**【创先争优活动】** 2015年，市级机关党工委认真贯彻中央《党和国家机关基层组织工作条例》和《关于在市级机关党组织中开展“双强双优”活动的意见》，围绕“组织强、队伍强，作风优、服务优”目标，以“基层组织建设突破年”活动为抓手，坚持抓基层、打基础，抓制度、管长远，深入开展市级机关从严治党“三学三讲”创先争优主题教育活动，机关学党史、学党章、学先进、争先进蔚然成风。市级机关涌现出一批先进集体与先进个人。余玲获得江苏省五一劳动奖章；王建新、金桂华、张海霞、汤龙生、陈明波、孙益民等6人被评无锡市劳动模范；屠湘如、付良洲被评为无锡市2012—2014年度优秀党务工作者；法院机关党委、口岸办党总支部被表彰为全市“五先五好”服务型党组织。“七·一”前夕，市级机关隆重召开纪念建党94周年暨党建工作推进会，表彰一批市级机关“服务型党组织”“结对共建先进党组织”等先进集体。

**【“三服务”工作】** 2015年，市级机关坚持把群众需求作为第一信号，把群众满意作为第一标准，不断深化“三走进三服务”活动。市四套班子领导干部率先垂范，积极开展下基层“三解三促”“驻点蹲村调研”“企业服务月”“一帮一、献爱心”等活动，深入到基层、企业、群众间搞研究、摸情况、求良策，广泛听取基层群众的意见。2015年会同市纪委、文明办、广电集团等职能部门，举办“空中热线”52场，组织环保局等9个单位参加“面对面”民主评议政风媒体直播活动，直接面对群众提问，回答群众诉求，接受群众监督。同时，积极响应市委、市政府号召，倡导文明创建，机关先行。注重实效，着重解决疑难问题，北大街菜场、城中菜场等农贸市场周边软硬件环境都有明显变化；环城东路社区、澄江路社区等社区利用小而散闲置的储备用地修建临时停车场有效缓解老城区停车难题。机关党员干部走上街头劝导不文明行为，一些不文明行车、无证占道经营、破坏公园绿地环境、违章停车等现象得到有效改善。

**【“万人评议机关”活动】** 2015年，市作风建设领导小组办公室修订完善《2015年度“万人评议机关”活动实施办法》，组织118个“万人评议机关”活动参评单位在《江阴日报》、机关党建网站等平台上，就改进作风提升效能于年初作出公开承诺。年内，评议机关活动在保持传统做法基础上，作出新调整：参评单位分为党群部门、政府部门、条线单位、金融单位、镇（街）园区五大类，包含机构改革后的卫计委、市场监管局、住建局、政务办等单位。首次将消防大队、土地储备中心纳入参评范围，实现民主评议全覆盖；参评单位围绕“依法行政、服务基层、勤政廉政、工作实绩”4个方面公示实绩，分为“好、较好、一般、较差、不了解”5种选择，评议内容更加全面；采取集中测评、邮寄测评和社调队抽样测评3种方式相结合，评议表设置识别码，高速扫描自动阅读统计，评议方式更为科学。评议活动于10月22日全面启动，历时两个多月，全市设16个集中测评点，共组织24场集中测评，经过宣传发动、公示实绩、组织测评、统计分析、汇总意见建议等5个阶段，得到各成员单位的密切配合和社会各界人士的热情参与。活动中，共发放各类评议表12796份，回收9221份，回收率72.06%；收到基层群众意见建议1263条，其中表扬141条、批评和建议1122条、具体事项转办件15份。参评的118个部门（单位），评议名次与去年相比，除新调整的6个部门外，上升的有48个部门、持平的有24个部门、下降的有40个部门。市级机关作风效能建设总体满意率达99.83%，比2014年99.25%上升0.58个百分点。为感谢广大群众的参与和支持，对1263张注明身份证号码的有效评议票进行抽奖，有135人获得奖励。

**【“廉政文化进机关”活动】** 2015年，市级机关党工委落实全面从严治党新要求，贴近机关党员干部思想和工作实际，强化党章、党史、党风、党纪方面内容，扎实开展“三学三讲”、典型示范、反面警示、廉政谈话等反腐倡廉宣传教育。组织开展“5·10”思廉日党风廉政教育活动，通过开展书记讲党课、微型党课竞赛、观看《迷航》警示教育片、参观教育示范基地，进一步深化“廉政文化进机关”活动，增强机关干部党性修养和廉洁从政意识。认真学习新修订的《中国共产党廉洁自律准则》和《中国共产党纪律处分条例》，带头落实中央“八项规定”、省市委“十个严禁”，崇尚淳朴家风教育、简洁节约办事的优良传统。积极推进廉政文化示范点提高升级工程，总结宣传市级机关已形成的检察文化、地税文化、市场监管文化、国土文化、国检文化等具有部门行业特色的廉政文化，推动市级机关廉政文化建设再上新台阶。认真执行党风廉政建设责任制，深入开展制度梳理、廉政风险排查防控，推进机关“制度廉评”工作。认真落实党内监督条例，严格执行述职述廉、诫勉谈话、重大事项报告等制度，不断提高信访工作水平，加大案件查处力度。全年共查处机关党员违纪案件3件8人，并对2014年受到党纪政纪处理的党员、单位进行跟踪教育、定期回访。

**【结对共建】** 2015年，市级机关党工委围绕市委、市政府重点工作，全面推进全国文明城市创建，根据《全国文明城市测评体系》《江阴市创建全国文明城市网格化责任分工方案》及时调整机关党组织与社区党组织结对共建方案，印发《开展“深化结对共建 推进文明创建”机关党员志愿者进社区活动的实施意见》，做到网络责任区与结对共建社区相对应，创建时间与结对共建同步，在澄江街道澄江路社区、花园社区等5个社区先行试点建立机关党员干部工作室、派驻党建工作指导员，推进机关党员干部到居住地社区报到、认领志愿服务岗位，组建28支机关党员志愿者队伍，有计划、有重点地开展志愿服务活动，与结对社区一起共同推进创建全国文明城市。是年，市级机关还对检察院机关党委等22个结对共建先进党组织给予通报表彰。（罗晓春）

## 保密工作

**【概况】** 2015年，江阴市保密工作坚持发挥“保安全、保发展”的保障作用,积极进取,主动作为,结合“六·五”保密法制宣传教育总结验收,开展保密教育培训;突出重点,持续推进定密管理、网络保密管理以及涉密载体回收销毁工作,开展国有企业保密管理专项检查,堵塞漏洞,利用政务外网违规文档监控、互联网信息检查等强化技术监管,消除隐患。

**【保密宣传教育】** 2015年,市委机要保密局组织“六·五”保密法制宣传教育总结验收,结合《中华人民共和国保密法》修订颁布实施五周年开展普法宣传,在“江阴普法网”、《江阴普法》刊载材料,将《中华人民共和国保密法》《中华人民共和国保密法实施条例》列入“全市公务员学法考法平台”,举办宣传挂图展览、电子展示屏播放、保密警示教育片观映、保密知识辅导讲座10余场,1000余人次参加。邀请无锡市局领导授课,发放培训教材,继续在党校市管领导干部轮训班开展保密教育。建立QQ交流群,订阅微信公众号“无锡保密”,促进保密干部工作交流。

**【重点保密管理】** 2015年,市委机要保密局加强定密管理、网络保密管理等重点工作。3月,在重点机关部门组织涉密网络保密检查,检查涉密计算机43台、应用系统3个、移动存储载体16个,完善保密制度,严格管理措施。10月,举办定密责任人专门培训,各单位按要求确定定密责任人,完善定密事项一览表,明确定密责任,规范定密程序。

**【涉密载体回收销毁】** 2015年,市委机要保密局强化销毁中心安保设施,安装24小时监控报警,广泛发放回收服务卡、严格上门服务承诺,通过电话上门回收、每月跟踪统计、每季跟踪预约、定期向送销数量偏少单位领导发送短信提醒、在全市通报数量排名等,继续加大工作力度,全年总计回收销毁纸质涉密载体114.12吨,比上年增加1倍。

**【国有企业保密管理专项检查】** 2015年,市委机要保密局在中船澄西船舶修造有限公司、江苏利电能源集团等部省属企业,江阴市新国联投资发展有限公司、江阴广播电视集团等国资公司以及中国银行股份有限公司江阴支行、中国建设银行股份有限公司江阴支行等金融机构共16个单位中开展国有企业保密检查,促进国有企业保密管理。中船澄西船舶修造有限公司接受江苏省保密局抽查,有关工作经验被《江苏保密》刊载。 (李朝阳)

## 老干部工作

**【概况】** 2015年,江阴市认真落实全国离退休干部“双先”表彰大会精神,牢牢把握为党的事业增添正能量的价值取向,进一步加强离退休干部“两项建设”(思想政治建设和党支部建设),不断优化管理服务,丰富老同志精神文化生活,充分发挥老同志作用,统筹推进各项工作任务,全面提升老干部工作水平。至年末,老干部局管理服务离退休干部1380人,其中离休干部208人,市管退休干部1172人。

**【老干部“两项建设”】** 2015年,江阴市持续加强老干部“两项建设”,充分发挥老干部作用。全年召开2次情况通报会、2次形势报告会;组织离退休干部党支部书记集中学习活动4次、碰头会2次。为全市老干部订阅《江阴日报》1304份,《银潮》杂志1332份,《共产党员》1332份,《中国老年报》1332份;维护更新老干部网站,编发《学习通讯》4期、《七彩人生》6期。在全市离退休干部中全面开展“爱江阴、促发展、弘扬正能量”主题实践活动,切实为党的事业增添正能量。全市各离退休干部党支部先后组织离退休干部赴华西新市村、祝塘镇“炎黄”陈列馆等地参观学习34次,召开座谈会38次,撰写心得体会125篇,开展离退休党员形象规范大讨论38次,征集形象箴言189条。全市离退休干部积极开展“文化进社区”“爱心慈善助学”“法制教育报告会”“农业科技宣讲论坛”等各类活动。近200名离退休干部牵手大学生村官、300余名离退休干部成为校外辅导站辅导员或网吧义务监督员。

**【老干部服务工作】** 2015年,江阴市扎实推进作风建设,优化管理服务。年初,寄发慰问信1340封,上门走访慰问416人次,包括:189名离休干部遗属、75名困难遗属、18名市老领导遗属、55名困难离退休干部、17名老厂长、8名易地安置离休干部、54名四套班子老领导。5月,继续在全市开展离休干部“大走访”活动。工作人员分3组对所有218名离休干部和8名易地安置在外及1名居住外地的离休干部进行上门走访慰问,并确立每年至少上门1次,主动联系不少于2次的结对联系机制。走访中,做好离休干部情况的摸底调查,同时发放爱心服务卡和结对联系卡。坚持每周上医院看望慰问住院病人1次,全年共看望慰问125人。组织全市离退休干部体检,参检人员共计1340人,并开展两次健康咨询。对全市离休干部,特别是抗战干部的工资调整情况进行跟踪检查、落实。对全市30名(含异地安置)抗战离休干部发放慰问金及纪念章。继续为离休干部发放求助服务卡240本。通过走访和来信来访及时妥善处理、答复有关事项8件。敬老月为全市33名80岁离退休干部举行集体祝寿会,并为8名90岁离退休干部上门祝寿。主动做好老干部后事服务协调工作,协助处理26位老干部后事。

**【老干部文体活动】** 2015年,江阴市不断丰富老干部精神文化生活。全年组织开展大型活动7次,包括:老干部闹元宵、镇区老干部棋牌交流活动和2015年“相约虹园”系列老干部文化娱乐活动等。为纪念抗日战争胜利70周年,举办相关书画、摄影、集邮、歌咏等活动和知识竞赛,联合张家港市老干部局组织开展书画联展。市老干部活动中心全年开放近300天,参加活动的老干部5万多人次,中心获得“江阴市敬老文明号”称号。市老干部协会与周边县市广泛交流,与乡镇、社区、企事业单位充分互动。老干部的书画、篆刻、摄影、集邮等作品有19幅在全国性比赛中获奖或入展,有7幅摄影作品在国家级报纸杂志上发表。集邮分会被江苏省老干部集邮协会评为先进单位。(贺东海)

## 信访工作

**【概况】** 2015年,江阴市信访工作紧紧围绕“迈上新台阶,建设新江阴”的发展定位，以深化信访制度改革、推进信访法治化建设为主线，立足解决问题，创新工作机制，强化责任落实，着力打造“阳光信访”“责任信访”“法治信访”。市信访局全年共受理群众来信来访 11133 件次，同比上年增 16.2%，其中来信 1271 件，比上年降 0.4%，接待并协调处理来市上访 1361 批 9862 人次，比上年批次和人次分别下降 9.8% 和上升 18.7%，接待并协调处理来市集访 305 批 8065 人次，比上年批次和人次分别上升 10.5% 和 40.8%。全年信访形势平稳可控，未发生有影响的去省进京上访，未发生个人极端事件和有影响的群体性事件。

**【拓宽群众表达诉求渠道】** 2015 年，江阴市大力推行“网上信访”，广泛宣传网上信访便捷高效等优势，提高信访群众知晓率，积极引导群众更多地变信访、走访为网访。完善联合接访机制，以市人民来访接待中心为依托，根据国家信访局《关于进一步加强和规范联合接访工作的意见》的要求，积极整合资源，充分发挥进驻中心各部门集中办公的优势，建立服务优质、协同配合、运行高效的联合接访工作机制，做到“前台一个窗口，后台一体运行”，切实为来访群众提供“一站式”“一条龙”服务。筹划建立视频接访，市、镇（街道）二级按照上级要求，充分开展调研、论证，积极推进工作场所选址、软硬件配备等前期工作，以尽快建立视频接访模式，方便群众反映诉求。加大依法逐级走访宣传的力度，引导群众正确认识信访权利和实现权益的途径，提高群众遵法、守法、用法的意识，树立起违法必严、违法必究的鲜明导向。

**【规范信访事项办理流程】** 2015 年，江阴市全面落实上级关于信访工作制度改革的各项部署和要求，大力推进“阳光信访”信息系统的深度应用，实现无锡、江阴市相关单位和镇（街道）的互联互通。依托“阳光信访”信息系统规范办理信访事项。按照省、无锡要求，将来信、来访、来电、网上投诉、督查督办等信访业务纳入“阳光信访”信息系统并实现网上流转，实现办理过程和办理结果全部公开。加大对初信初访交办力度。对上级交办、转送，以及初信初访，市信访局 100% 进行交办、跟踪，按期办结率达 100%。抓好信访事项的答复和复查工作。起草并由政府办印发《江阴市信访事项复查工作实施意见》，按照《中华人民共和国信访条例》的规定，从程序上、实体上及时做好来访事项的答复、复查工作，按时办结率 100%，其中市级层面完成信访复查 90 余件，进一步规范复查工作。抓业务培训。举办全市信访干部和人民陪访员专题业务培训班，受培训人数达 250 余人。切实提高信访干部和人民陪访员规范办理信访事项和做好群众工作的能力。

**【化解重点信访案件】** 2015 年，江阴市强化矛盾排查预警。坚持基层每周、市每半月，重点敏感时期及时排查制度的落实，对排查出来的重点不稳定因素，及时进行分析、研判、落实化解稳控责任。多措并举攻坚积案。全市上下牢固树立化解就是最好的稳控的理念，全年滚动排查信访积案 150 余件，坚持“四个到位”（合理诉求及时解决到位，无理诉求解释疏导到位，生活困难的帮扶救助到位等），不突破法律、政策底线原则基础上，综合运用舆论疏导法、终结倒逼法、解困感化法、关系人劝导法等办法有效化解一批信访积案，特别是中央、省、无锡交办的 14 件信访积案，经澄江街道、临港街道、城东街道等镇（街道）及相关部门的共同攻坚，已化解 7 件，化解率达 50%，在无锡九大板块中名列第一，在无锡地区唯一完成并超额完成化解指标。强化督查通报，对信访积案多、进京访问题突出的镇（街道）实施重点管理，重要敏感时期，市主要领导、分管领导带队，亲自到重点管理镇（街道）进行督导，约谈党政主要领导，并将督查情况在全市范围内通报，有效促进化解、稳控责任制的落实。至年底，无任何镇（街道）被无锡市列入重点管理的地区之一。（李宏斌）

## 史志工作

**【概况】** 2015 年，江阴市史志办在服务全市经济社会发展、宣传建设“强富美高”新江阴等方面取得新成绩。完成《中共江阴历史》第二卷（1949—1978）发行工作；编纂出版 2015 版《江阴年鉴》，并采取免费赠阅形式向机关和基层发放；出版《难忘乡愁——江阴市消失自然村图志》，完成数万字的上级部门史志供稿任务；配合省委党史工办《雨花台烈士传丛书》编纂，启动朱杏南等烈士传记撰写工作；为《南方周末》《扬子晚报》《新民晚报》等媒体记者采访江阴抗战情况、市园林旅游局布馆“江阴·1937 海空大战展示馆”、市文化馆开展抗战故事巡讲活动等提供相关资料；继续为市委宣传部主办的《党员之友》供稿；每月编发《中共江阴市委大事记》。年内，继续开展送讲座、送书籍活动，在党校等 7 个单位送课 7 场，受众 600 余人，并向机关、镇（街道）、学校等赠送各类书籍 8000 余册；结合重要纪念日开展党史宣传，与市文广新局等单位联合举办纪念江阴抗日战争胜利 70 周年展览；创建“江阴纪事”微信公众号，主要功能为服务江阴人民、记录江阴历史和弘扬江阴文化，所有微信内容均为原创，2015 年累计推送 150 期；开展业务培训 200 余人次，审读 7 部镇村志、1 部部门志计 300 余万字，提出修改意见 3000 余条。是年，市史志办被人力资源和社会保障部、中国地方志指导小组联合评为全国地方志系统先进集体，获 2015 年度江苏省党史宣传工作先进集体一等奖。

**【获“全国地方志系统先进集体”荣誉称号】** 2010 年以来，江阴市史志办公室牢记使命，编纂出版《江阴市志（1988—2007）》《中共江阴地方史（1949—1978）》等一批史志精品，开展“六进”“双送”等史志文化宣传活动，所编撰的《江阴年鉴》8 次获全国特等奖和一等奖，5 次获江苏省特等奖；在党史宣传方面也走在全省前列，连续 5 年被评为江苏省党史宣传先进集体一等奖。2015 年 12 月 29 日，全国地方志系统先进模范座谈会在北京人民大会堂召开，江阴市史志办公室荣获“全国地方志系统先进集体”称号并赴京领奖，受到中共中央政治局委员、国务院副总理刘延东亲切接见。此次

“全国地方志系统先进集体”评选由人力资源和社会保障部组织，经全国地方志系统先进集体和先进工作者评选委员会评选，并报国家表彰奖励办公室批准。江阴市史志办公室此次获此殊荣，是江苏省五年来地方志系统获得的唯一一个“全国地方志系统先进集体”荣誉称号。

**【启动新时期江阴党史专题资料征编试点工作】** 2015年，江阴市史志办根据中央和省委统一部署，启动新时期江阴党史研究和编撰工作，制订《新时期江阴党史研究和编撰工作的总体方案》和《新时期江阴党史专题研究实施方案》，整理、编写各类学习、辅导材料。8月，启动江阴党史专题研究工作，拟定109个研究专题，确定经信委、水利局、政协办、南闸街道等9个单位为试点单位，先行开展党史专题资料征编工作。同时，启动《中共江阴市组织史资料(1995.1—2015.12)》征编工作。9月1日，召开新时期江阴党史专题资料征编试点工作会议，全面启动试点工作。年内，各试点单位建立征编工作小组，成立专题研究写作班子，基本完成资料搜集和专题篇目大纲编拟等工作；《中共江阴市组织史资料》完成篇目细化、资料搜集整理等工作，基本形成资料稿。12月，召开党史专题试点单位交流汇报会议，试点工作转入核实资料、撰写初稿阶段。

**【党史宣教利用】** 2015年，江阴市史志办继续开展为基层送史书、送党课“双送”和史志文化“六进”活动，先后在华士镇、市委党校等为入党积极分子讲课，同时进一步拓展宣讲内容，在已成功讲授《江阴人民革命史》的基础上，开发制作《江阴抗日斗争史》《江阴发展史》两课，结合抗战胜利70周年，在市机关事务管理局等单位全面推开，全年共讲课7场次，听众600余人，赠送党史、地情书籍8000余册。年内，与市文广新局、市档案局、市园林旅游局等单位联合举办《铭记历史 开创未来——纪念江阴抗日战争胜利70周年特展》，于9月1日起在市博物馆展出；为市文化馆在全市开展抗战故事巡讲活动提供素材，共编写7个江阴地方抗战历史典型事件，在相关学校和单位进行演讲；编发12期《中共江阴市委大事记》，每月配合市委宣传部做好《党员之友》刊物中党史专版系列资料征编工作；接待《南方周末》《扬子晚报》《新民晚报》和新华社等媒体记者采访抗战时期国民党在江阴抗战情况调研，并提供相关资料。

**【2015年版《江阴年鉴》出版】** 2015年9月，江阴市地方综合系列年鉴第23卷《江阴年鉴(2015)》(纸质版和光盘版)由方志出版社出版。该年鉴全面系统、准确翔实地记载2014年度江阴市自然、政治、经济、文化和社会生活等方面的基本情况，反映全市各行各业贯彻党的十八届三中、四中全会精神，在产业结构升级、城市建设、生态环境建设、保障和改善民生等方面的新思想、新举措、新亮点。有彩色插页74页，按《全国获奖荣誉》《家园新景象》《城市新建设》《社会新风尚》《居民新幸福》《教育新成就》《文化新篇章》《文艺新辉煌》《体育新成绩》《小城新赛事》《十件新实事》《十佳江阴好人》《江阴百景》等专栏展示。正文按分类记事体例，设43个类目，下设260个分目、1410个条目，计120.5万字。随文图片128幅，表格133张。类目《民主党派·工商联·社会团体》拆分成《民主党派·工商联·知联会》《群众团体》两个类目。

**【《难忘乡愁——江阴市消失自然村图志》出版】** 2015年12月，《难忘乡愁——江阴市消失自然村图志》由方志出版社出版。该图志介绍全市15个镇(街道)1100余个自然村消失前后的情况，全面记载这些自然村的村名由来、历史沿革、区域方位、土地面积、人口姓氏、经济概况、风俗民情、遗址遗迹等方面的文字和图片资料。全书共有消失自然村原貌照片、消失后建设情况照片1457张，消失自然村原貌平面示意图1146张，字数214.2万字。该书的出版抢救珍贵的历史文化遗存，丰富江阴各镇村的地情资料，客观反映改革开放数十年来，江阴农村工业园区化、土地规模集中化、农民社区集中化的发展变迁。

**【基层修志指导】** 2015年，全市编修的部门志有《江阴市体育志》，镇志有《顾山镇志》《青阳镇志》《南闸街道志》，村志有《花北村志》《三房巷村志》《花山村志》等，图志有《城东街道消失自然村图志》。市史志办加强与基层沟通，对基层史志书籍编纂、业务工作开展进行有效指导，进一步协调机关、镇(街道)各部门史志业务工作。年内，《杨宦村志》《花北村志》内部印发。市史志办全年组织100余人次参加志书、年鉴业务培训，接待上门业务咨询50余人次，解答电话咨询100余次；审阅《江阴市体育志》《顾山镇志》《花北村志》等基层志书总计2100余万字，提出具体修改意见5000余条。是年，首届江苏省优秀乡镇(街道)志、村志评选结果揭晓，江阴市有12部乡镇(街道)志、村志累计获得9个综合奖和35个单项奖。其中《澄江志》和《李沟头村志》获综合类一等奖。

**【创建“江阴纪事”微信公众号】** 2015年，江阴市史志办紧紧围绕传播历史文化、弘扬优良传统、凝聚社会共识的目标定位，积极利用信息化手段，着力打造快速、高效、便捷、经济、互动的地方志文化宣传新阵地“江阴纪事”公众微信，为江阴市地方志工作的创新发展提供强大活力。“江阴纪事”公众微信平台主要设置党史之窗、地情物语、民俗人文、江阴大事等版块，按照权威性与可读性、严肃性与活泼性、现代性与历史性、时尚性与传统性相结合的原则，着重江阴重大历史事件、重要历史人物、地情风貌、社会热点和时令节气等内容，采取寓教于乐、灵活多样的形式全面宣传江阴地方党史、地情文化、民俗风物、大事要事，所有微信内容均为原创，2015年累计推送150期，最高文章点击量达3万余次。 (市史志办)

## 档案工作

**【概况】** 2015年，江阴市全年共接收档案5527卷28504件，征集到一批原乡镇企业档案资料、家谱、照片、实物等。编研出版《静香楼医案》《文昌帝君四体戒谣文》等4本书籍。完成《江阴乡镇企业发展历史回忆录》一书出版准备工作。举办5期档案业务培训,参训700余人次。完成28个单位的档案星级测评、复查验收工作。接待社会各界查档近2万余人次,调阅案卷1.7万余卷,提供证明材料4.5万余张。巩固"全国社会主义新农村建设档案工作示范市"创建成果,加快推进299个村、社区档案信息平台的应用服务。

**【28个单位档案管理通过省星级测评(含复查)】** 2015年,江阴市档案局继续在市、镇(街道)、机关和企事业单位中开展档案管理星级测评工作,促进档案管理规范化。全年共测评、复查单位28个。在测评过程中,全面贯彻执行《江苏省机关团体企业事业单位档案工作规范》,针对不同星级测评、复查单位的具体情况,本着服务单位发展、兼顾全面的原则,突出材料收集、目录和全文数据库建设、全宗指南、大事记、机构沿革编写等重点工作,做好星级测评复查的各项指导工作。

**【基层档案工作指导】** 2015年,江阴市档案局继续做好基层档案工作指导,提高全市立卷归档、软件运行、数字化建设等档案管理整体水平。继续开展档案星级测评工作(含复查)有序,年内顾山镇政府、顾山幼儿园等28个单位顺利通过验收。重点项目档案建设得到进一步加强,江阴兴澄特种钢铁有限公司、江苏长电科技股份有限公司、江阴升辉包装材料有限公司3个企业通过重点项目档案专项验收。结合土地承包确权档案的现状和特点,积极配合市委农工办等部门,以点带面,加强操作培训和分类指导、促进土地承包确权档案的规范化管理。以"6·9"国际档案日为契机,积极开展档案法规宣传周活动。依法对95个进馆单位的档案工作开展年度评估。年内通过"六五"普法考核验收工作。加强村级目录数据校对及信息系统数据导入,全市社会主义新农村建设档案工作得到进一步巩固提高。

**【档案业务工作培训】** 2015年,江阴市档案局继续做好档案业务工作培训,分别为机关事业单位、村(社区)及企业新上岗档案人员集中举办培训班3期,参训人数283人;组织镇(街道)档案人员专业培训及华士镇、海润光伏科技股份有限公司业务讲座共3次,参加人数80余人;以"做智慧型家长、建孩子成长档案"为主题,为新桥、南闸部分幼儿园、学校师生、家长进行家庭档案专题讲座,参加人数达600余人,收到很好的效果。

**【台湾著名演员秦汉查阅其父《抗战日记》】** 2015年6月13日,为纪念中国抗日战争和世界反法西斯战争胜利70周年,台湾著名演员秦汉和香港凤凰卫视摄制组到江阴市档案馆拍摄"重走战场"系列节目。秦汉的父亲孙元良是国民党上将、著名抗战将领,参加过淞沪会战、南京保卫战等。1931年至1936年,孙元良将军写下8本日记,记录他的抗日思想和行动。这8本日记目前被江阴市档案馆珍藏。局馆领导热情接待秦汉一行,并向其赠送日记的电子光盘。

**【档案保管利用】** 2015年,江阴市档案局共接待查档2万余人次,调阅案卷1.7万余卷次,提供证明材料4.5万余张。完成电话、信函查档300多人次。全年共接收档案5527卷、28504件,其中婚姻档案15445件,拆迁档案共计8870件,破产企业档案3664卷,退伍军人档案259卷,家谱档案35部432卷。接收、整理政府公开信息1072件。进一步加强馆内基础工作,整理积存档案2278卷,对馆内25个全宗的文书档案归档文件组织重点检查,进一步完善档案统计数据,及时更新馆藏数量统计、全宗名册、利用登记、库房管理登记、档案检查登记、库房温湿度统计分析等各类台账的登记。及时处理"12345"公共服务呼叫平台相关诉求,全年共办理群众诉求15件,回访满意率100%。完成2015年度全市档案事业统计综合年报工作。

**【档案信息化建设】** 2015年,江阴市档案局数字档案馆建设得到进一步加强,新增原文数据80万余页,馆内累计原文数据2540余万页,馆内目录数据新增60余万条。处理数字档案室目录数据29917条,原文数据近10万余页。加强数据备份和数字档案馆应用平台的日常维护及安全防护工作,严格执行系统跟踪监视和机房日巡视制度,完成市档案馆二次档案数据的异地备份工作。整合和管理区域性档案资源获得新进展,又有一些单位接入数字档案室系统。切实加强新农村档案管理平台的维护,新增5个村上线,及时变更12个村。做好信息等级保护测评准备工作。

**【档案征集编研】** 2015年,江阴市档案局新增顾氏、王氏、居氏等29个姓氏432册家谱;征集到纪念抗战胜利70周年相关影像资料光盘2张、图书资料383册,征集接收的档案资料,对保护江阴地方历史档案文化、留存档案记忆、传承文明、丰富和改善馆藏档案内容结构起重要作用。选送6件(共17册)馆藏档案参加江苏省精品档案展。接收纪委档案633件。编研出版《静香楼医案》《文昌帝君四体戒谣文》等4本书籍。完成《江阴乡镇企业发展历史回忆录》一书出版准备工作。举办"江阴百景"等图片展览3期。

(陈 忠)

## 党校工作

**【概况】** 2015年,江阴市委党校贯彻落实全国党校工作会议精神,发扬忠诚、求是、和谐、创新的办校精神,遵循"干部培训、理论武装、思想引领、决策咨询"的职能定位,全力打造"党员干部的大学堂、市委政府的思想库、学习型组织的示范点",努力建设在"长三角有较大影响、全国有一定知名度"的示范性县级党校。年内,完成市管领导干部"四个提升"*专题轮训、全市公务员基本能力主题轮训、优秀年轻干部双向挂职墩苗锻炼培训、新任市管领导干部培训、新任机关事业单位人员初任培训等,培训总量创历史新高。继续发挥基层理论宣讲功效,深入全市基层单位宣讲300余场,听众3万余人次,社会反响和社会评价良好。继续面向全国服务外省市干部培训,举办外联班156期,培训(接待)外省市党员干部7467人次,对外培训规模列全国同级党校前列。着力推进科研咨政工作,出版专著2本,结项各级各类课题16项,公开发表论文16篇,立项省市级课题13项。制定出台江阴市委党校2016—2020年发展规划,形成"1+6"(总规加教学、科研、人才、文化、党建和行政后勤)"十三五"规划体系。多措并举加强人才队伍建设,依托中国特色社会主义理论研修班,联合长三角地区基层党校举办师资理论培训班、基层党校马克思主义经典精品课展示活动、基层党校学习贯彻全国党校工作会议精神培训班等;选派10余名教师赴人民大学、南京大学、上海市委党校等高校学习交流;选送2名青年干部到新桥镇、澄江街道黄山社区挂职锻炼,助力教师和干部队伍成长成才。持续开展校园文化建设,丰富文化活动形式载体,开展"书香党校"活动,搭建教职员工分享读书治学心得的沟通平台;开展"走进军营"活动,组织教职员工体验军旅生活,提升团队凝聚力。是年,中央党校《学习时报》先后刊登文章《县级党校科研的定位与实践》(2015年4月3日第782期)和《立足实际,推进教育培训转型》(2015年9月28日第818期),介绍江阴市委党校教学、科研情况与经验。

**【《创新与转型》出版】** 2015年10月,由江阴市委党校编著的《创新与转型——县级党校建设发展的江阴样本》一书由中共中央党校出版社正式出版。中央党校原副校长杨春贵为该书作序。该书是一本用"解剖麻雀"方式探求县级党校建设与发展基本规律的专著。全书共由导论和五大章节组成。导论对加强县级党校建设的重要意义、县级党校建设中的问题与挑战以及县级党校建设发展的江阴样本作全面分析和阐述;五大章节则以江阴市委党校近年来的个性化、特色化探索为样本,分别从干部培训、科研咨政、行政后勤、人才队伍、文化建设方面进行系统的梳理总结和全面归纳提炼。该书的出版填补了县级党校建设发展研究的空白,不仅对江阴市委党校的发展具有里程碑意义,而且对全省乃至全国的县级党校发展具有典型示范和积极指导作用。

**【联合6地基层党校举办培训班】** 2015年,为进一步学习贯彻落实全国党校工作会议精神,谋划基层党校"十三五"发展的新思路、新举措,江阴市委党校联合苏锡常靖6所基层党校,于12月25—27日举办基层党校学习贯彻全国党校工作会议精神培训班。来自全国12个省市自治区60个基层党校的45位常务校长、269名教师共聚江阴参加培训。培训班特邀中央党校地方办副主任田桂春专题解读全国党校工作会议精神。为帮助基层党校教师成长,还邀请中央党校博士王虎学、湖北省委党校教授赵理富就党校治学和成才作专题报告。围绕基层党校的进一步发展议题,培训班安排上海、浙江、山东、新疆、江苏等8个党校代表作大会交流发言。通过培训,基层党校加深对中央精神的理解和把握,在如何更好地适应干部教育培训新形势新要求,更有效地服务高素质干部队伍建设、服务"十三五"发展目标问题上获得有益的思路和启示。

**【"大学堂"建设】** 2015年,江阴市委党校贯彻落实全国党校工作会议精神,根据《关于加强和改进新形势下党校工作的意见》和《干部教育培训工作条例》要求,以理论武装和党性教育为根本,加强对党员干部的中国特色社会主义理论体系教育,努力建设好"校园45亩地、江阴988平方公里、全国960万平方公里"三大课堂。年内,完成各类主体班31期,培训干部5893人次;完成各基层单位委托办班21期,培训学员2080人次,培训量较上年增加1.8倍。其中,以专题轮训为重点,举办2期市管干部"四个提升"专题轮训班,轮训市管干部177人次;举办全市公务员基本能力提升主题轮训班,轮训市级公务员9期2250人次、乡镇公务员15期2856人次。围绕党和国家的路线方针政策、围绕文明城市创建、"六五"普法等江阴建设发展的中心任务,推出十八届四中和五中全会精神、习近平总书记系列讲话精神、"四个全面"、"三严三实"、从严治党、法治思维与依法行政、共创文明城市等宣讲专题,为基层单位和党员群众送教上门300余场。主动服务外省市党员干部培训,让江阴经济社会发展中的新成就、新亮点、新经验及时走上党校干部培训的讲坛,为外地党员干部提供经验借鉴。年内完成第十版外联班培训教材的修订工作,形成6大系列50个培训专题;新开发无锡市崇安区江海街道办事处、常州市武进区郑陆镇牟家村等7个现场教学点,丰富周边城市现场教学线路;新增30名客座教授,充实"专兼结合"的师资队伍。全年,共举办外联班156期,培训7467人次,对外培训总量比上年增48%。由于培训质量好、培训效果佳、社会评价高,7名教师受邀赴江苏常州、武进、靖江,上海金山,浙江上虞,安徽当涂,云南临沧等地授课。

**【"思想库"建设】** 2015年,江阴市委党校坚持科研精品战略,围绕"十三五"规划启动,围绕中国特色社会主义在江阴的生动实践与探索,围绕基层党校的建设发展规律,推进科研咨政工作,打造具有江阴地方特色的智库。全年,出版2部专著,《人才强企的江阴实践》和《创新与转型——基层党校建设发展的江阴样本》。结项各级各类课题16项,包括:江苏省委党校课题《新型城镇化背景下社会矛盾与化解研究》、中国浦东干部学院工作课题《江阴市民营企业以创新促转型的案例研究——以海澜集团为例》、与市委政法委合作的江阴"十三五"规划前期课题《江阴社会治理现代化研究》、与市委办合作的课题《江阴市"十三五"改革发展研究》、校级课题《中共江阴市委党校2016—2020年发展规划》,以及11项无锡市委党校课题。另有与南京大学政府管理学院合作的省社科基金专项课题《苏南推进治理体系和治理能力现代化的区域实践研究》,完成问卷调查工作,并形成阶段性成果《地方治理体系与治理能力的逻辑架构——基于江阴实践的分析》。年内,公开发表论文16篇,完成1项江苏省委党校课题《全面从严治党视角下基层党校功能实现研究——

以江阴市委党校为例》和11项无锡市委党校课题的申报立项工作。提交无锡党校系统学习党的十八届五中全会精神研讨会暨“党校论坛”2015年年会论文11篇，获优秀论文奖5篇。（许一鸣）

## 接待工作

**【概况】** 2015年，江阴市接待各类宾客435批14829人次，其中党和国家领导人及老领导3人次，部、省级领导65人次，军队少将及以上军衔将领2人次。到江阴百人以上团队有10批，团队人数最多的是江苏省经济转型现场观摩会与会代表300人。各级领导视察指导和外地宾客参观活动的内容继续向多领域、深层次拓展，涉及江阴经济社会发展各个方面。

**【到江阴的国家级领导】** 2015年，国家现任领导及原领导到江阴视察指导工作的有3人次。其中，现任领导有全国政协副主席、民进中央常务副主席罗富和，全国人大常委会副委员长、民盟中央主席张宝文；原领导有中共中央政治局原常委、国家原副主席曾庆红。

**【到江阴的江苏省级领导】** 2015年，到江阴视察指导工作的江苏省委、省政府领导有罗志军、李学勇、石泰峰、弘强、李云峰、黄莉新、李小敏、王燕文、徐鸣、王立科、曹卫星、许津荣、张雷等；江苏省人大常委会领导有张卫国、蒋宏坤等；江苏省政协领导有张连珍等。到江阴视察指导工作的江苏省老领导先后有省人大常委会原副主任赵龙、曹鸿鸣、李明朝等，省政府原副省长吴瑞林等，省政协原副主席张九汉等。

**【到江阴的国家各部委及外省的省级领导】** 2015年，据不完全统计，到江阴考察指导工作的国家各部委及各省省级领导和原领导有32人。其中在职领导25人，先后为中国文学艺术界联合会党组书记、副主席赵实，国有资产监督管理委员会国有重点大型企业监事会主席李克，国家知识产权局副局长贺化，全国政协副秘书长、民进中央副主席朱永新，全国人大常委、民进中央人口资源环境委员会主任、中国科学院科技政策与管理科学研究所所长王毅，全国人大代表、民进中央经济委员会主任、清华大学政治经济研究中心主任蔡继明，新疆生产建设兵团党委常委田建荣，国家安全生产监督管理总局党组成员、总工程师王浩水，国务院发展研究中心党组成员、副主任隆国强，《求是》杂志社副总编辑郑志晓，国务院侨务办公室主任、党组书记裘援平，中国工程院院长、院士周济，中国工程院副院长、院士干勇，全国政协常委、副秘书长、民盟中央副主席徐辉，全国政协委员、民盟中央秘书长高拴平，宁夏回族自治区政协副主席、民盟宁夏区委主委安纯人，全国人大常委会外事委员会副主任委员、蓝迪国际智库项目专家委员会主席赵白鸽，中国关工委常务副主任闵振环，青海省政协副书记、副主席王小青，中国文学艺术界联合会党组成员、书记处书记郭运德，贵州省政协副主席、致公党贵州省委主委谢晓尧，青海省人大副主任昂毛，中央政法委副秘书长、中央社会管理综合治理委员会办公室主任陈训秋，国土资源部党组成员、副部长王世元，全国政协经济委员会副主任吴新雄等；老领导7人，先后为国务院原副秘书长刘济民，第十二届全国政协委员、国家旅游局原局长邵琪伟，交通部原副部长徐祖远，中宣部原副部长、《百年巨匠》总顾问龚心瀚，北京民营经济发展促进会专家委员会委员、全国工商联原副主席保育钧，南京大学原党委书记洪银兴，青海省人大原主任姚湘成等。

**【到江阴的军队少将及以上军衔首长】** 2015年，据不完全统计，到江阴参观考察的军队少将及以上军衔首长有2人，先后为兰州军区原司令员李乾元上将，总装备部63680部队政委杜鹏少将。

**【到江阴的其他重要人士】** 2015年，据不完全统计，到江阴的其他重要人士有16人，先后为国家教育咨询委员会中国教育学会名誉会长顾明远，新东方教育集团董事长俞敏洪，著名经济学家余斌，中国音乐家协会名誉主席傅庚辰，清华大学教授、院士王玉明，中国航天科工集团科技委顾问、院士刘永才，南京南瑞继保电气有限公司董事长兼总经理、院士沈国荣，中国船舶重工集团第702研究所院士吴有生，中国航天科技集团公司科技委主任、院士王礼恒，中国石化仪征化纤股份有限公司顾问、院士蒋士成，南京炮兵学院教授、院士刘怡昕，清华大学校长助理、院士尤政，江苏省政协常委、江苏旅港同乡联合会会长马忠礼，中国发展研究院执行院长章琦，中国科学院院士李灿，中国工程院院士秦裕琨等。（陈　悦）

■类目编辑　党　辉

# 江阴市人大常委会

## 重要会议

**【概况】** 2015年，江阴市人大常委会举行市第十六届人民代表大会第四次会议，召开市人大常委会会议7次、主任会议18次，听取和审议“一府两院”（市政府、法院、检察院）工作报告和专项报告43项。市人大常委会依法作出决议、决定12项。

**【市十六届人大四次会议】** 2015年1月13—15日，江阴市第十六届人民代表大会第四次会议在江阴大剧院举行。出席会议的代表应到389人，实到368人。会议列席人员有：市委、市政府、市政协有关领导；市委、市政府各部门，群众团体及有关单位主要负责人；驻江阴有关单位主要负责人；在江阴的全国人大代表、省人大代表和无锡市人大代表小组正副组长；省级以上经济开发区党工委、管委会有关领导；有关基层人大负责人；市人大常委会有关工作机构主任科员；往届市人大常委会领导和市政协主席；出席市政协会议的委员和列席人员；省级以上经济开发区机关各部门主要负责人；政法系统中层以上干部；市民代表。会议期间，代表听取和审议《政府工作报告》，审查并批准《关于江阴市2014年国民经济和社会发展计划执行情况与2015年国民经济和社会发展计划草案的报告》《关于江阴市2014年财政预算执行情况和2015年财政预算草案的报告》，听取和审议《江阴市人大常委会工作报告》《江阴市人民法院工作报告》《江阴市人民检察院工作报告》，书面审议市政府《关于加快城区企业退城搬迁决议和江阴市城区过境货运车辆禁行决议执行情况的报告》《关于市十六届人大三次会议代表建议办理情况的报告》。大会表决通过相关报告决议。会议期间，收到代表建议、批评和意见164件。

**【市人大常委会会议】** 2015年，召开江阴市第十六届人大常委会会议7次。

市十六届人大常委会第二十一次会议于1月4日召开。会议听取并审议市政府《关于财政预算2014年执行情况和2015年预算草案的报告》《市政府关于政府投资重点项目资金2014年计划执行情况和2015年安排情况的报告》《关于加快城区企业退城搬迁、城区过境货运车辆禁行“两个议案”决议执行情况的报告》，听取关于代表变动情况报告；表决通过关于同意报批《江阴市长泾镇总体规划（2014—2030）》（《长泾镇历史文化名镇保护规划》）的决议、《江阴市人大常委会专题询问办法》，表决通过市人大常委会工作报告，表决通过市十六届人大四次会议有关文件草案及建议名单；表决通过有关人事任免；补选孙小虎、王立新、胡洪平为无锡市第十五届人大代表。

市十六届人大常委会第二十二次会议于3月16日召开。会议审议并表决通过《2015年江阴市人大常委会工作要点》；书面审议市政府《关于〈中华人民共和国安全生产法〉执法检查审议意见办理情况的报告》；表决通过有关人事任免事项。

市十六届人大常委会第二十三次会议于4月27日召开。会议听取并审议市政府《关于2014年江阴市环境保护状况和环境保护目标完成情况的报告》及市人大常委会环境资源城乡建设工委的相关调查报告；表决通过有关人事任免事项。

市十六届人大常委会第二十四次会议于7月10日召开。会议听取并审查市政府《关于2014年度财政决算情况的报告》《关于江阴市2014年度财政预算执行和其他财政收支情况的审计工作报告》以及市人大常委会财经工委《关于2014年度财政决算的审查报告》；表决通过《关于批准江阴市2014年度财政决算的决议》；听取并审议市法院《关于行政审判工作情况的报告》及市人大常委会内务司法工委的相关调查报告；表决通过有关人事任免事项。

市十六届人大常委会第二十五次会议于8月27日召开。会议听取并审议市政府《关于2015年上半年国民经济和社会发展计划执行情况及下半年工作计划的报告》《关于2015年上半年列入市人大资金监督的政府投资项目进展情况的报告》《2015年上半年财政预算执行情况和政府投资重点项目资金管理情况汇报》以及市人大常委会财经工委的相关调查报告；听取并审议市政府《关于加强教师队伍建设、促进教育质量提升情况的报告》及市人大常委会科教文卫工委的相关调查报告；听取并审议市人大常委会执法检查组关于检查《城镇排水与污水处理条例》实施情况的报告；表决通过代表工作有关事项，表决通过有关人事任免事项；审议市十六届人大常委会第二十三次、第二十四次会议审议意见的办理情况（书面）；听取市人社局、市交通运输局主要负责人工作述职报告，并进行了评议。

市十六届人大常委会第二十六次会议于10月30日召开。会议听取并审议市政府《关于2014年度财政同级审查出问题整改情况的报告》以及市人大常委会财经工委的相关审查报告；听取市政府《关于江阴市文物保护工作情况的报告》以及市人大常委会文物保护评议工作组的相关评议调查报告，并对市政府文物保护工作情况进行民主测评；听取并审议市政府《关于市十六届人大四次会议代表建议办理情况的报告》及市人大常委会人代联工委的相关调查报告；会议期间，市人大常委会以联组审议的形式，对市养老服务体系建设进行专题询问；会议表决通过有关决定（草案）；表决通过有关人事任命事项；审议市十六届人大常委会第二十五次会议审议意见办理情况的报告（书面）；听取部分无锡市人大代表履职情况的报告并进行民主评议。

市十六届人大常委会第二十七次会议于12月25日召开。会议听取并审查批准关于市政府《2015年财政预算调整方案的报告》《关于2015年列人人大资金监督的政府投资重点项目计划调整情况的报告》及市人大常委会财经工委的相关审查报告，表决通过相关决议；听取并审议市政府《关于2015年财政预算执行情况和2016年财政预算草案的报告》《关于2015年政府投资重点项目资金计划执行情况和2016年重点项目资金安排情况的报告》及市人大常委会财经工委的相关调查报告；听取和审议市政府《关于城区企业退城搬迁、城区过境货运车辆禁行“两个议案”决议执行情况的报告》及市人大常委会内务司法工委、环资城建工委的相关调查报告；表决通过《江阴市人大常委会讨论决定重大事项的暂行规定（修订稿）》；审议市十六届人大常委会第二十五次会议审议意见办理情况的报告（书面）；补选李小敏、王安岭为无锡市第十五届人大代表。

**【市人大常委会主任会议】** 2015年，召开江阴市第十六届人大常委会主任会议18次。主要议题有：讨论《2015年江阴市人大常委会工作要点》《关于2015年基层人大工作的指导意见》《关于2015年市人大代表小组活动的意见》《关于开展2014—2015年度市人大先进代表小组、代表活动积极分子和优秀联络员评选活动的意见》《2015年市人大代表履职能力培训活动方案》《市人大常委会规范性文件备案审查工作规则》《关于2016年部门预算专家组审查情况的汇报》；听取市人大人事代表联络工委《关于市人大代表“回选区、见选民”活动情况汇报》《“市人大代表活动周”活动情况汇报》，讨论无锡市人大代表工作评优建议名单，讨论通过无锡市第十五届人大代表补选事宜，讨论通过2014—2015年度代表工作先进名单、2015年度市人大代表优秀建议；讨论确定重点督办的市十六届人大四次会议代表建议，讨论通过市人大常委会各工作机构专题调研报告。听取和审议市政府《关于医联体运行情况的报告》《关于秦望山工业园规划与建设情况的报告》《关于白石山地质灾害隐患治理、长山国防工程拆除暨地质环境治理情况的汇报》《关于2015年重点督办代表建议办理情况的报告》《关于2016年部门预算专家组审查情况的报告》，市检察院《关于预防职务犯罪工作情况的报告》；集中学习党的十八届三中、四中、五中全会和习近平总书记系列重要讲话精神，以及全国“两会”有关精神，专题学习中央、省市委关于加强县乡人大工作和建设的会议及文件的有关精神，专题学习市委十二届六次全体（扩大）会议、贯彻落实全市创建全国文明城市动员大会有关精神。

**【市人大常委会与“一府两院”联席会议】** 2015年3月2日，召开市人大常委会与“一府两院”联席会议，征求市政府、市法院和市检察院对《2015年江阴市人大常委会工作要点》的意见，促进市委决策部署和市十六届人大四次会议的贯彻落实。

## 监督工作

**【概况】** 2015年，江阴市人大常委会创新监督工作机制，综合运用监督方式，全力服务支持和监督推动全市改革发展。先后召开常委会会议7次，主任会议18次，听取和审议“一府两院”专项工作报告43项，开展执法检查、专题询问和专项工作评议各1次，组织视察活动12次。

**【跟踪监督“两个议案”决议贯彻落实】** 2015年，市人大常委会对市十六届人大一次会议作出的《关于江阴市城区过境货运车辆禁行议案的决议》和《关于加快城区企业退城搬迁议案》持续跟踪督办，多次就议案决议执行过程中有关重点环节、具体事项进行专题调研、听取汇报。7月23日，市人大常委会集中视察道路交通畅通工作整改情况。11月4日，相关工委赴靖江调研渡口搬迁事宜。11月5日、12月3日，实地调研城区企业搬迁工作情况。12月25日，第二十七次常委会专题审议“两个议案”决议执行情况，通过督促政府按照既定规划，优化目标措施，抓紧“两个议案”的推进落实。是年，经过各级共同努力，城区过境货运车辆禁行、城区企业退城搬迁的既定目标基本实现。

**【促进经济结构转型升级】** 2015年，市人大常委会密切关注经济运行情况，定期听取和审议计划、预算执行情况报告，督促和支持政府认真落实稳增长的各项政策措施，致力打造现代产业发展新高地；突出对实体经济发展的监督，实地调研企业和生产一线运营情况，力促发展环境优化，助力企业转型发展、科学发展；突出产业项目建设，专题视察工业重点重大项目建设和现代服务业发展情况，调研秦望山产业园的规划与建设，督促政府按照“智能化、绿色化、服务化、高端化”要求，加快实施现代服务业和先进制造业“双轮驱动”，提升产业竞争力，重塑发展新优势；持续关注农业现代化，专题视察新型农业经营主体培育情况，督促政府立足提升现代农业发展水平，积极推动农业与科技、与其他产业的融合创新发展。

**【推进生态文明建设】** 2015 年，市人大常委会将生态保护和建设作为该届人大履职的常规议题，持续监督推进江阴生态文明建设。市人大常委会听取和审议环境状况和环境保护目标完成情况，这在国内县级人大常委会尚属首次，并将其固化为工作常态，督促政府解决环保方面的具体问题，促进江阴的环境质量持续改善。市镇联动视察全市环境保护工作情况，要求集中力量开展生态环境专项治理；跟踪监督大气污染防治工作，对江阴城区热网整合建设的代表建议进行重点督办，多次组织现场视察督查活动，督促推动政府加快工作进度，全年关停热电企业 6 个；对全市水系保护与利用情况开展调查研究，审议和批准市政府对白石山、长山等山体整治的相关提请报告，督促抓好区域内生态环境保护和恢复工作。

**【促进民生福祉改善】** 2015 年，市人大常委会积极回应社会关切，加大对民生实事的监督推进。专题审议医联体建设工作，实地视察调研妇幼保健、职业安全健康监督管理、中医药事业发展等情况，加快医药卫生体制改革步伐，促进医疗卫生事业创新发展；对食品安全监管工作开展监督，实地检查食品生产、商贸流通、安全检测等场所，督促推动政府组建食品安全检测中心，完善食品安全监管长效机制；跟踪监督道路交通畅通工作专题询问提出问题的落实整改情况，督促推动政府实施人民路等道路改造工程，完善城区公共自行车网点布局；首次以联组会议形式对养老服务体系建设情况开展专题询问，推动政府加快完善养老服务体系建设，深化公办养老机构市场化改革，加速实现医养融合发展；对老小区改造、绮山应急备用水源地工程、有机垃圾处理、“1000 个健身站点”规范整治等民生实事工程推进情况开展视察调研，督促政府把实事办好、好事办实；对教师队伍建设、文物保护工作等事项开展视察评议监督，并针对存在问题提出对策建议。

**【推进法治江阴建设】** 2015 年，市人大常委会督促“一府两院”依法行政、公正司法。对《城镇排水和污水处理条例》实施情况进行检查，要求政府加大条例落实力度，切实提升江阴市城镇排水能力和污水处理水平；积极参与《江苏省农业综合开发条例》《无锡市公共交通条例》《无锡市消防条例》等上级人大立法调研和执法检查，提出意见建议。定期听取市法院、检察院工作情况的报告，视察评议市法院行政审判工作，专题审议市检察院预防职务犯罪工作情况，督促“两院”主动适应法治新常态。组织视察“六五”普法工作，参与普法教育宣传，督促政府以普促治、普治并举，创新完善方式方法，着力提升普法效果。专题调研审议行政审批制度改革工作，要求政府审议建立规范科学的行政审批标准化体系，不断优化简化审批流程，推动行政审批服务向基层延伸、信息资源交互共享，并持续深化配套改革，切实巩固行政审批制度改革成效。完善规范性文件备案审查工作机制，出台规范性文件备案审查工作规则和操作规范，登记备案并初步审查政府规范性文件 5 件。

**【加强全口径预决算审查监督】** 2015 年，市人大常委会认真贯彻落实《中华人民共和国预算法》和关于实施全口径预算决算审查监督的意见，定期调研财税工作，规范和加强财政预决算审查监督工作。继续扩大预算初审范围，对 88 项政府专项、148 项单位专项组织专家开展审查，项目总数比 2014 年增长 81.54%，对 16 项政府专项和 25 项单位专项提出调整建议。同时加大对政府投资重点项目建设的监督力度，批准政府投资项目调整计划，要求科学编制投资计划，加大项目执行力度，规范调整报批程序，确保政府投资项目早见成效。支持审计部门依法履职，专题听取同级审情况报告，加强对审计查出问题及整改落实情况的跟踪督查，首次将财政同级审整改报告提交常委会会议专题审议，对审计查出问题进行回头看和再审计，推动政府整改落实审计意见 34 件，督促提高财政资金使用绩效。专题调研开发区、街道财政全口径预算管理工作，探索研究财政预决算审查监督的职能延伸和工作全覆盖。

**【积极参与全国文明城市创建】** 2015 年，市人大常委会结合人大年度工作要点和履职重点，把文明创建工作与人大履职工作有机结合起来，积极参与文明创建，并在第一时间向全市市镇两级人大代表发出倡议，鼓励和动员全体代表积极投身文明创建，展示人大代表文明风采。在常委会领导挂钩负责城区创建网格的同时，积极参与对乡镇文明创建工作的督查，通过组织视察调研、相关议题审议，开展“代表活动周”“联系选民月”“回选区、见选民”等代表活动，主动服务和督推创建工作，对创建中基层和代表反映比较突出的环境综合整治、外来人口管理、垃圾集中处理等问题进行专题调研，建议政府进一步完善政策制度，创新工作机制，加大落实力度，推动民生关注事项的有效解决。

**【开展《城镇排水与污水处理条例》执法检查】** 2015 年 5—8 月，市人大常委会对《城镇排水和污水处理条例》开展执法检查。市人大常委会成立由常委会组成人员、市人大代表和基层人大负责人组成的执法检查组，采取听取汇报、调研座谈、随机抽查和基层走访调研、外出学习、专题审议相结合的方式，重点检查市政府及其职能部门贯彻实施条例的工作情况、宣传普及和执法管理情况。其间，执法检查组对《城镇排水与污水处理条例》进行专题讲座学习，并通过人大网站、新闻媒体公布监督举报电话，听取社会各界意见建议。执法检查组以问题为导向，对照条例提出 38 条责任清单，要求政府及相关部门逐一答复贯彻实施情况，实现对“条例内容、执法主体、检查形式”全覆盖，确保执法检查效果。执法检查组针对执法检查过程中了解掌握的情况和各方面提出的建议意见，要求市政府完善规划编制，强化建设实施；发挥市场作用，创新经营管理模式；加强执法监督，提升管理水平；加强源头控制,促进资源利用;加强宣传引导,推进信息公开。

**【专项评议文物保护工作】** 2015年8—10月,市人大常委会成立专项评议工作组,对江阴市文物保护工作进行评议。按照《关于评议文物保护工作情况的实施意见》要求,评议组实地察看北大街历史文化街区、兴国寺塔、适园、国民党要塞司令部原址、尚仁初级商科学校等多处文保单位的保护情况,并赴安徽省黄山市屯溪区、宣城市和南京市高淳区学习调研文物保护工作情况,分别召开市文广新局、发改委、园林旅游局等相关责任部门负责人和社会各界人士参与的座谈会,听取对江阴市文物保护工作的建议意见。其间,通过网络、报刊等新闻媒体公示评议工作组联系电话和电子信箱,征求社会各界对文物保护工作情况的意见和建议。10月30日,市十六届人大常委会第二十六次会议听取和审议市政府关于文物保护专项工作情况的报告,并进行民主测评,投票结果为满意票14票,基本满意票13票,不满意票1票。

**【专题询问养老服务体系建设】** 2015年,市人大常委会专题研究,成立专题询问工作小组,制定《关于开展养老服务体系建设情况专题询问实施方案》,采取听取汇报、召开座谈会、实地视察、学习考察等方式,收集整理一批社会关注、群众关心的热点问题。10月30日,市人大常委会以联组审议的形式,对市养老服务体系建设进行专题询问。8位常委会组成人员和市人大代表围绕养老服务设施布局规划编制、社区居家养老服务、医养融合、养老设施消防安全等内容开展询问,市政府相关领导和有关职能部门负责人进行应询。

**【"一府两院"工作人员向人大常委会工作述职】** 2015年,根据《江阴市人民代表大会常务委员会述职评议办法》有关规定,市人大常委会主任会议讨论通过评议实施方案,确定对市人社局、交通运输局的主要负责人进行述职评议,并成立述职评议工作领导小组具体开展工作。评议组通过召开征求意见座谈会、问卷调查等方式对述职对象的德、能、勤、绩、廉等方面的情况进行前期调研并形成报告。8月27日,市十六届人大常委会第二十五次会议听取市人社局局长季相云、市交通运输局局长张光伟的述职报告,从政策理论水平、民主意识、全局观念、人大意识、思想作风和廉洁自律、决策能力和工作质效等几个方面,以无记名投票方式对述职人员进行民主测评,2名述职对象测评结果均为优秀。

**【无锡市人大代表向常委会述职】** 2015年10月30日,根据无锡市人大常委会《关于市人大代表向原选举单位报告履职情况的意见》工作要求,在江阴市十六届人大常委会第二十六次会议上,周丽、唐伟锋等10名无锡市人大代表以口头或书面形式向常委会作履职报告。常委会组成人员对其履职情况进行民主测评,10名无锡市人大代表的测评结果均为满意。

## 人事任免

**【概况】** 2015年,江阴市人大常委会依法规范做好人事任免工作,认真审议各项人事任免议案。全年任免国家机关工作人员75人次,任免人民陪审员48人次。

**2015年江阴市人大常委会任免国家机关工作人员一览**

表6

| 时间 | 会议名称 | 任免名单 |
|---|---|---|
| 1月4日 | 市十六届人大常委会第二十一次会议 | 任命俞凤华、诸梦莺、魏宏溥为市检察院检察委员会委员;免去詹爱平市检察院检察员职务,免去徐志高市检察院检察委员会委员、检察员职务 |
| 3月16日 | 市十六届人大常委会第二十二次会议 | 任命曹其龙为市人大常委会南闸街道工作委员会主任、邹鹏辉为市人大常委会临港街道工作委员会主任、缪勤为市人大常委会人事代表联络工作委员会副主任;免去缪慧市人大常委会南闸街道工作委员会主任职务、顾少农市人大常委会临港街道工作委员会主任职务、陈峰市人大常委会临港经济开发区工作委员会副主任职务、华云岐市人大常委会临港经济开发区工作委员会副主任职务、谭海鸣市人大常委会澄江街道工作委员会副主任职务、吴志裕市人大常委会南闸街道工作委员会副主任职务、赵勇兵市人大常委会人事代表联络工作委员会副主任职务<br>决定任命包锡龙为市发展和改革委员会主任、张少波为市财政局局长、章见良为市司法局局长、陈俊虎为市市场监督管理局局长,免去包锡龙市财政局局长职务、陆礼平市发展和改革委员会主任职务、陈建国市司法局局长职务<br>任命方海明为市法院审判员、审判委员会委员、副院长,朱行军为市法院副院长;免去章见良市法院副院长、审判委员会委员、审判员职务 |
| 4月27日 | 市十六届人大常委会第二十三次会议 | 免去殷建华市人大常委会云亭街道工作委员会副主任职务<br>任命陈丽英为市法院审判委员会委员、黄剑为市法院行政审判庭庭长、刘响雷为市法院审判监督庭庭长、曹鸣红为市法院劳动争议审判庭庭长,免去其民事审判第一庭副庭长职务;任命龚理坚为市法院审判监督庭副庭长,免去其滨江法庭副庭长职务;免去韩仁波市法院行政审判庭庭长职务、杨庆红市法院审判监督庭庭长职务、程涛市法院审判监督庭副庭长职务、沈天宏市法院青阳法庭副庭长、审判员职务,免去姚建清、蒋国甫、陈德润、蒋惠兴、李丽市法院审判员职务,陆锡平、祝彦祥市检察院检察员职务 |

续表6

| 时间 | 会议名称 | 任免名单 |
| --- | --- | --- |
| 7月10日 | 市十六届人大常委会第二十四次会议 | 任命缪明球为市人大常委会云亭街道工作委员会主任;免去李志浩市人大常委会人事代表联络工作委员会主任职务、陈卫东市人大常委会云亭街道工作委员会主任职务;决定任命王利峰任市经济和信息化委员会主任,免去市环境保护局局长职务;决定任命蔡欣为市住房和城乡建设局局长、严军明为市卫生和计划生育委员会主任、陈福良为市环境保护局局长、陈国君为市公用事业管理局局长、卞宏为市民族宗教事务局局长;免去沈伟旗为市经济和信息化委员会主任职务、何建华市住房保障和房产管理局局长职务<br>任命张铮为市法院民事审判第二庭庭长,免去青阳法庭庭长职务;任命刘尧宇为市法院知识产权审判庭庭长,免去滨江法庭庭长职务;任命张勇为市法院滨江法庭庭长,免去华士法庭庭长职务;任命蔡林为市法院华士法庭庭长,免去刑事审判庭庭长职务;任命王芳为市法院青阳法庭庭长,免去知识产权审判庭庭长职务;任命吴海强为市法院长泾法庭庭长,免去临港经济开发区法庭庭长职务;任命计珉为市法院临港经济开发区法庭庭长、刘俊为市法院徐霞客法庭庭长,免去任方亮市法院民事审判第二庭庭长职务、吴中平市法院长泾法庭庭长职务<br>任命张瑜、张玉萍、吴玉兰、许庆健、吴刚、赵建龙、王丹妮、耿怀海、张冬青、吴丹宁、华永梅、徐惠春、袁伟成、赵彩宝、云静蓉、张霞、张修文、曹惠芬、方国钦、张建国、刘文彬、吕云瑞、陶一鸣、苏士松、施艳君、任国英、承雅平、徐国民、徐仁方、俞小萍、施澄亚、费波、杨森槐、姚耀芬、袁娟萍、李新龙、倪志强、潘朵朵、潘静芬、潘静雯、吴亚琴、徐凤玉、恽敖兴、黄春英、曹伶菲为人民陪审员;免去许佳平、蒋梦绮、王海珠人民陪审员职务 |
| 8月27日 | 市十六届人大常委会第二十五次会议 | 免去陈国良、陆一市检察院检察员职务 |
| 10月30日 | 市十六届人大常委会第二十五次会议 | 决定任命余新泉为江阴市政府副市长(挂职) |

## 代表工作

**【概况】** 2015年,江阴市人大常委会以推动代表履职常态化为着力点,完善代表工作机制,拓展代表履职平台,创新代表履职方式,引导、支持和激励人大代表履职尽责、服务社会。年内,深化"人大代表在行动"主题实践活动,开展以督促推动"全国文明城市创建"为主题的市人大代表"回选区、见选民"活动,开展以"生态文明建设·城乡环境综合整治"为主题的"市人大代表活动周"活动,督办代表意见建议,分两批组织部分市人大代表、基层人大负责人及人大机关干部赴全国人大培训中心进行人大代表履职培训。

**【"人大代表在行动"主题实践活动】** 2015年,市人大常委会以深化"人大代表在行动"主题实践活动为抓手,通过市镇两级人大联动,统筹安排代表活动,丰富代表履职内涵,并通过两年一度的总结表彰先进、代表活动图文展示、先进典型宣传等,引导广大代表把履职活动聚焦到推动江阴改革发展上、聚力到重大决策部署落实上。组织常委会组成人员和部分人大代表开展集中专题培训,主动顺应新形势新要求,切实提升履职能力水平。充分发挥代表小组、基层人大的组织作用,依托代表之家、代表联络站等履职平台,组织广大代表认真履行代表职责,并积极参与社会矛盾调处、法律服务、帮扶弱势群体等,较好地展示了代表的时代风采和责任担当。市十六届人大四次会议闭会期间,全市22个代表小组先后开展履职活动223次,代表参与3469人次,形成调研报告35篇。

**【代表"回选区、见选民"活动】** 2015年7—8月,市人大常委会组织开展以督促推动"全国文明城市创建"为主题的市人大代表"回选区、见选民"活动。活动期间,组织代表召开座谈会74次,联系选民1030次,开展持证视察40次,代表参与率95%。梳理汇总形成建议意见122件,提交市政府及有关部门办理建议25件。

**【"市人大代表活动周"活动】** 2015年9月21—27日,市人大常委会组织全体市人大代表开展以"生态文明建设·城乡环境综合整治"为主题的"市人大代表活动周"活动。活动期间,各市人大代表小组组织代表对全市范围内62个城乡环境整治点进行视察评议,并对城乡环境整治中存在的问题和不足提出意见建议。据统计,该活动周有335名市人大代表参加,部分镇(街道)人大还邀请无锡市人大代表和镇(街道)人大代表参加,有的还邀请政协委员参加,代表参与率85.2%,代表提出意见建议59件,提交市政府及有关部门办理13件。

**【人大代表建议意见督办】** 2015年,市人大常委会通过确定重点督办建议、纳入常委会年度审议议题、常委会领导领衔督办等途径,并首次以开展"代表建议督办月"的方式,加大代表意见建议的督办力度,取得积极成效。四次会议期间代表提出的164件建议全部得到答复或办理,8件重点建议基本得到落实推进,代表对建议答复满意率98.2%;闭会期间代表提出的4件建议都得到及时办理,一批民生实事和相关事项得到落实。对《关于加快农村供水管网改造的建议》,市政府研究出台相关实施方案,未来五年内将对全市217个村分批实施供水管网和"一户一表"改造,真正建成"同城同网同服务”的城乡供水体系，南闸等5个镇（街道）12个行政村启动试点；对《关于进一步加大对农业企业扶持力度的建议》，市政府落实生态补偿机制，进一步扩大农业保险保障范围，优化提升农业经营户的服务保障；对《关于重新清洁家河的建议》，市政府编制完成“十三五”村庄河塘轮浚整治规划，计划每年疏浚整治家河200条，并建立长效管理机制，确保家河长治久洁。

**【组织人大代表进行履职培训】** 根据2015年度工作要点安排，是年3月和9月，市人大常委会分两批组织部分市人大常委会组成人员、市人大代表、基层人大负责人及人大机关干部赴全国人大培训中心进行人大代表履职培训，特邀全国人大及高等院校有关专家、教授为学员就深入贯彻落实党的十八届三中、四中全会精神，加强和改进县乡人大工作的若干问题，学习贯彻《中华人民共和国预算法》，增强履职能力，中国当前国际形势和中国与周边安全挑战等专题进行培训。

（何思施）

·小资料·

## 充分发挥代表主体作用，畅通代表联系人民群众渠道

深入落实直接联系代表制度，通过多种方式听取和反映代表对常委会立法、监督等工作的意见建议；完善向代表通报重要情况和征求意见工作，推动代表列席常委会会议、参加执法检查、参与专门委员会和工作委员会活动常态化，确保来自基层的代表都能列席一次常委会会议；建立计划、预算审查前听取人大代表和社会各界意见建议机制。组织好代表专题学习活动。推动“一府两院”加强与代表的联系，拓宽代表知情知政渠道。

制定完善人大代表联系人民群众制度的实施意见，推动健全代表联系人民群众的工作平台和网络平台，建立健全代表反映人民群众意见和诉求的处理反馈机制，拓宽和畅通社情民意表达和反映渠道，发挥人大代表桥梁纽带作用。

完善代表议案审议、代表建议办理工作机制和方式方法，努力使审议办理过程成为国家机关密切联系代表、加强改进工作的过程。更多发挥人大代表参与起草和修改法律的作用，认真研究吸纳代表的意见建议；加强对代表建议办理工作的督促和协调，推动重点督办建议办理工作取得更多实效。

按照党中央关于加强和改进代表工作的精神，加强代表思想、作风建设，支持选举单位依法加强代表履职监督，使人大代表珍惜人民赋予的权力，严格依法执行代表职务，模范遵守宪法法律，自觉遵守社会公德。

——摘自全国人大常委会委员长张德江于2016年3月9日在第十二届全国人民代表大会第四次会议上所作的《全国人民代表大会常务委员会工作报告》

■类目编辑 王荣方

## 市政府领导成员分工

沈　建　主持市政府全面工作,负责财税、人事、城乡规划建设方面工作,分管财政局、编办,联系国税局、地税局。

孙小虎　负责市政府常务工作,负责生态建设、发展计划、改革、人力资源、环保、监察、审计、统计、行政服务、应急管理、国有资产管理、机关后勤工作,负责与人大、政协的联络工作,分管政府办、发改委、人社局、环保局、监察局、审计局、统计局、行政服务中心、政府应急办、国资办、机关管理局、市政府驻外办事机构,协助市长分管财政局,协助市长联系国税局、地税局。

计　军　负责开放型经济、商贸服务、沿江开发、港口建设、开放园区、政府政策研究、外事、侨务工作,分管商务局、口岸办(港口局)、政府研究室、侨办、外办、服务业办、供销合作总社,联系台办、侨联、出入境检验检疫局、海关、海事局、边检站、长江引航中心、船检局。

吴　芳　负责农村、农林、水利农机、国土、粮食工作,分管农林局、水利农机局、国土资源局、粮食局,联系气象局。

费　平　负责工业、能源、科技、技术改造、技术监督、信息化、资本经营、金融保险工作,分管经信委、科技局、信息化办、上市办、政府金融办,联系工商联、科协、质监局、供电公司、人民银行江阴市支行、银监办、各金融保险机构。

龚振东　负责教育、文化、卫生、食品药品监管、体育、人口和计划生育、广播电视、地方志、档案工作,分管教育局、文广新局、卫生局、食品药品监管局、体育局、人口计生委、史志办、档案局,联系文联、红十字会、烟草局、盐务局。

封晓春　负责规划、建设、交通运输、城市管理、住房保障、民防、公用事业管理、邮电通信工作,分管规划局、住建局、交通运输局、城管局、民防局、公用事业管理局、土地储备中心、公共资源交易管理办,联系邮政局、电信局、中国移动通信江阴分公司、中国联通江阴分公司、住房公积金中心。

唐仲贤　负责安全生产、物价、园林旅游、民族宗教、政府接待、对口支援工作,负责与群团的联络工作,分管安监局、物价局、园林旅游局、民族宗教事务局、接待办,协助市长分管重大项目对上争取工作,联系工商局、总工会、团市委、妇联。

程　政　主持江苏江阴—靖江工业园区工作。

虞卫才　负责社会保障、民政、司法、政府法制、人民武装、双拥、老龄、退管工作,分管人社局、民政局、司法局、政府法制办,联系法院、检察院、残联、慈善总会、驻江阴部队。

韩　民　负责稳定、公安、消防、信访工作,主持公安局工作,分管消防大队、信访局、综治办。

张继文　协助费平分管科技工作。

**1月26日起**

沈　建　主持市政府全面工作,负责财税、人事、城乡规划建设方面工作,分管财政局、编办,联系国税局、地税局。

孙小虎　负责市政府常务工作,负责生态建设、发展计划、改革、人力资源、环保、监察、审计、统计、行政服务、应急管理、国有资产管理、机关后勤工作,负责与人大、政协的联络工作,分管政府办、发改委、人社局、环保局、监察局、审计局、统计局、行政服务中心、政府应急办、国资办、机关管理局、市政府驻外办事机构,协助市长分管财政局,协助市长联系国税局、地税局。

计　军　负责开放型经济、商贸服务、沿江开发、港口建设、开放园区、政府政策研究、外事、侨务工作,分管商务局、口岸办(港口局)、政府研究室、侨办、外办、服务业办、供销合作总社,联系台办、侨联、出入境检验检疫局、海关、海事局、边检站、长江引航中心、船检局。

吴　芳　负责农村、农林、水利农机、国土、粮食工作,分管农林局、水利农机局、国土资源局、粮食局,联系气象局。

费　平　负责工业、能源、科技、信息化、资本经营、金融保险工作,分管经信委、科技局、信息化办、上市办、政府金融办,联系工商联、科协、供电公司、人民银行江阴市支行、银监办、各金融保险机构。

龚振东　负责教育、文化、卫生、体育、人口和计划生育、广播电视、地方志、档案工作，分管教育局、文广新局、卫生局、体育局、人口计生委、史志办、档案局，联系文联、红十字会、烟草局、盐务局。

封晓春　负责规划、建设、交通运输、城市管理、住房保障、民防、公用事业管理、邮电通信工作，分管规划局、建设局、交通运输局、城管局、住保房管局、民防局、公用事业管理局、土地储备中心、公共资源交易管理办，联系邮政局、电信局、中国移动通信江阴分公司、中国联通江阴分公司、住房公积金中心。

唐仲贤　负责市场监督管理、安全生产、物价、园林旅游、民族宗教、政府接待、对口支援工作，负责与群团的联络工作，分管市场监管局、安监局、物价局、园林旅游局、民族宗教事务局、接待办，协助市长分管重大项目对上争取工作，联系总工会、团市委、妇联。

程　政　主持江苏江阴—靖江工业园区工作。

虞卫才　负责社会保障、民政、司法、政府法制、人民武装、双拥、老龄、退管工作，分管人社局、民政局、司法局、政府法制办，联系法院、检察院、残联、慈善总会、驻江阴部队。

韩　民　负责稳定、公安、消防、信访工作，主持公安局工作，分管消防大队、信访局、综治办。

张继文　协助费平分管科技工作。

**11 月 26 日起**

沈　建　主持市政府全面工作，负责财税、人事、城乡规划建设方面工作，分管财政局、编办，联系国税局、地税局。

孙小虎　负责市政府常务工作，负责生态建设、发展计划、改革、人力资源、环保、监察、审计、统计、行政服务、应急管理、国有资产管理、机关后勤工作，负责与人大、政协的联络工作，分管政府办、发改委、人社局、环保局、监察局、审计局、统计局、政务办、政府应急办、国资办、机关管理局、市政府驻外办事机构，协助市长分管财政局，协助市长联系国税局、地税局。

计　军　负责开放型经济、商贸服务、沿江开发、港口建设、开放园区、政府政策研究、外事、侨务工作，分管商务局、口岸办（港口局）、政府研究室、侨办、外办、服务业办、供销合作总社，联系台办、侨联、出入境检验检疫局、海关、海事局、边检站、长江引航中心、船检局。

吴　芳　负责农村、农林、水利农机、国土、粮食工作，分管农林局、水利农机局、国土资源局、粮食局，联系气象局。

费　平　负责工业、能源、科技、信息化、资本经营、金融保险工作，分管经信委、科技局、信息化办、上市办、政府金融办，联系工商联、科协、供电公司、人民银行江阴市支行、银监办、各金融保险机构。

龚振东　负责教育、文化、卫生、体育、人口和计划生育、广播电视、地方志、档案工作，分管教育局、文广新局、卫计委、体育局、史志办、档案局，联系文联、红十字会、烟草局、盐务局。

封晓春　负责规划、建设、交通运输、城市管理、住房保障、民防、公用事业管理、邮电通信工作，分管规划局、住建局、交通运输局、城管局、民防局、公用事业管理局、土地储备中心、公共资源交易管理办，联系邮政局、电信局、中国移动通信江阴分公司、中国联通江阴分公司、住房公积金中心。

唐仲贤　负责市场监督管理、安全生产、物价、园林旅游、民族宗教、政府接待、对口支援工作，负责与群团的联络工作，分管市场监管局、安监局、物价局、园林旅游局、民族宗教事务局、接待办，协助市长分管重大项目对上争取工作，联系总工会、团市委、妇联。

程　政　主持江苏江阴—靖江工业园区工作。

虞卫才　负责社会保障、民政、司法、政府法制、人民武装、双拥、老龄、退管工作，分管人社局、民政局、司法局、政府法制办，联系法院、检察院、残联、慈善总会、驻江阴部队。

韩　民　负责稳定、公安、消防、信访工作，主持公安局工作，分管消防大队、信访局、综治办。

余新泉　协助费平分管科技工作。

# 年度重点工作

一、坚持提质增效，全力推动经济转型升级。支持实体经济发展，加大产业项目投入，培育先进制造业集群，提高现代服务业质量，壮大高效农业规模。

二、坚持改革创新，不断增强发展后劲活力。深化综合改革，突出创新驱动，扩大对外开放，提升园区贡献度。

三、坚持协调发展，扎实推进城乡一体化进程。强化城乡规划，完善功能配套，推进镇村建设，深化城市管理。

四、坚持绿色发展，持续改善生态环境质量。加强源头管控，加强整治修复，加强环境保护。

五、坚持民生优先，着力提高人民群众获得感。促进富民增收，优化公共服务，加强社会管理。

六、坚持依法行政，切实加强政府自身建设。严格依法履职，严格作风建设，严格廉洁从政。

# 政府重要会议

**【政府常务会议】**　2014 年 12 月 25 日，江阴市政府召开十六届政府第 33 次常务会议。会议讨论并原则通过《2014 年国民经济和社会发展计划执行情况及 2015 年国民经济和社会发展计划草案（讨论稿）》《2014 年列入市人大资金监管的政府投资重点项目执行情况及 2015 年重点项目初步安排方案（讨论稿）》《2014 年财政预算预计执行情况和 2015 年财政预算安排方案（讨论稿）》《江阴市征地补偿和被征地农民社会保障实施细则（讨论稿）》《2015 年江阴市新型农村合作医疗及大病救助筹资方案（讨论稿）》《江阴市机动车减排工作意见（讨论稿）》《江阴市消火栓管理办法（讨论稿）》《关于江阴滨江（澄东）热电有限公司国有股权退出方案（讨论稿）》。会议还讨论通过有关人事事宜。

2015 年 1 月 4 日，江阴市政府召开十六届政府第34次常务会议。会议学习《国务院关于加强地方政府性债务管理的意见》《国务院关于清理规范税收等优惠政策的通知》。讨论并原则通过《政府工作报告》《关于市十六届人民代表大会第三次会议代表所提建议办理情况的报告(书面)(讨论稿)》《关于政协江阴市十四届三次会议提案办理情况的通报(书面)(讨论稿)》《2014年为民办实事执行情况及2015年为民办实事计划安排草案(讨论稿)》《关于光大水务污水处理服务费调价建议方案》《江阴市企业严重失信"黑名单"认定发布及联动惩戒实施办法(试行)(讨论稿)》《江阴市农田水利工程管理办法(讨论稿)》。

2015年2月12日,江阴市政府召开十六届政府第35次常务会议。会议讨论并原则通过《江阴市域教育设施布局规划(2013—2030)(讨论稿)》《江阴市河道管理实施细则(讨论稿)》《江阴市深化小型水利工程管理体制改革试点方案(讨论稿)》《关于第七批省级以上文物保护单位"两线"划定方案(讨论稿)》《江阴市关于水煤浆应用的实施意见(讨论稿)》。讨论并原则同意2014年度卫星遥感监测图斑情况通报。会议还讨论通过调整市社会信用体系建设领导小组成员和有关人事任免事宜。

2015年3月6日,江阴市政府召开十六届政府第36次常务会议。会议讨论并原则通过《江阴市2015年国民经济和社会发展重点工作目标责任分解(讨论稿)》《关于新常态下招商引资的指导意见(讨论稿)》《江阴市城乡环境综合整治三年行动计划(讨论稿)》《江阴市科技型中小企业信贷风险补偿资金池管理办法(讨论稿)》《江阴市2015年生态文明建设实施意见(讨论稿)》。讨论并原则同意加强城区政府性投资公共停车泊位管理。会议还讨论通过调整市政府安全生产委员会领导小组、成立市"光网城市·智慧江阴"建设工作领导小组和有关人事任免等事宜。

2015年4月3日,江阴市政府召开十六届政府第37次常务会议。会议讨论并原则通过《江阴市2015年节能工作实施意见(讨论稿)》《关于加快淘汰落后产能、继续深入开展"三高两低"企业整治工作意见(讨论稿)》《2015年江阴市工业经济发展目标分解表(讨论稿)》《江阴市人民政府关于表彰2014年度工业经济发展先进单位的决定(讨论稿)》《关于开展"项目建设突破年"活动的实施意见(讨论稿)》《关于全面清理政府各部门行政权力,建立权力清单制度的意见(讨论稿)》。讨论并原则同意双良节能系统股份有限公司、江阴中南重工股份有限公司获2014年度江阴市市长质量奖。讨论并原则通过市政府机构改革重点工作责任分工(讨论稿)》和转变政府职能重点工作责任分工(讨论稿)》。

2015年4月20日,江阴市政府召开十六届政府第38次常务会议。会议讨论并原则通过《关于江阴市2015年度重点重大项目安排计划(讨论稿)》《关于加快建设知识产权强市的实施意见(讨论稿)》《关于推进全市户外广告资源管理改革的意见(讨论稿)》《江阴市迎接国家卫生城市复审工作方案(讨论稿)》《关于调整江阴市爱国卫生运动委员会成员的方案(讨论稿)》《市政府关于加强部门法制机构履职能力建设的意见(讨论稿)》《江阴市信访事项复查工作实施意见(讨论稿)》《关于开展创建2016—2020年全国科普示范市工作的实施意见(讨论稿)》《江阴市农村已建分散式污水处理设施一体化管养实施意见(讨论稿)》《江阴市镇(街道)互助偿债风险金实施方案(讨论稿)》。

2015年5月14日,江阴市政府召开十六届政府第39次常务会议。会议讨论并原则通过《关于江阴市2015年度政府投资项目计划(讨论稿)》《江阴市2015年有序用电方案(讨论稿)》《关于加强电力设施保护工作的意见(讨论稿)》《江阴市贯彻〈军人抚恤优待条例〉实施细则(讨论稿)》《江阴市农田水利规划(讨论稿)》《江阴市优质投资项目操作办法(讨论稿)》《关于江阴市2015年安全生产目标管理考核办法(讨论稿)》。会议还讨论并原则通过关于与云南省丽江市玉龙纳西族自治县结为友好县市等事宜。

2015年6月29日,江阴市政府召开十六届政府第40次常务会议。会议讨论并原则通过《我市机关津贴补贴发放办法和事业单位绩效工资标准调整方案(讨论稿)》《调整我市2015年度社会保障缴费基数方案(讨论稿)》》《关于提高我市城乡居民最低生活保障标准的方案(讨论稿)》》《关于废止和宣布失效部分规范性文件的方案(讨论稿)》《全市农村供水管网一户一表改造工作实施方案(讨论稿)》《江阴市质量工作考核办法(讨论稿)》。讨论并原则同意2014年度公务员考核奖励方案。会议听取市安监局全市安全生产工作情况汇报。会上还书面学习《江苏省行政程序规定》。

2015年7月28日,江阴市政府召开十六届政府第41次常务会议。会议讨论并原则通过《关于大力推进江阴高新区加快建设苏南国家自主创新示范区的实施意见(讨论稿)》《关于支持众创空间发展促进大众创新创业的实施意见》《江阴市实施长江经济带建设和参与国家"一带一路"战略三年行动计划(讨论稿)》《中国制造2025江阴五年行动计划(讨论稿)》《关于加快发展养老服务业完善养老服务体系的实施意见(讨论稿)》《关于加强城区道路停车秩序管理的通告(讨论稿)》《关于江阴市城区公共停车场(库)管理办法(讨论稿)》《关于加强机动车停车管理的通告(讨论稿)》。会议还讨论通过有关人事任免事宜。

2015年9月24日,江阴市政府召开十六届政府第42次常务会议。会议讨论并原则通过《关于深化行政审批制度改革加强事中事后监督的意见(讨论稿)》《关于江阴市政府各部门行政权力事项清单管理办法(试行)(讨论稿)》《关于推进企业投资建设项目并联审批规范中介服务的意见(讨论稿)》《关于深入实施创新驱动发展战略加快推动经济转型提升发展的实施意见(讨论稿)》《关于深化市级财政科技项目和专项资金管理改革的意见(讨论稿)》《关于实施第二期学前教育五年行动计划的意见(讨论稿)》《关于进一步推进工业企业分离发展服务业的实施意见(讨论稿)》《2015江阴百日招商竞赛活动暨经贸合作洽谈会方案(讨论稿)》《江阴市城区农贸市场标准化改造实施方案(讨论稿)》《江阴市煤炭消费总量控制和目标责任管理实施方案(讨论稿)》。会议还讨论通过生态红线区域保护规划及有关人事任免事宜。

2015年10月21日,江阴市政府召开十六届政府第43次常务会议。会议讨论并原则通过《关于加强我市城市地下管线规划建设管理的实施意见(讨论稿)》《关于进一步加强石油天然气管道保护提升安全发展水平的意见(讨论稿)》《江阴市璜土医院产权制度改革实施方案(讨论稿)》《关于发布江阴市政府核准的投资项目目录(2015年)的通知(讨论稿)》《关于表彰全市科技创新创业先进集体和先进个人的决定(讨论稿)》《关于表彰2015年江阴市专利获奖的决定(讨论稿)》《关于表彰2015年江阴市科学技术进步奖的决定(讨论稿)》《江阴市人民政府法律顾问工作制度(讨论稿)》《关于修改〈江阴市人民政府重大行政决策社会风险评估办法〉的决定(讨论稿)》《江阴市中小微企业信贷风险补偿资金池管理办法(试行)(讨论稿)》《关于江阴市优质投资项目评审操作办法的补充意见(讨论稿)》。会议还讨论通过有关人事任免事宜。

2015年11月19日,江阴市政府召开十六届政府第44次常务会议。会上书面学习《中国共产党廉洁自律准则》《中国共产党纪律处分条例》。讨论并原则通过《江阴市餐厨废弃物管理实施细则(讨论稿)》《江阴市城市燃气突发事件应急预案(讨论稿)》《关于做好退役士兵安置工作的实施意见(讨论稿)》《关于困境未成年人社会保护工作的意见(讨论稿)》《关于调整我市机关事业单位工作人员基本工资标准方案(讨论稿)》《关于追缴历次被征地农民并轨城保资金的建议方案》《关于加快新能源汽车推广应用的实施意见(讨论稿)》《2016年江阴市新型农村合作医疗及大病救助筹资方案(讨论稿)》《江阴市环境突出问题专项检查行动方案(讨论稿)》《关于处理卡特腾飞项目的建议方案》。会议还讨论并原则同意成立市"十三五"规划编制工作领导小组等事宜。

2015年12月21日,江阴市政府召开十六届政府第45次常务会议。会上书面学习《中华人民共和国立法法》。讨论并原则通过《关于江阴市2015年国民经济和社会发展计划执行情况及2016年国民经济和社会发展计划草案报告(讨论稿)》《关于2015年列入市人大监督的政府投资重点项目执行情况和2016年列入市人大资金监督的政府投资重点项目计划安排(讨论稿)》《关于2015年财政预算调整方案(讨论稿)》《2015年财政预算执行情况及2016年预算安排方案(讨论稿)》《关于2016年度市级部门预算编制安排方案(讨论稿)》《关于2016年政府专项资金初步安排方案(讨论稿)》《关于2015年财政预算预计执行情况和2016年财政预算草案的报告(讨论稿)》《关于构建江阴市PPP模式管理机制的方案(讨论稿)》《关于加快城区企业退城搬迁决议和城区过境车辆禁行决议执行情况的报告(讨论稿)》《江阴市河湖管护体制机制创新试点实施方案(讨论稿)》《江阴市河道管理范围和水利工程管理与保护范围划定工作实施方案(讨论稿)》《江阴市河湖管理范围和水利工程管理与保护范围划定试点工作领导小组方案(讨论稿)》《关于开展全民参保登记计划工作方案(讨论稿)》《关于江阴市医疗中心(市人民医院东院)工程项目建设、概算调整方案(讨论稿)》。会议还讨论并原则通过有关人事工作事宜。

2015年12月30日,江阴市政府召开十六届政府第46次常务会议。会议讨论并原则通过《关于调整2016年度我市居民养老保险待遇的方案(讨论稿)》《关于调整我市儿童半统筹医疗费筹集标准的方案(讨论稿)》《关于进一步做好建筑业工伤保险工作的意见(讨论稿)》《关于建立疾病应急救助制度的实施意见(讨论稿)》《江阴市社区卫生服务站(村卫生室)提档升级工程(2015—2017)实施方案(讨论稿)》《关于开展清理规范行政审批中介服务的实施方案(讨论稿)》《江阴市"12345"政府公共服务热线整合建设实施意见(讨论稿)》《江阴市长江水上搜救应急预案(讨论稿)》《江阴市居民生活用自来水阶梯式价格制度实施意见(讨论稿)》《江阴市居民生活用管道天然气阶梯式价格制度实施意见(讨论稿)》《江阴市垃圾发电厂特许权协议补充协议(五)(讨论稿)》《江阴市工业性用地调查工作方案(讨论稿)》《江阴市公务用车制度改革实施办法(讨论稿)》《江阴市全面清理整治环境保护违法违规建设项目工作方案(讨论稿)》。会议还讨论研究建立打击治理电信网络新型违法犯罪工作联席会议制度等事宜。

**【市长办公会议】** 2014年12月31日,市政府召开第23次市长办公会议。会议讨论并原则通过《关于钢绳科技大楼保留的建议方案》等方案,还讨论通过有关人事任免事宜。

2015年1月25日,市政府召开第24次市长办公会议。会议讨论研究市政府部分领导工作分工调整事宜。

2015年2月12日,市政府召开第25次市长办公会议。会议讨论并原则同意《关于历史遗留的国有划拨土地上商业用房产权转让登记的处理意见(讨论稿)》。会议讨论并原则同意澄江街道文富村第9、第16村民小组撤组方案。

2015年3月6日,市政府召开第26次市长办公会议。会议讨论并原则通过《江阴市各类税收等优惠政策清理报告(讨论稿)》《江阴市人民政府关于财政体制结算有关事项的补充通知(讨论稿)》《市政府2015年重点工作目标任务责任分解表(讨论稿)》。

2015年5月28日,市政府召开第27次市长办公会议。会议讨论并原则通过《关于东南钢结构公司退城搬迁的建议方案》《关于浮桥家苑安置房结算的建议方案》《关于我市发放省统一社保卡及明确合作银行的建议方案》《关于成立江阴市青少年校园足球工作领导小组的建议方案》《关于妥善解决我市乡镇(公社)老放映员历史遗留问题的建议方案》《江阴市应急备用水源项目协议签订授权的建议》《关于红柳集团拆迁遗留问题处置的建议方案》《关于落实物业服务企业税费补贴的建议方案》。

2015年6月5日,市政府召开第28次市长办公会议。会议讨论并原则同意有关地块收储及规划分割处置事项、建设局继续租用南方建设集团有限公司房屋办公事项。

2015年6月29日,市政府召开第29次市长办公会议。会议讨论并原则同意《关于海澜集团存量工业用地内进行生活服务设施等建设的处理方案(讨论稿)》《关于支持企业稳增长 促进财政稳收入相关政策的请示》。

2015年8月3日,市政府召开第30次市长办公会议。会议讨论并原则通过《关于逐步扩大我市纯电动公交车使用的建议》《江阴市教育系统"三人一校三学科"结对交流活动实施意见(试行)(讨论稿)》《关于开展"双师型"教师培养工作的实施意见(试行)(讨论稿)》。讨论并原则同意关于城镇公交2013年度营运补贴事宜。

2015年9月29日,市政府召开第31次市长办公会议。会议讨论并原则通过关于君山路东侧江阴市城镇建设综合开发有限公司土地收储建议。讨论并原则通过《关于澄江街道革新村留置用地建议方案》《关于开展长江集中式饮用水源地达标建设的意见(讨论稿)》。

2015年11月30日,市政府召开第32次市长办公会议。会议讨论并原则通过《江阴市佛教协会君山寺圆通阁项目规划设计方案(讨论稿)》《关于建立市不动产统一登记工作联席会议制度的方案(讨论稿)》《江阴市政务云平台建设方案(讨论稿)》。 (曹静丽)

## 政务服务管理

**【概况】** 2015年,江阴市深入推进简政放权和政务服务体系建设,全力打造集行政审批、公共资源交易、民生诉求、效能监察等功能于一体的政务服务综合平台。年内,成立江阴市政务服务管理办公室,原市行政服务中心、市公共资源交易管理办公室、市公共资源交易服务中心、市公共服务呼叫中心经整合实行一体化管理;建设线上线下审批相结合的政务服务大厅,建成投资项目审批服务大厅,完善投资项目审批网上动态管理系统建设;创设"三证合一、一照一码"(指工商营业执照、组织机构代码证和税务登记证,改为一次申请、由工商行政管理部门核发一个加载统一社会信用代码的营业执照)综合窗口,实现"一窗受理、一表填报、一套材料、互联互通、信息共存",推进市场准入便利化,推动大众创业、万众创新;打造"保姆式"服务品牌,完善"批前辅导、批中协调、批后回访"办理机制,政务服务群众满意率达99%以上;深化公共资源交易改革,优化项目审查流程,深度开发电子招投标平台,推广评定分离新模式,实行标前联合会商制度;政府采购全面实施批量集中采购新模式,逐步加大政府采购公共服务力度,年内社会公共服务类项目采购突破2亿元;筹建并正式运行江阴市农村产权交易平台;全面建成市镇村三级联动政务服务网络,设有6个政务服务分中心、15个镇(街道)便民服务中心,村(社区)便民服务中心大厅建成率达70%。是年,"12345"民生热线受理有效诉求9.6万件,电话系统为市民服务22万余次;举办13期"12345"民生热线网上直播活动。

**【市政务服务管理办公室成立】** 2015年7月7日,根据市委、市政府《江阴市人民政府职能转变和机构改革实施意见》文件精神,江阴市政务服务管理办公室挂牌成立,原市行政服务中心、市公共资源交易管理办公室、市公共资源交易服务中心、市公共服务呼叫中心经整合实行一体化管理,江阴政务服务体制改革进入新阶段。市政务服务管理办公室(市政务服务中心)为江阴市政府派出机构、正科级行政单位,下辖3个事业单位,其中市项目服务中心(政务服务大厅管理机构)、市公共资源交易服务中心为副科级事业单位,市政府公共服务热线受理中心为正股级事业单位。政务服务大厅面积约7000平方米,有55个进驻部门和单位计254名工作人员,集中全市审批和服务事项580余项(含子项);市公共资源交易服务中心是江阴公共资源交易的一个重要服务窗口;市政府公共服务热线受理中心(又称"12345"民生热线)是市委、市政府为人民群众及时排忧解难的一项重点民生工程。

**【政务服务实现提质增效】** 2015年,江阴市以"依法规范、高效便民,建设人民满意中心"为目标,全方位推进政务服务提速增效工作,不断提升政务服务水平。年内,"三集中、三到位"(部门行政审批职能向一个科室集中、承担审批的科室向政务大厅集中、行政审批事项向电子政务平台集中,切实做到审批事项进驻政务大厅到位、审批授权窗口到位、电子监察到位)工作深入推进,市商务局、市安监局、江阴海关、江阴天力燃气有限公司等10个部门计35项审批服务项目入驻政务服务大厅;在全市行政权力清理的基础上,就权力运行应向社会公开的有关事项进行清理、更新,并在网上政务大厅发布,行政权力网上运行工作受到无锡市政府的肯定和表扬;组织各进驻部门增加对窗口的授权,授权率由原来的35%升至75%;对窗口的办理事项开展专项检查,进一步巩固"三集中、三到位"行政审批改革成果。是年,财政、水利农机、房管等11个窗口部门的18项审批服务项目提速增效,累计压缩承诺时间93个工作日。

**【优化完善并联审批机制】** 2015年,江阴市进一步优化完善并联审批机制,为全市经济跨越发展提供有力的政务服务保障。年内,投资项目审批服务新大厅建成使用,实现建设项目审批10个部门集中办理审批事项,许可事项进驻率100%,全部申请事项实现网上一口受理、一口录入、一票制收费;积极探索"互联网+审批"行政审批新模式,建成项目审批监管平台,实现对项目审批的跟踪、分析和催办;推出建设项目审批"电子挂号"、跟踪回访、网上申报联动、大数据分析等一系列配套制度；对投资建设项目持续开展行政审批和技术服务大并联操作，行政审批分立项、用地审批、建设审批和施工许可四个阶段实施小并联操作，技术服务分设计方案审查阶段、施工图的规划审查和建设审查阶段实施小并联操作；完成“套餐式”服务指南编制工作，出台《江阴市推进企业投资建设项目并联审批规范中介服务的意见》，完善网上中介超市。是年，基本建设项目网上动态管理系统登记项目319项，投资建设项目审批从立项到发放建设工程施工许可证审批办理周期平均减少到8个月以内，处于全省领先水平。

**【“三证合一、一照一码”登记制度改革】** 2015年，江阴市积极实施“三证合一、一照一码”登记制度改革，进一步简化手续、减少审批、减少环节，推进市场准入便利化，激发市场活力。年内，市政务办牵头，会同市场监督管理、国税、地税部门组建“三证合一、一照一码”6人综合窗口，优化审批流程，简化市场准入手续，统一收件、数据录入和发证工作；在原有审批平台基础上研发改进流转系统，推动数据实时共享、档案信息互认、联办提醒，实现一窗受理、一表填报、一套材料、互联互通、信息共存，企业只需申领一个加载统一社会信用代码的营业执照即可办理相关业务，极大减轻企业时间、成本等负担。是年，办理“三证合一、一照一码”新营业执照6187件。

**【三级联动政务服务体系建设】** 2015年，江阴市加快推进市镇村三级联动政务服务体系建设，进一步丰富完善市、镇（街道）、村（社区）“三位一体、上下联动”的三级便民服务体系。年内，市政务办（市政务服务中心）积极指导镇（街道）便民服务中心承接市级下放权限，努力为市民群众和基层企业单位提供方便；全市首个农村产权交易市场进驻徐霞客镇便民服务中心；市出入境管理分中心在临港街道、周庄镇和徐霞客镇设立3个分理点；江阴天力燃气公司进驻云亭街道、城东街道和周庄镇3个镇（街道）便民服务中心；继续推进村级便民服务大厅建设，长泾镇河塘社区、徐霞客镇璜塘村等近10个村级便民服务中心相继建成或正在建设中；临港街道、徐霞客镇、周庄镇便民服务中心被评为无锡市群众满意镇（街）行政服务中心。是年，全面建成市镇村三级联动政务服务网络，设有6个政务服务分中心、15个镇（街道）便民服务中心，村（社区）便民服务中心大厅建成率70%。

**【公共资源交易管理】** 2015年，江阴市进一步规范公共资源交易管理，构筑统一、开放、透明、高效的公共资源交易平台。年内，出台《江阴市公共资源交易管理暂行办法》，强化“首问负责制”和“一表告知制”，实现以制度管人、依规章办事；向社会公开各类交易项目的业务受理科室、前置审批条件、统一交易流程、操作规范要素和政策制度依据，实现信息全透明，切实构建“政府引导市场，市场公开交易，交易规范运作，运作统一管理”工作格局；深度开发电子化招投标系统，率先建成保证金网上支付系统；进一步优化项目审查机制、代理机构和专家评委考评机制、标前联合会审机制、交易全过程效能监管机制；完善政府采购重大项目和民生项目会审、共议、互审制度；推进直接发包“一站式”服务，初步实现直接发包项目快速高效办理；对施工图设计等与建设工程相关的服务招投标推广评定分离新模式，体现“业主负责制”的责权统一；推行政府公共服务批量集中采购新模式，通过竞争择优的方式选择承接主体，提高财政资金使用效益；建立江阴市农村产权交易中心，开发并投入使用全省首个农村产权电子竞价系统。是年，政府投资项目电子化招投标覆盖率90%；新增空调类批量集中采购服务；成交各类公共资源交易项目1231项，实现交易额85.3亿元，其中完成建设工程招投标项目近406个标段，完成政府采购项目825项，完成综合（产权）交易12项。

**【“12345”民生热线】** 2015年，江阴市强力推进“12345”民生热线整合提效，使公共服务热线成为宣传政策制度、听取民生诉求、集聚民智民慧、积极开拓改革的“最先一公里”。年内，推进网络问政体系建设，与市主流网络论坛开展对接合作，实现主动收集诉求与被动受理诉求相结合；市政府公共服务热线受理中心与市环保局、市教育局等相关职能部门联合举办13期“12345”民生热线网络直播活动；开通微信平台，设立“公共服务”和“便民服务”两大板块，拓展群众诉求受理方式；依托纪检监察机关的职能优势和督察部门的机制优势，建立首接负责、督办推进、过错问责的督查督办机制，对联动单位存在的问题和薄弱环节，及时提出整改意见，有效保障热线高效运行；对群众关注面广、社会反响较大的疑难诉求或存在职能交叉的诉求问题及时进行实地走访和协调解决，确保热线办件有效落实；按照市委、市政府“整合非紧急类热线、对接紧急类专线”的要求，积极探索建立“12345”与“110”“120”“12319”“12369”等紧急求助热线的联通机制，形成一号受理、按责转办、限时办结、统一督办、统一考核的政府综合服务热线工作机制；加强对民生热线、市民投诉问题的总结、归纳和分析，及时向市委、市政府领导报送社情民意，每月发送“12345”民生热线通报，并报送5期“12345”民生热线专报。是年，“12345”民生热线受理群众有效诉求9.6万余件，比上年增长9.16%；电话系统为市民服务22万余次，群众满意率97.1%；电话回访行政服务项目3300件，其中有效回访1788件，有效回访件满意率98.83%。 （夏 一）

## 政府法制

**【概况】** 2015年，江阴市依法行政工作以率先建设法治政府为主线，以提高制度建设质量、规范行政权力运行、保证法律法规严格执行为着力点，为全市经济社会又好又快发展提供强有力法制保障。年内，市政府法制办组织起草、审查制定各类文件220件，其中市委、市政府文件175件，省、无锡市征求意见的文件36件，其他文件9件；审核市政府合同3件，出具各类法律意见书

63件;上报备案文件5件、备案审查文件12件;组织相关部门对6个政府规范性文件开展实施后评估工作;受理行政复议申请案41件;承办市领导交办涉法事项48项;组织开展新申领执法证件人员培训考核工作,参训161人;举办依法行政知识更新培训班,参训500余人。

**【规范性文件审查制定】** 2015年,江阴市政府法制办加强制度建设的统筹规划,完善规范性文件制定程序和公众参与机制,全面推进依法行政。年内,在广泛征求意见的基础上,重点加强有关调整经济结构、改善民生、创新社会治理、生态文明建设、深化农业农村改革、推进文化繁荣、促进社会稳定和加强政府自身建设等方面的制度建设,并将社会高度关注、实践急需的立法项目列为重中之重;切实贯彻落实《江苏省行政程序规定》,严格执行合法性审查程序要求,切实禁止越权制发带有立法性质的文件;制定《江阴市人民政府法律顾问制度》,在全市建立和推行完整的法律顾问制度体系;坚持"立改废释"(新立、修改、废止、解释)并举,在2013年全面清理的基础上,报请市政府废止规范性文件9件,宣布失效5件;组织对《江阴市经济适用住房管理办法》等6个文件开展后评估工作,逐步将规范性文件后评估工作常态化。是年,为助推经济转型升级,审查制定《关于加快建设知识产权强市的实施意见》《关于深入实施创新 驱动发展战略加快推动经济转型提升发展的实施意见》等文件;为加强城市管理,审查制定《关于推进全市户外广告资源管理改革的意见》《关于加强市区机动车停车管理的通告》等文件;为深化行政管理体制改革,加快转变政府职能,审查出台《江阴市政府各部门行政权力事项清单管理办法》《关于深化行政审批制度改革加强事中事后监管的意见》《关于开展清理规范行政审批中介服务专项治理的实施方案》等文件;为加强环境保护和生态建设,审查制定《江阴市2015年生态文明建设实施意见》《江阴市城乡环境综合整治三年行动计划》《江阴市推广有机垃圾就地资源化处理的实施意见》等文件;为保障和改善民生,审查制定《关于加快发展养老服务业完善养老服务体系的实施意见》《关于实施第二期学前教育五年行动计划的意见》等文件。全年组织起草、审核完成各类文件220件,审核市政府合同3件,出具各类法律意见书63件;上报备案文件5件,备案审查文件12件,确保了文件审核的严肃性和权威性。

**【行政执法监督】** 2015年,江阴市政府法制办继续加强行政执法和政府法制监督工作,严格规范行政执法行为。年内,组织相关部门完成对徐霞客镇714项行政权限下放承接工作,确保下放权限有效运转;认真开展行政执法案卷评查,对国土等7个部门的执法案卷开展进驻式重点评查,对发现的问题进行现场反馈并要求整改,对其他部门报送案卷组织进行集中评查,计评查案卷225卷;全力推进行政执法与刑事司法衔接工作,发挥"两法衔接"("两法"指新修订的《中华人民共和国行政诉讼法》和《江苏省行政程序规定》)工作联席会议办公室组织协调作用,建立联络员例会、专题研究会议机制,研究解决"两法衔接"中的重大问题。是年,就涉烟违法案件和非法行医案件移送工作,组织召开相关部门专题研究会议,对相关案件的移送标准等进行认定后形成会议纪要,确保"两法衔接"工作稳步推进。

**【行政复议应诉】** 2015年,江阴市政府法制办进一步提高行政复议办案质量,切实保障公民、法人和其他组织的合法权益。年内,在行政复议案件办理过程中,坚持合法性审查与适当性审查并重、实体性审查与程序性审查兼顾的原则,做到"依法有据,严谨规范,慎重稳妥",提升行政复议公信力和影响力;贯彻江苏省行政复议工作会议精神,对照《江苏省行政复议规范化建设标准》要求,大力推进行政复议规范化建设工作,进一步完善行政复议工作制度;充分发挥法律专家咨询委员会作用,对重大疑难案件实行统一审理,确保行政复议委员会试点工作稳步推进。是年,收到行政复议申请41件,审理办结40件,行政复议成为化解行政争议和纠纷的主要渠道。

**【法制培训】** 2015年,江阴市继续强化法制培训工作,提高依法行政水平,服务社会经济发展。年内,制定印发《2015年度市政府常务会议学法计划》,落实政府常务会议学法制度;组织2次市政府常务会议集中学法活动;坚持以考促学,逐步推行行政执法资格考试标准化;开展新申领执法证件人员学习培训和行政执法人员资格网上考试工作;举办依法行政知识更新培训班,提升相关人员依法行政能力。4月,组织161名新申领执法证件人员学习培训。5月,组织134名全市行政执法人员资格网上考试。6月13日,举办全市依法行政知识更新培训班,邀请江苏省高级人民法院、省法制办领导,为全市各行政机关分管法制工作的领导、法制工作人员以及行政执法人员500多人,就新修订的《中华人民共和国行政诉讼法》和《江苏省行政程序规定》进行学习培训。建立领导干部学法集中培训、中心组学法、法治讲座、人大任命和非人大任命领导干部任前法律考试、述法等制度,有效推进领导干部学法用法述法考法工作;坚持机关干部"每月一法"学习制度,确保公务人员每年学法时间在40学时以上。是年,组织对19名市党政领导班子成员进行首次集中述法测评,组织对75个党政领导班子的586名领导干部进行述法考评。

**【履行法律顾问职责】** 2015年,江阴市政府法制办认真履行职责,充分发挥市政府参谋、助手和法律顾问作用。年内,围绕市委、市政府中心工作,增强做好法律服务工作的主动性、预见性,为市领导科学决策提出法律意见,全面参与市政府的各项重大决策和法律问题的研究。为圆满完成市领导交办事项,市政府法制办人员特事特办,安排业务骨干深入进行实地调查,广泛查阅相关资料,组织严密论证和综合协调,及时提出切实可行的法律建议。是年,承办市领导交办涉法事项48项,审核重大合同3份,审核生产安全事故调查报告51份并出具审查意见,办理信访复查复核事项45项,代理市政府各类诉讼13件。 (顾 培)

# 外 事

【概况】 2015年,江阴市外事工作认真贯彻中央对外方针政策,坚持以服务全市经济社会发展为中心,认真做好外事接待,切实搞好外事管理,积极拓展与国外的友好交流渠道,圆满完成全年工作目标任务。是年,江阴市外办接待来自20余个国家和地区的客人46批329人次;协助举办和参与2015年中国江阴经贸合作洽谈会、2015年世界厨师联合会亚太地区主席峰会、中芬国际合作交流会等活动;办理批准因公出国(境)执行公务团组73批203人次,其中,江阴市组团47批165人次,非江阴市组团26批38人次,出访国家和地区27个;保障和推进APEC(亚太经合组织)商旅卡申报工作,受理63人次,办结颁卡61人次,重新办理制卡14人次。

【外宾接待】 2015年,江阴市外办接待来自20余个国家和地区的客人46批329人次。

4月23日,日本南城市市长古谢景春一行7人访问江阴,市长沈建、副市长计军会见客人。

8月4日,韩国忠清南道政务副知事许承旭一行7人访问江阴,参观考察华士镇华西新市村新农村建设。市长沈建、副市长计军会见客人。

8月16—17日,美国国会议员助手团一行11人访问江阴,参观江南模塑集团。副市长计军会见客人。

9月25日,澳大利亚巴拉瑞特市市长约翰·菲利浦斯一行5人访问江阴,参观考察华士镇华西新市村新农村建设。市长沈建、副市长计军会见客人。

10月19—23日,莫桑比克希莫尤市市长劳尔·安得理亚诺一行5人访问江阴,考察华士镇华西新市村、江阴职业技术学院、光大垃圾处理厂,参观规划馆、中山公园、步行街、黄山湖公园。市长沈建、副市长计军会见客人。

12月17—20日,法属波利尼西亚法阿市议员特马鲁一行4人访问江阴,参观考察江南水务股份有限公司、光大垃圾处理厂、海润光伏股份有限公司、海澜集团有限公司、华士镇华西新市村等。副市长计军会见客人。

【国际友好城市交流】 2015年7—10月在意大利举办的米兰世界博览会期间,江阴市在友好城市托尔托纳市世博会分会场成功举办内容丰富翔实、地方色彩浓郁的江阴市经济文化成就展。9月23日,江阴市天华艺校民族乐团应托尔托纳市邀请,赴托尔托纳市进行艺术交流,并与当地音乐、舞蹈学院学生举办联合音乐会。年内,江阴市分别与莫桑比克希莫尤市、澳大利亚巴拉瑞特市进行友好城市交流意向洽谈,进一步拓展国际友好城市结交渠道。

【因公出国(境)】 2015年,江阴市因公出国(境)73批203人次,其中党政机关团组50批163人次,学校医院团组15批21人次,企业团组8批19人次。党政机关团组中,经贸招商类团组34批125人次,招才引智类团组3批9人次,学习交流类团组11批26人次。 (时 平)

# 侨务和港澳同胞事务

【概况】 2015年,江阴市侨务和港澳同胞事务工作坚持"以国内侨务工作为基础、以国外侨务工作为主导"指导思想,切实发挥侨务工作独特优势,努力在引资引智、载体创新、文化交流、社区侨务等方面探索新途径、做出新成绩,不断开创全市侨务工作新局面。年内,市侨办牵线中国香港亿达再生资源有限公司董事长吴懿容和美国江苏华商会会长许荣涛,分别与江苏常隆客车有限公司进行合作意向交流洽谈;牵线樱桃阵(中国)电子商务有限公司与江阴市夕阳红老年康乐有限公司进行合作意向交流洽谈;派员随江苏省侨办组团赴美加地区开展招才引智活动;支持和助力江阴籍香港同胞参与香港江苏社团总会组建工作,4名江阴籍香港同胞当选香港江苏社团总会副会长;会同市工商联筹建广东江阴商会;邀请和联系20余名海外重要嘉宾参加2015年中国江阴经贸合作洽谈会;协办2015年海外华裔青少年"中国寻根之旅"夏令营江苏无锡营活动;美国ACE(America-China Exchange,美国、中国学校间跨文化语言和教育交换项目)团队师生一行12人与江阴市峭岐实验小学师生开展为期近一个月的文化教育交流活动;接待世界吴氏宗亲总会寻根参访团来江阴参拜季子祠;举办纪念抗日战争暨世界反法西斯战争胜利70周年座谈会。是年,市侨办结交、接待海外华侨华人和港澳同胞189人次,走访慰问135名困难归侨侨眷和重点侨界人士并发放慰问金或慰问品计4.98万元;长泾镇泾南社区被评为全国社区侨务工作示范单位,临港街道申港社区被评为全省社区侨务工作示范单位,周庄镇北新社区获无锡市海外交流协会、无锡市侨商会颁发的"尚善·暖侨贡献奖"。

【国侨办主任裘援平一行到江阴考察调研】 2015年7月15日,国务院侨务办公室主任裘援平一行到江阴考察调研,并专程到访华士镇华士社区。江苏省侨办主任王华,无锡市委常委、江阴市委书记周铁根,无锡市副市长王进健,江阴市副市长计军等陪同考察。作为全国社区侨务工作示范单位,华士社区围绕共建"幸福和谐社区"开展一系列有益的为侨服务活动,构筑完善的为侨服务网络,做好社区为侨服务、侨为社区做贡献的"双向服务"。社区拥有为侨服务活动场所近3000平方米,并精心打造宣传文化长廊、道德教育长廊、廉政文化长廊、非遗文化长廊和人文历史长廊,凸显社区侨务品牌和地域文化。在江阴考察调研期间,裘援平对江阴市以社区侨务工作为着力点,施行维护侨益、温暖侨心、汇集侨智、发挥侨力各项举措的做法,和探索推出的"侨创联盟"(社区侨务工作示范单位创建联盟)机制给予充分肯定。

【海外华裔青少年"中国寻根之旅"夏令营】 2015年7月23—31日,由国务院侨务办公室主办,江苏省侨办承办,无锡市侨办、江阴市侨办、江阴天华艺术学校协办的2015年海外华裔青少年"中国寻根之旅"夏令营江苏无锡营在江阴天华艺术学校举行,来自美国、比利时、荷兰、日本等国的50名华裔青少年营员在9天的“寻根之旅”活动中,认真学习民乐、书法、国画、京剧脸谱绘彩、手工制作等中国传统文化课程,并参观江阴和宜兴、常州等地名胜古迹。此次活动以“汉语·中华文化·寻根”为主题,着重介绍中国文化的基本元素,展现地方特色,通过游学结合、寓教于乐,让华裔青少年加深对中华文化的了解和认同。在寻根之旅夏令营闭营仪式上,营员们用青春舞步、诗歌乐器和笔墨丹青作才艺学习成果汇报表演。

**【江阴侨界代表受邀出席纪念抗战胜利70周年活动】** 2015年8月29日,江阴统一战线举办纪念抗战胜利暨世界反法西斯战争胜利70周年座谈会。会上,即将出席北京、南京纪念抗战胜利70周年活动的3名侨界代表高帆、李翠英、苏婉分别生动讲述了他们亲人的抗战事迹。高帆祖父是积极为抗日救国筹集战款的民国外交官高凌百,李翠英已故丈夫是参加“八一三”淞沪会战的黄埔八期抗战名将詹道良,苏婉父亲是驾机赴日实施“人道远征”的抗日飞行员苏光华烈士。作为抗日英烈和抗战亲历者的亲人,高帆、李翠英、苏婉表示,受邀参加北京、南京纪念抗战胜利70周年活动是一份荣誉和荣耀,这是国家对他们已故亲人抗战功绩的充分肯定,也是对爱国爱乡海外华人华侨的关心厚爱。9月3日,江阴籍旅美华人高帆、李翠英受邀出席在北京天安门广场举行的纪念中国人民抗日战争暨世界反法西斯战争胜利70周年大会阅兵观礼。9月4日,侨眷、南菁高级中学退休教师苏婉受邀出席江苏省纪念中国人民抗日战争暨世界反法西斯战争胜利70周年大会。

**【美国北加州无锡江阴宜兴同乡会成立】** 2015年10月18日,美国北加州无锡江阴宜兴同乡会在加州密尔比达市成立,锡澄宜三地旅美华人乡亲代表60余人出席成立大会,中国驻旧金山总领馆副总领事查立友、侨二组组长张琳、签证组领事吕东和湾区10余个社团代表到会祝贺。成立大会由江苏同乡会副秘书长王岚主持,副总领事查立友代表领馆在会上致辞祝贺无锡江阴宜兴同乡会成立,鼓励旅美乡亲认真领会习近平主席西雅图讲话精神,加快融入美国主流社会,积极加强中美交流,多方位宣传中国文化。大会推举江阴籍华人李翠英为首任同乡会会长,祁梦凭、蔡云贵任副会长,徐丽雯任理事长,吴靖任副理事长,李宏任秘书长,陆惠平任副秘书长,吴有义为名誉会长,谢汉屏为名誉顾问,据以中、黄汉龙、章志尧、刘振祥、张振乐为顾问。李翠英表示,成立同乡会的目的是团结、服务三地侨胞,为中美友好多做贡献。美西和统会暨江苏同乡会会长吴有义代表两会祝贺无锡江阴宜兴同乡会盛大成功,壮大影响力。 (徐贵斌)

# 对口支援与帮扶

**【概况】** 2015年是新一轮援疆的攻坚之年,也是“十二五”援疆的收官之年。江阴市以中央新疆工作系列会议精神为指导,按照江苏省委提出的“真情援疆、科学援疆、持续援疆”总要求,以社会稳定和长治久安为总目标,以实施援疆项目为抓手,确立“三个坚持四个注重”(坚持就业、民生、人才,注重稳定、产业、文化、交流)工作思路,凝聚合力,激发内力,创造性地开展援疆工作。全年援助新疆伊犁哈萨克自治州霍城县7784万元(含物资折款)。是年,江阴市紧紧围绕江苏省、无锡市关于南北合作的目标任务,进一步强化组织领导,扩大与江苏省徐州市睢宁县的合作范围,提高合作层次。全年投入帮扶资金164万元,共完成帮扶项目2项,达成帮扶意向1项。

**【对口援疆】** 2015年,江阴市按照《新一轮人才援疆三年行动纲要》和江苏省援伊前方指挥部关于对口援伊“六大人才”(管理人才、经济人才、教育人才、医务人才、实用人才和后备人才)培养计划,实施“新百千万人才工程”。年内,霍城组织10批240名各级各类干部赴无锡、江阴、宜兴等地培训;依托“霍城大讲坛”,邀请66名专家到霍城授课,培训各级各类干部近1万人次;举办村级“两委”班子等基层干部队伍培训班7个,培训各类人员近千人次。霍城先后选派161名教师、42名医生等专业技术人才赴江苏进行跟班培训。江阴有27名教师、10名医生到霍城义教义诊,并开展讲座30场次。全年江阴援疆教师和医生分别传帮带16名教师、15名医生。援疆教师开展讲座18场次,送教下乡16次;援疆医生接诊病人2400人次,下基层义诊14批次,指导开展新技术16项,填补医疗服务空白14项。是年,江阴市安排援疆项目17项,其中基建类项目14项(续建9项,新建5项),干部人才支援及培养培训项目2项,产业招商推介项目1项,均按时序进度完成。中央电视台、《人民日报》、新华网、人民网、凤凰网等媒体均对江阴产业援疆、就业援疆等内容进行专门报道。

**【南北合作】** 2015年,随着江苏省新一轮扶贫开发全面启动,江阴市进一步加大帮扶力度,确保项目顺利实施。江阴市通过各种形式开展帮扶活动,组织9个示范村挂钩帮扶徐州市睢宁县9个经济薄弱村。是年,江阴市在睢宁县庆安镇耿庙村建设养殖猪场项目,建设5幢4500平方米标准化猪舍,可使薄弱村每年增加15万元租金收入,使薄弱村彻底脱贫;在宁江工业园建设标准厂房和社区服务中心3500平方米,园区可收租金收入21万元,大大提高了园区社区服务居民水平和质量。这些民生实事项目的建设,大大改善了受援地区生产生活条件,促进当地的经济发展。 (李开章)

# 机关事务管理

**【概况】** 2015年,江阴市机关事务管理局狠抓队伍素质,深化机制改革,优化管理举措,提升保障效果,实现机关事务管理工作创新发展。年内,执行24个独立核算部门预算指标2.1亿元,比上年下降0.3%;推进生态文明建设,开展“厉行节约、绿色办公”主题活动,完成江阴市“十二五”公共机构综合能耗下降16%节能目标;实现全市党政机关物业管理全覆盖,审核确认21个物业单位运行经费3494.77万元,节约1030.58万元;印发《关于进一步规范全市机关食堂管理的指导意见》；组织对36个物业单位监管检查570次；组织开展全市党政机关办公用房清理“回头看”专项督查工作；配合做好江阴市政府驻南京办事处关闭资产交接工作；完成37个单位135辆公车配备审批工作；实施社会管理服务中心装修改造、行政事业中心停车系统改造、低高压设备更新等8项工程项目；强化安全管理，升级监控设备，采用电子巡更系统，组织安全检查253次；完成创建全国文明城市检查等8项重大活动后勤保障任务；保障机关部门日常公务用车45万千米；保障机关大楼、行政事业中心工作用餐37万人次；保障全市及部门会议3817场次；完成机关大楼、行政事业中心和文明广场设备设施日常维修4446项次；开展“创优争先提升年”活动，制定《物业服务单位服务质量考核管理办法（试行）》，每季度召开质量推进会，评选“服务明星”45人次，6个物业服务单位获优质服务“流动红旗”；设立读书驿站，举办“品味经典”系列电影专场及“最美后勤人”摄影专题巡展活动；提倡绿色出行理念，引入公共自行车项目，方便机关人员出行。是年，市机关事务管理局被评为无锡市创建“两型社会”（资源节约型、环境友好型）建设公共机构示范单位。

**【市级机关事务管理局更名】** 2015年4月6日，根据江阴市委、市政府《江阴市人民政府职能转变和机构改革实施意见》文件精神，江阴市市级机关事务管理局更名为江阴市机关事务管理局；6月30日，成立派驻机关事务管理局纪检组，秦伟任纪检组长；7月2日，建立中共江阴市机关事务管理局党组。

2015年，市机关事务管理局在机关大楼内设立读书驿站，方便机关工作人员阅读 （市机关事务管理局提供）

**【公务用车制度改革】** 2015年，江阴市积极推进公务用车制度改革，根据上级公务用车制度改革统一部署，经多次调研论证和征求意见，报经市委常委会议和政府常务工作会议通过，于12月30日出台《江阴市公务用车制度改革实施办法》《江阴市公务出行保障和保留车辆管理办法》。12月31日，召开全市公车改革工作部署会议，全市党政机关、驻江阴单位负责人参加，常务副市长孙小虎作公车改革工作部署。会议明确江阴市公车改革的目标、实施步骤和配套措施。全市按规定保留机要应急车80辆、接待调研用车15辆、实物保障用车22辆、特种专业技术用车3辆、执法执勤用车650辆，总计770辆。同日，停驶封存车辆304辆。普通公务出行实行货币化保障，公务交通补贴划分为4个层次档次，标准为每人每月：处级1040元，科级650元，机关中层（股级）550元，科员、办事员及机关工勤编制人员500元。

**【直属机关物业管理处体制改革】** 2015年，江阴市机关事务管理局认真贯彻落实领导干部不得在企业兼职相关规定，积极推进直属机关物业管理处体制改革。9月19日，经民主推荐和党组研究，成立新一届直属机关物业管理处董事会，董事会成员为企业内部员工。同时，整合局属企业资源，将车辆服务、晨园生活服务、会议保障、设备维保等服务保障项目划至直属机关物业管理处统一管理，实行总经理负责制，建立现代企业管理模式，下设行政人事部、财务部、会务保障部、车辆服务部、市场拓展部、设备工程部、晨园综合服务部。

（何兰荪）

■类目编辑 邢 盈

## 重要会议

**【市政协十四届四次会议】** 2015年1月12—15日举行。378名江阴市政协委员出席会议。在江阴的全国、江苏省、无锡市政协委员，十三届江阴市政协常委代表，政协机关、市委统战部和台办副科长以上干部，各镇（街道）党委统战委员和民主党派秘书长，驻江阴市的有关单位代表等列席会议。市委、市人大、市政府、市纪委有关领导，担任过市政协领导和市委统战部主要领导职务的老同志应邀出席开幕会和闭幕会。各镇（街道）的20名市民代表列席开幕会和是日的分组讨论。市各民主党派、工商联、知联会的102名代表列席开幕会和闭幕会。会议由市政协常务委员会主持，执行主席由薛良、须振宇、黄丽泰、张英毅、喻伟力、陈兴初担任。

根据会议议程，委员们听取中共江阴市委书记周铁根讲话；审议并通过市政协主席薛良代表政协江阴市第十四届委员会常务委员会所作的工作报告和副主席张英毅所作的政协江阴市第十四届委员会第三次会议以来提案工作情况报告；列席市十六届人大四次会议；听取和讨论江阴市市长沈建所作的《政府工作报告》和其他报告；以举手表决方式补选卞宏、吴钢、符跃进、缪红为政协江阴市第十四届委员会常务委员；听取关于市政协十四届四次会议期间提案审查情况报告；通过大会决议；薛良在会议闭幕时讲话。

会议期间，召开专题座谈会；收到提案328件，其中集体提案63件。

**【市政协十四届常委会十七次至二十二次会议】** 江阴市政协十四届第十七次常委会议于2015年1月13日召开。会议协商提出《政协江阴市第十四届委员会第四次会议补选常务委员办法（草案）》，提出补选市十四届政协常务委员候选人建议名单。

第十八次常委会议于1月14日召开。会议听取市政协十四届四次会议各组讨论情况和讨论《政协江阴市第十四届委员会第四次会议补选常务委员办法（草案）》、酝酿候选人建议名单情况汇报；确定补选市十四届政协常务委员正式候选人名单；审议《政协江阴市十四届四次会议决议（草案）》和《政协江阴市十四届四次会议期间提案审查情况报告（草案）》。

第十九次常委会议于3月13日召开。会议听取中共江阴市委组织部副部长王建新关于市委有关人事安排的提名和说明，同意免去缪肖锋市政协临港经济开发区工作委员会副主任职务；协商通过《政协江阴市委员会2015年工作要点》《2015年政协委员学习意见》。市政协主席薛良就开展好全年政协工作提出要求。

第二十次常委会议于6月29日召开。会议民主评议市公用事业管理局工作，听取市公用事业管理局局长陈国君关于全市公用事业管理工作情况汇报，市政协城镇建设与环境保护委员会主任朱健作调研情况中心发言，常委会组成人员进行现场评议投票。副市长封晓春到会通报江阴2015年上半年经济社会发展情况，并对全市公用事业管理工作提出意见。市政协主席薛良总结市政协上半年工作，对下半年工作作部署。

第二十一次常委会议于9月28日召开。会议民主评议市公安局工作，听取市公安局政委严会东关于全市公安工作情况汇报，市政协社会法制与海外联络委员会主任刘国兴作调研情况中心发言，常委会组成人员进行现场评议投票。副市长韩民到会听取意见和建议。会议听取中共江阴市委组织部副部长张志浩关于市委有关人事安排的提名和说明，同意免去任建军祝塘镇政协工作委员会副主任职务；听取中共江阴市委常委、常务副市长孙小虎关于2015年政协提案办理情况通报；市政协主席薛良就开展好第四季度政协工作作讲话。

第二十二次常委会议于12月31日召开。会议听取中共江阴市委组织部副部长张志浩关于市委有关人事安排的提名和说明，同意免去唐慧芳市政协云亭街道工作委员会副主任职务；听取中共江阴市委统战部部长缪红关于市十四届政协委员届中调整情况说明，同意增补4名市十四届政协委员；协商讨论市政协十四届五次会议议程和日程安排，决定于2016年1月17—19日召开市政协十四届五次会议；协商通过市政协常委会工作报告和提案工作情况报告，并委托报告人；协商讨论《江阴市国民经济和社会发展第十三个五年规划纲要（草案）》，听取市发改委主任包锡龙关于“十三五”规划纲要有关情况说明，中共江阴市委常委、常务副市长孙小虎到会听取意见。市政协主席薛良总结市十四届政协四年来工作情况，就做好市政协十四届五次会议准备工作作讲话。

**【十八届四中全会精神解读专题讲座】** 2015年4月24日，江阴市政协举办中共十八届四中全会精神解读专题讲座。市政协主席薛良，副主席须振宇、黄丽泰、张英毅、喻伟力、陈兴初，党组成员符跃进，协理员孙志红和全体市政协委员听取讲座。薛良主持讲座。江苏省社科院副院长刘旺洪以“全面推进依法治国”为主题，就学习贯彻中共十八届四中全会精神进行辅导。

**【健全居家养老服务体系委员论坛】** 2015年7月29日，江阴市政协举办健全居家养老服务体系委员论坛。市政协主席薛良，副主席须振宇、张英毅，党组成员符跃进，协理员孙志红出席论坛。邀请市人社局、财政局等单位分管负责人到会听取意见和建议。论坛由须振宇主持。8位政协委员作交流发言。薛良希望坚持政府主导、市场化运作的方针，加快完善居家养老服务体系建设总体规划；规范“建、管、用”制度，加快完善现有居家养老站点运行机制；推动养老产业化发展，加快完善居家养老服务内容和品质；加强宣传配合，加快完善居家养老社会关爱氛围。

**【职业教育现代化民主议政会】** 2015年10月29日，江阴市政协举行职业教育现代化民主议政会。市政协主席薛良，副主席须振宇、黄丽泰、张英毅、喻伟力、陈兴初，党组成员符跃进，协理员孙志红参加会议。邀请副市长龚振东及市编办、发改委等单位和中高职学校负责人到会听取意见和建议。会议由喻伟力主持。会议听取全市职业教育发展情况介绍，市政协教文卫体委员会主任张建平和民盟、民建、民进、农工党、九三学社、知联会代表以及市政协委员、市民代表进行议政建言。薛良希望政府部门强化理念、统筹发展，在构建与产业转型齐头并进的现代化职业教育体系上创新突破；深化改革、把握机遇，在构建与社会进步深度融合的职业教育发展模式上创新突破；落实保障、齐心协力，在构建与职业教育现代化相辅相成的政府服务途径上创新突破。

## 协商议政

**【概况】** 2015年，江阴市政协紧紧围绕全市改革发展大局和人民群众关注的热点问题，开展多种形式的政治协商和参政议政活动。全年举行全体会议1次，常委会议6次，主席会议11次，开展对口协商活动6次，形成调研报告28篇。市政协领导就社区矫正工作、历史文化遗产保护等开展视察活动6次。市政协举行物业管理工作等政情交流会4次。改版发行学生版《江阴历史文化精华录》，完成《新四军在江阴》审稿、校阅、出版工作。

**【对口协商】** 2015年6月10日，市政协城镇建设与环境保护委员会与市园林旅游局就加强文化建绿建设进行对口协商。政协委员视察澄江路、大桥西路等地文化建绿景观，听取城区景观建设构思、内涵及设计等情况介绍，并对拟新建的节点景观、人文设施提出意见和建议。

8月5日，市政协提案委员会会同市政府办与部分提案办理单位就2015年市政协委员提案办理工作进行对口协商。政协委员听取市教育局、民政局等单位关于2015年提案办理情况以及2013年、2014年B类/C类提案办理和类别转化情况通报，并对进一步加强提案办理落实成效提出意见和建议。

12月23日，市政协教文卫体委员会与市场监督管理局就食品安全控源打假工作进行对口协商。政协委员听取关于全市食品安全监管情况介绍，并对加大农产品安全监管、加强小作坊管理、建设专业化队伍提出意见和建议。

**【专题调研】** 2015年，市政协组织市各民主党派、工商联、知联会和专门委员会、镇（街道）政协工作委员会就提振江阴制造业升级转型、拆迁安置小区矛盾纠纷现状及对策等课题开展调查研究，全年形成调研报告28篇，评选优秀调研报告14篇。调研报告《关于加快推进污水处理污泥处置的建议》，以主席会议建议案形式报送市委、市政府决策参考。

**【重要视察】** 2015年3月31日，市政协领导视察社区矫正公益劳动（云亭）基地、澄江街道司法所、社区矫正管理教育服务中心建设情况，听取市司法局局长章见良关于全市社区矫正工作情况汇报。市政协领导建议市政府和有关部门要强化职责意识、明确分工，优化矫正工作机制；强化日常监管、因人施教，提升矫正工作效果；强化人财物保障、大力扶持，夯实矫正工作基础。

5月27日，市政协领导视察北大街历史文化街区、市中医院（市中医药学会）、适园、国民党江阴要塞司令部旧址、市博物馆，观看江阴国家级重点文物保护宣传片，听取市文广新局局长蒋青关于全市历史文化遗产保护工作情况汇报。市政协领导建议市政府和有关部门要确立传承发展理念，加快形成保护历史文化遗产共识；借鉴吸收成功经验，拓宽历史文化遗产保护工作视野和思路；结合文明城市创建，完善历史文化遗产保护工作长效机制；坚持保护利用并举，充分展现江阴历史文化风貌。

6月11日，市政协领导视察太湖流域水环境综合治理新沟河江边枢纽工程、新沟河河道工程，中小河流治理重点县综合整治和水系连通长泾项目区，华士镇华西农田水利智能化控制工程，听取市水利农机局局长卢建法关于全市水利设施建设情况汇报。市政协领导建议市政府和有关部门要紧紧围绕新江阴建设，全力保障水利事业改革发展；高度重视水安全，全力推进重点水利工程设施建设；坚持依法行政，全力提升水利工程建设管理精细化水平。

8月18日，市政协领导视察安居巷露天菜场整治情况、天鹤社区24小时自助图书馆、颐安雅苑小区环境、城区秩序及停车情况和北大街菜场内外部环境,听取市文明办主任薛建国关于全国文明城市创建工作进展情况汇报。市政协领导建议市政府和有关部门要提升认识,增强创建工作的责任感和紧迫感;扎实工作,全力解决创建工作中的重点难点问题;注重长效,大力强化创建工作的保障措施。

8月27日,市政协领导视察江阴领军人才创智园、贝瑞森诺奖研究院、长电科技、中芯国际、华泰汽车华欧德6AT自变速器项目建设情况,听取高新区管委会副主任陶正贤关于苏南国家自主创新示范区建设情况汇报。市政协领导建议高新区要优化规划建设,提升高新区发展环境;坚持创新驱动,增强高新区发展活力;完善体制机制,激发高新区发展优势;坚持务实创新,夯实高新区发展基础。

12月23日,市政协领导视察公共自行车服务系统、芙蓉湖公园提升改造项目、滨江公园一期和中央景观大道一期绿化工程、有机垃圾分类处置项目、江阴申港河西—靖江上五圩轮渡工程、锡城高速公路花山互通工程、土地山建筑垃圾处置场项目,听取中共江阴市委常委、常务副市长孙小虎关于重点提案办理情况汇报。市政协领导建议市政府和有关部门要突出质量、效率和创新,继续在提高提案质量上下工夫,注重协商沟通,创新工作方式,探索多种形式的督办方式,提高办理实效,充分发挥提案在推进全市经济社会发展中的积极作用。

**【政情交流】** 2015年4月17日,市政协举行物业管理政情交流会。出席会议的市政协领导和部分政协常委、委员听取市住保房管局局长何建华关于全市物业管理工作的情况介绍,并就小区车辆管理、噪声污染、地下车库安全等问题,以及业主委员会与物业公司如何共建和谐社区等提出建议。市政协主席薛良指出,要明确属地负责,加强行业管理、部门协调,因地制宜做好物业管理工作;健全组织、明确标准、长效管理,全面提升物业管理水平。

5月26日,市政协举行全民普法教育情况政情交流会。出席会议的市政协领导和部分政协常委、委员听取市司法局局长章见良有关全市“六五”普法工作情况的汇报,并就创建“诚信守法示范企业”、全民普法教育规划调查、加强对法定代表人的刑法宣传、建立普法宣传长效机制等提出建议。市政协主席薛良指出,要坚定理念、高度重视全民法治信仰培育;抓住重点,继续有力推进普法教育关键环节工作,提升基层普法实效,破解新市民和企业普法难题;创新形式,注重法治实践活动,不断营造建设新江阴的良好法治氛围。

7月10日,市政协举行计划生育政策政情交流会。出席会议的市政协领导和部分政协常委、委员听取市卫生和计划生育委员会党委书记严军明有关全市调整完善生育政策促进江阴市人口与经济社会协调均衡发展的情况介绍,并就加强全市生育状况和再生育意愿调查、人口与社会统筹发展、失独家庭补助、独生子女优抚政策、征收社会抚养费问题等提出建议。市政协主席薛良指出,要主动对接“十三五”规划编制,以高素质的人口发展统筹江阴经济社会发展;积极顺应机构改革,以有效的资源整合创新计生服务模式;全面推进依法行政,以更人性化的政策措施确保计生工作公开公平。

11月13日,市政协举行经营性国有资产管理运作情况政情交流会。出席会议的市政协领导和部分政协常委、委员听取市财政局局长张少波关于全市经营性国有资产管理运作情况汇报,并就混合所有制改革中社会资本参与国有资产改革的机会、国资改革整合方向,以及如何利用国有资产优势助推产业转型等方面,与国资管理部门进行互动、交流。市政协主席薛良指出,要加强领导、完善机制,切实履行监管职责;整合资源、健康发展,努力参与新江阴建设;政策支持、优化环境,激发国资运营活力;加强防控、健全制度,确保国有资产安全,为江阴经济社会事业健康发展奠定基础。

## 民主监督

**【概况】** 2015年,江阴市政协通过提交提案和民主监督建议书、反映社情民意、开展民主评议等民主监督活动,服务科学发展。全年收到委员提案332件,审查立案286件,确定重点提案12件。所有提案在规定日期前全部答复完毕,提案人对提案办理的满意率82%,表示基本满意和谅解的占18%。经过二次复办与转化,无不满意提案。所提问题已经解决或基本解决的提案占55.6%。是年,向市委、市政府报送《社情民意》6期,上报信息28条。市委、市政府主要领导高度重视,批示要求相关部门认真研究、积极办理。全年民主监督员提交建议书28份。

**【重点提案】** 2015年4月2日,市政协十四届三十六次主席会议协商确定12件提案为2015年重点提案,分别是:《关于加快发展我市高等职业教育培养大批高技能人才的建议》《关于创新医保管理模式,提高基金运行效率的建议》《关于提升基本公共服务能力,助推我市新型城镇化建设的建议》《关于统一规划处理我市污水处理厂污泥的建议》《关于规范民间资本有序投向,促进经济健康平稳发展的建议》《关于进一步加大力度缓解中小企业“融资难”的建议》《关于实现我市更高质量就业水平的五点建议》《关于实施农村环境卫生综合整治的建议》《关于创新理念,做响品牌,推进江阴市志愿者(义工)队伍建设的建议》《关于加强我市“文化建绿”建设的建议》《关于规范小区物业管理的建议》《关于建立科学规范食品安全机制的建议》。12件重点提案由市政府主办,相关部门协办,市政府、市政协联合督办,至是年7月3日全部办复。

**【民主评议】** 2015年4月,市政协成立民主评议市公用事业管理局工作调研小组,确定《关于民主评议市公用事业管理局工作的方案》,组织召开8次座谈会,发放650份测评表。6月29日,召开市政协十四届二十次常委会议,对市公用事业管理局工作进行评议。会议建议全市公用事业管理工作要以全国文明城市创建为契机,大力开展专项整治行动;以建设现代化滨江名城为目标,全力提升公用服务功能;以机制体制创新为抓手，有力提高公用服务水平。

8月，市政协成立民主评议市公安局工作调研小组，确定《关于民主评议市公安局工作的方案》，组织召开7次座谈会，发放1000份民主测评表。9月28日，召开市政协十四届二十一次常委会议，对市公安局工作进行评议。会议建议要进一步加强全市公安工作，服务经济发展大局不动摇，提供一流保障；维护社会治安稳定不懈怠，打造一流环境；加强公安队伍建设不放松，树立一流形象，为助推社会发展、创建全国文明城市提供强大的动力支撑。

（任陈芳　张　蓝）

**附：政协江阴市第十四届委员会2015年度优秀提案**

1.《关于推动江阴城市综合体健康有序发展的建议》（吴彩英）

2.《关于加强政府购买社会组织服务力度的建议》（朱永蕾）

3.《关于加快推进养老业行业协会组织建设，进一步促进城市养老业标准化多元化健康发展的建议》（陈　娟）

4.《关于在江阴口岸建设冷链项目的建议》（殷　军）

5.《关于以市场化机制推进我市新型城镇化建设新模式的建议》（楚健健）

6.《关于从源头减少垃圾的建议》（堵　希）

7.《关于江阴市少年宫的现状分析及建议》（叶海舟）

8.《关于借发展工业机器人产业东风，加快推进先进制造业的建议》（夏新炯）

9.《关于进一步加强我市农村环境长效管理工作的建议》（陈亚蕾）

10.《关于江阴市设施蔬菜园区基地发展的建议》（高　阳）

11.《关于加快发展我市高等职业教育，培养大批高技能人才的建议》（民盟江阴市委）

12.《关于创新医保管理模式，提高基金运行效率的建议》（民建江阴市委）

13.《关于策划宣传城市形象主题宣传语的建议》（郭　诚）

14.《关于完善科技小微企业信贷支持机制的建议》（宋雪平）

15.《关于"大力构建中小学社会实践平台"的建议》（王培英）

16.《关于启动我市城区机动车路边临时停车管理系统的建议》（顾韵秋）

17.《关于加强政府对民间公益组织引导支持的建议》（市知联会）

18.《关于提升基本公共服务能力，助推我市新型城镇化建设的建议》（市知联会）

19.《关于统一规划处理我市污水处理厂污泥的建议》（九三学社江阴市委）

20.《关于规范民间资本有序投向，促进经济健康平稳发展的建议》（市工商联）

21.《关于进一步完善和发展我市中小企业融资互助服务平台的建议》（市政协经济科技委员会）

22.《关于保护黄山天际线，做美沿江风光带的建议》（张　华）

23.《关于深入开展校园足球运动的建议》（承　皓）

24.《关于组建"江阴市关爱老人中心"的建议》（缪倩娟）

25.《关于加强利港河整治的建议》（杨健荣）

26.《关于探索商业模式创新，驱动科技成果产业化的建议》（那叶青）

27.《关于进一步加强学校发展共同体建设的建议》（衣殿海）

28.《关于建设垃圾分类回收无害化处理产业链的建议》（潘开英）

29.《关于进一步加大力度缓解中小企业"融资难"的建议》（民进江阴市委）

30.《关于加快扶持乡镇现代农业园区发展建设的建议》（祝塘镇政协工作委员会）

31.《关于加快实施建筑工程绿色施工的建议》（市政协城镇建设与环境保护委员会）

32.《关于进一步发展乡镇旅游，打造美丽新江阴的建议》（宋立人）

33.《关于实现我市更高质量就业水平的五点建议》（农工党江阴市委）

34.《关于更加科学合理规划城市建设的建议》（叶卫春）

35.《创新理念，做响品牌，推进江阴市志愿者（义工）队伍建设的建议》（方　军）

36.《关于进一步精确调控医保结算，造福江阴百姓的建议》（高　恒）

37.《关于加强我市"文化建绿"建设的建议》（闵三红）

38.《关于规范小区物业管理的建议》（华　青）

39.《关于进一步推进我市信息化和工业化深度结合的建议》（何红亚）

40.《关于加强职业教育的几点建议》（周庄镇政协工作委员会）

41.《关于加强我市基层医疗机构人才队伍建设的建议》（薛　珠）

42.《关于进一步加大养老服务体系建设的建议》（市政协城东街道工作委员会）

43.《关于建立科学规范食品安全机制的建议》（市政协教文卫体委员会）

■类目编辑　王荣方

## 党风廉政建设

【概况】 2015 年，江阴市纪委贯彻全面从严治党要求，认真履行党章赋予职责，根据中央和江苏省、无锡市纪委全会部署，按照江阴市委《关于推动全面从严治党迈上新台阶的实施意见》，制定落实党风廉政建设责任制考核、党员领导干部述廉责述廉洁和巡查工作等具体制度规定，通过明晰责任清单、严格管理监督、强化问责追究，进一步增强履责尽责刚性约束，推动落实党风廉政建设党委主体责任和纪委监督责任“两个责任”落到实处。是年，江阴党风廉政建设满意度 87.8%，位列无锡市第一位。

【责任清单】 2015 年，江阴市、镇（街道）、园区分级成立党风廉政建设主体责任办公室和监督责任办公室，强化组织协调、管理考核和监督检查。制定出台《2015 年党风廉政建设工作责任分解》，将九类重点事项细化为 33 项具体任务，明确市级牵头部门和配合单位，并按机关部门、镇街园区、直属单位（国有企业）三种类别签订党风廉政建设责任书，形成一级抓一级、层层抓落实工作格局。在上年制订的市委主体责任清单、领导班子成员领导责任清单、监督责任清单基础上，针对全市落实党风廉政建设存在的薄弱环节和突出问题，制订问题清单和整改清单，深化细化上述“五张清单”。

【管理考核系统优化推进】 2015 年，江阴市纪委在开展党风廉政建设“两个责任”管理考核系统试点运行基础上，调整应用模块，优化系统功能，分步推进管理考核系统全覆盖，对全市 88 个单位落实党风廉政建设责任制情况实时管理、动态监管。7—8 月，分别组织镇街园区、市机关部门开展系统操作培训，各部门单位按照要求进行系统运用和填报工作。12 月起，对各部门单位落实党风廉政建设“两个责任”情况进行考核评价，全市综合得分平均分达 91 分。

【党风廉政巡查】 2015 年，江阴市纪委贯彻落实中央新修订的《中国共产党巡视工作条例》，认真配合省委第二巡视组对江阴的巡视工作，协助市委制定出台《中共江阴市委巡查工作办法》。按照中央和省、无锡市统一部署，会同市委组织部、市审计局等相关单位，组成 2 个巡查组开展党风廉政巡查。8 月 28 日，召开巡查进点部署会；9 月 1—14 日，分别对月城镇、市规划局 2 个单位进行党风廉政巡查；12 月底，向被巡查单位反馈意见。巡查中共发现问题 35 个，移交问题线索 18 个，督促被巡查单位对存在问题逐一落实整改，建立健全制度 10 项。

【监督检查和问责追究】 2015 年，江阴市纪委按照市委部署，组织党风廉政建设责任制检查考核。由市委常委带队、党风廉政建设责任制领导小组成员单位主要领导和人员组成 10 个责任制检查考核组，分别对市财政局、司法局等 10 个机关部门党风廉政建设责任制落实情况进行检查考核，发现问题 32 个，督促整改到位 21 个。召开年度党（工）委书记履行党风廉政建设主体责任述职评议会，8 名重点部门、镇街园区党（工）书记现场述职、10 名镇街园区党（工）委书记书面述职。严格问责追究，实行“一案双查”（查案时既追究当事人责任，也追究相关领导责任）、责任倒查，全年通报曝光 4 件，诫勉谈话 5 人，党纪政纪处分 6 人。

## 正风肃纪

【概况】 2015 年，江阴市纪委、监察局聚焦主业主责，严格监督执纪问责，持之以恒落实中央“八项规定”＊和省市委十项规定＊精神，切实加强对重大决策部署落实情况监督检查，切实加强对文明城市创建、公共资源交易、行政审批提速增效、安全生产等工作再检查，督促 26 个行政部门实现行政执法标准化，推动从源头上改进作风、规范执法。围绕农村“三务”（党务、村务、财务）公开信息“直通车”内容完整性和公开时效性开展监督检查，通过新增手机 APP 客户端功能，群众随时随地了解“三资”（资金、资产、资源）管理情况，以社会监督促进基层党员干部规范用权。全年开展各类监督检查 142 次，发出监察建议书、纪律检查建议书 8 份、整改通知书 57 份，问责追究 6 人。

【作风建设督查】 2015 年，江阴市纪委、监察局坚持把落实中央“八项规定”和省市委十项规定精神作为改进党风政风的一项经常性工作，一手抓巩固提高，一手抓防止反弹。紧盯元旦、春节、中秋、国庆等重要节点，及时组织核查群众信访举报、上级纪委交办和相关部门移送的问题线索，严肃查处公款大吃大喝、公款旅游和公款购买赠送节礼等违纪违规问题。强化财政、审计、农工办等职能部门联动督查机制作用，加大监督检查频次和力度，持续释放执纪必严、违纪必究强烈信号。全年组织落实中央“八项规定”精神专项检查5次，检查单位80个，发出整改通知书、函询单63份，约谈、问责5人，通报曝光典型案例4件。严肃查处群众身边不正之风和腐败问题，对省、无锡市督办的4个涉农专项补贴、土地征收流转等方面问题调查处理，移送司法机关3人，党纪政纪处分2人。

**【政风行风监督】** 2015年，江阴市纪委、监察局组织61个单位、47名一把手、49名副职领导和182名科室负责人参加“空中热线”节目50期，接受群众电话263次，办理各类咨询诉求138件，为民办实事102件。举办“回应群众期待、接受群众监督”“政风面对面”媒体直播活动3期，围绕文明城市创建、教育等主题，组织市公安局、城管执法局、环保局、公用事业局、市场监督管理局、教育局等9个部门主要领导和班子成员与市民群众“面对面”沟通交流，接受现场市民代表评议，共受理群众各类咨询问题或投诉建议257条(个)，其中，回答群众现场提问45个、短信38条、网络留言56条，收到现场评议代表意见建议118条，各部门针对直播中连线群众提出问题和评议代表意见建议，制定整改措施139条，解决群众实际问题96个。

**【问题导向监察】** 2015年，江阴市纪委、监察局下发《关于2015年度深入推进“问题导向监察”“制度廉评”和“一案四访”工作*的意见》，将低保政策、道路照明工程、公路建设项目等内容相关部门履职情况列为2015年度市级问题导向监察计划，全市开展制度廉洁性评价、问题导向监察105项，发现并督促整改问题113个，收到专家意见162条，采纳136条，部分采纳4条，完善制度规定79项。22个单位开展“一案四访”工作，整改问题44个。

## 执纪审查

**【概况】** 2015年，江阴市纪委、监察局把握运用监督执纪“四种形态”*，坚持把纪律挺在前面，抓早抓小，动辄则咎。将执纪审查工作列入市镇两级党组织落实党风廉政建设责任清单，年初部署、年中检查、年底考核，党委主要负责人向市纪委全会报告纪律审查工作情况，做到党委不松手、书记不放手、班子成员不缩手，推动纪律审查主体责任落实。认真贯彻落实中共中央《关于在查办党员和国家工作人员涉嫌违纪违法犯罪案件中加强协作配合的意见》，强化市反腐败协调小组成员单位职责，深度整合反腐败资源，充分发挥组织协调作用。

2015年8月28日，“政风面对面”民主评议媒体直播文明城市创建专场在市委党校举行 (诸宇星 摄)

**【问题线索管理】** 2015年，江阴市纪委、监察局畅通信访举报渠道，强化问题线索管理，健全来访、来信、来电、网上举报“四位一体”举报体系，升级信访举报件管理系统和反映领导干部问题线索管理系统。全年受理初次信访件385件次，比上年下降18.3%，提供案件线索171件，实施信访监督24件，挽回经济损失120余万元。落实问题线索集中管理、集体排查、定期会商制度，严格按照“五类标准”(拟立案、初核、谈话函询、暂存和了结)，逐一确定处置方式。建立问题线索移送督办制和处置背书制，层层传导压力。

**【纪律审查】** 2015年，江阴市纪检监察组织共立案338件，给予党纪政纪处分287人，其中处分乡科级干部11人，挽回直接经济损失1229.01万元。市检察院共立案侦查贪污贿赂、渎职侵权等职务犯罪30人。市法院审结一审贪污贿赂、渎职侵权案件7件。扩大谈话函询覆盖面，让被反映干部讲清问题、认识错误、及时纠正，全年谈话函询268人次，其中对反映失实予以澄清了结81人次。对违反纪律干部给予党纪轻处分196人、重处分91人。加强案件监督管理工作，健全“三管三查”*工作机制，规范纪律审查流程，全面推行“三审一评”*。市纪委、监察局自审案件17件，基层报批案件87件，协助基层审理案件155件，基层党纪案件协审率100%，实施审理助辩23件。

## 廉政宣传教育

**【概况】** 2015年，江阴市纪委、监察局制定下发《2015年全市党风廉政建设和反腐败宣传教育工作要点》,分解落实年度工作任务。聚焦落实党风廉政建设“两个责任”,制定出台《关于加强落实党风廉政建设“两个责任”宣传教育工作的意见》,重点推进新闻宣传、学习宣讲、社会宣传等工作,引导各级党组织牢固树立担当意识,自觉把“两个责任”落实到位。拍摄警示片《贪欲之害》,编制违纪违法党员干部忏悔录,召开警示教育大会,引导党员干部守牢纪律底线。开通“江上清风”微信公众平台,利用微信平台开发线上警示教育馆,开启线上线下警示教育互动新模式。运用“江上清风”网站、廉政警示教育馆、“微博微信微悦读”等多种教育平台,大力弘扬优秀廉政文化,营造崇廉尚廉社会氛围。是年,印发《江上清风报》6期,编发“江上清风”廉政微博238条、“江上清风微悦读”25期,拍摄关于身边勤廉故事的微电影《乡村往事》和《一念间》,分获无锡市纪委优秀廉政微电影一、二等奖。全市党员干部主动上交礼金礼券121.6万元。

**【“5·10”思廉日主题教育】** 2015年,江阴市纪委、监察局以“强化纪律意识,落实‘两个责任’”为主题,开展“5·10”思廉日系列活动,下发《习近平关于党风廉政建设和反腐败斗争论述摘编》8500余册、《中国历史的教训》1000册,集中观看电视专题片《作风建设永远在路上》《警钟长鸣》30场次,通过组织开展主要领导上廉政党课、廉政谈话、廉政专题民主生活会等活动,增强党员干部遵守纪律规矩意识。新建反腐倡廉警示教育基地,5月13日举行警示教育基地揭牌仪式,对新提拔的95名市管领导干部进行集体廉政谈话并签订严禁违规干预工程建设领域行为知晓承诺书,全年92个单位1.2万余名党员干部到基地接受教育。

**【党纪条规学习】** 2015年,江阴市纪委、监察局采取专题辅导讲座、中心组学习、党校培训、发放口袋书等形式,组织党员干部学习新修订的《中国共产党廉洁自律准则》《中国共产党纪律处分条例》,编发《纪律挺在前 条规记心间——党员干部党纪条规口袋书》《清风画语立德崇廉——〈中国共产党廉洁自律准则〉学习教育读本》2万余册。7—8月,在“江上清风”网站、微信、微博三个平台同步进行“知纪、明纪、守纪”党纪条规知识竞赛,全市4000余名党员干部参加,竞赛产生一等奖20名,二等奖40名,三等奖100名,城东街道、高新区、国税局等10个单位获组织奖。

## 队伍建设

**【概况】** 2015年,江阴市纪委、监察局主动适应转职能转方式转作风要求,聚焦主业主责,强化监督执纪问责,组织全市纪检干部收看和学习王岐山在中央纪委派驻机构建设工作培训班开班式上的辅导报告、中央纪委监察部“三严三实”* 专题党课、纪检干部监督工作座谈会讲话,开展“学思践悟”系列述评学习体会交流,举办纪检监察业务培训、业务技能竞赛、党纪条规知识竞赛、岗位练兵等活动,共组织各类培训10余批次,培训纪检干部300余人次,提升纪检干部履职能力。加强日常监督,出台《关于加强纪检监察干部监督的实施办法(试行)》,健全纪检组织巡查、纪委书记(纪检组长)约谈等制度,对19名新任副科职纪检干部进行集体谈话。举办社会各界代表参加的纪检工作开放日活动,通报纪律检查情况,听取意见建议,接受社会监督。

**【机构职能调整优化】** 2015年,江阴市纪委、监察局按照中共中央、省市纪委纪律检查体制改革统一部署,在内设机构、行政编制、领导职数总量不变情况下,调整市纪委监察局内设机构,撤销党风监督室、行政监察室,设立党风政风监督室;撤销干部管理教育室,设立纪检监察干部管理监督室、宣传教育室,调整后共设信访室、第一纪检监察室、第二纪检监察室、党风政风监督室(市纠风办)、案件监督管理室、案件审理室、纪检监察干部管理监督室、宣传教育室、办公室9个内设科室,76.7%的人员直接履行监督执纪职责。撤销市纪委市监察局派驻新沟河工程纪检监察组及政府投资重点工程项目督查办公室,将原承担监管任务交还给主管部门。开展基层纪委书记(纪检组长)兼职情况自查,规范纠正20人,其中镇(街道)纪委书记5人,派驻纪检组长8人,机关内设纪委书记7人,督促回归本职主业。

**【监督责任巡查】** 2015年7—8月,江阴市纪委、监察局围绕纪检监察组织落实“三转”(转职能、转方式、转作风)要求,对18个镇、街道、园区和18个市机关部门纪检监察组织履行监督责任情况开展巡查,着重对纪检监察组织自收信访件、市纪委转办交办督办信访件办理、问题线索处置和纪律审查等情况,通过听取工作汇报、查阅台账资料、个别谈话、检查案卷等方式进行督查,对纪检组织巡查中发现的27个问题严格整改,约谈纪委书记(纪检组长)4人,印发通报2份。(诸宇星)

■类目编辑 谢 诚

## 中国民主同盟江阴市委员会

【概况】 2015 年，民盟江阴市委认真学习贯彻中共十八大，十八届三中、四中、五中全会精神，不断加强盟的自身建设，围绕“四个全面”*，继续扎实开展坚持和发展中国特色社会主义学习实践活动，努力适应经济发展新常态，积极履行参政党职能，各项工作取得有效进展。20 名盟员参加江阴市委统战部党外骨干培训班，11 名盟员参加无锡市委统战部党外新成员培训班，2 名盟员参加无锡市民主党派多党合作理论研修班，1 名盟员参加无锡市委党校党外中青年干部培训班，1 名支部主委参加省盟基层组织负责人培训班。年内，发展新盟员 16 人，调出 1 人，调入 1 人，去世 3 人，盟员总数 303 人，平均年龄 53.3 岁，其中，省政协委员 1 人，无锡市人大代表 3 人，无锡市政协委员 1 人，江阴市人大代表 7 人，江阴市政协委员 34 人（常委 6 人）。盟员分布：教科文界 238 人（其中教育界 184 人、文化界 30 人、科技界 24 人），占 78.5%；其他界别 65 人，占 21.5%。学历情况：本科以上学历 226 人（其中博士研究生 4 人、硕士研究生 43 人），占 74.6%。职称情况：高级职称 173 人，占 57.1%；中级职称 84 人，占 27.7%；中高级职称 257 人，占 84.8%。任副科以上干部 8 人，有 16 名盟员分别担任政府各部门的特约员、民主监督员。在统战部示范支部评选活动中，澄江支部等 4 个支部被评为示范支部。一中支部、澄江支部分别与民建法尔胜支部和无党派知识分子联谊会城建小组结对。是年，盟市委届中调整，何香娟辞去民盟江阴市委副主委及市委委员职务，单红霞任民盟江阴市委副主委。

【第三届民盟教育论坛在江阴举办】 2015 年 9 月 8—11 日，第三届民盟教育论坛在江阴举办，来自全国 30 个省（市、自治区）的近 150 位代表参加会议。全国人大副委员长、民盟中央主席张宝文出席会议并讲话，全国政协常委、副秘书长、民盟中央副主席徐辉，江苏省政府副省长、民盟江苏省委主委曹卫星，宁夏回族自治区政协副主席、民盟宁夏区委主委安纯人出席开幕式。全国政协委员、民盟中央秘书长高拴平主持开幕式。江苏省教育厅厅长沈健，省委统战部副部长瞿超，盟省委副主委吴胜兴，中共无锡市委常委、江阴市委书记周铁根致辞，龚振东在会上作主旨发言。与会代表围绕民办教育的发展定位和政策优化、民办教育的改革方向和推进措施、坚持民办教育的公益性原则等课题，探讨民办教育发展的新思路、新对策。

【参政议政】 2015 年 1 月，民盟江阴市委在政协十四届四次会议上作《整合资源，创新机制，在提升发展中打造江阴旅游升级版》专题发言，提交集体提案 8 件，其中《关于加快发展我市高等职业教育，培养大批高技能人才的建议》被市政协列为 2015 年度 1 号重点提案，得到市委市政府高度关注。盟员人大代表、政协委员在市人大、政协“两会”期间提交建议、提案 28 件（条）。7 月，在计生政策调整及全市人口素质对策政情交流会上，民盟江阴市委作相关发言。是年，民盟江阴市委完成《构建诚信体系　助推文明城市建设》重点调研报告，被市政协评为 2015 年优秀调研报告三等奖；组织各支部完成调研报告 20 篇，社情民意 145 条，老盟员陈锡良撰写的社情民意《关于复建忠义祠的建议》获市委书记周铁根批示。集体提案《关于加快发展我市高等职业教育，培养大批高技能人才的建议》和张华个人提案《关于保护黄山天际线，做美沿江风光带的建议》、缪倩娟个人提案《关于组建“江阴市关爱老人中心”的建议》被市政协评为 2015 年度优秀提案。

【社会服务】 2015 年 12 月，民盟江阴市委与民盟敦煌市委有关教师培训等方面签署协议，继续深化合作；民盟江阴市委与中共江阴市委统战部、江苏省南菁高级中学研究商讨，调研取经，在较短时间内建成黄炎培纪念馆，民盟中央主席张宝文在教育论坛期间专门前往参观该馆，在馆前接见南菁支部全体盟员。继续为天华艺校 5 名品学兼优的孤儿每年每人定向捐助 5000 元。组织来自多个支部的近 10 位盟员参加“同心共筑中国梦、同行共建文明城”江阴市统一战线“同心”演唱会。一中支部多名盟员参加“香山书屋·法尔胜”第二期公益夏令营活动，开展义教活动。一中支部盟员金菊芬走进贵州黔南山区开展支教助学活动。南华支部盟员赴霍城开讲座并捐赠150本《心理健康》教材。文化支部利用文化馆阵地,在小剧场免费提供公益表演70余场,文艺支部盟员参与公益性送戏演出25场次。民盟江阴市委妇工委组织女盟员连续4年到市特殊教育中心奉献爱心,老盟办扎实做好关爱老盟员工作。是年,盟员的各类爱心捐助30.7万元。

**【盟员成果和荣誉】** 2015年,民盟江阴市委被民盟无锡市委评为宣传工作先进集体、社情民意及统战信息工作先进集体,"菁英苑之'从南菁走出去的黄炎培'"同心基地建设被民盟无锡市委评为十佳活动。余平被评为第八届全国优秀中学地理教育工作者,耿明霞作品入选《全国第十一届书法篆刻作品集》,庞红英获全国技工院校社会主义核心价值观教学设计二等奖,薛花娟被评为2015年度江苏省有突出贡献中青年专家,沈菁被评为江苏省教科研工作先进个人,顾亚华被评为2015年江苏省"省长杯"优秀教练。朱学尧论文《普通高中学生素质教育体系构建路径的探索》获第六届江苏教育发展论坛征文优秀奖。杨晓丽、张静、张学芹被评为无锡市教学能手,杨晓丽被评为无锡市优秀班主任,谢建民、石陈云被评为无锡市优秀教育工作者,薛花娟、周明宝获无锡市科技进步奖。蔡晓英创作、邓喜荣参演的小锡剧《今天老师来家访》获首届华东六省一市现代地方戏展演金奖,蔡晓英创作的音乐情景剧《夏令营之歌》获江苏省第五届中小学生艺术展演金奖,沈鸣华获第三届海内外江南丝竹暨杭州江南丝竹艺术节银奖。史影率领天华艺校民族乐团应邀出访瑞士,在中瑞建交65周年庆祝活动上精彩出演。盟员获发明专利11项,实用新型专利13项。是年,盟员在各级各类期刊上发表论文59篇。 (黄宇昕)

## 中国民主建国会江阴市委员会

**【概况】** 2015年,民建江阴市委深入学习贯彻中共十八届三中、四中、五中全会精神,围绕中共江阴市委十二届七次、八次全体(扩大)会议的目标任务,加强自身建设,认真履行职能,各项工作取得良好成绩。为纪念民建成立70周年,开展"读会史颂伟业,学会章树新风"主题教育活动,撰写会龄30年以上老会员陈恩寿、季燕林感人事迹,编入无锡民建《岁月留香》专辑;参加民建无锡市委征文活动,选送征文11篇;参加无锡市委统战部组织的征文活动,梅玉珍获奖。编辑刊出《江阴民讯》4期,其中13篇稿件被民建中央网站、民建省委网站、《无锡民讯》录用。组织法尔胜和城交支部分别与民盟一中及民进教育联合支部开展结对活动;开展示范支部创建活动,教工支部与综合支部被推荐为示范支部。组织骨干会员培训学习2次,宣传骨干培训1次,组织2014—2015年新会员参加无锡民建培训班学习1次。年内,发展会员4人,平均年龄36.5岁,均为本科学历,至年末会员总数196人。是年,缪志强被评为民建全国优秀会员;轻纺支部、教工支部被评为民建无锡2012—2014年度先进集体,季燕林等13名会员被评为无锡市优秀会员。

**【参政议政】** 2015年1月,民建江阴市委在市政协十四届四次会议上作《创新医保管理模式,提高基金运行效率——关于我市医疗保障基金运行情况的调研和思考》专题发言。民建江阴市委提交集体提案7件,个人提案28件,其中,集体提案《关于加强政策引导,激发社会活力,加快推进多层次养老服务体系建设的建议》及个人提案《关于加强我市建设施工扬尘污染防治的建议》《关于治理外来务工人员房屋"群租"的建议》《关于通过培训加快"人才强市"的建议》《关于进一步加强校车安全管理的建议》《关于我市特殊群体免费乘坐城镇公交车的建议》《关于加快智慧城市建设的建议》《关于我市建筑垃圾处置的几点建议》《关于通过市场化动作,推进江阴居家养老发展的建议》9件提案被评为优秀提案。季燕林反映的社情民意《中山公园治理整顿刻不容缓》《关于在我市下沉式立交桥、涵洞和隧道设置水位标尺警示标志的建议》分别得到市委书记周铁根和市长沈建批示。已落实相关人员整治中山公园卫生环境,水位标尺及警示标志也于9月设置完成。调研报告《创新医保管理模式,提高基金运行效率——关于我市医疗保障基金运行情况的调研和思考》(缪志强执笔)获江阴市政协优秀调研报告一等奖。是年,民建江阴市委完成《创新融资模式,助力企业转型》《关于我市"医联体"建设的调研和思考》两篇专题调研报告;完成《关于我市职业教育实训基地建设的有关建议》民主议政会课题,并在市政协民主议政会上发言;编辑刊出第25期《参政议政调研材料专辑》,收录调研报告18篇;向上级民建提交调研报告与社情民意19篇(5篇采用),《鼓励金融创新,丰富金融市场——关于江阴农村商业银行普惠金融的调研报告》被省民建录用。

**【社会服务】** 2015年,民建江阴市委组织会员在普惠小区为村民提供法律咨询服务;组织企业家会员参加中国风险投资有限公司召开的风险投资座谈会,搭建平台,促进合作。依托MBA大讲坛,由家庭教育研究专家季贵林为江阴18岁以下孩子及家长作《未来领袖孵化智慧》讲座。继续开展"同心"基地实践活动,积极参与在普惠苑社区一区篮球场举行的"同心"文化添彩活动;出资5万元支持"同心"基地——泗河村文体大院建设;慰问贫困对象20户;发挥会员优势,促使泗河村孟岸村中心道路与自来水主管网改扩建一次完成,节约资金20万元。会员以"同心"思想为指引,积极参与其他社会公益活动。林克文开办的天力燃气公司免费为市低保户安装天然气,热心公益事业,各类捐款200余万元;查永恩倡导成立的江阴市朱蒋巷帮扶基金会,向市贫困老人、学生、孤儿等1000多个困难对象捐助款项130多万元;黄丽泰为市慈善总会、城南小学等捐款30多万元;胡鹏飞筹建困难职工及其直系亲属救助基金400万元,组织志愿者团队为云南小学贫困学生捐赠冬衣计人民币20多万元;罗莹的慈善义工艺术团通过义卖、一对一助学等形式向云南、贵州、宁夏、山东、江苏沭阳等地的贫困学子捐赠财物折合人民币20多万元；陈雷为贫困学生和老人捐款7万多元；朱建华为江阴市谱牒文化基金和工商联爱心基金捐款6万元；陆正洪资助困难大学生6万元；张建兴为社会公益捐款6万元；李杰设立的南国之风慈善基金和奖学金，为困难群众和优秀学子捐助5万元；王小立为湖南、广西、陕西困难学生捐助5万元；庞志君为西藏盲童学校捐款2万元；朱俐为母校长山小学品学兼优的学生提供奖学金1万元；李平为市20岁的白血病患者小陈捐款1万元；顾星卫为云亭中学贫困学生捐资1万元。季丰的香山书屋投入80万元，维持3个实体书屋（总面积约1300平方米）及25个漂流书箱点的正常运行；开展课程公益活动1300多场，服务30000人次。据不完全统计，会员们参加各类捐款、捐物计人民币400多万元。

【会员成果及荣誉】 2015年，会员季丰获江苏省全民阅读工作先进个人，并入选2015年江苏省文明办举办的“江苏好人榜”，香山书屋入选由中央宣传部、中央组织部、中央文明办、民政部、环保部、共青团中央、全国妇联、中国文联、中国残联、中央电台、中央电视台和《人民日报》《光明日报》联合主办的志愿服务“四个100”先进典型最佳志愿服务组织；张建兴经营的方程电力有限公司获微电网控制技术国家专利2项；黄丽泰获“2015江苏十大年度经济人物”称号；叶卫春创办的江苏新暨阳投资集团有限公司获无锡市重合同守信用企业；曾佳雄带领团队积极开拓海外业务，其轮胎电气检测业务在国际市场占据50%以上的份额；胡鹏飞经营的全顺汽贸有限公司在中国汽车经销商集团百强排行榜第90名，支持地方税收超千万元；姚刚办理的“父母身亡留四孤儿，法援施救索赔款案”获江苏省司法厅年度法律援助十大好案例。 （孙敏霞）

## 中国民主促进会江阴市委员会

【概况】 2015年，民进江阴市委深入学习贯彻中共十八大，十八届四中、五中全会和民进中央十三届三中全会精神，继续深入开展坚持和发展中国特色社会主义学习实践活动，不断深化全体会员对中国特色社会主义参政党的认识，巩固全会对中国特色社会主义道路、对全面建成小康社会目标和对社会主义核心价值观的认同。以“社会服务年”为契机，以能力建设为抓手，激发各支部、各部门和全体会员的活力，围绕全面深化改革和市委、市政府重大决策部署，认真履职，各项工作取得优异成绩。5月19日，全国政协副主席、民进中央常务副主席罗富和到江阴考察调研传统产业转型发展情况并视察朱澄会员创办的“袜云馆”。7月16—17日，民进江苏省委参政党理论研究会（三组）会议在江阴召开；在民进中央、江苏民进、无锡民进网站和刊物上发表信息40余篇，编辑《江阴民进》2期。年内，举行两期新会员入会前学习活动，发展新会员21人，至年末会员总数145人。是年，民进江阴市委获民进江苏省委社会服务工作先进集体，江阴职业技术学院获民进江苏省委先进集体；张英毅获民进中央先进个人，徐锦梅获民进江苏省委社会服务工作先进个人，佟磊获民进江苏省委组织管理系统优秀管理员。

【参政议政】 2015年1月“两会”前，民进江阴市委调研处收集到调研报告25篇，会员模拟提案、社情民意131件，其中有22篇调研报告初选入围。在政协江阴市第十四届四次会议作《关于进一步加大力度缓解中小企业“融资难”的建议》专题发言，并被列为市政协2015年度重点提案。集体提案5件、会员个人提案43件被市政协录用。是年，参政委在全体会员中选聘调研骨干成立两个年度课题组，分别完成市政协、统战部下达的中共江阴市委专题课题《进一步满足市民休闲文化需求，推进乡村休闲短程旅游产业发展》和省民进招标课题《促进医养融合，推进养老服务业发展》2篇调研报告。会员共提交26篇调研报告，156件社情民意、建议、提案。

【社会服务】 2015年，民进江阴市委积极参加统战部组织的下乡服务活动，赴花山村慰问，分别在夏港中学、要塞中学举行送教活动，组织教师义工进革新、西大街社区，开展“吴研因精神在行动”系列活动，扎实推进贯庄小学同心实践基地活动。

【江阴民进成立20周年】 2015年，是中国民主促进会成立70周年，也是江阴民进组织成立20周年。民进江阴市委围绕20周年开展系列活动，召开系列座谈会；建设“民进与江阴”展馆；编辑《民进是我家》一书；修订、完善《民进江阴市委工作制度》；召开20周年纪念大会。

（李 之）

## 农工民主党江阴市委员会

【概况】 2015年，农工党江阴市委深入贯彻中共十八届三中、四中、五中全会精神，认真学习领会习近平总书记对江苏发展提出的新要求和中央统战工作会议、《中国共产党统一战线工作条例（试行）》精神，团结带领全市农工党员，深入推进坚持和发展中国特色社会主义学习实践活动，认真履行参政党职能，积极加强自身建设，稳中有序推进各项工作。开展党员教育，提高思想认识。组织开展“学精神·学党章·学党史”知识竞赛活动，80%以上的党员参加问卷答题活动。做好特殊党费缴纳工作，为农工党中央修缮一干会址缴纳特殊党费1万元。积极参与农工党无锡市委组织的“栉风沐雨 同舟前进——纪念中国农工民主党建党85周年书画摄影作品展”，共提交书法作品2件、摄影作品10余件。选送1个节目参加中共江阴市委统战部组织的同心文化添彩活动。顾敏的《民主党派干部要激情常在》获中共无锡市委统战部“纪念中发5号文件颁布10周年”读书征文活动二等奖。加大社会宣传，提升党派影响。召开宣传工作会议，对全年社会宣传工作进行部署，继续办好农工党江阴市委网站。市委会在组织摄影采风活动，提高信息员们的摄影水平同时，组织党员参加无锡市委开展的春季摄影实训活动。年内，农工党江阴市委会在“前进论坛”和《团结报》各刊发1篇报道,在农工党江苏省委和农工党无锡市委网站上各有1篇报道被录用。至年末党员总数139人,党员平均年龄51.8岁,其中无锡市人大代表2人,无锡市政协委员2人,江阴市人大代表5人(含常委3人),江阴市政协委员12人(含常委4人)。党员分布:医药卫生界101人,占总数的73%;其他界别38人,占28%。学历情况:本科以上学历115人(博士后1人、博士1人、硕士研究生21人、大学本科92人),大专15人,中专9人。职称情况:高级职称81人,占59%;中级职称47人,占34%。实职安排正科级以上2人,副科职4人。

**【参政议政】** 2015年,农工党江阴市委继续开展“一支部一课题,一党员一建议”建言献策活动,紧扣政协履职、专题调研及社情民意(信息)三项主要工作,努力使参政议政工作再上新台阶。在年初的“两会”中,农工党江阴市委在政协全会专题座谈会上作《加强生育缺陷干预提高出生人口素质》专题发言,并被市政协评为优秀调研报告三等奖,提交建议4条、集体提案5件和个人提案14件。其中,徐志伟个人提案《关于对环城森林公园加强管控和建设的建议》、黄立新个人提案《关于加强政府投资项目管理的建议》被评为优秀建议;集体提案《关于实现我市更高质量就业水平的五点建议》被市政协列为重点提案;专题调研有序开展。年初,将“加强农村卫生长效管理”“江阴人口问题与经济社会发展的战略思考”2个课题定为年度重点调研课题,深入调研考察,广泛听取意见建议,几经修改,提交政协后,其中《加强农村卫生长效管理》被评为优秀调研报告二等奖。沈敏敏参加农工党江苏省委开展的“深化医疗卫生体制改革”联合调研活动,向农工党无锡市委上交调研报告1篇。徐玉芳参加市政协的全市职业教育专题调研活动,并代表市委会在市政协职业教育现代化民主议政会上进行发言。12月,农工党江阴市委与政协教文卫组赴市场监管局开展“控源打假”的调研活动。年内,全体党员积极投身“一党员一建议”活动,有4条通过市委会内政协委员进一步加工整理形成提案,徐嫣撰写的《关于实现我市更高质量就业水平的五点建议》被市委会列为集体提案提交政协全会后被政协确定为重点提案,王俊钧撰写《关于S340芙蓉大道市区段高峰时段禁货的建议》被政府部门采纳。

**【组织建设】** 2015年,农工党江阴市委继续以拓宽参政议政工作领域、提升履职能力为出发点,严格贯彻执行《中国农工民主党组织发展工作规程》,加强队伍建设,促进组织可持续发展。年内发展一批40岁以下优秀新党员7人(博士研究生1人、硕士研究生4人、人民医院科主任1人、优秀企业家1人)。农工党江阴市委围绕宣传理论、参政议政、组织建设、社会服务4项工作共6个方面在全市各级组织中开展创建“特色基层组织”活动,和以阵地建设为主的“示范支部”建设,引导各基层组织在开展党务工作中“对标找差”“争先创优”,促进全市各级基层组织党务工作再上新台阶。响应市委统战部的号召,对外,积极开展跨党派结对活动,人民医院总支、环保支部分别与民进小教支部和九三电子电力支社结对,相互交流,增强活力。对内,支部开展联合活动,人民医院总支、卫生支部和药业支部联合赴天江药业安徽九华山中药材规范化种植(养殖)基地进行调研;中医院一、二支部开展太湖苏州段环境保护与新农村建设调研;综合一支部、环保支部联合,走进成员企业,就成员单位的企业安全、健康、环保等方面的问题进行深入交流,并同赴南京调研生态文明建设,开宽视野;综合二支部赴无锡万舜保险代理有限公司学习现代金融知识和“新三板”上市相关知识,赴南通考察非物质文化遗产保护。农工党江阴市委组织领导班子成员,参加农工党无锡市委组织的党史教育活动,政协常委和优秀政协委员参加市政协的专题培训学习;组织安排11名成员参加市委统战部组织的为期3天骨干培训班的培训学习;组织3名新党员参加农工党无锡市委组织的新党员培训学习,增强新党员对组织向心力。是年,人民医院总支被评为农工党中央先进基层组织。

**【社会服务】** 2015年,农工党江阴市委继续开展“大爱同心”服务活动,专程走访山泉村,共商同心服务活动形式、内容。年初,农工党江阴市委向山泉村村卫生室捐赠心电图机一台,9月中旬和12月上旬在山泉村开展2次大型义诊和安全用药咨询服务,向村民发放食品药品安全科普读本200本;陶江丰为村民们进行一场口腔保健方面的专题讲座;组织医卫专家在同心服务基地开展好定期门诊服务项目。年内,主委许晨参加市委统战部组织的赴贵州毕节地区开展扶贫活动。农工党江阴市委向大方县捐赠人民币1.5万元。副主委周美华等3人参加农工党无锡市委组织的甘肃酒泉扶贫活动。农工党江阴市委组织医卫界8名专家,为普惠社区的群众进行义务测量血压、义务咨询服务;组织医卫界的6名专家参加市政协在顾山镇赤岸村举行的送医、送教、送文化、送健康、送器械和助残“五送一助”活动。崔俊友为顾山卫生院、北涸卫生院的医务人员进行实用的心血管疾病诊治规范方面的培训;蒋美琴参加由市卫生局、电视台共同组织的“健康直通车”节目;张英姿、凌厉参加援疆医疗工作;洪淇举办慢性病防治讲座2次,受教育人数200多人。农工党江阴市委与政协教文卫组赴南闸卫生院开展送医下乡活动,提高基层医疗机构医务人员的业务水平。药业支部进社区普及家用医疗器械使用常识。是年,农工党江阴市委为“农工励志奖学金”追加3000元人民币,并对江阴市特殊教育中心校优秀学生进行奖励。黄国强继续向农工党无锡市委的“春雨助学金”及江阴的“关爱扶贫基金”进行资助。盛龙才支持地方戏曲事业,为江阴市锡剧发展基金会注资30万元人民币,江阴各镇小学均成立小锡班,小锡班学员们多次获中央电视台、江苏电视台颁发的荣誉。此外,盛龙才还组织“万众看锡剧”活动(已坚持10余年),每年在大剧院及农村社区演出不少于30场,每场观众不少于1000人。“三八”妇女节,农工党江阴市委组织女党员参观农工党无锡市委在金城公园内设立的“同心生态苑”。关爱老党员，开展好敬老节活动，组织退休老党员在香山书屋开展讲座、义务咨询活动。

**【党员成果及荣誉】** 2015年，医卫界党员高恒（赴美国梅奥医疗中心攻读博士后）、那汉荣率所在的神经外科通过省级重点专科评审。高恒的“两型星型胶质瘤细胞中 GalT Ⅰ和Ⅴ对脊髓损伤修复作用的研究”项目获无锡市科技进步二等奖；袁保参与研究的“江阴中医流派的整理与研究”项目获江苏中医药科学技术二等奖；汪慧云参与研究的“加味四物颗粒对高血压病患者肾功能改善的临床研究”项目获江阴市科技进步三等奖；吴疆的“加味六君子汤联合化疗治疗晚期大肠癌的临床观察”项目被江阴市科技局立项。与此同时，党员积极撰写医学论文，其中高恒和夏锴各有一篇论文在SCI上发表；另有殷小军、高恒、黄锡琴、李国庆、姚勤红、曹凯、李洁、赵茹、蒋美琴、陶江丰、夏鸽、胡星、袁保、缪剑辉、徐威、张建伟17人共计在省级以上刊物发表17篇医学论文。秦永霞有1篇论文在《江苏教育》上发表，另有2篇论文在无锡市论文评比中获奖。企业家党员许振芳的无锡万舜保险代理有限公司在“新三板”上市，企业进入高速发展的快车道。顾敏获市政府三等功，王剑伟分管的中国贝卡尔特钢帘线有限公司安全工作被评为江苏省优秀安全文化企业、无锡市优秀安全企业。徐玉芳创建职业技术学院新媒体工作室，并参加无锡第二届技能精英大赛微信创意设计比赛，有两名学生获奖，个人作为指导教师也获得奖励。 （周美华）

## 九三学社江阴市委员会

**【概况】** 2015年，九三学社江阴市委深入学习贯彻中共十八届三中、四中、五中全会精神和习近平总书记系列重要讲话精神，紧紧围绕中共江阴市委、市政府的工作大局，以纪念九三学社成立70周年和抗战胜利70周年为契机，以“基层组织建设提升年”和“社员能力提升年”主题活动为抓手，扎实推进思想建设、组织建设、制度建设和宣传工作。组织社员聆听中央讲师团成员翟峰、许进作的《坚持和发展中国特色主义学习实践活动专题报告》《我对九三学社的几点认识》等专题报告；选送节目参加社省委和社无锡市委纪念九三学社成立70周年文艺演出；向每位社员发放《九三学社史话》等书籍，开展学社史读书征文和“9·3”阅兵观后感主题征文活动，收到13篇质量较高的文章。1月，2名支社主委增补进市委委员，足额配齐市委委员13名；5月，完成电子电力支社届中调整工作，增补1名支社副主委。年内发展新社员5人（硕士研究生2人、本科学历3人），平均年龄35.2岁。至年末共有社员109人，社员平均年龄49.9岁。开展示范支社创建活动，电子电力支社和江阴学院支社建立支社固定活动场所。电子电力支社与农工党环保支部、江阴学院支社与无党派法尔胜小组开展跨党派结对。是年九三学社江阴市委新制订《九三学社江阴市委参政议政工作考核办法》《九三学社江阴市委宣传工作考核办法》《九三学社江阴市委社会服务工作考核办法》《九三学社江阴市委支社活动经费使用管理办法》和《九三学社江阴市委有关慰问的规定》5项规章制度。有1篇文章在《无锡统战》《无锡九三》发表，1篇获无锡市委统战部征文三等奖。电子电力支社获社省委2015年度参政议政先进集体，综合支社获社无锡市委2015年度先进集体。社员王建强获九三学社建社70周年全国优秀社员称号；社员崔联合、强静霞获社省委2015年度先进个人；社员杨雷、范恩卓、郁昉、陆芳、耿柯鏐、吴艳宇、时平、陈寅达、赵忠民9人获社无锡市委2015年度先进个人。

**【参政议政】** 2015年，九三学社江阴市委着眼改革发展大局，发挥集体智慧和力量，围绕转型升级，加大调研力度，积极建言献策。1月，社员赵忠民代表社市委在市政协十四届四次会议上作《大力发展电子商务，促进经济转型升级》专题发言。社员人大代表、政协委员在市人大、政协“两会”期间提交5件集体提案和11件个人提案，集体提案《关于统一规划处理我市污水处理厂污泥的建议》被市政协确定为2015年重点提案。集体提案《关于统一规划处理我市污水处理厂污泥的建议》和顾韵秋的个人提案《关于启动我市城区机动车路边临时停车管理系统的建议》被市政协评为2015年度优秀提案。年内，成立产业转型升级和优化城市管理两个专题调研课题组，吸收社内具有相关专业知识和一定参政议政能力的社员为对应课题组成员，多次召集课题组成员对课题进行分析、论证；组织课题组成员到政府相关部门和企业深入调研，广泛听取基层意见、建议；主要领导亲自带领课题组成员赴昆山、吴江、浙江义乌等地调研，研究周边县市转型升级的先进做法和成功经验，集思广益完成《优化软环境，提升软实力，提振江阴制造业转型升级》和《深化城市管理，促进文明城市创建》两篇调研报告，其中《优化软环境，提升软实力，提振江阴制造业转型升级》调研报告获市政协2015年度优秀调研报告一等奖。全年参加市政协政情交流会4次。10月，社员吴艳宇代表社市委在市政协职业教育现代化民主议政会上作《以工作室为抓手，政校行企四方联动，推进我市职业教育纵深发展》专题发言，就职业教育办学模式进行高质量的议政建言。11月，在经营性国有资产管理运作情况政情交流会上，社员时平代表社市委提出“利用国资助推产业转型升级”建议。

**【社会服务】** 2015年，九三学社江阴市委发挥科技优势，多渠道、多形式积极开展社会服务工作，努力为社会做好事、办实事。九三学社江阴市委将顾山镇红豆村的九三专家工作站作为社员同心思想的实践教育基地、参政议政课题的调查研究基地和服务社会扶贫帮困的爱心奉献基地，打造同心品牌。4月，在水蜜桃开花挂果的关键时期，九三学社江阴市委邀请南京野生植物综合利用研究院副院长、社员、研究员赵伯涛到红豆村为桃农进行技术指导;社内水利专家为红豆村进行水系疏通改造设计;社员为拓宽水蜜桃销售渠道建言献策,建议桃农应用现代销售模式,进行微信、网络销售;资助红豆村30户困难家庭。5月,九三学社江阴市委在普惠苑社区进行科普宣传,为当地居民进行食品安全宣传和心理咨询,发放安全用药、环境与健康、防病治病等健康科普书籍200多份。职业技术学院的社员指导企业管理、帮助企业技术攻关和培训专业技能。

**【社员成果及荣誉】** 2015年,社员荣朝晖获无锡市劳动模范称号,设计的江阴市实验小学新校区获省建筑师杯一等奖;社员崔联合获江苏省普通高等学校本专科优秀毕业设计(论文)一等奖;社员邵淑艳负责的"高档次油井钻具钢关键制造技术"项目获中国冶金科学技术奖、"油井钻具钢"被评为江苏省名牌产品;社员强静霞的征文《世界这么大风景在身边》获江苏省科协征文三等奖;社员陆卫宇的摄影作品《激情炉台》(组照)获全国金融摄影大赛铜奖、摄影作品《晨曦》获第五届中国证券界优秀摄影作品大展优秀作品。 (韩琴敏)

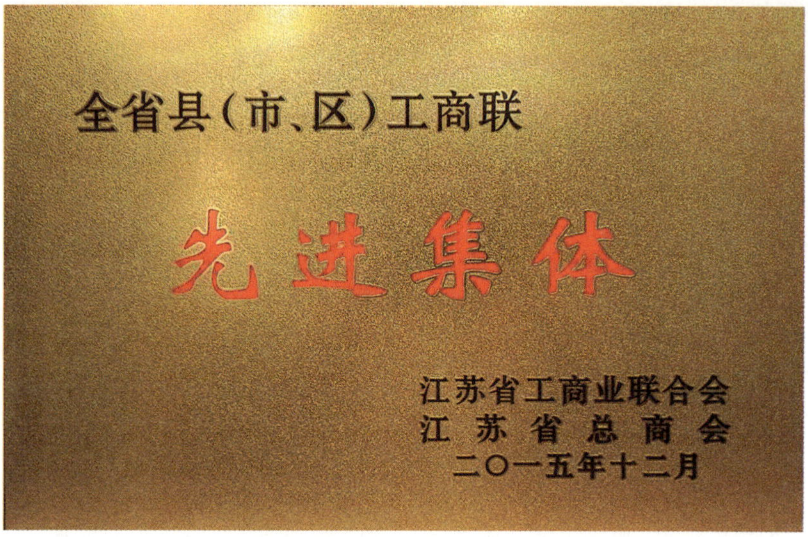


2016年1月,江阴市工商联被评为2015年度"全省县(市、区)工商联先进集体"

(江阴市工商业联合会提供)

## 江阴市工商业联合会

**【概况】** 2015年,江阴市工商联紧紧围绕促进全市民营企业健康发展和民营经济人士健康成长的目标,切实优化组织建设,传递正能量,积极拓展平台为会员服务。年内,发展新会员225人,至年末有各类会员3543人,镇(街道)商会14个,园区商会1个,自建行业商(协)会有市级12个、镇级14个,异地商会4个。是年,市工商联被评为全省县(市、区)工商联先进集体。市青阳商会被评为全省工商联商会组织先进集体,市云亭商会、新桥商会、安徽商会被评为无锡市工商联先进基层商会;市装饰装修行业协会、餐饮业商会被评为无锡市工商联先进行业商(协)会。

**【参政议政】** 2015年1月,江阴市江顺模具有限公司董事长张理罡代表市工商联在市政协十四届四次会议上作《关于进一步培育和壮大我市生物医药产业的思考和建议》专题发言,向大会提交《关于提升我市中小企业抗风险能力的建议》等2件集体提案,其中《关于规范民间资本有序投向,促进经济健康平稳发展的建议》被评为2015年度江阴市政协优秀提案。年内,市工商联围绕市政协的相关课题开展重点调研,撰写《关于进一步助推江阴中小企业挂牌"新三板"的思考和建议》《加强新生代企业家培养,打造高素质非公经济人士队伍》2篇调研报告。同时,市工商联组织开展"助力非公企业"专题调研,与机械、化纤等多个行业的民营企业家开展座谈交流,了解企业经营管理现状和所遇困难,针对企业反映较为集中的问题,向市委、市政府和上级工商联递交相关建议和报告,得到领导和上级部门的重视。

**【开展以守法诚信为重点的理想信念教育实践活动】** 2015年,江阴市工商联根据中央统战部及全国工商联的要求,精心起草开展以守法诚信为重点的理想信念教育实践活动的实施意见,指导全市各基层商会开展一系列扎实有效的活动。8月,组织开展"守法诚信"签名承诺主题活动,向广大会员发出"守法诚信"倡议和宣言,12月初,下发《关于在全市非公企业中评选2015年度"守法诚信示范企业"的通知》,引导全市民营企业家将依法治企、诚信兴企纳入创新发展总体规划,最大限度地凝聚改革共识,汇集改革正能量。

**【培训课堂】** 2015年,江阴市工商联在广泛开展培训调研的基础上,采取"走出去"与"请进来"相结合、理论学习与励志拓展相结合的方式开展培训,不断提升会员综合素质。是年,组织近60名企业家参加在浙江大学举办的"创新发展、创赢未来"专题研修班,听取《克强经济学与中国新常态经济》等课程,并实地参观位于杭州未来科技城的梦想小镇,助力会员增添企业赢在未来的动力;举办"中小企业如何规避税务风险及资产管理""企业投融资交流及公司市值管理"及"国内经济展望与A股未来走势"交流沙龙;举办3期"暨阳财富"论坛,讲授《全球货币趋势分析及应对策略》和《多层次资本市场概论》课程;举办"一带一路"战略与企业转型专题讲座;组织30多名企业家开展"澄商徽杭古道励志行"活动,重温徽商发展之路,体会创业的艰辛;组织10多位会员赴甘肃,徒步感受"玄奘之路",体会理想、行动和坚持的非凡意义,磨炼企业家知难而进、不言放弃的毅力;继续组织企业家参加无锡市青年企业家培育工程和宝界工商讲坛等各类培训,全年参加培训及各类讲座的会员数千名。

**【搭建服务平台】** 2015年,江阴市工商联围绕"两个健康",主动搭建交流合作平台，凝聚整合各方力量，助推会员企业实现新发展。年内，与地税局联合成立“江阴市纳税人之家”，通过举办税务知识讲座、“税企互动，助力发展”税收政策宣讲会和服装行业税收政策专题辅导会等活动，为会员企业发展提供有效的帮助；针对会员企业融资难的问题，市工商联专门发起成立“总商会+银行”服务企业联谊平台，市金融办和全市20余个国有股份制商业银行及外资银行相关负责人都踊跃参与，并组织开展多场次银企对接活动，为会员企业在贸易融资、跨境贷款等方面提供服务，为企业解决融资难的问题发挥积极作用；在新桥镇和临港经济开发区分别举办“看会员发展，谋优化提升”执委分片学习交流活动，组织近100名常执委参观海澜集团物流园区和双良节能公司，并进行座谈交流，海澜集团商业模式的创新，特别是现代物流的创新发展；双良集团着眼长远，推行精细化管理，依托雄厚的技术和人才优势，通过“系统集成供应商”、“项目总包”等服务提升、技术提升和经营能力提升的做法，引起与会企业家的强烈共鸣。

**【组织经贸考察】** 2015年，江阴市工商联组织20余位企业家赴广州、深圳，开展“创新创优求智行”学习考察活动，通过对茂硕电源科技和美的集团等优秀企业的考察交流，考察团一行深切感受大数据、物联网等新技术对引领传统企业迈向智能化发展的巨大作用，坚定了加大自主创新力度，走智能化、自动化发展的转型升级道路的决心；组织30余名会员赴浙江，现场参观浙江阿里巴巴集团总部与萧山信息港小镇，深入萧雅集团与圣奥集团2个企业，学习“互联网+”时代下实体企业“+互联网”和建立跨境电商平台以及实体经济升级转型的创新实例。

**【组织建设】** 为进一步加强广东和江阴两地的区域经贸交流，2015年9月，江阴市工商联成立广东省江苏江阴商会，这是继香港江阴商会和北京江阴企业商会后江阴在异地成立的第三个商会，香江国际集团（香港）有限公司董事长潘允当选为广东省江苏江阴商会的首届会长。年内，徐霞客商会、青阳商会、南闸商会完成换届，其中徐霞客商会更名为徐霞客总商会，这是江阴市在镇（街道）成立的第一个总商会，无锡圣马科技有限公司董事长孙秉忠当选为徐霞客总商会会长；江阴市洪腾机械有限公司总经理薛洪权当选为新一届青阳商会会长；江苏锦澜建设有限公司董事长周成当选为新一届南闸商会会长。11月，临港经济开发区金属新材料产业园商会成立选举产生第一届理事会领导班子，江阴市红卫青山纺织有限公司董事长夏宏武当选为会长。12月，顾山镇涸东商会成立，涸东村党委书记、江苏澄阳投资集团董事长杨亮当选为会长，村级商会的成立对于涸东村整合村域资源、培育民营企业产业集群、壮大民营企业产业规模、加快经济调整转型起到很大的促进作用。

**【基层商会】** 2015年，江阴市工商联切实加强对基层商会的指导，及时召开镇（街道）商会及行业商会工作专题会议，分别明确镇（街道）、园区商会、行业协会和异地商会工作意见，制订年度考核细则。半年度市工商联分类召开工作碰头交流会，年终进行认真严格的考核，促进基层商会开展工作。年内，云亭、月城、新桥、长泾等商会认真组织开展各类培训讲座，帮助会员主动适应经济新常态下转型发展的要求；顾山、祝塘等商会深入调研，服务会员企业转型发展；云亭、周庄商会通过助推企业“新三板”上市、与院校结合开展人才招聘以及中小企业互助转贷资金平台建设，努力为会员发展出新招；青阳、周庄、南闸等商会或组团参加世界华商大会，或组织会员赴武汉、广州、台湾等地考察交流，借鉴先进经验，增强发展信心；装饰装修行业协会挂牌成立了装饰装修纠纷人民调解委员会，不断拓展服务深度；餐饮业商会举办首届“非遗”美食文化交流活动；福建商会探索成立闽商融资平台；传媒业商会联合商标广告协会对全市首批15个广告企业进行广告资质等级评审，进一步拓展基层商会（协会）的服务内容。

**【成立爱心光彩基金】** 参与公益光彩事业是会员履行社会责任的重要体现。为切实解决会员企业内困难职工的帮扶和困难职工子女的助学问题，2015年8月，江阴市工商联召开九届四次常委会，审议通过设立江阴市总商会爱心光彩基金的方案。随后，市工商联、各镇（街）商会、异地商会和行业商（协）会纷纷踊跃参与，至年末总商会爱心光彩基金共收到会员捐款176.5万元。 （江苏花）

## 江阴市无党派知识分子联谊会

**【概况】** 2015年，江阴市知联会围绕主题、突出重点、扎实有效地推进各项工作。深入学习贯彻中共十八届四中、五中全会精神，学习中央统战工作会议精神，进一步推进“坚持和发展中国特色社会主义学习实践活动”。7月，江阴市知联会进行届中调整，选举王新达为知联会会长，江恩菲接任知联会秘书长。9月，组织会员赴土地山革命烈士墓开展“烈士纪念日”公祭活动。年内，推荐1名会员到基层蹲苗锻炼；组织担任市政协常委的会员、骨干会员13人次分别参加市政协、市委统战部举办的各类培训班；开展“书香知联”读书活动9次；召开生日座谈会5次；举办通讯员写作培训班；举办徒步活动、舞蹈培训班；与宿迁市宿城区无党派人士联谊会缔结为“友好联谊会”；与通州区无党派人士开展交流活动。城乡建设组申报示范小组的创建，成立小组活动基地。法尔胜小组与九三学社江阴学院支部、城乡建设组与民盟澄江支部分别开展跨党派结对活动。全年编发《江阴知联》4期，并组织编辑部成员前往浙江大学学习取经，与《浙大统战》编辑部交流。全年，发展新会员10人，至年末会员总数91人，平均年龄42.8岁。

**【参政议政】** 2015年1月，江阴市知联会共向市政协十四届四次会议提交集体提案7件。会员中人大代表、政协委员在市人大、政协“两会”期间提交提案、建议21件。集体提案《关于提升基本公共服务能力，助推我市新型城镇化建设的建议》由会员王罗进在专题大会作交流发言，并被政协评为重点提案，集体提案《关于进一步提升知识产权服务机构管理和服务水平的建议》及个人提案《关于深化空间信息资源共享应用的建议》《关于我市物业管理的建议》《关于加强我市混凝土预制构件产品质量监管的建议》《关于24小时监测高污染高排放企业，改善空气环境的建议》被政协评为优秀提案。年内，课题组成员申报完成市委关于《调动企业和社会力量，构建具有江阴特色的扶贫工作新机制》的调研报告（张成奇执笔、杨莉萍作大会交流发言）；完成自选课题《关于进一步完善公共体育服务体系的建议》（安世者执笔）。各工作小组提交《关于进一步加大青少年科技教育力度和建设江阴科技馆的建议》《关于进一步加大全市消防安全工作力度的建议》《关于重视城市地下空间科学开发利用的建议》《关于建立完善关爱环卫工人工作机制的建议》和《对我市发展养老产业的几点思考建议》等调研报告。在市政协民主议政会上，江阴市知联会承接《深化校企合作，推行校企一体化办学》调研课题，会员张成奇参加政协组织的调研活动，撰写高质量的调研材料并作交流发言。组织会员参加市政协召开的政情交流会4次，并在全民普法教育情况政情交流会上作交流发言。担任各级特约监察员、民主监督员、特约评审员、行风监督员的会员也认真履行职责，提出有价值的意见和建议，较好地发挥民主监督的作用。

2015年8月28日，江阴市知联会结对会员带领散居孤儿和困境儿童参观江阴市博物馆 （江阴市无党派知识分子联谊会提供）

**【社会服务】** 2015年，江阴市知联会依托城中社区这一“同心”基地，充分发挥会员资源优势，积极为社区居民服务。在社区的邻居节、“学雷锋”日，开展法律咨询、心理健康咨询，送上医疗服务、科普宣传、就业指导等；暑期夏令营举办“小主持人”培训；结对会员带领散居孤儿和困境儿童与社区孩子开展联合活动；重阳节，组织社区孤老赴青阳嘉茂国际花鸟园参观，传递温暖；春节前夕，江阴市知联会分管领导带队慰问社区困难家庭20户，赠送慰问金、生活用品等。会员赵志坚、胡卫东积极参加统战部组织的“同心文化添彩”活动，为社区居民送上精彩的文艺演出；部分会员为社区居民提供免费医疗、写春联、法律咨询等服务，把知联会服务社会的责任落到实处。广大会员踊跃参加市“慈善一日捐”活动。4月中旬，副会长孔秋海、洪朝晖前往贵州毕节市大方县开展帮扶活动，援建大方县美丽乡村建设点理化乡果木村照明工程1.5万元；9月，华士镇5岁小女孩琪琪在爆炸事故中重度烧伤后，会员们募捐善款17620元；李振中的“振中教育奖励基金”第5年在要塞实验小学发放，年内又追加30万元；殷风华带领的爱心团队新增助学帮扶15人，助学金额2万多元，并为5位百岁孤老赞助轮椅；胡卫东、蒋小华等会员分别前往边远山区学校参加捐资助学活动。

**【会员成果及荣誉】** 2015年，李振中在第五届国际摄影艺术展中获动物运动组丝带奖、风光花卉组铜奖；夏坚勇撰写出版29万字的长篇散文《绍兴十二年》，获江苏省首届“钟山”文学奖，在《人民日报》《文学报》《新民晚报》《深圳晚报》等报刊发表散文及文学访谈10余篇，计5万余字；赵志坚在江苏省非职业优秀民族乐团比赛中任首席二胡演奏并获得金奖；薛艳芳主播的节目《采桑忙》获无锡市广播一等奖；吕庆撰写的论文《环保减震氯丁橡胶料的研制》获无锡市自然科学优秀学术论文二等奖。 （沈海燕）

■类目编辑 杨佳杰

# 群众团体和组织

## 江阴市总工会

**【概况】** 2015年，江阴市各级工会围绕全市改革发展大局，以新状态引领新常态，以新作为赢得新发展，推动工会工作创新发展。组织开展新时期“江阴工人精神”大讨论活动，进一步树立和打造江阴职工队伍整体形象；深入推进“123”职工素质提升工程（2013－2015年，全市各级工会帮助1万名职工提升学历水平或技术等级，完成2万名企业班组长的培训，完成30万名普通职工的培训），举办国学《弟子规》、班组管理、职业素养等培训680场，培训职工87000人；举办“江阴工人好声音”职工歌唱比赛、迎七一羽毛球比赛、迎国庆职工足球比赛和全市十大集团企业庆五一职工文艺会演等大型文体活动，新建市级以上职工书屋示范点29个。全年新建各类工会组织1154个，其中独立工会187个；发展会员7.1万人，其中农民工会员5.6万人；工会组建率97.9%，职工入会率97.6%。是年，市总工会获全国工会系统财务工作先进单位、江苏省推动厂务公开民主管理工作先进单位、江苏省模范职工之家等市级以上荣誉20项。

**【模范先进评选表彰】** 2015年，江阴市总工会组织开展模范先进推荐评选表彰活动，树立典型，弘扬先进，鼓励全市广大职工为建设新江阴作出贡献。组织做好全国劳动模范、江苏省五一劳动奖章、无锡市劳动模范人选和江苏省五一劳动奖状集体等模范先进推荐评选工作；开展2015年度江阴市工人先锋号和金牌工人推荐评选活动，评定江阴市工人先锋号集体62个，并评出江阴市“十佳工人先锋号”，评定江阴市优秀职工52人，并评出江阴市“十大金牌工人”。4月30日，在市委、市政府举行的江阴市庆祝五一国际劳动节暨工会工作会议上，市领导为评选出的各级劳动模范先进颁奖。是年，市总工会为全市各级劳模发放春节慰问金、荣誉津贴、低收入困难补助金和特殊困难帮扶金“四金”190万元；组织145名劳模进行短期疗（休）养活动；组织300余名劳模参加免费体检。

**【立功竞赛活动】** 2015年，江阴市总工会组织开展“当好主力军、建设新江阴”立功劳动竞赛活动，进一步激发广大职工群众的劳动热情和主人翁责任感，充分发挥工人阶级主力军作用。年内，全市各行各业20余万名职工参加38个主题劳动竞赛和296个工种技能比赛活动。市总工会组织开展2015年度全市职工科技创新成果、合理化建议评选表彰活动，表彰职工科技创新成果和合理化建议125项，发放奖金30万元。江阴“两路一河”*工程京杭运河（江阴段）工程建设项目被列为江苏省十大重点工程劳动竞赛项目。

**【职工帮扶服务】** 2015年，江阴市总工会积极探索服务职工新路径，全面推进工会帮扶服务工作转型升级。创新推出依托于市民卡同步发行的江阴工会服务卡，各项服务菜单使持卡工会会员便捷享受普惠服务或专享服务；升级启用江阴市职工服务中心，为会员职工提供医疗互助保障、困难救助慰问、就业法律心理援助和特约商户优惠等全面、便捷的一站式服务；新建实体职工之家53个，累计建成242个；深入推进“3N·身边的关爱工程”（“3”指维权、帮扶、服务，“N”为不确定的若干项关爱工程项目），不断丰富活动内涵、拓展服务对象，惠及更多职工群众。是年，全市职工医疗互助保障在保职工达16.5万人，发放职工医疗互助保障金、大病救助金、困难救助金675万元；各级工会元旦、春节两节送温暖活动筹集资金1190万元，慰问困难职工6000余户；“金秋助学”活动结对助学2644人，资助465万元；指导建成环卫职工“安康·爱心驿站”10个、女职工“爱心母婴休息室”2个。

**【构建和谐劳动关系】** 2015年，江阴市总工会积极整合各类资源，全面构建和谐劳动关系。建立工会劳动法律监督、劳动争议调处和职工法律援助“三位一体”维权工作机制，实现工会各项维权职能的有效衔接；组织开展“百人千企”法律监督服务志愿行动，市镇两级113名法律监督服务志愿者累计监督服务企业1024个，提出整改意见119条；切实加强工会劳动关系预警和劳动争议调解工作，采集22条较为严重的工资拖欠预警信息，及时介入调处，确保职工权益得到有效维护；深入实施“菜单式、精细化”工资集体协商机制,全市签订工资专项集体合同企业7450个,建制率98.7%;全面推进职代会制度规范化建设,切实保障职工参与管理和监督的民主权利,职代会建制率98%。是年,全市各级工会接待职工来信、来访、来电1632件次,涉及人数3185人次。（夏伟刚）

## 共青团江阴市委

**【概况】** 2015年,江阴各级团组织强力推进服务型团组织建设,坚持青年为本、服务为先、团建为基、创新为魂,各项工作实现新突破。年内,召开共青团江阴市第二十次代表大会;深入开展青年文明号创新创效创优活动,市图书馆被评为国家级青年文明号,中建钢构有限公司华东大区设计分院、市公共服务呼叫中心被评为江苏省级青年文明号,全市新增无锡市级青年文明号4个;与市总工会联合开展首届江阴市"最美青工"评选活动,评选"最美青工"25人,双良节能股份有限公司工程师余喆被评为第二届全国"最美青工"。共青团江阴市委依托1个官网、2个微信平台、3个即时交流通信群,充分发挥新媒体网络宣传作用。"江阴青年汇"微信平台每周发布微刊5期,获江苏省团组织微信影响力风云榜第九名、无锡政务微信排行榜部委办局第五名,粉丝总量4万余人。是年,江阴市被团中央批准为全国首批"青年之声"网络平台试点县市;共青团江阴市委被评为2015年度江苏省团属报刊宣传工作先进单位。

**【共青团江阴市第二十次代表大会召开】** 2015年5月4—5日,共青团江阴市第二十次代表大会召开,参加代表261人,无锡市委常委、江阴市委书记周铁根到会讲话,寄语全市广大青年坚定理想信念、勇担历史重任、争做时代先锋,在全面建设经济强、百姓富、环境美、社会文明程度高的新江阴的历史征程中,谱写壮丽青春乐章。共青团无锡市委书记周子川和江阴市领导沈建、赵国权、薛良、钱文琴、唐仲贤、黄丽泰等出席会议。大会听取和审议通过谈海平代表共青团江阴市第十九届委员会所作的工作报告,选举产生共青团江阴市第二十届委员会委员33人、候补委员6人。共青团江阴市第二十届委员会第一次全体会议选举产生常务委员9人,谈海平当选第二十届委员会书记,叶海舟、居琳当选副书记。

**【青少年思想引领】** 2015年,共青团江阴市委以培育和践行社会主义核心价值观为统揽,深入开展各类青少年思想引领活动。在全市开展团(队)百家小讲坛、成长故事会等线上线下相结合的学习宣传活动,传承中华传统美德,感悟中华优秀文化魅力;组织开展"我身边的好青年"评选活动,选树一批爱岗敬业、无私奉献的优秀青年典型;与市教育局联合开展"追梦好少年"展评活动,引导广大少年儿童争做立志向、有梦想、爱学习、爱劳动、爱祖国的好少年。是年,评选江苏、无锡、江阴三级"我身边的好青年"263人,评选三级"追梦好少年"1000人;推选江阴初级中学初一学生沈青悠参加第七次全国少代会,并当选第七届全国少工委委员;江阴初级中学初三学生梅淑昕被评为全国优秀共青团员,江苏省南菁高级中学高三学生凌一洲被评为全国最美中学生。

2015年9月11日,江阴市举办第二季江阴市青年创业大赛暨江阴青年万达创业街Boss招募赛总决赛（团市委提供）

**【基层团组织建设】** 2015年,共青团江阴市委进一步加强基层团组织建设,切实增强团组织的吸引力、凝聚力和战斗力,不断巩固和扩大党执政的青年群众基础。年内,新增市直属团组织3个,新建"两新"*领域团组织300余个;启动青少年综合服务平台建设,新建12个青少年之家,有效覆盖青少年10万余人;持续开展"活力共青团"创新创优项目与基层团建示范点争创活动,激发基层团组织首创精神和创新活力;启动和开展中学中职共青团工作"六个一"(以"入团第一课"为核心,以"青春五月"为统揽,以"共青团辅导员"为关键,以"团员成长教育室"为重点,以"班级团队角"为依托,以"学生团员成长档案"为抓手)团建项目示范学校创建活动。年内,收集申报基层团组织创新创优项目41项;建立基层团建示范点29个;申报的"巧变青年社会组织为'门店',伸展团青服务工作拓外延"项目被团中央评为全国农村基层团组织创新示范项目。是年,市青少年之家被评为国家级示范性青少年综合服务平台;江苏省江阴中等专业学校团委被评为全国五四红旗团委,顾山镇红豆村农业专业合作社团支部被评为全国五四红旗团支部,临港街道横塘村团总支被评为江苏省五四红旗团(总)支部;江阴市华姿中等专业学校被评为全省中学中职共青团工作"六个一"团建项目示范学校;江苏省江阴高级中学团组织被评为2015年度全省大中专学校活力团支部;江阴市商业中等专业学校团委获江苏省中学中职学校"微团课"大赛一等奖。

**【团干部队伍建设】** 2015年,共青团江阴市委加强团干部队伍建设,提升团干部服务青少年的能力和水平。年内,团市委组织镇(街道)、开放园区、市直机关等基层团干部51人参加中央团校主题培训班;组织基层团干部18人参加无锡市"深入学习中央4号文件和群团工作会议精神"读书班;相继举办新任团干部基础团务培训班、少先队辅导员培训班、学校团干部培训班等;在全市范围组织开展"团干部如何健康成长大讨论",围绕自省自励、懂得感恩、坚定信念等方面进行讨论聚焦,努力打造让党放心、让青年满意的团干部队伍;围绕"服务'三农'"、普惠青农"工作目标,与农业银行江阴分行联合选派优秀金融干部15人赴镇(街道)挂职团委副书记,打造专兼职相结合具有可持续战斗力的团青工作队伍。

**【服务青年民生】** 2015年,共青团江阴市委不断提升服务意识,创新服务手段,全面做好服务青年民生工作。年内,实施第十届大学生暑期勤工助学"阳光行动",动员164个企事业单位为江阴在校大学生和高三毕业生提供各类社会实践岗位744个;与市农林局联合开展农村青年电商培训营4期,培训学员300人;与市商务局、江阴万达广场联合举办第二季江阴市青年创业大赛暨江阴青年万达创业街Boss(老板)招募赛,10人获万达金街"一免两减半"租金优惠;推荐3名创业青年参加省青年创新创业大赛,其中华士镇陶虹宇的"植物工厂项目营销计划"获三等奖;向团省委推荐的临港街道海之语青年电商创业孵化基地被评为江苏省农村青年电商创业培育示范基地,并获专项扶持资金30万元;开展"共青团与人大代表政协委员面对面"活动,就青年创业、青少年活动阵地等议题进行座谈交流和实地调研,并形成2份提案在市人大、政协两会上提交。

**【青春公益行动】** 2015年,共青团江阴市委积极整合资源,打造澄江公益坊青年公益组织孵化中心,吸引更多公益组织、义工团队和公益创投项目入驻,并通过建立综合服务网,使社区和公益组织之间达到资源信息共享,用"社工带社工、义工助义工"抱团发展的公益模式,满足市民的多元化服务需求。5月20日,共青团江苏省委书记万闻华一行在江阴调研时,充分肯定澄江公益坊青年公益组织孵化中心这一公益模式。年内,共青团江阴市委开设全市青年公益社会组织骨干培训班,推进青春公益行动纵深发展,并专邀中国香港注册义工梁嫣红作《青少年群体特点及社工小组活动实务分析》讲座;开展"青年之声"线下互动,邀约全市公益青年社会组织代表为文明城市创建献计献策;开展"清朗网络·青年力量"青年网络文明志愿行动;开展青年志愿者游泳救生技能公益培训班2期,免费培训青年志愿者60余人;开展"保护母亲河"植绿、增绿、换绿、播绿、讲绿、育绿系列活动,全年青少年参加市镇两级植树护绿3000余人次。至年末,全市登记注册网络文明志愿者3000余人。

**【青少年维权和希望工程】** 2015年,共青团江阴市委进一步强化青少年维权工作,积极推进希望工程,为服务青少年健康成长保驾护航。年内,组织开展"共青团在你身边"暖冬行动,为困难青少年群体提供个性化新年礼物700余件;举办"我要上大学"圆梦行动10周年纪念暨2015年助学金发放仪式,资助贫困家庭大学新生78人,发放助学金29.4万元;设立江阴市青年企业家协会圆梦助学金和江阴市吉麦隆圆梦助学金,募集专项助学基金106万元;与市检察院等部门联合组织实施的"奔跑吧少年——涉罪未成年人关爱"项目获全国青年志愿服务项目大赛铜奖、江苏省青年志愿项目大赛优秀项目奖、江苏省青年公益项目大赛二等奖,并被列为十大江苏省青少年事务社会工作示范项目;组织实施"花样少年"系列法制教育宣传活动,惠及500余人次。江阴中等专业学校模拟法庭活动获第二届江苏省中等职业学校在校生模拟法庭大赛银奖。新成立的市青少年权益保护协会在致力于未成年人维权和犯罪预防,培育打造专业化青少年工作社工队伍方面成效显著,经团市委推报的《成立江阴市首家青少年社工机构,专业维护青少年合法权益》典型事件,被无锡市未成年人保护委员会办公室和共青团无锡市委评定为"无锡市未成年人保护十大事件"之一。7月14日,团中央在全国"青少年权益工作创新"试点工作简报上对江阴青少年权益工作创新经验进行报道推广。

**【少先队工作】** 2015年,共青团江阴市委切实履行"全团带队"光荣职责,坚持为少先队办实事,为少年儿童办好事,引领少年儿童全面发展。年内,与市教育局和市少工委联合举行江阴市"向上·向善"少先队鼓号大赛暨纪念少先队建队66周年庆祝活动,全市15所学校鼓号队1000余人参加鼓号比赛,江阴市实验小学、祝塘中心小学鼓号队等7支参赛队伍获"金号奖";推荐江阴市实验小学鼓号队参加无锡市第七届少先队鼓号大赛,获无锡市鼓号大赛"金号奖";深化"团队手拉手"活动,组织中学共青团员与小学少先队员开展多形式的交流互动,让共青团员明确责任,让少先队员对共青团充满向往;在全市初中开展十四岁青春仪式暨退队入团仪式,引导中学生珍惜青春年华,增强责任意识和历史使命感,迈好十四岁青春第一步;继续组织开展"江阴—霍城少年儿童手拉手"援疆互助活动和爱心图书包裹捐赠活动,探索两地少年儿童结对联系长效机制;举办红领巾寻访美丽江阴之第三季自护自理公益夏令营,并对营员进行水上安全、紧急避险等知识培训,提高少年儿童自护自理能力。

(苏晓华)

## 江阴市妇女联合会

**【概况】** 2015年,江阴市妇联全面贯彻落实党中央和江苏省委群团工作会议精神,以保持和增强妇联组织的政治性、先进性、群众性为着力点,积极探索创新,努力夯实基础,各项工作不断取得新成绩。是年,经中共江阴市委同意,建立市妇联党组。江阴广播电视台被授予“全国巾帼文明岗”称号;江苏金一文化发展有限公司总经理兼党支部书记、市第十六届人大代表黄翠娥被评为全国巾帼建功标兵;爱心树家庭成长中心被评为江苏省最优女性社会组织;市女性社会组织指导服务中心被列为无锡市巾帼志愿服务示范基地。至年末,全市有镇(街道)妇联14个,开发区妇联3个,机关妇委会17个,基层村(社区)妇代会265个。

**【基层妇女组织建设】** 2015年,江阴市妇联坚持党建带妇建,进一步巩固发展传统领域妇联基层组织,拓展“两新”* 领域妇女组织。年内,举办2015年度全市妇联干部培训班,学习贯彻落实中共中央《关于加强和改进党的群团工作的意见》;在政府、市场、社会组织与妇女儿童之间构筑起枢纽型服务平台,推动成立编织协会、爱心妈妈协会等女性社会组织;开展女性社会组织公益项目负责人专题培训活动,促进女性社会组织健康发展。是年,以“微创投”的形式推动实施13项公益项目,并邀请专家对项目进行督导。

**【妇女就业创业服务】** 2015年,江阴市妇联继续深化妇女就业创业服务举措,全力推进妇女就业创业。年内,组织召开全市“双学双比”(学文化、学技术、比成绩、比贡献)暨“互联网+”(指利用信息通信技术以及互联网平台,让互联网与传统行业进行深度融合,创造新的发展生态)助力现代农业工作推进会;培育鹏程农业等4个省级巾帼示范基地,引导搭建农村女致富带头人、女经纪人、女种养能手发挥示范作用的舞台;组织3525名妇女参加技能培训、SYB(创办你的企业)创业培训、农村妇女“网上行”基础技能培训;举办专场招聘会16场,推荐妇女就业3561人次;与市农林局联合开展“服务到农家、惠民添深情”服务基层活动,为徐霞客镇幸福桃园女农民田间学校配备现代化培训设施,为月城镇双泾村阿洪葡萄等3个巾帼专业合作社、家庭农场赠送复合肥;与市残联联合开展“巾帼助残”活动,发放扶持款3.4万元,扶持10名残疾创业妇女;继续推动妇女小额担保贷款政策的落实,发放妇女创业小额担保贴息贷款1100万元;围绕“巾帼建功立新业,文明创建树新风”主题,召开全市巾帼建功推进会;与市委组织部、市人社局联合开展“巾帼英才创新联盟行动”之江阴女性“双创”(创业、创新)人才高校论坛活动;与市工商联联办《“一带一路”建设与发展机遇》主题讲座;组织女企业家赴德国考察学习;开展女企业家协会“会长进企业”调研交流活动;举办“恒源祥杯”编织大赛总决赛。是年,帮助有创业意向的编织女能手成功开办编织吧4个。

**【依法维权】** 2015年,江阴市妇联依法维护妇女儿童合法权益,促进社会和谐稳定。年内,履行市政府妇女儿童工作委员会办公室职能,完成“十二五”妇女儿童发展规划终期监测评估;组织市妇儿工委成员单位负责人赴南通市学习预防和控制儿童伤害的先进经验;依托“妇儿之家”、妇女维权服务热线等维权平台,畅通妇女诉求表达渠道,引导妇女理性依法维权;加强基层妇女维权站建设,深入基层、深入妇女群众,大力宣传党和政府的决策部署和惠民政策,做好释疑解惑工作;深化妇女法制宣传教育活动,通过广场咨询活动等形式加强“六五”普法宣传;深入社区组织开展“不让毒品进我家”活动;征集评选妇女维权工作优秀案例19件。是年,市婚姻家庭指导中心接待离婚意向夫妻1662对,劝和565对,劝和率34%。

**【扶贫帮困】** 2015年,江阴市妇联继续组织开展扶贫帮困工作,真情关爱贫困妇女儿童。年内,与市慈善总会联合开展帮扶活动,向100名单身贫困母亲发放慰问金计20万元;市女企业家协会“两癌”(宫颈癌和乳腺癌)特困妇女救助基金向18名妇女提供人均1.3万元的救助金和药品;启动“小桔灯”困境儿童帮扶项目,妇联系统干部走访调研170名困境儿童,推行“3+1”帮扶模式,由一个企业、一个家庭和一组志愿者共同帮扶一名困境儿童,企业负责经济上帮助,爱心家庭负责平时亲情关怀,一组巾帼志愿者每月轮换陪伴和辅导困境儿童;与交通银行股份有限公司江阴支行联合开展“关爱儿童,筑梦同行”公益活动,该行捐赠10万元资助50名困境儿童;依托江阴助学网、邢氏清寒助学金、上润助学金等项目资助贫困学生,向122名贫困学生发放助学金25万元;启动“开启光明,点亮人生”公益活动,为23名8岁以下贫困斜弱视儿童患者提供为期三年的免费治疗;发动基层妇联组织捐赠“母亲邮包”476个,通过“一对一”捐助模式,送达西藏、云南等地区贫困母亲。

**【家庭教育】** 2015年,江阴市妇联继续深化家庭教育工作,加强未成年人思想道德建设,促进未成年人健康成长。年内,与市文明办、市教育局等部门联合开展第三届江阴市美德少年推荐评选活动,激励未成年人做一个有道德的人,通过在全市中小学校中推荐和选树一批道德先进典型,让广大中小学生学有榜样、行有楷模,引导未成年人见贤思齐、健康成长、全面发展;发挥家庭教育工作牵头部门作用,积极协调各方力量,认真指导各级各类家长学校办学,确保家庭教育指导工作落到实处;与市关工委、市教育局联合开展优秀家风家训征集活动,弘扬中华优秀传统文化,征集到各类家风家训238篇;组织开展家庭教育“三进”(进学校、进社区、进企业)巡讲活动,指导和推进家庭教育,构建学校、家庭、社会紧密协作的教育网络。是年,全市评选出100名江阴市美德少年,其中选树10名江阴市美德少年标兵。各级妇联举办家庭教育讲座123场次,受益家长31400人次。

**【文明创建】** 2015年,江阴市妇联继续深化文明创建活动,营造文明和谐氛围,弘扬尊老爱幼、勤俭持家、自立自强等家庭文明新风尚。年内,与市文明办联合出台《江阴市创建文明家庭暂行办法》,引领广大妇女做文明家庭、文明城市创建的参与者、实践者、先行者;组织开展文明家庭推荐评选活动,表彰10户“最美家庭”、40户“五好文明家庭标兵户”、116户“五好文明家庭”和“十佳书香家庭”等各类典型,制作

“最美家庭”宣传视频在江阴电视台播出；开展“五好文明家庭五十佳”寻访活动，寻找挖掘“和谐好夫妻”“孝敬好儿女”“教子好父母”“和睦好婆媳”“友爱好邻居”等各类家庭典型，编辑印发《文明江阴，从家开始——“五好文明家庭五十佳”事迹汇编》3000册；在《江阴日报》开辟“妇联·家”进行“家风沁润社会，美德传递文明”五十佳事迹专题宣传；与市文广新局联合组织“江阴市家庭美德流动大舞台”在全市各镇（街道）巡演，弘扬文明新风；依托江阴LADY（女士）微信公众号，为江阴女性提供掌上生活服务平台，线上线下定期举办贴近妇女儿童需求的公益活动，传播文明新风尚；组织开展江阴市“最美护士”评选活动，宣传优秀医务工作者先进事迹。是年，巾帼志愿者组织开展助困助老、安全健康、依法维权等公益服务项目活动13项，服务妇女儿童5581人次。（薛　暄）

## 江阴市科学技术协会

**【概况】** 2015年，江阴市科协深入学习贯彻中共中央《关于加强和改进党的群团工作的意见》文件和江苏省科协第九次代表大会精神，不断加强各级科协组织建设，全面提升基层科协履职能力和水平。年内，成立江阴市生态绿色建筑科技创新协会，新建企业科协11个；举办全市科协系统秘书长培训班；实施学会服务科技创新能力提升计划，评选出星级学会15个；支持江阴职业技术学院科协开展大学生科技论坛暨创新创业竞赛活动；鼓励各学（协）会积极履行科技奖项评审、项目论证、技术鉴定、人才培训和继续教育等服务职能；推动学会有序承接政府职能转移，着力提升学会服务社会和政府的能力；开展“企业优秀科技工作者之家”示范创建与评比活动。是年，市科协被评为江苏省科协系统先进集体。金顾山水蜜桃专业合作社被评为江苏省“基层科普行动计划”科普惠农先进单位，申港三鲜养殖有限公司、南闸街道蔡泾村被评为江苏省科普惠农服务站。包秀金被评为全国“基层科普行动计划”农村科普带头人。至年末，全市有镇（街道）科协14个，开发区科协2个，学（协）会34个，院校科协2个，企业科协96个。

**【科普宣传】** 2015年，江阴市科协以创建新一轮全国科普示范市为契机，扎实开展“个十百千万”系列科普活动。年内，学习贯彻《中华人民共和国科学技术普及法》，实施社区科普益民计划和科普惠农兴村计划；发挥村（社区）科普员、科普志愿者和科普讲师团三支科普队伍作用，全市329个村、社区配齐专（兼）职科普员，注册科普志愿者1万余人，聘请200名专家学者为科普讲师团成员；办好科普志愿者服务月、科普宣传周、全国科普日和科协会员日四大科协节日科普活动；以落实《全民科学素质行动计划纲要》为总揽，重点提升未成年人、农民、城镇劳动者、领导干部和公务员、社区居民五大重点人群科学素质；开展科普“六进”（进机关、进学校、进社区、进农村、进企业、进军营）服务；打造基层科普馆、科普画廊、科普网站、科普报刊、科普微博、科普微信、科普电影宣传平台“七位一体”科普平台，新增微信粉丝1000余人；优化田园风光、人文励志、传统工艺、科技体验、安全教育、健康养生、军事科普、工业创新八条科普旅游线路；突出消防安全、应急避险、环境保护、卫生保健、食品安全、转基因技术、心理健康、节能减排、智能生活九大重点科普专题，举办10场高端学术报告会；举办科普宣传讲座300场次；组织万人游科普基地，全年直接参与科普活动的群众达10万人次以上，实现科普受益群众100万人次。是年，总投资200万元的市级流动科技馆完成招标。江阴被评为江苏省科普示范市，并通过中国科协对新一轮“全国科普示范市”创建工作的检查验收。顾山镇被评为江苏省科普示范镇，澄江街道北大街社区被评为江苏省“基层科普行动计划”科普示范社区，云亭中学被评为江苏省科学教育特色学校，华西新市村等4个村（社区）被评为江苏省科普示范村（社区），传澄袜子博物馆等3个单位被评为江苏省科普教育基地。江苏省南菁高级中学高三学生凌一洲获无锡市第一届青少年科技创新市长奖，华士实验中学学生王泽辰等4人获提名奖，南菁高级中学获创新教育摇篮奖，华士实验中学老师常建强获科技辅导奖。

**【科技创新服务】** 2015年，江阴市科协充分发挥桥梁纽带作用，积极服务经济社会发展大局。年内，推行科技信息推广应用“一站式”服务，全力为企业解决科技需求；建成江阴企业创新专家服务网络平台，包括专家库、科技成果库和需求库“三类”信息资源库，汇聚25个国家级学会的2228名专家教授、851项科技创新成果，可以实现专家咨询、视频会议、科技成果发布、企业需求征集、信息审核及系统管理等功能；新增专利信息应用企业200个，培训企业专利应用工程师350余名，产生应用成果10项；开展厂会协作、金桥工程和“讲理想、比贡献”等科技服务活动120余项；组织20余个企业参加中国科协（广州）科交会、深圳高交会和上海工博会，推动多项科研成果在江阴落地转化；帮助企业对接联系东大、复旦、南航、中科院纳米所等高校和科研院所，推进政产学研合作；继续组织实施科技兴农富民工程和科普惠农计划。是年，中国科技咨询服务中心将江阴设为服务企业发展综合试点基地。在江苏省“县级科协创新发展能力提升计划”评选活动中，市科协被评为优胜单位，《建立健全“五大”机制，服务企业创新发展》工作做法被评为创新案例。

**【科技人才服务】** 2015年，江阴市科协继续加强科技人才服务工作，充分调动广大科技工作者积极性，为经济社会科学发展做贡献。年内，成立由60名专家组成的高层次人才专家咨询委员会，积极为经济社会转型升级和优化发展出谋划策、建言献策；开展“院士专家企业行”活动，邀请高层次科技人才来江阴开展交流合作；加强与江阴籍在外高科技人才的联络服务，激励他们为家乡经济社会建设发挥作用；积极实施“海智计划”（海外智力为国服务行动计划),持续加强与海内外科技社团的沟通联系,协助市委组织部、江阴高新区管委会举办"中国制造2025"中德创新与投资论坛暨国家"千人计划"(海外高层次人才引进计划)专家江阴行活动;开展学术讲座、走访慰问、文体健身等科协会员日系列活动,其间举办的运动会吸引全市近千名科协会员参与;建立优秀科技人才举荐奖励机制,推动形成创新人才竞相涌现、创造活力竞相迸发的良好局面。是年,市委、市政府表彰全市十佳基层科协组织,市科协评选出51名科技创新创业创优人才。 (焦亚平)

## 江阴市归侨侨眷联合会

**【概况】** 2015年,江阴市侨联认真贯彻落实中央、省市委关于加强和改进新形势下侨联工作的文件精神,积极依托海内海外两个平台,致力深化"两个并重"(国内、海外工作并重,老侨、新侨工作并重),加快推进"两个拓展"(拓展海外联络工作,拓展服务新侨工作),服务经济发展大局,广聚侨界智慧力量,着力建设侨胞之家,各方面工作再上新台阶。年内,经中共江阴市委同意,建立市侨联党组。中共江阴市委出台《关于进一步加强和改进新形势下侨联工作的实施意见》,强调加强和改进新形势下侨联工作的重要意义;明确新形势下侨联组织在引资引智、加快发展,为侨服务、维护侨益,海外联谊、文化交流,参政议政、社会建设等方面的职能作用;要求各级侨联组织不断加强自身建设,增强政治性、先进性和群众性;重申切实加强党对新时期侨联工作的领导,确保各级侨联组织做到有组织、有队伍、有经费、有阵地、有活动。是年,新建镇(街道)侨联分会1个;建立市侨联QQ群、微信群;侨联工作信息被中国侨联、江苏省侨联录用15条,被无锡市侨联录用77条。至年末,全市有镇(街道)侨联分会10个、侨商商会1个。

**【江阴市第七次归侨侨眷代表大会召开】** 2015年12月2日,江阴市第七次归侨侨眷代表大会召开,全市归侨侨眷、海外侨胞代表及有关各界人士180余人参加会议,中共无锡市委常委、江阴市委书记周铁根到会讲话,希望侨务工作者团结带领广大归侨侨眷和海外侨胞,振奋精神、开拓进取、扎实工作,不断开创江阴侨联工作新局面。市领导蔡叶明、计军、黄耀清、须振宇等出席会议,江苏省侨联副巡视员、办公室主任李正新和无锡市侨联副主席张筠到会指导,宜兴市、无锡新区、滨湖区侨联领导和江阴市各群团组织负责人、市侨联老领导及海外嘉宾代表到会祝贺。大会审议并通过《江阴市侨联第六届委员会工作报告》《江阴市侨联工作细则》等文件,选举产生市侨联第七届委员会委员25人,刘锋当选第七届委员会主席,苏曦泓、单红霞、史晓晔当选副主席,苏曦泓兼任秘书长。会议还聘请曾宪相等10人为市侨联海外顾问。

**【参政议政】** 2015年,江阴市侨联认真履行职责,积极发挥参政议政作用。年内,组织发动侨界人大代表和政协委员围绕市委、市政府中心工作和人民群众关心的热点、难点问题,深入开展调查研究,撰写议案、提案,反映社情民意,表达侨界心声,为江阴经济社会改革发展建言献策。市人大、政协两会期间,侨界人大代表和政协委员提交议案、建议、提案和社情民意10件,其中8件提案被列入办理,提案质量进一步提升。《关于推动江阴城市综合体健康有序发展的建议》《关于在江阴口岸建设冷链项目的建议》被评为政协江阴市第十四届委员会2015年度优秀提案。

**【为侨服务】** 2015年,江阴市侨联以亲情、乡情、友情为纽带,全力做好为侨服务工作。年内,开展走访侨资企业活动,深入了解侨企生产经营状况和困难需求,为侨企送服务解难题,推进侨企不断开拓发展;召开侨联机关作风建设座谈会和侨界群众座谈会,听取侨界人士意见和建议;着力解决侨眷反映多年的问题,协同临港街道投入20万余元改造小区公共厕所;投入2万余元为市华侨中心购置电子琴、图书、柔力球等活动用品;试行改革侨界群众慰问办法,利用春节、端午、中秋、重阳等传统佳节开展活动,组织"侨看江阴新貌,喜迎重阳佳节"等活动,走访慰问归侨侨眷和侨界老人120余人次;组织开展全市基本侨情调查工作,全面调查统计侨资、侨属企业。11月2日,市侨联组织10名新侨回国创业创新代表赴无锡,参加"创业中华·魅力无锡"2015年侨专委助力新侨创业发展活动。是年,江阴联通实业有限公司被评为江苏省优秀侨资企业。

**【联谊交流】** 2015年,江阴市侨联加强与海内外侨界联络联谊,积极搭建友好交流平台。9月20—30日,市天华艺校民族乐团出访意大利、瑞士,其间举行3场"天华之声"民族交响音乐会。10月18日,美国北加州无锡江阴宜兴同乡会成立。年内,中国侨联经济科技部部长陈桦到江阴调研;澳大利亚籍著名华人画家姚迪雄、美国大华府地区社团负责人王震华先后到访江阴;市侨联领导专程看望回乡省亲的江阴籍美国华侨博士蔡档,慰问江阴旅港同乡会原秘书长章瑞彰。是年,接待海外侨胞50余人次,寄发贺信400余封、邮件600余份、贺年短信500余条。

**【"亲情中华·汉语桥"江苏夏令营举行】** 2015年6月25日至7月6日,2015年"亲情中华·汉语桥"江苏夏令营在江阴市天华艺校举行,来自美国、澳大利亚、加拿大等8个国家的31名华裔青少年营员参加夏令营活动。该次夏令营由江苏省侨联主办,无锡市侨联、江阴市侨联协办,江阴市天华艺术学校承办。夏令营期间,组织营员们学习《说文解字》、古典诗词赏析、中华传统礼仪等文化课程和二胡、古筝、葫芦丝等乐器课程,参观无锡博物馆、中国泥人博物馆、常州中华恐龙园等,并作客艺校学生家中,体验江阴人的家庭生活。《江苏侨联》第6期以夏令营开营照片作封面予以宣传,第12期推出专栏专题介绍江阴承办夏令营的经验做法。12月,市侨联派员作为江苏省侨联系统代表参加中国侨联举办的2015年"亲情中华·汉语桥"夏令营工作研讨会并作经验交流。 (张永振)

## 江阴市文学艺术界联合会

**【概况】** 2015年，江阴市文联充分发挥文艺工作特殊优势，展示全市文艺界良好形象，为促进江阴文艺事业大繁荣大发展作出积极贡献。3月26日，中国文联党组书记、副主席赵实一行到江阴就修改完善《中国文学艺术界联合会章程》这一课题开展调研活动。年内，市文联承办意大利托尔托纳市江阴书画作品展、江阴·霍城百景书画作品交流展、“江阴百景”摄影作品展、“江阴百景”美术作品展、江阴市青年美术教师作品展、江阴书画院画师作品苏州无锡巡展等大型展览活动；支持市美术家协会会员朱农、夏晓云和市书法家协会会员周湘云分别在上海、无锡、南京举办个人作品展，支持城中实验小学学生唐吉科德长篇系列童话《魔法大师》举办首发式暨作品研讨会；与江阴日报社、市作家协会联合开展“各镇（街道）新创作文艺作品专题专版”活动，《江阴日报》副刊先后刊出15个专题版面，并编撰《原野阳光——江阴市乡镇（街道）文联专版特辑》。各文艺协会创作成果丰硕、成绩斐然，夏坚勇长篇散文《绍兴十二年》获首届钟山文学奖，许达书法作品获全国第十一届书法篆刻作品展优秀作品奖（最高奖）。是年，市文联主席王敏出席全国文联组联工作会议暨外事工作座谈会，并作大会交流发言。成立市电影电视艺术家协会，选举产生第一届市影视协会理事会；成立临港开发区文联和高新区文联；全年举办美术、书法、摄影展览19次，完成文艺惠民演出近200场次。江阴市文联与市戏剧曲艺家协会组织以会员为主的文艺志愿者演出小分队开展“欢乐小舞台，大家一起来”系列文化惠民演出活动，全年惠民演出20场次。至年末，全市有镇（街道）文联12个、开发区文联2个、企业文联2个；文联直属协会8个，会员1236人，其中省级会员171人，国家级会员77人。

**【江阴市文联第六次代表大会召开】** 2015年12月1日，江阴市文学艺术界联合会第六次代表大会在市广电集团1号演播大厅召开，全市300余名文学艺术工作者代表参加会议。无锡市委常委、江阴市委书记周铁根到会讲话，寄语全市文艺工作者要牢记使命、团结一心，努力创作更多优秀作品，推动江阴文艺事业的大发展大繁荣，为实现“建设新江阴、再创新辉煌”做出更大贡献。无锡市文联党组书记、主席刘基平和江阴市领导沈建、赵国权、薛良、袁秋中、龚振东出席会议。大会听取和审议通过王敏代表市文联第五届委员会所作《迈上新征程、攀登新高峰，倾心谱写江阴文学艺术事业新篇章》工作报告，审议通过《江阴市文学艺术界联合会章程（草案）》，选举产生市文联第六届委员会委员61人。市文联第六届委员会第一次全体会议选举产生常务委员13人，王敏当选第六届委员会主席，周林海当选副主席，龚翼当选秘书长。

**【纪念抗战胜利70周年系列活动】** 2015年，为纪念中国人民抗日战争暨世界反法西斯战争胜利70周年，弘扬爱国主义精神，牢记历史，不忘过去，珍爱和平，开创未来，江阴市文联与市委宣传部、市文广新局联合开展系列纪念活动。年内，开展纪念抗战胜利70周年美术书法作品征集活动，得到全市广大文艺工作者和书画爱好者积极响应，收到应征投稿作品近300件，作品多角度、多层次展现中华民族历经千难万险、波澜壮阔的抗战历程，讴歌中国人民不屈不挠、英勇抗争的爱国主义精神。经江苏省美术家协会、书法家协会专家评委评选，评出入展作品139件（其中优秀作品36件），于9月18日至10月7日在市展览馆举办纪念抗日战争胜利70周年江阴市美术书法作品展。年内，以江阴抗战史实为题材的“江城故事之抗战烽火——纪念抗战胜利七十周年主题故事会”在全市进行巡讲巡演，《江阴海空大战》《阿二智救众乡亲》《颜家桥战役》等7个江阴抗战故事以舞台表演的形式，真实还原江阴抗战史上不可磨灭的光辉岁月。

**【举办文艺家读书班】** 2015年12月16—18日，江阴市文联举办2015年度文艺家读书班。市文联机关、书画院、八个文联直属协会和各镇（街道）文联、临港开发区文联、高新区文联的文艺骨干80余人参加读书班。该期读书班旨在贯彻习近平总书记在文艺工作座谈会上重要讲话精神，落实《中共中央关于繁荣发展社会主义文艺的意见》，围绕提高素质、开阔眼光、创新思维、推动创作，安排《江南视域中的中华传统文化》《宗教文化》《“论语”与人生》《法律与生活》《戏剧文化传承与创新》《书法艺术与日常审美》6个主题学习课程，并设茶艺知识实践课程，组织学员参观苏州诚品书店。其间，学员们围绕文艺理论、文艺创作、文联及协会建设等问题进行深入广泛交流研讨。

**【周东亮回江阴演出锡剧】** 周东亮，江阴云亭人，江苏省锡剧团团长，国家一级演员，青年锡剧表演艺术家，有“锡剧王子”之称，江苏省非物质文化遗产锡剧代表传承人。他扮相俊秀，嗓音清亮，声情并茂，字正腔圆，拿手曲目有《玉蜻蜓》《白蛇前传》《玲珑女》《寻儿记》《珍珠塔》《七月雨》《风流状元》等。2015年11月1日、2日，由江阴市文联、市文广新局、江苏有线网络发展有限责任公司江阴分公司联合主办，江苏省锡剧团承办周东亮回江阴惠民演出锡剧系列活动。1日、2日晚上，由周东亮领衔主演的经典锡剧《珍珠塔》在江阴大剧院上演，演出结束后，观众普遍给予高度评价。2日上午，周东亮、董云华、张金华等江苏省锡剧团艺术家在临港开发区管委会一楼会议中心举行锡剧名家与票友见面会，200余名江阴锡剧爱好者参加。锡剧爱好者们纷纷登台展示，谋求名家指导点评。周东亮、董云华、张金华等名家在见面会上为票友们即兴表演锡剧经典唱段，周东亮还邀请票友代表同台演唱《珍珠塔》选段，将见面会活动推向高潮。

**【江阴—宜兴两地书法交流展】** 2015年11月11日，“翰墨因缘”江阴—宜兴两地书法交流展在江阴市展览馆开幕，市领导袁秋中、江苏省书法家协会副秘书长赵彦国和江阴、宜兴文联领导等出席开幕式，两地书坛众多艺术家和书法爱好者参加书法交流展开幕活动。该次展览展出江阴、宜兴两地80名书法家80幅书法精品,作品以书风纯正、品味高雅为主旨,植根传统,彰显时代,融个性于共性之中。参展作者中,有不断创新的前辈老将,也有勇于探索的青年后生,体现两地书法事业接力传承,持续发展。开幕式上,宜兴市文联主席魏敏向江阴美术馆捐赠13幅书法作品。

**【江阴·霍城百景书画作品交流展】** 2015年6月12日,江阴·霍城百景书画作品交流展在新疆霍城县体育馆开幕,霍城县委书记葛国,江阴市委常委、宣传部部长袁秋中,江阴市文联主席王敏等出席开幕式,江阴、霍城等地近50名书画艺术家和书画爱好者参加交流展开幕活动。该交流展由江阴市委宣传部、霍城县委宣传部、江阴市文联共同举办,展出江阴、霍城两地艺术家的130幅书画作品(其中江阴选送80幅),作品以独特的视角和细腻的笔触反映江阴和霍城两地历史人文、自然风光、风土人情和经济发展,表现江阴、霍城两地群众和谐繁荣的生活本真。开幕式上,江阴市文联向霍城县文联捐赠国画作品《果子沟大桥》。展览期间,两地书画艺术家们组织书画交流笔会,交流各自创作心得,畅谈艺术传承与发展,推动两地文化大发展大繁荣。

**【书画院画师作品展】** 2015年11月13—18日和12月1—6日,"澄江一道月分明"——江阴市书画院画师作品展先后在苏州革命博物馆和无锡博物院开展。该作品展共展出江阴书画院画师创作的近80幅作品,包括油画、国画、水彩画、书法、篆刻等艺术门类,这些作品印证着江阴书画院的成长发展,呈现江阴书画艺术的总体风貌。两处作品展开幕式当天,江阴书画家分别与苏州、无锡书画家举行创作交流研讨活动。

**【"江阴百景"美术作品展】** 2015年3月26日至4月10日,"江阴百景"美术作品展在江阴市展览馆展出。美术作品展由市委宣传部、市文联联合主办,以"江阴记忆——我心中的美丽家园"为主题,展出在2014年"江阴百景"征集评选和文艺创作活动中42名画家创作的106件作品(其中获奖作品16件)。展出作品以油画和水彩画为主,内容或写实或会意,涵盖江阴具有标志性、历史性、文化性的重要景点。

**【第十一届长三角国际标准舞大赛在江阴举行】** 2015年4月11日,由江阴市文联主办、市国际标准舞协会承办、三一重工冠名的2015年"三一杯"第十一届长三角国际标准舞全国城市公开赛在江阴体育馆举行。江苏省舞蹈家协会秘书长胡春田等出席开幕式并为评委授牌,来自全国各地的68支代表队近4000名选手参加各项目组别的竞技大赛。经过激烈角逐,江阴参赛的26支代表队获团体总分第一的好成绩。 (龚 翼)

## 江阴市红十字会

**【概况】** 2015年,江阴市红十字会大力弘扬"人道、博爱、奉献"红十字精神,认真履行法定职责,全面提升工作水平,在救灾备灾、应急救护、帮贫扶困、关爱生命等方面取得较好成绩。年内,募集各类社会捐款142.71万元;加强红十字人道救助,发放各类救助款80.47万元;加强红十字社会宣传,各级各类媒体报道市红十字会活动91次;推进"省百万救护大培训"实事项目,完成初级救护员培训994人、普及性培训8361人;加强造血干细胞和遗体器官捐献工作,51名志愿者加入造血干细胞资料库,12人进行自愿捐献遗体登记,完成造血干细胞和器官捐献各1例。

**【红十字宣传】** 2015年,江阴市红十字会紧抓"5·8"世界红十字日、"5·12"防灾减灾日、世界急救日(每年9月第二个周六)等纪念日、活动日契机,大力开展红十字宣传活动,通过解疑答问、派发资料、现场演示等形式,弘扬红十字精神。年内,市红十字会以部门联动为切入点,积极参加相关部门组织的文化、科技、卫生"三下乡"、江阴市应急技能运动会、江阴学院场法制宣传等活动;加强与新闻媒体合作,充分发挥电视、广播、报纸、网络等大众传播媒介舆论导向作用,广泛传播红十字文化,普及红十字知识。是年,各级各类媒体报道江阴红十字会活动91条次。

**【备灾救灾】** 2015年,江阴市红十字会积极做好备灾救灾工作,不断提升救灾救助水平。年内,继续与市委宣传部、市级机关党工委、市文明办联合开展红十字人道万人捐活动,募集各类社会捐款142.71万元。4月25日,尼泊尔境内和中国西藏地区发生地震,市红十字会根据上级红十字会关于做好尼泊尔和中国西藏抗震救灾工作有关精神,即时启动应急救灾工作,通过网站发布紧急公告,开通捐赠热线电话,接受社会各界捐赠,向灾区民众传递爱心。28日,江阴红十字蓝天救援队队长宋功文接中国红十字蓝天救援队通知,飞赴成都乘专机驰援尼泊尔震区,此行系江阴公益组织首次派员参加跨国救援任务。

**【博爱系列救助活动】** 2015年,江阴市红十字会积极实施博爱系列救助活动,取得良好社会效果。年内,向青少年大病患者、困难学生和贫困群众发放各类救助款80.47万元,其中发放红十字新春救助款50.1万元,救助全市困难家庭501户;发放造血干细胞移植专项救助金13万元,救助5名血液病患者;发放"肖帮红会救助基金"救助金6.58万元,救助7户困难家庭;发放红十字人道应急等日常救助金10.79万元,应急救助14户困难家庭。

**【造血干细胞和遗体器官捐献】** 2015年,江阴红十字会继续全力推进造血干细胞和遗体器官捐献工作,让爱传递,让生命延续。1月27日,市疾病预防控制中心工作人员梁峰成功捐献造血干细胞,成为江阴市第8名造血干细胞捐献志愿者。3月,市红十字会举办遗体器官捐献志愿者缅怀活动;组织开展人体器官捐献宣传活动。6月,与安利(中国)日用品有限公司江阴分公司、市红十字血站联合开展"大爱相'髓',血缘永续——'6·14'国际献血者日,安利志愿者集体无偿献血和造血干细胞采样活动",24名安利志愿者报名献血采样。年内,51人采样加入中国造血干细胞捐献者资料库，12 人进行自愿捐献遗体登记。器官捐献实现零的突破，1 名器官捐献者捐献的心脏、肝脏和 2 个肾脏，挽救 4 名器官衰竭终末期患者生命。遗体捐献志愿者姚本凤家庭被评为第二届“十佳江阴好人”，造血干细胞捐献志愿者陈虎江入围第二届“十佳江阴好人”20 名候选人名单。

【救护培训】 2015 年，江阴市红十字会与市相关部门加强协调，深入推进应急救护宣传培训工作。年内，整合社会资源，促成江苏海鹏集团公司成立首个企业救护培训站（点）；依托江阴红十字蓝天救援队在市 120 急救中心常年举办安全教育系列培训活动；加强救护培训师资队伍建设，新增师资人员 2 人，复训师资人员 8 人；扎实推进“省百万救护大培训”实事项目，完成初级救护员培训 994 人，普及性培训 8361 人；组织青少年参加全国红十字应急救护大赛；积极参与江阴市中小学生命教育工程教材编写工作，做好教师队伍救护培训工作；加强高危行业和特殊人群应急救护培训，培训救护骨干 836 人。是年，现场应急救护纳入 2015 年市级机关“文体欢乐行·汇聚精气神”活动内容。

【志愿服务】 2015 年，江阴市红十字志愿者广泛开展志愿服务活动。年内，市红十字会继续组织志愿者开展为边远贫困地区捐赠衣物奉献爱心活动，募集衣物 11289 件，鞋子 732 双，将江阴市民的爱心暖意向当地困难群众传递，其中向新疆伊犁哈萨克自治州红十字会和霍城县红十字会捐赠衣服 2600 余件。各镇（街道）红十字会以创建全国文明城市为契机，积极组织开展红十字志愿服务活动，通过弘扬红十字精神，提升社会文明程度。全年市红十字无偿献血志愿者服务队、红十字蓝天救援队、红十字心理援助志愿者服务队做到志愿服务制度化，志愿活动经常化，受到社会广泛欢迎和认同。 （韩 斌）

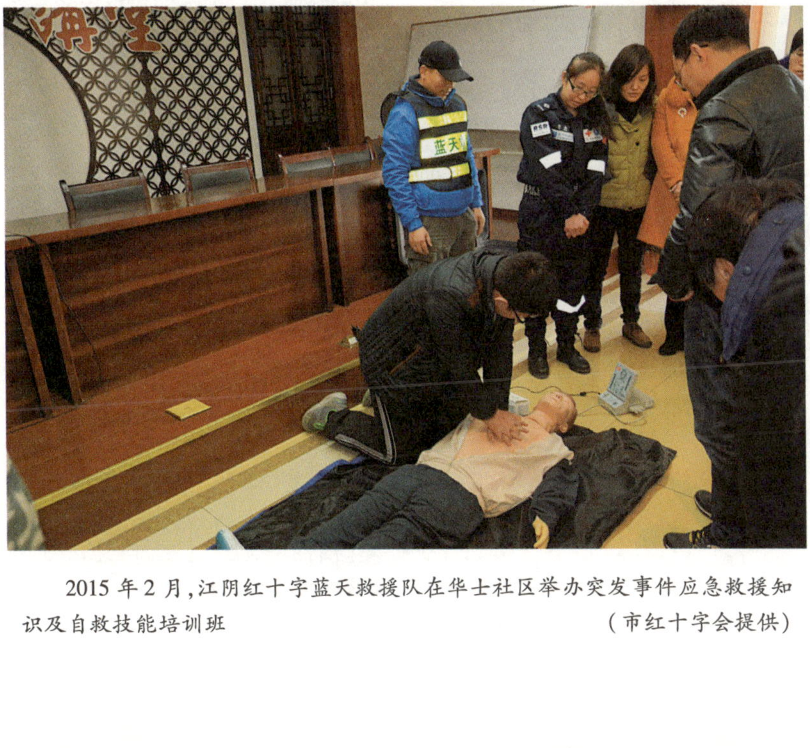


2015 年 2 月，江阴红十字蓝天救援队在华士社区举办突发事件应急救援知识及自救技能培训班 （市红十字会提供）

## 江阴市残疾人联合会

【概况】 2015 年，江阴市残联积极践行创新、协调、绿色、开放、共享的发展理念，围绕全面实现残疾人小康奋斗目标，以残疾人实际需求为立足点，建机制、优服务、补短板、兜底线，各项工作取得新佳绩。年内，出台《江阴市无业三、四级精神（智力）残疾人生活救助实施办法》《江阴市用人单位按比例安排残疾人就业补贴和超比例奖励办法的实施细则》《关于印发〈江阴市儿童青少年脊柱侧凸残疾预防和康复干预项目的实施方案〉的通知》《江阴市残疾人免费乘坐公交车实施办法》；落实在职职工总数 20 人及以下小微企业免征残疾人就业保障金政策；完成全国残疾人基本服务状况和需求专项调查工作；开通“江阴残联”微信公众平台；建成“远程康复”终端 8 个，让残疾人患者足不出户就享受优质康复服务；建立残疾人社会化培训机制，提升残疾人稳定就业能力；与《江阴日报》联合推出“残疾人工作”专版，每季度 1 期；组织实施“无障碍设施进家庭”行动，根据残疾人残疾种类、程度及居住状况选配最适合的无障碍设施，超额完成无锡市下达的 2015 年度“无障碍设施进家庭”目标任务。特殊教育“康教结合”育人模式取得阶段性成果，康教工作新体系基本形成。“江苏元林慈善基金”冠名白内障复明工程。“吉麦隆”冠名青阳残疾人阳光购物活动，为青阳镇 1841 名残疾人提供免费送货、优惠购物、热线购物等服务，并为困难重度残疾人送上米、面、油等生活物品。是年，市残联接待处理各类来电、来信、来访 180 件（次）；发表各类残疾人信息报道 300 余篇（次）。无锡市江阴地方税务局被江苏省政府残疾人工作委员会评为全省扶残助残先进集体；市特殊教育中心校老师朱巧云获中国残联、教育部和交通银行联合颁发的“交通银行特教园丁奖”。

【残疾人康复救助与康复服务】 2015 年，江阴市残联继续做好残疾人康复救助与康复服务工作，保障残疾人康复需求。全年实施白内障复明手术 4254 例；精神残疾人服药救助 62 人、住院救助 98 人；免费康复救助 0～6 岁贫困家庭残疾儿童 132 人，补贴康复救助 7～14 岁贫困家庭残疾儿童 83 人；免费帮助 2 名聋儿安装人工耳蜗；普惠式开展全市残疾人辅具适配工作，惠及残疾人 1300 余人；为 50 名就业年龄段中风偏瘫患者提供 3 个月免费康复服务；开展盲人定向行走免费训练工作，指导训练 90 余名盲人学会使用正确方法定向行走；完成年度儿童青少年脊柱侧凸筛查工作，筛查工作覆盖全市近 7 万名中小学生；完成全市第一批中老年肢体残疾人远程血压检测工作；完成对口援疆城市新疆霍城县的康复援助任务，并向霍城县赠送价值

10 万元的康复器材;评定发放残疾人证 1650 余份。

**【残疾人生活保障】** 2015 年,江阴市残联全面做好残疾人生活保障工作,切实提升残疾人生活质量,改善残疾人生活状况。年内,发放困难残疾人生活救助金 5000 万余元;向符合有关政策的残疾人发放社会保险及护理补贴 615 万元、生活和医疗补贴 150 万元、教育补贴 50 万元;向无业三、四级精神(智力)残疾人发放生活救助金 64.6 万元;为全市"幸福家园"机构、盲人协会、金钥匙儿童启智中心和残疾人康复中心的 608 名残疾人购买意外伤害险,机构内残疾人意外伤害险实现全覆盖。

**【残疾人就业帮扶】** 2015 年,江阴市残联以实现残疾人"收入倍增"为目标,积极推进残疾人同步小康进程,全力做好残疾人就业帮扶工作。组织开展为残疾人"送政策、送岗位、送服务"三送活动,落实多种就业援助帮扶措施,促进残疾人实现就业和再就业;组织开展春季残疾人就业岗位专区招聘、自主创业残疾人扶持、"巾帼创业"残疾人扶持、"创业明星"评比、就业实名制申报等活动,免费培训残疾人 207 人,帮助 110 名残疾人实现就业和再就业;为 27 名自主创业残疾人发放 9.6 万余元扶持金;积极推进按比例安排残疾人就业工作,向按比例和超比例安排残疾人就业的用人单位发放补贴和奖励金 230 万元;对全市 2.5 万余个在职职工总数 20 人及以下小微企业减免征收残疾人就业保障金;选派残疾人选手参加第五届全国残疾人职业技能竞赛,获优秀技能奖。

**【残疾人文体活动】** 2015 年,江阴市残联积极组织开展残疾人文化体育活动,丰富残疾人精神生活。举办江阴市首届盲人艺术节、残疾人田径运动会、残疾人读书沙龙、残疾人技能比赛等活动,展示残疾人才艺,体现残疾人自身价值;选派残疾人运动员龚彬参加江苏省体育代表团,代表江苏出征全国第九届残疾人运动会暨第六届特殊奥林匹克运动会,获银牌;选送节目参加无锡市残疾人文化艺术传播交流精品节目展示,3 个节目获奖。12 月 14 日,市残疾人业余艺术团成员与到江阴访问的韩国大邱市残疾人协会艺术团成员同台献艺,开展艺术交流活动。

**【助残活动】** 2015 年,江阴市残联继续开展助残帮扶系列活动,为残疾人提供经常性的、切实有效的帮助。5 月,组织开展主题为"关注孤独症儿童,走向美好未来"的第二十五次全国助残日(5 月 17 日)助残活动,其间,市四套班子领导走访慰问困难残疾人家庭和创业残疾人,送上关爱和温暖;是月,全市各级领导走访慰问残疾人近 2000 人,发送慰问金(品)价值 50 万余元。是年,市残联配合市政协开展的"五送一助"(送医、送教、送文化、送健康、送器械和助残帮扶)活动,做好助残帮扶工作,向顾山镇赤岸村残疾人发送助残金;各镇(街道)残联广泛开展助残爱心圆梦活动,为残疾人提供各种帮助、帮扶;市残疾人专门协会开展形式多样的人助自助活动,为残疾人排忧解难。（陈　芬）

2015 年 12 月 14 日,江阴市残疾人业余艺术团与到访的韩国大邱市残疾人协会艺术团在嘉茂国际花鸟园举行联欢演出　（市残联提供）

## 江阴市关心下一代工作委员会

**【概况】** 2015 年,江阴市关心下一代工作委员会创新思路,关爱、关心、服务青少年,取得新的成效。年内,在全市青少年中广泛开展各类思想道德主题教育活动;配合有关部门做好未成年人犯罪预防工作,加强引导,落实结对帮教,促进未成年人健康成长;继续组织开展助学、助困、助孤、助残、助就业和心理疏导等关爱帮扶活动;积极参与维护青少年合法权益工作,支持和帮助青少年成长成才。是年,市关工委被中国关工委、中央文明办评为全国关心下一代工作先进集体;市教育系统关工委被评为全国教育系统关工委工作先进集体;蒋士凡被评为全国关心下一代工作先进个人。至年末,全市有镇(街道)关工委组织 15 个,村(社区)关工委组织 273 个,教育系统关工委 1 个,民企系统关工委组织 1 个,政法系统关工委组织 1 个,农委系统关工委组织 1 个,机关关工委组织 1 个。

**【青少年思想道德主题教育】** 2015 年,江阴市关工委在江阴市青少年中广泛开展"弘扬宪法精神、提升法治意识""牢记历史、勿忘国耻""学法守法、崇德立德""爱学习、爱劳动、爱祖国,践行中国梦"等主题教育活动;赠送给全市各中小学生《青春的歧途》法治教育读本,举办校外教育辅导站法治教育现场作文比赛;协助市法院开展"青少年巡回法庭进校园"活动;与市教育局、市妇联等部门联合开展优秀家规家训征集活动,收集家规家训 152 篇。长泾镇学校、村(社区)关工委利用校内和村头巷尾板报画廊,定期刊登有关未成年人保护法、预防未成年人犯罪法相关内容；璜土镇关工委组织20场讲座，用身边“学法崇德”好人好事教育青少年。年内，市关工委组织纪念抗战胜利70周年主题教育活动。澄江、璜土、长泾等镇（街道）关工委组织青少年走访慰问抗日英雄；徐霞客、南闸、新桥、周庄等地关工委组织“五老”（老干部、老教师、老战士、老专家、老模范）宣讲员或抗日英雄子女讲述家乡抗战故事；云亭、澄江、祝塘等镇（街道）关工委结合当地抗战历史，编印抗战史料读本发送青少年学生。

**【未成年人犯罪预防】** 2015年，江阴市关工委和市委政法系统关工委加大工作力度，深入推进未成年人“零犯罪”社区（村）创建。云亭街道关工委参与的未成年人“零犯罪”社区（村）创建工作作为创建全国安全社区子项目通过验收。各镇（街道）关工委发挥“五老”志愿者调查摸底信息员、法治教育宣传员、结对帮教辅导员、良好“三风”（村风、民风、家风）传导员、网吧义务监督员作用，切实关注“三困”（家庭贫困、学习困难、心理困惑）学生，全力做好“四失”（失学、失业、失足、失管）未成年人结对帮教、帮扶工作。全市306名“五老”志愿者网吧义务监督员配合相关部门开展“文明网吧、电子游戏室”共建活动，定期开展网吧、游戏厅和校园周边环境的巡查暗访，参与整治取缔“黑网吧”工作。是年，全市建立帮教小组253个，参加帮教活动“五老”志愿者有768人，帮教失足失范青少年229人；开展法治宣讲366场次，编写宣讲材料303篇，参加听讲23.38万人次。

**【帮困助学】** 2015年，市民营企业关工委开展“光彩助学”活动，为50名寒门学子送上10万元“光彩助学金”。徐霞客镇关工委配合相关部门筹集20万元，成立徐霞客关爱困境儿童“牵手助学基金”。华士镇天华纱业集团、康妮集团公司、美纶纱业有限公司3个企业牵头成立教育基金，有113个企业参加，募集帮困助学基金500万元。周庄镇周庄村“蓝丝带儿童关爱中心”对村内20余名孤儿、单亲家庭学生、贫困家庭学生、父母有重大疾病学生持续开展免费课外辅导活动。是年，全市各级关工委配合有关部门筹措资金430.7万元，帮扶贫困学生和孤残弃童3087人。

**【校外教育辅导站建设】** 2015年，江阴市关工委的“着力打造总站运行模式，不断提升区域办站水平”课题，在江苏省校外辅导站建设培训班交流。市关工委联合市教育关工委开展校外辅导站视频评选活动，在黄山湖公园举办校外教育辅导站展览专栏；联合市总工会在企业推进校企共建“彩虹课堂”工作，为企业职工子女节假日校外教育提供平台。南闸街道成立“青少年成长助力营”家庭校外教育辅导站。周庄镇校外教育辅导总站“‘中国梦，我的梦’七彩夏令营”活动计划获江苏省优秀校外辅导项目一等奖，被评为全国优秀校外辅导示范项目，华宏村辅导站电子阅览室建设工作经验在全省校外教育辅导站电子阅览室示范点建设和阳光少年网联络工作培训班上向全省推广。至年末，全市有14个镇（街道）建立校外教育辅导总站；建有各类校外辅导站点866个；建有企业“彩虹课堂”9个；80%的村（社区）校外教育辅导站建立电子阅览室；有7000余名在职教师义工、300余名大学生村官、2567名“五老”志愿者走进校外辅导站开展辅导工作。

2015年6月5日，市青少年社会实践教育基地成立仪式在澄西水厂举行。图为利港中学学生代表参观该厂 （市关工委提供）

**【基层组织建设】** 2015年，江阴市关工委继续加强基层关工委组织建设，全面提升基层关工委工作质量和水平。年内，组织各镇（街道）关工委及各条线关工委负责人学习全国关工委成立25周年纪念暨表彰大会精神；加强调研，形成《关于建设服务型关工委的实践与思考》研讨文稿；召开全市关心下一代“五老”志愿者骨干培训班。部分镇（街道）、条线调整充实关工委领导班子和办公室工作人员。云亭街道关工委举行社会主义核心价值观学教活动。华士镇关工委举办“双创”（创新、创业）活动好青年事迹报告会。市教育系统关工委加强班子力量，推进中小学校关工委常态化建设，达标率95.5%。市农林系统关工委开展“三扶两创”（扶志、扶技、扶创业，培植青年创业基地、评选青年创业之星）活动，探索帮扶青年农民新方法。长泾实验小学关工委配合有关部门连续多年开展“青少年维权岗”活动，收到良好的教育效果和社会效应。民营企业关工委工作进一步加强，在135个中小企业中建立13个联合关工委；在9个大集团企业中建立青少年社会实践教育基地，该做法在全省民企关工委工作会议上做交流发言；在企业青工中开展“岗位学雷锋，争当好员工”主题教育活动。江阴澄星实业集团有限公司关工委开展老青携手共进活动，198对师徒签订老青共建协议书。 （周　红）

## 江阴市慈善总会

**【概况】** 2015年,江阴市慈善总会募集善款5503万元,支出资金5527万元,受助人群2万余人次。至年末,全市新增注册慈善义工1149人,累计19817人。是年,市慈善总会被民政部评为2015年度卓越组织,并荣获"慈善透明榜样"奖。

**【慈善救助】** 2015年,市慈善总会开展常规救助,实施贫困家庭儿童重大疾病救助、爱心助孤、扶助孤老、慈心医疗等救助项目,支出5498万元。实施品牌救助,为江阴市1000户低保或低保边缘生活困难家庭、100名失独困难家庭老人、200名未享受定期定量补助的优抚对象发放慰问金;开展"爱心成就梦想·慈善助学"活动,通过"助学千人""凯澄情系大学生""三房巷爱心午餐""吉麦隆超市助学"等慈善项目,发放助学金153.78万元;开展"慈善帮基金"救助活动,与江阴电视台合作开辟"慈善帮基金"专栏,累计救助困难对象16名。

**【慈善资金募集】** 2015年,江阴市慈善总会不断创新资金募集方式,通过发展"一日捐""冠名捐""项目捐""日常捐"等有效形式拓展善款资源,全年募集慈善金5503万元,其中"一日捐"募集资金1155万元,"冠名捐"募集资金2330万元,"项目捐""日常捐"募集资金1857万元。

**【义工服务】** 2015年,江阴市开展"弘扬雷锋精神,社区奉献爱心""为残疾人健康护航义诊""笑笑爱心英语课""给我电池、赠您绿色"等公益活动,全年慈善义工奉献时间达4.72万小时。至年末,全市有义工总队37个,义工队199个,注册义工19817人。

## 基层自治组织

**【概况】** 2015年,江阴市认真贯彻落实省委、省政府《关于加强新形势下城乡社区建设的意见》,以争创和谐社区建设示范单位为目标,深入推进"政社互动"和社区减负增效,大力推广城乡社区"一委一居一站一办"新型服务管理模式,社区管理和服务建设成效明显。至年底,有1个街道被命名为"全国和谐社区建设示范街道",2个社区被命名为"全国和谐示范社区",65个社区被命名为"江苏省和谐示范社区"。至2015年年底,全市有200个行政村,55个社区,43个村居合一社居委。

**【社区治理创新】** 2015年,江阴市级财政拨付91余万元社区专项经费为澄江街道贯庄社区购买办公服务用房,为5个村(社区)各补助10万元进行基础设施改造,社区办公服务用房全部达标。推进"政社互动",严格落实《村(居)民委员会依法履行职责事项》和《村(居)民委员会依法协助工作事项》两份清单,取消社区工作台账124项,创建评比55项,组织机构、挂牌74项,并明确规定了社区(村)公章使用范围,市、镇(街道)"政社互动"实现100%全覆盖。8月13日,江苏省委、省政府减负增效督导组由省民政厅党组书记、厅长侯学元陪同到江阴市检查城乡社区减负增效工作落实情况,江阴市社区减负增效工作受到督导组充分肯定。

**【社区信息化建设】** 2015年,江阴市加强社区信息化建设,社区信息平台——"江阴市城乡社区E网通"平台在全市14个镇(街道)、257个社区(村)推广应用。该平台涵盖城乡社区房屋、人口、单位、设施、资产等基础数据库,设置社区概况、公共服务、社区网格、居务直通车、社会服务、互助服务、福利服务、效能管理八大业务模块。该平台的投入运行,积极构建了设施智能、管理精细、服务便捷的"智慧社区",实现了各类信息资源的互联、互通、共建、共享,增强了社区服务管理效能,为在全市范围内实现社区管理和服务网格化管理奠定了基础。

## 社会组织

**【概况】** 2015年,江阴市新增登记社会组织65个,其中直接登记社会组织25个。新增注册登记社工131人,全市累计517人,每万人拥有持证专业社工人才数4.3人。新增1个专业社会工作服务机构——江阴益澄社工服务所,累计拥有社工服务机构4个。至年末,全市社会组织总数1035个,比上年增长6.7%。其中社会团体334个,民办非企业单位682个,基金会19个,每万人拥有社会组织数8.2个,全市备案的社会组织约1600个。

**【社会组织管理】** 2015年,江阴市继续实施行业协会商会类、科技类、公益慈善类和城乡社区服务类四类社会组织直接登记制度,并采取定期汇报、不定期检查、重大问题报告、年检等举措,加强直接登记社会组织的管理,全年新增社会组织65个,其中直接登记社会组织25个。推进社会组织等级评估,666个社会组织获得评估等级,占应评总数的71%,其中AAAAA级社会组织3个、AAAA级社会组织22个、AAA级社会组织21个。

**【公益创投活动】** 2015年4月,江阴市启动第三届公益创投活动,项目申报范围包括:为老服务项目、助残服务项目、青少年服务项目、帮困服务项目、新市民服务项目、推进公益类社会组织和社区社会组织发展的专业服务项目,以及其他事关民生、有利于加强社会监督、完善公共服务、促进社会和谐的公益项目。7月,经过项目征集、专家盲审、汇报评审、公示等环节,江阴市2015年公益创投项目正式确定。7月22日,江阴市举行2015年公益创投项目签约暨社会组织表彰评估授牌会议,会上,25项公益创投项目获得200万元创投资金资助,项目主要涵盖助老、救孤、济困等方面。

(张宝云)

■类目编辑 邢 盈

## 人民武装

**【概况】** 2015年，市人武部围绕"建一流班子、带一流队伍、创一流业绩"工作目标，投身中国特色军事变革大潮，强化思想政治教育和队伍建设，突出军事斗争准备和安全稳定，抓好拥政爱民和后勤保障，较好完成各项任务。是年，市人武部被江苏省军区评为军事训练先进单位，市国动委被江苏省国防动员委员会评为国防动员工作先进单位，市民兵应急连参加无锡市"民兵实战化"训练比武竞赛，获团体总分第一名。

战备工作　抓好日常战备，规范战备设施建设，落实指挥编组，建强值班分队，抓好作战数据建设和军事设施保护工作，组织修订完善抢险救灾、反恐维稳等工作的预案。于5月建兵器室、11月启用。开展战备执勤行动，春节前后，组织全市300余名民兵参与军警民联防，保障全市人民春节平安。清明节期间，有9个镇（街道）民兵4277人次参与护林防火巡逻。全年，市合成化民兵应急分队出动4200余人次巡逻重点区域，出动850余名警力参与大型活动及安保、警卫安保17次，出动600余名警力参与治安查禁8次，共抓获涉嫌违法人员150余人。

军事训练　加强首长机关训练，集中训练军事理论、民兵、兵役及动员工作法规、指挥自动化系统使用、轻武器操作使用、队列、体能等共同课目，3月，参加无锡军分区实弹实投竞赛，获团体第一名。民兵军事训练采取"基地组训、岗位自训、以演代训"方式，组织全市500余名民兵，开展基础队列、擒击拳、盾牌警棍、射击等共同课目训练与考核，重点训练演练抗洪抢险、森林防火、防化救援3支民兵应急分队。专项集训基干民兵新任连、排长，提高民兵遂行应急行动能力。5月初，参加无锡军分区民兵骨干集训，获团体第一名。5月底，集训全市民兵营长300人。

民兵整组　2月起，围绕有效履行支援保障打仗、参与反恐维稳、参加抢险救灾职能，抓好全市民兵组织整顿特别是新型民兵分队组建工作。从扎实潜力调查、规范组织秩序、优化布局结构、改进方法手段、夯实基层基础等方面着手，提高全市民兵预备役部队编组质量，确保为后备力量全面建设提供坚强的组织支撑。是月，开展退伍军人、地专对口人员、相关企业等民兵潜力调查。4月，首次组建民兵特战队、电子对抗分队和网络攻防分队等新型民兵分队，扩建船舶维修分队，新型民兵分队总数占支援队伍的27%，专业对口率100%。4月7日，市人武部民兵整组经验文章《江阴市多措并举抓好非公有制企业整组工作》刊登于江苏省军区《整组信息简报》头版头条。

征兵工作　4月，开展兵役登记工作，与市教育局联合下发《关于做好兵役登记的通知》。5月18日，召集基层兵役机关和20余所高中以上院校召开全市兵役登记推进会，确保辖区各院校做好兵役登记。7月起，以提高新兵质量为核心，开展征兵宣传，营造征兵氛围；严把登记预征、体检政审、走访调查、审批定兵和部队退兵5个环节；首次使用全国征兵体检信息化管理系统，首次开展新兵适应性训练。至9月，圆满完成年度征兵任务，所征新兵中大学生占50%，党、团员占100%。是年，完成直招士官1人，征集女兵6人。

双拥共建　7月21日，与63680部队、73055部队、江阴边防检查站、市双拥办共同走访慰问特困"三属"（烈属、因公牺牲军人家属、病故军人家属）、"三老"（新中国成立前入党的农村老党员、老游击队员、老交通员）人员30人。结合建军88周年，会同市双拥办和驻江阴部队开展关爱功臣活动。9月19日第15个全民国防教育日前后，围绕"弘扬伟大抗战精神，同心共筑强大国防"主题，开展爱国主义影片展播、国防图片展和国防法规现场咨询等进学校、进社区、进企业活动，在全社会营造关心国防、建设国防、献身国防氛围。开展"双百双建"（百个人武部帮扶建设百个贫困村）活动，与徐州市邳州市邹庄镇坳山村结对帮带，9月底捐资3000元帮助坳山村困难学生家庭。12月19日至20日，深入坳山村进行实地调研，与该村共同拟订修建一条水泥路计划，并帮助解决30万元建设资金缺口。

**【民兵应急连获无锡市比武第一名】** 2015年11月，市人武部按照江苏省军区和无锡军分区要求,组织市民兵应急分队参加无锡军分区“民兵实战化”比武竞赛。11日至26日,入场集训3千米武装越野、抗圆木、戴防毒面具通过染毒地带、匍匐前进、手榴弹投准等科目16天。27日,33名参赛队员赴无锡市民兵训练基地参加比赛,获团体总分第一名,同时获个人综合成绩第一名等6个有效名次,展示江阴民兵队伍的风采。

**【新长铁路江阴长江南栈桥重要目标防卫演练】** 2015年10月15日至30日,市国防动员委员会按照年度军事工作计划,组织开展新长铁路江阴长江南栈桥重要目标防卫演练,无锡军分区副司令员王炳齐及机关人员现场指导演练。这次防卫演练以民兵预备役力量为主,市国防动员委员会带领市人民防空办公室、市交通战备办公室和11个镇(街道)及市公安局、市海事局14支分队125人,动用各种车辆(装备)21辆(套)。通过演练,达到了熟悉防卫预案,检验防卫战法,锻炼防卫队伍的目的,受到无锡军分区首长机关充分肯定。

**【参加抗洪救灾】** 2015年6月16日至30日,江阴市遭受50年一遇特大暴雨袭击,单日降雨量2次刷新历史峰值,徐霞客镇、璜土镇、长泾镇等内河沿线乡镇受灾严重。市人武部组织民兵、协调驻军第一时间赶赴抗洪救灾现场,共调动民兵预备役人员1815人次、现役部队官兵2098人次,出动车辆59辆(次)、冲锋舟2艘,加固防洪大堤6150米,转移群众近千人,有效保护了人民群众生命财产安全。

**【《江阴市军事年鉴(2007—2013)》编纂完成】** 2015年8月,江阴市首部《江阴市军事年鉴》(创刊号)编纂完成,印刷后内部发行。该卷年鉴编纂历时2年,经历收集资料、编纂初稿、考证初审、修改终审、保密审查、校对、印刷等,有文字50万字,图片572张,突出江阴军事特色,全面、系统、客观地记述2006年至2012年驻江阴各部(分)队全面建设,全市武装工作特色和经验,为国防动员和后备力量建设提供信息和保存积累资料。 (符银芬)

## 人民防空

**【概况】** 2015年,市民防局(市人防办)以创文明城市建设为动力,进一步加强应急指挥能力、防空警报系统、指挥所和数据容灾备份中心建设,稳步发展人防工程,开展民防法律法规宣传教育,进一步规范民防依法行政工作。年内,防空警报试鸣成功率100%;市民防局被省民防局评为民防工作先进单位、“六五”普法先进单位和民防宣传教育先进单位等。

**【人防应急指挥能力建设】** 2015年,市民防局根据重要目标单位人员变化情况,及时调整指挥机构人员,落实指挥机构实名制。圆满完成“新长铁路江阴长江南栈桥重要目标防卫演练”任务。完善城区人口疏散与疏散地域的接收方案和重要目标防护方案,加强人口疏散接收点建设与管理,调整徐霞客镇等4个人口疏散接收点。进一步加强重要目标管理,分两阶段对重要经济目标进行重新梳理、机构调整、方案修订、组织演练等,重新确定17个重要经济目标单位,在江苏江南水务股份有限公司、江苏利港电力有限公司完成重要目标单项演练任务。完善与提高人防专业队组建范围、队伍建设和机构管理。年内,重点训练人防专业队与民防志愿者队伍,在镇江市举行的全省民防应急通信比赛中,市民防专业队获三等奖。

**【人防工程建设管理】** 2015年,市民防局全面落实人防工程建设管理专项治理工作,出台《江阴市人防工程建设与管理专项治理行动方案》和《江阴市人防工程平时使用管理治理实施方案》,排查立项审批项目116项、在建项目76项、使用项目72项,全年回复投诉案件16件,与上年相比有明显下降趋势。开展人防工程安全大检查,全年检查230项。完成全市人防战备资产资源普查工作,统计213项人防工程数据,补测56项人防工程口部经纬度坐标。推进人防工程管理进社区,完善市主管部门、镇(街道)、社区、建设单位和使用管理单位的“五位一体”管理工作机制。严格人防工程施工质量全过程监管,按初审、复审两个环节,全年办理质量监督手续申报文件28件,审查文字材料390份,核查有关单位人员资质证书122份、操作人员相关证书133份,培训重点施工岗位技术人员90余人次。继续建设人防工程建设管理综合信息平台,启动八字桥人防主题公园项目建设,验收市级机关人防配套设施项目和市实验小学北校区2项自建人防工程项目。是年,市人防工程建设开工、竣工面积均超额完成省、市目标任务,立项、开工、竣工量分别完成省年度目标任务的132.5%、180%、185%。完成乡镇人防工程建设年度目标任务。

**【民防指挥所建设管理】** 2015年,市民防局及时检修解决民防指挥所系统设备故障,确保各系统正常运行。修复更换市机关大楼通信塔及部分配件,确保全市各指挥所始终处于良好战备状态。局部改造指挥所地下指挥通信系统、网络系统、视频监控系统和供电系统等,铺设望江楼长江大桥监控点人防专用供电线路。加强5个基层指挥所日常管理和维护,确保各基层指挥所保持良好技战状态。建成临港街道、长泾镇2个基层高清指挥所。建成机动指挥车(所),12月,完成无锡市民防局组织的机动指挥所远程拉练任务。是年,联调联试全市各基层指挥所2次,完成2次市、县、乡(镇)三级联调和“苏防－2015A”演习、南京战区“长三角地区演习”通信保障任务。

**【基层与社区民防】** 2015年,市民防局不断推进基层与社区民防工作,完善各镇(街道)民防领导小组机构,组织镇(街道)民防干部培训《人民防空组织指挥》与《人防工程建设管理》业务知识,“人武人防”一体化指挥通信系统、防空警报设施及设备等保持良好战备状态。各镇(街道)“9·18”防空警报试鸣成功率100%。12月17日至18日,新桥镇在市委党校组织各村、社区、重点企业民防志愿者,举办民防人口接收点建设暨民防志愿者培训班,提高民防业务水平。是年,市民防局组织19个社区居民举行防震减灾疏散演练，23个社区居民举行消防疏散演练。君山社区演练活动图像被省民防局作为典型得到推广。

**【数据容灾备份中心】** 2015年，市民防局为确保数据容灾备份中心各系统处于良好工作环境和安全可靠状态，解决灾备用户重大技术难题5个，升级改造灾备系统，扩容存储容量，存储容量比上年增长30%，有效缓解重要数据异地备份存储空间紧张问题，提高了数据灾备效率和可靠性。年内，完成市国土局等单位灾备数据有效性验证工作，制作“5·12”防灾减灾日信息安全宣传资料，向全市信息化建设重点单位进行专题宣传，有效增强信息安全意识。

**【民防宣传教育】** 2015年，市民防局充分利用报刊、电台、电视台、电子屏等载体，广泛宣传民防法律、法规和有关政策，普及民防知识，增强民防意识。组建有525人参加的民防志愿者队伍，发放《人防法律法规政策选编》13.8万册、《江阴市民防教育手册》0.28万册和《人防宣传画册》《人防宣传画报》各0.48万份。推进民防知识进学校工作，全市38所初级中学、1所高校和小学均开设民防知识课程，开课率100%。全面推进全社会民防法制宣传，加大社区居民和企业职工普法宣传，组织社区广场文艺演出。重点企业和重要目标单位开展民防教育25次，受教育2200人次。镇（街道）、社区开展民防教育28次，受教育7600人次。

**【民防依法行政】** 2015年，市民防局清理部门权力事项清单和责任清单，明确各职能部门执法职责与权限，逐项确认行使依据、内容、程序、时限、权责等。出台《江阴市人防建设审批服务管理办法》，进一步明确局相关科室审批服务职能，统一审批服务事项，优化审批服务流程，简化申报材料，规范内部审核流转环节。建立审批内部监管机制，进一步建立健全人防结建审批双人双岗和初审、复核、签批审批管理机制。建立审批复查制度，定期复查办件及收费项目，确保审批无差错。所有民防行政审批与服务项目均纳入市行政服务中心民防窗口办理，并在网上公开透明行运。全面落实《江阴市人防工程建设审批服务及使用管理行政指导实施办法》，进一步规范人防工程规划审批、建设审批、设计文件审查、质量监督、竣工验收备案、使用证办理、平时使用及维护管理、审批管理等。编印《江阴市结合民用建筑修建防空地下室审批服务告知单》《江阴市工业项目及易地建设项目建设审批服务告知单》，指导中介服务机构编制《江阴市人防工程施工图设计文件审查服务指南》，建立中介服务一事一评制度，加强人防中介服务监管。是年，回复“12345”公共服务平台投诉事项19件，满意率100%。（朱　兴）

# 武　警

**【概况】** 2015年，武警江阴市消防大队（亦称“江阴市公安消防大队”，以下简称“市消防大队”）以杜绝较大以上火灾、确保队伍安全稳定为目标，先后开展劳动密集型企业、建筑消防设施、易燃易爆危险品场所专项整治行动和夏季消防大检查等专项活动，继续保持全市火灾形势和消防队伍持续稳定。年内，全市消防队接警出动4788次，出动人员46863人次，出动消防车辆8472辆次，其中扑救火灾2043次，参加抢险救援881次、社会救助934次，解救被困群众281人，抢救财产价值6995万元。全年未发生较大以上火灾事故。是年，市消防大队被省消防总队评为宣传工作先进基层单位；被无锡市消防支队评为基层建设先进大队。

武警江阴市中队全年看守犯罪嫌疑人10136人，担负押解勤务75次，押解犯人697人，出动警力220人次，行程3万千米。是年，参加璜土镇抗洪抢险任务，参与江阴市争创“全国双拥模范城”工作。

**【消防安全教育】** 2015年，市消防大队结合各个专项行动及“5·12”防灾减灾日、“安全生产月”和“119”消防宣传月等活动，组织开展集中消防宣传活动15次，制作消防展板35块，发放宣传资料近25万份。每月发动组织消防志愿者深入社区、林区和展销会等现场开展消防志愿者活动。指导全市中小学校开展“清除火患，远离火灾”暑期消防安全教育、“消防安全第一课”活动。在江阴农村商业银行等单位开展消防教育培训215次、指导红星·美凯龙江阴店等单位开展灭火疏散逃生演练162次。分9批组织265名消防控制中心人员参加岗位资格集中培训。联合市安监局，分6批对全市村（社区）消防安全管理人员进行消防安全知识培训。年内，消防教育馆接待参观人员1.2万人次。

**【消防监管】** 2015年，市消防大队与市教育局、文广新局、住建局、安监局、港口管理局等部门开展消防联合检查16次。继续与市旅游部门建立星级宾馆饭店消防联席会议制度，召开工作例会12次。深入推进消防产品质量专项整治行动，与质监、工商部门联合开展“3·15”消防产品质量检查。调整确定全市消防重点单位892个，其中二级重点单位290个，三级重点单位602个。每季度召开全市重点单位消防工作会议，推进重点单位标准化管理、“四个能力”（提高社会单位检查消除火灾隐患的能力、提高社会单位组织扑救初起火灾的能力、提高社会单位组织人员疏散逃生的能力、提高社会单位消防宣传教育培训的能力）建设和专项整治工作。指导所有重点单位建立完善“户籍化”管理档案。创新消防监管服务模式，建立完善沿江石化、星级宾馆饭店、商场市场、纺织服装等行业重点单位和片区骨干企业例会制度，每月召开一次沿江石化储存单位、星级酒店单位联席会议，每季度召开一次商场市场、纺织服装等重点行业单位例会。落实公安部消防局《消防受理窗口建设标准》，推行服务承诺、首问负责和限时办结3项制度，建立重大重点项目绿色通道。全年检查单位4283个，组织调查火灾事故34件。排查发现8个重大火灾隐患单位，分别提请江阴市、无锡市安委会进行挂牌督办，督促整改重大火灾隐患7个。（朱　斌　胡　娟）

# 社会治安综合治理

【概况】 2015年,江阴市政法综治工作深入贯彻落实中央、省、无锡市政法工作会议精神,主动适应形势新变化,坚持依法治理新常态,继续深入推进平安江阴、法治江阴、过硬队伍3项建设,切实提高执法司法工作能力水平,为创建全国文明城市、全面建设“强富美高”新江阴创造优质高效的服务环境、公平正义的法治环境和安全稳定的社会环境。年内,经江苏省委政法委委托第三方民意调查,江阴市公众安全感97.5%、法治建设满意率99%、政法队伍满意率94.8%,该3项重点指标均列无锡市第一。

*服务改革发展* 全市政法机关组织开展“社会治理创新深化年”主题活动,建筑领域拖欠农民工工资预防机制等十大创新项目成效初显。全力防控经济金融风险,牵头妥善处置企业因经营不善、资金链断裂等原因引发的涉稳问题,推动依法妥善审理企业破产、重整案件。切实加大民生领域执法力度,继续深化防范和处置“两欠一逃”(拖欠工程款、拖欠职工工资,弃企逃债)专项工作;重点防范和打击电信诈骗、非法集资、恶意欠薪和危害食品安全、污染环境等犯罪。

*平安江阴建设* 高标准建设立体化、现代化治安防控体系,严厉打击暴力犯罪和多发性侵财犯罪。采用向社会购买服务方式,全面完成2014—2015年两年技防建设1万个视频监控点的既定目标任务,挂牌整治社会治安重点地区23个。开展文明交通社区、文明交通乡镇(街道)、文明交通学校、文明交通企业建设,实施危爆物品寄递物流清理整顿专项行动,进一步健全“民转刑”案件预防机制,易肇事肇祸精神病人等特殊人群实现有效管控。重大涉众型矛盾预警率100%,各类群体性矛盾得到妥善处置。重点整治进京非访问题,去京非访通报数比上年同期下降64%,实现去京集访零登记。依法处置涉访违法“挑头”人员1123人次,其中治安拘留75人、刑事拘留17人。加大防范和打击邪教力度,无邪教地区创建工作成效明显。

*法治江阴建设* 组织开展“一把手”法治访谈、市领导述法测评等工作,成功举办首届“十大法治标兵”评选活动。顺利通过“六五”普法考核验收。落实重大行政决策社会风险评估制度,建立政府法律顾问制度,推进行政执法与刑事司法衔接工作。依法开展行政复议和行政诉讼,受理审结行政复议案件47件,受理行政案件398件,审结365件。深入推进司法体制改革试点工作,审判权运行机制改革经验被中央政法委在全国推广。开展案件评查、专项检查等工作,加强案件协调、司法救助等规范化建设。规范化建设涉法涉诉联合接访中心,推动涉法涉诉信访案件全部导入法治轨道解决。实施轻微刑事案件速裁机制、失信被执行人多部门联动惩戒机制等12项法治惠民实事项目。江阴市委、市政府与中国社科院法学所共同打造法治政研合作平台,建立法治国情调研江阴基地。

*基层基础建设* 全面完成综治信息系统建设工作,实现村(社区)网格化服务管理全覆盖。加快推进市、镇(街道)、村(社区)三级政法综治平台规范化建设,基本完成市级社会管理服务中心改扩建工程,进一步健全镇(街道)、村(社区)综治平台运行机制,实战作用初步显现。不断加强政法队伍建设,深入开展“三严三实”*专题教育活动,编制不同岗位职权目录和负面权力清单,开展“文明江阴、书香政法”主题读书活动,深化任职资格、岗位技能、专项业务等培训。

【法治政研合作平台搭建】 2015年,江阴市为全面创新法治江阴建设。2月2日,市委副书记、政法委书记蔡叶明带队赴北京与中国社科院法学研究所商谈合作搭建法治政研合作平台。4月20日,蔡叶明代表江阴市委、市政府与中国社科院法学研究所在北京举行签约仪式,双方约定法治政研战略合作期限为3年。2015年合作项目为共建法治国情调研江阴基地和编制“十三五”期间江阴法治建设发展战略规划。年内,中国社科院法学所专家先后4次到江阴开展调研活动,深入村(社区)、企业进行座谈交流21次,所编写《江阴经济社会均衡发展的法治路径》《未成年人刑事检察工作报告》和《法治宣传的江阴样本》的调研文章入选《中国法治发展报告(2015)》。

【市首届“十大法治标兵”评选】 2015年3月24日,市依法治市工作领导小组启动首届“十大法治标兵”评选活动。社会各界积极响应,推荐97名法律工作者参选。根据推报情况,在评委会多方讨论、认真考察、无记名投票的基础上,按照人选的广泛性、代表性和向基层一线人选倾斜的原则,组委会最终确定正式候选人36人,通过“最江阴”“大江阴”“江阴发布”等网络媒体发布并启动网络投票。10月28日,组委会依照网络投票结果,确定前20名人选分别为“十大法治标兵”和“十大法治标兵提名奖”候选人,并制作展播人物事迹电视短片,同时通过网络媒体进行第二轮投票。11月23日,经评委会评审、无记名投票,综合网络投票情况,组委会最终确定市首届“十大法治标兵”名单,分别是:市公安局祝塘派出所副所长王锡明、市法院法官陈教智、云亭街道司法所所长朱国成、市检察院控申科科长魏宏溥、市国土资源管理局执法大队大队长汪建东、周庄镇山泉村党委书记李全兴、市政府房屋征收管理办公室征收管理科科长徐文东、市地税局第五税务分局副局长沈悫、市城市管理局城西中队分队长张一斌、市安监局执法大队长阚军。陶振华、石良红、宋可喜、徐晓芸、朱爱国、濮亚娟、余军平、吴国栋、吴德秋、张震星10名候选人获“十大法治标兵”提名奖。

【综治信息系统建设】 2015年,江阴市落实江苏省综治信息化建设部署和要求,按照“快速、高效、实用”原则,大力推进综治信息系统建设,实现系统专线、账号开通、手持终端配发全覆盖和系统终端联网运行,初步形成“规范化为保障、网格化为基础、信息化为支撑”综治工作体系。年内,市、镇(街道)、村(社区)三级开通PC(电脑)专线275条,开通PC(电脑)账号344个,配发手持终端326个,开设综治E通账号326个,完成率100%。该系统建成后,全市综治工作全部实现台账资料网上建、队伍力量网上管、基本数据网上清、工作过程网上查、实战成效网上显、考评结果网上出,构建"信息快速上报、指令快速下达、问题快速处置"的综治工作新格局。是年,江阴市在无锡市信息化建设应用考核中,综合得分列第一。

**【实施村(社区)网格化服务管理】** 2015年,江阴市为深入贯彻落实中央和省委、省政府关于创新社会治理要求,进一步健全基层综合服务管理体系,不断提升社会综合服务管理水平,更好地服务城乡居民,促进社会和谐稳定,下发《全市村(社区)推行网格化管理实施意见》,召开全市深化网格化服务管理工作会议,按照城市社区每300户~400户、农村行政村(社区)每200户~300户为一个基础网络,因地制宜科学划分网格。每个网格设网格员1人,按照"一人一格、一岗多责"的原则,履行"4+N"职责,即统筹做好综合治理、民生服务、公共安全、城市管理和其他工作。同时,建立健全6项工作制度:(一)上岗公示制。在醒目位置设置公示牌,将网格员姓名、职务、联系电话、工作职责、监督电话等基本信息全面公示,主动接受群众求助、监督。(二)巡查制。网格员按照巡视时间要求,每天进行全面巡查,做好巡查记录,对紧急治安问题、重大安全隐患即知即报。(三)工作例会制。村(社区)每周召开一次由网格长、网格员参加的民情分析会或工作碰头会,梳理社情民意,落实责任人员,限期跟踪办理。(四)"AB岗"制。在同一村(社区)内,由相邻两个网格的网格员结成工作岗位AB角,如一方因病因事临时缺位,则另一方及时自动补位。(五)民情回应制。对网格内出现的矛盾纠纷,网格员能处置的及时处置,不能处置的上报村(社区)或职能部门协调解决,并及时向当事人反馈进展情况和办理结果。(六)考评追究制。制订全市网格化服务管理考核评价、责任追究办法,实施镇(街道)、村(社区)、网格分级考核,并将考核结果与网格员的工资、奖金和评优评先直接挂钩,确保网格化服务管理优质高效运行。是年,全市建立网格2189个。

(刘永刚)

# 公 安

**【概况】** 2015年,市公安局紧紧围绕全国深化公安改革、推进"基础信息化、警务实战化、执法规范化、队伍正规化"4项建设,按照省公安厅"一体两翼"(完善立体化现代化社会治安防控体系,深化法治公安建设、打造革命化实战化职业警队)总体工作布局,围绕平安江阴目标,深化"矛盾联调一体化、报警救助联动化、治安防控网格化、破案打击合成化、安全监管智能化、技防监控全域化、社区警务民本化、防范宣传常态化、执法服务规范化、队伍建设正规化"十大品牌建设,统筹推进业务工作和队伍建设,社会治安大局保持平安稳定。是年,综合绩效考核成绩稳居无锡市第一;在江阴市"万人评议机关"活动中取得历史性突破,排名居同类第一,继续被市委、市政府评为"人民满意机关"。有162个次集体、757人次被各级表彰,其中59个次集体、160人次受到无锡市公安局以上表彰和奖励。

*维护社会稳定* 注重运用法治思维和法治方式维护社会稳定,强化法律在化解社会矛盾中的权威地位,有效保障社会和谐。健全完善市、镇(街道)、村三级矛盾纠纷排查网络,创新矛盾纠纷建档管理和跟踪化解制度,对一时无法化解的重大矛盾,严格按照重大矛盾建档立册,跟踪化解。年内,建档64件,确保建档矛盾事件有专人负责,每日有跟踪管理。建立由市综治办牵头,市司法局、公安局为主,市信访局、法院、人社局、住建局、城管局等部门参与的重大矛盾纠纷联调机制。推动司法向公安派出所派驻人民调解室,全市24个派出所(除水上所)均统一设立人民调解工作室,配备专职人民调解员53人。实现驻所人民调解工作室与镇(街道)大调解中心无缝对接、快速流转、资源共享合作模式。全市176个村(社区)警务室与村(社区)人民调解委员会联合办公,共同开展矛盾纠纷调解工作。驻所人民调解室调处矛盾纠纷事件12139件,村(社区)警务室调解矛盾纠纷事件23818件,移送或参与镇级相关职能部门联调联处事件1387件。推进公安涉法涉诉信访工作改革,年内,接待群众来信上访441件,比上年下降47.8%,办结率95%以上。发挥市、分局两级巡特警(特勤)专业队伍作用,常态下,以10辆制式武装巡逻车为核心,保持60%力量屯警街面。在重大活动、重要敏感节点,启动战时勤务机制,强化商贸区、人员密集场所、治安复杂地区武装巡逻,实时震慑和打击街面违法犯罪。年内,先后完成全国"两会"、抗战胜利70周年纪念活动、无锡佛教论坛、十八届五中全会等重大活动安全保卫工作。

*维护治安安定* 先后组织开展重点地区整治、娼赌专项斗争、百日攻坚等综合治理工作,捣毁涉娼涉赌窝点31个,涉赌、涉娼警情分别比上年下降46.16%、33.95%。开展"缉枪治爆"专项行动,收缴非法枪支53支、子弹3000余发、管制器具228把,查处涉危案件111件112人。开展银行卡网上非法买卖、打击侵犯知识产权、制售假冒伪劣商品专项行动,全年立案侦查各类经济犯罪案件283件,破案149件,抓获各类经济犯罪嫌疑人223人,提起公诉189人,挽回经济损失2.93亿元。开展百城禁毒会战、集中整治互联网涉毒违法犯罪、"打非治违"禁"毒驾"、"吸毒人员核查管控"专项行动,全年破获毒品刑事案件247件,抓获毒品犯罪嫌疑人270人,缴获各类毒品2250余克,侦破公安部"2015-775"号特大网络吸贩毒案,被中央电视台"经济与法"栏目专题报道。针对全市电信网络诈骗案件高发态势,依托"江阴防范宣传""平安江阴"微信订阅号,加强全民意识防范,加强与银行、移动运营商合作,切实加大对现行电信网络诈骗案件的侦查力度。加强管控网络阵地,结合文明城市创建,全力

推进网吧上网人员手机短信实名认证及无线 WiFi 推广工作，网吧实名登记率 99.89%。检查网吧 500 余个次，处罚 24 个次，取缔“黑网吧”13 个。全年破获涉网案件 28 伙 85 件，抓获犯罪嫌疑人 135 人。是年，破获各类刑事案件 4106 件，其中 10 件命案全部侦破，现行命案自 2009 年以来连续第七年全破，逮捕各类犯罪嫌疑人 1632 人，移送起诉 3433 人，刑事拘留 2810 人，取保候审 3159 人，监视居住 26 人，治安行政处罚 6852 人。

*公安行政管理*　出入境管理。从 3 月 20 日起，市出入境管理大队开展出入境管理改革试点工作，进一步下放各类出入境证件审批制作权限。除法定不准出境人员、国家工作人员、现役军人、华侨等特殊群体申办出入境证件仍需报地级出入境管理机关审批以外，下放普通护照、往来港澳通行证及签注、往来台湾通行证及签注、外国人签证证件、台湾居民来往大陆通行证及签注等审批签发权限。提升中外公民申请各类签证、证件办结速度，一般 5 个工作日内即可完成，比法定时限缩短一半以上。全年受理审核公民因私出国境申请 136424 人次，比上年增长 15.8%；审核境外人员申办各类签证、证件 1903 份，比上年下降 6.2%。

车辆管理。从 7 月 1 日起，江阴市车辆管理所接受无锡市车辆管理所小型机动车驾驶人考试业务，包括科目一、二、三考试的受理、预约、考试、发证、收费等内容。年内，全市新增汽车 46538 辆，比上年增长 13.23%，保有量 369916 辆；新增摩托车 4613 辆，保有量 82415 辆；新增汽车驾驶人 47258 人，保有量 493958 人；新增摩托车驾驶人 2652 名，保有量 179090 人。

交通管理。市交警大队围绕城市交通管理重点和焦点，精细筹划各项交通秩序整治工作，相继开展城乡环境综合整治、“查重点车辆、整严重违法”、重点路段违法停车、主次干道违法停车、“酒驾”、“毒驾”等专项整治行动。逐个逐条梳理城区 76 个停车场及主次干道停车资源，进一步优化整合路内路外停车区域，取缔路内路外新增停车泊位，将违停严管路段由原来的 11 条增加到 32 条。挖掘城区停车资源，新增停车泊位 3095 个，配合有关部门探索制定停车场管理办法，持续推进公共停车设施建设，推进错时停车制，大力缓解城区汽车停车供需矛盾。全年查处各类交通违法行为 160.32 万余件，其中无证驾驶 3099 件、酒后驾驶 1959 件、醉酒驾驶 624 件、闯红灯 305724 件、违法停车 240154 件、超载 1513 件、超速 326135 件、超员 290 件，“黑三轮车”违法 979 件，行政拘留 602 人。查处违法停车 240154 件中，严管路段实施记分处罚 44997 件，整治乱点 342 个，清理停车泊位内私设障碍物 453 处。受理交通事故 101139 次，致亡 270 人、伤 874 人，直接经济损失 1138.8 万元，分别比上年增长 7.5%，下降 2.53%、下降 22.93%，增长 4.01%。未发生死亡 3 人以上重大恶性事故。

**【启用 3 个出入境管理分理点】** 2015 年，市公安局深化公安行政审批改革，前移服务重心，经省公安厅出入境管理总队批准，在临港街道、周庄镇和徐霞客镇依托镇(街道)便民服务中心，建成 3 个出入境管理分理点，于 5 月 18 日启动运行，成为全省县级首批试点单位之一。3 个出入境分理点按照省公安厅建设标准设立，社会化便民服务项目齐全，往来港澳通行证、往来台湾通行证补(换)发申请均可办理，新证办结时间从 10 个工作日缩短为 5 个工作日，方便居民就近办理各类出入境证件。至年底，3 个出入境分理点受理各类出国境申请 8220 人次，占全市申请总量的 11.5%，分流效果明显。发放出入境证件 8000 余本，为群众提供咨询 10000 余次。

**【刑侦体制改革】** 2015 年，市公安局深入贯彻全国公安深化改革精神，继 2013 年实施派出所大撤并、机关警种大整合后，继续抓好刑侦体制改革，进一步加强刑警队伍专业化建设。年内，撤并责任区刑警中队 6 个，将部分警力充实到各派出所，全面完善以所建队。刑警大队增设大案中队、反恐中队、串并案中队，新增狱侦中队，做精刑侦专业中队，形成“哑铃型”刑侦体制新格局。同时，把原隶属于刑警大队的预审中队并入法制大队，实行案件集中审核制，构建大法制格局。

**【中国人民抗日战争暨世界反法西斯战争胜利 70 周年纪念活动安保】** 2015 年，市公安局把此项纪念活动安保工作作为一项重要政治任务，全警动员，全警参战。从 8 月 1 日起，全体干警取消休息休假，24 小时处于战备状态，以决战决胜信心投入安保攻坚决战。突出反恐防暴，启动一级巡防模式，最大限度把警力压向社会面，压向重点部位，以全市 137 个巡区网格为基础，每天投入民警 700 余人、专职巡防保安 1700 余人、警车 96 辆、巡逻摩托车 200 余辆，按照巡区网格大小和治安复杂程度，分组编队、包片负责，重点加强对中心城区、镇(街道)主干道、商业区和重点要害部位武装巡逻。至 9 月 4 日，共盘查检查人员 2310 人次、车辆 1434 辆次、物品 454 件次，查获违法犯罪嫌疑人 150 人、网上在逃人员 12 人。

**【技防监控实现全覆盖】** 从 2014 年起，市公安局全面推进社会面技防监控升级改造，并被列为政府为民实事工程，计划在 2 年内新增改建 1 万个视频监控点，优先覆盖各金融网点、学校、加油站等重点区域部位，并向背街里弄、重点村道延伸。同时，将监控点全部接入公安视频专网，建设互联共享的集指挥调度、视频巡逻、布防报警、视频侦查、信息研判为一体的实战平台，进一步提升动态治安驾驭能力。该视频监控升级改造采用社会化服务建设运营模式，由公安部门提出需求和应用，企业投资建设和运维管理，政府通过向企业租赁取得使用权。至 2015 年 12 月，共建成视频监控点 1.4 万余个。是年，全市盗窃警情比上年下降 4%，“两抢”(抢夺、抢劫)案件比上年下降 14.8%。(参见《公共安全》类目中《域内安全技防》分目)。

**【居住证换发】** 2015 年，市公安局贯彻落实《江苏省流动人口居住证管理办法》精神，进一步加强流动人口服务管理，推进社会管理创新和城乡一体化进程。3 月 17 日，启动全市居住证信息清理核对工作，制订细化相关工作流程，落实专项经费，培训全市176个警务室流动人口信息采集点及人员，实现居住证在警务室现场办理和发放。6月3日下午，要塞派出所新华警务室举行全市居住证首发仪式。年内，全面完成该项工作，共办理居住证66.9万张，发放62.6万张，率先完成无锡市下达的居住证换发任务。

**【“江阴防范宣传”微信订阅号获奖】** 2014年起，市公安局将防范宣传作为治安防控体系建设重要环节，同步推进网上网下宣传，顺应互联网、新媒体发展趋势，创建“江阴防范宣传”微信订阅号，内容上注重安全防范知识传播，形式上贴近互联网生态语境，贴合市民群众接受心理。针对电信网络诈骗案件高发，加强发布相关防骗拒骗微文，网言网语，生动活泼，内容丰富，直击时弊，获得广大微友关注，每日浏览量均在万人以上，单篇最高点击量2.85万个。2015年12月22日，腾讯大苏网举办2015腾讯江苏微政务颁奖典礼暨2016江苏互联网+政务发展趋势论坛，“江阴防范宣传”微信订阅号因独特功能定位和显著宣传效果，被评为“2015年度江苏十大公安系统微信”（县级仅3个）。至年末，该微信订阅号拥有粉丝量8万余人，发布文章800余篇，阅读量近140万次。

**【反腐倡廉警示教育基地启用】** 2015年，市纪委为加强党风廉政教育直观性和实效性，依托市公安局新建的市看守所这一特殊教育资源，建设具有本地特色的反腐倡廉警示教育基地。5月13日下午，该基地揭牌启用，市纪委和市委组织部、市公安局、市监察局等部门领导出席仪式，与2013年起新提拔市管领导干部100余人，实地参观反腐倡廉警示教育馆。该基地通过典型贪腐案例展示、现场心理互动体验、近距离参观监所等形式，全方位、多角度揭示腐败所带来的后果，剖析腐败分子堕落腐化的原因，警诫参观者筑牢思想道德底线和党纪国法防线。至年末，该基地接待43批次3150余人参观。

（朱 斌 胡 娟）

# 检 察

**【概况】** 2015年，市检察院忠实履行宪法和法律赋予职责，服务全市经济社会发展大局，各项检察工作取得新进展。是年，市检察院被最高人民检察院、检察日报社评为全国检察宣传先进单位。全院在省市级以上各类竞赛评比中获54项名次，其中1名干警被评为全省“十佳反贪侦查员”，2名干警分别被评为江苏省首届未成年人检察业务竞赛能手和竞赛标兵。

刑事检察　履行批捕、起诉等职责，全年批准逮捕各类刑事犯罪嫌疑人678人，比上年下降15.25%；经审查向法院提起公诉2727件3450人，比上年下降0.61%。突出打击严重影响社会治安和人民群众安全感的暴力犯罪、毒品犯罪、黑恶势力犯罪、多发性侵财犯罪和涉众型经济犯罪，保障人民群众生命财产安全。对顾某等8人黑社会性质组织案提起公诉。依法惩治侵犯妇女儿童和农民工、残疾人、老年人合法权益的犯罪，完善劳动保障监察执法与刑事司法衔接制度，起诉拒不支付劳动报酬犯罪16人。批准逮捕以工业原料制售海带的犯罪嫌疑人徐某，起诉无锡首例用工业松香生产有害食品案，维护群众食品安全。贯彻宽严相济刑事政策，对涉嫌犯罪但无逮捕必要的，决定不批捕120人；对犯罪情节轻微、依照刑法规定不需要判处刑罚的，决定不起诉10人。完善刑事和解、检调对接等机制，促成轻微刑事案件、民事申诉案件当事人和解，对不批捕、不起诉、不抗诉等案件加强释法说理，促进案结事了。对未成年人刑事案件坚持依法少捕、慎诉、少监禁，对11名涉罪未成年人决定附条件不起诉。

查办职务犯罪　全年共立案侦查贪污贿赂、挪用公款等案件21件25人，立案侦查渎职侵权犯罪案件4件5人。查处100万元以上案件8件11人、涉嫌犯罪的科级以上国家工作人员8人，通过办案挽回经济损失2900余万元。办理上级检察机关交办的惠山区委常委、洛社镇党委书记倪某受贿案，查处江苏省特种设备安全监督检验研究院江阴分院院长张某等一批“小官大贪”案。查办徐霞客镇经济发展和改革局原副局长李某等人滥用职权、受贿案。针对重大安全生产事故严重危害人民生命财产安全的情况，与有关部门建立事故通报和信息共享机制，派员同步介入重大事故调查76次。加强反渎职侵权公共宣传，开展“违法建设行政执法专项监督”活动。

检务公开　依托检察为民服务中心，加大检务公开力度，全年共受理案件程序性信息查询4116件次，发布重大案件信息65条，公开法律文书1800余份。对存在较大争议，或者有较大社会影响案件，检察机关拟不起诉、不批捕，或申诉人不服检察机关处理决定的，探索实行公开听证审查。加强建设检察门户网站、检察微信等媒体，开通律师案件信息查询和阅卷预约微信平台，提高办案透明度和司法公信力。

诉讼监督　注重保障人权，重点监督纠正刑讯逼供、滥用强制措施、量刑畸轻畸重等问题。深化“公安机关办理重大、疑难案件听取检察机关意见”改革试点工作，共提前介入23件案件引导侦查。因不构成犯罪的不批准逮捕1人，因证据不足的不批准逮捕50人，因无社会危险性的不批准逮捕120人，因符合监视居住条件的不批准逮捕2人；对应当逮捕而未提请逮捕的，追加逮捕1人；对不应当立案而立案的，督促撤案2件；对应当起诉而未移送起诉的，追加起诉2人；对认为确有错误的刑事裁判案件提出抗诉1件，建议再审4件。重视保障犯罪嫌疑人诉讼权利和律师执业权利，对侦查活动中的违法情况提出纠正意见10件次，对刑事审判中的违法情况提出纠正意见1次。强化对羁押场所和监管活动检察监督，注重保障被羁押人员合法权益，严格规范适用指定居所监视居住。通过启动捕后羁押必要性审查机制，依法建议对8名在押人员变更强制措施。督促清理久押不决、决后不收押案件，共监督纠正超期羁押35

人,督促收押60人。加强社区矫正法律监督,纠正脱管漏管,促进社区服刑人员教育转化。加强民事行政诉监督,受理一审、二审申请监督案件32件,建议提请抗诉案件2件;探索对违法行政行为进行监督,发出督促行政机关履职检察建议4件,执行监督检察建议4件,行政机关采纳督促起诉1件。坚持抗诉与息诉并重,对民事行政申诉案件和解2件,息诉10件。

**【规范司法行为专项整治】** 2015年,市检察院扎实开展规范司法行为专项整治工作,坚持"雷达全开"立体扫描,按照院领导班子、中层干部、一般干警3个层次,从上至下进行排查。突出问题导向,共排查案件4000余件,梳理出不规范、不文明等问题8大类32项,并针对问题制定详细整改方案。广泛听取市公安、市法院和律师事务所等意见和建议,建立健全长效机制,制定退回补充侦查案件管理、保障律师执业权利、办案工作区规范使用等5项规范性文件。推进以检察官办案责任制为核心的检察权运行机制改革,实现"谁办案、谁决定、谁负责",全年,由检察官自主决定批捕案件、公诉案件分别占案件总数的70%、30%。

**【依法服务经济社会发展】** 2015年,市检察院依法维护金融管理秩序,起诉集资诈骗、非法吸收公众存款、非法经营等犯罪人员32人,比上年增长52%。健全行政执法机关与司法机关信息共享、案情通报和案件移送制度,起诉破坏市场经济秩序犯罪人员181人,督促行政执法机关向公安机关移送涉嫌犯罪案件30件。针对司法办案中发现的突出问题,及时向有关部门提出改进管理检察建议8次。加大知识产权司法保护力度,实行知识产权类案专人办理机制,严厉打击侵权行为,起诉侵犯商标权、专利权、著作权和商业秘密等犯罪人员4人。以政府主导投资的重大市政工程和民生建设项目为重点,同步开展职务犯罪预防,协助有关单位完善管理制度,保障投资安全。对生态环境领域突出问题,综合运用打击、预防、监督、保护等手段,构建以专业化法律监督为基础、以社会化综合治理为核心、以恢复性司法实践为补充的生态环境司法保护立体工作体系,共起诉污染环境、非法捕捞、侵占农用地等犯罪人员12人。在季某王某非法占用农用地一案中,由检察机关督促临港街道北郭庄村委向法院提出刑事附带民事诉讼后,法院判处侵权人刑罚的同时,责令其对2.67余公顷被非法占用毁坏的耕地恢复原状。

**【职务犯罪预防】** 2015年,市检察院加大预防职务犯罪宣传和咨询力度,开展实景式警示教育,"用曾经的案件警醒现在的人";推行访谈式案例剖析,"用身边的案件教育身边的人";开展网络式预防宣传,"用虚拟的手段影响现实中的人",构建了上述3式联动的预防宣教新模式。依托江阴市基层干部预防职务犯罪警示教育基地,开展警示教育145次,受教育党员干部6000余人次。将预防职务犯罪知识纳入"江阴普法网"平台题库,组织开展公务员网上学法考法活动。全面推行行贿犯罪档案查询,向工程招标单位、建设主管部门等提供查询4997次。与市邮政局联合开展"预防邮路、廉政专邮"系列活动,拍摄预防职务犯罪微电影,营造清正廉洁社会氛围。是年,切实落实预防职务犯罪年度报告制度,加强案件剖析和预防调查,提出防控风险、完善制度的预防建议3件。

**【未成年人检察社会支持体系建设研讨会召开】** 2015年6月17日,由检察日报社理论部、苏州大学检察发展研究中心共同主办,市检察院承办的未成年人检察社会支持体系建设研讨会在江阴召开。最高人民检察院公诉厅未成年人检察处、检察日报社理论部相关领导,部分高校专家学者,来自北京、湖北、浙江、广西、陕西等全国14个省、直辖市、自治区的17名检察院有关领导,江阴团市委、法院、公安等70余人参加会议。与会者对未成年人检察社会支持体系建设的理论支撑进行论证及对探索情况作交流发言。同时,观看江阴市检察院未成年人检察社会支持体系建设专题片,听取江阴市检察院副检察长朱彩娟介绍未成年人检察社会支持体系建设中的探索及形成"一体两翼三平台",即以"捕、诉、监、防、维"为一体、以专业化维权和社会化保护为两翼,以涉罪外来未成年人观护帮教工作站、雏鹰爱心港、青少年法制教育实践基地为"三平台"的工作模式,实地考察调研未成年人观护帮教工作站和江阴市青少年法制教育实践基地,对江阴未检系列创新工作予以高度评价。是年,市检察院未检社会化支持体系建设获江苏省未成年人刑事检察工作"十佳创新事例奖"。 (吴晓红)

# 审 判

**【概况】** 2015年,市法院忠实履行宪法和法律赋予的职责,积极稳妥推进司法改革,全面加强法院建设,为促进全市经济社会平稳发展提供强有力的司法保障和服务。全年受理各类案件31807件,审执结25410件,分别比上年增长17.16%和10.66%。是年,市法院被无锡市中级人民法院评为信息工作先进集体,民二庭和青阳人民法庭分别被无锡市中级人民法院记集体三等功;有48名个人受到无锡市级以上表彰。

刑事审判　全年受理刑事案件2746件,审结2565件,分别比上年增长10.15%和4.69%,判处罪犯3286人。始终保持对故意杀人、绑架等严重暴力犯罪和盗窃、抢夺等多发性侵财犯罪的严打高压态势,审结此类案件964件,判处罪犯1241人。依法严惩危害食品药品安全犯罪,审结生产、销售有毒有害食品及销售假药案件12件,判处罪犯18人。加大对非法吸收公众存款和组织、领导传销活动等涉众型经济犯罪的打击力度,审结此类案件5件,判处罪犯33人,为被害人挽回经济损失412.57万元。加大打击电信诈骗力度,审结此类案件27件,判处罪犯56人,涉案金额1000余万元。坚持铁腕反腐,依法惩处贪污、贿赂、渎职犯罪,审结此类案件8件,判处五年以上有期徒刑3人。强化刑事司法领域的人权保障,为54名符合条件的被告人指定辩护人,对5件案件依法启动非法证据排除程序,对879名罪行较轻的被告人依法适用非监禁刑,确保罪责刑相适应。加强少年审判工作,坚持“教育为主、惩罚为辅”原则,审结未成年人犯罪案件65件,未成年被告人缓刑适用率40%。

民商事审判　全年受理民商事案件17919件,审结15069件,分别比上年增长14.68%和9.35%,涉案标的144.47亿元。依法服务保障民生,妥善审理与群众切身利益密切相关的案件,审结婚姻家庭、民间借贷、损害赔偿、医疗纠纷等案件7045件;加大对劳动者合法权益的保护力度,新设劳动争议庭,审结劳动争议案件1965件;主动适应经济发展新常态,充分发挥商事审判职能,规范市场交易秩序,审结买卖、加工承揽合同纠纷案件3182件;维护金融安全稳定,审结金融借款、票据、保险类纠纷案件1115件;规范企业治理结构,审结股权转让等公司诉讼案件67件;运用司法手段挽救符合产业政策且有重生希望的企业恢复生机,妥善审理企业破产、重整案件24件,有效保障企业职工和债权人合法权益,实现企业破产重整“软着陆”和“零震荡”。

知识产权审判　继续抓好知识产权“三审合一”(知识产权民事、刑事、行政案件统一集中审理的审判机制)工作,审结侵犯商业秘密、假冒注册商标等刑事案件6件;加大对知名品牌的司法保护力度,审结侵害“五粮液”“小天鹅”等知名品牌商标权纠纷案件131件,维护公平竞争的市场秩序;强化保护著作权,审结侵犯作品表演权、放映权等著作权纠纷案件116件,保护公民智力成果权。借力相关职能部门资源优势,与工商行政机关、市文化管理部门及行业协会加强沟通协调,建立常态化互联互通机制,共同做好纠纷化解和法律释明工作。深入企业走访调研,开设法制讲座,通过司法裁判引导形成鼓励创新的环境氛围。全年受理知识产权案件302件,审结270件,分别比上年增长56.48%和65.64%。是年,在全市创建国家知识产权示范城市工作中,市法院被评为先进集体。

行政审判和环保审判　拓宽对行政相对人权益的保护范围,涉诉领域从传统的土地征收、房屋拆迁、工伤认定,逐渐拓展到环境资源、市场监管、政府采购等。加大对行政权的司法监督力度,全年因判决履行法定职责、确认行政行为违法或无效等行政机关败诉案件8件,行政机关败诉率7.41%。加强与行政执法机关的经常性工作联系,开展专题研讨3次,提供法律咨询60余次,发放审判年报170余份。全年受理行政案件398件,审结365件,分别比上年增长74.6%和84.3%。作为最高人民法院环境资源审判联系点法院,进一步加大生态环境司法保护力度,更新环境资源司法理念,全年依法审理和审查非法占用农用地、噪音污染等环境资源案件153件。

执行工作　主动适应“互联网+”时代要求,强化信息化与传统执行手段的互动互补。建立与银行、房管、国土、工商等单位联网的“点对点”网络执行查控,全年完成查询19.88万余次,涉及案件4820件,被执行人6496人。建成执行指挥中心,配备3G/4G单兵系统6台,执法记录仪50台,实现对执行现场的远程指挥。全面推进司法网上拍卖,成功拍卖145件涉案资产,成交价4.85亿元,促进被执行财产价值最大化。加大对失信被执行人的信用惩戒力度,通过商业中心大屏幕、电视等载体,滚动播出失信被执行人信息299人次。充分发挥传统执行手段的强制威慑作用,开展集中执行36次,现场拘传被执行人350人次,司法拘留316人,移送公安追究刑事责任5人,罚款4人,对4400名“黑名单”人员采取限制高消费措施,有力保障当事人胜诉权益。是年,受理执行案件10434件,执结7132件,标的18.19亿元。

**【推进司法体制改革】** 2015年,市法院积极稳妥推进审判权运行机制改革,注重回顾总结改革试点工作取得的经验和存在的不足,继续以审判团队建设为抓手,深入推进各项改革举措。增加审判团队数量,增选14名主审法官,累计有审判团队41个;充实人员配置模式,遴选8名优秀助理审判员为预备法官,促进人员结构更加科学合理;全面推行院(庭)长办案制,明确院(庭)长年度办案指标,并积极承办重大疑难复杂案件,全年院(庭)长、审委会委员审理案件3312件;落实院(庭)长“权力清单”,规范法律文书签署,全面落实司法责任制,主审法官或合议庭直接定案率99.7%。全面推进以审判为中心的诉讼制度改革,突出庭审中心地位,贯彻证据裁判规则,建立科学合理的诉讼架构。全面推进立案登记制改革,对依法应该受理案件,实行有案必立、有诉必理,保障当事人诉权,5月实施立案登记制以来,全年共收案13090件,比上年增长18.92%。开展裁判文书改革,针对部分类型化案件推行使用令状式、要素式、表格式裁判文书,促进案件繁简分流;试行全景式执行法律文书,执行裁定书详细载明执行过程中的每个执行环节和举措,推进执行工作全程公开透明;深入推进轻微刑事案件快速审理机制,明确适用范围、简化庭审程序、配套量刑规范、制定格式文书,全年审结各类轻微刑事案件1301件,平均审理天数13天,兼顾公正与效率。是年,《人民日报》、中央电视台“新闻联播”、法制网、人民网等中央主流媒体均对市法院改革试点工作及进展情况作宣传报道。

**【健全多元化纠纷解决机制】** 2015年,市法院加强矛盾纠纷源头治理,依托法官驻社区(村)工作室和法官“入企进村”活动,完善社会矛盾滚动排查和及时预警机制,最大限度将矛盾化解在基层和萌芽状态。完善诉调对接工作机制,加强与行政机关及基层组织通力协作,统筹各方力量资源,形成纠纷化解合力。加强涉诉信访化解工作,推行院(庭)长直接接访、网上信访、视频约访等工作机制,引导群众依法理性表达诉求。注重发挥律师化解矛盾纠纷独特优势,以召开座谈会等形式加强与律师良性互动,引导律师参与涉诉信访化解,努力实现案结事了。加强普法宣传教育,通过开展巡回审判、开设法制讲座、提供法律咨询、发放普法材料等进行法制宣传,为全国文明城市创建提升法治环境。是年,接待到访群众 2097 人次,处理来信 358 件,上级交办信访案件化解率 100%。

**【诉讼服务模式创新】** 2015 年,市法院全面推进诉讼服务中心建设,通过整合诉讼服务大厅、诉讼服务网站、"12368"诉讼服务热线等平台功能,建成集案件查询、网上立案、法律咨询等多项服务于一体、线上线下同步运转的综合性诉讼服务平台,全年提供各类诉讼服务 10800 余次。联合市司法局在诉讼服务中心设立律师公共法律服务站,在长泾法庭设立无锡首个法律工作者公益服务站,加强法院诉讼服务与司法行政法律援助无缝对接,全年有 71 名律师、法律工作者为 220 余名当事人提供法律服务。加强法院自媒体建设,利用微博、微信等平台,发布开庭公告、典型案例及法律法规等群众普遍关切信息,畅通民意沟通表达渠道,全年发布各类信息 211 条次。开展司法救助工作,为 33 名困难当事人缓减免诉讼费 54.2 万元,向 86 名特困刑事被害人、申请执行人发放救助款 55.3 万元。

**【法院信息化建设升级】** 2015 年,市法院以"大数据、大格局、大服务"理念为指导,全面建设科技审判法庭、执行指挥中心、远程接访等信息化系统平台,实现审判执行活动全程可视化。加强信息化与诉讼服务深度融合,强化运用诉讼费管理系统和保管款管理系统,使当事人诉讼缴费和退费手续规范,款物发放及时有序。加强信息化与审判业务深度融合,全面落实网上办公、网上办案,升级审判管理系统和审判法律系统,使法官办案更加高效。加强信息化与审判管理深度融合,通过审判信息实时录入和科技法庭的运用,强化对审判执行工作的实时管理和动态监督。加快诉讼档案电子化建设,实时扫描录入各类诉讼材料,档案查阅更加便捷,全年扫描完成各类卷宗 30621 卷。(高　悦)

## 司法行政

**【概况】** 2015 年,市司法局以群众需求为导向,以创新机制为动力,以司法行政队伍"三化"(正规化、专业化、职业化)建设为保障,突出规范化、实战化服务模式,实现矛盾纠纷排查调处、公共法律服务、特殊人群服务管理、法制宣传教育"四个全覆盖"提质增效,为建设"强富美高"新江阴提供法律服务和法治环境。是年,局被江苏省司法厅评为 2014—2015 年度优秀司法局。

*法制宣传*　与中国社会科学院法学研究所合作调研江阴普法工作。梳理"六五"普法工作特色亮点,制作"六五"普法图册、画册、宣传片,在大桥法治公园展示五年普法成果展版 300 余块,得到江苏省、无锡市"六五"普法考核组肯定。落实"谁执法谁普法"责任制,构建全媒体公益普法全覆盖。组织全市公务员网上学法考试。召开"法律进校园"工作推进会,举办青少年法治讲座 20 场,开展"学法送法、法润万家"中学生社会实践等活动。在江阴老年大学开设公开课目"举案说法"。开展"送法进车站"等农民工普法活动。聘请普法讲师讲授《中华人民共和国宪法》,印制宣传图片 6000 份、海报 2000 份,组织 14423 人次参与"万人学宪法律知识有奖竞赛"活动;组织"12·4"国家宪法日法治宣传系列活动,制作法治灯谜 100 余条,发放宣传资料 50 多种 3 万余份。在江阴电视台播出"法治全澄"节目 140 余期。开通"崇德尚法·共创文明"公交法治文化专线,成立江阴市普法志愿队,开通"法润暨阳"微信,征集"普法工作 30 周年"征文 83 篇;临港街道创作的法制动漫作品《司小西游记》被评为全国"六五"普法新媒体创意大赛一等奖,市法制宣传教育领导小组办公室被评为第十一届全国法治漫画动画微电影作品征集活动优秀组织奖。创建省级民主法治示范村(社区)102 个,创建率 33.8%,周庄镇山泉村被评为全国民主法治示范村。

*法律援助*　加强法律援助工作站点网络建设,实现一镇(街道)一站、一村(社区)一点法律援助网络体系全覆盖,全市有 11 个社会团体、15 个镇(街道)法律援助工作站、253 个村(社区)法律援助联系点,该网络平台全覆盖项目被评为法治江阴建设实事工程先进项目。先后组织法律援助工作者参加"12348 法润千万家""便民服务进社区""送法进军营"和"三八"妇女维权日等主题活动。出台《江阴市律师和基层法律服务工作者开展法律援助工作管理办法(试行)》文件,规范法律援助工作方式、程序及管理等 6 个方面,加强案件实质性审查,严格援助律师和法律服务工作者准入制度,完善非诉讼案件工作记录,确保案件诉讼率 85% 以上。是年,全市受理各类法律援助案件 1073 件,其中民事法律援助案件 797 件、刑事指定辩护案件 276 件;接待来电上访群众和网上咨询 4444 人次,"12348"法律援助咨询热线接听 1131 人次。市法律援助中心"父母身亡留四孤儿法援施救索赔偿款"被评为江苏省法律援助十大好案例,在 2015 年无锡市法律援助办案质量检查中获第一名。

*法律服务*　在全市律师队伍中开展依法治国教育专项活动。加强律师行业诚信建设,建立一所一人一档诚信档案并上网公示,将诚信建设与评先奖优、职称评定等挂钩。继续开展"法润暨阳春风行动"等活动,为企业、村(社区)送法上门。组织法律从业人员参与公共法律服务活动,推动建立政府购买法律服务工作机制、考评机制、经费保障机制;规范镇(街道)公共法律服务中心基层法律服务工作者值班制度;组织全市 18 个律师事务所均建成律师公益法律服务站,有 360 人次参与值班;组织 23 名律师受聘担任市社会矛盾纠纷调处中心兼职人民调解员,每周三参与调解;组织 8 名律师受聘担任市劳动人事争议仲裁员,办理案件 56 件;在市法院诉讼服务中心建成律师公共法律服务站,确保每个工作日安排 1~2 名律师到岗值班;组织律师 27 人次参与市领导接访,接待上访群众 169 批 1429 人次。是年,全市 18 个律师事务所 194 名律师代理各类案件 3500 件,31 个法律服务所 159 名法律服务工作者代理各类案件 2307 件,市公证处办理各类公证 8252 件,司法鉴定所共收案 975 件。

人民调解　出台市、镇、村三级调委会规范化建设标准，构建网格化管控体系，落实矛盾纠纷月报和重大矛盾纠纷直报制度，完善分析研判机制，严格按照人民调解个案补贴标准，全年发放101.86万元。开展《江苏省人民调解条例》宣传月活动，举办专场文艺演出，制作公益广告10个，开展大型广场宣传咨询15场，发放宣传单4000余份、《江苏省人民调解条例》读本6500余本。先后聘请省司法厅专家和院校教授培训全市基层调解主任及人民调解信息系统改版升级业务，有340余人次参加。开展省司法厅人民调解信息管理平台集中录入月活动，实现月报和专网输计时间同步操作。是年，市人民调解委员会等5个调解组织被省司法厅确认为省人民调解委员会规范化建设示范点。全市各级各类人民调解组织共开展矛盾纠纷排查7278次，受理并调解成功矛盾纠纷事件21739件，成功劝阻群体性上访人员209批1949人次。

社区矫正、安置帮教　加大社区矫正管理惩处力度，矫正对象因违反社区矫正管理规定被给予警告处分25人次、治安处罚1人、提请撤销缓刑10人、已被撤销缓刑3人。按照全国人大常委会表决通过的关于特赦部分服刑罪犯的决定，完成8名社区服刑人员特赦程序。设立专项帮扶资金19万元，先后走访、帮助250户比较困难家庭的社区服刑人员和安置帮教对象。组织17名社区矫正官和60名社区服刑人员进行传统文化教育学习。开展“关注社区矫正·共建和谐家园”社区矫正10周年主题宣传活动。是年，全市接收社区服刑人员692人，按期解矫707人，在册808人；接收回归刑释解矫人员1250人，衔接率、帮教率、安置率均为100%，在册安置帮教对象3711人；完成各类评估案例1069件，其中审前评估987件，诉前评估51件，拟假释评估31件，采信率98%以上。

**【社区矫正教育引入传统文化】** 2015年，市司法局探索新型社区矫正教育模式，与江阴市人本合一文化传播有限公司合作，组织开展传统文化教育，将被动灌输式教育改变为主动交流沟通式教育，从精神层面和素质层面上改造矫正对象思想。4月起，有社区矫正官17人和社区服刑人员60人参加，举办12期，每期3小时，集中学习《弟子规》等国学经典。社区服刑人员分为忠信、孝悌、仁爱、礼义、和平5个小组，采取老师集中讲授、观看视频、交流感想、分组讨论等。同时，要求学员每天早晚分别诵读《弟子规》《了凡四训》等，每晚通过微信汇报诵读情况，分享诵读感受。每月组织团体辅导2次，增强对传统美德认知度。经过半年学习，社区服刑人员均有收获，懂得做人做事道理，改变了个人思想观念、家庭关系、精神面貌。该做法得到省司法厅厅长柳玉祥批示肯定。

**【“法润暨阳、德法同行”法制宣传活动】** 2015年，市司法局开展“法润暨阳、德法同行”法制宣传系列活动。召开“法润暨阳、德法同行”专题研讨会，全面挖掘整理江阴本土优秀传统文化德法内容，梳理出古今名人徐霞客的孝敬文化、季子的诚信文化以及现代感动中国的江阴好人“炎黄”精神等，并与法治实践相结合，增强全市“德法同行”品牌创建的鲜明特色和实际效果；在重点人群中开展“法润暨阳、德法同行”法制宣传系列活动；9月，会同市教育局利用开学之际，在全市中小学校广泛开展“铭记誓言、德法同行”系列活动，通过组织集体宣誓、寄语展望、励志讲座、发倡议书等方式，引导青少年学生坚定法治信仰；开展“依法经营、德法同行”法治讲座企业行活动，切实提升企业人的法治观念和道德素养，全年为企业授课40余场、参加人员4000余人次；利用各镇（街道）、村（社区）的道德讲堂，进行“崇德尚法”法治讲座，全年法治讲师团授课20余场，听众2000余人次。

**【基层司法所规范化建设】** 2015年，市司法局按照省司法厅《江苏省司法所基本工作规范》和无锡市《关于进一步加强全市司法所管理体制建设的意见》《司法所公共服务规范》要求，加强基层司法所规范化建设，提升司法所业务规范化水平。针对基层司法所办公面积“萎缩”、专职调解员不到位、经费得不到保障等问题，开展走访调研和整改落实工作。开展司法行政干警综合素能提升专题培训和岗位练兵活动，加强镇（街道）公共法律服务中心、村（社区）司法行政服务站建设。规范全市15个镇（街道）公共法律服务中心运行机制，建立窗口对口接待、业务对接分流、服务跟踪回访等服务机制，落实中心窗口值班、接待登记、预警排查、例会商议、工作情况上报、考核奖惩等工作制度。依托村（社区）人民调解委员会、便民服务中心等平台，建成覆盖全市的司法行政服务站，全年243个村（社区）接待群众上访13830人次。是年，全市司法所平均有面积530平方米、工作人员9人，基层政法专项编制到位率98%。澄江街道司法所被司法部评为全国模范司法所，周庄镇司法所、祝塘镇司法所被江苏省司法厅评为2014—2015年度江苏省优秀司法所。　（包丹凤）

■类目编辑　成甦萍

## 综　述

【概况】　2015年，市人社局坚持民生为本、人才优先的主线，各项工作推进有力、成效显著。年内，新增各类人才7520人，新增就业岗位5.8万个，组织招录各类人员724人（含编外用工人员）；接待劳动监察举报投诉案件4328件，受理工伤申请4420份，立案受理劳动争议案件6118件。是年，江阴市被评为江苏省劳动保障监察两网化管理示范县（市、区），市人社局获江苏省军队转业干部安置工作先进单位、江苏省巾帼建功先进集体等荣誉。

【省社会保障卡与新版市民卡发放】
2015年，根据江苏省推进全省统一社会保障卡发行和中国人民银行停发磁条银行卡要求，江阴市自7月1日起开始发行江苏省社会保障卡（简称省社保卡）和新版江阴市民卡（简称新版市民卡），并停止发放江阴市社会保障（市民）卡（简称原市民卡）。省社保卡取代原市民卡社会保障功能，新版市民卡取代原市民卡小额电子钱包功能，一卡变二卡。省社保卡和新版市民卡金融账户互为关联，共同继承原市民卡金融账户，原市民卡上代付代扣协议继续有效。换发工作将持续至2018年底，过渡期内老卡、新卡并存。未申领省社保卡市民持有原市民卡仍可正常使用刷卡就医、办理银行业务和乘公交等功能；已领取省社保卡市民持省社保卡刷卡就医（包括城镇职工基本医疗保险和新型农村合作医疗），持新版市民卡办理银行业务和乘公交等。年内，市国信市民卡公司与红豆电信有限公司签订合作框架协议，开拓市民卡应用和功能，开发残疾人卡、工会服务卡等。至年末，全市发放省社保卡、新版市民卡18万余张，发放残疾人卡2万余张，拓展工会特约商户16个（49个门店）。

2015年11月3日，市国信市民卡公司与红豆电信有限公司签订合作框架协议　　（市人社局提供）

## 人才开发

【概况】　2015年，市人社局坚持以服务人才、服务企业为宗旨，不断加大高层次人才和高技能人才"外引内育"力度，提升各类人才创新创造活力。年内，新增"江苏外专百人计划"*人才1人，"江苏友谊奖"获得者1人，新增各类人才7520人，其中高技能人才4500人；引进高层次人才303人、外国专家65人；新增江苏省"双创博士计划"*2人，2人被评为江苏省企业首席技师；创建省高技能人才培养示范基地1个。组织各类职业技能培训3.1万人，为300名大学生发放租房补贴150万元，发放高层次人才服务一卡通16张，受理认定人才公租房申请65人。

【人才招引】　2015年，市人社局组织江阴兴澄特种钢铁有限公司、江苏长电科技股份有限公司等17个企业赴南京国展中心参加江苏省高校毕业生就业促进月南京主会场招聘会,专门设立全场唯一一个县级市单独组团设区的江阴名企专区,吸引广大优秀学子踊跃应聘。组织江苏安科瑞电器制造有限公司、江苏海鹏特种车辆有限公司等10个企业赴江苏科技大学开展2015届春季人才供需洽谈会。深入开展“才聚江阴”校园招聘活动,组织101个企业、携带4294个岗位分5条招聘线路赴西安、武汉、南京等13所省内外高校进行招才引智,与近千名大学生达成初步就职意向。组织江阴优秀企业参加深圳第十三届中国国际人才交流大会、中国(上海)外籍人才招聘会、第八届中国留学人员南京国际交流与合作大会、中国留学人员广州科技交流会。加强与德国SES(高级专家组织)、法国ECTI(专家义务咨询协会)、意大利ISES(高级专家服务组织)等外国专家组织代表进行沟通交流,江苏阳光集团有限公司、海澜集团有限公司、江阴兴澄特种钢铁有限公司等企业就11项项目初步达成专家引进意向。

**【引才平台建设】** 2015年,江阴市加强与国内外知名猎头公司和人才机构沟通合作,结合全市经济社会发展需求,向江阴企业推荐优秀人才。做好10个海外工程师工作室创建工作,加快实施高层次人才集聚计划。完善留学回国人员网上申报系统,为引智单位聘请海外各类人才提供平台。借助国家猎头研究中心等渠道发布16个企业高层次人才需求。积极配合指导企业博士后科研工作站申报工作,上报国家级博士后科研工作站3个,获评1个;上报省级创新实践基地3个。汇总2015年度江阴市博士后科研工作站(基地)招收博士后的信息,统一在江阴博士后网站发布,积极联系武汉理工大学、西安交通大学,在两校网站上发布江阴博士后招聘计划书,扩大两地区对江阴博士后工作站的了解。

**【市级博士后科研工作站设立】** 2015年,江阴市创新设立市级博士后科研工作站,并出台《江阴市博士后科研工作站管理办法(试行)》。办法从定位、申报、管理、考核等方面对江阴市级博士后科研工作站进行相关规定。市级博士后科研工作站的设立,有效规范全市博士后服务和管理工作,推进江阴高层次人才集聚,为全市企事业单位进一步引进、培养和使用高层次科研人才搭建新平台,也为企业加强产学研合作、培育核心技术,增强自主创新能力和科研竞争力提供保证。至年末,全市申请设立市级博士后科研工作站11个。

2015年5月25日,江阴市第二届“技能·技工节”暨第八届职业技能大赛开幕。图为开幕式现场 (市人社局提供)

**【第二届“技能·技工节”暨第八届职业技能大赛】** 2015年4—6月,江阴市举办第二届“技能·技工节”暨第八届职业技能大赛。活动内容从上届6个扩增到7个,在具体活动内容、形式和内涵上进行深度拓展,首次以社会化形式进行报名,并开展优秀技能人才宣讲团巡回宣讲、全市技能人才成果巡回展展示、技能达人表演等活动。大赛选定电焊工、叉车工、服装制版师、农家乐中式烹饪师、装饰镶贴工、育婴师等10个有代表性的江阴产业主体职业工种作为竞赛项目,全市近6万名一线工人参赛,有374名选手进入决赛。

## 人事管理

**【概况】** 2015年,市人社局坚持有章必循,不断推进人事管理规范化,进一步做好事业单位“吃空饷”“在编不在岗”等问题专项整治工作,共清理169人。严格机关事业单位中层干部人事档案管理,进行干部档案“三龄二历一身份”(“三龄”指年龄、工龄、党龄,“二历”指学历、工作经历,“一身份”指干部身份)信息审查,共收集整理档案1000余份。推进事业单位岗位设置管理工作,全年完成525个次单位人员岗位聘用变更审批、107个次事业单位岗位设置方案变更审批、45个撤并新设事业单位首次岗位设置和聘用工作。科学规范事业单位人事管理各项业务流程,对89名事业人员按照全程纪实程序提拔任用;招录事业性质人员6批次405人,其中教育系统185人,卫生系统126人,其他事业单位94人。公开招聘编外用工6批次323人,其中教育系统100人,卫生系统152人,市级机关事业单位45人,其他单位26人。

**【机关事业单位新进人员初任培训】** 2015年,为增强新进机关事业单位工作人员岗位适应能力,增进初任培训效果,市人社局联合市人武部、驻江阴部队,按照“军事管理、按需施教、学用结合、注重实效”培训原则,对2015年度138名新招录公务员和事业单位工作人员进行历时22天全脱产、全封闭“军事化”培训。打破往年以课堂教学为主的传统培训模式,创新建立军事化管理与课堂教学并重的新模式,通过规范学员日常行为入手,抓养成、强纪律、学用结合,培养学员雷厉风行工作作风和令行禁止服从意识。

**【人事管理制度完善】** 2015年,江阴市出台《江阴市机关事业单位请

2015 年 10 月 18 日,机关事业单位新进人员进行队列会操 (市人社局提供)

假休假管理暂行规定》和《关于我市机关事业单位实施带薪年休假制度有关问题的通知》,对全市机关事业单位请假休假管理明确相关要求,同时对国家带薪年休假制度的落实明确具体方法。做好机关事业单位养老保险制度改革及职业年金制度实行准备工作,积极配合省、无锡市开展养老保险制度改革政策调研,对全市养老保险改革"中人"过渡视同缴费指数进行验算,上报相关基础数据及问题建议。完善全市机关津补贴调整方案和事业单位绩效工资调整方案,规范津补贴发放。

**【军转干部安置管理】** 2015 年,江阴市接收安置军队转业干部 54 人,其中团职干部 21 人,营职及以下(含专业技术)干部 33 人。全面落实企业军转干部各项补贴待遇,为 13 名企业军转干部办理退休补助审批手续,先后为 864 名企业军转干部发放体检卡,按 250 元/人标准为全市 847 名企业军转干部发放报刊费。春节期间和"八一"建军节前后,全市各级累计慰问企业军转干部 2149 人次、慰问 14 名离世企业军转干部亲属,共发放节日慰问费 319.7 万余元。出台《江阴市企业军转干部医疗救助实施办法》,100 名企业军转干部享受医疗救助 45 万元。

**【工资福利管理】** 2015 年,市人社局完成 21495 名机关、事业单位在职人员级别档次、薪级工资正常晋升审批,人均月增资 28.56 元,其中机关单位及参照机关单位 1419 人,人均月增资 25.17 元,事业单位 20076 人,人均月增资 28.88 元。审批办理机关、事业单位 1502 名工作人员因职务(岗位)变动调整工资事务。为 799 名因招录、工作调动人员重新确定工资。审核办理 102 人丧葬抚恤费、办理 28 人次遗属补助。

**【专技人员职称申报与审核】** 2015 年,市人社局积极做好职称申报、审核等工作,并优化各项专技服务,不断提升专技工作质量。出台《江阴市 2015 年职称工作意见》,从严从紧推进职称申报审核工作。开展高校教师、卫生、广电、新闻、农林专技等职称审核,其中审核正高级 63 人、副高级 715 人、中级 1284 人、初级 37 人;做好高校、中专院校、中小学、幼儿园 255 名教师以及 791 名其他专业专技人员职称初定工作。开展第六期专技人员公修课培训考试指导工作,全年培训 23771 人。完成各执业考试类报名及证书发放,全年审核各类考试报名 3927 人,发放相关资格证书 3522 份。年内,曹秀明等 3 名专家被授予"江苏省有突出贡献中青年专家"荣誉称号。

## 职工队伍建设

**【概况】** 2015 年,江阴市城镇非私营企业职工总数 22.46 万人,其中从事制造业职工人数最多,达 16.82 万人;其次是建筑业,职工人数达 1.84 万人;批发和零售业、居民服务业、金融业等行业职工人数均超 5000 人。年内,市人社局调查后公布部分职位工资指导价,保障职工利益;举办各类培训班,提高职工人员素质和就业技能。全年接受知识更新工程培训人数 2.46 万人。

**【部分职位工资指导价位公布】** 2015 年,市人社局通过对全市 244 个生产经营正常企业的 700 余个岗位 9 万余人工资价位进行抽样调查,并对采集数据进行整理、汇总、分析,公布 2014 年度人力资源市场近 400 个工种或职位工资指导价位,其中企业负责人、计算机服务经理、销售总监、电力工程技术人员、研发主管、银行储蓄员等 24 个工种年工资平均数超 10 万元,仪器仪表检验工、服装水洗工、粉末冶金制造工、纺织工程技术人员等 7 个工种年工资平均数不足 3 万元。

**【职业能力培训】** 2015 年,市人社局狠抓职业能力培训质量,切实促进劳动者素质就业、体面就业、充分就业。高技能人才公共实训基地开展社会人员、解放军、企业高级工等培训 8 期 152 人;开展院校学生数控铣工、数控车工、普通车工、电焊工、维修电工、电子设备装接工等实训累计 5850 人次。制定《再就业培训标准化手册(试行稿)》并下发至各培训办班点,确保各培训点按照规定流程严格培训管理。充分征求失业人员意见,增加汽车维修、化妆师等技能培训工种,并根据报名情况增加开班频率。全年开展再就业职业指导培训讲座 78 期,开展再就业技能培训 48 期。对职业技能鉴定考评过程、考评结果及考评员加强指导和监督,有效提升职业技能等级证书含金量。全年组织企业人力资源管理师、秘书、营销师等 9 个职业统一鉴定 422 场,社会化鉴定督考到场率 95% 以上,组织全国全省统一鉴定 1300 人。是年,全市组织各类职业技能培训 31579 人,其中举办城乡新成长劳动力技能培训 2835 人、城镇再就业技能培训 3558 人、本地农村劳动力技能培训 12617 人,组织外来农村劳动力技能培训10078人、农村转移就业劳动者就业技能培训2491人。组织专业技术人员知识更新工程培训2.46万人，组织各类职业技能鉴定2.85万人，核发国家职业资格证书2.48万张。

## 公务员队伍建设

**【概况】** 2015年，江阴市进一步健全人事体制，优化统筹协调，着眼改革创新，拓展素质培育，不断提升公务员管理水平。做好公务员招录各项工作，对1499名报考江阴公务员职位的考生进行网上资格审核，对96名考生进行现场资格复审，对32名拟录用公务员进行政审考察。认真抓好公务员考核奖惩，全市4483名公务员（含参公）参加年度考核，评定优秀742人，评定称职3645人，评定基本称职7人，评定不称职1人，另有88人参加考核不定等次。是年，1人被辞退，16人辞去公职；7人因违反党纪政纪受到处分，其中开除公职3人，开除党籍1人，警告3人。

**【公务员招录任用】** 2015年，江阴市共招录各级党政机关公务员70人，其中政府系统54人、党群系统13人、选调生3人，政府系统中公安队伍22人。组织对87名2014年度招录公务员进行试用期考核和任职定级。规范全市机关中层干部职务任免审批程序，先后任免中层干部279人，代拟政府任免文件29份。为83名干部办理调动手续，其中市外调进17人、调出7人，市内调动59人。

**【公务员教育培训】** 2015年，市人社局科学安排公务员培训各项内容，不断提高培训效果和质量。组织“江阴大学堂”授课培训4期，培训机关中层干部1489人次。开展全市公务员基本能力提升主题培训，组织对全市各级机关在职在编科级及以下公务员（含参公）进行能力提升主题培训9期，共培训2000余人；分别为市公安局、开发区和各镇（街道）单独开培训班，培训2700余人。开辟公务员学习培训新途径，依托江阴普法网，建立江阴市公务员网络学习平台，至年末，网络学习平台拥有学习课件12个。

**【公务员职务与职级并行制度实施】** 2015年，根据江苏省《关于全省县以下机关建立公务员职务与职级并行制度的实施意见》精神及江苏省人力资源社会保障厅等5部门印发的有关贯彻实施中若干具体问题的处理意见，江阴市结合自身实际，立足拓展公务员职业发展空间，开辟晋升职级通道，调动基层公务员工作积极性，全面实施职务与职级并行制度。年内，重点明确公务员职务与职级并行制度的实施范围、职级晋升条件、晋升程序、办法以及晋升后的待遇、管理等政策。据初步统计，全市符合晋升条件的人数为1592人。（辛　磊）

2015年6月27日，江阴市组织机关中层干部参加“江阴大学堂”授课培训
（市委组织部提供）

## 教师队伍建设

**【概况】** 2015年，江阴市教育系统公办学校在职人员14503人，其中公办教职工13259人，合同民办教师321人，市统招幼教教学岗位编外用工923人。公办学校专任教师有13145人（含不在编专任教师），其中大学教师410人、普通高中教师2005人、职业类学校教师943人、初中教师3594人、小学教师4222人、幼儿教师1852人、成教教师92人、特殊教育教师48人。全市幼儿教师大专以上学历占99.2%，小学、初中、普通高中、中等职业学校教师本科以上学历分别占80.3%、96.0%、99.1%、99.3%。全年完成招录公办教师189人（包括江苏南菁高级中学等学校招聘高层次学历教师10人），分配免费男幼师4人，招录幼儿园编外用工100人。是年，辅延中心小学的杜海良获全国小学语文课堂教学大赛一等奖，南菁实验学校的蔡成德、敔山湾实验学校的陈茜获全国中学语文课堂教学大赛一等奖，澄江中心小学的王羚获江苏省数学课堂教学大赛一等奖，南菁高级中学的章强、青阳中学的朱雪琴分获江苏省高中物理、地理基本功大赛一等奖。年内，全市86名教师通过中小学、幼儿园高级教师评审，146名教师通过中小学、幼儿园一级教师评审，新增无锡市名教师名校长8人。至年末，全市有江苏省人民教育家培养工程培养对象1人，无锡市中小学教育名家培养工程培养对象6人，江苏省特级教师20人，无锡市名校长5人，无锡市级骨干教师997人，江阴市级骨干教师2085人。

**【教师结构优化】** 2015年，市教育局出台《关于开展义务教育学校“双师型”教师培养工作的实施意见》，推动初中教师到小学高年级任教，成为跨学段“双师型”教师，鼓励富余学科教师通过培训成为跨学科

“双师型”教师,兼任或专任紧缺学科教学,成为跨学科“双师型”教师。出台《江阴市中小学、幼儿园退休教师返聘工作实施方案》,对全市近三年内退休教师在征求个人意愿基础上建立人员信息库,空编学校根据需求与库内退休教师进行双向选择,签订聘用协议。年内,全市29所中小学返聘退休教师65人。

**【优秀教师培养】** 2015年,市教育局开办特级教师(名教师)后备班,举办备课组长、教研组长、教务主任业务培训,开展全外教小学、初中英语骨干教师培训,加快名特优教师成长。优选教学研究人员,将专业素养高、工作能力强、责任心强的骨干人员选聘为兼职教研员,并调优各学科中心组、学科基地成员,进一步提高专业引领水平。开展学科比武、市级课堂教学展示评比、各学段各学科课型比武等活动,使一批优秀青年教师脱颖而出。至年末,全市拥有无锡市名师工作室12个、江阴市名师工作室28个。

**【教师交流】** 2015年,市教育局出台《江阴市义务教育学校教师交流工作实施办法》,全市722名教师参加轮岗交流,占应交流人数的16.77%。同时,积极推动校长校际交流,共交流校长24人。出台《江阴市义务教育学校“三人一校三学科”结对交流活动实施意见》,对骨干教师城乡交流活动进一步扩面提质、丰富内涵,2015—2016学年有59名各学科优秀骨干教师参与此项活动。通过交流,有效促进校际骨干教师数量、学科结构、教师业务素质以及管理力量等方面的相对均衡,提高校际均衡发展水平。

**【师德提升工程】** 2015年,市教育局持续实施教师职业道德提升工程,激励广大教师成为有理想信念、有道德情操、有扎实学识、有仁爱之心的“四有”教师。开展全员比武活动,全市84名教师参加无锡市第十四届教师技能大赛,周庄实验小学的刘洁卿获无锡市一等奖。组织全市教师开展以“庆祝教师节,书香伴我行”为主题的全员读书活动,共赠书14413册,收到征文3000余篇,评奖100余篇。深化教师义工进社区活动,出台《关于深化教师参与志愿服务活动的意见》,运用“互联网+义工服务”原理,建立教师义工“时间银行”,对教师义工活动进行规范化管理,实时活动,同步记录,累计时间,全市注册教师义工8800余人,全年10万人次教师参加义工活动,服务对象25万人次。扎实办好校企合作“彩虹课堂”,为学生假期活动服务,“彩虹课堂”品牌获江阴市十佳志愿服务项目,受到市文明委表彰,有关经验在《江苏教工》2015年第6期刊登。以女教师为主体,开展“悦公益·悦美丽、爱生三走进”公益志愿服务活动,长泾实验小学的濮亚娟被评为无锡市“五一巾帼标兵”,周庄实验小学的朱正钰、特殊教育中心校的戴娅萍被评为2015年无锡市最美教师。

(金中南)

## 卫生队伍建设

**【概况】** 2015年,江阴市卫计委按照市委、市政府坚持“人才强市战略”要求,抓住人才引进、培养、使用和激励4个环节,以高层次人才和基层人才队伍建设为重点,健全卫生人才补充机制,增大卫生人才总量,提升卫生人才质量,满足群众日益增长健康需求。是年,全市有卫生专业技术工作人员6631人,占卫生系统总人数的87.4%,其中具有卫生类高级专业技术职称554人,占卫技人员总数的8.4%;中级专业技术职称1941人,占卫技人员总数的29.3%。具有大专及以上学历的工作人员5840人,占卫生系统总人数的77%,其中具有博士研究生学历的工作人员19人,硕士研究生学历的工作人员396人。公立医院中具有大专及以上学历的工作人员4641人,占公立医院总人数的85.9%,基层医疗卫生单位具有大专及以上学历的工作人员833人,占基层医疗卫生单位总人数的49%。

**【卫生人才招录】** 2015年,市卫计委科学合理制订人员补充计划,建立完善符合实际需求的人员补充机制,不断充实卫生系统人才力量,提高医疗卫生机构服务能力。创新高层次人才招录方式方法,依托南京人才交流中心平台,以大型人才交流会为契机,抢抓机遇、抢占先机,采取现场报名、现场审核、现场面试等程序,招录一批专业素质高、综合能力强的研究生学历卫生人才,全年招录硕士研究生44人。同时,加大基层卫生人才招录力度,充实基层医疗卫生服务队伍,全年招录大专及以上学历事业编制工作人员82人、大专及以上合同制工作人员152人。

**【卫生人才引进培养】** 2015年,江阴市全面推进“人才强卫”战略,积极招才引智,中国工程院院士詹启敏在市人民医院设立工作站并正式揭牌。新增江苏“双创博士”资助对象1人,培养博士3人,新增无锡市名中医2人。通过建立专项经费,积极支持医务人员参加各种在职培训学习和外出进修活动,全年有123人次外出进修学习。举办各类学习班、培训班等学术活动43期(次),其中国家级继续教育项目1项、省级3项、无锡市级10项。遴选29名基层医疗机构医务管理人员开展为期一个月的业务培训;选派9名基层医务人员参加江苏省乡镇卫生“务实进修”项目。加强对科研工作的指导和管理力度,注重江阴医疗软实力提升,全年获国家自然科学基金青年项目1项、省卫生计生委科研项目2项、省中医药局科研项目5项。

(缪伊莎)

■类目编辑 谢 诚

## 经济发展动态

**【经济总量】** 2015年，江阴市国民经济平稳运行。全市实现地区生产总值2880.86亿元，比上年同期（可比价，下同）增长7.4%。全年粮食总产量17.6万吨，下降10.8%。全年完成工业总产值6527.6亿元，增长0.1%，其中工业百强企业完成产品销售收入3886.6亿元，占全市规模以上工业总量的70.4%。全市高新技术产业产值占规模以上工业产值的42%。全市全年工业用电量208.5亿千瓦时，下降1.7%。全年实现社会消费品零售总额705.16亿元，增长9.7%。全年进出口总额203.11亿美元，下降8.9%，其中出口124.12亿美元，下降4.7%；进口79.0亿美元，下降14.9%。全市完成到位注册外资10.11亿美元，增长18.2%，其中总投资5亿美元、注册3亿美元的星科金朋项目，是引进单笔投资注册最大的外资项目。积极响应国家“一带一路”战略，对7项国家项目投资，协议投资额近2亿美元。年末全社会拥有车辆45.2万辆，其中私人汽车达31.6万辆，比上年增加4.5万辆，增长16.8%。全年完成客运量7119万人次，下降5.0%；完成货运量4021万吨，增长3.8%。全市港口货物吞吐量12601.76万吨，增长1.1%。全年邮电业务总收入24.8亿元，在网手机用户总量达到227万户，比上年减少3万户；互联网宽带用户达到52.1万户，比上年增加6.8万户。全年旅游总收入达237.6亿元，增长8.7%。全年固定资产投资完成1128.59亿元，增长7.9%。财政收支稳定，实现一般公共预算收入218.92亿元，增长9.1%；一般公共预算支出205.35亿元，增长9.7%。年末金融机构各项存款余额3099.29亿元，增长5.6%；各项贷款余额2485.51亿元，增长5.4%。全市证券交易开户总数54.8万户，增长32.9%。证券机构交易金额14893.4亿元，增长114.1%。全市共有35个上市公司，36只股票。全年实现保费收入49.82亿元，增长12.4%。城市建成区面积125平方公里，市政道路长度434公里。供水管道长度1734公里，供水总量6947.36万立方米。城市液化气供气总量0.42万吨，天然气供气总量56442万立方米，燃气普及率100%。

**江阴市“十二五”时期国民经济主要指标一览**

表7

| 指标名称 | 单位 | 2011年 | 2012年 | 2013年 | 2014年 | 2015年 |
|---|---|---|---|---|---|---|
| 全社会从业人数 | 万人 | 96.31 | 99.48 | 99.52 | 99.61 | 99.76 |
| 地区生产总值 | 亿元 | 2335.87 | 2535.38 | 2706.06 | 2753.95 | 2880.86 |
| 农业总产值 | 亿元 | 70.52 | 78.67 | 84.47 | 88.61 | 89.03 |
| 工业总产值 | 亿元 | 6435.90 | 6461 | 6615 | 6522.50 | 6527.60 |
| 社会消费品零售总额 | 亿元 | 447.85 | 512.25 | 577.93 | 643.07 | 705.16 |
| 进出口总额 | 亿美元 | 209.06 | 192.65 | 199.99 | 223.04 | 203.11 |
| 财政收入 | 亿元 | 445 | 425.95 | 486.98 | 569.15 | — |
| 银行存款余额 | 亿元 | 2261.74 | 2474.21 | 2725.73 | 2942.15 | 3099.29 |
| 银行贷款余额 | 亿元 | 1780.76 | 2051 | 2157.16 | 2357.37 | 2485.51 |
| 城镇居民人均可支配收入 | 元 | 34888 | 39437 | 43144 | 46880 | 50701 |

续表7

| 指标名称 | 单位 | 2011年 | 2012年 | 2013年 | 2014年 | 2015年 |
|---|---|---|---|---|---|---|
| 农民人均可支配收入 | 元 | 17460 | 19660 | 21882 | 23965 | 26012 |
| 居民储蓄存款余额 | 亿元 | 702.67 | 796.17 | 876.49 | 943.29 | 1034.54 |
| 居民人均储蓄存款余额(户籍人口) | 元 | 58170 | 65761 | 72139 | 76560 | 83660 |
| 人均地区生产总值(户籍人口) | 元 | 193375 | 209414 | 222721 | 224849 | 232140 |
| 人均财政收入(户籍人口) | 元 | 36839 | 35182 | 40081 | 46469 | — |
| 人均社会消费品零售额(户籍人口) | 元 | 37077 | 42310 | 47566 | 52504 | 57024 |

**【发展比较】** 2015年,江阴市主要经济指标在江苏省同类的42个县(市)比较中,排名第一的有:固定资产投资1128.59亿元、批发零售业481.63亿元、金融机构贷款余额2485.51亿元、农民人均可支配收入26012元;排名第二的有:地区生产总值2880.9亿元、第二产业增加值1584.42亿元、第三产业增加值1250.16亿元、一般公共预算收入218.92亿元、规模以上工业增加值1120.1亿元、工业用电量208.47亿千瓦时、社会消费品零售总额705.16亿元、实际使用外资10.11亿美元、城镇常住居民人均可支配收入50701元;排名第三的有:人均地区生产总值17.61万元;排名第四的有:人均一般公共预算收入13383元、出口总额124.12亿美元。农业比较项目中,粮食产量、第一产业增加值、油料产量排名均在第30名以外。

**2015年江阴市与省内部分市(县、区)经济主要指标比较一览**

表8

| 项目 \ 地名 | 江阴市 | 武进区 | 常熟市 | 张家港市 | 锡山区 | 昆山市 | 宜兴市 | 通州区 | 靖江市 | 启东市 | 江宁区 | 海门市 | 太仓市 | 吴江区 | 惠山区 |
|---|---|---|---|---|---|---|---|---|---|---|---|---|---|---|---|
| 地区生产总值(现行价)(亿元) | 2880.86 | 1830.00 | 2044.88 | 2229.82 | 650.18 | 3080.01 | 1285.66 | 940.16 | 748.09 | 803.14 | 1523.76 | 915.02 | 1100.08 | 1540.09 | 669.16 |
| 第一产业(亿元) | 46.28 | 38.76 | 40.76 | 30.34 | 17.78 | 28.88 | 50.34 | 54.49 | 20.55 | 65.45 | 56.10 | 51.80 | 37.21 | 41.40 | 16.91 |
| 第二产业(亿元) | 1584.42 | 1018.98 | 1064.27 | 1190.76 | 339.84 | 1695.68 | 659.05 | 476.75 | 384.08 | 389.13 | 823.19 | 471.59 | 564.53 | 804.11 | 397.91 |
| 工业(亿元) | 1515.18 | 972.23 | 1011.88 | 1132.68 | 288.61 | 1597.62 | 559.96 | 395.89 | 314.74 | 306.70 | 705.02 | 390.45 | 529.25 | 753.95 | 362.62 |
| 第三产业(亿元) | 1250.16 | 772.26 | 939.85 | 1008.72 | 292.56 | 1355.45 | 576.27 | 408.92 | 343.46 | 348.56 | 644.48 | 391.63 | 498.34 | 694.58 | 254.34 |
| 交通运输业(亿元) | 68.76 | 140.14 | 68.16 | 128.24 | 8.73 | 105.25 | 20.49 | 45.10 | 40.05 | 18.49 | 52.91 | 21.28 | 106.68 | 73.64 | — |
| 批发零售业(亿元) | 481.63 | 137.73 | 371.63 | 390.73 | 110.43 | 301.38 | 155.65 | 110.77 | 49.32 | 101.31 | 83.48 | 112.57 | 31.74 | 206.25 | — |
| 房地产业(亿元) | 115.09 | 59.26 | 80.19 | 71.92 | 39.16 | 298.19 | 69.37 | 54.92 | 45.95 | 36.97 | 108.38 | 43.37 | 37.38 | 84.57 | — |
| 金融保险业(亿元) | 123.53 | 76.96 | 95.54 | 108.01 | 31.54 | 140.32 | 75.29 | 41.07 | 35.96 | 38.45 | 116.20 | 42.86 | 59.85 | 94.93 | — |
| 农林牧渔业总产值(亿元) | 89.03 | 66.15 | 76.20 | 59.32 | 33.20 | 52.37 | 89.22 | 60.11 | 36.38 | 127.85 | 98.09 | 90.85 | 70.13 | 73.51 | 30.49 |
| 种植业(亿元) | 41.24 | 42.79 | 44.17 | 33.19 | 19.95 | — | 53.02 | — | 20.63 | 42.38 | 58.75 | 45.53 | 30.69 | 30.74 | 22.40 |
| 全社会固定资产投资(亿元) | 1128.59 | 971.53 | 631.22 | 756.05 | 640.49 | 810.61 | 663.55 | 597.74 | 495.86 | 539.06 | 913.49 | 565.32 | 500.01 | 720.57 | 588.88 |
| 工业投资(亿元) | 514.58 | 552.65 | 284.01 | 390.01 | 302.10 | 267.35 | 376.12 | 338.86 | 304.95 | 329.29 | 453.20 | 343.94 | 275.22 | 300.09 | 203.91 |
| 房地产投资(亿元) | 260.39 | 159.26 | 150.58 | 164.13 | 70.83 | 412.66 | 133.24 | 64.52 | 40.08 | 63.36 | 175.33 | 39.34 | 224.41 | 206.01 | 75.65 |
| 进出口总额(亿美元) | 203.11 | 94.26 | 221.57 | 292.69 | 43.23 | 834.53 | 38.20 | 35.83 | 29.89 | 30.67 | 118.03 | 22.54 | 127.71 | 225.46 | 25.84 |
| 出口总额(亿美元) | 124.12 | 68.07 | 146.10 | 148.29 | 33.86 | 537.96 | 29.18 | 31.57 | 18.07 | 24.81 | 76.14 | 14.19 | 63.11 | 144.27 | 22.36 |
| 到位注册外资(亿美元) | 10.11 | 7.38 | 8.05 | 6.50 | 3.34 | 11.01 | 2.00 | 2.80 | 2.56 | 2.25 | 7.05 | 6.08 | 5.01 | 9.70 | 2.81 |
| 社会消费品零售总额(亿元) | 705.16 | 478.86 | 675.64 | 490.76 | 148.58 | 714.68 | 506.96 | 307.73 | 159.41 | 293.06 | 418.40 | 311.15 | 262.58 | 419.05 | 160.58 |
| 公共财政预算收入(亿元) | 218.92 | 140.38 | 157.70 | 174.22 | 66.24 | 284.76 | 102.50 | 80.65 | 67.27 | 76.86 | 191.73 | 78.40 | 114.54 | 147.39 | 76.79 |
| 金融机构各项存款余额(亿元) | 3099.29 | 2162.38 | 2418.40 | 2477.43 | 893.53 | 3482.17 | 1851.72 | 1251.55 | 866.54 | 1083.65 | 1970.20 | 1174.97 | 1311.48 | 2080.39 | 609.52 |

续表8

| 项目＼地名 | 江阴市 | 武进区 | 常熟市 | 张家港市 | 锡山区 | 昆山市 | 宜兴市 | 通州区 | 靖江市 | 启东市 | 江宁区 | 海门市 | 太仓市 | 吴江区 | 惠山区 |
|---|---|---|---|---|---|---|---|---|---|---|---|---|---|---|---|
| 住户存款(亿元) | 1034.54 | — | 1104.60 | 966.58 | 381.10 | 1054.02 | 914.78 | 803.35 | 435.41 | 712.41 | 662.30 | 702.25 | 490.30 | 807.95 | 351.77 |
| 金融机构各项贷款余额(亿元) | 2485.51 | 1538.94 | 1930.91 | 1983.70 | 788.12 | 2350.04 | 1389.42 | 678.04 | 651.34 | 651.28 | 1076.50 | 693.29 | 1166.68 | 2120.81 | 465.26 |
| 农民人均可支配收入(元) | 26012 | 23531 | 25811 | 25715 | 24355 | 25978 | 21910 | 18361 | 18045 | 18287 | 20001 | 18987 | 25643 | 25413 | 24414 |
| 农民人均生活消费支出(元) | 16716 | 15650 | 18686 | 16623 | 14275 | 16819 | 14999 | 13248 | 15124 | 13083 | 15888 | 13124 | 17333 | 15738 | 12324 |
| 城镇居民人均可支配收入(元) | 50701 | 44738 | 50413 | 50618 | 43045 | 50749 | 42750 | 37646 | 36790 | 34566 | 44735 | 37404 | 50134 | 50499 | 43756 |
| 城镇居民人均生活消费支出(元) | 26970 | 25006 | 29323 | 29664 | 21355 | 30363 | 26862 | 22052 | 24843 | 28060 | 28693 | 24555 | 31488 | 33369 | 24047 |

## 2015年江阴市与省外部分市(县、区)经济主要指标比较一览

表9

| 项目＼地名 | 江阴市 | 柯桥区 | 萧山区 | 鄞州区 | 余杭区 | 诸暨市 | 慈溪市 | 顺德区 | 南海区 | 三水区 | 嘉定区 | 青浦区 | 莱州市 | 荣成市 | 滕州市 | 晋江市 |
|---|---|---|---|---|---|---|---|---|---|---|---|---|---|---|---|---|
| 地区生产总值(现行价)(亿元) | 2880.86 | 1200.11 | 1802.02 | 1350.14 | 1235.66 | 1026.78 | 1154.57 | 2587.45 | 2226.97 | 1009.79 | 1756.10 | 878.23 | 717.05 | 1022.30 | 1005.05 | 1620.47 |
| 第一产业(亿元) | 46.28 | 33.91 | 63.80 | 39.47 | 47.07 | 50.60 | 49.70 | 38.31 | 49.46 | 30.78 | 4.30 | 8.94 | 68.12 | 83.10 | 71.46 | 19.03 |
| 第二产业(亿元) | 1584.42 | 644.56 | 899.67 | 724.50 | 455.11 | 542.69 | 639.02 | 151.29 | 1323.28 | 766.78 | 1200.00 | 443.13 | 373.44 | 474.70 | 513.26 | 1077.94 |
| 工业(亿元) | 1515.18 | 566.14 | 826.67 | 669.80 | 413.47 | 459.55 | 586.73 | 146.12 | 1269.53 | 685.71 | 1156.20 | 421.70 | 352.28 | 448.30 | 446.69 | 1016.96 |
| 第三产业(亿元) | 1250.16 | 521.64 | 838.55 | 586.16 | 733.47 | 433.49 | 465.84 | 1036.20 | 854.22 | 212.23 | 551.80 | 426.15 | 275.49 | 464.40 | 420.33 | 523.49 |
| 交通运输业(亿元) | 68.76 | 36.78 | 75.41 | 21.01 | 12.23 | 38.52 | 33.32 | 81.20 | 47.14 | 16.44 | 28.70 | 34.04 | 14.63 | 45.60 | 27.76 | 105.21 |
| 批发零售业(亿元) | 481.63 | 265.04 | 170.19 | 146.00 | 37.57 | 163.05 | 160.85 | 177.30 | 163.08 | 36.62 | 197.10 | 132.50 | 91.49 | 80.80 | 158.13 | 151.78 |
| 房地产业(亿元) | 115.09 | 55.33 | 134.37 | 116.53 | 67.31 | 43.38 | 70.62 | 225.57 | 224.29 | 50.37 | 66.70 | 57.16 | 15.81 | 41.30 | 37.23 | 65.22 |
| 金融保险业(亿元) | 123.53 | 47.98 | 135.00 | 102.33 | 48.68 | 42.45 | 42.47 | 119.37 | 119.14 | 16.03 | 55.40 | 43.74 | 20.12 | 23.80 | 29.34 | 54.61 |
| 农林牧渔业总产值(亿元) | 89.03 | 49.92 | 104.42 | 57.70 | 74.21 | 78.24 | 74.20 | 86.02 | 88.44 | 66.95 | 11.30 | 22.80 | 123.76 | 153.00 | 143.42 | 38.68 |
| 种植业(亿元) | 41.24 | 31.94 | 61.93 | 42.88 | 42.18 | 45.81 | 46.67 | 19.22 | — | 19.74 | 8.00 | 14.61 | 56.74 | 25.20 | 99.58 | 7.78 |
| 全社会固定资产投资(亿元) | 1128.59 | 663.14 | 963.12 | 693.09 | 920.00 | 649.03 | 718.96 | 643.09 | 923.15 | 582.14 | 451.90 | 423.14 | 440.24 | 733.60 | 601.71 | 905.88 |
| 工业投资(亿元) | 514.58 | 326.54 | 238.74 | 192.53 | 139.67 | 289.51 | 350.81 | 184.70 | 260.22 | 405.81 | 86.00 | 43.57 | 226.50 | 403.80 | 271.22 | 298.36 |
| 房地产投资(亿元) | 260.39 | 146.65 | 330.11 | 376.18 | 466.45 | 168.28 | 199.68 | 261.44 | 360.88 | 62.20 | 285.70 | 321.75 | 13.37 | 51.00 | 74.49 | 175.36 |
| 进出口总额(亿美元) | 203.11 | 112.33 | 118.92 | 146.93 | 54.33 | 46.93 | 102.44 | 257.70 | 201.70 | 25.87 | 188.30 | 128.22 | 20.39 | 29.80 | 5.12 | 149.11 |
| 出口总额(亿美元) | 124.12 | 104.16 | 91.65 | 123.15 | 50.55 | 40.96 | 89.38 | 206.90 | 123.30 | 17.88 | 94.60 | 75.97 | 12.62 | 22.90 | 4.82 | 82.73 |
| 到位注册外资(亿美元) | 10.11 | 2.31 | 14.99 | 5.42 | 10.86 | 2.00 | 6.18 | 9.30 | 8.63 | — | 6.40 | 4.11 | 2.03 | 1.60 | 0.55 | 5.20 |
| 社会消费品零售总额(亿元) | 705.16 | 233.37 | 573.92 | 498.10 | 391.21 | 352.45 | 477.46 | 870.82 | 868.47 | 187.51 | 872.90 | 489.67 | 306.69 | 326.50 | 364.46 | 535.71 |
| 公共财政预算收入(亿元) | 218.92 | 97.85 | 160.08 | 189.60 | 187.65 | 71.59 | 112.26 | 187.47 | 185.50 | 45.49 | 191.40 | 125.33 | 57.28 | 67.30 | 70.50 | 117.20 |
| 金融机构各项存款余额(亿元) | 3099.29 | 1624.94 | 3273.23 | 1925.90 | 1970.86 | 1195.83 | 1753.50 | 3421.88 | 4352.01 | 589.61 | 2184.50 | 1335.93 | 593.27 | 610.60 | 505.85 | 1415.01 |
| 住户存款(亿元) | 1034.54 | 764.54 | 1320.95 | 895.58 | — | 642.55 | 973.70 | 2096.16 | 2225.68 | 342.90 | 1082.40 | 589.56 | 462.80 | 380.30 | 389.48 | 741.61 |
| 金融机构各项贷款余额(亿元) | 2485.51 | 1242.06 | 2909.87 | 1727.60 | 1399.17 | 1197.70 | 1840.70 | 2731.45 | 2529.15 | 392.33 | 1094.70 | 738.79 | 265.77 | 416.10 | 415.50 | 1152.87 |
| 农民人均可支配收入(元) | 26012 | 29177 | 29354 | 29110 | 29159 | 27885 | 27295 | 26860 | 25909 | 20867 | — | 23773 | 16849 | 17856 | 12925 | 18166 |
| 农民人均生活消费支出(元) | 16716 | 17905 | 25959 | 20470 | 24678 | 18374 | 18587 | 20055 | 17114 | 13451 | — | — | 11024 | 9936 | — | 14620 |
| 城镇居民人均可支配收入(元) | 50701 | 50741 | 51490 | 50215 | 49273 | 49545 | 47182 | 42559 | 40148 | 28593 | 40830 | 40734 | 36076 | 35164 | 28576 | 40035 |
| 城镇居民人均生活消费支出(元) | 26970 | 28188 | 36783 | 33029 | 35397 | 26823 | 27771 | 32125 | 28263 | 19121 | 26545 | — | 22300 | 21678 | — | 25353 |

（金海峰）

## 经济结构

【所有制结构】 2015年年末,江阴市工商登记各类企业41491个,其中,公有制企业2577个,总计注册资金750.7亿元;非公有制企业37707个,总计注册资金1814亿元;有外商投资企业1222个。个体工商户74718户,年内新增14215户,总计注册资金47.4亿元。全年新登记各类企业6190个。

【产业结构】 2015年,江阴市地区生产总值2880.86亿元,其中,第一产业产值46.28亿元,减少14.8%;第二产业增加值1584.42亿元,增长7.0%;第三产业增加值1250.16亿元,增长8.0%。三次产业比例调整为1.6∶55.0∶43.4,第三产业增加值占GDP比重比上年提高0.6个百分点。

【固定资产投资结构】 2015年,江阴市固定资产投资完成1128.59亿元,增长7.9%。产业投向:第一产业投资6.68亿元,下降37.8%;第二产业投资514.58亿元,增长7.5%;第三产业投资607.33亿元,增长9.1%。注册类型:国有经济投资210.2亿元,增长68.6%,三资(中外合资企业、中外合营企业、外资企业)经济投资119.2亿元,增长4.2%,其他经济投资799.2亿元,下降1.0%。全年固定资产投资建成投产项目683项,项目建成投产率为89.0%;新增固定资产595.2亿元,固定资产交付使用率为83.2%。

【从业人员结构】 2015年,江阴市全社会从业人数(不含个体从业人数,下同)99.76万人,其中,第一产业从业人数5万人,第二产业从业人数62.2万人,第三产业从业人数32.56万人。

## 产业发展

【农林牧渔业】 2015年,江阴市农林牧渔业以稳定发展,持续农民增收为目标,加快结构调整和转型升级。倡导绿色发展,促进农林牧渔发展与生态环境协调发展;鼓励创业富民,优化农民收入结构。围绕农林牧渔业现代化指标,全面推进产业化发展,提升综合产能。全年农林牧渔业总产值89.03亿元,比上年增长0.5%,其中农业产值41.24亿元,增长2.8%;林业产值7.83亿元,增长3.3%;牧业产值17.54亿元,下降3.9%;渔业产值10.12亿元,下降6.9%;农林牧渔服务业产值12.3亿元,增长4.4%。

(金海峰)

【工业】 2015年,江阴工业发展稳定,全市完成工业总产值6527.6亿元,增长0.1%;规模以上工业实现主营业务收入5517.8亿元,下降0.1%。骨干企业发挥明显支撑作用,有6个企业集团主营业务收入超200亿元,5个企业集团主营业务收入超100亿元。民营工业发展后劲充足,2015年度中国民营企业500强名单中,江苏省有91个企业上榜,其中江阴市上榜企业有11个,分别是:海澜集团有限公司列第46位、江阴澄星实业集团有限公司列第67位、江苏新长江实业集团有限公司列第75位、江苏西城三联控股集团有限公司列第92位、江苏阳光集团有限公司列第109位、江苏扬子江船业集团公司列第119位、江苏双良集团有限公司列第137位、江苏法尔胜泓昇集团有限公司列第157位、江苏新华发集团有限公司列第182位、江苏三房巷集团有限公司列第207位、江苏华宏实业集团有限公司列第327位。全市创新型、拟上市"百佳"中小企业(以下简称"'百佳'企业")发展有力,实现工业总产值334.64亿元,比上年增长5.41%;实现开票销售收入322.86亿元,比上年增长3.69%;实现利税27.54亿元,比上年增长14.94%;入库税金14.43亿元,比上年增长45.85%。

**2015年江阴市"百佳"企业一览**

表10　　单位:万元

| 企业名称 | 开票销售 | 利税 | 工业总产值 | 入库税金 |
|---|---|---|---|---|
| 江苏博大数控成套设备有限公司 | 4106 | 413 | 4231 | 273 |
| 江阴市东杰纺机专件有限公司 | 5968 | 1053 | 6166 | 654 |
| 江阴市蓝天机械制造有限公司 | 6192 | 1112 | 6771 | 741 |
| 江阴爱科森通信材料有限公司 | 48716 | 4263 | 52204 | 1154 |
| 江阴苏派服装集团有限公司 | 11007 | 4193 | 48708 | 735 |
| 江阴市盛凯环保设备有限公司 | 5809 | 306 | 8510 | 459 |
| 江苏大江石油科技有限公司 | 6478 | -5606 | 55358 | 43 |
| 江阴市液压油管有限公司 | 13612 | -341 | 18402 | 1436 |
| 江阴市三杰实业有限公司 | 17586 | 232 | 17935 | 740 |
| 江苏国光重型机械有限公司 | 14920 | 2189 | 35428 | 480 |

续表10

| 企业名称 | 开票销售 | 利税 | 工业总产值 | 入库税金 |
|---|---|---|---|---|
| 江阴市润信电器配件有限公司 | 28784 | 1161 | 28983 | 973 |
| 江阴市鸿萌橡塑制品有限公司 | 16867 | 726 | 21038 | 830 |
| 江苏申港电磁线有限公司 | 14108 | 618 | 13274 | 306 |
| 江苏中煤矿山设备有限公司 | 9196 | -249 | 9856 | 401 |
| 江阴市振江钢结构有限公司 | 41847 | 9319 | 58365 | 2721 |
| 江阴市虹桥机械制造有限公司 | 7517 | 946 | 7652 | 863 |
| 江阴市宏泽氯碱设备制造有限公司 | 9196 | 2242 | 18976 | 649 |
| 江阴市海华橡塑有限公司 | 8870 | 1181 | 8459 | 902 |
| 江阴众和电力仪表有限公司 | 7222 | 1612 | 10335 | 1337 |
| 江苏方程电力科技有限公司 | 7746 | 1262 | 7276 | 617 |
| 江阴长仪集团有限公司 | 24441 | 3966 | 41582 | 1058 |
| 江阴市惠尔信机械有限公司 | 16148 | 3092 | 14588 | 1433 |
| 江阴市镍网厂有限公司 | 15414 | 86 | 26400 | 405 |
| 神宇通信科技股份公司 | 37869 | 6588 | 57251 | 2243 |
| 江苏常隆客车有限公司 | 12967 | -4525 | 4328 | 216 |
| 江阴市恒富机件制造有限公司 | 20803 | 594 | 21997 | 639 |
| 江苏界达特异新材料股份有限公司 | 78514 | 5613 | 74082 | 1220 |
| 江阴市工具厂 | 8554 | 1977 | 9535 | 717 |
| 江阴市必得科技发展有限公司 | 14647 | 3930 | 14042 | 2521 |
| 江阴市北海救生设备有限公司 | 20598 | 2100 | 20021 | 1566 |
| 江阴泰富沥青有限公司 | 53449 | 4735 | 45262 | 667 |
| 江阴机械制造有限公司 | 15864 | 1478 | 15061 | 1836 |
| 江苏裕华汽车零部件有限公司 | 18977 | 1097 | 24010 | 1023 |
| 江阴市南方不锈钢管有限公司 | 19270 | 623 | 16260 | 512 |
| 江阴市洪腾机械有限公司 | 11009 | 1187 | 8987 | 1102 |
| 江阴市辉龙电热电器有限公司 | 4596 | 318 | 4686 | 229 |
| 江苏星源航天材料股份有限公司 | 39910 | 424 | 31411 | 435 |
| 江苏新达科技有限公司 | 20456 | 1852 | 21186 | 562 |
| 江苏泓源光电科技股份有限公司 | 19359 | 2261 | 22818 | 6118 |
| 江阴尔福莱容器制造有限公司 | 28973 | 4100 | 24830 | 1346 |
| 江阴市澳星电气有限公司 | 8143 | 612 | 8705 | 486 |
| 江阴市勤力橡塑机械有限公司 | 18648 | 1441 | 18076 | 937 |
| 江阴圆方机械制造有限公司 | 13726 | 384 | 13500 | 352 |
| 江苏南农高科技股份有限公司 | 10770 | 2836 | 11944 | 947 |

续表10

| 企业名称 | 开票销售 | 利税 | 工业总产值 | 入库税金 |
|---|---|---|---|---|
| 江阴市三鑫精密钢管有限公司 | 63401 | 3805 | 33439 | 2271 |
| 江苏安科瑞电器制造有限公司 | 13677 | 1110 | 14195 | 696 |
| 江苏锦明工业机器人自动化有限公司 | 12049 | 2863 | 12189 | 1740 |
| 江阴南工锻造有限公司 | 46246 | 4474 | 48619 | 2987 |
| 江阴康瑞不锈钢制品有限公司 | 50163 | 9524 | 73212 | 844 |
| 江苏和时利新材料股份有限公司 | 26317 | 4543 | 70048 | 2428 |
| 江阴新益源纺织有限公司 | 14291 | 1423 | 19263 | 592 |
| 江阴海陆冶金设备制造有限公司 | 17306 | 3558 | 17501 | 3528 |
| 江苏东鋆光伏科技有限公司 | 118649 | 4834 | 96334 | 2388 |
| 江阴博尔汽配工业有限公司 | 14126 | 1380 | 18584 | 564 |
| 江苏龙华集团有限公司 | 30562 | 1518 | 27300 | 745 |
| 江阴华东装饰材料有限公司 | 31556 | 1324 | 58999 | 1232 |
| 江阴金凤特种纺织品有限公司 | 10736 | 1341 | 11280 | 907 |
| 江苏胜达科技有限公司 | 30410 | 3237 | 32582 | 1794 |
| 江阴方圆环锻法兰有限公司 | 71289 | 3703 | 70000 | 2950 |
| 江苏海豹集团 | 130001 | 4264 | 104005 | 10150 |
| 江阴市江顺模具有限公司 | 24928 | 4131 | 24433 | 2060 |
| 江阴市润玛电子材料有限公司 | 23308 | 5900 | 22500 | 3543 |
| 江阴延利汽车饰件有限公司 | 5952 | 1430 | 6984 | 536 |
| 江阴龙盛塑胶有限公司 | 28091 | 3138 | 27211 | 1973 |
| 江阴奥派交通装备有限公司 | 8573 | 1427 | 8678 | 569 |
| 江阴市恒润重工股份有限公司 | 69751 | 9519 | 49985 | 6089 |
| 江阴龙鼎装饰材料有限公司 | 71628 | 3413 | 65036 | 381 |
| 江阴市万事兴汽车部件制造有限公司 | 26431 | 2987 | 27155 | 1666 |
| 江阴市强力化纤有限公司 | 185940 | 1724 | 139926 | 1343 |
| 江阴市凯华机械制造有限公司 | 9512 | 572 | 9116 | 529 |
| 江阴市比图特种纸板有限公司 | 19560 | 2010 | 18652 | 1652 |
| 无锡共成交通器材有限公司 | 20504 | 2444 | 20100 | 2052 |
| 江阴通利光电科技有限公司 | 134430 | 11476 | 74803 | 1932 |
| 江阴市恒大纱业有限公司 | 10266 | 1577 | 19585 | 536 |
| 江阴市明康电子科技有限公司 | 45718 | 2812 | 49218 | 268 |
| 江阴兴吴呢绒科技有限公司 | 51112 | 6109 | 54550 | 1577 |
| 江阴市京澄玻璃有限公司 | 22720 | -391 | 20505 | 1744 |
| 无锡鸿昌精密机械有限公司 | 8270 | 124 | 8782 | 470 |

续表 10

| 企业名称 | 开票销售 | 利税 | 工业总产值 | 入库税金 |
|---|---|---|---|---|
| 江阴市汇通印刷包装机械有限公司 | 16811 | 921 | 14175 | 800 |
| 江苏亿金环保科技股份有限公司 | 25378 | 5088 | 35236 | 2184 |
| 江阴华新电器有限公司 | 23667 | 3249 | 27113 | 2489 |
| 江苏润达光伏科技有限公司 | 36582 | 2054 | 38005 | 1493 |
| 江阴市百舸有色金属材料有限公司 | 313194 | 14763 | 303648 | 1807 |
| 江苏贝德时装有限公司 | 58882 | 7348 | 93105 | 2808 |
| 无锡鹰贝精密轴承有限公司 | 19454 | 671 | 19675 | 2264 |
| 江阴市友佳珠光云母有限公司 | 36358 | 22548 | 38724 | 1194 |
| 江阴亿欣新材料科技有限公司 | 25106 | 8123 | 26222 | 2966 |
| 江苏瑰宝集团有限公司 | 13469 | 1697 | 21874 | 851 |
| 江苏鼎力重工集团 | 10356 | -177 | 7822 | 796 |
| 江苏一同环保工程技术有限公司 | 14999 | 4645 | 19306 | 1320 |
| 江阴市立信智能设备有限公司 | 6898 | 1002 | 6881 | 848 |
| 江阴市第三铸造机械有限公司 | 18510 | 1673 | 16525 | 2067 |
| 江阴市恒丰钢绳制品有限公司 | 17879 | 383 | 18222 | 621 |
| 江苏江阴华明电气设备有限公司 | 15420 | 1564 | 15273 | 1015 |
| 江阴齿轮箱制造有限公司 | 24637 | 1867 | 16800 | 1356 |
| 江阴大地装备股份有限公司 | 23702 | -192 | 15862 | 746 |
| 中建钢构江苏有限公司 | 125179 | 3316 | 115324 | 2685 |
| 江苏格尔顿传动有限公司 | 13630 | 1072 | 16561 | 937 |
| 江苏中泰桥梁钢构股份有限公司 | 59546 | 3512 | 74250 | 1091 |
| 中铁建电气化局集团康远新材料有限公司 | 62631 | 3627 | 62563 | 2414 |

（陆红叶）

**【服务业】** 2015年，江阴市服务业抢抓机遇，主动作为，创新发展，呈现出健康、稳定、持续发展的良好态势，各项主要经济指标在全省同类城市中继续保持领先地位。全年完成服务业增加值1250.16亿元，比上年增长8%（可比价），服务业增加值占地区生产总值比重达43.4%，比上年提升0.6个百分点；服务业总投入607.3亿元，增长9.1%，占全市固定资产投资的53.8%；服务业一般公共预算收入97.5亿元，增长11%，占全市一般公共预算收入的44.6%；服务业税收总额146.4亿元，增长8.3%，占全市税收总额的42.3%。全市有服务业重点重大项目29项，总投资536.2亿元，年内完成投资86.5亿元，累计完成投资122.1亿元。其中，累计完成投入超5亿元的重点重大项目有7项，投入最多为世茂御龙湾旅游综合体，其次为江阴澄星综合体，分别达37.2亿元、15.15亿元。

**2015年江阴市服务业重点重大项目投资完成情况一览**

表11 单位：万元

| 序号 | 项目类别 | 项目名称 | 计划总投资额 | 当年完成投入 | 累计完成投入 |
|---|---|---|---|---|---|
| 1 | 旅游酒店 | 世茂御龙湾旅游综合体 | 1000000 | 132165 | 371990 |
| 2 | 商务服务 | 江阴澄星综合体 | 400000 | 108500 | 151500 |
| 3 | 旅游酒店 | 马儿岛精品酒店 | 200000 | 14500 | 15000 |

续表 11

| 序号 | 项目类别 | 项目名称 | 计划总投资额 | 当年完成投入 | 累计完成投入 |
|---|---|---|---|---|---|
| 4 | 现代物流 | 无锡(江阴)港申夏港区 5 号码头二期工程 | 75000 | 55000 | 87000 |
| 5 | 现代物流 | 无锡(江阴)港申夏港区联合铁钢码头改扩建工程(3 号码头二期工程) | 70000 | 67000 | 95000 |
| 6 | 文化创意 | 索尼影视制作基地 | 60000 | 9400 | 13500 |
| 7 | 现代商贸 | 周庄中翔广场 | 50000 | 10000 | 10000 |
| 8 | 文化创意 | 金一文化产业园(创意金岛) | 50000 | 43500 | 56000 |
| 9 | 现代物流 | 中国石化长山油库滨江库区扩建工程 | 45000 | 25000 | 32000 |
| 10 | 现代物流 | 普洛斯仓储物流设施 | 27153 | 14250 | 14250 |
| 11 | 科技服务 | 海澜创意培训项目 | 25000 | 14000 | 23500 |
| 12 | 现代物流 | 海澜之家高架智能立体仓库二期 | 200000 | 70000 | 50000 |
| 13 | 文化创意 | 江阴凤凰文化广场 | 80000 | 10680 | 10680 |
| 14 | 现代商贸 | 高新区商业便民工程 | 30000 | 15552 | 15552 |
| 15 | 现代商贸 | 敔山美嘉城 | 23000 | 18500 | 18500 |
| 16 | 现代商贸 | 江阴市新财盛百货商城综合服务楼 | 20000 | 16700 | 16700 |
| 17 | 现代商贸 | 江阴九方城 | 300000 | 62200 | 62200 |
| 18 | 现代商贸 | 南门印象商业广场 | 51400 | 21300 | 21300 |
| 19 | 旅游酒店 | 海澜威尼斯运河及配套项目 | 30000 | 16000 | 16000 |
| 20 | 金融服务 | 江阴华泰国际金融科技街 | 1420000 | 0 | 0 |
| 21 | 社会服务 | 博学世纪城(黄冈中学、商业、住宅) | 650000 | 47000 | 47000 |
| 22 | 现代物流 | 江阴综保区 | 200000 | 0 | 0 |
| 23 | 现代物流 | 华联一家食品加工物流中心 | 20000 | 7000 | 7000 |
| 24 | 现代物流 | 江阴宝湾物流 | 95000 | 9500 | 9500 |
| 25 | 现代物流 | 兴澄钢板剪切配送中心 | 60000 | 10000 | 10000 |
| 26 | 工业地产 | 中节能工业地产项目 | 60000 | 19000 | 19000 |
| 27 | 现代物流 | 中能液化气储备站 | 50000 | 32200 | 32200 |
| 28 | 文化创意 | 海澜文化中心 | 50000 | 8000 | 8000 |
| 29 | 科技服务 | 阳光人才科技研发中心 | 20000 | 8000 | 8000 |
| 合　计 | | | 5361553 | 864947 | 1221372 |

（单文春　丁兰芳）

## 居民收入与消费

**【概况】** 2015 年，市统计局城乡典型户家庭抽样调查资料显示，全市人民收入持续增长，生活水平继续提升。全体居民人均可支配收入 42756 元，比上年增长 8.2%。其中城镇居民人均年可支配收入 50701 元，增长 8.1%；农民人均年可支配收入 26012 元，增长 8.5%。城乡居民消费水平继续提高，消费结构日趋优化，消费领域不断延伸。城镇居民人均年生活消费支出 26970 元，农民人均年生活消费支出 16716 元，分别增长 8% 和 9.2%。

**【食品消费】** 2015 年，江阴市城镇居民人均年食品消费支出 7913 元，农民人均年食品消费支出 5048 元，分别比上年增长 8.1% 和 8.9%。居民家庭食品消费支出占家庭生活消费支出的比重(即“恩格尔系数”)，城镇与农村分别为 29.3% 和 30.2%，城镇恩格尔系数与上年持平，农村恩格尔系数比上年下降 0.1 个百分点。

**【衣着消费】** 2015 年，江阴市城镇居民人均年衣着消费支出 2477 元，农民人均年衣着消费支出 1286 元，

**2015 城镇非私营单位从业人员工资一览**

表 12

| 行业分类 | 单位数（个） | 年平均工资（元） |
|---|---|---|
| 农、林、牧、渔业 | 1 | 95556 |
| 制造业 | 288 | 64375 |
| 电力、燃气、水生产和供应业 | 12 | 120837 |
| 建筑业 | 36 | 51676 |
| 批发和零售业 | 107 | 63461 |
| 交通运输、仓储、邮政业 | 43 | 67541 |
| 住宿和餐饮业 | 17 | 45032 |
| 信息传输、计算机服务和软件业 | 7 | 97750 |
| 金融业 | 25 | 166009 |
| 房地产业 | 82 | 85421 |
| 租赁和商务服务业 | 43 | 79266 |
| 科学研究、技术服务业 | 51 | 91353 |
| 水利、环境和公共设施管理业 | 35 | 63637 |
| 居民服务和其他服务业 | 12 | 44224 |
| 教育 | 162 | 88441 |
| 卫生和社会工作 | 51 | 94113 |
| 文化、体育和娱乐业 | 25 | 82041 |
| 公共管理和社会组织 | 214 | 125727 |
| 总计 | 1211 | 71471 |

分别比上年增长9%和5.6%。城乡居民衣着消费以购买为主，服饰购置向品牌化、当季化和高端化发展。

**【家庭设备用品消费】** 2015 年，江阴市城镇居民人均年家庭设备、用品消费支出 1310 元，农民人均年家庭设备、用品消费支出 973 元，分别比上年增长 6.1% 和 7.9%。家庭设备档次提升，日趋现代化。每百户城镇居民家庭主要耐用物品年末拥有量：电冰箱 114 台、洗衣机 112 台、彩色电视机 204 台、空调器 250 台；每百户农村居民家庭主要耐用物品年末拥有量：电冰箱 88 台、洗衣机 87 台、彩色电视机 161 台、空调器 184 台。

**【居住消费】** 2015 年，江阴市城镇居民人均年居住消费支出 3670 元，农民人均年居住消费支出 2430 元，分别比上年增长 10.8% 和 10%。居住条件进一步改善，城镇居民人均住房面积为 58.1 平方米，农民人均住房面积为 70.3 平方米。

**【交通和通信消费】** 2015 年，江阴市城镇居民人均年交通和通信消费支出 4385 元，农民人均年交通和通讯消费支出 2467 元，分别比上年增长 6.4% 和 10.9%。私家车的不断增加和移动电话功能的多样化带动城乡居民交通和通信消费支出的增长。调查资料显示，至年末，每百户城镇居民家庭拥有私家车 80 辆、移动电话 268 部、计算机 97 台，每百户农民家庭拥有私家车 46 辆、移动电话 213 部、计算机 89 台。

**【医疗保健消费】** 2015 年，江阴市城镇居民人均年医疗保健消费支出 1080 元，农民人均年医疗保健消费支出 682 元，分别比上年增长 10.9% 和 7.9%。社会医疗保障体系不断完善，居民保健意识加强。

**【文教娱乐消费】** 2015 年，江阴市城镇居民人均年文教娱乐消费支出 4960 元，农民人均年文教娱乐消费支出 3065 元，分别比上年增长 7.3% 和 10.6%，占全年生活消费支出比重分别为 18.4% 和 18.3%。城乡居民生活消费正由物质消费为主向精神领域消费为主转变，教育消费是文教娱乐消费的重点，旅游消费、假日休闲消费在家庭也比较普遍，持续成为促进文教娱乐消费的新热点。 （刘 潇）

■类目编辑 王萍芳

# 农村工作与农业

## 综　述

【概况】　2015年，江阴市紧紧围绕率先基本实现农业现代化目标任务，全面深化农村改革，不断加强农村管理，壮大村级经济，全市“三农”*工作持续推进。全年完成农业总产值96.3亿元，实现农业增加值54.87亿元；完成“三资”投农*12亿元，新增设施农业面积313.33公顷，设施农业比例达20.4%，高效农业面积达63%；农业适度规模经营比例达84%，高效农业比例达63%，高标准农田比重达60.98%，农业园区化比重达43%，粮食生产实现十二连丰。完成市域镇村布局规划修编，开展美丽村庄规划，继续推进璜土镇、新桥镇、华士镇、周庄镇4个无锡市城乡发展一体化先导示范镇建设，全年申报重点推进项目28项，总投资85182万元。开展职业技能免费培训，全年组织各类人员职业技能培训3.1万人，创业培训2000人，农村劳动力充分就业率95.2%。纵深推进城乡社会保障体系，落实城乡养老保险制度衔接政策，居民养老保险基础养老金调高至每月每人250元，被征地农民社会保障“即征即保”加快落实，被征地农民养老年龄段人员养老补助金每月每人600元，新增社会保障参保4.3万人。城乡医疗资源持续整合，逐步形成社区首诊、分级诊疗、双向转诊的就医新格局，新农合基本医疗保障筹资标准提高到人均740元。公共服务普惠城乡，积极创建江苏省首批教育现代化建设示范区，实施20所农村小学办学点标准化建设，城乡教育优质均衡发展；深入推进国家公共文化服务体系示范区创建，全市公益性文化设施达标率100%；成功创建首批江苏省公共体育服务示范区，完成1000个健身点规范整治，城乡“10分钟体育健身圈”得以提档升级；创建省级民主法治示范村（社区）102个，创建率33.8%。农村基础设施持续改善，新改（建）农村公路13.02千米，农路桥梁10座；开展农村覆盖拉网式环境综合整治，50个村生活污水进行收集处理，启动农村供水老旧管网和一户一表改造试点，乡镇天然气主管网覆盖率50%。江阴市主动适应农村改革发展需要，不断拓展农村综合改革新领域，深入推进农村土地确权登记颁证、农村产权交易体系建设、村级股份制改革等农村重点改革任务，着力推动农村体制机制创新，有效激发农村发展内生动力。加大湿地保护力度，全市自然湿地面积约660.2公顷，有省级湿地公园1个，自然湿地保护率为27.61%。至年末，全市有各类农民合作经济组织1024个，其中，村级集体经济股份合作社171个，土地股份合作社115个，富民合作社34个，农民专业合作社704个，参加各类农民合作经济组织的农户总数达22.37万户，各类合作社分红达3.46亿元。　（陈光普　吴　双）

【月城芙蓉湖湿地公园获批省级湿地公园】　2015年12月17日，江阴市月城芙蓉湖湿地公园经江苏省林业局湿地处组织专家论证，获得全票通过。是月29日，省林业局批复同意建立江阴芙蓉湖省级湿地公园，规划面积182.25公顷，公园南至龙泾路，西至三塘路，北至戚月路，东至泾南路。该湿地公园由水生植物园、龙舟休闲园、云外水庄生态园、农渔文化体验园等部分组成。其中的水生植物园，为国内长江中下游地区最大的水生植物培育、种植和研究基地，园内培育种植有荷花、睡莲、菹草等100多种挺水、浮水、沉水植物。龙舟休闲园有国内唯一一条标准化的龙舟竞赛赛道，全长850米，宽120米，水深3.5米，以其静水性著称于国内龙舟比赛界。农渔文化体验园展示人类在传统农耕渔猎生活中的成果，对传承文明、启迪心智有着积极而深远的影响。江阴月城湿地面积广泛，资源丰富，河湖自然湿地又具防洪排涝和微电解生态环境功能等，是全市重要的生态系统之一，也是江阴建设美丽乡村的最重要的组成部分。　（刘晓宇）

【农民人均可支配收入全省十六连冠】　2015年，江阴市多措并举优化农民收入结构和群体结构，千方百计拓宽农民增收渠道，全市农民收入水平持续稳定增长。扩大供给就业岗位，优化就业群体结构，加强对工资分配的宏观调控，实现农民人均工资性收入16015元，比上年增长8%；积极培育新型农业经营主体，注重改善创业环境，实现农民人均家庭经营性收入2860元，比上年增长7.5%；提升合作经济组织富民力度，深入挖掘土地要素对农民的增收潜力，实现农民人均财产性收入4497元，比上年增长11%；全力完善保障体系，发挥社会力量，建立社会帮扶体系，实现农民人均转移性收入2640元，比上年增长9%。是年，实现农村居民人均可支配收入26012元，比上年增长8.5%，连续16年名列全省县级（市）第一。

**【完善农村产权交易服务体系】** 2015年，江阴市把农村产权流转交易服务体系建设列为农村重点改革工作，在充分调研、多方学习、反复会商的基础上，于7月13日出台《关于建立江阴市农村产权交易服务体系的实施意见》。该意见明确了农村产权交易工作的组织机构、交易内容和管理模式等，规范了农村产权交易的程序以及相关办法，并率先在全省自主开发网上竞价系统。全市建成覆盖全市、制度健全、操作规范、运作高效的市级农村产权交易中心，成立由市分管领导为组长、相关职能部门为成员的农村产权流转交易监督管理委员会，负责对全市农村产权交易进行政策指导、监督管理和矛盾调处。是年，有13个镇（街道）交易平台完成建设并顺利运行，全市镇（街道）农村产权交易平台基本建成，江阴市级产权交易中心共成交9笔，交易金额2911万元。

## 农村管理

**【概况】** 2015年，江阴市以健全基本管理制度、完善管理载体、提升管理水平为抓手，加快转变农村经济社会发展和管理方式，加强农村基层党风廉政建设，切实维护农民群众切身利益，促进农村社会和谐稳定。是年，江阴市委农工办会同审计部门首次对全市5个镇9个村开展“三资”*管理专项审计，对村级财务规范管理、“三资”管理制度执行、“三务”（党务、村务和财务）公开落实情况等进行重点审计，并逐个形成审计报告，及时落实整改意见，促成全市村级“三资”的规范化管理。

**【农村生态环境建设】** 2015年，江阴市以创建全国文明城市为引领，扎实开展城乡环境综合整治，深入推进农村生态文明建设，全面提升农村生态环境水平。深化村庄环境整治，每季度进行长效管理考核，巩固整治成效，完成村庄环境长效管理示范村点建设50个。推进美丽乡村建设，加强历史名村和传统村落文化保护，年内打造特色村庄5个，创建省美丽乡村3个、省三星级康居乡村12个。推进城镇污水管网建设改造，新建污水主管网30千米，50个村庄建成生活污水处理设施，12个村开展农村覆盖拉网式环境综合整治。年内，全市新增造林绿化面积247.47公顷，林木覆盖率23.92%，秸秆综合利用率98%。

**【农村土地确权登记颁证】** 2015年，江阴市全面推进农村土地承包经营权确权登记颁证工作。在成功完成25个村试点工作的基础上，对全市12个镇（街道）、107个村、3471个村民小组的12万农户和1.63万公顷承包地开展确权登记颁证工作。年内，出台《关于全面推进江阴市农村土地承包经营权确权登记颁证工作的通知》，全面规范确权方案，强化确权登记颁证宣传；积极开展业务培训，市镇两级分批组织23批镇村两级层面的业务培训，培训工作人员1470人次。至年底，107个行政村全部完成组织推进、宣传培训、入户调查、制定确权方案、录入基本信息等工作，80%以上的行政村完成确权登记颁证工作，90%的村民小组配合测绘公司完成承包地的测量制图工作，年内基本完成农户签字任务。

**【完善村级规范化管理随机抽查机制】** 2015年，江阴市委农工办根据党风廉政建设责任制整改措施和《江阴市“三务”公开信息“直通车”管理办法》《江阴市“三务”公开信息“直通车”监督检查办法》，会同市纪委、民政局组成联合检查组，采用网上检查和实地查看相结合的方式，对全市村账镇（街道）代理工作、“三务”公开信息“直通车”运行和农村产权交易市场运行情况进行抽查，检查结果作为镇（街道）新农村建设工作年度考核的重要依据。年内分别在5月、8月、12月进行3次随机抽查，对抽查中发现的问题，形成检查通报，发至各镇（街道），此后落实责任分工，明确时间节点，采取有效措施加以整改，确保农村集体“三资”管理、“三务”公开制度化、规范化、常态化。

**【农村“三务”公开信息“直通车”建设】** 2015年，在农村“三务”公开信息“直通车”全覆盖的基础上，江阴市实现对村级“三资”运行的实时监管。在实施监管中，对敏感指标、风险环节重点监测并预警分析，做到问题早反映、情况早处置；建立季度抽查、半年检查、年终考核的工作制度，形成村级经济运行季报；不断升级功能平台，完善各村触摸屏软件，实现在市级平台上实时监控各村系统的开机运行状况。同时，开发“三务直通车”手机软件试运行，通过手机APP程序接入“掌上三务直通车”手机客户端，方便群众直接通过手机随时随地在线同步查阅所有村级“三务”公开信息。

## 村级集体经济

**【概况】** 2015年，江阴市积极执行取消统一征费政策，按照深化农村改革、突出政策引领、拓宽发展思路、创新经营理念、加大激励扶持、加强规范管理的总体要求，着眼长远、因地制宜、分类指导，以夯实农村经济基础为根本，积极探索村级集体经济发展有效路径，继续深化薄弱村帮扶工作，稳步推进村级经济股份制改革，不断激发村级发展活力，有力推动农业农村经济转型升级，为加快社会主义新农村建设和城乡一体化建设提供有力支撑。是年，全市村级收入30.55亿元，村均1212.2万元，其中村级收入超千万元的村41个；村级净资产总额218.39亿元，村均8666.2万元。

**【集体经济薄弱村帮扶】** 2015年，江阴市委农工办组织专项考核小组对全市60个集体经济薄弱村、16个无锡市集体经济薄弱村的经济发展、政策执行、社会管理和服务群众等方面进行专项考核。根据考核结果，落实财政转移支付资金江阴市级2873.1万元、无锡市级600万元。同时，继续采取3个部门、1个银行、1个百强企业“3+1+1”的帮扶模式,对第八轮最后一批 20 个薄弱村开展集中抱团帮扶。至年底,顺利完成第八轮薄弱村帮扶工作,全市 60 个薄弱村集体资产总额 10.4 亿元,村均 1733.3 万元,比上年增长 15.3%;净资产总额 7.6 亿元,村均 1266.7 万元,比上年增长 16.22%;村级收入 2.3 亿元,村均收入 383 万元,其中 48 个村达脱贫标准,占第八轮薄弱村总数的 80%。

**【村级公益性事业"一事一议"财政奖补】** 2015 年,江阴市委农工办会同市财政局从规范程序入手,狠抓村级公益性事业"一事一议"财政奖补事项,形成以财政奖补资金为杠杆、以村级投入为基础、以社会捐赠为补充的农村公益事业多元投入机制。全年完成省级村级公益"一事一议"奖补项目 82 项,其中,新建和维修村内道路项目 41 项,小型水利设施项目 9 项,自然村环境整治项目 5 项,村内文体场所项目 20 项,其他项目 7 项;发放奖补资金 1505 万元,其中,省级资金 1235 万元,市级资金 270 万元;由此带动项目总投资 8037 万元,其中村级集体投入 7525 万元,镇级财政出资 434 万元,社会各界捐资 78 万元。

**【村级经济股份制改革】** 2015 年,江阴市把村级集体经济股份合作组织建设作为优化农村资源配置、促进农民增收的重要抓手。在加快组建步伐的同时,进一步规范全市经济股份合作组织的日常运行,完善股东代表大会、董事会、监事会议事规则,做到民主公开;强化村民民主议事意识,从股份制改革、合作社运行到合作社分红,全过程民主参与、民主决策、民主确认;通过民主公开制度、民主议事制度、民主监督制度,有效保障股东的知情权、决策权、管理权、监督权等。年内,顾山镇顾山社区、新龚村、南曹庄村,徐霞客镇马镇村、湖塘村、东宏村、峭岐村、南苑村 8 个村(社区)建立村级集体经济股份合作社。全市有村级集体经济股份合作社 171 个。

(陈光普　吴　双)

## 农业产业化

**【概况】** 2015 年,江阴市以实施现代农业园区建设为总抓手,以强化思路创新为工作引领,以构建高效服务体系为基础支撑,围绕农业现代化指标,全面推进农业产业化发展。全年发放惠农政策性补贴 2262.95 万元,新开南美白对虾、食用菌保险,粮油、能繁母猪、林木火灾等政策性农业保险参保率 100%,全年农业保费收入 1580.77 万元,其中高效农业保费收入 1023.59 万元,占比达 64.8%,全年理赔金额 1998.25 万元。新型农业经营主体培育壮大,全年培育新型职业农民 1716 人,新增家庭农场 25 个、农民专业合作社 45 个,创建国家级农民专业合作社示范社 5 个、省级 12 个;全市 21 个无锡市级以上龙头企业销售收入 131.3 亿元,比上年增长 10.5%。结合省级基层农技推广示范县建设,新建村级农业技术服务站 10 个、乡镇农技推广综合服务中心 2 个、农民田间学校 2 个、建设农业科技示范基地 4 个、新办江阴鹏程蔬菜园艺研究所;引进农业新品种 25 种,示范农业新技术 30 项、新模式 10 项,全市粮食生产、蔬菜生产等良种覆盖率均为 100%;培育科技示范户 2250 户,带动农户 2.25 万户,农业科技进步贡献率 75%,农业信息化覆盖率 65%。大力提升"五有"(有先进服务手段、有优良专业人员、有规模示范基地、有严格责任制度、有稳定财政保障)农业服务中心服务能力,镇(街道)农业公共服务体系健全率 98% 以上;建立农产品可追溯体系,制定实施无锡市级农业地方标准 1 个,新认证无公害农产品产地 1333.33 公顷,新增"三品"(无公害农产品、绿色食品和有机农产品)38 个,有效存量 350 个,产量增加 2.3 万吨,种植业"三品"产量达 20.6 万吨,占全市种植业食用农产品产量 25%;蔬菜、畜(水)产品等主要农产品抽检合格率 98% 以上。农业电子商务蓬勃发展,江阴地产农产品营销中心建成开业,农产品网上营销额超 2.5 亿元。大力发展休闲农业和乡村旅游业,华西村建成全国休闲农业与乡村旅游示范点,华西村、双泾村、创新村、红豆村被评为无锡市美丽乡村,示范创建总数位居无锡前列。是年,江阴市鹏程现代蔬菜产业园、江阴市长泾现代稻米产业园、江阴南农现代蔬菜产业园被评为无锡市级农业园区。

江阴市鹏程现代蔬菜产业园的农业智能棚　　(市农林局提供)

**【市地产农产品销售中心建成开业】** 2015 年 10 月 31 日,江阴市为更好地推动现代农业发展,助推农业产业化进程,满足广大市民对新鲜优质平价地产农产品的需求,设立江阴市地产农产品销售中心并在立新菜场按时开业。江阴首届地产农产品展销会以乡镇(街道)为单位,分 15 个位置分别展示展销,全面展示和推介全市各乡镇名特优农产品。进驻销售中心的江阴农业企业、合作社、家庭农场有40多个,地产农产品达60多种,包括大米、蔬菜、水果、猪肉、禽肉、水产品等生鲜农产品,及水饺、灵芝孢子粉、无花果茶、铁皮石斛冻干粉、华西酱油等包装加工的农产品,涵盖江阴主要的农业产业,把"新鲜、优质、平价、安全"的地产农产品带给市民。它不仅是江阴地产农产品的一个销售中心和地产农产品网上直销的配送中心,还是江阴农业"线下展示和线上直销"的新平台,受到了广大市民的欢迎。

**【2个村被评为无锡市美丽乡村休闲旅游示范村】** 2015年,顾山镇红豆村村域面积7.4平方千米,辖42个自然村,人口6225人,农民人均可支配收入21600元。红豆村注重打造具有红豆特色的农业主导产业,拓宽农民增收渠道,村容村貌整洁美观,公共设施完善,先后获得"无锡市美丽村庄""无锡市四星级农家乐""江苏省三星级乡村旅游点""农业部美丽乡村试点村"等荣誉称号。周庄镇山泉村村域面积2.3平方千米,辖7个自然村,人口3200人,实际居住人口近8000人。村内有企业70余个,形成纺织、印染、微电子、机械、金属制品、汽车部件等多门类产品的制造中心。该村新农村建设呈现新面貌,并形成"以人为本、励精图治、坚忍不拔、追求卓越"的山泉精神,先后获得"无锡市美丽乡村""江苏省生态村""江苏省康居示范村""江苏省社会主义新农村建设先进村""江苏省文明村标兵"等荣誉称号。是年,根据《关于命名表彰"无锡市美丽乡村休闲旅游示范村"的决定》,江阴市顾山镇红豆村被评为"无锡市美丽乡村休闲旅游示范村"、周庄镇山泉村被评为"无锡市美丽乡村休闲旅游示范村创建先进村"。 (陈月琴)

## 种植业

2015年,粮食生产大丰收。图为收割场景 (黄惠刚 摄)

**【概况】** 2015年,江阴市以促进农业稳定发展和农民持续增收为目标,加快农业结构调整,综合产能实现新跨越。全市水稻种植面积1.19万公顷,小麦种植面积1.15万公顷;粮食总产量17.65万吨,其中夏粮5.96万吨,秋粮11.69万吨;小麦每公顷平均产量5039公斤,水稻每公顷平均产量9345公斤;稻、麦每公顷平均总效益达19470元,其中小麦每公顷平均效益3330元,水稻每公顷平均效益16140元。经济作物种植成效明显,全市油料作物种植面积1110公顷,总产量2795吨;蔬菜保护地设施栽培总面积2130公顷,其中温室(连栋大棚)121公顷,钢架大棚982公顷,普通大棚707公顷,小拱棚及地膜覆盖面积320公顷;蔬菜基地总面积7383公顷,其中常年菜地6457公顷,季节性菜地926公顷,全年蔬菜总产量55.7万吨;茶园面积18公顷,茶叶总产量5吨;食用菌总产量4653吨;果园面积3183公顷,水果总产量7.4万吨。全市实现种植业(农业和林业)总产值49.1亿元(其中农业产值41.24亿元、林业产值7.82亿元),占农林牧渔业总产值的比重为55.1%。完成绿化成片造林总面积247.6公顷,"四旁"(村旁、宅旁、路旁和水旁)植树60.5万株,林木覆盖率24.59%。完成第九次全国森林资源调查、省级林木种质资源普查、省级林业有害生物普查、省级野生植物资源调查4项普查工作,创建24个省级绿化示范村。全市林业火灾保险投保面积1800公顷,投保面积100%。全年未发生重、特大森林火灾和人员伤亡事故,完成森林火灾受害率控制在0.3‰以下,控制率在1.2公顷/次以下的年度目标任务。是年,市农林局被评为江苏省农作物病虫害绿色防控工作先进集体。 (陈月琴)

**【粮食单产"十二连丰"】** 2015年,江阴市以武运粳23、武运粳31、扬麦16、扬麦20为主推品种,积极实施粮食高产增效创建项目。在高产创建项目中,以机插稻精确定量栽培技术、秸秆还田稻麦高产高效技术为主推技术,加强良种良法和农机农艺的有机配套,强化技术培训和指导。是年,项目区粮食增产增效显著,水稻单产707.5公斤,小麦单产503.6公斤,其中徐霞客镇北渚村水稻核心示范方经省级专家实割实收,亩产达833.5公斤,创江阴市高产纪录。高产创建项目的建设辐射带动全市粮食生产水平的大幅提高,全年水稻平均亩产达623公斤,小麦平均亩产达335.9公斤,稻麦单产均创历史新高,实现粮食生产"十二连丰"。 (王坚纲)

**【粮油病虫草害防控】** 2015年,江阴市农林局植保部门贯彻落实预防为主、综合防治的植保方针和公共植保、绿色植保的理念,以"虫口夺粮"促丰收、保供给为中心任务,强化病虫监测预警与防治指导,继续推进专业化统防统治与绿色防控技术融合,稳步推进农药使用零增长行动,强化组织宣传发动,有效控制病虫危害,为取得全市粮食"十二连丰"和保障农业生产安全、农产品质量安全作出了积极的贡献。是年,全市粮油主要病虫草害发生面积

20.46万公顷次,防治面积27.24万公顷次,通过防治,挽回损失38625.1吨,尚有损失1384吨,列近年最低;据测算,全市化学农药用量为850吨,比上年的878.1吨下降3.3%;高效低毒低残留农药使用面积占比81.7%,比上年上升2.6个百分点。

**【3个合作社被评为"五有五好"服务组织】** 江阴市旺苑种植业专业合作社成立于2010年,由徐霞客镇南苑村村委会组织,按照社员自愿入股的原则,共同出资158万元组建,总投入资金500多万元,专业化统防统治服务面积100公顷;江阴市林度农机服务专业合作社成立于2007年,由青阳镇小桥村委会组织,合作社有成员92个,拥有农机固定资产650万元,农机原值520万元,农机库房3500平方米,专业化统防统治服务面积280公顷;江阴市烨飞农机服务专业合作社成立于2007年,由临港街道苍山村华杏荣牵头,投入总资金250万元,专业化统防统治服务面积达80公顷。是年,江阴市积极开展"五有五好"*服务组织创建与申报工作,经无锡市推荐及专家评审,上述3个合作社被省植保站评定为第二批全省农作物病虫害专业化统防统治"五有五好"服务组织。 (邵益栋)

## 养殖业

**【概况】** 2015年,江阴市紧紧围绕生态养殖、绿色发展、创业富民的战略要求,坚持生态化养殖、标准化生产、资源化利用的总方针,科学指导养殖生产,严格动物疫病防控,强化质量安全监管,加快养殖业转型升级,全面提升综合生产能力,促进了养殖业、生态环境的协调发展,有力保障了养殖业经济的平稳运行。全市实现养殖业(畜牧业和渔业)总产值27.66亿元(其中畜牧业产值17.54亿元、渔业产值10.12亿元),占农林牧渔业总产值的比重为31.1%。年内,落实了生猪标准化建设项目等惠农扶持项目,使用上级扶持资金500余万元。完成畜禽标准化建设项目3项,利用项目资金200多万元;畜禽科技入户项目申请资金40万元,示范带动全市畜禽养殖示范户400户;完成省三新工程(农业新品种、新技术、新模式更新工程)奶牛项目验收;完成5项太湖污水治理沼气工程的验收与工程项目建设,涉及财政支持资金300万元;奶牛良种补贴项目得到国家补贴7780支冷冻精液,共补贴奶牛头数为3890头,补贴金额11.67万元。畜禽养殖集约高效、安全优质、可持续发展,全年生猪出栏31.2万头、年末存栏25.7万头,母猪存栏0.8万头,羊出栏0.55万只、年末存栏0.68万只,家禽出棚800.3万羽(其中主要品种肉鸡166.7万只、草鸡157万只、肉鸭423.4万只、鹅5万只),家禽存栏99.5万只(其中主要品种蛋鸡22.8万只、肉鸡15.3万只、草鸡19万只、肉鸭40.4万只),奶牛年末存栏5400头;牛奶产量2.6万吨,肉类总产量4万吨,禽蛋总产量0.87万吨;生猪大中型规模养殖比重为63.08%、肉禽规模养殖比重为74.14%、奶牛规模养殖比重为99.49%。养殖规模50头以上的生猪养殖场共投保生猪11.3万头,投保比例为36.2%。全市共产地检疫生猪14万头,禽类250万羽,养殖环节无害化处理死猪2万头,定点屠宰检疫生猪50万头,"瘦肉精"抽样检测4万次,抽样送检样品260种,结果均为合格。水产养殖特色化、产业化、持续化发展,年末水产养殖面积3818公顷,其中鲢、草、青、鲤、鲫、鳊鱼等常规鱼养殖面积2083公顷,河蟹、虾、鮰鱼、河豚、珍珠等特种水产养殖1735公顷;水产品总产量26907吨,渔业总产值10.12亿元。是年,江阴市渔政监督大队获全省渔业行政执法工作先进单位、长江禁渔先进集体;江阴市水产指导站获江苏省水产品药物残留快速检测工作优秀奖、省级水产技术推广示范站;江阴市农林局获无锡市重大动物疫病防控工作考核优秀。 (陈月琴)

**【开展鱼稻共作生态种养模式】** 2015年,江阴市作为江苏省内第一批开展鱼稻共作的试验点之一,积极开展鱼稻共作生态种养模式。江阴市水产指导站组织江阴市申港三鲜养殖有限公司、江淮水产研究所有限公司、锦湖水产养殖有限公司、一江水产养殖有限公司、野田里家庭农场、孔氏家庭农场等通过前期参观学习、研讨与实验,选择"促养保粮"新型种养模式,以芦苇型深水稻为主要种植品种,选择有地方特色和良好养殖效益的河川沙塘鳢为主养品种,以河蟹、青虾等为套养品种,通过种植与养殖、主养与套养方式,充分利用时空优势与生态位(一个物种所处的环境以及其本身生活习性的总称)互补,建立实用的高效鱼稻生态共作模式。通过在江阴市锦湖水产养殖有限公司、申港三鲜养殖有限公司、江淮水产研究所有限公司等单位进一步开展试验示范,鱼稻种养面积达13.33公顷,原生态稻产量达2250公斤/公顷,优质水产品产量达1050公斤/公顷,种养殖综合经济效益达7.5万元/公顷,基本达到预期要求。 (张呈祥)

**【重大动物疫病防控】** 2015年,江阴市农林局以动物防疫工作规范年主题活动为抓手,以防控禽流感、口蹄疫、猪瘟、高致病性猪蓝耳病和小反刍兽疫为重点,突出抓好强制免疫、疫情监测、流通监管和人畜共患病防治工作,先后组织开展春季动物防疫、夏季高温消毒灭源、秋冬季动物防疫3次动物防疫集中行动。全市共使用猪瘟疫苗156万头份,防疫猪73.31万头次;使用猪口蹄疫疫苗172.5万毫升,防疫猪80.4万头次;使用牛羊口蹄疫疫苗1万毫升,防疫羊0.8万头次;使用牛三价口蹄疫苗6万毫升,防疫牛1.95万头次;使用高致病性猪蓝耳病弱毒苗73.5万头份,防疫猪43.6万头次;使用小反刍兽疫疫苗1.15万头份,防疫羊0.8万头次;使用禽流感H5N1(Re-6+Re-7)疫苗138万毫升,防疫鸡228.54万羽;使用禽流感H5N1(Re-6)疫苗261.3万毫升,防疫鸭357.67万羽、鹅5.9万羽;使用新城疫—禽流感二联苗1050万羽份,防疫鹌鹑839.6万羽、鸽子15.1万羽;使用新城疫苗400万羽份,防疫鸡236.8万羽。其他疫苗的使用也得到积极的推广,疫密度、消毒密度均为100%,全年未发生重大动物疫病疫情。(徐向前)

**【长江江阴渔业资源增殖放流活动】** 2015年6月19日上午，江苏省海洋与渔业局、江阴市政府在江阴黄田港汽渡船上举办2015年江阴渔业资源增殖放流活动。江苏省海洋与渔业局副局长林建华、中国水产科学研究院淡水渔业研究中心主任徐跑、江阴市政府副市长吴芳等领导以及200多名渔民、志愿者、学生、企业界人士代表参加本次放流活动。此次放流的品种有河豚、“四大家鱼”（青鱼、草鱼、鲢鱼、鳙鱼）等6种800多万尾鱼苗。江阴已连续14次向长江放流河豚等珍稀鱼类和“四大家鱼”鱼苗近1.4亿尾。经过多年努力，长江鱼类资源出现了恢复性增长，对改善江阴水域生态环境、恢复渔业资源、保护生物多样性和促进渔业可持续发展起到了积极作用。（丁建英）

**【动物卫生监督规范执法】** 2015年底，江阴市根据《关于统一规范全省动物卫生监督执法人员执法标识的通知》《关于印发〈江苏省动物卫生监督执法人员工作着装管理办法〉的通知》《关于统一规范全市动物卫生监督执法人员执法标识的通知》要求，规范江阴市动物卫生监督执法行为，树立动物卫生监督良好的执法形象。对全市动物卫生监督机构在编在岗的动物卫生监督执法人员进行了统一执法标识、统一执法胸牌、统一执法证件、统一执法着装的“四统一”整改规范活动，倡导文明服务、文明执法。建立动物防疫监管信息化平台，实行片长负责制，充分利用市、镇两级监管体系，分区管理，签订江阴市动物及其产品质量安全责任状，各司其职，各负其责。整改以后，执法人员在执法中，坚持清之以事、据之以法、动之以情、晓之以理，将文明执法贯穿从监督检查到处罚执行的全过程，展现出动物卫生监督部门的执法新形象。

**【乡村兽医登记】** 2015年，江阴市动物卫生监督所根据《乡村兽医管理办法》规定，实行乡村兽医（指尚未取得执业兽医资格，经登记在乡村从事动物诊疗服务活动的人员）登记制度，规范乡村兽医管理。7—9月，全市共70名乡村兽医参加了3期培训，对兽药使用规范与管理，兽药、饲料知识和相关法律法规的规定、“瘦肉精”等违禁物品的危害及其法律规定等内容进行学习。9月，经培训考核，市动物卫生监督所为69名通过考核的乡村兽医颁发中华人民共和国乡村兽医登记证，作为其在规定从业区域内从事动物诊疗活动的凭证。该证有效期5年，有效期届满需要继续从事动物诊疗活动的，在有效期届满3个月前向发证机关申请续展。开展乡村兽医登记工作，有效提高了畜禽诊疗技术水准和从业者职业素养，加强了从业者在基层疫病防控和动物产品质量安全监管工作中的作用。

**【调整畜禽屠宰行业监督管理职责】** 2015年，根据《关于全市畜禽屠宰行业监督管理职责调整事项的通知》文件要求，对全市的畜禽屠宰行业监督管理职责进行调整，原由江阴市商务局承担的畜禽屠宰行业监督管理职责，调整为由江阴市农林局畜牧兽医科具体承担畜禽屠宰行业监督管理职责，江阴市动物卫生监督所负责畜禽屠宰活动等的监督管理执法工作。11月，江阴市各镇（街道）共15个畜牧兽医站加挂市动物卫生监督分所的牌子，承担各自辖区内畜禽屠宰行业监督管理工作。切实加强畜禽屠宰质量安全监管，落实畜禽产品质量安全管理责任，督促屠宰企业落实畜禽产品质量安全主体责任。严厉打击生猪私屠滥宰、注水或注入其他物质、屠宰病死畜禽等违法行为。职能调整后，有利于规范畜禽屠宰监管职能，强化畜禽屠宰监管和行业管理。（殷　琴）

## 农业机械化

**【概况】** 2015年，江阴市农机化工作以促进农业增效、农民增收为落脚点，以提高农机化发展水平和发展质量为目标，大力推进农机化新技术新机具研发试验与示范推广，推进农业现代化建设。加快培育新型农机作业经营服务主体，全市拥有农机专业合作社80个。认真组织实施秸秆机械化还田工作，全市秸秆机械化还田比例达66.5%以上。至“十二五”期末，全市农机总动力达25.5万千瓦，农机原值2.25亿元，农机“三率”（农业机械上牌率、检验率和持证率）水平达95%以上。全市农机装备总投入3015万元，其中，中央和省级财政补贴976万元、江阴市级财政更新补贴803万元、农民个人投入1236万元。是年，全市新增和报废更新各类农业机械648台（套）。其中，大中型拖拉机79台、联合收割机41台、高速插秧机67台、粮食烘干机79台、旋耕机147台、开沟机56台、植保机36台及各类高效农业机械装备143台（套）。年末全市农业机械原值2.66亿元、农业机械净值1.8亿元。全年农业机械作业总面积11.43万公顷，农业生产综合机械化水平达到93.39%。

**【财政补贴农机监管】** 2015年，江阴市严格执行省财政厅、省农机局下发的《2015—2017年江苏省农业机械购置补贴实施办法》，规范补贴发放，坚决打击享受财政补贴农机违规转让、倒卖等行为。年初，江阴市水利农机局与各镇（街道）签订农机购置补贴工作目标考核责任书，形成齐抓共管的良好局面。同时，加大监管力度，5月6日至26日，7月7日至31日，市水利农机局两次成立专项检查小组，分别对全市享受财政补贴购买的高速插秧机、粮食烘干机和报废更新的大型拖拉机等进行现场检查，对检查过程中发现的个别农机户转卖插秧机的行为，责令整改并跟踪问责，并对整改不到位的个别农机户按规定严肃处理，检查情况和处理结果以《关于近三年部分享受财政补贴农机检查情况和处理意见的通报》下发至各水利农机站等单位。加大财政补贴农机监管力度，有利于农机购置补贴政策科学、规范、高效、廉洁实施，充分发挥农机购置补贴政策效应，加快农机化发展方式转变，推动农业机械化和农机工业高效发展，促进农业综合生产能力的提高。

**【高效农业设施装备展示】** 2015年，江阴市水利农机局在徐霞客、周庄、华士等镇举办5期高效农业机械装备现场展示会，分别展示多种高效设施农业机械化技术和装备。

其中,在鹏程农业园区举办的无锡市设施农业装备巡展会和江苏省高效设施农业机械化现场推进会上,展出了各类高性能植保机、田间管理机、蔬菜机械、水产养殖机械等新型农机近170多台,参展人员1500多人次。展出的农业设施装备具受到参会农机、农业合作社和种养殖大户的青睐,起到了良好的宣传、示范作用。是年,全市新增各类高效设施农业机械装备132台(套)。

**【秸秆机械化还田实施】** 2015年,江阴市水利农机局制定了《2015年江阴市秸秆机械化还田实施方案》《2015年江阴市秸秆机械化还田实施办法》和《2015年江阴市秸秆机械化还田技术路线和作业标准》。5月18日至20日,在临港街道、长泾镇、徐霞客镇分别举办3期秸秆机械化全量还田技术培训班,详细讲解了秸秆机械化还田的作业技术和作业标准、补贴政策等,培训人员180多人次。全市夏秋两季共投入大中型拖拉机配套秸秆还田机1100多台次;全市夏季秸秆机械化还田面积9013.33公顷,还田率82%;秋季秸秆机械化还田面积7213.33公顷,还田率54%,稻麦秸秆综合机械化还田率66.5%。

**【农机安全生产监管】** 2015年,江阴市水利农机局组织开展江阴市第22个安全生产月和农机安全生产知识培训等活动。年内,与15个水利农机管理服务站签订农机安全生产目标责任书,与合作社和农机手签订安全责任书1986份。全年举办大中型拖拉机、联合收割机驾驶培训班8期,培训合格驾驶员55人次;举办农机操作人员安全知识培训班15期,参训人员812人次。全年出动检查人员412人次,检查农机306台次,纠正各类违反农机安全操作规程行为82次;联合公安交警部门,出动检查人员396人次,在重点区域、重点时段对上道路拖拉机进行整治,检查拖拉机295台次,查处违章事件96件。全市农机上牌率、年检率、驾驶员持证率分别为98%、93%、98%。

**【农机后勤服务保障】** 2015年,江阴市共举办农机修理工、植保机操作工、高速插秧机操作工等培训班20期,参训人员1450人次;举办农机职业技能鉴定“获证奖补”培训8期,鉴定人员232人次。年内,通过农机科技入户工程、实施农机三新(新机具、新技术、新模式)工程项目、引进新技术、新机具示范试验等形式培训1103人次;组织农机志愿者服务人员进村入户,对全市700多台插秧机进行维修保养;开展“真情办实事,满意在农机”优质服务月活动。全年农机志愿者服务人员排除各类农机机械故障758多台次、大修108多台次,现场技术指导和培训750多人次。

**2015年江阴市农机动力及主要机具保有量一览**

表13

| 农机动力、主要机具名称 | 计量单位 | 数量 | 农机动力、主要机具名称 | 计量单位 | 数量 |
|---|---|---|---|---|---|
| 一、农机动力 | | | 四、粮食烘干机 | 台 | 135 |
| 柴油机 | 万千瓦 | 11.01 | 五、其他机械 | | |
| 汽油机 | 万千瓦 | 2.06 | 高速插秧机 | 台 | 273 |
| 电动机 | 万千瓦 | 12.52 | 机械育秧设备 | 套 | 78 |
| 二、农用拖拉机 | | | 机动植保机械 | 台 | 3508 |
| 大中型 | 台 | 685 | 农用水泵 | 台 | 2823 |
| 小型 | 台 | 1238 | 六、大中型农具 | | |
| 三、联合收割机 | | | 旋耕机 | 台 | 785 |
| 半喂入式 | 台 | 135 | 开沟机 | 台 | 427 |
| 全喂入式 | 台 | 164 | 秸秆还田机 | 台 | 772 |

**2015年江阴市主要农业机械项目作业面积一览**

表14

单位:万公顷

| 项目 | 机耕面积 | 机种面积 | | 机收面积 | | 机械植保面积 | 机械秸秆还田面积 |
|---|---|---|---|---|---|---|---|
| | | 小麦 | 水稻 | 小麦 | 水稻 | | |
| 数值 | 2.9 | 1 | 1.18 | 1.15 | 1.18 | 2.79 | 1.43 |

(曹明良)

■类目编辑 李银花

## 综　述

【概况】 2015年，江阴市水利农机系统积极推进水利现代化和水生态文明城市创建工作，为全市经济可持续发展提供了全方位的水利保障。全市各项重点水利工程建设进展顺利，新沟河延伸拓浚工程完成投资10亿元；中小河流治理重点县综合整治及水系连通试点项目一期竣工，月城、顾山、长泾等镇水环境得到明显改善，璜土镇河道综合整治通过无锡市级验收；完成第五批中央财政小型农田水利重点县二期项目，改善灌溉面积6760公顷；完成2015年度农村桥梁改造工程，提升农桥等级和车辆通过能力；验收通过鲥鱼港闸站改造工程，改善城北地区引排水能力；完成祝塘镇文林社区和长泾镇东部区域防洪排涝工程，解决项目区内逢汛必涝的难题；成功实施白屈港堤岸水毁修复工程，保证两岸人民群众生命财产安全；无锡市2015年度农田节水灌溉、农村泵站更新改造工程投用，提高了农业生产和农村居民的生活条件。年内，全面开展水利现代化建设，加强水政监察及水资源管理建设，着力强化节水型社会建设、水资源保护和水资源管理能力建设，加快推进省水资源管理现代化和水生态文明城市试点建设，省级节水型社会示范区创建通过；广泛宣传法律、法规，建立和推行水利农机行政权力清单和责任清单，依法查处水事违法行为，严厉打击长江非法采砂活动；积极做好防涝度汛工作，全力抵御“灿鸿”“苏迪罗”和“天鹅”等台风。是年，云亭、青阳2个水利农机管理服务站顺利通过无锡市水利现代化标准化站验收。（方国祥）

【省级节水型社会示范区创建通过验收】 2015年，江阴市组织开展省级节水型社会示范区创建活动，根据创建要求，积极推行各项创建措施。结合第二十三届“世界水日”、第二十八届“中国水周”及节水型社会宣传月等活动，开展水资源节约保护主题宣传，提高全社会节水意识；召开全市节水型社会建设工作会议，重点推广企业、学校、社区等节水经验，突出典型示范效应；加强节水载体建设，全面完成省市下达的学校、社区、企业、灌区等10个节水载体创建任务，逐步扩大公共事业节水创建范围。是年，全市总用水量13亿立方米，江阴市万元地区生产总值取水量45.1立方米，万元工业增加值取水量降至12.0立方米，工业用水重复利用率79.5%，全市节水型社会建设成效明显。12月3日，江阴市通过省水利厅、省发改委联合组织的技术评估和验收，创建成省级节水型社会示范区。

（叶　键）

【璜土镇河道综合整治通过无锡市级验收】 2015年年初，江阴市璜土镇申报创建无锡市农村河道综合整治示范镇。年内，该镇围绕示范镇创建要求，通过清淤、截污、岸坡绿化、生态修复等方式，快速推进各项创建工作。全年，整治镇村级河道2条（老桃花港河、北潮河），整治村庄池塘2个（时沟河、常家头村中河），疏浚土方10.2万立方米，浆砌块石挡墙407米，河道（池塘）周边植树635棵，铺设草坪0.6万平方米。总投资352万元。经过整治，该镇河道面貌得到全面提升，水环境质量得到改善，构建了“蓝天、碧水、绿地”的人居环境。12月，璜土镇通过无锡市级验收，成为2015年度农村河道综合整治达标示范镇。（周金棋）

## 水利工程

【概况】 2015年，江阴市水利建设以建设现代水利和民生水利为重点，强化防洪排涝和水环境综合治理，加快农田水利建设，各项水利工程建设取得显著成效。是年，全市水利工程建设总投资7.3亿元，完成各类土石方455万立方米，疏浚整治河道38条49.54千米，新建加固护岸53.03千米、圩堤5.60千米，新建、改建灌排泵站30座、桥梁23座，建设防渗沟渠23.2千米，修建小型配套建筑物825座。

【第五批中央财政小型农田水利重点县二期项目完成】 江阴市实施的2014年度中央财政小型农田水利重点县项目位于市澄东和澄南地区，分华士镇、华西村、马镇3个项目区，总面积6760公顷，2014年12月开工，2015年12月完成。其中，华士镇项目区实施地点为华士镇陆桥村、陆新村、陆南村、红苗村，主要工程量：完成改建灌溉泵站9座，新建直径500毫米地下渠道7300米、直径600毫米地下渠道1530米,实施高效节水管道输水灌溉5.33公顷,铺设直径250毫米塑料管800米,新建一级沟2490米、二级沟1825米、三级沟1200米,新建渠系配套建筑物354处。华西村项目区主要工程量:完成新建灌溉泵站2座,实施高效节水管道输水灌溉53.33公顷,铺设直径350毫米塑料干管1920米、直径250毫米塑料支管6880米,铺设田间排水暗管波纹管8032米、集水暗管直径150毫米塑料管6450米,新建三级沟1673米,新建放水口建筑物260个,建设智慧农田水利工程66.67公顷、喷滴灌工程88公顷。马镇项目区主要工程量:新建排涝站5座,移建排涝站1座。3个项目区完成更新改造泵站17座,新建地下渠道7.4千米、高效节水压力管道11.12千米,整治排水沟5.61千米,铺设排水暗管34.58千米,实施喷滴灌面积88公顷,建设66.67公顷智慧农田水利信息化系统1套。项目总投资3369.3万元,其中中央财政800万元、省级财政800万元、江阴市财政配套1769.3万元。项目完成后,共改善灌溉面积2566.67公顷,新增高效节水灌溉面积160公顷、旱涝保收面积273.33公顷、粮食生产能力320.1万吨、经济作物产值440.2万元、节水能力1283万立方米。项目区内农民年人均增收180元。

**【中央财政农水维护项目实施】** 该项目由江阴市农机水利局组织实施,于2015年3月初开工,10月中旬实施完成,投入维修养护奖补资金330万元,其中中央财政资金支出300万元,省级奖励30万元。项目包括基层水利服务体系仪器设备购置、36.75千米输水管道及其配套建筑物的维修和日常养护、15座引水堰(闸)和241座小型泵站的维修养护、118座小型排涝泵站和33.71千米沟渠以及配套建筑物等维修和日常清理养护、小型渠系建筑物的日常养护和维修。该项目提升了全市农田水利工程运行管护水平。

**【中小河流治理及水系连通项目一期完成】** 江阴市实施的2013年度中小河流治理重点县综合整治及水

完成河道整治后的李家桥浜　　（郁兴东 摄）

系连通试点项目于2014年12月1日开工建设,总投资8960万元,分月城、顾山、河塘3个项目区。月城项目区工程主要工程量:河道清淤21.66千米,涉及新丰河、新胜河、马圩河、创新河、东风河、黄港河;整治护岸(坡)34.6千米,涉及新丰河、黄港河、华光河、唐家村河、水韵新河、唐炳圩河、新胜河、马圩河;修复河道生态0.65公顷,涉及黄港河、华光河、唐炳圩河、水韵新河;在黄港河新建亲水平台2座,新建1座白马中心桥。项目于2015年年末基本完工。顾山项目区总投资3052.31万元,主要工程量:整治河道4.56千米,整治护岸8.4千米(新建1.7米荣勋生态挡墙2.39千米,3米荣勋生态挡墙2.19千米,灌砌块石挡墙2.47千米,木桩护坡1.06千米,仿木桩护岸0.3千米),岸坡绿化种植草皮防护带2500平方米,河边种植水生植物面积3700米,新建亲水平台2座、桥梁2座、泵站1座,拆除阻水构筑物1座,新增2根直径150厘米穿坝管涵,清理侵占河道或岸坡废弃物13.08吨。项目于2015年10月中旬完工。河塘项目区主要包括:长文河、蒲市浜、范庄新开河、跃进河、前巷浜、杨家浜、北水村浜及长跃湖的综合整治和水系连通。主要工程量:疏浚整治河道长度11.43千米,拆除阻水建筑物10座,整治岸坡7.2千米(新建生态砼挡墙4.77千米,生态混凝土护坡2.29千米,浆砌块石挡墙140米),岸坡绿化、种植水生植物面积16.53万平方米,新建箱涵3座,亲水平台3座,拆建桥梁2座。项目于2015年年末基本完工。项目实施后,月城、顾山、河塘项目区的河道功能得到全面恢复,水环境显著改善,河道防洪、除涝、供水能力得到有效提高,实现"河畅、水清、岸绿、景美、管护到位"的综合整治目标。

**【农村桥梁改造项目竣工】** 2015年,江阴市政府拨款对存在较大安全隐患、不能满足车辆安全通行的农村桥梁进行改造。是年,对全市徐霞客、祝塘、周庄、华士、青阳、云亭、南闸等11个镇(街道)的18座农桥改造修建,其中翻建9座,拆建6座。项目由所在镇(街道)作为项目法人组织实施,经市水利农机局和项目所在镇(街道)政府联合验收。验收完成后,市政府根据市级审计结果,市级河道上的桥梁按主桥的60%进行补贴,镇村级河道上的桥梁按主桥的50%进行补贴,主桥以外的引桥接线、征地拆迁、青苗压废等相关费用由所在镇村自行解决。项目于2014年底开始实施,2015年12月底全部完工。项目实施后极大地提高江阴市农桥等级和车辆过往能力,保障农桥运营安全,改善了农村地区的交通条件。

【鲥鱼港闸站改造工程竣工】 自2002年鲥鱼港闸站投入运行后，闸站主体的东侧管理房和西侧辅厂房均发生整体沉降，且沉降量不均匀，影响安全运行。2015年，江阴市政府决定对其进行改造。该工程位于市临江路南侧，东临新建的船厂公园，主要包括鲥鱼港闸站和创新河改造工程。鲥鱼港闸站改造主要工程量：拆除房屋面积530平方米，翻建房屋面积312平方米，翻建沥青道路568平方米，翻建花岗岩场地379平方米，恢复上下游翼墙内绿化310平方米，设置安全防护栏115米，修复闸区围墙10.5米，加高北挡浪墙、闸顶胸墙至高程9.7米。创新河改造主要工程量：河道清淤650米，五星公园泵站改建进水池和两侧翼墙、改建房屋面积18.5平方米，五星公园集水池疏浚3000平方米、清淤土方约1260立方米。工程总投资630.17万元，于2015年1月15日开工建设，12月31日完成主体工程并通过竣工验收。

【长泾镇东部防洪排涝工程竣工】 该工程位于东清河两侧，涉及蒲市、习礼、泾东、南涸等4个行政村，新建南涸村李元圩、泾东村泾东圩、习礼村小庄圩，工程总投资3600万元。工程分两期实施，一期实施南涸村李元圩，主要工程量：完成堤防工程混凝土防洪墙1300米，U型渠及涵管2500米；新建五房浜排涝站工程（2台20ZLB－70轴流泵，2台30千瓦电机，2米宽节制闸），排涝流量每秒1立方米；新建石家浜排涝站工程（1台500ZLB－160轴流泵，1台37千瓦电机，3米宽节制闸），排涝流量每秒0.6立方米；新建杨园浜排涝站工程（1台500ZLB－160轴流泵，1台37千瓦电机，3米宽节制闸），排涝流量每秒0.6立方米。一期于2013年8月21日开工，2014年5月20日完工。二期实施泾东村泾东圩、习礼村小庄圩，主要工程量：完成新建混凝土、模袋混凝土挡墙总长度1450米，水系沟通3000米，涵管铺设200米，新建凤凰浜排涝站（900ZLB－125轴流泵2台，配套132千瓦电动机2台，一孔3米宽节制闸，排涝流量为每秒5.1立方米）和小庄圩排涝站（32ZLB－125轴流泵2台，配套95千瓦电动机2台，一孔3米宽节制闸，排涝流量为每秒4立方米）。二期于2015年1月15日开工，12月10日完工。工程实施后新增防洪排涝面积486.67公顷，保障蒲市、习礼、泾东、南涸4个行政村居民的生命财产安全，满足该区域防洪排涝要求。

【祝塘镇文林社区防洪排涝工程竣工】 该工程位于祝塘镇文林社区，涉及石堰村、包家村、老三房村和河北庄村4个自然村。主要工程量：新建防洪圩堤2355米（其中堤防1600米，模袋砼护坡290米，防洪墙465米），新建排涝站4座，铺设地下涵管395米、砼排水沟760米。工程总投资1233万元，于2015年1月14日开始实施，12月30日竣工。工程建成后，解决了祝塘镇文林社区石堰村、包家村、老三房村和河北庄村等不设防地区的农田受淹，居民住宅、工厂厂房汛期进水等严重影响经济发展和人民财产安全的问题。

【白屈港堤岸水毁修复工程竣工】 该工程位于云亭街道白屈港河道，对倚南桥以南东岸0.7千米范围内和倚南桥向南西岸0.37千米以南0.33千米范围内的堤防加高加厚、迎水坡设置膜袋砼护岸。主要工程量：新建护岸、堤防加固1.03千米（东岸0.7千米，西岸0.33千米）。工程总投资449.95万元，于2013年10月28日开工，2015年11月完成，解决了白屈港岸坡无防护、不满足防洪要求，水毁、坍塌等严重问题，解除了崩岸险情，保证了两岸人民群众生命财产安全。

【市抗旱排涝队迁建工程竣工】 2015年，因锡澄运河改道，江阴市政府决定在临港街道通阳路东、新长江路西、西横河北侧范围内迁建江阴市抗旱排涝队工程。该工程用地1万平方米，建筑面积2744.37平方米，其中1号库房1221.92平方米、2号库房780平方米、辅房595.77平方米、配电间112.68平方米、门卫34平方米。工程总投资2107.34万元，其中征地费303.46万元。该工程于2015年1月6日开工，12月竣工。

【农田节水灌溉与农村泵站更新改造工程建设竣工】 江阴市农田节水灌溉工程主要有云亭街道佘城村的蔡村南站灌溉渠道工程和澄江街道葫桥村葫桥灌溉站工程，新建内径250毫米离心泵灌溉泵站一座、灌溉防渗渠道1000米、输水管道210米。农村泵站更新改造工程主要有青阳镇建义村的黄家村排涝站、南闸街道蔡泾村的泾西排涝站和月城镇蔡庄村的薛北村站。两项工程总投资367.85万元，于2014年9月开工建设，2015年5月完成。工程竣工后改善灌溉面积60公顷，改善排涝面积333.33公顷，提高了所涉区域农业生产和居民的生活条件。 （周金棋）

## 水政监察

【概况】 2015年，江阴市水政监察队伍按照“定位高、自身强、执法严、讲协作、善借力、新作为”的总体思路，推进水政监察工作创新发展。年内，坚持开展日常巡查，出动巡查执法人员7500余人次，查处各类水事违章违法行为98件；制定《江阴市关于全面推进水利综合执法工作的实施方案》，明确水政执法的分工和职责要求，深化队伍规范化建设；广泛宣传水法律、法规，加大水事违法案件查处力度，维护全市正常水事秩序。

【水法宣传】 2015年，江阴市水利农机局在第二十三届“世界水日”、第二十八届“中国水周”前后，组织开展系列节约用水宣传活动，通过《江阴日报》专版介绍、手机短信宣传、志愿者服务活动、江阴电台空中热线、各镇（街道）设点宣传、水政执法集中检查月活动、水法知识竞赛活动等多方面进行推进。3月17日，走进江阴电台“空中热线”栏目，通过电波将水法传递到千家万户；3月22日，在学院场开展主题宣传活动，发放宣传册3000余份；一季度，联合长泾、祝塘、徐霞客、青阳、华士等地下水水位超红线镇，加大对地下水开发、利用与保护的宣传，向社会公布有奖举报电话，增强全社会爱水、惜水的观念。年内，结合巡江行动，坚持向过往船只发放宣传资料，宣讲长江河道非法采砂的危害性和相关法律法规；在“中国青年志愿者服务日”“学习雷锋日”组织河道保护志愿者组成志愿服务队开展城区河道垃圾清理活动。通过宣传普及节水和洁水观念,提倡全民节水行动,积极培育社会水道德观念和水文明行为习惯,形成全社会节水、惜水、爱水、护水、亲水的浓厚氛围。

**【水事违章违法案件查处】** 2015年,江阴市水利农机局认真落实行政执法责任制,全面提升水政执法效能,加大水事违法案件的查处力度,有效预防和打击水事违法行为,维护正常的水事秩序。年内,积极开展“创建文明城市河道执法检查”“南部地下水水位超红线地区地下水管理专项执法检查”“黄山港闸南侧区域专项整治”“黄田港东江堤专项执法检查”等专项执法、检查活动,重点对违法开采地下水、河道管理范围内非法建设、违法占用等水事违法行为进行依法查处和治理。全年各级水政监察队伍查处各类水事违章违法事件98件,拆除违法建筑1200余平方米,封填违法地下水源井26眼,清除违法圈圩3处1万余平方米、违法占用河道、堤防等3000余平方米、违法网簖12处。立案查处3件违法取用地下水和1件违法排放泥浆案件,共罚款19.5万元。

**【打击长江非法采砂】** 2015年,江阴市水政监察队伍继续以长江为主战场,认真贯彻落实采砂船只集中停泊不间断监控制度,开展全省长江河道采砂管理“护江—2015”等专项行动。6月5日晚,联合无锡市、泰州市、靖江市的水利、海事、公安等部门,开展夜间巡江打击行动,联合取缔非法停泊的采砂船只5艘。全年组织水上巡查15艘次、出动执法车辆171辆次、执法人员480人次,陆上巡查148次,联合海事、公安开展集中打击行动9次,驱离非法停泊在江阴市长江水域内的外地采砂船40余艘,有效地震慑非法采砂船主,实现江阴长江水域采砂管理工作有序可控。

**【省长江河道采砂管理执法江阴基地工程建设】** 该工程位于江阴市临港经济开发区申港河口西侧,占地面积0.61公顷,分两期建设。其中,一期工程主要建设基地管理用房和临时附属设施,建筑面积446平方米,于2015年1月6日招标,江阴市兴德建筑安装工程有限公司中标,1月29日开工,年中完工。二期工程计划建设执法专用码头和非法采砂船只扣押点等配套设施,各项前期准备工作就绪,计划于2016年开工建设。江苏省长江河道采砂管理执法江阴基地建成后,对加强长江河道采砂管理、维护长江河势稳定、保障防洪和通航安全等都有着深远的意义。 (承 皓)

## 水资源管理

**【概况】** 2015年,江阴市水资源管理工作落实“节水优先、空间均衡、系统治理、两手发力”的治水新思路,加强水资源保护,加快节水型社会建设和水资源管理能力建设,推进省水资源管理现代化试点、省水生态文明城市建设试点,创建省节水型社会建设示范区。年内,完善江阴市水资源管理信息系统工程,加强系统运行维护;扩大水资源智能预付费应用领域,强化用水大户取用水过程监管,确保90%以上在线率;提升水资源管理现代化决策水平,进一步深化水资源管理创新课题,提升专业技术课题研究水平,完成江阴国家高新区青阳园区规划水资源论证、江阴双良热电有限公司用水审计、江阴市鹏程农业节水智能监控等项目;编制完成《江阴市节约用水管理办法实施后评估报告》,全面总结全市水资源节约利用工作经验,为推进全市水资源节约利用管理提供科学依据。全年征收水资源费5175.6万元。是年,围绕江阴市水资源管理现代化建设总体目标,稳步推进水资源管理现代化示范镇创建工作,完成长泾、临港、青阳3镇水资源管理现代化示范镇创建并通过无锡市水利局考评。

**【水生态文明城市试点建设】** 2015年,江阴市水利农机局根据《江阴市水生态文明城市试点建设实施方案》,进一步推进水生态文明创新亮点工程。年内,完成鹏程智慧农业示范工程,推广农业智能水肥一体化及自动节水灌溉技术;完成新桥污水处理厂尾水处置利用工程,探索工业密集区污水处理厂尾水生态处置方式;完成桃花港、利港河、青祝河3条重点河流健康评估工程,开创江阴地区河流健康诊断及“一河一策”治理新途径;按计划推进绮山应急备用水源地工程,形成“扎根长江、多源互补”的安全饮水新格局,圆满完成年度各项建设目标任务。是年,月城镇芙蓉湖水利风景区创建国家级水利风景区,月城镇成功创建省级水美乡镇,山泉村、蒲市村等7个村成功创建省级水美村庄。

**【水源地达标建设】** 2015年,江阴市成立集中式饮用水源地达标建设领导小组,建立部门联动机制,制定分解达标建设部门工作职责,下达目标任务书,全面启动集中式饮用水源地达标整治工程建设。6月,编制完成肖山、小湾、窑港口、西石桥4个长江饮用水源地达标建设实施方案,针对当前饮用水源地存在的问题,提出通过隔离防护、保护范围内污染源综合整治、水质在线监测系统、应急保障体系建设等措施进行综合整治管理。8月30日,达标建设方案通过江苏省水利厅组织的专家审查。肖山、小湾、窑港口、西石桥集中式饮用水源地的建设,为江阴市尽快形成“扎根长江”“多源互补”的饮用水安全提供有效的保障体系。

**【饮用水安全保障】** 2015年,江阴市积极推进城乡居民饮用水安全项目建设,加强水源工程规划建设、水源保护和水质检测,保障城乡居民饮用水安全。年内,加强对59个水功能区实施全监测,编发水质监测通报,水功能区水质达标率49.2%,较2014年度上升5.9个百分点;对地下水水位坚持每月监测2次,编发地下水监测通报,巩固深层地下水禁采成果;逐月编发集中式饮用水源地的水文情报,水源地全年水质达标率100%。 (叶 键)

■类目编辑 李银花

## 综 述

【概况】 2015年，江阴市工业条线面对严峻复杂的宏观形势和相互叠加的矛盾困难，坚持稳中求进的工作导向，以新常态思维应对新常态经济形势，积极应对、克难奋进，全市工业经济整体发展态势平稳。全市完成工业现价总产值6527.6亿元，比上年增长0.1%，其中规模以上企业完成现价总产值5772.4亿元，比上年增长1.4%。全年完成工业开票销售5987.7亿元，比上年下降5.4%；完成工业固定资产投资514.6亿元，比上年增长7.5%；实现工业用电208.5亿千瓦时，比上年下降1.7%。全社会综合能耗1831万吨标准煤（等价法），其中全社会电力消费量235.6亿千瓦时，天然气消费量5.62亿立方米。全市单位地区生产总值能耗下降8.34%，全市工业增加值能耗（当量法）下降至1.299吨标准煤/万元，全市规模工业产值能耗（当量法）下降至0.252吨标准煤/万元。 （庞远超）

【企业技术中心建设】 江阴市坚持把加强企业自主创新作为提升区域经济核心竞争力的关键，高度重视企业技术中心建设。2015年，江阴市继续积极引导企业重视技术中心创建工作，鼓励企业不断加大研发投入，提升创新能力，全市逐步形成以企业为主体、市场为导向、产学研相结合的技术创新支撑体系。年内，全年新增江阴苏利化学股份有限公司、江阴市华方新技术科研有限公司、江苏亿金环保科技有限公司、江阴建禾钢品有限公司4个省级企业技术中心，新增江阴名鸿车顶系统有限公司等26个无锡市级企业技术中心。至年末，全市共有国家级企业技术中心6个，省级企业技术中心59个，无锡市级企业技术中心92个。全年省级以上技术中心企业产品销售收入总额1625.3亿元，其中新产品销售收入803.4亿元；企业科技活动经费支出45.4亿元，其中研究与试验发展人员支出38.4亿元；从事研发人员8438人，其中高级技术职称1039人；完成科研项目916项，申请专利1391件，其中发明专利480件。

【66种新产品新技术通过省级鉴定】 2015年，江阴市有27种新产品新技术列入省重点新产品新技术开发计划，86种新产品新技术列入无锡市重点开发计划。全年，全市有35种新产品新技术通过省级新产品新技术鉴定，有7种新技术新产品列入江苏省重点新技术新产品推广应用目录，累计列入目录36种。全市新产品产值占规模工业产值比重超过38%，较上年提升1个百分点，企业创新作用对地区经济的贡献进一步凸显。

【节能改造】 2015年，江阴市实施了50项重点节能改造与循环经济项目，年节标煤量15.84万吨，其中江苏法尔胜泓昇集团有限公司电力智能监控系统改造项目等9项节能改造与清洁生产项目和江苏倪家巷集团有限公司等14项能源管理体系认证项目获得省级节能专项补助资金680万元。“十二五”期间，江阴市共组织实施210项重点节能改造与循环经济项目，项目总投资7.8亿元，累计节省48.38万吨标准煤，其中兴澄特钢能源管控中心等8项项目获得国家财政节能专项资金3120万元。

【清洁生产审核】 2015年，江阴市组织13个企业开展自愿性清洁生产审核，共制订各类清洁生产改造方案及措施126项。所有方案及措施全部实施后，每年可节电1140.5万千瓦时、节天然气30.73万标准立方米、节蒸汽2万吨、节水5万吨等，减排二氧化硫182吨、减排氮氧化物96吨。同时，每年可为企业创造经济效益超3000万元。“十二五”期间，全市共有465个企业开展了清洁生产审核验收工作，其中自愿性清洁生产审核企业160个。2015年，对全市78个入选“万家企业节能低碳行动”企业（由国家发改委等部门研究确定）部署能源管理体系建设等一系列工作，并促成了一批节能项目，“十二五”期间累计节约标准煤180万吨。

【“三高两低”企业专项整治】 2015年，江阴市根据落后产能现状，重点针对化工、铸造、普通人革、粉尘等高污染、高危险、高能耗企业，综合运用经济、法律和行政手段，继续深入开展“三高两低”企业*专项整治，淘汰了一批设备，关停了一批企业，进一步改善了企业的节能、环保、安全和综合效益水平，进一步促进了全市产业结构的优化提升，取得了明显成效。全年淘汰关停“三高两低”企业56个,圆满完成了市政府下达的目标任务。

(吴勇翔　吴　明　吴　鹏)

## 工业性投资

**【概况】** 2015年,江阴市在建及竣工项目533项,项目总投资650.8亿元,年内完成投资514.58亿元,比上年增长7.5%,其中技改项目457项,技改投资405亿元,增长8.5%,占全年完成投资的78.7%。按投入内容分:设备投资344.8亿元,占完成投资总量的67%,土建投资169.8亿元,占完成投资总量的33%。按行业结构分:机械行业完成投资156.4亿元,占完成投资总量的30.4%;电子信息行业完成38.5亿元,占完成投资总量的7.5%;轻工行业完成30.8亿元,占完成投资总量的6%;纺织行业完成69.2亿元,占完成投资总量的13.5%;新材料、新能源行业完成94.1亿元,占完成投资总量的18.3%;冶金行业完成32.4亿元,占完成投资总量的6.3%;金属制品行业完成49.7亿元,占完成投资总量的9.7%;化工医药行业完成8.4亿元,占完成投资总量的1.6%。

**【重点项目】** 2015年,江阴市工业重点项目有41项,总投资403亿元,年计划投资138.5亿元。其中27项项目开工建设,完成投资140.6亿元,超额完成年度计划。已开工项目中,13项为新开工项目,年内完成投资60.5亿元;14项为上年结转项目,年内完成投资80.1亿元。全市41项重点项目中,中芯长电半导体(江阴)有限公司12英寸3D集成芯片加工项目一期、江苏长电科技股份有限公司年产50亿块高脚位集成电路及100万条MIS材料等项目、江苏兴业聚化有限公司涤纶功能性纤维项目、江苏恒泽复合材料科技有限公司功能性复合型特种纤维扩能项目二期、普天法尔胜光通信有限公司年产40万吨光棒/500万芯千米光缆/250万芯千米光纤项目、汉邦(江阴)石化有限公司年产220万吨精对苯二甲酸(PTA)扩能项目等6项项目基本竣工或投产,全年完成投资72.9亿元。江阴兴澄特种钢铁有限公司高性能交通装备用特殊钢技术提升改造项目列入国家发改委、工信部2015年产业转型升级项目计划,获得中央专项扶持资金3390万元;江阴市友佳珠光云母有限公司高品质人工合成云母晶体材料规模产业化项目列入工信部2015年工业转型升级强基工程,获得中央专项扶持资金2000万元。

(吕　英)

2015年10月12日,市领导视察重点重大项目——中芯长电半导体江阴公司　(市经信委提供)

## 新兴产业

**【概况】** 2015年,江阴市新能源、新材料、车船及机械装备、生物医药、电子信息等新兴产业完成规模产值2464.5亿元,比上年增长2.96%,增速较传统产业高出2.62个百分点,占全市规模产值的比重达42.7%。是年,全市新兴产业完成投资296亿元,占全市工业投资总量的57.5%。

**【新能源产业】** 2015年,新能源行业完成规模产值492.6亿元,比上年增长15.71%,占全市规模工业的比重达8.53%。全市新能源产业以光伏产业和风电装备制造业为发展重点。光伏产业涵盖硅料生产、单晶硅拉棒(多晶硅铸锭)、硅片切割、电池片生产、组件封装和专用生产设备制造等多个环节,并积极介入分布式电站领域,在终端应用市场占据一定市场,形成较为完整的产业链条。全市风电产业基本形成包括风电特钢、轮毂、塔座、主轴、塔筒、法兰、齿轴、轴承座、机舱罩、特种涂料等关键零部件相互配套发展的格局,其中,风电主机年产能达2250兆瓦。截至2015年年底,江阴市新能源产业拥有规模以上企业50余个,其中超百亿元企业1个。是年,江阴市新能源产业继续保持强劲增长势头,中国风能协会公布的2015年度国内风电整机商排名中,远景能源(江苏)有限公司上升至第二位,站稳了国内行业前三的地位。同时,企业在智慧风场的概念基础上推出了阿波罗光伏云平台,切入光伏电站资产管理领域;江苏吉鑫风能科技股份有限公司作为全国规模最大的风电铸件生产企业,是全球唯一具备3兆瓦以上大功率风机铸件稳定供货能力的厂商,产销两旺;江阴海润光伏股份有限公司、中建材浚鑫科技股份有限公司、江苏爱康科技股份有限公司等一大批光伏骨干企业形势回暖,企业基本面持续改善。

**【石化新材料产业】** 2015年,江阴市石化新材料产业主要产品包括:精对苯二甲酸(PTA)、苯乙烯、可发性聚苯乙烯(EPS)、聚酯切片(PET)、聚酰胺(PA)、乙酸丁酯、沥青、不饱和聚酯树脂及聚苯乙烯上游原料苯乙烯、特种涂料上游偏酐，下游特种薄膜、工程塑料等，产品种类较为齐全。全市具有年产PTA240万吨、磷酸42万吨、苯乙烯42万吨、沥青220万吨等的生产能力。由江阴澄星实业集团有限公司投资的汉邦石化二期技改扩能项目将于2016年二季度进入投产阶段，届时，全市石化产能将再次扩大，PTA年产能可达460万吨。是年，石化新材料产业完成规模产值814.3亿元，比上年增长1.51%，占全市规模工业的比重达14.11%。

**【车船及机械装备产业】** 2015年，江阴市车船及机械装备产业拥有骨干船厂2个，整车制造企业1个，各类车船、机械类配套规模以上企业370余个；拥有450万载重吨的大中型民用钢制船舶、3000辆整车的年生产能力；配套产品中，汽车保险杠、气门芯等一批小产品占据各自细分领域的龙头地位，做出了大市场。年内，受钢铁价格走低、国际航运市场低迷影响，船舶价格低企，江苏扬子江船业集团公司和中船澄西船舶修造有限公司两大龙头企业效益状况出现下滑；受国内基建需求放缓的影响，江阴市机械装备类企业形势不佳，中联重科股份有限公司江阴分公司、柳工无锡路面机械有限公司等企业均出现不同程度的下滑；双良节能积极介入制造业服务化领域，由产品销售向系统集成、后期维护转型，并取得不错成效。华欧德6AT自动变速器一期项目推进顺利，正在设备安装调试，预计2016年将基本竣工，2017年进入试运行、生产阶段，最终完工后项目年销售额将超百亿元。是年，车船及机械装备产业完成规模产值901.7亿元，比上年下降2.42%，占全市规模工业比重为15.62%。

**【电子信息产业】** 2015年，江阴市电子信息产业依托新潮科技、瀚宇博德两大龙头企业，已形成包含集成电路芯片设计及生产、新型电子元器件、光通讯、数码视听、计算机及网络、射频识别(RFID)和特种光缆等在内的产业、产品结构，并借助与中芯国际集成电路制造有限公司的合作，致力于打造国内乃至国际领先的集成电路先进产业基地。截至2015年底，全市电子信息产业规模以上企业数量已超40个，拥有190亿块集成电路封装、280亿支分立器件、650.3万平方米印刷电路板、5万吨平板显示功能薄膜的年生产能力。由江苏长电科技股份有限公司与中芯国际集成电路制造有限公司联手共建、总投资75亿元的中芯3D集成芯片项目进展顺利，项目一期已于2015年年末进入试生产、运营阶段，项目二期(月产25万片集成芯片项目)土地已摘牌，正制作环评中。江阴市电子信息产业整体实力和发展水平将借助这一重量级项目迈上一个新台阶。是年，电子信息产业完成规模产值205.8亿元，比上年增长7.35%，占全市规模工业的比重为3.57%。

**【生物医药产业】** 2015年，江阴市生物医药产业发展稳中有进，已涉足中、西医药，医药设备，生物疫苗等多种产品的生产，并在中药配方颗粒、畜牧兽用疫苗领域取得一定市场地位。全行业企业数量超50个，拥有江阴天江药业有限公司、江苏华兰药用新材料股份有限公司、江阴市苏利精细化工有限公司、南农高科江阴生物药厂等一批销售超亿元骨干企业。全年完成规模产值50.1亿元，比上年增长0.16%，占全市规模工业的比重为0.87%。

（庞远超）

## 规模经济

**【概况】** 2015年，江阴市有规模以上工业企业1399个。规模企业共计完成现价总产值5772.4亿元，比去年增长1.4%；完成工业增加值1120.1亿元，比上年增长5.9%(可比价)；实现利税总额510.7亿元，比上年下降2.8%，其中利润总额351.1亿元，比上年下降0.5%。全市规模工业资产总计6106.2亿元，比上年增长3%；所有者权益合计2552.4亿元，比上年增长1.1%。全市规模工业产品销售率为97.23%，比上年下降0.1个百分点；销售利税率9.26%，成本费用利润率6.7%，工业增加值率19.4%。年内，全市有11个企业入围2015年中国企业500强。至年末，全市有产品销售收入超百亿元企业(江阴范围)11个，有纳税超亿元企业35个。

**【“百强”工业企业】** 2015年，江阴市“百强”工业企业完成工业总产值4085.3亿元，比上年增长3.14%，占全市规模工业的70.8%；完成产品销售收入3886.6亿元，比上年增长1.29%，占全市规模工业的70.4%；实现利税410.1亿元，比上年下降3.9%，占全市规模工业的80.3%，其中利润289.2亿元，比上年下降1.31%，占全市规模工业的82.4%。

**2015年江阴市“百强”工业企业一览**

表15　　　　单位：万元

| 企业名称 | 产品销售收入 | 利税总额 | 工业总产值 | 合计入库税金 |
|---|---|---|---|---|
| 江苏华西集团公司 | 2376444 | 188378 | 2842639 | 67110 |
| 海澜集团有限公司 | 2825134 | 562452 | 2415320 | 226136 |
| 江苏利电能源集团 | 654866 | 250218 | 570631 | 130042 |
| 江阴兴澄特种钢铁有限公司 | 2233595 | 277443 | 3396349 | 128813 |
| 江苏扬子江船业集团公司 | 783525 | 351650 | 948287 | 119537 |
| 江苏阳光集团有限公司 | 2489087 | 219302 | 2560855 | 50578 |

续表 15

| 企业名称 | 产品销售收入 | 利税总额 | 工业总产值 | 合计入库税金 |
|---|---|---|---|---|
| 江苏法尔胜泓昇集团有限公司 | 1850097 | 127923 | 1830977 | 70056 |
| 双良集团有限公司 | 1521752 | 147475 | 1943579 | 52157 |
| 江阴苏龙热电有限公司 | 225337 | 121919 | 225110 | 45673 |
| 江苏新长江实业集团有限公司 | 2251622 | 128250 | 2084650 | 40390 |
| 江苏利安达集团有限公司 | 276155 | 62374 | 288658 | 23263 |
| 江阴江东集团公司 | 813898 | 75205 | 825205 | 23709 |
| 远景能源(江苏)有限公司 | 1405592 | 181945 | 1405592 | 36373 |
| 江阴天江药业有限公司 | 152677 | 54525 | 157031 | 22579 |
| 江苏三房巷集团有限公司 | 3179372 | 52536 | 3189636 | 21686 |
| 瀚宇博德科技(江阴)有限公司 | 503820 | 46261 | 503820 | 40674 |
| 江苏海达科技集团有限公司 | 762584 | 35157 | 757074 | 23639 |
| 阿法拉伐(江阴)设备制造有限公司 | 99136 | 26270 | 99137 | 13587 |
| 江苏新潮科技集团有限公司 | 784753 | 98663 | 788873 | 21025 |
| 中石油江苏燃料沥青有限责任公司 | 250871 | 26321 | 254453 | 10783 |
| 江苏富仁集团有限公司 | 166553 | 18308 | 188553 | 15302 |
| 江苏吉鑫风能科技股份有限公司 | 178996 | 16001 | 158436 | 10088 |
| 江阴福汇纺织有限公司 | 205611 | 10777 | 218164 | 6754 |
| 江苏华宏实业集团有限公司 | 1109703 | 92040 | 1127293 | 12897 |
| 帝斯曼工程塑料(江苏)有限公司 | 284876 | 26168 | 277561 | 14116 |
| 江阴澄星实业集团有限公司 | 1308592 | 119544 | 1291184 | 10375 |
| 中船澄西船舶修造有限公司 | 607893 | -18197 | 612103 | 3043 |
| 江阴热电有限公司 | 86868 | 25909 | 95824 | 12377 |
| 江阴模塑集团有限公司 | 535010 | 59721 | 573606 | 14547 |
| 江阴新树工程塑料有限公司 | 293998 | 20692 | 286370 | 16234 |
| 云蝠投资控股有限公司 | 92050 | 27353 | 93985 | 10437 |
| 江阴信邦电子有限公司 | 81658 | 10746 | 86190 | 7189 |
| 江苏倪家巷集团有限公司 | 585565 | 40379 | 547915 | 11033 |
| 江苏中印印务集团有限公司 | 63049 | 25702 | 80600 | 11625 |
| 江苏红柳床单有限公司 | 286501 | 13047 | 198728 | 9237 |
| 江苏西城三联控股集团有限公司 | 774253 | 3642 | 790535 | 2237 |
| 海润光伏科技股份有限公司 | 964974 | 36558 | 1004994 | 1293 |
| 江阴宝柏包装有限公司 | 86733 | 10842 | 110006 | 7435 |
| 江阴市天华纱业有限公司 | 134331 | 16219 | 167170 | 9287 |
| 阿尔法(江阴)沥青有限公司 | 526003 | 64508 | 565119 | 16301 |
| 江苏新华发集团有限公司 | 53832 | 7323 | 58212 | 5037 |
| 江苏焱鑫科技集团有限公司 | 132044 | 13316 | 143199 | 6642 |

续表 15

| 企业名称 | 产品销售收入 | 利税总额 | 工业总产值 | 合计入库税金 |
|---|---|---|---|---|
| 江阴联通实业有限公司 | 176789 | 11045 | 179000 | 3914 |
| 江阴南泰家纺用品有限公司 | 161027 | 5347 | 174221 | 6054 |
| 建滔电子材料(江阴)有限公司 | 248983 | 14190 | 251425 | 6382 |
| 江阴市申澄集团有限公司 | 185215 | 12714 | 192386 | 7563 |
| 江阴协统汽车附件有限公司 | 43766 | -2636 | 38554 | 2947 |
| 江阴海达橡塑股份有限公司 | 88350 | 15871 | 92319 | 7105 |
| 江阴市电工合金有限公司 | 119196 | 12163 | 127650 | 7116 |
| 江阴新仁科技有限公司 | 48434 | 2519 | 44747 | 1992 |
| 江苏向阳集团有限公司 | 224870 | 16144 | 227816 | 5257 |
| 江阴江化微电子材料股份有限公司 | 32583 | 9863 | 33107 | 5175 |
| 威茨曼金属制品(江阴)有限公司 | 37010 | 13819 | 35444 | 6247 |
| 江苏精亚集团有限公司 | 53406 | 6073 | 50631 | 4307 |
| 江阴绮星水泥有限公司 | 57646 | 2057 | 70347 | 1457 |
| 江阴凯澄起重机械有限公司 | 33649 | 6397 | 34194 | 4505 |
| 江苏省振新实业有限公司 | 65888 | 4557 | 67500 | 4726 |
| 江阴中南重工集团有限公司 | 75791 | -365 | 78211 | 5961 |
| 中粮麦芽(江阴)有限公司 | 95473 | 12739 | 92372 | 3982 |
| 中联重科股份有限公司江阴分公司 | 27839 | 10040 | 19798 | 2083 |
| 江阴加华新材料资源有限公司 | 25564 | 1806 | 26600 | 1018 |
| 江阴德玛斯特钻具有限公司 | 41050 | 2857 | 43767 | 2905 |
| 江阴市华方新技术科研有限公司 | 42114 | 5332 | 43207 | 3771 |
| 江苏康妮集团公司 | 75732 | 6688 | 93768 | 5797 |
| 江阴杜奥尔科技有限公司 | 45045 | 9215 | 46398 | 3863 |
| 江苏宝利沥青股份有限公司 | 182088 | 6756 | 200525 | 6553 |
| 江苏省宏晟重工集团有限公司 | 66991 | -262 | 62477 | 2075 |
| 江阴市茂达棉纺厂有限公司 | 30040 | 4145 | 30102 | 1844 |
| 申达集团有限公司 | 95613 | 57896 | 94595 | 21816 |
| 江苏蝙蝠塑料集团有限公司 | 314230 | 22665 | 294730 | 3018 |
| 江苏嘉盛新材料有限公司 | 329041 | 8764 | 353078 | 4616 |
| 江苏澄阳投资有限公司 | 87745 | 5004 | 88642 | 2282 |
| 联合铁钢(中国)有限公司 | 81732 | -4419 | 77997 | 4191 |
| 江苏宝力重工科技有限公司 | 25964 | 1856 | 26663 | 2639 |
| 江苏苏青水处理工程集团有限公司 | 58348 | 6888 | 61780 | 3692 |
| 江苏福尔泰铜铝集团 | 186335 | 12509 | 186335 | 2427 |
| 江阴鑫联金属制品有限公司 | 30180 | 6241 | 31497 | 2921 |
| 江苏标榜装饰新材料股份有限公司 | 67271 | 4533 | 67240 | 2895 |

续表 15

| 企业名称 | 产品销售收入 | 利税总额 | 工业总产值 | 合计入库税金 |
|---|---|---|---|---|
| 江苏广信感光新材料股份有限公司 | 22768 | 5247 | 22793 | 2723 |
| 江阴市创新气门嘴有限公司 | 67467 | 7416 | 85411 | 5697 |
| 江阴美纶纱业有限公司 | 112583 | 12253 | 115000 | 5531 |
| 江苏爱康科技股份有限公司 | 128972 | 5265 | 159957 | 4825 |
| 江阴市恒业锻造有限公司 | 28099 | 2770 | 28118 | 1505 |
| 江阴振宏重型锻造有限公司 | 66750 | 6399 | 72276 | 3853 |
| 江苏升辉投资集团有限公司 | 47837 | 5337 | 52750 | 3066 |
| 江阴市华骏机械有限公司 | 13176 | 1729 | 13850 | 1638 |
| 江苏华兰药用新材料股份有限公司 | 35743 | 3280 | 37253 | 2369 |
| 江苏海陆科技股份有限公司 | 45777 | 6482 | 49696 | 3678 |
| 江阴市长龄机械制造有限公司 | 11886 | 3099 | 33782 | 1465 |
| 江阴福斯特纺织有限公司 | 100468 | 7387 | 132570 | 1716 |
| 无锡圣马科技有限公司 | 48695 | 2690 | 50386 | 1956 |
| 以化新材料(江阴)有限公司 | 17751 | 473 | 16918 | 2118 |
| 江苏晟林科技有限公司 | 8424 | 589 | 11105 | 598 |
| 江阴派克吉英包装有限公司 | 15349 | 2498 | 15368 | 1174 |
| 江阴挪赛夫玻璃钢有限公司 | 22421 | 574 | 22478 | 1784 |
| 中建材浚鑫科技股份有限公司 | 282753 | 15705 | 292186 | 3730 |
| 江苏恒泽复合材料科技有限公司 | 79190 | 10918 | 81190 | 4564 |
| 江苏秋林重工股份有限公司 | 40015 | 5640 | 46636 | 3751 |
| 江阴市华澄实业有限公司 | 55686 | -3264 | 57358 | 2205 |
| 江苏苏利精细化工股份有限公司 | 53594 | 13083 | 52712 | 4267 |

**【11个企业入围中国500强】** “2015中国500强企业高峰论坛”于8月21—23日在广西壮族自治区南宁市举行。会上,2015中国企业500强名单揭晓。江阴市有11个企业上榜,数量较上年持平。具体入围企业分别是:海澜集团有限公司,完成营业收入523.09亿元,列第238位;江苏三房巷集团有限公司,完成营业收入481.46亿元,列第264位;江苏华西集团公司,完成营业收入480.5亿元,列第265位;江阴澄星实业集团有限公司,完成营业收入450.35亿元,列第283位;江苏新长江实业集团有限公司,完成营业收入422.5亿元,列第303位;江苏西城三联控股集团有限公司,完成营业收入383.27亿元,列第330位;江苏阳光集团有限公司,完成营业收入347.53亿元,列第355位;江苏扬子江船业集团公司,完成营业收入326.67亿元,列第373位;江苏双良集团有限公司,完成营业收入296.88亿元,列第414位;江苏法尔胜泓昇集团有限公司,完成营业收入270.69亿元,列第456位;江苏新华发集团有限公司,完成营业收入239.36亿元,列第493位。会上,2015中国制造业企业500强名单同步揭晓,江阴市共有13个企业上榜,除上述11个企业外,还有江苏华宏实业集团有限公司、江苏海达科技集团有限公司2个企业入围。

**【产品销售收入超百亿元企业】** 2015年,江阴市有11个企业(江阴范围)产品销售收入超百亿元。分别是江苏华西集团公司、江苏三房巷集团有限公司、海澜集团有限公司、江苏阳光集团有限公司、江苏新长江实业集团有限公司、江阴兴澄特种钢铁有限公司、江苏法尔胜泓昇集团有限公司、双良集团有限公司、远景能源(江苏)有限公司、江阴澄星实业集团有限公司和江苏华宏实业集团有限公司。

**【纳税超亿元企业】** 2015年,江阴市工业企业入库税金超亿元的共有35个,其中入库税金超10亿元企业有4个,分别是:海澜集团有限公司,入库税金22.61亿元;江苏利电能源集团,入库税金13亿元;江阴兴澄特种钢铁有限公司,入库税金12.88亿元;江苏扬子江船业集团公司,入库税金11.95亿元。入库税金5亿元~10亿元的企业有4个,分别是:江苏法尔胜泓昇集团有限公司,入库税金7亿元;江苏华西集团公司,入库税金6.71亿元;双良集团有限公司，入库税金 5.22 亿元；江苏阳光集团有限公司，入库税金 5.06 亿元。税金 1 亿元～5 亿元的企业有 27 个。（庞远超）

## 纺织工业

**【概况】** 2015 年，江阴市纺织工业完成工业总产值 1556.7 亿元，占全市工业总值的 23.73%，自营出口共完成 29.79 亿美元，占全市出口总额的 33.52%，比上年下降 4.73%，其中服装出口 11.43 亿美元，占全市出口的 9.2%，比上年下降 4.33%。据不完全统计，全市纺织行业销售收入在 2000 万元以上的规模企业共有 425 个，完成工业总产值 1431.2 亿元，产品销售收入完成 1466.55 亿元，实现利润总额 91.02 亿元。全市开票销售收入前 50 名工业企业中纺织行业有 14 个，分别是：海澜集团有限公司、江苏三房巷集团有限公司、江苏华西集团公司、江苏阳光集团有限公司、江苏华宏实业集团有限公司、江苏倪家巷集团有限公司、江苏红柳床单有限公司、江苏利安达集团有限公司、江阴市天达针纺织有限公司、江阴市申澄集团有限公司、江苏向阳集团有限公司、江苏云蝠服饰股份有限公司、江阴福汇纺织有限公司、江阴市强力化纤有限公司；全市入库税金总额前 50 名工业企业中纺织行业有 13 个，分别是海澜集团有限公司、江苏华西集团公司、江苏阳光集团有限公司、江苏利安达集团有限公司、江苏三房巷集团有限公司、江苏华宏实业集团有限公司、江苏倪家巷集团有限公司、江苏云蝠服饰股份有限公司、江苏天华纱业集团、江苏红柳床单有限公司、江阴市申澄集团有限公司、江阴福汇纺织有限公司、江阴南泰家纺用品有限公司。全年纺织行业主要产品产量为：化纤 316.4 万吨，其中粘胶短纤维 1768.71 吨，涤纶纤维 302.12 万吨，锦纶 107701.74 吨，氨纶 27648.26 吨；棉纺织行业生产纱 50.67 万吨，其中棉纱 14.80 万吨，棉混纺纱 19.96 万吨，纯化纤纱 15.91 万吨；布 62979.14 万米，其中棉布 10459.6 万米，棉混纺布 14957.04 万米，纯化纤布 37562.5 万米，色织布 14675.4 万米；印染布 44132.1 万米；呢绒 10924.66 万米；绒线 20105.22 吨；非织造布 36178 吨；服装 38315.41 万件，其中梭织服装 12822.73 万件，羽绒服装 71 万件，西服及西服套装 3951.18 万件，衬衫 5415.05 万件，针织服装 25492.68 万件。纺织行业中主要行业的占比情况如下：化纤行业占 15.98%、服装行业占 31.48%、毛纺织行业占 11.86%、棉纺织印染行业占 36.08%、纺织制成品业及其他占 4.6%。2015 年 5 月，江阴市被中国纺织工业联合会授予全国超千亿产值纺织产业集群地区称号，成为全国 8 个获此殊荣的地区之一。9 月，在第十七届江苏国际服装节暨“方源之夜”江苏纺织服装年度盛典上，周庄镇和祝塘镇获得 2014 年度江苏省百亿特色名镇称号，江苏阳光集团有限公司、江阴市红柳被单厂有限公司、江苏云蝠服饰股份有限公司、江阴市申澄集团有限公司 4 个企业被评为 2014 年度江苏省纺织行业优秀出口企业，云蝠服饰股份有限公司总经理郭博被评为 2014 年度江苏省纺织行业优秀青年企业家。是年，江苏阳光集团有限公司、海澜集团有限公司等企业跻身 2014—2015 年度中国纺织服装企业竞争力 500 强。

**【技术改造】** 2015 年，江阴市纺织工业完成工业投资项目 84 项，完成投入 69.19 亿元，比上年增长 78.08%，占全市工业投入的 13.45%。其中设备投资 45.66 亿元，土建投资 23.52 亿元。列入全市工业重点重大项目的有 4 项，分别是：江阴奕洲科技有限公司的年产 200 万套高端服饰项目，总投资 6 亿元；江阴市强力化纤有限公司的双 6 涤纶帘子布扩能项目二期，总投资 1.5 亿元；江苏恒泽复合材料科技有限公司的功能性复合型特种纤维扩能项目二期，总投资 6.88 亿元；江苏兴业聚化有限公司的涤纶功能性纤维项目，总投资 30 亿元。

**【技术创新】** 2015 年，江阴市纺织行业通过省级鉴定的新产品有江苏阳光集团有限公司、江阴市茂达棉纺厂有限公司、云蝠控股集团有限公司（包括江阴芗菲服饰有限公司）、江苏倪家巷集团有限公司、江苏圣华盾服饰有限公司、江苏申利实业股份有限公司等 6 个企业的 21 种产品。年内，江苏阳光控股集团有限公司的利用半精纺纯绢丝开发多种风格顺毛大衣呢、圣华盾服饰有限公司的涤棉防静电功能防护面料及防护服、江阴芗菲服饰有限公司的七色粘胶/涤纶涡流纺纱针织面料项目分别获得了江阴市科技进步三等奖。

**【自营出口】** 2015 年，江阴市纺织企业共完成自营出口 29.79 亿美元，比上年下降 4.73%，占全市自营出口的 33.52%。其中，纺织品出口 18.36 亿美元，比上年下降 4.97%；服装出口 11.43 亿美元，比上年下降 4.33%。全市自营出口前 30 名企业中纺织行业有 9 个，分别是：江苏三房巷集团有限公司完成 83002 万美元，江苏红柳床单有限公司完成 23092 万美元，江阴福汇纺织有限公司完成 19929 万美元，江苏阳光集团有限公司完成 17871 万美元，云蝠投资控股有限公司完成 16186 万美元，江苏华宏实业集团有限公司完成 15943 万美元，江苏华西集团完成 10657 万美元，江苏申利实业股份有限公司完成 10132 万美元，江阴南泰家纺用品有限公司完成 7985 万美元。（俞　青）

## 机电冶金工业

**【概况】** 2015 年，江阴市机电冶金工业完成总产值 3322.95 亿元，比上年下降 11.06%，占全市的 57.57%。其中，冶金工业完成 1723.06 亿元，占全市的 29.85%；机械工业完成 1278.98 亿元，占全市的 22.16%；电子工业完成 320.91 亿元，占全市的 5.56%。是年，有机电冶金工业在建重点项目 24 项，占全市重点项目数的 58.54%，完成投资总计 67.75 亿元，占全市工业投资的 48.17%。有 25 个机电冶金企业进入全市开票销售收入前 50 名，完成开票销售收入 2487.98 亿元；有 20 个机电冶金企业进入全市入库税金前 50 名；完成税金总额 69.14 亿元；有 30 个机电冶金企业进入全市企业投资前50名,完成工业投入158.22亿元。江阴兴澄特种钢铁有限公司的高品质特殊钢大断面连铸关键技术和装备开发与应用项目荣获国家科技进步二等奖。

**2015年江阴市机电冶金工业重大项目一览**

表16　　单位:万元

| 序号 | 企业名称 | 项目内容 | 所属区域 | 计划总投资 | 2015年完成投资 |
|---|---|---|---|---|---|
| 1 | 华欧德变速器有限公司 | 年产100万台乘用车用六速AT自动变速器和300万套自动变速器控制系统项目 | 高新区 | 700000 | 347000 |
| 2 | 中芯长电半导体(江阴)有限公司 | 12英寸3D集成芯片加工项目一期 | 高新区 | 60000 | 68000 |
| 3 | 江阴博汇机械成套设备有限公司 | 船用环保设备、大型造纸机械配套设备加工制造项目 | 高新区 | 20000 | 2700 |
| 4 | 中建钢构江苏有限公司 | 超高层建筑钢钩扩能改造项目 | 靖江园区 | 50000 | — |
| 5 | 江苏中力机械有限公司 | 电动叉车项目 | 靖江园区 | 18000 | — |
| 6 | 江阴市阳资能新能源有限公司 | 150兆瓦高倍聚光光伏电池组件及5兆瓦分布式光伏电站项目 | 临港开发区 | 52000 | — |
| 7 | 江阴嘉源锅炉制造有限公司 | 节能环保锅炉技改扩能项目 | 璜土镇 | 28000 | 20000 |
| 8 | 江苏吉鑫风能科技股份有限公司 | 研发中心及大功率风电铸件扩能项目 | 云亭街道 | 27000 | 17000 |
| 9 | 江阴市惠尔信机械有限公司 | 精密零部件加工移建扩能项目 | 南闸街道 | 42000 | — |
| 10 | 江阴德耐特重工科技有限公司 | 企业整体搬迁扩能改造项目 | 南闸街道 | 17500 | — |
| 11 | 江阴安科瑞电器制造有限公司 | 用户端智能控制配电柜研发及产业化项目 | 南闸街道 | 11600 | 1200 |
| 12 | 江阴市江化微电子材料股份有限公司 | 超净高纯清洗液二期项目 | 周庄镇 | 25000 | — |
| 13 | 江阴鑫联金属制品有限公司 | 机械设备部件精加工项目 | 新桥镇 | 18000 | — |
| 14 | 江苏长电科技股份有限公司 | 年产50亿块高脚位集成电路及100万条MIS材料等项目 | 高新区 | 750000 | 76000 |
| 15 | 普天法尔胜光通信有限公司 | 年产40万吨光棒、500万芯千米光缆、250万芯千米光纤项目 | 高新区 | 150000 | 13000 |
| 16 | 荷兰达门集团 | 船用导流管、绞车系统等高端设备生产项目 | 高新区 | 20000 | 13400 |
| 17 | 江阴中南地锚智能装备有限公司 | 新型地锚集成智能系统 | 高新区 | 91500 | 20000 |
| 18 | 江苏常隆客车有限公司 | 常隆客车节能及新能源客车建设项目 | 临港开发区 | 260000 | 31 |
| 19 | 江苏方程电力科技有限公司 | 新建变流器及微电网控制系统项目 | 临港开发区 | 63000 | 13600 |
| 20 | 江苏中矿立兴能源科技有限公司 | 锚杆动力无损检测仪项目 | 临港开发区 | 25000 | 10000 |
| 21 | 江阴久八机械有限公司 | 高铁新材料生产、机械金属制品加工项目 | 临港开发区 | 25000 | 10951 |
| 22 | 江阴市东南重工科技有限公司 | 盾构机、管件制品项目 | 临港开发区 | 18000 | 13900 |
| 23 | 江阴科利达电子有限公司 | 年产5000万件新型电子元器件组件项目 | 华士镇 | 20000 | 24720 |
| 24 | 江阴市恒润环锻有限公司 | 精加工自由锻件和大型环锻扩能项目 | 祝塘镇 | 39955 | 26000 |
| 合计 | | | | 2531555 | 677502 |

**【12种产品通过省经信委新产品(新技术)鉴定】** 2015年,江阴市机电冶金行业有5个企业12种产品通过省经信委新产品(新技术)鉴定。分别为:江苏秋林重工股份有限公司的水煤浆制浆球磨机组和水煤浆专用成套设备,江阴兴澄特种钢铁有限公司的出口微合金化轿车碳素轮毂轴承用钢、高档乘用车悬架簧用热轧盘条、高质量汽车等速万向节用钢、桥梁结构用高韧性钢板、超高强度海洋工程用钢和高韧性管线钢,双良节能系统股份有限公司的集成式冷冻空调机组,江苏法尔胜光通有限公司的带尾纤PIN-FET光电探测器组件和熊猫型保偏光纤,江阴市凯业纺织机械制造有限公司的LGJ200B型全自动络筒理管机。

2015 年江阴市化工工业主要产品产量一览

表 17

| 产品名称 | 年产量 | 比上年增减(%) |
|---|---|---|
| 原油加工量 | 2028368.74 | 7.66 |
| 化学农药原药 | 22917.92 | 3.60 |
| 涂料(油漆) | 39701 | -0.91 |
| 石油沥青 | 1344964.91 | 6.12 |
| 初级形态的塑料 | 1187907.37 | 30.32 |
| 化学药品原药 | 469 | 8.56 |
| 合成纤维聚合物 | 3909058.35 | 34.91 |
| 化学试剂 | 55799 | 16.29 |
| 合成橡胶 | 15951 | 8.38 |
| 合成洗涤剂 | 8751.28 | 10.02 |

# 化工、医药工业

**【概况】** 2015 年,江阴市规模以上化工、医药企业完成工业总产值 1112.2 亿元,占全市规模以上企业工业总产值的 19.27%。有 5 个化工、医药企业进入全市开票销售收入前 50 名,完成开票销售收入 662.56 亿元;有 6 个化工、医药企业进入全市入库税金前 50 名,完成税金总额 8.28 亿元;有 2 个化工、医药企业进入全市工业投入前 50 名,完成工业投入 57.12 亿元;有 1 个化工、医药企业进入全市自营出口前 30 名,完成实绩 16431 万美元;有 5 个化工、医药企业入库税金超亿元。年内,全市化工、医药工业完成投资 81.23 亿元,其中,设备投资 53.67 亿元,土建投资 27.62 亿元。汉邦(江阴)石化有限公司、江阴瑞加合成云母科技有限公司等化工、医药企业的 2 项项目列入市重点技改项目,当年完成技改投入 31.3 亿元。江阴澄星实业集团有限公司位列全国工商联发布的 2015 年中国民营企业 500 强第 65 名,名列中国企业联合会、中国企业家协会发布的 2015 年中国企业 500 强第 283 位,连续第十四次跻身 500 强,并在中国石化民营企业百强排名中列第 4 位。无锡百川化工股份有限公司名列中国石油和化工民营企业百强第 58 位。江苏怡达化学股份有限公司被中国石油和化学工业联合会授予“中国石油和化工行业技术创新示范企业”称号。

# 轻工工业

**【概况】** 2015 年,江阴市规模以上轻工企业完成工业总产值 117.41 亿元,占全市规模以上企业工业总产值的 2.03%。有 3 个轻工企业进入全市开票销售收入前 50 名,完成开票销售收入 108.59 亿元;有 6 个轻工企业进入全市入库税金前 50 名,完成税金总额 7.67 亿元;有 3 个轻工企业进入全市工业投入前 50 名,完成工业投入 7.06 亿元;有 2 个轻工企业进入全市自营出口前 30 名,完成实绩 23066 万美元;有 4 个轻工企业税金超亿元。全市轻工工业完成投资 30.8 亿元,其中,设备投资 30.33 亿元,土建投资 10.47 亿元。江阴市京澄玻璃有限公司、江阴嘉鸿橡塑科技有限公司、无锡市明格电器有限公司等轻工企业的 3 项项目列入市重点技改项目,年内完成技改投入 3.77 亿元。

# 建材工业

**【概况】** 2015 年,江阴市建材工业在基本建设项目缩减、产能过剩、市场需求严重不足、流动资金偏紧等复杂的不利的市场形势面前,狠抓质量不放松、积极技改节能降本,不断提高生产效率,努力保持生产运行的平稳发展。是年,新增新墙材生产企业 1 个、新增预拌砂浆生产企业 2 个。至年末,传统建材行业有水泥粉磨生产企业 4 个,年产水泥 405.5 万吨,其中散装水泥 392.6 万吨;砖瓦企业 2 个,年产黏土八五多孔砖 2900 万块标砖。新型墙材行业有混凝土砖生产企业 23 个,年产量 1.75 亿块标砖;加气混凝土砌块生产企业 4 个,年产量 80 万立方米;纸面石膏板企业 1 个,年产量 5834.55 万平方米;蒸压灰砂砖生产企业 1 个,年产量 0.2398 亿块标砖。全市有预拌砂浆生产企业 5 个,年产预拌砂浆 9.7 万吨;预拌混凝土公司 17 个,年产量为 370 万立方米。新墙材行业综合利用粉煤灰 83.1 万吨,采矿尾屑 50.09 万吨,脱硫石膏 41.5 万吨,节约能源 16.18 万吨标准煤、节约土地 287.1 公顷、减排废气 0.4 万吨。

**【传统建材行业】** 2015 年年初,全市有砖瓦企业 3 个,分别为云亭松

2015 年江阴市轻工工业主要产品产量一览

表 18

| 产品名称 | 单位 | 年产量 | 比上年增减(%) |
|---|---|---|---|
| 家具 | 件 | 295260 | -8.82 |
| 皮革服装 | 件 | 126700 | -7.32 |
| 机制纸及纸板 | 吨 | 143782 | -47.29 |
| 纸制品 | 吨 | 101597 | -6.61 |
| 塑料制品 | 吨 | 965543.67 | 11.95 |
| 多色印刷品 | 对开色令 | 1903336 | 12.05 |

(马　骏)

桥实业公司新型建材厂、桐岐砖瓦厂及长寿老住基砖瓦厂,3个砖瓦企业生产经营继续萎缩,企业经济效益不佳,比上年同期减产黏土八五多孔砖1500万块标砖。其中,长寿老住基砖瓦厂于2015年上半年关停,其余2个砖瓦厂也于年末关停。是年,水泥生产量价齐跌,生产经营明显不及上年。其中,月城金峰水泥有限公司年产量162.5万吨,比上年下降19.27%;江阴绮星水泥有限公司年产量144.3万吨,比上年下降13.12%。全年水泥总产量为405万吨,比上年下降16.67%。全年散装水泥开票价格继续大幅下降,降幅达20%左右。全行业水泥散装率为96.95%。

**【新型墙材行业】** 2015年,江阴市各新墙材企业为应对复杂多变的经济形势和严峻的市场环境,继续内部挖潜、不断加大技术改造力度、积极开展技术创新和生产设备升级。金辰新型建材有限公司在上年新上全自动双向液压制砖机的基础上,对3台盘转式压砖机码砖系统进行自动化改造,提高了制砖系统的自动化水平,节约了人工成本,生产效率大幅提高;双达新型建材制造有限公司等3个企业对原有粉煤灰加气砌块生产线实施技术改造,通过增加原材料粉磨加工环节,实现了对电厂排放的粉煤灰干灰、湿灰和渣灰的全部利用,提高了粉煤灰的利用率,进一步提高了产品质量、降低了原料成本,提升了产品的市场竞争力。年内,江苏海陆科技股份有限公司金属面夹芯板取得“江苏省新型墙体材料产品认定证书”,全行业累计有经认定的新墙材生产企业30个,年生产能力为37亿块标砖,年产量26.1亿块标砖,占全市年墙材产量的98.9%。是年,全市新墙材产量比上年下降3.6%,纸面石膏板、蒸压加气混凝土砌块产量与上年同期基本持平,混凝土砖产量大幅下降,全年减产1亿块标砖,比上年下降36.26%。全市建筑申报项目228项,建筑申报面积393万平方米,比上年分别下降30.48%和42.24%。当年墙材竣工507.5万平方米,其中新墙材竣工面积479.6万平方米,新墙材应用占项目竣工面积94.5%。应收款问题继续制约着新墙材行业的健康发展。

**【预拌混凝土和预拌砂浆发展情况】** 2015年,全市共有预拌混凝土公司17个,混凝土搅拌站20个,年生产能力1140万立方米,年产量为370万立方米。新增江阴梵奈斯新型建材有限公司、江苏汇达环保砂浆科技有限公司2个预拌砂浆生产企业,新增生产能力50万吨,预拌砂浆生产企业累计达5个。全市预拌砂浆生产能力达到140万吨,实际产量仅为9.7万吨。是年,为鼓励支持预拌砂浆行业的发展,提高企业技术改造和研发投入的积极性,推动预拌砂浆企业做优做强,促进预拌砂浆推广应用。根据《江阴市新型墙体材料专项基金、散装水泥专项资金定额补贴实施办法》,对两个预拌砂浆生产企业给予了专项资金定额补贴,共计金额42.65万元。

## 电力工业

**【概况】** 2015年,江阴市共有电力生产企业24个,其中公用热电厂13个,自备热电厂11个,装机总容量581.4万千瓦,年发电量266.99亿千瓦时,比上年减少8.99%,年供汽量1911.43万吨,比上年减少1.19%。全年全市供用电总体基本平衡。全社会用电量235.6亿千瓦时,比上年减少0.96%,其中工业用电量208.47亿千瓦时,比上年减少1.71%。至年底,共计有江阴市滨江热电有限公司、江阴市凯育热电有限公司、江阴兴澄特种钢铁有限公司二热电分厂、江苏双良科技有限公司热电分公司、江苏红柳床单有限公司5个列入市热电整合计划的电力生产企业正式关停。经测算,截至2015年年底,全市累计整合锅炉2510蒸吨、发电机组容量21.3万千瓦,削减煤炭140万吨。

**【电力用户安全管理】** 2015年,江阴市继续加强电力用户安全管理,深入推进争创“五星级电力用户”活动。至年底,有26个企业被评为五星级,28个企业被评为四星级,30个企业被评为三星级。是年,全市发生10千伏及以上电力设施外力破坏事件13件,比上年下降7.14%;由于电力用户侧引起的电网事故24件,比上年下降22.58%,用户安全管理水平明显提高,有力保障了全市电网安全可靠供电。

**【电力平衡管理】** 2015年,根据江苏省、无锡市经信委统一部署,江阴市按38.1万千瓦时电力缺口编制有序用电错避峰方案(其中有序用电方案26.6万千瓦时,电力供应应急预案11.5万千瓦时)。方案按照省、无锡市确定的分级预警原则和各地区网供最高负荷、用电量占比情况,分解到各地区。由于2015年夏季江阴雨水偏多,再加3次台风影响,气温总体偏低,正常供电得到保障,未出现电力缺口,有序用电方案未启动执行。 (陈　佳)

■类目编辑　李孜渊

# 开放型经济

## 综　述

【概况】 2015年，江阴市积极应对各类不利形势，努力化解各种要素制约，不断创新对外开放工作举措，提高对外开放比较优势，利用外资在外引内联中稳步增长，对外投资在同类县市中保持领先地位。全年完成工商登记协议注册外资33.25亿美元，比上年增长48.2%；到位注册外资10.11亿美元，创历史新高。完成进出口总额203.11亿美元，其中出口额124.12亿美元；服务外包业务合同额17.53亿美元，离岸业务合同额8.42亿美元，分别增长23.52%和16.04%。新批境外投资项目32项，中方协议投资额6.8亿美元，增长27.65%。是年，积极融入国家“一带一路”战略，鼓励企业参与“一带一路”互联互通及重大基础设施投资建设，支持外贸企业扩大与沿线国家的进出口贸易，稳步推进境外外经贸合作区和工业园区建设，促进优势产业扩大境外生产经营，加快开放型经济转型升级，不断提升竞争力、增创新优势。存在问题：外贸企业转型升级缺乏内生动力，品牌、技术与发达国家相比存在一定差距；各镇（街道）、开发园区利用外资水平的不平衡性逐步拉大，赴境外投资企业仍然存在不适应状况。

**2015年江阴市各镇（街道）、开发区开放型经济主要指标一览**

表19　　　　单位：万美元

| 项目／名称 | 工商登记协议注册外资 | | 到位注册外资 | | 自营出口额 | |
|---|---|---|---|---|---|---|
| | 总额 | 比上年增减（%） | 总额 | 比上年增减（%） | 总额 | 比上年增减（%） |
| 高新技术产业开发区 | 198512 | 446.18 | 28000 | 7.41 | 358366 | -4.42 |
| 临港经济开发区 | 67531 | 20.89 | 33032 | 3.60 | 286984 | -0.12 |
| 靖江园区 | 18156 | 485.68 | 10000 | 1899.94 | — | — |
| 澄江街道 | 15114 | 541.73 | 3000 | 42.39 | 104337 | 4.70 |
| 南闸街道 | — | -100.00 | 20 | -92.04 | 4119 | -1.92 |
| 云亭街道 | 431 | -67.49 | 8 | -97.97 | 35560 | 6.92 |
| 月城镇 | 1156 | -31.24 | 1480 | 89.99 | 10494 | -13.70 |
| 青阳镇 | 145 | -54.67 | 152 | 159.07 | 17013 | 5.59 |
| 徐霞客镇 | 2071 | 53.63 | 3321 | -18.30 | 55806 | 19.02 |
| 华士镇 | 13764 | — | 5032 | 151.60 | 84210 | -9.91 |
| 周庄镇 | 6400 | -22.91 | 5000 | 61.15 | 152662 | -21.86 |
| 新桥镇 | — | -100.00 | 12000 | 20.00 | 30604 | -12.51 |
| 长泾镇 | 5160 | 6349.80 | 1939 | 53.41 | 16886 | -9.93 |
| 顾山镇 | 16 | — | — | -100.00 | 42858 | 1.88 |
| 祝塘镇 | 4092 | 469.94 | 1500 | -13.60 | 41262 | -1.31 |

说明：临港经济开发区含临港街道、璜土镇数据

【2015 年江阴经贸合作洽谈会】 2015 年 10 月 20 日，江阴经贸合作洽谈会在江阴大剧院举行，来自美国、德国、韩国、新加坡等国家和中国台湾等地区的 600 多名客商参加洽谈会。洽谈会共签约项目 55 项，总投资 913.12 亿元，其中外资项目 25 项，总投资 52.48 亿美元；内资项目 30 项，总投资 579.38 亿元(国内大型企业投资 249.55 亿元、江阴企业投资 329.83 亿元)。签约项目涵盖新能源、新材料、医药医疗、生产性服务业、文化产业等领域，主要涉及规模较大、技术先进的集成电路芯片制造和半导体封装测试、中建钢构、柔性金属元件及涉农流通产业等，其中制造业项目 35 项，总投资 669.66 亿元；服务业项目 20 项，总投资 243.46 亿元。有超亿美元以上项目 12 项，协议注册外资 21.13 亿美元，占签约项目协议注册外资的 83.03%。

【江阴十佳外商投资企业】 2015 年，江阴市外商投资企业克服经济下行压力，努力缓解发展要素制约，积极创新经营发展方式，推动企业自主创新，完成进出口总额 81.43 亿美元，占全市进出口总额的 40.09%，其中排名前十位的外商投资企业完成开票销售收入 665.68 亿元，上缴税金 33.37 亿元。是年，江阴市委、市政府向为江阴经济社会发展做出重大贡献的 10 个外商投资企业授予“十佳外商投资企业”称号。

**2015 年江阴市十佳外商投资企业一览**

表 20　　　　单位：万元

| 名　　称 | 开票销售收入 | 上缴税金 | 自营出口额(万美元) |
|---|---|---|---|
| 江阴兴澄特种钢铁有限公司 | 1892385 | 61804 | 54550 |
| 远景能源(江苏)有限公司 | 1001047 | 32867 | 1069 |
| 见龙国际贸易有限公司 | 1215247 | 10435 | 204 |
| 江苏新扬子造船有限公司 | 581925 | 61281 | — |
| 江苏利士德化工有限公司 | 446418 | 12592 | 1609 |
| 江阴利港发电股份有限公司 | 426723 | 62576 | — |
| 阿尔法(江阴)沥青有限公司 | 425930 | 52393 | — |
| 帝斯曼工程塑料(江苏)有限公司 | 287696 | 9162 | 9375 |
| 中国贝卡尔特钢帘线有限公司 | 275648 | 18578 | 5345 |
| 阿法拉伐(江阴)设备制造有限公司 | 103788 | 12017 | 8256 |

## 对外贸易

【概况】 2015 年，面对国际市场需求疲弱、大宗商品价格波动和贸易摩擦增多等不利影响，江阴市积极推动外资、外贸、外经融合并进，延伸和完善上下游产业链，支持和引导全市传统优势产业及新兴产业优化产业布局，规避贸易壁垒，拓展发展空间。全年完成对外贸易进出口总额 203.11 亿美元，比上年下降 8.94%，其中出口 124.12 亿美元，下降 4.69%；进口 78.99 亿美元，下降 14.89%。一般贸易进出口 124.32 亿美元，比上年下降 8.79%，其中一般贸易出口 72.9 亿美元、进口 51.42 亿美元，分别下降 5.27% 和 13.35%。加工贸易进出口 72.29 亿美元，比上年下降 4.78%，其中加工贸易出口

**2015 年江阴市出口超亿美元镇(街道)一览**

表 21　　　　单位：万美元

| 名　　称 | 出口额 | 比上年增减(%) |
|---|---|---|
| 周庄镇 | 152662 | -21.86 |
| 澄江街道 | 104337 | 4.7 |
| 华士镇 | 84210 | -9.91 |
| 徐霞客镇 | 55806 | 19.02 |
| 顾山镇 | 42858 | 1.88 |
| 祝塘镇 | 41262 | -1.31 |
| 云亭街道 | 35560 | 6.92 |
| 新桥镇 | 30604 | -12.51 |
| 青阳镇 | 17013 | 5.59 |
| 长泾镇 | 16886 | -9.93 |
| 月城镇 | 10494 | -13.7 |

50.78亿美元、进口21.51亿美元,分别下降2.82%和9.11%。年内,加大品牌培育力度,有19种出口品牌列入2015—2016年度无锡市重点培育和发展的国际知名品牌,全市累计列入江苏省、无锡市出口品牌达51种。全年品牌企业完成出口38.02亿美元,占全市出口总额的30.63%。是年,落实各级稳外贸政策,推进贸易投资便利化环境建设,争取省级以上外贸扶持资金8091.4万元。中国出口信用保险公司无锡办事处支持各类出口贸易额(出口信保)36.91亿美元,增长8%;中小企业"外贸融资宝"发放贷款2.02亿元。华西村商品合约中心被列为江苏省、无锡市进口商品交易中心试点单位。全市遭遇国际贸易摩擦案件6件,涉案企业43个次。

**【外贸出口结构】** 2015年,江阴市加快外贸出口结构调整和企业转型升级,扩大品牌产品及高附加值产品出口,支持优势企业以多种形式兼并和收购境外成熟品牌及营销团队,促进出口结构向产业链高端延伸。全年机电产品出口55.76亿美元,比上年增长13.75%,占全市出口总额的44.92%,比上年提升7.28个百分点;高新技术产品出口16.57亿美元,增长20.73%;电子信息产品出口7.87亿美元,增长12.8%;光伏产业出口4.72亿美元,增长36.06%。是年,江苏省江阴服装基地(国家外贸转型升级专业型示范基地)、江苏江阴合金合成新材料基地(江苏省科技兴贸出口创新基地)、江苏省面料出口基地完成出口30.38亿美元,占全市出口总额的24.48%,其中江阴服装基地出口11.43亿美元,比全省服装出口平均增幅高出2个百分点。

**2015年江阴市十大机电出口企业一览**

表22　　单位:万美元

| 名　　称 | 出口实绩 | 比上年增减(%) |
|---|---|---|
| 江苏天晨船舶进出口有限公司 | 96453 | -5.51 |
| 中船澄西船舶修造有限公司 | 90494 | 108.35 |
| 江苏长电科技股份有限公司 | 51483 | 20.52 |
| 江苏扬子江船厂有限公司 | 26818 | 0.13 |
| 江阴海润太阳能电力有限公司 | 18262 | 65.04 |
| 江苏爱康科技股份有限公司 | 15178 | 8.85 |
| 江阴长电先进封装有限公司 | 14615 | 5.74 |
| 中建材浚鑫科技股份有限公司 | 13082 | 59.07 |
| 江苏吉鑫风能科技股份有限公司 | 11236 | 36.79 |
| 瀚宇博德科技(江阴)有限公司 | 10844 | 5.92 |

**【外贸经营主体】** 2015年,江阴市加快优势产业国际化步伐,积极引导企业开拓国际市场,拓展海外生产、销售、研发和服务网络,企业跨境经营遍布美国、英国、日本、德国、新加坡等41个国家和地区,赴境外投资项目累计200多项,总投资28亿美元。全年新增外贸经营资格备案登记企业466个,累计5023个。有进出口实绩企业2059个,比上年增加62个,其中有出口实绩企业1872个,比上年增加74个;有进出口超千万美元企业255个,比上年增加62个,其中出口超千万美元企业190个,比上年增加59个。年内,全市外商投资企业完成进出口总额81.43亿美元,占全市进出口总额的40.09%,其中出口额52.28亿美元,占全市出口总额的42.12%;内资企业完成进出口总额121.68亿美元,占全市进出口总额的59.91%,其中出口额71.83亿美元,占全市出口总额的57.88%。民营企业进出口持续增长,有出口实绩企业1475个,比上年增加28个,完成进出口总额97.65亿美元,占全市进出口总额的48.08%,其中出口额54.96亿美元,占全市出口总额的44.28%,比上年高出0.39个百分点。江阴市出口30强企业完成进出口总额119.49亿美元,比上年下降5.08%,其中出口额77.45亿美元,下降1.09%。是年,全市有进出口超亿美元企业集团31个,出口超亿美元企业集团23个,其中三房巷集团有限公司以进出口总额25.04亿美元的业绩列全市进出口规模企业第一位,扬子江船业集团公司以出口额13.32亿美元的业绩列全市出口规模企业第一位。三房巷集团有限公司、江苏省华贸进出口有限公司、江苏海伦石化有限公司、江苏天晨船舶进出口有限公司、江阴兴澄特种钢铁有限公司、江苏长电科技股份有限公司跻身"2014年中国进出口额500强企业",分列第200位、第214位、第300位、第328位、第450位和第489位;在"2014年中国民营进出口额500强企业"排名中,江阴有7个企业入选,其中江苏省华贸进出口有限公司、江苏海伦石化有限公司分列第22位和第38位。

2015 年江阴市十大外贸出口企业一览

表 23

单位:万美元

| 名　　称 | 出口实绩 | 比上年增减(%) |
|---|---|---|
| 江苏扬子江船业集团公司 | 123273 | -4.37 |
| 中船澄西船舶修造有限公司 | 90494 | 108.35 |
| 江苏三房巷集团有限公司 | 83002 | -28.11 |
| 江苏新潮科技集团有限公司 | 70168 | 11.92 |
| 江阴兴澄特种钢铁有限公司 | 54550 | -15.96 |
| 江苏法尔胜泓昇集团有限公司 | 32025 | 1.46 |
| 江苏红柳床单有限公司 | 23092 | 3.79 |
| 江阴福汇纺织有限公司 | 19929 | -4.43 |
| 江阴宗承钢铁有限公司 | 18848 | -31.69 |
| 海润光伏科技股份有限公司 | 18272 | 65.06 |

2015 年江阴市十大民营出口企业一览

表 24

单位:万美元

| 名　　称 | 出口实绩 | 比上年增减(%) |
|---|---|---|
| 江苏天晨船舶进出口有限公司 | 96453 | -5.51 |
| 江苏长电科技股份有限公司 | 51483 | 20.52 |
| 江阴海润太阳能电力有限公司 | 18272 | 65.12 |
| 江阴澄星国际贸易有限公司 | 16431 | -5.56 |
| 江阴市华宏化纤有限公司 | 14468 | -24.4 |
| 江苏吉鑫风能科技股份有限公司 | 11236 | 36.79 |
| 江阴荣骏进出口有限公司 | 6572 | 8.93 |
| 江阴苏景国际贸易有限公司 | 6093 | 13.2 |
| 江阴市申澄国际贸易有限公司 | 5445 | -17.54 |
| 江苏润达光伏科技有限公司 | 5334 | 53.71 |

**【国际市场开拓】** 2015 年,江阴市加快制造业和服务业融合发展,支持外贸企业扩大与国际新兴市场、“一带一路”沿线国家、自贸协定国家的进出口贸易,先后组织企业参加中国进出口商品交易会、中国华东进出口商品交易会、日本大阪展等展会,落实展位 253 个,新增有出口实绩市场 8 个,全市进出口市场累计 190 个,其中出口超千万美元市场 74 个、出口超亿美元市场 27 个,出口增长市场 77 个。是年,全市对东盟市场出口 20.36 亿美元,比上年下降 0.32%;对美国市场出口 18.69 亿美元,增长 2.24%;对欧盟市场出口 17.14 亿美元,下降 3.34%;对日本市场出口 6.87 亿美元,下降 5.11%。

## 利用外资和对外经济合作

**【概况】** 2015 年,江阴市突破资源瓶颈,注重从全球视角配置资源和市场,积极拓展国际合作渠道,通过合资参股、兼并重组和海外上市等方式,引进先进技术、人才及管理机制,将江阴产业纳入国际跨国公司,实现外资、外贸、外经的良好互动。全年新批外资项目 45 项,完成工商登记协议注册外资 33.25 亿美元,比上年增长 48.2%;到位注册外资 10.11 亿美元,其中各镇(街道)到位注册外资 3.35 亿美元,完成年计划的 166.43%,增长 29.33%。新批境外投资项目 32 项,中方协议投资额 6.8 亿美元,增长 27.65%,对外投资额占无锡市对外投资总额的 40%。海润光伏科技股份有限公司获商务部批准对外承包工程经营资格。江南模塑科技股份有限公司董事长曹克波、江苏云蝠服饰股份有限公司董事长郭健被列入江苏省企业国际化专家库。

**【引资结构优化】** 2015 年,江阴市综合运用以资引资、以企引企和专业化招商、市场化招商、产业链招商等方式，积极引进优质外资，深入挖掘融资租赁、商业保理、小额贷款等金融项目利用外资潜力，推动外资兼并重组，不断壮大企业集群规模。3月，长电科技股份有限公司以8.5亿美元收购新加坡星科金朋公司，在江阴设立江阴星科金朋半导体有限公司，总投资5亿美元，协议注册外资3亿美元；4月，江阴市设立江苏华新融资租赁有限公司，主要经营融资租赁业务等，协议外资1.28亿美元；7月，中金佳泰天江控股有限公司注资参股天江药业有限公司，到位注册外资1.5亿美元，并购溢价超10亿美元。是年，江苏长电科技股份有限公司与中芯国际集成电路制造有限公司合作设立中芯长电半导体（江阴）有限公司，总投资10.5亿美元，协议注册外资3.5亿美元；瑞加合成云母有限公司通过韩国境外上市融资，利用外资2000万美元。全年外资项目增资力度增强，中芯长电项目增资35000万美元，帝斯曼工程塑料项目增资4100万美元，利港发电项目增资12755万美元，长强钢管项目增资7000万美元，大江石油项目增资4000万美元，靖江长吉制管项目增资3000万美元，华新融资租赁项目增资7801万美元，新浩再循环项目增资3271万美元，骏辉光电项目增资5160万美元。全市协议注册外资33.25亿美元，到位注册外资10.11亿美元。

**2015年江阴市十大新批外商投资项目一览**

表25 单位：万美元

| 名　　称 | 协议注册外资（含溢价） |
|---|---|
| 天江药业项目 | 127854.79 |
| 星科金朋半导体项目 | 30000 |
| 华新融资租赁项目 | 4999 |
| 博诚工业设备项目 | 3000 |
| 明格电器项目 | 3000 |
| 宇飞新能源科技项目 | 3000 |
| 盛汉化工项目 | 2970.52 |
| 广茂生态农林项目 | 2236.19 |
| 泰科纳米新材料项目 | 1933.82 |
| 亚钢机械制造项目 | 1000 |

**【服务外包】** 2015年，江阴市以活动为带动、以目标为前提、以培育为手段，积极引进数据中心、云计算中心等公共服务平台，重点发展研发设计、第三方物流、融资租赁、节能环保服务等生产性服务业及服务外包产业，做大做强产业金融、总部经济、科技型服务业、电子商务等新型业态，加快优化服务外包产业，推动和提升制造业服务化，服务外包产业呈持续健康发展态势。全年新增服务外包企业8个，累计入库服务外包企业达234个。完成服务外包业务额17.53亿美元，比上年增长23.52%；离岸服务外包额8.42亿美元，比上年增长16.04%。

（瞿立人）

**2015年江阴市新批服务业利用外资项目一览**

表26 单位：万美元

| 名　　称 | 投资总额 | 注册资金 | 协议注册外资 |
|---|---|---|---|
| 博诚工业设备项目 | 9000 | 3000 | 3000 |
| 朗道新媒体科技项目 | 8000 | 5000 | 4500 |
| 华新融资租赁项目 | 4999 | 4999 | 4999 |
| 盛汉化工项目 | 3126.86 | 3126.86 | 2970.52 |
| 思凯易贸易项目 | 3000 | 3000 | 3000 |

■类目编辑　延克俭

# 开发区建设

## 综　述

【概况】　2015年，江阴市积极适应经济发展新常态，抓住“一带一路”*和长江经济带建设机遇，发挥长江岸线资源优势，完善沿江生活岸线基础配套设施，推进中央景观大道、滨江公园等工程建设向西延伸，促进沿江开发向纵深发展。年内，江阴高新技术产业开发区实施“产业强区、创新驱动、全面开放、产城一体、共建共享”五大战略，积极推进青阳园区开发建设，重点发展特钢新材料、汽车整件及关键零部件、微电子集成电路等特色新兴产业，推动创新产业集群和产城融合发展，努力建设创新发展的引领区、产城融合的先行区、生活幸福的样板区、改革开放的示范区；江阴临港经济开发区加快形成新材料、新能源（风电、光伏）、新能源智能汽车、液化天然气（LNG）清洁能源、高端制造、港口物流、城市功能项目、文化创意等规模产业集群，做大做强金属新材料、新能源、机械装备、石化新材料、现代物流、文化创意和电商等特色产业园，实现园区与长江流域产业的合作对接；江阴—靖江工业园区加快推进“千亿园区”建设，重点发展造船、重钢结构等特色产业，努力创建全省联动开发的先导区、实验区和示范区。全年沿江开发完成地区生产总值1159.17亿元，比上年增长8.09%；全社会固定资产投资548.7亿元，增长18.24%；公共财政预算收入83.41亿元，增长26.03%；协议注册外资28.12亿美元，到位注册外资7.1亿美元。

（朱亚丽　华柳霞　毛　璧）

**【江阴市启动苏南国家自主创新示范区建设】**　2015年，江阴市全面实施创新驱动发展战略，加快科技成果转移转化，提升区域创新体系整体效能，努力建设创新驱动发展的引领区、深化科技体制改革的试验区、区域创新一体化的先行区和具有国际竞争力的创新型经济发展高地。7月，建立苏南国家自主创新示范区领导小组和联席会议制度，研究调整和实施推进各项重大措施及工作机制，协调解决发展中的重大问题；8月，颁发《关于大力推进江阴高新区加快建设苏南国家自主创新示范区的实施意见》，重点在企业技术创新资助、产业发展装备补贴、产业领军人才奖励、科技金融和科技服务扶持等方面给予资金支持。是年，江阴高新区编制完成《江阴高新区苏南自主创新示范区建设实施方案（2015—2020）》，加快筹建江阴高新区苏南国家自主创新示范区建设促进服务中心，推动示范区规划建设、政策先行先试、创新一体化与平台建设和科技金融、人才建设、新产品政府采购与应用推广、专项资金管理等工作向纵深发展。9月，出台《江阴高新区创新型产业集群发展专项资金管理办法》《江阴高新区创新型产业发展引导基金管理办法》，设立科技创新和扶持创新型产业发展专项资金5亿元；10月，编制完成《江阴高新区苏南示范区空间布局

4月22日，本特·塞缪森生命科学（中国）研究院等在澄举行揭牌仪式

（江阴高新区党政办提供）

规划》,明确示范区规划面积 49.95 平方千米;12 月,引进星科金朋、科美电子、中芯国际 3D 集成芯片等项目,加快重大项目建设和重大科技成果转化,推进科技公共服务平台、国际技术合作平台、众创空间平台建设,各项工作进入"多线程"推进的开发模式。 (朱亚丽)

**【江阴临港经济开发区行政体制调整】** 2015 年 1 月 25 日,江阴市委、市政府召开江阴临港经济开发区深化行政体制改革工作会议,进一步调整优化临港经济开发区行政管理体制,优化资源配置,突出临港经济开发区开发建设和产业发展的主体功能。年内,组建临港街道党工委、办事处领导班子,街道实行实体化运作,主要承担辖区内党群工作、社会事业、政法综治、拆迁安置、城市管理、"三农"*服务等职能,其原管辖范围、行政隶属关系不变,由市委、市政府委托临港经济开发区党工委、管委会实施管理;凡涉及财政管理、经济发展、招商引资、规划建设、港口发展、行政审批等职能,由临港经济开发区党工委、管委会负责实施,临港街道党工委、办事处承担协作配合工作;凡涉及组织、纪检、宣传、统战、群团组织等职能,在临港经济开发区党工委统一领导下,实行区街分级管理。成立金属新材料产业园、新能源产业园、机械装备产业园、石化新材料产业园党委和管委会,负责招商引资和现代生产服务等工作,其中石化新材料产业园党委、管委会由临港经济开发区党工委、管委会委托璜土镇党委、政府管理;撤销临港经济开发区社会事业局、农村工作局,相应职能纳入临港街道;调整临港经济开发区机关相关部门的职能和内设机构、编制及职数。7 月,临港经济开发区与璜土镇实施区镇一体化管理,由市委、市政府委托临港经济开发区党工委、管委会对璜土镇实施统一管理(即统一财政管理、统一组织人事管理、统一规划建设管理、统一经济管理、统一社会管理),璜土镇则主要承担原辖区内的党群工作、社会事业、政法综治、拆迁安置、城市管理和"三农"服务等职能。

(华柳霞)

**【青阳工业园区建设】** 2015 年,江阴高新区青阳园区根据"招引一批产业项目、投用一批基础设施、形成一片净地熟地"的建设要求,加快 11.8 平方千米首期启动区开发建设。年末累计拆迁农户 2314 户、企业 83 个,形成连片净地 3 平方千米。10 月,总投资 2300 万元的桐岐工业大道、总投资 2600 万元的青霞路、总投资 8000 万元的第二过江通道道路竣工通车,形成对接暨南大道和海港大道"两横一纵"的主干路网;海港大道沿线 24 孔供电管沟、管径 600 毫米供水管道、中压天然气主管道建成投运;"383"(3 条道路、8 条河道、3 个闸站)工程启动建设。是年,围绕建设"高端服务业的引领区、先进制造业的集聚区"目标定位,加大有效投入,培育优势企业,提升产业质态,积极开展招商引项工作,相继签约总投资 10 亿美元的电商物流信息产业园项目、总投资 4500 万美元的航空零部件项目、总投资 2.5 亿元的特种改装车项目、总投资 2 亿元的机加工行业软硬件一体化开发项目、总投资 2 亿元的超细粉体设备开发制造项目,促进辖区内高端服务业和先进制造业集约集聚发展。

**【江阴高新区建成全国高性能特钢及制品产业知名品牌示范区】** 2013 年江阴高新区编制完成《全国高性能特钢及制品产业知名品牌创建示范区筹建规划》,并经国家质量监督检验检疫总局批准启动筹建工作。翌年,下发《全国高性能特钢及制品产业知名品牌创建示范区实施意见》,实质性启动和推进各项示范区创建工作。至 2015 年,江阴高新区高性能特钢及制品产业形成以兴澄特种钢铁有限公司为龙头的特钢制品、以法尔胜泓昇集团有限公司为核心的高端线材制品、以江阴贝卡尔特钢丝制品有限公司为核心的钢帘线制品和以中南重工股份有限公司为核心的金属管件制品的高性能特钢及制品产业集群,主导产品广泛应用于航空航天、海洋工程、机械装备、新能源、汽车等行业和领域,拥有中国名牌产品 2 种、江苏省名牌产品 20 种、江苏省重点名牌产品 2 种、无锡市名牌产品 17 种和中国驰名商标 2 个、江苏省著名商标 8 个、无锡市知名商标 5 个,先后获批设立国际标准化技术委员会秘书处、全国标准化专业技术委员会分会秘书处、全国钢标准化技术委员会海洋环境腐蚀性能试验方法标准工作组,主持修订国家标准、行业标准 64 项,落实产学研合作项目 47 项、成果转让项目 13 项,完成国家 863 计划、重大工业支撑计划科技项目 40 多项。9 月,在全国"质量月"启动仪式上,江阴高新区被国家质监总局授予"全国高性能特钢及制品产业知名品牌示范区"称号。

**【江阴高新区获批成为国家知识产权试点园区】** "十二五"期间,江阴高新区大力实施知识产权战略,建立健全知识产权工作机制,制定出台《江阴高新区知识产权战略实施纲要(2012—2015)》《关于进一步推动高新技术产业发展和鼓励科技创新创业的奖励政策》,建成东南大学江阴新材料研究院、同济大学江阴科技成果转化基地、上海交大技术转移中心江阴分中心等 10 多个政产学研合作创新平台和江阴中德技术国际转移中心、中瑞生物医药技术服务中心等国际知识产权服务平台,引入专利及商标代理机构、律师事务所、技术转让等知识产权服务机构,通过贴息、保费补贴、担保补贴、购买中介服务等多种形式,推动知识产权质押融资工作。至 2015 年,全社会研发投入占地区生产总会比重增为 5%,有效发明专利拥有量为 544 件,每万人有效发明专利拥有量为 33 件。累计建成国家级博士后工作站 1 个、省级企业研究生工作站 13 个,省级院士工作站 1 个、无锡院士工作站 3 个,省级工程技术研究中心 11 个、无锡市工程技术研究中心 25 个。辖区内有 8 个企业荣获江苏省知识产权管理标准化示范企业,4 个企业实施江苏省企业知识产权战略推进计划。江苏长电科技股份有限公司的"集成电路或分立元件平面凸点式封装工艺及其封装结构"荣获国家专利金奖,江阴兴澄特种钢铁有限公司的"在直形连铸机上生产直径≥φ800 毫米圆坯的连铸方法"和江苏法尔胜泓昇集团有限公司的"光纤预制棒的设备

方法”分获第十六届中国专利优秀奖。12 月,江阴高新区被国家知识产权局批准为国家知识产权试点园区。　(朱亚丽)

## 江阴高新技术产业开发区

**【概况】** 2015 年,江阴高新技术产业开发区(简称江阴高新区)加快建设创新驱动发展的引领区、深化科技体制改革的试验区、创新一体化的先行区,全面推进苏南国家自主创新示范区建设,全年完成地区生产总值 461.22 亿元,比上年增长 10.6%,其中服务业增加值 147.98 亿元,比上年增长 7.7%;规模以上工业产值 931.87 亿元,增长 1.6%;公共财政预算收入 30.91 亿元,增长 12.02%;全社会固定资产投资 185.57 亿元,增长 18.3%,其中工业投入 103.51 亿元、服务业投入 82.06 亿元,分别比上年增长 20.1% 和 16.2%;协议注册外资 19.85 亿美元,到位注册外资 2.8 亿美元。是年,江阴高新区获全国高性能特钢及制品产业知名品牌示范区、国家知识产权试点园区和江苏省创新型特色园区、省创业孵化示范基地、省重点文化产业园区、省级创业示范基地、省智能电网产业园、省重点培育小企业创业基地、省级众创空间之创客联盟团等称号,在全省 129 个省级以上开发区科学发展综合考核中名列第 9 位,连续两年跻身全省国家级开发区十强行列。

**【江阴高新区“十三五”规划】** 2015 年,江阴高新区完成《江阴高新区国民经济和社会发展第十三个五年规划(2016—2020)》的编制工作。规划发展目标:以建设苏南国家自主创新示范区为主线,围绕“创新、协调、绿色、开放、共享”发展理念,实施“产业强区、创新驱动、全面开放、产城一体、共建共享”五大战略,努力将高新区建设成为创新发展的引领区、产城融合的先行区、生活幸福的样板区、改革开放的示范区。到 2020 年,完成地区生产总值 700 亿元,业务总收入 3200 亿元,工业总产值 2000 亿元,进出口总额 100 亿美元,自营出口 60 亿美元,全社会固定资产投资 370 亿元,其中工业投资 205 亿元、服务业投资 165 亿元,服务业增加值占地区生产总值的比重超 36%,公共财政预算收入 50 亿元,基本形成特钢新材料及金属制品、新能源汽车整车及关键零部件、现代服务业 3 个千亿元级新型产业集群和微电子集成电路、现代生物医药医疗 2 个 500 亿元级创新型产业集群。“十三五”期间,深入推进苏南国家自主创新示范区建设,全区高新技术产业产值占规模以上工业产值比重达 70% 以上,基础研究、应用研究、试验发展(R&D)投入占地区生产总值的比重达 6.2% 以上;万人有效发明专利拥有量达到 35 件,累计拥有国家、江苏省高新技术企业超 200 个,科技进步贡献率超 65%。生态环境质量不断改善,万元地区生产总值能耗下降 15%,主要污染物排放总量大幅减少,推行绿色生产方式和生活方式,低碳水平得到显著提升,基本形成交通体系发达、城市功能完善、生态环境优美、民主法制健全、人民生活幸福的发展局面。

**【招商引项】** 2015 年,江阴高新区实施重大项目带动战略,以大项目促进产业转型升级,全力推进创新型产业集群集聚发展,收购并购成为招商引资新亮点。7 月,江阴长电科技股份有限公司依托国家集成电路产业投资基金,收购全球半导体封装与测试行业(OSAT)的新加坡星科金朋 100% 股份,在全球封测行业排名跃升为第 3 位;9 月,美国高通公司与国家集成电路产业投资基金联合注资江阴中芯长电项目,总投资 12 亿美元;10 月,中国中药有限公司以股权并购方式认购江阴天江药业有限公司 81.79% 股权的股本融资方案通过商务部审批,成为国内医药界最大并购案。是年,江阴高新区围绕特钢新材料、新能源汽车、微电子集成电路、生物医药等创新型产业项目,先后赴美国、日本、英国、德国和中国香港、上海、青岛等地开展招商活动,与美国高通公司、日本栗田工业公司、欧洲生物能源研究院、英国 CEAMD 公司、德国雷诺菲克斯公司、德国宝马公司总部、中信泰富集团、世茂集团等知名企业达成一批合作意向。10 月,举办 2015 年江阴高新区建设苏南国家自主创新示范区恳谈会,签约先进制造业项目 11 项、现代服务业项目 7 项,总投资 196.2 亿元,其中中芯国际 3D 集成芯片(二期)项目总投资 10.5 亿美元、兴澄特种钢材深加工项目总投资 6 亿美元、星科金朋集成电路项目总投资 5 亿美元、科美电子项目总投资 2 亿美元,项目涉及金属新材料、微电子集成电路、互联网 +、生物医药以及股权投资基金等多个领域。12 月,赴中国香港开展招商引资活动,签约东生新能源、羿飞新能源、中医药健康产业园、普天法尔胜光通信、中德资源循环利用等 9 项重点重大项目,总投资 200 亿元。全年完成工商登记协议注册外资 19.85 亿美元,到账外资 2.8 亿美元。

**【主导产业发展】** 2015 年,江阴高新区加快实施创新型产业集群“532”计划(即用 5 年时间建设 3 个千亿元级、2 个 500 亿元级创新型产业集群),构建千亿元级特钢新材料及金属制品产业、千亿元级新能源汽车整车及关键零部件产业、500 亿元级微电子集成电路产业、500 亿元级现代生物医药医疗产业和与先进制造业相匹配的千亿元级现代服务业产业集群。年内,先进制造业以兴澄特种钢铁有限公司、法尔胜泓昇集团有限公司为主体的特钢新材料及金属制品产业被列入国家重点扶持的特色产业集群培育试点,规模总量达 700 亿元;以华欧德 6AT 自动变速器、东生新能源、羿飞新能源等重大项目为龙头的新能源汽车及关键零部件产业建设全面提速,其中总投资超 70 亿元的华欧德 6AT 自动变速器项目(一期)进入设备安装调试阶段,项目达产后可实现年销售收入 290 亿元,上缴税金 50 亿元;以江苏长电科技股份有限公司为核心的微电子集成电路产业,吸引中芯国际集成电路制造有限公司、美国高通公司、新加坡星科金朋公司等一批国际知名企业投资落户,建设国际型集成电路产业基地,其中新潮科技集团有限公司营业收入首次超 100 亿元,长电科技股份有限公司完成新加坡星科金朋公司要约收购;以百桥生物医药孵化器、生物医药加速器等平台和江阴天江药业有限公司等龙头企业为依托的现代生物医药医疗产业集群加速产业集聚,其中江阴天江药业有限公司完成开票销售收入15.49亿元,入库税金超5亿元,被中国中药有限公司并购。至年末,先进制造业拥有工业企业1038个,其中规模以上企业113个;完成工业产值1222.8亿元,其中规模以上工业产值931.87亿元;实现工业开票销售916亿元。是年,以江苏华中融资租赁有限公司、华西金融投资总公司、海澜财富中心等为代表的现代服务业产业集群加速科技金融、总部经济发展,总投资21亿元的海澜财富中心、总投资6亿元的兰亭乐府房地产、总投资5.6亿元的恒天东方广场等5项服务业项目竣工投运,植誉投资管理有限公司、江苏启元投资控股有限公司等32个金融服务业企业完成注册登记。5月,天安电商产业园建成开业,先后引进电商项目25项,建成以中房中融社区邻里互助合作社、扮美网络、易物联盟等为代表的独立电商平台,相继培育和引进聚成服饰、巢之岛家居、络凡电子商务、享受健康等工业转型电商企业和石油交易所、千牛网络等金融电商企业,被认定为无锡市电子商务示范产业园。11月,OPARK中国园区在线服务平台落户恒天东方广场,采用以租带销、招商招租方式,引进入驻企业142个,实现开票销售收入36.7亿元,上缴税金1340万元。江阴高新区全年完成服务业增加值147.98亿元,比上年增长7.7%;服务业投入82.06亿元,增长16.2%。限额以上批零贸易业完成销售收入290.22亿元,增长3.1%;零售额5.44亿元,增长26%。

**【科技创新创业】** 2015年,江阴高新区深化和推进科技体制机制改革,加快科技成果转化,全面提升区域创新体系整体效能,完成高新技术产业产值725亿元,占全区规模以上工业产值比重达70%以上;认定高新技术企业26个,累计拥有高新技术企业123个,新增江苏省民营科技企业20个、省高新技术产品52种;承担国家、江苏省级各类科技计划项目143项,落实科技扶持资金1.28亿元。年内,组建成立产学研产业技术创新联盟,重点推进以法尔胜泓昇集团有限公司为重点的创建国家金属线材制品产业技术创新联盟、以江阴力博医药生物技术有限公司为重点的江苏省诊断试剂产业技术创新联盟、以江阴贝瑞森生化有限公司为重点的海洋蛋白质产业创新联盟,设立中瑞国际生物医药创新中心、德国卡尔斯鲁厄理工学院(江阴)技术合作平台,江阴兴澄特种钢铁有限公司参与完成的"高品质特殊钢大断面连铸关键技术和装备开发与应用"项目、江苏春申堂药业有限公司参与完成的"红外吸收微粒的表面改性及在节能树脂中的应用"项目均获得国家科技进步二等奖,江阴贝瑞森生化技术有限公司杨克里斯特·杨森(瑞典生物分离科学家)荣获国际科学技术合作奖。全年申报专利2963件,其中发明专利申请量1281件,有效发明专利544件,每万人拥有有效发明专利33件。是年,实施"双招双引"战略*,成立罗伯特·格拉布(诺贝尔奖得主)同位素标记中国(江阴)研究院,新增各类科技人才1258人,其中引进国家"千人计划"*人才1人、省"双创人才"*4人、省"双创博士"*2人、省"六大人才高峰计划"*人才1人和院士1人、高级工程师(研究员级)5人、外国专家和海外工程师24人、海外留学人才15人,引进江苏省"双创团队"*1个,落实产学研合作项目30项,有19项项目被评为引进国外智力项目。与浙江银杏谷投资有限公司合作建立江阴银杏谷股权投资基金,首期规模1亿元;江苏苏达汇诚医疗科技有限公司、江苏鼎阳绿能电力股份有限公司在"新三板"*挂牌,培育"新三板"挂牌后备企业28个。物联网、生物医药、服务外包、文化创意等战略性新兴产业实现销售收入超240亿元,比上年增长10.5%。

**【重点重大项目建设】** 2015年,江阴高新区围绕"推进落实一项大项目,激活孕育一条产业链,打造形成一片产业集群"工作目标,稳步推进华欧德变速器、中芯国际12英寸3D集成芯片生产基地、中南地锚新型集成智能系统和世茂御龙湾综合体等36项重点重大项目(其中超100亿元项目1项、超20亿元以上项目6项、超10亿元项目4项、超5亿元以上项目10项)建设,总投资536.9亿元,其中先进制造业项目21项、现代服务业项目13项、社会事业项目2项。全年竣工项目17项,其中先进制造业项目10项、现代服务业项目5项,在建项目19项。

**【社会事业】** 2015年,江阴高新区加快推进城乡环境综合整治三年行

11月23日,格拉布同位素标记中国(江阴)研究院等成立

(高新区党政办提供)

动计划,相继编制完成《高新区 GX－CD－D 单元控制性详细规划》《扬子江科技金融总部园区控制性详细规划》,科创路、龙踞巷路等区间道路建成通车,双牌景观河主体工程完工,石牌港河、红心河、梭子河疏浚工程通过竣工验收,新能源汽车产业园水、电、气和雨、污水管网工程投入使用。年内,完成长江路、延陵路等新建(东延伸段)主干道路绿化工程,新增绿化面积 12.8 万平方米;先后投入 4000 余万元,集中整治各主干道路、社区、村及重点地段,新增小区停车位 2700 个,完成 13 个老小区天然气改造工程,土地山墓区景观工程投入使用。全年削减化学需氧量 103.2 吨、氨氮 7.3 吨,关停"三高两低"企业*2 个,完成滨江热电有限公司关停并转工作,有 1 个企业通过清洁生产审核、2 个企业通过环境管理体系认证。是年,围绕"拆迁地块零障碍、安置分配零过渡"工作目标,加大民生投入,拆除农户 550 户、企业(小作坊)15 个,拆除面积超 25 万平方米,交付使用安置房 31.7 万平方米,安置拆迁户 3000 户 5800 套,实施货币化安置 377 户。全年举办大型招聘会 4 场,提供就业岗位 5720 个,解决本地劳动力 1960 人,扶持自主创业 140 人。组织各类技能培训 20 期,培训各类技能人才 1477 人。新增城保扩面 4789 人,公积金扩面 1520 人。居民养老保险续保率达 96%,新农合参保 30315 人、参保率 98.8%。免费健康体检并建立电子档案 25268 人,其中免费体检 65 周岁以上老年人及高血压、糖尿病患者 14130 人。完成企业劳动用工审查 440 人,签订工资专项集体合同 301 份,企业劳动合同签订率达 100%。发放慈善、低保、残疾人、困难家庭学生等各类补助 910 万元,第二实验小学、山观第二中学教学楼改建工程和长山中心幼儿园扩建工程有序推进,建成石牌、杨市等社区文化活动室 6 个。完成养老服务中心公办民营试点改革,杨市社区居家养老中心实行社会化运作。办理"12345"民生热线各类投诉 1355 件,办结率 100%,群众满意率达 98%以上。滨江社区、锦隆社区、金山社区创建成为江苏省和谐社区。

(朱亚丽)

## 江阴临港经济开发区

**【概况】** 2015 年,江阴临港经济开发区围绕建设临港产业城、澄西卫星城、生态宜居城工作目标,开展服务企业、服务基层"双服务"活动,积极推进重点重大工程建设,辖区经济社会继续保持持续发展的良好态势。全年完成地区生产总值 606.88 亿元,比上年增长 7.5%。全社会固定资产投资 348.5 亿元,增长 8.7%,其中工业投入 222.5 亿元、服务业投入 126 亿元,分别增长 14.2% 和 4%;公共财政预算收入 46.78 亿元,增长 11.8%。协议注册外资 6.75 亿美元,到位注册外资 3.3 亿美元。辖区规模以上企业完成工业产值 1341 亿元,增长 7.2%;限额以上批零贸易业完成零售额 20.6 亿元,增长 26.8%。金属新材料、新能源、机械装备、石化新材料、现代物流、文化创意和电子商务六大支柱产业完成业务总收入 2500 亿元。7 月,在第十二届中国企业发展论坛暨首届"一带一路"园区建设国际合作峰会上,江阴临港经济开发区荣膺"2015 年中国产业园区创新力百强"称号。在上年度江苏省开发区科学发展综合评价中,经济实力继续位居全省省级开发区第 1 位,实现"四连冠"。

**【新港区建设】** 2015 年,江阴临港经济开发区努力提升区港联动水平,深度对接上海自贸区,积极参与长江经济带通关一体化改革,加快江阴电子口岸建设和关、检、贸、运一体化运作,推动航班航线国际化、码头建设国际化、物流商贸国际化和口岸通关国际化。全年新增江阴至上海外贸内支线和江阴港至京唐港北方直达航线 2 条(集装箱航线)、江阴港至欧基港(英国和芬兰)和江阴港至新加坡件杂货月班航线 2 条,集装箱航线累计达 52 条,航班密度每周 112 班次。10 月,临港经济开发区加入长江流域园区和产业合作联盟,通过投资合作、要素资源互换、产业协调合作机制和利益共享机制,构筑对内对外双向开放、内资外资集聚辐射的长江流域带合作平台。是年,引进中包电力燃料、中储国投能源、中铂环球稀贵金属等项目,加快建设丽天石化电子交易市场,建设长三角功能性口岸港口。6 号通用码头等项目竣工验收,2 座 10 万吨级公用型码头建成投用,新沟河延伸拓浚工程、锡澄运河"五改三"项目(锡澄运河临港经济开发区段五级航道升级为三级航道)完成工程量的 70%。长江港口综合物流园区完成开票销售收入 750 亿元,上缴税金 7 亿元;保税物流中心完成监管货值 25.02 亿美元,报关单量达 22861 票;临港物流园仓库查验区域(环联 1 号库)获江苏省出入境检验检疫局进出口食品查验场所和指定储存场所资质。

**【城乡建设】** 2015 年,江阴临港经济开发区提高城市发展能级,推动高水平城乡一体化发展,加快辖区内市第二人民医院、西石桥社区卫生服务中心(改建)、生活垃圾无害化处理工程及社区老年人日间照料中心等项目建设,重点推进现代渔业产业园、振江生物科技园、新华发蔬菜种植园、花卉林果生态园、璜土万亩葡萄种植园及申南特色农业生态观光带等农业生态工程建设,智慧树教育中心、财富管理中心等项目及国际生态智慧健康城、迪卡侬等一批城市功能配套项目入驻中央商务区。是年,探索商品房回购安置和货币安置等新办法,加快港隆苑(二期)、朱家湾花园(三期)安置房建设,建成安置房 43.6 万平方米,交付使用安置房 3608 套。人民北路北延、创新南路南段等 4 条道路建成通车。加强对城乡环境的综合整治工作,累计投入 6158 万元,对辖区市容市貌、主干道路及村庄、港区、中央商务区、物流园区环境进行专项整治,完成 3 个老旧小区、6 条背街小巷、2 个农贸市场的"三改造"工程*,有 31 个村通过整洁村环境提升工程考核验收,球庄自然村通过省、无锡市考核验收并获江苏省"美丽乡村"称号。

**【保税物流中心建设】** 2015 年,江阴保税物流中心积极引导企业用足用好境内关外政策,鼓励企业在中心设立销售和采购中心,先后引进注册资金1亿美元的中铂环球稀贵金属项目、注册资金3500万美元的CSC新材料产业园,建立以美国朗邦(RONBOW)品牌为主的华东地区最大的卫浴组装出口中心和以科勒(KOHLER)品牌为主的整套卫浴进口分拨中心、以中国建筑材料集团有限公司和天合光能有限公司(GSL)为主的太阳能组件集散中心、以百威啤酒为主的消费品分拨配送中心、以德国西马克集团为主的工程设备出口集货中心、以巴西马可波罗客车为主的客车零部件进口配送中心、以江苏三房巷集团有限公司和江阴澄星实业集团有限公司为主的精聚对苯二甲酸(PTA)深加工急转"一站式"绿色通关平台,物流集聚效应凸现。是年,全力推进国家级综合保税区申报工作,启动桥梁、隧道、道路、卡口、围网和信息化等一期工程建设。全年完成监管货值25.02亿美元,报关单量22861票,货运量114.17万吨;实现开票销售收入122亿元,入库税金3512万元,比上年增长27%;注册商贸流通企业78个,为企业退税2.03亿元、缓税1.58亿元,上缴关税1.52亿元。协议注册外资1.4亿美元,到账注册外资933万美元,完成服务外包业务额4200万美元。

**【招商引项】** 2015年,江阴临港经济开发区围绕金属新材料、新能源、机械装备、石化新材料、现代物流、文化创意和电商等特色产业,瞄准央企、世界500强企业和基地型项目,加大招商引资力度,先后赴德国、日本、韩国及中国台湾、上海、青岛、北京等国家和地区开展经贸洽谈活动,相继签约总投资3000万美元的超薄蓝玻璃项目、总投资1.83亿美元的韩国医疗保健收购项目、总投资10亿美元的德国曼兹薄膜太阳能(一期)项目、总投资5亿美元的上海华诚中本碳纤维项目、总投资3亿美元的以色列航空产业园等项目。全年共签约项目46项,总投资584.34亿元,其中外资项目18项,总投资23.24亿美元;内资项目28项,总投资444.9亿元。新增项目21项,其中超3000美元项目13项;续建项目25项。工商登记协议注册外资6.75亿美元,到位注册外资3.3亿美元,逐步形成新材料、新能源(风电、光伏)、新能源智能汽车、液化天然气(LNG)清洁能源、高端制造、港口物流、城市功能项目、文化创意等规模产业集群。

**【科技创新创业】** 2015年,江阴临港经济开发区积极适应经济发展新常态,增强科技创新驱动力,加快集聚创新要素,在产学研合作、科技创新载体建设等方面加大引导力度。全年新增省级工程技术研究中心5个、省级企业技术中心1个、省级研究生工作站2个、无锡市企业设计中心2个、江阴市院士工作站2个、规模以上企业研发机构19个,新认定高新技术企业16个、省信用贯标企业20个、省"两化融合"*试点企业3个,实施省工业和信息产业转型升级专项项目8项、省产业前瞻与共性关键技术重点研发计划项目1项、省创新能力建设计划项目1项、省创新资金项目1项、省文化产业引导资金项目2项和无锡市农业科技支撑计划项目1项,获扶持资金1000多万元。是年,建立全市首个节能环保产业技术研究院,促进节能环保产业优化升级;成立三牛众创空间、电子商务创业孵化基地澄e工场、海之语创客空间3个创业孵化基地,创办远景能源智慧风场资产和能源管理软件平台,培养和发展战略性新兴产业。江苏远景能源科技有限公司研发推出1.5兆瓦87米、1.5兆瓦93米大叶轮低风速风机,开辟低风速风机的新领域,其中EcosWing超导风机项目获得欧盟"地平线2020计划"*研发资助1亿元;苏南中关村江阴科技成果转化中心、上海文交所(金一)黄金艺术品交易中心等建成投运,无锡博棠电子商务有限公司被批准为江苏省电子商务人才培训基地,江苏双良节能股份有限公司被批准为国家知识产权优势企业。全年新增各类高层次人才113人,其中国家"千人计划"*人才2人,开展各类产学研项目21项,兑付发展扶持资金2158万元,申报国际专利条约(PCT)2件,累计有效发明专利达420项。机械装备产业园被评为江苏省科技产业园,"西城钢铁"、福斯特纺织保丹"BAODAN"获"中国驰名商标"称号,江阴临港经济开发区跻身中国产业园创新力百强行列。

**【重点重大项目建设】** 2015年,江阴临港经济开发区开展服务企业、服务基层"双服务"和推进重点项目、重点工程"双推进"活动,新增重点重大项目11项,其中中建材凯盛集团1.5吉瓦铜铟镓硒薄膜太阳能电池项目总投资100亿元,香港哈纳斯集团长三角清洁能源液化天然气(LNG)集散中心项目总投资60亿元。全年开工建设项目34项,总投资134.34亿元,其中方程科技项目总投资6.3亿元、挪赛夫游艇和救生设备项目总投资5000万美元、普洛斯工业物流项目总投资1.5亿美元、常隆客车节能及新能源客车建设项目总投资26亿元、嘉鸿医用新材料项目总投资3500万美元;竣工投产项目65项,总投资257.11亿元,其中利生触摸屏项目总投资1.5亿元、久八高铁新材料生产和机械金属制品加工项目总投资2.5亿元、中矿立兴锚杆动力无损检测仪项目总投资2.1亿元、汉邦二期项目总投资65.5亿元、利港电厂扩能(四期)项目总投资6.91亿美元;在批拟建项目68项,总投资395.82亿元,其中中节能工业地产项目总投资6亿元、宇联废钢加工中心项目总投资10亿元、中建材500兆瓦CIGS薄膜太阳能电池组件生产线项目总投资100亿元、振江4.0兆瓦及以上大型海上风力发电核心零部件项目总投资5亿元、广豫感光项目总投资2.7亿元、深圳宝湾综合物流项目总投资1.5亿美元。

**【社会事业】** 2015年,江阴临港经济开发区在改善民生福祉、提升百姓幸福满意度上求突破,积极探索企业、社会机构、学校及政府共同协作的"3+1"职业技能培训新模式,实现本地劳动力就业6472人,就业率达98%,新型农村合作医疗保险、被征地农民基本生活保障覆盖率均达100%。全年完成民生投入10.5亿元,完成利港电力有限公司1号、2号、5号、8号机组及苏龙热电有限公司1号、2号、6号机组大气污染物超低排放改造工程,建成化工园区监控平台、大气自动化监测站,对505个重点排污企业和规模以上工业企业进行检查,超额完成年度化学需氧量、氨氮削减任务。在全市率先建成村(社区)司法行政服务站36个,化解各类矛盾纠纷超2000件;创建国家级公共文化服务体系示范区33个,辖区安全伤亡事故和死亡人数实现双下降。是年,临港街道完成夏港、利港、申港、璜土4个集镇区6条背街小巷和新港小区、明珠花苑、兴港小区3个老旧小区改造工程,整治家河32条,清淤疏浚河道11条近12千米。璜土镇对辖区内镇澄路、桃花港路实施绿化改造,完成老桃花港、小湖港等15条河道整治工程,新开通130路、131路镇村公交线,建成省级乡镇农科教综合示范基地,成功申报家庭农场28个、省级示范家庭农场2个,创建“无锡市幸福村”9个,被无锡市政府评为农村河道综合整治示范镇。开发区便民服务中心实施“一条龙”服务,办结率达100%,被评为无锡市群众满意行政(便民)服务中心。 (华柳霞)

## 江苏江阴—靖江工业园区

**【概况】** 2015年,江苏江阴—靖江工业园区面对经济下行压力,积极稳定经济增长,加快转型提升,统筹推进载体建设、社会事业等各项工作,推动跨江联动开发取得新实效。全年完成地区生产总值91.07亿元,规模以上工业总产值153.6亿元;公共财政预算收入5.72亿元,比上年增长7.5%;限额以上企业完成零售额4.17亿元,增长5%。全社会固定资产投资14.63亿元,其中工业投入7.85亿元,服务业及基础设施投入6.78亿元;协议注册外资1.52亿美元,到位注册外资1亿美元。

**【招商引项】** 2015年,江阴—靖江工业园区锁定船舶、重钢结构、车船零部件、冶金新材料、机械装备和现代服务产业,采取产业链招商、“敲门式”招商、规划招商、主题招商、委托招商、代理招商及定向招商等方式,先后赴欧洲、美国和中国北京、上海、广州、深圳等地开展专题招商活动,主攻一批延长、强化产业链的配套项目和战略性新兴产业项目,加快引进产业链高端环节、缺失环节的重点项目。年内,总投资1.5亿美元的高精度金属材料深加工项目、总投资5000万美元的高精管件深加工项目、总投资1000万美元的超级浓缩液项目、总投资10亿元的大明港口物流项目、总投资8亿元的惠隆港口物流项目、总投资5亿元的新型建筑钢结构项目和总投资2亿元的钢结构制造等项目签约,总投资2亿美元的扬子江投资项目、总投资7亿元的太阳鸟游艇等项目有序推进。是年,江苏三鹏汽车配件有限公司、江苏大明金属科技有限公司等一批产业集聚度高、科技含量高的企业相继落户工业园区。全年引进项目8项,总投资超39亿元。

**【主导产业发展】** 2015年,江阴—靖江工业园区立足产业链延伸,加快推动“船、车、机、电”等主导产业向产业高端攀升、向相关领域延伸,推进中建新型建筑、中船钢构、长强钢铁等项目建设,逐步形成船舶制造、重钢结构、车船零部件、冶金新材料、机械装备等百亿级工业产业集群。年内,实施“科技兴园”战略,鼓励企业加大技术改造、产品升级和科技创新力度,进一步增资扩股、扩大投资,大力发展新材料、新技术、新能源等新兴产业。江苏中泰桥梁钢构股份有限公司投资1.5亿元建成企业技术研发中心,不断向桥梁钢构尖端领域拓展;江苏新扬子江造船有限公司与高校、科研院所进行全方位合作,设立国家级博士后科研工作站,实施一系列船舶制造研发计划和创新拓展项目;中建钢构江苏有限公司设立行业首个国际实验室,获国家级检测中心认证;中铁建康远新材料有限公司研发的350千米/小时高速铁路合金线填补国内空白,合成技术处于世界领先水平。是年,建成中国民营造船产业基地、国家重钢结构产业基地和“特色冶金—机电—汽车零部件—特色车辆”“特色冶金—钢结构—船舶修造”2条产业链,并通过江苏省知识产权试点园区验收,获“中国影响力、创新力、成长力百强园区”等称号。

**【重点重大项目建设】** 2015年,江阴—靖江工业园区抢抓长江经济带建设战略机遇,强化港口规划控制,推进散小码头岸线优化整合,加快实施以三圩路改造为重点的道路建设、以沿江公路为重点的绿化和亮化工程、以溢馨苑建设为重点的安置拆迁及以扬子英伦花园为重点的精品楼宇建设等工程,有序推进基础设施建设。总投资1.6亿美元的大明重工、总投资1.5亿美元的大明金属科技等4项项目竣工投产;总投资2500万美元的中力机械、总投资1000万美元的东方能源润滑油仓储、总投资2亿元的盛佳精密特钢深加工等项目开工建设;总投资5亿元的综合建材市场、总投资2亿元的有色金属材料市场、总投资8000万元的海鹏特种车、总投资5000万元的中燃仓储等项目正在加紧审批。全年有在建项目4项,拟建项目7项,重点推进项目5项、意向项目31项,项目涉及先进制造业、现代服务业等领域。

**【社会事业】** 2015年,江阴—靖江工业园区抢抓国家适当放开地方政府融资政策及加大基础投入等机遇,不断完善园区基础设施建设,提升功能配套能力,中央商务区、居民生活区、社区服务中心等配套服务设施建设进展顺利。全年拆迁面积20万平方米,竣工交付安置房1005套,续建安置房7万平方米。是年,加大被征地农民社会保障力度,实现辖区内城乡居民养老保险全覆盖;加强农民技能培训、企业就业信息收集整理,鼓励农民自主创业,有效拓宽就业渠道。推进村、社区道路硬化建设,启动园区环境提升工程,相继完成雨污管线铺设、防洪排涝设施等市政建设工程,中力机械道路建成通车,莲沁苑、溢馨苑及沿江高等级公路亮化工程有序推进。 (毛 璧)

■类目编辑 延克俭

# 企业上市

## 阵容变化

【概况】 2015年，江阴市企业上市（挂牌）工作继续顺应国内宏观经济"调结构、转方式"的总体要求，在证监会不断完善多层次资本市场体系建设、A股首次公开发行股票（IPO）审核节奏变化、兼并重组审核加快的政策形势下，始终坚定信心、攻坚克难、扎实举措，取得了良好成效。年内，江阴中南重工股份有限公司完成对大唐辉煌传媒股份有限公司100%股权的收购，实现跨界经营、双主业发展；江苏华宏科技股份有限公司完成对江苏威尔曼科技股份有限公司100%股权的收购，通过资本市场实现公司外延式发展，增强了上市公司综合实力。江阴农村商业银行、江苏申利实业股份有限公司、江苏广信感光新材料股份有限公司、江阴市苏利精细化工有限公司、江阴市神宇通信技术有限公司、江阴江化微电子材料股份有限公司、江阴市润玛电子材料有限公司、江阴市恒润重工股份有限公司8个企业的IPO申报材料被证监会正式受理，排队待审；江苏雪豹日化有限公司中国香港上市事项稳步推进；江阴市友佳珠光云母有限公司谋划韩国证券交易所上市。14个企业正式在全国中小企业股份转让系统成功挂牌。2个"新三板"*后备企业的挂牌申报材料被全国中小企业股份转让系统正式受理。至年末，全市有35个上市公司，36只股票，其中境外上市12个，创业板2个，中小板11个，沪深主板10个。"新三板"挂牌企业24个，地方股权交易中心挂牌64个。

【"康爱特"】 2015年1月15日，江阴康爱特包装股份有限公司在全国中小企业股份转让系统正式挂牌，股票代码831763。公司的主营业务为"创意美丽中国"（IBC）集装桶、吹塑桶等产品及配件的生产和销售。产品广泛用于油脂、染料、中间体、农药、酿造、日化、饮料、食品等液体行业。

【"天邦涂料"】 2015年1月22日，江阴市天邦涂料股份有限公司在全国中小企业股份转让系统正式挂牌，股票代码831771。公司的主营业务为涂料产品的研发、生产与销售。

【"延利饰件"】 2015年1月23日，江阴市延利汽车饰件股份有限公司在全国中小企业股份转让系统正式挂牌，股票代码831867。公司的主营业务为汽车内外饰件基材及相关饰件产品的研发、制造和销售。

【"孚尔姆"】 2015年4月7日，江苏孚尔姆焊业股份有限公司在全国中小企业股份转让系统正式挂牌，股票代码832229。公司的主营业务为焊条、焊丝的研发、生产、销售。

【"无锡绿力"】 2015年4月15日，无锡绿力环保科技股份有限公司在全国中小企业股份转让系统正式挂牌，股票代码832237。公司的主营业务为食品纸包装产品的研发、生产、销售，主要产品为食品淋膜纸以及食品纸容器。

【"润达光伏"】 2015年5月5日，江苏润达光伏股份有限公司在全国中小企业股份转让系统正式挂牌，股票代码832391。公司的主营业务为太阳能电池、组件及相关配件的研发、生产、销售，主要产品为光伏太阳能组件。

【"新光镭射"】 2015年8月10日，江阴新光镭射包装材料股份有限公司在全国中小企业股份转让系统正式挂牌，股票代码833043。公司的主营业务为涂布膜的研发、生产及销售。

【"必得科技"】 2015年10月15日，江苏必得科技股份有限公司在全国中小企业股份转让系统正式挂牌，股票代码833643。公司的主营业务为铁路、轨道交通机车车辆的电缆保护系统、空调通风系统、撒砂装置领域内的相关零部件的研发、生产和销售。

【"华溢物流"】 2015年11月9日，江苏华溢物流股份有限公司在全国中小企业股份转让系统正式挂牌，股票代码834007。公司的主营业务为第三方物流服务。

【"万兴股份"】 2015年12月3日，江阴万事兴汽车部件制造股份有限公司在全国中小企业股份转让系统正式挂牌，股票代码834609。公司的主营业务为汽车内外饰件、发动机附件系统及其他车身辅件的生产和销售。

【"百意中医"】 2015年12月4日，江阴百意中医医院股份有限公司在全国中小企业股份转让系统正式挂牌，股票代码834612。公司的主营业务为给患者提供以中医为主、西医为辅的综合性医疗服务,主要包括中医内科、西医内科、中医肿瘤科、中医骨科、针灸推拿科等。

**【“鼎阳电力”】** 2015年12月8日,江苏鼎阳绿能电力股份有限公司在全国中小企业股份转让系统正式挂牌,股票代码834719。公司的主营业务为主要从事光伏电站投资、开发、建设、运营等。

**【“联通纪元”】** 2015年12月9日,江苏联通纪元印务股份有限公司在全国中小企业股份转让系统正式挂牌,股票代码834725。公司的主营业务为卷烟烟标及其他相关包装产品的设计、生产及销售。

**【“舜阳科技”】** 2015年12月28日,无锡舜阳新能源科技股份有限公司在全国中小企业股份转让系统正式挂牌。公司的主营业务为主要从事石英坩埚的研究、开发、制造、加工、销售。

## 国内上市公司动态

**【概况】** 2015年,江阴市23个国内上市公司严格按照中国证监会、省证监局等监管部门的相关文件要求,积极规范上市公司治理、加强与投资者联系、扩大分红比例,树立了良好的上市公司形象。在兼并重组审核加快的政策形势下,年内,“中南重工”完成对“大唐辉煌”100%股权的收购,实现了跨界经营、双主业发展;“华宏科技”完成对“威尔曼”100%股权的收购,通过资本市场实现公司外延式发展,增强了上市公司综合实力。

**【“中达股份”】** 2015年2月26日,江苏中达新材料集团股份有限公司发布公告:公司收到中国证监会于2015年2月17日下发的《关于核准江苏中达新材料集团股份有限公司重大资产重组及向庄敏等发行股份购买资产的批复》,核准公司此次重大资产重组及向庄敏发行841482488股股份、向庄明发行42499116股股份、向陈海昌发行108797736股股份、向蒋俊杰发行27199434股股份、向深圳日昇创沅资产管理有限公司发行339992924股股份购买相关资产。3月7日,公司发布公告:此次拟购买资产深圳市保千里电子有限公司的股权过户手续及相关工商登记工作完成。4月8日,公司召开2014年度股东大会,审议通过《2014年度董事会工作报告》《2014年度报告及摘要》。审议通过《2014年度利润分配方案》:公司决定2014年度不进行股利分配和公积金转增股本。审议通过《关于修改公司名称的议案》:将公司注册名称的中文全称由“江苏中达新材料集团股份有限公司”变更为“江苏保千里科技集团股份有限公司”。同日,公司召开第七届董事会第一次会议,审议通过《关于选举公司董事长的议案》:选举庄敏为公司第七届董事会董事长,任期三年。4月28日,公司召开第七届董事会第三次会议,审议通过《关于变更公司证券简称的议案》:证券简称由“中达股份”变更为“保千里”,公司股票代码“600074”保持不变。10月29日,公司召开2015年第四次临时股东大会,审议通过《关于公司非公开发行股票方案的议案》:拟向特定对象定向发行股票,募集资金总额不超过198880.37万元,扣除发行费用后将用于投资汽车主动安全系统全网建设项目、商用显示系列产品建设项目、“手机打令”(是保千里电子将推出的一款集合远距离夜视、手机充电、高容量存储、APP连动等功能的高科技产品)产业化项目、云端大数据服务系统建设项目、研发中心建设项目。11月25日,公司召开2015年第六次临时股东大会,审议通过《关于公司非公开发行公司债券方案的议案》:此次拟非公开发行公司债券票面总额不超过12亿元,债券面值100元,按面值平价发行;此次非公开发行的公司债券票面利率在债券存续期内固定不变,采取单利按年计息,不计复利;此次非公开发行的公司债券期限为不超过3年,按年付息、到期一次还本。12月17日,公司召开2015年第七次临时股东大会,审议通过《关于拟投资设立深圳千里财富投资并购基金企业的议案》:拟与深圳市百岁兰投资管理有限公司、深圳中保大成产业投资管理有限公司、大成创新资本管理有限公司、深圳市百岁兰投资企业签署《深圳市岁兰千里产业并购基金合伙企业(有限合伙)之有限合伙协议》,共同出资设立深圳市岁兰千里产业并购基金合伙企业(有限合伙)。全体合伙人的认缴出资总额为103100万元,其中公司以自有资金出资20000万元。

**【“澄星股份”】** 2015年4月15日,江苏澄星磷化工股份有限公司召开2014年度股东大会,审议通过《2014年度董事会工作报告》《2014年度报告全文及摘要》。审议通过《关于2014年度利润分配的预案》:以2014年12月31日公司总股本为基数,向全体股东每10股派发0.15元现金红利(含税),剩余的未分配利润滚存到以后年度,2014年度不送股,资本公积金不转增股本。7月16日,公司召开2015年第二次临时股东大会,审议通过《关于公司非公开发行股票方案的议案》:拟向为包括澄星集团在内的不超过10名的特定投资者非公开发行不超过551099561股股票,募集资金总额不超过640928.79万元,扣除发行费用后的募集资金净额将用于投资中低品位磷矿综合利用项目、黄磷及磷酸生产节能减排循环经济项目、高技术含量、高附加值精细磷化工及超净高纯电子化学品项目、磷化工电子商务平台及营销配套设施项目、偿还银行贷款。12月23日,公司召开2015年第四次临时股东大会,审议通过《关于公司本次重大资产购买暨关联交易方案的议案》:公司拟以支付现金方式,向澄星集团购买其持有的云南省弥勒县雷打滩水电有限责任公司55%的股权,交易双方确定本次购买标的资产的交易金额为33641万元。同日,公司发布公告:公司于12月22日收到中国证监会“调查通知书”,因公司涉嫌未按规定披露信息,根据《中华人民共和国证券法》的有关规定,中国证监会决定对公司立案调查;同日,公司控股股东澄星集团收到中国证监会“调查通知书”,因澄星集团涉嫌违法违规,根据《中华人民共和国证券法》的有关规定,中国证监会决定对澄星集团立案调查。

【"江苏阳光"】 2015年1月28日,江苏阳光股份有限公司发布公告:公司于1月27日与平安银行股份有限公司上海分行签署《最高额抵押担保合同》以沪房地黄字(2000)第000029号房产为阳光集团向平安银行贷款提供抵押担保,担保金额为3亿元,期限自2015年1月27日至2017年1月21日。截至1月28日公告日,公司为控股股东累计担保余额为3亿元。3月5日,公司召开2015年第一次临时股东大会,审议通过《关于公司非公开发行公司债券方案的议案》:拟非公开发行的公司债券本金总额不超过7亿元,债券期限不超过5年,此次债券为固定利率债券,募集资金扣除发行费用后拟全部用于补充营运资金。江苏阳光集团有限公司为此次非公开发行公司债券提供无条件不可撤销连带责任担保。5月8日,公司召开2014年度股东大会,审议通过《公司2014年度董事会工作报告》《公司2014年度报告全文及摘要》。审议通过《公司2014年度利润分配及资本公积金转增股本的预案》:由于2014年度母公司当年可供股东分配的利润为负数,公司2014年度不分配不转增。5月19日,公司发布2015年度第一期中期票据发行结果公告:该期票据发行规模为7亿元,发行利率为7.5%,期限为3年,单位面值100元,起息日2015年5月15日,兑付日2018年5月15日;此次票据发行募集的资金主要用于补充生产经营流动资金需求、置换银行贷款;该期中期票据由中国工商银行股份有限公司作为主承销商及簿记管理人、北京银行股份有限公司作为联席主承销商,通过簿记建档、集中配售的方式在全国银行间债券市场公开发行。6月3日,公司召开2015年第二次临时股东大会,审议通过《江苏阳光股份有限公司关于向江阴金瑞织染有限公司提供委托贷款的议案》:同意公司通过第三方金融机构向江阴金瑞织染有限公司提供不超过6亿元的委托贷款,期限为1年,利率为8.5%。

【"三房巷"】 2015年4月20日,江苏三房巷实业股份有限公司召开2014年度股东大会,审议通过《2014年度董事会工作报告》《2014年度报告全文及摘要》。审议通过《2014年度利润分配方案》:拟定以2014年12月31日的总股本318897692股为基数,向全体股东每10股派现金股利0.15元(含税),共计派发现金4783465.38元;2014年度不进行资本公积金转增股本。9月30日,公司发布公告:公司完成法定代表人的工商变更登记手续,公司法定代表人变更为卞平芳。12月23日,公司召开2015年第二次临时股东大会,审议通过《关于公司与三房巷财务有限公司签署〈金融服务协议〉暨关联交易的议案》。

【"海澜之家"】 2015年3月25日,海澜之家股份有限公司召开2014年度股东大会,审议通过《公司2014年度报告及其摘要》《公司2014年度董事会工作报告》。审议通过《公司2014年度利润分配及资本公积金转增股本的预案》:拟以2014年12月31日总股本4492757924股为基数,向全体股东每10股派发现金红利3.8元(含税),合计派发1707248011.12元,剩余未分配利润结转以后年度分配;2014年度不进行资本公积金转增股本。8月7日,公司召开2015年第一次临时股东大会,审议通过《关于〈海澜之家股份有限公司第一期员工持股计划(草案)〉及其摘要的议案》。

【"海润光伏"】 2015年4月16日,海润光伏科技股份有限公司召开第五届董事会第四十八次(临时)会议,审议通过11项议案,其中《关于公司实际控制人认定的议案》:江苏紫金电子集团有限公司、杨怀进、吴艇艇于2015年4月15日签署《一致行动人协议之终止协议》,一致行动人关系解除,公司董事会中紫金电子委派的董事会成员将辞去董事职务,陆克平不再是公司的实际控制人。4月23日,公司发布股票实施风险警示公告:自2015年4月24日起,公司股票简称由"海润光伏"变更为"*ST海润",股票代码仍为600401,股票价格的日涨跌幅限制为5%。5月14日,公司召开2014年度股东大会,审议通过《关于公司2014年度董事会工作报告的议案》《关于公司2014年度报告全文及其摘要的议案》。审议通过《关于公司2014年度利润分配及资本公积金转增股本的预案》:拟以2014年12月31日股本1574978384股为基数,以资本公积金向全体股东每10股转增20股。5月29日,公司召开2015年第二次临时股东大会,审议通过《关于公司与联合光伏集团有限公司签署〈下属930兆瓦光伏电站项目投资合作框架协议〉的议案》。7月16日,公司召开2015年第四次临时股东大会,审议通过《关于变更部分募集资金投资项目的议案》:拟将原募投项目罗马尼亚光伏电站项目(198182.8万元)、晶硅电池技术研发中心建设项目(22528.3万元)、年产2016吨多晶硅锭及8000万片多晶硅片扩建项目(61096.8万元)、偿还贷款(89866.51万元)变更为罗马尼亚光伏电站项目(73788.12万元)、年产2016吨多晶硅锭及8000万片多晶硅片扩建项目(24779.53万元)、偿还贷款(89866.51万元)、云南红河州建水县150兆瓦地面式光伏电站项目(117945.04万元)、云南红河州蒙自县50兆瓦地面式光伏电站项目(38458.7万元)、永久性补充公司流动资金(26836.51万元及其银行利息)。此次变更募集资金投向的金额为183240.25万元。10月23日,公司发布关于收到江苏证监局"行政处罚决定书"及"行政监管措施决定书"的公告。

【"双良节能"】 2015年4月22日,江苏双良节能系统股份有限公司召开2014年度股东大会,审议通过《2014年度董事会工作报告》《关于2014年度报告及其摘要》。审议通过《2014年度利润分配预案》:向全体股东按每10股派发现金股利4元(含税),剩余的未分配利润滚存到以后年度;公司2014年度不送红股,不进行资本公积金转增股本。逐项审议通过《关于双良节能系统股份有限公司重大资产置换暨关联交易方案的议案》:拟以公司持有的江苏利士德化工有限公司75%股权与江苏双良科技有限公司及江苏利创新能源有限公司合计持有的江苏双良新能源装备有限公司85%股权进行置换,交易标的作价为36458.44万元。5月13日,公司发布关于重大资产置换相关资产完成交割的公告。5月28日,公司发布关于收购浙江商达环保有限公司股权及增资的公告:以现金1.87亿元收购浙江商达环保有限公司60%的股权,并以现金3000万元对商达环保进行增资。6月13日,公司发布关于公司性质变更的公告:无锡市行政工商管理局批准公司由中外合资股份有限公司变更为内资股份有限公司,并核发营业执照。7月30日,公司召开第五届董事会第六次会议,审议通过《2015年半年度报告及其摘要的议案》。审议通过《2015年半年度利润分配及资本公积转增股本的预案的议案》:拟以截至2015年6月30日的总股本810247904股为基数,向全体股东每10股派送红股2股并派发现金红利0.5元(含税),共计分配利润202561976元,尚余可分配利润26278602.49元转入以后年度;同时,以资本公积金每10股转增8股,合计转增股本648198323.2元。8月20日,公司召开2015年第一次临时股东大会,审议通过《关于投资设立双良低碳产业投资基金的议案》:公司拟与公司控股股东的一致行动人“双良科技”和江苏双良低碳产业投资管理有限公司共同发起设立双良低碳产业投资基金,基金总规模20.1亿元。11月3日,公司发布关于“12双良节”公司债券票面利率不调整的公告,利率仍为5.88%。

**【“长电科技”】** 2015年2月12日,江苏长电科技股份有限公司召开2015年第一次临时股东大会,审议通过《关于公司收购STATS ChipPAC Ltd.暨实施重大资产重组的议案》《关于变更部分募集资金投资项目的议案》。4月15日,公司召开2014年度股东大会,审议通过《董事会工作报告》《长电科技2014年年度报告全文及摘要》。审议通过《关于公司2014年度利润分配的预案》:以2014年度末总股本98457万股为基数,每10股派发现金红利0.1元(含税),共计分配984.57万元,分配后公司未分配利润结余转入下一年度;2014年度,公司不进行资本公积金转增股本,不送红股。4月27日,公司召开2015年第二次临时股东大会,审议通过《关于公司申请发行短期融资券的议案》。6月18日,公司召开2015年第三次临时股东大会,审议通过《关于公司发行股份购买资产并募集配套资金暨关联交易的议案》:拟以发行股份的方式购买江苏新潮科技集团有限公司持有的江阴长电先进封装有限公司16.19%股权,交易价格为328778280元。7月8日,公司发布2015年度第一期短期融资券发行完毕公告:公司于6月24日在全国银行间债券市场公开发行短期融资券4亿元,票面利率为6.25%,主承销商为中国银行股份有限公司。8月3日,公司召开2015年第四次临时股东大会,审议通过《关于公司发行非公开定向债(私募债)的议案》:拟发行总额不超过10亿元的非公开定向债,在总量控制的范围内分两到三期发行;第一期发行5亿元。8月27日,公司发布公告:公司于8月26日收到中国证监会通知,经中国证监会上市公司并购重组委于2015年8月26日召开的2015年第70次并购重组委工作会议审核,公司发行股份购买资产并募集配套资金暨关联交易事项获得无条件通过。10月29日,公司发布2015年度第二、第三期短期融资券发行完毕公告:公司分别于10月13日、10月22日在全国银行间债券市场公开发行短期融资券各3亿元,票面利率3.73%,主承销商中国银行股份有限公司。11月3日,公司发布公告:公司于11月2日收到中国证监会《关于核准江苏长电科技股份有限公司向江苏新潮科技集团有限公司发行股份购买资产并募集配套资金的批复》,核准公司向江苏新潮科技集团有限公司发行28076710股股份购买相关资产,以及非公开发行不超过23268101股新股募集此次发行股份购买资产的配套资金。同日,公司发布2015年度第一期非公开定向债务融资工具发行完毕公告:公司于10月30日发行“15长电科技PPN001”4亿元,期限180天,票面利率4.5%,主承销商为上海浦东发展银行股份有限公司。12月3日,公司召开2015年第六次临时股东大会,审议通过《关于公司申请发行超短期融资券的议案》《关于公司申请发行中期票据的议案》。12月19日,公司发布2015年度第四期短期融资券发行完毕公告:公司于12月17日在全国银行间债券市场公开发行短期融资券6亿元,期限366天,票面利率4.3%,主承销商兴业银行股份有限公司。

**【“江南水务”】** 2015年4月28日,江苏江南水务股份有限公司发布公告:公司近日收到江苏省国资委下发的《江苏省国资委关于同意江苏江南水务股份有限公司公开发行可转换公司债券的批复》,经江苏省国资委审核,同意江苏江南水务股份有限公司公开发行不超过7.6亿元可转换A股股票的公司债券。5月20日,公司召开2014年度股东大会,审议通过《2014年度董事会报告》《2014年度报告全文及其摘要》。审议通过《关于公司2014年度利润分配的预案》:以2014年12月31日总股本23380万股为基数,向全体股东每股派发现金红利0.23元(含税),共派发现金红利53774000元,尚余未分配利润313674520.05元转入下一年度;2014年度不进行资本公积金转增股本方案。6月24日,公司召开2015年第一次临时股东大会,审议通过《关于公司公开发行A股可转换公司债券发行方案的议案》《关于拟签订〈江阴市应急备用水采购合同〉的议案》。12月7日,公司召开2015年第三次临时股东大会,审议通过《关于公司2015年半年度资本公积金转增股本的预案》。12月28日,公司发布公告:12月25日,中国证监会发行审核委员会2015年第212次发行审核委员会工作会议对江苏江南水务股份有限公司公开发行可转换公司债券的申请进行审核并获通过。

**【“吉鑫科技”】** 2015年5月11日,江苏吉鑫风能科技股份有限公司召开2014年度股东大会,审议通过《2014年度董事会工作报告》《关于审议并披露2014年度报告及其摘要的议案》。审议通过《2014年度利润分配及资本公积金转增股本预案》:以公司总股本99176万股为基数,向全体股东每10股派发现金红利0.3元(含税),共计派发现金2975.28万元,剩余未分配利润结转以后年度分配。2014年度公司不实施资本公积金转增股本。

**【“四环生物”】** 2015年4月24日,江苏四环生物股份有限公司召开2014年度股东大会,审议通过《2014年度报告全文及摘要》《2014年度董事会工作报告》。审议通过《2014年度利润分配预案》:公司2014年度不进行利润分配也不进行资本公积金转增。

**【“友利控股”】** 2015年4月3日,江苏友利投资控股股份有限公司召开2014年度股东大会,审议通过《公司2014年度报告全文和摘要》《2014年度公司董事会工作报告》。审议通过《公司2014年度利润分配预案》:不分配现金红利,不送红股,不以资本公积金转增股本。

**【“模塑科技”】** 2015年6月16日,江南模塑科技股份有限公司召开2014年度股东大会,审议通过《2014年度董事会工作报告》《2014年度报告正文及摘要》。审议通过《2014年度利润分配预案》:以非公开发行股票后公司的总股本358603951股为基数,向全体股东按每10股派发现金股利1.3元(含税),共计派发46618513.63元。利润分配后,剩余未分配利润转入下一年度。

**【“法尔胜”】** 2015年4月20日,江苏法尔胜股份有限公司召开2014年度股东大会,审议通过《公司2014年度报告正文及摘要》《公司2014年度董事会工作报告》。审议通过《公司2014年度利润分配预案》:公司2014年度不进行利润分配,不提取法定公积金,不分现金红利,不送股,不进行资本公积金转增股本。9月25日,公司召开2015年度第一次临时股东大会,审议通过《关于公司发行股份及支付现金购买资产并募集配套资金暨关联交易方案的议案》:公司向江苏华中融资租赁有限公司(“华中租赁”)的直接和间接股东发行股份并支付现金收购“华中租赁”100%股权,交易对价为216000万元;公司向上海摩山商业保理有限公司(“摩山保理”)所有股东发行股份收购“摩山保理”100%股权,交易对价为120000万元。12月25日,公司召开2015年第二次临时股东大会,审议通过《关于转让参股公司江阴贝卡尔特钢丝制品有限公司18%股权的议案》。

**【“华西股份”】** 2015年6月5日,江苏华西村股份有限公司召开2014年度股东大会,审议通过《2014年度董事会工作报告》《2014年度报告全文及摘要》。审议通过《2014年度利润分配预案》:此次分配公司不送红股也不进行资本公积金转增股本。7月21日,公司发布公告:公司于7月20日收到中国证监会出具的《关于核准江苏华西村股份有限公司非公开发行股票的批复》,核准公司非公开发行不超过13800万股新股,有效期6个月。9月8日,公司召开2015年第一次临时股东大会,审议通过《关于公司公开发行公司债券方案的议案》:此次发行的公司债券票面总额为不超过9亿元,期限不超过5年,以分期形式面向合格投资者公开发行,扣除发行费用后,此次发行公司债券的募集资金拟用于补充营运资金。11月20日,公司发布公告:公司于11月19日收到中国证监会出具的《关于核准江苏华西村股份有限公司向合格投资者公开发行公司债券的批复》,核准公司向合格投资者公开发行面值总额不超过9亿元的公司债券,此次公司债券采用分期发行方式,首期发行自中国证监会核准发行之日起12个月内完成;其余各期债券发行,自中国证监会核准发行之日起24个月内完成。

**【“霞客环保”】** 2015年3月16日,江苏霞客环保色纺股份有限公司发布公告:3月13日,在无锡市中级人民法院的监督下,评标委员会对投标人提交的投标文件进行评审,确定由上海惇德股权投资有限公司、上海竑悦投资管理中心(有限合伙)、北京中航安科技有限公司三个企业组成的联合体担任江苏霞客环保色纺股份有限公司重整投资人。3月16日,管理人、江苏霞客环保色纺股份有限公司与上海惇德股权投资有限公司、上海竑悦投资管理中心(有限合伙)、北京中航安科技有限公司签署《关于参与江苏霞客环保色纺股份有限公司重整程序之投资协议书》,并收到重整投资人出具的承诺函。4月18日,公司发布公告:4月16日,无锡中院依法作出《民事裁定书》,批准江苏霞客环保色纺股份有限公司重整计划及终止江苏霞客环保色纺股份有限公司重整程序,该裁定为终审裁定。5月21日,公司召开2014年度股东大会,审议通过《公司2014年度董事会工作报告》《公司2014年度报告及摘要》。审议通过《公司2014年度利润分配预案》:2014年度不向股东分配股利,也不进行资本公积金转增股本。11月7日,公司发布关于重整计划执行完毕的公告。

**【“中南重工”】** 2015年1月5日,江阴中南重工股份有限公司发布关于重大资产重组事项获得中国证监会审核通过的公告。4月30日,公司召开2015年第三次临时股东大会,审议通过《拟收购上海千易志诚文化传媒有限公司100%股权的议案》。5月15日,公司召开2014年度股东大会,审议通过《关于公司2014年度董事会工作报告的议案》《公司2014年度报告》。审议通过《关于公司2014年度利润分配预案的议案》:以分红股权登记日深圳证券交易所收市后的总股本为基数,向全体股东每10股派发现金红利0.2元(含税),共计派发现金红利7387665.96元(含税),剩余未分配利润结转下年度。除上述现金分红外,此次分配公司不送红股,不以资本公积金转增股本。6月8日,公司召开2015年第四次临时股东大会,审议通过《关于发行公司债券的议案》:此次发行的公司债券为固定利率债券,此次发行公司债券的期限为不超过5年,募集资金用于补充流动资金。12月11日,公司召开2015年第七次临时股东大会,审议通过《关于公司发行股份及支付现金购买资产并募集配套资金方案的议案》:此次拟发行股份及支付现金购买资产的标的资产为深圳市值尚互动科技有限公司(“值尚互动”)100%的股权,标的资产最终交易价格为87000万元。12月22日,公司发布关于拟公开发行公司债券事项获得中国证监会核准的公告:公司于12月21日收到中国证监会核发的《关于核准江阴中南重工股份有限公司向合格投资者公开发行公司债券的批复》,核准公司向合格投资者公开发行面值总额不超过6亿元的公司债券。

**【"百川股份"】** 2015年4月27日,无锡百川化工股份有限公司召开2014年度股东大会,审议通过《关于公司〈2014年度报告及摘要〉的议案》《关于公司〈2014年度董事会工作报告〉的议案》。审议通过《关于公司2014年度利润分配方案》:拟以2014年末总股本23706万股为基数,向全体股东每10股派发现金股利2.5元(含税),合计向全体股东派发现金红利5926.5万元;此次分配公司不送红股,以资本公积金向全体股东每10股转增10股。

**【"爱康科技"】** 2015年1月30日,江苏爱康科技股份有限公司召开2015年第一次临时股东大会,审议通过《关于向特定对象非公开发行股票方案的议案》《关于江苏爱康科技股份有限公司非公开发行股票预案的议案》。4月21日,公司召开2014年度股东大会,审议通过《董事会工作报告》《2014年度报告及摘要》。审议通过《2014年度利润分配方案》:拟以资本公积金向全体股东每10股转增10股。7月9日,公司召开2015年第四次临时股东大会,审议通过《关于非公开发行公司债券方案的议案》。11月5日,公司召开2015年第八次临时股东大会,审议通过《关于调整向特定对象非公开发行股票方案的议案》。12月10日,公司发布公告:中国证监会发行审核委员会对江苏爱康科技股份有限公司非公开发行A股股票申请进行审核并获通过。

**【"华宏科技"】** 2015年1月29日,江苏华宏科技股份有限公司召开2015年第一次临时股东大会,审议通过《关于变更募集资金用途收购资产并将剩余募集资金及其利息永久性补充流动资金的议案》《关于将剩余超募资金及其利息永久性补充流动资金的议案》。4月2日,公司召开2014年度股东大会,审议通过《关于公司2014年度董事会工作报告的议案》《关于〈2014年度报告及其摘要〉的议案》。审议通过《关于公司2014年度利润分配方案的议案》:以2014年12月31日的公司总股本156007800股为基数,向全体股东每10股派发现金红利0.15元(含税),不以公积金转增股本;剩余未分配利润转入下一年度。6月16日,公司召开2015年第二次临时股东大会,审议通过《关于公司本次发行股份及支付现金购买资产并募集配套资金暨关联交易方案的议案》。10月29日,公司发布公告:公司于10月28日收到中国证监会《关于核准江苏华宏科技股份有限公司向周经成等发行股份购买资产并募集配套资金的批复》,核准公司向周经成发行18090371股股份、向周世杰发行6132329股股份、向包丽娟发行1839698股股份、向顾群发行459924股股份、向史爱华发行459924股股份、向南通苏海投资管理中心(有限合伙)发行3679397股股份、向苏州工业园区辰融创业投资有限公司发行1533082股股份、向浙江海宁嘉慧投资合伙企业(有限合伙)发行1533082股股份购买相关资产;核准公司非公开发行不超过19709412股新股募集此次发行股份购买资产的配套资金。

**【"宝利国际"】** 2015年5月12日,江苏保利国际投资股份有限公司召开2014年度股东大会,审议通过《2014年度报告全文及其摘要》《2014年度董事会工作报告》。审议通过《2014年度利润分配及资本公积金转增股本预案》:拟以2014年12月31日总股本512000000股为基数,向全体股东每10股派发现金红利0.6元(含税),送红股3股,以资本公积金向全体股东每10股转增5股。6月12日,公司召开2015年第二次临时股东大会,审议通过《关于变更公司名称的议案》:拟将公司名称由江苏宝利沥青股份有限公司变更为江苏宝利国际投资股份有限公司。6月29日,公司发布于变更公司名称及证券简称的公告:6月30日起,公司证券简称由"宝利沥青"变更为"宝利国际";公司证券代码不变,仍为"300135"。

**【"中泰桥梁"】** 2015年4月15日,江苏中泰桥梁钢构股份有限公司召开2014年度股东大会,审议通过《关于公司2014年度董事会工作报告的议案》《关于公司2014年度报告及其摘要的议案》。审议通过《关于公司2014年度利润分配预案的议案》:以公司总股本311000000股为基数,向全体股东每10股派发0.04元现金红利(含税),共计分配利润1244000元,其余10407250.23元作为未分配利润留待以后年度分配。5月28日,公司召开2015年第一次临时股东大会,审议通过《关于公司非公开发行A股股票方案的议案》。11月9日,公司召开2015年第三次临时股东大会,审议通过《关于细化非公开发行A股股票方案募集资金用途的议案》《关于〈江苏中泰桥梁钢构股份有限公司非公开发行A股股票预案(修订稿)〉的议案》。

**【"海达股份"】** 2015年5月19日,江阴海达橡塑股份有限公司召开2014年度股东大会,审议通过《关于公司2014年度董事会工作报告的议案》《关于公司2014年度报告及摘要的议案》。审议通过《关于2014年度利润分配及资本公积转增股本方案的议案》:以截至2014年12月31日公司股份总数江阴海达橡塑股份有限公司第三届董事会第四次会议决议公告133340000股为基数,向全体股东按每10股派发现金股利1.25元(含税),合计派发现金股利16667500元,同时以资本公积金向股东每10股转增12股,合计转增股本160008000股,转增股本后公司总股本变更为293348000股,剩余未分配利润结转以后年度分配。

## 新三板挂牌企业动态

**【"钟舟电气"】** 2015年4月10日,江阴钟舟电气股份有限公司召开2014年度股东大会,审议通过《2014年度董事会报告》《2014年度报告及摘要》。审议通过《2014年度利润分配方案》:不分配利润,未分配利润结转至下一年度,也不进行公积金转增股本。8月28日,公司召开第一届董事会第十五次会议,审议通过《关于选举董事会成员隋晓炜为公司董事长的议案》。9月16日,公司召开2015年第三次临时股东大会,审议通过《关于变更公司经营范围的议案》《关于修改公司章程的议案》。11月2日,公司召开2015年第四次临时股东大会,审议通过《关于公司股票发行方案的议案》:拟发行股票数量不超过22376628股,发行价格为1.66元/股,预计募集资金不超过37145202.48元,此次募集资金主要用于补充公司流动资金,壮大公司资本实力。12月15日,公司召开2015年第五次临时股东大会,审议通过《关于修改公司章程的议案》。审议通过《公司关于设立全资子公司的议案》:拟在江西省鹰潭市成立全资子公司鹰潭青山资本投资有限公司,注册资本为1000万元。

**【"泓源光电"】** 2015年5月14日,江苏泓源光电科技股份有限公司召开2014年度股东大会,审议通过《公司2014年度报告及摘要》《公司董事会2014年度工作报告》。审议通过《公司2014年度利润分配方案》:不进行利润分配。11月20日,公司召开2015年第一次临时股东大会,审议通过《关于公司对外投资设立子公司的议案》:拟投资设立全资子公司江苏泓启新能源科技有限公司(筹),注册资本1000万元,住所在张家港保税区,经营范围:光电子器件的研发、制造、加工、销售;光伏设备及元器件、非金属矿物制品、建材、化工产品(不含危险化学品)、金属材料、通用机械及配件的销售;自营和代理各类商品及技术的进出口业务,但国家限定企业经营或禁止进出口的商品和技术除外(上述经营范围凡涉及专项审批的经批准后方可经营);项目投资、实业投资、投资管理、投资咨询。

**【"浩博新材"】** 2015年4月20日,江苏浩博新材料股份有限公司召开2014年度股东大会,审议通过《2014年董事会工作报告的议案》《2014年度报告及摘要的议案》。审议通过《2014年度利润分配的议案》:以截至2014年12月31日公司总股本6000万股为基数,进行资本公积金转增股本,全体股东每10股转增2股,共计转增1200万股,转增后公司总股本将增加至7200万股。5月7日,公司召开2015年第一次临时股东大会,审议通过《关于公司股票转让方式变更的议案》《关于公司〈股票发行方案〉的议案》:拟定向增发不超过360万股,发行价格为1.87元/股,融资额预计不超过672万元,此次募集资金将用于补充公司的流动资金。8月5日,公司发布关于股票转让方式变更为做市转让方式的提示性公告:公司股票转让方式变更为做市转让方式的申请已经通过全国中小企业股份转让有限责任公司同意,将于2015年8月7日起由协议转让方式变更为做市转让方式;做市商有广州证券、太平洋证券、新时代证券、日信证券、国联证券。

**【"新昶虹"】** 2014年12月31日,江阴市新昶虹电力科技股份有限公司召开2014年第四次临时股东大会,审议通过《关于江阴市新昶虹电力科技股份有限公司利润分配方案的议案》:以总股本52227000股为基数,向全体股东每10股转9股送1股,此次转增股本使用公司资本公积金转增,以公司截至2014年9月30日未分配利润实施送股,此次合计以资本公积转股47004300股,送股5222700股,利润分配完成后,公司总股本将由52227000股增至104454000股。2015年2月10日,公司召开2015年第一次临时股东大会,审议通过《关于江阴市新昶虹电力科技股份有限公司对外投资的议案》:由江阴市新昶虹电力科技股份有限公司收购江阴金杯电气有限公司的70%股份。4月9日,公司发布关于签订战略合作协议的公告:公司的控股股东江阴市新长江继电有限公司于3月10日与武汉中部发展创业投资中心(普通合伙)签订市值管理服务战略合作协议。4月15日,公司召开2014年度股东大会,审议通过《江阴市新昶虹电力科技股份有限公司2014年度董事会工作报告》《江阴市新昶虹电力科技股份有限公司2014年度报告及摘要》。审议通过《江阴市新昶虹电力科技股份有限公司2014年度利润分配方案》:不分配,不转增。4月24日,公司召开第一届董事会第十四次会议,审议通过《关于江阴市新昶虹电力科技股份有限公司对外投资的议案》:拟以现金方式认购湖南恒润高科股份有限公司增发的股份4000000股,认购价格为每股2.5元,认购股款总金额为1000万元。4月23日,公司召开2015年第三次股东大会,审议通过《关于江阴市新昶虹电力科技股份有限公司股票由协议转让方式变更为做市转让方式的议案》。5月15日,公司发布关于股票变更为做市转让方式的提示性公告:公司股票变更为做市转让方式的申请经全国股份转让系统公司同意,将于5月19日起在全国股份转让系统采取做市转让方式;做市商有东莞证券、财富证券、联讯证券。5月20日,公司召开2015年第四次临时股东大会,审议通过《关于江阴市新昶虹电力科技股份有限公司2015年第一次股票发行方案的议案》:拟向除张敏华、江阴市新长江继电有限公司以外截至股权登记日登记在册的公司股东定向发行不超过2554.6万股股票,每股价格为5.5元至6.8元,预计募集资金总额不超过17371.28万元(含)(未扣除发行费用),所募资金主要用于补充建设新厂房、补充FJD系列三箱箱体推向市场的流动资金,此次定向发行后全体新老股东按照持股比例共同享有此次发行前公司滚存未分配利润。7月2日,公司召开2015年第五次临时股东大会,审议通过《关于修订江阴市新昶虹2015年第一次股票发行方案的议案》:拟向除江阴市新长江继电有限公司以外截至股权登记日登记在册的公司股东定向发行不超过1554.6万股股票,每股价格为4.2元至5.5元,预计募集资金总额不超过8550.3万元(含)(未扣除发行费用),所募资金主要用于补充建设新厂房、补充FJD系列三箱箱体推向市场的流动资金,此次定向发行后全体新老股东按照持股比例共同享有本次发行前公司滚存未分配利润。7月27日,公司召开2015年第六次临时股东大会,审议通过《关于修订江阴市新昶虹电力科技股份有限公司2015年第一次股票发行方案的议案》。9月30日,公司发布关于暂停收购江阴金杯电气有限公司的公告。10月8日,公司召开2015年第七次临时股东大会,审议通过《关于终止江阴市新昶虹电力科技股份有限公司2015年第一次股票发行方案(修订二)的议案》。审议通过《关于江阴市新昶虹电力科技股份有限公司向现有股东、董事、监事、高级管理人员和核心员工定向发行股票的议案》:拟向在册股东、董事、监事、高级管理人员和认定的核心员工按照每股3元的价格定向增发不超过1200万股股票,融资额不超过3600万元;此次发行募集资金的目的主要是建设12000平方米中低压三箱装配大楼、建设200万台全塑照明箱生产线及补充流动资金。

**【"标榜新材"】** 2015年2月28日,江苏标榜装饰新材料股份有限公司召开2015年第一次临时股东大会,审议通过《关于变更公司股票转让方式的议案》:拟向全国中小企业股份转让系统有限责任公司申请将股票转让方式由协议转让变更为做市转让。审议通过关于《江苏标榜装饰新材料股份有限公司股票发行方案(一)》的议案。5月14日,公司发布关于股票转让方式变更为做市转让方式的提示性公告:公司股票转让方式变更为做市转让方式的申请经全国中小企业股份转让系统有限责任公司同意,将于5月18日起由协议转让方式变更为做市转让方式;做市商为广发证券、国联证券、浙商证券。5月19日,公司召开2014年度股东大会,审议通过《公司2014年度董事会工作报告》《公司2014年度报告及摘要》。审议通过《公司2014年度利润分配方案》:不进行利润分配。

**【"怡达化学"】** 2015年4月27日,江苏怡达化学股份有限公司召开2014年度股东大会,审议通过《公司2014年度董事会工作报告》《公司2014年度报告及摘要》《公司2014年度利润分配方案》:拟以截至2014年12月31的总股本4980万股为基数,每10股派发现金股利0.3元(含税),拟派发现金股利总额为149.4万元;此次股利分配后剩余未分配利润23222491.45元滚存至下一年度。12月26日,公司召开2015年第三次临时股东大会,审议通过《关于2015年度中期利润分配的议案》:以2015年6月30日总股本4980万股为基数,向全体股东按每1股派发现金红利0.2元。审议通过《关于江苏怡达化学股份有限公司股票发行方案的议案》:拟向合格投资者定向发行数量不超过1000万股普通股股票,发行价格为10.55元/股,预计融资额不超过10550万元,此次定向发行募集资金主要用于15万吨/年环氧丙烷项目前期准备工作以及补充生产经营所需的流动资金。

**【"海特股份"】** 2015年1月23日,江苏海特服饰股份有限公司召开2015年第一次临时股东大会,审议通过《关于股票发行方案的议案》:拟向33名投资者发行股票308万股,发行价格为10元/股,预计募集资金3080万元,用于江苏海特服饰股份有限公司补充流动资金。4月30日,公司召开2014年度股东大会,审议通过《2014年度董事会工作报告》《2014年度报告及年报摘要》。审议通过《2014年度利润分配》:暂不进行分配。11月30日,公司召开2015年第二次临时股东大会,审议通过《关于公司资本公积金转增股本的议案》:拟以公司股本23080000股为基础,每10股转增12股(每股1元),共计转增27696000股,相应由资本公积金中的资本溢价31618977.02元转出27696000元(不需要纳税),转增后的总股本为50776000股,公司注册资本和实收资本变更为50776000元。

**【"华宏医药"】** 2015年2月11日,江苏华宏医药股份有限公司召开2015年第一次临时股东大会,审议通过《关于江苏华宏医药股份有限公司股票发行方案的议案》:拟向股东江阴元隆投资有限公司定向发行178万股,发行价格为5元/股,募集资金总额约890万元,扣除发行费用后全部用于补充公司流动资金。4月23日,公司召开2015年第二次临时股东大会,审议通过《关于江苏华宏医药股份有限公司股票发行方案的议案》:拟向特定投资者定向发行300万股,发行价格为5元/股,募集资金总额不超过1500万元,扣除发行费用后全部用于补充公司流动资金。5月12日,公司召开2014年度股东大会,审议通过《2014年度董事会工作报告》《2014年度报告及年报摘要》。审议通过《2014年度利润分配方案》:不进行利润分配。审议通过《关于为宜兴市十里牌医院建设提供融资担保的议案》:为公司重要客户宜兴市十里牌医院新医院建设提供融资担保,担保额度不超过2000万元。5月28日,公司召开2015年第三次临时股东大会,审议通过《关于公司股票由协议转让方式变更为做市转让方式的议案》《关于江苏华宏医药股份有限公司股票发行方案的议案》。9月10日,公司召开2015年第五次临时股东大会,审议通过《关于江苏华宏医药股份有限公司股票发行方案的议案》:拟向上海宝聚昌投资管理有限公司和深圳招财新三板股权投资合伙企业(有限合伙)定向发行200万股票,发行价格为5.18元/股,募集资金总额1036万元,扣除发行费用后全部用于补充公司流动资金。

**【"苏达汇诚"】** 2015年4月17日,江阴苏达汇诚医疗科技股份有限公司召开2014年度股东大会,审议通过《公司2014年度董事会工作报告》《公司2014年度报告及其摘要》。审议通过《公司2014年度利润分配的议案》:不分配利润,未分配利润结转至下一年度,也不进行公积金转增股本。6月3日,公司召开2015年第一次临时股东大会,审议通过《关于江阴苏达汇诚科技股份有限公司股票定向发行方案的议案》:拟向自然人周永高发行股票不超过1100万股,发行价格为1.1元/股,预计融资额不超过1210万元,此次募集资金将全部用于补充公司流动资金。7月6日,公司召开2015年第二次临时股东大会,审议通过《关于修改公司经营范围的议案》《关于变更公司住所的议案》《关于修改公司章程的议案》。9月10日,公司发布股票发行情况报告书:此次发行前,自然人股东朱程直接持有公司股份3700000股,持股比例74%,为控股股东及实际控制人;此次发行后,自然人股东周永高直接持有公司股份11000000股,持股比例为68.75%,

成为公司的控股股东，公司的控制权发生变化。9月15日，公司发布董事长、法定代表人及公司名称变更公告：公司董事长及法定代表人变更为周永高，公司名称由江阴苏达汇诚医疗科技股份有限公司变更为江阴苏达汇诚复合材料股份有限公司。12月14日，公司召开2015年第四次临时股东大会，审议通过《关于公司与财通证券股份有限公司解除持续督导协议的议案》《关于公司与承接主办券商国泰君安证券股份有限公司签署持续督导协议的议案》。

**【"万事兴"】** 2015年5月18日，江阴万事兴医疗器械股份有限公司召开2014年度股东大会，审议通过《关于公司2014年度董事会工作报告的议案》《关于公司2014年度公司年度报告及其摘要的议案》。审议通过《关于公司2014年度利润分配方案的议案》：利润不分配，资本公积金不转增。9月30日，公司召开2015年第二次临时股东大会，审议通过《关于公司资本公积金转增股本的议案》：拟以截至2015年6月30日的总股本1000万股为基数，以资本公积金向全体股东每10股转增7股，共计转增700万股，转增后公司总股本将增加至1700万股。

**【"康爱特"】** 2015年1月15日，江阴康爱特包装股份有限公司股票在全国股份转让系统挂牌公开转让。5月27日，公司召开2014年度股东大会，审议通过《2014年度董事会工作报告》《2014年度报告及摘要》。审议通过《2014年度利润分配预案》：不分配，不转增。

**【"天邦涂料"】** 2015年1月22日，江阴市天邦涂料股份有限公司股票在全国股份转让系统挂牌公开转让。5月11日，公司召开2014年度股东大会，审议通过《2014年度董事会工作报告的议案》《2014年度报告及摘要的议案》。审议通过《2014年度利润分配预案的议案》：2014年度利润不分配。

**【"延利饰件"】** 2015年1月23日，江阴市延利汽车饰件股份有限公司股票在全国股份转让系统挂牌公开转让。4月27日，公司召开2014年度股东大会，审议通过《2014年度董事会报告》《2014年度报告及摘要》。审议通过《2014年度利润分配方案》：不分配利润，未分配利润结转至下一年度，也不进行公积金转增股本。6月10日，公司召开2015年第一次临时股东大会，审议通过《关于提请股东大会审议〈江阴延利汽车饰件股份有限公司股票发行方案〉的议案》：拟向江阴延利弘润投资企业（有限合伙）发行股票不超过200万股，发行价格为每股2.5元，融资总额不超过500万元，此次募集资金将全部用于补充公司流动资金，扩大公司生产经营规模。

**【"孚尔姆"】** 2015年4月7日，江苏孚尔姆焊业股份有限公司股票在全国股份转让系统挂牌公开转让。5月20日，公司召开2014年度股东大会，审议通过《2014年度董事会报告》《2014年度报告及摘要》。审议通过《2014年利润分配方案》：不分配利润，未分配利润结转至下一年度，也不进行公积金转增股本。7月21日，公司召开2015年第一次临时股东大会，审议通过《关于公司股票发行方案的议案》：向股东张建东、苏州睿翼投资企业（有限合伙）和苏州信静道投资企业（有限合伙）发行股份总额不超过150万股，发行价格不低于8.5元/股，融资总额不超过1275万元。12月29日，公司召开2015年第二次临时股东大会，审议通过《关于公司未分配利润实施分红的议案》：以截至2015年6月30日报表未分配利润中的6450000元进行分红，向股权登记日登记在册的全体股东（以总股本2150万股为基数），每10股派发现金红利3元（含税），共计6450000元。

**【"无锡绿力"】** 2015年4月15日，无锡绿力环保科技股份有限公司股票在全国股份转让系统挂牌公开转让。5月28日，公司召开2014年度股东大会，审议通过《关于公司2014年度董事会工作报告的议案》《关于公司2014年度公司年度报告及摘要的议案》。审议通过《关于公司2014年度利润分配方案的议案》：不进行利润分配。7月21日，公司召开2015年第二次临时股东大会，审议通过《关于公司业务转型的议案》：公司决定在原有业务基础上，通过引入外部资源，与江阴传统产业发达的优势相结合，拓展实业投资、创业投资、高端制造及培训领域。审议通过《关于公司2015年度第一次股票发行方案的议案》：此次股票发行拟发行股份不超过1000万股（含），发行价格为5～7元，预计募集资金总额不超过7000万元（含）；此次股票发行募集资金部分（约3000万元）将直接或者通过一专项基金投资于经纶世纪——英特尔家庭医生机器人（Home Doctor Robert）项目，剩余资金将用于寻找其他健康领域的投资机会。9月26日，公司召开2015年第三次临时股东大会，审议通过《关于公司发行股票收购北京汉氏广安科技发展有限公司股权的议案》：公司拟以发行股票的方式，收购北京汉氏联合生物技术股份有限公司持有的北京汉氏广安科技发展有限公司26%的股权。11月19日，公司召开2015年第四次临时股东大会，审议通过《关于变更公司经营范围的议案》。审议通过《关于变更公司名称议案》：公司拟更名为无锡美好世界科技股份有限公司。

**【"润达光伏"】** 2015年5月5日，江苏润达光伏股份有限公司股票在全国股份转让系统挂牌公开转让。6月12日，公司召开2014年度股东大会，审议通过《2014年度董事会工作报告》。审议通过《2014年度利润分配方案》：不进行利润分配。8月10日，公司召开2015年第三次临时股东大会，审议通过《关于江苏润达光伏股份有限公司2015年第一次股票发行方案的议案》：拟向不确定的股票发行对象，发行不超过300万股，股票发行价格为每股不高于3.7元，预计筹集资金不超过1110万元。此次股票发行募集资金主要用于补充公司的流动资金，支持公司主营业务发展。10月27日，公司发布股票发行情况报告书：分别向联讯证券—招商证券—联讯证券天星资本1号集合资产管理集合、联讯证券—招商证券—联讯证券天星资本2号集合资产管理集合各发行150万股股票，发行价格3.7元/股，募集资金1110万元。

**【"新光镭射"】** 2015年8月10日,江阴新光镭射包装材料股份有限公司股票在全国股份转让系统挂牌公开转让。10月28日,公司召开第一届董事会第六次会议,审议通过《关于公司产品转型升级计划及电子膜项目的议案》。

**【"必得科技"】** 2015年10月15日,江苏必得科技股份有限公司股票在全国股份转让系统挂牌公开转让。

2015年10月15日,江苏必得科技股份有限公司股票挂牌公开转让

(市金融办提供)

**【"华溢物流"】** 2015年11月9日,江苏华溢物流股份有限公司股票在全国股份转让系统挂牌公开转让。12月28日,公司召开2015年第三次临时股东大会,审议通过《关于股票发行方案的议案》:拟向公司实际控制人宋丹、黄奇评发行股票1000万股,拟募集资金2400万元,用于补充公司流动资金,增强公司资本实力。

**【"万兴股份"】** 2015年12月3日,江阴市万事兴汽车部件制造股份有限公司股票在全国股份转让系统挂牌公开转让。

**【"百意中医"】** 2015年12月4日,江阴百意中医医院股份有限公司股票在全国股份转让系统挂牌公开转让。12月25日,公司召开第一届董事会第三次会议,审议通过《设立江阴百意周庄养老服务中心的议案》《设立江阴百意周庄护理院的议案》。

**【"鼎阳电力"】** 2015年12月8日,江苏鼎阳绿能电力股份有限公司股票在全国股份转让系统挂牌公开转让。12月24日,公司召开2015年第四次股东大会,审议通过《关于投资建设电站项目的议案》:公司拟以自筹资金投资建设分布式光伏发电项目,预计项目总投资11106万元。

**【"联通纪元"】** 2015年12月9日,江苏联通纪元印务股份有限公司股票在全国股份转让系统挂牌公开转让。

**【"舜阳科技"】** 2015年12月28日,无锡舜阳新能源科技股份有限公司发布公告:公司收到全国中小企业股份转让系统《关于同意无锡舜阳新能源科技股份有限公司股票在全国中小企业股份转让系统挂牌的函》。

## 募集资金使用

**【概况】** 2015年,江阴市上市公司募集资金使用情况较好。江南模塑科技股份有限公司、江苏华西村股份有限公司2个上市公司在资本市场非公开发行股票,共募集资金122030万元。主要用于上新项目、偿还银行债务和补充流动资金,培育新的经济增长点和增强企业市场竞争力。

**【"模塑科技"】** 2014年12月11日,中国证监会核发《关于核准江南模塑科技股份有限公司非公开发行股票的批复》。根据该验资报告,截至2015年1月22日,公司此次非公开发行普通股(A股)49560351股,募集资金总额为619999991.01元,扣除各项发行费用20000000元后,募集资金净额为599999991.01元。募集资金主要用于无锡明慈心血管病医院建设项目、偿还银行贷款。

**【"华西股份"】** 2015年7月15日,中国证监会核发《关于核准江苏华西村股份有限公司非公开发行股票的批复》。根据验资报告,截至2015年7月28日,公司此次非公开发行普通股(A股)13800万股,募集资金总额60030万元,扣除此次发行费用845万元,募集资金净额为59185万元。募集资金主要用于于偿还银行债务及补充流动资金。

## 经营业绩

**【概况】** 2015年,江阴市上报证监会首次公开发行股票(IPO)审核企业3个,完成股改企业15个,新增"新三板"挂牌企业14个,48个小微企业分别在上海股权托管交易中心和江苏省股权交易中心挂牌,累计拥有控股的国内上市公司23个。年报业绩统计数据显示:2015年,江阴市23个国内上市公司总资产达1333.07亿元,比上年增加272.06亿元;总股本257.45亿股,比上年增加77.13亿股;实现营业收入641.25亿元;年终市值2782.28亿元。IPO申请上报证监会待审企业8个。至年末,累计有"新三板"正式挂牌企业24个。10个公司每股收益高于上年,14个公司净利润高于上年,但江苏四环生物股份有限公司、江苏华宏科技股份有限公司两个公司亏损。

**2015 年江阴国内控股上市公司经营业绩一览**

表 27

| 代码 | 公司名称 | 每股收益（元） | 每股净资产（元） | 净资产收益率（%） | 每股现金净流量（元） | 营业收入（万元） | 净利润（万元） | 总资产（万元） | 净资产（万元） | 负债率（%） | 总股本（万股） | 流通股（万股） | 所交税费总值（万元） | 市值（亿元） |
|---|---|---|---|---|---|---|---|---|---|---|---|---|---|---|
| 000518 | 四环生物 | -0.0723 | 0.5892 | -12.27 | -0.1322 | 23784.38 | -7444.55 | 83452.77 | 60662.21 | 27.31 | 102956 | 102954 | 1710 | 73.10 |
| 000584 | 友利控股 | 0.0428 | 3.1421 | 1.36 | 0.3279 | 107516.77 | 2625.48 | 295452.41 | 192713.67 | 34.77 | 61332 | 61055 | 23600 | 76.24 |
| 000700 | 模塑科技 | 0.8360 | 6.7271 | 12.43 | 0.7268 | 313635.41 | 29640.82 | 455773.4 | 241236.75 | 47.07 | 35860 | 30904 | 21900 | 43.36 |
| 000890 | 法尔胜 | 0.01460 | 2.7576 | 0.53 | 0.2469 | 142654.21 | 552.82 | 297923.9 | 104688.44 | 64.86 | 37964 | 37957 | 7613 | 52.24 |
| 000936 | 华西股份 | 0.1100 | 3.1116 | 3.54 | 0.1118 | 201295.41 | 8580.33 | 389815.43 | 275689.89 | 29.28 | 88601 | 74763 | 5653 | 123.07 |
| 002015 | 霞客环保 | 0.2700 | 0.8221 | 32.84 | -0.1861 | 39318.16 | 10888.20 | 35717.15 | 32943.62 | 7.77 | 40070 | 22034 | 732 | 20.20 |
| 002445 | 中南重工 | 0.1900 | 2.9115 | 6.53 | 0.2645 | 111934.88 | 13936.27 | 365523.93 | 215092.36 | 41.16 | 73877 | 50205 | 13000 | 207.15 |
| 002455 | 百川股份 | 0.1300 | 1.7135 | 7.59 | 0.9434 | 229575.49 | 6012.65 | 189184.79 | 81239.60 | 57.06 | 47412 | 29038 | 3231 | 52.11 |
| 300135 | 宝利国际 | 0.0260 | 1.2524 | 2.08 | -0.0031 | 175239.67 | 2683.06 | 279373.82 | 115422.59 | 58.69 | 92160 | 70868 | 6294 | 81.47 |
| 600074 | 保千里 | 0.1800 | 0.6299 | 28.58 | -0.0642 | 165699.35 | 37347.54 | 266992.77 | 145243.57 | 45.60 | 230580 | 89598 | 15600 | 379.77 |
| 600078 | 澄星股份 | 0.0270 | 2.6948 | 1.00 | 0.5811 | 238772.65 | 1793.06 | 638639.63 | 178552.29 | 72.04 | 66257 | 66257 | 10300 | 52.34 |
| 600220 | 江苏阳光 | 0.0624 | 1.0099 | 6.18 | 0.2696 | 204955.64 | 11125.42 | 424278.68 | 180096.23 | 57.55 | 178334 | 178334 | 8988 | 102.36 |
| 600370 | 三房巷 | 0.0582 | 3.7695 | 1.54 | 0.6687 | 99626.88 | 1855.81 | 161567.40 | 120207.23 | 25.60 | 31890 | 31890 | 5006 | 21.97 |
| 600398 | 海澜之家 | 0.6600 | 1.8450 | 35.77 | 0.6204 | 1583010.96 | 295313.17 | 2344173.65 | 828916.78 | 64.64 | 449276 | 153122 | 137000 | 612.36 |
| 600401 | 海润光伏 | 0.0203 | 1.0454 | 1.94 | 0.2235 | 608896.55 | 9608.09 | 1592696.81 | 493946.84 | 68.99 | 472494 | 472495 | 12500 | 141.75 |
| 600481 | 双良节能 | 0.2151 | 1.3070 | 16.46 | 0.6780 | 311645.30 | 34854.55 | 446566.05 | 211796.56 | 52.57 | 162050 | 162050 | 25600 | 145.20 |
| 600584 | 长电科技 | 0.0500 | 4.1589 | 1.20 | 1.6854 | 1080702.38 | 5199.75 | 2555855.01 | 430822.21 | 83.14 | 103591 | 98457 | 14300 | 228.00 |
| 601199 | 江南水务 | 0.5800 | 4.7042 | 12.33 | 0.7724 | 85585.76 | 26950.60 | 356507.02 | 219969.79 | 38.30 | 46760 | 46760 | 14100 | 44.14 |
| 601218 | 吉鑫科技 | 0.1297 | 2.4641 | 5.26 | 0.2591 | 177171.23 | 12862.51 | 393286.17 | 244378.75 | 37.86 | 99176 | 99176 | 5835 | 69.32 |
| 002610 | 爱康科技 | 0.1500 | 3.3228 | 4.51 | 0.5326 | 321558.38 | 11125.46 | 1218030.92 | 240899.38 | 80.22 | 72500 | 70216 | 8058 | 87.87 |
| 002645 | 华宏科技 | -0.0530 | 7.1164 | -0.74 | 0.2581 | 30698.45 | -874.50 | 174482.09 | 149050.04 | 14.58 | 20945 | 14372 | 2481 | 51.23 |
| 002659 | 中泰桥梁 | 0.0100 | 1.9410 | 0.52 | 0.5606 | 76334.99 | 286.38 | 256456.25 | 60364.25 | 76.46 | 31100 | 31100 | 2153 | 72.62 |
| 300320 | 海达股份 | 0.2240 | 2.6068 | 8.59 | 0.3277 | 82878.69 | 6196.59 | 108920.52 | 76470.96 | 29.79 | 29335 | 23586 | 7091 | 44.41 |
| 合计 | | | | 177.76 | | 6412492.00 | 521120.00 | 13330671.00 | 4900404.00 | 1115.30 | 2574520 | 2017191 | 352745 | 2782.28 |
| 平均 | | 0.2051 | 1.9034 | 7.73 | 0.3896 | 278803.98 | 22657.37 | 579594.00 | 213061.00 | 48.49 | 111936 | 87704 | 15337 | 120.97 |

## 上市后备企业动态

**【概况】** 2015 年，江阴市对全市上市后备企业及“新三板”后备企业继续进行滚动调整，新调入 17 个上市或挂牌意愿强烈、公司质地优良、发展潜力大的企业，保持江阴上市及“新三板”后备企业队伍的良性发展。江苏必得科技股份有限公司、江苏华溢物流股份有限公司、江阴万事兴汽车部件股份有限公司、江阴百意中医医院股份有限公司、江苏鼎阳绿能电力股份有限公司、江苏联通纪元印务股份有限公司、无锡舜阳新能源科技股份有限公司、江阴中达软塑新材料股份有限公司、江苏奥派交通装备股份有限公司、江阴乐圩光电股份有限公司、江苏江凌测控科技股份有限公司、无锡翔龙环球科技股份有限公司、江阴苏阳电子股份有限公司、江阴骏友电子股份有限公司、圣华盾防护科技股份有限公司 15 个企业完成股改工作。江阴巨光化工科技有限公司、江苏金汇自动化技术有限公司、慧居科技有限公司、江阴市四方游泳设备有限公司、江阴市赛英电子有限公司、江阴康瑞不锈钢制品有限公司、江阴市协力新能源设备材料有限公司、江阴市云峰电器设备有限公司、江阴科强工业胶带有限公司、江阴市诚誉纱线有限公司、江阴安凯特电化学设备有限公司、无锡宏创铸造有限公司、江阴市海江高分子材料有限公司、江阴市高峰医疗科技有限公司、江阴市尚时环境工程有限公司、江阴市六环合金线有限公司、江阴市润冶重工有限公司、江苏精亚机电工程有限公司、江阴建禾钢品有限公司19个“新三板”后备企业同券商签订财务顾问协议。

**【“江化微”首发申请被受理】** 2015年5月7日，中国证券监督管理委员会正式确认对江阴江化微电子材料股份有限公司提交的《首次公开发行股票》行政许可申请材料进行审查，并对该申请予以受理，受理通知书编号:150989号。

**【“润玛电子”首发申请被受理】** 2015年7月8日，中国证券监督管理委员会正式确认对江阴润玛电子材料股份有限公司提交的《首次公开发行股票》行政许可申请材料进行审查，并对该申请予以受理，受理通知书编号:152207号。

**【“恒润重工”首发申请被受理】** 2015年9月30日，中国证券监督管理委员会正式确认对江阴市恒润重工股份有限公司提交的《首次公开发行股票》行政许可申请材料进行审查，并对该申请予以受理，受理通知书编号:152885号。

## 政府服务

**【概况】** 2015年，江阴市高度重视上市(挂牌)工作，推动企业转型发展、走向资本市场，全年新增“新三板”挂牌企业14个，区域性股权交易市场挂牌企业48个，上市企业并购重组海内外优势企业5个，定向增发募集资金53亿元。4月，组织召开全市金融和上市工作会议，总结2014年工作，全面部署2015年企业上市工作。5月，相继在临港经济开发区、周庄镇、长泾镇、璜土镇召开上市(挂牌)工作推进会，加强与券商合作，推动一批企业走向多层次资本市场。6月，与全国中小企业股份转让系统公司负责人进行座谈，就进一步为江阴企业走向资本市场提供支持服务，创造资本运作机会条件，加强监管促进企业健康发展等议题交换意见。8月，走访多个IPO及“新三板”挂牌重点后备企业，主动帮助企业解决上市或挂牌工作推进过程中遇到的困难。10月，江苏股权交易中心举行首场江阴企业专场挂牌仪式，13个江阴中小微企业成功挂牌，正式接轨资本市场，为企业转型升级、优化结构带来发展生机。全年建立上市(挂牌)后备企业梯队，动态保持上市(挂牌)后备企业200个。

**【全市金融和上市工作会议】** 2015年4月16日，江阴市召开2015年度全市金融和上市工作会议，会议下发《2015年企业上市工作目标任务书》，明确各板块的IPO及“新三板”工作任务。根据江阴市有关上市奖励扶持政策，对全市符合条件的64个企业兑现上市(挂牌)奖励、补助资金共计5389.5万元。

**【举办“新三板”知识培训暨企业挂牌观摩活动】** 2015年10月26日，江阴市政府相关部门组织各镇(街道)及经济园区的企业上市(挂牌)工作分管负责人、专管员组团赴北京参加“新三板”知识培训暨企业挂牌观摩活动。活动邀请中国社会科学院、全国中小企业股份转让系统的专家学者作专题讲座，组织学员现场观摩江苏必得科技股份有限公司的挂牌仪式，为各板块下一步上市(挂牌)工作的有效开展和扎实推进打好基础。 (赵　喆)

2015年10月26日，江阴市组团赴北京参加“新三板”挂牌培训观摩活动

(市金融办提供)

■类目编辑　陈学超

## 综　述

【**概况**】 2015年，江阴市建设管理部门采取建筑市场和施工现场“两场联动”方式，调整优化建工条线机制和职能，进一步整合力量和提升效能。突出诚信体系建设，完善监管信息平台，出台并实施信用考核计分管理办法，严格信用管理，综合评价企业248个，办理信用手册核验备案和项目登记259件。突出质量监管，修订预制桩质量、预拌砂浆使用、地基基础检测等管理规定，扎实开展住建部工程质量治理两年行动，严格落实项目负责人质量终身责任，累计完成质监项目625项1853万平方米。突出安全生产，推进安全生产和文明工地标准化建设，深入开展防高空坠落等7项专项安全整治，组织开展“安全生产月”和“安全生产暨阳行”活动，完成安监项目183项584万平方米，发出整改通知书138份。突出稽查执法，加强部门联动，实施综合执法，立案16件。突出勘察设计和抗震设防管理，严格设计和施工图审查，规范企业管理，推广绿色建筑，完成初步、深基坑支护、抗震等设计审查172项，施工图审查249项420万平方米，6项项目取得绿色建筑标识。突出城建档案管理，完成231项1008万平方米建设工程项目和5项市政项目的案卷接收，指导建设村镇档案室2个，新增数字化档案12000余卷，馆藏档案数字化达51.9%。突出工程创优，江阴广播电视中心扩建（改造）工程荣获中国建设工程鲁班奖，这是江阴市首个获得该奖的工程，建创成功省级标准化文明示范工地4个、无锡“太湖杯”优质工程11项、无锡市“太湖杯”建筑装饰优质工程5项、无锡市优质结构工程19个、无锡市工程建设QC（质量控制）成果奖20个。

**2015年江阴市建筑创优工程一览**

表28

| 奖项 | 工程名称 | 工程造价（万元） | 建筑规模（平方米） | 结构 | 施工单位 | 项目经理 |
|---|---|---|---|---|---|---|
| 中国建设工程鲁班奖 | 江阴广播电视中心扩建（改造）工程 | 57800 | 50624 | 框剪 | 江阴一建建设有限公司 | 徐锦德 |
| 无锡市“太湖杯”优质工程 | 江阴广播电视中心扩建（改造）工程 | 57800 | 50624 | 框剪 | 江阴一建建设有限公司 | 徐锦德 |
| | 江阴天安数码城住宅项目南区一标段18号楼 | 9244 | 10257 | 框架 | 江阴一建建设有限公司 | 秦　东 |
| | 江阴敔山湾公共租赁住房工程二标段4号楼 | 10428 | 13104 | 框剪 | 江阴一建建设有限公司 | 刘永标 |
| | 江阴市口岸单位办公楼 | 20626 | 79210 | 框架 | 江阴市民用建筑安装工程有限公司 | 王兴良 |
| | 金宸国际花园五期12号楼工程 | 4000 | 22849 | 框剪 | 南通鑫金建设集团有限公司 | 顾利兵 |
| | 金宸国际花园五期13号楼工程 | 4900 | 28161 | 框剪 | 南通鑫金建设集团有限公司 | 顾利兵 |
| | 江阴市老年大学 | 5300 | 12968 | 框架 | 江苏华邦建设集团有限公司 | 王　健 |
| | 江阴质监检测检验服务中心 | 7088 | 12278 | 框架 | 江苏新桥建工有限公司 | 任子均 |
| | 藏品·敔山湾G3号房 | 5600 | 22209 | 框剪 | 江苏无锡二建建设集团有限公司 | 陈国忠 |
| | 江阴敔山湾公共租赁住房工程2号楼 | 5200 | 18956 | 框剪 | 江阴市民用建筑安装工程有限公司 | 魏春明 |
| | 海澜财富中心景观绿化工程 | — | — | — | 苏州金螳螂园林绿化景观有限公司 | 刘　磊 |

**2015 年江阴市建筑装饰优质工程一览**

表 29

| 奖项 | 工程名称 | 工程造价（万元） | 施工单位 | 项目经理 |
|---|---|---|---|---|
| 无锡市“太湖杯”建筑装饰优质工程 | 江阴市法院滨江人民法庭审判庭业务用房 | 412.27 | 无锡市锡西建筑装潢工程有限公司 | 石振一 |
| | 江阴市第三期公租房廉租房室内装饰工程 | 2062.67 | 江苏鼎尚装饰集团有限公司 | 李树龙 |
| | 江阴市混凝土工程有限公司综合用房装饰工程 | 1198 | 江阴市澄星装饰工程有限公司 | 周　锋<br>陈　新 |
| | 江阴市五洲国际广场一期公共部位精装修工程 | 1379 | 江阴市澄星装饰工程有限公司 | 高路平<br>华　佳 |
| | 海澜财富中心景观绿化工程 | — | 苏州金螳螂园林绿化景观有限公司 | 刘　磊 |

（徐丹琳）

## 建筑工程勘察设计

**【概况】** 2015 年，江阴市勘察设计单位完成工程设计项目 440 项（含专项设计资质项目），工程设计总产值 2 亿元，与上年相比略有降低。建设行政主管部门审查大型项目初步设计 26 项，审查深基坑支护设计方案 24 项。至年末，全市拥有各类工程设计资质单位 57 个，其中甲级资质单位 7 个（包括幕墙、装饰、环保、智能化等专业设计甲级资质各 1 个）、乙级资质单位 17 个、丙级资质单位 2 个、设计与施工一体化资质企业 31 个。拥有施工图设计一类审查机构 1 个。（顾上果）

**【施工图审查】** 2015 年，江阴市建设工程施工图审查中心在全力保障江阴市施工图审查质量的同时，积极推行“提前服务、现场服务、开放服务”新的“三服务”制度和项目负责人制度，提升专业审查实力，为项目建设提供优质快速的服务环境。畅通“绿色通道”，保障全市重点项目与安置房建设。全面施行建设工程电子文件电子化工作，为项目建设后期管理解除后顾之忧。加强建设工程基础工作的调研，确保施工图审查质量。是年，江阴市建设工程施工图审查中心被江苏省建设工会工作委员会评为省级“工人先锋号”、窗口服务先进单位，施工图质量抽查受到省住房和城乡建设厅（以下简称省住建厅）通报表扬。全年接审项目 249 项面积 420 万平方米，完成审查项目 236 项，完成审查面积 400 万平方米，出具审查意见书 236 份，颁发审查合格证书 241 份，合格面积 326 万平方米，工程项目变更 70 项。方案节能审查 78 项，抗震审查 15 项，初步设计论证项目 26 项，基坑论证项目 24 项。（卢　平）

## 建筑施工

**【概况】** 2015 年，江阴市有建筑业企业 228 个，其中总承包企业 48 个（一级资质企业 8 个、二级 17 个、三级 23 个），专业承包企业 163 个（一级资质企业 14 个、二级 46 个、三级 97 个、不分等级 6 个），劳务企业 17 个（一级资质企业 12 个、二级 4 个、不分等级 1 个）），平均从业人数 5.24 万人，全员劳动生产率人均 23.6 万元。全年施工面积 1047.3 万平方米，比 2014 年下降 16.5%，其中新开工面积 340.2 万平方米，比 2014 年下降 31.6%；竣工面积 498.8 万平方米，比 2014 年下降 7.9%。加强建设工程监理，市区建设工程监理率达 100%。是年，获中国建设工程鲁班奖 1 项；获无锡市“太湖杯”优质工程 11 项、“太湖杯”建筑装饰优质工程 5 项；获无锡市工程建设质量管理小组成果一等奖 2 项、二等奖 3 项、三等奖 15 项。有 2 个企业获“无锡市建筑业优秀装饰企业”称号。（赵国权）

**【建设工程监理】** 2015 年，《江苏省建设工程施工项目经理部和项目监理机构主要管理人员配备办法》实行，为进一步规范监理市场，实现监

2015 年，获得全国建设工程质量最高奖鲁班奖工程——江阴广播电视中心扩建（改造）工程　（市住建局提供）

理工作的标准化、规范化、科学化提供保障。是年，有市内监理企业17个，外地进驻江阴监理企业89个。全年办理单个监理项目资质核验51份，建设工程监理合同备案126份，工程规模283.52万平方米，工程造价49.31亿元。（胡惠芳 张 潇）

**【建设工程质量监督】** 2015年，江阴市建设工程质量监督部门新增质监项目117项，建筑面积364万平方米，比2014年下降57%；累计在监项目282项，建筑面积1211万平方米；竣工验收242项，建筑面积867万平方米，比2014年增长10.6%；新增保温节能建筑面积214万平方米；组织检测鉴定项目17项，建筑面积22.3万平方米；获得无锡市优质结构工程19项。接受并处理工程质量投诉20件，协助开发办等部门处理各类投诉162件。

**【市工程首获鲁班奖】** 2015年11月17日，住房和城乡建设部、中国建筑业协会在北京召开2014—2015年度中国建设工程鲁班奖（国家优质工程）经验交流暨表彰大会，江阴广播电视中心扩建（改造）工程荣获鲁班奖。这是江阴市首个获得全国建设工程质量最高奖项鲁班奖的工程，标志着江阴市建设工程质量管理又上一个新台阶。

**【制度建设】** 2015年，江阴市建设工程质量监督部门转发无锡建设工程质量监督部门《关于加强预制桩质量管理的通知》，并在全市严格实施预制桩进场检验制度，进一步强化参建主体质量责任，确保工程质量；在2014年会同市墙散办制定下发《江阴市发展预拌砂浆实施办法》的基础上，制定《关于进一步加强预拌砂浆使用管理的通知》，明确全市建设工程落实"禁现"规定的有关要求，实质性地推动江阴市预拌砂浆的使用；制定《关于进一步明确我市地基基础检测管理的通知》，对2013年出台的《关于进一步加强我市地基基础检测质量管理的通知》，结合操作的实际情况，进行修订，强化地基基础检测管理；制定《关于明确工程质量监督档案管理的通知》，规范全站建设工程质量监督档案管理，统一工程质量监督档案的收集和整理；制定下发《关于明确住宅工程竣工验收时实施分户验收复核工作的通知》，实施分户验收复核工作，进一步落实参建主体质量责任，减少分户验收不负责任、弄虚作假的行为。

**【质量监管】** 2015年，江阴市建设工程质量监督部门继续坚持依法行政、突出重点、严格监管，强化日常巡查。全年实施巡查抽查1450次，实体抽测54次，开具监督抽查整改通知书262份、局部停工（暂停）通知书3份；行政处罚立案12件，结案10件，到账罚款金额51万元；实施专项和综合执法检查，组织和参与专项和综合执法检查5次，检查工程项目536项次，开具整改通知书22份，局部停工（暂停）通知书14份；严格政府投资项目质量监管，全年，对市级政府投资建设项目（包括拆迁安置房）实施每月质量集中检查12次，实体抽测4次，涉及重点工程21个（其中市政道路工程17个），建筑面积35万平方米（其中公共建筑3个，拆迁安置房工程1个），工程质量总体良好；继续实施建筑原材料备案登记，依据《江阴市建筑原材料登记管理办法》和《江阴市原材料登记程序》，在已实施墙体材料备案的基础上，进一步扩充备案对象，全年备案登记墙体材料、预制桩、预拌砂浆45种；加强现场原材料抽测，抽检原材料50组，其中钢筋40组、防水卷材3组、混凝土膨胀剂7组；继续实施商品住宅工程交楼标准样板房制度，全年办理备案104项；在工程竣工验收时，实施分户验收复核工作，保证住宅工程使用功能和观感质量，维护住户的合法权益；积极推动信息化建设，启用"建设工程质量动态监管信息系统"，促进质量监督工作的规范化和信息化，逐步构建起"系统管人、系统制权"的质量监督监控防线；推广使用省住建厅新版《建筑工程施工质量验收资料》软件，规范工程资料的制作、收集和整理，保证资料的真实性和同步性。

**【工程质量治理两年行动】** 为进一步规范建筑市场秩序，规范建设各方主体行为，2014年12月10日，江阴市召开工程质量治理两年行动动员大会，部署工程质量治理两年行动工作，全面落实工程建设单位负责人、勘察单位项目负责人、设计单位项目负责人、施工单位项目经理和监理单位总监理工程师五方主体项目负责人质量终身责任，严劣打击建筑施工转包、违法分包行为。2005年，江阴市积极稳妥推进两年行动，全面落实五方责任主体项目负责人质量终身责任，推行质量终身责任承诺书和竣工后永久性标牌制度，建立项目负责人质量终身责任信息档案，加大质量安全责任追究力度。同时，健全工程质量监督、监理机制，严厉打击建筑施工违法发包、转包、违法分包及挂靠行为，推动建筑产业现代化。是年，签署项目负责人质量终身责任书面承诺326份，设立永久性标牌712块。参与行动执法检查，共参与综合执法检查3次，项目507个项，发出整改通知书12份。（夏 燕）

**【建设工程质量检测】** 2015年，江阴市建设工程质量检测中心认真贯彻落实江苏省《建设工程质量检测管理办法》，弘扬"科学、公正、热情、高效"的工作精神，不断改进完善实验室管理体系，确保质量方针和目标的实现。以"完善基础设施、优化城市功能、提升城市品位、方便市民生活"为重点，深化服务与管理，以提高工程质量为己任，在检测任务重、检测人员紧张的情况下为社会提供满意的建设工程质量检测服务。全年发放检测报告6.7万份，实现检测费收入2386万元。（张宜开）

## 建筑市场管理

**【概况】** 2015年，江阴市建设部门以创建全国文明城市为目标，以城乡环境综合整治为抓手，严格现场管理，细化工作标准，加强督查巡查，全年组织召开工作推进会10次，组织现场督查检查10次，开展专项整治4次。加强建筑市场信用体系建设和监管，完善建设监管信息系统，并与无锡市"一号通"系统实现对接。全年录入工程建设不良行为扣分单52份，办理江阴建筑业企业年度信用手册167份，外地建筑业企业单项信用手册115份。严格实施施工许可和竣工验收，全年发放施工许可证176张，施工面积326.83万平方米；完成竣工验收备案264项，备案面积735.38万平方米。加强工程造价管理,新申报招标代理机构1个,全市有造价咨询企业9个,有招标代理机构10个。办理工程招标控制价备案103份,核定现场安全文明施工措施费67项;组织全市造价执业人员参加省造价员考试639人次,完成造价师注册及续期注册23人次,造价员变更换证68人次,造价员续期换证换章214人次。深入开展各类安全专项整治,在全市范围内组织开展安全生产督查、抽查、巡查和专项检查、隐患排查治理活动,检查工地1537个次,查出安全隐患3258处,消除隐患3258处,整改率100%。

**【开展文明城市创建和城乡环境综合整治工作】** 2015年,江阴市住建局成立创建和整治工作领导小组,对照《江阴市创建全国文明城市三年行动计划(2015—2017)》和《江阴市城乡环境综合整治三年行动计划(2015—2017)》分解目标任务,建立协调推进、定期检查、督查问责的工作推进机制。以创建全国文明城市为目标,以城乡环境综合整治为抓手,通过严格现场管理,细化工作标准,加强督查巡查,强势推进各项目标任务。组织召开工作推进会10次,组织现场督查检查10次,开展专项整治4次。狠抓文明工地专项整治,制定建筑工地文明施工专项整治方案,推进安全文明施工"六化"(文明施工常态化、安全施工标准化、现场布置条理化、机料摆放定置化、作业行为规范化、环境影响最小化)标准建设,每月组织现场督察,督察工地整改落实情况;开展扬尘集中整治,督促企业落实扬尘控制措施,规范工地围挡设置,实行封闭施工,严控扬尘污染。开展日常检查850多次,排查出700余条问题,开具整改或停工通知书320余份,是年有20项项目工地被评为江阴市级标准化文明示范工地,4项项目被评为无锡市级标准化文明示范工地,4项项目被评为江苏省级标准化文明示范工地。狠抓市政道桥设施专项整治,制定市政道桥设施整治方案,根据路面状况"轻缓重急"的原则将市政设施养护范围划分为七网格、三大类分阶段实施。全年完成城区沥青、混凝土路面修补15595平方米,人行道板修复20211平方米,侧平石修复23715米,市政设施完好率达到95%以上。狠抓村庄环境长效管理,新确定50个村庄环境长效管理示范点名单并进行督查,开展江苏省"美丽乡村"建设,临港街道球庄村于11月通过无锡市验收,12个三星级康居乡村也通过无锡市验收;加快推进城中村改造,9个改善型城中村改造全部完成,总投资2000万元。狠抓老小区改造,年内对五星花苑、文富一区、普惠苑一区、五云家园等15个老小区总建筑面积约78万平方米进行改造,主要完成路面整修、停车位改造、外立面出新等内容的改造,投入改造资金6000万元。加强与属地政府、相关企业的对接,加快协调城区混凝土(沥青)搅拌站搬迁工作。狠抓宣传教育,50%的工地围挡刊载公益广告,城区在建工地围墙围挡通过墙绘、喷绘布等方式布设"图说我们的价值观""讲文明树新风"等公益广告340余块,对凯旋门、金盘置业等停工工地按要求整改到位。 (沈希婷)

**【建筑企业信用管理】** 2015年,江阴市建设主管部门按照《江苏省建筑业企业信用综合评价办法(试行)》要求,重新修订《江阴市建筑业企业信用日常考核计分管理办法(试行)》;通过"一号通"项目审批系统,对报审工程项目实行统一编号,贯穿项目审批全过程,实现省、市、县三级平台数据互通、互认和互用;通过"数字建设"考评系统,对在江阴市承接工程项目的建筑业企业实行日常考核量化计分。开展建筑业企业年度综合信用分考评,完成201个申报企业的综合信用分评定,并将评定结果同步到江阴市公共资源交易中心网上招投标系统,作为工程评标的评分依据。实现建筑市场和施工现场"两场联动",极大地提高企业对自身信用的重视程度。全年录入工程建设不良行为扣分单52份,办理江阴建筑业企业年度信用手册167份,外地建筑业企业单项信用手册115份。 (张 潇)

**【施工许可与竣工备案】** 2015年,江阴市建设主管部门贯彻落实《建筑工程施工许可管理办法》,进一步加强和规范全市建筑工程施工许可和竣工验收备案管理,加快推进施工许可管理系统与建筑市场信用管理平台互联互通。从5月1日起,启用新版建筑工程施工许可证。全年发放施工许可证176张,施工面积326.83万平方米;完成竣工验收备案264项,备案面积735.38万平方米。 (胡惠芳)

**【建筑企业资质管理】** 2015年,江阴市建设部门根据省住建厅《建筑业企业资质管理规定》和《建筑业企业资质管理规定和资质标准实施意见》要求,对全市建筑企业进行新资质标准宣传贯彻培训,指导企业做好换发新版建筑业企业资质证书准备工作。加强建筑企业资质管理,全年完成3个监理企业的资质申报。做好建造师注册管理工作,全年为1051人次建造师发放注册证书、延期贴纸,其中一级建造师71人次,二级建造师980人次。 (谢玉丰)

城区在建工地围墙围挡刊载公益广告 (市住建局提供)

【工程建设造价管理】 2015年,江阴市建设部门持续巩固和完善建设工程造价体系,积极参与计价定额、计价规定的制定、调整及测算工作,并结合江阴实际,依据法律法规,及时转发省住建厅《关于发布建设工程人工工资指导价的通知》,对工程造价咨询企业实行动态管理,规范工程造价咨询市场秩序。是年,新申报招标代理机构1个,全市有造价咨询企业9个,有招标代理机构10个。办理工程招标控制价备案103份,核定现场安全文明施工措施费67项;组织全市造价执业人员参加省造价员考试639人次,完成造价师注册及续期注册23人次,造价员变更换证68人次,造价员续期换证换章214人次。同时,指导和帮助企业解决工程造价中遇到的问题,共排除造价纠纷30余件。 (杨建洪)

【安全生产】 2015年,江阴市建设工程安全监督站高度重视安全生产工作,督促建设单位、施工企业、监理企业依法履行安全生产职责。年初制定并下发建筑安全工作要点,明确建设安全工作的思路、目标和重点,提出工作措施要求,与住建局各部门签订《安全生产工作责任状》14份,与各建筑施工、监理企业签订《安全生产工作告知承诺书》265份,细化安全责任制落实,为安全生产工作提供有力保障。进一步加强建设工程安全监督备案工作,全年办理安监手续的项目167项,面积565.09万平方米,造价106.46亿元。年内,办理产权登记的塔式起重机26台、施工升降机195台;办理安装告知的塔式起重机222台、施工升降机384台,注销塔式起重机、施工升降机、吊篮765台。有48项项目申报江阴市级标准化文明示范工地,20项项目申报无锡市级标准化文明示范工地,8项项目申报江苏省级标准化文明示范工地;其中20项项目被评为江阴市级标准化文明示范工地,4项项目被评为无锡市级标准化文明示范工地,4项项目被评为江苏省级标准化文明示范工地。

【建设工程隐患排查治理】 2015年,江阴市建设工程安全监督站突出重点,深入开展各类安全专项整治,在全市范围内组织开展安全生产督查、抽查、巡查和专项检查、隐患排查治理活动,检查工地1537个次,查出安全隐患3258处,消除隐患3258处,整改率100%。发出《建设工程施工安全隐患整改通知书》96份、《建设工程施工局部停工整改通知书》42份,立案审批10件,处罚决定14件,处罚金额21.25万元。

【建设工程安全生产宣传教育】 2015年,江阴市建设工程安全监督站组织安监人员参加各类培训8次,积极参加国家住房和城乡建设部举办的建筑安全生产法律法规及标准规范培训班及全省建筑施工安全监督人员继续教育培训考核。组织《施工企业安全生产评价标准》等规范标准的学习培训800人次,展出宣传版面12块,下发宣传资料、法律法规汇编等1000份、培训教材光盘1000份,通过现场咨询解答、展出宣传版面、发放宣传资料和警示光盘等形式,倡导安全生产、文明施工和保护生态环境。

【建设工程安全生产信息化建设】 2015年,江阴市建设工程安全监督站全面落实企业安全生产主体责任,建立完善的视频监控及LBS无线定位系统,加强施工现场管理人员到岗考核与管理。完成对279项施工项目的建设方现场负责人、施工方项目经理、安全员、监理单位总监无线定位,实现建筑市场与施工市场的联动管理,提高安全监管效能。建立信息预警系统,在出现恶劣天气之前,向全市各企业安全主要负责人和有关人员统一群发紧急短讯等1000余条次,及时提醒注意防范。 (张燕莉)

【工程监管分段分类执法】 2015年,江阴市工程建设稽查大队围绕"新违建零增长、老违建负增长"的目标,综合执法,将防违、控违、治违的日常工作同创建全国文明城市和城乡环境综合整治工作密切结合起来。各片区稽查小组工作深入一线,弥补不熟悉当地工作环境而发生错漏的情况,基本达到城乡建筑工程监管全覆盖的目标。严格按照行政执法工作流程依法行政,明确履职标准和工作制度,推行使用执法记录仪规范执法,对于发现的违法建设工程项目按照无锡市建设局制定的分段执法查处程序进行分类处理,做到及时、准确。先后扎实配合参与创建全国文明城市和城乡环境综合整治、综合执法大检查等行动,对检查中发现的违法违规行为,按情节轻重分别处以信用扣分、经济处罚、暂停执业资格等行政处罚。

【部门联动综合执法】 2015年,江阴市工程建设稽查大队与相关部门、镇(街道)密切配合,积极主动获取违法建设项目信息。对发现的建设前期用地、规划手续未完备的违建工程项目,均及时抄告国土、规划等相关部门查处,共抄送19批341项;与2015年同期相比违建下降率22%。是年,发现违章项目351项,立案16件,累计结案26件(含2014年结转),接受并处理网上投诉及来信来电举报案件34件,收缴罚款553万元。 (李艳霞)

【城建档案管理】 2015年,城乡建设档案管理部门从增强服务意识、明确服务方向、提高服务质量三方面入手,切实做好城建档案的指导、接收、利用等服务工作,全面促进档案工作整体水平提高。全年接收双牌小区、永安二村、浮桥、东苑三期、塔南花园、凤栖苑等13项安置房项目和敔山湾公共租赁住房工程资料档案进馆,涉及单体工程量119个,面积超102万平方米;接待档案查阅435人次,调阅案卷1346卷。围绕江苏省村镇建设档案室目标管理评估办法加强对顾山、新桥两个乡镇村镇建设档案室的指导,达到省一级标准。完成数字化扫描12354卷,至年末,馆藏数字化档案达68140卷。馆藏重要档案数据完成异地备份工作,将城建档案管理系统源代码数据、地籍原图、12万卷工程档案、声像档案、照片档案等1.8T重要电子数据备份至数字介质,存放于新疆维吾尔自治区城建电子档案数据主容灾备份中心专业防磁柜中封存保管。全年接收档案项目222项,单体工程1176个,面积908万平方米;签订报送责任书240份;专项验收意见书246份;出具接收证明书222份;入库项目130项,排架入库8622卷。至年末,馆藏档案达141679卷,卷内目录达577479条。 (刘 莹)

■类目编辑 党 辉

# 商贸流通业

## 综　述

【概况】 2015年，内贸市场下行压力增大，江阴市委、市政府贯彻国务院《关于推进国内贸易流通现代化发展建设法治化营商环境的意见》和国务院办公厅《关于加快发展生活性服务业促进消费结构升级的指导意见》精神，将提升发展商贸服务业列为建设“强富美高”新江阴的一大战略重点。年内，市政府编制《江阴市国民经济和社会发展第十三个五年规划纲要（2016—2020）》，推进供销合作社综合改革、“主副分离”、城市经济、电子商务、市场转型和文明城市创建，对顾山镇物流互联网服务平台建设和全市服务消费、品质消费、农村消费等方面消费升级展开调研。市人大和市政协领导视察骨干商贸企业和服务业重点建设项目，听取全市服务业工作汇报。市市场监督管理局简化商事审批、降低市场准入门槛。市商务局按照商务部《“互联网+流通”行动计划》《江苏省2015商务领域扩大消费工作要点》和无锡市商务局关于消费促进活动总体部署，举办商务大讲堂，开展商务干部业务培训；定期召开服务业工作例会、重点重大服务业项目建设推进会、经济分析会，开展消费市场调研，编制服务业“十三五”发展规划；联合行业协会（商会）举办江阴购物节、春季和秋季汽车展、房交会等节庆会展活动；加强商务监管和跟踪服务，营造良好的营商环境，加强商务行政综合执法，推进酒类流通和再生资源回收经营者备案登记；巩固和发展蔬菜平价商店建设成果。各镇（街道）围绕2015年度经济发展和社会建设目标，实施新市镇建设、农贸市场标准化改造和商业街区业态调整与改造，海澜创新大厦、兴澄银座等一批服务业重点项目竣工开业；澄星综合体、虹桥南路商业街等项目加快建设，南门印象商业广场、凤凰广场等项目开工建设。全市纯三产投资203.17亿元，比上年增长152.7%；服务业增加值1250.16亿元，比上年增长8%，占全市地区生产总值的43.4%，比上年提高0.6个百分点；服务业税收总额146.4亿元，比上年增长8.3%，占全市税收总额的42.3%；商业开票销售收入4044.68亿元，比上年减少15.5%；社会消费品零售总额705.16亿元，比上年增长9.7%。

**2015年江阴市各镇（街道）、开发区服务业主要经济指标一览**

表30　　　　单位：万元

| 单位＼各项指标 | 服务业增加值 | | 开票销售 | | 应征国税 | | 入库地税 | |
|---|---|---|---|---|---|---|---|---|
| | 总额 | 比上年增减（%） | 总额 | 比上年增减（%） | 总额 | 比上年增减（%） | 总额 | 比上年增减（%） |
| 高新区 | 1479844 | 7.7 | 6105531 | -16.7 | 34274 | 8.1 | 114671 | 14.9 |
| 临港开发区 | 2550012 | 0.2 | 14473833 | -26.5 | 57317 | -6.0 | 191127 | 32.0 |
| 靖江园区 | 326137 | -8.8 | 1398130 | -3.7 | 6615 | 28.5 | 5744 | -33.2 |
| 澄江街道 | 2803142 | 6.9 | 6133843 | -15.8 | 41097 | -2.0 | 197146 | -17.6 |
| 南闸街道 | 365367 | 8.7 | 795632 | -19.7 | 2661 | -15.9 | 14495 | 7.7 |
| 云亭街道 | 403680 | 12.9 | 399949 | 16.9 | 3413 | 1.3 | 43074 | 78.3 |
| 月城镇 | 214903 | -2.2 | 400693 | -43.2 | 2667 | -24.7 | 13919 | 20.5 |

续表 30

| 单位 \ 各项指标 | 服务业增加值 | | 开票销售 | | 应征国税 | | 入库地税 | |
|---|---|---|---|---|---|---|---|---|
| | 总额 | 比上年增减(%) | 总额 | 比上年增减(%) | 总额 | 比上年增减(%) | 总额 | 比上年增减(%) |
| 青阳镇 | 289268 | 1.6 | 415595 | -8.8 | 2090 | 7.3 | 12061 | 63.1 |
| 徐霞客镇 | 400917 | 9.9 | 618834 | 19.7 | 3180 | -8.1 | 19317 | 56.9 |
| 华士镇 | 823476 | -1.3 | 1819285 | -25.4 | 12292 | 1.6 | 14925 | -5.8 |
| 周庄镇 | 783540 | 5.2 | 1538772 | 1.0 | 12332 | -10.2 | 22547 | 65.2 |
| 新桥镇 | 651793 | -18.3 | 3630003 | 32.5 | 48716 | 82.9 | 63264 | 47.2 |
| 长泾镇 | 280090 | 2.1 | 363722 | -21.7 | 2786 | -2.7 | 10386 | 22.1 |
| 顾山镇 | 368042 | 10.4 | 1137094 | 21.9 | 12864 | 93.1 | 7825 | 40.3 |
| 祝塘镇 | 266118 | 7.5 | 282791 | -4.4 | 3987 | 43.3 | 7335 | 74.9 |

**【举办商贸服务业专题培训】** 2015年4月15日至21日，江阴市商务局委托浙江大学全国干部培训中心在浙江省杭州市浙江大学校区对全市商贸管理基层机构和骨干企业干部49人进行网络营销、共同配送、危机公关和团队建设等专题培训，并实地考察杭州市东方电子商务园区。此次培训给江阴市实体商贸服务企业"互联网+"行动以有力促进。江阴新一城购物中心、江阴华地百货有限公司和江阴华联商厦有限公司推出各自的"微商城"，江阴滨江酿酒有限公司、江阴华伯食品有限公司、江苏吉麦隆百货超市有限公司和利港华平百货有限公司等企业推出各自的"微信营销"，江阴国际大酒店、泓昇苑酒店、法尔胜大酒店和永丰源大酒店优化"微信平台"。江阴市永丰源大酒店在其微信平台突出"非遗"文化宣传，应邀参加北京大学举办的中华小吃美食节，日销蟹黄汤包4000只。

**【顾山镇顾北村被列为"江苏省农村电子商务示范村"】** 顾山镇顾北村地处江阴、无锡、常熟、张家港四市交界处，村域面积2.5平方千米，原住村民2475人，外来人口4500人，其产品以金顾山水蜜桃、内衣服装为特色。2015年，该村依托江苏众网互联网有限公司电子商务园平台，积极争取顾山镇政府支持，参与第三批江苏省农村电子商务示范村创建工作。金顾山物流中心电子结算和税务监管等服务能级得以提升，吸纳物流货运企业262个，完成开票销售额6.3亿元，纳税4300万元；旗枪、琴曼、南极绒等20多个品牌内衣服装生产企业成功上网开展网络营销，网上零售额比上年增长36%，村级工业开票销售额7.8亿元；村民开设网店逾260个，金顾山水蜜桃销售额达600余万元。11月20日，江苏省商务厅下发《关于公布第三批江苏省农村电子商务示范村通知》，顾北村成功创建为江苏省农村电子商务示范村。

**【"苏之酥"等5个商号取得"江苏老字号"称号】** 2015年，江阴市商贸管理办公室依照《江苏省商务厅关于开展"江苏老字号"认定工作的通知》和《"江苏老字号"认定规范(试行)》要求，推荐6个商号参评。7月6日，江苏省商务厅以《江苏省商务厅关于公布第一批"江苏老字号"名单的通知》公布第一批"江苏老字号"名单，江阴市滨江酿酒有限公司的"杜园坊"、江阴市苏之酥食品有限公司的"苏之酥"、江阴市和丰食品厂的"谢禾丰"、江阴市邵氏食品有限公司的"邵府"4个商号被认定为"江苏老字号"，江苏大众医药连锁有限公司的"致和堂"凭据"中华老字号"直接成为"江苏老字号"。江阴华西食品酿造厂的"华西冰油"商标因与"华士酱油"商号传承关系缺乏证明资料而被"江苏老字号"认定委员会及专家委员会否认。是年，江阴市商贸管理办公室加强对"老字号"企业振兴发展工作的指导，落实省级财政资金21.39万元支持"致和堂"发展连锁网点、支持"杜园坊"和"苏之酥"改造生产设备。 (沈敏能)

## 批零贸易业

**【概况】** 2015年，江阴市商务局以《国务院关于推进国内贸易流通现代化发展建设法治化营商环境的意见》精神为指导，按照商务部《"互联网+流通"行动计划》《江苏省鼓励发展的流通设施目录》和无锡市商务局关于推进内贸流通现代化发展的总体部署，稳步推进商品市场转型升级、电子商务、连锁配送、"主副分离"、农产品流通集中连片建设和城区农贸市场标准化改造，组织城区各商业体及各大商家举办江阴购物节，会同江阴电视台和行业协会(商会)联合举办春季和秋季汽车展等8项促销活动，增加消费新供给；推进"淘江阴"生鲜配送中心和社区直投站点建设，巩固和发展"平价商店"创建成果；推进城镇商业街区建设，市场配置资源作用得以发挥。"苏宁易购""爱居兔"品牌落户人民路步行街；江苏吉麦隆百货超市有限公司加快在靖江、苏州、常州和浙江湖州等城市的布点步伐，在月城镇建成占地2万平方米、仓储面积2万平方米、箱式卡车50辆的配送中心，整合月城信特超市，年内新开15个超市，旗下门店总数达到48个；江阴华联商厦有限公司开办华联一家连锁超市15个；江阴九澄网购电子商务有限公司开设"淘江阴"

生鲜农产品社区直投站120个;华平百货有限公司在临港经济开发区开设5个"淘时代便利店";立新菜场10月15日竣工开业,方便立新社区居民就近买菜;江阴市五星电器有限公司虹桥店4月开业,年销售额13285万元;江阴市阳光购物广场管理有限公司成立。是年,江阴市在长三角县域商业十强排名第3,被常熟市、慈溪市超越。全市商贸流通业完成固定资产投资15.76亿元;全市批零贸易业完成商品销售总额4709.13亿元,比上年增长11%。其中,限额以上批零贸易企业完成销售额2681.76亿元,比上年下降0.3%;限额以上批零贸易企业完成社会消费品零售额213.44亿元,比上年增长5.9%;征缴国税30.73亿元,比上年增长1.4%;入库地税8.36亿元,比上年增长52.3%。

**【举办首届江阴购物节】** 2015年,江阴市商贸管理办公室为化解2015年消费市场下行压力,落实江苏省商务厅关于加强消费促进的工作要求,总结2014年11月11日至16日江阴华地百货有限公司、江阴华联商厦有限公司、江阴国际购物中心有限公司、江阴大统华百货超市有限公司参加国内领先零售企业联合发起的"莲荷行动"成功经验,听取城区主要零售企业和商业体的想法和建议作出举办首届江阴购物节的部署。11月6日上午,市商贸办在澄江街道便民中心二楼报告厅举行"首届江阴购物节"新闻发布会,宣布购物节开幕。江阴市商务局和澄江街道三产办领导,城区澄江福地、新一城、万达广场三大商业综合体和江阴华地百货有限公司、江阴华联商厦有限公司、江阴国际购物中心有限公司、江阴银泰百货有限公司、江阴五星电器有限公司虹桥店、江阴苏之酥食品有限公司、江阴康大酒业有限公司等17家商店负责人,消费者代表,《江阴日报》等主流媒体和暨阳在线等新媒体记者共60人出席。会上,江阴华地百货有限公司代表活动参与单位作出"一样的购物,更多的选择;一样的商品,更好的体验;一样的底价,更高的品质;一样的消费,更多的收获"文明经商诚信承诺。是日,首届江阴购物节在各商业体和商家线上线下同步开展主题惠民促销活动。11月11日,首届江阴购物节闭幕。参与首届江阴购物节的三大商业综合体和17各商店共实现零售额1.3亿元,比上年同期增长9.1%。

**2015年江阴市各镇(街道)、开发区商品贸易情况一览**

表31　　单位:万元

| 单位 \ 各项指标 | 限额以上批零企业 | | 限额以上企业 | |
|---|---|---|---|---|
| | 销售额 | 比上年增减(%) | 零售额 | 比上年增减(%) |
| 高新区 | 2893503 | 3.1 | 54403 | 26.0 |
| 临港开发区 | 9945923 | -3.4 | 206237 | 26.8 |
| 靖江园区 | 1014830 | -18.8 | 41664 | 0.5 |
| 澄江街道 | 4755775 | -6.2 | 1510394 | 2.7 |
| 南闸街道 | 243484 | 17.1 | 33661 | 14.3 |
| 云亭街道 | 293913 | 47.9 | 41616 | 21.1 |
| 月城镇 | 213474 | -23.6 | 20772 | 5.0 |
| 青阳镇 | 246416 | -8.5 | 25631 | 6.2 |
| 徐霞客镇 | 502103 | 61.5 | 30115 | 10.8 |
| 华士镇 | 919583 | -24.5 | 93034 | 4.0 |
| 周庄镇 | 1609481 | 5.1 | 123068 | 1.0 |
| 新桥镇 | 3038730 | 30.3 | 35558 | 17.2 |
| 长泾镇 | 1947970 | -30.8 | 46061 | 4.3 |
| 顾山镇 | 663064 | 14.9 | 18173 | 21.3 |
| 祝塘镇 | 282545 | 3.4 | 22552 | 12.1 |

## 2015年江阴市主要零售商店销售业绩一览

表32 单位:万元

| 单位名称 | 销售额 | 比上年增减(%) |
|---|---|---|
| | 2015年 | |
| 江阴华地百货有限公司 | 118417 | 4.57 |
| 江阴华联商厦有限公司 | 30229 | -6.48 |
| 江阴市国际购物中心有限公司 | 27569 | -11.28 |
| 江阴市银泰百货有限公司 | 10580 | -2.95 |
| 大润发超市江阴店 | 31240 | -5.84 |
| 大统华超市江阴门店 | 74183 | -1.82 |
| 麦德龙江阴商场 | 35725 | 5.90 |
| 五星电器江阴门店 | 27128 | 55.97 |
| 苏宁电器江阴门店 | 20452 | -3.11 |

## 2015年江阴市限额以上批零业商品分类销售额一览

表33 单位:万元

| 商品分类 | 销售额 | 比上年增减(%) | 零售额 | 比上年增减(%) |
|---|---|---|---|---|
| 粮油食品类 | 537388 | 20.7 | 277256 | 16.3 |
| 饮料类 | 19765 | 17..1 | 17317 | 3.7 |
| 烟酒类 | 283266 | 7.3 | 38760 | -6.3 |
| 服装鞋帽针纺织类 | 4610641 | 24.4 | 211516 | 6.9 |
| 化妆品类 | 21031 | 9.8 | 18770 | -1.8 |
| 金银珠宝类 | 593695 | -9.0 | 63065 | -7.0 |
| 日用品类 | 110871 | 16.4 | 58083 | 4.7 |
| 五金、电科类 | 181159 | 22.3 | 10264 | 24.9 |
| 体育、娱乐用品类 | 7869 | 21.3 | 5374 | -16.7 |
| 书报杂志类 | 13382 | 3.0 | 11099 | 47.2 |
| 电子和音像制品类 | 2234 | 71.6 | 1388 | 7.1 |
| 家电和音像器材类 | 85098 | -8.2 | 74035 | -3.1 |
| 中西药品类 | 191414 | 3.3 | 71219 | 6.4 |
| 文化办公用品类 | 56824 | 19.7 | 32394 | 6.8 |
| 家具类 | 11296 | 7.1 | 8518 | 17.0 |
| 通信器材类 | 17178 | 32.2 | 14197 | 9.5 |
| 煤炭及制品类 | 1255607 | -16.5 | — | — |
| 石油及制品类 | 1214816 | -2.4 | 301444 | -7.0 |
| 化工材料及制品类 | 6721267 | 8.5 | — | — |
| 金属材料类 | 8867343 | -14.7 | — | — |
| 建筑及装潢材料类 | 21555 | 17.1 | 21555 | 20.5 |
| 机电产品及设备类 | 597215 | 50.7 | 8 | 6.7 |

续表33

| 商品分类 | 销售额 | 比上年增减(%) | 零售额 | 比上年增减(%) |
|---|---|---|---|---|
| 汽车类 | 907904 | 8.3 | 892609 | 9.0 |
| 棉麻类 | 148476 | -30.4 | — | — |
| 其他类 | 340325 | -24.9 | 5517 | 55.5 |
| 合计 | 26817621 | -0.3 | 2134388 | 5.7 |

(沈敏能)

## 供销合作经济

**【概况】** 2015年,江阴市供销合作社认真贯彻中共中央、国务院精神,围绕市政府《关于加强供销合作社体系建设的意见》目标任务,以综合改革为主线,探索建立新体系、打造新平台、服务新"三农"、提升发展力,全面恢复对乡镇(街道)基层供销社的管理。抓住农村电商发展机遇,构建延伸到涉农行政村和社区的为农综合服务网络"网上双代店",年内累计建成10个网上双代店,创建农村社区服务中心示范社12个,领办、合办农民专业合作社8个,建成省级基层供销社标杆社1个,省级社区服务中心样板社3个,省级农民专业合作社示范社1个。对全市基层社存量资产及账面资金进行全面摸底,引导和鼓励存量资产开展投资运营,西石桥供销社投资800万元将危旧仓库改造成商业门店。完成精品商厦大楼回购。"澄记"肉食有限公司完成股份制改造,在天津股权交易所成功挂牌上市。

**【供销合作综合改革】** 2015年,江阴市供销合作系统形成改革共识,合力活力进一步激发,综合改革工作得到市委、市政府以及镇(街道)的关心支持,理顺市总社与镇(街道)和基层社的关系,恢复市总社对基层社监督管理。完成全市基层社人员资产清理审计,对基层社和所在镇(街道)双方自2000年8月至2014年12月期间社有资产和财务状况全面确认交接,保持市总社与29个基层社组织体系的完整性,为综合改革打好组织基础。首创区域性基层供销合作社联合社,本着精简高效、整合资源、凝聚合力、共建共享的原则,联合社与基层社实行统一规划发展,统一管理人员,统一管理资产,统一管理收支,统一绩效考核。全市分区域设立6个区域性联合社,其中澄东南、澄东、澄中、澄南4个联合社建成。出台基层社资产、财务、人员、投资流程等管理制度,健全议事决策制度。组建全市社有资产管理委员会,实行听审票决制。推行财务电算化、资产管理信息化"两化"建设,加强基层社人员工资福利考核,强化基层社规范化管理。 (陆锡良)

## 粮油购销

**【概况】** 2015年,江阴市粮食局严格执行国家粮食购销政策,全面推进粮食流通监管工作,切实加强粮油仓储体系建设,不断提高全市粮食安全保障水平。粮食收购市场形势发生深刻变化,粮食持续增产、最低收购价政策持续启动、最低收购价格持续高位,粮食产量、粮食收购量和粮食库存量"三量齐增",收购工作面临仓容紧缺、质量难把、价格倒挂三大难题。年内,全市小麦收购均价2.36元/公斤,稻谷收购均价3.1元/公斤,两季完成粮食收购7.05万吨,其中小麦收购2.53万吨(市内收购1.53万吨,外市收购1万吨);稻谷收购4.52万吨(市内收购3.03万吨,外市收购1.49万吨),全面完成粮食收购任务。全市纳入统计的55个粮油企业销售粮食77.79万吨,销售食用植物油2.2万吨,全市粮食经济平稳发展。新增江阴市申港惠民粮油店为粮油应急供应店,全市粮油应急供应店达到18个。江阴白屈港粮食储备库等9

**2015年江阴市主要粮油零售价格一览**

表34 单位:元/公斤

| 月份 \ 名称 | 二级粳米 | 特二级面粉 | 四级菜油 | 一级大豆油 |
|---|---|---|---|---|
| 1月 | 4.28 | 3.72 | 9.70 | 9.05 |
| 2月 | 4.29 | 3.72 | 9.71 | 8.19 |
| 3月 | 4.36 | 3.73 | 9.70 | 8.16 |
| 4月 | 4.34 | 3.71 | 9.68 | 8.38 |
| 5月 | 4.35 | 3.77 | 9.69 | 8.20 |
| 6月 | 4.38 | 3.77 | 9.70 | 8.31 |
| 7月 | 4.36 | 3.76 | 9.69 | 8.15 |
| 8月 | 4.38 | 3.76 | 9.69 | 8.44 |
| 9月 | 4.44 | 3.77 | 9.69 | 8.42 |
| 10月 | 4.43 | 3.75 | 9.70 | 8.37 |
| 11月 | 4.41 | 3.75 | 9.71 | 8.16 |
| 12月 | 4.35 | 3.76 | 9.71 | 8.22 |

个企业被评为江苏省粮食流通守法诚信AAA级企业，江阴市长泾粮油购销有限公司等4个企业被评为江苏省粮食流通守法诚信AA级企业，13个企业建成江苏省粮食流通守法诚信企业。江阴市军粮供应站坚持“优质、及时、卫生、安全、按需”的原则，做好驻江阴部队的军粮供应工作，实现军粮供应满意率100%，圆满完成军粮供应任务。调整全市粮油仓储设施布局，推进粮食仓储设施建设，投资7900万元，在青阳启动江阴地方粮食储备库建设，总仓容5.5万吨，其中一期工程3.5万吨，二期工程2万吨。开工建设江阴市陆桥粮库立筒仓项目，建设8个立筒仓，总仓容2万吨，全面提高粮食仓储能力。

**【粮食购销调控】** 2015年，国家继续实行最低收购价政策，稻谷最低收购价为3.1元/公斤，而同期市场价格为2.9元/公斤，江阴市各粮食收购企业按照3.1元/公斤的价格收购农民余粮，保障农民增产增收。江阴白屈港粮库、西石桥粮库、马镇粮库、陆桥粮库等国有粮库发挥收购主渠道作用，发挥在收购人员、收购仓容、收购资金、储存条件等方面的优势，协同各镇民营粮食收购企业，统筹收购农民余粮，应收尽收农民余粮。6月下旬，江阴遭遇特大暴雨袭击，北涸、祝塘、文林、璜土4个库点受到洪水威胁，市粮食局指导各粮食仓储库点做好防洪抗洪工作，构筑防洪坝，调配抽水泵，紧急调运粮食5072吨，减少受灾损失。

**【地方储备粮管理】** 2015年，江阴市粮食局积极探索提高粮食储备水平的有效办法，按照规范化、精细化管理要求，确保储粮常储常新，数量真实，质量良好。3月，开展库存粮食检查，全市库存粮食粮温正常，粮情稳定，无严重虫粮、高水分粮、霉变粮、发热粮等，全部粮食库存为宜存状态。全市地方储备粮销售均采用公开招标的方式，3月10日，举行地方储备粮招标销售交易会，成交粳稻2260吨，成交均价3305元/吨；成交小麦4322吨，成交均价2505元/吨。6月21日，举行地方储备粮招标销售交易会，成交粳稻17081吨，成交均价3322元/吨。江阴市粮食局完善粮油储备体系，加强大米、面粉、食用油等成品粮油储备管理，增强市场应急保供能力。加强市场监测，在全市建立15个粮油信息采集点，定期监测市场交易、粮食库存、粮食价格等信息，编发52期粮食行情周报向社会发布，全市粮油市场保持平稳。

**【粮油质量监管】** 2015年，江阴市粮油行政执法监察大队全面做好粮食出入库质量监测工作，全年检测样品580份，粮油质量合格率达到98%，对销售进入市场的原粮检测率100%，严禁不合格原粮流入市场，确保市民用粮安全。开展库存粮食检查，粮油储藏技术规范执行情况检查，粮食收购资格核查，粮食流通统计制度执行情况检查，成品粮油储备安全检查，食用油脂库存检查等专项检查，全年组织开展检查20次，实施行政警告1例，处理投诉举报7例，保障粮油质量安全。做好粮油行政指导工作，全年发出行政管理辅导书36份，行政指导提示书72份，行政指导警示书1份，行政指导意见书1份，维护粮油市场秩序。秋粮收购期间，遭遇连续阴雨天气，市粮油质量监测站指导全市各粮食收购企业采取切实有效的措施控制粮食入库品质，确保入库粮食质量安全。

**【国有粮食经济发展】** 2015年，江阴国有粮食经营企业大力发展粮食购销，努力扩大市场份额，规范企业内部管理，江阴粮食经济实力得到增强。中央直属企业江苏江阴中谷国家粮食储备库发展多种经营，做好稻谷、小麦、玉米三大品种经营，销售粮食16.5万吨；中央直属企业中粮麦芽（江阴）有限公司，发展粮食物流，销售粮食30.2万吨，保持良好发展态势。是年，江阴市属国有粮食经营企业完成经营量35.9万吨，销售量15.4万吨，销售收入45639万元，国有粮食经济稳步增长。江阴市华贸粮油配送有限公司完成经营量4.3万吨，销售量2.4万吨，销售收入7378万元。江阴市华贸粮油购销有限公司完成经营量8.2万吨，销售量4.1万吨，销售收入11485万元。白屈港粮食储备库完成经营量18.4万吨，销售量6.5万吨，销售收入19062万元。新闸粮库完成经营量5万吨，销售量2.3万吨，销售收入7648万元。

（何晓峰）

## 烟草专卖

**【概况】** 2015年，江阴市烟草专卖局（无锡市烟草公司江阴分公司）围绕“行业楷模”发展战略和“转型发展”目标任务，强化专卖管理，突出精益创优，全年销售卷烟6.73万箱，比上年增长3%；实现销售收入24.08亿元，比上年增长13%。是年，捐赠19.5万元帮助南闸街道蔡泾村开展新农村建设，出资1.5万元帮助天鹤社区改善办公环境，“慈善一日捐”捐款7.43万元，12名员工义务献血3500毫升。建立党员联系点制度，在“百名党员进门店”活动中，25名党员主动与250户卷烟零售户签订结对协议书，定期与客户经理、专管员协同走访、上门服务，活动的开展大大增强党员服务客户、服务社会的意识。组织客户培训45次；行政审批窗口分管领导现场办公，零售许可证办理时间缩短至12个工作日。市烟草专卖局被评为全省烟草系统政研会工作先进集体。

**【卷烟营销】** 2015年，无锡市烟草公司江阴分公司根据“卷烟销量增长1%左右、结构提升6%左右、税利增长8%以上”的卷烟销售指导方针，积极开展市场分析和监测，有节奏、有重点进行卷烟投放，做好“恒大”（全开式烟魁）、双喜（经典工坊）新品卷烟上柜工作，发挥功能终端效用，以点带面引导市场。年内，认真执行行业提税顺价、卷烟营销市场化取向改革等政策，完成重点品牌卷烟销售6.09万箱，低焦油品牌卷烟销售6187.4箱，分别占销售总量的90.5%和9.19%；细支卷烟销售548.18箱，比上年增长455.72%。

**【市场监管】** 2015年，江阴市烟草专卖局先后开展“冬季会战”“闪电17号”“闪电18号”及户外烟草广告清理专项行动，严厉打击真烟非法流通、假烟、走私烟、“天价烟”、无证运输、无证经营等涉烟违法犯罪行为,与公检法和法制部门召开打假联席会议和行政执法与刑事司法衔接工作会议;与苏州、泰州、张家港、靖江等周边地区兄弟单位多次交流沟通,深入探讨毗邻地区打假形势,交换和分析有价值的情报;与山东省烟草专卖局和当地公安部门配合,成功破获2件网络案件。全年查处涉烟案件510件,查获非法卷烟1484.53件,其中假烟24.25万支,上缴罚没款188万余元,辖区市场净化率始终保持97%以上,获江苏省烟草专卖局通令嘉奖3次。

(张　炜)

## 盐业专营

**【概况】** 2015年,江阴市盐务管理局(江苏省苏盐连锁有限公司江阴分公司)围绕上级公司的“33181”工程战略(即“三项改革、三大建设、一套强有力的督查问责机制、八项重点工作、一个党建工作创新工程”),坚持市场化改革,着力深化机构设置、管理体制、人力资源、成本管控、收入分配等方面的改革,调整结构,提质增效,紧紧围绕无锡区域公司下达的目标任务,解放思想,积极破解发展难题,全年完成盐产品销售2.65万吨,其中小包装食盐0.97万吨,小工业盐1.52万吨;纯碱元明粉等非盐产品0.33万吨。全年实现销售收入5802.43万元,实现账面利润859.2万元,认账利润430万元,保持公司经济稳步发展的态势。

**【盐政监督管理与服务】** 2015年,江阴市盐务管理局从注重市场稽查、注重盐政宣传与服务和注重队伍建设三个方面入手,深化盐政管理与服务工作。组织开展各类专项检查,与周边地区兄弟单位联合执法检查,与政府职能部门联合开展专项执法检查,进一步加强市场稽查力度,全年出动盐政执法人员498人次,查处违法案件31件,没收盐产品3.61吨,罚没款7698元。突出盐政服务职能,启动稽查与客户经理营销走访相结合的联动机制,提高盐政稽查的效率,维护食盐市场销售。通过搭建营销、盐政信息互动平台,为营销保驾护航;积极与电视台、报纸等媒体联系,参与宣传江阴公司低钠盐等新品盐,把宣传服务深入到营销工作之中;积极开展食盐法制宣传工作,联合业务部门开展进社区、进学校、进超市、进工厂、进餐馆“五进”系列活动,对15个乡镇(街道),3所学校、25个社区(小区)、68个食盐放心店、135个餐馆、18个食品厂进行宣传教育,组织宣传活动36次,向上级投稿36篇。3月8日国际妇女节,会同申港卫生院到申港农贸市场开展“低盐饮食,促进全民健康”的宣传活动。3月15日国际消费者权益日,在江阴学院举办“唱响诚信　依法维权,共建放心消费江阴”的大型咨询服务活动。5月15日全国第22个“防治碘缺乏病日”,开展主题“科学补碘,重在生命”宣传日活动。6月中旬,开展主题“尚德守法　全面提升食品安全法治化水平”全国食品安全宣传周活动,11月26日,与市卫计委、市健康促进中心、市人民医院共同举办以“低盐饮食,健康血压”为主题的全民减盐宣传咨询活动,打造健康、安全、放心消费食盐的良好氛围;向广大消费者深入宣传盐业专营政策,碘盐真伪鉴别,引导广大市民树立安全消费食盐、少吃盐、吃好盐的理念。积极开展保障全市食盐安全“雷霆风暴”联合执法专项行动,加强对食品加工厂、饭店食堂等单位的食盐监督管理,会同市公安局、食安委等单位对江阴市内各大农贸市场、大小商场超市进行全面检查整治。对食品加工厂、奶牛养殖场、化工厂等进行全方位的集中检查,确保食盐市场质量安全。国庆节期间为确保食盐安全,与公安、农林、市场监督管理、卫生、粮食、商务局等部门组成联合检查组,对食品城、健康菜场、开泰大药房、苏之酥食品有限公司等单位进行联合检查,进一步强化相关单位和从业人员的责任意识、安全意识、诚信守法经营,以实际行动共同维护良好的食品安全环境。是年,调整执法人员结构,加强市场监管力量,为更好地发挥盐政职能提供人力保障。

**【品种盐结构调整】** 2015年,江苏省苏盐连锁有限公司江阴分公司面对严峻的市场压力和指标压力,围绕总公司经营品种结构调整的总部署,抓住海藻盐这一个核心产品,扎实推进营销工作。在上年品种结构调整的基础上,充分调整产品的销售结构,巩固消费者对海藻盐产品的认可度,不断提高低钠盐的销售比重,全年海藻盐等多品种盐销售超过7200吨,占小包装食盐销售量8600吨的83.89%,刷新品种盐销售纪录。

(张　慰)

## 重点市场

**【概况】** 2015年,江阴市拥有各类商品交易市场100个,其中生产要素市场1个,生产资料市场32个,消费品市场67个。经过产业结构优化调整,生产资料市场实现新的发展平衡,消费品市场持续旺盛,全年商品交易市场成交额674.2亿元,与上年基本持平,全市超亿元市场21个,超10亿元市场8个,超百亿元市场3个,其中江阴市贯庄金属材料市场、江阴港口物流园区交易中心市场、华东石化交易市场成交额超100亿元。是年是江阴市创建国家卫生城市复审年,也是创建全国文明城市首年,商品交易市场硬软件建设管理是创建工作的重要方面。因此,全市有10多个农贸市场列入硬件设施新建与改造计划。其中,江阴市场建设有限公司于8月投资300万元在澄江街道立新小区新建标准化室内农贸市场,10月中旬对外营业,改变原临时菜场规模小、环境差、秩序乱的状况;11月,投资250万元,对江阴市天鹤农贸市场老旧设施进行彻底改造,于年底对外营业。江阴市长泾农贸市场、祝塘农贸市场、峭岐农贸市场、南闸农贸市场分别由政府、企业等投资主体进行老旧设施改造,均于年内完成并重新开业。江阴市长寿农贸市场进行原地拆除重建。年内,市场日常管理,北涠、长泾、祝塘等农贸市场引进专业物业管理有限公司实施管理;对在城中、北大街、健康、花园、滨江等农贸市场的外围流动摊贩管理实施全天候、全过程的委托协议式绩效管理,有效转变场外管理不到位的问题。是年,是市市场监管局成立的首年，市场监管局严格依法行政，认真贯彻宽进严管的政策要求，以市场信用分类监管为抓手，不断完善市场监管软件，狠抓市场食品安全，查处市场主办单位不履行法定义务案件3件，查处商品交易市场内违法违规案件68件，查处网络市场案件16件，较好地维护市场经营秩序。年内，江阴市港口物流园区市场管理有限公司等9个三星级以上诚信文明市场通过无锡市星级诚信文明市场领导小组的复审，江阴市乡镇农贸市场物业管理有限公司北涠分公司、安徽省宜居物业服务有限公司江阴长泾分公司分别获无锡市四星级文明诚信市场认定。是年，面对严峻的宏观经济形势，江阴市各类专业市场均受到不同程度冲击，其中江阴长江港口物流园区交易中心、江阴沿江石化市场有限公司、江苏华东石化物资交易市场、江阴市贯庄金属材料市场有限公司、江苏长阳金属材料市场有限公司5个百亿元市场业绩出现下滑，全年共完成市场成交额1406.21亿元，比上年下降22.8%；实现开票销售1226.35亿元，比上年下降24.45%；上缴税收6.79亿元，比上年下降13.99%。

（马　新　丁兰芳）

**2015年江阴市百亿市场主要经济指标一览**

表35　　单位：万元

| 名称 \ 指标 | 成交额 | | 开票销售 | | 上缴税金 | |
|---|---|---|---|---|---|---|
| | 总额 | 比上年增减(%) | 总额 | 比上年增减(%) | 总额 | 比上年增减(%) |
| 江苏华东石化物资交易市场 | 3930726 | 16.96 | 3359595 | 16.96 | 9966 | 20.46 |
| 江阴长江港口物流园区交易中心 | 3578595 | -43.55 | 3071756 | -43.79 | 34970 | -18.93 |
| 江阴市贯庄金属材料市场有限公司 | 2550000 | -27.14 | 2130000 | -29.47 | 5468 | -15.47 |
| 江阴沿江石化市场有限公司 | 2434022 | -31.02 | 2434022 | -31.02 | 12264 | -25.04 |
| 江苏长阳金属材料市场有限公司 | 1568732 | 5.62 | 1268136 | -5.79 | 5278 | 10.91 |
| 合计 | 14062075 | -22.8 | 12263509 | -24.45 | 67946 | -13.99 |

**【江阴市贯庄金属材料市场】** 该市场位于澄山路2号，是一个融钢铁贸易、物流配送、金属加工、电子商务、金融服务于一体的综合性大型钢铁专业市场，是无锡市重点培育市场，江苏省重点物流企业。市场总投资3亿元，占地15.87万平方米，入驻客户450余个，吞吐钢材量800万吨，钢铁销售量达400万吨。市场先后被评为全国十大金属材料交易市场、中国服务业企业500强、中国诚信企业示范单位、江苏省文明市场，并连续五年蝉联全国金属材料市场"十强"。2015年，市场积极开拓钢铁现货电子交易平台，华钢网覆盖无锡、常州、苏州、南京等地区，拥有专业钢铁生产、贸易、终端等会员客户5000余个。是年，实现开票销售213亿元，上缴税金5468万元。

**【江阴市新生活国际家居广场】** 该广场位于锡澄高速江阴出口处，总投资1.2亿元，占地3.3万平方米，总经营面积8万多平方米，是一个集自动化、现代化、购物休闲于一体的家居购物广场。自2006年9月开业以来，广场以规范的管理、优质的服务、良好的形象、显著的效益，赢得广大消费者的信赖和厚爱，先后荣获"全国诚信市场""省五星级文明诚信市场""无锡市星级文明诚信市场""江阴十佳诚信企业""江阴维权达标企业监督站"等荣誉称号，并多次被无锡市工商局、江阴市工商局、无锡市消委会、无锡市家具协会评为"先进企业"和"消费者满意单位"。2015年，实现开票销售1亿元，上缴税金300万元。

**【江南农副产品批发市场】** 该市场位于锡澄路88号，是一个集副食、粮油、蔬菜、水果、水产、冷冻制品等为一体的大型综合性农副产品批发市场。市场占地20万平方米，建筑面积16万平方米，总投资2.5亿元，入驻各类经营户近1000户，主要分为副食区、水果区、蔬菜区、水产区、粮油区、家禽区、猪肉批发区、冷冻区、食品半成品区、自产自销区、零售区、粮油区及干货区等十三大区域。市场农产品批发量占到江阴市消费量的80%以上，批发范围辐射至张家港、靖江、常州和无锡等周边地区。通过市场的不懈努力，在全国同行业和苏南地区享有很高的知名度和优良口碑，曾获得"全国农产品综合市场——十大市场""全国农产品综合批发——五十强市场"等荣誉称号。2015年，成交额45.33亿元，上缴税金205万元。

**【江阴市纺织市场】** 该市场位于澄张路558号，占地10万余平方米，建筑面积10万平方米，拥有营业用房1300余套，入驻商户600户，从业人员2000人，是一个以经营布匹为主的大型专业批发市场。市场依托良好的交通区位优势和江阴市发达的纺织工业优势，不断发展壮大，并形成自己的特色，商品辐射全国、远销海外，在全国布匹专业市场中享有一定的知名度，也是江阴市唯一面向全国、海外的专业市场。2015年，实现开票销售12亿元，上缴税金1200多万元。

（丁兰芳）

■类目编辑　党　辉

## 餐饮住宿业

**【概况】** 2015年，江阴市商贸管理办公室以满足广大消费者的需求为导向，继续引领星级酒店和餐饮名店调整菜肴结构、营销定位和竞争策略，适应餐饮消费市场新常态。市卫生监督所在全市范围内开展了餐饮服务环节食品安全风险隐患排查专项行动。84个餐饮服务单位进行了整改。市烹饪协会承办2015年世界厨师联合会亚太地区主席峰会华西村活动和江阴市第二届技能·技工节暨第八届职业技能大赛农家乐中式烹调师竞赛；动员会员单位积极参加“江阴市诚信经营示范单位”创建活动；组织螃蜞螯、蟹黄汤包、中山饼、拖炉饼、草鞋底饼5项“非遗”制作项目参加华西村首届“天下第一村文化节”美食文化展示；与江苏省烹饪协会等机构合作，开展厨师技能培训，考核鉴定通过13名中级工、8名高级工、4名技师、6名高级技师；开展厨师高技能申报和鉴定工作，新增中国烹饪大师、名师10人。是年，黄焖鸡米饭、江南好灶头、沪上阿姨现煮茶饮、上海人家等连锁餐饮进驻江阴；兴澄银座商业体、澄南丽池时尚精品酒店、嘉禾大酒店、森茂小厨等一批新网点建成开业，新高升大酒店、江苏维多利亚国际酒店有限公司等一批市级重点项目加快建设，悦食尚风情美食街等一批新项目启动建设，新长江雅阁国际大酒店建设封顶，潮汕鲜牛肉火锅、东膳门餐厅以及由江苏省民族事务委员会颁发“清真”铜牌的一亩草原西域清真餐厅入驻青果路美食街；重庆德庄火锅、秒到过桥米线、背篓人家、台湾豪尚豪牛排、弗兰青啤酒花园餐厅、战旗网咖、酒笑日本料理、奇裕韩国料理等19个餐饮门店入驻兴澄银座；夏特尔主题酒店、老北京炸酱面馆落户澄江福地；老妈的味道、金勺子中式简餐入驻天安数码城。5月29日—6月1日，江阴永丰源大酒店参加北京大学举办的中华小吃美食节，该店制作的无锡市“非遗”项目蟹黄汤包日均销量4000个，随后又在人民大学开设售卖窗口，销售10余种江阴传统小吃。年末，全市有“中国烹饪大师”和“中国烹饪名师”50人、“中华餐饮名店”8个、“中国名菜名点”30只；餐饮单位（包括学校、工厂和建筑工地食堂）总数5567个，比上年减少231个；住宿服务单位总数达到613个，比上年增加6个；住宿和餐饮企业营业收入63.66亿元，比上年增长12.7%，其中限额以上企业实现营业收入19.28亿元，比上年增长3.2%，限额以上企业完成社会消费品零售额16.55亿元，比上年增长4.7%。

**【江阴名厨出市参赛展示技艺】** 2015年3月25—27日，江阴市烹饪协会名厨工作委员会选派华西代表队和天水雅居代表队参加在上海国家会展中心举行的2015年世界厨王上海争霸赛中的团体赛和双人赛的比赛，分别获得金奖。10月21日，组织20余名厨师参加在溧阳市举行的首届江苏省乡村美食文化节暨江苏乡村美食烹饪大赛，华西村王文才夺得特金奖。11月11日，组织厨师参加在苏州市吴江区举办的第二届江苏厨师节暨第二届“江苏当家菜”大赛，江阴有4道热菜荣获“江苏当家菜”称号。

**【2015年世界厨师联合会亚太区主席峰会在华西村开幕】** 2015年9月6日，由江阴市烹饪协会和华西村共同承办的2015年世界厨师联合会亚太区主席峰会首站活动在华西村拉开序幕。世界厨师联合会主席查尔斯·卡洛尔、世界厨师联合会亚太区主席里克·斯蒂芬、中国烹饪协会副会长边疆和来自亚洲和太平洋各国和地区的世界厨师联合会官员和厨师代表逾百人参加盛会。世界厨师联合会亚太区主席峰会每年举行一次。这次峰会上有27个国家和地区派员参加亚太地区主席峰会论坛、青年厨师厨艺交流和体验中国新农村美食文化等活动。由10位江阴籍青年厨师组成的江阴市烹饪协会代表队与外国（外籍）青年大厨师一起到农贸市场采购生鲜食材，然后同台竞技、交流厨艺。红烧河豚、橘瓣鱼圆等十道富有江阴特色的精美佳肴博得与会者赞誉。江阴市烹饪协会被世界厨师联合会、中国烹饪协会授予2015年世界厨师联合会亚太区主席峰会特殊贡献奖。

**【首届“非遗”美食文化交流】** 2015年7月28—29日，江阴国际大酒店举行以“记住乡愁、传承文明”为主题的首届“非遗”美食文化交流活动。来自广东、浙江、江苏等省的28家餐饮企业到江阴国际大酒店展出螃蜞螯、红烧江鳗、过桥鳝、八大碗、均安蒸猪、苏州黄天源糕团、吴门官府宴、南京盐水鸭、清炖狮子头、文思豆腐等80种"非遗"制作菜肴和点心,并由"非遗"美食传承人介绍菜品的烹饪技艺、风味特色和文化底蕴。中国烹饪协会特邀副会长、江苏省烹饪协会常务副会长兼秘书长彭东生,中国烹饪协会名厨委员会副主席、江阴市烹饪协会会长吴协平和苏州等兄弟城市烹饪协会嘉宾以及"非遗"美食传承人近百人参加"非遗"美食文化论坛。

**【长泾镇举行首届"家乡味"美食节】** 2015年11月23日,由长泾镇总工会主办,市烹饪协会、餐饮业商会承办,市职业能力培训与鉴定管理中心等相关单位协办的首届长泾镇"家乡味"美食节在长泾镇明清一条街蒋公馆餐饮酒店举行,集中展示明珠宴等长泾美食文化。其间举办长泾代表菜"老八样"和"家乡味"特色创新菜美食烹饪技能大赛,评选出15道具有浓郁长泾特色的"家乡味金牌菜"和5个"家乡味美食名店"。大赛的获奖选手经理论考核,由市职业能力培训与鉴定管理中心颁发中式烹调中级技能等级证书。

**【时令菜与招牌菜展示】** 2015年4月13日,江阴市烹饪协会名厨工作委员会为引导会员单位增强餐饮消费供给能力,在新东亚大酒店举办江阴餐饮名店时令菜与招牌菜展示交流活动。泓昇苑酒店、国际大酒店、天水雅居、海中天、法尔胜大酒店和新东亚大酒店等11个酒店参展,共展出时令菜与招牌菜55种。展示期间,这11个酒店的总厨先后向前来参观的100个餐饮服务单位的300名厨师介绍各自菜品的主要食料、营养成分、烹饪方法、风味特色、日均售量等情况,推动江阴餐饮业菜肴品种的创新与菜肴质量的提高。

**【华西村龙希美食文化展】** 2015年11月2—10日,列入"天下第一村文化节"活动之一的龙希江蟹美食节在华西村龙希国际大酒店大庆厅举行。其间集中展示天下第一碗、三鲜馄饨、牛头酥等30种华西村在国内外烹饪技艺大赛上夺冠和获得"中华名小吃"的美食作品。市烹饪协会、餐饮业商会也组织螃蜞螯、蟹黄汤包、中山饼、拖炉饼、草鞋底饼5项江阴"非遗"制作项目参加龙希美食文化展示活动。近万名华西村民和中外游客在欣赏华西村民俗文化演出之余,品尝了美食小吃。

**【市第十届蟹黄汤包节】** 2015年9月25日,江阴市第十届蟹黄汤包节在江阴永丰源大酒店开幕。其间有蟹黄小汤包"非遗"制作技艺与饮食文化介绍、蟹黄小汤包美食文化传承与创新成果展和蟹黄小汤包展销等项活动。台湾民主和平党主席曾玉鼎在江阴市烹饪协会会长吴协平陪同下出席该届蟹黄汤包节开幕式。他对这种以皮薄、馅嫩、汁多、味鲜、不腻而著称的中国名点赞不绝口。该届蟹黄汤包节首次采用微信营销和APP营销方式,截至12月31日,60元一笼的蟹黄小汤包销量9100笼,刷新大众消费蟹黄小汤包年度纪录。

**【台湾汽车旅馆业态引入江阴】** 2015年8月23日,江阴市澄北蓝房子旅馆在西外环路19号开业。该旅馆按照台湾汽车旅馆文化创意进行策划、设计和改造,内设智能服务门房、1980平方米中央会展大厅和25间文化主题车旅客房。车旅客房集停车与住宿、文化与休闲于一体,分别展示中国艺术、东方武意、纽约浪漫、日本江户时代、里岛情缘、埃及传奇、非洲丛林、米奇乐园、西部开荒、彪风哈雷等21种风情,成为有车一族消费者和驴友会举办派对、舞会、酒会、生日Party和商务活动的时尚场所。因此,江阴市成为大陆率先引入台湾汽车旅馆业态的首个县级城市。 (沈敏能)

**2015年江阴市部分星级饭店一览**

表36

| 序号 | 饭店名称 | 星级 | 地　址 |
|---|---|---|---|
| 1 | 江阴黄嘉喜来登酒店 | 5 | 江阴市滨江中路333号 |
| 2 | 江阴泓昇苑酒店 | 5 | 江阴市人民中路289号 |
| 3 | 江阴桃园山庄大酒店 | 5 | 江阴市新桥镇南环路888号 |
| 4 | 江阴国际大酒店有限公司 | 4 | 江阴市澄江西路299号 |
| 5 | 江阴兴澄大饭店有限公司 | 4 | 江阴市人民东路161号 |
| 6 | 江阴来富岛大酒店有限公司 | 4 | 江阴市朝阳路105－109号 |
| 7 | 江阴法尔胜大酒店有限公司 | 4 | 江阴市体育场路8号 |
| 8 | 江阴新扬子大酒店有限公司 | 3 | 江阴市虹桥北路171号 |
| 9 | 江苏阳光集团公司阳光大厦 | 3 | 江阴市新桥镇 |
| 10 | 江阴市云都大酒店 | 3 | 江阴市长泾镇人民路83号 |
| 11 | 江阴华西金塔宾馆 | 3 | 江阴市华西村 |
| 12 | 江阴市长寿度假村有限公司 | 3 | 江阴市长寿西街长寿路129号 |

# 旅游业

【概况】 2015年,江阴市旅游业认真贯彻全省旅游工作会议精神,围绕“畅游江苏”品牌和重点工作目标,紧紧围绕市委“全面建设经济强、百姓富、环境美、社会文明程度高的新江阴”的总目标和创建国家文明城市等重点工作,以“旅游发展挖潜增效”为手段,努力提升旅游发展水平。全年接待游园人数2364.87万人次,比上年增长2.24%;旅游总收入237.60亿元,比上年增长8.7%;全市星级饭店、部分社会设施饭店和旅行社入库税金6732.06万元。

【旅游载体建设】 2015年,江阴市园林旅游局加强对江苏学政文化旅游区、江阴滨江要塞旅游区的整改提升,重点加强景区内道路、景区停车场、游客服务中心、旅游指示标识等设施维护,推进景区WiFi覆盖供旅游者免费使用。推进江苏学政文化旅游区厕所改扩建。引导双泾生态园、天华生态园等社会资本投资管理的景区加大投入、升级改造。华士传澄袜子博物馆获评江苏省工业旅游点。完善全市主要道路旅游指示标识,对城区32块、乡区22块共54块旅游指示标识逐一检查、维护、更新。

【旅游招商引资】 2015年,江阴市重点围绕徐霞客休闲旅游度假区、新桥威尼斯小镇、顾山红豆爱情主题园、南闸凤凰山美丽乡村、月城云外水庄生态养生度假区、青阳礼佛休闲旅游区等重点区域,加大旅游产业招商引资力度,加快重点旅游项目建设进程,培育未来江阴旅游产业新亮点。1月在杭州举行旅游项目推介会,10月,市园林旅游局与市土地储备中心共同举办城市服务业招商活动,与顾山镇联合举行红豆旅游招商说明会;委托专业机构,修编南闸街道花果村旅游发展规划,推动徐霞客游记诞生地的旅游发展。在江阴市经贸洽谈会上,天洋国际控股有限公司旗下的文化产业梦东方与徐霞客镇签约,宣布落户徐霞客旅游度假区。11月,省政府批复同意江阴市正式设立江苏省江阴徐霞客休闲旅游度假区,使江阴旅游发展有了新引擎。

【旅游促销宣传】 2015年,江阴市园林旅游局加强与旅游行业第一媒体《中国旅游报》的合作,通过专版、专栏形式,持续宣传江阴;立足长三角高铁站广告平台,面向国内外旅客,发布江阴旅游形象广告和品牌旅游产品;加强与本地主流媒体合作,引领市民发现家乡更多美景。办好江阴旅游网、《江阴旅游》杂志和江阴旅游APP,加快改版江阴旅游微信公众号,面向公众发布江阴本地旅游信息。采取政府引导、企业主体、游客参与的方式,举办各种主题旅游节庆活动,不断提升江阴旅游产品在市场上的吸引力、知名度和影响力。以“3·29”徐霞客出游日、“5·19”中国旅游日以及“五一”劳动节、“十一”国庆节黄金周等重点时间节点,组织开展系列城市休闲周活动;以华西村美食节、璜土葡萄节、青阳观音文化节等节庆活动,进一步凝聚游客。运用市场化手段办好旅游节庆活动,将徐霞客国际旅游节开幕式与江阴市敔山湾第二届帐篷音乐节合而为一,扩大了社会影响力。加强与周边常熟、张家港、太仓等城市的联合,通过共推长三角旅游年卡的方式,实现资源共享、游客互送,引导市民选择参加当地及周边城市旅游休闲活动,提供更加便利的服务。有针对性地选择参加在国内举办的知名品牌旅游展会,组织重点旅游企业赴重点客源地进行旅游促销。

【旅游公共服务】 2015年,江阴市旅游业遵循“政府主导、企业运作、便民惠民”的原则,依托全市城乡社区服务中心,建立社区旅游咨询服务点,为广大市民和游客零距离提供优质、优惠、便利的旅游服务。在城中、天鹤、立新、澄康路、浮桥5个社区设立市级旅游咨询服务点,宣传旅游法规,普及出游常识,促进文明旅游,收集游客意见,监督旅游服务质量,实现景区宣传、旅游商品展示、票务服务、旅游活动进社区。发挥江阴是游圣徐霞客旅游出发地的优势,采取串点成线、串珠成链的方法,努力开发“江阴一日游”市场,创建“江阴一日游”品牌,带动镇村主题游和周边景点散客游。

【旅游行业管理】 2015年,江阴市园林旅游局等部门组织开展形式多样、内容丰富、寓教于乐的活动,深入宣传贯彻《中华人民共和国旅游法》,严格依法治旅兴旅,整顿和规范旅游市场秩序,增强市民文明旅游意识,不断提高江阴游客满意度。按照市行政审批服务“三集中三到位”(部门审批职能向一个科室集中、承担审批职能的科室向行政审批服务中心集中、行政审批事项向电子政务平台集中,审批事项进驻落实到位、授权到位、电子监察到位)的要求,实现窗口一站式办理旅游行政服务事项。对设立在江阴的旅行社分支机构备案登记情况进行检查,开出了5份旅游行政警示书,逐一督促整改。推进各类旅游标准、规范的执行,指导星级饭店、A级景区和星级旅行社,对照标准不断巩固提升质量,通过明查暗访,规范经营,优质服务,引导旅游业诚信经营。开展旅游行业服务技能练兵,提高全行业服务水平和业务能力,举办《旅行社行前说明规范》《导游领队引导文明旅游规范》“两个规范”业务培训、农家乐烹饪技术操作比赛、乡村旅游管理人员培训班等,通过有针对性的理论和实践培训,提升全市旅游服务质量和旅游行业形象。倡导文明旅游,指导旅游企业充分利用各类宣传阵地播放社会主义核心价值观、文明旅游等公益广告,旅游景区以提示牌及监督岗等形式开展文明告知、文明提醒、文明规劝。年内发放文明旅游宣传资料6万余份,实现文明旅游宣传工作贯穿旅游服务全过程。

【旅游质量监督】 2015年,江阴市园林旅游局与消防大队坚持每月一次消防安全联席会议制度,协调组织职能部门联合开展旅游安全检查,健全应急预案和预警机制,完善旅游安全综合监管制度。以规范旅游市场秩序为目标,加强旅游执法队伍建设,建立和完善旅游市场联合执法机制,形成统一的旅游投诉受理机制,完善部门间的投诉处理转办机制。以规范旅游合同等为重点,开展旅游市场检查工作。旅游质量监督实行关口前移，加强业务指导、专项检查，帮助旅游企业预防、避免旅游纠纷。及时发布旅游提示，开展旅游讲座，引导旅游者依法理性维权。年内市园林旅游局共受理旅游投诉事件57件，均与旅游质量监督所在第一时间指定专人赶到第一现场进行有效调处。

（高振华）

**相关链接**

2015年，随着智慧农业的发展，江阴市许多休闲观光农庄成了新的餐饮、旅游亮点。现代农业嫁接“互联网+”后，打响了品牌与知名度，促进了销售。“新鲜的杨梅熟了，想吃的亲快来采摘吧！”徐霞客镇的九州果业科技有限公司在微信上发一张杨梅照片，朋友圈就扩展到2000多人，吸引了众多旅游者前往。至年底，全市休闲观光农庄建成64个。

### 2015年江阴市休闲观光农庄情况一览

表37

| 序号 | 单位名称 | 地址 | | 成立年份 | 占地面积（公顷） | 从业人数（人） | 带动农户数（户） | 经营项目 | 资产总额（万元） | 接待游客（人次） | 营业收入（万元） |
|---|---|---|---|---|---|---|---|---|---|---|---|
| 1 | 江阴市花卉养殖园艺有限公司 | 南闸街道 | 花果村、阙家村 | 2004 | 13.3 | 8 | 13 | 餐饮、休闲、垂钓 | 115 | 3000 | 80 |
| 2 | 江阴狮子山生态园艺有限公司 | | 观西村 | 2008 | 133.3 | 20 | 50 | | 800 | 10000 | 50 |
| 3 | 江阴市卓远农庄有限公司 | | 观西村 | 2009 | 33.3 | 12 | 120 | | 2500 | 30000 | 158 |
| 4 | 江阴市垂钓中心 | 临港街道 | 龙港社区 | 1995 | 2.66 | 10 | 20 | | 850 | 8000 | 500 |
| 5 | 江阴市三鲜现代渔业园区 | | 申兴村 | 2002 | 80 | 60 | 700 | 休闲、观光、餐饮 | 5000 | 2000 | 2000 |
| 6 | 江阴市大阳生态养殖专业合作社 | | 后梅村 | 2005 | 17.33 | 30 | 300 | 餐饮、休闲 | 1300 | 4500 | 500 |
| 7 | 江阴市外婆家果品种植专业合作社 | | 申南村 | 2006 | 40 | 80 | 30 | 观光、水果采摘 | 800 | 6000 | 500 |
| 8 | 江阴市夏港新长江之星生态园酒店 | | 夏南村 | 2008 | 66.66 | 20 | 120 | 观光、垂钓 | 20000 | 5000 | 500 |
| 9 | 江阴市瑞云果品专业合作社 | | 横塘村 | 2009 | 18.66 | 40 | 50 | 观光、水果采摘 | 600 | 3000 | 500 |
| 10 | 江阴新华发农业科技有限公司 | | 横塘村 | 2010 | 43.33 | 30 | 400 | 休闲、观光 | 2000 | 1000 | 1000 |
| 11 | 无锡保利农业发展有限公司 | | 北郭庄村 | 2010 | 45.33 | 180 | 20 | 观光 | 1500 | 6200 | 800 |
| 12 | 江阴振江生物科技有限公司(马鑫园艺) | | 西石桥社区 | 2010 | 24 | 44 | 20 | 休闲、观光、铁皮石斛种植 | 3000 | 1500 | 2000 |
| 13 | 江阴市怡园水产养殖合作社(怡永垂钓) | | 北郭庄村 | 2011 | 8.66 | 10 | 20 | 垂钓、餐饮 | 700 | 5500 | 500 |
| 14 | 江阴市白石山农林生态园 | | 申南村 | 2012 | 16.66 | 10 | 20 | | 500 | 4000 | 500 |
| 15 | 江阴市夏港吉隆家庭农场 | | 景贤村 | 2014 | 8 | 10 | 20 | 休闲、餐饮、垂钓 | 2500 | 4000 | 500 |
| 16 | 江阴市兴旺果园 | 璜土镇 | 利城村 | 2001 | 3 | 10 | 62 | 葡萄采摘 | 180 | 2800 | 135 |
| 17 | 江阴市广玉兰垂钓中心 | | 常泽桥村 | 2002 | 4.66 | 5 | 20 | 垂钓 | 200 | 5500 | 80 |
| 18 | 江阴市志泉果业有限公司 | | 利城村 | 2004 | 3.53 | 8 | 50 | 葡萄采摘 | 180 | 2000 | 71 |
| 19 | 江阴朱氏圣得庄园餐饮有限公司 | | 利城村 | 2007 | 4.27 | 35 | 47 | 餐饮 | 1500 | 2000 | 151 |
| 20 | 江阴市碗墩山葡萄专业合作社 | | 常泽桥村 | 2008 | 10 | 20 | 50 | 餐饮、休闲、垂钓、水果采摘 | 300 | 15000 | 120 |
| 21 | 江阴市璜土龙源桃园家庭农场 | | 小湖村 | 2011 | 10.53 | 6 | 8 | 餐饮、垂钓 | 1280 | 25000 | 400 |
| 22 | 江阴故乡情果业专业合作社 | | 蔡家头 | 2012 | 3 | 12 | 15 | 餐饮、水果采摘、休闲 | 972 | 1000 | 130 |
| 23 | 江阴市天一水产养殖专业合作社 | | 汇南村 | 2012 | 23.33 | 6 | 36 | 餐饮、休闲、亲子活动 | 900 | 2000 | 850 |
| 24 | 江阴市璜土侍外桃园家庭农场 | | 利城村 | 2012 | 3.52 | 6 | 20 | 油桃采摘 | 180 | 2000 | 80 |
| 25 | 江阴市璜土果香苑农庄 | | 扬子大道璜土村段 | 2013 | 3.4 | 8 | 20 | 水果采摘 | 118 | 1800 | 50 |
| 26 | 江阴鲍庄农艺园有限公司 | | 汇南村 | 2013 | 5.66 | 5 | 66 | 餐饮、休闲、水果采摘 | 2000 | 2000 | 265 |
| 27 | 江阴璜土志平葡萄专业合作社 | | 璜土村 | 2014 | 2 | 7 | 13 | 水果采摘 | 78 | 1500 | 35 |
| 28 | 江阴市璜土梨香园农家小院 | | 高栗村 | 2014 | 8 | 8 | 10 | 水果采摘、休闲、垂钓 | 300 | 3000 | 35 |
| 29 | 江阴璜土华彩葡萄园 | | 芦墩村 | 2015 | 10 | 10 | 20 | 葡萄采摘 | 300 | 500 | 80 |

续表37

| 序号 | 单位名称 | 地址 | | 成立年份 | 占地面积(公顷) | 从业人数(人) | 带动农户数(户) | 经营项目 | 资产总额(万元) | 接待游客(人次) | 营业收入(万元) |
|---|---|---|---|---|---|---|---|---|---|---|---|
| 30 | 江苏双泾生态农林开发有限公司 | 月城镇 | 双泾村 | 2006 | 120 | 62 | 2000 | 赛龙舟、餐饮、垂钓、住宿、水果采摘 | 19000 | 93116 | 1500 |
| 31 | 江阴天伦农庄有限公司 | | 卧龙村 | 2010 | 25.33 | 50 | 300 | 餐饮、垂钓、水果采摘 | 2800 | 8000 | 150 |
| 32 | 江阴市橄榄岛农业发展有限公司 | | 蔡庄村 | 2010 | 20 | 30 | 150 | 休闲、垂钓 | 3500 | 2000 | 120 |
| 33 | 升泰现代农业有限公司(嘉茂国际花鸟园) | 青阳镇 | 悟空村 | 2007 | 25.33 | 63 | 20 | 观光、餐饮 | 20000 | 150000 | 1200 |
| 34 | 江阴农业科技园 | | 悟空村 | 2008 | 24 | 25 | 36 | 休闲、观光、水果采摘 | 8000 | 15500 | 1 |
| 35 | 江阴云溪汀农业科技发展有限公司 | | 悟空村 | 2015 | 7.33 | 14 | 6 | 观光、水果采摘、垂钓 | 350 | 10000 | 50 |
| 36 | 江阴市渊酩苑休闲农庄 | 徐霞客镇 | 金凤村 | 2003 | 3.33 | 10 | 5 | 休闲、垂钓、水果采摘 | 1000 | 4000 | 250 |
| 37 | 江苏九州果业科技有限公司 | | 南苑村 | 2003 | 100 | 80 | 235 | 观光、水果采摘 | 12000 | 2500 | 2500 |
| 38 | 江阴市金桃山庄 | | 金凤村 | 2005 | 533.33 | 35 | 120 | 餐饮、休闲、垂钓 | 6000 | 2000 | 1900 |
| 39 | 江苏澄丰生态园有限公司 | | 璜塘外环南路127号 | 2005 | 733.33 | 150 | 3000 | 苗木、观光 | 80000 | 12000 | 32000 |
| 40 | 江阴市鹿鼎园葡萄专业合作社 | | 红星村 | 2006 | 15.33 | 30 | 50 | 梅花鹿养殖、餐饮、垂钓、水果采摘 | 1800 | 50000 | 800 |
| 41 | 江阴万龙水产养殖专业合作社 | | 南苑村 | 2007 | 50 | 55 | 15 | 休闲、垂钓、餐饮、苗木、住宿 | 2500 | 2500 | 650 |
| 42 | 江阴市徐霞客阳庄蔬菜专业合作社 | | 阳庄村 | 2008 | 233.33 | 350 | 76 | 水果采摘 | 3000 | 10000 | 5600 |
| 43 | 江阴市江淮水产研究所有限公司(百花园农庄) | | 峭岐村 | 2009 | 93.33 | 65 | 200 | 休闲、垂钓、观光 | 5000 | 4000 | 1200 |
| 44 | 江苏华西都市农业科技发展有限公司 | 华士镇 | 北华西 | 2005 | 800 | 65 | 3000 | 水果采摘、观光 | 10000 | 300000 | 620 |
| 45 | 江阴市飞宇农业专业合作社 | | 龙河村、陆南村 | 2013 | 37.33 | 45 | 30 | | 1000 | 10000 | 300 |
| 46 | 江阴华士月亮湾生态农庄 | | 勤丰村 | 2008 | 4 | 50 | 54 | 餐饮、观光 | 500 | 15000 | 350 |
| 47 | 江阴市周庄镇林场苑生态园 | 周庄镇 | 倪家巷 | 2006 | 4 | 10 | 20 | 餐饮、休闲、垂钓、烧烤 | 50 | 10000 | 810 |
| 48 | 江阴周庄卧龙生态园 | | 周庄村 | 2007 | 80 | 20 | 350 | 餐饮、健身、游览 | 15000 | 120000 | 300 |
| 49 | 江阴市华宏生态园有限公司 | | 华宏村 | 2007 | 80 | 80 | 300 | 餐饮、休闲、垂钓、水果采摘、拓展训练 | 12000 | 120000 | 2150 |
| 50 | 江阴市稷山生态养殖专业合作社 | | 稷山村 | 2009 | 1.33 | 5 | 20 | 餐饮、休闲、垂钓 | 100 | 3500 | 100 |
| 51 | 江阴三溪生态农林有限公司 | | 三房巷村 | 2011 | 153.33 | 50 | 500 | 观光、苗圃 | 8000 | 2000 | 已投入村内绿化 |
| 52 | 江阴市周庄长南现代农业产业园区 | | 长南村 | 2011 | 133.33 | 30 | 1800 | 观光 | 1700 | 800 | 400 |
| 53 | 江阴市神龙生态养殖专业合作社 | 新桥镇 | 东环路8号 | 1993 | 8 | 150 | 300 | 餐饮、垂钓、观光、农产品销售 | 5000 | 1500 | 9000 |
| 54 | 江苏春辉生态农林股份有限公司 | | 西环路1号 | 2002 | 300 | 1500 | 300 | 餐饮、休闲、垂钓、观光 | 360000 | 3500 | 54000 |
| 55 | 江阴市海馨园艺有限公司 | | 东环路新北大桥北境 | 2006 | 10 | 50 | 50 | 餐饮 | 500 | 5000 | 3000 |
| 56 | 长泾叶飞园艺合作社 | 长泾镇 | 南涸村参桥头 | 2009 | 33.33 | 150 | 35 | 观光及体验种花、做盆景、陶艺 | 2183 | 10000 | 1876 |
| 57 | 长泾东舜湖公园 | | 东舜路1号 | 2009 | 43.33 | 20 | 10 | 休闲、垂钓 | 350 | 70000 | 52 |
| 58 | 江阴神宇果品专业合作社 | 顾山镇 | 鉴青村 | 2008 | 16.66 | 32 | 96 | 餐饮、休闲、垂钓、水果采摘 | 800 | 60000 | 360 |
| 59 | 江阴东岐农业示范园 | | 东岐村 | 2008 | 68 | 16 | 78 | 观光 | 3000 | 5000 | 270 |
| 60 | 顾山现代农业园 | | 红豆村 | 2014 | 366.66 | 45 | 130 | 餐饮、水果采摘、观光 | 8000 | 100000 | 2860 |
| 61 | 江阴文林五彩家园 | 祝塘镇 | 文林村 | 2006 | 8 | 42 | 125 | 餐饮、休闲、垂钓 | 650 | 16500 | 365 |
| 62 | 江阴文林钢光生态园 | | 石堰村 | 2006 | 12 | 38 | 90 | 休闲、垂钓 | 850 | 12800 | 293 |
| 63 | 江阴市雅圣绿源灵芝专业合作社 | | 茂龙村 | 2008 | 21.33 | 128 | 175 | 观光 | 1850 | 23600 | 2885 |
| 64 | 江阴市田怡农业专业合作社 | | 金庄村 | 2011 | 10 | 95 | 140 | 中草药种植、观光、农产品加工、销售 | 800 | 18300 | 345 |

(徐玉华)

## 居民服务业

**【概况】** 2015年，江阴市商贸管理办公室认真贯彻国务院办公厅《关于加快发展生活性服务业促进消费结构升级的指导意见》精神，联系江阴的实际情况，出台了《加大政策扶持力度促进居民家庭服务供给意见》，指导相关行业协会落实国家商务部颁布的美容美发业、洗染业、沐浴业、家庭服务业和家电维修服务业等行业管理办法、生活性服务业标准和相关指导意见，组队参加无锡市生活服务业职业技能大赛。市、镇民政部门加大资金投入，启动“公建民营”试点，全市家政服务与居家养老和社区服务事业快速发展。家庭服务业开展了“一会一品”创建活动。在2015年江苏省家庭服务业职业技能大赛暨江苏省家政服务明星公众投票活动中，江阴家庭服务业代表队名列团体第二名，获“雄鹰战队奖”，育婴师孙立芹获“江苏爱心育婴员”称号，家政服务选手方秋磊获“江苏模范家政服务员”称号。在无锡市生活服务业职业技能大赛中，市家庭服务行业协会、江阴传奇时尚健康中心、江阴名妆职业培训学校、市姿彩美丽连锁机构获优秀组织奖，周庄镇养老服务中心、乐茵儿童用品有限公司和远望医院获银奖，养老护理员袁彩霞和育婴师苏志霞、王忠芬分别获“无锡市生活服务业服务明星”“无锡市技术能手”和“无锡市五一创新能手”荣誉证书。市美容美发业商会成功承办全国工商联美容化妆品联盟换届会议，市家庭服务行业协会成功承办江苏省家庭服务行业协会工作交流会，并组队参加上海市第二届家庭服务博览会，被江苏省家庭服务行业协会授予2015年度“杰出贡献奖”荣誉。全市家政、美容、理发、浴室、洗染、摄影、维修、擦鞋、洗车、婚庆等居民服务业在以设施更新和服务创新吸引消费的同时，加快服务网点布局，不断提高行业规范化、便利化、现代化水平。北京无忧草母婴服务中心、扬州三利月姨婴儿护理中心进驻江阴。江阴澄乐居智慧养老生活平台、咚一下母婴生活馆、玛雅美容兴澄银座店、王妃美甲会所、莎茜护手美足沙龙、丽池汗蒸洗浴等一批新店开张。市社区服务求助中心有限公司成为江苏省家庭服务技能培训基地。举行了育婴师职业技能比赛，开办高级育婴师进修班。是年，市装饰装修行业协会成功调解消费者投诉事件12起，协助媒体解决投诉事件8起，跻身江苏省AAAAA级社会组织行列。年末，全市有家政服务企业85个、美容美发店1703个、浴室237个、足道店208个、洗染店179个、摄影店187个、各类维修网点2023个、擦鞋店11个、洗车店75个、婚庆服务单位223个、清洁服务企业130个、家庭装饰装修企业500余个。

**【市消费者委员会家庭服务行业监督站成立】** 2015年7月1日上午，市消费者委员会在市社区服务求助中心有限公司举行市消费者委员会家庭服务行业监督站揭牌仪式。市消费者委员会秘书长沈建龙主持揭牌仪式。市家庭服务行业协会理事和消费者代表出席。市家庭服务行业协会是市消费者委员会的一个分支机构，属民间组织，负责接受和处理家庭服务方面的消费者投诉。成立当日即发布《江阴市家庭服务行业消费争议处理办法》。《江阴日报》、江阴电视台等主流媒体报道称：市消费者委员会家庭服务行业监督站挂牌成立，标志江阴家庭服务行业自律建设在保护消费者合法权益方面步入正规。

**【家庭服务进社区公益宣传】** 2015年8月2日下午，江阴市家庭服务行业协会、澄江街道普惠苑社区、北京无忧草母婴服务中心联合在普惠苑社区物管大楼举行家庭服务进社区公益宣传活动。无忧草母婴中心利用社区爸妈课堂，向普惠苑社区的40余名居民传授育儿知识与技能。

**【澄乐居社区智慧养老服务平台上线】** 2015年8月15日，由无锡鼎灏企业管理服务有限公司投资兴办的江阴澄乐居社区智慧养老服务中心，在江阴银河国际酒店举行社区智慧养老服务平台上线暨首届“互联网+社区”养老发展论坛。无锡鼎灏企业管理服务有限公司及江阴澄乐居社区智慧养老服务中心总经理、江阴市家庭服务行业协会养老护理专业委员会主任杨丽作主旨发言，并接受中央电视台“创业之星”栏目组专访。其间，与会代表到华士颐养中心、立新社区居家养老服务中心和澄乐居智慧养老生活平台进行了实地考察。

是年，江阴澄乐居社区智慧养老服务中心组织闲居在家的老人自愿集中在一起，学习串珠手艺。她们在老师的指导下，用塑料珠串成漂亮的钥匙扣、花瓶、笔筒等工艺品，交社区赠送给贫困家庭。

**【市家庭服务行业工会联合委员会成立】** 2015年10月21日，江阴市家庭服务行业工会联合委员会在澄江街道福澄颐养院举行成立大会。大会民主选举产生工会委员会、经费审查委员会及女职工委员会。宋兰任工会主席，承园园为经审主任，刘红琴为女工主任。大会推荐并同意市家庭服务行业协会秘书长柳惠田兼任行业工会联合委员会指导员。

**【首届母婴护理行业创新发展交流研讨会】** 2015年11月20日，由澄江街道总工会和妇联主办、市家庭服务行业协会及其行业工会承办的江阴市首届母婴护理行业创新发展交流研讨会在澄江街道市民服务中心三楼会议室召开。会上，无锡万怡母婴服务有限公司创始人丁琳讲述母婴服务行业发展的瓶颈与对策，北京无忧草母婴服务有限公司董事长左翼讲述无忧草家庭服务产业化建设方案，市人民医院妇产科主任医师谭洁介绍二胎优生对母婴护理服务的需求，江阴中青家政服务有限公司总经理邱汝珍介绍“月嫂私签害处多”的案例。

**【江阴中青家政服务有限公司跻身全国千户百强行列】** 2015年12月21日，人力资源和社会保障部发展家庭服务业促进就业部际联席会议公布2015年度全国千户百强家庭服务企业名录，江阴中青家政服务有限公司入选。该公司是北京华夏中青家政服务有限公司第103个加盟营业机构，系商务部、财政部和中华全国总工会家政服务工程定点培训基地，有200余名员工，20名管理员和培训师，2015年被江苏省家庭服务业协会评为江苏省优质诚信服务AAAAA级企业。

**【“霞客杯”家装行业评优活动】** 2015年,江阴市装饰装修行业协会在全市家庭装饰装修服务行业开展“霞客杯”家装优质工程评选活动。经企业申报、协会初审、专家现场考评,市华优装饰设计有限公司施工的富达花园11－601家装工程、市三元素装饰工程有限公司施工的人民路31弄2－202家装工程、市名居世家装饰设计工程有限公司施工的兴澄锦苑20－401和水岸新都266号家装工程、市鼎立装饰设计工程有限公司施工的水畔兰庭102－902家装工程、市玉免装饰设计工程有限公司施工的阳光国际69－301号家装工程、市李进装饰设计工程有限公司施工的阳光国际82号和幸福华都52号家装工程,无锡市南国之风装饰装潢有限责任公司施工的阳光国际34－102号家装工程共9项项目,获江阴市2015年“霞客杯”家装优质工程奖。 (沈敏能)

**相关链接**

快递,随着社会的需求,逐步在江阴形成了一个新兴的服务行业。2002年3月,江阴市申通快递服务有限公司成立后,神鹿航空物流服务有限公司、鑫达快件服务有限公司等相继成立。至2015年,全市规模较大、业务稳定的快递公司主要有15个(不包括未在江阴注册的快递服务站)。全年快递业营业收入4.3亿元。其中,中国邮政速递物流股份有限公司江苏省江阴市分公司作为行业主力军营业收入最高,达1.73亿元。

**2015年江阴市主要快递企业业务量情况一览**

表38

| 序号 | 企业名称 | 地址 | 成立时间 | 业务量 |
|---|---|---|---|---|
| 1 | 江阴市申通快递服务有限公司 | 徐霞客镇峭岐社区博爱路2号 | 2002年3月 | 330万件 |
| 2 | 江阴市神鹿航空物流服务有限公司 | 澄杨路98号 | 2002年7月 | 0.25万件 |
| 3 | 江阴市全运快递服务有限公司 | 澄江街道锦隆三村5－1号 | 2005年8月 | 12.8万件 |
| 4 | 江阴市鑫达快件服务有限公司 | 澄杨路266－1号 | 2006年1月 | 0.19万件 |
| 5 | 江阴市中通吉快递服务有限公司 | 锡澄路31号 | 2006年10月 | 288.57万件 |
| 6 | 江阴煜臻快运发展有限公司 | 通江北路555号2幢101室 | 2007年8月 | 3.15万件 |
| 7 | 江阴天天快递服务有限公司 | 周庄镇长寿村长啸路199－1号 | 2008年9月 | 113.4万件 |
| 8 | 江阴韵达快运有限公司 | 新澄路1号 | 2009年1月 | 512.15万件 |
| 9 | 中外运－敦豪国际航空快件有限公司江阴分公司 | 澄杨路266－2号 | 2009年10月 | 1314.62万件 |
| 10 | 中国邮政速递物流股份有限公司江苏省江阴市分公司 | 澄江西路165－5号 | 2010年6月 | 374.06万件 |
| 11 | 江苏申通国际货运有限公司 | 周庄镇长寿村长啸路199－2号 | 2010年7月 | 5万吨 |
| 12 | 江阴市弘通快递服务有限公司 | 江阴永康五金城永康大街53号、55号、57号 | 2010年9月 | 9万件 |
| 13 | 江阴市希伊艾斯贸易有限公司 | 临港街道镇澄路3808号 | 2010年11月 | 44.23万件 |
| 14 | 澄闻速递有限公司 | 绮山路85号 | 2011年11月 | 1010.04万份 |
| 15 | 江阴市全通速递有限公司 | 皮弄路85号 | 2013年8月 | 438.26万件 |

(徐玉华)

■类目编辑 李缉宁

## 综 述

【概况】 2015年,江阴市金融机构围绕市委、市政府“稳增长、促转型、调结构、防风险”的工作要求,团结拼搏、攻坚克难,各项工作取得显著进步,为全市经济平稳健康发展提供有力支撑。至年末,全市有银行机构27个,各项存款余额3099.29亿元,比2014年增加164.81亿元;各项贷款余额2485.51亿元,比2014年增加128.14亿元。全市拥有保险分支机构45个,其中产险机构23个、寿险机构22个。产、寿险全年保费收入49.82亿元,比2014年增长12.38%;赔付16.44亿元,比2014年增长25.61%。全市小额贷款公司18个,贷款余额29.54亿元。融资性担保公司4个,担保余额26.21亿元。典当公司11个,典当余额1.83亿元。证券营业部17个,开户数247502户,托管市值986.83亿元。期货营业部3个,新开户数673户,年交易额5432.19亿元。

【信贷投放稳定增长】 2015年,江阴市银行机构各类贷款余额2485.51亿元,比2014年增长5.44%;表外业务余额1645.06亿元,比2014年增长12.23%。江阴银行业各类贷款余额仍位居全省县级市第一。江阴市财政解决科技型和外贸中小企业的融资、担保难题,提供2个开发区5000万元风险保证金,3个银行为全市中小企业提供小额信用贷款,贷款余额3.29亿元。举行融资项目签约会,23个商业银行与全市300个小微企业成功对接,授信金额22.3亿元,其中制造业贷款19.5亿元。全市企业通过银行间市场直接债务融资募集资金224.5亿元,直接债务融资工具存续余额352亿元,有力地支持实体经济发展。产、寿险保费收入49.82亿元,赔付支出16.44亿元,保险市场经济补偿和民生服务功能进一步强化。各类担保、小额贷款、典当行业虽然面临市场风险冲击和自身经营问题,也发挥了补缺辅助作用。年内,新设银行业机构2个、财务公司1个、保险分支机构2个,证券公司(营业部)7个,新增互联网科技小额贷款公司和互联网保险公司各1个。

【资本经营成效明显】 2015年,资本市场跌宕起伏,相关政策尚未明朗,但没有影响江阴市企业转型发展、走向资本市场的步伐。各镇(街道、园区)高度重视上市(挂牌)工作,分别召开上市(挂牌)工作推进会,加强与券商的合作,帮助企业解决上市(挂牌)过程中的实际困难和问题,推动一批企业走向多层次资本市场,做实做强实体经济。全年新增“新三板”*挂牌企业14个,区域性股权交易市场挂牌企业48个,上市企业并购重组海内外优势企业5个,定向增发募集资金53亿元,新成立首期10亿元的高创投(江阴)PPP(公私合作模式)投资基金。“江阴板块”有37个上市企业,26个“新三板”挂牌企业,86个区域性股权交易市场挂牌企业。此外,江阴市动态保持上市(挂牌)后备企业200个,奠定后续企业上市(挂牌)、转型发展基础。江阴中南重工股份有限公司、江苏长电科技股份有限公司、江苏华宏科技股份有限公司、江苏中达新材料股份有限公司、江苏双良节能股份有限公司5个上市企业完成重大资产重组。对符合条件的64个企业兑现上市(挂牌)奖励、税收返还、补助资金5389.5万元,调动企业上市(挂牌)积极性。

【化解各类金融风险】 2015年,江阴市银行机构不良贷款余额45.82亿元,在无锡地区处于低位,与其他同类地区相比也较低。年内,市级应急转贷资金为大企业集团转贷108笔,转贷金额43.81亿元;镇级转贷资金平台为中小企业转贷556笔,转贷金额33.9亿元,确保全市经济平稳健康发展。各银行共同遵守《银行业维护金融生态公约》,面对部分中小企业资金链断裂的金融风险,同进同退,出险企业的信贷风险得到稳控,同时维护企业的担保圈稳定。全年通过政银企共同努力,创新处置方式,加大处置力度,一批出险企业成功处置。江阴市西城钢铁有限公司在处置非生产性资产和社会债务的基础上,有18个银行组建的36.35亿银团成功合拢,使企业步入良性发展;江阴徐霞客镇“双达系”企业实施破产重组,由其担保圈企业参与重组,其重组方案已经市法院裁定,通过按计划实施,徐霞客镇地区担保圈风险得到有效稳控;江苏霞客环保色纺股份有限公司成功实施破产重组,一次性清偿债务7.55亿元,公司股票霞客环保复牌;江阴通利光电科技有限公司通过维持贷款存量,引入私募和投资基金,走出债务困境。此外,江阴市继续加大对逃废债务依法打击的力度,先后对30余名法定代表人、实际控制人办理边控,有效防止了负债出逃事件的发生;严查出险企业特别是主动出险企业的大额资金流向、亏损问题、违法犯罪证据等,对抽逃注册资金、转移企业资产、恶意逃废债务、非法集资等违法行为,依法保持严厉打击的高压态势,市公安机关在案查处的有30余件;严查金融从业人员违规违法行为,对利用职务之便参与民间高利借贷、充当资金掮客、违规介绍担保、严重渎职受贿的金融从业人员依法从严查处。年内,市检察机关立案查处3件银行高管涉嫌受贿等职务犯罪行为。(陈涛涛)

# 银　行

【概况】 2015年,江阴市银行业面对复杂严峻的国内外经济金融形势,认真贯彻执行稳中求进的宏观经济政策,围绕地方经济社会发展目标,加强信贷政策和产业政策的协调配合,创新金融服务方式,提升金融服务质量,防范和化解金融风险,保持全市经济金融总体运行平稳。年末,全市各项存款余额3099.29亿元,比2014年增长5.62%。各项贷款余额2485.51亿元,比2014年增长5.44%,贷款规模继续保持全省县域第一。表内外融资总额4130.57亿元,比2014年增加307.37亿元。其中银行业表外融资余额1645.06亿元,比2014年增长12.23%。直接债务融资规模再创新高,江阴直接债务融资余额352亿元,比2014年增长16.6%,占无锡地区总量的33.57%;年累计发生额224.5亿元,占无锡地区总量的32.72%,占江苏省总量的5.34%。全市不良贷款余额45.82亿元,比2014年增加7.78亿元,不良贷款率1.84%,比2014年提高0.23个百分点,有效信贷需求不足,银行资产质量下降压力依然较大。

**2015年江阴市银行机构存款情况一览**

表39

| 类别／单位 | 人民币存款 | | 外币存款 | |
|---|---|---|---|---|
| | 年末余额(亿元) | 比2014年增减(%) | 年末余额(亿美元) | 比2014年增减(%) |
| 人民银行江阴市支行 | 15.57 | 233.40 | — | — |
| 农发银行江阴市支行 | 9.54 | 40.09 | — | — |
| 工商银行江阴支行 | 142.53 | -46.55 | 2.82 | 231.76 |
| 农业银行江阴市分行 | 457.45 | 4.39 | 2.30 | -31.55 |
| 中国银行江阴支行 | 226.45 | 1.86 | 3.76 | 66.37 |
| 建设银行江阴支行 | 218.00 | 4.18 | 4.76 | -41.02 |
| 交通银行江阴支行 | 196.11 | 5.24 | 0.65 | -38.68 |
| 浦发银行江阴支行 | 245.25 | 8.58 | 2.14 | 21.59 |
| 招商银行江阴支行 | 73.84 | -10.62 | 0.60 | 566.67 |
| 中信银行江阴支行 | 66.57 | 38.92 | 0.60 | -40.59 |
| 华夏银行江阴支行 | 57.63 | 60.84 | 0.35 | 1066.67 |
| 兴业银行江阴支行 | 45.50 | 15.92 | 0.28 | 833.33 |
| 南京银行江阴支行 | 54.80 | 14.96 | 0.14 | -80.28 |
| 光大银行江阴支行 | 49.45 | 23.29 | 0.28 | -30.00 |
| 民生银行江阴支行 | 91.03 | -2.29 | — | — |
| 恒丰银行江阴支行 | 40.77 | — | — | — |
| 浙商银行江阴支行 | 8.73 | 50.52 | — | — |
| 广发银行江阴支行 | 7.14 | — | — | — |
| 平安银行江阴支行 | 11.86 | 98.00 | — | — |
| 南洋银行江阴支行 | 7.16 | 113.73 | 0.27 | 80.00 |
| 宁波银行江阴支行 | 30.48 | 26.21 | 0.12 | -52.00 |

续表39

| 单位＼类别 | 人民币存款 | | 外币存款 | |
| --- | --- | --- | --- | --- |
| | 年末余额(亿元) | 比2014年增减(%) | 年末余额(亿美元) | 比2014年增减(%) |
| 江苏银行江阴支行 | 100.21 | 13.93 | 0.08 | -75.76 |
| 江阴农村商业银行 | 628.69 | 8.38 | 0.77 | 6.94 |
| 无锡农商银行江阴支行 | 17.58 | 185.85 | — | — |
| 江阴浦发村镇银行 | 13.34 | 6.38 | — | — |
| 汇丰银行江阴支行 | 2.71 | 15.81 | — | — |
| 邮储银行江阴市支行 | 80.15 | 11.79 | — | — |

## 2015年江阴市银行机构贷款情况一览

表40

| 单位＼类别 | 人民币贷款 | | 外币贷款 | |
| --- | --- | --- | --- | --- |
| | 年末余额(亿元) | 比2014年增减(%) | 年末余额(亿美元) | 比2014年增减(%) |
| 人民银行江阴市支行 | — | — | — | — |
| 农发银行江阴市支行 | 25.84 | 8.43 | — | — |
| 工商银行江阴支行 | 296.90 | 5.01 | 2.57 | -50.48 |
| 农业银行江阴市分行 | 290.59 | 6.86 | 2.04 | -25.55 |
| 中国银行江阴支行 | 203.19 | 6.47 | 2.20 | -57.85 |
| 建设银行江阴支行 | 247.18 | 8.61 | 3.61 | -45.88 |
| 交通银行江阴支行 | 203.26 | 8.92 | 0.29 | -80.41 |
| 浦发银行江阴支行 | 178.16 | 3.22 | 1.19 | -33.52 |
| 招商银行江阴支行 | 65.10 | 2.41 | 0.01 | -97.06 |
| 中信银行江阴支行 | 31.52 | 18.94 | 0.02 | -97.92 |
| 华夏银行江阴支行 | 28.87 | 26.18 | 0.32 | 357.14 |
| 兴业银行江阴支行 | 29.34 | 10.93 | 0.00 | -100.00 |
| 南京银行江阴支行 | 29.06 | 12.03 | 0.00 | -100.00 |
| 光大银行江阴支行 | 56.98 | 14.81 | 0.44 | 4.76 |
| 民生银行江阴支行 | 49.56 | -0.72 | — | — |
| 恒丰银行江阴支行 | 16.42 | — | — | — |
| 浙商银行江阴支行 | 11.04 | — | — | — |
| 广发银行江阴支行 | 5.93 | — | — | — |
| 平安银行江阴支行 | 10.95 | — | — | — |
| 南洋银行江阴支行 | 7.99 | 4.72 | 0.15 | 1400.00 |
| 宁波银行江阴支行 | 16.41 | 78.76 | 0.02 | -90.91 |
| 江苏银行江阴支行 | 72.97 | 5.80 | 0.33 | -2.94 |
| 江阴农村商业银行 | 435.92 | 3.63 | 0.33 | 50.00 |
| 无锡农商银行江阴支行 | 34.29 | 0.65 | — | — |
| 江阴浦发村镇银行 | 12.54 | 2.45 | — | — |
| 汇丰银行江阴支行 | 2.40 | 98.35 | 0.23 | 13.00 |
| 邮储银行江阴市支行 | 13.20 | 55.11 | — | — |

【中国人民银行江阴市支行】 2015年,支行有职工47人。内设办公室、国库会计部、货币信贷与征信部、货币发行部、外汇管理部、纪检监察审计室6个部室。全年贯彻执行稳健货币政策,紧密联系地方经济金融实际,加大金融支持实体经济的力度;深入开展"三严三实"*专题教育活动,创新金融服务,提升管理水平,维护金融稳定,保持全市金融平稳有序运行。

强化金融支持。完善政策传导机制,定期组织召开经济金融形势分析会、银企座谈会,建立银行信贷负责人沙龙,组织专题调研活动,及时宣传和解读金融领域重大政策,推进经济金融协调互动。深化普惠金融体系建设,争取2.7亿元支持农业再贷款和1.8亿元支持小微企业再贷款,加大对青年示范户、贫困学生、下岗失业人员等弱势群体的信贷支持力度。推动市政府出台《江阴市中小微企业信贷风险补偿资金池管理办法》,设立3亿元专项风险补偿资金池,切实解决中小微企业的融资难题。增强金融支持"三农"*力度,推动辖内4个涉农银行向农业龙头企业、家庭农场、农民专业合作社、种养大户提供6.21亿元贷款支持。推进金融创新,促推直接债务融资业务稳步增长,继续领跑全国县域;推广应收账款质押业务,全年通过应收账款服务平台办理业务1.4亿元,处于无锡地区领先地位。

维护金融稳定。严格金融机构重大事项报告制度,加强对风险企业的后续报告,推动政府相关部门加大对企业资金链断裂存量事件的协调处置力度;探索研究大企业集团风险监测办法,及时预警提示潜在问题;做好存款保险制度的实施和风险防控工作;配合江阴市政府修订《加强经济金融风险防范和处置工作意见》,防范和处置金融风险。推进信用体系建设,开展征信知识宣传进镇入村活动,做好"诚信江阴网"平台的信息披露工作,督促金融机构贯彻落实《开展信用认定实行信贷分类管理实施细则》规定,引导金融机构对守信和失信"黄、黑"企业的新增贷款、存量贷款进行信贷分类管理,促进银行信贷质量的提高。

推进金融法治建设。深化金融消费权益保护工作,利用金融消费教育社区学校、江阴市主流媒体、广场集市、微信平台等载体,开展金融消费知识的宣传,增强金融消费者风险防范能力。强化法治宣传教育,参加全国百个网站微信公众号"尊法学法守法用法"法律知识竞赛,牵头辖内7个银行机构参加由江阴市纠风办、文明办等单位组织的"空中热线"直播节目,接受听众和网友的金融咨询。开展开业管理、营业管理、综合执法检查、综合评价"两管理两综合"工作,组织开展对兴业银行江阴支行、中信银行江阴支行的综合执法检查,组织对商业银行2014年执行人民银行政策情况进行综合评价,评出A类行8个,B类行11个,C类行2个,同时将评价情况向各银行机构及其上级行发文通报,并对评为C类的银行主要负责人进行诫勉谈话。全年通过江阴市"12345"公共服务平台,牵头处理辖区银行各类有效投诉事件307件,办结率100%,满意率100%。

提升金融服务水平。完善农村支付环境建设,指导辖区涉农银行完成120个农村金融综合服务站点的建设,加大"全民付"POS(销售终端)设备布放力度,优化完善助农取款服务点,指导江阴农商银行创新开展"移动银行"业务,实现辖区农村便民金融服务"村村通"。深化人民币流通满意工程,设立人民币残币便民兑换点310个,对全市公安系统一线路网管控人员进行反假货币知识培训,做好新版第五套人民币100元纸币及2015年纪念币发行工作。促推金融IC(集成电路)卡在民生领域的推广应用,在江阴大华食品有限公司5个早点工程网点成功试推金融IC卡"闪付"结算,牵头银联完成江阴首台金融IC闪付机,在江阴农商银行"金邻里"社区银行投入使用。强化国库会计基础服务,全年入库地方公共预算收入218.92亿元,比2014年增长9.1%;办理各类核准类账户19416户。

推动外汇政策先行先试。扩大跨国公司外币资金池业务试点,年内新增双良集团有限公司、见龙(江阴)国际贸易有限公司、江苏三房巷集团有限公司开办此项业务,开办企业增至5个。跨国公司外币资金池业务全年境内归集外汇资金5.21亿美元,对外放款22笔4.18亿美元,境外还款16笔2.06亿美元。推动跨境双向人民币资金池试点,年内新增海澜集团有限公司开办此项试点业务,累计4个。跨境双向人民币资金池业务全年境外流入26.04亿元,流出21.29亿元,业务量居全省前列。此外,为江阴农商银行争取短期外债指标2000万美元;加速审批A股上市企业海澜之家股份有限公司、海润科技有限公司外资减持款汇出;办理江苏雪豹日化有限公司实际控制人特殊目的公司外汇登记,奠定企业境外上市基础;帮助江阴长电集团解决7.8亿美元境外投资过程中涉及外汇方面的问题,有效促进投资便利化。

(赵曙英)

【中国银行业监督管理委员会无锡监管分局江阴办事处】 2015年,无锡银监分局江阴监管办事处有员工4人。年内,按照无锡银监分局的统一部署,结合"送金融知识下乡、小微金融服务宣传、金融知识万里行、防范和打击非法集资教育"四类主题,联合江阴市政府、无锡市经信委举办"金融知识进万家"暨江阴市小微企业融资项目签约会,宣传金融知识、服务小微企业,携手23个银行业金融机构走进江阴,与300个企业成功对接,授信意向金额22.3亿元,户均743万元,取得政、银、企共赢的良好效果。紧密结合辖区银行业案防工作实际,组织开展"员工行为整治年"活动。配合无锡银监分局成功处置江苏西城三联控股集团有限公司百亿元债务风险,取得积极成效。促成各债权银行达成一致行动框架,督促企业实施"去投资化、去杠杆化"等多重资产重组措施,组织各债权银行签订存量银团协议。积极推动设立非银行金融机构,三房巷财务公司正式开业,这是省内继华西村之后第二个社会主义新农村建设示范村成立的企业集团财务公司。支持恒丰银行和广发银行在江阴设立支行,积极引导银行金融机构合理调整营业网点布局，提高对江阴县域经济的金融支持力度。鼓励江阴农商银行做大做强，江阴农商银行常州分行获批筹建。通过监管走访、政府行长联席会议、监管例会等，及时传达监管政策要求，指导银行守住风险底线，防范各类风险，努力提升金融服务水平，改善和规范经营行为，体现社会责任，大力支持实体经济发展，特别是创新业务产品，支持小微企业发展。及时转发文件，主动督促，扎实推动银行业防范和打击电信诈骗活动的开展，收到良好的成效。

建立健全消费者权益保护长效机制。江阴监管办事处根据无锡银监分局开发的信访投诉平台系统，实现信访投诉事项受理、分办、调查、反馈等全流程的系统化控制。进一步规范信访投诉受理、调查和答复流程，完善突发投诉处理应急预案。受理咨询投诉事件3件，群众满意度较高。督促辖内银行机构落实好《国务院办公厅关于加强金融消费者权益保护工作的指导意见》要求以及无锡银监分局出台的全国首个银行服务地方标准《银行基层营业网点公共服务规范》。

维护辖内经济金融稳定。江阴监管办事处密切配合无锡银监分局和江阴市政府，组织协调江阴辖内银行业金融机构重大事项，发挥左右沟通、上下联动的桥梁作用，多次参加江阴市政府金融办组织的维护地方金融稳定、打击企业逃废债务等专题会议，要求银行维护地方金融稳定，积极支持地方经济发展，同时对企业逃废银行债务行为予以有力打击。针对江阴市福斯特纺织有限公司和友邦（江苏）聚氨酯新材料有限公司等多个大额授信风险事件，与地方政府及相关部门和涉及的银行进行主动协调处置，防止风险扩散和蔓延。

推进银行业做好安全保卫。年初，江阴监管办事处按照银监会与公安部要求精神，会同市公安局对辖内银行业金融机构进行安全大检查，对存在的问题督促其整改，确保银行运行安全无事故。下半年，根据公安部、银监会印发的《银行业金融机构安全评估办法》相关要求，会同市公安局、人民银行江阴市支行等部门，对全市25个银行业金融机构、72个营业网点、79个自助银行、196台自动柜员机进行安全评估。从评估结果看，全市各金融单位都达到优秀档次。此次评估活动发现安全隐患28处，落实整改措施28处。

2015年年末，全市银行业金融机构网点数276个，比2014年增加7个，从业人员4815人，比2014年增加81人，在编人员4345人，比2014年增加232人；存款总额3099.29亿元，比2014年增加164.81亿元，增长5.62%；贷款总额2485.51亿元，比2014年增加128.14亿元，增长5.44%；不良贷款金额45.82亿元，比2014年增加7.78亿元，不良贷款率1.84%，比2014年提高0.23个百分点；全年实现账面利润50.62亿元。（金仁明）

**【中国农业发展银行江阴市支行】** 2015年，支行有在编员工18人。内设办公室、信贷部、会计出纳部3个部室。该行确立“稳发展、优结构、强管理、防风险、提质量、增效益”的总体思路，紧密结合江阴地情和自身业态，攻坚克难促发展，精细合规抓管理，企事业单位存款、国际结算等多项业务指标再创历史新高，被总行授予五一劳动奖状，连续第九年被江苏省分行评为“精品行”。

支持水利建设。该行积极响应国务院第83次常务会议精神，于2015年5月19日发放2.03亿元重大水利工程建设专项过桥中长期信用贷款，利率下浮10%，以创新形式为地方开展水利建设提供过渡性资金安排，是全省农发行发放的首笔金额超亿元的过桥贷款。全年发放水利建设中长期贷款4.63亿元。

支持储备粮轮换。全年发放县级储备粮贷款19634万元，支持承储企业轮入稻谷4486万公斤，小麦2062万公斤；严格执行异地库存监管要求，对受托管理的国储棉、中储粮、托市粮落实专人管户和定期查库。

2015年年末，支行企事业单位存款日均余额8.55亿元，比2014年增加0.69亿元，增长8.78%，时点余额9.82亿元，比2014年增加2.77亿元，增长39.29%；各项贷款余额25.84亿元，比2014年增加2.01亿元，增长8.43%；完成国际结算业务量6145万美元，比2014年增加602万美元；实现账面利润4008万元。（郁聪慧）

**【中国工商银行股份有限公司江阴支行】** 2015年，支行有员工411人，其中在编员工410人，劳务派遣工1人。内设综合管理部、个人金融业务部、公司金融业务部、机构与结算业务部、国际业务部、信贷管理部6个部。下辖1个营业部和24个二级支行、1个储蓄所、95台自动柜员机。是年，支行面对经济结构调整、增速放缓、形势更加严峻的局面，全体干部员工坚定信心，攻坚克难，紧密围绕“市场、客户、质量、队伍”四条主线来开展工作，在有效控制和化解不良贷款的基础上，取得来之不易的工作成效。

支持地方经济发展。支行坚持以支持地方经济发展为己任，切实履行工商银行的社会责任，全力支持江阴经济建设。至年末，支行公司类：本币表内贷款259.73亿元，比2014年增加14.98亿元，再次实现贷款增量及余额在四大银行占比第一。上市公司板块：新投放上市公司2户，投放1.2亿元，“新三板”企业1户。商投联合板块：新投放项目10项，其中政府基础设施项目4项，投放14.22亿元；上市公司系制造业项目2项，投放1.64亿元；上市公司系投行类项目3项，投放5.12亿元；上市公司债务融资工具项目1项，发行中票7亿元。获贷审会批准的项目有8亿元银团贷款，项目贷款对企业升级改造提供强有力的资金支撑。小企业：小企业贷款余额31.51亿元。小企业有效新开户26户，其中新增供应链企业6户，实现新增投放5.6亿元。

完善金融服务。着重加强对全行理财经理营销能力的提升。通过每周例会、现场指导、开办集中培训班等形式提升理财经理的专业技能。加强内控案防教育，签订自律协议、客户信息保密协议，严防风险事件发生。培养理财经理队伍之间“传、帮、带”团队精神，切实提升营销人员的业务水平和营销技巧，增强团队凝聚力、执行力、战斗力。设立财富顾问岗位，通过组织活动、走访潜力客户，逐步加大私银业务在支行个金业务中的占比。至年末，支行达标私银客户100户，比2014年增加21户，管理资产15.11亿元，比2014年增加1亿元，晋升为私银客户百户行。

创新国际业务。成功运行全省首个跨境人民币资金池业务，实现8.3亿元人民币的结算量。加大创新业务力度，运用境内外汇率差，结售汇点差，境外美元/人民币贷款的利差率先操作结构性风险参贷业务，金额2.1亿元人民币。通过汇兑通、掉期、双择期产品帮企业增加收益。网银结汇业务继续保持良好的增长态势，发生业务上千笔，金额12198万美元，涉及60多个企业，给一些地理位置较支行偏远的、本身结汇业务发生不太频繁的、尚未配备专人负责结售汇业务的企业提供实实在在的方便。

实现电子银行业务。顺应互联网+的战略思维，多方位实现电子银行业务，将互联网产品便捷、方便的营销理念传达到每位网点员工，网点阵地营销氛围初步形成。B2C（企业对消费者的电子商务模式）和B2B（企业对企业的电子商务模式）业务，通过发展商户，扩大融E购商城的影响力，通过组织宣讲团，深入企业、社区进行支行电子产品宣讲，受到客户的好评，成功上线江阴海澜之家供应链管理有限公司，江苏金一文化发展有限公司和江苏华宏实业集团有限公司等企业。加大商城的销售营销，至2015年年末，实现金融产品销售58086万元。

内控案防工作。落实党的群众路线教育实践活动的各项要求，严格要求全行干部员工贯彻执行中央“八项规定”*和总行、省行的有关规定。强化预防职务犯罪工作，继续加强新入行员工、新聘客户经理、新提拔干部的职业道德教育和廉洁自律教育。严格落实案防工作的职责和措施，全行横向到面，纵向到点，人人签订江阴支行党风廉政建设和防范案件责任书。坚持每两个月召开一次全行案件防范暨员工思想动态分析会。对案防工作及员工思想动态进行认真分析、查找原因、提出对策、明确职责，最终形成会议纪要并在事后督促落实。加强人员管理，严格执行轮岗换岗制度。全年对8个网点的负责人实施换岗，客户经理换户或调换网点29人，值班经理调整和换岗25人，柜面员工交流52人(次)。

2015年年末，支行人民币存款余额142.53亿元，比2014年下降46.55%；人民币贷款余额296.90亿元，比2014年增长5.01%；实现拨备前利润6.72亿元。（杨 瑾）

**【中国农业银行股份有限公司江阴分行】** 2015年，分行有在岗职工699人。内设公司业务部、国际业务部、零售银行业务部、信用卡与电子银行部、财会运营部、风险与信贷管理部、综合管理部、人力资源部、网点管理部9个部室，下辖营业部、要塞、周庄、华士、新桥等38个营业网点，1个金融便利店（原文定支行），456台自动柜员机。4月28日，农业银行江阴支行升格为分行。是年，分行按照“稳中求进、改革创新”的工作总基调，积极应对区域经济低速盘整、地方金融风险不断显现和同业竞争日益加剧的挑战，扎实做好“稳增长、强‘三农’、促转型、控风险、抓党建”等各项工作，以加强客户、队伍、网点、本部和文化建设“五大建设”为抓手，形成队伍状态良好，客户基础趋好，发展趋势向好的“三好”局面，并完成上级行下达的各项收官任务。年内，分行被评为农业总行运营基础管理先进单位、省行创利先进单位等，下辖周庄支行被评为中国银行业协会文明规范服务五星级营业网点。

大力支持地方经济。分行积极开展市场细分，深挖客户合作介入点，对江阴重点骨干企业、重点项目、利税50强企业、小微企业、外汇业务客户等分类进行需求细分，并确定重点挂牌营销目标，逐户制定营销方案，逐一确定营销责任人和推进进度，做到方案早制定、成果早见效。年内通过总行、省行审批项目5项，审批金额21.07亿元，其中新沟河延伸拓浚工程江阴段项目为江苏省2项、国家172项重大水利工程之一。全年拓展授信3000万元以下小微企业76户，金额3.7亿元。

服务“三农”成效显著。分行秉承“立足城乡，服务‘三农’”的经营理念，执行上级行“强‘三农’”二十条措施并狠抓落实，着力打通农村金融服务“最后一公里”。至2015年年末，分行农户贷款客户数为151户，比2014年增加98户，农户贷款余额7411万元，比2014年增加5201万元。运用“惠农通”助农取款服务点创新金融服务模式，有效拓宽农村金融服务渠道，该取款服务点逐年扩增，累计236个，行政村覆盖率97%，基本实现电子机具行

2015年4月28日，农业银行江阴支行升格为分行。图为时任江阴分行领导班子集体合影 （农业银行江阴分行提供）

政村全覆盖目标。全年该服务点实现金融交易 7.21 万笔,5697 万元,助农取款 3.3 万笔,879 万元。

堵截诈骗严控风险。分行针对电信网络诈骗案件不断增多的情况,加强宣传提示,通过在大堂和柜面发放提醒小贴士,走上街头、深入社区宣讲防诈骗知识,提高群众的防范意识;立足源头把控,加强《一级支行、营业网点诈骗案件防控工作规范》落实情况检查,提高大堂、柜面一线人员识别、防控外部诈骗的能力。2015 年分行堵截各类诈骗案件 56 件,涉及金额 300 多万元,占全市此类金额的 40%。通过与市公安局合作建立涉案银行账户查控绿色通道,成功为客户追回被骗资金近 200 万元。20 名员工获市公安局、市见义勇为基金表彰奖励。

2015 年年末,分行本外币各项存款余额 472.4 亿元,比 2014 年增加 13.6 亿元;本外币各项贷款余额 303.9 亿元,比 2014 年增加 15.1 亿元;实现账面利润 9.1 亿元;实现中间业务收入 3.2 亿元。　(吴芝琼)

**【中国银行股份有限公司江阴支行】** 2015 年,支行有职工 522 人。11 月,公司业务部和国际结算部合并为公司金融部。内设综合管理部、业务管理部、风险管理部、公司金融部、个人金融部、监察部、营业部 7 个部门,下辖 16 个乡镇网点、8 个城区网点。年内,支行围绕"稳中有进、稳中提质、稳中增效"的工作定位,大力推进业务结构调整和管理机制创新,重点防范各类金融风险,业务发展基础和市场地位得到进一步夯实,全年重点工作取得持续推进。是年,支行被评为 2015 年度江阴市重点骨干企业,在 2015 年度江阴市"万人评议机关"活动中名列金融序列第三名,排名居四大国有银行之首。

开展产品创新。支行继续开展产品创新,成功投放 1.2 亿美元江苏长电科技股份有限公司海外并购贷款,该项业务列入总行跨境并购经典案例,客户经理被破格提拔进入集成电路行业政策调研小组;同业业务实现业务量 250 亿元;大力叙做表内外理财、直融业务、远期结售汇,票据贴现业务,为支行营业收入提升做出突出贡献;加强复制以及再创新能力,成功叙做省辖首笔同业表外理财业务、首笔美元资本金项目、分行辖内首笔人行再贴现业务、分行首笔易分期业务、全辖首笔交通银行同业投资理财业务办理、首笔直投登记并成功争揽跨境人民币外债业务等,在系统内作出表率的同时,获得银企共赢。

加快渠道建设。支行把特色网点建设纳入支行考核框架,大力推进特色网点发展。2015 年确定贸易融资、票据业务、同业业务、中小企业"四类"公司特色业务和车分期、出国金融、公积金、对私资金交易"四类"个金特色业务,以特色网点建设助推业务发展。优化网点布局,按照智能化标准要求,做好网点产能分析,鼓励优势网点晋级,同时按照省行低产网点的相关要求,做好低产网点的压降和撤并。加快电子银行的拓展,提升电子渠道效能。按照支行三年规划 18% ~20% 增幅的目标,年度电子银行的拓展落实省行专项拓展激励,以大堂经理为主要责任人,做好厅堂顺势营销,提高手机银行动户占比;持续优化调整自助设备布局,把自助银行尚未覆盖的乡镇、重点村作为主要目标区域,逐步扩大自助银行的覆盖率。

强化风险预警。支行密切关注外部市场动态,加强风险分析研究,全面持续开展各类风险的分层排查,切实有效评估信用风险,做好预警、预控工作。开展对环境行为等级涉及黄色企业、涉及担保链风险、小微企业进行专项排查,梳理出相关风险企业,并制定风险防控措施。根据省行对分行级关注大户的管控要求,加强对重点大户企业的风险管控,全面真实反映集团企业的经营财务情况及风险点,为省行制订相应的授信策略提供依据。针对存货质押中出现的监管不到位情况,专门安排对存货质押情况的专项检查,并要求业务部门进行相应整改。

优化内控机制。支行将合规案防工作贯穿全年,开展民间借贷、非法集资问题专项整治活动、"合规操作、杜绝案件"教育活动、"员工行为整治年"、员工异常行为排查以及遏制违规经营和违法犯罪活动,加大教育预防和检查频次,加大违规问责力度,严格落实各项内控措施,加强案件防控和安全管理,严防各类案件发生。按照省行派驻业务经理专业序列管理办法与实施细则的工作要求,对网点派驻业务经理及运营内控副职"1+1"模式采取分步到位的方式,年内落地 17 个网点,进一步强化内控合规管理工作。全年实现无案件、无重大违规行为的目标。

扩大品牌宣传。支行在传统硬媒体广告宣传渠道的基础上,增加微信营销等新媒体宣传方式,全年开展四场大型营销活动,其中"寻找最美全家福"活动在全城掀起一股热潮,通过线上吸粉方式,有 874 名客户报名参加活动,投票数 9.1 万人,访问量 89.7 万人;支行全辖网点开展 80 场活动,走进税务局、商检局等行政事业单位和老年大学、街道、社区,活动氛围浓厚,扩大中行品牌影响力,也加大客户群体与中行的关联度。

做实行心工程。支行完善基层党支部和工会工作制度,健全党小组、团小组活动机制,设置党员活动室、员工休闲吧、"阳光小屋"读书角,完成 4 个网点的职工小家建设,下辖南闸支行职工小家被评为江苏省总工会模范职工小家;建立职工之家,为员工提供健身、阅览等班后放松的场所,并特设"爱心妈咪小屋",为女员工哺乳提供私密、干净的场所。与团市委携手举办"中行暖冬献爱心行动",开展"五四道德大讲堂"活动、职场丽人化妆培训、"六一"亲子运动会、"七一"党员观影活动,既丰富员工生活,又践行"承担社会责任"的企业文化形象,对员工树立正确的价值观起到积极引导作用。

2015 年年末,支行各项存款余额 250.84 亿元,当地市场份额比 2014 年增长 0.04%;各项贷款余额 217.48 亿元。实现账面利润 4.38 亿元;完成国际结算业务量 67.42 亿美元;实现中间业务收入 30847 万元,在分行辖内贡献度为 27.59%。　(钱　敏)

**【中国建设银行股份有限公司江阴支行】** 2015 年,支行有职工 429 人。内设综合办公室、财务会计部、公司业务部、个人金融部、风险管理部、国际业务部、住房金融与个人信贷部7个部门，下辖1个综合型支行，28个二级支行和1个分理处。是年，江阴支行紧紧围绕“信心、基础、亮剑、合规、思考”的10字工作要求，加快转型发展节奏，抓好发展和稳定的主旋律，有力支持支行各项业务的稳健发展，持续为建设“强富美高”新江阴做出自己新的贡献。

推广创新产品。支行合理推进创新产品，以适应江阴地区金融经济环境不断推陈出新的新氛围，利用“慧灵通”、大额存单等存款产品，吸收存量客户的增量资金。联合本来生活网开展“开建行对公账户，享优质本来生活”的专项拓户活动，取得良好效果。在学校开展“银校通”业务，成功为江苏省江阴市第一中学，江苏江阴中专学校开通“银校通”业务，获代发、信用卡、电子银行、支付电话、自助取款机、理财、保险等多项衍生成果。同时所辖各网点支行营销新业务、新产品。云亭支行成功营销祥瑞不锈钢养老金产品“养颐无忧”50万元，建立账户20户；周庄支行、三房巷支行利用分行下发潜力客户名单的契机向客户大力推广产品“汇金宝1号”。

夯实风险管理基础。支行为加强“新常态”环境下信用风险管理的前瞻性、及时性和有效性，准确掌握客户实际风险状况，整合预警跟踪监测、信贷资产质量预测、风险分类核查、条线管理、内外部审计等风险信息资源，整理出潜在风险客户名单。从2015年4月起启动授信客户ABC分类工作，要求各个网点对辖内授信客户的风险情况进行自查，由行长牵头，会同公司条线、风险条线及各个经办行的负责人及客户经理对所有授信客户逐一过堂，对风险已暴露客户及潜在风险类客户进行梳理，制订相应的处置方案。9月，支行再一次对授信客户进行全面彻底的排查，此次排查出风险暴露和潜在风险类客户87户，逐户核实、全面反映客户风险现状，确定有操作性的风险化解处置措施，并实施动态管理，从而有策略、有计划地落实和推进风险管理。

改善服务网络。支行在加强营销的同时，深化落实网点综合化转型的各项措施，各网点均完成综合化营销转型，应用推广“新一代”系统，新增包括视频银行终端、自动发卡终端等智能业务处理设备数十部，持续做好对已转型网点的转型效果监测工作。同时为合理网点布局，提高网点竞争力，完成青阳东街储蓄所更名为新桥支行的新址搬迁营业工作，落实开展东门支行的搬迁，发出相关申报。支行离行式自助设备新增18台，江阴支行自助设备开机率控制在97%以上，有效提高自助设备的运行效率，减轻柜面压力的同时，增加市民办理业务的有效渠道。

2015年年末，支行本外币一般性存款日均余额249.84亿元，列四大国有银行第二位，占比21.25%，份额比2014年上升0.64个百分点；各类贷款日均余额261.69亿元，占比24.02%，上升0.2个百分点；实现国际收支27.45亿美元，结售汇20.64亿美元；实现中间业务收入2.15亿元，份额上升3个百分点，大幅缩短与四大国有银行间的差距。

（林　俊）

**【交通银行股份有限公司江阴支行】** 2015年，支行有职工207人。内设办公室、信贷部、个金部、公司部、风险管理部、国际部、会计部7个部室，下辖1个营业部和华西、临港、城东、城西、高新区、要塞、百花园等7个二级支行以及城南、紫金2个普惠型网点。是年，支行紧紧围绕“深化改革创新，坚持负债引领，强化风险管理，实现量质提升”的工作思路和“抓存款、稳利润、控风险”主线，坚持“团结、务实、创新、做受人尊重的银行”经营理念，团结协作，开拓进取，克难奋进，主体业务更好发展，网点布局逐趋合理，队伍建设稳步推进，企业形象持续提升。

各项存款持续稳定增长。支行拓展新客户抓存款，推进“增户工程”，持续加强对规模存量纯负债客户的营销，有效拓展大型目标客户，同时支行通过与市发改委的联系，密切关注政府公布和推进的地区重点项目，对符合国家产业政策和总行授信政策的项目积极跟进，尽快落实授信支持。通过创新产品抓存款，利用支行离岸中心及海外分行的优势，加强境内外联动为企业融资提供更多渠道，拓展国际业务；支行在投行、租赁、信托等方面寻求突破，合理运用公司业务产品，以银票、信用证、福费廷、应收账款融资等多种产品为载体，满足客户的实际需求；开展进企业、进社区、进市场、进校园、进商场“五进”活动，重点抓好优质代发工资客户、中高端个金客户、“家易通”等客户群体的拓展，夯实基础客户群体，为财富管理业务进一步发展奠定基础。全年

2015年9月，交通银行江阴支行办公大楼由虹桥南路7号搬迁至人民东路159号。图为江阴支行新址外景　　（纪晓华 摄）

人民币存款余额196.11亿元。

网点合理布局。支行根据2014年规划，稳步推进网点建设。2015年8月，无锡分行首个普惠型银行——江阴城南支行开业，标志着支行网点建设进入新的阶段。9月，行本部新办公大楼完成搬迁改造、运行，地址位于人民东路159号。原花园支行更名为要塞支行。同时，第二个普惠型银行——江阴紫金支行于12月顺利开业，另外两个普惠型银行网点和3个自助银行网点在改造筹备之中。

2015年年末，支行人民币存款时点余额196.11亿元，比2014年增加10.34亿元；其中对公存款159.72亿元，增加7.41亿元，储蓄存款36.39亿元，增加1.93亿元；表内及表外贷款余额423.68亿元，增加9.13亿元，增长2.19%；中间业务收入20196万元，其中公司条线10952万元、国际条线7630万元、个金条线1615万元；完成国际结算业务量62.34亿美元；实现净利润75666万元，增加13932万元。

（薛德兴）

**【上海浦东发展银行江阴支行】**2015年，支行有职工270人。内设办公室、合规部、资金财务部、授信审查部、风险管理部、公司业务管理部、贸易与现金管理部、零售业务管理部、运营管理部、信息科技部、票据业务中心、小企业金融服务中心、公司金融一部、公司金融二部14个部室，下辖营业部、朝阳路、虹桥路、人民路、澄东、澄西、开发区、周庄小微、云亭小微支行9个营业网点。是年，支行千方百计稳增长，全力以赴促转型，积极稳妥控风险，多管齐下增效益，凝心聚力强管理，工作推进取得较好成效，形成在新常态下的综合经营优势。年内，被评为全国金融系统思想政治工作先进单位、南京分行先进集体、江阴市服务地方先进单位；支行党支部被总行评为先进党支部。

荣获全国性荣誉。支行秉承“敢攀登、创一流”的江阴精神和“笃守诚信、创造卓越”的浦发理念，高举旗帜，创先争优，加强组织建设；以人为本，搭建平台，关爱员工成长；与时俱进，创业创新，弘扬亮剑精神，实现以思想政治工作的“软作用”促进业务经营的“硬实力”转型跨越发展，主要经营指标屡创新高。年内，获评全国金融系统思想政治工作先进单位，是全国浦发系统唯一获此荣誉的分支机构，也是无锡地区唯一获此荣誉的银行机构。

加快转型步伐。支行通过业务转型为地方经济发展融资100多亿元。投行业务取得阶段性突破，全年承销发行债务融资工具74亿元，承销额度在浦发总行二级分行和无锡金融系统中排名第一。加快同业业务发展，建立同业业务团队，与20个银行机构建立业务关系，同业业务名列南京分行首位。

建设大零售格局。支行推行零售积分管理制度，配备专职私人银行产品经理，零售运营转型扎实推进，大零售格局进一步完善，零售业务规模和效益水平进一步提升，开展走进代发企业活动234次，开展浦发“惠美食、惠自助、惠旅游、惠电影”等系列刷卡优惠活动，美誉度和影响力进一步提升，销售理财产品649亿元，个人金融资产日均140亿元，比2014年增加33亿元。

推进风险化解。支行全面落实贷前调查、贷时审查、贷后检查“三查”要求，有效提升信贷全流程管理水平，特别加强贷款收息管理。突出重点监控工作，强化贷款到期管理，着力推进“压逾清欠”工作。积极依靠政府和监管部门，加强沟通联动，牵头推进江阴市西城钢铁有限公司等重点个案化解工作。年末，全行不良贷款余额3.04亿元，比2014年减少524万元，不良率1.64%，比2014年下降0.04个百分点。

2015年年末，支行本外币日均存款260亿元，比2014年增加22亿元；贷款余额186亿元，增加2亿元；多项经营指标创下历史新高，稳居南京分行之首。

（王银行）

**【江苏银行股份有限公司江阴支行】**2015年，支行有职工90人，其中正式职工89人，派遣用工1人。内设营业部、公司业务部、零售业务部、小微业务部、业务管理部、办公室、安全保卫部7个部室，下设朝阳路、科技园、周庄、临港4个经营性支行。是年，支行坚持稳中求进总基调，加快结构调整，狠抓风险防控，深化战略转型，努力提升综合竞争力，各项工作取得较好成效。年内，支行被评为总行旺季社区经营竞赛活动优胜支行、无锡市“五一巾帼标兵岗”、江阴市服务地方先进单位、江阴市银行业金融机构执行人民银行政策A类银行、江阴市执行外汇管理规定A类银行、江阴市金融统计考核评比先进单位、江阴市反假货币宣传先进单位。

支持重点项目建设。支行积极配合市政府推进政、银、企抱团合作，大力支持江阴地区重点项目、民生工程建设与实体经济，加大信贷支持力度，通过个性化的产品创新、便捷的业务流程、专业的金融服务，满足中小微企业客户融资需求。与江阴国税合作大力推广“税e融”等产品，该类产品以“手续简便、放款快捷”得到江阴地区企业的高度认可，切实为小微企业解决经营发展初期的资金需求。与江阴高新区合作开发“澄科贷”业务，有针对性地服务科技型企业，科技型企业的授信总量和企业总量呈现出“双升”的态势。全年发放各类贷款79.14亿元，办理银票贴现265.98亿元。

风险防控管理。支行贯彻上级行“风险防范年”各项要求，持续完善风险管理体系和机制流程，强化各类风险防控措施，全面落实风险防控责任。根据监管部门要求和上级行部署，组织开展“员工行为整治年”活动、非法集资专项整治、“加强内控、遏制两违”专项检查，使员工增强法制观念、树立风险意识、提高防控能力。至2015年年末，支行资产质量保持良好水平。

提升服务品质。支行秉承“以客户为中心”的服务宗旨，深入推进“用心服务、快乐你我”服务提升工程，积极改进服务措施，创新服务手段，完善服务细节，提升服务效率和服务水平，通过打造智慧银行、体验银行、安心银行，为客户提供一系列独具特色的个性化金融服务。全面开展“党员进社区”活动，先后与20多个社区签订共建协议，深入社区、学校、企业开展金融知识宣传讲座80余场，提升公众金融知识水平和风险识别能力。

2015年年末，支行各项存款余额100.71亿元，比2014年增加10.71亿元，增长11.90%；各项贷款余额76.32亿元，比2014年增加4.67亿元，增长6.6%。（石　蕾）

**【招商银行股份有限公司江阴支行】** 2015年，支行有职工121人。支行内设综合办公室、公司银行部、零售银行部、运营管理部4个部室，下辖营业部、虹桥南路支行、周庄支行3个营业网点。有3个在行式自助行、6个离行式自助行、5台单点自动柜员机。是年，支行持续推进总分行"一体两翼"战略方向，加快体制改革，扎实推进服务升级，努力实现向"轻型银行"战略转型。立足江阴，拓展苏南，放眼全国，在注重基础的公司、零售信贷业务同时，大力发展新兴业务、创新产品。年初即以大型项目和重点客户为营销对象，适时推进"旺季营销"和"开源行动"，寻找支行业务发展新的支撑点。

积极推动现金管理产品。是年，支行成功完成招商银行无锡分行辖内动态票据池首单业务；持续加强与江阴地区重点企业合作力度，成功拓展并完成江苏双良集团虚拟现金池业务；创新推动并实现江苏扬子江船业集团CBS项目，并与企业签约全面战略合作，标志着江阴支行银企合作跨入全新领域。大力拓展结汇交易业务，完成单笔1.71亿欧元的"随心展结汇"交易，派生活期存款15000万元，产生中间收入近500万元。通过多方不懈努力，完成江苏华西集团海洋工程6亿元的租赁投放，产生中收720万元，为分行单笔最大单。支行与江阴市政府共同发起设立公司制江阴城市发展基金，注册规模30亿元，该基金是总行、无锡分行首笔城市发展基金。

2015年年末，支行各项存款余额77.72亿元，比2014年减少4.52亿元，下降5.5%；各项贷款余额65.2亿元，比2014年减少0.6亿元，下降0.92%；实现中间业务收入2953万元，比2014年增长8.4%；实现利润额4464万元。（丁洁琼）

**【江苏江阴农村商业银行股份有限公司】** 2015年，江阴农商银行有正式职工1313人。内设办公室、人力资源部、公司业务部、小微业务部、国际业务部、风险管理部、信贷管理部、财务部、稽核审计部等22个部室。江阴辖内下设营业部、璜土等26个支行、47个分理处、331台自动柜员机，江阴辖外设立盱眙等7个支行，控股设立海口苏南等5个村镇银行。该行全面深入推进普惠转型发展，以"稳增长、快创新、调结构、控风险、提质效"为目标稳健经营全行业务，取得良好成绩。年内，该行成立"金芙蓉志愿者联盟"，持续开展"送温暖""学雷锋""传承炎黄精神""漂流书香"等志愿活动，弘扬志愿精神。合作参与"四国"洲际篮球赛、帐篷音乐节等活动，积极支持市民文体活动。结对帮扶薄弱村，被江阴市委、市政府授予十佳结对帮扶薄弱村工作先进单位荣誉称号。年内，该行入选中国服务业企业500强，被江阴市政府评为服务地方先进单位，在2015年度"万人评议机关"活动中荣获金融系统第一名。

信贷服务升级拓展。该行开通网上申贷，在官方网站及微信公众号上线网络预约贷款平台，加入无锡市小微企业金融服务平台，进一步畅通申贷渠道。推出"税信贷"，对接联建"众创基金"平台，进一步增强中小微企业信贷资金支持力度。

国际业务拓展。该行积极应对严峻的外贸形势，加快创新求变，尝试组合营销，灵活拓展业务，国际业务发展保持稳定。全年新开外汇账户142户；国际结算业务量35.02亿美元，比2014年增加0.63亿美元，其中结售汇14.11亿美元，增加0.45亿美元。年内，该行作为全国唯一一个受到SWIFT（环球银行金融电信协会）邀请的农村商业银行，参加2015年第38届SIBOS金融国际年会，首次在国际平台上展现中国农村中小金融机构的形象。

同业业务提速。该行前置资金业务经营，加速发展同业业务。年内，该行灵活做强同业业务，增强债券波段交易频率，做大债券交易规模，位列全国银行间同业拆借中心2015年度银行间本币市场交易排名137位。

快贷中心扩张。该行以做强做大微贷业务作为转型发展的核心重点，加强规划管理，加快队伍建设，加速产品创新，推动快贷中心快速扩张。年末，该行快贷中心微贷团队150人，微贷业务在"三通"（金贷通、银贷通、抵贷通）"三类"（个人生产经营类、综合消费类、创新创业类）基础上，新增保易贷、抵易贷、房二贷等10余项微贷产品，中心全年投放贷款18.16亿元，支持小微客户5269户，户均贷款20万元。

金融服务模式创新。2015年6月18日，该行在江阴市澄康社区正式营业"金邻里"社区银行，大胆尝试"银行＋社区"的新型金融服务模式。启用全省首辆真正意义上的普惠金融流动银行车，该车设有两个人工综合柜，可无差别办理固定营业网点所有业务，同时配置1台自助发卡查询机、1台自助存取款机、1台体验机，进一步建立健全农村金融服务基础设施。与支付宝、财付通等主流电商建立合作，实现实体商户快捷支付、微信支付、微信红包等功能，试点发展互联网金融。全面运作官方微信公众号和"JRCB金芙蓉"订阅号，强化沟通推介。

2015年年末，江阴农商银行资产总额904.78亿元，比2014年增长8.25%；各项存款余额676.53亿元，比2014年增长7.24%；各项贷款余额498.57亿元，比2014年增长3.03%；江阴辖内存贷款市场份额分别占江阴全市26个银行的21.28%和18.19%；全行营业收入25.04亿元，营业支出16.17亿元；实现利润总额9.00亿元。

（卢皎娜）

**【中信银行股份有限公司江阴支行】** 2015年，支行有员工56人。内设公司业务部、国际业务部、零售业务部、营业部、办公室、放款分中心6个部门。是年，支行按照无锡分行紧密围绕"守住风险底线，稳中有进，跑赢大市，改善盈利结构"的工作指导思想，扎实推进各项工作，总体经营保持平稳，风险防控达到预期，业务结构有所优化，在诸多领域取得进步。针对信贷投放下降的严峻形势，重新构建战略客户体系，银租协同项目取得突破。国际业务克服经济下行、进出口增速低迷等困难，推进“结算、融资、交易”产品组合运用，存款规模稳中有升。全行积极开展“中信红迎春季”“中信红悦动季”“中信菁英跑”等活动，举办金融消费教育社区学校课堂，联合重点开发商、汽车经销商、合作渠道共同开展市场活动，提升消费金融产品的市场影响力，维护和利用小微企业金融服务互联网平台，实现线上+线下的宣传和营销服务。进一步增强内控合规管理，以依法合规经营为目标，加强各项政策理解和对监管新政的贯彻力度，落实案防排查和员工飞行检查，开展“员工行为整治年”活动，营造全员合规文化氛围，全年无案件发生。

2015年年末，支行各项存款余额70.48亿元，比2014年增长30.3%；各项贷款余额31.65亿元；完成国际结算业务量5.9亿美元；实现中间业务收入5930万元，增长24.19%；经济利润7007万元，增长54.2%。（张苏苏）

**【中国邮政储蓄银行股份有限公司江苏省无锡市江阴市支行】** 2015年，支行有员工120人。内设综合管理部、综合业务部、拓一部、拓二部4个部门，下辖8个二级支行、28个代理营业所。是年，该行面对宏观形势复杂多变、经济下行压力较大的严峻形势，凝心聚力谋发展，开拓创新促发展，以提高发展质量和经营效益为中心，以争先创优为目标，稳中求进，取得成效。在2015年度江苏邮政金融规范化服务提升活动中被评为服务明星支行，市支行营业部在中国银行业协会三星级网点评比中被评为无锡地区银行业第一名，支行行长俞彪在2015年总行“如何当好支行长”主题活动比赛中获“十佳个人奖”，并被省行评为优秀一级支行行长。

支持地方经济。支行面对外部风险明显增多的情况，坚持市场拓展与结构调整并重，加大对信贷结构调整优化，推动信贷业务的转型发展。加强公司贷款营销和储备，从市经信委、上市办等渠道和企业途径捕捉企业信息，加强大企业的跟踪营销，成功营销江阴兴澄特钢有限公司、江苏阳光集团有限公司、江苏双良集团等核心客户，发放10.75亿元公司贷款。走访专业市场、工业园区、商会，巩固和扩大优质中、小企业客户基础群体，积极推广新产品。坚持服务“三农”，全年发放农合社贷款1.45亿元，缓解农户担保难问题，有效拓宽农户融资渠道。至2015年年末，支行发放零售小微贷款3.11亿元、住房贷款8.13亿元，小微企业贷款4.57亿元。开立国内信用证议付1.86亿元，理财质押开立承兑汇票2.7亿元，帮助企业降低融资成本，赢得客户认可。

加强内控管理。支行结合案防形势新特点，全面组织开展多项目、多轮次的专项风险排查。通过员工行为专项排查、飞行检查，持续深入开展员工行为规范教育活动，使员工增强法制观念、树立风险意识、提高防控能力。完善各类应急处置预案，加强营业网点、自动柜员机、金库等重点部位的安全管理，防诈骗、防火、防盗，营造平稳的运营环境。支行注重资产质量管理，对存在和潜在的不良资产及时化解，抓好不良贷款处置重点支行和重点责任人，不良贷款率比2014年下降2.07个百分点。成功清收存量不良贷款461.4万元，有效压降新增不良贷款139.36万元，核销不良贷款本金2056.1万元，超额完成上级行目标。

推进服务转型。支行在硬件改造的同时，开展新一轮服务提升工程，从强化服务意识、完善制度体制等方面持续推进服务转型。加强员工业务技能和服务培训，开展各类岗位技能比赛，提升服务水平。是年，支行营业部凭借优质高效的服务，以931分的总分名列无锡地区三星级网点第一名，获评2015年中国银行业文明规范服务三星级营业网点；支行员工在江苏省、无锡市分行各类操作技能比赛中获佳绩。此外，支行延伸金融服务范围，深入社区、学校、企业，通过讲座、现场宣传等方式，向社会公众普及反假币、反洗钱等金融知识。

2015年年末，江阴市支行各项存款余额80.12亿元，比2014年增加8.43亿元，增长11.8%，其中居民存款余额73.31亿元，增加6.2亿元；各项贷款余额26.57亿元，比2014年增加16亿元，增长151.6%。（刘　璐）

**【华夏银行股份有限公司江阴支行】** 2015年，支行有员工58人，其中在编41人，劳务派遣工17人。内设营业部、公司客户部、个人客户部、国际业务部、办公室、风险管理部6个部室；下属乡镇网点周庄支行有员工17人，其中在编11人，劳务派遣工6人。是年，支行秉承“质量、效益、速度、结构协调发展”的经营理念，以产品为龙头，以形象为中心，坚持资产质量第一，促进各项业务的健康发展。积极寻求与地方政府的合作，支持地方表内投放重大项目资金10亿元。发放理财融资业务2笔，总金额20亿元，起到有效缓解信贷规模不足、支持支行客户的作用。新增小企业贷款客户20户，投放金额2亿元。新增中大型客户6户，投放3.5亿元。积极配合市政府参与困难企业的协调和帮扶，不抽贷压贷。年内，支行被评为江阴市服务地方先进单位。

2015年年末，本外币各项存款余额59.91亿元，比2014年增长66.33%；本外币贷款余额30.94亿元，比2014年增长32.72%；完成国际结算业务量32522.97万美元。资产质量保持精良，不良率为零。（陈颐菁）

**【兴业银行股份有限公司江阴支行】** 2015年，支行有员工54人。内设综合部、零售业务拓展部、企业金融业务部（下设四个部门）和小企业部7个部门。是年，支行面对复杂严峻的宏观经济形势，坚持以“稳发展、保安全、促转型”为基本工作主线，合理统筹“规模、质量、效益”各项目标，各项业务保持平稳健康发展，专业经营能力和内生增长动力稳步提升。

推进经营转型。面对复杂困难的宏观经济金融形势，把握经济结构调整、产业转型升级的新形势，突出重点，明确投向，调整优化资产业务结构。加强业务创新产品运用，推广“票据池”“结构性存款”等产品，助力企业资金流通；向中小企业推广“易速贷”“增值贷”产品，帮助中小企业做大做强。推出“三方存管”“安愉人生”“基金定投”等特色金融服务方案,为个人客户提供多样化金融服务,提升客户体验。2015 年,支行成功落地江阴城市建设投资有限公司五年期 38 亿元非标产品,首创中国船舶工业集团公司总行超短期融资滚动发行方案,成功获批江苏长电科技股份有限公司短融 9 亿元、江苏澄星实业集团有限公司私募 10 亿元、中节能水务发展有限公司产业基金 50 亿元。

强化风险管理体系。针对经济紧缩的不利条件,严防死守风险管理条线,从严把握客户准入标准,严把项目准入关,继续加强重点行业风险防范,加大信贷资产结构调整,提高风险管理精细化水平。结合“员工行为整治年”“两加强、两扼制”“内控合规制度强化执行”等活动,强化操作风险管理,加大内控坚持的广度和深度。例行检查、专题检查和突击抽查相结合,强调业务检查的流程规范和痕迹管理。持续开展常态化员工行为排查。通过民主生活会、家访、谈心等方式多渠道了解员工的异常行为,做到提前预警、提前防范。严格落实案件防控工作,做好风险应急预案,确保安全运营。全年无案件发生。

延伸金融服务范围。支行通过改善服务环境,加强员工技能和服务技巧培训,大力提升服务水平。同时,支行不断延伸金融服务范围,通过“进企业、进社区、进学校”等形式,向社会公众普及反假货币、反洗钱、防范电信诈骗等金融知识和维权手段,帮助金融消费者提升自我保护意识和维权能力。

2015 年年末,支行各项存款余额 47.3 亿元,各项贷款余额 29.34 亿元,银票、信用证、保函等表外融资余额 95.97 亿元,完成国际业务结算业务量 1.4 亿美元,上缴各项税费 1074 万元。 (张 怡)

**【南京银行股份有限公司江阴支行】** 2015 年,支行有职工 39 人。内设办公室、公司金融一部、公司金融二部、公司金融三部、公司金融四部、小企业业务部、个人业务部、业务管理部、营业部 9 个部室。是年,该行紧紧围绕总行、分行“坚持稳中求进、深化创新转型、提升基础管理、强化风险控制、注重发展质效”总体要求,朝着“中小银行中一流的综合金融服务商”的战略愿景和建设中等规模商业银行的发展目标,调整业务结构,各项业务健康有序发展。

创新小微金融服务模式。支行把发展小微企业作为未来战略转型重点,年内倾斜资源配置,将全年有限的表内新增资源用于小微企业的投放。以“鑫联税”为突破口,全力推进微贷业务的发展。至 2015 年年末,支行有“鑫联税”客户 45 户,投放金额 1988.9 万元。

推进“基础管理提升年”。支行根据总行“基础管理提升年”活动部署,有序开展此项活动,按照银监部门和总分行要求,开展“员工行为整治年”活动,重点排查员工是否涉嫌参与民间借贷、充当资金掮客、非法集资以及不符合员工管理制度规定的其他违规行为。通过开展该项活动,无员工违规行为发生。

2015 年年末,支行一般性存款 55.67 亿元,比 2014 年增加 3.58 亿元,其中对公存款 48.22 亿元,比 2014 年增加 1.91 亿元;储蓄存款 7.45 亿元,比 2014 年增加 1.67 亿元。支行贷款余额 29.06 亿元,比 2014 年增加 3.12 亿元。上缴税费 1268 万元。全年实现安全无事故。

(毛可俞)

**【江阴浦发村镇银行】** 2015 年,该行有正式职员 36 人。内设综合管理部、资金财务部、风险管理部、业务管理部、营业部 5 个部门,下辖周庄支行 1 个网点。是年,该行始终坚持“立足县域,服务‘三农’,支持小微”的市场定位,以助地方经济建设为己任,保证信贷投放,加大支持力度、提升服务水平,主要经营指标位居系统内和同业“第一方阵”,实现较好的经济效益和社会效益。调整信贷新增投向,推进普惠金融服务,对小微企业、个人创业、消费类客户进行政策倾斜,贷款结构得到优化的同时,整体信贷资产质量也得到提升。转变风险管理理念,从控不良转为控逾期欠息。对不良和风险客户主动出击,落实“一户一策”;“控新”与“降旧”并重,提高新准入客户质量,夯实合规经营基础。配合各监管部门开展金融知识宣传活动,提升公众金融知识水平和风险识别能力,全年发放各类金融资料上万份。结合无锡银行业协会“阳光助残”活动,组织一线服务人员学习手语知识,提升对特殊客户的服务能力。是年,被中国村镇银行发展论坛、中国县镇经济交流促进会、亚太金融学会联合评为“全国村镇银行资产总额 50 强”;被江苏省银行业协会评为“江苏省十佳村镇银行”;被江阴市委、市政府授予“十佳结对帮扶薄弱村工作先进单位”。

强化市场定位。该行坚定支持小微客户,支持江阴实体经济,成立董事会,下设“三农”和小微企业金融服务委员会,指导和监督该行“三农”小微金融服务工作开展。至 2015 年年末,该行涉农贷款比例超过 95%,小微企业和农户贷款比例超过 80%,“三农”和小微贷款比例进一步提升。是年新增贷款集中投放于小微企业、个体工商户、外来务工人员以及下岗工人等弱势群体。

2015 年年末,江阴浦发村镇银行资产总额 17.63 亿元,比 2014 年增长 11.72%;各项存款余额 13.34 亿元,比 2014 年增长 6.38%;各项贷款余额 12.54 亿元,比 2014 年增长 2.45%;实现账面利润 3451.16 万元。 (周明霞)

**【中国光大银行股份有限公司江阴支行】** 2015 年,支行有正式员工 41 人。内设公司部(下设经营部门)、零售部(下设经营部门)、营业部、国际结算部 4 个部,明确各个部门的公共职责,并往下分设多个专业产品团队,对员工管理的制度化和精细化,对队伍建设的梯队化创造条件。是年,支行面对国内外经济金融环境恶化,通过不同手段和渠道防控风险、处置风险,同时看清方向,顺势而为,不断优化业务结构,扩大业务规模。继续加强与政府合作,把范围从市级平台延伸到高新区、临港开发区、靖江园区和乡镇。年内成功营销江阴澄星实业集团有限公司、江苏双良集团 26 亿元的非公开定向债务融资;江阴城投 30 亿元的债务置换江阴苏龙热电有限公司、远景能源(江苏)有限公司、江苏扬子江船业集团公司等优质企业。

2015 年年末,支行本外币存款余额 51.26 亿元,比 2014 年增加 8.7 亿元,其中公司存款 44.97 亿元,储蓄本外币存款 6.29 亿元;本外币贷款余额 59.8 亿元,比 2014 年初增加 7.6 亿元;实现账面利润 24449 万元,开设外汇账户 43 户;国际结算业务量 5.78 亿美元,国际结算中间业务收入 548.4 万元。

(史　超)

**【中国民生银行股份有限公司江阴支行】** 2015 年,支行有职工 54 人。下设综合管理部、公司银行部、企业金融部、零售银行部、财富管理部、营业部 6 个部门。是年,支行面临复杂严峻的宏观经济形势和日益困难的经营环境,始终将为服务地方经济作为支行发展第一要务,努力实现"二次转型",努力提高服务质量和同业竞争力,各项工作稳步提升。推进服务转型,打破传统观念,推进厅堂一体化服务,释放传统厅堂柜台的运营产能,以实现服务的一致体验,进一步打破条线束缚,将小微放款中心并入营业部,通过团队、流程、管理一体化,强化服务营销,激发厅堂活力。面对市场利率化快速推行的脚步,支行整合各项资源,挖掘小区居民的核心需求,围绕财富人生、健康人生、优雅人生、幸福人生与大爱人生五个主题,与基金公司、保险公司、便民中心、医院、母婴消费品牌商等成立社区金融服务联盟,定期开展系列主题活动,有效提升了支行小区金融服务品牌和支行公益形象。面对经济下行压力,进一步加强内部风险排查,建立健全信贷风险管理体系,加大信贷资产结构调整,提高风险管理精细化水平,同时通过定期开展员工异常行为排查,强化问责机制,树立风险意识,加强支行内控管理。

业务产品创新。支行贯彻对小微企业的金融支持政策,小微授信客户数 700 余户,授信总规模 11.6 亿元;同时,积极推出"易押贷""税喜贷""公喜贷""薪喜贷"等创新产品,不断提高审批和放款效率。

2015 年年末,支行各项存款余额 105.51 亿元,比 2014 年增长 13%;各项贷款余额 49.56 万元;表内外业务余额 225 亿元。(刘　诣)

# 保　险

**【概况】** 2015 年,江阴市保险行业深入贯彻落实"新国十条"和省、市政府关于加快发展现代保险服务业的实施意见,在服务社会民生,促进地方经济发展中发挥积极作用。是年,市保险协会积极组织协调交警大队和各个财产保险公司继续做好车险反欺诈工作,取得较大的成绩,全年破获反欺诈案件 106 件,金额 503.80 万元,有效地打击江阴保险市场的违法犯罪活动,为江阴各财险公司减少大量的赔款支出,节约理赔资源,为净化江阴的保险市场起到积极的作用。继续开展行业自律工作,组织对全市 5 个最大的财险公司进行行业自律检查,发现违反行业自律的问题,立即通报,限期整改。根据省保监局有关文件精神,结合江阴寿险市场的实际情况,组织各寿险公司负责人召开会议,对各寿险公司 2015 年满期给付和退保情况防范化解风险工作进行分析、布置,没有出现投诉和不稳定现象,营造良好的江阴寿险市场环境和秩序。协调江阴市道路交通事故调解中心、交通法庭、交警大队、司法局、各财产保险公司,继续开好每季度的保调对接联席会议,出台 4 份会议纪要,有效地解决百姓理赔难、理赔慢的问题,取得良好的社会效益。积极做好保险消费者投诉工作,全年受理投诉案件 12 件,其中寿险 8 件、产险 4 件,都能及时解决投诉,受到保险消费者的好评。年末,协会被江阴市消费者协会评为维权先进单位,受到市政府的表彰。全年实现保费收入 49.82 亿元,比 2014 年增长 12.38%,其中产险保费收入 19.96 亿元,比 2014 年增长 12.83%;寿险保费收入 29.86 亿元,比 2014 年增长 12.09%。财产险保费占比 40.05%,寿险保费占比 59.95%。人身险首年期缴业务 64209 万元。全年产寿险赔(给)付 16.44 亿元,其中产险赔付 12.13 亿元,综合赔付率 60.80%,人身险赔付 4.31 亿元。企财险赔付 8788 万元,赔付率 59.00%。车险赔付 9.46 亿元,赔付率 58.50%,退保金 62964 万元,比 2014 年增加 15534 万元。人身险满期给付和年金给付 30580 万元。全市保险密度 4014 元,比 2014 年增加 408 元,增长 11.31%,高于全省水平。保险深度 1.73%,比 2014 年提高 0.12 个百分点,低于全省水平。年内新增国联人寿和安盛天平 2 个保险公司。至 2015 年年末,全市保险机构 45 个,其中产险 23 个、寿险 22 个;有专业保险代理机构 5 个。

**2015 年驻江阴市各主要财产保险机构业务情况一览**

表 41

| 公司名称 | 保费收入(万元) | 比 2014 年增减(%) | 赔款(万元) | 比 2014 年增减(%) | 赔付率(%) |
|---|---|---|---|---|---|
| 人保产险江阴支公司 | 62241 | 12.60 | 37340 | 21.10 | 60.0 |
| 太保产险江阴中心支公司 | 54534 | 2.21 | 33717 | 16.34 | 61.83 |
| 平安产险江阴支公司 | 39524 | 17.53 | 21916 | 23.69 | 55.45 |
| 天安产险江阴支公司 | 1542 | 1.15 | 953 | 23.61 | 61.80 |

续表 41

| 公司名称 | 保费收入（万元） | 比 2014 年增减（%） | 赔款（万元） | 比 2014 年增减（%） | 赔付率（%） |
|---|---|---|---|---|---|
| 中华联合产险江阴支公司 | 4009 | 16.12 | 2372 | 23.16 | 59.16 |
| 华安产险江阴支公司 | 1759 | 8.29 | 917 | -7.00 | 52.11 |
| 大地产险江阴支公司 | 714 | 74.84 | 503 | 33.78 | 70.40 |
| 安邦产险江阴支公司 | 495 | -29.28 | 452 | 30.26 | 91.33 |
| 阳光产险江阴支公司 | 2399 | 6.23 | 1183 | 54.24 | 49.32 |
| 太平产险江阴支公司 | 5641 | 22.41 | 3617 | 67.53 | 64.12 |
| 都邦产险江阴支公司 | 1353 | -39.94 | 619 | -46.56 | 45.78 |
| 永诚产险江阴支公司 | 967 | 76.63 | 1587 | 16.01 | 164.10 |
| 国寿产险江阴支公司 | 15907 | 17.69 | 13059 | 190.33 | 82.10 |
| 民安产险江阴支公司 | 788 | 204.12 | 259 | 167.01 | 32.81 |
| 安诚产险江阴支公司 | 1290 | 17.53 | 144 | -37.12 | 11.17 |
| 长安责任江阴支公司 | 216 | -14.09 | 212 | -58.75 | 98.16 |
| 紫金产险江阴支公司 | 2907 | 40.15 | 1616 | 51.45 | 55.57 |
| 泰山产险江阴支公司 | 2165 | — | 303 | — | 14.01 |
| 英大泰和江阴支公司 | 1092 | — | 557 | — | 51.03 |

## 2015 年驻江阴市各主要寿险保险机构业务情况一览

表 42

| 公司名称 | 保费收入（万元） | 比 2014 年增减（%） | 赔（给）付 | | | | | |
|---|---|---|---|---|---|---|---|---|
| | | | 赔款（万元） | 比 2014 年增减（%） | 满期给付（万元） | 比 2014 年增减（%） | 年金给付（万元） | 比 2014 年增减（%） |
| 中国人寿江阴支公司 | 131337 | 14.94 | 5231 | -16.57 | 18030.50 | 7.47 | 4359.55 | 52.17 |
| 太保人寿江阴支公司 | 65214 | 2.10 | 4457 | 10.62 | 1021.49 | 614.33 | 4847.35 | 9.52 |
| 平安人寿江阴支公司 | 45018 | 19.20 | 2373 | 20.82 | 1917.39 | -23.15 | 571.39 | -7.24 |
| 泰康人寿江阴支公司 | 614 | 4.60 | 23 | -37.84 | 4.80 | -18.92 | — | — |
| 海康人寿江阴支公司 | 993 | 31.40 | 49 | 172.22 | — | — | 42.62 | 29.15 |
| 太平人寿江阴支公司 | 21622 | 8.00 | — | — | — | — | | |
| 友邦人寿江阴支公司 | 2947 | 70.10 | 222 | 94.74 | — | — | 4.09 | 205.22 |
| 新华人寿江阴支公司 | 2313 | -46.90 | 11 | -79.25 | 2166.52 | — | 79.91 | — |
| 中意人寿江阴支公司 | 10268 | 84.10 | 41 | 28.13 | — | — | — | — |
| 人民人寿江阴支公司 | 18309 | 4.50 | 55 | -27.63 | — | — | — | — |

（赵国明　顾　颖）

【中国人民财产保险股份有限公司江阴支公司】　2015年,支公司牢固确立发展速度持续超越主要竞争对手和市场平均,盈利水平持续超越主要竞争对手和市场平均“双超”,成本结构优化、客户管理优化“双优”的战略目标,对标市场自加压力,强化布局精准营销,求实创新追求精益,敢于担当提速超越,紧紧把握市场态势,全力打造持续发展能力强、保持盈利水平好的县支公司。12月22日,保费规模首破6亿元,成为江阴地区唯一一个保费突破6亿元的财险公司。年内,再次被评为江阴市金融业支持地方经济发展先进集体。

加快农网科学布局。支公司严格对照乡镇机构建设规定“七项规定动作”,即贯彻市公司要求,抓紧布置密切乡、村工作关系的任务和要求;针对属地农业龙头企业、专业大户、农村合作社,农险部会同团险部进行摸排,并明确各乡镇营业部所属范围、工作指标和任务计划;有效确认约35万条信息的乡镇机构车辆信息,发展乡镇区域车险业务;以存量管理系统为平台,促进乡镇续保业务发展;以开展民生系列保险为契机,加强镇、村联络,发展协保人员,引导镇村协保人员报考保险从业资格,使保险业务深入到村到人,增强农村业务的覆盖面;利用年度农业保险会议契机,充分利用人保的独特优势,加强与各乡镇营业部与农服人员的联络,扩大协保员队员,有效构建支公司协保员队伍。继续推进中心门店建设,增强在农村市场的网点优势。在6月暴雨灾害中,针对民生保险、农业保险大面积出险状况,充分发挥乡镇网点的服务功能,深入乡村、社区,快速完成理赔工作,为进一步完善中心乡镇服务功能做了有益的尝试。此外,持续推进城西网点设置,新设利港服务部,是年实现保费收入1248万元;同时,集中加大对西部乡镇的监督,由经理室牵头,分别带队深入各中心乡镇,召开专题会议实施“一对一”专项业务指导,实现精确分析、解剖案例、盘查差距、制订策略,帮助中心乡镇快速提升经营管理水平。

涉农保障。支公司作为政策性农险保险的独家承保单位,以高效设施保险为主要抓手,进一步扩大保障范围、提高保障力度,切实降低江阴地区农业生产风险,有力提高涉农保险保障水平。全年承保全市小麦11254.51公顷、水稻11838.98公顷、油菜123.73公顷、林木1796.02公顷、农业设施2174.70公顷、桃树61.83公顷、梨树139.86公顷、葡萄648.21公顷;承保奶牛1517头、能繁母猪5933头、育肥猪113591头,共承担农业风险12.36亿元,全年处理支付赔款781.94万元,从环节上消除种养殖农户的后顾之忧,落实政府扶农惠农政策。

提升服务品质。支公司高度重视保险责任赔偿处理,持续强化理赔能力建设,对发生的各种事故实施精心组织的细化运作,同时加大对事故处理率、赔案周期率的内部考核力度。全年承担风险责任5663亿元,处理各类赔案63459件,赔款支出3.67亿元,赔款金额增加5779万元,综合赔付率66.35%,案件处理率100.32%。6月,江阴地区短时间内连续遭遇三次强降雨袭击,支公司第一时间启动应急处置预案,根据全市重点受灾点布局情况划分为若干区域,并相应成立10个工作组,出动近350人次,分赴工厂、村镇、农户、居民家庭等受灾一线,协助地方有关政府部门做好群众转移、财产救助等工作,充分展现人保服务的综合实力,提升公司的社会影响力。

推广民生保险服务民生。支公司不断完善政府出资购买、保险公司介入和群众自发参与的自然灾害救助、弱势群体帮扶机制,持续抓好“慈福综合民生保险”品牌建设。2015年自然灾害公众责任险承保123.21万人,城乡户籍居民住房财产险承保36.9万户家庭,“和谐家园险”承保3.2万户家庭,养老机构综合责任保险承保全市2681位老人,养老机构团体意外保险承保全市2437位老人,全方位保障江阴地区市民的生产、生活安全。全年赔付各类民生类保险赔款451.07万元,比2014年增长89.64%,得到广大市民认可。

强化人才队伍建设。支公司紧紧围绕“内生增长、创新驱动”的良性发展思路,坚持人本价值取向,不断完善人力资源管理制度,合理规划员工职业生涯,加快人才梯队建设,通过制定和实施人才成长和后备干部培养的长期规划,建立完善的用人机制,着力培养公司后备力量,为持续发展增添人才动力。通过内部竞聘招贤纳才,培养和提拔一批年轻人员充实管理队伍。存量业务团队持续招录,有效提升区域续转率。车商驻店员配置进一步充实优化,加强车商服务能力。农网增员计划有效实施,全力提升农村市场竞争力。理赔查勘人员队伍进一步扩建,提升客户服务水平。

2015年年末,支公司完成保费收入62241万元,比2014年增长12.60%,净增保费收入6942万元,其中完成车险保费收入46660万元;非车险保费收入14860万元;农险保费收入717万元,保持业务快速发展,市场份额保持第一,持续引领江阴财险市场。　（卞　莉）

【中国人寿保险股份有限公司江阴支公司】　2015年,支公司面对激烈的市场竞争,积极贯彻上级公司年度会议精神和“聚精神、稳增长、强实力”的九字工作方针,以再创“10年第一”,充分发扬江阴精神一刻不忘,再造江阴一着不让,创新发展一马当先,领跑全国一如既往的“新四个一”精神,直面竞争、主动出击,取得较好的成绩。

人力队伍发展。支公司将队伍发展作为全年的核心工作,取得长足的进步。个险聚焦乡镇、乡村“两乡”,城区和收展三大平台,通过空白网点建设的突破,做强两乡中心网点;通过城区新型队伍建设,不断强化城区实力;通过大力发展第二收展,做大收展队伍。全年新增1724人,持证人力2162人。团险外勤队伍和银保保险规划师队伍发展迅猛。团险在册人力77人;银保保险规划师实现人力翻番,系统人力157人。

发挥公司整体合力。通过公司一体筹划,在个险、团险和银保各条线全力推进管理与经营的系统化运作,提倡主管自主经营,强化业务队伍发展的启动、推进、督导、评估体系,取得较好的效果。建立科学的个险部指挥督导模式、业务发展模式、新人育成模式、人力发展模式、客户经营模式的工作模式:设立明确的新人育成标准、销售人员每天工作标准、销售人员的专业化标准、团队自主经营标准、职场分类经营标准等,从而不断提高职场自主经营能力,不断提升职场活力。同时,保证公司在业务队伍方面能健康稳定的发展。

坚持合规经营。支公司开展"两个加强(加强内部管理、加强外部监管)、两个遏制(遏制违法经营、遏制违法犯罪)"专项检查,"防范打击非法集资"专项排查和年度监督检查等重点工作,对公司风险状况进行全面的摸底排查,对存在的问题逐一整改,有效防范经营风险,主要做好建制度,建立"治未病"风险防范体系;建立"一把手"责任制,成立"风控"领导小组,建立奖惩制度;重自查,建立"审微恙"风险管控体系;严整核,建立"治已病"风险治理体系。年内未发生大的违规违纪案件。

2015年年末,支公司全年保费收入13.13亿元,占江阴市场份额的44%,比2014年增长14.94%;标准保费收入1.31亿元,比2014年增长27.8%;寿险新单保费4.52亿元,比2014年增长15.4%;首年期缴2.41亿元,短险保费收入6773万元,继续在系统内保持领先地位。其中个险期缴总量超2.11亿元,比2014年增长27%,成为系统内唯一一个期缴超2亿元的县支公司;期缴保费10.3亿元,市场份额46.6%;新单期缴2.41亿元,是平安寿险1.12亿元的2.15倍;10年期及以上期缴保费收入12272万元,比2014年增长20%;银保完成趸缴20883万元,比2014年增长7.8%,期缴完成2924万元,比2014年增长30%;团险完成短险4617万元。 (刘 燕)

**【中国平安财产保险股份有限公司江阴支公司】** 2015年,支公司继续遵循总公司以"专业创造价值"为核心文化理念,业务规模逐年攀升,业务发展稳健。经营业务范围涵盖车险、企财险、工程险、货运险、责任险、家财险、意外及健康险等一切法定产险业务及国际再保险业务,诉讼财产保全责任险、会计师事务所职业责任保险、司法鉴定职业责任保险、董事及高级职员责任险、招股书责任险、绑架勒索保险、首台套保险、国内贸易信用保险、非机动车综合险、装修类保险、租房类保险、奶粉保险等符合市场需求的新险种。自2009年全国首推"快易免"服务承诺以来,连续七年升级服务标准,通过大数据挖掘客户需求,在业内首次推出赔款即时到账、零查勘简易理赔、微信理赔等服务举措,全面推行"线上+线下"的理赔服务模式,为客户打造最便捷、最透明、最贴心、最放心的理赔服务模式,持续引领行业服务水平提升;持续优化移动互联平台"平安好车主"手机软件,围绕车主出行生活,打造从"车保险"到"车服务、车生活、车娱乐"的全方位生态圈,为车主提供一站式金融生活消费体验。凭借强大的科技金融研发实力、卓越的市场表现、持续的产品创新及优秀的客户体验,平安车险、财产险连续五年蝉联工信部"2015C-BPI汽车保险行业"及"2015C-BPI财产险行业"中国品牌力第一名,荣获"黄金品牌"称号;在中国标准化研究院主办的中国顾客满意度调查中,连续三年名列汽车保险行业客户满意度第一名。

2015年年末,支公司保费收入39524万元,比2014年增长17.53%,提高6.8个百分点,市场份额占19.8%,份额比2014年提高1.1个百分点;结案39998件,结案率99.8%,比2014年提高0.7个百分点;全年赔款21916万元,为地方经济建设和社会和谐提供有效保障。(胡烽海)

**【中国人寿财产保险股份有限公司江阴市支公司】** 2015年,支公司深入贯彻执行总、省公司年度工作会议精神。积极适应市场变化,坚定发展战略,巩固发展优势,增强发展信心,紧紧围绕年度目标开展工作,业务保持一定的增长,为地方经济建设和社会和谐稳定提供有力保障。

获全国先进。支公司党支部坚持以群众路线重要思想为指导,充分发挥基层党组织的战斗堡垒作用和党员的先锋模范作用。积极开展"三严三实"*学习教育活动,发挥"谋事要实、创业要实、做人要实"理念,认真贯彻执行总、省公司战略方针,正确处理好做大与做强、规模与效益的关系,实现公司持续、快速、协调、健康发展。支公司被评为全国金融系统思想政治工作先进单位。

加强乡镇网点建设。支公司成功筹建利港、长泾、周庄3个营销服务部,并于7月底正式对外营业。3个机构的设立,提升乡镇区域客服水平,提高属地化业务比重,形成乡区、城区齐头并进的格局。支公司总部职场也于9月中旬搬至长江路新址办公,新职场的投入使用,办公条件和环境得到大大改善,更有利于公司品牌的宣传和公司形象的提升。随着业务的不断发展和人员引进,形成营直销、互动、银保、车行、重客、个代等覆盖各渠道的10支销售队伍,人员85人。

服务社会。公司秉承"成己为人,成人达己"的企业文化和"民生为重,服务为先"的思想理念,以促进社会和谐,服务江阴市民为宗旨。2015年6月,江阴经历百年一遇的大暴雨,支公司出险客户96户,公司查勘人员冒雨涉水查勘、清点保险受损物资,为企业后序的正常生产打好坚实的基础。承担报损金额900多万元,水灾的及时赔付得到广大客户的赞誉。

2015年年末,支公司完成保费收入1.59亿元,比2014年增长17.69%,其中车险13476.49万元,占比84.72%,非车险2430.47万元,占比15.28%。业务总量位居全系统县级支公司首位,承担风险保额536.26亿元,实际支付赔款13059万元。 (吴永燕)

## 证 券

**【概况】** 2015年,江阴市有17个证券公司,全年开户数247502户,托管市值986.83亿元,交易额14893.36亿元,比2014年增长114.11%,营业收入66376.32万元,上缴税金3613.78万元。

## 2015 年驻江阴市主要证券营业部经营情况一览

表 43

| 指标<br>单位 | 开户数<br>（户） | 托管市值<br>（亿元） | 交易额<br>（亿元） | 营业收入<br>（万元） | 上缴税金<br>（万元） |
|---|---|---|---|---|---|
| 华泰证券江阴分公司 | 140729 | 641.42 | 8805.17 | 30550.06 | 1456.08 |
| 国联证券江阴分公司 | 25377 | 81.57 | 1532.25 | 10774.05 | 464.18 |
| 东北证券江阴营业部 | 40222 | 94.42 | 1900.79 | 10858.72 | 416.00 |
| 南京证券江阴营业部 | 19079 | 58.13 | 1125.06 | 6383.31 | 901.64 |
| 光大证券江阴营业部 | 1827 | 17.23 | 92.13 | 482.93 | 17.40 |
| 东吴证券江阴营业部 | 1179 | 2.44 | 195.27 | 3309.22 | 147.00 |
| 海通证券江阴营业部 | 5927 | 11.86 | 136.82 | 551.40 | 40.77 |
| 中信证券江阴营业部 | 1480 | 11.92 | 76.74 | 187.24 | 10.81 |
| 中泰证券江阴营业部 | 2827 | 5.58 | 156.57 | 621.00 | 25.51 |
| 银泰证券江阴营业部 | 222 | 0.39 | 28.49 | 102.18 | 35.97 |
| 西部证券江阴营业部 | 1407 | 32.01 | 358.81 | 1049.56 | 32.30 |
| 东海证券江阴营业部 | 1060 | 1.57 | 113.97 | 265.16 | 9.41 |
| 银河证券江阴营业部 | 2500 | 22.21 | 239.00 | 636.65 | 28.94 |
| 国元证券江阴营业部 | 581 | 1.09 | 12.33 | 69.96 | 1.67 |
| 国信证券江阴营业部 | 1156 | 2.30 | 30.33 | 179.93 | 9.26 |
| 长城证券江阴营业部 | 1410 | 1.30 | 53.89 | 210.31 | 11.78 |
| 招商证券江阴营业部 | 519 | 1.38 | 35.84 | 144.64 | 5.06 |

（陈涛涛）

**【华泰证券股份有限公司江阴分公司】** 2015 年，因业务拓展的需要，江阴分公司新设临港申浦路证券营业部、青阳镇迎秀路证券营业部、华士镇环东路证券营业部、长泾镇虹桥北路证券营业部、周庄镇西大街证券营业部 5 个下辖营业部。是年，随着降息周期的开启以及市场对改革的良好预期，市场从 2014 年“结构性牛市”开始走向全面“牛市”。而 2015 年股市从千股涨停，到千股跌停，再到千股停牌。市场大起大落，波动之大远超管理层和投资者预期，同时也严重影响到经纪业务、特别是融资融券业务安全有序的开展，市场波动带来的经营风险全面暴露，江阴分公司加强合规与风险管理，确保业务的正常开展并有效防范经营风险。同时，中国经济增速换挡，大宗商品价格大幅下跌、货币政策继续宽松、资产回报下降引发资产荒，必将助推大类资产转向权益市场，创新驱动中国经济转型，均对市场形成有力支撑。另外，随着 C 类营业部设立，互联网证券的快速发展，证券市场竞争加剧，行业平均佣金率大幅下滑，以通道业务为主的业务模式难以为继。江阴分公司全年加强合规与风险管理，紧抓创新业务，完成交易额 8805.17 亿元。（刘　怡）

**【国联证券股份有限公司江阴分公司】** 2015 年，江阴分公司紧紧抓牢江阴地区上市企业多，上市企业强的优势，充分开拓机构业务市场。通过与发达镇政府建立金融战略合作关系，大力开发企业“新三版”挂牌，企业投融资业务。全年承接企业“新三版”挂牌项目 8 项，成功挂牌 3 个“新三板”企业，完成企业股权质押 2 亿元。年内初步完成证券金融转型，由原来粗放型传统证券经纪业务向精细化个人财富管理业务转变。成立财富管理部，形成一支拥有专业知识丰富，投资咨询能力强大，人员逐步壮大的专业理财顾问团队。通过理财顾问对服务客户的需求分析，做到及时合理地把产品推荐给合适的客户，并实时做好后续的跟踪服务工作。立足江阴城区，通过国联证券江阴大桥北路营业部的长期影响力，加大传统媒体和互联网媒体的宣传投入，进一步扩大对国联证券企业品牌文化的宣传。完成公司初步对江阴地区的战略布局，通过新开设的江阴申港路营业部和华士镇新生路营业部，对江阴城东和城西进行证券金融服务辐射。至2015年年末，先后成立机构业务部、财富管理部、综合管理部。以江阴大桥北路营业部为依托，先后在江阴城东和城西开设华士镇新生路营业部、江阴申港路营业部，全面服务江阴乡镇。全年新开户8099户，销售理财产品8930.84万元，完成交易额1532.25亿元。 （范华君）

## 典 当

【概况】 2015年，江阴市汇丰宁典当有限公司停止营业。根据上报的11个典当公司经营情况：当户数为1998户，典当余额18260万元，绝当贷款余额3271万元，上缴税金101.22万元。

2003年4月，江阴市大阳典当有限公司成立。图为大阳典当行外景
（纪晓华 摄）

2015年江阴市主要典当公司经营情况一览

表44

| 公司名称 | 当户数(户) | 典当余额(万元) | 绝当贷款余额(万元) | 上缴税金(万元) |
|---|---|---|---|---|
| 江阴大阳典当有限公司 | 798 | 1627 | 439 | 43.90 |
| 无锡安泰典当有限公司 | 470 | 2049 | 1792 | 10 |
| 江阴泰昌典当行 | 141 | 2301 | 912.46 | 14.23 |
| 无锡银信典当有限公司 | 114 | 2057 | 127.78 | — |
| 江阴汇金典当有限公司 | 4 | 2000 | 0 | 0 |
| 江阴市元通典当有限公司 | 104 | 1679.80 | — | 10.33 |
| 无锡宝信典当有限公司(分公司) | 8 | 5507.20 | 0 | 17.44 |
| 江苏天华典当有限公司(分公司) | 183 | 334.23 | 0 | 1.34 |
| 江阴永利典当有限公司 | 173 | 336.19 | 0 | 0.63 |
| 江苏新亿典当有限公司江阴分公司 | 2 | 230 | — | 1.45 |
| 江阴东兴典当有限公司 | 1 | 100 | — | 1.90 |

（汪孙明）

【江阴市大阳典当有限公司】 2015年，江阴市大阳典当有限公司严格按照《典当行管理办法》开展各项工作，始终本着为大众百姓、小微企业提供优质典当融资服务精神，坚持自己独特的经营模式，不求做得最大只求服务更优，以典当企业小、快、稳的经营理念，在低风险的基础上全面开展柜面传统、机动车、财产权利质押、房地产抵押等业务。特别是针对服务百姓的柜面传统典当业务一直领先于同行，全年发生典当续当业务笔数3663笔，期末典当余额1627万元，其中柜面传统质押典当余额413万元，财产权利质押典当余额444万元，房地产抵押典当余额770万元。全年实现营业收入279.9万元，上缴税金43.9万元。 （郭向明）

## 担 保

【概况】 2015年，江阴市运转正常的担保公司有江阴金阳担保有限公司、江阴信联担保有限公司、江阴朝阳担保有限公司、江阴宝鼎投资有限公司4个，全年担保余额26.21亿元，注册资本7.5亿元，比2014年下降3.54%，上缴税金1702.24万元。其中金阳担保担保余额10.99亿元，注册资本2亿元，比2014年增长0.17%，上缴税金658.20万元；信联担保担保余额9.79亿元，注册资本2亿元，比2014年下降1.25%，上缴税金290万元；朝阳担保担保余额3.61亿元，比2014年下降2.42%，上缴税金466.04万元；宝鼎投资担保余额1.82亿元，比上年下降0.04%，上缴税金288万元。

（陈涛涛）

■类目编辑 纪晓华

# 港口口岸

## 港口口岸建设与管理

【概况】 2015年,江阴港口口岸系统主动融入长江经济带建设,增强集聚辐射力,推进贸易便利化,各项工作稳步推进。全港完成建设投资3.3亿元,申夏港区6号码头二期2个10万吨级泊位建成投运并通过对外开放省级验收,丽天石化、中石化码头改扩建工程水工部分完工,申港河口疏浚工程完成。打造低碳港口,完成9辆水平运输车辆油改气、2台门机安装电能回馈装置、340套发光二极管(LED)灯照明装置,建成首套高压船用岸电设施。完善口岸功能,江阴电子口岸通关状态查询系统上线,国际航行船舶“单一窗口”平台启用,实现一站式、无纸化通关放行,在省内首创江阴电子口岸移动业务平台(安卓版)和电子卡口辅助监管系统,启用全国口岸首个压载水检测研究中心。提升口岸合力,协调保障“永盛”轮从江阴港出发,开启“再航北极、双向通行”之旅,深入全市各镇、街道和开发区开展“促外贸、稳增长”外贸和口岸通关政策宣讲活动,惠及170余个外贸企业。推进依法治港,加强区域内港口建设工程质量监督工作,开展港口未批先建行为、内河等级航道、15号锚地黄砂过驳等整治行动,规范港口建设经营市场。全年发放及变更港口经营许可证40张,办理许可事项6530件。在国内港口中率先建设重大危险源监控平台,开展港口应急器材使用比赛和港口区域联动应急救援演习。对码头安全生产实行托管服务和第三方检查,构筑港口安全发展屏障。改进作风效能,口岸办全体工作人员挂钩服务重点港口企业,全年走访企业70余次,解决实际问题40多个。11月,全球最大的教学实习船——集美大学海上专业教学实习船“育德”轮安全靠泊江阴港,在江阴兴澄特钢码头卸货,有120名实习生参加培训。至年末,江阴港拥有千吨级以上码头泊位91个,其中万吨级以上泊位47个,对外开放码头40个(不含靖江园区),全年完成港口货物吞吐量1.38亿吨,集装箱吞吐量45.74万标箱(外贸6.53万标箱、内贸39.21万标箱)。年内,市口岸办(港口局)获“无锡市港口管理先进单位”“江阴市水上搜救先进集体”等称号,市口岸办(港口局)党总支被评为江阴市“五先五好”服务型党组织。

### 2015年江阴港分货类吞吐量一览

表45　　　　单位:万吨

| 货物分类 | 吞吐量 | 其中 | | 其中 | | 占全港(%) | 比上年增减(%) |
|---|---|---|---|---|---|---|---|
| | | 进港 | 出港 | 外贸 | 内贸 | | |
| 煤炭及制品 | 6293.65 | 3994.61 | 2299.04 | 40.72 | 6252.93 | 45.65 | -5.24 |
| 矿建材料 | 723.79 | 604.22 | 119.57 | 9.44 | 714.35 | 5.25 | -2.86 |
| 石油、天然气及制品 | 837.56 | 520.90 | 316.66 | 160.59 | 676.97 | 6.07 | 5.20 |
| 化工原料及制品 | 1073.57 | 840.12 | 233.45 | 512.03 | 561.54 | 7.79 | 7.40 |
| 金属矿石 | 3226.68 | 2137.00 | 1089.68 | 581.60 | 2645.08 | 23.40 | 12.05 |
| 非金属矿石 | 11.55 | 11.55 | — | — | 11.55 | 0.08 | 21.96 |
| 有色金属 | 5.30 | 2.90 | 2.40 | 0.45 | 4.85 | 0.04 | 48.46 |

续表45

| 货物分类 | 吞吐量 | 其中 | | 其中 | | 占全港(%) | 比上年增减(%) |
|---|---|---|---|---|---|---|---|
| | | 进港 | 出港 | 外贸 | 内贸 | | |
| 钢铁 | 964.23 | 539.13 | 425.10 | 223.25 | 740.98 | 6.99 | -1.19 |
| 水泥 | 209.78 | 197.21 | 12.57 | — | 209.78 | 1.52 | -57.04 |
| 木材 | 7.98 | 3.97 | 4.01 | 1.05 | 6.93 | 0.06 | 108.36 |
| 化肥及农药 | 8.93 | 4.89 | 4.04 | 0.44 | 8.49 | 0.06 | 40.19 |
| 粮食 | 125.65 | 71.79 | 53.86 | 15.80 | 109.85 | 0.91 | 22.69 |
| 机械、设备、电器 | 44.97 | 10.56 | 34.41 | 15.04 | 29.93 | 0.33 | -28.01 |
| 轻工、医药产品 | 102.92 | 58.71 | 44.21 | 4.07 | 98.85 | 0.75 | -8.59 |
| 农、林、牧、渔业产品 | 41.56 | 18.62 | 22.94 | 4.31 | 37.25 | 0.30 | -18.74 |
| 其他 | 110.56 | 48.74 | 61.82 | 17.19 | 93.37 | 0.80 | -13.91 |
| 总计 | 13788.68 | 9064.92 | 4723.76 | 1585.98 | 12202.70 | 100.00 | -1.56 |

**【江阴港国际航行船舶“单一窗口”平台启用】** 2015年5月1日,江阴港口岸国际航行船舶“单一窗口”平台启用,标志着江阴港进出境国际航行船舶申报实现“一点录入、数据分送”。该系统以江阴电子口岸平台为依托,船方或其代理人通过“单一窗口”平台进行船舶抵离港、船供物料信息的一次录入,通过数据分送,分别向相关查验单位申报,查验单位各自的作业系统收到申报信息并进行相应处理后,将监管结果反馈至江阴电子口岸平台,平台依据申报人的认证信息,反馈给申报人,并在口岸查验单位部门间共享监管结果信息,有效避免数据重复录入,加快船舶进出境通关速度。12月,江阴港国际航行船舶“单一窗口”实现移动掌上服务新功能,通过移动办公方式进一步提升其便捷性。年内,江阴港口岸累计运行该类船舶数据9463票,船供数据3137票,船舶申报通关时效提高20%,为企业节省各类物流费用350余万元。

**【全球首制3.88万吨节能环保型散货船完工交付】** 2015年5月,全球首制3.88万吨节能环保型散货船在中船澄西船舶修造有限公司完工,并交付中国船舶(香港)航运租赁有限公司。该型散货船具有超低油耗、适港性强、适货性广、运营灵便等特点,是国际市场上最先进的船型之一。该船被命名为“真爱”,是中船租赁有限公司成立以来通过融资租赁方式命名交付的第一艘船,总长180米,型宽32米,型深15米。这是中国船舶工业集团公司应对航运节能、环保、高效新要求,向市场推出的具备高收益、低成本、低排放特点新船型,也是中船集团实施产融一体战略的一次实践。年内,中船澄西船舶修造有限公司开工建设此类型船6艘,交付2艘。

**【“永盛”轮从江阴出发双向通行再航北极航道】** 中国远洋运输(集团)总公司中国香港籍“永盛”轮是一艘多用途船舶,总载重吨19461吨,船长159.99米,吃水8.15米,船宽23.7米。2015年7月8日,该轮装运9300余吨出口钢材从大连港出发,19日靠泊江阴中船澄西码头并装载8套出口欧洲的风塔。22日上午8时,“永盛”轮驶离江阴中船澄西码头,开启“再航北极、双向通行”之旅,目的地为瑞典瓦尔贝里港,这是继2013年8月首航北极东北航道后,中远船舶再次穿越北极,并将航次任务升级为往返双向通行,航程比传统的经马六甲海峡、苏伊士运河的航线缩短2800余海里,时间减少近10天,有效降低船舶燃油消耗和二氧化碳排放。为保证该轮成功启航,江阴口岸各部门密切配合,主动服务,加强对接协调,认真制定方案,落实安全措施,妥善做好各项准备工作,确保该轮顺利安全出航。经过近2万海里航行,“永盛”轮两次穿越北极东北航道,成功往返欧洲和中国,于10月3日抵靠天津港,开创中国商船首次经过北极东北航道从欧洲到中国的先河。

**【江阴港首套高压船用岸电设施建成】** 2015年11月,江阴港首套高压船用岸电设施在申夏港区港口集团通用码头建成投用,总投资200万元,系统通过高压变频、变压等方式,转换为适合靠港船舶使用的电源,替代船舶发电机发电,实现靠港船舶零排放,可同时满足2艘5万吨级船舶用电要求。靠泊船有供电需求时只需将岸电电缆放下,船只电缆插入码头岸电箱中,即可实现船上和岸电自动转换,无需用燃油辅机发电,有效节约能源,减少港口空气污染。

**【江阴港最大公用码头投入运行】** 江阴港港口口岸集团股份有限公司大澄分公司通用码头位于申港河口与芦埠港之间,为江阴市退城搬迁安置项目,工程自2013年7月启动建设,2014年12月完成主体工程。2015年12月,该码头先后通过竣工验收和对外开放省级验收,成为江阴港等级最高、规模最大的公用型码头,总投资超16亿元,含2个10万吨级海轮泊位(水工部分按15万吨级设计和建造）及相关配套设施，陆域堆场面积47.27万平方米，主要从事国际国内散杂货装卸业务，年设计吞吐能力743万吨。是年，该码头完成货物吞吐量878.29万吨，其中外贸吞吐量394.71万吨。

**【省内首创江阴电子口岸移动业务平台】** 2015年12月1日，由市口岸办投资80万元、江阴电子口岸公司研发的江阴电子口岸移动业务平台（安卓版）启用。该移动业务平台为省内首创，设口岸动态、最新公告、办事指南3个栏目，其中口岸动态发布江阴口岸的资讯信息等，最新公告发布国家、省、地方各级口岸查验单位的一些重要公告信息等，办事指南发布口岸通关等业务的办理方法、操作流程等信息。应用板块为该平台核心功能，提供企业常用的业务服务功能，用户可以通过“船舶应用”平台进行船讯和船期查询，通过“今日船讯”平台查询最新船期和船舶进港、在港、离港动态，方便企业安排物流及通关。“一次查验”功能是基于口岸大通关、大数据、大平台整合一次申报基础之上的“绿色通道”，口岸单位按照各自职责同时实施查验工作，开展移动执法互助，实现资源共享，避免货物反复吊运、装卸，提高运作效率，并将各自的核放信息通过移动终端应用发送至公共信息平台，企业凭海关和检验检疫的核放信息办理货物提离手续。此外，用户点击“通关查询”平台，可通过报关单号、环节关键字等查询到所需要的通关信息；点击“值班人员”应用平台，能够根据登录权限分别查询到查验单位节假日的值班人员表，并查询到该值班人员的姓名、联系电话等信息。该平台的开通，为江阴口岸通关手续实现随时随身移动申报、移动审批、信息查询、在线提问、电子签章等提供极大便利。至年末，该平台客服解决143人次问题咨询。

**【省内首创电子卡口辅助监管系统】** 2015年12月1日，江阴口岸在省内首次启用电子卡口辅助监管系统，总投资18万元。该系统与江阴电子口岸一期项目中的物料监管系统互联互通，查验单位审批后在船舶添卸物料申请单等单证上自动生成条形码，由船舶服务企业进出开放码头卡口时进行扫描识别，卡口人员根据核准意见处理，并触发信息推送到审批人员手机上，有效提高口岸监管效能及信息化建设水平。是年，该系统覆盖江阴港所有对外开放码头，电子卡口扫描325次。

**【引入“第三方”开展安全检查】** 为弥补政府安全监管在人力、技术上不足等问题，2015年，市口岸办（港口局）创新监管理念，引入“第三方”开展安全检查，实行码头企业安全生产托管服务和专家检查，借助安全生产中介机构及其专业技术力量为企业提供安全生产管理和技术服务。年内，市口岸办联合具有注册安全工程师资质的安全专家，对江阴奥德费尔嘉盛码头有限公司、江阴澄利散装化工有限公司、江阴恒阳化工储运有限公司、南荣石油化学有限公司、江阴华西化工码头有限公司、江苏丽天石化码头有限公司、江苏江阴港港口集团股份有限公司、江苏暨阳轮渡有限公司8个港口企业每季度进行一次安全检查，发现并消除各类安全隐患近400处，同时为企业修订完善安全管理制度和操作规程、辨识重大危险源等提供可操作性较强的建议和意见，维护江阴港持续平稳发展。

**【搭建江阴市港口重大危险源监控平台】** 2014年11月，由江阴市口岸办（港口局）与南京安元科技有限公司共同研发的江阴市港口重大危险源监控平台启动建设，2015年12月完成硬件搭建和系统测试，首批纳入江阴奥德费尔嘉盛码头有限公司、江阴澄利散装化工有限公司、江阴恒阳化工储运有限公司、南荣石油化学有限公司、江阴华西化工码头有限公司、江苏丽天石化码头有限公司6个港口企业。该平台建设在国内港口中属首次，包含3个应用系统，即综合监控一体化平台和港口重大危险源监管系统、重大危险源监测预警系统、应急联动系统，总投资320余万元，2016年完成建设。平台建成后，将实现对港口重大危险源的24小时实时动态监管，有效预防和减少安全生产突发事件发生，提高应急救援水平和应对突发事件处置能力，维护江阴沿江平安稳定。 （朱怡洁）

## 海 事

**【概况】** 2015年，江阴海事局围绕水上安全监管中心工作，全面提升“三个服务”（服务国民经济和社会发展全局、服务社会主义新农村建设、服务人民群众安全便捷出行）水平，推进海事“三化”（革命化、正规化、现代化）建设，开展“三严三实”（严以修身、严以用权、严以律己，谋事要实、创业要实、做人要实）专题教育活动，坚持依法行政，规范内部管理，完成各项工作目标任务。全年监管进出港船舶77672艘次，其中国内航行船舶74064艘次，国际航行船舶3608艘次（其中外国籍船舶1818艘次）；监管船舶货运量1.39亿吨，其中国内航行船舶货运量1.26亿吨，国际航行船舶货运量1314.43万吨；安全监管船舶载运危险货物1673.22万吨，其中XY类危险货物（具有较大污染危害性货物）运输量694.1万吨；安检船舶1109艘次、滞留船舶8艘次，经开航前检查的船舶没有发生在国外被滞留现象；船舶交通管理中心（VTS中心）运行8760小时，跟踪船舶78913艘次，交通组织751次，提供信息服务48489次；巡逻艇现场巡航5934.83小时，巡航里程6.29万海里，发现并纠正违章4798次；实施行政处罚352件；安全渡运人员354万人次、车辆238万辆次，组织水上搜救20次，救助人员223人次，人命救助成功率88.49%。

**【开展水上非法运输专项整治活动】** 2015年4月起，江阴海事局贯彻落实交通运输部、国家安全生产监督管理总局、江苏海事局关于开展水上非法运输专项整治活动工作要求，集中开展为期8个月的水上非法运输专项整治活动，严厉打击水上非法违法及违规违章行为，排查整治水上交通安全生产隐患，督促全面落实安全生产责任制，防范和遏制水上重特大事故发生。活动期间，发送安全短信1.5万余条，开展现场集中宣教8次，发放宣传材料

4500余份,排查安全隐患25处,辖区通航秩序得到有效治理。是年,辖区发生事故险情28次,比上年下降51.72%,其中一般等级及以上水上交通事故7次,死亡失踪7人,沉船8艘,直接经济损失1171万元,未发生涉及渡船、桥梁、危化品船舶等级事故,以及涉及超大型船舶、特种船舶事故和船舶污染事故,辖区水上安全形势总体稳定。

**【成功处置“6·17”危化品船舶碰撞特大险情】** 2015年6月17日深夜,载有8165吨汽油的“港洋”轮在长江14号停泊区走锚,先后与载有2900吨纯苯(易燃、有毒)的“万华9”轮、万吨级黄砂船“高强08”轮等4艘船舶发生碰撞并导致锚链缠绕,在向下游漂移过程中又陆续与7艘锚泊船发生碰撞,上述危化品船舶一旦发生爆炸或沉没,将造成重大人员伤亡和水域严重污染事件。接到报警后,江阴海事局立即启动长江水上搜救应急预案,成立应急指挥小组,分析评估紧迫局面,上报险情信息;局领导、职能部门负责人第一时间赴现场协调指挥,指令船方采取紧急抛锚等措施控制船位,利用灯光声响等信号警示下游船舶,查明船体受损情况并上报;同时调派5艘海巡艇、7艘拖轮,出动30余名执法人员赶赴现场处置,滚动发布航行安全信息,提醒过往船舶注意避让;根据现场实际情况,采取海巡艇现场警戒维护、拖轮协助控制船位、切割锚链、清理现场等应急措施。经过7个多小时紧急抢险,“港洋”轮安全停靠码头卸货,其余船舶均在安全水域锚泊,特大险情彻底排除,江阴海事局得到江苏省水上搜救中心、江阴市政府的肯定和表扬。

**【简政放权减负企业】** 2015年,江阴海事局采取多项措施,推进简政放权,全面提速增效,优化海事服务环境。年内,江阴海事局对江苏海事局下放的船舶载运危险货物和污染危害性货物进出港口审批、航运公司安全营运与防污染能力符合证明核发申请等7项行政审批项目的工作程序进行梳理,完善内部分工和衔接机制,简化工作流程,提高行政效能;提前对辖区49项行政审批业务进行梳理,将国际航行船舶进出口岸审批、船舶载运危险货物和污染危害性货物进出港口审批、船舶污染港区水域作业审批等6项行政审批业务的审批权下放至海事处,极大方便船舶或代理人,降低其办事成本;贯彻落实上级政策要求,免收100总吨以下内河船和500总吨以下海船的船舶港务费和船舶登记费2项行政事业性收费,降低航运企业经济成本,推动全市港口经济稳健发展;按照市委、市政府提速增效促发展要求,对6项行政审批事项实现全流程电子化审批与监管,压缩12项海事行政审批业务办结时限;优化政务受理环境,对局机关和3个海事处的4个政务受理窗口开展标准化建设,统一规范政务公示栏、电脑触摸屏等窗口视觉形象,公开执法流程,为行政相对人保障权利、表达诉求提供更加广泛的渠道。通过落实一系列简政放权措施,直接为企业节约经济成本1500余万元。

**【保障最大吨位载货船舶安全靠泊江阴港】** 2015年3月24日上午,巴拿马籍超大型海轮“梦想角”首次抵达江阴港,成为江阴港载货到港长度最长、吨位最大的船舶。该船长291.92米、船宽45米,总吨93227吨,载重吨179250吨,由澳大利亚丹皮尔港出发,在舟山港中转后到达江阴港。由于该船属于典型的超大型国际航行船舶,其靠泊码头未通过省级对外开放验收,船长超过航道尺度,载重吨超过码头靠泊能力,极易形成紧迫局面并发生险情和事故。为支持江阴地方经济发展,保障码头企业正常生产经营,江阴海事局主动承担安全监管责任风险,协调沟通,争取上级支持,在采取安全保障措施前提下允许该船通过“一船一报”方式临时靠泊未对外开放码头(6号码头二期)。组织各职能部门联合审核该船安全进江航行方案,并出谋划策;制定严密的水上交通维护方案和突发事件应急预案,与口岸查验单位密切协作,共享信息;派出2艘海巡艇提前清理航道,对靠泊水域船舶进行宣传与疏散,保障靠泊水域安全畅通;做好交通组织与维护,落实相关安全措施,督促船东代理切实检查航行、应急设备状况,落实通过苏通大桥、福北水道应急拖轮,加强船舶动态信息掌握,及时向相关单位通报船舶具体动态;在进港靠泊过程中,实施全程动态监控,滚动发布航行安全信息,提醒过往船舶加强瞭望,主动避让,确保该船安全进港靠泊。该船在江阴港停靠期间,江阴海事局安排海巡艇在附近水域巡航巡查,VTS中心予以重点监控,直至3月26日安全离港。江阴海事局主动转变工作作风,服务港航企业,为企业节约大量经济成本,赢得国内外市场信誉,有力促进江阴港口经济发展。 (高 军)

## 海 关

**【概况】** 2015年,江阴海关深入开展“三解三促”(了解民情民意、破解发展难题、化解社会矛盾,促进干群关系融洽、促进基层发展稳定、促进机关作风转变)活动,优化运行管理,加强队伍建设,提升服务水平,全力落实国务院和上级海关稳定外贸增长的各项举措。全年征收关税和进出口环节税64.8亿元;监管进出口货运量2326.5万吨,货值89亿美元;监管进出境船舶2024艘次、集装箱48774标箱,进出境人员40287人次;验放报关单40885份;办理加工贸易手册1748份,备案金额39.4亿美元;减免海关税款4861万元;侦破走私犯罪案件3件,查处走私违规行政案件94件,罚款324万元。

**【海关行政审批实现“一个窗口”受理】** 根据全国海关统一部署,从2015年7月起,江阴海关行政审批实行“一个窗口”受理制度,将之前分散在不同业务现场、不同业务部门的海关行政许可事项集中到“一个窗口”受理。7月20日,江阴海关在其本部大楼报关厅窗口和市政务服务中心2楼海关窗口各设一个行政审批受理窗口,负责12项海关行政审批申请受理和决定的送达,实现受理行政审批“一个窗口”。22日,海关行政审批“一个窗口”首次受理中国贝卡尔特钢帘线有限公司递交的暂时进出境货物核准申请，出具编号为“澄关受字15年01号”的受理单。至年末，江阴海关共受理“一个窗口”业务177票。

**【推行“一点接单、集中验放”作业改革】** 2015年年初，根据江阴口岸进出口通关特点，江阴海关启动“一点接单、集中验放”作业改革，按照“机构职数不变，同类业务归并，两个现场统筹，职能事权明晰”原则，归并调整江阴港和江阴保税物流中心两个海关业务现场的同类型业务，形成“一点接单、集中查验、集中单证放行、卡口自动放行”通关作业模式，将原来分布在两个业务现场分别由不同科室单独办理的报关审核征税、货物查验、货物放行等业务，分别合并为同一个部门或同一窗口办理，有效节约海关监管人力资源。

**【连续查获多件重大涉嫌走私普通货物犯罪案件】** 2015年，江阴海关缉私分局侦破走私犯罪案件3件，涉案货值16200万元，涉嫌偷逃税款4250万元。3月18日，立案侦查江阴市某纺织有限公司涉嫌走私加工贸易保税进口棉花犯罪案件，涉案货值达8700余万元，涉嫌偷逃税款2150余万元，该案被海关总署缉私局列为二级挂牌督办案件，由无锡市人民检察院向无锡市中级人民法院提起公诉。8月25日，立案侦查泰兴市某化学科技有限公司涉嫌走私进口壬烯犯罪案件，涉案货值2700余万元，涉嫌偷逃税款420余万元，该案移送无锡市人民检察院审查起诉。10月22日，立案侦查“锦顺油6”轮涉嫌走私进口成品油犯罪案件，涉案货值4800万余元，涉嫌偷逃税款1680万余元，年内该案仍在侦办中。 （许金辉）

## 边防检查

**【概况】** 2015年，江阴边防检查站（以下简称“江阴边检站”）以打造一流的部队管理、一流的管控机制、一流的服务水平和一流的基础设施为目标，以推进“四项建设”（基础信息化、警务实战化、执法规范化、队伍正规化）为重点，规范勤务组织，以执勤班组为基础警力单元，配备动态应急力量，压缩和精简非实战警力，提升勤务效能。年内，创新服务发展，落实边检办证告知、手续回执单、双向互评等制度，推出互联网+边检服务便民利民措施，使互联网与传统的边检梅沙系统、海港勤务综合指挥系统、一体化综合指挥平台等深度融合。严密口岸管控，以科技强警为目标，优化完善、拓展升级视频监控网络，实现边检限定区域和营区重点部位高清探头全覆盖；围绕数字通讯网络，完成船舶定位综合管理系统（AIS）基站建立、警用频段超短波无线数字集群对讲系统数字集群覆盖和4G（第四代移动通信技术）无线图传建设，口岸执勤区域数字信号覆盖率达90%。完善执法体系，围绕法治边检目标，明确勤务流程、工作步骤和执行环节，印制《执法办案差错防范提示手册》《执法案例汇编》等执法规范手册配发一线官兵，健全执法管理制度；推广使用执法记录仪和办证告知单制度，开展执法突出问题排查整改活动，定期组织案卷集中评审，提高执法办案针对性和规范性；推行办案质量和责任倒查问责制，定期开展执法实践、法制专项培训和岗位练兵活动，强化执法主体建设。开展码头企业走访调研、提供法律法规咨询、现场办公42次，组织边检业务培训30余场次。针对长江沿线锚地取消靠泊危化品船舶后存在危化品货轮靠岸难等情况，启动“危化船舶快捷通”举措，为11项进出口项目开通“绿色通道”，为江阴港融入上海自贸区、建设“江苏外高桥”提供优质边检服务。全年出动警力7746人次，检查出入境（港）中外籍船舶4194艘次、中外籍旅客员工72104人次，监护外轮1968艘次，办理各类证件19248份；查处口岸违法违规案件5件9人次，甄别各类报警和人员背景核查3151人次，抓获江苏边防首名“猎狐2015”在逃人员；完成“永盛”轮科考船等重要船舶的出入境边防检查任务。是年，江阴边检站被江苏省公安边防总队评为政工信息工作先进单位和安全工作先进单位，江阴边检站监护三中队分别被公安部边防管理局和中共江苏省公安边防总队委员会评为年度岗位技能练兵活动先进基层单位、纪律作风建设先进科队，江阴边检站监护二中队团支部被中国人民武装警察部队江苏省边防总队评为先进团支部。

**【抓获江苏边防首名“猎狐2015”在逃人员】** 2015年5月4日，江阴边检站执勤业务科对中国香港籍“卡密特”轮入境船舶进行预查控时，发现轮机长谢某（男，辽宁大连人）疑似“猎狐2015”网上在逃人员。江阴边检站随即启动应急预案，组织人员进行船员信息资料比对，并与交控单位联系核实。经查，犯罪嫌疑人谢某在2014年1月6日至8月27日担任上海戈海船务有限公司“兴龙舟665”轮机长职务期间，非法侵占公司资金18.67万美元，2015年4月27日被上海市奉贤区公安局列为刑拘在逃人员。5月5日傍晚，当“卡密特”轮靠泊江阴码头时，江阴边检站官兵按照应急预案，立即组织检查监护、身份比对和抓捕监管，成功抓捕江苏边防首名“猎狐2015”在逃人员谢某。5月8日，江苏公共新闻频道“新闻360”栏目和江苏卫视“江苏新时空”栏目分别以《江苏抓获首名“猎狐2015”在逃人员》《逃犯藏身货仓？海上漂泊7个月》为题，对江阴边检站抓获“猎狐2015”在逃犯罪嫌疑人进行集中报道。至5月10日，新华网、人民网、中国网、法制网、新浪网、网易网、凤凰网、搜狐网等多个媒体对此进行广泛报道。年内，江阴边检站根据该事件拍摄纪实片《轮机长落网记》，在公安部边防管理局和江苏省公安边防总队主题微视频比赛中分别获优秀奖和二等奖。

**【推行国内人员登外轮边检“一证通”服务机制】** 2015年，江阴边检站推行国内人员登外轮边检“一证通”服务机制（以下简称边检“一证通”），该机制通过海港边检勤务综合指挥系统为信誉度高的国内人员制发“一证通”证件，领取“一证通”证件的个人在江苏省内口岸登轮服务时，无需再向其他边检站申请办理登轮手续。边检“一证通”证件有效期1个月（含）以上的人员，持证可在全省所有边检口岸登轮开展业务，所有无违法违规和不诚信记录的国内人员，需前往签发地以外的外轮进行作业时，均可申请办理边检“一证通”证件。是年，江阴边检站审核通过14个公司93人的“一证通”备案申请，极大方便驻地企业，提高口岸通关效率。

**【抗战胜利70周年纪念活动边防安保工作】** 为做好抗战胜利70周年纪念活动边防安保工作，2015年8月起，江阴边检站按照公安部、公安部边防管理局、江苏省公安厅和江苏省公安边防总队一系列部署要求，围绕“四个坚决防止、三个确保”（坚决防止发生严重影响社会政治稳定的重大事件、严重影响公共安全的重大暴力恐怖和个人极端事件、规模性群体性事件和重大网络安全事件、重大安全事故和治安灾害事件，确保出席活动的中外领导人和观礼嘉宾、群众及受阅部队安全，确保各项纪念活动安全顺利，确保首都及全国社会稳定）安保工作总目标，以开放口岸的安全稳定保障纪念活动顺利进行。8月15日，江阴边检站成立由站长任组长的安保工作领导小组，在江阴边检站指挥中心设立基本指挥部，实行面上统一指挥、统一调度、统一行动。年内，领导小组多次召开安保专题会议，制定安保工作方案并细化部署。江阴边检站确定查控重点对象，对其行李物品、证件加大检查力度，从中寻找突破口，确保无失查环节、无失控时段、无失控人员，严防涉恐人员从口岸潜入潜出搞破坏活动。启动战时研判机制，由指挥中心牵头，基层科队的负责人参加，共同开展安保信息风险综合研判，根据研判情况，发现和整改各类安全隐患60处，全面落实安全监管措施。其间，动用警力1426人次，组织开展集中检查8次，盘查各类嫌疑人员55人次；检查出入境船舶292艘次，出入境人员817人次，查处违法违规案件3件6人次，未发生重特大案件事故和群体性事件，确保持续平安稳定。

**【驻地抗洪救灾工作】** 2015年6月25日至28日，受梅雨天气影响，江阴遭遇持续强暴雨天气，内河水位远超警戒水位。为做好防汛工作，江阴边检站超前谋划，主动作为，配合做好驻地抗洪救灾工作。6月27日，江阴边检站接到市委、市政府发出的长泾镇水位告急救援指令后，立即启动抗洪抢险预案，成立抗洪抢险领导小组，由站长带队，出动警力100余人次，配齐救生绳、救生衣、救生圈、强光手电、雨衣、抢险救援服等防护救援装备，前往长泾镇开展救援。江阴边检站官兵与驻地群众连续奋战12个小时，运送沙包10000多个，加固堤坝3000余米，排除溃堤隐患60余处，有效阻止围坝坍塌情况的发生，赢得群众一致好评，受到江阴市领导的充分肯定。

**【打造新型“边检110”】** 2015年，为推进警务实战化建设，江阴边检站打造新型“边检110”，全力服务口岸经济建设发展。规范警情处置机制，在指挥中心设“边检110”报警台，明确报警台话务员职责，规范值班制度、勤务流程，完善接处警制度，全年通过“边检110”报警台帮助口岸群众解决危难事件63件，协助解决劳务纠纷3件，妥善处置群体性事件1件。规范执法管理机制，强化“边检110”执法服务队建设，规范接处警工作流程和人员装备配备，明确执法过程中的职责界定，依托“监巡对接”机制及时跟踪掌握执法现场情况；通过发放警民联系卡、防范提示卡等宣传品，加强执法宣传力度；落实电话回访制度，群众满意度得到较大提升。年内，设立边检宣传窗口和法律宣传栏，深入码头企业、驻地市民广场宣传边检工作新规定、新政策；组建宣传服务队，通过现场答疑、送法上门、走访座谈等形式，与服务对象及辖区群众广泛开展面对面的交流和沟通，为江阴边检站开展业务和勤务模式改革搜集资料。规范监督奖惩机制，严查执法问题，通过聘请口岸联检单位、新闻媒体及口岸不同行业的人员担任执法警容风纪监督员，进一步完善民意诉求收集、民意引领服务、民意监督警务、民意评价绩效四项机制。每月开展一次“短信评警”，评选“文明使者”活动，对工作优秀的单位和个人提请立功受奖，并作为晋职晋衔优先条件。

**【承办全省边检业务及情报岗位实地考核竞赛】** 根据江苏边防总队安排，2015年4月16日至17日，江阴边检站组织承办全省边检业务及情报岗位实地考核竞赛，来自全省20个边检站的120名选手参加竞赛。竞赛分边检业务岗位和情报岗位2个类别，其中，边检业务岗位考核竞赛采取系统测试的形式开展，按照站值班领导、执勤科队领导、出入境手续办理、执法办案4个岗位，对参考人员的业务基础理论、伪假证件识别、前台证件录入、人像比对等方面专业理论和实操技能进行考核；情报岗位考核竞赛采取笔试和实际操作相结合的方式，对参考人员的情报基础理论、情报分析研判、法律文书制作和“七七式”手枪射击等方面专业能力进行测试，检验全省边检官兵综合业务素质和实际操作技能。竞赛中，江苏边防总队首次采用全省视频直播和系统抽签生成相结合的方式对参考人员名单进行抽选，现场对每名参考人员的座位和场次进行再抽选，并封闭考核现场，确保实地考核竞赛公平公正、公开透明。最终，连云港边检站李明、常州边检站金国浩和江阴边检站张义奎在情报岗位考核竞赛中列前三名，靖江边检站、江阴边检站、如皋边检站在边检业务岗位考核竞赛中列前三名。江阴边检站作为承办单位，通过周密部署、细致安排妥善完成各项保障工作，保障实地考核顺利开展。

**【开通运行“江阴边检政工”微信公众号】** 为进一步提升边检政治工作信息化、科学化水平，2015年6月，江阴边检站开通运行“江阴边检政工”微信公众号（JYBJZG），以关注国内外形势、聚焦社会热点、捕捉身边鲜事、提升官兵兴趣为原则，安排专人负责微信公众号日常维护工作，精挑图文信息，传递警营工作动态。微信平台设“江边的故事”“最美边检人”“学习大视界”“教育资源库”“青春励志营”5个栏目，分别刊登组织建设、理论学习、政治教育、警营文化等方面的信息。年内，江阴边检站先后在微信平台推送《人民的呼声是边检官兵连续战斗的不竭动力》《江苏十佳边防女警胡海静：军中“铁算盘”的“红娘子”》等内容，受到边检站官兵和社会各界广泛关注。以“四有”（心中有党、心中有民、心中有责、心中有戒）主题微视频比赛活动为载体拍摄的《大脚在路上》《青春在路上》等原创作品，通过微信公众号传播，先后被腾讯网、乐视网和边防微视频公众号转发近1000次，进一步扩大微信公众号的知名度和美誉度。至年末，有1000多人关注该微信公众号。（岳 野）

## 出入境检验检疫

**【概况】** 2015年，江阴出入境检验检疫局（以下简称“江阴国检局”）以践行国家质量监督检验检疫总局（以下简称“总局”）“十二字”（抓质量、保安全、促发展、强质检）方针为主线，立足江苏出入境检验检疫局（以下简称“省局”）建设现代化强局工作目标，围绕“改革创新、和谐发展”主题，全面完成各项目标任务。年内，继续推进法检商品（重量）鉴定改革，牵头开发第三方机构监管软件系统，在全省国检系统首次对第三方结果采信工作发布警示通报、对从事口岸检验鉴定的第三方机构实施行政处罚。推进进境羊毛模式改革，实现重点产品重点监管。牵头开展质量指数建设，出口质量竞争力指数基本建成。加快中国质量诚信企业电子申报系统推广，开展信用联合惩戒。以出入境运输工具的放行权为抓手，探索口岸卫生检疫差别化监管新模式。帮扶江阴海港保税库获得进口食品查验平台资质，召开自贸区原产地证专题新闻发布会，签发自贸区原产地证帮助企业获关税优惠4360万美元，查处伪造熏蒸消毒证书和输非危险货物包装不如实申报案件。11月，江阴国检局与内蒙古包头出入境检验检疫局签署双文明共建合作备忘录，围绕服务地方经济健康发展，在检验检疫业务交流、文明共建、科研合作、资源共享、交流互通等方面建立合作机制，双方中层干部开展双向交流和专项调研。全年检验检疫出入境货物1.64万批、货值46.4亿美元，分别比上年增长3.47%、下降16.62%，其中出境6948批、5.17亿美元，分别下降7.86%和23.31%，入境9481批、41.23亿美元，分别增长13.72%、下降15.7%；发现不合格货物740批、货值8.05亿美元；实施船舶检疫2117艘，比上年下降1.53%，集装箱检疫查验3.7万标箱，下降50%，完成出入境人员检疫查验2.12万人次，下降17.04%，健康体检1001人次，增长3.73%；签发各类优惠原产地证2.95万份，签证金额20.75亿美元，帮助企业减免国外关税费用8300万美元。是年，江阴国检局被评为全国文明单位、江苏检验检疫系统文明单位标兵。

2015年9月23日，江阴国检局工作人员在江阴麦德龙大卖场对超市进口酒类中文标签进行核查（江阴国检局提供）

**【开展改革创新样板点建设】** 2015年，江阴国检局以模块化、规范化、信息化为导向，实施“管检分离，多层次差别化”的内“三互”（信息互换、监管互认、执法互助）监管和口岸相关部门联合协作的外“三互”监管。按照申报、查验、检验、监管、放行五个环节进行流程模块化再造，做到船货统一申报、箱货统一查验、检验检疫统一监管放行，减少通关环节，提升通关效率，节约企业通关成本。年内，建设全国进口大宗商品重量鉴定培训教育基地和关检合作监管、进境羊毛差别化监管及区域一体化检验模式改革试点和全省液化码头监管三大样板载体，对试点品种进行规范化监管，打造具有江阴特色又能在全省复制推广的检验监管样板点，全面提高检验检疫监管效率。率先在液体散装化工品检验试点全程无纸化，率先推行全球化学品统一分类和标签制度实施，根据检验监管情况进行风险分析，调整机构、码头、货物风险类别，动态调整中国检验检疫电子业务网检验监管规则，设置不同的抽批规则实施差别化管理。

**【检疫实验室建成投用】** 为加强口岸核心能力建设，实现口岸检疫实验室系统资源共享，2013年起，江阴国检局整合动植检科、卫检科、保健中心、港办检疫科等检测资源，调整技术组中心化工实验室部分职能，组建以运输工具检疫为特色的综合性检疫实验室。经过两年的设计、招标和施工，2015年1月底，实验室完成基础建设。2月，江阴国检局检疫实验室启用，总面积1200多平方米，拥有各类仪器设备126台（套），总价值1000多万元。实验室以运输工具检疫为特色，实现业务门类的六位一体、深度融合；以“产、学、研一体化”模式，对压载水进行持续性的基础研究，以期对国内压载水的管理提供更为科学的依据，并破解部分发达国家以压载水检测、处理为基础的技术性贸易壁垒。年内，实验室与上海海事大学合作共建全国口岸首个压载水检测研究中心，先后与中国科学院海洋研究所海洋生物分类与系统演化实验室、中国水产研究院淡水渔业研究中心、国家海洋局第一海洋研究所海洋生态研究中心等单位建立合作关系。

**【两个企业入选首批出口质量安全示范企业】** 中国出口质量安全示范企业评选是经各直属检验检疫局评估推荐、总局审核授予的出口企业质量最高荣誉，在进出口业务方面享受总局赋予的出口产品免予检验、出口援外物资和政府协议检验商品实施验证监管等10项优惠措施。2015年3月，江阴国检局在对市内申报企业进行筛选和考核的基础上，向总局推荐江苏阳光集团有限公司和江苏法尔胜泓昇集团有限公司两个企业参与首批中国出口质量安全示范企业的评选。4月，受省局委托，江阴国检局对2个企业进行现场评估。10月，总局公布第一批210个中国出口质量安全示范企业的名单，江阴上述两个企业入选，江苏有30个企业入选。

**【开展“百千万”行动】** 2015年6月，江阴国检局贯彻落实省局关于开展服务江苏外贸“百企走访、千企座谈、万企征询”活动部署要求，与江阴海关沟通联系，以服务企业、服务发展为目标，开展为期3个月的集中走访调研活动，共同解决企业难题、促进通关便利。其间，实地走访江阴澄星实业集团有限公司、中粮(江阴)粮油仓储有限公司、海澜集团有限公司、江阴新和桥化工有限公司、江苏江阴港港口集团股份有限公司大澄分公司5个重点外贸企业，了解企业在外贸方面遇到的困难，进一步提高关检服务的针对性。先后开展关检合作座谈会和进出口企业、行风监督员座谈会，邀请江苏法尔胜泓昇集团有限公司、江苏阳光集团有限公司、江阴兴澄特种钢铁有限公司、江苏华西集团公司等50个外贸企业的代表参加，宣传介绍贸易政策，现场听取企业意见建议。在国检局门户网站开通“服务企业直通车”，征求外贸企业和社会公众的意见建议，共征集企业意见50多条，涉及区域一体化、原产地证书、无纸化申报、关检合作、简政放权等，帮助企业解决费用减免、检验检疫实施完善、货物快速通关、原产地证书申领等实际问题28个。

**【开展“质量共治”活动】** 为构建进出口商品质量共治新格局，推进大质量工作机制和大质量文化建设，推动开放型经济质量效益转型，2015年3月起，省局决定开展“质量共治:引领质量时代新常态”主题活动，要求通过深入开展该活动，至2017年形成“政府主导、部门联动、企业主体、行业自律、社会监督”的质量共治格局。年内，江阴国检局围绕主题活动，构建进出口商品质量共治新格局，与市公安局车辆管理所商讨进口机动车辆事中事后监管工作，初步明确在进口汽车监测数据、品牌信息、通报召回信息等方面建立共享机制；与市市场监督管理局在流通领域进口消费品监督抽查、进口食品及有机产品执法监管、进口机动车辆三包监管、消费者投诉等方面开展信息共享、责任追溯、执法协作工作，共同对江阴流通领域的进口消费品进行监督抽查，涉及儿童牙刷、面巾、婴儿套装等20个品种，发现不合格2批。

**【截获重大疫情】** 2015年4月，江阴国检局在检测澳大利亚进口大麦时，发现疑似麦角的夹杂物，经过对样品逐一筛检、镜检、称重，确定该批大麦中的麦角含量超过国家粮食卫生标准。为此，江阴国检局立即对该批大麦实施严格监管，研究制订过筛处理加工试验方案，并对过筛、清洗出的麦角等下脚料作无害化处理，确保符合相关安全卫生标准要求。其后，总局向全国口岸发出警示通报，将该供货企业列入进口粮食风险预警名单，要求各地重点加强对来自该企业所有进口粮食检验检疫及监管力度，并加强进口大麦麦角含量检查。5月，江阴国检局在检测德国进口原毛时，截获检疫性有害生物白苍耳，这在国内尚属首次。白苍耳具有适应性强、繁殖力强、生长速度快等特点，入侵性极强，植株与农作物争夺生存空间，大幅度降低农产量，幼苗具有毒性，果实上有带钩的长刺，极易粘附在羊毛上，致羊毛产量减少。为此，江阴国检局加强对该批进境原毛的后续监管，所有生产加工过程中产生的废弃物集中作无害化处理。是年，江阴口岸截获有害生物446种、14314种次，比上年分别增长17.4%和297.4%。

**【监督销毁进口不合格净水器】** 2015年2月，江阴国检局先后受理2批进口家用型净水装置(40套、货值约3200美元)的检验监管业务时，通过对净水装置进行抽样检测，发现净水器壳体的丙烯腈单体含量超过国家卫生计生委《生活饮用水输配水设备及防护材料卫生安全评价规范》和国家标准《食品容器、包装材料用橡胶改性的丙烯腈-丁二烯-苯乙烯成型品卫生标准》(GB17326—1998)的限量要求。发现上述问题后，江阴国检局立即向省局检验监管处汇报，并依据《中华人民共和国进出口商品检验法实施条例》的相关规定对问题货物进行封存。3月，按照法定程序，监督相关进口商对不合格净水器采取压碎的方式进行销毁处理。4月，该案例入选总局检验监管司发布的进出口工业产品质量安全典型案例。

**【江阴历史上金额最大的进口大豆残损鉴定】** 2014年7月25日，江阴国检局检验一批乌拉圭大豆时，发现大豆表面大范围发黑、发霉。由于该批大豆主要用于榨取食用油，大豆残损后存在较大的食品安全风险，涉及货值1.4亿美元，案情比较重大。通过检测，该批大豆不符合使用豆油原料标准，各方同意该批大豆不用做食用油用途。8月起，江阴国检局派员辗转数千千米，调研加班120余人次，搜集500余页相关材料，拍摄照片700余张，录制视频证据30余段，完成3万余字的原始记录，为推进案件处理提供丰富的原始资料。在大豆残损估值阶段，根据该批大豆原进口用途及受损后仍具有的使用价值，江阴国检局开展市场调研，调查了解其他大豆加工企业加工乌拉圭大豆的相关生产和销售信息，查询业内知名网站上公布的相关价格信息，了解相关时间区间内张家港地区一级大豆油、豆粕的市场价格情况，以作合理的价值贬损。至2015年7月，江阴国检局成功为该批大豆签发验残证书，合计重量2万余吨，涉及金额7000万元，索赔金额3500万元，成为江阴口岸历史上涉及金额最大的

一次进口大豆残损案。江阴国检局通过历时一年的鉴定工作，有效维护国家利益和相关贸易关系人的合法权益。（陈　涛）

## 长江引航

**【概况】** 2015年，长江引航中心坚持阳光引航，不断提高服务能力和服务水平，圆满完成全年各项工作任务。全年引领中外籍船舶55127艘次（含移泊12284艘次）、里程712.26万千米、总吨7.9亿、净吨4.4亿。其中引领国际航线船舶40719艘次（含移泊9815艘次），国内航线船舶14408艘次（含移泊2469艘次），引领江阴港中外籍船舶5905艘次（含移泊1307艘次）、里程77.7万千米、总吨6914万、净吨3713万。年内，长江引航中心免费引领小微企业500总吨以下船舶187艘次，帮助企业降低经营成本。开展“大走访”活动，走访港航企业147个，登轮督查131艘次，了解港航企业经营状况和服务诉求。创建长江引航公众微信号，拓展服务信息公开渠道。开展以“学先进、优服务、促三化、保安全”为主题的“文明窗口月”活动，以视频形式组织长江海事第二届十大“泽炎式标兵”先进事迹巡回报告会。按“学术带头、专业带头、后备人才”三个层级建立人才梯队，全年新提拔任命引航员75人，6人被聘为江苏海事局海船船员评估员，12人被评为高级、中级职称。开展以“守纪律、讲规矩、作表率”为主题的党风廉政教育月和“引航站长讲廉政”活动，两级班子主要领导讲授廉政党课24场次，廉政教育实现全员覆盖。是年，长江引航中心被评为2015年度全国交通文化建设示范单位、交通运输部海事局直属海事系统廉政文化示范单位和全国优秀阳光引航机构。

**【推进“阳光引航”】** 2015年，长江引航中心继续推进“阳光引航”，公开引航服务程序，公布《引航、移泊申请评审和受理程序》，统一引航申请受理标准，实现引航申请受理率100%、按时开航率100%。公开船舶引航计划，通过引航中心内、外网及时公开引航计划，方便服务对象监督。公开引航费收标准，贯彻执行国家发改委、财政部的费收优惠政策，减轻企业负担6000余万元。落实《长江引航中心引航服务回访制度（试行）》，改进引航服务短信回访系统，实现所有引航船舶短信回访，提升服务质量。高效运行综合信息管理平台，持续提升管理效能，便捷引航服务申请和收费结算等。年内，长江引航中心受到服务对象肯定和认可，年社会满意度达97.89，创历史新高。

**【对接两大战略】** 2015年，长江引航中心积极融入国家“一带一路”和长江经济带建设两大战略的深层次推进，全力做好引航公共服务。年内，畅通“绿色通道”，确保重点物资船舶、集装箱船舶等重点船舶在引航环节零失误、零等待。开展12.5米深水航道引航技术课题研究，发表课题论文14篇，其中获江苏航海学会论文一等奖1篇、二等奖4篇、三等奖4篇。拓宽服务共建渠道，开展“水上安全进校园，科普知识进课堂”活动，青年志愿者在江阴市实验小学开展“水上安全进校园”活动，联合公益救援组织江阴红十字蓝天救援队为市辅延小学学生开展科普安全知识义教活动。年内，引领装载风电机组的“永盛”轮安全驶出长江，开启“再航北极、双向通行”之旅，有力推进江阴港依托长江黄金水道融入国家“一带一路”建设。

**【强化安全防控】** 2015年，长江引航中心启动长江引航风险管理研究，排查整改安全隐患90处。强化监控预警，落实防汛抗台应急值守400余人次，发布台风安全预警信息12次，安全提示和电话提醒4000余次，发送手机安全信息30万条。开展“遵章守纪规范操作责任年”活动，与江苏暨阳轮渡有限公司开展座谈交流，共同促进客汽渡水域会让安全，加强重点航段、重点时段和重点船舶引航安全管控，确保长江江阴段引航安全无事故。与市口岸办共同牵头召开协调会，在明确安全责任主体的基础上，建立健全机制，提高开航计划准确率，协调解决危化品船舶锚泊问题并主动落实相应安全措施，齐心协力创造良好环境。全年引领危化品船舶2108艘次进出江阴港，夜航1628艘次，占77.2%。组织引航班组长、部分管理人员56人到江苏海事局部分分支局指挥中心进行为期3天的工作交流值班，强化引航员安全责任意识。全年未发生上报等级责任事故，安全形势稳定。

**【特殊船舶引领】** 2015年，长江引航中心引领超大型船舶7624艘次，比上年增长5.06%，其中引领江阴港超大型船舶730艘次，增长8%；引领夜航船舶29517艘次，夜航率53.5%，其中引领江阴港夜航船舶4351艘次。年内，引航中心面对航运市场持续低迷及船舶大型化趋势，组织引航技术专家开展江阴港大型船舶操作技术研讨和攻关，在江阴港引航艘次比上年下降6%的情况下，引领船舶吨位增长10%。3月24日，引领船长291.92米、载重吨179250吨的开普型巴拿马籍“梦想角”（CAPE DREAM）轮安全靠泊江阴黄田港6号码头，开创江阴港靠泊开普型船舶的先河和接靠营运船舶长度最长、吨位最大的纪录，26日安全引领该轮离开江阴港。是年，累计引领开普型船舶98艘次，直接为码头创造近7000万元经济效益。

**【承办全国阳光引航总结表彰大会】** 2015年6月12日，中国引航协会阳光引航总结表彰大会在江阴长晟温德姆至尊豪廷大酒店召开。交通运输部原副部长徐祖远和水运局副局长王明志，江苏海事局局长张同斌，中国引航协会顾问朱永光、会长薛一东、常务副会长陈建华、副会长彭翠红，以及全国港航管理机构和引航机构负责人共91人参加会议。长江引航中心副主任程学仁致欢迎辞，张同斌介绍长江江苏段港口发展概况、通航环境、安全管理，充分肯定长江引航中心为长江江苏段安全通航做出的贡献，薛一东作阳光引航总结报告，长江引航中心等4个引航机构被评为全国阳光引航先进单位。随后，与会代表观看长江引航形象宣传片、半军事化成果展示片，参观《美丽中国阳光引航》推进阳光引航提升服务水平工作方案成果展览,以及长江引航中心阳光引航工作成果,实地考察长江引航中心机关和江阴引航站(江阴引航交接基地)。

**【半军事化建设成果演示获长江海事"六连冠"】** 2015年,长江引航中心深入开展半军事化建设,制定《长江引航中心2015年半军事化建设工作方案》,5月召开半军事化建设工作动员会。5月至10月落实"全员参训"要求,采取集中训练、分散组织相结合的方式,引航中心领导、中层干部、引航员、管理人员、新进人员等351人次参加半军事化训练,体验部队工作、学习、生活制度。同时,通过"四个规范"(纪律规范、行为规范、内务规范、集体活动规范)学习、心理行为拓展、体能训练、法治讲座、军民座谈、国防及军事知识讲座,持续深化建设内涵。12月,在长江海事局半军事化建设成果演示评比会上,长江引航中心报送的《阳光引航 服务长江——2015年半军事化建设成果演示片》再获第一,创造"六连冠"的优异成绩。 (赵留旗)

## 船舶检验

**【概况】** 2015年,中国船级社江阴办事处(以下简称"江阴办事处")贯彻落实中国船级社(以下简称"CCS")系统工作会、安全质量工作会各项要求,开展职业健康安全教育和安全生产月活动,确保检验安全质量,全年江阴办事处未发生人员安全事故和安全质量责任事故。年内,完成各类船舶检验487艘次,其中入级营运检验153艘,国内营运检验309艘,入级建造和国内建造25艘,完成船舶审核30艘。焊工考试人员1157人,完成工艺认可39批、各类船用产品检验2405个工作控制号,各类检验总收入4100余万元。11月,中国船级社总部纪检组书记高建光到江阴开展调研,传达贯彻廉政精神,了解江阴办事处整体业务情况和工作人员思想生活情况,充分肯定江阴办事处取得的工作成绩。是年,江阴办事处连续第十次被评为江苏省青年文明号。

**【64000DWT散货船"明勇"轮下水】** 2015年4月17日,由中船澄西船舶修造有限公司为香港明华船运有限公司建造,江阴办事处负责检验的64000DWT(载重吨)"明勇"轮散货船举行下水仪式。该船总长199.9米,型宽32.26米,设计吃水11.3米,设计航速14.4节。建造过程中,船级社验船师全程按照规范进行审图和现场检验,并第一时间为船东船厂提供详尽专业的技术支持,得到船东船厂一致好评。江阴办事处船师代表及办事处中船澄西项目组经理唐晓宏参加该次仪式。

**【51000DWT散货船"恒荣安海"轮交船】** 2014年2月19日,江苏沙钢集团有限公司与江苏南洋船舶制造有限公司签订3艘51000DWT系列散货船建造合同,分别为"恒荣安海"轮、"恒荣兴海"轮和"恒荣盛海"轮,其中"恒荣安海"轮为51000DWT系列散货船的首制船,也是沙钢集团自行监造及运营的首条船,2014年6月10日开工建造,2015年5月26日完工,总长199.99米,型宽32.26米,型深16.2米,结构吃水10.8米,设计吃水10.5米,载重吨51106吨,设计航速13节,是江苏南洋船舶制造有限公司建造的最大载重吨的海船。建造期间,江阴办事处及CCS江苏分社与沙钢集团进行多次沟通交流,江苏审图中心与船厂技术人员进行技术传授,江阴办事处派出检验团队,为此系列船顺利生产和检验奠定基础。5月28日,"恒荣安海"轮命名交付仪式在江苏南洋船舶制造有限公司举行,江苏南洋船舶制造有限公司董事长徐德彬,江苏沙钢集团副总裁沈文明、江苏沙钢国贸有限公司副董事长徐亮前,恒荣海运有限公司总经理张洁、副总经理简瑞,CCS江苏分社总经理范强、副总经理张荣强等参加仪式。

**【64000DWT散货船"大华"轮交船】** "大华"轮是中船澄西船舶修造有限公司为中国外运长航集团有限公司建造的4艘6.4万吨级散货船的首制船,入CCS船级,挂中国香港特别行政区区旗,2014年8月29日开工建造,2015年9月22日完工,总长199.9米,型宽32.26米,设计吃水11.3米,设计航速14.4节。建造期间,江阴办事处中船澄西项目组全体验船师认真研究船舶退审图,审批现场试验大纲,严格把控现场施工质量,确保公约和规范要求得到落实,圆满完成各项检验任务,为船舶顺利交付提供有力保障。9月22日,"大华"轮命名及交付仪式在中船澄西船舶修造有限公司举行,中国船舶集团公司副总经理孙伟、中船澄西船舶修造有限公司副总经理季峻,中国外运长航集团有限公司董事张建卫、副总裁陶素云,CCS江苏分社理副总经张东标等参加仪式。

**【"明进"轮交船】** "明进"轮是中船澄西船舶修造有限公司为招商局集团有限公司建造的6艘6.4万吨级散货船的第二艘,入CCS船级,挂中国香港特别行政区区旗,2014年11月14日开工建造,2015年11月27日完工,总长199.9米,型宽32.26米,设计吃水11.3米,设计航速14.4节。建造期间,江阴办事处中船澄西项目组全体验船师认真完成各项检验任务,得到船东船厂一致好评。11月27日,"明进"轮命名及交付仪式在中船澄西船舶修造有限公司举行,中船澄西船舶修造有限公司董事长王永良、总经理陆子友,招商局能源运输股份有限公司副总经理黄涌泉,香港明华船务有限公司总经理赵耀铭,CCS江苏分社副总理经张东标等参加仪式。

(刘颖恒)

■类目编辑 承 鸿

# 城乡建设与管理

## 城乡规划

【概况】 2015年,江阴市规划部门坚持规划引领、特色彰显、要素整合、形象提升,扎实推进城乡规划管理各项工作,促进全市经济社会和城乡规划建设事业有序发展。是年,持续优化"一江一河"(长江滨江沿线开发和锡澄运河航道整治工程)、南门—应天河、火车站等重点地区规划设计,进一步做好滨江公园、八字桥公园、应天河风光带等优化提升方案,完成市域镇村布局规划修编,做好8个美丽村庄规划编制,推进以人为核心的新型城镇化和城乡一体化。加强历史文化名城名镇保护,完成北大街历史文化街区保护规划论证。开展专项规划编制研究,完成城市地下空间开发利用规划、生态红线及城镇发展边界规划研究、主城区公共自行车租赁点布局规划,完成管线综合规划(含综合管廊规划)、黄线专项规划主要成果。开展"十三五"规划课题研究,完成新型城镇化与城乡统筹规划研究,完成城市近期建设规划主要成果。推进创建全国文明城市和城乡环境综合整治工作,完成城区停车秩序整治方案。做好市域重大基础设施规划研究和统筹协调,深化沿江城际H3线、盐泰锡宜城际Z3线线型与站点研究,开展新长铁路、盐泰锡宜城际Z3线公铁两用过江通道方案研究。梳理2015年重点道路基础设施项目23项,做好全市域道路系统快速化改造研究。制定《关于加强城市地下管线规划建设管理的实施意见》和《关于建立城市地下管线规划建设管理联席会议制度的通知》,推进建立市政管线多部门共同协商机制。深化落实行政审批改革要求,严格按照法定流程做好建设项目规划审批和技术指标审查,牵头做好联合审图。加强建设项目批后跟踪管理,维护法定规划的权威性和规划实施的严肃性。全年受理并办结各类审批事项2750件,其中发放选址意见(书)120份、建设用地规划许可证136份(规模逾655.1万平方米)、方案审查意见通知书213份、建设工程规划许可证163份(规模逾421.45万平方米)、建设工程规划核实合格证267份(规模逾840.04万平方米),办结市政管线项目640项、违法建设规划影响认定47件、规划咨询意见41件、规划竣工验收资料报送64件,按时办结率100%。制定并公布规划局行政权力清单,强化"法无授权不可为";理清部门职责,制定责任清单,落实"法定职责必须为",促进权责相互匹配。深化信息技术应用,完成"规划一张图"项目技术验收准备,实现从规划编制到规划审批以及批后跟踪的一体化综合管理。完成全市域地下空间设施(地下建、构筑物)普查,完善全市域地下空间设施管理信息系统,促进科学高效开发、管理、利用地下空间资源。推进江阴地理空间框架和"天地图·江阴"项目建设,以自然资源和空间地理共享平台为基础建立江阴市唯一的、权威的地理信息平台,为"智慧江阴"建设打下坚实基础。

【江阴市城市地下空间开发利用规划编制】 2013年8月,江阴市规划局和民防局联合委托江阴市城乡规划设计院编制《江阴市城市地下空间开发利用规划(2013—2030)》,于2014年完成规划成果,并于2015年经江苏省住房与城乡建设厅组织技术论证后报江阴市政府批准。该次规划范围为《江阴市城市总体规划(2011—2030)》确定的中心城区范围,面积约417平方千米。规划期限为2013—2030年,近期至2017年。规划针对江阴地下空间开发利用存在的问题,按照协调发展城市空间利用、合理配置地下空间资源、完善地下空间利用体系、突出地下建设重点地区的指导思想,结合城市发展规模合理预测地下空间规模,确立规划期限内地下空间的功能结构和空间形态要求。同时,明确地下公共服务、地下交通系统、地下市政、地下防空防灾等总体发展目标,提出近期建设安排和实施措施。规划的编制顺应地下空间开发利用的新形势,有利于系统开发地下空间,高效集约地配置城市地下空间资源,对于城市交通体系、市政基础设施、人民防空、抗震防灾等都具有重要意义。

【江阴市生态红线与城镇发展边界规划研究】 2014年3月,中共中央、国务院印发《国家新型城镇化规划(2014—2020)》,提出要创新规划理念,合理确定城市规模、开发边界、开发强度和保护性空间。4月,生态保护红线写入新《中华人民共和国环境保护法》,规定国家在重点生态功能区、生态环境敏感区和脆弱区等区域划定生态保护红线,实行严格保护。江阴市规划局委托江苏省城镇与乡村规划设计院编制《江阴市生态红线与城镇发展边界规划》,于2015年8月完成该项工作。该次规划重点在于统筹研究江阴市域城镇空间增长边界和生态红线保护区域,衔接好《江苏省生态红线区域保护规划》、城市总体规划、土地利用总体规划以及各镇总体规划,优化区域生态功能,构建生态安全格局,协调好城、镇、村建设发展与生态环境、基本农田保护之间的关系。规划按照保底线、落规划、定方向、框规模、核边界和明举措的思路划定江阴市城镇增长边界,具体包括生态红线(刚性边界)、城镇增长边界和储备地边界,进一步规范市域城乡建设。

**【城区停车秩序整治方案】** 2015年5月,根据全国文明城市创建、城区环境综合整治工作的有关要求,江阴市规划局委托江阴市城乡规划设计院编制《江阴市城区停车秩序整治方案》,于8月完成该项工作。此次整治工作以归还行人路权、改善交通环境、解决"停车难"及提升城市形象为目标,在摸清现状停车资源、交通环境及停车设施的基础上,在保障行人路权的前提下,按照有关规范统筹安排城区停车资源,形成西外环路以东、东外环路以西、长江以南、站西路—大桥南路以北合计约58.8平方千米范围的城区停车整治方案。方案对原有停车设施提出改善措施和整改意见,取消部分设置不合理的停车位,同时合理增设停车位和停车设施,提出重点地段节点停车设计方案,保证江阴交通出行与停车的规范化、合理化、人性化。

**【城市近期建设规划编制】** 2015年7月,江阴市规划局委托江苏省城镇与乡村规划设计院编制《江阴市城市近期建设规划(2016—2020)》,于12月完成主要成果。规划范围东至江阴市界、云亭街道—周庄镇界,南至江阴大道—云亭街道,西至临港街道—璜土镇界,北至长江,总面积约340平方千米。规划结合《江阴市国民经济和社会发展第十三个五年规划》和《江阴市土地利用总体规划》的修编,积极推进经济社会发展五年规划、城市总体规划、土地利用总体规划"三规合一",统筹"十三五"期间江阴城市空间发展和土地资源利用,为经济、社会、资源和环境的协调发展以及民生福祉水平的提高提供有力的空间支持和保障。规划旨在搭建多规融合的目标协调平台、思路协调平台、技术协调平台与项目协调平台,为"一张蓝图管到底"提供保障,促进全市重点发展地区和重大项目的协调推进。规划重点对城市功能布局、重要产业发展方向在空间上予以落实,对重大民生工程、重大政府投资工程进行系统全面的梳理,合理安排建设时序。同时,积极探索促进城市发展模式转型的路径,优化土地利用结构和布局,充分利用存量土地,大力推进土地集约利用,以土地利用方式转变推动经济发展方式转变,推动江阴新型城镇化发展。

**【镇村布局规划修编】** 根据江苏省政府办公厅《关于加快优化镇村布局规划的指导意见》的有关要求,江阴市规划局于2014年8月委托江苏省城镇与乡村规划设计院、江阴市城乡规划设计院联合开展《江阴市镇村布局规划》修编工作,并于2015年12月获市政府批准。规划充分征求镇、村意见,形成各镇(街)镇村布局规划方案,并在此基础上汇总形成市域镇村布局规划方案,为进一步引导城乡空间优化,推进乡村集约建设,促进城乡基本公共服务均等化提供技术支撑。规划以自然村为研究对象,覆盖江阴全市域空间,将现状自然村分为重点村、特色村和一般村,其中重点村、特色村是规划发展村庄。"重点村"是指能够为一定范围内的乡村地区提供公共服务的自然村,其中同时符合特色村标准的,标注为重点(特色)村。"特色村"指在产业、文化、景观、建筑等方面具有特色的自然村。"一般村"指未列入近期发展计划或因纳入城镇规划建设用地范围以及生态环境保护、居住安全、区域基础设施建设等因素需要实施规划控制的村庄,是重点村、特色村以外的其他自然村庄。对规划发展的重点村,作为城镇公共服务向农村延伸的配置重点,提升公共服务水平,吸引农民自愿适度集中居住,建设康居村庄。对规划发展的特色村,突出乡村特色风貌塑造,保护历史文化、传统肌理和自然景观,彰显乡村美景和田园风光,培育美丽村庄。对一般自然村,主要是保障居民基本生活条件,达到整洁村庄标准。

**【地下管线规划建设管理】** 地下管线是城市基础设施的重要组成部分,是城市赖以生存和发展的物质基础,被称为城市"生命线"。2015年,江阴市创新举措,不断强化地下管线规划建设管理。加强组织编制城市地下空间开发利用规划及专项规划,编制管线综合规划和黄线专项规划,有效加强对各类地下管线建设的指导。制定《关于加强江阴市城市地下管线规划建设管理的实施意见》,加强部门联动协作,明确部门责任分工。建立联席会议制度,对地下管线建设行为进行综合监管,确保手续齐全、建设规范、运营安全,有效协调解决地下管线建设管理中跨镇(街)、跨部门及跨军队和地方等问题。在全国县级城市中率先完成全市域地下管线普查的基础上,年内完成全市域地下空间设施普查工作,同步构建全市域地下空间设施管理信息系统,实现地下管线动态更新的3D(三维)实时展示和地上地下一体化管理,做到地下管线数据各部门共享与应用,大幅提高地下管线管理的社会效益和经济效益。

**【《江阴市建筑工程容积率计算规定》修订】** 原《江阴市建筑工程容积率计算规定》自2007年8月31日发布执行以来,在规划管理工作中发挥积极作用,但随着国家规范的完善及城乡建设形势的发展,该规定的部分内容已不能满足规划审批工作的需要,亟须修改和补充。2015年3月,江阴市规划局启动《江阴市建筑工程容积率计算规定》修订工作,此次修订工作按照先实施后评估再进行社会稳定风险评估及廉洁性评价的次序,在坚持"科学系统、客观真实、民主参与、公开透明”的原则、广泛宣传发动的基础上，通过采取发放问卷、征求成员单位意见建议、召开评价会等多种方式进行。12月1日，新修订完成的规定由市规划局、发改委、国土局、住建局四部门联合发布，对进一步规范江阴建设项目的容积率规划管理起到积极的推动作用。

**【规划“一张图”信息应用平台建设】** 2015年，江阴市规划局以基础地理信息数据为核心，规划政务平台为载体，扎实推进规划“一张图”信息应用平台建设。空间数据一张图。通过统一的技术标准和管理机制，将基础地理信息数据库中多层次、多比例尺、多时态的数据进行有效整合，建立从地上到地下、从二维到三维、从单一到集成的动态更新的共享信息库和一体化应用平台。规划编制一张图。对规划编制项目的立项、编制、验收全程进行统一管理，将各类规划成果集成汇总，实现规划成果数据和基础地理信息数据无缝叠加及展现，进一步提升科学规划水平，为规划管理和决策提供更加有效的支撑。规划管理一张图。依托“一书三证”（建设项目选址意见书、建设用地规划许可证、建设工程规划许可证、建设工程规划核实合格证）规划审批内容，形成覆盖全局审批业务全流程的实时展示系统，将各审批节点上的项目数量、位置、用地等图形化呈现，每项审批项目的“生命周期”一目了然，为审批管理提供定量化综合分析评价手段。规划监察一张图。对系统中各审批项目附加多种属性，标注项目审批、建设过程中是否违法违规、是否受到投诉等信息，对警示项目及时进行督查督办，明确规划管理重点，提高规划监察效率。 （李正茂）

**【市城乡规划设计院】** 2015年，市城乡规划设计院全力克服经济大环境下行、设计市场萎缩等困难，有效强化生产经营、队伍建设、质量管理等工作，全年完成规划设计项目20项，景观设计项目12项，市政项目50项，勘察、测量项目104项，建筑施工图和方案设计项目23项（面积逾168万平方米）。在2015年度江苏省城乡建设系统优秀勘察设计项目评选中，芙蓉湖改造提升设计获风景园林类二等奖，火车站地区城市设计获城市规划类三等奖，贵宾路南段道路工程获市政公用类表扬奖。在2015年度无锡市城乡建设系统优秀勘察设计项目评选中有21项项目获奖，其中一等奖1项、二等奖5项、三等奖15项。 （袁佩刚）

## 城市建设

**【概况】** 2015年，江阴市建设部门认真落实新一轮城市建设五年行动计划，突出早启动、早部署、快落实、快推进，明确责任、明确目标、明确要求，认真抓好项目安全文明施工专项检查以及前期手续办理等工作，加快项目建设进度，确保项目质量和安全。完成中央景观大道（林荫大道）、船厂公园、鲥鱼港公园等工程，沿江区域景观路网基本形成。完成中山南路南延伸段、青果路南延伸段、皮弄路二期等工程，打通断头路，有效改善道路微循环系统。

**【华侨路工程竣工】** 华侨路工程位于江阴市澄江街道，西起花山路，东至皮弄路，道路全长936.05米，道路宽度为16米双幅路型式。沿线主要相交道路，从西到东依次为花山路、澄南路及皮弄路。华侨路雨水主要收集道路路面雨水，道路两侧地块的雨水及传输其他道路的雨水，共两个排水系统，花山路—澄南路段雨水排入应天河，城南路—皮弄路段雨水排入新建澄南雨水泵站。污水管道分别由西向东、由东向西接入澄南路污水系统。该工程由江阴市城乡规划设计院设计，江苏胜达建设有限公司施工，无锡市市政建设咨询监理有限公司监理，于2013年5月开工，2015年12月竣工。

**【华侨路下穿虹桥南路通道工程竣工】** 该工程分二期实施，第一期于2014年5月开工，2015年6月竣工，华侨路下穿新建的虹桥南路，箱体段长度为40米，与虹桥南路同宽，敞开段U槽共30米，位于箱体两侧各15米。由江阴市城乡规划设计院、南通市市政工程设计院有限责任公司设计，江苏园景工程设计咨询有限公司监理，江阴市澄祥鑫建设有限公司负责施工。第二期于2014年10月开工，2015年5月竣工。本次实施范围为下穿通道箱体两侧U1～U4系列U槽与D1挡墙。其中U1～U4系列箱涵共235米，D1挡墙两侧共10米。工程排水通过排水沟汇集到一期工程集水井内，再通过水泵将水排入附近道路的雨水井中。该工程由南通市市政工程设计院有限责任公司设计，江苏腾飞工程项目管理有限公司监理，江苏宏澄建设有限公司负责施工。

**【普惠路南侧支路工程竣工】** 普惠路南侧支路位于澄江街道，道路呈东西走向，西起普惠路，东至文富路，为16米单幅路型式，全长705米，沿线主要相交道路由西向东依次为普惠路、规划路、城裕路以及文富路。该工程由江阴市城乡规划设计院设计，江阴市澄宁项目管理咨询有限公司监理，江阴金山建筑安装工程有限公司负责施工，于2014年3月开工，2015年1月竣工。

**【青果路南延伸段工程竣工】** 道路成南北走向，南北依次与塘前路、仲伟路、环城南路相接，全长约527米。仲伟路至塘前路段还有房屋未完成拆迁工作，该次施工为环城南路至塘前路，长度约为335米，路宽为27米。道路排水采用雨污分流，雨污水管道由北向南接入塘前路雨污水系统。该工程由江阴市城乡规划设计院设计，江阴市第八建筑安装工程有限公司施工，无锡建苑工程监理有限公司监理，于2015年5月开工，12月竣工。 （徐 娜）

**【前进路工程竣工】** 前进路工程位于澄江街道应天河北侧，包括A号道路和B号道路。A号道路呈东西走向，西起梅园路，东至花山路，长约1038米。B号道路呈南北走向，南起前进路A路，北至毗陵路，长约160米，为城市次干道。道路范围内的雨水均采用沿道路两侧铺设雨水管的方式，共三个雨水系统，雨水均排入应天河。前进路道路污水工程主要考虑以后收集青果路东侧地块附近的生活污水。污水由东往西接入规划青果路污水系统。污水主井采用钢筋混凝土井。该工程由江阴市城乡规划设计院设计，江阴市澄宁项目咨询管理有限公司监理，江阴市众达建设有限公司负责施工，于2014年10月开工，2015年5月竣工。

**【致富路道路及排水工程竣工】** 致富路(文富路—通渡路)道路及排水工程东起通渡路，西至文富路，为城市支路，宽为16米，长为620米。路面雨水采用沿道路两侧铺设排水管的方式纳入城市排水系统，雨水管采用钢筋混凝土管，雨水口采用双篦式球墨铸铁收水井。污水管由东(通渡路)至西(文富路)铺设接入文富路污水系统。该工程由江阴市城乡规划设计院设计，江阴市澄宁项目管理咨询有限公司监理，江阴市市政建设工程有限公司负责施工，于2013年9月开工，2015年4月竣工。

**【中山南路南延伸段工程竣工】** 中山南路南延伸段(环城南路～通运路)工程位于江阴市南门地区，道路整体呈南北走向，北起环城南路，南至通运路，全长约894米。该工程雨水管道沿机非混合车道布置，由北向南接入新河雨水系统，并与塘前路预留雨水检查井沟通；机非混合车道上的雨水通过泄水孔排入主管道。污水管道位于中心线东侧，布置在道路东侧机动车道内，主要收集道路两侧的生活污水，最终接入塘前路污水系统，塘前路污水再接入梅园路污水系统。该工程由江阴市城乡规划设计院设计，江苏恒泰建设工程咨询有限公司监理，江阴阳阳建设工程有限公司负责施工，于2012年9月开工，2015年7月竣工。 (刘　宏)

**【中央景观大道(林荫大道)工程竣工】** 中央景观大道(林荫大道)位于江阴滨江地区，道路呈东西走向，西起韭菜港路，东至山前路，全长约1700米，路宽56米。其中，林荫大道南侧半幅路即春申路为已建道路，北侧半幅路为新建道路。雨水主要收集道路路面雨水、传输其他道路雨水以及道路两侧地块的雨水，共5个排水系统，分别排入创新河和鲥鱼港。污水双侧布置，由东向西污水近期接入韭菜港路已建污水系统，远期接入林荫大道(韭菜港路以西)污水系统。鲥鱼港桥跨越鲥鱼港河，桥梁总长16米，跨径布置为单跨10米先张预应力简支空心板梁。电力管道主管位于中间分隔带内和道路绿化带北侧。该工程由江阴市城乡规划设计院设计、江苏腾飞工程项目管理有限公司监理、江阴市城市建设有限公司施工，于2012年10月开工，2015年11月竣工。

**【春麓路东侧道路工程竣工】** 该工程位于江阴滨江地区黄山小区，呈东西走向，西起春麓路，东至鲥鱼港路，全长417米。道路为单幅路型式，路宽16米，道路等级为城市支路，路面形式为沥青砼路面。道路雨水收集系统由西向东排入鲥鱼港路雨水系统。道路污水管道由东向西接入春麓路污水系统。该工程由江阴市城乡规划设计院设计，江阴市腾飞监理有限公司监理，江阴市城市建设有限公司施工，于2013年11月开工，2015年12月竣工。

(吴　明　张栋骋)

**【船厂公园工程竣工】** 滨江公园一期(船厂公园)位于江阴市滨江区域，临江路以北，春晓路至林荫大道之间综合公园用地区域。公园位于扬子江造船厂原址，占地面积约76038平方米，处于未来滨江公园东部，北接鹅鼻嘴公园，南沿临江路，地块南侧未来为居住社区。船厂公园景观设计将以现代船舶制造工业为主题，充分利用原有工业建筑、构筑物等进行改造设计，形成工业回忆性景观，原有工业棕地将予以生态修复、景观复绿，延续与北侧鹅鼻嘴公园的绿色空间联系，同时公园将提供多样性的运动休闲活动以满足周边社区居住人群的需求。该工程由江阴市城乡规划设计院设计，江苏大自然环境建设集团有限公司负责施工，江苏园景工程设计咨询有限公司监理，于2013年6月开工，2015年12月竣工。

**【鲥鱼港公园工程竣工】** 鲥鱼港公园位于临江路以北，韭菜港路以东，鲥鱼港以西，北临长江。占地面积约69000平方米，总体分为A区与B区建设，总绿化面积约为45000平方米。其中B区主要部分为3块下沉式生态湿地及以表现“鱼”为特色的休闲广场。该工程由江阴市城乡规划设计院设计，常熟古建园林建设集团负责施工，无锡太湖明珠建设咨询有限公司负责监理，于2013年9月开工，2015年12月竣工。

**【鹅鼻嘴公园改造工程竣工】** 鹅鼻嘴公园(船厂公园入口至公园路段)改造工程，位于鹅鼻嘴山脚南侧，规划山前路北侧，公园路西侧，船厂公园停车场东侧区域，面积1.39公顷。工程主要对公园入口、停车场、围墙、园内绿化、水面等进行改造。该工程由江阴市城乡规划设计院设

2015年12月竣工后的船厂公园一角　　(市住建局提供)

计,江阴新时代园林建设工程有限公司负责施工,江苏外建建设咨询监理有限公司负责监理,于2014年10月开工,2015年1月竣工。

(王子文)

**【皮弄路二期工程竣工】** 该工程北起毗陵路,南至芙蓉大道,是城市次干道,呈南北走向,道路全长约835米。道路跨越应天河,设置桥梁1座,为54米三跨一联间支板梁桥,桥梁全长54米。皮弄路二期雨水均排入澄南路泵站,污水接入毗陵路污水系统。该工程由江阴市城乡规划设计院设计、江苏腾飞工程项目管理有限公司监理,江苏南方集团有限公司施工,于2013年8月开工,2015年8月竣工。

**【芙蓉湖配套道路竣工】** 该工程位于江阴市城市客厅,分为A号路、B号路、C号路、D号路。A号路为南北走向,北起黄山防火通道南至澄武路,道路全长约200米;B号路为东西走向,东至澄武路西至香山路延伸段,与C号路相交,道路横跨黄山港,设置桥梁1座,道路全长约611米;C号路为南北走向,北起纵五路南至滨江路,道路横跨黄山港,设置桥梁1座,道路全长约336米;D号路为南北走向,北起B号路南至滨江路,为香山路延伸段,道路全长72米。芙蓉湖配套道路雨水工程A号路排入澄武路雨水系统,B号路、C号路的雨水排入黄山港。该道路由江阴市城乡规划设计院设计,江苏腾飞工程项目管理有限公司,宜兴市远东市政工程有限公司施工,于2014年4月开工,2015年2月竣工。 (杨智勇)

**【实验小学周边道路工程竣工】** 江阴市实验小学周边道路位于澄江街道,澄江路以北,君巫路以南,包括A、B、C三条路,其中:A号路工程,西起澄康路,向东过市实验小学北出入口后,改向北至君巫路,道路全长290米,道路宽度16米;B号路工程,西起澄康路,东至通湖路,道路全长285米,道路宽度11.6米;C号澄康路改造工程,北起君巫路,南至澄江路,道路全长474米,道路宽度7米。该工程由江阴市城乡规划设计院设计,江阴市澄宁项目管理咨询有限公司监理,江阴新城建设工程有限公司施工,于2015年4月开工,9月竣工。 (徐鸿鹏)

**【建设工程质量检测中心业务用房工程竣工】** 江阴市建设工程质量检测中心业务用房坐落于金石路367号。该工程占地面积4516平方米,总建筑面积7815平方米(其中地下面积204平方米)。该项目外墙采用深灰色浅灰色面砖及涂料相搭配,设计风格简洁明快,内部布置功能齐全的检测用房及实验室养护室,适合办公及工程检测的各种功能需求。该工程由江阴市建筑设计院有限公司设计,江苏君临建设工程有限公司施工,浙江江南工程管理股份有限公司监理,江阴城建建设咨询有限公司进行跟踪审计,于2014年2月开工,2015年12月竣工。 (蒋星云)

**【实验小学北校区工程竣工】** 江阴市实验小学北校区位于澄江街道澄康路东侧,君巫路南侧,虹桥八村西、虹桥六村北侧,原系江阴高中初中部校址。总建筑面积约42215平方米,包括教学楼、专用教室、行政办公楼、礼堂食堂、信息楼、地下车库,抗震等级为6级。学校中部有2条长廊连接,东侧长廊从北往南连通并列的4栋教学楼、专用教室,西侧长廊从北往南连通礼堂食堂、行政办公楼、信息楼。教学楼东侧是足球场,篮球场,羽毛球场等运动场地。小学共55个班级教室(其中四年级10个,其余9个。小学还采用许多现代化设施,如校园网络、监控系统等,并且在每个教室都配有直接饮水器、空调系统等。该工程由江阴市建筑设计研究院有限公司设计,江苏君临建设工程有限公司施工,江苏外建建设咨询监理有限公司监理,于2014年3月开工,2015年8月竣工。 (周 力)

**【补记2014年度城市建设工程】**

*鲥鱼港路北延伸段工程竣工* 该工程位于江阴滨江地区,呈南北走向,北起临江路南至林荫大道,全长275米,红线宽40米。道路为城市主干道,路面采用沥青玛蹄脂碎石混合料。雨水系统采用沿道路两侧铺设雨水管的方式,排入鲥鱼港。污水系统采用沿道路一侧铺设污水管的方式,接入林荫大道污水系统。该工程由江阴市城乡规划设计院设计、江苏腾飞工程项目管理有限公司监理、江阴市城市建设有限公司负责施工,于2013年7月开工,2014年8月竣工。

*中央景观大道(林荫大道)绿化工程竣工* 中央景观大道(林荫大道)一期绿化工程位于江阴市山前路至锡澄运河西,该工程是对中央景观大道(林荫大道)道路中间及两侧绿化带进行绿化改造,面积约45200平方米,其中中央景观带宽22m,以榉树这种落叶树种为主导规则式种植,两侧分隔带主要种植常绿乔木香樟。植物类系包括常绿乔木、落叶乔木、常绿灌木、落叶灌木、常绿草本地被、草本花卉、花镜等七大类。由上海亦境建筑景观有限公司设计,江苏腾飞工程项目管理有限公司监理,江苏山水环境建设集团股份有限公司负责施工,于2014年6月开工,2014年12月竣工。

(吴 明 张栋骋)

*塘前路西段工程竣工* 塘前路位于江阴市南门地区,西起梅园路,东至花山路。该次施工仅由梅园路实施至虹桥南路。塘前路道路全长1307米,为33米三幅路型式。道路范围内的雨水均采用沿道路两侧铺设雨水管的方式,雨水排入中山路雨水系统。塘前路道路污水工程主要收集塘前路附近小区的生活污水及传输中山路汇入的污水。其收集的污水最终接入梅园路污水系统。污水主井采用钢筋混凝土沉井。该工程由江阴市城乡规划设计院设计,江阴市澄祥鑫建设有限公司施工,江苏园景工程设计咨询有限公司监理,于2013年3月开工,2014年10月竣工。

*仲伟路工程竣工* 仲伟路工程呈东西向,西起中山南路,东至虹桥南路,道路等级为城市支路,为三幅路型式,宽22米,全长约335.46米。由江阴市城乡规划设计院设计,上海同济工程项目管理咨询有限公司监理,江阴市市政建设工程有限公司负责施工,于2013年10月开工,2014年12月竣工。 (徐 娜)

*立新路新工农河桥工程竣工* 立新路新工农河桥位于江阴市澄江街道,桥梁总长35米,跨径布置为

10米+10米+10米三跨简支梁，桥面连续。该工程由南通市市政工程设计院有限责任公司设计，江苏腾飞工程项目管理有限公司监理，江苏胜达建设有限公司负责施工，于2013年3月开工，2014年11月竣工。（刘 宏）

*花北路二期工程竣工* 花北路西起梅园路，东至花山路，为城市次主干道，呈东西走向，道路全长约1153米。道路跨越新工农河，设置桥梁1座，为30米三跨简支板梁桥，桥梁全长35米。花北路二期雨水均排入新工农河，污水新工农河西侧接入梅园路污水系统；新工农河东侧接入花山路污水系统。该工程由江阴市城乡规划设计院设计、江苏外建建设咨询监理有限公司公司监理，江苏新桥建工有限公司施工，于2013年7月开工，2014年11月竣工。（杨智勇）

## 城市管理

**【概况】** 2015年，江阴市城市管理局认真贯彻市委、市政府决策部署和工作要求，紧紧围绕建设“法治城管、科学城管、满意城管、勤廉城管”的目标，按照年度城市管理、行政执法工作要点，以开展“城管事业发展在路上、作风建设永远在路上、履职尽责我们城管在路上”教育活动为载体，以江苏省“931”城市环境整治、市“七整七治三提升”*整治等为抓手，勇当全国文明城市创建先行军、主力军。全年依法查处行政处罚案件46230件，办理各类行政许可1260件；完成74次新建住宅小区单项验收，查处违法建筑900处、10万余平方米；办理特种垃圾处置证14998张，处置建筑垃圾（工程渣土）68.48万立方米；妥善处置信访投诉2987件，办结率100%，化解信访积案8个，12345公共服务市民满意率保持100%；完成国家卫生城市复审、文明城市创建年度测评、2015年中国江阴经贸合作洽谈会等各类重大活动市容保障36次。是年，获得省行政执法先进集体、省级青年文明号等荣誉。

**【市容环境整治】** 2015年，江阴市城市管理局落实市“七整七治三提升”*环境综合整治行动的要求，紧紧围绕国家卫生城市复审、全国文明城市迎检工作，先后排查各类市容问题12大类3200余处，投入执法力量2万人次，围绕“门店、停车、经营、工地、环境、建设”六大秩序，更新设置公益广告80处，8000余平方米，清除暴露垃圾、渣土9600余吨，城区18条主干道实施“一月一路”整治，更新“门前五包”（包卫生、包绿化、包市政公用设施、包建筑物容貌、包秩序五项任务）责任书16500多份，清除乱张贴1.8万处，城市市容景观和环境秩序更趋品质化、规范化。全年累计开展“露天菜场”整治197次，取缔百花园、花园菜场和沈家田等区域“露天菜场”25个；开展夜宵流动摊整治485次，查纠各类无证摊贩4800多次；加强城区停车管理，实施“城警联动”执法，查处不按规定停车行为3.4万次，其中重点路段1.1万次；出台城区停车场（库）建设管理办法，设置物理隔离桩697个，新增停车泊位1200个，主城区697个政府投资性公共停车泊位实现社会化管理，诸多长期困扰市民的热点难点问题得到有效破解。

**【统筹完成省城市环境综合整治“931”三年行动计划】** 在巩固提升2013年、2014年环境综合整治成果的基础上，2015年，江阴市以创建全国文明城市为契机，紧紧围绕江苏省“931”城市环境综合整治工作的总体要求，牢牢把握“九整治三规范一提升”。九整治方面，整治城郊结合部4个，城中村6个，老旧小区8个，背街小巷8条，城市河道2条，低洼易淹易涝片区3个，建设工地8个，农贸市场4个；三规范方面，规范经营疏导点2项，停车设施4项，户外广告2项（75处）；一项长效管理水平提升含7个方面，违法建筑3项（2.2万平米），交通服务设施2项、环卫服务设施1项，美化亮化设施1项，城区增绿6项（7.37万平米）。以深入开展城市环境综合整治为载体，以整治和规范群众反映强烈的城市环境问题为突破口，精心组织，周密部署，切实增强城市管理部门的协同，强化制度保障，完善机制体制，落实长效举措，提升管理效能，扎实完成年度目标任务，努力实现城市管理水平和群众满意度的全面提升。是年，江阴市顺利完成城郊接合部2个、城中村2个、老旧小区7个、背街小巷5条、城市河道1条、低洼易淹易涝片区1个、建设工地4个、农贸市场1个、经营疏导点2个、停车场3个、违规户外广告45处的整治任务，百姓人居环境得到进一步改善，全面完成江苏省“931”城市环境整治三年行动计划。

**【强化建筑渣土运输和处置管理】** 2015年，江阴市建成土地山建筑垃圾集中处置场，完成对全市430余辆从事建筑渣土运输的车辆密闭化改装和GPS卫星定位系统安装工作，整合视频监控资源，强化渣土运输车辆电子化监管，从建筑渣土来源、运输过程、消纳渠道等各个环节实施管控。积极发挥职能部门、属地管理和社会监督等方面作用，切实做到“全覆盖管理、全过程监管、全方位执法”。加强建设工地前期管理，确保出入口场地硬化和冲洗设施到位，城管部门与环卫部门建立道路污染清扫快速反应机制，及时清除路面污染物。以《关于进一步加强建筑垃圾管理的实施意见》实施为契机，探索建立建筑垃圾运输市场准入机制，整合城区社会运输车辆，制定计分考核办法，对有违法行为的车辆实行积分管理。通过定位技术手段、部门联合现场执法等措施，加强日常执法管理。全年办理特种垃圾处置证14998张，办理门店装潢许可证411件，处罚各类违反建筑渣土管理规定的违法行为169次。

**【数字城管高效运行】** 2015年，江阴数字城管系统受理各类案件34260件，其中“12319”热线投诉案件14669件，监督员上报19591件，结案率96.8%。注重发挥数字城管高位监督、高位协调作用，完善数字城管指挥协调机制，建立热点、难点问题协调处置台账，全年协调解决各类热点难点问题19个，联动部门现场协调35次。数字城管与公安部门建立视频资源共享协调机制，通过对治安、交通视频监控信号的数据共享，实现对城市管理重点区域的实时监控，在此基础上，数字城管监督指挥中心加大视频网上巡查力度，拓宽问题来源渠道，强化指挥调度功能。是年，江阴数字城管开展摊点亭棚、公安设施、公交站亭、绿化设施等8类专项部件排查清理工作，共清理整治交通标志牌、护栏、交接箱破损128处，广告破损、锈蚀、缺字399处，人行道板斜坡187处，路名牌倾斜、缺损43处，形成专题调研报告4篇。完成对数字城管呼叫系统、监督指挥系统的改造升级，推动数字平台系统建设向镇街延伸。

**【“城市啄木鸟”公众交互平台建成投运】** 2015年，江阴市数字城管系统在完成呼叫系统、监督指挥系统改造升级的基础上，为助推文明城市创建和城乡环境综合治理，按照市委、市政府统一部署，开发完成“城市啄木鸟”公众交互平台。“城市啄木鸟”是一款依托于数字化城管系统的手机客户端软件，市民群众下载安装后，可以通过拍照上传的方式随时随地反映身边的各类城市问题，经由数字城管系统派遣至相关职能部门、属地镇街，通过对各类城市问题的快速处置反馈，实现政府与市民群众间的高效互动。“城市啄木鸟”公众交互平台于10月30日正式启动运行，截至12月底，新增注册用户1562人，上报案件1879件，结案1757件，结案率93.5%，内容涉及市政设施、交通秩序、市容环境、卫生咨询等各类城市问题，诉求区域覆盖全市域，通过该平台反映的问题基本得到有效解决，政府与群众间的良性互动初步形成。是年，供专业采集人员、执法人员、处置部门使用的啄木鸟手机专业版也开发完成，专业版增加快捷上报、签收、处置反馈等内容，将有效提高部门处置效能，实现数字城管案件办理流程的更快捷更高效。

**【城管队伍建设】** 2015年，江阴市城市管理局深入践行“三严三实”要求，以作风建设新成效实现党建的新常态。始终把纪律放在前面，强化党性纪律、廉政纪律约束，出台《关于进一步加强纪律作风建设的若干规定》《贯彻从严治党落实从严治队的意见》，真正体现“严管就是厚爱”，以此来提升队伍的向心力、执行力。是年，共督查各类工作作风问题30余次，限期整改15次。组织开展“城管事业发展在路上、作风建设永远在路上、履职尽责我们城管在路上”主题活动，坚持通过文明创建、环境整治来锤炼队伍、培育干部，组织“最美城管人”事迹演讲会，出台《关于选育优秀年轻干部的实施意见》，交流调整执法大队中层领导18名、队员2名，招录协管员21名。组织对城乡19个执法中队中的17个中队领导班子、47名中层干部进行考察，启动实施中队主要领导调整，开展离任审计9人次，全面排摸了解各执法中队领导班子的运转情况及领导干部的履职情况，进一步畅通干部交流渠道，提振工作信心，激发队伍活力。（陆军浩）

## 房屋拆迁

**【概况】** 2015年，江阴市政府房屋征收管理办公室（以下简称“市征收办”）继续贯彻“惠民、依法、阳光、和谐”八字方针，以重点重大工程及结转项目扫尾为重点，有序推进房屋征收拆迁及安置工作。合理有序推进征收（拆迁）工作，颁布长江饭店及周边旧城改造地块项目的征收决定，集体土地项目受江苏省政府《江苏省征地补偿和被征地农民社会保障办法》影响，全面暂停办理备案手续；制定完善各项政策规定，加强政策宣传和解释工作，做好群众矛盾的梳理和调解工作。加强行业监管，继续推行现场督查和网签备案相结合的方式。2015年，根据市委、市政府解决超期安置过渡户的要求，市征收办创新征迁安置新模式，大力引导“货币安置”新思路，同时指导徐霞客镇等乡镇结合地区实际情况，试点推行通过购置商品房用于安置，取得比较满意的成效。全年全市征收拆迁完成155万平方米，其中主城区完成68万平方米，全市建成安置房199万平方米，其中主城区安置房建成42万平方米。

**【强化安置房质量管理】** 2015年，根据《江阴市人民政府关于加强安置房建设及安置管理的意见》要求，市征收办明确安置房建设的标准和文明施工的要求，规范安置房建设管理制度落实，组织专门人员跟踪安置房建设质量。同时组织街道、各涉拆村（社区）负责人、拆迁户代表对每一套安置房进行复查，发现的问题记录在册，提交并督促开发建设单位进行整改，确保安置房工程质量。

**【配合街道分房】** 2015年，市征收办配合澄江街道按照先易后难的原则，分批逐个按区域安置，做到分一批成一批，确保稳定。澄江街道顺利完成通惠花苑、澄南花苑、美丽华都、浮桥二区等8个安置房小区6000余套安置房的移交工作。年内，市征收办协助澄江街道陆续组织12批次选房安置工作。是年，全市安置拆迁户9000余户17000套，其中澄江街道安置1600余户2900套。（张凌云）

**【澄南花苑安置房通过综合验收】** 澄南花苑安置房位于澄江街道毗陵路北、花山路东、澄南路西、塘前路南侧。小区建设用地12.52万平方米，规划容积率2.11，绿化率达33%。澄南花苑规划13栋高层住宅楼，39号、40号为物业及商业用房，地上总建筑面积为24.27万平方米，地下3.51万平方米，住宅套数为2140套。该项目由江阴市建筑设计研究院有限公司设计，江阴市一建建设有限公司承建，江苏外建建设咨询监理有限公司、江苏新东方工程管理咨询有限公司、江苏腾飞工程项目管理有限公司监理，于2012年4月8日开工，2015年11月通过综合验收。（曹　莹）

## 住房公积金管理

**【概况】** 2015年，江阴市住房公积金管理中心，不断深化为民服务理念，全力扩大住房公积金制度的受益面，在构建城镇住房保障体系和促进房地产市场健康有序发展中发挥重要作用。全年归集住房公积金（含新职工住房补贴）23亿元，比上年增长10.3%；提取住房公积金（含新职工住房补贴）159157人次、提取金额16.2亿元，分别比上年增长39%和21%；发放住房公积金个人贷款

16.64亿元,比上年增长80%;全年实现增值收益近1.8亿元,比上年增长129%,超过2013年、2014年两年收益总和;上缴廉租房建设补充资金近1.3亿元,比上年增长233%,接近2011年至2014年上缴总和。

**【扩面任务全面完成】** 2015年,市政府将年度扩面任务下达给各镇(街道),并将公积金扩面列入年度镇(街道)绩效考核指标。为提高扩面工作成效,中心通过信息比对,排列出未缴单位名单,并将其提供给各社保所及各受托银行,使扩面目标更加明确。年内,中心开展多场次扩面培训,提升银行扩面专员的扩面技巧。中心还适时与市金融办联系,要求拟挂牌企业到中心出具公积金缴存证明,从而推动相关企业按社保缴费人数全员参加住房公积金制度。是年,江阴市住房公积金管理中心新增缴存职工29857人,比上年增长1048人;净增缴存职工7936人,比上年增长62%。

**【住房公积金归集工作】** 2015年,江阴市住房公积金管理中心平稳有序推进住房公积金归集工作。加大托收力度,减轻催缴压力。中心对小额托收业务大力拓展,全市签订小额托收协议的单位有4166个,签约率为94.83%,比上年提升6.8个百分点。规范缴存行为,努力提高低收入职工的缴存水平。7月初,江阴有71343人低于最低缴存基数。9月起,中心对月缴存基数低于最低标准的单位和职工,采用短信、电话、寄发通知等方式进行集中清理,至11月底全部清理完毕。归集资金日清月结,保证资金及时进账。中心要求受托银行受理完毕的每笔业务,均于下个工作日向中心提供详细、清晰、内容正确的业务、财务资料,以提高缴存单位的资金进账速度。全市共归集住房公积金(含新职工住房补贴)23亿元,比上年增长10.3%。

**【外设网点支取量显著提升】** 自江阴市住房公积金管理中心2014年外设网点开通以来,业务量一直在低位徘徊。2015年初,中心经过调查摸底,分别与网点周围超过30人的单位进行电话联系,同时寄发通知,提供印有外设网点地址的专门支取申请单,多方位地引导职工就近办理提取业务。另外,从6月1日起,所有外设网点取消资金打款单一指向外设网点所属银行借记卡的规定,资金打款银行范围扩至中国建设银行、中国工商银行、中国农业银行、中国银行、交通银行、江苏银行、江阴农村商业银行7个,提升缴存职工在外设网点支取的便利度。是年,网点月均支取量比上年提升130%。

**【首个公积金综合业务网点开通】** 2015年,为进一步方便缴存单位及职工就近办理业务,江阴市住房公积金管理中心经过全盘考虑,加大银行业务网点建设力度,计划两年内逐步打造5个公积金综合业务网点。10月,在江阴农村商业银行澄江支行新设立江阴市第一个公积金综合业务网点,全面办理公积金支取、转移及单位汇缴申报等业务。

**【多措并举大力发放贷款】** 2015年,随着房产新政的推行、房地产商的降价促销和利率的数次下调,楼市逐步回暖。中心抓住契机,紧紧围绕公积金贷款政策放宽和贷款利率远低于商业贷款的优势进行大力宣传,从优化服务、拓展源头着手,推行主动上门服务。年内,中心开展"商业贷款转公积金贷款"专项活动,开办"商业贷款转组合贷款"新业务,鼓励符合条件的职工办理转贷手续,节省利息支出。10月,又开通公积金贷款银行代办服务,职工可就近直接与建行、中行、农行的公积金贷款受理网点或客户经理联系,采用"委托银行收件和预审,中心审批"的模式办理贷款,方便贷款职工,取得良好实效。是年,江阴市住房公积金管理中心共发放公积金贷款4764笔16.64亿元,放贷笔数和金额分别比上年增长66%和80%,市场占有率达到23%。

(邬秉斌)

## 公用事业

**【概况】** 2015年,江阴市深入推进公用事业体制机制改革,围绕建设"民生、均衡、精明、品质公用"的目标,按照统一规划、统一建设、统一运行、统一管理的建管要求,进一步统筹配置、合理布局城乡公共服务资源,加快推进环卫、供水、供气、供热、污水处理、照明等公用设施向乡镇、农村延伸,不断提升全市公用事业工程建设和行业管理水平。市政建设管理处履行职责,加强市政行业精细化管理,推动完成环城北路(高巷路东)、通江路南段、立新路与花山路、滨江路与朝阳路、延陵路与迎阳路交叉口渠化畅通工程等改造;完成君巫路、人民东路、迎阳路、兴业路改造。城区全年修补沥青、混凝土路面修补14374平方米,人行道板修复18401平方米,侧平石修复23392米,沥青灌缝24015米。开展汛前预防工作,加大雨水管网养护力度,完成雨水管网清疏458.9千米,清疏雨水箅、检查井36452座次,累计巡查道路里程45197千米,处理违章排水行为为25次,全力提高城市的抗涝能力。完成世纪大道、新郁路等道路照明工程6项,累计12千米、1072个光源。全年供水量25555.29万立方米,日均供水量70.01万立方米,水质综合合格率100%。全市总投资1.4亿元,新建天然气管网242.5千米,全年管道天然气销售量为5.4亿立方米,液化天然气和压缩天然气1948万吨。全年推进江阴城区热网整合工程26千米。全市新增照明建设管理道路12千米、光源1072个,累计建成照明设施620余千米,亮灯率和设施完好率分别为99%和98%。

(武传刚 朱 琴)

**【市政路桥管养】** 2015年,江阴市市政管理部门以全面提升市政管理水平、养护质量为目标,高标准、严要求狠抓市政道路设施养护工作。5月完成澄江西路隧道养护招投标工作,10月,完成市政道路设施养护作业招标工作。按照"道路巡查全面覆盖、道路修护快速反应、道路监管严格考核"精细化管理工作要求及文明城市创建要求,按照七网格三大类的划分,对城区市政道路设施进行专项整治。每周、每月的定期与不定期市政道路设施养护巡查与考核,做到发现问题及时解决,全面提升道路养护质量,为创建工作的进一步开展打下良好的基础。至年末，全市完成城区沥青、混凝土路面修补14374平方米，人行道板修复18401平方米，侧平石修复23392米，沥青灌缝24015米，市政设施完好率达到95%以上。桥梁养护及时到位，按照专业检测机构对管养范围内桥梁检测结果及维修建议，完成澄康桥、健康桥、朝阳关桥、绿园桥、芙蓉桥、阳光桥等桥梁的维修及养护；对芙蓉桥、东门桥进行维修加固工作，同时部署开展新一轮城区桥梁结构定期检测和常规定期检测工作。对西门桥、黄田港大桥、新虹桥等城区桥梁栏杆及吊杆等进行粉刷。牵头有关部门对桥下空间占用进行专项整治。老东门桥进行管道迁移等拆除前准备工作。市政道路挖掘规范管理，严格道路开挖审批，配合公用事业局审批中心窗口，进一步明确和规范申请开挖城市道路的有关办理条件、审批程序，全面提升开挖审批办事效率，是年办理开挖审批70件，审批率100%。

**【市政道路改造】** 2015年，江阴市市政建设管理部门按照一手抓进度，一手抓管理的要求，合理规划市政道路改造，科学制定改造施工方案。在保证施工质量和安全的前提下，抢抓时间，倒排工期，加快推动重点项目建设，全年完成君巫路改造、人民东路改造、环城北路改造等交叉口改造，促进路桥安全畅通运行。

**【城市防汛排涝应急管理】** 2015年，江阴市市政建设管理处立足于防大汛、抗大涝、抢大险，树立"早部署、快落实，抢时间、抓先机"的工作目标，提前组织汛前预防工作，主动采取各种应对措施，提高城市的抗涝能力。针对历年汛期中暴露出来的城市内涝状况，实施城区排涝设施改造工程，对多处渍涝路段雨水管道进行清淤、改造，工程于12月底基本结束。细化各应急队伍责任区域，优化防汛应急预案，强化应急力量架构。是年，受极端恶劣天气影响，城区范围内降水异常偏多，其中6月2日、6月16—17日、6月26—27日、6月29日降雨量均达100毫米以上，城区部分区域发生积涝情况，市政处迅速组织应急队伍投入排涝抢险工作，重点对部分道路交叉口、下穿通道等实施应急排涝，雨后3小时基本解决积涝问题，没有对群众生产生活产生重大影响，排涝应急管理能力得到群众肯定。（朱 琴）

**【环境卫生管理】** 2015年，江阴市环境卫生管理部门按照生活垃圾无害化处理的要求，严格执行垃圾控量、落实错峰清运、加强终端监管等各项措施，全力保障全市生活垃圾收运体系平稳运作。年内，面临城乡环境综合整治行动带来的生活垃圾日均进厂量居高不下情况，实施生活垃圾收运再控量计划。是年，全市无害化处理生活垃圾50.8万吨，平均日处理量1392吨，总发电量1.68亿千瓦时，向周边电网供应绿色电能1.44亿千瓦时，无害化处理率和全量焚烧率均达100%。加大收运环节的硬件设施投入，至年末，新增环卫作业车辆15辆，全市拥有压缩式中转站30座，配备压缩机60台，各类环卫特种作业车辆395辆，城区机械化清扫率达87.42%，生活垃圾密闭化收运率100%。

**【实施生活垃圾分类试点"12345"行动】** 2015年，江阴市政府出台《江阴市生活垃圾分类试点工作实施意见》，推行生活垃圾分类试点"12345"行动。分类试点行动涉及1个商业综合体（澄江福地商业中心）、2个自然村（顾山镇红豆村、月城镇沿山村）、3个居民小区（兴澄锦苑、江南华都、锦江花苑）、4个公立单位（机关管理局、公用事业局、江阴市初级中学、江阴市第一中学初中部）和5个菜场超市（花园菜场、北大街菜场、大统华超市虹桥店和城中店、吉麦隆超市河北街店）等15个点。至年末，15个点配备分类垃圾桶3300余只，设置垃圾分类收集亭14座，配备分类运输车辆2辆。通过座谈会、现场指导等方式，指导15个试点单位按照可回收物（蓝色容器）、有害垃圾（红色容器）、厨余垃圾（绿色容器）及其他垃圾（黄色容器）进行分类投放，环卫部门对各收集点按照分类收集、分类处理程序开展分类作业。是年，积极推动生活垃圾分类市场化运作，于12月30日完成生活垃圾分类服务外包项目招标，同步制定服务外包项目考核细则。（徐 蕾）

**【供水节水】** 2015年，江阴市水务管理部门推进供水管网建设工作，推动完成江阴大道管径1400毫米、滨江西路管径1000毫米、世纪大道管径1200毫米、峭岐人民东路管径500毫米等供水管道工程17个，新增管径100毫米以上供水管道79.65千米。全年供水量2.56亿万立方米，比上年同期增长1.8%，日均供水量70.01万立方米，水质综合合格率100%。加快推进高层住宅二次供水改造，至年末，完成高层老小区二次供水改造1个。根据《全市农村供水管网及一户一表改造工作实施方案》，加快推进全市农村供水管网及一户一表改造工作。年内，推动澄江街道等6个镇（街道）的12个行政村签订委托改造合同，其中澄江街道璜塘上村、南闸街道泗河村等6个村开始施工。加快应急水源地建设，12月25日绮山应急备用水源地工程库区正式开工建设。是年，江阴市通过国家节水型城市的复查，江苏江南水务股份有限公司通过省级供水服务标准化试点工作。至年末，江阴黄嘉喜来登酒店有限公司、江阴法尔胜线材制品有限公司、江阴信邦电子有限公司3个企业和江阴市阳光国际花园、江阴市香樟花园2个小区分别被评为江苏省节水型企业（单位）和江苏省节水型小区。（崔红发）

**【城镇生活污水处理】** 2015年，全市新建污水主管网30千米、农村生活污水处理设施50个。全市21个城镇污水处理厂设计投运能力51.25万吨/日，日平均处理量32.76万吨，年处理污水量1.36亿吨，设施利用率为72.7%。至年末，光大水务（江阴）有限公司下属石庄、滨江和澄西三厂共处理污水量6233万吨，日平均处理量17.07万吨，比上年减少0.53万吨，下降3%，支付污水处理费、污泥处置费分别为8795万元和854万元。城区和集镇建成区生活污水集中处理率为96.5%和86.89%。（黄骁勤）

**【城区生活污水管网设施管养】** 2015年，江阴市水务管理处按照管网设施管养科学化、制度化、规范化、精细化、常态化要求,狠抓工作落实,创新管理机制,完善管养体系,实现城区范围生活污水全量收集和安全输送任务。积极推动城区污水管网设施养护项目市场化运作,4月,无锡市市政基础设施建设工程有限公司通过公开招投标,对城区生活污水管网设施开展科学化、专业化管养。同时,修订完善《江阴市城区污水管网运行维护管理实施办法》,加强管养工作考核,提升管养工作水平。是年,累计疏通污水管网518.281千米,清疏污水井11050座,应急疏通管道29819.92米,清掏污泥663.5立方米,更换井盖60个,修复井框10套,检修水泵11套,城区污水管网设施年运行率达到98.6%,平均完好率达到95.8%。年内,收到"12345""110""数字城管"等各类投诉290件,有效投诉165件,按时办结率达100%。 (高 磊)

**【农村分散式污水处理设施实现一体化管养】** 2015年,根据《江阴市已建分散式污水处理设施一体化管养实施工作方案》规定,江阴市水务管理处积极推动分散式污水处理设施市场化、一体化管养工作。10月,江苏商达水务有限公司通过招投标,对全市已建成126套(除华士52套)中的74套污水分散式处理设施进行前期改造和接收运行,分散式污水处理设施改造金额为362.69万元。至年末,完成农村污水处理设施改造53套。 (卞 康)

**【天然气管理】** 2015年,全市总投资1.4亿元,新建天然气管网242.5千米。至年末,全市拥有天然气管网总长2136千米,其中高压管线252千米、中压管线832千米、低压管线1052千米。全年管道天然气销售量为5.4亿立方米,其中,工业用户621户,售气量3.4亿立方米;居民用户19.8万户,售气量0.9亿立方米;公共服务用户2678户,售气量1.1亿立方米。全市建有液化石油气储配站11座、液化石油气供应站28座,全年销售液化石油气3.2万吨;天然气汽车加气站10座,全年供应液化天然气和压缩天然气1948万吨。

**【城区热网建设工程】** 2015年10月28日,由江阴苏龙热电有限公司投资建设的江阴城区热网整合工程东南线18千米及凯育支线8千米全线建成投运。该工程于2013年10月开工,总投资约4亿元,管道主干线起自江阴苏龙热电有限公司,经滨江路、夏东路、芙蓉大道、人民东路、澄张公路、新华路至蟠龙山路,长达18千米,地埋敷设的管道超过16千米,地埋管道内管通径1020毫米、外管最大直径达1820毫米,建有27个沉井、2个过河桁架,16条顶管长度达2270米,单管供汽能力达450吨/小时。该热网工程将逐步替代城区滨江热电厂、花山自备电厂、红柳床单集团自备电厂,凯育热电厂等高能耗的热电小机组,实现江阴主城区、高新区、南闸街道、月城镇和青阳镇等区域集中供热。 (俞 平)

**【照明管理】** 2015年,江阴市照明管理处全面落实绿色照明评价标准,相继完成科技大道、世纪大道、暨南大道延伸段等6条道路路灯建设项目和城区部分景观亮化老旧设施改造工程。年内,完成《江阴市道路节能改造合同能源管理试点项目方案》制定,为滨江路、镇澄路、云顾路、澄杨路4条道路4616个光源实施节能改造试点做好准备。强化照明长效管理和日常考核,全年办理"12345"公共服务热线求助220次、"12319"城建服务热线派遣368次、日常报修312次,按时办结率100%。全年完成路灯迁移、拆除、补装202次。年内,完成景观亮化控制终端的提升改造327套,指导徐霞客镇建成江阴首个乡镇二级监控平台。至年末,全市新增照明建设管理道路12千米、光源1072个,累计建成照明设施620余千米,亮灯率和设施完好率分别为99%和98%。 (秦丽娟)

**【黄山港河区域污水管网工程竣工】** 黄山港河区域污水管网工程投资额480万元。建设内容包括敷设管线5332米,对大桥一村、大桥绿洲、丽都城市花园等三个小区实施雨污分流改造。该工程由信息产业电子第十一设计研究科技工程股份有限公司设计,江阴市晨辉市政工程有限责任公司中标承建,江苏建协工程咨询有限公司监理。工程于2015年10月开工,12月完工。工程竣工后,上述居民小区生活污水汇入黄山路新建污水主管,最终排入污水处理厂,有效改善黄山港河水质。

**【黄山路污水管网工程竣工】** 黄山路北段污水管网工程分南段和北段,其中北段北起澄江中路至文化中路,收集两侧公安局、检察院、行政事业中心等单位的生活污水,管道全长约397米;南段污水管网北起文化中路、南至东横河,收集两侧法院、移动公司、华锦园、飞虹苑、华泰御花园等单位和小区的生活污水,接入东横河污水截流管道,全长1304.5米。全程采用牵引施工,管材采用PE壁管,接口连接方式为热熔连接。该工程由信息产业电子第十一设计研究科技工程股份有限公司设计,江阴市晨辉市政工程有限责任公司中标承建,江苏四方监理项目管理有限公司监理。该工程主管部分于2015年3月开工,12月20日竣工。工程完善城区污水主管网,改变黄山路过去没有污水管道的状况。竣工投运后,能够有效收集黄山路两旁小区及公共设施排放出的生活污水,有效改善黄山港河及秦泾河的水环境。 (赵 恺)

**【澄塞河截流系统改造工程竣工】** 澄塞河截流系统改造工程总投资240万元。建设内容包括6座截流井、18座检查井的改造及管道清淤等。该工程由信息产业电子第十一设计研究科技工程股份有限公司设计,江苏广泽建设有限公司中标建设,建业恒安工程管理股份有限公司监理。工程于2015年10月开工建设,12月主体完工。该工程竣工后,将截流生活污水接入环城南路污水管,减少一次污水中途提升,有效减轻青果路泵站排水压力。该工程对防止河水倒灌至截流系统、截流系统污水渗漏至澄塞河,有效改善澄塞河水环境起到积极作用。

(陶 威)

**【江阴大道照明工程竣工】** 江阴大道照明工程,西起海港大道,东至世纪大道,全长约18.67千米,累计安装路灯1321套、箱变12台,投资额2500万元。该工程由无锡市照明工程有限公司设计,江苏伏特照明集团有限公司、江苏省淮安市东辰设备安装工程有限公司中标承建，南通城市建设监理咨询有限公司监理。工程于2014年7月开工，10月完工试运行，2015年5月竣工验收。该工程建成后，完善该道路的使用功能，给群众夜间出行提供便利。

（顾宇兴）

**【海港大道照明工程竣工】** 海港大道照明工程，北起浦江路，南至暨南大道，全长19.48千米，累计安装路灯1848套、箱式变压器11台，投资额3500万元。该工程由无锡市照明工程有限公司设计，南京路灯工程建设有限责任公司、江苏星火照明集团有限公司中标承建，南京工大建设监理咨询有限公司监理。工程于2014年7月开工，10月完工试运行，2015年4月竣工验收。该工程建成后，完善该道路的使用功能，给群众夜间出行提供安全保障。

（刘嗣峻）

## 电力供应

**【概况】** 2015年，江阴市供电公司紧紧围绕“依法治企年”活动工作主线，以安全稳定和优质服务为基础，以电网建设和企业发展为重点，有力有序推进各项工作，高水平完成全年目标任务。全年全社会用电量、供电量和售电量分别达到235.6亿千瓦时、213.61亿千瓦时和209.79亿千瓦时，分别比上年下降0.96%、0.75%和0.70%；供电线损率1.79%，比上年下降0.05个百分点；综合电压合格率城区和农村分别为100%、99.87%，供电可靠率城区和农村分别为99.98%、99.95%；电费回收率100%。完成电网建设固定资产投资2.14亿元。新建及改造10(20)千伏线路613.7千米，新增配电变压器244台、8.5万千伏安。至年末，江阴市供电公司拥有35千伏至110千伏变电所74座，主变容量642.2万千伏安。安全生产平稳，累计连续安全生产5495天。是年，江阴市供电公司按照江阴地区电网建设需要，科学规划电网，学习宣贯全球能源互联网战略，与华士、长泾等镇签订《一流配网建设合作协议》。完成“十三五”电网规划，在全省率先获批。全面推进配电自动化提升工程，新桥试点项目获省电力公司立项。竣工14个110千伏单主变改造工程，配电线路互联率达到100%。完成配网“卡脖子”治理目标，迎峰度夏期间配电线路“零超载”。开展国家城农网升级改造项目，实施“一流台区”创建工程，农村供用电环境得到显著改善。科学制定电力设施防汛标准，严格执行地下配电设施规划、设计、审查流程，电网防汛抗灾能力得到显著提升。开展“智能互动心服务 省心省钱绿色电”优质服务主题活动，创新投诉工单考核办法，公司投诉率仅万分之零点五。推出“电力护航稳增长”10项举措，跟踪服务全市87项重点项目，强化停电计划管理，统筹配变台区工作，大幅缩短计划停电时间和范围。圆满完成全国“两会”、北斗卫星发射等33项重要保电任务。落实尖峰电价政策，开展非工空调实战调控。构建智能互动服务体系，绑定微信服务号16.75万户。促请政府出台新能源汽车推广应用实施意见，服务并网分布式光伏项目34项。建成高低压及小容量岸电系统46套。关停自备电厂2家，完成电能替代任务3.67亿千瓦时。公司连续8次被评为全国“安康杯”竞赛活动优胜单位；被江苏省总工会授予“五一劳动奖状”；获江苏省电力公司2015年度“先进集体”“安全生产先进集体”“供电服务先进单位”等多项荣誉；被江苏省电力公司评为2015年度51个县级供电公司同业对标综合标杆、业绩标杆、管理标杆单位；华士供电所被评为“2014—2015年度中国最美金牌供电所”。

**【获评全国“安康杯”竞赛优胜单位】** 2015年，江阴市供电公司在全国“安康杯”竞赛中，贯彻落实省电力公司各项决策部署，严格依法治企，深化改革创新，大力弘扬“争先领先率先”主旋律，牢牢抓住安全稳定这个根本，扎实推进各项工作。建设法治企业，保障经营管理依法合规，深入贯彻落实省电力公司文件精神和决策部署，扎实开展“依法治企年”活动，努力推动活动取得实效。落实重点任务，全力确保安全稳定良好局面。认真贯彻新《安全生产法》，扎实推进“八项主题安全专项活动”，深入开展缺陷隐患整治和打非治违专项行动。逐级签订安全生产责任状，组织参加注册安全工程师考评，全面提升安全意识和职业技能。开展“安全日”“安全生产月”等系列活动，设立安全曝光台，曝光违章及不安全行为。扎实开展安全大检查，消除薄弱环节及事故隐患。加强“三个建设”（党的建设、队伍建设、企业文化建设），打造健康和谐的发展环境。扎实推进“三严三实”* 专题教育活动，加强干部队伍建设，深入开展岗位练兵和技能竞赛，鼓励员工积极参与技术革新和项目攻关，不断丰富职工文化生活，加强班组文化环境软硬件建设，积极倡导“爱岗敬业、爱班如家”的价值取向。企业管理水平稳步提升，“三个建设”全面加强，公司保持安全稳定良好局面。10月，被中华全国总工会、国家安全生产监督管理总局表彰为全国“安康杯”竞赛优胜单位，连续八年获此殊荣。

**【分布式光伏并网服务】** 2015年，江阴市供电公司从政策宣传、技术咨询、业务受理、并网服务等方面，为光伏发电项目提供全过程的上门服务，第一时间为申请方提供接入系统方案和咨询服务。由于分布式光伏项目投资大、回收期较长，供电公司在加强对用户提供技术支持和政策解读的同时，对所有申请项目都认真查勘，从客户角度出发，制订客户投资收益和电网安全稳定运行的最优化方案，及时就接入事宜向客户进行答复。项目并网后，公司相关技术人员定期上门对所有分布式光伏发电和并网设备进行安全检查，对抄表数据进行分析，发现异常立即联系客户，出动用电检查人员到现场进行排查。并采用QQ群、微信群等沟通交流工具与客户沟通，每个抄表期后及时通过这些交流平台发布抄表数据，让客户能在第一时间开具电费发票，3天内完成结算单的制作与上报，缩短电费补贴结算周期，确保并网用户无后顾之忧。年末，江阴有80个分布式光伏项目并网，累计并网容量73.14兆瓦，并网项目、并网容量分别占无锡地区并网项目总数、总容量的60%、65%。

【港口岸电系统推广】 2015年,港口岸电系统推广应用是江阴市供电公司大力推进电能替代、积极履行社会责任的一项重点工作。岸电系统是指船舶在靠泊期间停止使用船舶上的发电机,改用陆地电源供电的系统,分为岸上供电系统、电缆连接设备和船舶受电系统3个部分。应用岸电系统不仅能有效满足船舶机动和通讯照明等用电需求,降低船舶发电成本,还能大量减少船舶硫氧化物等废气的排放。该系统具有节能、减排、降噪的特点,能有效降低船舶靠港成本,具有显著的经济和社会效益。江阴境内沿江深水岸线长达35千米,拥有千吨级以上泊位87个、万吨级以上泊位43个。据测算,江阴地区来自船舶的二氧化硫排放量占全市排放总量的67%,氮氧化合物占14%,颗粒物占6%。市供电公司积极与市经信委、环保局、交通局等相关部门联合,推动县级层面相关支持电能替代和岸电的政策出台。组织相关单位召开岸电推广会,制作岸电宣传彩页,对比传统用能与岸电技术的优劣,广泛宣传电能替代和岸电技术,加强低压岸电系统推广和小容量岸上接电装置推广,对争取到的优惠政策及时向客户传达。公司领导多次前往江阴中信码头有限公司、兴澄特钢有限公司、中粮麦芽江阴有限公司、江苏利港电力有限公司等企业,向客户推广应用岸电系统,推动靠岸船舶节能减排。12月,中船澄西船舶修造有限公司建成投运2套800千伏安的岸电系统,主要用于船舶靠港维修。江苏江阴港港口集团股份有限公司建成投运2套630千伏安的岸电系统,主要用于靠岸运输船舶使用。

【华士供电所获评中国最美金牌供电所】 在中国电力传媒集团有限公司主办的2014—2015年度"让人民群众满意用电　寻找最美供电所"评选活动中,江阴市供电公司华士供电所被评为全国30个"中国最美金牌供电所"之一。华士供电所以真诚对待客户,从客户需求出发,用心、贴心做好供电服务的细节工作。该所为辖区内负荷控制客户推出"购电CALL(电话)"服务,及时进行"购电CALL"免费服务提醒,为大客户负控购电实现"零跳闸",避免企业因跳闸造成损失,受到企业主们的欢迎。建立社区客户经理服务平台,在小区公示栏、副食店门口或百姓聚集地每月定期公布电量电费信息,并在公布栏内公示客户经理联系方式,方便给用户释疑解惑或提供相关的服务。社区客户经理和"亲情"党员服务队队员与孤寡、残疾老人实行"一对一"结对服务,开展"常走进"活动,每月走进敬老院、校园、五保户、困难户,帮忙解决用电和生活之忧,义务对电气设备进行健康体检,确保用电安全。华士供电所是继江阴新桥供电所获得首届"全国最美金牌供电所"后,又一全国"最美金牌供电所"。至此,江阴市供电公司荣获全国"最美金牌供电所"称号的供电所达到2个。

【构建智能互动服务体系】 2015年,江阴市供电公司打破单一服务模式,大力推广"江苏省电力公司"微信服务平台、"电力一点通"APP客户端应用软件。微信服务平台为客户提供账单推送、充值缴费、实时电量、停电信息查询等多种服务。"电力一点通"是江苏电力智能电网新开发的手机APP项目,主要服务对象为高压企业电力客户,以方便高压用电客户更便捷的查询所在企业基本档案、供用电概况、账务信息、用电负荷、业务办理记录等企业用电相关信息。供电公司制定详细的实施方案,成立专门工作小组,多措并举推广微信绑定及"电力一点通"APP客户端安装。供电员工利用休息时间上门一户户宣传,手把手教客户进行微信绑定;员工走进企业、学校,集中进行宣传推广;社区经理在各小区设摊,向居民推荐供电微信平台绑定业务。12月底,"江苏省电力公司"微信绑定客户数达16.75万户,高压用户100%绑定"电力一点通"APP项目,客户服务信息互动化水平明显提高。

【计量装置封闭性改造】 计量装置封闭性改造主要对原有居民区集中表箱及接户线进行整体改造,并根据楼道实际情况重新设计表箱位置及走线排布,加粗箱内接户进线,使布局配置更为合理。从2010年开始,江阴市供电公司多次大规模实施计量装置封闭性改造,使9.3万余户城区居民受益。2015年,公司投资6000万元用于计量装置封闭性改造,此次计量装置封闭性改造不再局限于城区范围,延伸至各乡镇。考虑到各镇居民区原有集中表箱安装年代不同、规格差异较大,以及计量装置类型不一,该轮计量装置封闭性改造前供电公司专门就改造范围、工艺标准、施工要求进行调研,充分听取各乡镇供电所的意见建议,对改造方案做进一步优化。4月初,该项目在徐霞客镇的桃园新居先期试点实施。从4月下旬起,在江阴各乡镇居民老旧小区全面铺开。12月,该项目全面竣工。此项改造被江阴市政府列入"江阴市2015年度惠民工程"。封闭性改造后能有效解决老旧小区居民集中表箱内线径过细、设备老化、箱体破损等问题,居民计量装置的安全性能和受电能力大幅提升,也有助提高集中小区居民用电质量、加强安全用电管理。此次改造惠及17.8万户江阴居民用户。

【"一对一"服务重点重大项目】 2015年为江阴市"项目建设突破年",江阴市于5月初列出87项重点重大项目,含工业项目41项、服务业项目29项、基础设施和社会事业项目17项。其中华欧德变速器、长电科技集成电路封装等6项项目单体投资超50亿元。江阴市供电公司成立6支重大项目供电服务团队,让所有重点项目的电力配套设施早设计、早审核、早施工、早接电,让项目早建设、早投产、早收益。服务团队由公司领导班子成员挂钩带队,按照"一个领导、一个团队、一名客户经理"的原则进行配置,每个团队成员包括营销、基建、设计、运检等方面的专业骨干,服务定项、定时、定人,及时协调解决重点重大项目的用电困难和疑问。服务团队对重点重大项目实施"一对一订单式"服务,在充分掌握项目单位电力配套工程建设需求的基础上,根据项目单位各自实际制定个性化的服务方案。供电公司对所有重点重大项目的电力配套工程建设实行全过程管控，按照“方案编制、设计、施工、送电”4个阶段，每月检查电力服务推进进度，形成进度表，每月下旬定时报送市委、市政府、各镇政府、开发区，确保所有项目的电力服务及时跟进。同时，供电公司也与江阴市政府和重点工程19个板块区建立常态信息沟通机制，随时跟踪各板块项目落户情况。

【海上测控任务电力保障】 2015年，江阴市供电公司落实海上测控任务安全供电工作的要求，公司相关部门统一部署、精心安排，编制安全防护标准，按照“一任务一预案”要求，以确保电力供应“零闪动”为目标，对基地电气操作人员强化培训，完善细化应急处置预案，协助基地内部操作手册落实到具体岗位和人员。对基地设备开展特巡和隐患排查，整改隐患或危险点4处。加强相关线路和变电所的巡视检查工作，任务期间加强设备巡视和值班力量，相关变电所由无人值班改为有人值班，派专人到基地现场参与值守，公司领导及相关部门负责人在公司值班室加强值班。完善应急抢修队伍，完成抢修物资、工器具、抢修车辆等准备，确保突发情况下第一时间协同处置。是年，江阴市供电公司完成3月30日首颗“新一代北斗导航”卫星发射、9月12日“一号通信”技术试验卫星发射、9月30日第4颗“新一代北斗导航”卫星发射、10月17日“亚太九号”通信卫星发射、11月4日“中星2C”卫星发射、11月21日“老挝一号”通信卫星发射、12月10日“中星1C”卫星发射、12月17日“悟空”暗物质探测卫星发射、12月29日“高分四号”卫星发射的海上测控基地保供电工作。

【江阴地区电网结构完善】 2013年起，江阴市供电公司及时转变电网规划建设思路和项目安排重点，积极向上争取，实施江阴电网加强工程。2015年，江阴市供电公司结合江阴地区电力供需形势和电网实际，在电网建设方面坚持基本建设与技术改造并举，满足需求和完善结构并重，科学规划电网发展，由过去的以追求容载比和布点为主，变为以完善结构、改造老旧设备为主，不断疏通瓶颈，解决“单线、单变”等不安全、不可靠问题。是年，江阴地区完成14座110千伏变电站单线单变改造项目，新增110千伏主变14台，总容量620万千伏安。完成8座变电站和5条输电线路改造任务。配电线路互联率达到100%，绝缘化率达到77.1%。完成配网“卡脖子”治理目标，迎峰度夏期间配电线路“零超载”。开展城农网升级改造项目，实施“一流台区”创建工程，农村供用电环境得到显著改善。 （谢斌鑫 张优花）

## 房地产开发

【概况】 2015年，江阴市房产开发管理部门以服务企业、服务群众为目标，以加强开发资质审核和综合验收管理为抓手，进一步完善房地产开发行业管理工作流程，进一步加强新商品房建设及交付使用管理，规范交付使用竣工验收操作程序，维护商品房交易中双方当事人的权益，确保商品住房项目单体工程质量，节能环保性能、配套基础设施和公共设施符合交付使用的基本要求。在全面推行商品住房工程质量分户验收制度的基础上，建立健全商品住房交付使用管理制度。是年，江阴市综合开发管理办公室对70项项目进行综合验收，面积398.33万平方米。被验项目组织内部设施基本完善，公共设施和绿化配套相应到位，符合验收条件。发放住宅质量保证书、住宅质量说明书23151套，非住宅商品房使用说明书、非住宅商品房质量保证书4470套。会同有关单位及时、有效地处理房产领域的各类投诉，受理投诉632件，其中“12345”投诉551件，电话投诉81件，反映质量问题的占52.2%，反映配套设施问题的占5%，反映以咨询为主的其他问题占42.8%，回复632件，回复率达100%。

【房地产企业资质管理】 2015年，江阴市房地产开发管理部门认真按照资质办理流程以及资质等级核准条件严格审核上报。对195个房产开发企业的资质进行清查，按照开发资质到期的时间，提前进行电话、邮件的通知，使开发企业能及时办理资质延期。受理审核房地产开发企业资质核准、延期申报及变更181个企业，其中资质核准53个，办理延期及变更128个。资质发证167个。

（王馨怡）

## 房地产保障与管理

【概况】 2015年，江阴市住房和城乡建设部门办理房屋所有权登记

2015年，扬子华都住宅小区由江苏华西扬子置业有限公司开发建成。图为该小区外景 （党 辉 摄）

69894 次,其中初始登记 392 次;转移登记 27700 次;变更登记 2027 次;预告登记 15255 次;房屋他项权利登记 24497 次,注销登记 2 次,其他登记 21 次。归集维修资金 18137 户,总建筑面积 359.95 万平方米,总金额 28244.24 万元,归集保修金 4832 万元,受理维修项目 2659 项,投入资金 634 万元,退还保修金项目 26 项,金额 900 万元。保障性住房建设有序推进,住房保障体系进一步完善,第四期保障房 12 万平方米主体竣工,第三期 394 套公租房简装完毕投入使用,全年新开工建设各类保障房 722 套、建成各类保障房 1078 套,超额完成省下达任务。是年,规范物业管理,认真推进达标创优和资质升级,9 项项目被评为 2015 年度无锡市物业管理示范项目;1 个物业企业资质三级升为二级,1 个物业企业暂三级升为三级,5 个物业企业获暂三级资质。全年完成 34 项项目的前期物业招投标开标定标。完成房屋安全鉴定 418 次,出具房屋安全鉴定报告 45 份,总计鉴定面积 9.3 万平方米。其中出具危房鉴定报告 33 份,鉴定面积 6841 平方米,出具旅馆等公共场所房屋安全性鉴定报告 7 份,鉴定面积 1.7 万平方米。

**【老小区改造有序推进】** 2015 年 2 月,由江阴市住房和城乡建设局牵头,澄江街道实施,制定具体可行的老小区改造实施方案,从整修路面、外立面出新、停车位改造等方面对五星花苑、文富一区、普惠苑一区、五云家园、花园一村、延陵路 169－197 号、黄龙三村 13－23 幢、黄龙新村 16－21 幢、北干宿舍、南街 278－292 号、华昱千禧苑、先锋公寓(小河二村)、名都公寓、健康花园、创新一村(公园路 22 弄)等 15 个建造年代较早、基础设施较差的老小区进行改造。12 月底,老小区改造工程全部竣工,增加车位 2500 余个,在缓解老小区停车难问题的同时,小区环境得到显著改善。

**【保障房准入退出机制严格执行】** 2015 年,江阴市住房和城乡建设局按照"三审核两公示"的审核制度(三审:所在社区初审,澄江街道和民政审核,各相关部门联合会审,两个公示:街道审核公示,各相关部门联合会审后公示)。做好住房保障工作,截至 2015 年底,累计廉租住房保障 896 户,其中租金补贴 515 户,实物配租 381 户,累计公租房审核配租 346 户,共 244 套。强化退出机制,截至 2015 年底,全年腾退公租房 114 套,经济适用房上市 65 户,取消廉租房保障家庭 484 户,其中租金补贴 345 户,实物配租 139 户。

**【扩大住房保障范围】** 2015 年,江阴市住房和城乡建设局进一步扩大分配范围,推进农业转移人口市民化,把进城落户农民全部纳入住房保障体系。至年底,江阴市在保家庭共计 11439 户,其中低收入家庭廉租住房和外来务工人员、新就业大学生公共租赁住房保障 8291 户,中等偏下收入家庭经济适用住房保障 3148 户。 (邱　敏)

# 村镇建设

**【概况】** 2015 年,江阴市住房和城乡建设局以科学规划为引导,扎实推进新型城镇化和城乡发展一体化工作。强化村镇建设管理,优化城镇化布局和形态,推进以人为核心的城镇化进程,将生态理念融入城镇化工作,对传统街区、传统村落、历史建筑进行挖掘保护,保存城镇文化内涵,提高城镇建设水平。注重村庄环境长效管理质量,促进镇(街道)基础公共服务的均等化,巩固全市村庄环境整治成果,使村庄环境长效管理呈现常态化。做好无锡市下达的 50 个村庄环境长效管理示范点工作,提升星级康居乡村环境质量,做好"美丽乡村"和宜居镇、宜居村庄、宜居小区创建工作,完成年度农民集中居住任务,完善自查考核与台账资料的收集整理。全市 15 个镇(街道)办和 2 个经济开发区完善全国农村人居环境信息系统。全市 15 个镇(街道)下辖行政村 233 个(有下辖自然村),自然村 3084 个。镇区现状用地面积 0.8 万公顷,人口 23.71 万人;农村现状用地面积 1.03 万公顷,人口 43.71 万人。长江自来水覆盖率 100%,日供水能力 52.36 万立方米,供水管道长 1612 千米。绿地面积达 0.21 万公顷。

**【新型城镇化和城乡发展一体化】** 2015 年,江阴市住房和城乡建设局以人的城镇化为核心,以城乡发展一体化为导向,以提高城镇化质量为关键,积极探索符合全市发展实际的新型城镇化和城乡发展一体化路子。建成无锡地区首个"江苏省美丽乡村"临港街道江市社区球庄村,硬件、软件作为范本在无锡市推广。新桥镇被住房和城乡建设部确定为宜居小镇示范。

**【村庄环境长效管理】** 2015 年江阴市村庄环境长效管理领导小组进一步健全村庄环境考核督查机制,实行定期考核和不定期暗访、督查相结合。全年组织考核 4 次,迎接无锡市考核 2 次,50 个村庄环境长效管理示范点全部通过无锡市验收,12 个"三星级康居乡村"通过江苏省验收,至此,41 个"三星级康居乡村"全部通过江苏省验收。

**【农民集中居住】** 2015 年,江阴市住房和城乡建设局加快农民居住小区和保障房建设,以项目建设推进农民集中居住,完善多位一体的住房供给和保障体系。加快推动农民集中居住的工作进程,统筹城乡一体化发展。是年,全市完成撤并 30 个自然村,涉及 1407 户 4612 人,拆除建筑面积 36.21 万平方米,撤并费用 11.91 亿元。

**【农村人居环境信息系统建设】** 2015 年,江阴市住房和城乡建设局全国农村人居环境信息系统建设工作受到江苏省住建厅表彰,并获得全国农村人居环境调查奖补资金 2 万元。年内继续完善该系统,做好农村人居环境信息 6 类 48 项指标的采集工作,全面掌握镇(街道)、村的第一手资料,至年末,此项工作基本完成。 (张晓芸)

■类目编辑　党　辉

## 综　述

**【概况】** 2015年，江阴市环保局坚持“绿色发展”不动摇，紧紧围绕生态文明建设主线，将加强环境保护与保增长、调结构、惠民生有机结合，努力发挥环保倒逼作用，着力解决影响群众健康和可持续发展的突出环境问题。年内，注重污染源治理和总量管理，全力改善大气环境质量；注重水环境考核，持续推进黑臭河道整治；加强固体废物管理，推进危险废物规范化管理；注重属地负责，有效提升执法效率；注重民生实事的落实推进，开展惠民利民行动。是年，审批各类项目752项，完成建设项目的环境保护竣工验收473项，预审核与辐射类建设项目41项，缩短办事时间8040个工作日，综合当场办结率6.8%，群众满意率100%。全市集中式饮用水源地水质达标率100%，市区空气优良率64.9%，比上年上升6个百分点。城市环境噪声功能区达标率100%，化学需氧量、氨氮、二氧化硫及氮氧化物四项污染物指标分别比2010年下降32.2%、28.4%、30.9%、36.6%，超额完成“十二五”减排任务。优化生态红线区域，占市域面积的21.06%。污染源现场检查出动15934人次，检查企业5707个次，其中节假日/夜间检查企业791个次。行政处罚立案304件，立案金额1274.74万元，排污费累计征缴7025万元。接报调处各类环境信访事件6408件，其中省级以上365件，接报率及调处率均为100%。全市生产、生活和生态空间不断优化，生态环境面貌持续好转。

**【环保宣传】** 2015年，江阴市环保宣教工作紧紧围绕环保中心工作，牢固树立大局意识、服务意识和协作意识，在提升宣传质量和水平上积极尝试。是年，市环保局组织举办首届“光大杯”环保知识大赛、首届环保公益海报巡展、民生环保咨询活动、绿色学校绿色社区开放日活动、环境科普教育展示馆免费开放活动等。播出环保电视专题《聚焦环保》6期、环保电台专题《幸福家园好环境》25期，在《江阴新闻》播出环保新闻31条；在《江阴日报》刊发《江阴环保》专版4期、发布环保新闻稿件35篇，在《中国环境报》发稿4篇，发布环保手机报15期；在环保政务微博累计发表微博2902条，该微博被评为2015年江苏省十大最具影响力环保政务微博；在江苏环保网站上发稿41篇，发布江阴环保专栏1篇；配合江苏省环保宣教中心完成“带着微博看环保——江阴站”大型采访直播活动，在市环保局网站上发稿247篇；“6·5”世界环境日期间，在电视台、报纸和网站上公开空气质量，并通过报纸、网站等媒体向社会公开企业环保信用评定结果。年内，编印新修订的《中华人民共和国环境保护法》、江阴企业必读手册，让企业了解新法、遵守新法，在政府、环保局网站刊登环保系统投诉受理电话、投诉举报网地址等，在学校、闹市区、主干道等悬挂环保宣传标语180余条，提升公众参与环保大检查的热情，营造大检查共同参与氛围；举办全市环保业务培训班，对新环保法及配套实施办法、大气污染防治、生态红线保护和资金补偿、固废管理以及环保大检查5方面内容进行系统的培训；在及时报道绿色企业先进的治污经验和环境管理办法的同时，曝光企业环境违法行为和典型案例，积极宣传报道新修订的《中华人民共和国环境保护法》实施以来对江阴按日计罚、查封扣押等典型案例，切实提高全市企业环保责任意识。

**【环保审批】** 2015年，江阴市环保局优化服务，提高效率，踏实做好项目服务工作。年内，新增建设项目竣工环境保护验收业务，修改完善《江阴市建设项目试生产、竣工环境保护验收技术管理规范(试行)》；创新服务模式，开展上门业务，提前介入项目，现场指导办公近50余次，上门服务中芯长电半导体(江阴)有限公司等企业30余次；严把审批关口，对环保基础设施不完善的部分乡镇建设项目区域限批，确保区域环境稳定；主动在市环保局网站上公开建设项目环评审批的相关信息，确保阳光操作、保证公众的知情权。是年，完成行政许可件1225件，审批各类项目752项，对194个企业新、改、扩建项目的排污总量进行审核，完成建设项目的环境保护竣工验收473项，缩短办事时间8040个工作日，综合当场办结率6.8%，群众满意率100%，按期完成率100%，审批正确率100%，未出现

2015年6月,江阴市环保局、江阴广电集团共同主办的首届“光大杯”环保知识大赛 (魏林兴 摄)

办事人员投诉事件。市环保局行政许可科被市政务服务中心评为2014年度先进集体,获“红旗窗口”荣誉称号3次。 (李玉芳 姚京君)

**【生态补偿机制建立】** 2015年7月,江阴市按照无锡市《关于建立生态补偿机制(试行)》要求,结合全市实际,出台《关于建立生态补偿机制的实施意见(试行)》,对生态环境能力或生态环境价值的补偿,包括对为保护和恢复生态环境及其功能而付出代价、做出牺牲的区域、单位和个人进行经济补偿,对因开发利用自然资源而损害环境功能或导致生态环境价值丧失的单位和个人收取经济补偿等,逐步建立科学合理、公平公正、规范有效的生态补偿机制。该补偿机制以村为主要补偿对象,把水稻田、蔬菜地、公益林地、经济林地、重要湿地、水产养殖区、水源地保护区等均纳入生态补偿范围,生态补偿资金除临港开发区和高新区辖区自行承担外,其他区域全额由市财政承担。补偿资金主要用于生态环境保护、农田水利设施建设、农作物秸秆机械化还田等领域。该意见的出台进一步明确了生态补偿的基本原则、主要领域、补偿范围、补偿对象、资金来源、补偿标准、相关利益主体的权利义务、考核办法、责任追究和实施方法步骤等要求。是年,全市生态补偿资金1.06亿元。

(陈光普 吴 双)

## 生态环境治理

**【概况】** 2015年,江阴市环保局紧紧围绕群众关心的生态环境问题,明确重点、落实举措,切实维护良好的生态环境。优化调整生态红线划定,增强经济社会可持续发展生态支持能力,保障全市生态安全;推进城市河道治理,完成应天河清淤,黄山港河截污工作,绮山中心河清淤和管网排查等工作,整治黑臭河道,对全市15个镇(街道)18条河流加强河道整治。强化机动车尾气污染监管,着力推进燃煤锅炉整治,全力推进年度大气污染防治重点工程项目建设,保障空气质量;深入推进江阴覆盖拉网式农村环境综合整治,出台《江阴市覆盖拉网式农村环境综合整治实施意见》,推进12个村庄生活污水处理收集工作,年内7个村庄完成该项工作。是年,全市集中式饮用水源地水质达标率100%,市区空气优良率(AQI指数)64.9%,比上年上升6个百分点。城市环境噪声功能区达标率100%,化学需氧量、氨氮、二氧化硫及氮氧化物四项污染物指标分别比2010年下降32.2%、28.4%、30.9%、36.6%,超额完成“十二五”减排任务。制定并下发《江阴市2015年度大气污染防治年度实施计划》《江阴市高污染燃料锅炉大气污染整治工作方案》《江阴市高污染燃料锅炉大气污染整治以奖代补实施办法》,争取市财政燃煤锅炉整治资金6000万元,淘汰燃煤锅炉235台。至年末,实施机动车环保检测176901辆,发放环保标志281159张,其中绿标261177张,黄标19982张。

**【生态红线优化】** 2015年,江阴市环保局结合省级生态红线区域的调整,会同市城乡规划设计院,委托环保部南京环科所对原有生态红线边界进行精准定位核实,新增石庄化工园区东边界以东500米区域,规划春江路以北的澄西湖备用水源和对应的长江水域为长江湿地,芙蓉湖公园纳入要塞森林公园红线区域,暨南大道以北、锡澄高速以西徐霞客镇部分地块纳入马镇河流重要湿地,并同步划定市级生态红线。优化调整后,全市省级生态红线区域面积为120.37平方千米,占全市国土面积的12.20%;生态红线区域总面积为207.86平方千米,占全市国土面积的21.06%。生态红线的优化,有利于保障生态安全格局,维护江阴市生态安全及公众健康。

**【水环境整治】** 2015年,江阴市着力改善河道水质,制定《江阴市水环境质量考核办法》,推进新沟河延伸拓浚、绮山应急备用水源地等工程建设,开展集中式饮用水源地达标整治,落实全市河网保护措施,深入推进太湖治理、主要市级河道综合整治和畜禽养殖专项整治,确保区域水质大幅改善。年内,进一步推进城市河道治理,完成应天河清淤、黄山港河截污、绮山中心河清淤和管网排查等工作,水质得到有效改善。整治黑臭河道,对全市15个镇(街道)18条河道进行清淤、沟通水系、污水截流等,分批落实整治。年末,除新桥镇白子港和临港经济开发区利港中心河进行对外招标外,其余16条河道的整治及水质监测工作全部完成。

**【大气污染防治】** 2015年,江阴市积极贯彻落实大气污染防治“国十条”(国务院《大气污染防治行动计划》)和“省十条”(江苏省《大气污染防治行动计划》)工作要求,制定下发《江阴市2015年度大气污染防治年度实施计划》,明确江阴市各职能部门大气污染防治目标责任。年内,顺利推进年度大气污染防治重点工程项目建设，列入省大气污染防治年度目标任务的222项大气污染防治项目，除锡澄运河岸电系统改造项目因涉及河道拓宽拆迁需结转至2016年外，其余全部完成。大力推进燃煤锅炉整治，出台《江阴市高污染燃料锅炉大气污染整治工作方案》和《江阴市高污染燃料锅炉大气污染整治以奖代补实施办法》，争取市财政燃煤锅炉整治资金6000万元，全年完成淘汰10蒸吨以下燃煤锅炉235台。完成江阴兴澄特种钢铁有限公司、江阴华西钢铁有限公司烧结机、炼钢、炼铁工段脱硫除尘改造并投入运行，推动江阴市海豹水泥有限公司、江阴绮星水泥有限公司等4个水泥粉磨站企业完成除尘提标改造。加快热网整合工程建设步伐，完成江苏阳光云亭热电有限公司、江阴市红柳集团热电厂、江阴泰富兴澄特种材料有限公司热电厂、江阴滨江热电有限公司、江阴市凯育热电有限公司、江苏双良科技有限公司热电分公司6个企业整合关停，完成江阴苏龙热电有限公司1号、2号、6号机组、江阴利港电厂1号、2号、5号、8号机组超低排放工程改造。做好"16+1"中国—中东欧国家领导人会晤活动及第二届世界互联网大会空气质量保障，通过对钢铁、水泥、化工等重点行业企业采取限产停产措施，完成会议期间空气质量管控要求。继续开展大气源清单调查，完善充实大气污染源排放清单数据库，初步完成全市工业企业二氧化硫、氮氧化物等10项大气污染物排放总量、行业分布等数据汇总分析，为大气污染治理、大气重污染天气环境应急预案实施等工作提供技术支撑。依托大气污染源排放清单数据库，开展建设项目颗粒物、挥发性有机污染物总量平衡，从源头上控制新建项目大气污染物排放总量。是年，进一步规范江阴市机动车排气污染环保检测机构运行管理和环保标志发放管理，全市实施机动车环保检测176901辆，发放环保标志281159张，其中绿标261177张，黄标19982张。

**【固体废物处置】** 2015年，江阴市环保局梳理污水处理厂污泥产生情况，全市38个污水处理厂年均产生24.12万吨污泥。年内，市环保局召集污水处理厂法人代表，各乡镇环保条线负责人召开污水处理厂规范化运营和污泥规范化处置会议，规范各个处置环节；把好危险废物产生的源头关，全年对103项涉及危险废物产生的项目反馈固体废物管理意见；及时梳理辖区内危险废物贮存情况，落实转移焚烧处置2000余吨；积极配合江阴市秦望山产业园投资发展有限公司推进危险废物焚烧和填埋处置项目建设，全面推进光大垃圾发电厂三期工程建设。至年末，全市有578个企业开展危险废物管理计划申报，申报产生危险废物38.89万吨，其中，14个危险废物经营单位申报经营危险废物21.94万吨。

**【节能减排】** 2015年，江阴市节能减排主要任务是消化新增量。年内，进一步完善镇（街道）考核制度，加强对各镇（街道）的水污染减排考核，在原减排指标完成的基础上增加环境质量、环境管理等指标，实行综合评定考核制度；完善区域平衡制度，实施建设项目新增总量区域平衡制度，新增水污染物在同一污水处理厂或同一河流进行平衡；严格把控审批工作，做到区域未完成上年度减排任务不批、区域内无总量指标平衡来源不批；完善交易办法体系，对原排污权交易办法进行修改完善，并报市法制办备案公布，对194个企业新、改、扩建项目的排污总量进行审核，有8个企业办理排污总量交易，交易费75.6万元；开展许可证发放准备工作，根据省排污许可证发放管理办法，开展358个重点企业污染物化学需氧量、氨氮、总磷、总氮、二氧化硫、氮氧化物六项主要污染物排污总量的初步核定调查工作。至年末，化学需氧量、氨氮、二氧化硫及氮氧化物四项污染物指标分别比2010年下降32.2%、28.4%、30.9%、36.6%，超额完成"十二五"减排任务。

（李玉芳　姚京君）

## 生态环境优化

**【概况】** 2015年，江阴市园林旅游局按照大力优化城市生态环境，深入推进全市打造城乡"生态绿网"的目标要求，努力加强园林绿化规划设计，高标准推进绿化工程建设，精细化实施养护管理，严格加强依法护绿工作。全市完成全民义务植树100万株，开展"绿化广场咨询""送绿进社区"等系列活动，向市区28个社区赠送花草花籽和绿化技术服务，发放宣传册1500多册。年内，建成金科东方王府、爱家名邸、泓佳·尊园、泓佳和院园林式居住区4个。至年末，全市建成区绿化覆盖率42.68%，绿地率39.3%，人均公园绿地面积15.94平方米，新增绿地277.6万平方米。

**【绿化工程建设】** 2015年，江阴市园林旅游局通过推进系列绿化工程项目建设，使江阴市绿量大幅增加，景观品位提升，绿化系统更加完善。年内，实施江阴大道、海港大道两侧绿化工程，完成绿化面积196.5万平方米，总投资额22458万元；推进虹桥南路及新工农河、青山路城乡重要道路绿化工程，完成绿化面积2.06万平方米，总投资额401万元；完成前进路、中山南路、仲伟路、塘前路绿化面积5438平方米，总投资额135万元；完成暨南大道延伸段中侧分带绿化面积1.87万平方米，总投资额168万元。至年末，全市新增绿化面积277.6万平方米，工程总投资额23162万元。

**【绿化环境整治】** 2015年，江阴市园林旅游局根据江阴市创建全国文明城市的任务部署，按照《江阴市城乡环境综合整治三年行动计划（2015—2017）》中涉及园林绿化的有关要求，切实加强城乡绿化环境整治。年内，扎实推进城乡接合部、老小区和城中村绿化环境整治，完成一、二期环境整治项目。其中，一期项目包括麦德龙周边、大桥南路芙蓉大道路口、立新路花山路口、青山路沿线、通惠路、普惠路、人民东路东外环路口等环境整治；二期项目包括幸福华都南侧、黄田港大桥西南埢、普惠中心河、人民西路西外环东南侧、人民东路澄塞河南侧、芙蓉湖公园东侧、新华路等环境整治。两期项目共整治绿化20多万平方米，总投资额2500万元。年内启动实施第三期绿化环境整治。

**【城乡绿化管护】** 2015年，江阴市园林旅游局修订出台新的《江阴市园林绿化管护考核管理办法》,充实调整养护市园林绿化考核办公室人员力量,以典型损毁绿地案例查处为导向,切实增强爱绿护绿意识,重点解决乱开挖、乱停车、乱种植、乱堆放等损绿毁绿现象,保护绿化成果。是年,由市财政负责督查考核的绿地面积2912.34万平方米,分31个标段,分别由22个企业的1689名养护工人负责养护,开展人员、植保、安全、施肥、涂白等一系列专项考核工作。年内,市园林绿化管理所高效处置各类群众诉求和联动工作,处理“110”联动事件164件,“12345”咨询投诉事件345件,“12319”城管信息联动事件1821件,群众电话诉求事项96件,绿化行政审批踏勘事项40件。

**【绿化科研创新】** 2015年,江阴市园林旅游局加大园林绿化科研创新力度,推进森林抚育,保证幼林成活,促进林木生长,改善林木组成和品质及提高森林覆盖率。是年,与江苏省林科院合作,对云顾路96公顷林带,开展森林抚育现场实施工作,依照简密留疏、去劣留优的原则,根据不同林木的特点,采用综合抚育的方式移植或伐除影响保留林木生长的树木,同时对妨碍树木生长的灌木、灌条和杂草,进行割灌抚育,通过抚育改造,逐步把云顾路沿线林带建成物种多样性高,生态系统高效稳定和可持续发展的健康林带。开展园林绿化病虫害物理防治和生物防治,与江苏省农科院合作,引进1.2万支花绒寄甲对全市城区柳树、法桐、杨树天牛危害进行生物防治,在城郊10个公园及公共绿地内设置13只全频式太阳能杀虫灯。推进绿地地理信息管理系统建设投用,同市规划局和江苏省测绘院合作,完成全市54平方千米建成区范围绿地系统开发调试工作。加强苗圃基地建设,加大对江阴本土苗木的培育和外地苗木的驯化推广、科研,在徐霞客镇南苑苗圃完成苗木新品引种一期工程,引进新品34种,其中大小乔木699株,花灌木34580株,进一步丰富江阴市绿化品种、降低绿化成本,实现城市绿化面貌新变化。 (高振华)

## 生态基础设施建设

**【概况】** 2015年,江阴市稳步推进生态公用基础设施建设,启动建设垃圾发电厂三期扩能项目;开展黄山港河、澄塞河和创新河等城区河道周边58个片区、38个小区的污水主次管网改造,完成污水主次管网建设3.56千米,改造小区和单位30个。全年无害化处理生活垃圾50.8万吨,平均日处理量1392吨,无害化处理率和全量焚烧率均达100%。推行生活垃圾分类试点,城区建成分类点15个。全市新建污水主管网30千米、农村生活污水处理设施50个,21个城镇综合污水处理厂处理污水1.36亿吨,城区和集镇建成区生活污水集中处理率为96.5%和86.89%。 (武传刚 朱 琴)

**【餐厨与果蔬类有机垃圾就地式处理项目】** 2015年,江阴市城区建成并投运的市政府、市人民医院餐厨就地式处理和西郊果蔬垃圾处理3项试点项目运行良好。其中,餐厨就地式处理项目全年处理餐厨废弃物159吨,产出有机腐熟料7吨,油脂500公斤;果蔬垃圾处理项目建立专项收运体系,配备专项收集车3辆、收集点98个,覆盖城区中大型超市17个、农贸菜场16个、水果及鲜花店61个。至年末,该项目日处理果蔬垃圾12吨。是年,江阴市先后制定出台《关于江阴市推广有机垃圾就地资源化处理的实施意见》和《江阴市餐厨废弃物管理实施细则》2份规范性文件,稳步推进餐厨、果蔬类有机垃圾分类处理项目在全市覆盖延伸。年内,有序完成城区餐厨废弃物处理点16个、镇(街道)果蔬综合处置点14个的项目选址、可研、环评等前期各项工作,11月25日和12月3日,镇(街道)果蔬处理和城区餐厨处理2项项目分别完成招投标,并陆续启动项目设备制作及配套设施建设。

**【污水管网工程建设】** 2015年,江阴市公用事业管理局积极开展全市污水管网工程建设。3月,黄山路北段污水管网工程开工建设,该工程总投资250万元,分南、北两段,其中北段北起澄江中路至文化中路,收集市公安局、检察院、行政事业中心等单位两侧的生活污水,管道全长约397米;南段污水管网北起文化中路、南至东横河,收集两侧法院、移动公司、华锦园、飞虹苑、华泰御花园等单位和小区的生活污水,接入东横河污水截流管道,全长1304.5米,12月20日竣工。工程竣工后,改善了黄山港河及秦泾河的水环境。10月,江阴市黄山港河区域污水管网工程开工建设,该工程

2015年建成的市餐厨垃圾就地式处理推广项目市二中处理点 (朱文武 摄)

总投资480万元，对大桥一村、大桥绿洲、丽都城市花园等3个小区实施雨污分流改造，敷设管网5332米，12月完工。工程竣工后，相关居民小区生活污水汇入黄山路新建污水主管，最终排入污水处理厂，有效改善黄山港河水质。（赵 恺）

## 生态环境监管

**【概况】** 2015年，江阴市环保局以新修订的《中华人民共和国环境保护法》为抓手，不断加强环境监管执法，切实提高环境监管水平，加大环境违法行为打击力度，着力解决突出环境问题。开展环境保护大检查，组织各镇开展7021个企业自查填报工作，全面启动"一企一档"模式，各镇（街道）、园区对1089个重点监管企业、2190个重点核查企业完成录入、审核工作。全面落实环境污染犯罪"两高"（最高人民法院、最高人民检察院）司法解释精神，行政处罚立案304件，比上年增长36.9%，立案金额1271.74万元。自是年1月1日新环保法正式实施，按日连续处罚案6件、查封扣押案21件、限制生产案8件、停产整治案5件、移送适用行政拘留案2件、移送环境污染犯罪案3件、环保约谈12人次。优化环保信用评价和应用，大力助推环境监管，完成63个国控企业初评和1235个非国控企业环保信用评价工作；应对并妥善处理突发环境应急响应事件13件；完成环境风险评估应急预案备案编制268份、备份83份；指导14个乡镇开展环境应急演练，完成10个乡镇应急物资库的验收。开展印染行业、钢铁行业、易燃易爆粉尘企业、危化品企业等专项检查，集中整治企业违法排污行为，严厉打击违法超标排污等破坏环境行为，切实维护人民群众利益；接报调处各类环境信访事件6408件，其中省级以上365件，接报率及调处率均为100%。

**【环保大检查】** 2015年，江阴市根据《江苏省环境保护大检查工作方案》，启动历年以来规模最大的全市环保大检查，对所有排污单位污染排查状况、各类工业园区污染防治情况、违法违规建设项目清理情况、集中式饮用水水源地环境保护情况、国家级省级自然保护区等生态红线保护情况、阻碍环境监管执法"土政策"清理废除情况、重点环境信访案件化解和突出环境问题整治情况7个重点内容展开大检查工作。是年，全市共梳理出火电、钢铁、水泥、石化、化工、冶炼、造纸、酿造、制药、印染、电镀、铅蓄电池、机械制造、电子制造等行业中涉及废水、废气及危废排放的重点工业企业约2190个，列为全市环境保护大检查的检查重点，结合日常工作开展现场核查，建立工作档案；进一步完善临港经济开发区（化工集中区）、临港经济开发区石庄区、高新区（化工集中区）3个化工园区基础设施；全面排查建设项目环境影响评价制度和"三同时"制度执行情况，初步清理出2802个企业2897项项目存在未批先建、批建不符、未经验收擅自投产等违法违规行为，并按要求对该些违规项目进行清理；重点排查近3年以来群众反复举报投诉的信访案件和长期未得到根治的突出环境问题，梳理排查信访问题36个，督促问题单位加强管理，落实并完善各类污染治理措施。年内，全市未发现"三零（宁）"（宁静日、零收费、零处罚）"三制"（检查准入制、处罚核准制、收费审批制）"三免"（免缴排污费、免办环评手续、免建环保设施）等干扰和阻挠环保执法"土政策"，环保大检查有序进行。

**【环境应急管理平台建设】** 2015年，江阴市环保局以防范环境风险，保障环境安全为环境应急工作目标，按照新环保法中开展风险评估等环境应急管理新要求，全面开展风险评估和预案修订、危化品企业环境保护大检查、局应急管理系统建设、重污染天气应急演练、饮用水源地环境安全保障等应急管理工作。"8·12"天津港爆炸事故发生后，市环保局针对全市155个危化品生产、使用、仓储、港口作业等企业开展环境安全大检查，督促企业排查环境安全隐患，落实隐患整改和完善相关环境应急设施。年内，积极推行环境应急预案管理工作和企业环境风险评估工作，进一步完善市、镇、企业三级应急物资库建设工作、局应急物资库及应急救援队伍，在2014年部分乡镇完成物资库建设的基础上，督促全市镇（街道）、园区全部开展应急物资库建设工作，有10个乡镇的应急物资库通过验收；开展环境应急管理平台建设，先后开发完成"事件统计""政府预案信息维护"等系统模块并录入相关数据，初步完成局环境应急管理平台建设，与局污染源数据库实现信息互通，提高环境应急管理水平；强化人员培训，开展应急演练，全面提高环境应急响应能力；应急管理平台收录应急预案759份。是年，全市接报各类环境应急信息13件，其中10件由安全事故引发，2件由交通事故引发，1件由危废品倾倒事故引发，应急响应及时、处置得当，均未对环境造成影响。

**【环境监测】** 2015年，江阴市重点开展各项专项监测，围绕大气、水、土壤污染防治三大内容，按照各级要求开展化工园区周边环境敏感点空气监测、市集中式饮用水源地周边土壤监测及全项目监测、市农村环境质量监测、市地下水基础环境状况调查监测。年内，围绕AQI（空气质量指数）评价体系，增购新标准所需仪器，全面完善城乡大气子站，认真做好环境空气质量报告实时发布；强化对挥发性有机物自动监测系统、电子鼻等非常规项目的数据关注和分析；严格落实自动站值班制度和质控工作，坚持做好"日监视、周巡检核查、月比对加标、月考核"工作，发现问题快速确认，及时发送异常数据快报。是年，获得手工监测分析数据81027个，自动监测数据77.3万个，完成空气质量日报、预报335期，发布水质周报40期。

**【污染源自动监控】** 2015年，江阴市环境质量监控平台有大气自动站10个、电子鼻4个、水质自动站5个、噪声自动站17个；污染源在线监控平台现有废水监控点55个、废气监控点47个；视频监控平台有视频监控点66个；机动车检测监控平台有机动车检测线19条。是年，市环保局进一步完善在线监控平台，加强对污染源在线平台数据监控，每天发布污染源在线监控平台异常数据日报,将发现的企业超标、数据离线等异常情况及时通知现场监管部门,使其有针对性地开展现场执法;每月发布环境信息监控中心简报,把在线监控设施运行中存在的问题通知地方政府、管理部门和企业,督促其整改提高。年内,加强在线监控平台在环境执法中的应用,应用远程自动采样技术快速固定超标证据,全年对在线监控数据严重超标的企业启动自动采样72次,捕获查实排放水超标16次,及时通知执法部门进行查处。

**【环境综合整治】** 2015年,江阴市环保局积极展开各项环保专项行动,以改善环境质量、保障群众健康为目标,以解决群众反映强烈、影响社会稳定的环境问题为重点加大环境执法力度,集中整治企业违法排污行为,切实维护人民群众利益。年内,开展城乡环境综合整治,以江阴市环境保护委员会名义下发《江阴市环境扰民整治三年行动工作方案》文件,明确各部门职责和整治任务并及时将进展情况上报市整治办。开展钢铁行业专项检查,对全市12个钢铁企业就项目建设、污染防治措施运行、违法行为查处等情况进行排查,并做好相关资料的报送工作。开展产生易燃易爆粉尘企业环境保护大检查,对全市109个产生易燃易爆粉尘的企业和155个危化品企业就"三同时"项目*制度执行、环境治污设施运行、环境应急管理制度执行等情况开展排查及资料报送工作。开展长江经济带环保专项督查工作,贯彻落实《国务院关于依托黄金水道推动长江经济带发展的指导意见》文件精神,督查新建项目环境违法行为、污水处理厂运行情况,强化水源地规范化管理,做好畜禽养殖场监管清理,落实跨界纠纷联防联控机制等。开展水泥行业专项检查,对4个水泥粉磨企业和2个水泥散装中转站进行检查。开展秸秆禁烧巡查工作,下发《关于做好2015年秸秆禁烧工作的通知》,落实大气污染防治"国十条""省十条",加强对建成区周围、长江沿岸特别是水源地保护区、锡澄高速及沿江高速两侧、油库、粮库、通讯和电力设施等重点区域的巡查,确保不发生因大面积焚烧秸秆和秸秆下河引发的重大环境污染事件。

**【环境执法】** 2015年,江阴市环保局分别召开全市生态文明建设推进会、全市环保工作推进会、环保大检查工作座谈会、重点区域现场推进会、全市突出环境问题专项检查推进会等会议,务实推进环保大检查工作,对整改不快、不力的企业和属地政府,采取约谈、年终考核扣分、区域限批等形式抓紧抓实。根据监督性监测数据、平时检查掌握的情况,列出问题企业名单,采用节假日与夜间检查相结合、属地检查与异地检查相结合、突击检查与飞行检查相结合等非常规检查方式,拓展大检查的广度和深度。年内,积极贯彻落实《中华人民共和国环境保护法》刚性执法要求,全年实施按日连续处罚案6件、查封扣押案21件、限制生产案8件、停产整顿案5件、移送适用行政拘留案2件、移动环境污染犯罪案3件、环保约谈12人次,依法严惩环境违法行为。是年,全市企业就污染物排放情况及各类信息申报数量达7021个,各镇(街道)、园区对1089个重点监管企业、2190个重点核查企业完成录入、审核工作。环保部挂牌督办13个企业,除3个钢厂向环保部申请项目备案认可外,其余均整改到位。市环保局出动现场监督检查15934人次,检查企业5707个次,其中节假日/夜间检查862个次;对重点区域、重点企业实施突击检查,发现问题18个。全年行政处罚立案304件,与上年增长36.9%,立案金额1271.74万元。

**【企业环境行为信用评价】** 2015年,江阴市环保局作为省环保厅确定的"企业环保信用体系建设试点单位"之一,积极贯彻实施省环保厅下发的《关于深入推进环境保护信用体系示范建设实施方案的通知》文件精神,启动建设"数字环保"系统,提升环保信用评价效率。年内,建成环境数据中心、环境业务协同管理系统、建设项目管理等16个子系统,有效构建信息共享、移动执法、污染源台账、公众服务四大管理平台,实现环保业务的全程数字化、流程化、在线化,利用信息技术开展评价工作,开发信息的自动归集和自动评分软件,在省内率先建成信用评价信息自动归集和评价体系。针对环境突出问题,对于国控企业的环境信用评价执行江苏省统一标准,非国控企业环境信用评价在参照执行国控企业评价标准基础上增加地方个性指标:增加IC卡管理系统指标,严控超总量排污;增加印染行业专项整治指标,加快行业转型升级。是年,完成2014年度63个国控企业初评和1235个非国控企业环保信用评价工作,参评的国控企业中绿色21个、蓝色28个、黄色9个、红色4个、黑色1个;非国控企业中绿色37个、蓝色1084个、黄色93个、红色19个、黑色2个。

**【环保信访问题处理】** 2015年,江阴市环保局积极完善六项制度,做好环保信访问题处理工作。实行领导包案制,排查重点信访,由局领导带案下访,定期跟踪,直至问题解决;做好情况通报制,按月定期向市领导、局领导通报存在的主要环境信访问题,提出信访工作的处置建议,督促乡镇对交办的突出环境信访问题积极整改;进行协调会办制,特殊信访特殊对待,多部门协商会办,做好长泾梁平生猪养殖场关闭的相关工作;推行有奖举报制,对举报属实,并经行政处罚的,给予举报人一定奖励;遵照见面(电话)沟通制,做到调处前了解,调处后沟通,做到件件有回复;落实信访约谈制,加大信访考核力度,对环境信访总量前3名、扣分前3名的乡镇进行信访约谈,要求相关镇要将环境信访工作纳入地方党委、政府工作,从源头加强管理,落实环境信访的属地管理制、属地负责制。是年,接报调处各类环境信访事件6408件,其中省级以上365件,接报率及调处率均为100%。编制信访简报11期。交办乡镇突出环境信访问题130个,解决46个;稽查信访企业89个,接访43批77人次,局领导带案下访3批61件;排查3年来涉省级以上信访223件,召开重点乡镇信访推进会6场次,对5个乡镇进行信访约谈。 (李玉芳 姚京君)

**■类目编辑 李银花**

# 信息化建设

## 综　述

**【概况】** 2015年，江阴市信息化建设努力向更智慧、更智能的方向攀登，完成"光网城市 · 智慧江阴"建设，实现全市域光纤网络和4G（第四代移动通信）网络全覆盖，江苏新扬子造船有限公司入选2015年国家信息化和工业化融合管理体系贯标试点企业，全省统一的社会保障卡正式发放并应用，安全生产事故隐患排查治理跟踪督查系统被评为江苏省安全生产科技成果奖三等奖。

**【全省统一社会保障卡发放应用】** 2015年7月，江阴市正式向社会发放江苏省统一的社会保障卡，市民及参保人员可在全市16个社会保障市民卡综合服务网点进行申领，同时原社会保障（市民）卡停止发放。省统一社会保障卡发放后，原社会保障（市民）卡的社会保障功能迁移到省社会保障卡上，持省统一社会保障卡可享受公共就业、参保、就医、待遇领取等各项人力资源和社会保障业务服务。年内，根据上级的统一部署，积极拓展省社会保障卡的应用功能，实现无锡大市范围内的持卡就医结算"一卡通"，异地安置人员可持省卡，在无锡大市范围内安置地的定点医疗机构进行刷卡就医结算，方便参保人员的异地就医。至12月底，江阴市发放省统一社会保障卡9.7万张。　（邹　军）

**【安全生产跟踪督查系统获省科技成果奖三等奖】** 2015年，江阴市安全生产事故隐患排查治理跟踪督查系统，将企业安全管理与政府监管要求相结合，有效地解决企业内部隐患排查治理及政府监管督查问题，真正落实企业安全主体责任和政府监管责任。在政府部门安全监管层面，该系统有效地推动属地政府、行业部门监管责任的落实，形成"分工负责、齐抓共管"的安全监管工作格局，实现安全生产监管工作无缝化衔接，明确和系统地整合了安全生产监管层面的各项具体监管指标。在企业安全管理层面，该系统有效地解决企业安全主体责任的落实，根据各类企业安全管理实际情况，为企业量身定做的一套系统软件。通过先进的科技手段，促使企业对存在事故隐患进行排查治理，对重点区域进行日常巡查，并将隐患排查治理情况及日常巡更检查情况及时上报。至年末，江阴市安全生产事故隐患排查治理跟踪督查系统采集录入企业基本信息9533个。其中，有8961个企业对厂区内隐患开展了自查自报工作，企业上报率94%；排查隐患42406处，隐患的整改率93.22%。　（秦光华）

**【公共自行车项目智能化改造】** 2015年，江阴市为更好倡导绿色出行，推进城市绿色交通建设，对原有

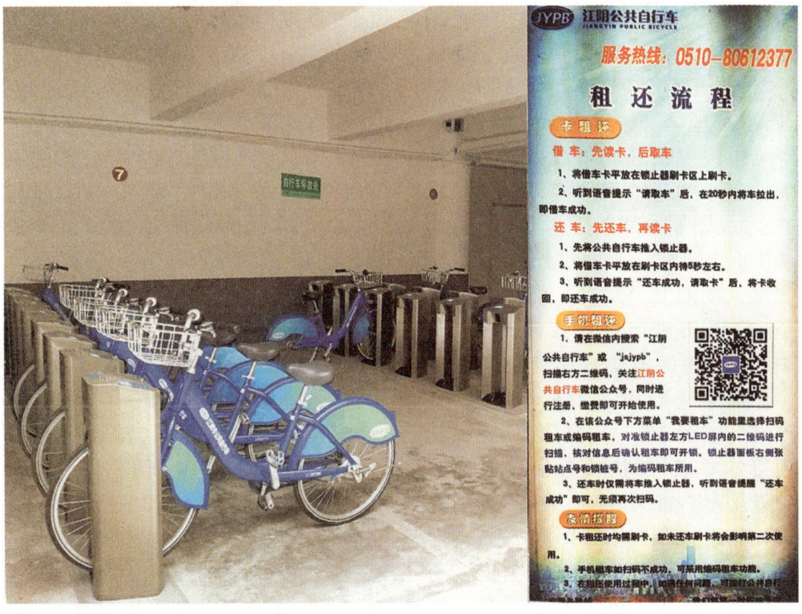


2015年11月28日，江阴市公共自行车项目完成更新改造，正式投放营运。图为市政府大院公共自行车服务网点　（赵修平 摄）

公共自行车项目进行更新改造。11月28日,公共自行车项目完成更新改造,正式投放运营。该项目作为2015年江阴市政府为民办十件实事之一,投资1350万元,采用“政府投入、部门监管、服务外包”的模式,在江阴主城区(东至东外环路、西至西外环路、南至芙蓉大道、北至长江)大型居住点、商业点、公园点、行政机关等区域,新建自行车服务网点105个、改造21个,计126个,重新设置2600个锁止器,投放新款自行车2500辆。新款车采用镁、铝材质、实心轮胎,并自带可调节座椅和自行车挂篮,全智能化管理,锁止器选择双立柱款并带有语音提示,实施24小时实时监控,通租通还,60分钟内免费租用,60分钟以上至120分钟(含),收取1元租车服务费;120分钟以上至180分钟(含),收取2元租车服务费;租用超过180分钟以上的时间,按每小时3元计费(不足1小时的按1小时计)。公共自行车服务系统租车载体除依托于市民卡、公交卡以外,利用微信钱包或银联卡绑定支付。 (赵 菁)

## 信息基础设施建设

**【概况】** 2015年,江阴市推动“光网城市·智慧江阴”建设,全面完成全光网城市建设,实现100兆光纤接入能力全市域覆盖。全市实现第四代移动通信(4G)网络100%覆盖,部分地区开始试点“4G+”应用,可为市民提供最高下载速率300兆比特每秒的无线网络接入能力。开通免费无线(WiFi)热点5000个,具备同时为15万户市民提供免费无线接入的能力。 (秦光华)

**【中国电信集团公司江阴分公司】** 2015年,中国电信江阴分公司充分发挥信息化建设主力军作用,紧紧围绕“光网城市·智慧江阴”建设各项目标要求,加快提升信息通信基础设施承载能力,全面提高“光网城市·智慧江阴”应用水平,不断提升服务支撑力。建成全省首个全光网县级市,全市光网覆盖率100%,新增光宽带业务受理率100%,传统交换设备退网率100%,具备全面向市民提供100兆宽带进家庭的接入能力。加快推进无线网络建设、网络优化工作,无线网络质量不断提升。新建4G基站741个,完成江阴全覆盖,结合“4G+”网络技术,提供无线网络最高下载速率每秒300兆比特。开通免费公众热点5000余个,可同时为15万户提供免费WiFi热点接入。全力推进“智慧江阴”建设工作,丰富智慧应用。承接江阴市政府公共服务热线受理中心平台扩容,提供江阴市民卡系统维护服务和江阴市公务车车载定位管理系统维护服务。提供江阴市70所学校教师上网行为审计技术服务,完成白屈港调水监测系统更新改造项目,完成江阴第三人民医院掌上医疗项目。持续开展政务信息化、教育信息化、医疗信息化工作,加强江阴市数据中心运营管理,升级为三星级数据中心,全力接应政企重大项目入驻。着力构建安全健康的网络环境,做好“江阴信息港”及其合作频道的信息发布审核工作,净化网络环境。加强网站备案管理工作,共计完成659个接入网站的备案及资料清理工作。加强信息安全监管,要求ISP(互联网内容提供商)、CDN(内容分发网络)客户建立完善信息安全管理平台,做到关键词过滤功能,防止非法信息的传播。持续关注垃圾短信治理工作,加大问责处理力度。强化服务质量提升工作。全面规范门店服务行为,促进服务提速增效。做好行风评议,创建群众满意示范点。积极参与文明城市创建活动。年内,公司先后被评为江苏省价格诚信单位、江苏省诚信单位和江阴市重点骨干企业、江阴市“十佳”诚信企业等。 (魏 勋)

**【中国移动通信集团公司江阴分公司】** 2015年,中国移动通信集团公司江阴分公司以“聚焦4G发展,深化流量经营”为主线,围绕客户需求,加强新技术、新领域、新模式的研究,依托先进技术和业务、服务优势致力于江阴地区移动通信事业的发展,经营手机上网、手机游戏、手机阅读、手机视频、手机导航、手机动漫、歌曲下载等一系列新业务,引领着移动生活新时尚。年内,稳步推进江阴社会治安监控项目,已建点位超万个;土地储备中心视频监控、环保局风险点视频监控、公安局道路视频监控及信息机联网等信息化项目的签约和成功运行,为“智慧江阴”建设助力添彩。6月,江阴遭遇百年未遇特大暴雨,造成多地被淹,基站停电48个,强降水导致基站进水多达18个。江阴分公司迅速启动防汛应急保障预案,有序组织代维队伍连夜抢修,确保基站汛期期间安全运行。江阴敔山湾首届半程马拉松比赛时增派应急通信保障车,维护人员开展对全网细致测试、基站扩容、加大光缆巡检、24小时网管监控等,圆满完成了通信保障工作。是年,分公司客户总数超140万户,运营收入超12亿元,全年固定资产投入1.2亿元,完成移动LTE(长期演进)3.1期、3.2期、苏南振兴、LTE4.1期616个基站建设开通,4G基站总数超1400个。分公司还积极投身社会公益,先后开展“阳光助学”、环卫工人爱心驿站、慰问敬老院孤寡老人、无偿献血等公益活动,并荣获2014年度江阴市百强明星企业等荣誉。 (汪海欧)

**【中国联合网络通信有限公司江阴分公司】** 2015年,中国联合网络通信有限公司江阴分公司秉承以客户为中心,用服务促发展的服务理念,不断调整发展思路,加快推进创新转型,积极承担和完成推动经济社会信息化的各项工作任务。以供给扩需求,加快信息基础设施建设。按照江苏省公司“沃超越”建设计划,大力推进4G网络和全光纤网络建设,新建3G基站116个,4G基站1034个,配合政府道路建设,完成迁改项目32项,企业宽带接入134个,网络体系进一步完善,信号质量进一步增强。以创新促转型,培育发展新动能。大力支持“中国制造2025”和智能制造发展,与企业合作探索互联网发展模式,与江阴运管处合作推广城镇公交车APN无线视频监控,与无锡坦程物联网科技有限公司、宿迁久鼎卫星定位科技有限公司和上海秦青电子科技有限公司签订物联网合作协议,与周庄镇政府签署“智慧周庄”战略合作框架协议,推动“互联网+”发展。以合作谋共赢，构建和谐行业生态。落实宽带中国战略和提速降费要求，实施宽带免费提速、流量单月不清零服务，完成固网宽带资费单价下降、移动流量资费单价下降目标，开展“黑卡”治理专项行动，完成工信部移动电话实名制的任务。以质量求生存，持续提升服务保障水平。正视纠纷与投诉处理，加大垃圾短信、骚扰电话、通讯信息诈骗治理力度，服务社会民生，重点解决好消费者反映强烈的流量消费等服务热点问题，积极处理江阴市政府公共服务热线“12345”反馈投诉事件86件，被江阴市消费者协会评为2015年先进监督站。（陈国芳）

**【“光网城市·智慧江阴”建设】** 2015年3月9日，江阴市举行“光网城市·智慧江阴”建设推进会，江阴市政府与中国电信无锡分公司签署该项目合作协议书，拉开新一轮“智慧城市”建设的序幕。江阴市政府充分支持电信公司参与该项工作，鼓励政府各部门与电信公司开展合作，提升管理服务能力。中国电信无锡分公司重点参与“光网城市·智慧江阴”架构的顶层设计和应用项目的运营管理，围绕政务、工业、农业、交通、物流、安防、教育、环保、医疗、家居、水利、旅游等重点领域开展示范项目建设。签约双方积极推进“数字企业”建设，根据企业需求提供基于云计算、物联网和下一代互联网技术的一揽子信息化解决方案，合理配置企业资源；打造一系列有助于提高企业投资效益的智能产品，提高企业市场竞争力。同时协调各部门共同推广“光网城市·智慧江阴”便民服务平台，加快推进服务民生信息化应用发展。围绕市民的衣、食、住、行等需求，以“资源整合、服务协同”为目标，电信公司依托翼支付平台，在江阴打造一个具备线上实现水电缴费、酒店订购、彩票购买、网上购物、增值理财、手机挂号等功能，线下实现大型或连锁商户消费如中石化加油支付、大型连锁超市和便利店购物消费等功能的一体化便民服务平台。至年末，江阴市全面完成光网城市建设目标，建成全省首个全光网城市，全市光纤网络覆盖率100%，宽带城域网出口带宽达到680G，全面具备向市民提供100兆宽带进家庭的接入能力；拥有4G基站超过800个，4G信号覆盖率100%，可提供无线网络最高下载速率每秒100兆比特。“光网城市·智慧江阴”建设，是促进江阴产业升级、提升质量效益的重要支撑，是完善城市配套、提升管理成效的关键举措，是优化民生服务、提升幸福指数的务实之举，集聚各方力量加快推进信息技术发展步伐，为江阴经济社会可持续发展提供有力支撑。（秦光华）

**【“智慧周庄”战略合作框架签约】** 2015年10月20日，中国联合网络通信有限公司无锡分公司与江阴市周庄镇政府在江阴市签署推动“互联网+”的“智慧周庄”战略合作框架协议，成为全省首个与一个县域乡镇签署合作协议的基础电信运营商。根据协议，无锡联通分公司将在周庄镇累计投入4.8亿元用于信息通信基础设施建设，全面实施以4G为统领的移动宽带领先战略，移动基站具备上行50兆/下行150兆的能力；有线宽带具备工业园区1000兆、重点企业1000兆、车间100兆、一般企业和乡村100兆、镇区居民小区100兆的宽带接入能力；企业员工集中居住区、镇主要商业区、行政事业服务区进行无线WiFi覆盖；同时在周庄镇建设IDC（互联网数据中心）数据机房，深度推广普及云计算、云服务，为推动发展信息服务产业做好软硬件的技术保障。周庄镇政府为无锡联通通信基础设施投资建设提供保障，推动基础设施共建共享，避免投资浪费，将信息通信基础设施一并纳入城市基础设施建设管理范围，加强信息通信基础设施建设统筹规划，与镇政府的城乡建设规划、土地利用规划及控制性详细规划等有效衔接。全国人大常委会委员、外事委员会副主任赵白鸽，无锡市委常委、江阴市委书记周铁根及江阴市委、市政府领导班子成员，无锡分公司总经理李国新、副总经理杨磊益、江阴分公司总经理陈妙出席并见证签约仪式，周庄镇政府镇长顾文浩、中国联通无锡分公司总经理李国新分别代表双方签署战略合作框架协议。（陈国芳）

2015年3月9日，“光网城市·智慧江阴”建设推进会现场　（谈国刚 摄）

## 信息产业

**【概况】** 2015年，江阴市信息产业不断发展，软件产业收入140亿元，比上年增长18%；微电子产业销售收入120亿元，比上年增长31%；物联网产业销售收入160亿元。远望神州软件有限公司和江苏方程电力科技有限公司成功申报江苏省级转型升级专项资金中的软件和云计算类项目，分别获得补助资金620万元和60万元。江苏新扬子造船有限公司入选2015年国家信息化和工业化融合（以下简称“两化融合”)管理体系贯标试点企业;兴澄特钢信息化系统整体提升改造项目获江阴市2015年度企业技术改造装备补贴。全市新增江阴市两化融合示范企业18个。新潮集团全年完成营业收入首次超100亿元,长电科技顺利完成对新加坡星科金朋要约收购,营业规模上位列全球第三。新加坡星科金朋集成电路封测项目在江阴正式签约,天安电商产业园开园。（秦光华）

**【新增两化融合示范企业18个】** 江阴市多年来持续大力推进信息化与工业化深度融合,以全市两化融合示范企业评选为契机,引导企业在研发设计、生产制造、经营管理、市场营销和品牌建设等环节应用信息技术,不断提高企业自身竞争力。2015年,制订《江阴市推进两化深度融合三年行动计划(2015—2017)》大力推进两化融合工作,依据《江阴市两化融合示范企业认定管理暂行办法》和《江阴市两化融合示范企业的标准》,经各企业申报,各镇(街道)农经中心及高新区、临港经济开发区和靖江园区经济发展局推荐,市经信委初审、专家组评审和网上公示等环节,江阴市新嘉美服饰有限公司、江阴名鸿车顶系统有限公司等18个企业被评为2015年江阴市两化融合示范企业。并要求全市企业进一步深化两化融合在转变企业发展方式,推动产业转型升级,增强工业核心竞争力等多方面作用。通过大力推进两化深度融合,使企业产品、生产过程、管理、服务等智能化水平得到提高,业务流程优化再造和产业链协同能力明显增强。

**【新扬子造船公司入选国家两化融合贯标试点企业】** 2015年6月19日,工信部在全国遴选600个单位,作为2015年全国两化融合管理体系贯标试点企业,江阴市江苏新扬子造船有限公司入选试点企业。两化融合管理体系是企业系统地建立、实施、保持和改进两化融合过程管理机制的通用方法,可帮助企业依据为实现自身战略目标所提出的需求,规范两化融合相关过程。该管理体系为企业在信息化条件下做好综合管理体系的顶层设计提供了一个总体框架,通过两化融合贯标可促进企业形成一套两化融合管理体系标准,全面提升企业管理现代化水平。作为全球领先的造船企业,新扬子高度重视两化融合工作,将信息化建设作为提高企业管理水平和业务能力、提升企业核心竞争力的重要手段。下一步,企业将借力两化融合管理体系,通过评估、改进、运行、固化不断深入应用,形成一套在信息化环境下获得新型能力的方法论和管理体系,将信息化作为企业发展的内生动力。（陆苏静）

**【新潮集团营业收入首超100亿元】** 2015年,江苏新潮集团公司长电科技股份有限公司顺利完成对新加坡星科金朋要约收购,总体战略布局调整基本到位。合并后,长电科技在营业规模上位列全球第三,拥有位于中国、新加坡、韩国和美国7处生产基地和6个研发工程中心,研发创新能力和专利组合达到国际领先水平,在晶圆级封装和模组封装两大半导体封测行业未来发展主流领域技术实力超国际同行,进一步巩固国内高端客户关系和合作发展空间,并获得全球前20大半导体公司等一大批国际一线客户资源,研发、生产和销售网络覆盖全球主要半导体市场。至年末,新潮集团公司全年收入超过100亿元,比上年增长25%以上。（秦光华）

**【星科金朋集成电路封测项目落户高新区】** 2015年7月23日,新加坡星科金朋集成电路封测项目在江阴正式签约。该项目总投资5亿美元,计划在江阴高新区设立具备国际先进水平的半导体封测工厂,与江阴长电科技股份有限公司的业务形成有效互补,成为江阴集成电路产业集群的重要补充。新加坡星科金朋公司主要从事半导体芯片委外封装及测试业务,是全球半导体委外封装测行业(OSAT)的第四大公司,在新加坡、韩国、中国上海和台湾等国家和地区拥有4个制造测试中心和两个研发中心,公司累计申请专利2594件,其中76%的专利集中在美国。江阴高新区将加快项目落地、开工和建设,全力提升江阴高新区半导体封测产业的层次和水平,提升江阴在中国乃至世界半导体封测产业的地位和影响力。

**【天安电商产业园开园】** 2015年5月21日,江阴高新区管委会主办,江阴天安数码城置业有限公司承办的江阴电子商务成长高峰论坛暨天安电商产业园开园仪式在江阴天安数码城举行,这是江阴电子商务产业发展、创新领域的一个重大里程碑。江阴市委常委、高新区党工委副书记、管委会副主任冯爱东,江阴高新区管委会副主任陶正贤等领导出席仪式,中国电子商务协会副理事长陈震等电商领域的代表参会,冯爱东为江阴天安电商产业园揭牌。来自中国电子商务协会、阿里巴巴集团、亚马逊、敦煌网、又一城软件公司和江阴市、江阴国家高新区、江

2015年7月23日,星科金朋集成电路封测项目签约仪式现场（费　凯　摄）

阴天安数码城领导、电商专家、学者，以及江阴本地的300余位优秀企业家和大学生代表共聚一堂，会商电商发展大计。江苏卫视、《扬子晚报》、江阴电视台、《江阴日报》等多个媒体报道此次论坛的盛况和开园仪式。开园仪式的主题为“互联网+产业创新”，旨在梳理江阴电子商务发展脉络，发布相关研究结果，加强行业交流，探讨电子商务行业热点问题，促进江阴电子商务企业健康有序发展。天安电商产业园也是江阴打造的首个电商产业园。

**【曙光星云城市云计算中心落户高新区】** 2015年8月3日，总投资1亿元的曙光星云信息技术（北京）有限公司与江阴高新区正式签约，该项目旨在打造以100万亿次/秒计算能力为建设目标的江阴城市云计算中心，为江阴“智慧城市”的制造云、物流云、城市管理、医疗健康等业务应用提供服务，并致力于将江阴城市云计算中心打造成国家级云计算中心，共同探索未来城市信息化的建设和发展。曙光星云信息技术是由上市公司中科曙光与国家行政学院合作成立，主要从事研究、开发、生产制造高性能计算机及通用服务器，公司致力于成为中国最具实力的“智慧城市”运营商。江阴高新区将借助国家积极推进“互联网+”的东风，依托高新区电商产业园等相关载体，加快项目审批建设进程，推动阿里云苏南孵化基地等项目的签约落地，为传统行业融合互联网发展提供更多服务平台，实现高新区电子商务产业突破发展。（宦华健）

**【兴澄特钢信息化系统整体改造】** 2015年初，江阴兴澄特种钢铁股份有限公司对信息化系统进行整体提升改造。该项目设备总投资6000万元，新购置IBM P740、IBM P750、IBM V5000等先进装备，采用虚拟云等先进技术工艺与自动化智能设备相融合，项目实施完成后，企业信息化水平达到行业先进水平。12月，该改造项目获评江阴市2015年度企业技术改造示范项目，获197.88万元技改项目补贴。（秦光华）

## 信息化应用

**【概况】** 2015年，江阴市信息化应用呈现出重视移动互联网应用、重视资源整合共享的特点，江阴口岸省内首创移动业务平台，江阴口岸国际航行船舶“单一窗口”平台启用，全年查验数据12600票。新版市民卡搭载工会服务功能正式发放使用。加强对车辆二级维护的现场监管，对营运车辆二级维修视频监控信息平台的正式运行。（秦光华）

**【国际航行船舶“单一窗口”平台启用】** 2015年5月1日，江阴口岸国际航行船舶“单一窗口”平台正式启用，标志着江阴港进出境国际航行船舶申报，真正实现“一点录入、数据分送”管理。该系统以江阴电子口岸平台为依托，有效避免数据的重复录入，船方或其代理人通过“单一窗口”平台进行船舶抵离港、船供物料信息的一次录入，通过数据分送，分别向相关查验单位申报，查验单位各自的作业系统收到申报信息并进行相应处理后，将监管结果反馈至平台，平台依据申报人的认证信息，反馈给申报人，并在口岸查验单位部门间共享监管结果信息。全年运行船舶数据9463票，船供数据3137票，为企业节省各类物流费用约350余万元。

2015年8月3日，曙光星云江阴城市云计算中心项目落户江阴市高新区。图为在江阴高新区管委会三楼贵宾接待室项目签约仪式现场　　（费　凯　摄）

**【省内首创移动业务平台】** 2015年12月1日，江阴口岸移动业务平台（安卓版）启用。该移动业务平台包括资讯、查询、客服、应用与“我的口岸”五大功能。其中“船舶应用”可以进行船讯和船期查询；“今日船讯”提供最新的船期、进港、在港和离港4种动态，方便企业安排物流及通关；“一次查验”是基于口岸大通关、大数据、大平台整合一次申报基础之上的“绿色通道”，口岸单位按照各自职责同时实施查验工作，开展移动执法互助，实现资源共享，避免货物反复吊运、装卸，提高运作效率。并将各自的核发信息通过移动终端应用发送至公共信息平台，企业凭海关和检验检疫的核放信息办理货物提离手续。此外，用户还能点击“通关查询”，通过报关单号、环节关键字等能够查询到所需要的通关信息。同时，通过“值班人员”应用，用户还能够根据登录权限，分别查询到查验单位节假日的值班人员表，并且能够查询到该值班人员的姓名、联系电话等信息。江阴口岸移动业务平台（安卓版）为省内首创，该平台的开通，为江阴口岸通关手续实现随时随身移动申报、移动审批、信息查询、在线提问、电子签章等提供了极大的便利。至年底，该平台客服解决143人次提出的问题咨询。

**【省内首创电子卡口辅助监管系统】** 2015年12月1日，江阴口岸在省内首次启用电子卡口辅助监管系统。该系统与江阴电子口岸一期项目中的物料监管系统互联互通，查验单位审批后,在船舶添卸物料申请单等单证上,自动生成条形码,船舶服务企业进出开放码头卡口时,进行扫描识别,卡口人员根据核准意见处理,并触发信息推送到审批人员手机上,极大提高了口岸监管效能及监管信息化水平。至年底,该系统已覆盖江阴港所有对外开放码头,电子卡口扫描次数达325次。

(朱怡洁)

**【新版市民卡搭载工会服务功能】** 2015年7月,新版市民卡正式向社会发放,原社会保障(市民)卡的公共交通、商业消费等小额电子钱包功能迁移到新版市民卡,原磁条银行功能由IC芯片替代,安全性得到提升。同时人社部门大力开拓、推广新版市民卡的应用范围,与市总工会合作,在新版市民卡上搭载工会服务功能。通过近4个月的方案设计、软件开发和调试运行,市民卡工会服务系统于年底正式上线运行服务,全市工会会员持搭载工会服务功能的新版市民卡,可方便享受工会专项服务、特约商户的普惠服务及金融服务等功能。随着业务的不断拓展,包括更多工会服务功能在内的各项社会公共服务和商业服务将搭载在新版市民卡上,市民卡将更深入便捷地服务于市民的日常生活。 (邹　军)

**【省综治信息系统建设】** 2015年,江阴市贯彻落实江苏省综治信息化建设的部署要求,按照快速、高效、实用的原则,大力度地推进省综治信息系统建设。年内,市、镇(街道)、村(社区)三级开通PC专线275条,开通PC账号344个,配发手持终端326个,开设综治E通账号326个,完成率100%,实现系统专线、账号开通、手持终端配发全覆盖和系统终端联网运行,初步形成规范化为保障、网格化为基础、信息化为支撑的综治工作体系。江苏省综治信息系统在江阴市建成后,综治工作全部实现台账资料网上建、队伍力量网上管、基本数据网上清、工作过程网上查、实战成效网上显、考评结果网上出,用综治信息系统的数据考核平安建设的成效,以平安建设的实效验证信息化的作用,实现了综治信息化"基础工作信息化,信息工作基础化"总体目标,构建了"信息快速上报、指令快速下达、问题快速处置"的综治工作新格局。在无锡大市组织的信息化建设应用考核中,江阴综合得分名列第一。

(杜栋梁)

## 信息化环境建设

**【概况】** 2015年,江阴市信息安全工作从加强网络安全水平与提升信息系统防护能力两方面入手,全年检查联网单位500余个次,强化对网站安全监管落实情况督查,全年固定IP联网单位用户备案332个,网站备案265个。部署打击治理电信网络新型违法犯罪专项行动,明确相关部门职责,形成合力,严厉打击、严密防范电信网络诈骗等。提升信息系统防护能力方面,完成全市重点政务信息系统信息安全等级保护评测定点服务商招标,"金保工程"业务系统完成国家三级标准等级保护、人社网站及网上办事大厅完成国家二级标准等级保护评测与整改,灾备中心建成灾备数据有效性验证平台(参见《公共安全》类目的《信息安全》分目内容)。

(秦光华)

**【港口重大危险源监控完成平台搭建】** 2014年11月,由江阴市口岸办(港口局)与南京安元科技有限公司,共同研发的江阴市港口重大危险源监控平台启动建设,2015年12月,完成硬件搭建和系统测试。首批纳入平台监控的江阴奥德费尔嘉盛码头有限公司、江阴澄利散装化工有限公司、江阴恒阳化工储运有限公司、南荣石油化学有限公司、江阴华西化工码头有限公司、江苏丽天石化码头有限公司6个港口企业。该平台建设在国内港口中尚属首次,平台包含3个应用系统,即综合监控一体化平台和港口重大危险源监管系统、重大危险源监测预警系统、应急联动系统,项目总投资320余万元,投运后对港口重大危险源实现24小时实时动态监管,有效预防和减少安全生产突发事件发生,提高应急救援水平和应对突发事件的处置能力,维护江阴沿江口岸的安全生产。 (朱怡洁)

**【营运车辆二级维修视频监控信息平台投运】** 2015年4月1日,江阴市在危险品运输车辆和客运车辆二级维护企业试点推行汽车维修质量管理系统(视频监控系统),并于8月1日起,向普通货运营运车辆二级维护企业全面推广。通过计算机、网络、RFID(射频标签)技术、视频图像传输技术、人脸识别技术等先进手段和信息平台,对营运车辆二级维护过程进行全面视频监控。该平台的运行,能进一步规范全市营运车辆检测,确保营运车辆的规范维护和检测提供更先进的技术和管理手段。至12月30日,全市61个营运车辆承修企业全面应用。

(许雪华)

■类目编辑　赵修平

## 交 通

【概况】 2015年,江阴市完成交通基础设施投资20亿元。锡澄运河航道整治工程高标准通过江苏省交通运输部门交工验收,25千米航道全线通航,船闸试运营。锡澄高速花山互通主体工程基本建成。江阴申港—靖江上五圩渡口南北两岸码头、房建、道路、场地全面完工,具备通渡条件。世纪大道改造竣工通车。新长路(长泾段)、张家港河桥及接线等一批交通项目相继建成。锡澄线大修、新桥黄泥浜桥、峭岐迎宾路、光明路等项目加快推进。南沿江城际、盐泰锡宜城际取得新进展。涵盖公、铁、水、空等综合运输方式和绿色、智慧、民生保障为一体的"十三五"综合交通规划编制完成,城市快速路网体系研究取得实质性成果。全年完成公路客运总量7119万人次,比上年下降5%,旅客周转量3.7亿人千米;货运量4021万吨,比上年增长3.8%,货物周转量50.1亿吨千米;江阴船闸累计通航船舶17.7万艘,货物通过量5118万吨,综合运输服务保障能力稳步提升。通过"十二五"公路国检,完成229省道江阴段养护中修、204县道和滨江东路抢修、东舜路改造、228和229省道江阴段安保等工程。江阴公路(隧道)路网管理与应急处置中心建成投用。全市省道路况综合指数(MQI)92.45,县道路况综合指数92.28,优良率达100%。改建农村公路13千米、桥梁11座。出行服务品质实现新提升,年内,新建、改造公共自行车服务网点126个,投放公共自行车2500辆。启动建设外滩公交首末站,新建公交候车亭50座、电子站牌40只,新增城市公交线路1条,优化调整线路5条。新购纯电动公交车30辆。城市空港候机楼建成投运,开通江阴至常州奔牛国际机场、江阴至无锡苏南硕放国际机场2条客运班线。公路客运推出"巴士管家"手机软件,开通支付宝、微信支付等移动支付方式,实现江阴和省内异地手机联网购票。实施出租车3G(第三代移动通信技术)视频监控,更新出租车31辆。大力实施公交惠民政策,出台70周岁以上老人及癌症康复患者免费乘坐城镇公交车政策。至年底,城市公交拥有线路60条,公交场点910个,日发班次2996个,日营运里程7.85万千米,城市万人拥有公交车20.1标台;城镇公交拥有干线公交线路23条,镇村公交线路57条,日发班次1330个,日营运里程6.7万千米;行政村公交覆盖率100%,自然村公交通达率93%,公共交通出行分担率28.5%,市民满意率92%以上。开展公路路域环境整治和运输市场秩序专项治理,查处违法超限车辆258辆、卸驳载1136吨,查处各类"黑车"90辆次、其他违章运输1138辆次。全年征收海事规费3219万元、过闸费4402万元。是年,市交通运输局获江苏省总工会"省重点工程劳动竞赛先进单位"称号,临港街道被江苏省交通运输部门评为省级乡村公路管养及安保工程示范镇。 (袁静菊)

**【锡澄运河江阴段航道整治工程通过交工验收】** 锡澄运河航道江阴段整治工程是纳入交通部、江苏省"十二五"高等级航道规划的重点建设项目。该项目南起泗河口,北迄新夏港河长江口,途经江阴青阳、月城、南闸、夏港4个镇(街道),航道全线长25千米。2015年7月18日开工建设,全线升级扩容为三级航道,设计底宽45米,河口宽大于70米,最小水深3.2米,最小弯曲半径480米,桥梁净空高度7米,新建护岸43千米,改建、归并桥梁19座,新建三级复线船闸1座,服务区1处,项目总投资44.2亿元。12月22日,锡澄运河江阴段航道整治工程通过江苏省交工验收,航道全线通航,船闸试运营。锡澄运河航道整治后,将改善通航条件,全线可畅行1000吨级船舶,进一步完善苏南综合交通运输体系,推进全省沿江沿海开发战略的加快实施,提升区域经济社会发展的综合竞争力。

(黄志宇)

**【锡澄高速花山互通主体工程竣工】** 2014年7月1日,锡澄高速花山互通工程进场施工。该高速互通工程位于江阴南互通至璜塘互通之间,主体位于江阴大道北、锡澄高速西。工程总投资5.38亿元。工程设计呈双喇叭形,互通平面布置与峭岐枢纽净距小于1千米,峭岐枢纽靖江—上海方向匝道与锡澄高速主线接点位置北移,与新增花山互通合并出入口,并作为互通主线承担集散功能,新增互通与峭岐枢纽形成复合式互通。至2015年12月,整个工程改建锡澄高速公路0.98千米,新建匝道8.06千米,新建匝道桥7座,改建主线桥梁1座,同步实施沿线交通工程、房屋设施、环境保护、绿化等相关配套工程。年底,锡澄高速花山互通主体工程竣工。互通竣工通行后,对全市路网体系完善,加快城市南拓,形成江阴城市外部货运绕越体系,优化高速公路互通布局起着重要作用。 (陈久宇)

**【江阴申港河西—靖江上五圩轮渡具备通渡条件】** 2012年,江阴市启动黄田港、韭菜港渡口整合外迁工程,选址江阴申港河西—靖江上五圩。1月16日,启动新轮渡工程建设。新轮渡南岸工程,占用长江岸线293米(含136米和港口集团通用码头共用岸线),渡区面积47773平方米,建筑面积10376平方米,工程总投资1.8亿元(含征地费用),设计年通过能力412万辆汽车,有28车位渡船运营泊位3个、停靠泊位1个,轮渡码头为实体斜坡式,长115米、宽65米,设置有4个刚性导向墩、6根柔性导向桩。维保泊位为浮码头,由1座24×3米钢联桥、1艘90×16米趸船及桥台组成。在维保泊位上游设置一条长187.42米、宽3米的导流堤。陆域建设车辆待泊通道、场地、生产及生产辅助建筑、水电通讯等配套设施。由江苏暨阳轮渡有限公司作为建设主体。新轮渡北岸工程,占用长江岸线220米,渡区面积5.4万平方米,建筑面积12000平方米,工程总投资1.9亿元(含征地、连接线工程费用),设计年通过能力412万辆汽车,有28车位渡船运营泊位3个、停靠泊位1个,轮渡码头为实体斜坡式,长125米、宽65米,设置有5根柔性导向桩。维保泊位为浮码头,由1座24×3米钢联桥、1艘90×16米趸船及桥台组成。在维保泊位下游设置一条长161.14米、宽3米的导流堤。陆域建设车辆待泊通道、场地、生产及生产辅助建筑、水电通讯等配套设施。由靖江市上五圩港务有限公司作为建设主体。至2015年12月30日,南北岸码头、渡区配套用房、连接道路等竣工,具备通渡条件。新渡口南联滨江路、海港大道、江阴大道等干线路网,北接苏北沿江公路等苏北干线路网。江阴申港河西—靖江上五圩轮渡工程的基本建成,标志着江阴城区渡口外迁进入实质性阶段,为下一步平稳实施渡口整合搬迁打下了坚实基础。 (袁静菊)

**【世纪大道改造工程竣工通车】** 为有效提高世纪大道通行效率,2014年8月1日,江阴市启动世纪大道改造工程。该改造工程道路是连接江阴大道至芙蓉大道的南北向的一条重要通道,南起常合高速公路,向北与江阴大道、澄鹿路、周庄西大街等平面交叉,止于芙蓉大道,路线全长约7.9千米,双向六车道,其中常合高速—江阴大道段路线全长2.44千米,路宽42.5米;江阴大道—芙蓉大道段5.46千米,江阴大道至澄鹿路段路宽42.5米,澄鹿路至周庄西大街路段39.5米,周庄西大街至芙蓉大道段路宽37.5米。项目投资估算总金额为3.78亿元。一级公路建设,主线设计速度每小时100千米。2015年12月30日,改造工程竣工通车,与海港大道、江阴大道构成货运外环通道,为城区禁货提供了条件。 (陈久宇)

**【锡澄线大修改造工程建设启动】** 锡澄线是江阴通往无锡方向的一条主要通道,原为229省道的一部分,229省道改至徐霞客大道后,锡澄线改为江阴市208县道,承担着江阴大量的过境及区内交通。近年来,由于车流量的增加和重型车载对锡澄线路面不断破坏,锡澄线全线路面破损严重。为确保道路的安全畅通,2015年12月,江阴市启动锡澄线大修改造建设。该项目工程总投资1.77亿元。大修改造起点为芙蓉大道互通,桩号为K0+000,路线向南依次途经澄江、南闸、月城、青阳4个镇(街道),终点接上暨南大道,桩号为K16+557.288,路线全长16.6千米。全线现状道路平面线型不作调整,芙蓉大道至青阳南桥段机动车道部分挖除路基后全线摊铺水稳和沥青面层,非机动车道局部修补补强后摊铺沥青面层,青阳南桥至暨南大道拓宽改造,断面宽度与芙蓉大道至青阳南桥同宽。锡澄线大修改造后,将有效改善道路的路况和通行能力。

**【340省道江阴段顺利通过"十二五"国检验收】** 2015年,江阴市为做好交通运输部对340省道江阴段"十二五"检测工作,同时为有效提升干线公路养护管理水平,进一步展示干线公路形象,市公路管理处积极抓好公路精细化、规范化、长效化养护。年内,对340省道江阴段(芙蓉大道)路域环境实施专项整治,新增标志、标牌、警示桩等348处,更新标线5200平方米,更换反光轮廓标4200个,维修更换波形护栏1980米,贴膜处理护栏端头420个,清扫路面附着物、中分带及侧分带漂浮物5.2万吨,完成路面铣刨摊铺3.8万平方米。11月3日,交通运输部检测组对江阴辖区内340省道K12+681~K65+624段36.69千米进行路况检测,检测指标全部达标,实现零扣分,340省道江阴段顺利通过"十二五"国检验收。

**【122省道动态称重检测管理系统通过验收】** 122省道是无锡通往江阴、张家港的交通要道,也是江阴市南部过境车辆的交通要道。近年来,该路段行驶货车超重现象频繁,路面损坏严重。2014年8月,为进一步加强122省道江阴段超限治理,江阴市路政部门投资190万元,在122省道下行方向15K+000处设立了快速动态称重检测精检系统,该系统采用石英式高速预检,对单向通行车辆进行称重预检。122省道快速动态称重检测精检系统,能够对205县道、304县道及122省道等江阴市南部片区重要道路进行超限超载车辆有效监控,同时对超限车辆进行有效的执法处理,对科学治超、优质服务提供了良好的平台。2015年11月27日,江苏省交通运输厅公路局组成验收委员会对该系统进行验收,验收委员会在听取系统建设、设计、施工、监理、用户使用情况汇报,查阅动态公路车辆自动衡器、机电设备检测报告,以及系统验收文档资料,并实地查看系统外场设备和系统使用情况后,认为系统科学、合理,各项参数达到要求,最终一致通过该系统验收,可以投入使用。系统使用运作后将有效

识别超限嫌疑车辆，起到对超限车辆进行“精准”打击，切实维护路产路权的作用。（刘　瑜）

【公共自行车项目建成投运】 2015年，江阴市将公共自行车建设项目作为市委、市政府为民办十件实事之一。该项目投资1980万元，采用“政府投入、部门监管、服务外包”的模式，以主城区范围（东至东外环路、西至西外环路、南至芙蓉大道、北至长江）大型居住点、商业点、公园点、行政机关等区域200～500米为服务半径，新建自行车服务网点105个、改造21个，共计126个，设置2600个锁止器，投放自行车2500辆。实施24小时实时监控，通租通还，60分钟内免费租用，60分钟以上至120分钟（含），收取1元租车服务费；120分钟以上至180分钟（含），收取2元租车服务费；租用超过180分钟以上的时间，按每小时3元计费（不足1小时的按1小时计）。公共自行车服务系统租车载体除依托于市民卡、公交卡以外，同时还能利用微信钱包或支付宝方式实现手机租还。11月28日，江阴公共自行车项目正式投放试运营。该项目的建成投运，为倡导绿色出行，推进城市绿色交通建设起着积极的推动作用。（赵　菁）

【城市空港候机楼投运】 2015年，江阴市为开拓江阴空港航运新模式，在江阴汽车客运站售票大厅东侧建立城市空港候机楼。该楼建设总投资90万元，占地面积300平方米。9月30日，该楼投运。投运是日开通首条入驻班线——江阴至常州奔牛国际机场客运班线。至12月30日，总计进驻无锡苏南硕放国际机场、常州奔牛国际机场2条班线，其中，江阴至无锡苏南硕放国际机场每天开通6个班次，江阴至常州奔牛国际机场每天开通5个班次。城市空港候机楼的投运，为市民提供了更加方便快捷的出行服务。

【营运车辆二级维修视频监控系统投运】 2015年，江阴市为进一步加强全市营运车辆二级维修管理，自8月1日起，在危险品运输车辆和客运车辆二级维护企业推广使用汽车维修质量管理系统，即维修视频监控系统。该系统通过计算机、网络、射频识别（RFID）技术、视频图像传输技术、人脸识别技术等先进手段和信息平台，对营运车辆二级维护过程进行全面视频监控。至12月30日，全市61个营运车辆承修企业全面应用该系统平台。营运车辆二级维修视频监控系统的运行，为进一步规范全市营运车辆检测，确保营运车辆的规范维护和检测提供了更先进的技术和管理手段。

【道路运输从业人员资格培训考点投运】 2015年年初，江阴市在飞达驾校投资29.8万元，于澄杨路51号江阴市飞达驾校城东校区内设立无锡市道路运输从业资格培训考试中心江阴考点。2月28日，该考点投运。该考点主要从事道路运输客货驾驶员从业资格培训及考试，设待考大厅、理论教室、急救教室、电脑机房、操作车间等，培训考试实施电子监控，全程录像，可远程实时监管。道路运输从业人员资格培训考点的建成投运，为全市广大道路运输从业人员提供了更便捷、高效的服务。

【完成200辆出租车扩容】 2012年1月1日起，江阴市为顺应社会和民生需求，方便市民快捷出行，对全市出租车分批定期进行扩容。采用分批投放、服务质量公开招标的方式，每年1月31日前投放50辆，至2015年1月31日，累计新增出租车200辆，全市出租车总量达到618辆。200辆出租车的扩容，有效缓解了市民打车难、出行不方便的问题。（许雪华）

【取消涉水运输企业行政事业性收费】 2015年10月1日，江阴市地方海事处根据财政部、国家发展改革委《关于取消有关水运涉企行政事业性收费项目的通知》和江苏省财政厅、物价局《关于取消水运涉企行政事业性收费项目的通知》精神，全面取消辖区内涉水运输企业的7项行政事业性收费，即船舶港务费、特种船舶和水上水下工程护航费、船舶临时登记费、船舶烟囱标志或公司旗帜注册费、船舶更名或船籍港变更费、船舶国籍证书费、费钢船登记费。全市辖区涉水运输企业行政事业性收费的取消，对进一步减轻涉水运输企业经济负担，促进长江经济带可持续发展起到积极作用。（谭　洁）

## 邮　政

【概况】 2015年，市邮政局紧紧围绕全年总体目标，积极应对政策和市场环境变化，努力推进企业转型，经营规模效益再上新台阶，发展速度高于预期。全年实现业务总收入2.74亿元，比上年增长25.72%，业务收入规模位列全省县（市）局第二，其中金融与集邮两大专业收入位列全省县（市）局第一。年内，市邮政局积极参与江苏省邮政系统开展的百名优秀支局长、百名优秀投递员、百名优秀营业员、百名优秀营销员“四百优”评选活动，全市邮政系统有2人被评为优秀支局长，2人被评为优秀营业员，2人被评为优秀营销员，2人被评为优秀投递员，1人被评为2012—2014年度无锡市劳动模范。是年，市邮政局投诉处理站被江阴市消委会评为2014年度维权先进单位。

【举办纪念抗战胜利70周年纪念邮票首发活动】 2015年9月3日，市邮政局在江阴要塞司令部旧址举办“纪念抗日战争暨世界反法西斯战争胜利70周年”纪念邮票首发暨集邮、集报展览活动。此次活动时间为9月3—5日。活动期间，市邮政局在活动现场专门设立临时邮局，提供纪念邮品销售、盖戳、“么么闪印”等邮政服务。此次展出邮集41部75框，报集28部70框。其中反映抗战主题的邮集11部18框。其他主要展示全市在社会经济、航空航天、城市建设、文化教育等各个领域所取得的丰硕成果。首发的“纪念抗日战争暨世界反法西斯战争胜利70周年”纪念邮票1套13枚，小型张1枚，表现内容为国务院公布的第一批国家级抗战纪念设施、遗址及相关历史背景。该套纪念邮票一经首发，得到广大集邮爱好者的好评，认为其意义深远，极具收藏价值并纷纷购买。

【邮政跨境电子商务产业园项目被列入政府行动计划】 2015年11月24日，江阴邮政跨境电子商务产业园项目被列入《江阴市实施长江经济带建设和参与国家“一带一路”战略三年行动计划(2015—2017)》。该计划要求,通过打造江阴邮政跨境电子商务产业园,引进一批骨干企业,做大跨境电子商务规模,力争用三年时间形成跨境电子商务产业园面积有1万平方米,集培训、创业、仓储、物流、寄递于一体的综合跨境电商基地,并最终达到对大型骨干企业提供个性化派驻式服务,对全市的各跨境电商产业集群开设分仓,建立物流专线。至是年底,市邮政部门初步建成500平方米的小型跨境产业园,入驻国际电商客户1户。

**【“助老邮路”获评市十佳志愿服务项目】** 2015年,市邮政局为传播爱心奉献价值观,扩大品牌效应和社会知名度,不断充实调整“助老邮路”志愿者队伍,注入新鲜血液,跟踪做好志愿者集体(个人)的注册工作,形成良好的制度规范。为确保爱心帮扶活动有稳定的资金来源,职工个人募集帮扶基金11.87万元,累计筹集助老帮扶基金达36.87万元。11月30日,江阴市举办以奉献、友爱、互助、进步、文明为主题的志愿风采展和江阴市第二届“十佳江阴好人”风采展,在风采展表彰大会上,市邮政局“助老邮路”志愿服务队被授予“2013—2014年度江阴市十佳志愿服务项目”称号。

**【推广便民邮政服务手册】** 2015年,市邮政局为更好地服务百姓,利用邮政优势,为全市村(社区)印制各类邮政便民服务手册。该手册在策划设计上,充分体现各村(社区)特色,展示各村(社区)的文化,满足各村(社区)居民的个性需求。手册内容涵盖村民公约、村委部门分工、领导职责、服务指南,涉及公安、教育、民政、工商、税务、房产、医疗、交通运输等方面,同时还包括养生、用电、用气、用药等各类与居民生活密切相关的生活小常识。居民拥有该手册后,对医疗、燃气、快递、开锁等与生活密切相关的需求,可以足不出户方便快捷地按手册上的电话进行咨询和求助。该便民手册的制作推广,提高了群众对政策规定和办事程序的知晓率,增强了行政部门便民、利民、惠民的主动性。年内,市邮政局为全市15个村(社区)印制发放各类便民邮政手册1.75万册,受到居民广泛好评。

**【邮政教育培训】** 2015年,市邮政局为提高邮政服务质量,在全市邮政系统广泛开展各类业务员工种职业技能培训工作。全年全市邮政系统有185名职工分别参加邮政营业员、邮政储汇业务员、邮政投递员等13个工种职业技能鉴定培训,外培59人次、内培52期3347人次。其中,参加远程培训16批1329人次。年内,在无锡全区邮政系统开展的营销职业技能练兵和竞赛活动中,江阴市营销员参与率100%,投递员网上学习参与率100%;江阴邮政代表队取得金融类、邮务类的双项团体第一,3名职工代表无锡全区参加江苏省邮政业务(营销)员职业技能大赛暨第四届全国邮政特有职业技能竞赛江苏省选拔赛,所在团队分别荣获全省邮政金融类团体第一、邮务类团体第三。学习、训练和比赛均以实战为出发点,达到了以赛带练的效果。至年底,市邮政系统有高技能人才累计82人,占全体员工的13%。 (洪志云)

2015年9月15日,市邮政局“助老邮路”志愿服务队开展帮扶、慰问活动

(市邮政局提供)

## 物　流

**【概况】** 2015年,江阴市物流业发展步入转型升级新阶段。全市物流业抓住国家大力推进“一带一路”战略部署和长江经济带建设机遇,依托工业基础、交通枢纽等优势和条件,充分利用岸线和港口资源,积极融入“一带一路”战略和长江经济带建设,通过对接上海自贸区,加快优进优出通关一体化改革,完善跨境电子口岸建设,实现长三角区域互联互通新格局。通过建设长江中下游地区重要的仓储物流、集散配送中心及华东地区最大的液体化工品运输、生产、中转、贸易基地,进一步推进全市物流业发展。实施“互联网+”战略,推进信息技术和供应链管理在物流业的应用,为广大生产流通企业提供低成本、高效率、多样化、精益化的物流服务,主辅分离、制造服务化趋势进一步显现。中信泰富特钢集团、中外运集装箱运输有限公司、中铁物资集团有限公司、中国中煤能源集团有限公司、中国国储能源化工集团股份公司等央企、国企的区域性物流集散和加工贸易中心先后落户江阴成立分公司。丽天石化品交易市场、华东石化物资交易市场、江阴海运煤炭专业市场以及百威啤酒华东分拨中心等特色基地进一步发展;临港经济开发区积极申报国家综合保税区,为经济转型升级、发展加速发力注入新的活力。年内,新增对外开放泊位2个。至年底,江阴港拥有覆

盖全国各大主要港口以及通往美国、日本、韩国和欧洲地区等内外贸航线52条，航班每周达112班。全年全市完成物流营业收入2881亿元，港口货物吞吐量1.26亿吨，比上年增长1.1%，其中外贸吞吐量1586万吨，集装箱运量45.74万标箱，外贸航行船舶3608艘次。

**【物流载体能力逐步增强】** 2015年，江阴长江港口综合物流园区、城东物流园区、城西物流园区、金三角物流园区、江阴—靖江物流园区5个重点物流园区承载能力进一步增强，形成综合物流园与专业物流园共同发展的格局。江阴长江港口综合物流园区围绕千亿级园区发展目标，积极对接融入上海自贸区建设和“一带一路”、长江经济带发展战略，充分发挥交通、区位和经济优势，大力发展以港口货运、装卸、仓储、商贸、物流信息处理等为重点的现代物流产业和软件及服务外包产业，实现现代物流业规模发展和服务外包产业提升发展，园区产业规模、企业集聚和品牌建设取得明显成效，园区成为集综合运输、货物仓储、货运配载、装卸搬运、信息服务、流通加工、检验检疫、咨询设计、招商引资等功能于一身，融商流、物流、信息流、资金流于一体的长江中下游地区重要的综合性货运枢纽物流中心，全年开票销售706亿元，上缴税金6.9亿元。长江港口物流园区(软件园)博棠电子商务有限公司成功获批江苏省电子商务人才培训基地，成为江苏省唯一一个获此殊荣的淘宝大学县域电商人才服务商。城东物流园区依靠便捷的高速公路道口交通区位优势，通过整合市场资源，不断拓展发展空间，形成以金属材料交易、物流配送、家居建材、汽车交易为主的物流园区。城西物流园区利用交通便捷优势，整合周边市场资源，形成农副产品、五金机电等以生活资料市场为主的物流园区。城东物流园区和城西物流园区全年开票销售475.58亿元。金三角物流园区是建材、木材、建筑卫生陶瓷、有色金属、废旧金属等大类产品集聚的经营型物流园区和华东地区规模较大的建材商品集散地，经营国内外知名品牌商品1万余种，全年开票销售24.35亿元。江阴—靖江物流园区发挥江海联运优势，加快形成钢铁、煤炭、油品等物流配载和仓储体系，园区内有经营黑色金属、机电产品和五金材料交易的江苏长阳金属材料市场有限公司，江苏中燃油品储运有限公司、江苏海峡石化有限公司等油品加工仓储销售企业。煤炭交易市场集聚了江苏永和电力燃料有限公司、江苏亚泰煤业有限公司、江苏省江阴经济开发区靖江园区中能电力燃料有限公司等18个煤炭贸易企业。全年该物流园区开票销售133.95亿元。

**【物流项目有序推进】** 近年来，江阴市区位优势和经济优势不断呈现，吸引了一大批市内外投资者到江阴投资现代物流产业和项目。2015年，全市29项服务业重点项目中有10项涉及现代物流业，即中国石化长山油库滨江库区扩建工程、无锡(江阴)港申夏港区5号码头二期工程、无锡(江阴)港申夏港区联合铁钢码头改扩建工程(3号码头二期工程)、普洛斯仓储物流园、兴澄钢板剪切配送中心、江阴综保区、华联一家食品加工物流中心、江阴宝湾物流、中能液化气储备站、海澜之家高架智能立体仓库二期等项目。其中，无锡(江阴)港申夏港区5号码头二期工程、无锡(江阴)港申夏港区联合铁钢码头改扩建工程、中国石化长山油库滨江库区扩建工程等续建项目按时序进度推进，进展顺利；中能液化气储备站、普洛斯仓储物流园等项目有序推进；海澜之家高架智能立体仓库二期项目进行方案设计、项目报批等前期工作；华联一家食品加工物流中心和江阴宝湾物流项目进行土地招、拍、挂等前期筹备工作。全年全市物流运输和仓储物流工程项目完成投资约53亿元。重点物流项目的建设，为江阴物流业的发展增添了后劲。

**【重点物流企业申报评定】** 2015年，江苏省经信委为贯彻落实省政府《关于推进智慧江苏建设的实施意见》，开展智慧物流示范企业试点工作。智慧物流示范企业主要包括四种类型：综合型智慧物流示范企业、运输型智慧物流示范企业、仓储型智慧物流示范企业、技术服务型智慧物流示范企业。海澜之家服饰有限公司结合自身实际情况和智慧物流示范企业类型，积极申报省仓储型智慧物流示范企业，年内，该公司完成申报相关工作。依据《江苏省重点物流基地和重点物流企业认定办法》，经企业申请、专家评审、现场考察、征求全省现代物流工作联席会议各成员单位意见和向社会公示等程序，中信(江阴)码头有限公司被评为第十批江苏省重点物流企业。按照《无锡市生产性服务业有关领域重点企业认定办法》中现代物流领域重点企业认定办法，根据物流企业的经营规模和经营质量，江阴市金顾山物流中心有限公司被评为无锡市重点物流企业。

**【华西村商品合约交易中心获批省进口商品交易中心试点】** 2015年，江阴市按照江苏省进口商品交易中心试点工作相关要求，积极推进域内企业进行申报工作。进口商品交易中心是以进口商品的展示交易、国际采购、物流配送、贸易服务为主要功能，以有形市场和电子商务平台为主要载体，依托海关特殊监管区、重大产业基地、重要物质储备基地、商业中心等建设的集“国际采购—进口—销售”于一体的现代交易平台，具有商品国际化、集聚程度高、交易功能强、影响范围广等特征。华西村商品合约交易中心是由江苏华西集团公司与江阴高新区管委会共同发起设立，注册资金2亿元。公司以现货合约交易制度为核心，通过构建市场服务网、资金结算网、商品物流网和价格发布网，服务于实体经济，实现商品贸易、商品投资和价格发现三大功能。该中心为商品生产、贸易和消费企业提供了一个公开、透明的交易平台，帮助交易商融资融货、降低贸易成本、增加贸易机会、加快资金周转，各项业务创新得到市场的高度认可，是华西村实现产业转型升级的十大项目之一。年内，该中心积极申报省进口商品交易中心试点项目。经过江苏省商务厅有关专家对申报项目进行评审，11月25日至12月2日，江苏省商务厅对外公示第二批江苏省进口商品交易中心试点名单，华西村商品合约交易中心成为全省7个试点公示单位之一。此举将进一步提升该交易中心的贸易服务功能,助推江阴市外向型经济健康稳步发展。

**【中信(江阴)码头有限公司建设】** 2010年,由中国中信集团有限公司和中国中煤能源集团有限公司发起合作,江阴利港发电股份有限公司与上海中煤华东有限公司共同出资建设中信(江阴)码头有限公司,总投资16.5亿元,公司位于江阴市临港经济开发区,拥有655米长江南岸黄金岸线,占地总面积约45.47公顷,建设规模为5万吨(兼靠10万吨)海轮泊位2个、5000吨内档泊位1个、1000吨驳船疏运泊位3个;堆场面积17万平方米,堆存能力约100万吨。至2015年,公司具备了现代物流装备精、功能强、效率高、环保好的建设特征。配备具有国内先进水平的装卸设备和堆取设备,包括10千米长高速、大流量皮带输送系统,在线自动采样装置、精确计量设备和实物标定系统,还设置完成固定筛和移动筛结合的筛分工艺,实现多煤种的掺配需求,为客户提升煤炭附加值。采用中央控制系统和管理信息系统,充分体现物流自动化和信息化水平,进一步提升了江阴港港口物流服务能级。2015年,公司依托中煤集团,拥有稳定煤炭资源,公司投资2亿元建成2个封闭球型煤场,使堆存能力达到35万吨,有效提高了物流环境保护水平。中信(江阴)码头的发展壮大将进一步推动江阴地区乃至苏锡常地区现代服务业的发展,强大的堆存能力和高效的物流设施,基本具备了打造江苏省煤炭储备基地的条件,将为江苏省煤炭储备发挥积极的作用。

**【申夏港区港口集团通用码头试运行】** 2013年10月,江阴市重点码头工程建设项目——无锡(江阴)港申夏港区港口集团通用码头(江阴6号码头)工程2个10万吨级(水工结构兼顾15万吨级)海轮泊位开始建设,2014年12月,该工程项目建成,2015年投入试运行。该项目位于临港经济开发区申港河口与芦埠港之间,由江苏江阴港港口集团有限公司投资建设,总投资13.5亿元,占地面积47.27万平方米,码头长度590米。包含1个10万吨级散货泊位、1个10万吨级通用泊位及相关配套设施,设计年通过能力743万吨,陆域堆场面积约47万平方米。项目建成运行后,江阴港10万吨级泊位增至4个,有效提升了江阴亿吨大港在航运市场的竞争力,为区域临港产业发展提供了重要支撑。 (谢励涛)

·小资料·

## 现代物流

现代物流(Modern Logistics)指的是将信息、运输、仓储、库存、装卸搬运以及包装等物流活动综合起来的一种新型的集成式管理,其任务是尽可能降低物流的总成本,为顾客提供最好的服务。有专家学者则认为:"现代"物流是根据客户的需求,以最经济的费用,将物品从供给地向需求地转移的过程。它主要包括运输、储存、加工、包装、装卸、配送和信息处理等活动。

## 现代物流业

现代物流业是指原材料、产成品从起点至终点及相关信息有效流动的全过程。它将运输、仓储、装卸、加工、整理、配送、信息等方面有机结合、形成完整的供应链,为用户提供多功能、一体化的综合性服务。现代物流业是一个新型的跨行业、跨部门、跨区域、渗透性强的复合型产业。现代物流业所涉及国民经济行业具体包括:铁路运输、道路运输、水上运输、装卸搬运及其他运输服务业、仓储业、批发业、零售业。

摘自《360百科》

■类目编辑 陈学超

# 经济事务管理

## 发展计划管理

**【概况】** 2015年，市发改委围绕市委、市政府重大决策部署，牢牢把握稳中求进总基调，积极适应经济发展新常态，立足部门职能，坚持主动作为，狠抓工作落实，各项工作取得了明显成效。组织牵头编制《江阴市国民经济和社会发展第十三个五年规划纲要》。制定出台《江阴市实施长江经济带建设和国家“一带一路”战略三年行动计划（2015—2017）》，积极抢抓国家发展战略，促进全市产业转型升级。围绕全市年度重点工作目标任务，根据无锡下达指标要求，牵头明确《2015年全市国民经济和社会发展计划和重点管理目标》和《2015年市委、市政府为民办十件实事》，确保全市各项年度目标任务分解到位、责任到位、落实到位。围绕“项目建设突破年”部署要求，根据全市重点重大项目入选标准，科学编制《2015年全市重点重大项目计划》，明确项目投入重点，坚持落实集中会办机制，加强项目协调服务，组织召开全市重大项目推进会，抓好项目跟踪督查，全力推进各板块项目投入建设。

**【国民经济与社会发展目标管理】** 2015年，市发改委根据全市国民经济和社会发展计划，制定出台《2015年江阴市国民经济和社会发展管理目标》，按照“月报、季督、年总结”推进机制，每季度形成《国民经济和社会发展重点工作目标执行情况报告》，对全市重点工作完成情况进行跟踪监测。是年，全市经济运行保持稳健，工业运行趋于平稳，全年实现工业总产值6527.63亿元，比上年增长0.1%；服务业保持高位增长，全年完成服务业增加值1250亿元，比上年增长8%，占地区生产总值（GDP）比重比上年提升0.6个百分点；开放型经济发展良好，全年新批外资项目超30项，完成到位注册外资10.1亿美元，创历史新高；现代农业发展水平持续提升，“三资”投农*金额10.5亿元。创新活力持续迸发，研发实力大幅提升，全社会研发投入占GDP的比重达3%，规模以上工业企业研发机构覆盖率超74.6%；高新产业规模不断壮大，全年新认定的省级高新技术企业97个，省民营科技企业157个，省级高新技术产品209种；创新能力显著增强，全市新批省工程技术研究中心13个，省研究生工作站13个，创新创业人才聚集趋势明显，高层次人才比重持续增加。农村改革不断推进，开展107个村的农村土地承包经营权确权登记颁证工作，成立无锡首个市级农村产权交易中心及13个镇级交易中心。城乡面貌不断提升，项目建设有序推进，沿江区域道路绿化与景观改造、中山路南延伸段等17项项目顺利竣工，虹桥南路延伸段、应天河风光带二期等11项项目加快推进；拆迁安置顺利推进，完成拆迁155万平方米，9000余户被拆迁户完成安置分房；城乡环境整治持续深化，全年修补路面14374平方米，修复人行道板18401平方米、侧平石23392米，完成9个城中村及15个老小区改造；村庄环境整治有序推进，新增长效管理示范村庄50个，完成美丽乡村创建4个。社会事业不断推进，城镇和农村居民人均可支配收入在全省县级市排名中位居前列；就业形势稳定，城镇居民登记失业率和农村调查失业率分别降至2.37%和2.8%；保障标准进一步提高，居民养老保险基础养老金、被征地农民养老年龄段人员养老补助金标准分别由每人每月210元、500元提高到250元、600元，被征地农民社会保障实现即征即保；医疗保障水平稳步提升，进一步扩大职工基本医疗保险个人账户使用范围，率先创立大病补充保险制度，实现新农合基本医疗保险与商业健康保险的有效衔接；教育发展水平不断提高，教育资源进一步优化，教育质量持续提升，高考本科进线率、总均分均列无锡市第一；公共交通网络进一步完善，建设完成公共自行车服务系统。生态环境逐步优化，狠抓大气污染防控，完成江苏阳光云亭热电有限公司等6个热电企业关停，削减二氧化硫2980吨、氮氧化物1000吨，淘汰燃煤锅炉235台；全面推进水环境整治，深入推进张家港河和锡澄运河等主要河道的环境综合整治，初步建成覆盖城乡的供水、供热、供气、环卫防污生态网络；探索建立生态补偿机制，出台《关于建立生态补偿机制的实施意见》，将水稻田、蔬菜地、公益林地、经济林地、重要湿地、水产养殖区、水源地保护区等均纳入生态补偿范围,首年生态补偿资金支出达9000万元。

【工作目标绩效考核】 2015年,市发改委面对新形势新任务,根据市委、市政府工作部署,突出中心导向、综合考量、量化为主、稳定优化等原则,牵头编制《2015年度开放园区工作目标绩效考核实施方案》,进一步强化经济建设发展、增加有效投入、扩大开放程度等方面的要求,充分体现出考核工作的导向性作用,确保绩效考核更加科学全面。积极采取季度监测、半年评审、年度考核等方式,有效激励3个园区开发水平的持续提升。进一步构建重点目标管理平台,建立情况通报、定期分析例会等沟通机制,认真跟踪监测重点目标完成情况,及时协调解决相关问题,每季度形成《全市国民经济和社会发展重点工作目标执行情况报告》和《市委、市政府为民办十件实事执行情况报告》,督促各责任单位按照时序推进目标任务。

【经济运行分析调研】 2015年,市发改委面对严峻复杂的经济形势,紧紧围绕全市重点目标任务,主动前瞻经济运行态势,强化经济运行监测分析和预警预测,积极开展政策性课题研究,注重历史对比、趋势分析和地区比较,重点分析研究江阴经济社会发展中的难点和热点问题,通过"月调研、季座谈、年总结"的运行机制,加强对全市经济的跟踪监测,组织召开经济运行分析会,开展经济形势专项调研。年内,先后形成《增强新活力,培育新动力》和《坚定信心,新挑战中谋求新突破》等经济分析报告,深入剖析全市经济的运行情况、发展结构和矛盾问题,判断展望经济发展趋势,提出经济转型发展对策建议,为市委、市政府决策提供参考。

【"十三五"规划编制】 2015年,市发改委牵头编制《江阴市国民经济和社会发展第十三个五年规划纲要》,在13项前期课题研究的基础上,组织制定全市"十三五"规划纲要和14项重点专项规划。通过课题调研、专家咨询、座谈交流等方式,在摸清全市经济社会发展底数的基础上,客观总结"十二五"期间江阴经济社会发展的成就,深入分析江阴下步发展面临的形势和突出问题,研究提出江阴"十三五"时期的战略目标、主要任务和战略导向。在"十三五"规划编制过程中,建立规划衔接机制,主动加强与中央和省市、全市各个单元板块、各个重点专项规划编制单位的对接,确保全市"十三五"规划的系统性、协同性、科学性;建立跟踪推进机制,牵头制定《江阴市"十三五"重点专项规划编制计划》,定期召开"十三五"重点专项规划编制方案联席会议,加强问题沟通协调,确保各"十三五"重点专项规划按照时序编制完成。

【生产要素争取】 2015年,市发改委坚持主动服务、靠前服务,积极加强对上项目、资金和政策争取,全力服务企业发展。先后3次派人赴国家发改委协调对接江阴临港经济开发区申报综合保税区事宜。年内,为企业争取国家进口和一般加工棉花贸易配额12163吨;组织江阴中专学校申请2015年度中央预算内补助资金,获国家财政补助600万元;争取太湖流域水环境综合治理省级专项资金4414万元。积极为域内企业对上申报专项。先后组织江阴通利光电科技有限公司、江苏中德电子材料科技有限公司等企业申报江苏省战略性新兴产业专项5项,组织江阴远望神州软件有限公司、江苏深绿新能源科技有限公司等企业申报江苏省军民融合产业专项3项,组织华欧德变速器有限公司申报中央专项1项,组织申报2015年度农林水利中央投资项目1项。同时,还组织江阴市40余个企业参加埃塞俄比亚投资洽谈会等省级中外投资洽谈会10场,均取得较好效果。

【固定资产投资管理】 2015年,江阴市深入贯彻落实"项目建设突破年"活动各项部署,积极优化要素配置,扩大有效投入,全社会固定资产投资实现高位稳步增长。全年全市完成固定资产投资1128.59亿元,比上年增长7.9%,其中,第一产业投入完成6.68亿元,比上年下降37.8%;第二产业投入完成514.58亿元,比上年增长7.5%;第三产业投入完成607.33亿元,增长9.1%。全市固定资产投资在规模不断扩大的同时,质量同步提升,结构日益优化。一是服务业投入赶超工业,全年服务业投入607.33亿元,占比高于工业投入8.2个百分点;二是高新技术投资快速增长,全年高新技术完成投入121.4亿元,比上年增长25.6%,高于全市平均增幅;三是纯三产投入大幅增长,全年完成投资203.2亿元,比上年增长152.7%。

【重点重大项目管理】 2015年,全市共安排重点重大项目87项,计划总投资1157.7亿元。其中基础设施、社会事业项目17项,总投资219.5亿元;服务业项目29项,总投资536.2亿元;工业项目41项,总投资402亿元。全年全市重点重大项目加快实施,对投资和经济转型的引领促进作用进一步加强,87项重点重大项目完成投资328亿元,其中,41项工业项目完成投资138.5亿元;29项服务业项目完成投资86.5亿元;17项社会事业和基础设施重点项目完成投资103亿元。30项列入无锡市重大项目计划的项目全部开工建设,项目开工率100%,完成投资253.5亿元,投资完成率达110%,超时序进度10个百分点。

【热电能源管理】 2015年,市发改委围绕全市生态保护刚性指标,不断优化全市能源结构,努力解决燃煤总量消耗大、大气污染影响大等突出问题。积极控制煤炭消费总量,牵头制订《江阴市煤炭消费总量控制和目标责任管理实施方案》,在保障全市能源供应安全前提下,有效控制煤炭消费总量;按照年度工作计划,有序推进全市热电企业整合工作,先后完成整合江苏阳光云亭热电有限公司、江苏红柳集团有限公司自备电厂、江苏泰富兴澄特殊钢有限公司热电厂等热电企业6个。积极推进清洁能源利用,围绕全市生态保护刚性指标,不断优化全市能源结构,大力发展清洁能源利用,鼓励企业抢抓分布式光伏发电项目取消规模限制、下放备案权限等政策利好,扎实推动分布式光伏发电项目建设,域内各中小企业在海澜集团有限公司、江苏华宏科技股份有限公司等大企业带领下,充分利用金融杠杆作用，做大做强全市光伏发电应用市场，全年全市完成备案分布式光伏发电项目19项、总发电量37.99兆瓦，至年末，建成28.73兆瓦。（耿海建）

**【综合改革】** 2015年，江阴市大力推进行政体制改革，合并工商、质监、食药监部门组建市场监督管理局，合并计生委、卫生局组建卫计委，合并房管局、建设局组建住建局，合并行政服务中心、公共资源交易中心、“12345”服务热线成立政务管理办公室，形成“一办三中心”政务服务体系，新设食品安全检测中心、志愿服务指导中心、不动产登记中心，调整上市办至金融办。推进行政审批改革，编制形成政府行政权力清单，完善中介机构项目服务清单，出入境管理分别进驻临港街道、周庄镇和徐霞客镇便民服务中心，天力燃气进驻云亭街道、新城东街道和周庄镇便民服务中心，10个村级便民服务中心相继启动建设。深化商事制度改革，完成“三证合一”改革（“三证合一”登记制度是指将企业登记时依次申请，分别由工商行政管理部门核发工商营业执照、质量技术监督部门核发组织机构代码证、税务部门核发税务登记证，改为一次申请、由工商行政管理部门核发一个营业执照的登记制度），全面实施“一照一码”（通过“一口受理、并联审批、信息共享、结果互认”，将由工商、质检、税务三个部门分别核发不同证照，改为由一个部门核发加载法人和其他组织统一社会信用代码的营业执照）制。推进区域通关改革，实现区域通关一体化、检验检疫区域一体化。推进财税体制改革，一般公共预算收入、政府性基金收入、社保基金收入和国有资本经营收入全部纳入预算编制范围，部门预算、“三公”经费*预算以及政府专项资金清单目前全部面向社会公开，9个单位试点公开部门决算、“三公”经费决算，专项资金绩效评价实现全覆盖。深化经济体制改革，完成江阴高新区苏南示范区空间布局规划编制，探索设立创新型产业集群发展专项资金、创新型产业发展引导基金，全面清理涉及企业各项收费并形成收费目录清单。深化资本经营战略，新增“新三板”*挂牌企业14个，上市企业并购重组海内外优势企业5个，定向增发募集资金53亿元。完善金融服务体系，设立中小企业互助资金平台5个，新增商业银行分支机构2个，建立市级信贷风险补偿资金池。推进公共资源交易管理改革，探索推行直接发包、评定分离、两阶段评标新模式，房屋建筑、市政公用、园林绿化工程实现数字证书认证系统（CA）招标全覆盖。深化科技创新战略，进一步完善科技创新体系，启动建设节能环保、智慧风电和高新技术产业研究院3个产业技术研究院，逸生活健康创吧等6个众创空间成功运营。深化完善知识产权保护体系，创新设立专利交易展示平台，启动建设全国县级第一个专利行政执法巡回审理庭。深化农村综合改革，完成12个镇（街道）、107个村1.63万公顷田地完成承包经营权确权登记，至年末，全市有170个经济强村完成村级经济股份制改革，认定家庭农场累计170个，基本建立市镇两级架构的农村产权交易服务体系。深化生态环境保护，进一步完善环境总量控制机制，实施区域限批，明确项目新增二氧化硫、氮氧化物、烟粉尘、挥发性有机污染物、化学需氧量、氨氮、总磷等排放需求实施倍量替代。优化调整生态红线，全市省级生态红线区域面积为120.37平方千米，生态红线区域总面积为207.86平方千米。落实生态补偿机制，将水稻田、蔬菜地、公益林地、经济林地、重要湿地、水产养殖区、水源地保护区均纳入生态补偿范围，是年首次补偿资金1.17亿元。推动生活垃圾分类处理，启动建设城区餐厨废弃物处理16个点和镇、街道有机垃圾项目14项，推广生活垃圾分类试点。（贡志强）

## 财　政

**【概况】** 2015年，江阴市财政部门主动适应新常态，积极应对经济下行和财政增收双重压力，继续实施积极财政政策，统筹推进稳增长、调结构、惠民生、促改革、转作风等各项工作，全市财政运行总体平稳，收入增长稳中有进，“十二五”各项财政工作圆满完成。年内，全市各级财政部门千方百计稳增长，强化目标管理、加强预测分析、坚持依法征管、积极挖潜增收，财政收入实现量质齐升。全市完成一般公共预算收入218.9亿元，其中，一般公共预算税收收入180.3亿元。实施政策引导、加大资金扶持、落实结构性减税清费，重塑经济发展新动力。支持引进重大项目，支持现代服务业发展，促进外贸稳增长。全年安排转型发展科技创新导向资金1.3亿元，对上争取各类扶持资金10.65亿元，财政股权投资基金总投资规模突破1亿元。市财政重点保障民生支出，支持社会事业发展，提升社会保障水平，推进基本公共服务均等化。认真落实中央“八项规定”*和省市“十项规定”*等，从严控制“三公”经费支出，全市“三公”经费比上年下降22%。是年，继续深化财政管理改革，全面实施全口径预算编制，扎实推进财政预决算、部门预决算和“三公”经费预决算信息公开，继续实施政府专项资金和单位专项资金绩效评价全覆盖，不断加强政府性债务管理，顺利完成江苏省财政厅下达江阴地方政府债券置换工作，积极探索政府和社会资本合作（PPP）模式，继续深化法治财政标准化建设并取得新的突破。

## 2015 年江阴市一般公共预算收入情况一览

表 46

单位:万元

| 项目 | 财政收入 | | | | | | | | |
|---|---|---|---|---|---|---|---|---|---|
| | 合计 | | | 国税 | | 地税 | | 财政 | |
| | 上年 | 完成实绩 | 比上年增长(%) | 完成实绩 | 比上年增长(%) | 完成实绩 | 比上年增长(%) | 完成实绩 | 比上年增长(%) |
| 市本级 | 419350 | 412564 | -1.62 | 11064 | -11.04 | 140430 | -10.47 | 261070 | 4.40 |
| 高新区 | 275924 | 309089 | 12.02 | 117910 | 17.40 | 168921 | 7.24 | 22258 | 23.81 |
| 临港经济开发区 | 418336 | 467780 | 11.82 | 168573 | -0.97 | 274743 | 20.21 | 24464 | 25.08 |
| 靖江园区 | 53196 | 57196 | 7.52 | 33657 | 13.24 | 18916 | -4.20 | 4623 | 24.01 |
| 镇(街道)合计 | 839812 | 942525 | 12.23 | 341980 | 8.81 | 524515 | 14.26 | 76030 | 58.92 |
| 全市合计 | 2006618 | 2189154 | 9.10 | 673184 | 7.35 | 1127525 | 10.36 | 388445 | 8.56 |

## 2015 年江阴市一般公共预算支出情况一览

表 47

单位:万元

| 项目 | 当年度预算数(调整) | 当年度完成情况 | | 上年完成 | 与上年相比 | |
|---|---|---|---|---|---|---|
| | | 完成数 | 完成年初预算(%) | | 增减额 | 增减(%) |
| 一、公共财政预算支出合计 | 2030667 | 2053514 | 101.13 | 1872766 | 180748 | 9.65 |
| (一)一般公共服务 | 137400 | 135347 | 98.51 | 131364 | 3983 | 3.03 |
| (二)国防 | 3470 | 6697 | 193.00 | 6155 | 542 | 8.80 |
| (三)公共安全 | 109800 | 114292 | 104.09 | 101257 | 13035 | 12.87 |
| (四)教育 | 307750 | 338805 | 110.09 | 283570 | 55235 | 19.48 |
| (五)科学技术 | 57700 | 58911 | 102.10 | 53157 | 5754 | 10.82 |
| (六)文化体育与传媒 | 23620 | 24368 | 103.17 | 21724 | 2644 | 12.17 |
| (七)社会保障和就业 | 181100 | 243311 | 134.35 | 166980 | 76331 | 45.71 |
| (八)医疗卫生 | 98050 | 103754 | 105.82 | 90225 | 13529 | 14.99 |
| (九)节能环保 | 92650 | 87878 | 94.85 | 85417 | 2461 | 2.88 |
| (十)城乡社区事务 | 461200 | 502412 | 108.94 | 412279 | 90133 | 21.86 |
| (十一)农林水事务 | 106350 | 112687 | 105.96 | 98041 | 14646 | 14.94 |
| (十二)交通运输 | 86450 | 89132 | 103.10 | 77430 | 11702 | 15.11 |
| (十三)资源勘探电力信息等事务 | 169200 | 76081 | 44.97 | 161992 | -85911 | -53.03 |
| (十四)商业服务业等事务 | 55750 | 53677 | 96.28 | 52412 | 1265 | 2.41 |
| (十五)金融监管等事务 | 1150 | 787 | 68.43 | 1069 | -282 | -26.36 |
| (十七)援助其他地区 | 9840 | 9838 | 99.98 | 9111 | 727 | 7.98 |
| (十八)国土资源气象等事务 | 14450 | 17286 | 119.63 | 13903 | 3383 | 24.33 |
| (十九)住房保障 | 88850 | 63668 | 71.66 | 81898 | -18230 | -22.26 |
| (二十)粮油物资管理事务 | 3710 | 3963 | 106.82 | 3583 | 380 | 10.60 |
| (二十一)债务还本付息 | 2715 | 3019 | 111.20 | 1852 | 1167 | 63.05 |
| (二十二)其他 | 19462 | 7601 | 39.06 | 19347 | -11746 | -60.71 |
| 二、基金预算支出合计 | 173805 | 181479 | 104.42 | 1735353 | -1553874 | -89.54 |
| 三、国有资本经营支出合计 | 16397 | 16397 | 100.00 | — | — | — |
| 预算支出合计 | 2220869 | 2251390 | 101.37 | 3608119 | -1356729 | -37.60 |

**【落实财政稳增长措施】** 2015年，市财政局继续实施目标责任制管理，坚持“以月保季、以季保年、以块保面”策略，狠抓推进落实，及时测算分解全年目标任务，倒排计划，确保收入增幅稳定在合理区间，确保收入稳中有进。强化收入征管，落实增收举措，从“营改增”(营业税改征增值税)税收、非税收入结余入库、检查异地异常票规范税收秩序、加快重点集团企业主辅分离等方面多措并举，坚持依法征收、应收尽收，努力构建财政收入稳定增长机制。加强协税护税，做好挖潜增收，积极构建税收征管保障体系，加快部门协作机制和数据交换平台建设，加快信息共享，形成全市相关部门上下齐抓共管促增收的合力。全市完成一般公共预算收入218.92亿元，比上年增长9.1%，增幅领先周边同类县市，超过无锡市平均水平，其中，一般公共预算税收收入180.3亿元，比上年增长9.36%，税收占比为82.36%。

**【地方财源培育】** 2015年，市财政局充分发挥积极财政政策和财政资金对经济增长的双轮驱动作用，支持经济转型升级。注重政策引导。在重大项目引进、现代服务业发展、外贸稳增长等方面提供财政政策支持；在激励板块增收、鼓励企业发展、加强协税护税等方面优化财政管理体制机制，调动各级加快推进转型发展的积极性。加大资金扶持。安排转型发展科技创新导向资金共计1.3亿元用于支持各类企业发展，积极对上争取各类资金10.65亿元用于支持企业转型发展。继续利用财政股权投资基金扶持重点成长型企业发展，投资规模突破1亿元，第一批1600万元股权投资资金顺利实现股权退出。全面落实“营改增”、提高增值税起征点、所得税优惠、各项行政事业性收费减免等结构性清费减税政策，减轻小微企业税费负担。盘活财政存量资金24.45亿元，统筹用于稳增长、调结构、惠民生等重点领域。

**【保障民生支出】** 2015年，江阴市财政部门克服财政收支平衡难度加大的困难，在支出结构上坚持民生导向，打造公共财政。全年民生支出达156.68亿元，教育、社保、医疗卫生、环保、住房、农林水事务、公共安全、社区事务等城乡公共服务支出占公共财政预算支出比重超过70%。社会保障水平进一步提高，居民养老保险待遇由每人每月210元提高到250元，被征地农民养老补助金由每人每月500元提高到600元，新农合人均筹资标准由660元提高到740元，居民最低生活保障标准由每人每月600元提高到670元。支持教育事业发展，完善教育经费保障机制。落实全市学校教师绩效工资政策，全市财政部门安排3.43亿元，用于教师奖励性绩效工资及补差。从是年起，普高、职高、义务教育阶段初中生均公用经费分别提高到每生每年1500元、2100元和1100元。完善中等职业教育国家助学金制度，自是年春季学期始，将中职国家助学金标准从每生每年1500元提高到2000元。完善一般性转移支付力度，保障镇(街道)正常运转，对不能满足基本公共服务支出需要的8个镇(街道)进行一般转移支付。完善普通高中、职业高中经费支出市级统筹支付政策，减轻相关镇(街道)负担。

**【“三公”经费支出管理】** 2015年，江阴市财政部门严格落实中央“八项规定”、省市“十项规定”、《党政机关厉行节约反对浪费条例》等各类制度规定和江阴市出台的因公出国经费、公务接待费、会议费、差旅费、培训费等管理办法，实行党政机关会议定点饭店管理。严格执行政策标准，加强支出审核，推行“三公”经费信息公开，加强社会监督。完善“三公”经费公示制度，根据“谁主管、谁公开、谁负责”的政府信息公开要求，全面实施“三公”经费预决算公开。继续压降“三公”经费支出，是年“三公”经费支出比上年减少22%。

**【预算绩效管理】** 2015年，市财政局进一步加强预算绩效管理，全面实现政府专项资金和单位专项资金绩效评价全覆盖，打通专项资金绩效管理“最后一公里”。加强评价结果应用，将重点项目绩效评价结果及时反馈单位，上报市委、市人大和市政府，并与年终考核以及下年度专项资金预算安排相挂钩，形成“用钱必问效”的预算执行约束力，切实提高财政资金的使用效益。全年评价资金量41.1亿元，其中政府专项资金额37.2亿元，单位专项资金额3.9亿元。选取社会关注度高、与经济社会密切相关的50项政府专项和310项单位专项开展重点评价，重点评价资金量15.8亿元，其中政府专项重点项目评价金额12.2亿元，单位专项重点评价项目金额3.6亿元，财政再评价项目资金4.1亿元。

**【法治财政标准化建设】** 2015年，市财政局深入推进法治财政标准化建设，以法治精神引领财政工作开展，确保各项预算收支行为合法合规。建立依法行政与依法理财制度建设、完善财政业务管理机制与提升依法行政管理水平、加强作风党风廉政建设、强化考核监督责任追究、创新创优成果运用5大项88个指标体系，该指标体系范围更广、要求更严，具有较强的专业性和针对性。法治财政标准化建设取得新突破，连续三年被江苏省财政厅评为法治财政标准化建设先进单位。是年，市财政局被江苏省财政厅评为法治财政标准化建设示范点。

**【深化国有资产管理】** 2015年，市财政部门认真探索编制国有资本经营预算。坚持“统筹兼顾、相对独立、规范管理、公开透明”的原则，结合各企业经营业绩和发展状况，科学预测，准确测算、真实反映各项收入。按照保证重点、兼顾一般的原则，准确把握支出方向和范围，将新国联投资发展有限公司等6个国资一级公司纳入编报范围。年内，在市级行政事业单位新增资产配置与部门预算编制相结合工作试点基础上，完成约300个市级行政事业单位2016年度部门预算编制过程中的新增资产配置审核工作，核减9445.13万元，核减率达60%。配合市发改委对热电企业进行整合关闭工作，完成江阴滨江热电有限公司40.33%国有股权的公开转让，回收资金近6300万元。

**【政府性债务管理】** 2015年，市财政部门进一步加强政府性债务管理，对政府投资规模进行细化论证并严格控制债务规模,加快债券置换进度,将政府性投资及债券置换全面纳入预算管理。改变每年年底被动接受各镇(街道)举债对接算账模式为主动提前对接算账模式,有效控制了各镇(街道)债务总量。全年完成江苏省财政厅下达江阴地方政府债券置换存量债务额度28.89亿元,全市政府性债务管理成效明显。(陈新文)

# 税务

## ·国家税务·

**【概况】** 2015年,江阴市国税系统牢牢把握"稳中求进、改革创新"的工作总基调,以"抓收入、推改革、带队伍"为工作主线,努力发挥税收职能作用,助推全市经济发展和民生保障再上新台阶。试行网上涉税外出勤廉反馈单制度,做到"下户行为全覆盖、不下户应对随机抽"。推进网上勤廉"双述双评"工作,全年向纳税人发送调查问卷6400余份。加大信访案件的查处力度,全年受理并查结案件5件。积极开展"一案双查"(是指在查处纳税人、扣缴义务人和其他涉税当事人税收违法案件中,对税务机关或者税务人员的执法行为规范性和履职行为廉洁性进行检查,对违纪违法行为依照有关规定进行调查和追究责任的活动),实现打击税收违法行为和履行监督责任两手抓。是年,市国税局在无锡市国税局年度绩效管理考评中名列第一。

**【组织收入】** 2015年,市国税局全年组织国税收入228.88亿元,比上年增长8.22%,创历史新高。其中,一般增值税119.52亿元,比上年增长7.7%;"营改增"7.19亿元,基本持平;企业所得税57.86亿元,比上年增长11.3%;实现财政公共预算收入67.46亿元,比上年增长7.3%。创新交通运输行业"互联网+税务"管理手段,以金顾山物流模式为试点,入库"营改增"收入3596万元。推广应用风险应对工作模板和法律指引,实现应对总成效3.89亿元;加强非居民企业税收管理,累计入库企业所得税6.51亿元;强化企业所得税年度汇缴,补征税款7.78亿元;组建欠税追征团队,成功追征入库单笔税款1.32亿元;依托稽查手段整顿规范税收秩序,查补入库税款、罚款、滞纳金共计5065万元。

**【税收优惠】** 2015年,市国税局继续全面落实各项减负措施,充分发挥税收杠杆的积极作用,做好小微企业增值税减免政策的贯彻落实。深入推进"营改增"扩围,全年累计减税达1.3亿元。全面兑现结构性减税新政策,为全市2090个小微企业直接减免增值税352万元,办理车购税减免1438万元。全力支持外贸企业和高新技术企业发展,全年审批免抵税额32.06亿元,办理出口退免税超100亿元,为全市96户高新技术企业办理企业所得税优惠9.04亿元。

**【税收风险管理】** 2015年,市国税局紧盯税收现代化目标任务,以理顺职责、简政放权为重点,加强税收风险管理。全年开展风险应对2687户次,应对补税入库2.66亿元,总应对成效占净入库收入比为2.36%。其中,七分局户均应对成效98.73万元,为全局平均水平的10倍,二分局按照模板制作的风险应对案例获江苏省国税局交流评比一等奖。创新"语信通"涉税信息提醒,着力提高服务精准度,全年发送各类涉税信息提醒55074条。全面落实国地税合作规范1.0版,推动服务深度融合、执法适度整合、信息高度聚合。适时调整前置分析定位,初步建成由15个风险指标、2个分析模型构成的指标模型库,导入情报管理平台2398条前置分析疑点。强化外部情报的深度加工和增值应用,全年向21个第三方单位采集26批次34473条外部数据,情报应用总成效超2000万元。认真落实"三证合一"登记制度改革,至年末,累计办理新办、变更营业执照1968个次。

**【纳税服务】** 2015年,市国税局深入开展便民办税春风行动,着力打造具有江阴特色的"芙蓉税情"纳税服务品牌。统一办税服务厅内外部标识和区域设置,整合办税服务厅各岗位,打造全职能窗口、培养全职能干部,真正做到"一站式""一窗式"服务。简并更新各类常用表证单书,严格执行一次性告知服务和各项免填单服务。新增4台发票发售机和7台发票代开机,投放二手车交易市场多媒体办税终端,完善自助办税功能。在无锡地区率先搭建免费无线局域网络,助力税法宣传信息化再升级。创建江阴国税微信公众平台,全年推送信息500余条,浏览量近12万人次。建立江阴国税纳服二维码,编发《常用涉税问题汇编》4期12000余册。完善以"96777822"特服号为主的涉税咨询体系,全年接受各类涉税咨询20068人次,接通率高于全省平均水平,在上级抽查中接通率和答复准确率均达100%,在无锡地区名列第一。年内,先后举办5期纳税人学堂,3884人次接受现场咨询辅导。

**【国税队伍建设】** 2015年,市国税局坚持以人为本理念,严管干部队伍,不断提升干部队伍的精神面貌、能力素质和整体形象,努力打造一支想干事、能干事、干成事的一流国税队伍。开展多层次走访调研,全面了解一线干部的思想动态,广泛征求意见和建议。推行明察暗访、日常行政管理、行风纠察的"三位一体"和"数字人事"(是指对税务干部实行人事信息化管理,即通过全面、及时、准确的记录和科学运用税务干部"德、能、勤、绩、廉、评、基"等各方面数据信息,对税务干部进行全员、全程、全面管理,成为科学育人用人、转变干部管理方式、激发干部活力的一项举措)考评,强化对干部日常行为规范的管理。探索开展个人绩效管理,立足岗位特点,创新指标设置,实现差别考核,努力破解干好干坏一个样、干多干少一个样的问题。深入开展作风建设"巩固深化拓展"主题活动,打造"服务型"党组织建设。梳理干部的培训需求,开展分级分类培训。全年组织各类培训25次,参加人数1721人次。(邵华 顾素华 陈力智)

## ·地方税务·

**【概况】** 2015年,江阴市地税系统积极应对经济下行和税收收入高基数困难,主动顺应"升级版"改革组织收入新要求,全面构建以风险管理为驱动器、目标任务为动力轴、

“征、评、管、查”为行进轮的组织收入合力机制，确保组织收入工作在负重背景下继续保持较高增速。全年完成地税收入总量240.52亿元，比上年增长4.37%，其中税收收入153.8亿元，比上年增长8.35%，完成公共财政预算收入113.26亿元，比上年增长10.59%，完成各项非税收入86.71亿元。全力抓好企业所得税汇算清缴及后续管理，对7594个企业实施汇算清缴，补缴企业所得税5.98亿元。全面规范自然人股权转让个人所得税征管，入库相关个税3.81亿元，比上年增长518.61%。开展建筑业、房地产业营业税专项管理，完成2139项建筑项目、25项房产项目的核实确认工作，补缴税款9417.16万元，建筑项目预清算比例达89.73%。反避税调查取得零的突破，2个企业转让定价调整通过国家税务总局反避税立案系统立案并顺利结案，调增应纳税所得额7947.56万元，补缴税款84.45万元。是年，江阴地税局获全国模范职工小家、江苏省廉政文化建设示范点、江苏省扶残助残先进集体、江苏省“工人先锋号”等荣誉。

**【税收征管改革】** 2015年，江阴地税系统突出征管改革增效作用，注重结合地区征管实际，以征管流程为依托，以税源管理事项清单为主线，科学构建税收基本模式，实行“职责不混、分工协作、责任共担、绩效共享”的运行保障机制。实施税源管理二级统筹协作，创新传统的税源管理机制，深入推进税收征管改革。至年末，江阴地税系统初步形成“理念对接、事项对接、环节对接、人员对接”的局面，做到了机构、职能、人员的三个平稳过渡，取得基层、纳税人和地方党委政府三满意。

**【强化风险应对管理】** 2015年，江阴地税系统结合江阴实际，编印《中等风险应对案卷样本》，切实规范执法，保障应对质量，推进风险应对规范化、标准化、责任化。建立税源信息反馈平台，明确各部门税源信息反馈职能，全局上报税源信息40条，实现增收3781万元。自主开发应用涉税风险自查申报系统，年度涉税风险自查申报功能模块引入第三方数据及税务机关内部数据与纳税人自行申报数据实施比对，引导纳税人自主对照查漏补缺，有34358个企业纳税人填报该系统，查补地方各税2.17亿元。充分利用存量涉税风险自查申报功能模块，对存量风险池中疑点按涉税事项进行重新分类，将风险等级低、涉及面广的疑点通过平台推送纳税人自查，全年分五批完成2305个风险疑点自查试运行工作，补税1490万元，风险池存量疑点总量下降超三分之一。探索实施“做深案头审核，加强税务集体约谈，做实实地核查，快速有效实施中等风险应对”的方法。通过强化集体约谈、专项约谈和个别约谈三项约谈工作，全局准期风险应对率97.8%，风险应对有效率99.73%，中等风险户平均应对天数由改革前的19天缩短为15天，中等风险户平均应对绩效由改革前的27.36万元上升至37.13万元。全年完成风险应对纳税户2796户，风险应对绩效10.6亿元，风险应对贡献率4.42%。

**【税源基础管理】** 2015年，江阴地税系统全面建立统筹例会、事前监控、统一协调、按月通报四项制度，纵深推进税源基础管理工作，有效管控好各基础管理事项。全市年所得12万元以上个税自行申报人数达17904人，征缴个人所得税8.93亿元，占个人所得税总量的51.23%；两处以上个人所得税申报人数达6593人次，比上年增长40.24%。加大欠税欠费清缴工作力度，全面启动涉税信用黑名单制度，发送“自觉远离黑名单”手机短信近5000条，向信用办传递首批黑名单企业11个；加大强制执行力度，对34个企业启动银行扣款手续，清缴新欠款1.32亿元，入库陈欠款1.48亿元，通过加强对破产企业控管，成功追缴2个破产企业欠税达1.4亿元。做好基础数据修改和个体工商户管理，集中修改基础信息数据7082户次，对4589个营业税个体户进行定额核定，双定（定期、定额）核定面达到100%，总体定额增幅达5.16%，梳理增值税“小转一”纳税人（小规模纳税人转为一般纳税人）1175人，核实查补税金798.63万元。

**【数据信息完善应用】** 2015年，江阴地税系统对税务数据应用进行深层次拓展，配合无锡市地税系统在基于税务大数据的基础上，探索建设税务智能搜索平台，完成篇幅长25803字需求编写。加强数据质量全方位控制，完成江苏省地税局数据质量审计平台推送的错误数据修改1775条，自主修改重要基础数据610条，核实修改大集中系统登记信息15880条，有力支撑了基础管理和风险应对工作。进一步拓展数据管理多维度合作，整理完成全市12个部门15个大类的数据表，清洗、匹配数据45556条。通过对税务数据的清洗、匹配等整理工作，进一步完善了计税基础。

**【落实税收优惠政策】** 2015年，江阴地税系统积极落实小型微利企业所得税优惠政策，全年为2659个小型微利企业减免税款1734.31万元。落实困难企业房产税、土地使用税两税优惠政策，对18个困难企业和重点扶持企业减免土地使用税1321.65万元，对30个困难企业和廉租房用户减免房产税1289.68万元。落实企业所得税相关税收优惠政策，帮助108个企业减除免税收入24.19亿元，55个企业享受研发费加计扣除1.78亿元，52个企业享受支付残疾人工资加计扣除3357.69万元，35个高新技术企业享受高新技术企业减免税优惠9958.02万元。落实固定资产加速折旧新政策，受理六大行业企业加速折旧优惠政策申报44个次，政策享受率100%，帮助1512个企业享受一次性扣除加速折旧政策。

**【税收稽查】** 2015年，江阴地税系统加大查处涉税案件力度，全年立案检查税收案件87件，比上年增长30%，其中千万元以上案件1件，百万元以上案件1件，查补税款及罚款收入1.13亿元，比上年增长5.6%。严厉打击发票违法犯罪活动，查处违法使用发票企业58个，查补收入411.29万元，有力遏制了发票违法犯罪势头，营造了公平、公正、法治的税收环境。

**【纳税服务新举措】** 2015年，江阴地税系统借助互联网、微信等新兴媒体，开通“江阴地税”微信公众号，为纳税人了解涉税信息提供更多渠道。充分发挥电子信息技术的优势,全面打造集导税、模拟体验、税企互动、阅读、自助办税五个功能区为一体的纳税服务体验区。举办“创客税收行——放飞青春梦想,助力青年创业”“倡导绿色出行、传递税收力量”“我与税宣共成长·寻找最美税收宣传员”等主题税务宣传活动,纳税人的办税满意度和税法遵从度得到有效提升。落实“三证合一”,推行便民办证,联合政务服务中心部门、市场监督管理部门、国税部门共同举办“三证合一,一照一码”主题地税开放日活动,编印《办税热点问题集锦》《房产交易那些事》等宣传手册,为纳税服务工作提供专业化指引。推行特色加急服务,先后提供各类快速加急办理服务6000余件。积极打造“纳税人之家”升级版,联合市工商联组建江阴市纳税人之家。深入与银行合作,缓解中小微企业融资难问题,年内,与江阴农村商业银行联手开发“税信贷”服务,发放信用贷款15.13亿元,惠及企业439个,解决就业5107人。

(徐　佳　陆永国)

## 审　计

**【概况】** 2015年,市审计局认真贯彻落实国务院《关于加强审计工作的意见》,紧紧围绕市委、市政府中心工作,坚持依法审计,不断加大审计监督力度,创新审计工作方式方法,努力提高审计质量和效率,扎实推进审计监督全覆盖,在促进善政良治中发挥“免疫系统”功能。全年完成审计项目52项,提交各类审计报告78篇,审计查出违规资金1.33亿元、管理不规范资金17.51亿元,追缴财政资金5603.21万元,移送违法违纪案件线索6条。编发《江阴审计信息》89期,相关信息、宣传稿件被《中国审计》杂志采用1篇、《中国审计报》采用3篇、审计署网站采用14篇、江苏省审计厅网站采用50篇、《无锡党政信息》采用4篇、无锡市审计局网站采用82篇。

**【财政预算执行审计】** 2015年,江阴市财政预算执行审计(以下简称“财政同级审”)围绕财政预算管理、非税收入征管、二级国资公司运营管理、税收征管质量、部门预算执行、村级“三资”管理、专项资金绩效、政府重点建设项目八个方面内容开展,突出公共资金使用、公共权力运行和公共部门履职尽责情况,推动财政体制改革。6月,市审计部门形成《2014年度本级预算执行和其他财政收支的审计工作报告》,市十六届人大常委会第二十四次会议听取并审议通过该报告。10月,市十六届人大常委会首次将财政同级审整改报告列为议题进行审议,进一步强化审计整改的监督力度。年内,相关部门采纳审计建议对未按时征收土地出让金问题,依法解除相关地块的土地出让合同,并按规定对缴纳的定金、土地出让金进行处理。通过审计促使市财政局建立专项资金预算编制政策资料库,为科学、合理编制专项资金预算提供依据。市地税局根据审计报告提出的问题,专门编印《中等风险应对案卷样本》,规范一线风险应对人员的操作流程和文书模板。至年底,市审计部门依据财政同级审督促相关部门及时收回代垫建设款1273.22万元。

**【部门预算执行审计】** 2015年,江阴市部门预算执行审计重点关注各部门预算编制和执行、资金使用及效益、“三公”经费及会议费支出、结余资金管理、政府采购制度执行、公务卡使用及现金管理等情况,并对重要事项进行必要的延伸和追溯。年内,市审计局对市人大办、政协办、检察院等41个部门及下属67个二级预算单位开展部门预算执行审计,完成三年轮审目标。审计结果显示,部分单位存在支出预算编制不够科学合理、预算执行不够严格、违规发放奖金及加班工资、未严格执行政府采购制度、提前列支费用、通过个人卡支付费用等问题,要求有关单位对照存在问题进行整改或完善。同时,审计报告还提出“增强预算编制的科学性,提高精细化水平;增强预算执行的严肃性,增强预算约束力;严格执行“八项规定”,压缩行政运行成本;严格执行政府采购制度,强化制度执行力”的审计建议。

**【政策执行审计】** 2015年,市审计局围绕中央关于转变作风等部署,对中央“八项规定”和省市委“十项规定”落实情况进行审计,持续加强“三公”经费和会议费管理使用情况监督,促进厉行勤俭节约。围绕全市政府机构改革调整,对撤并部门单位资产和资金管理情况进行跟踪审计,保障改革顺利推进。围绕“三创”(科技创新、创业、创意)载体投入绩效,对13个“三创”载体的建设管理、资金投入、入驻企业、引进人才、承担科技项目等17个方面展开审计调查,推动建立健全相关制度,促进提升“三创”载体建设和管理水平。围绕产业发展,对扶持本地区重点成长型企业的股权投资配套资金开展审计调查,促进财政资金有偿使用和循环利用思路的良性发展,提升扶持效果。围绕国资公司监管全覆盖,对国有二级公司的法人治理结构、主管部门监管、国有资产保值增值、税收缴纳、运营等情况开展审计调查,揭示管理薄弱环节和监督盲区,保障国有资产安全、高效运行。围绕事业单位制度执行情况,对自收自支事业单位开展审计调查,揭示制度缺陷和违法违规行为,促进政策措施落实到位。年内,完成江阴市公有资产经营公司等15个国有二级公司、江阴市公证处及江阴市影剧公司等6个自收自支事业单位政策执行情况审计。审计结果显示,江阴市各项政策执行情况良好,各项资金使用安排、管理、使用较为规范。

**【民生资金与生态环保项目审计】** 2015年,市审计局扎实开展重点民生资金和生态环保项目审计。进一步关注生态环境保护,开展排污费征收情况审计调查,促进排污费收缴政策贯彻落实,促进各单位加强经营管理,节约和综合利用资源,保护和改善自然环境。积极关注地方储备粮保障,对储备粮管理、收储补库计划及落实、粮库建设及管理等情况开展专项审计,促进粮食主管部门和承储企业加强地方储备粮的管理,确保地方储备粮安全。关注城镇保障性安居工程,通过对城镇保障性安居工程项目进行跟踪审计，及时掌握住房保障目标任务完成、资金筹集管理和使用、保障性住房分配和运营管理、工程建设和质量管理等情况，对审计出的有关问题，督促相关部门落实整改。年内，市审计局还开展医疗中心、120急救中心、中小学校舍安全、老小区综合改造、拆迁安置房、农村桥梁改造、防洪排涝、环境整治等重点民生项目工程全过程跟踪审计。审计结果显示，各项民生资金使用执行情况良好，生态环保项目专项资金安排、管理、使用较为规范。

评”，对部分镇（街道）党工委书记与镇长（主任）进行同步审计，促进镇街党工委书记与镇长（主任）的团结合作，共谋发展策略。年内，完成17名党政干部、学校医院主要领导的任期经济责任审计，其中任中审计10人，占59%。完成华士镇、长泾镇、澄江街道3个镇（街道）的党工委书记和镇长（主任）同步审计。

2015年8月24日，市审计局审计人员在先锋社区开展老小区改造工程跟踪审计 （市审计局提供）

**【经济责任审计】** 2015年，市审计局坚持领导干部任期轮审制度，统一经济责任审计工作方案，紧扣经济决策、履职绩效、“三公”经费、津补贴发放等重点内容，对全市党政干部及学校、医院主要领导进行任期经济责任审计，重点加强任中经济责任审计，突出审计对权力运行的制约作用。通过审计，进一步增强领导干部执行中央“八项规定”、省市“十项规定”和财经纪律的意识，促进领导干部依法行使权力和履行职责，提高单位财务管理水平和依法理财能力。围绕党政领导干部权力运行过程、特点，分别以重大经济事项决策的制定执行和全部政府性资金为主线，合理区分党政领导责任，坚持“以权定责、以责定

**【政府投资项目审计】** 2015年，市审计局建立并启用政府投资项目协审造价机构预选库，修订《政府投资项目协审工作管理办法》和《政府投资项目协审质量控制和考核办法》，进一步加强对协审造价机构的管理和考核，提高投资审计项目质量。扎实开展对口援疆建设项目审计，9月，成立审计组赴新疆维吾尔自治区伊犁哈萨克自治州霍城县开展援疆资金和项目现场跟踪审计，主要对建设项目现场施工情况、基建程序执行情况和完工建设项目竣工结算资料3个方面进行审计。加强对政府投资项目的工程建设管理规范性审计监督，全年组织开展政府投资项目跟踪和竣工结算审计77项，完成政府投资额审计11.04亿元，核减1.51亿元，核减率14%。推进征收（拆迁）项目全程跟踪审计，坚持第三方评审机制，完成拆迁资金审核25.44亿元，核减1.34亿元。

**【推进审计监督全覆盖】** 2015年，市审计局积极适应江阴经济社会发展和审计工作面临的新常态，认真探索审计监督全覆盖的工作模式。一是推进审计对象全覆盖。审计从财税执行部门、用款部门，扩展到经济开发区、镇（街道）、村（社区）。年内，市审计局将全市236个行政机关及下属二级预算单位纳入审计范围，实施部门预算三年轮审计划，构建重点部门、重点资金年年审，一般部门、一般资金三年轮审的全覆盖监督；将高新技术产业开发区、临港经济开发区纳入财政同级审范围，审计两个开发区的财政预算执行情况和政府债务情况；拓展村级“三资”审计，从全市范围内抽取5个镇（街道）9个行政村（社区），开展村级“三资”管理审计调查，关注涉农政策贯彻落实情况，促进村级财务规范和“三务”（村级党务、村务、财务）公开。二是推进审计内容全覆盖。将财政资金、政府性基金、社会保障资金、国有资产、国有资源、地方政府性债务、集体资产和领导干部履职情况均纳入审计内容范围；以资金为中心，向前延伸政策措施制定和执行情况，向后延伸支出的规范、合理和绩效情况，审计监督工作环节的全过程；持续关注存量资金管理情况，摸清财政存量资金规模和结构，掌握存量资金的管理情况，促进盘活、用好闲置财政资金；关注国资管理情况，检查国资公司运营的规范性和行政事业单位脱钩资产处置情况；关注“三公”经费压减情况，监督检查中央“八项规定”和省市“十项规定”落实情况。

（顾　敏）

## 统计管理

**【概况】** 2015年，全市统计系统围绕市委、市政府中心工作，真抓实干、改革创新、攻坚克难、开拓进取，坚持“法治立统、改革兴统、科技强统、服务塑统”，统计改革不断取得新突破，统计工作不断创出新局面，为建设“强富美高”新江阴提供了

有力的数据支撑和优质的统计服务。实施服务业统计由季报制变为月报制。将优化名录后符合条件的201个重点服务业调查单位纳入网报;进一步加强审核,确保月度数据与季度数据衔接;加强对乡镇和企业的指导和检查,提升服务质量。及时进行统计监测预警,围绕全面小康、苏南现代化示范区建设、市重点工程等重点统计监测和经济社会运行指标常规统计监测,通过阶段性数据信息和跟踪调研报告及时发布统计预警。开展以社情民意调查为内容的专项统计监测,委托第三方调查机构开展全市现代化满意率民意调查,完成调查样本1500个,为市委、市政府及相关部门决策提供相关统计依据。是年,周庄镇统计站被江苏省统计局授予"全省服务型统计建设最佳团队"称号,澄江街道"建立社区级基层企业统计管理数据库平台"获无锡市"强基固统"示范创新项目评比第三名。

2015年11月5日,市统计局调查员手持PDA入户进行登记

(市统计局提供)

【全国1%人口抽样调查】 2015年,江阴市根据上级统一部署,为查清2010年以来江阴市人口在数量、素质、结构、分布以及居住等方面的变化情况,市统计局贯彻落实市政府下发的《关于认真做好全市2015年1%人口抽样调查工作的通知》,成立以统计局、发改委、公安局等12个部门为成员单位的人口抽样调查工作协调小组,组建市、镇两级抽样调查领导机构。制订《2015年全国1%人口抽样调查工作计划》,以有力的组织领导、严格的工作制度、全面的掌上电脑(PDA)设备保障、高标准的"两员"(普查员与普查指导员)选调培训、科学的综合试点、广泛的宣传动员,赢得群众的支持配合。此次全国1%人口抽样调查的行业编码按《国民经济行业分类》进行,要求编到中类3位码,职业编码按《职业分类与代码》进行,要求编到小类5位码。江阴市1%人口抽样调查摸底环节涉及面广,工作量大。在工作开展中,各调查小区首先明确地域范围,高标准绘制调查小区地图,明晰工作责任;其次,调查员入户访查,在充分利用部门资料的基础上,结合群众访谈,全面掌握常住人口、出生人口、死亡人口等重点指标的真实情况,编制《户主姓名底册》,各调查小区再将摸底数据录入PDA设备,并按要求上传到统一的数据处理平台。10月,完成1%人口抽样调查摸底工作,12月,在前期细致准确的调查登记数据的基础上,完成1%人口抽样调查编码工作。年底,完成全市4835户16125人的调查登记和行职业编码工作,为科学制定国民经济和社会发展规划提供科学准确的统计信息支持。

【统计改革】 2015年,市统计局以推动所有统计专业纳入"一套表"系统为主线,进一步强化统计改革。继续推进固定资产投资统计"双轨制"运行。组织培训全市所有网报企业及项目部门统计人员2000多人次,走访江阴市供电公司等单位部门和临港经济开发区、华士镇等镇街、园区开展项目调研,加强新老两套制度数据衔接,确保投资数据质量。同时,做好对2016年度5000万元以上投资项目实行联网直报前期培训工作。探索人口统计改革。全面推行PDA单轨调查,有效提高统计工作效率和数据质量;积极应对村级调查样本轮换,扩大调查范围,增加调查项目和指标。完善地区生产总值(GDP)等主要指标核算方法。修订完成江阴市2013年度经济普查分行业增加值,积极稳妥推进GDP核算方法制度改革,加强基础数据的支撑作用。推进能源煤炭消耗核算方法由"消费方核算"向"供给方核算"转变。以报表方式对全市能源经销单位进行摸底,掌握主要能源品种经销流向;召开专题能源经销企业培训会,增进数据上报过程中与企业的交流,指导企业正确上报数据。

【统计服务工作】 2015年,市统计局以服务市委、市政府中心工作为宗旨,充分发挥统计职能。强化统计分析,全年撰写统计分析报告56篇、专报17篇,其中被市领导批示2篇,在无锡市经普课题评比与市(县)、区优秀统计分析评比活动中共获得一等奖3篇,二等奖3篇,三等奖3篇。精心打造统计产品,为市委、市政府提供各板块经济运行排名表、《江阴市经济发展排行榜》,展示基层各板块经济发展成绩;编印《江阴市主要指标汇编》及公报、年鉴等资料,满足社会各界对统计资料的不同需求。进一步拓展统计服务载体,持续丰富统计宏观数据建设,新建统计数据图表中心,开通"江阴统计"微信公众平台,开发建立经济地理信息系统,完善统计公众网站维护管理,为社会公众提供更加及时、准确、丰富、便利的数据服务。全年编发《信息速递》249期、《统计月讯》22期。

【统计基础工作】 2015年，市统计局以提升依法治统能力为目标，大力夯实基层基础。积极开展法制宣传，结合人口抽样调查、“12·4”全国法制宣传日等时间节点，利用广播电视、户外广告、统计网站、统计微信等媒体以及干部培训、法律“六进”（进机关、进乡村、进社区、进学校、进企业、进单位）等活动方式，多层次、多角度，广泛向社会公众传播统计法律知识。进一步加大统计执法和行政指导力度，认真组织对临港经济开发区和祝塘镇113个网报企业开展统计执法检查，对全市6个镇街、园区和50个企业的统计业务和统计基础建设开展行政指导，通过执法检查和行政指导，维护了统计数据质量和统计权威。推进统计规范化建设。年内，全市申报“四上”企业（规模以上工业企业、资质等级建筑企业、限额以上批零住餐企业、规模以上服务企业）省级达标创建单位610个。至年底，全市“四上”企业统计规范化达标创建申报工作全部完成，形成以周庄镇统计站“加强档案管理”为首的一批镇级基层基础特色工程。努力提升统计教育水平，加强统计业务等知识培训。年内，先后开展统计“一套表”专题培训、业务技能培训、法制培训等50余场3600余人次，组织263名统计人员参加全国统计从业资格考试，3773名统计人员参加统计继续教育，至年底，全市登记在库拥有统计从业资格证人员6000余名。（何　敏）

## 价格管理

【概况】 2015年，市物价局以“推改革、促监管、保民生、强服务”为重点，不断加强清费减负力度和市场价格监管，规范市场价费秩序，努力服务社会经济发展和民生改善。认真贯彻落实上级各类医药价格管理政策，推进公立医院医药价格改革，会同卫生、人社部门对申请参照公立医院实施医改的改制医院、民营医疗机构进行考核，起草《江阴市急救收费管理办法》，规范救护车使用费、院前危急重症抢救费、重大活动医疗保障服务费、突发公共事件紧急救援收费。制定《江阴市城区公共停车场（库）收费管理暂行办法》，对政府性投资公共停车泊位收费标准实行政府定价。拓宽民生价格信息发布，充分利用价格部门的门户网站、江阴信息港、大澄网、江阴电视台、《江阴日报》等多种载体媒体，适时发布各类与群众生活密切相关的民生价格信息。全年共发布各类民生价格信息780期。深入推进价格诚信建设，开展“价格诚信有序年”市场监管主题活动，推进价格信用数据库建设，执行“红黑名单制”，从正反两方面记录经营者的价格行为信息。做好江苏省、无锡市价格诚信单位推荐申报工作，年末，通过选拔和考核，全市有32个企业被推荐为无锡市价格诚信单位，37个企业被推荐为江阴市价格诚信单位。打造“12358”价格服务品牌，认真受理每一件咨询投诉，严格按照规定程序和时限，积极稳妥处理各类维权举报投诉，全年受理咨询及举报投诉案件868件，为消费者退款3.5万元，罚没3000元，答复率、办结率、满意率均为100%。

【水气价格改革调研】 2015年，江阴市为贯彻落实江苏省、无锡市物价局有关在全省范围内实施居民用水、用气阶梯价格制度的精神，市物价部门于年初开始进行调研。与江苏江南水务股份有限公司、江阴天力燃气有限公司进行多次座谈交流，就现行供水供气的模式、现行的价格、企业经营状况、周边城市的价格水平等情况进行调研摸底，做了大量的前期准备工作。一季度，市物价局会同无锡市物价局成本监审分局完成对江阴市自来水价格的成本监审。9月，完成居民用气价格成本监审。11月，组织召开全市居民自来水、管道天然气阶梯价格改革听证会，广泛听取企业和社会各界意见和建议，听证会结果显示，江阴拟于2016年1月1日起建立城乡居民用自来水、管道天然气阶梯价格制度，水、气基础价格均不上调，24名听证会参与人员投赞成票。江阴水价为居民生活用水每吨2.6元，阶梯水价实施后，第一阶梯水价保持每吨2.6元；江阴管道天然气价为居民生活用气每立方米2.2元，阶梯气价实施后，第一阶梯气价保持每立方米2.2元。此次调价，第一级水价将覆盖85%的居民用户家庭，第一级气价将覆盖80%的居民用户家庭，80%的居民将不受影响。

**2015年江阴市生活用自来水阶梯式价格改革拟订方案一览**

表48

| 类别 | 阶梯 | 户月用水量（吨） | 户年用水量（吨） | 价格（元/吨） | 调价幅度（元） | 覆盖范围（%） | 备注 |
|---|---|---|---|---|---|---|---|
| 居民家庭 | 第一阶梯 | 0~15（含） | 0~180（含） | 2.60 | 0 | 85 | 人口为4人以上的家庭，每户每增加1人，每年各档阶梯水量基数分别增加50吨，由供水企业根据用户提供的居民户口簿，直接认定其阶梯水量和水价 |
| | 第二阶梯 | 16~25（含） | 181~300（含） | 3.13 | 0.53 | 10 | |
| | 第三阶梯 | 25以上 | 300以上 | 4.72 | 2.12 | 5 | |

**2015年江阴市生活用管道天然气阶梯式价格改革拟订方案一览**

表49

| 类别 | 阶梯 | 户月用气量(立方米) | 户年用气量(立方米) | 价格(元/立方米) | 调价幅度(元) | 覆盖范围(%) | 备注 |
|---|---|---|---|---|---|---|---|
| 居民家庭 | 第一阶梯 | 0~30(含) | 0~360(含) | 2.20 | 0 | 80 | 人口为4人以上的家庭,每户每增加1人,每年各档阶梯气量基数分别增加100立方米,由供气企业根据用户提供的居民户口簿,直接认定其阶梯气量和气价 |
| | 第二阶梯 | 31~50(含) | 361~600(含) | 2.64 | 0.44 | 15 | |
| | 第三阶梯 | 50以上 | 600以上 | 3.30 | 1.10 | 5 | |

**【价费执法监督检查】** 2015年,市物价部门加大对市场价费执法监督检查力度,对元旦、春节、"五一"、中秋、国庆等节日期间的市场价格进行巡查,发放价格行为政策提醒函500余份,规范市场价格秩序。积极开展医疗、教育收费专项检查,对12所中小学校和幼儿园在执行教育收费政策、教辅资料使用管理、食堂账务管理和教育收费公示制度落实情况四个方面进行了重点检查,对无锡市物价局移交的江阴市教育局违反行政性、事业性收费管理规定,接收江苏省南菁高级中学等学校上缴的择校(赞助)费的行为一案进一步调查核实,完成处罚程序,对927.8万元涉案款项进行收缴入库。全年处理价格违法案件37件,实施经济制裁总额2060万元,其中罚没1455.5万元,退还消费者604.5万元。

**【价格认证服务】** 2015年,江阴市物价局扎实开展价格认证服务工作,以涉案财产价格鉴定认证和车(物)损价格鉴证工作为重点,高质量、高标准并优质高效完成各类刑案价格鉴证。全年完成各类刑案价格鉴证720件,标的额1461.39万元;车(物)损价格鉴证1142件,鉴证标的额792.65万元;行政执法涉案鉴证9件,鉴证标的766.3万元。积极开展非涉案财产价格鉴证领域,为政府部门及其他社会组织委托的非涉案物品价格认证12件,标的金额9.8亿元。

**【稳价惠民】** 2015年,江阴市物价局进一步完善价格调控和社会救助保障与物价上涨联动机制,以推进平价商店建设为抓手,加强对主副食品、农资、服务价格等一些与人民群众生活密切相关商品的监测和分析,密切关注市场价格动态,将全市30个农贸市场的数据与周边市县对比,并形成监测简报和分析报告及时上报,做到早发现、早预警,全年向上级有关部门报送价格监测报表510期。加强对平价商店的日常管理和考核,坚持准入退出机制,有效促进平价商店长效健康发展。全年全市平价商店销售平价蔬菜1732.22万公斤,销售价格比农贸市场价格低37.29%,非蔬菜类农产品销量为905.67万公斤,低于农贸市场价格16.33%,减轻"菜篮子"负担5627.16万元。

**【实施环保气价政策】** 2015年,市物价部门根据煤炭蒸气价格联动机制,密切关注煤炭价格行情,认真做好动态监测,做好价格调整基础工作。每天登录国内有关省市的煤炭价格网获取行情数据,对江阴市热电企业采价点进行燃煤价格月报制,联络周边城市了解相关煤炭蒸气价格动态。利用煤炭价格下行的有利时间节点,结合环保成本合理调整蒸气价格。年内,对安装脱硝、除尘等设施经有关部门确认达标排放的热电企业,给予供气价格增加每吨10元的优惠政策。

**【行政事业性收费管理】** 江阴市根据国家发改委有关文件精神,2015年1月起,全面取消收费许可证及年度审验制度,实施收费单位情况和收支状况报告制度,全市范围内已发放的收费许可证一律废止。放开民办中等职业学校学费、民办非营利性医疗机构的医疗服务价格、非公立医疗机构医院制剂价格等收费和价格。民办非学历教育培训收费、驾校培训收费等由培训机构自主确定,不再实行备案管理。建立健全收费单位收费情况清单制度,会同市经信委、财政局整理并公布有关行政事业性收费目录。年内,先后完成整理并公布涉企行政事业性收费、涉企经营服务性收费项目(政府定价部分)、政府性基金、市级行政审批事项涉及的行政事业性收费共4项行政事业性收费目录。

(聂立友)

# 国土资源管理

**【概况】** 2015年,江阴市国土资源管理部门以"创一流业绩,争满意机关"为目标,以"清风行动"10项专项行动为抓手,全力服务江阴"稳增长、促改革、调结构、惠民生"的发展大局,攻坚克难,主动作为,各项工作取得了新成效。全力服务发展大局,编制完成《江阴市"十三五"土地利用总体规划》,科学布局生产、生活、生态空间。完成各类建设项目用地报批118宗,总面积247.12公顷,保障了全市项目用地需求。巩固土地执法共同责任机制,定期通报违法用地信息,督促镇、村限期整改,执法用地环境稳步向好。江阴市成功创建2014年度江苏省土地执法模范市,连续8年获此殊荣。严格落实提升节地水平、提升产出效益的"双提升"战略,创建"盘存配增"机制,全年盘活存量土地312.4公顷,占总供地的62.3%,供地结构持续优化。制定《江阴市城市建设用地节约集约利用评价工作实施方案》,实施区域评价和中心城区评价,为制定节地政策,促进经济发展方式转变提供依据。是年,江阴市顺利通过江苏省节约集约用地综合评价考核验收,各项节地指标保持较高水平,其中单位GDP(在同一计量单位的建设用地所产生的地区生产总值)建设用地占用下降率5.9%,节地水平、产出效益明显提升。尽心尽力维护民生,深入基层现场办公和实地调研,先后解决江阴20余个单位发展过程中的涉地问题，排查出253宗涉土历史遗留问题，解决到位率93.6%，较好地维护了群众的合法权益。规范办理131个村组的撤组工作，14705名被征地农民享受了基本生活保障。继续深化全流程优化审批、全区域便民服务、全业务网上办理、全节点效能监管和一站式房地联办的“4+1”服务平台建设，实现窗口和人员标准化管理，创建“大监察”机制，对行政审批事项实时全程电子监管和红灯预警，提升行政效能，全市办理各类业务3.7万件，当场办结率85.12%，异地件4891件，深受群众好评。夯实基础增后劲，完成集体建设用地和宅基地使用权调查建库工作并通过江苏省国土资源厅验收，调查用地21.14万宗，总面积99.22平方千米。开展云亭街道农村房地一体调查试点，建立完成云亭街道农村房地一体调查数据库。全面启动不动产统一登记，理清登记职责及机构编制，建立联席会议制度，颁发首本不动产权证书，为不动产统一登记全面发证打下坚实基础。全面启用“一张图”信息系统，涵盖国土资源“批、供、用、补、查”等日常业务，全年完成国土资源综合智能动态监管平台方案设计和202个视频探头选址。全面启动工业用地调查，制订《江阴市工业用地调查工作方案》，与市经信委等部门进行数据整合，将数据整合成果纳入综合智能动态监管平台，辅助政府经济决策。健全地灾防治“群测群防”工作机制和责任体系，有效避免和减少地质灾害造成人民群众生命财产损失。完成月城秦望山建材矿区地质环境治理复绿8万平方米，推动绿色矿山建设，改善生态环境。是年，市国土局被国土资源部表彰为全国国土资源管理系统先进集体，被江苏省国土资源厅表彰为2014年度全省国土资源系统推进依法行政工作先进单位、全省国土资源系统预防职务犯罪工作先进集体。

**【依法行政】** 2015年，市国土局以构建行政行为规范、运转协调、公开透明、廉洁高效的国土管理体制为目标，全力推进依法行政工作。突出教育培训，全年举办培训34期2730人次，先后有163人取得行政执法资格证书，6人取得行政执法监督证，87人取得国土资源执法监察证，实现执法人员全员持证上岗。突出行权规范，制定出台《关于明确行政复议诉讼案件办理程序的意见》，开展廉洁性评价，推动科学、依法决策。突出行权公开，推动“阳光国土”建设，在市国土局门户网站公开办理行政权力事项13850项，更新政府信息量22040项，受理政府信息公开申请43项，回复率100%。妥善处理信访案件347件，办结率98%以上。

**【被评为全国国土资源管理系统先进集体】** 从2012年起，市国土局以旗帜鲜明执法，全力以赴服务为宗旨，持续提升国土资源管理水平。局领导班子管理严、作风实，始终坚持依法行政、民主决策，多年未发生一件违法乱纪行为。加强国土管理，健全落实耕地保护责任网，2012—2014年度，共完成土地复垦整治693.33公顷。积极创建内部协同、外部联动的土地执法共同责任机制，形成齐抓共管的用地格局，先后出台11个节地文件，进一步强化了红区指标统筹使用机制、履约保证金制度、“盘存配增”机制等制度贯彻执行力度。2014年，江阴建设用地地均地区生产总值（GDP）产出高达6.88亿元。创建“4+1”服务模式，全市15个国土窗口实现全业务通接通办和“一站式”房地联办，更加便民利民。率先在江苏省县级市中创建网上交易平台，保障土地交易公开、公平、公正。国土队伍建设持加强，开展“素质、绩效、形象”三大提升工程、“创一流业绩，争满意机关”等主题活动，建立后备干部人才库，队伍凝聚力不断增强。编制《国土资源管理廉政风险防控应用手册》和《江阴国土资源制度汇编》，实现风险防控和按章办事。2015年12月，市国土局经无锡市、江苏省国土条线层层选拔、推荐、公示，被国土资源部表彰为全国国土资源管理系统先进集体。

**【连续8年被评为江苏省土地执法模范市】** 从2014年起，江阴市以创建江苏省土地执法模范市为目标，全面深化“党委领导、政府负责、部门协同、公众参与、上下联动”的国土资源管理格局，市国土资源管理部门通过延伸执法、全员执法、借力执法等手段，为创建工作注入新内涵，域内用地环境持续向好，创建活动的影响持续扩大。严格规范执法监管，健全三级执法巡查网，与公安、检察、法院等五部门紧密协作，违法用地查处力度进一步加大。先后开展动态巡查4500余次，及时发现、制止违法违规用地苗头50余宗。2014年7月25日，江阴市人民法院对市国土局移交的临港街道王某违法用地案进行首次公开判决，该案成为江苏省首例破坏土地资源刑事附带民事诉讼案件，引起中央电视台新闻频道及《新华日报》《法制日报》《中国国土资源报》等媒体报道，同时，江阴市土地执法监管工作做法也获得了上级条线部门的高度关注。12月5日，国土资源部在福建省晋江市召开“发现在初始，解决在萌芽”现场会，江阴市被推荐为全国7个典型单位之一作经验介绍，其交流发言《构建共同责任机制，依法维护用地秩序》获得国土资源部领导和与会人员的一致好评。2015年3月，江阴市被江苏省国土资源厅表彰为2014年度江苏省土地执法模范市，连续8年获此殊荣。

**【创建“盘存配增”新机制】** 2015年，市国土局践行“双提升”战略，逐步消化江阴存量土地，促进存量土地盘活利用增效，创建并实施了“盘存配增”新机制，将新增建设用地计划指标安排与盘活存量用地规模相挂钩，按照盘活存量土地面积原则上不少于当年土地供地面积50%的基本要求，镇（街、园区）凡提出新增建设用地计划申请的同时，要提供本辖区内存量土地盘活计划和实施方案。同时，市国土局强化对该项政策的考核监管，将盘活存量土地纳入市政府对镇（街、园区）的年度绩效考核，并强化建设用地批后监管，对用地指标使用情况不好的地区，暂停安排新增用地指标，切实提升地方政府盘活存量土地的积极性。实施该项机制后成效明显，全年全市盘活存量土地312.4公顷，占总供地的62.3%，有力提升存量土地的利用效率。同时，将节省下来的新增计划指标,优先保障急需用地的大项目、好项目用地,进一步优化了江阴的用地结构,提升了节地水平和产出效益。

**【完成集体建设用地与宅基地使用权调查建库】** 2013年3月,为深化农村改革,维护农民土地权益,市国土局启动全市集体建设用地和宅基地使用权调查建库工作。该建库项目由市国土局组织实施,江苏省测绘工程院承担项目监理,江苏省地质测绘院、南京国图信息产业股份有限公司、江苏兰德数码科技有限公司和山东正元地理信息有限责任公司提供技术支撑。截至2015年7月底,全市完成20.09万余宗、总面积28.85平方千米农村宅基地和1.04万余宗、面积70.37平方千米建设用地的调查建库工作,其中集体建设用地6852宗、面积28.05平方千米,国有建设用地3570宗、面积42.32平方千米。9月,该项目顺利通过无锡市国土资源局检查验收,共提交15幅地籍子区分布图、311幅地籍子区图、3340幅标准分幅地籍图、23件图根控制资料、21.14万宗界址点坐标册及宗地面积表、311件以地籍子区为单位的宗地面积汇总表、20.09万份宅基地调查档案、1.04万份建设用地调查档案、1个集体建设用地及宅基地数据库等成果。上述调查成果将应用于江阴市不动产统一登记、农村房地一体调查登记试点、土地使用税征收及农村土地制度改革等工作中,为江阴国土资源管理和江阴经济社会又好又快发展提供有力的服务与保障。 (卫志友)

## 市场监督管理

**【概况】** 2015年,市市场监督管理局坚持以在新起点上树立新形象,在高平台上实现新跨越为工作总基调,围绕市场监督管理职能,履职尽责,负重奋进,圆满完成年度各项工作任务,实现市场监管工作开门红。服务发展更便捷、更优质、更高效,以前置审批改后置、"三证合一、一照三号""一照一码"登记改革等工作为抓手,落实各项商事制度改革措施,进一步简政放权,降低门槛,优化流程,提升效能,在无锡地区率先试行全程电子化登记。全年新增驰名商标5件,卓越管理在骨干企业中导向作用日益凸显,充分发挥出区域名牌、全国知名品牌示范区的示范辐射效应,使"江阴标签"类品牌更具活力。监管护序工作更全面、更专业、更科学,先后制定有关市场监管工作、市场监管督查督办等一系列措施,健全组织领导机制、依法监管等机制,形成政府牵头、部门联动、属地管理、企业自律、全民参与、各负其责的责任体系。全面整合执法力量,快速联合执法机制更趋成熟,企业信用分类监管、打假治劣、特种设备监管、标准化管理等工作实现局、所联动,全链监管。全年全系统立案查处各类案件554件。建立统一受理、统一调度的投诉举报体系,全年接待消费者来访和咨询近3.9万人次,扩大了"12315"消费维权覆盖面。食品监管机制进一步理顺,市食品安全检测中心成功试运行,医疗器械"五整治"(整治虚假注册申报、违规生产、非法经营、夸大宣传、使用无证产品5种行为)专项行动效果显著。

**【机构改革】** 2015年1月16日,江阴市根据上级部署,整合原市食品安全委员会办公室、江阴工商局、江阴质监局和市食品药品监管局的职责以及卫生部门承担的食品安全监管职责,在无锡地区率先挂牌成立市场监督管理局。整合改革过程中,以"精局强所"为目标,积极探索新的市场监督管理体制和基层监管模式,科学处理好条块管理关系,做到主体清晰、职能明确。全系统共设16个职能科室、1个执法大队和15个基层分局,并受江苏省工商行政管理局委托管理江苏江阴—靖江工业园区分局。全局内设机构由原来的24个减少至16个,80%以上的人员在基层、在一线从事监管执法工作。通过全方位整合、融合,实现从生产到流通、消费环节的一体化、全过程、高效能监管,消除了市场监管盲区,破除了"分而治之"的分段式监管弊端。

**【窗口服务改革】** 2015年,市市场监管局按照"精简、统一、高效"的原则,合并原工商、质量技术监督窗口,并加入新进驻药品零售与医疗器械经营许可窗口,统一更名为市场监管窗口,该窗口于9月正式对外服务。其职能包括内外资企业登记、组织机构代码证发放、药品零售许可、医疗器械经营许可备案等项目。行使新的职能后,实现了人员定岗与整合、办公场地调整与融合一步到位。统一服务民生平台,将工商"12315"、质监"12365"、食药监"12331"热线"三线合一",建立统一受理、统一调度的投诉举报体系,实现公众诉求处置一体化,完善投诉举报转案件的流转机制,实行集中分派、并网处置、高效办理、统一反

2015年1月16日,江阴市市场监管局正式成立 (市市场监管局提供)

馈,有效提升了消费者权益保护力度。

**【执法模式改革】** 2015年,市市场监管局围绕执法职能整合和法律法规执法主体调整,按照“能合尽并”的要求,以《中华人民共和国行政处罚法》及相关法律法规为依据,统一法律文书和执法程序,合并形成行政处罚文书61种、行政投诉格式文书9种,为强化市场监管夯实基础。积极探索执法检查新模式,合并原三部门的检查项目,制定了对生产流通领域食品、药品和特种设备等进行检查的科学检查流程,机关和分局紧密配合,联手出击,探索实施一次出动、全面体检的执法检查模式,日常监管执法得到全领域延伸,执法检查基本实现全覆盖。

**【商事制度改革凸显】** 2015年,市市场监管局以前置审批改后置、“三证合一、一照三号”“一照一码”登记改革等工作为抓手,落实各项商事制度改革措施,进一步简政放权,降低门槛,优化流程,提升效能。率先试行全程电子化登记,颁发了无锡地区首张电子营业执照。全年市场监督管理窗口接受各类咨询2万余人次,受理各类工商登记50140件,免费发放电子营业执照12455张(一企一张),办理代码证书13965份,网上及窗口年报组织机构15622个,受到各界一致好评,窗口在双月考评中4次被行政服务中心评为红旗窗口。年内,全市新增内外资企业5195个,认缴注册资本321亿元,分别比上年增长23.3%和15.9%,新增个体工商户11563个,注册资本9.9亿元,新增农民专业合作社49个,市场主体继续保持较快增长。至年末,全市实有各类市场主体113753个,注册资本总额达3662亿元。

**【深化质量品牌战略】** 2015年,市市场监管局充分发挥区域名牌、全国知名品牌示范区的示范辐射效应,做好“江阴标签”品牌。年内,全市新申报省级名牌12件、无锡市级名牌17件,申报国家质量奖的企业2个、省质量奖的企业1个。江阴兴澄特种钢铁有限公司、江苏阳光集团有限公司两个企业入围中国质量奖提名奖,“全国高性能特钢及制品产业知名品牌创建示范区”正式获得命名,化纤全国知名品牌创建示范区的筹建工作全面启动。进一步倡导质量诚信工作,年内,全市新增省级AAA和AA级质量信用等级企业7个。加强企业质量监管,全市产品质量持续稳定,省级监督抽查合格率达95.4%。扩容“三名”(全国驰名、江苏省著名、无锡市知名)商标江阴板块,商标注册申请量持续增长,新申请注册商标3453件,全市有效注册商标总数达33300件,有5件商标被国家工商总局认定为中国驰名商标,占无锡地区新认定数的45.5%,新增江苏省著名商标17件、无锡市知名商标39件。年底,全市有驰名商标总数49件(其中行政认定42件,司法认定7件)、著名商标145件、知名商标302件,有力助推了“江阴产品”向“江阴品牌”提档升级。

**【技术标准工作】** 2015年,市市场监管局全力推进计量标准化工作,增强江阴企业的国内、国际影响力,计量标准引领作用明显加强。年内,全市新增国际标准的提案立项3项,国家标准、行业标准立项30项,完成2项国际标准、14项国家标准及行业标准的研制工作,完成采标29项、标准化项目的申报16项,其中,国际标准立项项目领先于周边县市。完成江苏华宏科技股份有限公司承担的全国锻压机械标准技术委员会物资回收加工机械工作组成立筹建工作,江苏省质量技术监督局对江苏江南水务股份有限公司承担的省级服务标准化试点验收。同时,还指导江阴兴澄特种钢铁有限公司完成高新技术标准试点工作,使其顺利通过上级组织的中期评估。

**【助企融资】** 2015年,市市场监管局积极打造“动产抵押登记”优质服务品牌,对一些重大项目开通绿色通道,实施全天候服务,对“动产抵押登记”网络模块进行优化修改,做到受理快、审查快、核准快,切实解决企业融资难的问题。5月,成功办理无锡地区首份农业机械贷款抵押登记。此后,陆续成功办理农业机械贷款抵押登记,得到农户、农机经营者和银行的一致好评。年内,共办理动产抵押登记327件,担保主债权123.2亿元,免费办理股权出质登记80件,担保标的额达119.4亿元,办理商标专用权质押贷款2件,融资1150万元,有力助推了企业融资。

**【提升技术检测能力】** 2015年,市市场监管局认真做好技术检测科研工作,努力扩大服务覆盖面。各技术机构检测能力建设步伐不断加大,国家船舶材料质检中心(江阴)顺利通过国家质检总局验收,江阴质检所10项实用新型专利获国家知识产权局授权,创历史新高。进一步整合原农林局、卫生局、粮食局、质监局下属检测机构,成立江阴市食品安全检测中心,该中心于6月成功试运行。同时,各技术机构不断提升检验检测能力,检测产品参数、校准项目、检测项目均有不同程度地增加。年内,江阴质检所完成检验报告17757份,江阴纤检所完成检验报告11950份,江阴计量所检定校准计量器具15.7万件,江阴技术检测研究所帮助企业新制订企业标准116件,完成47个企业的商品条码注册工作。

**【食品安全监管】** 2015年,市市场监管局充分发挥市食品安全委员会办公室的职能作用,积极协调并参与江苏省食品安全城市创建活动,食品安全目标管理进一步明确,工作责任进一步强化,监管网络进一步健全。加强餐饮服务食品安全职能对接,形成职能调整、人员编制划转等相关意见,督促镇(街道)加强食品安全协管员、信息员队伍建设,全面落实食品安全隐患排查、信息报告、宣传教育、协助执法职责。积极参与全省食品生产企业电子追溯系统建设试点工作,江阴美天奶业有限公司等3个企业顺利通过江苏省食品药品监督管理局对其电子追溯系统建设试点的考核验收。加大食品小作坊专项治理,在华士、周庄和徐霞客3镇试点开展食品小作坊清查行动,共排查食品小作坊293个。在各分局推行食品经营企业信用分类分级管理试点工作。以大型(连锁)超市、农贸市场、食品批发市场、学校及周边等为重点领域,进一步明确现场制售、散装食品、冷冻冷藏食品、婴幼儿配方乳粉等监管要求,加大日常监督检查力度。年内,全市出动检查人员9210人次,检查食品生产、经营企业10324个次,抽检样品4000批次,合格率达95.4%;查办各类食品安全违法案件163件,罚没款总额155.6万元,没收不合格食品106.5公斤,全市全年未发生重大食品安全事故。

【药品药械监管】 2015年,市市场监管局进一步规范药品许可制度。全年核发药品及医疗器械许可证87份、医疗器械备案凭证285份,办理换发变更等手续357份。组织医疗器械"五整治"回头看、学校卫生室药品安全专项检查、中药饮片专项整治等9项药械专项行动,检查各类涉药涉械企业939个次。上报药品不良反应(ADR)报告1071例、医疗器械不良事件(MDR)1415例、药物滥用监测407例,全年完成药品抽样270批次。有序推进药品电子监管工作,全市有485个药品零售企业全部使用中国药品电子监管网。配合省、无锡市局完成药品、医疗器械生产经营企业规范认证18个,组织完成256个药品零售企业GSP认证。至年底,全市医疗器械生产企业全部通过质量管理规范认证,药品生产、批发及零售连锁企业全部通过新版质量管理规范的认证,圆满完成年度目标任务。

【综合执法力度全面增强】 2015年,市市场监管局修改完善市场监管行政与司法衔接、快速反应、交叉办案、案件协查协办等工作机制,积极构建起"立体化"监管模式,全方位整治市场经济秩序。围绕社会反响强烈的限制竞争和商业贿赂、不正当竞争、网络市场经营、虚假违法广告、侵犯商标专用权等行为,有序开展各专项整治行动。全力查处食品举报投诉、抽检不合格和食品包装材料专项整治等案件,严厉打击药械违法犯罪行为。年内,查办各类案件554件,移送司法机关24件。受机构改革和职业打假活动频繁影响,全年发生行政复议4件、行政诉讼7件,但无一件复议被撤销、变更和行政诉讼败诉、赔偿案件,群众对市场执法满意度较高。

【推进市场文明创建】 2015年,市市场监管局积极投入全国文明城市创建,牵头开展全市农贸市场整治,市场监管工作人员全过程参与城区22个农贸市场集中整治,累计出动执法人员1000余人次,对城中、北大街、滨江、花园、西园等6个农贸市场进行重点整治,"脏乱差"环境得到明显改善。以"守重"(守合同重信用)企业、诚信文明市场、平安市场等创建和文化娱乐场所监管等工作为抓手,将创建工作任务落实到位。全年完成各类农贸市场抽检11.2万批次,发放公益宣传张贴画3000余份,对全市50个集(农)贸市场的电子秤全面免费检定,推荐申报省级"守重"企业77个,取缔"黑网吧"12个。

【推进信用分类监管】 2015年,市市场监管局全面推行市场主体年报制度,在全市进行广泛宣传,并逐步优化工作流程,市场主体自主年报率逐步提升。年内,全市完成企业和个体户年报72305个,年报率达82.6%,位居全省前列。启动并实施企业公示信息抽查制度,完善全市企业信用信息公示系统,引入第三方专业机构参与协查,并制定信用约束、信用修复、公示信息情况抽查和企业公示虚假信息举报等一系列工作细则,为全面推进企业信用建设搭建起框架。全年完成930个企业信息公示情况抽查,抽查正常率达92.4%。

【消费维权工作】 2015年,市市场监管局大力开展放心产品和服务示范创建活动,以放心消费为主题,广泛组织现场咨询、万人签名、节目巡演等形式多样的宣传活动,成功创建省级放心消费示范区域1个,无锡市级示范街区3个。加大流通领域商品质量监督检查和监测工作,组织开展家电服装、成品油、装饰装修三项专项领域整治工作,完成手机、珠宝、服装、液化气等32类商品303个批次的抽检任务。围绕中国消费者协会2015消费维权年主题"携手共治 畅享消费",深入开展现场咨询、社区共建、青少年维权基地实践等一系列消费维权活动,首建家庭服务行业协会维权监督站,组织公共事业价格听证、媒体消费直播等活动,市消委会的社会监督功能持续加强。年内,全系统接待消费者来访和咨询3.9万人次,受理消费者投诉举报案件7358件,办结率达99.1%,为消费者挽回经济损失460.7万元,较好地化解了商家与消费者之间的矛盾。是年,市消委会被中消协评为2014—2015年度全国先进集体。 (沈纯雅)

# 国有资产经营管理

【概况】 2015年,江阴市国有资产管理工作把握稳中求进总基调,积极适应经济发展新常态,充分发挥国有经济中流砥柱作用,统筹推进稳增长、促改革、惠民生等各项工作,国有资产进一步保值增值。国资公司积极探索有效运营国有资本的方式方法和途径,国有资本有进有退。新国联与江阴市城乡给排水有限公司合作,承担了江阴市秦望山产业园投资发展有限公司的出资、出人任务,公司注册资金5亿元,一期到账资金1亿元,公开挂牌转全资子公司江阴电力投资有限公司所持有的江阴滨江热电有限公司和江阴澄东热电有限公司各40.43%股权;江阴水务精细运营挖潜力,新开通翼支付、微支付等手机缴费业务,中国银行单位实时扣款业务在11月份正式上线,在大幅减轻柜面业务量的同时,提高了水费的实时到账率,努力推广水费专卡、充值卡、微信预充值等预收业务;广电集团经营创收纵深开拓,开通线上商城,重点拓展企业广告搭载,举办10余项大型营销活动,影视制作、演艺活动、培训市场有序拓展;国风文艺充分整合利用现有的文化资源,取得社会效益和经济效益双丰收。经年内审计,由国资办直接监管的6个一级公司2015年度经营状况良好,审计总资产255.5亿元、负债152.56亿元、净资产102.94亿元、资产负债率59.71%,2015年度利润总额76696万元,比上年同口径增加25396万元。按照20%的国资收益上缴比例,及时收缴国资公司2014年度国有收益8219.09万元,比上年同口径增加5867万元。

国有房屋租金价格理性增长。按照国有房屋处置必须遵循公开、公平、公正的原则,2015年共举行10次拍租会,成交标的142个,拍租成交租金总额3923.53万元,成交年租金1012.07万元,比原年租金876.23万元增长15.5%。经营性房屋公开拍租,通过市场确定租赁的价格及对象,实现了国有资产效益的最大化,避免了人情租、高价低租等现象。 (陈新文)

【江阴市新国联投资发展有限公司】 2015年,公司积极应对政策市场环境变化的严峻挑战,践行国资公司的经济和社会责任,坚持做强做优做大国有企业,经营绩效创历史最好水平,法人治理结构进一步完善,内部改革取得积极进展。做强热电主业,经营业绩再创历史新高。主要热电企业累计发电量75.98亿千瓦时,供热量612.31万吨。热网整合成效显著。顺利完成城区"一拖四"(红柳、花山、滨江、凯育热电公司关停,并入江阴苏龙热电公司管网)工程。严格按照国有股权的转让程序,对江阴滨江(澄东)热电有限公司的股权进行了公开挂牌转让,10月,江阴滨江(澄东)热电公司发电机组关停,安置该公司职工206人。组建了新一届江阴滨江(澄东)热电公司董事会、监事会、经营班子。物业管理实现新提升。加大对公司物业资产的管理力度,推行精细化管理,以增效降耗为目标,严格落实岗位责任,加强物业资产的巡查,做好设备维护工作,确保公司所属物业资产安全运营。切实履行国有经营性房屋拍租制度。年末,新国联公司总资产107.97亿元,净资产61.89亿元,超额完成了市政府下达的目标任务。

(陈 浩)

【江阴广播电视集团】 2015年,集团面对宏观经济形势不景气给创收带来普遍难度、新媒体爆发式增长对传统广播电视广告业务的强势分流等多重困难,发挥攻坚克难、锐意开拓的精神,采取积极措施,全面深化改革,努力拓展经营创收渠道,始终坚持降本增效内涵式发展,取得了一定成效。广播通过为汽车人群提供全方位立体式广告发布传播服务,有效稳定广告经营;围绕吃货人群,重点研究实践"吃香喝辣"平台的经营开发,开通了线上商城。电视重点打造健康生活频道,实施医疗保健精准营销;以《我有一个梦》为载体,重点拓展企业广告搭载。活动营销势头良好,全年举办巅峰砍价团、汽车总动员、车友嘉年华、"吃香喝辣"吃货节、首届半程马拉松比赛、汽车购车节、家博会、2015江阴广电粉丝季等10余项大型营销活动,营销收入持续上升。年内3月14—15日,江阴电视台在江阴国际会展中心举办了江阴春季家博会,共吸引家装设计、家装材料、家具软装、家庭用品行业60个品牌20余种品类参展,展出面积5000平方米,展出规模创下江阴建材家居展会新纪录,观展人次超过1万人,现场成交订单1200余份;4月24—27日,江阴电视台在江阴市体育中心举办了江阴市第十三届汽车购车节,集合了50余个主流汽车品牌的400余款畅销车型,为期三天半的展会现场人流达到4万余人次,共成交各类汽车1016辆,成交金额2.17亿元,意向集客6937人;9月18—21日,江阴电视台在江阴市体育中心举办了江阴市第十四届汽车购车节,集合了50余个主流汽车品牌的260款知名主流车型,为期三天半的展会现场共成交各类汽车1018辆,成交金额2.15亿元,意向集客5220人。影视制作、演艺活动、培训市场有序拓展,全年举办10余项大型文化活动,制作近20部电视专题片,并以"江阴广电梦之星·我是小主播"大赛为龙头,顺利进军青少年培训市场。新媒体营收增速加快,全年新媒体经营收入同比增长超过三成。截至年底,生活消费类垂直营销公号"江阴吃香喝辣"粉丝数破8万人,新开垂直营销号"优活江阴""住江阴"和"江阴车友会",至年底上述3个新开垂直号的总粉丝数突破8.7万人,"江阴梦之星"微信粉丝数达到1.2万人。是年,集团在最困难的年份有效避免了经营收入大幅下降,经营总收入7290.11万元,实际同比下降21.75%,降幅基本可控,主营业务成本同比下降2.44%,利润总额和国有资产保值增值率超过市国资办下达年度任务指标。 (沈铭玉)

【江苏江南水务股份有限公司】 2015年,公司面对市场和政策环境的变化,围绕全年目标任务,积极进取、主动作为,完成供水量为2.55亿立方米,比上年增长1.8%;完成售水量2.79亿立方米,比上年增长2.64%;水质综合合格率为100%。不断提高供水保障能力,为地方发展保驾护航。澄西水厂二期工程建成运行,制水产能提升至116万立方米/天;绮山应急备用水源库区工程开工建设;以镇(街道)区域为重点,不断延伸管网路线,优化管网结构,新改建滨江西路、海港大道、谢庄路、江阴大道、世纪大道等DN100(铸铁、镀锌、焊接钢管)以上管道79.65公里;完成了澄东南片区供水自控系统改造及供水能力扩容;44个新建高层住宅小区纳入公司维护管理范围,高层二次供水受委托管理的小区总数已达220个;小湾水厂深度处理工程拆除了综合楼及西区构筑物,新变电所顺利投入使用;完成青阳加压站清水库清洗及消毒系统改造;落实安全生产"一岗双责"工作机制,开展管网水污染、液氯泄漏、消防和南闸污水处理厂密闭空间作业应急演练等,提高了处置突发事故的能力,增强了供水安全性。围绕城乡供水服务一体化的目标,提升专业化服务水平。年内,公司成为江苏省首家供水服务标准化示范单位,获批建设国家级供水服务标准化试点工作。全年完成顾山、青阳、云亭等6个镇(街道)客服中心建设,标准化服务窗口达到13个;搭建"互联网+用户"的沟通桥梁,打造微信服务新平台,开辟"我的用水""公共信息""微精彩"3大板块13项服务功能;启动全市农村供水管网及一户一表改造工作,全年签订施工合同10个,其中澄江街道璜塘上村、南闸泗河村等6个村已施工。以效益为导向,推进精益管理。新开通翼支付、微支付等移动支付业务,提高水费实时到账率;完成了澄张路、澄江路、滨江路、延陵路等管网流量计的安装,全市新增95台流量计,有效减少漏损;供水调度更智能,增加午间和夜班模式,预测水量时长从2小时增加到5小时;完成原澄常地区的管线、阀门的普查;推广使用GIS系统、巡线系统BS端及手持机端,夯实精益管理基础。资本运作成功突破。成功收购璜塘污水处理厂,扩大了污水处理产能;参股江阴华控人居供水技术服务有限公司,努力开拓市场新空间。（刘冠民）

**【江阴市旅游文化产业发展有限公司】** 2015年,公司根据创新国有企业机制体制工作要求,不断提升绿化管理水平,加强公园景区管理,发挥绿化养护管理突击队优势。致力建设好苗圃与废弃物处理站,全年共处理粉碎物累计3467.4立方米,引进苗木35271株。管理维护3200万平方米绿地,日常管养3.8万余棵人行道树。年内,配合处理“12345”、市民求助事件等600余件;数字城管等突击任务1110次;解决“110联动”、供电局碰线修剪等任务近100次;完成主要移植任务共计50多项。全力配合文明城市的创建,共完成13个老小区改造的绿化移植任务,按要求做好各个节点的草花摆放工作,完成年度城乡环境综合整治增绿补绿工程城区行道树补植的工作。风景园林公司养护的文明广场获得了无锡市绿地养护优质工程奖。下属子公司江阴城市集散旅行社不断拓展旅游经营活动,加盟长三角“友城卡”,积极推广江阴旅游,开展“万名学生游江阴”活动,组织“旅游进社区”活动,扎根社区做好旅游营销。加强国有资产经营管理,做好经营网点租赁与管理工作,妥善解决了长江饭店周边地块改造租赁户清退、纺织大厦置换租赁、望江楼功能恢复这三个历史遗留问题,转变思路,渐进式地解决租赁中的突出问题。是年,公司实现创收5387万元,利润总额513万元,全面完成市国资办下达的年度经济指标任务。（冯　奕）

**【江阴市国风文化艺术有限公司】** 2015年,公司围绕服务市委、市政府的中心工作,服务人民群众的文化需求,按照“文化事业求提高,文化产业求突破,国风公司促转型”的目标,强化产业发展、制度管理、资源利用,适应市场的不断变化,积极推出丰富多彩的文艺演出,举办精彩纷呈的文化活动,多方位促进市民共建共享文化成果。全年举办深受群众喜爱的活动1378场次,受众观众89.7万人次。公司以加快文化产业发展为己任,积极探索,充分整合利用文化资源,通过打造精品培训、市场化运作各类场地资源、文企联姻等方式,多渠道拓展业务。全年经营性创收1702.17万元,实现净资产收益率13.52%,利润总额450.61万元,超额完成年度的经济指标任务。（杜颖波）

**【江阴暨阳体育产业发展有限公司】** 2015年,公司发展稳定,切实做到了以人为本,为民服务,开辟新的体育市场,激发更多活力。先后承办了“四方杯”2015年全国游泳俱乐部锦标赛、第一届全国青年运动会男子U16足球赛、“江阴农商银行杯”洲际男篮巅峰争霸赛、2015年361°全国男子排球冠军赛等国家级以上赛事4项43场次。组织举办“浦发杯”羽毛球比赛、江阴市首届笼式足球赛、江阴市第二届乒乓球团体积分排名赛、江阴市第二届游泳俱乐部联赛、中小学生田径运动会、市级机关篮球赛、首届江阴半程马拉松赛等11项120余场次的群众性体育赛事。体育培训稳步增长,中考冲刺班通过率百分百。与公安、供电局等单位接洽的职工游泳培训,参与人数多达280人。为全市救生志愿者免费开放培训,开办公益体育课堂,参与人数达100人。体育培训注重服务社会发展,塑造金字招牌。与市教育局联手实施“人人学会游泳”培训方案,经市委、市政府批准,推出“政府主导、教体结合、学生自愿、政策激励、安全第一”的创新方案,实施全市学生“人人学会游泳”三年行动计划,凡本市九年制义务教育在校在籍学生均可减免培训费用300元/人。全年累计接待观众及各类健身休闲市民100万余人次。年内,公司围绕广大市民不断增长的体育健身需求,积极强化政策支持,推动形成“江阴体育大汇”新媒体,让江阴运动人有一个互动交流的平台,目前网络平台注册用户达1.3万余户,微信公众号粉丝达2.8万余人,线下活动数、参与人数也在逐步上升,初步形成一个独具江阴特色的现代化公共体育服务体系。是年,公司获得了全国冬泳先进单位、江苏省十佳体育中心等荣誉。（陆　澄）

**【江阴市国信市民卡有限公司】** 2015年,公司继续坚持“创造便捷、服务市民”的宗旨,围绕年初制定的工作目标,稳步推进市民卡的发展。卡片制作方面,根据江苏省人力资源和社会保障厅的工作部署,公司开始制作并发放江苏省社会保障卡。4月1日,江阴市首发省社会保障卡209张。7月1日,江阴市二代市民卡首发,同时,原江阴社会保障(市民)卡停止制作。至12月底,省卡及二代市民卡分别制作并发放8.8万余张。为方便残疾人交通出行,公司与市残联、市民政局、市交通运管处合作发放了1.5万余张残障人士卡,残疾人使用该卡可免费刷卡乘坐公交车。商业应用方面,公司年内拓展市民卡商户10户,累计拥有商户121户。公司与市总工会合作推出工会服务卡,拓展工会商户16户(其中蛋糕专款商户4户),全市工会会员持卡在工会商户消费,可享受商品打折优惠服务和节假日的优惠体验活动。便民应用方面,为进一步拓宽服务项目和领域,公司新成立微信公众平台“江阴市民卡”,年度累计发帖500余篇,关注人数突破2000人。11月,住建部“全国城市一卡通互联互通”大平台新增22个城市后,江阴已与全国71个城市实现了公交领域的互联互通。是年,公司获2014年度无锡市“青年文明号”荣誉。（袁　园）

■类目编辑　陈学超

# 科学技术

## 综　述

【概况】 2015年，江阴市科技系统紧紧围绕建设苏南国家自主创新示范区和省创新型示范城市的总目标，实施创新驱动战略，深化拓展科技创新工程，加快推进科技体制改革，不断提升区域创新能力和企业自主创新能力。年内，成功举办第二十五届科技节，帮助企业承担实施无锡市级以上各类科技计划项目342项，实施重点产学研项目60项，新建江阴市级产业技术研究院1个、众创空间6个，获批省级以上各类科技创新载体12个、省级以上各类科技型企业255个，获江阴市级及以上各类科技进步奖项97项。是年，市知识产权局被评为省知识产权工作先进集体和省知识产权政务信息工作先进集体。市科技局再次被市委、市政府评为人民满意机关。

【第二十五届科技节】 2015年10月23日上午，作为科技节系列活动之一，市政府举行市节能环保产业技术研究院、苏南中关村（江阴）科技成果转化中心暨江阴三牛众创空间揭牌仪式。下午，市委、市政府在市机关综合楼举办第二十五届科技节暨大众创业万众创新工作推进会。市领导、“科技镇长团”全体成员、市有关部门、镇（街道）、园区负责人以及73名全市科技创新创业先进代表和100多名省高新技术企业、科技“小巨人”培育企业代表参加。其间，表彰市十佳科技创新标兵、市十佳科技创业标兵、市十佳职工科技创新标兵、市十佳企业研发机构、市十佳科协组织和市科技进步奖78项、市第三届专利奖12项。举行江苏省江阴机械装备科技产业园揭牌、向市节能环保产业技术研究院兑现产业配套资金、向市首批6个众创空间授牌、5项重点产学研合作项目签约、市高新技术创业投资有限公司与科技“小巨人”培育企业股权投资合作项目签约、合作银行与科技型中小企业科技信贷项目签约6个仪式。市委书记周铁根为中国科学院院士李灿和中国工程院院士秦裕琨颁发江阴“人才国际化、企业国际化、城市国际化”咨询委员会委员聘书，秦裕琨作为院士代表发言，省科技厅副巡视员李健民作重要讲话。　（周红芬）

## 科技管理和服务

【概况】 2015年，市科技局在全市科技系统组织开展“依法行政推进年”建设活动，改进工作作风，提升工作效能，不断增强依法行政意识和科技管理服务能力。继续深入开展科技“三服务”（服务基层、服务企业、服务人才）及“三解三促”*科技创新服务月、“企业服务周”和“走进企业、服务企业”现场办公等活动，全年走访服务企业1000余个次，指导、帮助企业争取各级各类科技项目资助和政策扶持，为企业开展技术创新活动保驾护航。全年帮助企业承担实施无锡市级以上各类科技计划项目342项，争取科技扶持资金1.62亿元。　（周红芬）

【承担科技计划项目342项】 2015年，市科技局在全市组织申报实施科技项目和培育科技创新型企业中，继续做好组织、协调和向上争取工作，全市共获批实施国家、省、无锡市级各类科技计划项目342项，其中获批国家级、省级创新载体项目12项、无锡市级以上各类研发机构项目44项。国家级科技计划项目19项，其中国家科技重大专项项目1项、科技支撑计划项目2项、“火炬”计划项目16项。江苏省级项目252项，其中重大科技成果转化项目4项、重点研发计划项目7项（工业5项、社会发展1项、农业1项）、科技企业技术创新资金项目4项、国际科技合作项目1项、创新能力建设计划项目1项、知识产权管理标准化示范先进单位项目2项、企业知识产权战略推进计划项目1项、百件优质发明专利项目2项、国际（专利合作条约）专利专项资助资金项目6项、“双创”（创新创业）团队（科技创新类）项目1项、“双创”博士（科技副总类）项目7项、重点企业研发机构绩效评价优良企业项目5项、农村科技服务超市考评优秀企业项目1项、“正版正货”示范街区项目1项、高新技术产品项目209项。无锡市级各类科技计划项目15项。全年获各级各类扶持资金16177.45万元，其中国家级项目获资助9713万元，江苏省级项目获资助6296.6万元，无锡市级项目获资助167.85万元。　（杨婉倩）

**【科技中介服务】** 2015 年，全市科技中介服务机构继续提供各类科技项目申报及管理、科技项目咨询、科技查新、科技文献资源查询、知识产权保护等服务，举办科技培训活动。年内，市生产力促进中心为 26 个企业提供高新技术企业辅导服务，其中 17 个企业被批高新技术企业。与省科技情报所合作开展科技查新 206 项，与江南大学合作学历教育招生 57 人，完成往届学生 306 人辅导及考试。组织申报省高新技术产品 261 种，申报成功率位江苏省前列。开展高新技术企业、高新技术产品、科技查新、中小企业备案等培训 11 次，有近 200 名企业人员参加。市科技创新服务中心全年收集企业产学研需求信息项目 62 项，向企业推送项目成果 400 多项。认定技术合同 53 份，辅导 1200 多个市内大中型、规模以上工业企业做好科研统计工作。为 120 个企业提供科技文献信息代查代检、翻译服务，开展科技文献利用培训 3 期，其中有 8 个科技型企业成为第一批江苏省企业知识平台用户。组织 52 个企业参加技术合同备案培训会、江苏省产学研科技洽谈会等各类科技培训与活动。市知识产权服务中心全年辅导 4 个企业完成知识产权贯标验收工作，辅导 1 个企业获江苏省知识产权战略推进计划重点项目。提供各类培训、讲座 20 余场，其中江苏省知识产权工程师培训班合格率 100%。搭建江阴市专利专题数据库，完成行业专利分析报告 2 篇，为 4 个企业定制企业专题数据库，为企业和个人提供知识产权侵权纠纷咨询服务 20 余次。

（梅士强　叶李斐　卞锋炜）

2015 年 3 月 9 日，江阴市农村科技服务超市建设推进会在省农村科技服务超市优秀店——江阴苗木花卉产业分店(叶飞园艺)举行　（市科技局提供）

**【省农村科技服务超市累计 5 个】** 2014 年，江阴市以有店面、队伍、网络、基地、成果、品牌“六有”为主要模式，构建政府引导与市场机制相结合、信息流与技术流相结合、网络服务与专家服务相结合、日常服务与专题服务相结合的科技服务超市，形成总店、分店和便利店三级科技超市网络，探索特色明显、长效稳定的农村科技服务新机制，提高农业生产现代化水平和促进农民增收致富。市科技局组织农业专业合作社、特色农业产业公司等申报，启动建设和培育农村科技服务超市。是年，江阴市长泾叶飞园艺场承担的江阴花卉园艺产业分店和江阴市红豆村农业专业合作社承担的江阴市花卉苗木产业便利店通过省科技厅专项验收。专家组认为，这 2 个农村科技服务超市搭建了高规格的科技平台，对于江阴花卉苗木和园艺产业的发展将起到积极的带动作用。2015 年，全市获批江苏省农村科技服务超市分店、便利店 3 个，分别为：江阴市申港三鲜养殖有限公司承担的江阴淡水水产产业分店、江阴市霞客正奇鱼药饲料服务部承担的江阴徐霞客淡水水产产业便利店和江阴花卉港园艺有限公司承担的澄江苗木花卉产业便利店。同时，江阴市长泾叶飞园艺场的江阴花卉园艺产业分店被评为省农村科技服务超市优秀店。至此，全市有省农村科技服务超市 5 个。（郭　峰）

**2015 年江阴市获国家级科技计划项目一览**

表 50

| 类　别 | 项　目　名　称 | 承　担　单　位 |
| --- | --- | --- |
| 重大科技专项项目（国家 02 专项） | 极大规模集成电路制造装备及成套工艺 | 江苏长电科技股份有限公司 |
| 科技支撑项目 | 城镇重大灾害和事故快速风险评估与预警的技术装备研发及应用示范——城镇综合承灾能力评价系统的示范应用 | 江阴市科技创新服务中心 |
| | 城镇重大灾害和事故快速风险评估与预警的技术装备研发及应用示范——城镇应急管理机制和应急预案体系建设规划 | |
| “火炬”计划项目 | 低开关损耗节能灯用晶体管芯片的产业化 | 江阴新顺微电子有限公司 |
| | 基于云计算物联网智慧建筑能耗管控平台研究 | 江苏斯菲尔电气股份有限公司 |
| | 高端金属线材制品用高性能热轧盘条的产业化 | 江阴兴澄特种钢铁有限公司 |

续表50

| 类　　别 | 项　目　名　称 | 承　担　单　位 |
|---|---|---|
| “火炬”计划项目 | 汽车用高性能不锈钢线材制品产业化 | 江苏法尔胜泓昇集团有限公司 |
| | 汽车用高性能碳素钢丝产业化 | 江苏法尔胜股份有限公司 |
| | 杆状病毒/Sf9 系统制备 VLP 平台的建设 | 无锡佰翱得生物科学有限公司 |
| | 高纯度生物溶菌蛋白酶复合制剂的衍生用品 | 江苏雪豹日化有限公司 |
| | 1E 级转速测量仪表 | 江阴众和电力仪表有限公司 |
| | 透明高阻隔包装易揭盖膜产业化 | 江阴宝柏包装有限公司 |
| | 智能配用电测控、保护、计量集成一体化终端 | 江阴长仪集团有限公司 |
| | 分布式发电/储能集成供电系统 | 江苏方程电力科技有限公司 |
| | 防静电、防水、防油、防污复合功能防护服 | 圣华盾服饰有限公司 |
| | 环保型多功能复合生物增塑剂产业化 | 江阴市向阳科技有限公司 |
| | 大型海上风场风力发电塔产业化 | 中船澄西船舶修造有限公司 |
| | 高世代平板显示用铜蚀刻液 | 江阴江化微电子材料股份有限公司 |
| | 超净高纯氢氟酸 | 江阴润玛电子材料股份有限公司 |

## 2015 年江阴市获江苏省级科技计划项目一览

表51

| 类　　别 | 项　目　名　称 | 承　担　单　位 |
|---|---|---|
| 重大科技成果转化项目 | 按压式指纹识别传感器系统封装模块的研发及产业化 | 江苏长电科技股份有限公司 |
| | 高压大功率器件陶瓷封装系列产品研发及产业化 | 江阴市赛英电子有限公司 |
| | 基于直流母线汇集的分布式光伏/储能集成供电系统研发及产业化 | 江苏方程电力科技有限公司 |
| | 高世代液晶平板用高纯湿电子化学品的研发与产业化 | 江阴江化微电子材料股份有限公司 |
| 重点研发计划项目(产业前瞻与共性关键技术) | 高性能多层复合透明薄膜电极材料及其激光加工处理系统研发与应用 | 江阴德力激光设备有限公司 |
| | DeltaCAT500 高效节能环保型半潜式修井及生活平台 | 江苏新扬子造船有限公司 |
| | 基于物联网云计算的智能建筑能耗综合管控系统平台的研究和应用 | 江苏斯菲尔电气股份有限公司 |
| | 新型节能环保煤调湿技术及装备成套 | 无锡亿恩科技股份有限公司 |
| | 燃气锅炉排烟废热提质回收关键装置及系统 | 江苏双良新能源装备有限公司 |
| 重点研发计划项目(社会发展) | 血型全自动分析仪配套微柱凝胶卡检测试剂 | 江阴力博医药生物技术有限公司 |
| 重点研发计划项目(现代农业) | 利用废弃畜禽开发新型氨基酸液体肥和生物有机肥 | 江阴市联业生物科技有限公司 |
| 科技型企业技术创新资金项目 | 基于大数据分析的中小学生成长档案信息管理系统开发 | 江苏隆天软件有限公司 |
| | 新型肺癌 FISH 基因诊断试剂盒系列产品的研发和产业化 | 江苏蒙特立生物技术有限公司 |
| | 基于镁合金生物材料的新型可降解医疗器械的开发 | 江阴宝易德医疗科技有限公司 |
| | 基于 GTiBee 技术的城市基础设施云监控综合管理物联网系统 | 江苏博大光通物联科技有限公司 |
| 政策引导类计划项目(国际科技合作) | 江阴中德国际技术转移中心建设与国际技术转移服务 | 江阴中德国际技术转移中心有限公司 |
| 创新能力建设计划项目(科技设施类) | 科技服务骨干机构能力提升 | 江苏法尔胜材料分析测试有限公司 |

续表51

| 类　　别 | 项　目　名　称 | 承　担　单　位 |
|---|---|---|
| 高新技术产品项目 | 智能动态混成无功补偿装置 | 江苏方程电力科技有限公司 |
| | 高频隔离型并网光伏逆变器 | |
| | 双立柱简易升降停车设备 | 江苏启良停车设备有限公司 |
| | fe生物溶菌复合酶牙膏 | 江苏雪豹日化有限公司 |
| | 生物复合酶抑菌护肤洗手液 | |
| | 节能、环保、重吊型36000载重吨多用途船 | 江苏扬子江船厂有限公司 |
| | 高阻隔性全自动药品分包机用易撕膜 | 江阴宝柏包装有限公司 |
| | 半导体智能机器人设备 | 江阴亨德拉科技有限公司 |
| | SF双层储油罐 | 江阴市富仁高科股份有限公司 |
| | 基于超高导热系数纤维的凉感绵席织物 | 江阴市红柳被单厂有限公司 |
| | 轻型低噪音齿轮箱 | 江阴市惠尔信机械有限公司 |
| | 高精度万元能五轴机专用50立柱 | |
| | 管式复合纳滤膜及组件 | 江阴市金水膜技术工程有限公司 |
| | 全自动络筒理管机 | 江阴市凯业纺织机械制造有限公司 |
| | 高强度易折装式游泳池 | 江阴市四方游泳设备有限公司 |
| | 可带水拆装游泳池垫层 | |
| | T系列分级防护型调节阀 | 江阴万讯自控设备有限公司 |
| | 一种光学对点器用微调连接器 | 江阴香江光电仪器有限公司 |
| | 铝合金三脚架 | |
| | 单相本地费控智能电能表 | 江阴长仪集团有限公司 |
| | 旋转机械监测保护装置 | 江阴众和电力仪表有限公司 |
| | 单相费控智能电能表(模块—远程—开关内置) | |
| | 1E级转速测量仪表 | |
| | 灼康宁抗(抑)菌液 | 江苏春申堂药业有限公司 |
| | 低咖啡因茶黄素 | 江苏德和生物科技有限公司 |
| | 低能耗模块化智能电机保护控制器 | 江苏东歌电气有限公司 |
| | 腹腔镜下具有组织压合能力的微创腔镜切割吻合器 | 江苏风和医疗器材有限公司 |
| | 腹腔镜用超强密封结构穿刺器 | |
| | 迷你型单指操作及可透视手术缝合进度的简洁版皮肤吻合器 | |
| | 微创腔镜下具有可调节关闭组织角度功能的关节头直线切割吻合器 | |
| | 高精度高可靠性匀胶机 | 江苏雷博科学仪器有限公司 |
| | 高精度交流低压配电柜 | 江苏联固电气有限公司 |
| | 供瑞典SKF高品质轴承钢 | 江苏泰富兴澄特殊钢有限公司 |
| | 贻贝粘蛋白创面修复敷料 | 江阴贝瑞森生化技术有限公司 |
| | 高承载力单螺杆挤出机用齿轮箱 | 江阴齿轮箱制造有限公司 |

续表51

| 类　别 | 项　目　名　称 | 承　担　单　位 |
| --- | --- | --- |
| 高新技术产品项目 | 高效低成本纤维酶发酵装置 | 江阴德尔热能机械有限公司 |
| | 板坯热处理淬火机 | 江阴东辰机械制造股份有限公司 |
| | 直径800毫米~直径1000毫米垂直连铸机 | |
| | 耐高温耐高压抗腐蚀石化炼油管道用法兰 | 江阴金童石化装备有限公司 |
| | 高效折流管式换热器 | |
| | CWS系列智能无线测温传感器 | 江阴市利得电气有限公司 |
| | GWS高压带电显示闭锁装置 | |
| | DWS温湿度自动控制器 | |
| | 虹膜识别两百万像素高清手机摄像头 | 江阴新晟电子有限公司 |
| | 高效率终端双极型功率开关晶体管芯片 | 江阴新顺微电子有限公司 |
| | 高EB击穿低饱和双极型晶体管芯片 | |
| | 低漏电高ESD大功率肖特基二极管芯片 | |
| | 低漏电超快恢复二极管芯片 | |
| | 高速低漏电肖特基二极管芯片 | |
| | 低温压力容器用09MnNiDR钢板 | 江阴兴澄特种钢铁有限公司 |
| | 高强度结构用Q690D钢板 | |
| | 高强度高韧性海洋工程用TMCP钢板E36 | |
| | 汽车变速箱齿轮用SCM722H2-V钢 | |
| | 高端滚动体用轴承钢盘条 | |
| | 高防护等级低接触电阻按钮开关 | 江阴长江电器有限公司 |
| | 镀锌螺旋瓦斯抽放管 | 江苏澄工机械制造有限公司 |
| | 连铸连轧铅带、板栅生产线 | 江苏东顺新能源科技有限公司 |
| | XQB系列洗衣机控制面板 | 江苏坤达电器装饰有限公司 |
| | 光伏发电系统分体接线盒高效组件 | 江苏润达光伏股份有限公司 |
| | 烧结烟气旋转喷雾(SDA)烟气脱硫系统(半干法) | 江苏亿金环保科技有限公司 |
| | 超耐单银Low-E中空玻璃 | 江阴沐祥节能装饰工程有限公司 |
| | 无溶剂复合机 | 江阴市力达印刷包装机械有限公司 |
| | 高速干式复合机 | |
| | 凉感抗菌功能针织面料 | 江阴芗菲服饰有限公司 |
| | 粘胶/咖啡碳混纺针织面料 | |
| | 竹纤维/大豆纤维/棉纤维针织面料 | |
| | 高断裂伸长率给水用聚乙烯管材 | 江苏百通塑业发展有限公司 |
| | 抗风压抗撞击模块组合式可调节装饰铝板 | 江苏标榜装饰新材料股份有限公司 |
| | 标识标牌专用铝塑板 | |
| | 幕墙专用铝塑复合板 | |
| | 智能TPMS胎压监测系统 | 江苏博锐格电子科技有限公司 |

续表51

| 类　　别 | 项　目　名　称 | 承　担　单　位 |
|---|---|---|
| 高新技术产品项目 | 超薄无卤阻燃聚碳酸酯薄膜 | 江苏瀚阳新材料科技有限公司 |
| | 高粘合力高锡青铜工程轮胎用胎圈钢丝 | 江苏胜达科技有限公司 |
| | 直径0.96毫米HT高强度轻量化斜交轮胎用胎圈钢丝 | |
| | 仿球革高分子装饰膜 | 江阴华东装饰材料有限公司 |
| | 双后角带锯 | 江阴金缘锯业有限公司 |
| | 高强高导纳米铜材电气连接件 | 江阴三凌金属制品有限公司 |
| | 双功能中空纤维滤膜 | 江阴市向阳科技有限公司 |
| | 低VOC高回弹聚氨酯泡沫组合料 | |
| | 基于专用封装技术的高性能LED驱动芯片 | 江阴苏阳电子股份有限公司 |
| | 基于MCM-3D封装的微型智能传感器 | |
| | GM1.5兆瓦常温型风力发电机主轴 | 江阴振宏重型锻造有限公司 |
| | GM1.5兆瓦低温型风力发电机主轴 | |
| | GM2.0兆瓦常温型风力发电机主轴 | |
| | GM2.0兆瓦低温型风力发电机主轴 | |
| | 新能源汽车转向系统 | 江苏格尔顿传动有限公司 |
| | 全封闭式高端轿车运输车 | 江苏海鹏特种车辆有限公司 |
| | PTA专用镁铝合金罐车 | |
| | 94000载重吨散货自卸船 | 江苏新扬子造船有限公司 |
| | 高材质超厚板双曲钢网拱桥构件 | 中建钢构江苏有限公司 |
| | 超细晶强化型铜镁合金接触线 | 中铁建电气化局集团康远新材料有限公司 |
| | 超细晶强化型铜银合金接触线 | |
| | 高支棉/汉麻天然抗菌色织面料 | 福斯特纺织有限公司 |
| | 数控等离子回转割炬切割机 | 江苏博大数控成套设备有限公司 |
| | 轻质防腐印花装饰彩钢板 | 江苏大东钢板有限公司 |
| | 可拆卸式风冷柴油机机体 | 江苏飞达压铸有限公司 |
| | 不锈钢药芯焊丝 | 江苏孚尔姆焊业股份有限公司 |
| | 高韧性药芯焊丝 | |
| | 1.5兆瓦-3兆瓦风电主轴 | 江苏国光重型机械有限公司 |
| | XDJ系列高承载橡胶挤出机齿轮箱 | 江苏昊克传动科技股份有限公司 |
| | KLYJ/KSYJ系列整体式高强度挤出机齿轮箱 | |
| | 纯电动汽车换电并充插座 | 江苏西比亚新能源科技有限公司 |
| | 高光镜面长寿命车灯用精密模具 | 江苏星科精密模具有限公司 |
| | 丙二醇甲醚丙酸酯 | 江苏怡达化学股份有限公司 |
| | 多芯式全自动过滤器 | 江苏亿利达水处理设备有限公司 |
| | 气体板式换热器 | 江苏远卓设备制造有限公司 |

续表51

| 类　别 | 项　目　名　称 | 承　担　单　位 |
|---|---|---|
| 高新技术产品项目 | 3.0兆瓦及以上风力发电机转子房 | 江苏振江新能源装备股份有限公司 |
| | 3.0兆瓦及以上风力发电机刹车盘 | |
| | 全新大功率高转速气动锚杆钻机 | 江苏中煤矿山设备有限公司 |
| | 大粒度高纯氧化铒 | 江阴加华新材料资源有限公司 |
| | 小粒度超高纯氧化铕 | |
| | 立卧式双输出回转驱动装置 | 江阴凯迈机械有限公司 |
| | 高阻隔抗跌落耐穿刺谷物种子包装袋 | 江阴申隆包装材料有限公司 |
| | 太阳能电池组件 | 江阴晟翔科技有限公司 |
| | 高转换率的太阳能电组件 | |
| | 新型防腐蚀离子膜电解槽密封垫片 | 江阴市宏泽氯碱设备制造有限公司 |
| | 新型膜极距离子膜电解槽 | |
| | 高档轿车用罩光漆 | 江阴市荣新塑化有限公司 |
| | 高附着力、耐水性、易返修汽车塑料零部件底漆 | |
| | 高效除虫脲可湿粉 | 江阴苏利化学股份有限公司 |
| | 高稳定性百菌清可湿粉 | |
| | 一种网状包覆的涂塑扁丝索芯 | 江阴泰阳成索业有限公司 |
| | 一次性肛肠吻合器 | 无锡博康医疗器械有限公司 |
| | QGY型直线切割吻合器 | |
| | WHY型管形吻合器 | |
| | GHY系列一次性使用肛肠吻合器 | |
| | 夸徽企业管理系统软件V1.0 | 无锡夸徽科技有限公司 |
| | 2兆瓦级高效风力发电机组 | 远景能源(江苏)有限公司 |
| | 4兆瓦高可靠性海上风力发电机组 | |
| | 38800吨节能型散货船 | 中船澄西船舶修造有限公司 |
| | 48500吨江海直达沿海船 | |
| | 海上风场风力发电塔 | |
| | 剩余电流式电气火灾监控探测系统 | 江苏安科瑞电器制造有限公司 |
| | 可编程智能电测仪表 | |
| | 拉边机 | 江苏锦明工业机器人自动化有限公司 |
| | 高稳定高效率拉幅定形机 | 江苏日新印染机械有限公司 |
| | 高效节能环保燃煤锅炉用余热回用装置 | 江阴德耐特重工科技有限公司 |
| | 自动可拆卸内孔修磨机 | 江阴圆方机械制造有限公司 |
| | SMC农村污水收集处理组合化粪池 | 江阴普顿塑胶有限公司 |
| | 大口径分片组合式塑料检查井 | |
| | 感光湿膜DB－1808 | 无锡德贝尔光电材料有限公司 |
| | 感光湿膜DB－1808SJ | |

续表 51

| 类　别 | 项　目　名　称 | 承　担　单　位 |
| --- | --- | --- |
| 高新技术产品项目 | 磨绒毛织花呢 | 江苏阳光股份有限公司 |
| | 七色粘胶/涤纶涡流纺纱针织面料 | 江阴芗菲服饰有限公司 |
| | 甲壳素/莫代尔/木纤维多纤混纺针织面料 | |
| | 太阳能晶硅片回收切割液 | 江苏浩博新材料股份有限公司 |
| | 往复式单螺杆混炼挤出机 | 江苏新达科技有限公司 |
| | 商用车电控分配泵电动执行器 | 江阴林格科技有限公司 |
| | 高强度耐磨夹网 EVA 复合膜 | 江阴市海江高分子材料有限公司 |
| | 高强度耐高温电缆用半导电屏蔽料 | |
| | 高精度克令吊基柱法兰 | 江阴双马重工装备有限公司 |
| | 用铝废料生产的 PCB 铝基箔材 | 江阴新仁科技有限公司 |
| | 极耳用铝合金箔 | |
| | 太阳集能蓄热用铝箔 | |
| | 轨道车辆智能控制撒砂系统 | 江苏必得科技股份有限公司 |
| | 燃烧水煤浆制浆球磨机机组 | 江苏秋林特能装备股份有限公司 |
| | 水煤浆(燃烧浆)制浆专用成套设备 | |
| | 集成式液化天然气汽车加气系统 | 江苏秋林重工股份有限公司 |
| | A 字型(50 千牛)降放装置 | 江阴市北海救生设备有限公司 |
| | 整体式防堵精确喷嘴 | 江阴市神州测控设备有限公司 |
| | 废橡胶粉改性沥青 | 江阴泰富沥青有限公司 |
| | 丁苯胶乳改性乳化沥青 | |
| | 高强轻质长玻纤增强聚氨酯车用高架箱 | 江阴协统汽车附件有限公司 |
| | 高性能 PBT 特种纤维 | 江苏和时利新材料股份有限公司 |
| | 2 兆瓦及以上大型风电用低温球墨铸铁件 | 江苏吉鑫风能科技股份有限公司 |
| | 兆瓦级大型风电用低温球墨铸铁件 | |
| | 耐腐蚀低成本精制环保型不锈钢丝 | 江阴康瑞不锈钢制品有限公司 |
| | MT 振动监测装置 | 江阴市江凌科技有限公司 |
| | VMS 转速监测装置 | |
| | VMS 振动监控保护装置 | |
| | 高防护等级安全型配电箱 | 江阴市新昶虹电力科技股份有限公司 |
| | YFGZ35－40.5D 风力发电光伏发电专用带隔离带 CT 真空断路器 | 江阴市云峰电器设备有限公司 |
| | 中小型工程机械用带电刷、编码器液压、自带外防尘中央回转接头 | 江阴市长龄机械制造有限公司 |
| | 中小型工程机械用压装式履带涨(张)紧装置 | |
| | 大型挖掘机缸体外置、重载荷张(涨)紧装置 | |
| | 大型及超大型工程机械用大流量、超高压液压中央回转接头 | |
| | 多层高阻隔速效持久防雾薄膜 | 江阴升辉包装材料有限公司 |

续表 51

| 类　　别 | 项　目　名　称 | 承　担　单　位 |
|---|---|---|
| 高新技术产品项目 | 高强度耐磨损离合器拉索总成 | 江阴市康乾车业有限公司 |
| | 长寿命抗干扰电子加速踏板 | |
| | PE 光学保护膜 | 江阴通利光电科技有限公司 |
| | CPP 橡胶光学保护膜 | |
| | 防水防尘泡棉双面胶带 | |
| | 微调精密型回转式减速器 | 江阴市华方新能源高科设备有限公司 |
| | 单晶高效太阳电池片 | 江苏爱多光伏科技有限公司 |
| | 剪切系统优化的新型废钢龙门剪切机 | 江苏华宏科技股份有限公司 |
| | 高级毛丝强捻抗皱面料 | 江苏倪家巷集团精毛纺织有限公司 |
| | 多组分易护理面料 | |
| | 精粗纺弹力裤料面料 | |
| | 高强度高阻燃性玻纤环氧树脂车窗支撑轨 | 江阴奥派交通装备有限公司 |
| | 节能型高附着高强度无胶刀刮布 | 江阴东恒新材料科技有限公司 |
| | 汽车天窗密封条 | 江阴海达橡塑股份有限公司 |
| | 铜蚀刻液 | 江阴江化微电子材料股份有限公司 |
| | 新型节能型多支铝棒热剪炉 | 江阴江顺铝型材成套设备制造有限公司 |
| | 新型智能化牵引机 | |
| | 超净高纯过氧化氢 | 江阴润玛电子材料股份有限公司 |
| | 高选择性钛腐蚀液 | |
| | 新型超净高纯异丙醇 | |
| | 酸性氟化铵蚀刻液 | |
| | 高性能铜镁合金接触线 | 江阴市电工合金有限公司 |
| | VE 型回转式减速器 | 江阴市华方新能源高科设备有限公司 |
| | 粘接三元乙丙橡胶的高强度热熔胶膜 | 江阴伟韬塑料新材料有限公司 |
| | 特种天然植物纤维复合轨道列车地板 | 江阴延利汽车饰件股份有限公司 |
| | 高强度高端彩钢复合酚醛防火保温板 | 瑰宝新材料股份有限公司 |
| | 分子增韧准中性酚醛泡沫保温板材 | |
| | 超高强石墨烯复合 PET 导电纤维 | 江苏恒泽复合材料科技有限公司 |
| | 可变色复合功能彩色纤维 | 江阴市江河化纤有限公司 |
| | 有机无机复混肥生产设备 | 江阴市联业生物科技有限公司 |
| | 高品质人工合成云母片 | 江阴市友佳珠光云母有限公司 |

（杨婉倩）

## 产学研合作

**【概况】** 2015 年，市科技局组织企业与哈尔滨工业大学、中国科学院大连化学物理研究所、武汉大学、武汉纺织大学、湖南大学、中南大学、重庆大学等高校院所开展点对点、行业小分队式的产学研对接交流活动，全年实施重点产学研项目 60 项，新建企业院士工作站 4 个，新批江苏省工程技术研究中心 13 个、江苏省研究生工作站 13 个，全市规模以上工业企业研发机构覆盖率 74.6%。（周红芬）

**【企业院士工作站建设】** 2015 年，江阴市深入推进“院士集聚计划”，

2015年8月3日,市科技局组织人造革行业部分企业与四川大学轻纺与食品学院开展产学研对接活动　　（市科技局提供）

着力在战略性新兴产业和传统优势产业等领域集聚院士专家,突破技术瓶颈,抢占技术高端,提升产业核心竞争力。是年,市科技和人才工作领导小组批准建立江阴市级企业院士工作站4个,分别是江苏双良锅炉有限公司、无锡贝塔医药科技有限公司、江苏隆天软件有限公司、江苏宝利国际投资股份有限公司。引进中国科学院院士颜德岳和中国工程院院士秦裕琨、周永茂及俄罗斯院士涅恰耶夫·尼克拉4人。至此,全市拥有企业院士工作站41个,其中省级院士工作站10个,无锡市级院士工作站16个,江阴市级院士工作站15个;累计引进中国科学院院士和中国工程院院士"两院院士"38人。

**【规模以上工业企业研发机构建设】** 2015年,江阴市继续实施规模以上企业研发机构全覆盖计划,按照有科研装备与场地、有持续增长的科技投入、有科研人才队伍、有与高校科研机构长期稳定合作关系、有一批科技成果转化项目的要求,推进规模以上企业研发机构建设及登记备案工作。是年,新增江苏省级工程技术研究中心13个,省级研究生工作站13个;无锡市级工程技术研究中心8个;江阴市级工程技术研究中心75个。至年末,全市拥有国家级工程技术研究中心2个、企业技术中心7个,博士后工作站15个;江苏省级工程技术研究中心132个、企业技术中心61个;无锡市级工程技术研究中心231个;江阴市级厂办研究所及工程技术研究中心612个。全市大中型企业研发机构覆盖率96%以上,规模以上工业企业研发机构覆盖率74.6%。

（李海春）

## 知识产权保护工作

**【概况】** 2015年,江阴市知识产权系统围绕高标准建设国家知识产权示范城市,大力实施知识产权强市战略,鼓励引导企业走自主知识产权和自主品牌之路,不断增强科技创新活力和区域竞争实力。年内,制定《关于调整完善2015年度江阴市专利资助政策的意见》文件,调整优化市级专利资助政策,充分发挥专利资助资金激励作用,企业知识产权创造运用能力显著增强。市知识产权局组织知识产权工程师、专利信息分析利用、专利布局实战等培训20场次,有900余人参加,其中第五期知识产权工程师培训班合格率再次为100%。全市新评知识产权工程师高级职称2人、中级职称1人、初级职称4人。是年,每万人发明专利拥有量14.16件。双良节能系统股份有限公司获批国家知识产权优势企业。江苏华宏实业集团有限公司获省知识产权战略推进计划重点项目支持。新增江阴市企业知识产权管理标准化示范创建企业15个。江苏长电科技股份有限公司等3个企业被评为无锡市知识产权优势企业。

**【国家知识产权示范城市暨知识产权强市建设】** 2015年,江阴市着力推进国家知识产权示范城市暨知识产权强市建设工作,4月22日,市委、市政府在机关综合楼召开高标准建设国家知识产权示范城市暨知识产权强市工作推进会,国家、江苏省知识产权局,无锡市政府,无锡市知识产权局等领导出席会议。会上市委、市政府下发《关于加快建设知识产权强市的实施意见》和《江阴市国家知识产权示范城市建设工作方案》文件,不断完善有利于知识产权发展体制机制,着力构建以知识产权为支撑的现代产业体系。是年,设立500万元的重大专利技术产业化专项资金,鼓励专利技术产业化转化,全年支持市重大专利技术产业化项目10项。持续推进各开发园区知识产权试点示范工作,江阴高新技术产业开发区以江苏省总分第一获批国家知识产权试点园区,江阴—靖江工业园区通过江苏省知识产权试点园区验收。江阴市华士实验中学入选全国首批知识产权教育试点学校,为江苏省唯一一所入选学校。

**【万人发明专利拥有量14.16件】** 2015年,江阴市全面超额完成各项专利目标任务,专利申请总量14010件,其中发明专利申请6313件,比上年增长13.16%;专利授权7502件,其中发明专利授权690件,比上年增长159.4%;《专利合作条约》国际专利申请(PCT)数量27件,比上年增加17件。是年,企业创新活力得到激发,成为发明创造主力军。江苏法尔胜股份有限公司的"不锈钢碳钢复合结构的钢丝绳"分别获第十七届中国专利奖优秀奖和第九届江苏省专利奖优秀奖。江苏中煤矿山设备有限公司的"矿用深孔钻车”获第八届无锡市专利奖金奖,江苏长电科技股份有限公司的“有基岛预填塑封料先刻后镀引线框结构及其生产方法”、江苏秋林特能装备股份有限公司的“二段制浆低阶煤燃料水煤浆和气化水煤浆成套生产设备”等7件专利获第八届无锡市专利奖优秀奖。继续开展江阴市第三届专利奖评选活动,江苏法尔胜泓昇集团有限公司的“高强度奥氏体不锈弹簧钢丝的制作方法”、江阴凯迈机械有限公司的“防水回转驱动装置”2件专利获金奖,江阴市赛英电子有限公司的“大功率整晶圆IGBT封装结构”、神宇通信科技股份公司的“一种卧式缠绕机”等10件专利获优秀奖。是年,江阴市万人发明专利拥有量14.16件,比上年增加3.04件。 (徐竹君)

## 科技创新载体

**【概况】** 2015年,江阴市获批省级以上各类科技创新载体(园区)12个,分别为国家级3个:国家知识产权示范城市、国家知识产权试点园区、全国中小学知识产权教育试点学校;省级9个:苏南国家自主创新示范区一站式服务中心、江苏省科技产业园、江苏省创新型产业园区、江苏省创新型试点乡镇——云亭街道和江苏省众创空间5个。是年,建成江阴市节能环保产业技术研究院和苏南中关村科技成果转化促进中心,新建众创空间6个,国家可持续发展先进示范区建设顺利推进。

(周红芬)

**【市节能环保产业技术研究院成立】** 2015年初,市科技和人才工作领导小组出台《江阴市产业技术研究院管理办法(试行)》,按照“一区(园)一产业一研究院”要求,重点建立10个以龙头企业为牵头主导的专业产业技术研究院(所),整合政府、高校、科研院所与企业的各种创新资源,以行业技术集成创新、产业化应用为目的,推动产业结构升级。12月28日,市科技和人才工作领导小组批准建立江阴市节能环保产业技术研究院。该研究院为全市首个产业技术研究院,依托江苏双良集团有限公司的国家企业技术中心、江苏省工业余热利用装备产业联盟等机构,汇聚全市节能环保领域20个企业组建的新型研发平台。该研究院建成后以产业应用技术研发为重点,通过整合国内外领先的节能环保行业创新资源,开展技术创新、成果转化、项目孵化、人才培养和公共技术服务等,建设成为国内外有影响力的产业技术创新中心。

**【新建众创空间6个】** 2015年,江阴市为推动“大众创业、万众创新”,借鉴推广外地创客空间、创业咖啡、创新工场等新型孵化模式,以高新区、临港经济开发区和有关镇(街道)为重点,发挥行业领军企业、大学科技园、科技企业孵化器、大学生创业基地、创业投资机构和各类商会组织的作用,构建一批低成本、便利化、全要素、开放式的众创空间,发挥政策集成和协同效应,为创新创业者提供良好的工作空间、社交空间和资源共享空间。众创空间等新型创业服务平台能加速集聚以企业创二代、大学毕业生、海归创业者和高校院所科技人员等为代表的创业“新四军”,孵化培育一批创新型小微企业,促进新技术、新产品、新业态、新商业模式的涌现,打造经济发展新引擎。是年,市科技局按照《关于支持众创空间发展促进大众创新创业的实施意见》和《江阴市众创空间认定管理办法(试行)》,认定创客联盟团、江阴逸生活健康创吧、江阴三牛众创空间、江阴市电子商务创业孵化基地澄e工场、海之语创客空间、金顾山创客汇为江阴市级众创空间。除江阴市电子商务创业孵化基地澄e工场以外,其余5个被认定为省级众创空间。(李海春)

**【新增省级科技产业园1个】** 2015年10月21日,江阴机械装备科技产业园被省科技厅确认为省级科技产业园。该科技产业园有双良节能系统股份有限公司、江苏国光重型机械有限公司等13个机械装备高新技术企业、18个高新技术企业,江苏双良集团有限公司的国家企业技术中心和江阴市振江钢结构有限企业技术中心等20个无锡市级以上企业技术中心,双良节能系统股份有限公司、江苏怡达化学股份有限公司等3个上市企业。省级科技产业园的建立将极大推动全省机械装备产业发展。至此,全市拥有江苏省江阴风电装备科技产业园、江苏省江阴传感网科技产业园、江苏省江阴文化创意科技产业园、江苏省江阴现代中药及生物医药科技产业园、江苏省江阴机械装备科技产业园5个省级科技产业园。

**【国家特色产业基地】** 2015年,江阴市有6个国家特色产业基地,分别是:江阴国家新材料高新技术产业化基地、国家“火炬”计划江阴高性能合金材料及制品产业基地、江阴国家风电装备特色产业基地、国家“火炬”计划江阴物联网产业基地、江阴高新区特钢新材料及制品特色产业基地、江阴国家现代服务业研发与检测服务产业化基地。是年,江阴国家特色产业化基地承担各类科技计划项目150余项。新材料产业继续在全市高新技术产业中占主导地位,全年实现销售收入1394亿元,保持平稳发展。国家“火炬”计划高性能合金材料及制品产业基地,完成销售收入506亿元。江阴国家风电装备特色产业基地,远景风能(江苏)有限公司等骨干企业高速发展,全年申请专利350余件,实现销售收入309亿元。国家“火炬”计划物联网产业基地,实现销售收入122亿元。

(薛　良　毛燕军)

## 科技创新型企业

**【概况】** 2015年,江阴市继续以提升企业自主创新能力和核心竞争力为宗旨,培植科技创新型企业,加快构建以创新型领军企业、科技上市企业、高新技术企业、民营科技企业为骨干的创新型企业集群。按照《江阴市“专精特新”科技“小巨人”企业三年培育计划》标准,评定“专精特新”科技“小巨人”培育企业55个。是年,获批省级以上各类科技型企业255个,其中被认定国家知识产权优势企业1个,省高新技术企业66个、高新技术(后备)企业31个、民营科技企业157个。

(周红芬)

**【高新技术产值占市规模以上工业总产值42%】** 2015年,全市有国家"火炬"计划重点高新技术企业22个,在全国同级县(市)中名列前茅。江阴江化微电子材料股份有限公司、神宇通信科技股份公司等66个企业被省科技厅、财政厅、国税局、地税局认定为高新技术企业,累计265个。江阴市曾氏动力机械科技有限公司、江阴市翔诺电子科技有限公司等31个企业被省科技厅认定为省高新技术(后备)企业,累计116个。全市高新技术企业(含高新技术后备企业)累计381个。江阴联华铸造有限公司、江苏振江新能源装备股份有限公司等52个企业通过省级高新技术企业复审。江阴兴澄特种钢铁有限公司的"高强度高韧性海洋工程用TMCP钢板E36"、江阴贝瑞森生化技术有限公司的"贻贝粘蛋白创面修复敷料"等209种产品被认定为省高新技术产品。是年,全市高新技术产业产值2492.92亿元,占全市规模以上工业总产值的42%,比上年提高2个百分点。

(薛　良)

**2015年江阴市新增江苏省级高新技术企业一览**

表52

| 序号 | 企业名称 | 行业领域 | 企业类型 | 所在园区、街道、镇 |
|---|---|---|---|---|
| 1 | 江阴天江药业有限公司 | 生物与新医药技术 | 有限责任公司 | 高新区 |
| 2 | 江苏泰富兴澄特殊钢有限公司 | 新材料技术 | 有限责任公司 | |
| 3 | 江阴市全盛自动化仪表有限公司 | 高新技术改造传统产业 | 有限责任公司 | |
| 4 | 江阴康强电子有限公司 | 新材料技术 | 有限责任公司 | |
| 5 | 江苏雷博科学仪器有限公司 | 高新技术改造传统产业 | 有限责任公司 | |
| 6 | 江苏克莱斯克生物技术有限公司 | 生物与新医药技术 | 有限责任公司 | |
| 7 | 江阴万事兴技术有限公司 | 新能源及节能技术 | 有限责任公司 | |
| 8 | 江苏高雷德电力科技有限公司 | 电子信息技术 | 有限责任公司 | |
| 9 | 江苏兰宇保温科技有限公司 | 高技术服务业 | 有限责任公司 | |
| 10 | 江阴中南重工股份有限公司 | 新材料技术 | 股份有限公司 | |
| 11 | 江阴长电先进封装有限公司 | 电子信息技术 | 有限责任公司港商合资经营企业 | |
| 12 | 江苏法尔胜光子有限公司 | 新材料技术 | 其他有限责任公司 | |
| 13 | 江阴贝瑞森生化技术有限公司 | 新材料技术 | 有限责任公司 | |
| 14 | 江阴东辰机械制造股份有限公司 | 高新技术改造传统产业 | 私营企业 | |
| 15 | 江苏阳生生物股份有限公司 | 新材料技术 | 股份有限公司 | |
| 16 | 江阴中绿化纤工艺技术有限公司 | 高新技术改造传统产业 | 私营企业 | 临港经济开发区 |
| 17 | 中船澄西船舶修造有限公司 | 高新技术改造传统产业 | 国有企业 | |
| 18 | 江阴华音陶瓷机电科技有限公司 | 资源与环境技术 | 私营企业 | |
| 19 | 江苏核新太阳能电力有限公司 | 新能源及节能技术 | 私营企业 | |
| 20 | 江阴市宏达仪表有限公司 | 高新技术改造传统产业 | 私营企业 | |
| 21 | 江阴德玛斯特钻具有限公司 | 新能源及节能技术 | 外商投资企业 | |
| 22 | 江阴市大洋固废处置利用有限公司 | 资源与环境技术 | 私营企业 | 璜土镇 |
| 23 | 江苏大江石油科技有限公司 | 高新技术改造传统产业 | 私营企业 | |
| 24 | 江苏富菱化工有限公司 | 新材料技术 | 股份合作企业 | |
| 25 | 江阴神辉电工材料有限公司 | 新材料技术 | 私营企业 | |
| 26 | 江苏盛凯环保工程有限公司 | 资源与环境技术 | 有限责任公司 | |
| 27 | 江苏朗锐茂达铸造有限公司 | 新材料技术 | 有限责任公司 | |
| 28 | 江苏格尔顿传动有限公司 | 高新技术改造传统产业 | 外商投资企业 | 靖江园区 |

续表 52

| 序号 | 企业名称 | 行业领域 | 企业类型 | 所在园区、街道、镇 |
|---|---|---|---|---|
| 29 | 江阴市富仁高科股份有限公司 | 高新技术改造传统产业 | 股份有限公司 | 澄江街道 |
| 30 | 神宇通信科技股份公司 | 电子信息技术 | 股份有限公司 | |
| 31 | 江阴众和电力仪表有限公司 | 高新技术改造传统产业 | 私营企业 | |
| 32 | 江阴市镍网厂有限公司 | 新材料技术 | 私营企业 | |
| 33 | 江阴市赛英电子有限公司 | 电子信息技术 | 私营企业 | |
| 34 | 江阴万讯自控设备有限公司 | 高新技术改造传统产业 | 私营企业 | |
| 35 | 柳工无锡路面机械有限公司 | 高新技术改造传统产业 | 有限责任公司 | 云亭街道 |
| 36 | 江苏海特服饰股份有限公司 | 新材料技术 | 股份有限公司 | |
| 37 | 江苏安科瑞电器制造有限公司 | 高新技术改造传统产业 | 私营企业 | 南闸街道 |
| 38 | 江阴德耐特重工科技有限公司 | 新能源及节能技术 | 私营企业 | |
| 39 | 江苏锦明工业机器人自动化有限公司 | 高新技术改造传统产业 | 私营企业 | |
| 40 | 江阴圆方机械制造有限公司 | 高新技术改造传统产业 | 私营企业 | |
| 41 | 江阴安凯特电化学设备有限公司 | 高新技术改造传统产业 | 私营企业 | 月城镇 |
| 42 | 江阴市神州测控设备有限公司 | 高新技术改造传统产业 | 私营企业 | |
| 43 | 江阴协统汽车附件有限公司 | 新材料技术 | 私营企业 | |
| 44 | 江苏远卓设备制造有限公司 | 新能源及节能技术 | 有限责任公司 | 徐霞客镇 |
| 45 | 江阴市鑫海公路机械材料有限公司 | 高新技术改造传统产业 | 有限责任公司 | |
| 46 | 江苏广信感光新材料股份有限公司 | 新材料技术 | 股份有限公司 | 青阳镇 |
| 47 | 江阴市向阳科技有限公司 | 新材料技术 | 私营企业 | 华士镇 |
| 48 | 江阴华东装饰材料有限公司 | 新材料技术 | 台资投资企业 | |
| 49 | 江阴华泓建材工业有限公司 | 新材料技术 | 台资投资企业 | |
| 50 | 江阴市三良化工有限公司 | 新材料技术 | 私营企业 | |
| 51 | 江苏标榜装饰新材料股份有限公司 | 新材料技术 | 股份有限公司 | |
| 52 | 江阴市诺科科技有限公司 | 新材料技术 | 私营企业 | |
| 53 | 江阴振宏重型锻造有限公司 | 新能源及节能技术 | 私营企业 | |
| 54 | 江阴海达橡塑股份有限公司 | 新材料技术 | 股份有限公司 | 周庄镇 |
| 55 | 江阴江化微电子材料股份有限公司 | 新材料技术 | 股份有限公司 | |
| 56 | 江阴济化新材料有限公司 | 新材料技术 | 港资投资企业 | |
| 57 | 江苏爱多光伏科技有限公司 | 新能源及节能技术 | 私营企业 | |
| 58 | 江阴延利汽车饰件股份有限公司 | 新材料技术 | 股份有限公司 | |
| 59 | 江阴市恒润重工股份有限公司 | 新能源及节能技术 | 股份有限公司 | |
| 60 | 江阴润玛电子材料股份有限公司 | 新材料技术 | 股份有限公司 | |
| 61 | 江苏深绿新能源科技有限公司 | 新能源及节能技术 | 私营企业 | |
| 62 | 江阴通利光电科技有限公司 | 新材料技术 | 私营企业 | 长泾镇 |
| 63 | 无锡兴泰船舶装备有限公司 | 高新技术改造传统产业 | 港资投资企业 | 祝塘镇 |
| 64 | 无锡鹰贝精密轴承有限公司 | 高新技术改造传统产业 | 有限责任公司 | |

续表52

| 序号 | 企业名称 | 行业领域 | 企业类型 | 所在园区、街道、镇 |
|---|---|---|---|---|
| 65 | 江阴华新电器有限公司 | 新能源及节能技术 | 港资投资企业 | 顾山镇 |
| 66 | 江苏亿金环保科技有限公司 | 资源与环境技术 | 私营企业 | |

(薛　良　周　洁)

**【重点成长型科技企业股权投资】** 2015年，江阴市充分发挥财政资金激励引导作用，转变财政投入方式，提高资金使用效率，利用股权投资促进区域重点成长型科技企业发展，按照省财政厅《关于区域重点成长型企业发展扶持资金实行股权投资等使用方式的意见》精神，市财政出资1000万元，与省财政厅的600万元扶持资金共同组成江阴市扶持重点成长型科技企业发展股权投资资金1600万元，对全市符合条件的重点成长型科技企业进行股权投资。按照规定，市财政局为江阴市扶持重点成长型科技企业发展股权投资资金所有部门，负责对股权投资企业进行审计、监督和检查等事宜；市高新技术创业投资有限公司为投资主体，按照创业投资协议规定，对市内年上缴税收100万元以上、发展势头比较好、融资相对困难的重点成长型科技企业进行股权投资。是年，市高新技术创业投资有限公司自筹资金，先后对江阴市友邦家居用品有限公司、江阴市华能电热器材有限公司、江阴市亚伦衬布有限公司、江阴长源机械制造有限公司、江阴中瑞生物医药技术转移中心有限公司5个科技型企业投资1500万元。(薛　良　毛燕军)

## 科技成果

**【概况】** 2015年，江阴市有3项项目获国家科学技术进步二等奖，江阴贝瑞森生化技术有限公司创始股东杨克里斯特·杨森获国家国际科学技术合作奖；有3项项目获江苏省科学技术进步奖，其中一等奖1项；祝塘镇政府的"'炎黄'精神点燃文明'火炬'——感动中国2014年度人物张纪清"项目获无锡市腾飞奖；有14项项目获无锡市科技进步奖，其中一等奖1项、二等奖2项、三等奖9项；有78项项目获江阴市科技进步奖，其中特等奖1项、一等奖10项、二等奖20项、三等奖47项。

**【3项项目获国家科学技术进步二等奖】** 2015年，江阴市有3项项目获国家科技进步二等奖。江阴兴澄特种钢铁有限公司参与完成的"高品质特殊钢大断面连铸关键技术和装备开发与应用"项目，开发出高品质、低成本、且能规模化生产的大断面特殊钢连铸、新流程、新装备和新工艺，彻底解决结晶器换热与初期凝固控制难度高，中心易产生疏松和偏析，工艺控制难度大，铸坯裂纹倾向大，设备控制精度要求高，产品综合质量控制难度大等核心问题。江苏兴业塑化股份有限公司与江苏春申堂药业有限公司参与完成的"红外吸收微粒的表面改性及在节能树脂中的应用"项目，通过将导电高分子微粒均匀分散于节能树脂中，制得外观无色的导电高分子微粒——节能树脂复合物，复合物对红外具有良好的吸收作用，在节能树脂后续加工时提高生产效率，降低加工能耗，材料满足美国FDA(美国食品和药物管理局)认证要求，能广泛应用到食品包装领域。江阴市联业生物技术有限公司参与完成的"有机肥作用机制和产业化关键江苏研究与推广"项目，是研究有机(类)肥料养分在土壤—植物—动物体系中的循环与转化及对土壤性质的影响，建立13C15N双标记有机肥的研究方法，利用454测序技术和光谱学技术首次揭示有机培肥土壤的主要机理是通过改善土壤微生物区系和稳定土壤有机质结构来实现，首次建立新鲜畜禽粪便生物脱水和条垛式高效堆肥工艺，创新有机肥推广机制，为中国耕地质量提升奠定基础，研发出商品有机肥和有机无机复混肥生产工艺与技术并推广施用，发挥化肥和有机肥两者之长。该项成果引领中国有机(类)肥料产业发展，产生显著的社会、经济和生态效益。(刘国安)

**【江阴贝瑞森创始股东获国家国际科学技术合作奖】** 瑞典生物分离科学家杨克里斯特·杨森教授于1980年始与中国科学家开展合作，设计和发展了相关蛋白质药物的工艺技术，促进中国相关理论和技术水平的提升。著有经典著作《蛋白质纯化》，发明的交联琼脂糖层析介质、层析柱和应用技术，被大规模应用于蛋白质科学研究和生物技术产业化。2011年1月，江阴贝瑞森生化技术有限公司成立以来，作为创始股东的杨森教授一直关注、帮助公司的发展，指导产品的技术研发。在杨森教授带领的瑞典顶尖生物技术团队的技术支撑下，江阴贝瑞森生化技术有限公司成为国际第四个贻贝粘蛋白生产商。2016年1月8日，在北京召开的2015年度国家科学技术奖励大会上，杨克里斯特·杨森教授被授予中华人民共和国国际科学技术合作奖，中共中央总书记、国家主席、中央军委主席习近平为其颁奖。(周芬红)

**【1项项目获江苏省科学技术进步一等奖】** 2015年，江阴市申港三鲜养殖有限公司参与完成的"长江刀鲚全人工繁养技术的创建与应用"项目获省科技进步一等奖。该项目构建长江刀鲚资源监测评估体系，首创长江刀鲚的全人工繁殖及苗种培育技术，建立刀鲚生态养殖新技术，实现长江刀鲚养殖的产业化技术示范。该项目取得长江刀鲚种质资源、原种保存、人工驯养、全人工繁殖及生态养殖等系列成果，有效减缓了刀鲚资源的衰退趋势。

(刘国安)

■类目编辑　成甦萍

# 教　育

## 综　述

**【概况】** 2015年，江阴市教育部门加快推进教育现代化建设，深化教育领域综合改革，促进教育公平和全面提高教育质量，较好完成年度目标任务。年内，推进省首批教育现代化示范区创建工作，出台《江阴市域教育设施布局规划（2013—2030）》《江阴市第二期学前教育五年行动计划》和《江阴市义务教育事业发展规划（2016—2018）》，引领教育发展。改善办学条件，学校基本建设项目快速增长，全年市政府投资学校建设项目18项，总投资18.56亿元，市实验小学北校区竣工投用。扩充优质教育资源，完成20个农村义务教育学校办班点标准化建设，全市农村幼儿园均创建成为省、无锡市优质幼儿园。推进学校内涵建设，继续实施第一轮学校内涵发展三年规划，确定2015—2016学年为课程建设年，出台《江阴市关于深化中小学课程建设的实施意见》，推进学校课程建设。开展校园文化建设先进学校评选活动，江阴高级中学等10所学校被评为校园文化建设先进学校。提升学生体艺素质，推进学生啦啦操、人人学游泳等项目普及和二胡进校园等活动，开展学生体质健康监测工作，小学生体质健康合格率达99.56%，初中生达98.77%，高中生达99.31%。推进教育信息化，启动江阴市教育信息化公共服务平台二期项目建设，推广应用网络教研和学生自主学习系统，完成江阴教育网改造和江阴教育APP（手机应用软件）开发试用推广，启用江阴市教师发展中心、江阴教育督导网等专题网站。加强教师队伍建设，招聘公办教师179人，招聘幼儿园编外用工100人。市教育局出台《江阴市义务教育学校教师交流工作实施办法》，义务教育学校有722名教师参加轮岗交流，占应交流人数的16.77%，交流校长24人。出台《江阴市义务教育学校“三人一校三学科”结对交流活动实施意见》，结对学校由初中扩展至小学，数量由7对增加到11对，有59名各学科优秀骨干教师参与结对交流活动。至年末，全市有高等学校1所；普通高中12所；初中35所，包括6所九年一贯制学校（含天华艺校）、体育中学；中等职业学校6所；公办小学41所；幼儿园（办班点）95所（个），其中民办幼儿园24所；特殊教育学校1所。各类学校在校学生165569人，教职员工16498人，其中专任教师14320人。是年，江阴市被确定为全国青少年校园足球试点县（区），被评为江苏省义务教育均衡发展先进集体，通过国家责任督学挂牌督导创新市省级验收，市教育局被评为江苏省教育宣传工作先进单位。　（顾金锋）

**【教育经费投入】** 2015年，江阴市教育经费总支出38.1亿元，其中预算内教育经费支出33.88亿元。年内，每生每年公用经费标准有较大增长，初中生每生每年由1000元提高到1100元，普通高中每生每年由1200元提高到1500元，职业高中每生每年由1800元提高到2100元。义务教育阶段财政预算内生均公用经费小学每生每年800元，初中每生每年1100元，全市义务教育阶段公用经费拨款总额11622.97万元（含免除义务教育阶段学生学杂费3263.72万元），新市民学生经费由市财政保障。适龄残疾儿童全员接受义务教育，实施残疾儿童15年免费教育。继续实行家庭经济困难学生减免和补助政策，对义务教育阶段按小学每生每年1000元（低保家庭1500元）、初中每生每年1250元（低保家庭2000元）标准发放生活补助，共计发放100.43万元，受助学生1314人次。对家庭经济困难的高中阶段学生按每生每年2000元标准发放教育费用补助，共计发放33.3万元，受助学生333人次。根据《江苏省关于扩大中等职业教育免学费政策范围进一步完善国家助学金制度的实施办法（试行）》等文件精神，免除中等职业学校学生学费2361.69万元，涉及学生21435人次，发放中等职业学校学生国家助学金165.1万元，涉及学生1651人次。　（谭　华）

**【学校基本建设】** 2015年，江阴市大力推进学校基本建设，列入市政府投资计划项目22项，其中2014年续建项目11项，2015年新建项目7项，2016年前期启动项目4项，总投资18.56亿元（含续建），总建筑面积35.32万平方米（含续建）。年内，市实验小学北校区新建项目和江阴中等专业学校新建食堂、宿舍楼、室外改造工程通过竣工验收并投入使用,完成南菁实验学校食堂、实验楼、教学楼和江阴中等专业学校教学楼的抗震加固工程,澄江中心小学、市第一初级中学易地新建和市第一中学、市第二中学、江阴实验中学改扩建等项目建设有序推进。加快乡镇学校基本建设,华士中心幼儿园曙光分园和周庄实验幼儿园金湾分园新建启用。其中,华士中心幼儿园曙光分园占地面积1.06公顷,建筑面积9545平方米,总投资3500万元;周庄实验幼儿园金湾分园占地面积4662平方米,建筑面积5000平方米,总投资1300万元。周庄周南世纪和泓家汇2所民办幼儿园新建启用,总投资分别为300万元、600万元。徐霞客中心幼儿园食堂重建竣工,长山中心小学教学楼改建竣工,周庄实验小学倪家巷分部扩建教学辅助用房竣工并投入使用,陆桥中学综合楼、长山中学教学楼改建竣工,澄江街道成人教育中心校和顾山镇成人教育中心校改扩建竣工,市第二实验小学、璜塘实验小学教学楼新建工程有序推进。 (薛 剑)

**【学生德育工作】** 2015年,江阴市教育部门结合文明城市创建,出台《江阴市教育系统创建全国文明城市2015—2017年三年行动计划》,加强学生文明礼仪和行为规范养成教育。年内,全市学校广泛开展以"践行核心价值,展现文明风采"为主题的队会活动,有45所小学开展入学礼,38所小学开展10岁成长礼,21所中学开展14岁青春成长礼,18所高中、职业学校开展18岁成人礼。继续开展"行规教育——五小行动"(光盘、尊长、守序、遵时、整理)系列教育活动,养成学生良好行为习惯。推进全市家长学校建设,开展百万家长进课堂工程,全市所有学校均成立家长学校、家长委员会,培养80名家庭教育讲师,组织家长学校微课堂,指导家长提升家庭教育理念,促进家庭教育技能培养,完善家长学校校本课程。举办第二届中外家庭教育论坛,促进家庭教育课程建设。开展优秀传统文化教育进校园工程,确定20所传统文化实验项目学校,培养92名传统文化教育讲师,引导学校师生诵读国学经典,开展传统文化教育活动。11月,在周庄中学举行生命教育工程现场推进会,全市高中、职业学校、部分实验初中、小学100多人参加现场活动,促进全市学校开展生命教育,突出生命救护与心理救助。组织全市中小学骨干教师"青爱"(中国青少年防治艾滋病教育工程)专题培训,是年,全市学校新增"青爱"小屋40所,云亭中学被评为全国"青爱"小屋建设标杆学校,江阴职业技术学院、华士高级中学被评为全国"青爱"小屋特色学校;组织第二届"紫藤花开"心理教育月活动,开展学生心理剧展评活动和"青爱杯"心理优质课会课比赛,提高心理教育教师、班主任的团体辅导能力和学生心理调适能力。(沈志荣)

**【校园安全】** 2015年,江阴市学校安全工作坚持"安全第一,生命至上"理念,完善校园安全长效机制。年内,市财政投入新国标校车购置补贴620万元,更新校车49辆,全市现有182辆校车全部达到新的国家标准,提前完成江苏省下达任务。市教育局加强对学校日常安全工作的监督管理,春秋两季组织食品安全检查、校车安全检查。4月,组织开展学校及周边治安综合治理工作,制定下发《关于建立学校调解工作小组的若干意见》,邀请上海市嘉定区教育局校园纠纷调解专家徐新根到江阴,为学校相关人员作新时期做好学校调解工作的专题讲座。各学校组建调解工作小组,健全工作制度,有效提升调处和化解矛盾纠纷能力。5月,市教育局先后在璜塘中心幼儿园、西石桥中心小学和云亭实验小学等学校组织召开防火、防震、防校车事故等应急演练观摩现场会,加强中小学、幼儿园应急工作能力。6月至8月,开展夏季校园消防检查工作,解决一般隐患288处。12月,周庄实验小学校长承正义作为全国唯一的校长代表,接受央视新闻直播间采访,介绍周庄镇校车管理经验。年内,全市学校安全稳定,学校法制教育、心理健康教育、卫生防病教育有规划、有教材,消防安全、交通安全、食品卫生安全、应急避险、护林防火等安全教育有课时、进课堂、全覆盖,市教育局被评为无锡市2015年度安全生产基层基础建设先进单位。南菁高级中学、新桥中心小学、山观中心幼儿园等19所学校被评为无锡市平安校园示范校,周庄实验小学、祝塘中心幼儿园等20所学校被评为江阴市交通安全示范校。 (徐建刚)

**【教育国际交流与合作】** 2015年,江阴市继续贯彻国家和江苏省有关部门要求,加强中小学生境外修学旅行活动管理工作,全市18所学校、幼儿园接收54名外籍及中国香港、澳门、台湾学生就读。全市学校先后接待338名境外师生、友人到访,江阴高级中学、市敔山湾实验学校等先后与中国台湾内坜高级中学、台东县新生中学等学校结成友

2015年9月28日,在中国驻瑞士大使馆举办的庆祝中华人民共和国成立66周年暨中国瑞士建交65周年招待会上,江阴天华艺校民族乐团献演《天华之声》中国民族交响音乐会。图为演奏现场 (市教育局提供)

好学校。南菁高级中学先后为46名美国学生、22名加拿大学生和7名澳大利亚学生开展汉语桥、锦绣江苏等汉语推广活动，天华艺校为来自澳大利亚、美国、南非、冰岛、爱尔兰、匈牙利、巴西、加拿大的31名学生开展“亲情中华·汉语桥”江苏夏令营等活动，校民族乐团应邀赴瑞士、意大利等国家开展访演活动。南菁高级中学、江阴高级中学、江阴市第一中学3所学校的20余名国际课程班学生赴美国、英国等国家著名高校留学，全市有490多名学生参加境外修学旅行活动。组织80余名骨干教师赴美国、英国、加拿大、德国等国家研修学习。至年末，全市有22所学校与国外40所学校建立友好学校关系，定期开展师生互派、互访活动和教育文化交流活动。（沈　杰）

**【城西中心小学独立建制】** 为进一步理顺教育管理体制，推进义务教育均衡发展，2015年7月，江阴市机构编制委员会发文同意晨光实验小学城西校区独立建制，成立江阴市城西中心小学，为市教育局下属独立建制全额拨款事业单位。学校占地面积5.34公顷，建筑面积2.57万平方米，按照事业发展规划，最多能开设60个教学班，容纳学生2500名。年内，该校在完成学校机构设置、教师选配等工作基础上，通过公开竞聘方式产生校长1人，副校长2人。至年末，城西中心小学开设一年级至三年级共23个教学班，有学生1149人，教师43人。（汤永锋）

**【江阴市被确定为全国青少年校园足球试点县（区）】** 近年来，江阴市各中小学校积极鼓励学生参与足球运动，学生足球队在各级比赛中取得较好成绩。2014年，江阴市在全国率先推广中小学“一校一球一操”校园足球模式，将传统足球项目和现代啦啦操项目融合。5月，江阴市首届中小学生阳光校园足球联赛开赛。2015年5月，江阴市被确定为全国青少年校园足球试点县（区），按照要求把足球列入体育课教学内容，增加学时比重，鼓励全体学生参与。6月，全市学校2015年校园足球工作会议召开，市教育局出台《江阴市校园足球三年行动规划》，部署全市青少年校园足球发展规划，确定创建40所校园足球特色学校。年内，全市中小学生校园足球市级、片区、学校“三级联赛”机制，足球和啦啦操相结合的“一校一球一操”运行模式，小学、初中、高中、高校层层递进的足球人才培养体系等“江阴经验”被央视等各大媒体广泛宣传。（华　猛）

**【江阴市教师发展中心成立】** 2015年，江阴市政府根据省教育厅《关于建设县级教师发展中心的意见》精神，按照精简效能和便于管理的原则，将市教师进修学校、市教育科学研究室、现代教育技术中心、教育局培训管理办公室的职能和资源进行整合。8月18日，江阴市教师发展中心挂牌成立，为市教育局直属正科级事业单位，具有独立法人资格，设12个正股级内设机构，编制人数116人。主要职责为：组织实施学校教师和校（园）长培训工作，组织开展课程改革、教学研究、教育科研工作，承担全市教育信息化的规划、建设和管理工作，指导学校开展信息化建设和现代教育技术应用工作。年内，市教师发展中心形成“以教科研为引领，教学研究为中心，教师培训为抓手，信息技术为支撑，后勤服务为保障”的工作机制，开展争创省示范性县级教师发展中心工作，11月18日通过江苏省示范性县级教育发展中心评估专家组现场验收。（陈卫东）

## 基础教育

**【概况】** 2015年，江阴市基础教育以改革创新为动力，以项目建设为抓手，不断提升基础教育水平。年内，开展优质学校工程，南菁高级中学等14所学校继续与教育部校长培训中心华东师范大学合作，共同开展区域推进优质学校工程。组织江阴初级中学等12所初中与上海迎园中学及常州北郊初级中学结对，建立定期合作交流机制。市教育局先后出台《关于2015年普通高中自主招生工作的意见》《关于做好2015年普通高中特长生招生工作的意见》等一系列招生改革文件，扩大普通高中招生自主权；出台《关于开展第一轮学校内涵发展三年规划2014/2015学年度自评工作的通知》，要求各学校总结第一轮学校内涵发展三年规划实施情况，推动学校自主发展；出台《关于深化中小学课程建设的实施意见》，深化课程改革，构建具有地方特色的多元化中小学课程体系。开展省、市义务教育学业水平质量监测工作，将监测结果纳入对学校的综合评价。9月，市教育局、发改委、财政局、人社局、物价局5个部门联合出台《关于实施第二期学前教育五年行动计划的意见》，明确全市学前教育2016年至2020年总体发展目标，到2020年构建城乡一体、资源充足、布局合理、质量优良的学前三年教育体系，为幼儿和家长提供方便就近、灵活多样、多种层次的学前教育服务。是年，顾山镇、月城镇创建成为无锡市学前教育现代化乡镇，南菁高级中学、江阴市第一中学、南菁高级中学实验学校、徐霞客中学、新桥中学、江阴市实验小学、市城中实验小学、市辅延中心小学、周庄实验小学、祝塘中心小学等10所学校被评为江阴市学校文化建设十佳学校，江阴高级中学、青阳中学、南闸实验学校、文林中学、徐霞客实验小学、花园实验小学、晨光实验小学、要塞实验小学、第三实验小学、长寿实验小学等10所学校被评为江阴市学校文化建设先进学校。

学前教育　全市年末有幼儿园（办班点）95所（个），3～6岁在园幼儿41388人，比上年增加1840人，其中新市民子女13824人，江阴户籍适龄幼儿入园率达100%。年内，全面完成江阴市第一期学前教育五年行动计划各项目标任务，无锡市学前教育现代化乡镇、省市（无锡市）优质幼儿园比例分别达87%和90%，江苏省优质幼儿园达59所，占全市幼儿园总数的62.1%。

小学教育　全市年末有公办小学41所，在校学生92329人，其中新市民学生41174人，小学入学率、巩固率、毕业率均保持100%，有35所省义务教育现代化学校。

中学教育　全市年末有普通中学47所，其中公办普通高中12所

(8所四星级高中,4所三星级高中),初中35所(含天华艺校、体育中学、特殊中心校和6所九年一贯制学校);在校初中生38515人(含新市民学生11794人),高中生16142人(含新市民学生2792人)。初中生入学率、巩固率、毕业率分别为100%、100%、99.8%。参加江苏省2015年学业水平测试必修科目考试学生5471人,有5138人参加高考,录取5042人,录取率98.13%,其中本科录取4573人,录取率89%,普通高中本一进线1209人,进线率25.66%,本二进线3243人,进线率68.8%。

**【体艺教育成果】** 2015年3月19日至22日,江阴市作为全国五个县(区)承办单位之一,承办2015年全国青少年县(区)校园足球行政管理人员和校长培训班,来自江苏、浙江、安徽、湖南、湖北、内蒙古、辽宁、山东等地的县(市、区)政府领导、教育行政部门负责人和学校校长近400人参加培训。年内,江阴市成为全国首批青少年校园足球试点县(区)和江苏省首批青少年校园足球示范县(区),江阴市第二中学、江阴市第一中学、江阴高级中学、江阴市第一初级中学、夏港实验小学、市实验小学、市花园实验小学共7所学校批准为全国青少年校园足球特色学校。9月,市花园实验小学的音乐情景剧《夏令营之歌》获全国第五届中小学生艺术展演江苏省赛区戏剧类小学甲组一等奖。11月,在无锡市首届中小学生校园足球冠军赛上,夏港实验小学、市第一初级中学、市第二中学分别获小学男子组、初中男子组、高中女子组冠军。

**【普通高中招生制度改革】** 为促进高中教育优质特色发展,改变以往单纯以学业考试成绩为唯一标准的选拔录取方式,建立多元化高中招生标准,2015年3月,市教育局出台《关于2015年普通高中自主招生工作的意见》,扩大学校办学自主权,启动南菁高级中学和江阴高级中学自主招生工作。4月,上述两所学校成立由学校领导、职能部门负责人和教师代表组成的招生工作领导小组,制订实施方案,落实工作责任,全面部署、监督学校自主招生工作。自主招生采取学校推荐为主、个人自荐为辅的报名方式,由两所学校组织考生参加综合素质测试,根据考生的测试成绩择优预录取,被预录取的学生必须参加无锡市初中毕业升学统一考试,成绩合格的学生分别由招生学校在中招时按零志愿录取。5月,南菁高级中学通过自主招生招录学生90人,江阴高级中学通过自主招生招录学生45人以及30名美术特长生。6月,市教育局出台《关于对2015年江阴市高级中等学校招生有关政策的调整通知》,取消普通高中计划外招生,同时改变以往第三批次和第四批次普通高中只能选填一所学校的政策,均实行"平行志愿"。第三批次录取学校为江阴一中、长泾中学、青阳中学、华士高中、成化高中、山观高中6所普通高中,以及江阴中等专业学校"3+4"普通本科分段培养专业项目(共3项)。该批次志愿设A、B、C三个平行志愿,考生可在上述6所普通高中和"3+4"普通本科分段培养专业项目中选填一项至三项。第四批次录取学校为祝塘中学、澄西中学、要塞中学、市第二中学4所普通高中。该批次志愿设A、B两个平行志愿,考生可在上述4所普通高中中选填一项至二项。

**【启动课程建设年活动】** 2015年,市教育局确定2015—2016学年为中小学课程建设年,出台《江阴市关于深化中小学课程建设的实施意见》,明确基础型课程重点做好国家和地方课程校本化工作,拓展型课程重点做好综合实践类、社团类、竞赛类、专题教育类校本课程开发,研究型课程重点做好课题研究类、实验研究类、创造发明类、综合研究类校本课程开发,促进学生多元化个性发展,在三年至五年内,通过合理架构课程体系形成一批精品课程,培育一批课程建设示范校,基本形成结构优化、内容先进、实施高效、评价科学、具有时代特征、能满足人才培养需求的江阴教育课程体系。5月28日,江阴市课程改革现场推进会在华士实验小学举行,全市中小学近百名校长、教师代表观摩学校课程展示活动。11月26日,市教育局在南菁高级中学实验学校举行全市校本课程建设展示活动,现场学习该学校校本课程建设经验。12月25日,市中小学课程建设研讨会在南菁高级中学举行,现场观摩该学校审美课堂教学展示,听取南菁高级中学、市实验小学学校课程建设介绍和华东师范大学教授周彬的学术报告。 (华 猛)

2015年8月29日,江阴市花园实验小学的音乐情景剧参加江苏省中小学生艺术展演暨精品节目汇演。图为表演现场剧照 (市教育局提供)

## 职业教育

**【概况】** 2015年,江阴市职业教育重点突出内涵发展,着力加强师资建设，现代职教体系建设水平稳步提高。是年，全市职业学校招生3809人，外地高职和部省属中专招生646人，对外培训3万人次。毕业学生4085人，95.7%拥有学历毕业证书和中级技能等级证书，一次性就业率达98%，专业对口就业率达85%。有508人参加2015年江苏省对口单独招生考试，录取率100%，其中本科进线261人，进线率51.4%，比上年提高3个百分点。江阴商业中等专业学校有152人参加考试，本科进线135人，进线率达88.8%，在无锡同类学校中继续位居第一。新建无锡市重点专业群5个、无锡市精品课程资源5门。至年末，全市有中等职业学校6所，专任教师1056人，其中高级及以上职业资格证书教师475人，在校学生13574人。全市中等职业学校新增实验实训设备1415万元，总值达8828万元。中等职业教育有江苏省级示范（品牌、特色）专业16个，无锡市级重点建设（示范）专业22个，无锡市精品（优秀）课程28门，有计算机应用与软件技术、数控技术2个国家级紧缺型人才培训基地，有省级实训基地4个、校外实训基地213个。

**【现代职教体系建设】** 2015年，江阴中等专业学校分别与南京信息工程大学和常州工学院合作开展中职与普通本科分段培养，6月设计算机应用、机电技术应用、电子与信息技术3个专业，每个专业招生40人，学生在江阴中专校经过3年理论和技能学习，毕业考试合格后直接进入大学对口专业学习。继续采取注册入学方式，与江阴职业技术学院合作开展中高职“3+3”分段培养，全年招生105人。是年，该校通过省教育厅组织的国家中等职业教育改革发展示范项目建设省级验收，继续围绕数控、汽车、计算机、财会四个示范专业建设和积极德育、校园文化两个特色实施学校全面建设，目标达成情况受到省教育厅专家组高度评价。

**【参加各类比赛】** 2015年，江阴市各职业学校参加江苏省“两课”（职业学校文化课和专业技能课）评比，有3门课被评为省研究课；在无锡市“两课”评比中，获一等奖8个、二等奖6个。参加无锡市创新杯教学设计说课比赛，获一等奖1个、二等奖6个。参加无锡市班主任基本功大赛，获一等奖4个，二等奖12个。12月，在江苏省职业学校技能大赛上，江阴有38名师生参加15项项目比赛，获金牌5枚、银牌18枚、铜牌15枚，奖牌数再创新高。（王金海）

## 社会教育

**【概况】** 2015年，江阴市社会教育继续完善社区教育三级网络，社区居民全年参加各类教育培训活动的总人次达到常住人口的60%以上。开展多层次、多形式培训活动，全年培训139万人次，其中全市现代农民培训25.2万人次，新市民教育37.9万人次，下岗失业人员培训1.5万人次，青少年校外素质教育13.8万人次，老年教育培训12.8万人次，其他闲暇教育16.9万人次，居民社区教育活动年参与105.4万人次。年内，市教育局会同市妇联开展农村妇女“网上行”教育培训，普及计算机和互联网知识，提升农村妇女网上就业创业能力，培训500人次。璜土、青阳、祝塘3个镇的社区教育中心通过省级标准化社区教育中心验收，璜土成人教育中心校参与的江阴故乡情果业专业合作社通过江苏省高水平农科教结合富民示范基地验收。

**【成立江阴开放大学】** 2013年5月，江阴职业技术学院研究制定江阴开放大学建设方案，报请市政府审核后上报江苏省政府。12月，省政府批准该方案，江阴开放大学在江阴职业技术学院成立，成为省政府办公厅批准成立的首批50个县市开放大学之一。2014年12月，市编办发文同意在江阴职业技术学院增挂江阴开放大学牌子。2015年4月23日，江阴开放大学揭牌仪式在江阴市图书馆四楼报告厅举行。学校在教学上接受江苏开放大学管理，以信息技术为手段，主要从事现代远程开放教育，立足江阴，面向各类从业人员，构建多元、开放的江阴终身学习服务体系，开展多层次、高质量的开放式高等教育和多样化的公益性教育项目，建立“人人皆学、时时能学、处处可学”的终身教育服务平台，满足江阴社会经济发展和广大学习者多样化的学习需求。是年，完成江阴开放大学远程教育平台建设，依托江阴终身学习网完成学习系统、管理系统等数据集成与统一身份认证，对镇街学习中心建设开展试点，形成学习中心建设标准，理顺开放大学继续教育学院各相关部门统筹开展非学历继续教育的工作机制。

**【优化江阴终身学习网】** 2015年，江阴市进一步优化终身学习网，持续推进数字化学习资源建设，探索微型课程研发、学习资源推送等服务模式，扩大数字化学习服务覆盖面，提升市民终身学习的参与率。12月，市教育局开展江阴终身学习网“百姓学习之星”评选活动，根据学习网实名注册用户的学分情况，评出一等奖15人，二等奖136人，三等奖153人，优秀奖329人。是年，全市实际登录终身学习网人数121845人，学习网访问量459514人次，观看视频并获得学分36584人，获取总学分494898分。至年末，江阴终身学习网建设并上线微课程资源超1000门，网站登录人数比年初增加近10万人。有各类视频课程3521门，比年初增加近1000门。

**【民办教育】** 2015年，江阴市教育局审批设立周庄周南世纪幼儿园、徐霞客镇皋岸村新星幼儿园、泓家汇幼儿园、优博特教育培训中心、英之辅语言培训中心、金钥匙儿童启智教育中心共3所民办幼儿园和3所民办非学历培训机构。至年末，全市有民办教育和社会培训机构101所，其中民办中小学1所，民办幼儿园21所，民办非学历教育培训机构43所，民办非学历教育培训备案单位36所。（王金海）

## 高等教育

**【概况】** 2015年，江阴市有普通高校1所，即江阴职业技术学院，全年招收全日制大专生1565人，其中江苏省招生1319人，跨省招生246人；

招收成人教育学历学生2335人,其中远程教育670人,业余大专1141人,联办本科524人,工程硕士学历班10人。学院有成人高等学历在校学生总数为6283人;继续开办江苏大学工程硕士班,招收学员20人,另有12人获工程硕士学位。年内,学院举办各类培训35批次、学术讲座155场次、非学历教育培训5772人,组织各类社会化考试1.2万余人。融合信息化技术促进教学模式创新,设立网络教学平台课程219门,其中2门课程被评为无锡市精品课程资源,8门课程被评为校精品课程资源。21名教师参加省、无锡市级信息化教学竞赛,4人获省信息化说课比赛三等奖,2人获省信息化课堂教学比赛三等奖,6人获省微课比赛二等奖、2人获三等奖,4人获无锡市优秀微课资源奖。整合教学资源,推动专业群和品牌专业建设,学院申报的纺织服装和创意设计2个专业群被评为无锡市职业教育重点专业群,累计有省重点建设专业群2个、无锡市重点建设专业群5个。课题《以中高职衔接促成现代班组长型人才培养的研究与实践——以中高职衔接的数控技术专业为例》获省教育厅批准立项,教师张庆堂、周凤山主持的《校企互嵌式人才培养模式的研究与实践》课题获省教改重点课题立项,教师曹宝飞主持的《"以单位工程贯穿专业实践教学"——高职建筑工程技术专业实践教学体系创新研究与应用》和曹炯主持的《文化视野下高职公共英语的课堂优化研究》课题获省教改一般课题立项。教师包芳主持的《基于系统设计、慕课资源建设和翻转课堂的高职课程建设创新》课题获无锡市职业教育创新发展专项研究重点课题,教师沈灿刚主持的《中外合作国际职业资格认证背景下自动化专业技术技能人才培养的实践与研究》课题获无锡市职业教育创新发展专项研究一般课题。教师吴懋刚主编的《ASP. NET应用系统设计与开发》教材获省重点教材建设立项,教师张素俭的工作室获批无锡市职业院校名师工作室。成人教育获批改革项目校企合作专科专业2个,有合作单位4个,招生100人,实现成人教育校企合作"零"突破。学院学生参加各级各类技能大赛,获省级奖项一等奖1个、二等奖6个、三等奖15个;市级奖项一等奖2个、二等奖7个、三等奖12个。至年末,学院设7个系34个专业,有全日制在校生5068人;教职员工493人,其中副高级以上职称教师173人、博士6人。

**【师资队伍建设】** 2015年,学院加强师资队伍建设,提升专任教师水平。年内,进一步加强和规范专业带头人管理工作,开展校内专业带头人评选与校外企业专业带头人聘任工作,评选出26名校内专业带头人,聘任36名企业专家、能工巧匠任校外企业专业带头人,确定9名教师作为校内专业带头人培养对象,积极发挥专业带头人引领作用,为加快专业建设步伐、提高专业建设水平奠定基础。根据"按需选派、学以致用"原则,培训教师520人次,其中出国培训5人,高职院校教师国家级培训项目和江苏省高职院校教师培训项目培训70人,清华大学骨干教师教育教学能力提升研修班培训136人,新教师岗前培训10人。是年,学院有2人被评为2013—2015学年度无锡市优秀教育工作者,2名教师获"2015年度江阴市教书育人标兵"称号,5人被评为2013—2015学年度江阴市优秀教育工作者。至年末,学院有专任教师357人,其中骨干教师182人,副教授以上高级职称教师138人,双师素质教师253人,校内兼课教师96人,校外兼职、兼课教师164人。

**【科研开发和产学研合作】** 2015年,学院加大科技服务力度,强化项目过程管理,全年申报36项课题,有26项被批准立项,其中申报省科技计划项目2项、省教育科学"十二五"规划课题6项、省高校哲社课题5项、江苏省高校优秀科技创新团队1项、无锡市科协软科学课题3项,有2项省高校哲社课题被立项,5项纵向科研项目获学院配套经费资助16.9万元。完成37项课题结项工作,其中江苏省自然科学青年基金项目结项1项,江苏省教育科学"十二五"规划结项2项,省教科"十二五"规划2013年度青年专项结项1项,江苏高校哲学社会科学基金指导项目结项2项,江阴市科技三项经费项目结项2项,院级课题结项29项。学院教师屠莉主持立项的2012年江苏省自然科学青年基金项目(BK2012128)《不确定数据流聚类的关键技术研究》,发表软件著作权4项、实用新型专利1项、国内外核心期刊和国际会议论文19篇。教师贺婕主持的《超仿棉羊绒双面面料及其制备工艺》项目、崔联合主持的《热熔断体壳体自动分装设备》项目分别获2015年江阴市科学技术进步奖二等奖和三等奖。全年横向项目签约经费79.15万,实际到账103.43万元。学院计算机科学系与江阴市科协、中科院天文台合作,共同研发《TMT30米天文望远镜科普动画视频》项目,以高分通过中科院专家组初评;与江苏万舜集团合作成立万舜—江阴学院创客空间;接受江阴丽海电子有限公司等企业捐赠30.3万元,成立丽海3D打印研发工作室,开展桌面3D打印机装配与技术维护教学。全年,学院申报各项专利21项,其中发明专利10项、实用新型专利10项,影视著作权1项;5项发明专利和11项实用新型专利获授权。至年末,学院有专利63项,其中发明专利18项。

(张新华)

■类目编辑 承 鸿

# 文化建设

## 文化事业

### ·公共文化服务·

**【概况】** 2015年，江阴市认真贯彻落实党的十八大精神，以文化部《第二批国家公共文化服务体系示范区（项目）创建标准》为指导，以创建全国文明城市为契机，以“文化走基层、服务进万家”活动为载体，积极推进文化建设，努力满足人民群众日益增长的文化需求。为提升基层公共文化设施服务水平，各镇（街道）建成3个以上基层创建示范村（社区），设立基层文化服务岗位，每个行政村（社区）配置有财政补贴的文化辅导员，完成全市公共图书编目管理。围绕创建全国文明城市的重点工作，充分利用文化阵地，着力营造人人参与的舆论氛围和优质高效的文化环境。开设市民大讲堂，举办市民文化课堂65期、暨阳大讲坛25场，搭建市民大舞台，组织公益性群文演出400余场，开展市民文化周系列活动100余项，创作巡演大型音乐舞蹈情景剧《寻找“炎黄”》和评弹《李良宝的故事》，创办市民大书房，创新全民阅读模式，吸引社会资本建立5家“三味书咖”城市阅读联盟点，举办各种展览43期、讲座32场。市图书馆不断完善公共阅读服务网络，深入推进“书香江阴”建设，共接待读者265.8万人次，比上年增长49%；图书流通214.8万册次，增长163.7%；新办借书证万余张，增长48.4%。锡剧团演出220场，观众达55万人次；评弹团演出1100场，观众25万人次；江阴大剧院演出40场，观众5.2万人次；百乐城书场评弹演出18场，观众4.5万人次；放映电影8500场，观众25万人次，16个农村数字电影队完成送影下乡公益放映3200场，送爱国主义教育题材影片进校园放映2239场，慰问消防官兵放映144场。

**【抗日战争胜利70周年纪念活动】** 2015年，江阴市为纪念中国人民抗日战争胜利暨世界反法西斯战争胜利70周年，举办了系列纪念活动：6月组织开展江阴抗日典型历史事件的选取；7月组织故事作者采访编写完成《江阴海空大战》《英雄杨家村》《黄旗会大刀长矛杀日寇》《阿二智救众乡亲》《颜家桥伏击战》《早野中尉的最后一个黄昏》和《澄西赤子张泉涌》7则故事，并挑选故事员进行演讲；市文化馆举办江城故事之“抗战烽火”纪念抗战胜利70周年主题故事会；8月选拔7名成人和7名学生故事员进行故事演讲培训，江阴电台对他们讲述的故事进行了录音播放；随后又进行了两次故事会展演，并组织故事员到澄西中学、要塞实验小学等单位进行抗日故事巡讲；9月1日由市委宣传部、市文广新局、市史志办公室、市档案馆联合举办，市博物馆承办的纪念江阴抗日战争胜利70周年特展在市博物馆开展，各单位组织干部群众参观；还举办了以纪念反法西斯战争胜利70周年为主题的“永不磨灭的记忆”江阴市纪念

2015年9月25日，江阴市举行“中秋月·中华情”纪念抗日战争胜利70周年经典诗文朗诵会。图为朗诵场景 （市图书馆提供）

抗日战争胜利70周年图文展、“抗战文献志”江阴市图书馆馆藏抗战文献展、烽火大抗战连环画展、老干部书画作品展和纪念抗日战争胜利70周年专题烟标展等活动;9月25日举行“中秋月·中华情”纪念抗日战争胜利70周年经典诗文朗诵会;市图书馆邀请南京大学历史系教授、博士生导师曹大臣作《抗日战争与历史遗留问题》讲座。

**【市图书馆工作获多项全国性奖】** 2015年5月,市图书馆报送的论文《建设“三味书咖”城市阅读联盟推动江阴全民阅读社会化发展》在中国图书馆学会第五届百县馆长论坛评选中获一等奖,“三味书咖”城市阅读联盟建成桥南小茶咖啡馆、匆匆那年茶咖音乐吧、丰硕茶楼、浦发银行周庄支行图书室和澄江街道天鹤社区24小时昼夜自助图书馆共5个阅读联盟点,形成了布局合理、层次分明、功能完善的服务网络体系,讲座、沙龙、读者培训等活动也逐步延伸至各个服务点;报送的“亲子共读,温暖家园——亲子绘本阅读推广实践”项目获由国家图书馆和中国图书馆学会举办的2015年全国少年儿童阅读年——亲子绘本阅读推广月活动全国一等奖和优秀组织奖,并获全国少年儿童阅读年——全国少年儿童绘本创作大赛最佳组织奖,在报送的作品中有两部获最佳原创故事奖,4部获优秀绘本奖;市图书馆组织的“我是小小朗诵家”青少年经典古诗文诵读比赛获中国图书馆学会举办的全国少年儿童阅读年系列活动优秀组织奖。

**【“世界读书日”活动】** 2015年4月23日世界读书日,江阴市举办3项活动:邀请南京大学教授、中国阅读学研究会会长、“书香江苏”形象大使徐雁到江阴作以“人生唯有读书好”为主题的阅读推广讲座;每天24小时无休的自助图书馆在澄江街道天鹤社区揭牌开放,该馆有各类纸质图书近1万册、电子资料3400余种,实行全天候免费开放,全智能自助操作,市民可凭市图书馆读者证借阅纸质图书,也可利用馆内电子设备阅读报纸、杂志,免费下载电子图书;“三味书咖”城市阅读联盟的丰硕茶楼分馆等4个分馆同时开馆。

**【12所高中与镇(街道)图书回溯建库】** 2015年,市图书馆根据《无锡市创建国家公共文化服务体系示范区建设规划(2013—2015)》要求,对全市12所高中学校的图书按统一规范进行重新编目,回溯建库,实现业务数据及电子资源共建共享,图书通借通还。同时,对全市15个镇(街道)文化中心的图书进行全面梳理,对有流通利用价值的图书进行统一编目,纳入总分馆系统,规范全市可供流转服务的图书资源。至年末,12所高中学校图书馆的图书回溯建库工作全部完成,回溯建库的图书有126万册;镇(街道)图书分馆完成10.3万册。

**【大型音乐情景剧《寻找炎黄》巡演】** 2015年6月,江阴市锡剧团开始排练大型音乐情景剧《寻找炎黄》。该剧以感动中国人物、坚持27年省吃俭用,化名“炎黄”捐款献爱心的祝塘镇74岁市民张纪清为原型,由市文广新局创作室副主任胡永中编剧,国家一级导演王咸俊导演,国家一级作曲家王星南作曲。经过近3个月的精心排练,于8月底在江阴大剧院演出。演出中,由于剧情感人,真情动人,剧场内多次掌声雷动。从10月27日起,《寻找炎黄》在全市各镇(街道)进行巡回演出。

**【艺术展览丰富多样】** 2015年,江阴市文化馆在艺术展厅、展览大厅和文化画廊先后举办艺术展览43期。这些展览分为3类:专业性展览、群众文化艺术展览和宣传教育艺术展览。其中专业性展览有:纪念江阴籍中国早期油画大家吕斯百诞辰110周年油画展,罗嘉、谢政赛水墨作品展,荆鸿篆刻艺术展,河洛文化走进江阴书画名家作品展,尹石艺术作品展,水色无边——夏晓云水彩画作品展,纸上风流——王俭国外速写手稿展和江阴市书画院专职画师作品展;群众文化艺术展览有:情韵——第二届江阴市芙蓉花奖美术书法摄影优秀作品展,2015年新春油画展,江阴市摄影艺术作品展,江阴百景美术摄影作品展,南闸“两江画院”藏品作品展,市实验小学第二届学生书画艺术作品展,市少儿书画作品展,江阴市民摄影节作品展,市教师美术书法作品展,“我把镜头对准月城家乡人”图片展等;宣传教育艺术展览有:文联纪念抗战胜利书法展,周庄撤乡建镇30周年书画作品展,少儿科普知识展,九州聚萃送霞客——徐霞客书画院成立3周年成果展,炎黄之乡大爱祝塘书画作品展,“江阴好手艺”非遗图片展等。这些展览题材广泛,精彩纷呈,展示了较高的艺术水准,吸引了众多的艺术爱好者。

(张晓琳 邵振良)

## ·江阴日报·

**【概况】** 2015年,江阴日报社(以下简称“报社”)以党的十八大精神为指针,坚持守土有责做好报业,转型创新拓展产业,围绕市委宣传部的统一部署,整合报社各类媒体资源,唱响主旋律,为全市上下开拓奋进建设新江阴凝聚新动力,以改革创新精神抓全媒体融合和产业转型发展,深入学习贯彻市委十二届六次全会精神,以全面建设新江阴为核心,以创建全国文明城市为抓手,在报纸头版开办“科学统筹、奋起实干、全面建设新江阴”新闻主题专栏,精心策划相关专题报道,丰富报道方式和内容,为全面建设经济强、百姓富、环境美、社会文明程度高的新江阴提供有力的精神支持和舆论保障。《江阴日报》在头版开设“争创全国文明城市,建设现代化滨江名城”专栏,推出专版集中报道江阴好人的感人事迹。在民生等其他版面推出“叫全国的文明从江阴发起”栏目,报道一批可亲可学的身边人,以身边榜样来弘扬社会新风。报社还通过“夏令热线”“肖帮”等栏目,采写报道一批有一定影响力的人文关爱稿件,解决部分百姓的生活难题。同时按照市委宣传部的要求,完成创建文明城市的公益广告宣传任务。全年新闻主旋律报道未发生重大事实性差错和导向偏差事故。年内报社有67篇次作品获各级新闻作品优秀新闻奖。分别为:获江苏省级报纸优秀作品奖5件,其中一等奖1件,三等奖4件;获无锡市级报纸优秀作品奖22件,其中一等奖3件,二等奖8件;《江阴日报》刊登的《化名27载献爱心,“炎黄”原是身边人——74岁的他晕倒在向鲁甸灾区汇款时》一文，获江苏省报纸好新闻一等奖和无锡市新闻奖；获中国县市区域报纸好新闻奖16件，其中一等奖2件，二等奖8件；获江苏省县市报新闻奖的有12件，其中荣誉奖1件，一等奖1件，二等奖5件；获《无锡日报》报业集团新闻论文奖12件，其中一等奖1件，二等奖1件。是年，报社对外宣传被录用的稿件193篇，其中被省级、国家级媒体录用18篇。按照市委宣传部要求和报社自身发展需要，报社着力推动全媒体改革，同步进行手机客户端升级，《江阴日报》微信公众号更名，注册为“秀江阴”。自7月始，报社尝试全媒体采集、发布新流程运营。至年底，报社全媒体融合机构、人员调整基本到位；《江阴日报》的发行量保持3.3万份；经营总收入按文资办考核口径实现3107.97万元，比上年下降10.4%，其中广告经营收入下降18.75%，印务中心总收入下降2.7%，外加工收入增长3.8%。

**【主流舆论场营造】** 2015年年初，报社推出《企业风景线》《新年看行动》两组报道，造浓江阴政企加快转型发展的氛围。接着，深挖江阴转型发展新亮点，推出《江阴交出半年度经济发展靓丽成绩单》《江阴打响大气污染防治攻坚战》《江阴：国际化视野打造高端人才集聚区》等重点报道，从经济、生态、人才等方面宣传江阴转型发展的新成绩、新气象。在中国申办冬奥会成功的当晚，报社在第一时间获悉申奥代表团人员穿的是江苏阳光集团有限公司提供的“中国蓝”面料，当即决定重新制作已完成的版面，精心安排《阳光灿烂，照亮冬奥会申办之路》《海澜壮美，荣登福布斯榜单50强》一组报道，全面宣传江阴企业在转型升级中的“全球声音”。江阴遭遇洪涝灾害天气时，报社的要闻、民生、新媒体三部门联动，派出精干人员奔赴抢险第一线，在报纸、江阴网、微信等不同的载体平台展开立体式宣传，及时反映暴雨无情人有情、军民齐心抗洪灾的典型事迹。报社还通过“反光镜”“民生热线”“消费警示”“肖帮提醒”“回音壁”等多个专栏，针对百姓来电诉求，迅速与相关职能部门沟通，采取监督、跟踪、协调等方式，在第一时间解决文明创建中民生关注的热点问题。5月，《江阴日报》报道的关于“20岁帅小伙突患白血病”的消息唤起广大读者的爱心，累计为患者募集捐款7万余元。

**【媒体融合全面启动】** 2015年，报社按照市委宣传部要求和自身发展需要，着力推动全媒体改革，先后派出4批人员赴浙江报业集团等媒体融合尝试较成功的单位调研学习，又进行4次内部专题论证，并向市委宣传部上报新的组织框架运行方案，由原内设的14个部门精简为9个部门。自7月始，报社尝试全媒体采集、发布新流程运营。报社同步进行手机客户端升级、《江阴日报》微信公众号更名。经社内三轮无记名投票和向网民公开征询，于8月5日将《江阴日报》微信公众号正式更名为“秀江阴”。11月27日，“秀江阴”APP客户端正式上线。至年底，报社实现全媒体布局及融合运营。

**【《江阴日报》改版】** 2015年，报社为适应全媒体融合新形势，以互联网思维推进纸媒的新闻改革，启动新一轮报纸改版方案，打造同心多元延伸的《江阴日报》“升级版”。其间的8月1日，无锡市委宣传部和新闻记者协会组织的资深新闻工作者和新闻教育专家组，集中对2015年度《江阴日报》的内容进行审读，提出了许多中肯的批评和建议。报社领导和全体中层干部及相关采编人员一起聆听了专家的意见，并根据专家的建议，落实了改进措施。这次改版以加强本土化、平民化、社区化、服务化、全媒化为宗旨，力求在把握舆论导向的正确性、导向艺术的精准性的同时，进一步提升报纸的可读性、易读性、悦读性、互动性、必读性，对报纸出版版面定位、专栏设置、版式风格进行了大幅调整。A版在保持一周6期24个本土主流新闻版面外，于A3版新推出每周一期“记者调查”专版，突出本土新闻的深度解读。B版改为5个专业刊，由5个专业工作室负责采写编辑5个专题20个专业服务类版面内容。5个专刊分别为：周一“缤纷花季”教育专刊，周二“社情城事”社区新闻专刊，周三“滋味生活”体育健身和医疗保健专刊，周四“玩转暨阳”百姓生活服务专刊，周五“今日澄商”企业创业经济特刊。

**【“今日澄商”特刊创刊】** 2015年4月起，报社推出“今日澄商”特刊，每周一期聚焦报道江阴企业转型、市民创业的新动态、新面貌。特刊强调策划与深度报道，先后推出江阴企业抢抓“一带一路”“中国制造2025计划”“互联网+”和电子商务等系列报道、调查报告等，为全市企业转型发展树立典型、营造氛围、深化服务。

**【“寻宝江阴”大型公益活动颁奖典礼】** 2015年1月25日下午，由江阴

2015年8月1日，无锡新闻专家组在江阴日报社审读评议《江阴日报》

（江阴日报社提供）

日报社、无锡博物院联合举办的“寻宝江阴”大型公益活动颁奖典礼在黄山华都会所举行。现场展示了征集的民间收藏珍品 50 件。其中 20 件藏品获优质藏品奖,20 件藏品获精美藏品奖,10 件藏品获珍宝藏品奖。国家文物鉴定委员会委员、著名玉器鉴定家杨震华,无锡博物院副院长蔡卫东等出席颁奖典礼,并对宋代白玉雕螭龙杯、翡翠挂件金枝玉叶等 4 件藏品进行了鉴赏与点评。

**【江阴年画宝宝评选】** 2015 年 12 月 27 日上午,历时一年的“碧桂园·白鹭湾杯”江阴年画宝宝评选活动在碧桂园·白鹭湾售楼处落幕,获奖的 12 位宝宝和他们的家长们接受了颁奖。活动冠名商碧桂园还为宝宝们安排了一场别开生面的现场亲子烘焙活动。这项活动由《江阴日报》全媒版和江阴网主办,碧桂园·白鹭湾冠名,迪博乐园、韩国A + 儿童摄影、牙博士口腔、邻课少儿英语、天迹童装全程赞助,吸引了大批家长为他们的宝宝报名参加。经过最终的投票环节,活动主办方选取票数前 12 名的宝宝,作为 2016 年度的江阴年画宝宝。 (张东平)

## ·广播电视·

**【概况】** 2015 年,面对复杂的传媒生态和严峻的发展形势,江阴广播电视集团(以下简称“集团”)坚持“稳、准、快”的工作总基调,围绕融合抓改革、筑基础、拉格局、建体系,统筹推进各项工作,新闻宣传导向有力,内容生产求新求活,新兴业务迅速成长,经营创收纵深开拓,技术事业有序建设,运营质量显著提升,发展环境更加清廉,深化改革实质突破,圆满完成了市委、市政府下达的宣传、经营各项指标任务,为建设“强富美高”新江阴提供了坚强的舆论支持和产业驱动。全年新闻宣传和节目生产工作获各级各类奖项近 40 项,技术事业建设工作获各级各类奖项 6 项,安全生产工作获奖项 1 项,党建群团工作获各级各类奖项 6 项。

**【新闻宣传导向有力】** 2015 年,江阴广播电视主流新闻栏目“江广新闻”和“江阴新闻”共组织“科学统筹、奋起实干、全面建设新江阴”等 82 个系列报道和主题专栏。江阴广播电台向中央台发稿 16 条,被其主要栏目录用 10 条;向国际广播电台发稿 10 条,向江苏省台发稿 305 条。江阴电视台向中央台发稿 38 条,被其主要栏目录用 11 条;向江苏省台发稿 478 条。外宣发稿量继续保持全省县级广电前列位置。“江阴发布”微博微信加强政务信息的实效性和互动性,跻身全省政务微信排行前列。录制播出 48 期“空中热线”直播节目和 3 期“面对面·向人民承诺、请人民监督”媒体直播活动。强大的全媒体内外宣传攻势,为江阴经济社会全面发展指明方向,营造浓郁氛围。

**【节目生产创新】** 2015 年,江阴广播电台对旅游节目拓展升级,周末特别节目“行走江南”打通线上节目和线下听众活动的联动。美食节目“吃香喝辣”进行两次升级,主题活动持续不断,商城上线反响热烈。以“家长也来晚自修”为主体的公益活动家校联动走进校园,广播节目体系进一步完善,得到广泛认可。江阴电视台持续强化创新创意,年内“我有一个梦”专栏共播放单篇报道 102 篇,制作播出特别节目 1 期,举办主题晚会 11 场,为 31 位追梦人成功圆梦,发放圆梦基金近 40 万元,体现了媒体的责任和担当,赢得强烈社会反响,为节目生产和广告经营有机结合提供了新的方向和思路,成为社会效益和经济效益统一的节目新范本。年内电视台还推出“全澄开讲”“勠嘻”“看见”3 档全新节目。老牌节目“帮女郎”影响持续扩大,“非常道”凸显主题化、系列化特色,电视自办节目更加丰富。

**【新兴业务成长】** 2015 年,集团全面推进传统媒体和新兴媒体融合发展,着重加强新媒体特别是移动新媒体的开发建设。2 月 11 日,微信公众号“江阴电视鲜橙多”正式更名为“最江阴”,拉开了江阴广电微信矩阵建设的序幕。根据新媒体运营战略需要,集团上半年收购微信公众号“江阴小牛网”,并于 8 月 19 日更名为“大江阴”。政务微信公众号“江阴发布”5 月 26 日交由广电集团代办。是年,集团还相继推出“江阴梦之星”“优活江阴”“住江阴”“江阴车友会”“江阴帮之家”“江阴广播”等微信公众号,形成主流政务微信、综合信息类微信、垂直营销类微信、广播电视节目互动推广微信、活动营销微信等各有侧重、互为补充的微信矩阵,初步实现移动互联网传播市场全覆盖,广电微博微信粉丝总数接近 100 万人。至年底,“最江阴”粉丝数增长 17 倍,超过 24 万人,跃升全国电视类微信榜单前十名,稳居全国县级广电新媒体排行第一位;“大江阴”粉丝数达到 17 万人,在全国县级广电新媒体排行榜上名列前茅;“江阴发布”粉丝数增长近 5 倍,达 6.9 万人。

**【移动新媒体影响力扩大】** 2015 年,集团所属的“江阴广播”微信粉丝 2.6 万人。12 月初推出的公益微信公众号“江阴帮之家”,至年底粉丝破 3.4 万人。年内通过江阴广电粉丝季活动,进一步完善新媒体格局,集团微信端内容生产和发布形成集群,影响力进一步扩大,粉丝总数从 50 多万人快速提升到 70 多万人。在天择传媒和人民网联合发布的“2015 年度全国电视媒体微信微博传播排行榜”上,江阴电视台以 827 的微信指数成为城市台冠军,成为该榜单中唯一一个微信指数破 800 的城市台。

**【广电新大楼技术改造完成】** 2015 年,集团顺利完成新大楼技术设施的安装调试,新老全台网系统交接安全有序,做到无缝对接、平稳过渡。在搭建完成电视制作网、媒资系统、收录系统及主干平台的基础上,完成全媒体平台,打通原来封闭的全台网与外网的联系路由。积极推进传统电视与新媒体技术的嫁接融合,搭建完成“摇电视”功能硬件。对新大楼演播室进行持续技术建设和完善,1200 平方米、450 平方米、6 楼 5 个演播室(其中 1 个为虚拟演播室)和 2 个专题演播室,及 4 楼开放式高清新闻演播室陆续投用。完成无线江阴 APP 同步升级。全年完成 25 次重大活动和百余次广播电视节目的录制和技术保障工作,实现安全播出无事故发生。

**【大型会展活动】** 2015 年 3 月 14—15 日,江阴电视台在江阴国际会展中心举办 2015 年春季江阴家博会。这次集综合性、专业性、便民惠民于一体的家博会，开创江阴家居采购新模式，吸引家装设计、家装材料、家具软装、家庭用品行业20多个品类、60个品牌参展，观展者超1万人次，现场成交订单1200多份。4月24—27日、9月18—21日，江阴电视台又在江阴体育中心举办2015年江阴市第十三届、第十四届汽车购车节，共成交各类汽车2034辆，成交额4.32亿元。三次全市性大型会展活动的成功举办，进一步活跃江阴家装、汽车消费市场，繁荣江阴会展经济，取得较好的经济效益和社会效益。

**【规范管理降本增效】** 2015年4月，集团对内设组织机构进行调整，进一步健全了行政管理、财务管理和物业管理相关制度，出台20多项规章制度，理顺新架构下的管理运营流程。建立包含车辆管理、物资管理等的统一物业运作模式，在机构人员调整和大楼搬迁中始终做到人、财、物同步保障，为生产经营创造良好有序的条件，全年无安全生产事故发生。从审批流程的严密规范入手，持续加强运营成本控制，“三公”经费*支出连续四年持续下降，物业后勤维护成本从严从紧，全年主营业务成本比上年下降2.44%。

**【管理和营销改革深化】** 2015年，集团紧紧围绕融合发展这一目标，重点在组织方式、内容生产、产业经营、技术支撑、激励机制上进行开拓创新。按照融合生产经营要求，对集团组织架构进行调整，减少管理层级和跨度，初步实现管理扁平化。对主流新闻宣传进行生产整合和渠道整合，成立全媒体新闻中心，实现广播、电视、互联网新闻发布统一采制、分众分发。加强新媒体特别是移动新媒体的建设开发，形成主流政务微信、综合信息类微信、垂直营销类微信、广播电视节目互动推广微信、活动营销微信等各有侧重、互为补充的微信矩阵，初步实现移动互联网传播市场全覆盖。移动端推广工作卓有成效，在2015年江阴广电粉丝季跨年盛典当晚，微信端在线人数突破10万人。对整体经营模式进行调整改革，以行业划分为基础，探索实践整合营销。强化垂直营销类新媒体的深度开发应用，进一步明晰原有消费类公众号的定位和功能，开通新的垂直公众号，形成对吃、住、行、健康生活四大行业的专业化、精准化营销格局。完成集团岗位职数的梳理确定工作，制订人力资源管理模式改革方案。 （沈铭玉）

## ·文艺创作成果·

**【概况】** 2015年，江阴市文艺工作者紧跟时代步伐，进一步解放思想，务实创新，组织开展一系列主题文艺创作活动，文艺创作呈现稳步发展的局面。市作家协会会员出版《魔法大师》《我家住在小桥头》《大拇指的奇遇》《故乡亲情录》《江苏历代女性诗歌100首赏析》《被低估的圣王——杨坚大传》《音乐教育家刘北茂》《清代小说家屠绅》等作品。夏坚勇、庞培、卞文达等作家分获钟山文学奖、紫金山文学奖、太湖文学奖。民间文艺家协会会员朱雨浩创作的故事《消气喷雾器》在江苏省故事大王比赛中获二等奖，并获“故事家”称号，2名会员在华东六省一市法治故事创作讲演大赛中双获银奖。戏剧曲艺家协会会员创作的小戏《今天老师来家访》获首届华东六省一市现代地方小戏大赛金奖，小品《老妈的逆袭》获开心麻花全国春晚小品大赛优秀作品奖，中篇评弹《李良宝的故事》获省曲艺最高奖——“芦花奖”作品奖。大型音乐情景剧《寻找“炎黄”》在江阴全市进行巡回演出，受到省、市领导和广大群众的一致好评。2名会员分获第十九届中国戏剧小梅花奖江苏赛区比赛金花奖和银花奖。音乐舞蹈家协会会员创作的《民工小调》获第十届中国音乐金钟奖作品奖江苏地区选拔赛三等奖，创作的舞蹈《搭梦》和《渔家欢歌》双获省第五届中小学生艺术展演二等奖。美术家协会会员创作的30幅美术作品入选省级以上展览，部分作品获奖。书法家协会会员创作的10幅书法作品入选省级以上展览，其中许达的作品获全国第十一届书法篆刻展优秀作品奖。摄影家协会会员创作的20余幅作品在国家级大赛中获奖，近百幅作品入选国家级展览（收藏）。

### 2015年江阴市文学创作主要成果一览

表53

| 类别 | 著作（作品）名称 | 作者 | 出版社或发表刊物 | 体裁 | 篇幅（万字） | 发表时间或期刊号 |
|---|---|---|---|---|---|---|
| 文学著作 | 《绍兴十二年》 | 夏坚勇 | 江苏凤凰文艺出版社 | 散文 | 29 | 3月 |
| | 《江阴方言》 | 郏丽雅 | 中国文联出版社 | 民间文学 | 20 | 7月 |
| | 《五四新文化运动先驱——刘半农》 | | 文汇出版社 | 传记文学 | 23 | |
| | 《我家住在小桥头》 | 周良国 | 团结出版社 | 散文 | 30 | 5月 |
| | 《大拇指的奇遇》 | 杨福康 | 长江少儿出版社 | 童话 | 22 | 1月 |
| | 《魔法大师(1、2)》 | 唐吉科德 | 文汇出版社 | | 30 | 6月 |
| | 《江苏历代女性诗歌100首赏析》 | 方雪梅 | 中国文联出版社 | 文学评论 | 23 | 9月 |
| | 《我的烹饪大师之路》 | 仰振华 | 团结出版社 | 报告文学 | 24 | |
| | 《被低估的圣王——杨坚大传》 | 陈炜 | 现代出版社 | 历史小说 | 30 | 8月 |
| | 《故乡亲情录》 | 杨建忠 | 百花文艺出版社 | 散文 | 15 | 12月 |

续表 53

| 类别 | 著作(作品)名称 | 作者 | 出版社或发表刊物 | 体裁 | 篇幅(万字) | 发表时间或期刊号 |
|---|---|---|---|---|---|---|
| 文学作品 | 《我家附近有条河》 | 胡美凤 | 《北京文学》 | 散文 | 0.22 | 第五期 |
| | 《井中月》 | 郇丽雅 | 《钟山》 | 短篇小说 | 0.2 | 第三期 |
| | 《虚构》 | 张　翔 | 《诗刊》 | 诗歌 | 0.02 | 10 月 |
| | 《肉食者说》 | | 《奔流》 | | 0.03 | 7 月 |
| | 《清明(外二首)》 | | 《赵燕文学》 | | 0.07 | 3 月 |
| | 《下水》 | 金雪松 | 《中国船舶报》 | | 0.04 | 10 月 |
| | 《放逐(外一首)》 | | 《参花》 | | 0.03 | 第十二期 |
| | 《两把椅子》 | | 《长江诗歌报》 | | 0.04 | |
| | 《虚构》 | 谭　洁 | 《诗刊》 | | 0.02 | 10 月 |
| | 《小乌龟找工作》 | 安陆瑶 | 《故事大王》 | 故事 | 0.65 | |
| | 《最后一排的夏琪琪》 | 龚　沂 | | | 0.75 | 11 月 |
| | 《论江苏女性诗歌的题材选择与主体意识表达》 | 方雪梅 | 《淮阴师范学院学报》 | 文学评论 | 1.2 | 6 月 |

## 2015 年江阴市民间文艺参赛情况一览

表 54

| 作品名称 | 参赛者 | 门类 | 参赛(参演)名称 | 时间 | 获奖情况 |
|---|---|---|---|---|---|
| 《带响风筝》 | 姚仲虔、张玉良等 | 非遗项目 | "体彩杯"江苏省风筝公开赛 | 4 月 | 最佳工艺奖 |
| 《消气喷雾器》 | 朱雨浩(演讲) | 故事 | 江苏第二届少儿故事大王选拔赛 | 8 月 | 二等奖暨"故事家"称号 |
| 《80 万》 | 姜少伯(演讲) | | 华东六省一市法治故事创作讲演大赛 | 11 月 | 银奖 |
| 《拐进大山的新娘》 | 陆　乐(演讲) | | | | |

## 2015 年江阴市戏剧曲艺作品参赛情况一览

表 55

| 作品名称 | 作者 | 门类 | 参赛名称 | 时间 | 获奖情况 |
|---|---|---|---|---|---|
| 《今天老师来家访》 | 蔡晓英 | 小戏 | 首届华东六省一市现代地方小戏大赛 | 12 月 | 金奖 |
| 《窦娥冤·梦回》 | 姚志刚 | 戏剧 | 江苏省第七届"红梅杯"戏剧大赛 | 9 月 | 优秀演员奖 |

## 2015 年江阴市音乐舞蹈作品参赛情况一览

表 56

| 作品名称 | 作者 | 门类 | 参赛名称 | 时间 | 获奖情况 |
|---|---|---|---|---|---|
| 《民工小调》 | 周林海词<br>顾黎强曲 | 音乐 | 第十届中国音乐金钟奖作品奖江苏地区选拔赛 | 12 月 | 三等奖 |
| 《搭梦》 | 刘冰编导 | 舞蹈 | 江苏省第五届中小学生艺术展演 | 8 月 | 二等奖 |
| 《渔家欢歌》 | | | | | |

## 2015年江阴市美术作品参赛(参展)情况一览

表57

| 作品名称 | 作者 | 门类 | 参赛(展)名称 | 时间 | 获奖情况 |
|---|---|---|---|---|---|
| 《春暖花开》 | 朱　定 | 国画 | 第五届全国公安系统“卫士之光”书法美术摄影展 | 11月 | 入选 |
| 《中国梦系列之一》 | 曹亚明 | 油画 | 江苏美术奖美术作品展 | 12月 | |
| 《素雪暗香》 | 陈　亮 | 国画 | 泰山之尊全国中国画油画展 | 4月 | |
| 《都市况味之一》 | | | 江苏省首届青年美展 | 5月 | |
| 《都市况味之二》 | | | | | |
| 《南坪月华》 | | | 傅抱石双年展江苏省中国画作品展 | | |
| 《素雪含香》 | | | | | |
| 《江南入梦》 | | | 第九届程及美术奖 | 12月 | 铜奖 |
| 《心雨》 | 王　俭 | 油画 | 吴冠中纪念馆全国油画作品展 | 10月 | 入选 |
| 《石榴花开》 | | | 江苏美术奖美术作品展 | 12月 | |
| 《体操梦想》 | | 粉画 | 中国粉画名家(苏州)邀请展 | 11月 | |
| 《泪枯血干慰安妇》 | | | | | |
| 《家园一》 | 许　琰 | 国画 | 傅抱石双年展江苏省中国画作品展 | 5月 | |
| 《家园二》 | | | | | |
| 《风景组画》 | | | 江苏美术奖美术作品展 | 12月 | 提名奖 |
| | | | 第九届程及美术奖 | | 铜奖 |
| 《江上》 | 夏　静 | 油画 | 江苏省首届青年美展 | 5月 | |
| 《汉柏》 | | | | | 入选 |
| | | | 江苏美术奖美术作品展 | 12月 | 提名奖 |
| 《海之语》 | 陶　锏 | 粉画 | 江苏省首届青年美展 | 5月 | 入选 |
| 《看社戏》 | | | | | |
| 《大厦从这里崛起之四·收工后》 | 陶建荣 | 油画 | 江苏美术奖美术作品展 | 12月 | 入选 |
| 《大江祭》 | 夏晓云 | 水彩 | 江苏省纪念抗日战争胜利70周年美术作品展 | 9月 | 优秀奖 |
| | | | 全军纪念中国人民抗日战争暨世界反法西斯战争胜利70周年美术作品展 | | 入选 |
| 《航天梦》 | | | 江苏美术奖美术作品展 | 12月 | 提名奖 |

## 2015年江阴市书法作品参赛(参展)情况一览

表58

| 作品门类 | 作者 | 参赛(参展)名称 | 时间 | 获奖情况 |
|---|---|---|---|---|
| 行书 | 许　达 | 首届草圣故里全国草书名家学术提名展 | 5月 | 入展 |
| | | 第五届中国书法兰亭奖 | 6月 | |
| | | 第二届大爱妈祖全国书法篆刻作品展 | | |
| | 耿明霞 | 第十一届全国书法篆刻作品展 | 8月 | 获奖 |
| 篆刻 | 武宝民 | 江苏省篆刻艺术大展 | | 入展 |
| | | 江苏省第二届篆刻作品展 | | |
| | | “百年西泠,吉金乐石”大型国际海选 | 5月 | 入选 |
| | 顾淦清 | 2015江苏篆刻艺术大展 | 8月 | 入展 |
| | 蒋君慧 | 江苏省第二届篆刻作品展 | | |

**2015 年江阴市摄影作品参赛(参展)情况一览**

表 59

| 作品名称 | 作者 | 参赛(参展)名称 | 主办单位 | 获奖情况 |
|---|---|---|---|---|
| 《晨光曲》 | 庞志健 | “运河重镇”南浔全国摄影大展 | 中国摄影家协会 | 铜质收藏 |
| 《东部新农村》 | | 第二届中国·开化“国家东部公园”全国摄影大展 | 中国摄影报社 | 三级收藏 |
| 《收获》 | | 第五届黄山油菜花全国摄影大展 | 江苏、安徽、上海等省摄影家协会联合 | |
| 《溱湖秋梦》 | | “美哉溱湖”全国摄影大赛 | 江苏省摄影家协会 | 铜奖 |
| 《南浔》 | 卢小海 | “运河重镇”南浔全国摄影大展 | 中国摄影家协会 | 优秀奖 |
| 《枕河人家》 | | | | |
| 《古村顽童》 | | “诸葛孔明杯 神奇八卦村”全国摄影大展 | 中国摄影报社 | 二级收藏 |
| 《色达夜色》 | | 第二届鑫吉海杯“我的医院我的家”主题摄影大展 | 《中国摄影》杂志 | 优秀作品收藏 |
| 《粉条妹》 | 周湘基 | “中国瑶乡明珠”广西富川全国摄影大展 | 中国摄影家协会 | 优秀奖 |
| 《黄山风光甲天下》 | | 第五届中国黄山国际摄影大赛 | | 入选 |
| 《库车峡谷甲天下》 | | “水韵森林 美丽阿克苏 ”全国摄影大展 | 中国摄影杂志社 | |
| 《梳妆》 | | “天下龙脊风情龙胜”全国摄影大赛 | 中国摄影家协会 | 优秀奖 |
| 《广场滑轮少年》 | 张　胜 | 时尚中国全国摄影大展 | | 入展 |
| 《画意厨间》 | 杨震东 | “诸葛孔明杯 神奇八卦村”全国摄影大展 | 中国摄影报社 | 三级收藏 |
| 《重温经典》 | | 第二届“福能杯·能源与生活”全国摄影大展 | 大众摄影杂志社 | |
| 《古村妹子》 | 张　洪 | “诸葛孔明杯 神奇八卦村”全国摄影大展 | 中国摄影报社 | |
| 《穿越》 | 陶耀平 | “乐居吴江·太湖新城”全国摄影大展 | | |
| 《胡杨林》 | | “魅力西昌杯”全国湿地摄影大展 | | 优秀奖 |
| 《晨曦》 | 陆卫宇 | 第五届中国证券界优秀摄影作品大展 | | 入展 |
| 《午休》 | 庄东威 | 佳能感动典藏摄影比赛 | 大众摄影杂志社 | 二等奖 |
| 《船台化妆师》 | 严汉文 | “咱们工人有力量”江苏职工摄影大赛 | 江苏省摄影家协会 | 三等奖 |

（龚　翼）

## 文化产业

**【概况】** 2015 年，江阴市在加强文化事业建设的基础上进一步发展文化产业，组织文化产业项目参加上级评审，积极申报江苏省和中央财政扶持，有 5 项项目参加省文化产业引导资金、2 项项目参加中央文化产业发展专项资金的竞争。在江苏省民营企业 30 强评比中，江苏金一文化发展有限公司被评为江苏省民营文化企业 30 强之一。江阴国动文化传媒有限公司的原创动漫电影《神秘世界历险记》获“华表奖”的优秀动画片奖，江苏隆天文化产业有限公司等文化企业创作的《大女侠与小郎中》等 3 部影视作品获江

2015 年 3 月，新华书店的职工将新书送到澄江街道塔南社区设摊销售

（黄　英　摄）

苏优秀文化成果奖。江阴中南重工集团有限公司等上市企业继续加大文化产业投资，市场前景广阔。江阴新华书店有限公司创新营销方式，书刊销售有新突破。市文艺集团整合文化资源，努力创收，所属市锡剧团、评弹团、大剧院以及文艺培训部完成经营性收入1121.28万元。

**【新华书店创新营销】** 2015年，江阴新华书店有限公司结合本地图书销售市场特点，创新营销方式，组织各类营销活动120次。主要活动有：经典畅销精品图书展销、羊年礼品书展销、纪念中国人民抗日战争暨世界反法西斯战争胜利70周年重点图书展销、学生暑期阅读推荐图书展销、“丹桂飘香恋书香”精品畅销书优惠展销、《山寨》作者张小砚及其团队到南菁中学演讲、“趣读绘本，乐享童年”凤凰姐姐讲绘本等，并组织新书进村、进社区推销。5月9日，新华书店启动“书香夜市”，此后每周五、周六晚上都到市中心学院场售书。图书按时政热点、少儿天地、生活百科、成功励志、精品文学、文化教育6大板块进行分类布展，方便读者选购。同时，积极配合市政府、总工会促进农家书屋、职工书屋建设，年内完成231个行政村的农家书屋和工会职工书屋的图书配送工作。农家书屋和职工书屋全年销售图书2.83万册。

**【影院全年票房收入近亿元】** 2015年，江阴市的电影院增加3座，加入城市主流院线的影院共有12座，影院座位达9022个，银幕增加16块，总数66块。大量国产新片上映，吸引力增强。网上销售电影票开通，给观众提供方便。年内，电影观众从上年的190.45万人次增至278.59万人次。全年票房收入9352.4万元，比上年增长35.66%。

**【“金一文化”跻身省民营文化企业30强】** 2015年4月10日，在苏州市召开的江苏省提升文化创意和设计服务产业发展水平工作推进会上，首届“江苏民营文化企业30强”公布，江苏金一文化发展有限公司名列其中。此次评选由江苏省委宣传部、省文化厅、省新闻出版广电局、省工商局、省统计局、省工商联共同组织开展，旨在全面提升江苏省文化创意和设计服务产业的发展水平和核心竞争力，推动全省文化创意产业发展，促进建成创意设计强省。是年，江苏金一文化发展有限公司成为国家文化产业示范基地。

**【3部影视作品获奖】** 2015年4月13日，中共江苏省委宣传部《关于奖励2014年度江苏优秀文化成果的通知》公布，江阴市文化企业创作的《大女侠与小郎中》《阿U》《神奇的大运河》3部影视作品获江苏优秀文化成果奖。《大女侠与小郎中》由江苏隆天文化产业有限公司投资拍摄，讲述八卦掌传人女侠易水寒与中医小郎中钱成用正义战胜邪恶、用真诚孕育爱情、用美德诠释和谐的故事。《阿U》由江阴国家高新区科技城投资公司等投资数千万元组建的江苏元达文化创意有限公司投资拍摄，讲述邻家小孩阿U既调皮淘气又聪明机灵的有趣故事。《神奇的大运河》由江阴宏图动画制作有限公司与北京大运河翰林文化开发中心联合制作，故事围绕一幅神奇的画卷《古运回望图》展开，反映大运河两岸的风土人情，体现中华民族的智慧和美德。

## 群众文化

**【概况】** 2015年，江阴市文化部门立足基层，举办各类公益免费培训班和基层辅导活动，为各镇（街道）、社区培养了更多的文艺骨干，积极有效地组织开展群众文化活动，成功举办第十九届“书香江阴”读书节、第二届“芙蓉花奖”群众文艺会演、首届市民文化周、第十五届少儿故事大赛、首届小学二胡班艺术展演、第三届“澄星杯”锡剧票友大奖赛、第四届小锡班艺术汇演、第四届“天华杯”二胡大奖赛、第十三届少儿书画现场比赛、第四届全市群众春节写春联现场比赛和纪念刘天华诞辰120周年江南丝竹音乐会等。

**【市第十九届“书香江阴”读书节】** 2015年5月27日，江阴市第十九届“书香江阴”读书节拉开序幕。这届读书节举行“相约绘本，温暖童心”江阴市第五届儿童绘本剧表演大赛、第四届全民诗歌朗诵大赛总决赛、第十五届少儿故事大赛、第十三届少儿书画现场比赛等活动。读书节开幕式当天，“相约绘本，温暖童心”江阴市第五届儿童绘本剧表演大赛在市文化馆剧场举行。大赛由市文广新局、市教育局主办，市图书馆承办，全市21所学校参加，有12件作品进入决赛。城中中心幼儿园的《西雅图酋长的宣言》与辅延中心小学的《我有友情要出租》获一等奖。6月6日，由市读书活动指导委员会主办、市图书馆承办的“春天与经典诗文的相遇”江阴市第四届全

2015年11月18日，市第三届“澄星杯”锡剧票友大奖赛复赛在市文化馆剧场举行。图为月城文化中心表演队演出的锡剧《金玉奴》片断 （庄东威 摄）

2015 年 5 月 27 日,江阴市第五届儿童绘本剧表演大赛演出实况

(市图书馆提供)

民诗歌朗诵大赛总决赛,在市图书馆四楼报告厅举行,有近千名选手参加,经过各镇(街道)组织初赛,又在 16 个分赛点进行复赛,选出 18 件作品晋级总决赛。最后,周庄镇的张菁、青阳镇的闵婷婷、临港实验幼儿园获总决赛一等奖。澄江街道、月城镇、华士镇 3 个文化服务中心获优秀组织奖。

**【首届市民文化周】** 2015 年 9 月下旬起,江阴市举办首届市民文化周。29 日晚,举行“芙蓉花奖”群众文艺汇报演出,随后相继举行“文明江阴·携梦飞翔”江阴市优秀群众文艺节目巡演、“梦的色彩”江阴市市民摄影节、“十月放歌”兴澄合唱团庆祝建国 66 周年专场音乐会、“梦的舞台”江阴市优秀团队展演,“水墨情韵”江阴市美术书法摄影作品展,“天风华彩炫澄江”纪念刘天华诞辰 120 周年江南丝竹音乐会、市民文化周闭幕式暨江阴市群众戏曲晚会等活动。依托市、镇(街道)建成的 22 个文化场馆和 240 个村(社区)文化活动室,各类活动走进镇村、走进社区、企业、军营、校园,实现百场活动大展演、百支团队大竞技、社会各界齐参与、百万市民共享受的目标。活动期间,共组织比赛 69 场,各类展览、讲座 33 场。

**【第二届“芙蓉花奖”群众文艺会演(会展)】** 2015 年 8 月 11 日下午,江阴市第二届“芙蓉花奖”群众文艺会演在市文化馆艺术剧场开幕。舞台艺术类作品分小戏小品专场、曲艺故事专场、音乐专场和舞蹈专场,依次于 8 月 11 日、12 日、13 日、14 日进行演出;美术类作品分绘画、书法、摄影 3 部分,于 8 月 11 日、17 日进行展评。有 62 件舞台艺术类作品和 477 件美术类作品参加这次汇演(会展)活动。

**【第十五届少儿故事大赛】** 2015 年 5 月 29 日,江阴市第十五届少儿故事大赛在文化馆艺术剧场举行。比赛主题为“中国梦·少年梦”,分为儿童组与少年组,全市共有 285 名中小学生参加赛事。比赛采取现场打分的方式,评出儿童组一等奖、二等奖、三等奖各 1 名;少年组一等奖 2 名、二等奖 4 名、三等奖 8 名。璜塘实验小学廖星煜表演的《美好人生》获儿童组一等奖,华士实验小学张京烁表演的《饮料王》和西石桥中学刘玉龙表演的《胆小鬼抓贼》获少年组一等奖,第二实验小学唐骏飞和邱涵表演的《追》获最佳创意奖,南闸实验学校董则旭表演的《“电线杆子”去当兵》获最佳人气奖,周庄实验小学李梓涵表演的《生日蛋糕》获最佳风采奖,要塞实验小学张雨煊表演的《残缺的馒头》获最佳情感奖。

**【市第十三届少儿书画现场比赛】** 2015 年 5 月 18 日下午,江阴市第十三届少儿书画现场比赛在市文化馆 2 楼多功能厅举行。美术幼儿组评出金奖 5 名、银奖 10 名、铜奖 15 名、优秀奖 30 名;美术儿童组评出金奖 4 名、银奖 7 名、铜奖 12 名、优秀奖 15 名;美术少年组评出金奖 4 名、银奖 7 名、铜奖 13 名、优秀奖 15 名;书法儿童组评出金奖 1 名、银奖 3 名、铜奖 5 名、优秀奖 11 名;书法少年组评出金奖 1 名、银奖 3 名、铜奖 5 名、优秀奖 10 名。还评出优秀辅导员 10 名,优秀组织奖 9 个。

**【公益免费培训活动】** 2015 年,市文化部门组织开办广场舞、锡剧、合唱、书法、中国画、摄影、计算机、瑜

2015 年 8 月 11 日,市第二届“芙蓉花奖”群众文艺会演在市文化馆艺术剧场演出实况

(庄东威 摄)

伽、颈椎操等公益免费培训班，有2000余名中老年人参加培训。其中摄影培训班有：基础班、提高班、后期制作班等，组织摄影讲座16次、摄影作品观摩点评会5次。还举办两期村（社区）文化辅导员业务培训班，有300多名文化辅导员参加培训。培训内容包括如何做好文化活动的策划、舞蹈欣赏等，进一步提高全市村（社区）文化辅导员的业务水平。

**【首届新市民子女夏令营】** 2015年7月14—18日，市文化馆举办首届新市民子女夏令营，有120名新市民子女报名参加。活动围绕“9个一”开展：让参与者听一堂国学讲座、看一期艺术展览、看一场电影、学一样手工制作、参加一期艺术培训、学唱一首经典歌曲、体验一次音乐录音、参加一次参观活动、亲手制作一张明信片送给辛勤工作的父母。这些生动活泼的公益性活动获得广大外来务工者的好评。

**【纪念刘天华诞辰120周年江南丝竹音乐会】** 2015年10月20日下午，天风华彩炫澄江——纪念刘天华诞辰120周年江南丝竹音乐会在市文化馆艺术剧场举行。来自江阴各镇（街道）国乐社的音乐爱好者欢聚一堂，演奏了《江南风韵》《江南春早》《采茶舞曲》等具有江南特色的乐曲。经评比，周少梅国乐社与天华国乐社的演出韵律优美，灵动新颖，令人陶醉，获这场音乐会并列第一名。

2015年10月26日，江阴市第二届阅读知识现场大赛实况　（市图书馆提供）

**【市第二届阅读知识现场大赛】** 2015年10月，书香飘扬·全澄接力——江阴市第二届阅读知识现场大赛隆重举行。15日下午，全市45所小学的近200名选手进行了笔试决赛，晨光实验小学、徐霞客实验小学、璜塘实验小学、市实验小学、北大街小学和城中实验小学6所小学的18名选手进入现场决赛。26日，现场决赛在市图书馆4楼报告厅举行。经激烈角逐，市实验小学的同学们以305分的成绩夺魁。

（张晓琳　邵振良）

2015年10月20日，纪念刘天华诞辰120周年江南丝竹音乐会在市文化馆艺术剧场演出　（庄东威 摄）

## 企业文化

**【概况】** 2015年，江阴市越来越多的企业把文化建设看成企业核心竞争力的重要因素，在抓生产经营的同时，重视打造体现本单位特色的企业文化，充分发挥文化力量在战略引领、凝聚职工、提升效率、优化形象、增强市场竞争力等方面的作用。特别是江阴澄星实业集团有限公司等大中型企业把社会主义核心价值观作为企业文化建设的灵魂，把企业文化列入精神文明建设的系统工程，形成了深入人心的人本文化、创新文化、服务文化、诚信文化、健康文化和娱乐文化。

**【“江阴工人好声音”歌咏比赛】** 2015年3月起，市总工会举办“江阴工人好声音”歌咏比赛。这次比赛的主题是“当好主力军，建设新江阴”，在为期两个月的比赛时间里，全市企业高度重视，广泛动员职工踊跃参赛。经过基层企业工会组织的26场预赛，从全市700余名职工歌咏选手中选拔出20名歌咏选手，分通俗组和民族美声组，每组10名选手进入决赛。市总工会邀请了5位专业评委，按照公正、公平、公开的原则，根据节目内容、演唱质量、效果和服装等方面的情况对选手们进行综合打分。最后，高齐祥等5名职工选手获得一等奖。（聂小琴）

2015 年五一劳动节前夕，“江阴工人好声音”歌咏比赛落下帷幕。图为获奖选手合影　　（市总工会提供）

**【澄星集团企业文化建设新教材编撰完成】** 2015 年，江阴澄星实业集团有限公司编写的企业文化建设新教材——《用爱国、敬业、诚信、友善规范职工行为》完成。教材分《“爱国、敬业、诚信、友善”是青年职工的基本行为规范》《“爱国、敬业、诚信、友善”是培养合格职工的必然要求》《着力培育和践行社会主义核心价值观》3 项内容。年内，公司用这部教材对职工进行了培训，产生了良好的反响。12 月 4 日，无锡市关心下一代理论研讨会将这部教材进行交流，与会代表称这部教材紧密联系企业实际，以此教化是将社会主义核心价值观融入人心的好方法，是全面提升职工素质的有力措施。年末，此教材被无锡市关心下一代工作委员会评为 2015 年度优秀成果奖。　　（李宝根）

**【法尔胜泓昇集团十大文化人物评选】** 2015 年，江苏法尔胜泓昇集团有限公司党、政、工、团统一组织，花了近 1 年时间，在集团公司的在职和退休职工中评选“中华文化人物”。至年底，通过民主推荐、公开择优，共评出 10 位“法尔胜中华文化人物”。这些文化人物中，有几十年如一日，在文学创作和书画艺术园地辛勤耕耘而取得成就的；有在足球文化和义务支教中以坚韧不拔的毅力战胜困难，取得优异成绩的；有在企业班组文化建设中任劳任怨，团结奋进，发挥“领头雁”作用的……他们的事迹令人震撼，也令法尔胜人感到骄傲和自豪。年底，他们被法尔胜泓昇集团授予“首届中华文化人物”称号，并受到集团公司的表彰奖励。

**【“我想露一手”才艺大比拼】** 2015 年，江苏法尔胜泓昇集团以“我想露一手”才艺大比拼。这项活动首场在“三八”妇女节期间举行，由女职工在比拼中挑选出 27 个精品节目，作为庆“三八”的专场文艺演出，奉献给广大观众。第二场在六一儿童节期间举行，由职工子女进行才艺表演大奖赛，报名火爆，选出 29 个节目参赛。第三场在重阳节期间举行，以“家”为背景，展示法尔胜“家”文化的情怀，有 14 户家庭参加。前后 3 场“我想露一手”才艺大比拼节目精彩纷呈，高潮迭起，吸引众多职工的眼球。由于是身边的人参赛，职工们兴高采烈地为其助威、呐喊。

**【职工水上趣味运动会】** 2015 年 9 月 12 日，江苏法尔胜泓昇集团有限公司在江阴体育中心举办职工水上趣味运动会，各代表队职工、家属啦啦队成员近 700 人参加活动。参赛队共有 6 个：资产投资集团队、钢丝制品事业部队、路桥线缆事业部队、光通信事业部队、精工装备事业部队、行政综合队。运动会设置比赛项目 7 项，其中游泳池比赛项目 4 项：龙舟接力、水上清道夫、三人行、皮划艇接力；跳水池比赛项目 3 项：水上拔河、抢运气球、水中投篮。整场比赛妙趣横生，呐喊声此起彼伏。大家积极发挥团队的力量，体现了“中流击水，创新合作”的主题。

（周建忠）

**【利安达举行企业报发刊 100 期系列活动】** 2015 年，江苏利安达集团有限公司创办的企业报《利安达》发刊 100 期。该报是该集团公司党委创办的内部刊物，每月出刊一期，发到基层班组，宣传党的方针政策和行业内的先进经验，反映职工心声，长期来，已成为企业文化建设的重要载体。是年，该公司抓住这个契机，开展了一系列文化活动：从年初

2015 年，江苏法尔胜泓昇集团有限公司评出的十位文化人物合影

（张曾楷提供）

开始，向全体员工及其家属为企业公开征集企业歌歌词，截至8月，评出入围歌词10首，并从中精选出一首利安达企业之歌进行谱曲；9月，举行“风雨同舟20年”老员工座谈会，并给在利安达工作满20年的员工颁发联想笔记本电脑；11月，公司参考企业报刊的内容制订了企业发展史展览馆方案；12月，政协江阴市副主席、利安达集团公司董事长黄丽泰为《利安达》报发刊100期题词，鼓励《利安达》报坚持正确导向，传承工商文明，弘扬企业精神，服务产业发展，当好职工的良师益友。

（吴　瑶）

**【兴澄特钢公司拍摄微视频故事获奖】** 2015年，江阴兴澄特种钢铁有限公司团委组织青年自编自演，拍摄了反映本企业职工克服困难，岗位成才的微视频《奔跑吧，兄弟》。该视频以发生在企业的真人真事为依据，讲述了车间里的一群年轻人，不畏生产、销售、研发过程中的艰辛和困难，勇往直前向前冲，在付出中收获喜悦的感人故事。视频发布后，在职工中引起良好的反响，大家认为这是鼓励青年人爱岗敬业的活教材。是年，江阴兴澄特钢公司将他们拍摄的《奔跑吧，兄弟》推荐参加上级公司中信集团举行的“寻找中信最美的青春”微视频大赛，获得二等奖。（何冬梅）

**【海鹏集团员工编演8个情景剧】** 2015年，江苏海鹏投资集团有限公司在职工读书征文演讲比赛、“服务制胜”主题辩论大赛的基础上，发动职工自编自演情景剧。情景剧的题材从以上两项比赛的精彩内容中选取，编剧和演员均由公司内部员工担任。经过近半年的编排，共产生8个情景剧。7月，该集团公司举行情景剧汇演和比赛。通过评委打分和微信投票等方式，最终评出最佳团队奖1个，最佳剧情奖、最佳表演奖、最佳创意奖各1个，参与奖4个。集团公司领导向获奖者颁发了锦旗和奖金。（张　宇）

**【太平洋产险江阴公司成立20周年文艺活动】** 2015年3—10月，中国太平洋财产保险股份有限公司江阴中心支公司举行庆祝公司成立20周年系列活动。3月，举行大规模的业务技术操作比赛，检验20年来公司职工的业务能力。4月，聘请浙江大学教授到公司举行礼仪讲座，提高员工自身修养。5月，组织职工到华宏生态园开展野外拓展训练，培养员工的团队协作精神。6月，给全体职工16岁以下的子女发放购书卡，倡导少年儿童爱读书、读好书。7月，在江阴体育馆举行别开生面的趣味运动会，增强员工体质。8月，与友好单位的职工举行羽毛球比赛，增进与合作单位的友谊。9月，举行以“我与太保同成长”为主题的征文演讲比赛，给十多名优胜者颁奖。10月，以笔试形式举行全员业务知识竞赛，掀起了学习业务知识的新热潮。（张小英）

2015年7月，江苏海鹏投资集团有限公司举行职工自编自演情景剧比赛。图为舞台下的评委们在给舞台上的节目打分（海鹏集团提供）

## 文化交流

**【概况】** 2015年，江阴市接待参观访问的艺术家和团队42批次，其中有中国音乐家协会名誉主席傅庚辰、《百年巨匠——刘天华》摄制组、参加纪念民族音乐家刘天华诞辰120周年音乐会的澳门中乐团、香港竹韵小集中乐团以及日本、韩国的文化代表团队等。文化艺术展览因采取“引进来、走出去”的方式而显得丰富多彩。江阴市引进南京博物院的文物展（江苏省巡展项目）、贵州民族博物馆的“饰美人生”苗族银饰展、“盛绘澄怀·墨韵贺岁”青奥美术作品展、云南昆明市博物馆的“长空飞虎”抗战时期“飞虎队”文物展、无锡博物院的太湖画派近现代名家作品展等高规格展览，还举办江阴、宜兴两地书法交流展和江阴、张家港老干部书画作品联展。年内，江阴市以“霞印天下”为主题的书画展先后到云南省昆明市博物馆和大理市博物馆展出。市锡剧团应邀赴南京、常州演出获得好评。市锡剧团乐队在第三届海内外江南丝竹邀请赛暨中国杭州江南丝竹音乐节上获银奖。市评弹团选送两个节目参加第六届中国苏州评弹节获芦花奖。是年，徐霞客文保所与云南省丽江市木府博物馆缔结为友好单位，深入开展徐学文化的研究与交流。天华艺校民乐团出访瑞士、意大利，演出深受欢迎。

**【市锡剧团赴外地演出】** 2015年1月2日、5月17日，江阴市锡剧团两次应邀到南京博物院剧场演出。8月30日应邀到常州凤凰谷演出大型现代锡剧《江姐》。因演出影响好，常州市新北区文化艺术活动中心特地派员到江阴，邀请江阴市锡剧团到常州大剧院为新北区的教师作专场演出。11月8日，市锡剧团再次赴常演出，受到观众好评。

2015年10月22日,江阴市“霞印天下”徐霞客主题书画展在云南省昆明市博物馆展出。图为开幕式现场　(祝君凯 摄)

**【“霞印天下”徐霞客主题书画展】** 2015年10月22日,由中国徐霞客研究会、云南徐霞客研究会和江阴市政府共同主办,昆明市文化广播电视体育局和江阴市文化广播新闻出版局承办的“霞印天下”徐霞客主题书画展在云南省昆明市博物馆开幕。中国徐霞客研究会会长王宝才、云南徐霞客研究会会长朱惠荣、江阴市副市长龚振东参加开幕式并发言。昆明市文化广播电视体育局副局长李安民、江阴市文化广播新闻出版局局长蒋青等领导,以及近百位市民参加了开幕式。中国新闻社云南分社、云南电视台、云南网及《春城晚报》《都市时报》《掌上春秋》《云南政协报》等十多家媒体报道开幕式实况。这次主题书画展展出原国务院副总理李岚清“霞印天下”手迹和江阴市博物馆收藏的62位中国书法家书写的《徐霞客游记》选段,其中有启功、沈鹏、孙晓云、管峻等书法家以及黄胄、萧平等画家的作品,还展示了徐霞客在云南游历考察的图版和江阴发展现状图版。这是一次以文化为媒,诠释霞客故里——江阴与云南人民的友谊,促进民族团结的文化交流活动。11月10日,“霞印天下”书画移展大理市博物馆,于26日结束。

**【“盛绘澄怀·墨韵贺岁”青奥美术作品展】** 2015年1月10—18日,由中国文化艺术发展促进会、上海文化产权交易所和江阴市文广新局、江阴临港经济开发区国际商务中心、北京坦博艺术中心联合主办,江阴市文化馆、北京坦博艺苑、江苏后朴文化发展有限公司、苏南艺术财富管理服务中心等单位承办的青奥美术作品展在江阴市展览馆开幕。此次展览共设两个展厅,以“盛绘澄怀·墨韵贺岁”为主题,作品主要来自2014年南京青奥美术大展,涵盖了水墨画、油画、版画、瓷器等多种艺术形式,其中既有毕加索、黄永玉、范曾等众多中外美术大师的作品,也有墨客、崔自默、蒋山青等当代中国书画界新生代领军人物的代表作。

**【“长空飞虎”抗战时期“飞虎队”文物展】** 2015年9月22日—10月21日,由昆明市博物馆、江阴市博物馆联合举办的“长空飞虎”抗战时期“飞虎队”文物展在市博物馆展出。“飞虎队”的全称为中国空军美国志愿援华航空队。1941年8月1日,美国航空队第一大队成立,隶属中国空军,队长为上校克莱尔·李·陈纳德,总部设在昆明,从此在滇缅地区对日作战。因其英勇无畏和能征善战,威震长空,战功卓著,被誉为“飞虎队”。此次展览以“飞虎队”文物为主线,展示“飞虎队”历史,回顾“飞虎队”在中国抗日战争中的经典战役,介绍鲜为人知的“飞虎队”故事,重温波澜壮阔的抗战历史,铭记中美人民的友谊。展览中展出了昆明市博物馆精心挑选的“飞虎队”文物80多件,包括军用工具、军装、军用地图和各类勋章、书刊、首日纪念封等,如美国援华空军士兵弗兰西斯·奥尼的太阳镜、“好行为”奖章等。

**【市天华艺校民乐团出访瑞士】** 2015年9月27日,江阴市天华艺校民乐团的师生近50人应中国驻瑞士大使馆和瑞士卢塞恩州政府邀请,赴瑞士卢塞恩州维茨瑙市,在著名的莲花水上音乐厅参加卢塞恩国际艺术节中国民乐专场演出。这台一个半小时的天华之声音乐会,包括《大音华章》《锦绣中华》《四海一心》《盛世合音》四大乐章,有古筝独奏、双鼓重奏、阮族合奏等。28日,他们参加由中国驻瑞士大使馆举办的庆祝中华人民共和国成立66周年暨中瑞建交65周年招待会,献演

2015年9月28日,江阴市天华艺校民乐团的小演员在瑞士演出铿锵有力的双鼓重奏《杨门女将》　(市天华艺校提供)

呼应国家“一带一路”建设战略的大型民族交响曲《丝绸之路》、体现江南水乡情韵的丝竹乐曲《苏堤漫步》《百鸟朝凤》、铿锵有力的双鼓重奏《杨门女将》等，博得全场观众的热烈掌声。

2015年7月，参加“中国寻根之旅”夏令营的华裔少年在江阴市天华艺校体验民乐的美妙之声 （市天华艺校提供）

**【台湾学子两访天华艺校】** 2015年10月30日，台湾省台东县县长夫人陈伶燕带领台东县教育参访团一行31人到江阴市天华艺校参访交流。天华艺校的师生们以音乐会友，举行了一场别开生面的民乐欣赏体验活动。琵琶、二胡、古筝、扬琴……中国传统民乐的魅力让台湾学子深深陶醉。12月1日，55名北京大学软微学院的台湾籍学生到天华艺校。他们欣赏天华民族乐团的民族音乐会后，纷纷拿起二胡，擂起中国鼓，吹响葫芦丝，欣喜地品味中国民族乐器的迷人魅力。

**【“亲情中华·汉语桥”夏令营】** 2015年6月25日—7月6日，由中国侨联、国家汉办主办，江苏省侨联和省华侨经济文化交流中心承办，无锡市侨联、江阴市侨联、江阴市天华艺术学校协办的“亲情中华·汉语桥”2015年江苏夏令营在江阴天华艺校举行。来自美国、澳大利亚、加拿大、匈牙利、爱尔兰、巴西、南非、冰岛8个国家的31名华裔青少年围绕中华传统文化主线，认真学习《弟子规》、中国文学经典吟诵等汉语课程以及中国传统礼仪、书法、国画、武术、民间手工等中国文化课程，学习葫芦丝、二胡、古筝、中阮等中国民族乐器的演奏方法，游览江阴、无锡、常州等地的风景名胜和历史文化古迹等，还走进江阴学生家庭，深入体验江阴人的生活。（参见《群众团体和组织》类目中《江阴市归侨侨眷联合会》分目相关条目）

2015年7月，参加“亲情中华·汉语桥”2015年江苏夏令营的海外华裔青少年在江阴市天华艺校合影留念 （市天华艺校提供）

**【“中国寻根之旅”夏令营】** 2015年7月23—31日，由国务院侨办主办，江苏省侨办承办，无锡市侨办、江阴市侨办、江阴市天华艺术学校协办的2015年海外华裔青少年“中国寻根之旅”夏令营——江苏无锡营在天华艺校开营。这次夏令营以“汉语·中华文化·寻根”为主题，来自荷兰、美国、日本、比利时等国家的50名华裔青少年在9天时间内，认真学习国画、书法、武术、民歌、手工串珠、京剧脸谱绘彩、中华传统礼仪、优秀古典文学赏析等课程，体验中国鼓、葫芦丝、扬琴等中国民乐，参观江阴及周边城市的名胜古迹，感受祖国的山水之秀、人文之美和灿烂的传统文化。（参见《江阴市人民政府》类目中《侨务和港澳同胞事务》分目相关条目）

（史晓晔）

## 文化管理

**【概况】** 2015年，江阴市有娱乐场所194个（其中歌舞厅143个、电子游戏室51个），网吧122个，营业性演出场所32个，各类印刷企业589个；出版物（书报刊）经营单位325个，音像制品经营单位101个。全市各级文化市场管理部门认真贯彻“一手抓繁荣，一手抓管理”的方针，在开发文化资源的同时，加强市场整合，通过依法行政工作，积极扶持规模化经营单位，为促进市场繁荣创造有利条件。根据电影放映许可证审批程序，完成3个电影院的审批和1个电影院的现场勘察及公示工作。完成了电影发行经营许可证、放映许可证的年检、年审和上报工作。同时,积极开展“扫黄打非”集中行动,有效地遏止非法出版经营活动。开展卫星接收设施整治和执法行动,收缴非法安装使用的地面卫星接收设备,并对违规接收境外卫星节目进行行政处罚,还查处3个非法电台。

**【“扫黄打非”集中行动】** 2015年,江阴市一手抓扩大思想性、艺术性、观赏性相统一的精神产品传播,一手抓文化市场管理。年内开展“扫黄打非”集中行动4次,组织专项行动8次,先后出动执法人员720余人次,检查经营场所及零售摊点1230个次,查缴各类非法图书3250册、电子出版物650盘、音像制品1200余盘,有力地打击不法分子的嚣张气焰,有效地遏止非法出版活动的猖獗势头。

**【地面卫星接收管理】** 2015年,江阴市综治办与工商、公安、广电等部门加大对地面卫星接收设备的管理,两次下发《关于在全市开展专项治理非法卫星电视接收设施工作的通知》到各镇(街道)综治办、广电站及有关单位,布置专项整治工作,并在电视台播出整治工作宣传片,每天播出3条。各广电站对全市个人非法安装“小耳朵”情况进行调查摸底,并登记建册,张贴通告。市综治办与工商、公安、广电等部门通力合作,年内张贴1500份关于打击非法生产、安装和使用卫星电视接收设施的通告,还将100多份由市综治办、市公安局、市文广新局联合发出的劝拆通知书,送到有关社区,共拆除5889只非法安装的卫星电视接收设施,顺利通过了省、市有关部门组织的“无小耳朵”先进社区检查。

**【3个非法电台被查处】** 2015年,无锡市电信局、文广新局和江阴市公安局、文广新局紧密协作配合,查处3个非法电台:11月6日,在周庄镇查处设备频率为93.2兆赫、功率为50瓦的1个非法电台;同日,又在华士镇华菁园查处设备频率为94.5兆赫、功率为50瓦的1个非法电台;12月15日,在南闸街道绿地景园查处设备频率为94.6兆赫、功率为100瓦的1个非法电台。

# 文化遗产保护

## ·物质文化遗产保护·

**【概况】** 2015年,江阴市博物馆等文保单位举办各类展览20个,接待各级领导及艺术家700多批次,接待观众30多万人次。文保工作者发表学术论文10篇,其中《拓片上的文庙历史之“题名碑”考》在北京国子监馆刊上发表。举办3期文物保护公益讲座。市博物馆做好全国第一次可移动文物普查数据采集、图像采集整理和上传工作,完成3806组文物数据上传和182件等级品文物的无酸装具的换装工作。配合中国艺术研究院等单位拍摄《百年巨匠刘天华》人物传记纪录片。做好云亭街道、周庄镇、祝塘镇、徐霞客镇及峭岐社区等地新发现文物的考古工作,征集清代文物2件,明、清至现代的瓷器、纸质文物、民俗文物、美术作品等38件。文庙管理所、刘氏兄弟故居、曹颖甫故居、要塞司令部旧址和徐霞客文保所加强安全管理,做好维修保养工作,整治环境,保障日常开放。对刘天华故居和文庙的东西两庑墙面及大成殿、大成门、泮池三桥进行了维修。国民党要塞司令部旧址建立日常监测、安检、管理等制度,与江阴职业技术学院合作,成立馆校培训基地,定期开展专题研讨,成为广大学生和市民的第二课堂。徐霞客文保所进一步做好徐霞客故居及晴山堂的各项管理工作,年内接待参观者5万余人次,讲解500余批次。

**【刘天华故居维护修缮】** 2015年8月,刘天华故居工作人员在清扫时发现,刘天华卧室的地板因长期吸收地面水汽,已有多处腐朽,便及时上报。市文管会及时制订维护保养方案。10月22日,由具有古建修缮资质的江苏大自然环境建设集团有限公司派出技术人员,将已坏地板全部拆除,并选购优质板材,按照原来的格局进行整体更换,做到修旧如旧,并采取了防潮措施。11月3日整修完工,市文管会进行了验收。

**【文物征集】** 2015年,市博物馆先后3次征集文物。8月5日,向江苏省文物总店征集文物2件,分别为清代季念诒书法立轴和张乔款楠木诗文信筒。季念诒与张乔都是江阴籍人,馆内之前从未征集到他们的作品,此次征集填补了馆藏空白。9月,市博物馆委托江苏省文物总店征集一批瓷器共15件。经馆外专家鉴定,有11件瓷器可以作为馆藏文物收藏,其中1件还有望评为二级品。11月5日,在市文广新局委派的纪检室主任孙正德和文物管理办公室主任韩锋全程监督下,市博物馆到江苏省文物总店征集明清时期的瓷器14件。其中有2件瓷器造型精美,有望评为二级品,1件为清代康熙年间仿明代嘉靖官窑蓝釉观音瓶,是康熙年间民窑中的精品,存世较少;另1件是清代光绪年间浅绛彩人物故事纹缸,是继珠山八友之后的陶瓷浅绛彩绘画名家唐子桢的精品之一,填补了馆藏明清瓷器空白。

**【《百年巨匠刘天华》拍摄】** 2015年1月8日,江阴市文保部门接待中央电视台工作人员到刘氏兄弟故居查看,为拍摄大型人物传记纪录片《百年巨匠刘天华》做前期准备。5月22日,市博物馆配合中国艺术研究院、中央电视台、中央新影集团、百年艺尊(北京)文化传播有限公司和银谷艺术馆联合摄制组,做好相关文物拍摄的提取、摆放及资料的提供工作。在拍摄过程中,江阴市有关部门高度重视,认真准备,积极配合,精选了刘天华生前使用及改良过的乐器、作曲手稿、乐曲唱片、出版物、纪念集等珍贵文物,部分文物属首次公开。

## ·非物质文化遗产保护·

**【概况】** 2015年,江阴市继续落实各项措施,抓好“非遗”抢救保护和挖掘工作。年初一至年初五开展“巧手迎新春”活动,进行衍纸、彩陶泥、面塑等“非遗”项目的演示。办好全国“第十个‘非遗’日”活动,完成《手上功夫——江阴市非物质文化遗产民间工艺类项目撷萃》纪录片的后期制作。做好二胡艺术和锡剧艺术在江阴的发展、推广、传承工

2015年8月，市博物馆在“青少年艺术体验周”活动中，邀请江阴非物质文化遗产传承人表演面塑制作技艺 （祝君凯 摄）

作。整理、制作江阴市国家级、省级、无锡市级和江阴市级各类“非遗”项目共97份资料，广泛进行宣传。整理江阴市非物质文化遗产传承基地、传承人名录资料。完成江南丝竹和二胡艺术“非遗”项目的省级经费申报工作。举办江阴市第四届“天华杯”二胡演奏大奖赛和多次锡剧演出比赛。“带响风筝”参加江苏省风筝公开赛暨宜兴市第十七届太湖竺山风筝节比赛，载誉而归。市博物馆还利用学生暑假，举行“青少年艺术体验周”和“小小讲解员体验周”等活动，增强青少年对非物质文化遗产的保护意识。

**【第十个“非遗”日活动】** 从2015年5月开始，江阴市就着手做好“非遗”专题纪录片《江阴好手艺》视频上网、视频点播和非物质文化遗产画版展览的准备工作。6月1日是全国第十个“非遗”日，是日起举办“江阴好手艺”“非遗”画版展览，展出虎头鞋、百寿图、灰塑、面塑、木雕等10个非物质文化遗产项目。同时做好锡剧追星信息采集汇总工作。市锡剧团和江苏有线电视江阴分公司共同推出广电高清电视回看栏目“江阴锡剧”。

**【“带响风筝”参赛获奖】** 20世纪80年代，江阴市利港镇西刘墅村的风筝爱好者制作放飞“带响风筝”，做这种风筝要将竹弓、竹哨、中空葫芦等发音构件安置在纸鸢上，放飞高空时“嘤嘤”作响，使风筝更具有艺术性、观赏性、娱乐性，不仅在周边乡镇享有盛誉，还参加在山东潍坊，江苏南通、如东、常州、宜兴、张家港、常熟等地举行的风筝节，成为引人瞩目的亮点，并多次获奖。2015年4月24—26日，江阴市非物质文化遗产“带响风筝”传承人姚仲虞、张玉良等人在市文化馆工作人员的带领下，携“龙头蜈蚣鹞”“蝴蝶鹞”“夜光鹞”“九串鹞”“嫦娥奔月”和“大熊猫”6种风筝，参加2015年“体彩杯”江苏省风筝公开赛暨宜兴市第十七届太湖竺山风筝节。经过200多种风筝放飞比赛和评委评议，“夜光鹞”获夜光风筝项目最佳效果奖，“九串鹞”获最佳工艺奖。

**【锡剧艺术传承】** 2015年，江阴市进一步加强锡剧艺术培训，开展多项演出和比赛。3—11月，江阴市第三届“澄星杯”锡剧票友大奖赛的初赛和复赛相继举行。江阴电视台的“暨阳戏台”戏曲栏目录制澄江街道、南闸街道、临港街道和月城镇、新桥镇、青阳镇、顾山镇的7场专场演出，在江阴电视台健康生活频道播出，并在微信公众平台上推出投票活动。市锡剧团进一步强化对小锡班学员的辅导和训练，除了正常的教学以外，还安排4个小戏的创排任务，对小学员进行重点辅导。11月4—6日举行江阴市第三届小锡班汇演，并组织小票友参加2015年江苏省戏曲小票友邀请赛，徐梦恬获比赛最高奖——最佳演唱奖。在2015年全国小梅花大赛中，江阴班学员姜佳晨获小梅花奖金奖。在第三届江浙沪锡剧票友暨锡剧新苗大赛中，江阴小锡班学员顾江辉获铜奖，田诗钰获优秀演员奖。12月3—4日，“喜迎新春”江阴市学校小锡班精品节目在江阴大剧院展演，江苏电视台进行全程录制。此次小锡班展演，有来自峭岐实验小学、临港新城实验小学、月城实验小学等19所学校的小锡班参加录制。演出《珍珠塔》《唐宫奇冤·朝思暮想念亲人》和现代锡剧《江姐》等经典作品的精彩片段。

**【首届小学二胡班艺术汇演】** 2015年6月11日，来自城中实验小学、峭岐实验小学、晨光实验小学等11所小学的18个二胡班共2000多名学生进行二胡汇演。其间评出基本功一等奖4名，二等奖5名，三等奖7名；独奏一等奖6名，二等奖5名，三等奖12名；曲目演奏一等奖5名，二等奖5名，三等奖7名；优秀组织奖5名。

**【市第四届“天华杯”二胡演奏大奖赛】** 2015年11月20日，江阴市第四届“天华杯”二胡演奏大奖赛在市文化馆剧场开赛。大赛设小学组、初中组、青年组、中老年组、锡胡组和团体组6大组，小学组因人多，又分为小学甲、乙、丙3组。参赛者有六七十岁的老人，也有七八岁的孩子，老中青少同台竞技。最后评出一等奖1名，二等奖2名，三等奖6名。 （张晓琳 邵振良）

■类目编辑 李缉宁

# 卫 生

## 综 述

**【概况】** 2015年，江阴市有医疗卫生机构573个，其中医院、卫生院44家，社区卫生服务中心7个；编制床位5905张，实际开放床位7829张；卫生技术人员8975人。全市卫生事业经费4.61亿元，占全市财政支出的2.24%。全市医疗服务门急诊1001万人次，比上年增长4.2%；收治住院28万人次，比上年下降3.4%。建立健全疾病应急救助制度，继续完善“基本医疗、大病保险、医疗救助、补充保险”四位一体的新农合保障体系，确保人民群众得到更多的实惠，央视财经频道两次采访报道江阴市新农合工作。2015年度新型农村合作医疗保险人均保费740元，参合群众55万人，参合率100%，近227.8万余人次得到结报补偿，受益面100%，其中住院结报补偿9.4万人次，结报总金额3.4亿元，政策性补偿率80%，实际补偿率50%，门诊结报216.4万人次，大病救助近2万人次，结报总金额5194万元。针对困难群体、低保户的医疗费用结报范围内个人自负部分提高到100%救助，进一步减轻困难群众就医负担，政府“兜底”的作用更加明显。全市196个社区卫生服务站通过无锡市规范化建设验收，建成率98%。江阴市公立医院药品零差率销售、均次药品费用216元，较改革前均下降11%，药占比41.6%，较改革前下降3个百分点。基层医疗卫生机构药品平均销售价格较改革前下降43%，惠利群众6000万元。12月，再次对医药价格进行改革，把药品零差率销售范围扩大到转制医院，预计惠利群众近4000万元。均衡发展全市医疗卫生资源，开工建设医疗卫生项目4项，市医疗中心主体大楼封顶，新四院正式启用，顾山中心院进入全面装潢阶段。鼓励社会资本举办医疗机构31个，元林康复医院建设前期准备工作基本完成。建成区域卫生信息平台，实现全市域范围内的医疗卫生信息互联互通和信息共享。在市人民医院、市中医院对医保病人进行先诊疗后付费试点工作。是年，新桥卫生院被国家卫生和计划生育委员会办公厅评为2014—2015年度群众满意的乡镇卫生院；马镇卫生院、陆桥卫生院被评为第三批江苏省乡镇卫生院示范中医科，石庄卫生院被评为第四批江苏省乡镇卫生院示范中医科，祝塘镇金庄村卫生室、徐霞客镇北渚村卫生室、月城镇卧龙村卫生室、周庄镇东林村卫生室被评为江苏省示范村卫生室，市中医院脾胃病科被评为江苏省基层医疗机构中医特色专科，市中医院妇科被评为江苏省中医重点专科建设单位，市人民医院心内科护理组荣获江苏省卫生计生系统护理专业“巾帼文明岗”，市青阳医院针灸科被评为江苏省基层医疗机构中医特色专科建设项目。江阴市被列为全省第二批幸福家庭建设项目县，顺利通过国家卫生城市复审验收。

**【5省疟疾联防联控检查组到江阴检查】** 2015年9月22—23日，由河南省卫生计生委副主任黄玮带队的江苏、山东、河南、安徽、江西5省疟疾联防联控检查组一行8人，在江阴对江阴市消除疟疾和2013年以来疟疾防治工作进行现场检查和指导。检查组听取市疟疾防治工作汇报，随后分3组进行现场检查。第一组对市人民医院疟疾防治工作进行检查，查阅2014—2015年的门诊首诊、血检、月报表等记录情况。第二组查阅市疾控中心2005—2015年的疟疾防治资料，主要检查基层医护人员培训和血片复检工作。第三组对全市基层单位和市疾控中心镜检人员进行镜检读片抽考。检查组一行对江阴市自2010起，连续6年无本地疟疾疫情发生，3例输入性疟疾病人均能及时发现、有效治疗，未发生二代病例和死亡病例，以及在2014年通过省级消除疟疾达标考核后政策不松、制度不懈、资金不减、队伍不散、能力不降、工作不停，一如既往地保持良好的工作机制，防治工作成效显著给予肯定。

**【市流动人口计生工作受到省调研】** 2015年9月22日，江苏省计生协会会长赵龙，省卫计委副主任、计生协会常务副会长何小鹏率领省计生协会考察组一行，对江阴市流动人口计生工作进行考察调研，副市长龚振东、市卫计委主任严军明以及无锡市卫计委有关领导陪同。省计生协会考察团一行参观江苏阳光集团“职工之家”、江苏海澜集团流动人口集中居住点，并认真听取市计生协会工作情况汇报。调研组对江阴市在流动人口计划生育管理和服务上，强化区域协作，立足企业，创新

2015 年 9 月 22 日，江苏省计生协会领导调研考察江阴市流动人口计生工作。图为考察组一行在江苏海澜集团流动人口集中居住点进行考察

（陈文广 摄）

举措，通过完善服务，提升全市流动人口计划生育公共服务均等化水平，加快流动人口融合江阴市经济社会发展的做法表示肯定，对江阴市流动人口计生管理和服务所取得的成绩表示赞赏，希望江阴抓住卫计机构整合契机，优化服务，计生协会组织建设加快融入，不断提升流动人口计生服务管理水平。

**【组建市卫生和计划生育委员会】** 2015 年，江阴市委、市政府落实中央和省委决策部署，深化机构改革，转变政府职能，组建江阴市卫生和计划生育委员会，为市政府工作部门。不再保留市卫生局、市人口和计划生育委员会。7 月 7 日，举行卫生和计划生育委员会成立大会。市委常委、常务副市长孙小虎，市委常委、组织部部长钱文琴，副市长龚振东出席会议。原市卫生局、人口计生委机关全体人员及下属事业单位负责人参加了会议。会上，钱文琴宣读了市委关于建立市卫生和计划生育委员会党委、纪委及人事任免的文件。新设立的市卫生和计划生育委员会为正科级建制，设办公室、组织人事科、财务审计科、医政科、中医科（挂“保健科”牌子）、公共卫生服务科（挂“市血吸虫病地方病防治领导小组办公室”“卫生应急办公室”“疾病预防控制科”牌子）、行政许可服务科（挂“政策法规科”“综合监督科”牌子）、妇幼健康服务科、计划生育服务科（挂“流动人口计生服务科”牌子）、计划生育家庭发展科、信息统计科、市爱国卫生运动委员会办公室 12 个内设机构。

**【文化科技卫生“三下乡”活动启动】** 2015 年 2 月 13 日，江阴市 2015 年文化科技卫生“三下乡”集中活动在临港街道长江村中央公园启动，拉开全市“三下乡”活动序幕。市委常委、宣传部部长袁秋中出席活动。“三下乡”集中活动服务由文化体育、农业科技、卫生计生、道德法制、志愿服务 5 个分团组成，以更加务实、更加惠民的举措，为百姓带来丰厚的新年“大礼”。除了开展现场服务，“三下乡”分团成员还带着价值 38 万余元的慰问金和农用物资、音像器材、体育器械、计生用品、康复器材、科普书籍等。活动中，市健康促进中心将《江阴健康》《江阴居民健康素养读本》《健康素养 66 条》《健康生活方式手册》等健康知识宣传资料，现场发放 2100 余份；市人民医院、市中医院专家为居民测量血压，讲解慢性病预防知识，指导冬季如何预防皮肤瘙痒、皮肤干燥和手足皲裂；广场排列图文并茂的全民健康生活方式内容展板 10 余块，吸引广大市民驻足观看。

**【市医疗中心主体建筑封顶】** 2015 年 9 月 16 日，江阴市医疗中心（市人民医院东院）的主体建筑封顶，标志主体结构全部完工。该中心位于长山大道东、芙蓉大道南、耙齿山西、迎瑞路北，主体建筑高 26 层，规划设计床位 1200 张，于 2013 年 3 月开工，总投资约 12.2 亿元。项目采用一次性征地、一次性规划、一次性设计，内外部环境一次性到位的方法实施，在方案设计上坚持人性化、现代化、园林化原则。项目占地面积 181 亩，总建筑面积约 18 万平方米，包括 26 层高的门急诊、病房大楼以及体检大楼、感染科楼等区域。功能定位为一所现代化三级医院，同时建成服务全市检验、影像、病理、消毒、远程会诊等功能的医疗中心和感染病诊疗专业机构。

**【医联体建设】** 2015 年，江阴市卫计委充分发挥市人民医院和市中医院的龙头带动作用，建立医联体机制。医联体内医护人员实行统一招聘、统一调配、统一培训，实行医师多点执业和双向交流。至年底，市人民医院为各成员单位培训骨干医生、中层干部 200 余人次，长期派驻医疗专家参与成员单位一线临床工作。大力推进影像会诊、检验检查、病理检测、消毒供应、远程会诊等五大资源共享中心建设，实现医联体内医疗检验检查标准统一、平台调阅、结果互认，有效减少设备重复购买、检查重复进行的现象。投入专项资金建成双千兆卫生专网，建立市级数据中心和健康管理云平台，以信息化为技术支撑，实现了医联体内药品供应、耗材采购、诊疗服务、床位管理、科研教学、工作协同方面的信息联网、资源共享，为“互联网 + 医疗”打下坚实的基础。推广龙头医院管理制度，共享医联体各成员先进管理经验，不断优化运行机制，提高运行效率，整体提升全市医疗机构管理水平，从而把医联体真正建成了各成员单位的目标共同体、利益关联体、资源共享体。两大医联体坚持优势互补和差异化发展道路，探索实施多种合作模式，实施“专家往下走、技术往下沉、病人往下转、费用往下降”,让群众在家门口享受到优质医疗服务,充分体现了公立医院的公益性,提高了城乡群众的满意度。按照患者自愿、连续治疗、安全便捷和尽量减轻就医费用负担的原则,通过新农合结报向基层倾斜、双向转诊取消起付线、建立医保签约医生奖惩制度等手段,引导病人合理有序就医,有效提高社区卫生服务首诊率,2015 年社区卫生服务门急诊人数同比上升11%,为最终实现“小病在社区、大病进医院、康复回社区”的就医格局奠定了坚实基础。由卫计委出政策、出资金,片区医院采取设立单独病区、合理布局科室、调配工作人员等措施,通过龙头医院选派专科建设带头人共建特色专科、派遣诊疗组等优质资源纵向流动,变“等”患者上门,为“送”医下乡,方便患者看病就医,改善基层的服务水平。两家龙头医院下派科技院长,领建 4 个重点专科,5 家卫生院共建特色专科 5 个,共建联合病区 2 个,其中市中医院帮扶顾山卫生院组建的针伤科,同比门诊人数增长了 36.53%;市人民医院帮助市二院共建的肿瘤病区,2014 年11 月建成,到 2015 年年底,住院人次达到 933 人次,不仅为基层群众提供了就近就医的便利,更为居民提供更高水平、更加专业的专科诊疗。通过医联体建设,次均住院费用大幅度降低,同种疾病治疗费用比在龙头医院节省 30% ~50%,不仅有效减轻群众负担降低医疗费用,还在很大程度上减轻龙头医院的就诊、住院压力,促进了基层医疗卫生机构的发展,实现了“三方共赢”。

**【汛期卫生防疫】** 2015 年 6 月,江阴市普降大暴雨,持续强降水使全市部分低洼地区、居民房屋、农作物等受淹,出现内涝险情。为积极应对防汛工作,严防灾后疫情发生,市卫生局紧急召开卫生防疫工作会议,全面部署汛期卫生防疫工作。积极做好健康教育宣传,提高群众防病意识和能力;做好集中式供水、自备水单位水源卫生防护和饮用水消毒监督指导,防止食物中毒和介水传染病的发生;做好消杀工作的培训和指导,消毒物品发放等工作;做好灾后群众基本医疗,安排社区卫生服务团队做好巡诊工作。全市免费发放消毒药品 130 余箱,分级开展专业培训 20 余场,确保洪涝灾害后全市未发生相关疫情。

**【江阴健康网与“江阴健康”微信公众号上线】** 2015 年 6 月,江阴市卫生局正式向社会推广江阴健康网(http://www.jyhealth.net/)、“江阴健康”微信公众号(jyshealth),实现电子预约挂号、健康档案查询、满意度调查、健康宣教、中医自测、投诉咨询等服务功能。江阴健康网、“江阴健康”微信公众号是江阴市“江阴健康”服务品牌的重要组成内容,是各医疗卫生单位与市民沟通联系的桥梁纽带,全市各医疗卫生单位根据市卫生局的统一部署,在门诊大厅、电梯间、病房等人员密集公共空间统一张贴相关宣传海报,各单位导医人员提前学习相关业务知识,做好市民的咨询答复工作,为该项目的推广使用创造良好社会氛围。至年底,预约挂号 2348 人次、关注人数 10500 人、健康档案调阅次数5881 次、编发软文 105 篇、阅读次数11.3 万次,阅读人数 7.33 万人次。

**【开启先诊疗后付费新模式】** 2015 年 7 月,江阴市卫计委会同市人社局考察周边已开通先诊疗后付费项目的多个城市,综合吸收各地的好做法,制定出台《“先诊疗后付费”服务模式实施方案》,提出诊间结算加记账并引入黑名单模式,既控制了患者欠费的问题,也为后期开通网上支付预留通道。市卫计委将根据运行效果,适时推广至各二级医疗机构开通网上支付诊疗费业务,以便市民看病就医。市卫计委与市人社局通力合作,在全市各医疗卫生单位、药店、门诊等定点机构实现实时联动,一旦发生患者欠费等情况,将实现业务办理限制等措施,确保项目顺利运行,并保证资金安全。市人民医院、中医院率先在全市开通先诊疗后付费就诊模式,至年底的 2 个月,方便群众 3.5 万人次。

**【提高新农合筹资和保障水平】** 2015 年,江阴市提高新农合筹资标准,人均筹资 740 元,较上年增长12%,基金总盘子 4.3 亿元。其中市级财政人均补贴 295 元,较上年增长 13%;镇(街道)财政人均补贴285 元,较上年增长 14%。新农合保障内涵覆盖门诊、住院、康复、老年护理和体检等诸多方面,建立并逐步完善了以新农合为主、大病救助和补充保险为辅的三位一体多层次医疗保障体系。年内,市新农合继续深化支付方式改革,进一步完善以总额付费为主,按病种付费、床日付费和项目付费为辅的综合支付方式。全年补偿 2279929 人次,补偿总金额 4.4 亿元,受益面 100%。其中住院补偿 95306 人次,补偿总金额 3.4 亿元,大病救助 20669 人次,救助总金额 4451 万元,住院实际补偿比达 52%;门诊补偿 2163954 人次,补偿总金额 5194 万元,门诊补偿比例 50%。筹资水平的提高,有效地提高了保障水平,缓解了广大参合群众“因病致贫、因病返贫”问题,切实减轻参合群众的就医负担。

(潘 燕)

## 爱国卫生工作

**【概况】** 2015 年,江阴市爱国卫生工作主要以国家卫生城市复审为契机,紧紧围绕建设健康城市、卫生创建、改水改厕、除害防病、健康促进与健康教育、农村环境卫生整洁行动等内容展开工作。加强环境卫生治理工作和群众健康教育工作,促进全市的环境卫生得到更好改善、广大群众的健康水平得到大幅度提高。年内,以优异的成绩通过全国爱卫会组织的国家卫生城市复审确认;成功加入世界卫生组织西太平洋地区健康城市联盟,更好拓展建设健康城市工作理念;第二轮健康城市建设目标任务基本完成。璜土、周庄、长泾、顾山、新桥、华士 6镇顺利通过全国爱卫办组织的明查暗访并重新命名为国家卫生镇;青阳镇、月城镇、临港街道于 2010 年建成的 4 个省卫生村,也顺利通过省爱卫办组织的检查验收。全年建成健康小屋 1 个,新建成健康步道 4 条,完善提高健康主题公园 1 个。全社会禁控烟意识明显得到加强,禁控烟场所由单一的医疗卫生机构拓展到社会,璜土镇机关等 15 个单位建成“无烟单位”。继续推进“池改厕”工作，新建和改建农村公厕135座，全年完成生态户厕改造6779座。

**【通过国家卫生城市复审】** 2015年，根据《国家卫生城市评审与管理办法》，江阴市接受国家卫生城市复审。为此，市委、市政府成立复审迎检工作指挥部，全市动员，下发《江阴市国家卫生城市复审迎检工作方案》和目标责任书，要求各级、各部门按照上述迎检工作方案和目标责任书的要求，严格把关，做好落实。全市上下针对城市交通、照明、绿化、饮水、环卫及污水处理等市政设施的薄弱环节，加快完善，提升配套功能。结合城市环境综合整治、城乡环境综合整治三年行动计划，整治市容环境、农贸市场、重点行业，努力攻坚克难，提高生活环境质量。强化民生需求，突出重点场所卫生、公共医疗服务、病媒生物防制，提升全民健康素养，切实改善公共卫生服务，努力满足人民群众日益增长的公共卫生服务需要。突出标本兼治，坚持治标治本、长效管理，切实巩固和提升城市管理水平。指挥部自5月中旬至10月下旬组织两轮全时段、网格式督查，拍摄督查现场照片（录像）千余张（段），查出各类问题300余个，下发整改通知单251张。各部门单位齐心协力，加强农贸市场内部环境整治，对道路、道板破损，交通护栏破损，主要道路、小区绿化缺失等问题及时进行整改，确保城市主要公共场所的环境卫生保洁力度和清扫频率，及时清除建筑垃圾和暴露垃圾，主次干道、居民小区、背街小巷的保洁质量得到提升。11月，江阴市国家卫生城市顺利通过全国爱卫办组织的复审并得到重新确认。

**【加入世界卫生组织西太平洋地区健康城市联盟】** 江阴市遵循世界卫生组织（WHO）号召，启动健康城市建设工作，先后实施第一轮行动计划（2008—2010）和第二轮行动计划（2011—2015）。2015年4月，启动申请加入该组织西太平洋地区健康城市联盟工作，以更好地理解和执行健康城市建设的理念及要求，汲取先进国家、地区成功经验，拓展建设健康城市工作理念。先后收集整理、翻译各类文档资料2万余字。9月，将含有《江阴市关于支持健康城市的声明》《江阴市建设健康城市的远景目标》《重点健康问题分析》《江阴市建设健康城市三年行动计划（2008—2010）》《江阴市建设健康城市行动计划（2011—2015）》《江阴市建设健康城市主要工作指标》等9个附件的申报资料，正式递交世界卫生组织西太平洋地区健康城市联盟秘书处。12月30日收到该秘书处邮件复函，江阴市被联盟指导委员会认定为该组织西太平洋地区健康城市联盟正式成员。

**【基本完成第二轮健康城市建设目标】** 2015年，是江阴市第二轮健康城市建设的收官年。年初，市健康城市建设办公室按照突出健康、项目管理、持续改进、协调发展的工作思路，围绕城市环境持续改善、健康服务质量有效提升和市民健康素养不断提高3个重点，具体以“蓝天”行动、“卫生创建提升”行动、“控烟”行动、“食品药品放心”行动、“职工健康关爱”行动、“社区健康干预”行动、“心理健康素质提高”行动、“居民健康诊断”行动、“健康社区（单位）建设”行动、“家庭健康医生责任制”行动10项重点项目，20余项子项目以及相关的实现目标、实施要求等，作为健康城市建设重点行动项目。对照上述目标任务要求，制定下发了23个成员部门的目标任务书，明确全年的工作要求和任务完成的时间节点，确保各项工作目标全面完成。针对各成员部门的特点，市健康办加强对各成员单位目标任务的中期督导和第二轮健康城市建设的终期评估。至12月底，健康城市建设目标任务基本完成。

**【健康促进活动】** 2015年，江阴市爱卫办以关注大众身心健康，倡导健康理念和健康生活方式为主旨，与江阴日报社开辟“健康直通车”网络直播互动节目6期，每期有丰富经验和医术的3位专家现场答疑，为群众提供零距离的健康服务。推进“健康五进”活动，年内开展“百名医师健康巡讲”健康讲座87场，讲座采取菜单式服务，深入全市各镇（街道）、机关、学校、企业、家庭等，将健康服务送进社区，受益群众万余人次。“江阴健康”微信公众平台，每周向公众发布一期权威健康信息，上半年发送26期87条。6月3日，“江阴健康”微信订阅号升级为服务号，至12月推出健康知识文章14期243篇。与江苏省移动公司江阴分公司合作设立“健康贴士”短信平台发送健康短信，全年发放24条送达25万人次。开展江苏省第18个健康教育宣传月活动，开展健康教育专项宣传、义诊活动71场次，发放各类宣传资料15万余份，制作各类健康知识展板1000块，张贴宣传画3000余份，受益群众30万余人次。

**【6个国家卫生镇通过复审】** 2015年，根据《国家卫生乡镇（县城）考核命名和监督管理办法》的规定，江阴市璜土、周庄、长泾、顾山、新桥、华

2015年7月2日，江阴市爱卫办推进“健康五进”活动。图为“珍惜健康远离慢病”——健康直通车走进云亭街道　　（吴　亦　摄）

士6镇国家卫生镇被全国爱卫办列入复审范围。璜土等6镇党委、政府把爱国卫生工作和巩固国家卫生镇创建成果这两项工作列入社会事业发展的重要规划和目标,实行目标管理。各镇主要领导担任爱卫会主任,健全爱卫会组织,各委员单位分工明确,责任落实,定标准、定人员、定责任、定时限、定质量,加强督查力度,形成各负其责、互相配合的良好工作机制。扎实开展健康教育工作,实施环境卫生长效管理,依法进行环境保护,加大环保建设投入力度。依法监管食品和环境卫生,食品生产、加工、经营单位和单位食堂持有效卫生许可证、从业人员持有效健康证、卫生知识培训合格证和体检覆盖率均为100%,学校食品卫生量化分级管理100%。11月,全国爱卫办对上述6镇进行明察暗访,结果显示6镇在获评国家卫生镇后,继续强化领导,完善工作机制,保持标准不降、力度不减、机制不变,不断加强镇社会卫生综合治理,巩固和发展国家卫生镇创建成果,发挥典型示范作用,予以重新确认。

**【病媒生物防制】** 2015年,江阴市结合国家卫生城市复审,扎实开展除害防病,做好病媒生物防制工作。市爱卫会先后下发《关于开展春季突击灭鼠的通知》《关于切实做好春夏季传染病防控工作的通知》等,利用宣传栏、橱窗等宣传阵地,大力宣传“四害”(鼠类、蚊虫、蝇类和蜚蠊)危害及杀灭方法,增强居民除害防病意识和能力。重点加强农贸市场的病媒生物防制工作,组织全市农贸市场的工作人员参加市举办的病媒生物防制培训。充分发挥专业消杀人员、社区工作人员、爱卫会3支队伍作用,确保除“四害”工作深入开展。全市清理“四害”孳生场所1200多处,投放灭鼠药物260000包、灭蟑药物50000包、灭蝇药物60000包,增设毒饵站6870个、灭蝇笼100余个。通过有效防制,“四害”密度始终在国家标准范围内,年内建成病媒生物防制规范化社区16个。11月,市爱卫会组织有关专家对璜土镇、临港街道、云亭街道、月城镇、青阳镇、华士镇、祝塘镇“灭鼠、灭蟑螂”先进镇巩固情况进行复查。按照《病媒生物密度控制水平》《病媒生物预防控制管理规定》,以及《江苏省病媒生物防制工作督导评估办法》规定的抽样原则和评价标准,进行现场抽样检查。结果显示上述7个镇(街道)灭鼠、灭蟑螂指标均控制在国家标准之内,被重新确认为“灭鼠、灭蟑螂先进镇”,有效期为5年。

**【完成农村环境抽样监测】** 2015年8月,江阴市临港街道、月城镇、徐霞客镇、华士镇、祝塘镇5镇(街道)被江苏省卫计委、省爱卫会列为农村环境监测点抽样单位,监测、调查内容包含:人口学资料、环境卫生情况、环境卫生管理、学校环境卫生状况、村容村貌等基本情况以及垃圾来源、种类数量、处理方式,污水来源、种类数量、排放方式、处理方式,农村户厕类型、使用管理、粪便无害化处理情况,农村厨房内“四害”密度监测,土壤寄生虫和重金属污染等。监测样本在上述5镇(街道)的20个行政村100户农户、10所学校进行调查和环境卫生监测。9月,完成监测。通过对上述监测点的抽样调查、监测,初步反映江阴市农村环境卫生健康危害因素水平及动态变化,包括收集全市、各监测点的人口学资料、环境卫生情况、环境卫生管理、村容村貌、居民健康等基础信息,客观评价农村环境卫生状况,为上级政府制订政策措施提供依据和信息支持。 (陶卓芬)

## 卫生监督

**【概况】** 2015年,江阴市依法把好卫生许可关,共审核发放、注册、变更各类许可证、资格证2499件。围绕各级各类目标任务全面部署各条线专项检查35次,立案处罚152件,到账罚没款40.56万元。各行业监管量化分级管理实施率100%。完成江阴“两会”、中央领导到江阴视察、中高考、全国性体育赛事等重大活动卫生监督保障工作13次,有效保障了4.3万余人次的食宿卫生安全。加大公共场所经营单位监管力度,监督覆盖率200%以上。检查住宿、沐浴、美容美发场所、人工游泳池、商场(超市)、影剧院、饭馆(餐厅)等公共场所3557处,抽检沐浴、住宿、理发美容场所公共用品用具共1600件,合格率分别为97.1%、99%、92.89%。抽检商场、体育场馆、影剧院、歌舞厅、候车室等74处公共场所的空气质量,合格率91.89%。着力巩固住宿场所常组织、常整顿、常清理、常规范、常自律的“五常法”管理成效,继续组织住宿单位负责人和卫生管理员现场观摩和培训,提升规范化长效管理水平。积极响应政府“学生人人学会

2015年9月6日,江阴市卫计委卫生监督员在梅园路新客运站候车室进行空气监测 (徐 洁摄)

游泳”三年计划，加大对全市34个学生游泳培训场所督查抽检力度并公示，确保水质合格。完成3个集中式供水、1个农村供水、44个二次供水单位检查及51个无负压供水单位的登记备案，现场快检95项次，其中集中式供水水质合格率100%，二次供水水质合格率89.5%。抽检出厂水、末梢水样品16种，合格率100%。63个涉水产品生产企业量化分级管理初评优秀8个，良好48个，优良率88.9%。检查各级各类学校和托幼机构食堂268个，完成餐饮服务量化分级动态评分，其中A级65个，B级203个。对照无锡市学校卫生管理评价标准，114所中小学校完成学校卫生综合评价，其中A级11所，B级103所。开展保健食品安全整治，检查保健食品生产企业2个、经营企业398个，未发现违法违规现象。检查各类医疗机构539个，实施行政处罚案件18件，不良执业行为记分12个单位。量化分级评定A级152个，占32.7%。31家公立医院消毒质量监测采样总合格率97.86%。加强医疗机构医疗废物集中处置监督，全市有85个单位进行一级签约，454个单位进行二级签约。开展传染病防治行动年“蓝盾专项”系列行动，完成了预定的传染病监督任务。全市中小学校传染病防控监督覆盖率100%。全市医疗机构放射卫生检查情况总体良好。14个职业健康检查机构、2个职业病诊断机构实现监督检查全覆盖。检查消毒产品生产企业、经营单位共80个，立案查处案件14件。开展餐饮具集中消毒单位专项整治和量化分级管理，评出无锡市A级单位1个（江阴市秀洁餐具消毒服务部），餐具消毒效果抽检合格率99.2%。全年集中开展各类培训班15期，发放培训证26164张，开展“法律六进”（进机关、乡村、社区、学校、企业、单位）宣传活动19次，展出各类宣传展板50次，接受现场咨询2000余人次，印发宣传资料和文明用餐系列纸牌、贴纸1万余份。对外媒体宣传113篇。受理群众各种投诉举报案件258起，回复结报率100%。

**【餐饮服务食品安全监督检查】** 2015年，江阴市卫生监督部门先后组织开展元旦春节期间、国庆中秋餐饮服务食品安全、春秋季学校卫生、火锅原料底料以及调味料使用情况、餐饮服务环节含铝食品添加剂使用标准执行情况、餐饮服务环节食品安全风险隐患排查等多个专项检查行动，出动卫生监督员14465人次，检查餐饮服务单位15150户次。加强高温季节食物中毒及食源性疾患的防控宣传工作，专项整治与日常监管相结合，开展新一轮餐饮服务食品安全监督量化分级管理。全年5567个单位（发证3个月以上）完成量化分级动态等级评定，其中优秀等级91个，良好等级4920个，一般等级556个。进一步健全落实食品安全相关制度，索证索票和食品添加剂管理更趋规范，查处食品违法案件12件，罚没款金额5.58万元。加强对学校食堂重点食品、原料和餐饮具监督抽检力度，其中熟肉制品、食用植物油合格率均为100%，面制食品合格率97.6%，食（饮）具合格率89.48%。开展现场快速检测235项次，合格率100%。全市未发生四级以上食品安全事故。

**【国家文明城市创建卫生迎检】** 2015年，根据江阴市委、市政府及市创建国家文明城市领导小组的要求，市卫生监督所将国家卫生城市、6个国家卫生镇复审和文明城市迎检贯穿于全年各项工作中，切实推进国家文明城市创建迎检工作，卫生监督员包区划片，城乡联动，地毯式地挨家挨户检查和宣教，全面普查“五小”（小餐饮店、小理发美容店、小歌舞厅、小浴室、小旅店）行业单位，城区和部分乡镇行业单位监管频次200%以上。查漏补缺必须上墙的量化分级管理公示牌、卫生管理制度、消毒记录等，新增综合公示牌1100张，文明宣传用语提示牌、贴纸1万余张。动员各相关单位充分发挥电子广告屏、橱窗、横幅的宣传作用，营造出人人参与的良好氛围，迎接国家文明城市创建检查。

**【打击非法行医行为】** 2015年，江阴市卫生监督部门利用重大活动日、节假日，开展打击非法行医的现场宣传咨询活动16次，主要通过哨点监测点宣传栏、候诊室电子显示屏滚动播放打非标语，在人群聚集区悬挂横幅、展出打非展板等方式进行，接受群众咨询2000余人次，分发辨别非法行医、虚假医疗广告和“医托”等宣传资料1万余份。完善《2005—2014年无证行医行政处罚名单》，强化经常性卫生监督，施以突击整治、多频次上门复查，始终对非法行医行为保持高压态势。全年开展夜间整治10次，与公安等部门联合整治20次；出动卫生监督员1599人次，监督车辆679车次；检查无证行医608户次，取缔57户，实施行政处罚案件57件，罚款19.47万元，没收违法所得1.24万元，没收非法药品和器械298箱；受理无证行医投诉举报案件49件，及时查处并给予反馈；向工商部门发送非法行医案件线索通报函27份，向公安机关移送非法行医涉嫌犯案件7件。

**【提升行政执法案卷质量】** 2015年，江阴市卫计委注重行政许可案卷和行政处罚案卷质量管理，始终坚持依法监督的理念，严格对照标准，完善各项制度，夯实行政执法案卷规范化基础。下发《关于卫生行政执法案卷制作要求的补充规定》，对行政处罚文书制作提出新的更高要求，进一步规范工作程序和行政行为。组织开展卫生监督员业务培训，邀请江苏省、无锡市的有关专家授课，学习《江苏省行政程序规定》《卫生行政执法相关实务探讨》《医政执法案例讲评》及《中华人民共和国行政诉讼法》等课程，进一步强化法制观念，增强依法行政的自觉性，提高执法人员的风险防范意识。强化执法案卷内部质量控制和评查，提高自查自纠能力。开展每季度一次卫生执法文书稽查，及时发现问题，纠正错误，规范卫生行政执法行为，不断提高文书质量。9月，在市法制办进驻式案卷评查中，市卫计委行政许可案卷和行政处罚案卷均获得第二名。（徐　洁）

## 疾病预防控制

**【概况】** 2015年，江阴市报告甲乙类传染病13种1476例，报告发病率

88.58/10万,未发生甲乙类传染病暴发流行,达到甲乙类传染病总发病率控制在170/10万以内的目标。全市各级接种单位接种一、二类疫苗50余万针次,一类疫苗接种率95%以上,适龄儿童建卡、建证率100%。报告预防接种疑似异常接种反应275例,均得到及时调查处理,未发生重大预防接种异常反应事件。发现活动性肺结核病人462例,严格规范结核病人的治疗程序,合理使用抗结核药物,新涂阳病人治愈率91.6%,继续实行免诊疗金、免痰检费、免胸透费、免拍片费、免肝肾功能检查费、免治疗费的"六免"政策,全年为结核病病人减免费用31万元。完成血吸虫病防治查螺面积124.7万平方米,未发现活钉螺;查病3157人,未发现血吸虫病阳性患者。疟疾血检12226人,发现3例输入性疟疾病例,均得到及时抢救并治愈,没有发生疟疾传播现象。开展土源性线虫病、蛲虫病等肠道寄生虫病的监测,调查1604人,未发现病人。开展地方病监测,报告甲状腺肿大病人610例。全市23个初筛实验室和11个快速检测点全部运行良好,检测各类人群160609人,新发现艾滋病感染者93人。继续加强对病人和感染者的管理,对登记在册的艾滋病(HIV病毒)感染者和病人定期随访361人次,CD4(一种淋巴细胞,是HIV病毒的主要受体)检测334人次。加强对高危人群的艾滋病干预工作,干预各类高危人群12934人次,公共娱乐场所高危行为干预覆盖率100%。开展江阴市居民健康状况和慢性病流行病学基线调查工作,全面掌握江阴市居民主要慢性病的流行现状及其分布特征。全市35周岁以上人群首诊测血压925151人,测血压率100%。开展高血压、糖尿病高危人群确诊、核实工作,共核实血压异常45623人,确诊高血压13145人,核实血糖异常6520人,确诊糖尿病2838人。重点开展社区高血压家庭远程血压监测工作,完成监测1067人。开展职业健康监护16601人次,发现职业禁忌症145人。对39个医疗机构进行CT机房和普通X射线机房检测,检测样品971件,合格率100%。开展个人剂量检测1511人次,完成各类医疗机构放射机房建设项目职业病危害预评价和控制效果评价35项。受理职业病诊断156人,最终诊断职业病109例,其中尘肺87人、中毒2人、化学性眼灼伤9人、化学性皮肤灼伤10人、职业性噪声聋1人。开展江苏省重点职业病监测与职业健康风险评估工作,通过收集重点职业病的信息,研究分析市重点职业病的发病特点,变化趋势和规律,为职业病防治策略提供技术依据。开展食品安全风险监测工作,检测各类食品样品115种。开展食源性疾病主动监测,入户调查1200户次,掌握本地食源性疾病的发生和菌谱等情况。全面监控生活饮用水源水、出厂水、末梢水、二次供水各个环节,检测样品206种,合格率100%。开展江苏省农村环境卫生状况调查点工作,调查5个镇(街道)20个行政村100户家庭,客观评价农村环境卫生状况。开展食品和公共场所从业人员健康体检,发放健康证明75340份,建议调离工作岗位95人。开展学生常见病综合防治督导,督导覆盖率100%。开展因病缺课网络直报工作,学校报告率100%,日均上报率90.49%。开展学生脊柱侧凸筛查工作,筛查中小学生67322人,有效预防和控制学生残疾的发生。市疾病预防控制中心微生物实验室"传染病血清学检测"HIV抗体盲样考核,获得国家认监委满意评价。

**【重点疾病"十二五"规划通过省级督导评估】** 2015年9月,江阴市疾病预防控制中心(以下简称市疾控中心)接受江苏省级重点疾病防治"十二五"规划评估,江阴市在"十二五"期间根据国家、省、市相关重点疾病"十二五"规划要求,分别制定了结核病、艾滋病、血吸虫病、地方病和疟疾等专病防控规划,市疾控中心严格落实各项防治措施。"十二五"期间结核病"三位一体"("政府重视、部门配合、全社会参与"防治工作机制和结核病防治机构,各级各类医院与社区卫生服务中心,乡以及村两级医疗卫生服务机构为一体的防治服务体系)服务体制运行,发现并治疗管理肺结核患者2885例,流动人口肺结核患者的成功治疗率97.76%,新涂阳肺结核患者的治愈率95.7%。全市艾滋病筛查检测实验室逐年增加,共建有筛查实验室23个,快速检测点11个,艾滋病检测网络覆盖全市各乡镇,2011—2015年检测77.07万人次。血吸虫查螺面积830.38万平方米,查病18648人,未发现活钉螺和阳性病例。疟疾血检67910人,发现阳性病例7例,均为外地输入性病例。顺利通过重点疾病"十二五"规划省级督导评估。评估工作是对"十二五"期间江阴市重点疾病防治工作的一次全面检阅,也为制定和做好重点疾病防治"十三五"规划提供了重要指导。

**【加强实验室能力建设】** 2015年,江阴市疾控中心参加5次CNAS(国家实验室认可)组织的能力验证和测量审核,8次江苏省质量技术监督局、省疾控中心组织的能力验证和实验室比对,12次无锡市疾控中心、无锡市临床检验中心组织的质量考评,有效提升实验室检测质量和水平。顺利通过国家实验室认可监督现场评审,认可项目9大类483项,达到周边县市同级机构领先水平。全年中心检测各类样品11万余种100万多项次,出具检测报告1500份。 (周莉静)

**【成功救治1例非洲务工归国恶性疟疾患者】** 2015年1月22日16时,江阴市疾控中心接市人民医院网络报告,接治1例恶性疟疾病人。患者于2014年3月至12月有在非洲(刚果)务工的经历。市疾控中心立即启动突发事件应急预案,16时20分,市疾控中心人员赶赴市人民医院东区进行应急处置。经疾控专家通过流行病学分析和快速检验,确诊为恶性疟疾,建议口服青蒿素并注射青蒿琥酯治疗。1月26日上午经过病原治疗,患者病情得到控制恢复健康。市疾控中心同时开展流行病学调查,对与患者一起归国的另外4名人员同时进行了疟疾病原学检测,确认无感染。 (苏国平)

**【省免疫规划教育联播平台建立】** 2015年,江阴市完成29个计划免疫接种单位的江苏省免疫规划教育联播平台安装建设，提高全市疫苗安全接种服务水平，规范预防接种前的问询诊、筛查、知情同意等。江苏省免疫规划教育联播平台是全省统一规范的预防接种前网络视频知情同意在线平台，通过在各预防接种室的LED显示屏定时、循环播放预防接种前统一告知内容的相关视频，实现预防接种前告知工作的标准化、制度化、流程化和统一化。该平台不仅实现在预防接种前直接向所有受种对象和监护人告知相关注意事项，进而显著提高群众参与度和知晓率的外部效果，同时也方便、规范了内部工作，实现了相关政策规范快速传达及远程培训功能，提高了计划免疫工作效率。（汤　玲）

**【与克拉玛依区结对帮扶】** 2015年3月，江阴市疾控中心迎来新疆克拉玛依区疾控中心第三批外派进修人员。两地疾控中心的互动日趋紧密，随着交流的深入，结对从最开始的单位之间，发展到各相关业务科室之间，再到现在的各相关业务人员之间，形成了嵌入式的结对帮扶模式。以结对为载体，市疾控中心的管理经验和技术能力正源源不断地输送到克拉玛依区疾控中心，对提高克拉玛依区疾控中心业务人员的整体素养和技术水平，起到了很大的促进作用，结对帮扶已初见成效。（周菊静）

**【全国工作场所健康促进经验交流会代表到江阴参观学习】** 2015年6月26日，由国家疾控中心主办，江苏省疾控中心承办的全国工作场所健康促进现场交流会在无锡市举办，国家、省、市疾控中心专家和企业代表90人参加了会议。会后，与会代表到江阴市的国家健康促进示范企业怡达化学股份有限公司参观学习创建经验。与会代表对江阴市怡达化学股份有限公司凭着多年来在健康促进工作上的努力，特别是在2013年底通过验收，被授予"健康促进示范企业"称号后，保持不骄不躁予以肯定。交流会代表们对该公司工作场所健康促进工作技术文件、评估工具进行剖析，汲取经验。工作场所健康促进工作主要是通过采取整合性的干预措施，以期改善作业条件、改变不健康的生活方式、控制职业病危害因素、降低病伤和缺勤率，从而达到促进员工健康、提高职业生命质量、推动社会和经济持续发展的目的。自中国健康促进与教育协会企业分会2007年开始开展"健康促进企业"试点工作以来，经需求评估、干预、阶段评估等程序。江阴市生产企业成功创建国家级健康促进示范企业1个，省级健康促进示范企业2个。通过创建健康促进示范企业的经验推广，有利于进一步推动全市健康企业发展，进一步做好职业卫生和工作场所健康促进工作。（石　远）

**【生猪养殖场人畜共患疾病监测项目】** 2015年9月10日，美国杜克大学教授Gray、无锡市疾控中心党委书记杨健一行5人，专项调研江阴开展猪养殖场人畜共患疾病监测项目。猪集中养殖场人畜共患疾病监测项目通过5年前瞻性队列研究，引入One health（人类，动物，环境采样）研究方法，对人群、动物、环境中危险因素相互作用进行分析，探究流感病毒流感病毒在人际传播中的规律，为流感防控工作和职业暴露人群提供更好的预防措施提供科学依据，无锡市作为南方监测点，江阴市疾控中心拥有项目实施的人力、物力和技术力量，与无锡市疾控中心合作承担此项目监测工作。江阴市疾控中心就全市生猪养殖场人畜共患疾病监测工作组织管理、开展情况和存在的问题等几方面作了详细汇报。随后调研组赴云亭养猪场进行实地调研，就一些关键技术环节进行现场指导，并对江阴市项目完成进度和工作质量给予高度肯定。（陆红达）

**【"12·1"世界艾滋病日主题宣教活动】** 2015年12月1日是第28个"世界艾滋病日"，为更好地贯彻落实青少年艾滋病防治教育、性健康教育和感恩教育，让校园飘起红丝带，让校园充满爱，4日，江阴市卫计委、市教育局在江苏省江阴中等专业学校联合举办了"12·1世界艾滋病日"主题宣教活动暨青爱工程江阴基地工作推进会，市疾控中心、市健康促进中心人员与全市幼儿园、小学、初中、高中等145所学校的主要领导、德育老师、心理老师和校医等近250人参与活动。宣传活动围绕"青爱工程"展开，"青爱工程"旨在对青少年进行爱的教育。活动形式多样，包括组织学生观看艾滋病防治知识展板；现场发放艾滋病防治宣传折页及《预防艾滋病，青少年责无旁贷》《艾滋病咨询检测十八问》等宣传资料2000余份；组织与会代表参观学校"青爱小屋"。3所青爱项目实验学校在会上作经验交流，随后省疾控专家作《学生与艾滋病防治》专题讲座，无锡市红十字会心理干预专家作《性心理健康与性教育》专题讲座。丰富的宣传活动帮助同学们理性认识艾滋病、学习防艾知识，并在全市学校师生间传递了"青爱工程"精神。全市有80所学校建立"青爱小屋"，帮助青少年在人生中生理和心理发生巨大变化的一个时期，树立健康的交友观、养成健康的生活方式、解决生理和心理上的困惑，预防艾滋病的发生。举办主题宣教活动是希望有更多的学校加入到青少年"爱"的教育中，更好地开展青少年健康教育。

（符和英）

**【手足口病重症后遗症危险因素研究】** 2015年11月，江阴市疾控中心启动住院手足口病（HFMD）重症后遗症危险因素队列研究。到年底，完成对城中、云亭、青阳、徐霞客、祝塘、华士、周庄、城东8个社区卫生服务中心的疫情管理员、儿童保健医生的培训工作，研究有序开展，计划2016年年初完成。该研究选择住院手足口病重症病例为研究对象，回顾性调查HFMD重症病例中枢神经系统并发症情况，根据病例严重程度进行分类，选择60例重症患者，按照年龄、性别1:1配对原则，通过回顾性搜索《疾病监测信息管理系统》中实验室确诊的手足口病普通病例30例作为普通病例组，对重症病例组和普通病例组患者健康状况进行健康评估调查，填写小儿健康状况评估调查表，并利用韦氏幼儿智力量表第四版中文版对2岁6个月至6岁11个月有配合能力的儿童进行神经发育认知评估。该研究以全面评估不同病原体感染所致重症病例由于中枢神经系统受累，而导致的神经系统的后遗症，神经系统发育和认知功能障碍的影响,全面评估 HFMD 病例的疾病负担,为临床早期干预提供科学策略。

(顾敏华)

**【慢性阻塞性肺病监测启动】** 江阴市是全国慢性阻塞性肺病监测(2014)项目的监测点之一,2015 年 11 月底,市疾控中心在文富社区卫生服务站,启动慢阻肺调查肺功能的检测,该调查测定工作在 6 个服务站进行,市疾控中心工作人员及相关医疗单位的呼吸科专家入驻各服务站,免费对 40 岁以上的抽样居民进行肺功能测定,耐心细致地为居民讲解肺功能检测的方法和注意事项,确保肺功能检测结果真实有效。此次调查工作主要目的是要了解全市 40 岁及以上居民中,慢阻肺及其相关因素的流行情况及变化趋势,从而为制定慢阻肺防控策略和措施提供基础数据。慢阻肺的四类高危人群,包括长期抽烟者、反复呼吸道感染者,长期接触室内污染者和职业性粉尘接触者,慢阻肺患者一秒钟通气率小于 70%,总呼气量小于同年龄正常人的 80%。40 岁以上人群肺功能每年下降大概 20 毫升~30 毫升,应定期到医院进行肺功能检测。该项监测工作于 2016 年 3 月 2 日结束。

(潘少聪)

## 妇幼保健

**【概况】** 2015 年,江阴市妇幼保健工作以提高妇幼公共卫生服务项目质量抓手,全面加强出生医学证明管理。年内,全市分娩总人数 19902 人,活产婴人数 19862 人,孕产妇死亡率 5.08/10 万,婴儿死亡率 3.25‰,新生儿出生缺陷发生率 3.97‰,孕产妇保健管理率 94.96%,0~6 岁儿童保健管理率 98.76%。全年妇幼公共卫生服务项目经费 1880.21 万元(包括中央、省、市补助金),全额拨付各项目单位基本及重大妇幼公共卫生服务项目的实施,投入 264.57 万元用于免费婚孕前健康检查 14706 人次,免费婚检率 97.56%。依法完成 25 个助产技术和 33 个计划生育技术服务机构质量评价,以及 23 个爱婴医院复核评估工作,年度爱婴医院复核评估率 100%、从业人员依法持证上岗率 100%。全年为 46 例医学需要人工终止妊娠的孕妇,出具医学诊断意见书。核发无锡市级妇幼保健人员上岗证 279 人,其中产后访视人员 234 人,儿童保健医生 45 人。全市 29 个社区卫生服务中心(站)通过无锡市现代化妇儿保门诊达标评审,达标率 85.3%,市人民医院、中医院、远望医院、青阳医院、三院、南闸医院、五院、中医骨伤医院、利港医院等 10 家医院通过无锡市产科标准化建设达标评审。

**【提高妇幼公共卫生服务项目质量】** 2015 年,江阴市卫计委提高妇幼公共卫生服务项目质量,依托市妇幼卫生信息系统,严格按照国家基本及重大妇幼公共卫生服务项目要求,强化项目工作技术指导和质量控制,重点落实孕产妇和 0~6 岁儿童健康管理等基本妇幼公共卫生服务信息,对农村孕产妇住院分娩补助,孕产妇叶酸增补,妇女"两癌"(乳腺癌和宫颈癌)筛查,预防艾滋病、梅毒和乙肝母婴传播等重大妇幼公共卫生服务信息,实时录机、及时上传,以方便各医疗卫生单位数据共享利用。保障项目经费分配和工作量与工作质量挂钩,工作量统计以妇幼卫生信息系统录机数据为准,全面提升服务项目的真实性和规范性。全市孕产妇系统管理率和 0~6 岁儿童系统管理率稳定在 90% 以上,农村孕产妇住院分娩补助 5006 人,由分娩单位在信息系统内即时申报补助,简化服务流程;农村妇女增补叶酸预防神经管畸形 11252 人。加强健康宣教,筑牢婚前孕前检查、门诊早孕、计生孕情监测叶酸发放 3 道防线,确保目标人群叶酸服用率和知识知晓率均达 90%、服用依从率 85%;完成江阴妇女宫颈癌筛查 27636,完成率 92.12%,乳腺癌筛查 29496 人,完成率 98.32%,在开展"两癌"筛查的同时,开展乳腺癌流行病学调查,"结合数字乳腺断层融合 X 线成像技术的江阴地区乳腺癌筛查与流行病学调查"科研项目,通过市卫计委立项,实现从数量向质量的突破;注重预防艾滋病、梅毒和乙肝母婴传播项目工作阳性病例的追踪、随访、治疗、信息保密工作,艾滋病抗体检测 18115 人,梅毒抗体检测 18115 人,乙肝表面抗原检测 18116 人,阳性病人全面落实干预措施。

**【加强出生医学证明管理】** 2015 年 7 月,江阴市妇幼保健所贯彻落实国家卫生计生委办公厅《关于进一步加强出生医学证明管理的通知》文件精神,开展出生医学证明管理专项治理活动,重点强化对出生医学证明申领、运输、入库、存储、发放、签发、补发等环节检查,全面整改存在问题,清除管理漏洞和安全隐患,并形成长效管理机制,切实提高出生医学证明管理水平。进一步健全证件管理制度和规范发放流程,统一建立出生证台账,记录证件流向,定期核查领取数、发放数、废证数和库存数,做到底清账明。统一规定出生证保管及防水、防火、防潮和防盗设施要求,出生证和印章分别由专人管理。明确各级出生医学证明管理和签发机构主要负责人为第一责任人,管理和签发人员签订终身责任追究承诺书,证件签发处增设拍照取证功能,严格落实责任到人。并按国家标准完成江阴地区出生医学证明管理信息系统的升级改造,顺利与省级管理平台对接,实时网络直报出生医学证明签发信息,确保数据真实、有效、及时。同时加强与公安部门协作,建立定期沟通机制,共同解决证件管理中存在的问题,维护出生医学证明的法律效力。

**【完成妇幼保健模块与医院信息系统对接】** 2015 年 4 月 1 日,江阴市卫计委根据《江阴市区域妇幼信息系统升级改造项目实施方案》,完成妇幼信息系统妇幼保健模块与医院信息系统(HIS 系统)的对接,分别在市妇保所、青阳医院、中医肝胆医院、利港医院试点运行,实现妇幼保健业务、妇幼卫生信息系统与医疗业务和 HIS 系统无缝对接及多环节融合。产科医生可以从 HIS 系统门诊医生工作站采集怀孕信息,实名制建卡,系统根据孕龄可自动弹出各孕龄段按规定可以享受的免费项目,确保各孕妇可享受到相应孕周的免费服务;建卡、产检信息即时从门诊医生工作站自动推送至妇幼卫生信息系统，并自动下发完整建卡库到每家医院，方便监测及产检查询，叶酸发放和随访管理在妇幼卫生信息系统中完成，实现一次操作、全流程数据共享，个人信息一次性采集，全生命周期共享的现代化管理格局，有效提升数据的准确性、及时性和系统性。 （龚爱新）

**【两科研项目获无锡市妇幼健康科研立项及推广】** 2015年，无锡市卫生计生委为加强妇幼健康领域科学研究，推进科技成果与适宜技术推广应用，提升妇幼健康服务技术水平，组织全市申报妇幼健康科研及成果技术推广资助项目。11月9日，江阴市人民医院乳房甲状腺外科主持的“数字乳腺断层融合X线成像技术在乳腺癌早期诊断中的临床应用研究”科研项目，获2015年度无锡市妇幼健康科研立项；妇产科主持的“特殊部位异位妊娠的诊治方法的临床应用”科研项目获无锡市妇幼健康成果技术推广项目。“数字乳腺断层融合X线成像技术在乳腺癌早期诊断中的临床应用研究”项目，由市人民医院与市妇保所联合开展，对江阴地区适龄妇女进行连续3年动态的乳腺癌筛查和流行病学调查。双方共同把好体检筛查和流行病调查质量关，各社区专管员负责信息采集，利用信息化实现数据资源共享，进行动态监测和汇总统计，提高早期乳腺癌检出率，降低乳腺癌病死率。“特殊部位异位妊娠的诊治方法的临床应用”项目根据特殊部位异位妊娠罕见特点，观察经手术及病理证实的不同特殊部位异位妊娠的术前超声表现，尤其注重妊娠黄体是否有助于诊断早期特殊部位异位妊娠，为临床早期诊断早期干预采取有效的治疗以免发生严重并发症提供依据。对于输卵管间质部妊娠，腹腔镜下输卵管间质部切开缝合术治疗优于腹腔镜下病灶楔形切除术，此保守性的手术方式更适用于有生育要求的患者，值得在医疗设备齐全操作技术力量成熟的医院推广应用。

（柴斌英）

**【“青春期教育·走进校园”志愿者服务】** 2015年3月，江阴市妇幼保健所启动“青春期教育·走进校园”志愿者服务活动，以树立青少年正确的成长观念，提高青少年性生理、性心理与生殖健康知识水平，增强全市青少年的自我保护能力和自我保健意识。市妇幼保健所挑选多名主治医师以上职称的青年医师，组成讲师团，走进校园，为全市城区小学五年级、六年级女生免费开设《女孩青春期保健及自我防护》《男女生正常交往》《父母如何与青春期的孩子沟通》等健康知识讲座，通过现场互动、发放宣传资料及活动反馈信息，引导青春期的女孩正确对待自己的生长发育，坦然接收自己的生理变化。首轮青春期教育活动相继走进市花园小学、长山中心小学、实验小学等，近千名学生及家长聆听讲座，得到学生和家长的一致好评。 （龚爱新）

## 医政管理

**【概况】** 2015年，江阴市卫计委医政工作紧紧围绕全市卫生重点工作项目化管理目标，坚持以深化改革为动力，以改善人民群众看病就医感受为出发点，加强医疗管理，改善服务流程，创新便民措施，持续改进医疗服务质量，整体推进医政各项工作。完善区域影像会诊中心、检验检测中心、病理诊断中心、消毒供应中心建设内涵，消毒供应中心服务能力和效率持续提升，影像会诊中心流程和技术方案进一步修改完善。7月，制定出台《江阴市公立医疗机构专科布局规划》，引导人才、设备、硬件建设下沉基层。以医联体建设为依托，启动片区二级医院重点建设专科遴选工作，初步确定5个专科为重点建设专科。通过错位发展，建设一批具有核心竞争力的专科队伍，发挥其示范、引领、带动和辐射作用。推进预约诊疗服务、分时段预约、先诊疗后付费等新型服务方式，配合完成了“江阴健康”微信公众号上线、出台《先诊疗后付费服务模式实施方案》。按照医院级别及专科特色，规范医联体内各级医疗机构的收治行为，逐步形成社区首诊、分级诊疗、双向转诊格局，实现人员和资源的“软性”互动。组织专家对全市医疗机构（包括民营医院）集中开展医疗质量检查工作，重点开展对病案、临床检验、麻醉、临床用血、院感、血液透析、护理管理、电子病历应用能力及中医质量9方面的质量检查，下发7期检查通报。年内，各医疗机构病历甲级率90%，处方合格率98%，质控参与率100%，质控合格率93%、病案首页规范管理率100%。继续推进以电子病历为核心医院信息化建设工作，重点推进电子处方、电子申请单和门诊电子病历的应用，市人民医院电子病历通过5级评定，8家二级医院电子病历基本达到2级。年内启动第三、第四人民医院和长泾医院、徐霞客医院的等级医院复核评价工作，以及青阳医院、五院、南闸医院、二院的等级医院评审工作。同时推进片区二级医院与无锡市医院协会合作项目，市二院、五院、南闸医院成为“院会合作”重点扶持建设单位，通过特色科室建设和引进新技术、新项目，进一步提升二级医院的管理水平和服务质量。积极争创国家和省、市临床重点专科，市人民医院内分泌科被确认为无锡市临床重点专科，顾山卫生院针灸科获无锡市基层卫生服务机构特色科室建设项目。新增中医院脾胃病科、青阳医院针灸科为省基层医疗机构中医特色专科。市人民医院神经内科、心血管科、神经外科接受省级重点专科组织的验收。全市有全国农村中医特色专科3个、省级重点专科6个、无锡市重点专科12个。利用微信平台，开展“最美护士”的评选，护士节座谈、交流、表彰优秀，拓展训练等系列活动；组织全市医院感染管理质量检查，对全市32个医疗机构的口腔科、内镜室及医疗废物管理、层流手术室管理等5个方面进行全面督查；组织专家对4家医院的血液透析进行专项检查，进一步规范建筑布局、操作流程、质量管理等。全面实行医患纠纷第三方调处机制和医疗责任保险制度，完善医患沟通等工作制度和医疗纠纷专家评析机制，定期举行医患调解工作及医疗责任险实施情况总结交流会，提高医疗事故和医疗纠纷防范能力。全市45个医疗机构完成医疗责任险的续保工作,全年受理和处置投诉事件189余件。调处156件,成功率100%。(李正刚)

**【市人民医院电子病历系统功能达到五级标准】** 2015年5月24日,国家卫生计生委对江阴市人民医院电子病历系统功能应用水平五级建设情况进行现场评审。国家卫生计生委医院管理研究所所长、中国医院协会信息管理专业委员会主任委员梁铭会等4名专家对市人民医院门诊医生站、住院医生站、病区护士站及检验、检查、移动护理、移动查房、合理输血、病历质控、药品管理、处方点评、手术室管理、临床麻醉、纸张病历扫描等应用系统进行了全面考察与评估,并向现场的业务部门负责人及医护人员详细了解电子病历的实际使用情况和效果,随机调取、查证与询问有关的即时数据或历史数据。结果显示:市人民医院电子病历系统功能应用水平达到5级标准,成为省内第一家达到电子病历5级标准的县级医院,标志着江阴市在医疗卫生信息化事业上又踏上一个新台阶。电子病历5级系统功能的核心是统一数据管理和各部门系统集成,能最大限度帮助医院实现医疗过程和医疗行为的安全、可控、规范、高效和智能,提升医院信息化应用水平。市人民医院通过该系统建设,全面整合诊疗业务工作中的临床数据,提高医疗质量、保障医疗安全、提升医疗工作效率、优化诊疗流程。(宣 轲 龚 海)

**【《医苑之声》获评全国第七届优秀医院报刊】** 2000年6月,江阴市人民医院主办的《医苑之声》院报创刊,每月一刊。该报遵循医院宣传方针,围绕医院中心工作,准确全面及时地向医院内外传递市人民医院的实时发展动态。院报图文并茂、内容丰富,受到同行及广大医患的认可,成为宣传百年医院的一个文化品牌,成为传承医院文化、弘扬医院精神、内聚人心、外塑形象的重要平台和载体。9月12日,在哈尔滨举行的中国卫生思想政治工作促进会省级医院分会、宣传工作委员会、医院报刊专业委员会2015年年会上,江阴市人民医院主办的《医苑之声》被评为第七届优秀医院报刊。

(宣 轲)

**【市人民医院获第三届全国医院品管圈大赛三等奖】** 全国医院品管圈成果大赛是国家卫生计生委旨在等级医院评审中,持续改进和提高医疗质量,鼓励医院用先进的、科学的、有效的管理工具持续改进医疗质量,确保医疗安全的举措。2013年,江阴市人民医院引入品管圈(品管圈:QCC,就是由相同、相近或互补之工作场所的人们自动自发组成的小圈团体,又称QC小组,一般6人左右。团体内全体合作、集思广益,按照一定的活动程序和质量管理工具来解决工作现场、管理、文化等方面所发生的问题及课题)管理工作,并在全院范围内逐步推广并普及,促进医院服务质量改进与服务品质提升。2015年4月,市人民医院心内科"心动圈"项目首次参加全国医院品管圈大赛。"心动圈"是以提高心电监护仪的正确使用率为主题,通过制定心电监护仪使用新标准并严格落实,加强科内培训和学习等举措,经过6个月的努力,科内心电监护仪的正确使用率提高42%,同时改善后的护理人员的专业知识、责任心、协作力、执行力效果明显增强。10月23—25日,第三届全国医院品管圈成果大赛在深圳举行,全国有232家医院的243项品管圈项目入围决赛,江阴市人民医院心内科"心动圈"荣获三等奖。

(赵梦娇 王赛花)

**【市人民医院获省医学新技术引进奖二等奖5项】** 2015年6月11日,江苏省卫计委下发《关于公布2015年江苏省医学新技术引进评估结果的通知》,江阴市人民医院有5项项目获省医学新技术引进奖二等奖。该5项项目分别是:妇产科谭洁主持完成的"特殊部位异位妊娠的诊治方法的临床应用"、骨科张云庆主持完成的"单侧椎弓根钉固定椎间融合术治疗退变性腰椎疾病"、肿瘤内科王琼主持完成的"长链非编码RNA与Tau蛋白表达在胃癌预后及耐药预测的临床应用"、消化内科沈卫东主持完成的"联合检测V-ATPases与TGF-β1对胃癌浸润转移判断的临床应用"和叶武主持完成的"计算机辅助色素内镜诊断早期食管癌的应用"。

(刘 览 柴斌英)

**【市人民医院项目获国家自然科学基金资助】** 国家自然科学基金作为国内级别最高、资助力度最大的基金项目之一,以其学术水平高、评审严格、竞争激烈而备受关注。2014年以来,江阴市人民医院始终把积极争取国家自然基金项目,作为科技工作的重点抓手之一,不断强化人才引进,多渠道、多举措,逐步营造良好的科研氛围,极大地激发了医务工作者的科研热情。随着医院项目申报数量递增,中标率的提升,也进一步激发全院医师开展高水平科学研究的热情和积极性。2015年8月17日,国家自然科学基金委员会下发《关于公布2015年度国家自然科学基金申请项目评审结果的通告》,江阴市人民医院骨科医生任科伟主持的项目"周期性机械应力促进软骨细胞增殖的Cav-1/IGF-1R信号研究"获国家自然科学基金青年项目资助,预计结题时间为2018年底,历时3年完成。

(刘 览)

**【市人民医院1项目通过省自然科学基金验收】** 2015年12月3日,受江苏省科技厅委托,江阴市科技局组织由苏州大学副校长、教授陈卫昌,南京大学附属鼓楼医院教授刘宝瑞,南通大学医学院副院长、教授周国雄,南京医科大学第一附属医院教授张红杰,东南大学附属中大医院教授陈洪5位专家组成验收专家委员会,对市人民医院消化内科"PCNA泛素化激活DNA聚合酶ι(POLι)调控细胞自噬对食管癌铂类化疗敏感性的影响及机制研究项目"进行验收。专家组听取项目组的工作总结和技术报告,审查相关技术文件和资料,通过经讨论与质询后,一致同意该项目通过验收。验收结论:该项目完成合同所规定的研究内容和考核指标,达到国际先进水平,明确了Polι在食管癌进展中的生物学功能及临床意义,通过判定Polι的表达,有助于指导食管癌病人的用药,从而提高食管癌患者的生存质量,具有较好的临床意义及社会效益。在该项目实施过程中，先后发表论文7篇（其中SCI收录论文4篇、中华系列杂志论文3篇），项目负责人获得省部级科技进步奖2项，市级科技进步奖1项；获得国家发明专利1项，申请国家发明专利1项；培养硕士研究生4人，协助培养博士生2人。

（高　映　刘　览）

**【膈下逐瘀汤研究课题获省中医药局科技项目立项】** 2015年6月10日，江阴市人民医院接江苏省中医药局《关于下达2015年度江苏省中医药局科技项目立项计划的通知》，该院肿瘤科赵韬、张汀荣主持的“膈下逐瘀汤治疗原发性肝癌的药理学研究及核医学评价”课题获得立项，编号YB2015082。该课题以传统的药理学方法研究古方膈下逐淤汤治疗原发性肝癌的药效，并在此基础之上以18F-FDG、18F-FLT、18F-RGD、18F-Anti-EGFR，18F-NGA等核医学探针在MicroPET仪上在体研究膈下逐淤汤对荷肝癌裸鼠糖代谢、核酸代谢、新生血管生成、EGF受体和肝去唾液酸糖蛋白受体表达的影响，探讨其药效药理学机制。此项研究将阐明膈下逐淤汤治疗原发性肝癌的分子作用机制，可以预测和评估该方的药效和不良反应，并为现代中药及复方的药理学研究提供一种全新的动态在体无损定量考核手段。（张汀荣　赵　韬）

**【市人民医院加入中国卒中中心联盟】** 2015年11月5日，中国卒中学会在南京举行中国卒中中心联盟医院授牌仪式。中国卒中中心联盟通过对治疗效果、技术水平、专业团队等各方面进行综合评估、审查，批准江阴市人民医院为中国卒中中心联盟成员单位。中国卒中中心联盟（CSCA）是由中国卒中学会发起，国家卫计委神经内科医疗质量控制中心指导的全国卒中医疗质量规范和改进项目，旨在推进全国卒中中心的建设，建立基于区域急救系统的接转诊模式，制定卒中规范化诊疗的标准操作流程，构建中国卒中医疗质量持续改进模式，开展临床规范和健康教育培训。市人民医院凭借在脑卒中防治工作上的突出表现，成为中国卒中中心联盟成员单位，通过开展卒中治疗和康复领域的新技术、新方法，给患者提供全方位、最优化的诊治服务。（韩伯军）

**【脑卒中二级预防诊疗优化项目落户市人民医院】** 2015年11月7日，国家卫计委脑卒中防治工程委员会办公室主办的“从规范到实践——脑卒中二级预防诊疗优化项目”在北京全面启动，在全国25个省（市）组织开展，覆盖基地医院100家，其中江苏地区有8家医院。市人民医院位列其中，成为该项目承担单位，负责江阴地区脑卒中患者的风险评估及病因诊断。主要根据危险因素和严重程度，对不同复发风险的患者进行分层，从而制定出具有针对性的个性化的治疗方案，同时加强诊疗规范化和优化脑血管病患者的卒中筛查、干预和风险评估方案，监督患者用药治疗情况及病情变化，建立患者长期随访的管理模式，降低脑卒中发病率、复发率、致残率与死亡率。（刘定华）

**【国家级继续医学教育项目在江阴举办】** 2015年11月7—9日，江阴市人民医院举办2015年消化疾病诊治论坛暨国家级继续医学教育项目，“幽门螺杆菌相关性疾病在基层医院的规范化诊治”学习班在华西村会议中心举行。来自北京、上海、南京、苏州、无锡、常州、镇江、南通、泰州等地区的近200名业界同仁共襄消化疾病诊治盛会。来自省内外12名专家学者围绕幽门螺杆菌（HP）的最新共识和规范，HP相关疾病的规范化诊治，消化系统疾病危重病、疑难病的诊治策略，胃肠道早癌的诊治体会，消化道支架的临床应用进展，HP感染性慢性胃炎的内镜诊断，医学论文的书写和有效投稿，消化系统疾病相关鉴定案例分析等内容进行了精彩的学术研讨。（许庆华　宣　轲）

**【市人民医院首例无锡市肝移植患者PCI手术】** 2015年1月，江阴市人民医院为一名肝移植术后4年的心脏病患者，成功施行心脏介入（PCI）手术，这在无锡地区尚属首例。肝移植术后需要长期服用抑制免疫排斥反应药物，以保证移植肝脏的功能，但是抑制免疫排斥反应药物，存在一定的肾功能损害和内皮功能损害的副作用，介入治疗存在一定的风险。市人民医院并没有肝移植患者行经皮冠脉介入治疗（PCI）的经验，且鲜有相关文献报道，这对围手术期的管理提出挑战。医生依据病人病情及身体状况，制订详细的围手术期方案，于1月14日、30日，分2次为患者施行PCI治疗。术后患者病情平稳，胸痛症状得到明显改善，未出现并发症，于2月10日顺利出院。（杨增芯）

**【江阴首例膝关节单髁置换术】** 57岁的邵某于2013年前开始右膝关节疼痛和活动受限，经外用膏药、针灸理疗、口服止痛药、关节腔注射、

2015年11月7—9日，国家级继续教育项目——2015年消化疾病诊治进展学术论坛在江阴市举行。图为论坛现场（张　祥　摄）

小针刀等各种保守治疗后,虽治疗当时疼痛感会减弱,但过后又会反复发作,并逐渐加重,最后痛得无法上下楼梯。为解除顽疾,2015 年 11 月,邵某到江阴市人民医院就诊。骨科医生结合病史及检查结果耐心地向邵某说明,因年龄的增长、劳损等因素,引起膝关节软骨的退化性损伤,片子显示内侧关节软骨完全磨损,除用止痛药和减少负重外,其他非手术治疗完全不能缓解症状,若长期服用止痛药会出现不良反应,而不负重活动又会极大地影响生活质量,甚至引起诸多的后遗症。是月 15 日,经患者协商同意,骨外科一科为其定制右膝关节单髁置换的手术方案,仅对内侧病变间室进行表面置换,以最小的创伤换取最大的功能。术后次日患者即能下床活动,患者腿部功能恢复良好。该手术是全市首例膝关节单髁置换术成功首例。 (陆丽娟 徐 军)

**【精细化 TACE 微波消融术治疗肝癌】** 2015 年 2 月,某男性患者,57 岁,因肝内肿瘤无法手术切除,在江阴市人民医院介入科就诊。科主任黄祥忠等医生仔细分析患者病情,为其定制介入治疗方案,进行精细化 TACE 治疗。介入术是月 12 日实施,术中仔细探寻肿瘤供血动脉(包括非肝动脉肿瘤供血支),并同轴置入微导管分别超选至诸肿瘤供血分支,作充分化疗栓塞。2 月 27 日给患者行 CT 引导下肝穿刺肿瘤微波消融术,手术顺利。在强调个体化、精细化介入治疗的时代,对于不能外科手术切除的肝癌患者,微导管精准肝段动脉化疗栓塞术联合消融技术,是公认的肝癌的非手术首选疗法。但单纯 TACE 术有其局限性,肿瘤坏死不完全、易复发、加重肝功能损害及对乏血供肿瘤作用小等不足。微波消融术是利用微波可使周围组织升温,发生凝固性坏死,从而达到彻底灭活肿瘤。由于微波的辐射范围影响,一般适用于直径≤5 厘米的肿瘤。TACE 术和微波消融术可以互补,从而彻底灭活肿瘤,媲美外科根治术。市人民医院开展精细化 TACE(肝动脉化疗栓塞)联合 CT 引导下微波消融治疗肝癌的介入手术,取得很好疗效,项目开展将给更多病患带来福音。 (郭新春)

**【腹腔镜下根治性全膀胱切除术】** 2015 年 7 月 17 日,江阴市人民医院成功实施全市首例腹腔镜微创技术下行根治性全膀胱切除术。该手术是公认的治疗肌层浸润性膀胱癌和高级别复发性膀胱癌的金标准。传统开放手术是在腹壁切开一个长约 15 厘米的切口,切除膀胱后进行尿流改道。手术创伤大,出血多,术后恢复慢。腹腔镜下根治性全膀胱切除术是泌尿外科高难度手术,步骤繁杂,腔镜操作技术要求高,但它具有创伤小、出血少、恢复快、术后并发症少、对人体免疫机制打击小、远期疗效与开放手术同等优势。 (沈 逸)

**【首个起搏器随访门诊成立】** 江阴市人民医院自 1988 年起开展起搏器植入手术以来,受益的患者达千余人之多,定期进行起搏器随访,有助于更好地发挥起搏器功能,延长起搏器寿命。2015 年 7 月,江阴市首个起搏器随访门诊在市人民医院成立,该门诊主要为起搏器植入术后患者服务,进行起搏器功能分析和随访。 (朱冬敏)

**【粪菌移植可治病】** 2015 年 8 月 12 日,江阴市人民医院消化内科采用粪菌移植,让曾经患肠功能紊乱,顽固性腹痛、腹泻 8 年的王某摆脱病痛。粪菌移植技术首先要在患者的近亲属中寻找健康的供者(成年人或青少年),供者没有任何的传染病,无糖尿病及恶性肿瘤病史,近 3 至 6 个月内无抗生素使用史,无腹泻、便秘、腹痛等胃肠道疾病,血清学和粪便可传染病原体阴性,6 个月内无疫区旅居史等,供者需签署知情同意书,配合医生做好相关化验检查。医务人员采用供者的新鲜粪便,在无菌条件下进行反复分离,提取其菌液,然后通过胃镜、肠镜或鼻肠管注入等方法,移植到患者的肠道内并进行定植,使患者恢复正常的肠道菌群及肠道免疫,达到治病的目的。此疗法显著优于与服用单一的益生菌,并避免长期服用单一益生菌所产生的副作用,具有安全性高、副作用小的特点,可以说是一种"自然疗法"。粪菌移植的适应症还包括:慢性便秘、顽固性腹泻、肠功能紊乱、炎症性肠病(溃疡性结肠炎和克罗恩病)等胃肠道疾病。 (沈卫东)

**【微创手术治疗小儿疝气】** 2015 年 9 月,江阴市人民医院腔镜中心为一名年仅 2 岁,体重仅 13.7 公斤的患儿成功实施腹腔镜下小儿腹股沟疝疝囊高位结扎术,患儿术后 3 天即康复出院。该例手术的成功,打破治疗小儿腹股沟疝,需要在患儿下腹部开刀进行疝高位结扎的传统术式,填补江阴微创治疗小儿疝的空白。微创技术在普通外科领域发展迅速,腹腔镜手术治疗小儿腹股沟疝充分体现了微创手术的优点,具有安全可靠、创伤小等优势,在临床治疗中取得很好的效果。 (潘春芳)

**【开展外伤性脾破裂腹腔镜下切除术】** 2015 年 10 月 9 日,32 岁的张某因车祸导致上腹疼痛到江阴市人民医院急诊,经检查,诊断为外伤性脾脏破裂,必须手术治疗。由于脾脏破裂继发脾脏血肿,延缓脾脏的出血速度,张某生命体征平稳,肝胆外科主任刘双海决定施行微创腹腔镜下脾破裂切除术。征得张某及家属同意后,刘双海与科内同行、麻醉科及手术室相关医护人员定制周密的手术方案。术中,手术团队密切配合,不到 1 个小时就顺利切下并取出患者破裂的脾脏。术后经过医护人员的悉心治疗和护理,不到 1 周,张某康复出院,腹壁仅 4 个 1 厘米左右的小刀疤,真正做到微创化。肝胆外科绝大多数手术采取腹腔镜手术方法,单纯就脾脏切除术,该科能常规性开展腹腔镜血液病脾脏切除、腹腔镜巨大脾脏切除、腹腔镜脾脏良性及恶性肿瘤切除,腹腔镜联合胰腺体尾部切除,腹腔镜脾脏部分切除等术。 (赵振国)

**【糖尿病"3C"治疗】** 2015 年,江阴市人民医院大量开展 3C 治疗技术(胰岛素泵 + 动态血糖 + Carelink)治疗糖尿病,至 12 月 31 日收治达 177 例、单纯胰岛素泵 920 例。所谓"3C"包括持续皮下胰岛素输注(CSII)、动态血糖监测系统(CGMS)和 Carelink 整合系统,它能够快速、精准、安全地达到血糖控制目标。"3C"治疗应用于临床,以有效的血糖控制手段与良好的血糖监测系统相结合，体现糖尿病管理中治疗和监测的完美结合，做到精细调节基础率，快速、平稳降糖，不仅可以使糖化血红蛋白达标，而且减少血糖波动，同时给临床医生提供了更加丰富的血糖谱，根据患者自身情况，给予个体化的治疗措施，完善治疗方案，优化血糖管理。　（高　远）

## 中医工作

**【概况】** 2015年，江阴市中医工作在深化中医综合治疗区建设的基础上，重点推进"中医进社区"项目，提高基层中医应用水平。先后完成石庄、云亭和山观医院中医综合治疗区建设，石庄卫生院获省乡镇卫生院示范中医科称号，市中医肝胆医院被确定为二级中医专科医院。在第四届无锡市名中医评选中，沈伟生、顾国龙被评为无锡市名中医。为充分发挥中医药特色和优势，提高基层中医药临床知识与应用技能，举办江阴市第四期"西学中"学习班暨中医药适宜技术应用培训班，105名学员参加培训。公布首批社区中医经方、验方推广目录，并委托市中医药学会组织有关专家在全市开展社区中医药应用的系列培训，促进基层中医药服务能力进一步提升，营造中医药发展的良好氛围。　（陈文广）

**【举行首届中国县级中医院发展论坛】** 近年来，江阴市中医院加大传承发展力度，围绕深化医药卫生体制改革主线和中医药工作要点，不断完善中医药事业发展政策机制，加强中医药服务能力建设，充分利用医院条件和大学资源，强化临床和质量管理，提升医学科研和医学教学教育的层次，加强人才培养，使医院的综合能力得到加强，取得优异的成绩。在香港艾力彼"中国县级医院竞争力排行榜"中，江阴市中医院一直位列前茅。为尽快适应医改形势下医院的发展，促进行业间的信息交流与合作，由中国中医药科技开发交流中心和《中国县域卫生》杂志共同发起成立"中国县级中医院发展联盟"，建立起一个覆盖全国的县级中医院联盟组织，遴选一批全国标杆中医院成为首批会员单位。2015年11月20日，首届中国县级中医院发展论坛暨中国县级中医院发展联盟成立仪式在江苏省江阴市举行。此次大会由中国中医药科技开发交流中心和《中国县域卫生》杂志联合主办，江阴市中医院承办，江苏天江药业有限公司协办。国家中医药管理局原副局长、中国中医药信息协会会长吴刚、国家中医药管理局重点专科办公室常务副主任崔咏梅、江阴市政府副市长龚振东、江苏省卫生计生委中医医政处调研员周柏林等领导出席会议并致辞。新医改之下，县级中医院迎来新的发展契机。昆山市中医院院长冯全林和江阴市中医院院长龚伟当选联盟轮值正副主席。联盟成立后将有效整合全国中医药行业资源，提升医疗服务发展水平。随后举行的首届中国县级中医院发展论坛上，来自国内外的专家学者就中医发展展开交流。会后，与会代表参观江阴市中医院。

2015年11月20日，首届中国县级中医院发展论坛暨中国县级中医院联盟成立仪式在江阴举行　（吴国英 摄）

**【袁士良入选全国基层名老中医药专家】** 2015年10月，国家中医药管理局公布《关于印发2015年全国基层名老中医药专家传承工作室建设项目实施方案的通知》，在全国建设200个基层名老中医药专家传承工作室，江苏地区有9人入选，其中省名中医袁士良为江阴市唯一入选的专家。该项目通过未来3年，收集整理老中医专家医案、处方、学习笔记、读书临证心得、论文等原始资料，建立老中医专家临床经验资料库。此外，免费培养6名以上继承人。中央财政将支持每个全国基层名老中医药专家传承工作室建设专项资金25万元。袁士良是江苏省名中医，主任中医师，教授。江苏省老中医药专家学术经验传承、省农村优秀临床中医人才指导老师。擅长中医内妇科，内科以肝胆、脾胃、肿瘤、神志病见长，妇科以调经、更年期综合征等见长。获省科研成果奖1项、江阴市科技成果奖多项，被授予"白求恩荣誉奖""全国优秀基层名中医""江阴市首届白求恩式好医生"等荣誉称号。

**【首届江苏医院微电影节优秀作品奖】** 2015年6月，首届江苏医院微电影节由新华网股份有限公司江苏分公司、江苏省医院协会主办，以"传聚医院能量、促进和谐医患"为主题，见"微"知著、"微"言大义、"微"中见情，通过感人至深的故事，展现医界新形象。活动征集到来自全省各大医院的微电影作品75部，故事内容丰富多彩，涉及不同岗位和医务身份。根据网络投票结果，结合专家评委团的专业意见，严格甄选。12月25日，2015年首届江苏医院微电影节颁奖典礼在扬州举行，评出多部优秀作品，江阴市中医院选送的作品《为“明天”工作》获得优秀作品奖。该作品以江阴市中医院妇产科副主任医师蒋奕蕾荣获江阴市第二届“十佳江阴好人”称号为蓝本，讲述她满怀爱心，迎接生命；万里援疆，不辱使命；危急时刻，救死扶伤的故事，用行动实践仁者有爱，勤者无疆。采用身边的典型传递中国道德建设的正能量。

**【第六届“澄江膏方”文化节开幕】** 2015年11月1日，江阴市中医院举办的第六届“澄江膏方”文化节正式开幕，同时市中医院冬令膏方门诊将全面开诊。膏方门诊时间：2015年11月1日起至2016年1月31日。活动期间，市中医院省市级名中医等各位专家将为广大市民量身定做符合各自需求、独具个性的膏方，让更多的人群享受膏方带来的健康生活。膏方历史文化悠久，是传统医学中的瑰宝。《素问·四气调神大论》有云：“上工治未病”。而膏方就属中医“治未病”之药疗范畴，是中医整体观念和辨证论治理论在防病治病、保健养生领域的具体应用。它是根据人的不同体质、不同临床表现而确定的不同配伍处方，经浸泡、煎煮、浓缩、收膏等工序，精制加工而成的膏剂，在冬时进补，有利于把精华物质储存在体内，增加机体的抗病能力，来春就可以不生病或少生病。膏方以其易于吸收、方便食用、针对性强等特点，受到人们的青睐。

**【巴里·马歇尔教授到市中医院访问】** 2015年6月21日，美国国家科学院院士、中国工程院外籍院士、诺贝尔医学奖获得者巴里·马歇尔教授一行5人到江阴市中医院进行访问。巴里·马歇尔教授来自澳大利亚，因发现幽门螺杆菌及其与溃疡、胃癌的关系而获得2005年诺贝尔医学奖。国内人群幽门螺杆菌的感染率超过50%，有15%～20%的感染者会发展成消化性溃疡，而感染者发生胃癌和胃黏膜相关样组织淋巴瘤的风险较未感染人群增高2～6倍。市中医院消化内科是无锡市重点专科，在幽门螺杆菌的治疗方面有擅长和经验。马歇尔教授参观市中医院内窥镜中心，与医务人员进行交流探讨，双方签订一份框架协议，拟创立“马歇尔消化专科诊疗中心”，结合中澳优秀医生和医疗资源，联合开展临床治疗和科学研究。马歇尔教授还参观了江阴市中医院中药房和集粹堂，并对中医药表现出极大的兴趣。

**【皮肤激光整形美容中心成立】** 2015年5月25日，江阴市中医院成立的皮肤激光整形美容中心开始运行。该中心整合国家级重点专科创建单位皮肤科和市临床重点专科整形美容科的2个中医院优势资源，诊疗环境舒适、设施设备齐全，由中医院整形美容科、皮肤科等资深专家坐诊，并与上海交通大学医学院附属第九人民医院等国内一流整形美容医疗机构长期合作。中心投资近千万元，常年开展双眼皮、去眼袋、脂肪移植、瘢痕修复、面部年轻化以及器官畸形修复、创伤修复、体表肿瘤缺损修复等各级各类整形美容手术。购置具有国际先进水平的以色列飞顿辉煌360激光光子工作站、大Q皮肤色素治疗平台和冰点脱毛系统等高端激光治疗设备，安全、有效治疗咖啡斑、雀斑、太田痣、老年斑、褐青色痣、雀斑样痣、黄褐斑及纹身、嫩肤（毛细血管扩张、皮肤粗糙、毛孔粗大、改善皮肤晦暗）、无痛脱毛、除皱、痘印、各种疤痕修复等各种色素性病变。

**【陈正平入选省老中医药专家学术经验继承指导老师】** 江阴市中医院名医堂主任中医师陈正平是无锡市名中医、主任中医师、教授，为“朱氏诊法”无锡市第三批非物质遗产保护名录代表性传承人之一，原江阴市中医药学会秘书长。从医50年，具有扎实的中医理论知识和丰富的临床诊疗经验。擅长治疗中医内、妇科疑难杂病，对肿瘤术后的康复、慢性病的调理、亚健康者的调补等有独特的治疗心得和研究。出版专著4部《中医学研究与临床》《朱少鸿医案》《朱莘农医案》《春申医萃》。省级以上论文20余篇，获无锡市科技进步奖1项。2014年12月2日，省中医药局下发《关于公布第二批江苏省老中医药专家学术经验继承指导老师及继承人名单的通知》，江阴市中医院名医堂主任中医师陈正平成功入选，医师徐浩刚被选为省培养对象、医师顾培洁被选为院培养对象。（周凤云　吴国英）

**【中医院皮肤科通过国家中医重点专科建设中期评审】** 江阴市中医院皮肤科为国家中医药管理局中医重点专科建设单位、江苏省中医示范专科、江苏省中医重点专科。该科创建于20世纪50年代，历经数代中医人的传承和积淀，声誉渐及大江南北。该科1993年成为无锡市首批中医重点专科；2002年成为江苏省中医重点专科；2012年确定国家中医药管理局确定的农村医疗机构中医特色专科和江苏省中医重点示范专科；2013年进入江苏省中医重点学科建设单位和国家中医药管理局“十二五”重点中医专科建设单位，国家中医药管理局中医诊疗方案扁平疣协作组单位。是全省唯一的入围国家中医药管理局重点专科的建设单位，2014年，该科又进入了国家卫计委的重点中医专科建设单位。较高的专业诊断、分析处理能力、中西医结合优势和可持续发展态势，引领本地区皮肤疾病诊治的方向。中西医结合治疗皮肤病是该科一大特色，有专科制剂50余种。2015年1月10日，江苏省中医药局组织专家组一行4人对江阴市中医院皮肤科进行中期评审，来自江苏省中医院、江苏省中西医结合医院、南京市中西医结合医院的专家经过细致检查，对该院的重点专科建设给予高度评价。是年，有主任医师1人，副主任医师4人，主治医师3人，硕士研究生学历3人。设普通门诊、性病门诊、专家门诊和专科病房，并配备皮肤外科治疗室、皮肤激光美容室、微波治疗室、皮肤冷冻室及2个专科实验室（皮肤病理室、皮肤真菌实验室）。承担省中医药局科研课题2项，获国家专科2项，市科技奖2项。全年门诊量达16.5万人次。（顾国龙）

■类目编辑　赵修平

# 体 育

## 综 述

**【概况】** 2015年,江阴市体育工作坚持与文明创建同行,服务民生,务实创新,连续推出"1000个健身点规范整治"、体育"三进校园"、学生"人人学会游泳"等一系列关乎群众切身利益的创新举措,着力推进江阴体育大汇网站和微信公共信息服务平台建设,立足本职为江阴城市发展添光彩,为百姓健康谋福利,确保全市体育事业健康发展。全年市、镇(街道)和社会力量投资体育超4亿元。江阴市获评全国青少年校园足球试点县(市),成功创建首批江苏省公共体育服务体系示范区,市体育中心荣获江苏省十佳体育中心。

**【入选全国青少年校园足球试点县(区)】** 2015年8月21日,教育部发布的全国38个青少年校园足球试点县(区)里,江阴市名列其中。同时,教育部还命名了8627所全国青少年校园足球特色学校,江阴市城中实验小学、市花园实验小学、市夏港实验小学、市第一初级中学、江阴高级中学、市第一中学和市第二中学7所学校成功入选。教育部在此次认定过程中,以国务院办公厅《关于印发中国足球改革发展总体方案的通知》和教育部等6部门《关于加快发展青少年校园足球的实施意见》为指导精神,根据教育部办公厅《关于做好全国青少年校园足球特色学校及试点县(区)遴选工作的通知》要求,在有关单位自主申报、省级教育行政部门审核推荐的基础上,组织专家进行综合认定。江阴市校园足球的成果得到了专业队伍认可。

**【入选首批省级公共体育服务体系示范区】** 2014年以来,江阴市委、市政府紧紧围绕广大人民群众不断增长的体育健身需求,以现代化和人民满意为目标,坚持以人为本、城乡统筹、均衡普惠、共建共享的原则,积极强化政策支持,加大资金投入,不断健全完善全市公共体育服务体系基础保障,逐步加大财政投入,2014年,市财政预算经费1851万元,各镇(街道)用于体育服务经费4393.3万元,合计6244.3万元;社会力量投资31898.5万元,包括健身场地建设、赛事活动赞助等,社会资本与财政投入比例为5:1。2015年,新增"学生人人学会游泳"工程经费800万元、"1000个健身点规范整治"经费1000万元和其他体彩公益金列支项目近5000万元,年度经费达4500多万元。以民需为先,全民健身设施配置实现全覆盖,在全省率先完成城乡"10分钟体育健身圈"建设,学校体育设施全面向社会开放。全市体育场地面积472万平方米,人均2.74平方米。坚持民强为本,全民健身活动开展日趋系统化,组织网络丰富健全。深化"体教结合"业余训练模式,推进业余训练基地建设,创新推进青少年阳光体育,竞技体育整体水平显著提升。还坚持主动培育,强化政策引导,不断增强国家产业基地综合实力。成功创建国家体育产业基地,获评"全国游泳之乡",申报省级体育产业引导资助29项项目,获省级体育产业引导资助金额2070万元,获资助金额和项目数量连续5年居全省县级市首位。通过整合各方资源,大力推动并初步形成理念先进、设施齐全、内涵丰富、机制灵活、覆盖城乡的具有江阴特色的现代化公共体育服务体系。4月9日,全省公共体育服务体系建设推进会在扬州市召开,会上,南京等6个省辖市、江阴等49个县(市、区)被命名为首批省级公共体育服务体系示范区。

**【完成"1000个健身点规范整治"实事工程】** 2015年初,江阴市制定下发《全市"1000个健身点规范整治"实施办法》,并将此项工作列入市政府2015年度为民办十件实事工程,是提升城乡"10分钟体育健身圈"质量,创建省级公共体育服务体系示范区,同时配合全市文明城市创建、城乡环境综合整治的惠民实务举措。全市相继召开市政府条线工作部署会和体育系统现场推进会,加强督促检查,按计划指导各镇(街道)推进实施。投入体彩公益金1000万元以奖代补经费,吸引各级各类配套资金8000万余元。12月9日,江阴市政府通过网上和《江阴日报》对2015年为民办实事之——"1000个健身点规范整治"进行公示测评,公布监督电话等。通过整治,加快了市体育基本现代化建设,构建了完善的全民健身服务体系,较好满足了广大群众的健身需求。

2015年1月7日下午,江阴市举行“全国游泳之乡”和“全国群众游泳健身活动模范池馆”揭牌仪式 (李忠耘 摄)

【中国游泳协会场馆、装备委员会会议在江阴召开】 2015年1月5—8日,中国游泳协会场馆、装备委员会会议在江阴市召开,全国200余个游泳场馆、游泳装备生产单位派员参加会议,会议总结了场馆装备委员会年度工作,并进行了经验交流和分组讨论,对获得全国“游泳之乡”的10个单位和部分全国“群众游泳健身活动模范池馆”代表单位分别进行授牌;授予中国救生协会合作伙伴单位1个、中国游泳协会全民健身委员会合作伙伴单位2个。会上,江阴市领取“全国游泳之乡”奖牌、市体育中心游泳馆领取“全国群众游泳健身活动模范池馆”奖牌;江阴市四方游泳设备有限公司获中国救生协会和中国游泳协会全民健身委员会合作伙伴单位。国家体育总局游泳运动管理中心主任王路生作会议总结发言。江阴市体育局局长顾洪伟在会上作了经验交流发言。会议期间,与会人员还参观了江阴市游泳场馆设施;江阴市举行(1月7日)“全国游泳之乡”和“全国群众游泳健身活动模范池馆”揭牌仪式。

## 群众体育

【概况】 2015年,江阴市群众体育工作进一步创新形式,充分利用“江阴体育大汇”网络平台,先后组织开展市级比赛活动34项次。各镇街体育活动蓬勃开展,年内举办各级各类群众体育赛事活动500余项次,直接参与活动30万余人次。进一步加强社会体育指导员队伍建设,开办“健身知识公益大讲堂”10期,邀请专家教授普及科学健身知识,1000余人与会听课。开展健身气功巡回培训15期,培训800人次。新增单项体育协会2个,体育俱乐部6个,全市注册登记的单项体育协会32个,体育俱乐部49个;引导全市体育社团组织到信息平台集中办公,受惠民众达2万余人。“10分钟体育健身圈”建设提档升级,新增全民健身路径210套,篮球架100付,室内乒乓球台50张,全市有107个健身点350余件破损器材进行维修更换。

【打造“一起动动吧”平台】 2015年,江阴市社会体育管理中心开拓创新,打造全民参与体育活动新品牌,利用“一起动动吧”(http://www.17008.com)网站和“江阴体育大汇”微信平台举办线上线下活动。“江阴体育大汇”是一群由体育行业资深人士以及互联网技术专业工作者,共同打造的一个运动交流平台,以改变传统的体育模式,为体育运动人提供更方便、直接的互动生活社区。该平台可以随时随地分享运动状态,组织发布体育活动,成立兴趣动动圈子,结识志同道合的朋友。尊重体育达人发布原创作品,提倡互动与活动相结合的交流方式,提出“一起动动吧”口号,期望让运动成为人们的一种生活习惯。年内,有15000用户注册本网站会员。先后发布“温德姆杯”登楼王大赛、“渔人码头杯”健美健身比赛、“郎牌特曲杯”掼蛋比赛、“牙博士杯”全民广场舞大赛、羽毛球积分排名赛、乒乓球团体积分排名、FJBA篮球俱乐部联赛、足球联盟赛等精品赛事专题活动公告,发布兴趣活动信息61条。实现线上线下互动,每项活动赛前还都在网上发布活动规则和内容,吸引众多市民报名参加,赛后网上公布成绩,并发表赛事情况、活动心得,每天正常网站浏览用户在500人左右,平均每天总浏览访问量5000人次。

【首届市民徒步大会】 2015年元旦,江阴市体育局组织全民健身全民阅读公益捐书暨江阴市首届市民徒步大会,拉开全年全民健身活动序幕。活动创新形式,首次以个人名义网上报名参与,所有参与者均参加捐书,把阅读与体育有机结合。上午,数千市民齐聚体育中心,参加全市首届市民徒步大会。市民们从体育中心出发,绕城进行总长为10千米的步行。活动中,参加徒步的市民都背着小背包,里面装捐赠的书籍和衣物,在完成10千米的徒步绕城后,回到体育中心,把800余册图书捐给香山书屋,让更多的人来分享读书的快乐。

【市内元旦健身活动】 2015年元旦前后,江阴市分别举行市级冬季游泳、棋类等比赛活动,城区各健身站点开展石锁、太极拳、柔力球、木兰拳等全民健身展示活动;各镇(街道)在元旦期间也根据各自实际情况,开展长跑、登山、健步行等形式多样的全民健身活动。同时,江阴体育中心羽毛球馆、游泳馆、室外网球场等体育设施、场馆分时免费开放,给热爱运动的市民提供方便。整个活动参与健身人数超2万人次。

【全民健身节活动】 2015年8月8日,江阴市副市长龚振东在江阴体育中心,宣布市全民健身节启动。

启动会上发布2015年江阴市即将举办的全民公益健身大会活动项目、市半程马拉松比赛、第三届全民健身广场舞比赛、“我为运动代言”公益活动等，并对“江阴体育大汇”第一期公益约跑人员和十佳人气协会进行表彰、颁奖。全民健身节以“文明江阴、健康江阴、活力江阴”为主题，即将开展的趣味运动会、健身展示、半程马拉松比赛、第三届全民健身广场舞比赛、健身项目培训等一系列活动，深受群众喜爱。同时，各镇(街道)、各单项体育协会、俱乐部也将根据各自实际情况，开展群众喜闻乐见、形式多样的全民健身活动。“全民健身日”当天，游泳馆、室外网球场、羽毛球馆、国民体质监测中心、室外篮球场等体育场馆和设施将分时段向广大市民免费开放。通过举办全民健身活动节，旨在将全民健身活动的氛围贯彻全年。全市各镇(街道)、协会或策应全市活动，或举办周年展示大赛等，先后举办各级各类群众健身活动。

**【省老年人体育节江阴分会场活动】** 2015年10月31日，江阴市老年体协、木兰拳协会承办江苏省老年人体育节江阴分会场闭幕式暨木兰拳协会成立20周年展示大赛，在市一中体艺馆举行。大会简要回顾了2015年江苏省老年人体育节江阴市分会场所开展的一系列老年人体育健身活动、培训工作和各项赛事，以及江阴市老年健身队伍在省、无锡市老年人健身项目比赛中所取得的优良成绩。表扬各镇(街道)结合自身实际积极开展培训、展示、比赛、讲座等各种形式的健身活动。闭幕式上全市有22支木兰拳队伍538名木兰拳爱好者参加演出。柔力球交流展示活动由青阳镇队展示的规定套路第8套《走向复兴》和自选套路《最美的歌儿唱给妈妈》拉开帷幕，之后，云亭街道队、新桥镇队、长泾镇队、临港街道队、璜土镇队、澄江街道队、华士镇队、周庄镇队、祝塘镇队、徐霞客镇队和退休教师队先后表演柔力球健身舞。市柔力球协会先后由个人表演《雄鹰》和集体表演《祝福祖国》。柔力球运动员们的精湛球艺和充满活力的夕阳风采，给与会者以力与美的享受。

**【首届江阴市半程马拉松比赛】** 2015年10月25日上午8时整，江阴首届半程马拉松比赛在江阴敔山湾举行。比赛由江阴市体育局、江阴市土地储备中心主办，江阴市社会体育管理中心、暨阳体育产业有限公司承办，来自全市及周边地区的长跑爱好者1500余人参加比赛。比赛分男女组，路程21.0975千米。来自全市的志愿者100人分布赛道周围，随时为参赛队员提供服务。同时沿赛道设置8辆救护车、9辆收容车、30名蓝天救援队员骑自行车不间断地巡视保障。最终来自江阴阳光跑步俱乐部的选手段宇亭，以1小时19分40秒的成绩夺得半程马拉松赛男子组冠军。陈国强、金祥分别获第二、第三名。王田以1小时37分15秒的成绩，夺得女子组冠军，张勤、钱凤珍荣获第二、第三名。

2015年10月25日上午8时整，江阴首届半程马拉松比赛在江阴敔山湾举行　（市体育局提供）

## 竞技体育

**【概况】** 2015年，江阴市竞技体育工作以关爱学生体质为突破口，积极推进体育送万球进校园、送冠军球星进校园、送资深教练进校园的“三进校园”工程，启动实施学生“人人学会游泳”三年行动计划，强化市业余体校龙头引领作用，深化“体教结合”业余训练模式，江苏省U16男子足球队入驻江阴高级中学，无锡少年排球队入驻云亭实验小学，市男女足球队以市队校办的形式分别入驻市实验小学和城中中心小学，为参赛第十九届省运会打下了扎实的基础。以赛促训，强化市级体育项目传统校、布局校、网点校建设，全年共组织市级中小学体育竞赛7项11次，参赛运动员4052人；参加无锡市小学生体育竞赛8项8次，参加江苏省中小学生体育竞赛8项18次。持续打造精品赛事。分别承办全国游泳俱乐部锦标赛、国际舞蹈比赛、第一届青运会男子足球16岁以下组预赛(江苏江阴赛区)、2015洲际男篮巅峰争霸赛等国家级以上赛事5项20多场次。全年夺得省及省以上金牌27枚，向省体校及省以上优秀运动队输送19人。

**【学生“人人学会游泳”三年行动计划】** 2015年7月1日，江阴市在校在籍中小学生“人人学会游泳”三年行动计划正式实施，是江阴市委、市政府深化青少年阳光体育运动的民生实事和创新举措。市体育局通过大量前期调研工作，对实施方案进行反复论证推敲，不断提高计划实施的可行性和成效预期。三年计划的具体内容是：全市九年制义务教育阶段的中小学生，自2015年暑期学游泳开始，可以享受政府政策性补贴。即学生凭学籍卡、身份证、户口簿的其中之一，再配上自己的正面二寸彩色近照一张，到公示过的游泳培训点报名，即可减免300元（室内游泳池）或250元（室外游泳池）的培训费。2015年主要组织初一年级学生和小学生开展游泳扫盲行动，着力推动游泳运动的普及提升，通过3年时间加以推进实施，基本建立政府主动引导、学校全力支持、部门通力协作、社会积极参与的游泳培训保障体系，健全完善政策保障机制，不断增强基础保障能力，努力营造全社会关注支持游泳运动推广的良好氛围。计划至2017年，全市义务教育阶段的小学生会游泳比率达60%以上，游泳救生技能水平显著提升。为确保该计划实施安全有序，活动推进完全顺应市场化规律，全市符合条件的各游泳场馆都可申报培训点，经费补贴根据培训点培训合格率，以政府购买服务的方式按标准给付，从而提高各培训点责任意识和服务意识。此次活动的经费保障全部来自体彩公益金，也再次彰显江阴体育彩票“取之于民，用之于民”的公益性。学生学游泳政府给补贴，在全国当属首创之举，受到全社会的一致好评。年内全市申报申批培训点19个，中小学生报名数为18356人，其中17209人参加游泳培训考核，16486人通过考核，合格率95.79%，核算减免经费近500万元。

2015年3月20—21日，全国青少年校园足球行政管理人员和校长培训班在江阴举办。图为市一中培训班现场　（陈　钢摄）

**【体育“三进校园”工程】** 2015年，江阴市体育局全面实施体育送万球进校园、送冠军球星进校园、送资深教练进校园的“三进校园”工程不断促进活动的常态化、规范化、系统化发展。先后组织中国和澳大利亚男篮国奥队、象棋特级大师、江苏省男排队员、原国家男足队员走进学校，与学生进行面对面的互动。市业余体校和二中女足教练员深入基层辅导6次，惠及学校12个。是年，为全市88所公办中小学校和51所公办幼儿园，赠送足球、篮球、排球计1.39万个。

**【全国青少年校园足球管理人员和校长培训班开班】** 2015年3月20日至21日，全国青少年校园足球行政管理人员和校长培训班在江阴市举办。培训班由教育部组织开展，江阴是全国5个培训点之一。来自江苏、浙江、安徽、湖南、湖北及内蒙古的300余人参加，培训班学员大多为政府分管领导、教育行政部门管理人员及足球特色学校校长等。全国青少年校园足球工作领导小组办公室主任、教育部体卫艺司司长王登峰在培训班动员会上发言，强调要高度认识改革和发展校园足球的战略意义。培训班学员先后观摩了江阴市城中实验小学、市花园实验小学、市一中3个学校的校园足球课程训练。在21日的交流会上，江阴市副市长龚振东表示，江阴市校园足球工作将以“政府主导、多方参与”的形式，充分发扬“人心齐、民性刚、敢攀登、创一流”的江阴精神，真抓实干，开拓创新，奋力谱写好振兴中国足球的江阴篇章。

**2015年江阴市参加上级体育比赛成绩一览**

表60

| 参赛单位（人员） | 名称 | 时间 | 地点 | 成绩 |
|---|---|---|---|---|
| 陈　佳 | 2015年全国女子垒球冠军杯赛 | 3月30日—4月8日 | 云南西双版纳手曲棒垒竞训基地 | 女子冠军 |
| 段　浪 | 2015年江苏省县组田径比赛 | 4月28日—5月3日 | 江苏南通如皋奥体中心 | 男子跳高冠军 |
| 史云恒 | | | | 男子400米亚军 |
| | | | | 男子800米亚军 |
| 唐文香 | | | | 女子60M亚军 |
| | | | | 女子100米亚军 |
| 张嘉豪 | | | | 男子100米栏季军 |
| | | | | 男子跳远亚军 |
| 汪　丽 | | | | 女子100米栏亚军 |

续表60

| 参赛单位（人员） | 名称 | 时间 | 地点 | 成绩 |
|---|---|---|---|---|
| 许美玲 | 2015年全国田径大奖赛济南 | 4月29日—5月1日 | 山东济南奥体中心 | 女子100米亚军 |
| | | 4月29日—5月2日 | | 女子200米季军 |
| 周艳兵 | 2015年全国田径大奖赛 | 4月29日—5月1日 | | 女子100米季军 |
| 许美玲 | 2015年全国田径大奖赛太原 | 5月11—13日 | 山西太原红灯笼体育场 | 女子100米冠军 |
| 曹洛豪 | 2015年江苏省青少年举重锦标赛 | 5月19—23日 | 江苏泗洪体育馆 | 男子乙组52公斤级 |
| | | | | 抓举70公斤冠军 |
| | | | | 挺举81公斤冠军 |
| | | | | 总成绩151公斤冠军 |
| 梁雨航 | | | | 男子甲组52公斤级 |
| | | | | 抓举73公斤亚军 |
| | | | | 挺举88公斤亚军 |
| | | | | 总成绩161公斤亚军 |
| 谭新宇 | 2015年全国田径冠军赛 | 6月27—29日 | 北京国家体育场“鸟巢” | 男子4×400米亚军 |
| 史云恒 | 2015年全国基地比赛 | 6月2—7日 | 湖北宜昌市体育中心 | 男子60米亚军 |
| | | | | 男子100米亚军 |
| | | | | 男子400米亚军 |
| 李金玉 | 2015年苏南片中学生运动会 | 7月12—13日 | 江苏常州高级中学 | 女子100米栏季军 |
| | | | | 女子三级跳远季军 |
| 朱子婧 | 2015年江苏省小学生比赛体育传统学校田径夏令营 | 7月14—16日 | 江苏泗阳体育中心 | 女子60米冠军 |
| | | | | 女子100米亚军 |
| 唐文香 | 2015年江苏省小学生比赛体育传统学校田径夏令营 | 7月14—16日 | 江苏泗阳体育中心 | 女子400米季军 |
| | | | | 女子4×100季军 |
| 段　浪 | | | | 男子跳高冠军 |
| | | | | 男子跳远冠军 |
| 史云恒 | | | | 男子400米冠军 |
| | | | | 男子800米亚军 |
| 刘利斌 | | | | 男子400米亚军 |
| | | | | 男子800米冠军 |
| 徐镇涛 | | | | 男子60米亚军 |
| 江阴市第一中学 | 2015年江苏省省长杯足球比赛 | 7月17—23日 | 江苏常州北郊高级中学 | 男子高中组季军 |
| 江阴市体育运动学校 | 2015年江苏省足球锦标赛 | 7月18—25日 | 江苏常州丹阳市全民健身中心体育场 | 男子甲组亚军 |

续表 60

| 参赛单位(人员) | 名称 | 时间 | 地点 | 成绩 |
|---|---|---|---|---|
| 周宇平 | 2015 年江苏青少年省柔道锦标赛 | 7 月 22—25 日 | 江苏泰州泰兴市体育中心 | 男子柔道 56 公斤冠军 |
| 朱伟玲 | | | | 男子柔道 70 公斤亚军 |
| 缪　俊 | | | | 男子柔道 60 公斤亚军 |
| 唐成杰 | | | | 男子柔道 60 公斤季军 |
| 吴晨浩 | | | | 男子柔道 60 公斤季军 |
| 俞可涵 | | | | 男子柔道 66 公斤季军 |
| 蒋森海 | | | | 男子拳击亚军 |
| 江阴市第二中学 | 2015 年江苏省"省长杯"青少年校园足球赛 | 7 月 24—28 日 | 江苏省淮安泗洪县淮北中学 | 初中女子组亚军 |
| 梅　满 | 2015 年江苏省青少年田径竞标赛 | 7 月 25—30 日 | 江苏南通如皋奥体中心 | 女子 100 米栏(全能)女子冠军 |
| | | | | 女子异程接力亚军 |
| 汪　丽 | | | | 女子 100 米冠军 |
| | | | | 女子 100 米栏冠军 |
| | | | | 女子 4×100 冠军 |
| | | | | 女子 4×400 冠军 |
| 李金玉 | | | | 女子 100 米栏亚军 |
| 蒋　童 | | | | 女子 100 米亚军 |
| | | | | 女子 200 米亚军 |
| | | | | 女子 4×100 季军 |
| 张嘉豪 | | | | 男子 110 米栏季军 |
| | | | | 男子跳远亚军 |
| 陈思语 | 2015 年江苏省青少年击剑锦标赛 | 8 月 6—12 日 | 江苏无锡锡山高级中学 | 女子团体冠军 |
| 邵宏焱 | | | | 男子团体冠军 |
| 闫宇豪 | | | | |
| 吴以恒 | | | | |
| 钱　龙 | | | | |
| 吴以恒 | | | | 男子个人亚军 |
| 于春雨 | | | | 男子团体季军 |
| 郏尘星 | | | | |
| 吴　凡 | 2015 年全国青运会(足球) | 8 月 15—26 日 | 福建厦门海沧体育中心 | 男子甲组亚军 |
| 朱嘉豪 | | | | |
| 谢志伟 | | | | |
| 腾　超 | | | | |
| 沈桃林 | | | | |
| 葛江涛 | | | | |
| 许美玲 | 2015 年全国田径锦标赛 | 9 月 14—17 日 | 江苏苏州市体育中心 | 女子 4×100 米冠军 |

续表 60

| 参赛单位(人员) | 名称 | 时间 | 地点 | 成绩 |
| --- | --- | --- | --- | --- |
| 缪　俊 | 2015 全国柔道冠军赛 | 9 月 16—19 日 | 内蒙古包头奥林匹克体育馆 | 男子 60 公斤亚军 |
| 唐成杰 | | | | 男子 60 公斤季军 |
| 张冬溢 | | | | |
| 吴晨浩 | | | | 男子 63 公斤亚军 |
| 袁伟鸿 | | | | 男子 81 公斤亚军 |
| 周宇平 | | | | 男子 56 公斤亚军 |
| 俞可涵 | | | | 男子 66 公斤季军 |
| 陈　佳 | 2015 年全国女子垒球锦标赛 | 9 月 18—25 日 | 辽宁大连(旅顺)市水上运动学校 | 女子冠军 |
| 周艳兵 | 2015 年全国青运会(田径) | 10 月 18—27 日 | 福建福州海峡奥体中心 | 女子 4×100 米季军 |
| 许紫春 | 2015 年全国青运会(柔道) | | 福建长乐滨海体育中心 | 女子拳击 60 公斤冠军 |
| 江阴市体育运动学校 | 2015 年全国中等城市青少年足球比赛 | 10 月 30 日—11 月 2 日 | 山东潍坊市体育运动学校 | 男子冠军 |
| 曹洛豪 | 2015 年江苏省青少年举重冠军赛 | 11 月 3—7 日 | 江苏盐城射阳县体育馆 | 男子少年乙组 56 公斤级 |
| | | | | 抓举 81 公斤冠军 |
| | | | | 挺举 95 公斤冠军 |
| | | | | 总成绩 176 公斤冠军 |
| 吴以恒 | 2015 年江苏省青少年击剑冠军赛(总决赛) | 11 月 10—15 日 | 江苏南通如东实验小学 | 男子团体冠军 |
| 闫宇豪 | | | | |
| 邵宏焱 | 2015 年江苏省青少年击剑冠军赛(总决赛) | 11 月 10—15 日 | 江苏南通如东实验小学 | 男子团体冠军 |
| 吴以恒 | | | | 男子个人季军 |

**2015 年江阴市承办重大赛事活动一览**

表 61

| 项目 | 时间 | 地点 |
| --- | --- | --- |
| 江苏省"小太阳杯"儿童棋类比赛 | 1 月 1—3 日 | 江阴市福娃俱乐部 |
| "一青会"足球 16 岁以下年龄组预赛 | 3 月 21—31 日<br>4 月 20—30 日 | 江阴体育中心主体育场 |
| "四方杯"2015 全国游泳俱乐部锦标赛 | 4 月 11—12 日 | 江阴体育中心游泳馆 |
| 2015 年洲际篮球巅峰争霸赛 | 5 月 25—29 日 | 江阴体育馆 |
| 2015 年全国男子排球冠军赛(江阴赛区) | 6 月 17—21 日 | 江阴体育馆 |
| 2015 年全国象棋男子甲级联赛 | 8 月 7—12 日 | 江阴市周庄镇 |

## 体育产业

**【概况】** 2015 年,江阴市体育产业注重引导培育,以国家级基地建设为着力点,积蓄增强全市体育产业综合实力。以月城、青阳、徐霞客为主体的城南体育休闲旅游区,形成遍布城乡的体育休闲旅游资源,霞客岛体育拓展公园项目正逐步推进,月城镇云外水庄职工体育拓展基地初具规模,海澜马术旅游景区获评体育旅游"全国十佳景区"。江阴四方游泳设备有限公司、江阴文明体育塑胶有限公司、江阴同创体育机械有限公司、无锡绿舒坦人造草坪有限公司等多个企业跻身 2015 中国国际体育用品博览会,打响了江阴体育用品制造品牌。申报省级体育产业资助再创佳绩。江苏华西集团有限公司、江苏海澜集团有限公司、江苏法尔胜泓昇集团有限公司、江阴市天华纱业有限公司、江阴四方游泳设备有限公司、江阴鑫辉太阳能有限公司、江阴海纳投资有限公司7个单位获省级引导资金，资助金额总计650万元，创历年之最，连续5年位列全省县级市第一，累计2070万元。积极组建体育产业联合会，发挥行业协会在全市体育产业企业中的指导作用，促进本土体育产业企业协同发展、规模提升。免费举办2015年江阴市游泳救生员、教练员国家职业资格培训班，55人通过国家鉴定并取得证书，为体育市场提供服务。体彩销售继续保持全国领先，年销售额超5.39亿元。

**【江阴拼装式游泳池受到国家体育总局调研推广】** 2014年以来，江阴市委、市政府确立"镇镇游泳池"建设项目，依托本土体育产业江阴四方游泳设备有限公司生产的拆装式泳池，不断普及游泳池馆建设，把游泳池引进镇街、村、社区，建到老百姓家门口，普及游泳运动，提升救生技能，进而普及学生"人人学会游泳"等民生举措，充分发挥了游泳对全民健身的引领作用，经验做法在省内外得到宣传推广。2015年9月24日，国家体育总局群体司牵头组成调研组，并邀请上海市及山西、安徽、河南、湖南、陕西等省体育局相关领导到江阴调研拼装式游泳池推广和学游泳工作。调研组现场观摩了澄江街道游泳俱乐部拆装式游泳池和月城云外水庄度假酒店游泳池，江阴四方游泳设备有限公司向调研组详细介绍拆装式游泳池性能及相关数据。随后，拆装泳池观摩座谈会在江阴体育中心会议室举行，会议首先由各省市介绍拆装式游泳池试点工作开展情况，东道主江阴市介绍拆装式游泳池工作经验。最后，调研组总结了拆装泳池试点工作的基本成果，并对这一新兴的大众游泳健身设施的建设方式和运营模式进行探讨。年内，国家体育总局和游泳中心在江苏省开展第二批拆装式游泳池建设与管理运营试点推广工作。

2015年11月20日上午，江阴市体育产业联合会成立大会在天华体育中心举行 （李忠耘 摄）

**【体育产业联合会成立】** 2015年11月20日，江阴市体育产业联合会成立大会在江阴市天华体育中心举行，首批会员单位55个。会议选举产生了江阴市体育产业联合会第一届理事会、常务理事及正副会长和正副秘书长。省体育局副局长王志光高度评价了江阴市多年来体育工作取得的成绩与荣誉，特别是2013年成功创建国家体育产业基地以来，年年有示范典型、年年有新增项目、引导资金工作年年排名全省第一，为全省的体育事业发展做出了贡献。副市长龚振东介绍江阴市体育产业有着良好的基础，加快发展体育产业发展形成良好的社会共识，逐步建立起以体育竞赛表演、体育用品生产、体育休闲旅游为主的产业体系。该联合会的成立，将不断加强成员单位间交流合作，促进体育服务业快速发展，推动体育用品业转型升级，加快推进体育产业和其他相关产业的互动融合，把江阴市体育产业发展推向更高层次。会上，市体育产业联合会与无锡智慧体育产业园签订了合作协议，并为江阴市体育产业联合会、体育产业创新示范合作基地揭牌。

**【江阴体育中心获省"十佳"称号】** 2015年3月29日，斯迈夫体育论坛十周年(江苏)年会暨江苏体育产业大会在江苏南京圆满落下帷幕。作为中国体育产业的"达沃斯"，年会吸引了来自全国25个省市和自治区的近2000名各界人士参会，阵容空前。在江苏省体育产业大会上，江阴体育中心凭借优质的软硬件服务和良好的运营管理业绩，在全省体育中心中脱颖而出，荣获江苏省十佳体育中心。（李忠耘 周 玲）

■类目编辑 赵修平

## 人口管理

【概况】 2015年,市公安局紧紧围绕基础信息化、警务实战化、执法规范化、队伍正规化四项建设,着力推进社区警务工作,以176个社区警务室为前沿阵地,不断做优做强老百姓家门口的派出所,努力实现警务效能与服务质量、群众安全感与满意度的双提升。年内,市公安局出入境管理部门增设3个出入境分理点,实现出入境管理权限下放,开展国际警务合作调研等一系列体制创新,进一步提升服务层级,推动出入境管理工作步入崭新阶段。受理审核公民因私出国44238人次,批准赴港澳76802人次、赴台湾15384人次;受理审核境外人员过境停留签证672份,签证延期及换发176份,居留许可834份,台湾居民大陆签注40份,居留签注91份,补换发台胞证45份。至年末,全市户籍人口1240058人,总户数371183户,其中男性616566人,女性623492人;外来暂住人口985884人,其中务工732714人,务农24907人,投资经商36378人,其他人员191885人。

【网格化实有基础信息采集】 2015年,市公安局组织开展全市网格化实有基础信息采集工作。社区民警按照地域相近、小区相连、资源相通的原则,以每个网格为单位全面采集地、人、事、物等各类基础信息,严格落实信息质量终身负责制、虚假错误信息倒查问责制和户籍内勤信息修改联动制,确保各类源头基础信息采集及时准确、完整鲜活,实现社区警务工作精细化、高效化。年内,全市完成网格分布图3600余张,核对各项基础信息149.1万余条;通过基础信息采集破获各类案件52件,抓获犯罪嫌疑人56人,其中抓获网上在逃人员8人。

【平安警务责任区创建活动】 2015年,市公安局集中组织开展平安警务责任区创建活动,通过开展入户走访、网格化巡防、集中防范宣传、社会资源整合等途径,强化源头信息采集和治安动态管控等基础工作,签订治安责任书,发放防范建议书、治安提醒书、警方提示等宣传资料,并动员、整合、发展治安志愿者队伍,每周由社区民警在辖区内带领志愿者、红袖标、社区保安(协管员)和社区义工等群防群治力量,开展公开巡逻不少于1次,结合人防、技防和邻里联防等多种方式,加强巡逻防范。年内,全市290个警务责任区中有137个的违法犯罪警情呈明显下降趋势,违法警情高发态势得到有效遏制,治安管控能力得到进一步强化。

【特色警务室创建】 2015年,市公安局坚持典型引路,以点带面,按照一室一品、一区一品的标准,在做好日常服务、防范管控工作同时,大力开展特色警务室创建。通过要塞派出所新华"外管"警务室、西郊派出所芙蓉"吸毒人员帮教"警务室和周庄派出所金湾"新市民青少年关爱中心"警务室等特色警务室品牌效应带动,全市176个警务室结合各自辖区特色,找准公安工作与创新警务结合点,进一步丰富社区警务室内涵,拓展功能,把警务室建设成为接地气连民心的主要载体,并先后涌现出长泾派出所长东"维稳防控"警务室、要塞派出所贯庄"红袖标物管巡逻"警务室和华西派出所红苗"大手拉小手"警务室等125个特色警务室,进一步提高社区民警知晓率,真正把社区警务室打造成群众满意的"民心品牌"。

【打造户籍窗口服务品牌】 2015年,市公安局全面落实4个服务"百项承诺",进一步加强户籍窗口建设规范、人员配备及工作机制、礼仪形象规范、制度规范和人员职责、监督考核、责任追究等方面规范化建设,打造质效并重、群众满意的窗口服务品牌。年内,共审批各类户口8847人次,办理身份证132828张,办理临时身份证7420张,办理十年期换证81404张、军人身份证228张,主动上门为50名重病群众采集、核验指纹和拍摄证件,开通绿色通道为714名因乘机、考试、取款等原因急需用证群众当日制发临时身份证。积极探索培训身份证异地办理信息采集、身份核验、数据流转、分拣发放等工作流程,成功受理、办理异地证件577张,答复群众各类咨询3000余人次。

【流动人口服务管理】 2015年,市公安局全面落实"以房管人"责任,组织研发出租房屋二维码管理信息系统,努力实现外来人员信息实时采集、实时上传、实时比对、实时统计、实时考核,进一步加强流动人口管理信息化建设。强化专职协管员队伍建设,通过加强领导、调整充实、考核培训等工作措施,实现协管员职业技能、履职能力不断提升。组织开展全市流动人口信息清理核对专项行动,全年核查流动人口98.6万余人,注销57.7万人,新登记55.6万人;清理整治出租房屋20.2万户,注销0.9万户,新登记2.8万户;处罚用工单位45个,抓获各类违法人员5270人,其中抓获网上逃犯105人。

**【出入境服务管理】** 2015年3月,市公安局开展出入境管理改革试点工作,各类出入境证件审批制作权限进一步下放。除法定不准出境人员、国家工作人员、军人、华侨等特殊群体申办出入境证件仍需报地级出入境管理机关审批外,普通护照、往来港澳通行证及签注、往来台湾通行证及签注、外国人签证证件、台湾居民来往大陆通行证及签注等审批签发权限正式下放。中外公民申请各类签证、证件办结速度大幅提升,在5个工作日内即可完成。从7月1日起,公安部统一实施取消台胞签注政策,台胞持有效台胞证即可经开放口岸来往大陆并在大陆停居留,无需办理签注。这一举措为每年3400余人次临时往来江阴的台胞、300余名常住江阴的台胞出入境、停居留、投资就业提供便利。

(朱斌 胡娟)

## 生育管理

**【概况】** 2015年,江阴市扎实稳妥实施"单独二孩"政策,引导群众科学安排生育时间,全年户籍人口出生9901人,人口出生率7.99‰,出生政策符合率99.69%。年内,受理再生育一个孩子申请3438份,其中"单独二孩"申请2446份。顺利通过江苏省"十二五"人口和计划生育目标任务考核以及江苏省人口协调发展先进市评审验收,并代表无锡市接受江苏省级考核、验收。

**【计划生育依法行政】** 2015年,市卫计委坚持计划生育基本国策,全面推行行政指导,实行管理与服务相统一、监管与执法相统一的内在要求,大幅减少因不熟悉行政法律法规而造成违法违规等失当行为。规范再生育一个孩子审批流程和简化审批材料,有效压缩审批时间33天。年内,开展行政指导248人次,作出征收决定145件,申请法院强制执行47件。严格执行计划生育一票否决制,全年对10批次1037个单位或个人进行计划生育情况审核,一票否决4人。

**【流动人口计划生育服务管理】** 2015年,市卫计委开展全国流动人口动态监测工作,抽样12个镇(街道)共30个样本点的流动人口就业、居住、子女教育、社会保障、优先优惠政策、医疗等生产、生活、生育等计105项信息问卷调查和网上系统填报工作。年内,先后与安徽枞阳、安徽舒城、河南嵩县、江苏滨海、江苏宝应、山东定陶6个县市签订双方区域合作协议,配合外省卫生计生部门开展好流动人口区域协作系列服务活动,就流动人口关怀关爱、合法权益保障、计划生育服务管理工作等进行协商并取得一致。加强流动人口基础信息采集录入、协查通报、数据核对,提高流动人口信息平台数据质量,全年通过平台向户籍地发送避孕节育报告单9360条,向户籍地通报流动人口出生信息6708条。

**【幸福家庭建设】** 2015年,市卫计委继续推进幸福家庭建设活动,引导群众创建文明、健康、优生、致富、奉献的幸福家庭。年内,在江阴电视台循环播放无锡市十佳幸福家庭获得者及入围家庭的风采,发挥辐射示范作用,传播幸福家庭理念。推进免费孕前优生健康检查,全年检查11574名计划怀孕夫妇,目标人群覆盖率99%。发放计划生育奖励特别扶助资金6602.3万元,惠及33059人,为1244名计划生育特别扶助对象购买住院护工保险,加大扶持力度。 (陈文广)

## 社会保障

**【概况】** 2015年,市人社局不断完善保障制度体系,强化社保征缴,加强医保监管,持续提升保障待遇,深入推进社会保障工作。年内,完成城保扩面新增4.3万人,净增1.1万人;连续第11次调整企业退休人员养老金标准,人均月基本养老金调整为1895元;调整居民养老保险基础养老金、被征地农民第四年龄段人员保养金标准,分别提高至250元/月、600元/月;对城镇职工医保参保人员重病、大病患者进行医疗救助,全年实时救助4995人,总救助近万人,累计救助金额2738万元;落实被征地农民社会保障"即征即保"工作,完成新被征地农民参保865人。至年末,全市基本养老、医疗、工伤、失业、生育保险参保人数分别为50.1万人、70.3万人、42.95万人、43.04万人、43.02万人。

**【社会保险制度完善】** 2015年,江阴市出台居民养老保险与上级规定的衔接办法,明确领取待遇年龄、制度衔接转换、异地转移、领取待遇条件等问题,确保城乡养老保险制度平稳对接。全面执行《江苏省实施〈工伤保险条例〉办法》相关规定,从6月1日起对机关公务员纳入工伤保险适用范围,实现全覆盖。全面贯彻落实《江苏省职工生育保险规定》,将生育保险费率由0.6%降为0.5%,生育保险范围覆盖到全市机关、事业单位、企业、社会组织及有雇工的个体工商户。出台《关于调整我市职工医疗保险有关政策的意见》,扩大医疗保险个人账户支付范围,同时将门诊慢性病补贴病种扩大至26个,进一步提高补贴标准。医疗机构申报定点受理时间由每年2次调整为每年4次。

**【城保扩面征缴推进】** 2015年,市人社局围绕扩面参保和征缴清欠,深入推进城保扩面工作。贯彻落实《江苏省社会保险费欠费管理办法》,将社保年检和劳动保障书面审查相结合,集中对全市1万余个单位进行检查,责令其中150余个违规用人单位限期改正,重点督促参保率、缴费基数不足的用人单位整改并进行及时跟踪。同时,加大清欠力度,完善单位欠费信息预警和管理机制,做到新欠单位当月催缴,停征欠费单位318个,上报市诚信平台欠费单位364个,对3个欠费企业启动法院强制执行程序,全年清理欠费单位5878个,清欠社保费9268万元。

**【医保监管】** 2015年,市人社局从创新医保监管手段、规范定点单位和参保人员医疗行为、完善医保付费制度改革三方面,加强医保监督管理。制定医保智能化监控服务系统建设方案,利用权威临床知识库和医保规则,建立三位一体医保智能化监控服务体系。实施医保远程实时监控二期工程,对全市所有定点零售药店、诊所实施无盲区、全透明全天候实时监控,同时,结合数据筛查分析、开展专项检查等措施,全年处理违规定点诊所14个、定点药店12个、定点医院2个。加强日常核查、控制费用不合理增长,共审核门诊、住院病历10.5万余份,剔除不合理费用212.5万余元。深化以总量控制为主的复合型付费方式改革,完善控费预警机制,在统筹基金收入首次下降8.6%的严峻形势下,全市医疗总费用同比增幅从历年平均20%以上,下降为8.9%,有效遏制医疗费高速增长势头,确保医保基金安全。

**【社保经办服务便捷高效】** 2015年,市人社局改建市社会保险基金管理中心经办服务大厅,推行"一窗式"经办服务。扩大无锡异地联网医疗机构至162个,实现无锡、江阴医保联网异地结算全覆盖。依托金保系统和网上经办平台,延伸基层和参保企业经办功能。优化退休审批流程,将退休初审权限下放至规模企业。年内,12003个企业开通社保网上经办系统,涵盖参保职工46.22万人。

2015年9月9日,江阴市首个大学生创业园正式开园运行（市人社局提供）

## 就业创业

**【概况】** 2015年,市人社局全力推动大众创业、万众创新,坚持精准化促进就业,各项工作有序开展、强力推进。全年新增就业岗位5.8万个,解决本地劳动力就业4.3万人,城镇登记失业率2.37%,农村调查失业率2.83%,高校毕业生就业率92.5%,困难家庭高校毕业生就业率100%,扶持自主创业2230人,带动就业12750人。年内,为300名大学生发放房租补贴150万元,发放各类创业补贴436.2万元,发放小额贷款3940万元。

2015年2月28日,江阴市2015春季城乡联动大型招聘会在江阴体育馆举行。图为招聘会现场（市人社局提供）

**【就业服务】** 2015年,市人社局积极整合服务资源,着力加大扶持力度,全方位、多层次推进城乡就业工作。利用人力资源市场和镇村基层平台,对全市215个重点企业用工需求进行长期动态跟踪调查,并对30个企业实施抽样调查,根据不同阶段用工监测所掌握情况灵活调整招聘服务,有效解决企业招工用工难题。全年组织举办2015年春季城乡联动大型招聘会、"情系职工"失业人员专场招聘会、技能人才专场招聘会等招聘活动98场;组织海澜集团有限公司和江苏中印印务集团有限公司等大型骨干企业赴甘肃省宕昌县开展劳务合作交流,对接千余个一线操作岗位。深化见习实训,全年征集开发670个见习岗位,有190名大学生报名参训。完成9574名应届高校毕业生数据库登记调查维护,并实施"一对一"动态跟踪,促进高质就业,江阴籍返乡应届高校毕业生就业率92.8%,18名困难家庭高校毕业生实现100%就业。继续落实城乡大龄困难人员社保补贴、岗位补贴等扶持政策,切实促进困难群体稳定上岗、充分就业。全年核发社保补贴和岗位补贴1.78亿元,5.71万人受益。

**【大学生创业园开园运行】** 2015年9月9日,江阴市首个大学生创业园正式开园运行。该创业园由市人社局、高新园区科技局、江阴天安数码城置业有限公司三方合作共建，是江阴市首个以培育大学生创业能力和大学生创业集群为目的，通过政府扶持引导和市场化运行管理，以科技型产业为引领、扶持大学生及小企业创业的综合性创业孵化基地和公共创业服务平台。年内，市人社局印发《江阴市大学生创业园管理办法》，编印江阴市大学生创业园入园协议，加强园区管理，确保园区健康有序发展。一期项目坐落于天安数码城产业大楼A2幢第四层，面积1162平方米，设有创业苗圃区、创业孵化区、公共服务区三大主题功能区域，提供120个孵化位，有嘉恒软件、3D记梦馆、澄视网、诚骥网络等16项项目通过评审并成功入驻，吸纳就业创业72人。(参见《特载》相关内容)

**【首届"创赢未来"全民创业大赛和第三届"创业之星"评选活动】** 2015年7—12月，江阴市举办首届"创赢未来"全民创业大赛和第三届"创业之星"评选活动，其间先后进行"才聚江阴"2015创业精英赛、创业大赛半决赛、创业之星决赛等5场比赛，共征集创业项目82项，项目类型涵盖农业高科技、节能环保、生物医药、文化创意、电子商务等众多领域，选出创业之星候选人37人。12月18日，在江阴市广电演播大厅举办首届"创赢未来"全民创业大赛总决赛暨第三届"创业之星"颁奖典礼，评选出"高度洁净和节水的泡洗式洁具"等十大优秀创业项目和江阴贝瑞森生化技术有限公司总经理顾铭等十大"创业之星"。

**【就业失业预警系统建设】** 2015年，市人社局结合江阴实际情况，在金保系统中建立监测系统模块，确立基础数据管理、就业失业监测、就业失业预测、失业预警、就业景气和就业质量评估6大模块，形成失业预警监测模型架构，科学筛选并建立涵盖10类80项指标的失业预警指标体系。同时，为保证预警数据实时性和准确性，不断完善失业预警基础数据库，完成4.5万人的人力资源实名制数据调查，完成1000个重点企业用工监测调查、100个关联企业信息调查、30个用人单位和370名劳动者就业质量评估问卷调查，形成覆盖城乡64.76万人的人力资源新数据库。

**【强化创业服务举措】** 2015年，市人社局优化创业服务措施，不断提升服务水平。举办首届"创富人生"训练营，采用商务培训领域的多种领先培训方式，对首期29名学员们开展头脑风暴、无领导小组讨论、沙盘模拟实践、创业故事会、拓展训练等活动。举办首届大学生创业公益夏令营，连续开营10期，参营学员384人，采取课堂讲座和实地参观相结合形式，展现创业平台、普及创业知识，帮助大学生更加全面迅速地了解创业、体验创业，发挥创业带动就业积极效应。开发并推出江阴众创网专业门户网站，设置政策窗、项目库、明星榜、梦工厂、创客吧等模块，结合实体和虚拟两个平台同步助力舆论宣传。

2015年12月18日，江阴市举办首届"创赢未来"全民创业大赛总决赛暨第三届"创业之星"颁奖典礼。图为比赛现场　　(市人社局提供)

## 劳动维权

**【概况】** 2015年，市人社局坚持加强源头防控和加大执法力度并重，维护社会和谐稳定。开展万个企业书面审查工作，发放劳动管理体检报告128份，并下达监察建议书115份。对全市使用劳务派遣用工超50人以上单位进行摸底排查，加强对企业劳务派遣用工比例、岗位限制、同工同酬等规定的监督管理，规范劳务派遣单位用工行为。高效运行劳动关系分色预警系统，发生各类劳资矛盾预警12394件，处置12225件，处置率98.64%。组织专项执法检查6次，检查用人单位6339个，涉及职工36.53万人。督促企业补缴社会保险费652.14万元，追发劳动者工资待遇1.63亿元。年内，将27件欠薪逃逸案件移送至公安部门；接待劳动监察举报投诉案件4328件，受理工伤申请4420份，调处受理劳动争议案件6118件；全市企业劳动合同签订率99.33%，工资集体协商建制率98%。

**【规范企业用工"蓝盾"专项行动】** 2015年，市人社局为进一步规范企业用工行为，在源头上压降劳资矛盾，促进劳资关系和谐，组织实施规范企业用工"蓝盾"专项行动。组建由50人组成的劳动政策法规专家团，根据江阴企业特点，有针对性地制定培训内容，帮助企业填补在劳动合同签订、规章制度制定、社会保险缴纳、劳动关系矛盾调处等9个方面法律疏漏。专项行动期间，开展各类培训讲座及座谈活动30余次，上门指导企业200余个，被指导企业劳资纠纷由上年489件降为56件，同时，拖欠工资、不支付高温费等明显侵害职工权益行为也大幅减少。

**【劳动人事争议仲裁】** 2015年，市人社局出台《江阴市劳动人事争议兼职仲裁员管理办法》，规范兼职仲裁员办案行为，重新聘任78名兼职仲裁员；组织开展巡回仲裁庭12次、仲裁“开放日”活动2次。年内，全市调处各类劳动人事争议案件6118件，涉案标的3.7亿元。市劳动人事争议仲裁院立案受理案件2825件，涉案标的2.3亿元，其中工伤待遇争议818件、劳动报酬争议1195件、确认劳动关系争议99件、经济补偿金赔偿金及其他争议713件；结案2795件，结案率98.9%，其中裁决结案711件、调撤结案2064件，调撤率73.8%。是年，处理重大集体争议案件45件，涉及职工1958人。

**【“一诉全查”制度推行】** 2015年，市劳动保障监察大队将“一诉全查”制度作为劳动保障监察执法程序全面推行。该制度是以举报投诉案件为线索，解决举报投诉人个人诉求，全面检查被举报投诉用人单位遵守劳动保障法律法规情况，及时发现和纠正用人单位其他违法行为，通过解决一案、规范一户方式提高用人单位劳动用工的规范性，让企业良性运行，避免再次发生劳资矛盾，促进劳资关系和谐。年内，有针对性地帮助1335个用人单位建立健全用工管理、工资分配等规章制度，规范用工行为，规避用工风险，降低用工成本。

**【工伤认定和劳动能力鉴定】** 2015年，市人社局坚持工伤认定按时办结、劳动能力鉴定按章操作，累计受理工伤认定申请4420份，其中认定工伤3950份，经调解撤销终止95份；累计受理伤残鉴定2863人，评定伤残等级2369人，受理病退鉴定528人，符合病退条件351人；完成工伤康复36人。 （辛　磊）

## 民政事务

**【概况】** 2015年，市民政局积极践行“以民为本、为民解困、为民服务”工作理念，以创建“现代民政示范县（市、区）”为抓手，着力夯实发展基础、破解发展瓶颈，加快推进民政事业转型升级。夯实民生保障基础，低保标准提高至月人均670元，全年发放保障金5257.4万元。深化养老服务，新增养老床位1450张，新建社区居家养老服务站（中心）14个、老年助餐点41个；启动养老援助服务，投入资金486万余元，惠及困难老年家庭11511户。全面落实抚恤优待制度，举办“八一”双拥晚会，以“全国双拥模范城”创建为引领，军民融合发展局面不断巩固，市委书记周铁根作为全省获“全国双拥模范城”的唯一代表，参加2015年军民迎新春茶话会，受到习近平等党和国家领导人接见。开展综合减灾示范社区创建工作，全年5个创建申报单位均被表彰为全国综合减灾示范社区。深化绿色惠民殡葬，全年免除基本丧葬费813.3万元，实现镇（街道）安息堂全覆盖和为新生骨灰免费提供格位。加强福利彩票销售管理，全年销售福利彩票4.69亿元，居全省县级市第2位。是年，江阴市被省民政厅评为现代民政示范市。

**【社会救助制度完善】** 2015年，江阴市救助申请家庭经济状况核对系统投运，实现救助对象跨部门信息比对，全年比对23720人次，调整救助对象21户，取消93户。督导全市各镇（街道）设立统一的救助申请受理窗口，形成“一门受理、协同办理”部门合作机制，确保困难群众求助有门，政府部门救助及时到位。

**【专项救助】** 2015年，江阴市深入开展“共享成果、共度佳节”春节慰问活动，走访困难对象7.8万余户，发放慰问金7811.6万元，按中央和省规定足额发放城乡困难群众节日慰问补助188.8万元。积极做好临时生活救助，全年救助困难群众10419人次，发放救助金1333.8万元；向273名原市属破产企业精简退职职工发放定期生活补助287.3万元；为全市户籍家庭购买自然灾害公众责任保险和居民住房财产保险，全年11352户受灾家庭共获赔付金854.2万元。从7月1日起，江阴市低保标准由月人均600元提高至670元，至年末，全市有低保对象6169户10473人，共发放低保金5257.4万元。

**【救助管理】** 2015年，市民政局贯彻落实上级关于做好救助管理工作有关精神，进一步做好以未成年人为重点的流浪乞讨人员救助保护工作。是年，市政府办出台《关于做好困境未成年人社会保护工作的实施意见》，推进建立预防、发现、报告、评估、处置“五位一体”联动反应机制和分类保护运行机制，发挥市、政、村三级救助网络作用。全年开展街面巡查劝导40余次，累计救助各类流浪乞讨人员356人，其中未成年人9人、跨省送返14人、省内送返22人、送市第三人民医院救治46人，无民事行为能力人员发现救助率100%。

**【孤残儿童供养】** 2015年，江阴市严格落实孤儿供养标准，全年向139名孤儿支出供养金206.9万元。规范弃婴移交、接收流程，市儿童福利院共接收公安部门移交弃婴儿童6人，因病死亡5人，办理国内家庭送养83人、国外家庭送养3人，托管涉案家庭儿童1人和非正常上访家庭儿童4人。至年末，市儿童福利院集中供养弃孤儿童47人，璜土敬老院寄养大龄弃儿8人，福澄颐养院托管“三无”人员（无劳动能力、无生活来源、无赡养人或抚养人）1人，市第三人民医院治疗精神病弃儿1人。

**【“五保”供养】** 2015年，江阴市“五保”供养工作坚持村（社区）、镇（街道）、市三级网上审批制度，全程公开，入户调查，做到应保尽保，严格按照规定办理。年内，全市有“五保”对象1126人，其中集中供养482人，分散供养644人；有城镇“三无”人员27人，其中集中供养13人，分散供养14人，集中供养标准和分散供养标准均为每月880元。“五保”对象免费参加新型农村合作医疗保险，并被列入大病救助对象。

**【优待抚恤】** 2015年5月，市政府出台《江阴市贯彻〈军人抚恤优待条例〉实施细则》，落实“两参”（参战参核）人员补助标准自然增长机制和节日慰问机制，发放补助金600余万元、义务兵家庭优待金及立功奖励金2420余万元。关心涉军困难群体生活，向4268名农村籍退役士兵发放生活补助475万元，向89名老年烈士子女发放生活补助31.5万元，向企业退休的92名抗美援朝老战士、98名参战退伍军人发放慰问金48.5万元。

**【退役安置】** 2015年，江阴市出台《关于做好退役士兵安置工作的实施意见》，接收2014年度退役士兵528人，发放自主就业一次性经济补助金

2647余万元,退役士兵安置率100%;接收2015年秋季退役士兵434人、转业士官和无军籍职工各5人。改进退役士兵职业教育和技能培训工作,提高退役士兵就业竞争能力,23名退役士兵参加短期技能创业培训,205名退役士兵报名参加江阴职业技术学院成教院中长期职业技能培训和学历教育,20名退役士兵复学。

【双拥工作】 2015年"八一"建军节期间,市领导带领相关部门分组走访慰问驻江阴各部队、江苏省军区、无锡市军分区和无锡市预备役高炮团,各镇(街道)主要领导走访慰问共建单位,累计赠送慰问金400余万元。联合63680部队、73055部队、江阴边检站、市人武部开展"爱心献功臣"军地联合走访慰问活动,走访重点优抚对象30人,发放慰问金3万元。以创建第十届"全军双拥模范城"为引领,出台《关于深入开展"双拥在基层"活动的实施意见》,并举办"暨阳涌动双拥情"庆"八一"文艺晚会。

【殡葬服务】 2015年,江阴市深入贯彻落实中共中央办公厅、国务院办公厅《关于党员干部带头推动殡葬改革的意见》精神,推进全市殡葬事业深入发展。落实海葬补贴政策,免除参加海葬活动的10户家庭海葬费用,并奖励每户家庭1500元。开展"清明树新风"主题宣传月活动,与市文明办联合发出"弘扬文明祭祀新风、营造平安清明环境"倡议书,宣传倡导文明低碳祭扫和鼓励节地生态安葬。加快推动镇(街道)安息堂整合提升,完成澄江街道花山安息堂和祝塘镇安息堂改造,全市18个安息堂符合达标条件。全年火化遗体12562具,出售墓穴848个,免除户籍居民基本丧葬服务费813.3万元,惠及家庭8618户。

【区域边界平安建设】 2015年,市民政局指导新桥镇、璜土镇各1村1居进行村居优化调整,指导月城镇新成立水韵社区。至年末,全市有村委会200个,社区居委会55个,村居合一43个。推进平安边界建设,标绘《江阴市行政区域界线管理界桩管护网络图》,编制下发《江阴市行政区域界线管理界桩管护网络图》和《江阴市界线详图》,明确各镇(街道)、村(社区)和界桩管护员三级界线管理责任人工作职责;牵头制定《2015年澄锡线澄惠线界线联检实施方案》,成立联检工作领导小组,对界线界桩进行联合检查,有效维护边界地区和谐稳定。

【婚姻登记】 2015年,市民政局婚姻登记处深入贯彻落实为民便民服务宗旨,文明规范登记,优质高效服务,不断提升为民服务水平。从9月25日起,针对民政部、省民政厅关于除规定范围外,不再出具(无)婚姻登记证明的部署要求,及时发布公告,主动与市公安、房管、地税、银行等部门沟通协调,并耐心向当事人做好解释工作,赢得广大群众理解。年内,办理结婚登记11112对,离婚登记2678对,补办婚姻登记证1642份,婚姻登记率和登记合格率均为100%;继续配合市婚姻家庭指导中心做好离婚调解工作,接待离婚当事人1420对,劝返494对,劝和率34.8%;完成1991—2007年期间婚姻登记历史数据补录和电子建档工作。 (张宝云)

## 退管工作

【概况】 2015年,市退管办不断创新为老服务方式,为全市退休人员提供保障助养、健康保健、文体娱乐、学习培训、服务解难、精神慰藉等一体化公共服务,实现服务管理水平与退休人员满意度双提高,被市老龄工作委员会授予"敬老文明号"荣誉称号。年内,接收企业退休人员人事档案1.65万份,及时采集信息、统一归档、纳入社区管理,档案收缴率98%,社区管理服务率100%;完成养老金领取资格异地网上协助认证3690人次,其中省内其他地区1042人次、外省2648人次,现场办理书面认证500人次,协助认证率92.5%;出版4期《江阴退管》(季刊),内容涵盖邻里间尊老爱老先进事迹、退管办和各镇(街道)开展各类文体活动、养老金调整及医保相关政策、中老年人养生保健常识等,为退休人员提供不间断精神营养。

【走访慰问活动】 2015年,市退管办共走访慰问9452人,发放慰问金及慰问品价值218万余元,其中春节期间慰问企业特困退休人员974人,发放慰问金和棉被、食用油等生活用品价值计99万余元;高温期间慰问企业退休人员中的劳模、鳏寡、高龄、重病和特困人员1487人,发放夏令用品价值14万余元;对全市5723名70周岁、75周岁、80周岁、85周岁及以上老人进行生日慰问,发放生日蛋糕价值57万余元;对1268名去世退休人员进行吊唁并协助家属料理后事,办理丧葬抚恤费,发放慰问费48万余元。

【文体活动】 2015年,市退管办创新文体活动形式,不断丰富退休人员精神文化生活。4月15—16日,在江阴水蘑方乒乓球会所举办江苏省老年人体育节江阴分会场启动式暨江阴市第五届退休人员"人社杯"乒乓球比赛,比赛设男、女单打和男女混合双打3项项目,全市各镇(街道)、市级机关19支乒乓球代表队108名老年男女运动员参赛。20日上午,在澄江街道便民服务中心舞蹈室举办江阴市老年人广场舞培训班,特邀专业广场舞教师进行现场教学辅导,培训内容为《青春飞扬》《五星红旗》等5首曲目,全市各镇(街道)近50名老年文艺骨干参加培训。28—29日,在江阴市唯才人力资源开发有限公司举办第五届退休人员"人社杯"象棋、围棋比赛,全市22个单位74名老年象(围)棋选手参加角逐。5月20—22日,联合市老年体协开办为期3天的老年人佳木斯操免费培训班,全市50余名文艺骨干参加培训,培训内容为第五、第六套佳木斯操。25—27日,联合市老年体协在市门球场举办老年人门球比赛,全市21支代表队180余名老年人参加。10月18日,在江阴学院场举办"唱响重阳、喜迎敬老节"空竹展示大会,庆祝全国第3个法定老年节及江阴第28个敬老日。 (张 萍)

## 老龄事业

【概况】 2015年,江阴市将"政府购买居家养老援助服务1万户"作为年度民生十件实事之一,加强养老机构规范建设和达标工作,做好养老服务指导工作和"幸福一点通"助老工程，组织参加第四次中国城乡老年人生活状况抽样调查，继续实施“安康关怀行动”，组织开展老年文体活动及敬老月系列活动，不断提升全市老龄工作水平。年内，发放尊老金2464.24万元；新增养老床位数1450张，全市有福利床位数11689张，每千名老人拥有福利床位数40张；新建社区居家养老服务站（中心）14个，其中老年人日间照料中心11个，全市累计建成社区居家养老服务站（中心）254个；新建老年助餐点41个。受理“幸福一点通”助老系统用户求助呼叫17519次，其中上门服务6259次。是年，江阴元林老年大学共开设6个系部、42门学科、114个班级，就读学员4100余人次。徐霞客镇张顺珠、华士镇朱澄被江苏省文明办、省老龄办和省老龄协会评为第二届“百佳孝星”。

**【参加第四次中国城乡老年人生活状况抽样调查】** 2015年7月，江阴市按照全国老龄办、民政部、财政部《关于开展第四次中国城乡老年人生活状况抽样调查的通知》精神和省老龄办培训会议部署要求，认真做好部署，及时落实督导员和调查员，并组织被抽样的澄江街道、顾山镇、徐霞客镇、璜土镇4个镇（街道）16个村（社区）相关人员进行培训。8月，采取入户访谈和调查问卷形式抽样调查480名60周岁及以上市民，收集江阴老年人生活状况和养老服务需求，重点了解城乡老年人基本人口信息、家庭、健康、医疗、照护、经济、宜居环境、权益保障、社会参与以及精神文化生活等多方面状况和需求，调查结果统一送往北京进行汇总和统计分析。

**【养老服务】** 2015年8月，江阴市政府依据国务院、江苏省、无锡市关于加快发展养老服务业方面有关政策，结合经济社会发展和养老服务业实际情况，出台《关于加快发展养老服务业完善养老服务体系的实施意见的通知》。年内，为全市264个居家养老服务站和敬老院免费订阅《老年周报》《祝您健康》等报刊，发放3000份《中华人民共和国老年人权益保障法》，不断丰富老年人精神文化生活。新增养老床位数1450张，全市养老床位总数11689张，每千名老人床位数40张，其中养老护理型床位5046张。加快推进养老机构“三有三能六达标”（“三有”指养老机构内每个房间有卫生间、有保暖降温设备、有电视机，“三能”指老人不出院门就能洗澡、能看病、能康复娱乐，“六达标”指消防、卫生、环保、五保老人供养标准、管理服务人员配比、管理服务人员工资待遇达到相关目标要求）工作，全面完成17个供养“五保”“三无”对象养老机构事业单位法人登记工作。推进养老机构老年人意外伤害险，参保人数2296人，占养老机构入住老年人总数的85.6%。加强职业技能培训，举办养老机构管理人员和初级护理员培训班，全年培训管理人员50人、护理员124人，全市持证养老护理员有377人，其中中高级护理员占护理人员总数的18%，持证上岗率提升至93%。

**【安康关爱行动】** 2015年，市民政局进一步扩大以老年人意外伤害综合保险为主要内容的安康关爱行动宣传力度，搜集整理往年理赔案例，并在全市范围内采用海报形式张贴，让广大市民通过案例切实感受安康关爱行动带来的保障和服务。同时，成立一支城区老年保险宣传和服务团队，主要致力于在城区社区宣传、服务和理赔工作，扩大该活动在城区影响力。至年末，全市17.5万老年人投保，保费收入820万元，为老人提供保险服务12163人次，赔付金额459.2万元，赔付率56%。

**【老年体育】** 2015年3月28日，市政府召开全市老年人体育工作大会，对全年工作进行周密部署。10月31日，举行2015年江苏省老年人体育节江阴分会场闭幕式暨市木兰拳协会成立20周年展示大赛。在省老年人体育节江阴分会场活动期间，市老年体协组织活动项目36项次，参赛参展人数6316人次；各镇（街道）开展各类竞赛活动50次，参赛人数6243人次；举行展示交流活动76次，交流人数8611人次。是年，江阴8支队伍被授予“无锡市老年人体育健身大型特色团队”称号；江阴太极拳协会组队赴河南省温县陈家沟参加2015年全国武术太极拳公开赛，取得9金16银12铜成绩；市木兰拳协会组队和月城镇桂花秧歌队赴香港参加第一届中华老年体育舞蹈（香港）国际艺术节，分获二等奖和三等奖；徐霞客镇的周长妹赴浙江杭州参加全国太极拳（剑）比赛，获金奖。

**【敬老月宣传庆祝活动】** 2015年10月15日，江阴市举行庆祝老年节暨“敬老文明号”创建、元林敬老爱心基金颁奖大会，市老干部活动中心等20个单位被授予江阴市首批“敬老文明号”称号，市老年大学获元林敬老爱心基金100万元。16日，市领导周铁根、沈建、赵国权、薛良、徐冬青、钱文琴、虞卫才等分组到敬老院、社区居家养老服务站和高龄老人家中看望老年人。18日，在江阴市第一中学举行庆祝全国第三个老年节暨老年人体育健身项目展示大会，各镇（街道）16支老年队伍展示《八龙戏珠》《木兰情》《五星红旗飘起来》等节目。敬老月期间，以“培育敬老家风，建设和睦家庭”为主题，开展系列庆祝活动；组织市锡剧团和老年文化特色团队赴临港、华士、月城、长泾等镇（街道）进行慰问演出。据市老龄部门不完全统计，全市召开各种敬老座谈会、茶话会366场，参加人数17467人次；举办老年健康讲座178次，参加人数22411人次；为老年人进行体检105416人次；发放慰问金1986.4万元，其中镇（街道）慰问2.38万人，发放慰问金673.1万元，村（社区）慰问13.46万人，发放慰问金1313.3万元；镇（街道）有线电视报道162次，在市级以上报刊发表文章、报道48篇次；参加老年健身展示活动22544人次，参加各类文体活动33648人次；4480名志愿者参加为老服务活动。（秦建国）

## 民族宗教事务

**【概况】** 2015年，江阴市民族宗教工作紧紧围绕全市经济社会发展大局，全面贯彻落实党的民族宗教政策和国务院《宗教事务条例》，依法管理民族宗教事务，积极引导宗教与社会主义社会相适应，不断促进民族宗教关系团结和顺。年内，市民宗局公布部门行政权力清单40

项,其中行政许可7项,行政处罚23项,行政确认1项,其他权力9项;为114名符合条件的少数民族中考考生办理考试加分证明,为27名符合条件的人员办理民族成分更改手续,协调解决7名少数民族子女入学问题;为“一亩草原”清真餐厅申领、颁发清真标志牌;向51户少数民族低收入家庭发放补助金7.65万元;组织民族宗教团体讨论修改少数民族贫困优秀学生助学金发放办法,资助范围扩大至在校大学生,全年向9名少数民族大学生、8名高中生发放助学金4.3万元;考察推荐8名代表参加无锡市民族团结促进会第五次代表会议,罗锡娅当选为无锡市民促会副会长;组织穆斯林群众200余人次赴无锡清真寺过开斋节和古尔邦节;选送1个歌唱节目参加无锡市各族群众迎国庆文艺会演;考察增补市民族团结促进会理事2人,南闸、新桥、徐霞客、祝塘、城东5个镇(街道)成立民促会分会,全市基层民促分会累计13个;新批准登记白云寺、石佛寺2处佛教活动场所,筹备设立神华寺佛教活动场所,全市合法宗教活动场所累计102处(1处筹备设立);举办江阴市民族宗教政策法规培训班,全市民宗干部、基层民促分会负责人、各宗教活动场所负责人、全体教职人员等230余名学员参训。重点宗教项目稳步推进,君山寺圆通阁项目举行奠基仪式,重新组建国际礼拜堂项目筹建小组,神华寺项目开工建设;宗教活动场所举办百人以上重大宗教活动98场,均未发生安全事故。是年,江阴市禅乡寺佛教活动场所通过省档案局“江苏省三星级档案室”验收,全市建成省三星级档案室的宗教活动场所有6个。

【省星级宗教活动场所认定】 2015年,经江苏省宗教事务局实地考核、会议表决及向社会公示等程序,君山寺被认定为省五星级宗教活动场所,成为江阴首个省级五星级宗教活动场所。此外,源缘寺佛教活动场所、江南弥陀村佛教活动场所被认定为省四星级宗教活动场所,沐恩堂基督教活动场所、新桥基督教活动场所被认定为省三星级宗教活动场所。至年末,全市累计认定省三星级及以上宗教活动场所11处,认定总数列无锡市第一位。

【市民族宗教事务局单独设立】 2015年4月,市委、市政府印发《关于印发〈江阴市人民政府职能转变和机构改革实施意见〉的通知》,明确市民族宗教事务局由在市委统战部挂牌调整为单独设立,为市政府工作部门。根据部门三定方案,市民宗局核定行政编制人数5人,市民族宗教管理服务站调整为市民宗局下属正股级建制事业单位,核定事业编制人数9人。

【君山寺圆通阁项目启动】 2015年2月27日,市政府召开有关宗教场所建设项目协调推进会,会议同意启动建设君山寺圆通阁项目。5月30日,市佛教协会、君山寺举行圆通阁开工奠基仪式,省市相关领导和佛教界诸山长老、大德法师、信教群众300余人参加。11月30日,在第32次市长办公会议上,圆通阁建设方案获得通过。

2015年5月30日,江阴市君山寺圆通阁开工奠基仪式举行
(市民宗局提供)

【第四届世界佛教论坛对接活动】 2015年10月,第四届世界佛教论坛在无锡灵山举行,江阴市推荐严才宝、周哲、张琴娣、黄丽泰、刘星洁、陆文昌6人作为特邀嘉宾参会。论坛举办前夕,市委统战部、市民宗局联合市园林旅游局、佛教协会、旅游文化产业公司、澄江街道贯庄村等编辑出版《巨赞法师画传》,并在小剧场举办“吉祥颂”佛教音乐朗诵会,为论坛举办营造浓厚文化氛围。

【市道教协会第二次代表会议】 2015年7月28日,江阴市道教协会召开第二次代表会议,全市道教界65名代表参加会议。无锡市委常委、统战部部长陈德荣,江阴市政府副市长唐仲贤出席开幕式。与会代表听取和审议了江阴市道教协会第一届理事会工作报告,修订江阴市道教协会章程。会议选举产生江阴市道教协会第二届理事会领导班子,瞿剑华当选为会长,钱俊、顾熙鹏、朱志洪当选为副会长,钱俊兼任秘书长,郑健、何伟、顾剑刚当选为副秘书长。

【民族宗教界慈善公益活动】 2015年,君山寺关心癌症防治事业,为市癌症康复中心会员200余人举行“祈福生命·守护希望”法会,面向信教群众举办防癌科普图片展,并向江阴市癌症康复协会捐赠5000元;结对资助北大街社区3名特困优秀学生1.5万元,举行2015年秋季爱心助学发放仪式,向澄江街道26名贫困学生发放助学金2.6万元,向全市30户贫困家庭捐助3万元。悟空寺向青阳镇敬老院献爱心,捐献价值8万余元的200条棉被及日常食品。市民族团结促进会赴新疆霍城县对口支援,向60名贫困大学生捐赠20万元。是年,市民族宗教界为慈善公益事业捐款捐物价值96万余元。 (周 翀)

## 2015 年江阴市少数民族(户籍)分布情况一览

表 62 单位:人

| 区域 \ 族类 | 蒙古族 | 苗族 | 回族 | 土家族 | 满族 | 朝鲜族 | 壮族 | 维吾尔族 | 侗族 | 彝族 | 畲族 | 黎族 | 布依族 | 藏族 | 傣族 | 白族 | 水族 | 羌族 | 瑶族 | 傈僳族 | 土族 | 仫佬族 | 仡佬族 | 哈尼族 | 布朗族 | 景颇族 | 穿青族 | 达斡尔族 | 俄罗斯族 | 锡伯族 | 纳西族 | 毛南族 | 佤族 | 鄂温克族 | 德昂族 | 总计 | |
|---|---|---|---|---|---|---|---|---|---|---|---|---|---|---|---|---|---|---|---|---|---|---|---|---|---|---|---|---|---|---|---|---|---|---|---|---|---|
| | | | | | | | | | | | | | | | | | | | | | | | | | | | | | | | | | | | | 族数 | 人数 |
| 澄江街道 | 32 | 74 | 133 | 69 | 192 | 26 | 58 | 1 | 19 | 6 | 2 | — | 8 | 5 | — | 4 | 2 | 7 | 11 | — | 69 | 3 | — | 1 | — | — | 1 | 2 | — | 1 | — | — | — | — | — | 23 | 726 |
| 南闸街道 | 9 | 25 | 13 | 60 | 4 | 3 | 31 | 1 | 10 | 7 | — | — | 8 | 2 | — | 1 | — | 6 | 1 | — | — | — | — | 1 | — | — | 1 | — | — | — | — | — | — | — | — | 17 | 183 |
| 云亭街道 | 11 | 45 | 9 | 41 | 10 | 3 | 9 | — | 28 | 13 | 6 | — | 8 | — | — | — | — | — | 1 | — | 1 | — | — | — | — | 1 | — | — | — | — | — | — | — | — | — | 14 | 186 |
| 城东街道 | 22 | 57 | 26 | 83 | 29 | 5 | 18 | — | 18 | 14 | 2 | — | 49 | — | — | — | — | 4 | 9 | — | — | — | — | 4 | 1 | — | — | 1 | — | — | — | — | — | — | — | 16 | 342 |
| 临港街道 | 13 | 27 | 23 | 34 | 31 | 11 | 302 | 2 | 13 | 18 | 2 | 4 | 4 | — | 2 | 1 | 4 | 5 | 3 | 2 | — | — | 2 | 6 | 1 | — | 2 | — | — | 3 | 1 | — | 2 | 2 | — | 27 | 520 |
| 璜土镇 | 5 | 18 | 6 | 36 | 7 | 6 | 71 | 3 | 16 | 3 | — | — | — | 2 | — | — | 1 | — | 1 | — | 1 | — | 1 | — | — | — | 2 | — | — | — | — | — | — | — | — | 16 | 179 |
| 月城镇 | — | 15 | 8 | 20 | — | — | 9 | — | 3 | — | — | — | 8 | — | — | 4 | — | — | 1 | — | — | — | — | — | — | — | — | — | — | — | — | — | — | — | — | 8 | 68 |
| 青阳镇 | — | 196 | 13 | 200 | 12 | — | 9 | — | 54 | 5 | — | 4 | 4 | 1 | — | — | — | — | 2 | — | 4 | — | — | — | — | — | 1 | — | — | — | — | — | — | — | — | 13 | 505 |
| 徐霞客镇 | 2 | 318 | 15 | 313 | 8 | 2 | 75 | — | 160 | 5 | 2 | 6 | 12 | 5 | 1 | 4 | — | 7 | 3 | — | 2 | — | 7 | — | — | — | — | — | — | 1 | — | — | — | — | — | 20 | 948 |
| 华士镇 | 8 | 47 | 24 | 52 | 12 | 4 | 12 | — | 32 | 8 | — | 1 | 40 | — | — | 6 | 1 | 3 | 2 | — | — | 1 | 5 | — | — | — | 3 | 1 | — | — | — | — | — | — | 1 | 20 | 263 |
| 周庄镇 | 7 | 80 | 10 | 105 | 4 | 1 | 13 | — | 35 | 3 | — | — | 32 | — | — | — | — | — | — | — | — | — | 5 | — | — | — | 5 | 1 | — | — | — | — | — | — | — | 13 | 301 |
| 新桥镇 | 2 | 12 | 9 | 5 | 8 | 2 | 7 | — | 9 | 4 | — | — | 7 | — | — | — | — | 2 | — | — | — | 2 | 3 | — | — | — | 1 | — | 1 | — | — | — | — | — | — | 15 | 74 |
| 长泾镇 | 2 | 24 | 6 | 22 | 3 | 1 | 20 | — | 10 | 3 | — | — | 31 | 2 | — | — | — | 1 | — | — | — | — | 1 | — | — | — | — | — | — | — | — | 1 | — | — | — | 14 | 108 |
| 顾山镇 | 2 | 27 | 7 | 30 | 5 | — | 21 | — | 1 | 10 | — | — | 51 | — | — | 1 | 2 | 1 | 2 | — | — | — | 2 | — | — | — | — | — | — | — | — | — | — | — | — | 14 | 162 |
| 祝塘镇 | 1 | 83 | 6 | 122 | 3 | 3 | 30 | — | 30 | 3 | — | 1 | 39 | 1 | — | 1 | — | 1 | 2 | — | 1 | 1 | 4 | — | — | — | — | — | — | — | — | — | — | — | — | 18 | 332 |

# 文明创建

【概况】 2015年,江阴市以党的十八大、十八届四中五中全会精神和习近平总书记系列重要讲话精神为引领,深入贯彻落实市委十二届六次、七次全体(扩大)会议和市委党建工作会议精神,提出2015—2017年创建全国文明城市的工作目标。年内,全市上下以创建全国文明城市工作为抓手,培育和践行社会主义核心价值观,深化公民思想道德建设,推进城乡群众性精神文明建设,加强未成年人思想道德建设,开展学雷锋志愿服务活动,市民文明素质和城市文明程度不断提升,城乡环境面貌持续改善,在中央文明办组织的全省12个县级提名城市测评中名列第二。

【社会主义核心价值观宣传教育】 2015年,江阴市社会主义核心价值观宣传教育更加贴近基层实际、融入工作生活、深入干群人心。推动基层党组织书记带头讲党课,广泛宣传"身边的好党员""勤廉好干部"等先进典型,全年开展讲座进基层活动300余场次,受教育人群10万余人次。建立文明宣讲员队伍,以道德讲堂、市民学校为阵地,把社会主义核心价值观融入学校、村、社区教育,让市民、党员入耳入眼入心。同时,充分利用网站、微博、微信等载体广泛传播核心价值观,在新闻媒体设立专题专栏,全面生动宣传道德模范、身边好人的感人事迹,制作"江阴好人"系列电视公益广告,激励人人争当好学生、好公民、好党员、好干部。

【全国文明城市创建正式启动】 2015年3月22日,市委、市政府召开全市创建全国文明城市暨城乡环境综合整治、机关作风建设动员大会,无锡市委常委、江阴市委书记周铁根就创建全国文明城市工作作重要讲话,市长沈建进行全面部署,要求全市上下迅速掀起全国文明城市创建热潮,举全市之力、聚万众之心,强势推进创建和整治工作,为2017年创成全国文明城市打下坚实基础。同时,印发《江阴市创建全国文明城市三年行动计划(2015—2017)》《江阴市城乡环境综合整治三年行动计划(2015—2017)》《2015版全国县级文明城市测评体系和操作手册》《2015年江阴市创建全国文明城市重点工作》《江阴市创建全国文明城市网格化责任分工方案》等文件。成立市委书记和市长任双组长的市创建全国文明城市领导小组,成立市领导任组长的10个市创建专项工作组。推行网格化管理,将澄江、南闸、云亭、城东、临港5个街道及所属社区划分35个创建网格,分别由市领导及有关市级机关部门挂钩、街道领导和社区领导负责。各镇、街道、园区、部门单位、社区、村在动员大会后迅速传达、全面动员,"一把手"亲自抓,成立创建班子,明确本地本部门创建重点,明晰责任分工,排定时间表,挂图式、打表式推进,文明创建工作形成一级抓一级、层层抓落实的良好工作局面。

【文明创建长效工作机制健全完善】 2015年8月,江阴市创建全国文明城市领导小组下发《关于进一步明确全国文明城市创建工作机制的通知》,明确市创建领导小组、创建办、各专项工作组的工作职责和分工,明确市领导和挂钩部门及网格所在镇、街道和社区(村)职责,建立月度工作推进机制,每月20日前报送推进情况表。完善检查督办机制,每周上报工作进展,每半月召开一次督办推进会,市委办、市纪委、市文明办每月组织一次明察暗访,市创建领导小组每月听取一次情况汇报、每季度组织一次现场督查,对存在的突出问题挂牌督办、限期整改。市人大、市政协牵头围绕创建工作重点难点,组织专题调研视察,促进文明城市创建工作推进落实。开发"城市啄木鸟"APP客户端,发动市民参与文明创建。成立市民巡访团,组织暗访10次。抽调相关部门人员40余人深入城乡模拟测评21次,编发通报22期、督促整改问题120余个。各创建网格工作成效明显,城乡环境面貌和城市文明程度明显提升,以较好成绩通过全国文明城市创建首次年度测评。

【第二届"十佳江阴好人"评选】 2015年,江阴市继续开展"寻找江阴好人"等活动,在全市广泛发动市民推荐好人线索,颂扬好人品德,表彰好人典型,充分发挥道德模范和身边好人的榜样示范作用。全年推荐各类好人90余人,经过资格审查、群众评议、评委会评审等环节,选出具有代表性和影响力的幸福领航人——李良宝、澄德载于心——徐澄、为"明天"工作——蒋奕蕾、涓滴见沧海——张纪清、永远的老师——薛生龙、生命的馈赠——姚本凤家庭、大爱润无声——缪琴珍、行善心不渝——熊汉云、危难显本色——汤齐宝、微尘聚大爱——澄之尘义工服务社为第二届"十佳江阴好人"。7月29日,由省委宣传部、省文明办主办,无锡市委宣传部、无锡市文明办及江阴市委和市政府承办的爱国敬业诚信友善——江苏省道德模范与身边好人(无锡·江阴)现场交流活动暨第二届"十佳江阴好人"颁奖典礼举行。现场通过播放事迹短片、开展人物访谈、观众现场互动等形式,展示"十佳江阴好人"的风采。至年末,全市有1人获评全国道德模范,2人获全国道德模范提名,3人获评江苏省道德模范,3人获评无锡市道德模范,1人获无锡市道德模范提名;有"中国好人"7人、"江苏好人"10人、"无锡好人"45人,有江苏省"美德少年"3人、无锡市"美德少年"34人。

【市民文明素养提升工程】 2015年,江阴市打响"叫全国的文明从江阴发起"口号,分重点继续推进"文明江阴·从我做起"系列主题活动,引导市民从文明停车、文明出行、文明用餐、文明上网、文明环境、文明旅游等"微文明"行为做起。启动"文明交通 从我做起"主题宣传实践活动,开展宣传教育"五进"(进机关、进社区、进企业、进学校、进家庭)、违法行为集中整治曝光、志愿劝导服务、"江阴好司机"推荐评选、交通信用管理和违法行为抄告等举措,引导市民开文明车、行文明路、做文明人。广泛开展"文明餐桌"行动,在餐饮单位张贴"文明用餐""遵德守礼、不剩饭不剩菜""公共场所请勿大声喧哗"等各类文明提示卡2万余张,制作布置公示牌1800余张,张贴禁控烟标识1.3万余张,发出文明短信提示8000余条。运用官方微信、微博"江阴发布""文明江阴"开展"交通不文明随手拍"等活动曝光不文明行为,引导市民养成文明行为。

【群众性文明创建活动】 2015年,江阴市结合全国文明城市创建,进一步深化文明行业、文明单位、文明村镇、文明社区、文明家庭等群众性精神文明创建活动，推动创建工作进机关、进社区、进企业、进学校、进家庭。围绕家风建设，开展“好家风好家训”征集展示、家德美德流动大舞台乡村巡演等活动。结合“我们的节日”等主题活动，开展科技文化卫生“三下乡”及订制赠送美德春联等活动，不断激发全社会参与创建热情，掀起群众性创建活动的新高潮。

**【未成年人思想道德建设】** 2015年，市文明办制定下发《2015年度未成年人思想道德建设重点工作》，继续深化学校、家庭、社会“三位一体”教育网络，继续推进各类家长学校、校外教育辅导站、乡村学校少年宫等教育实践阵地建设，提升市未成年人成长指导中心建设水平，推动未成年人思想道德建设。以“八礼四仪”*文明礼仪教育为重点，促进未成年人道德养成。六一儿童节前夕，评选表彰江阴市第三届“美德少年”100人、“美德少年标兵”10人；获评无锡市“美德少年”15人，王仕阳被评为无锡市“美德少年标兵”和江苏省“美德少年”。

**【“五分钟公益广告圈”宣传】** 2015年，江阴市成立以市创建办牵头，市城管、建设、交通、市场监管等14个部门单位参与的专项工作组，研究制定《关于做好创建全国文明城市公益广告宣传的实施意见》，利用公交站台、大型电子屏、公用电话亭、围档围墙、遮阳棚、自行车棚等载体全方位、大密度布设创建标语和公益广告。全年广告载体新增高炮近20座、大型宣传阵地400余处、灯杆旗4000余杆、公交车140余辆、阅报栏（遮阳棚）近200座，印制公益海报及创建资料35万余份，社会主义核心价值观、讲文明树新风等公益广告实现全市主次干道、重要点位全覆盖，步行五分钟可见。

## 诚信建设

**【概况】** 2015年，江阴市继续推进诚信制度化建设，广泛开展诚信教育实践活动。加强征信系统建设，建立完善以守信激励与失信惩戒机制为手段，与现代经济社会发展相适应的社会信用体系，持续强化全社会诚实、自律、守信、互信的思想和自觉行动，营造个个珍惜信用、共同维护诚信的良好社会环境。全年新增归集信息10万余条，累计归集近98万条信用信息。

**【全市征信体系建设】** 2015年，江阴市出台《江阴市2015年推进社会信用体系建设工作意见》《企业严重失信“黑名单”认定发布及联动惩戒实施办法》《关于深化信用管理加强事中事后监管的意见》等制度文件，进一步保障社会信用体系。不断完善信用信息系统建设，全年新增归集信息10万余条，累计归集全市26个涉信部门240个信息类别3.4万余个法人单位近98万条信用信息。建设重点职业人群专题信用数据库，归集全市教师、会计师、律师、审计师、企业高管等6类重点人群近10万条信用信息，基本建成个人信用数据库。实现企业信用信息分类查询、综合查询及信用核查功能。与省信用平台实现信息互联共享，定期开展信息交换，全年向省信用数据库推送信用信息近2万余条。建成投用诚信江阴网，全面公开企业基础信息、许可信息、行业等级评定信息，在网上公布400余个企业涉及欠税、金融违约、社保欠缴、违法用地等8类失信信息。

**【社会诚信宣传教育】** 2015年，江阴市开展“诚信一条街”“诚信市场”“诚信药店”“诚信工商户”等创建活动，完善市民公约、乡规民约、学生守则、行业规范等，引导全社会诚实、自律、守信、互信。组织诚信示范创建活动，在生产企业、商贸流通企业、食品药品企业分别开展“质量第一”“履约守信”“诚信做产品”等主题创建活动。组织开展“重合同、讲信誉、重信义”“诚信经营示范店”等诚信先进单位评选，提升企业诚信经营理念。同时，市信用办会同市场监管局、安监局、卫计委、物价局等部门，对工商管理、产品质量、食品药品安全、安全生产、医疗卫生、价格管理等领域存在的失信突出问题进行专项整治，营造诚信守信市场环境。

## 社会志愿服务

**【概况】** 2015年，江阴市继续开展“学雷锋、学炎黄、见行动”主题志愿活动，结合全国文明城市创建，在城乡组织一系列秩序引导、礼仪宣传、美化环境、扶弱助困、惠民利民、网络文明传播等特色化、项目化、社会化志愿服务活动。全市建成志愿者服务站点315个，江阴志愿者网注册志愿者6万余人、注册特色社会志愿者团队24个，年内开展较大规模集中志愿服务活动100余次，机关干部职工参加文明交通劝导行动1万余人次。

**【市志愿服务指导中心成立】** 2015年3月，江阴市为推动志愿服务活动常态化、服务专业化、品牌特色化，专门成立市志愿服务指导中心，为正股级事业单位。该中心主要职责是负责全市志愿服务工作的日常规划、协调，重要志愿服务行动的安排和志愿者的招募、注册、培训、考核，协调指导全市各级各单位志愿服务工作。年内，完善规范志愿队伍管理、星级认定、嘉许回馈激励等制度，开发志愿者电子注册管理平台“时间银行”为志愿服务记时，提高志愿服务规范化和社会化水平。

**【打造江阴市“志愿者之乡”品牌】** 2015年，江阴市继续推广祝塘镇“炎黄”特色品牌、香山书屋“全民阅读推广”特色项目、海澜集团有限公司“志愿服务时长换取免费小剧场门票”活动等特色社会化志愿服务模式，鼓励引导有条件的镇（街道）学习复制，香山书屋被评为全国100个最佳志愿服务组织之一。年内，表彰江阴市级优秀志愿者100人、优秀志愿组织30个、优秀志愿服务项目20项。获评无锡市级最美志愿者3人、最佳志愿服务组织3个、最佳志愿服务项目6项、最美志愿服务社区10个。

（曹玲洁）

■类目编辑 谢 诚

# 公共安全

## 自然灾害防治

### ·气象灾害·

【暴雨】 2015年,江阴市全年共有4次大暴雨、3次暴雨,分别是6月2日降雨164.0毫米、6月17日降雨145.7毫米、6月27日降雨241.5毫米、6月29日降雨172.8毫米、8月10日降雨53.9毫米、8月24日降雨70.0毫米、9月5日降雨88.2毫米。6月27—29日江阴市出现建站以来最强连续强降雨,过程总雨量446.7毫米,其中27日和29日均为大暴雨,28日为大雨;27日日雨量241.5毫米,刷新了江阴建站以来日雨量历史极值(之前日雨量极值为2011年7月13日221.6毫米)。灾情:多处道路被淹,多处居民小区、民宅和厂房进水,多处果园、菜园、农田、鱼塘等受淹。据江阴市防汛防旱指挥部不完全统计,全市有180个行政村、56个社区受灾,受灾人口78650人,转移人口8823人;14000余户民居受淹,3114间房屋损坏,6间房屋倒塌;粮食及经济作物受灾面积7521公顷,死亡畜禽54000余头,水产养殖损失5432吨;受淹企业1470个,停产企业990个;供电线路中断28条。经济损失共计达4.34亿元。

【寒潮】 2015年全年共3次寒潮,分别是2014年12月31日—2015年1月2日、2015年11月24—26日和12月1—3日。造成大范围急剧降温,对农作物不利。

【台风】 2015年全年共受到4次台风影响。其中,受1509号台风"灿鸿"的外围影响,7月11—12日全市出现7—8级大风,并出现中到大雨;受1513号台风"苏迪罗"的外围影响,8月8—11日全市出现6—7级大风,8月10日出现暴雨;受1515号台风"天鹅"的外围影响,8月24日出现暴雨;受1521号台风"杜鹃"的外围影响,9月29日全市出现6—8级大风,并出现中到大雨。

【高温】 2015年7月26日—8月7日,江阴市出现连续13天35℃以上的高温天气,其中7月28日、29日和8月2—5日最高气温均超过了37℃,持续的高温给人民的生产生活带来较大的不利影响。

### ·气象预报预警·

【概况】 2015年,江阴市气象局深入推进气象现代化建设,认真做好防汛、春运、护林防火、水上搜救、农业生产等气象服务,加强科学管理。全年24小时晴雨预报准确率89.3%,比省定指标高14.3%;最高气温预报准确率86.6%,比省定指标高16.6%;最低气温预报准确率92.6%,比省定指标高21.8%;灾害性天气预报准确率也高于省定指标。年内,市气象局被评为江阴市2013—2014年水上搜救先进集体、2014年度服务地方先进单位、2014—2015年度护林(森林)防火先进单位。

【气象服务】 2015年,江阴市气象局在决策和公众气象服务中,抓住每次重大性、转折性天气过程,及时发布重要天气公报,在春运、汛期、农忙、高温暑期、节假日等时期及时发布各类专题天气服务信息。全力配合各部门,做好重大社会活动服务,为决策层安排生产、组织活动等提供天气参考。全年共制作发布重要天气公报51期,天气旬报36期,春运专题气象服务材料40期,农业专题气象服务材料38期,护林防火专题气象服务材料7期,预警信号58次,气象应急短信传送73条,传达至36.6万人次,开具气象资料证明105份。全年通过电台、电视台、报纸、"96121"声讯电话、"江阴气象"网站、"江阴气象"微博、"江阴气象"微信、"直通式为农气象服务"QQ群、"天气公报预警信息分享"QQ群等多种渠道向社会公众及时发布最新的预报、预警以及天气实况等,为公众的生产生活以及出行活动提供了重要参考。

【重大气象灾害应急响应】 2015年,江阴市气象局做好各项重大气象灾害应急响应工作,提供气象服务和保障。6月27日上午10时,无锡市气象局为应对6月27—29日连续强降雨启动重大气象灾害III级应急响应命令。江阴市气象台于29日上午7时,发布暴雨橙色预警信号,上午9时,将暴雨橙色预警信号变更为暴雨红色预警信号,建议政府及相关部门按照职责做好防暴雨应急和抢险工作;停止集会、停课、停业(除特殊行业外);做好山洪、滑坡、泥石流等灾害的防御和抢险工作。7月9日16时,无锡市气象局应对1509号台风"灿鸿"启动重大气象灾害Ⅳ级应急响应命令，并于7月10日15时提升重大气象灾害(台风)Ⅳ级为Ⅱ级应急响应命令，江阴市气象台及时发布信息。8月1日上午08时50分，无锡市气象局应对连续高温天气启动重大气象灾害(高温)Ⅳ级应急响应命令，江阴市气象局响应应急命令，做好预报预警工作。年内，江阴市气象局每次接到应急响应指令，均立即响应，按照响应命令流程，积极开展气象预报预警服务、气象应急服务、气象保障服务等各项工作。局领导和业务值班员(主班和副班)均是24小时值守岗位，其他人员随叫随到，积极参与天气会商、应急服务，及时了解和上报相关灾情。

【气象科普】 2015年，江阴市气象局继续做好气象科普宣传，围绕世界气象日、安全生产月、防灾减灾日、科普宣传周等主题，组织开展社区防灾减灾讲座和广场宣传。全年共接受新闻媒体采访106次，开展气象防灾减灾与科普宣传活动5次。充分发挥部门优势，通过讲解、科普展板、发放科普资料等形式向公众宣传气象科普和气象灾害防御知识。全年气象台共接待科普参观10次455人，包括世界气象日活动、暑期学生夏令营活动、幼儿园亲子活动、气象爱好者参观活动等。为了调动社会公众对气象科学的兴趣，提高社会公众参与意识和防灾减灾能力，对2014年成立的江阴市气象志愿者团队，继续完善补充，并给予会议培训和技术指导。

【防雷减灾】 2015年，江阴市气象局依法组织和管理防灾减灾工作，全年共出具检测报告1421份，发出整改通知110份，促进企业完善防静电及防闪电电涌措施；共对136个单位送审的图纸进行了审核，对67个单位送审的图纸提出了修改意见，并在修改完整的基础上进行核准，核准面积383.9万平方米；共对269个单位进行了竣工验收，开展施工监督556次，发放合格证266份。是年，江阴市气象局加强了沿江化工码头、危化品仓储企业、中石油和中石化等公司的防雷年检工作，严格督查企业做好防雷安全隐患整改工作，对重点企业由局领导亲自到场督查，积极与企业高层沟通，强化责任意识；不断加强与规划、安监、建设、消防、港口等相关部门的沟通协作，切实履行监管职能，在6月和8月还派遣局内防雷专业人员参与了安监、消防、港口、公用事业等部门开展的危化企业以及燃气行业的联合安全检查，严查危化企业防雷隐患；同时还加大了防雷安全在乡镇绩效考核中的比重，进一步增强乡镇各单位的防雷意识。江阴防雷工作已经形成了政府主导、部门联动、社会参与的机制，社会认可度不断增强，服务水平不断提高，扎实推进了防雷减灾工作。

(马恒俊　顾春霞)

## ·防汛防旱·

【概况】 2015年5月1日至9月30日为江阴市汛期，江阴市总降雨量达1406.3毫米，为常年同期的2倍，其中6月雨量异常偏多，为常年的5倍，均刷新了历史极值(此前的汛期5—9月总雨量极值为1294毫米，出现于1991年)。梅雨期为6月21日至7月12日共22天，梅雨期内江阴市平均气温比常年同期明显偏低，日照时数明显偏少，梅雨量538.8毫米，为异常偏多(常年平均梅雨量为248.6毫米)。汛期内河水位(青阳)出现48天超警戒的水位，最高内河水位出现在6月17日为5.33米，超过警戒水位1.33米，刷新青阳水位历史最高值(此前为5.12米)。汛期长江出现21天超警戒的潮位，最高长江潮位出现在7月4日为5.97米，超警戒水位0.47米。

【抵御短时间强降雨】 2015年汛期，江阴市呈现集中性、区域性及雨势强的特点，出现大暴雨4天，暴雨3天，最大降雨出现在6月27日，日降雨量241.5毫米，刷新了江阴市日雨量历史极值(221.6毫米)。全市最大雨量出现在祝塘，为278.9毫米。由于降雨过程短，雨势强，导致城区多处道路、多个小区出现积水。针对汛情，市水利农机局利用沿江水利设施全力向长江动力排水的同时，市防汛防旱指挥部(以下简称防指)多方协调、全力筹措物资度汛，共动用移动式机泵132台套，草包0.45万只，编织袋51.5万只，木材263立方，毛竹20710枝，树棍6875枝，钢管3000根，铁丝4625公斤，圆钉1340公斤，土工布2.8万平方米，块石27800吨，柴油35.3吨。汛期沿江各闸站共排水116973万立方米。重大汛情有：6月2日至4日，江阴市遭受暴雨袭击，全市23个自动气象站测报雨量大于130毫米，最大降雨量224.6毫米，出现在山观集镇，内河水位达4.56米，6月4日8时灾情基本解除；6月16日至17日，近24小时江阴城区雨量为171.4毫米，全市最大雨量278.9毫米，出现在祝塘镇，内河水位达5.33

**2015年江阴市汛期降雨量统计一览**

表63

| 站名 | 汛期总雨量(毫米) | 雨日(天) | 汛期最大日雨量(毫米) |
|---|---|---|---|
| 肖山 | 1137.4 | 75 | 141.6(6月26日) |
| 青阳 | 1248.4 | 66 | 221.4(6月16日) |
| 定波 | 1495.2 | 71 | 167.6(6月26日) |
| 气象台 | 1406.3 | 61 | 241.5(6月27日) |

**2015年江阴市汛期水位特征值统计一览**

表64

| 江河名 | 站名 | 最高水位(米) | 日期 | 最低水位(米) | 日期 |
|---|---|---|---|---|---|
| 长江(江阴段) | 肖山 | 5.97 | 7月4日 | 1.98 | 5月3日 |
| 锡澄运河 | 青阳 | 5.33 | 6月17日 | 3.34 | 5月4日 |

米,18 日 16 时灾情基本解除;6 月 26 日至 27 日,江阴城区雨量达 235.6 毫米,最大雨量为 268.4 毫米,出现在璜土镇,最小雨量 182.2 毫米,出现在文林集镇,江阴市内河水位达 5.03 米,30 日 19 时灾情基本解除。

【防御台风】 2015 年对江阴市有影响的台风主要有 9 号台风"灿鸿"、13 号台风"苏迪罗"、15 号台风"天鹅"和 21 号台风"杜鹃"。江阴市防汛防旱指挥部根据省防汛防旱指挥部要求,积极应对台风过境时出现的大雨、暴雨情况,特别是针对第 9 号强台风"灿鸿"影响情况进行视频会商会。由于应对有力,上述台风均未对江阴市造成大的危害。 (倪效欣)

## ·防震减灾·

【概况】 2015 年,江阴市防震减灾工作全面实施《江阴市"十二五"防震减灾规划》,加强地震灾害防御,严格建设工程抗震设防管理,广泛开展防震减灾科普宣传,努力提高抗御地震灾害的能力;加强地震监测预报,建设周庄卧龙湖地震观测台,维护地震监测台站,切实有效地保护地震观测环境和设施;加强地震应急管理工作。是年,市防震减灾事业取得了全面发展,被评为江苏省市县防震减灾工作年度综合考核优秀单位。

【地震灾害防御】 2015 年,江阴市防震减灾工作根据"预防为主、防御与救助相结合"的工作方针,加强对建设工程抗震设防的管理,严格按照法律、法规的要求,规范行政审批程序,严把建设工程抗震设防要求的审批关,共完成建设工程抗震设防要求审批项目 147 项。充分利用"5·12"防灾减灾日、"7·28"唐山大地震纪念日、"科普宣传周"开展防震减灾科普宣传系列活动,开支 2.5 万余元采购科普宣传材料,制作防震减灾科普宣传展板 20 个;在江阴要塞中学科普馆布置防震减灾科普知识,对学生开展防震减灾科普宣传;参加市科协组织的在学院场进行的科普宣传活动,发放防震减灾科普宣传材料,开展现场科普咨询活动,努力提高群众、学生的防震减灾意识和自救互救能力。

【地震监测】 2015 年,江阴市加强地震监测台站建设和维护。积极维护白石山地震台和君山强震台,保障正常运行;江阴市地震应急数据处理中心运行正常;MDCB 电磁波地震前兆监测台运行良好,数据交换及时准确;积极推进周庄卧龙湖地震台建设,年内台站仪器房建设已经完成,周边地震监测环境得到了整治,地震监测仪器采购正在进行之中。

【地震应急体系建设】 2015 年,江阴市防震减灾管理部门继续指导镇(街道、开发区)、重点企业修订《地震灾害应急预案》;指导市内中小学、幼儿园围绕"科学减灾、依法对付"开展地震应急疏散演练活动,学习减灾科普知识,提高学生地震应急反应能力和自救互救水平;继续督导开展地震应急避难场所建设,指导公园、绿地管理部门,充分利用公园、广场、社区绿地建设地震应急避难场所。 (张 杰)

# 农产品质量安全

【概况】 2015 年,江阴市为做好农产品质量安全工作,成立了农产品质量安全专项整治领导小组和农产品质量安全委员会,制定《江阴市农产品质量安全专项整治方案》《江阴市质量工作考核办法的通知》《江阴市农产品质量安全工作绩效评价标准》《2015 年江阴市农产品质量安全例行监测实施方案》和《2015 年江阴市农产品质量安全监督抽查实施方案》。以创建省农产品质量安全示范县为契机,重拳出击,严抓执法监管,下达农产品质量安全目标管理工作责任书,签订责任状 243 份、各项承诺书 2848 份,有效落实了属地管理责任。以专项整治为抓手,制定多项整治行动方案,开展农药及农药使用、"瘦肉精"、生鲜乳违禁物质、兽用抗菌药经营使用、农资打假、水产品质量安全 6 次专项整治行动。落实了农资生产企业、种养殖企业"一对一"监管和"一对一"科技结对。明确了企业的法定代表人即为生产经营使用农资产品质量安全的第一责任人,发放农资生产经营告知书 210 份。年内共检查农药、肥料、兽药、饲料、种子等生产经营企业 478 个次,各类农产品、农资产品、水产品等抽检合格率达 98%,出动执法人员 958 人次;重点推动乡镇和基地农残快速检测室建设,各乡镇监管站的农残快速检测室均已投入运行,监测 18884 种样品,实时上传至江阴市农产品质量安全监督管理信息平台,推动农产品质量安全的整体提升,全力消除农产品质量安全突出问题和风险隐患,满足公众消费安全需求和农业产业健康发展需要。是年,农产品质量安全合格率达 97.5%,江阴市农林行政执法大队被评为全国农业综合执法示范窗口。 (陈月琴)

【水产品质量安全专项整治行动】 2015 年 4 月至 10 月,江阴市重点开展水产品质量安全专项整治行动,重点区域覆盖徐霞客镇、临港街道、青阳镇、月城镇、祝塘镇等河蟹、虾类、鳜鱼、四大家鱼(青鱼、草鱼、鲢鱼、鳙鱼)水产主产区,打击养殖及育苗过程使用硝基呋喃类代谢物、孔雀石绿等禁用药物及有毒有害物质的违法违规行为。专项整治行动期间,全市共抽样检测 573 种样品,其中水产养殖环境抽检样品 6 种,各类水产品抽检样品 567 种。在抽检各类水产品时,组织全市开展水产品药物残留快检样品 504 种;上级部门水产品市场抽检样品 5 种,苗种抽检样品 8 种,其中 SVC 样品 4 种;无公害产地水产品抽检样品 39 种,其他类抽检样品 11 种。所有检测结果全部合格,江阴水产品质量安全监管成效显著。 (张呈祥)

【开展放心农资暨科技下乡活动】 2015 年 3 月 5 日、4 月 29 日,江阴市农林局分别在学院广场、长泾镇农贸市场开展了"放心农资暨科技下乡"宣传活动,活动中,市农林系统共出动执法科技人员 65 人次,发放购买农资提醒卡、《农资维权手册》《农产品质量安全知识读本》、禁限用农药清单等宣传资料 5000 余份;悬挂横幅标语 3 条,展出展板 15 块,接待咨询群众 1200 余人,免费发放农资产品 2000 公斤,指导农民科学合理使用农资，切实为农民生产高质量安全农产品提供服务。

（丁建英）

## 食品药品安全

**【概况】** 2015年，江阴市加强食品药品安全监管，有序推进食品药品监管体制改革，优化监管机构设置和资源配置，1月16日将工商、食品药品、质监“三局合一”，成立了江阴市市场监督管理局并挂牌运行，承接了市食品安全委员会办公室对食品药品生产和流通的监管职责，全面落实食品药品安全隐患排查、信息报告、宣传教育、协助执法职责。年内检查各类食品经营户和涉药涉械企业共计11712户（个）次，检测食品药品共计6293批次，合格率95%以上。

**【食品安全监管】** 2015年，江阴市积极创建省级食品安全城市，食品综合协调、生产流通监管机制进一步理顺。调整市食品安全委员会组成部门和镇（街道）食品安全协调机构，明确职责，强化属地管理。加强餐饮服务食品安全职能对接，形成职能调整、人员编制划转等相关意见，督促镇（街道）加强食品安全协管员、信息员队伍建设。年内，市食品安全监管部门重点对食品生产企业、超市、农贸市场、食品批发市场等单位组织开展了拉网式检查，累计出动执法人员8910人次，检查食品经营户11032户次，各类食品实验室检测达5886批次，合格率达95.4%；食品实验室检测达每千人常住人口3.27批次，快速检测达2.5万余批次。全年有56个纯生产加工类食品小作坊通过了现场审查，并取得小作坊核准登记证；开展小作坊监督检查80个次，督促其持续保持良好的卫生条件规范生产经营。

**【食品安全专项整治】** 2015年，江阴市市场监督管理局出台食品安全专项整治工作方案，分环节明确各责任部门及工作要求，以食用农产品、婴幼儿配方乳粉、学校及周边食品安全、现场制售食品、食品小作坊、食品摊贩、火锅原料底料和调味料、现制现售生鲜乳饮品、保健食品、畜禽屠宰、豆芽菜质量安全、进口食品12项内容作为年内食品安全整治重点，开展在熟食卤菜加工中非法添加罂粟壳专项治理。于省食品生产加工小作坊相关法规出台前，在周庄、华士等4个镇（街道）开展小作坊综合治理试点，全年现场排查小作坊310个，排查食品安全隐患199处，发出责令整改通知书219份。全年查办各类食品安全违法案件139件，罚没款总额155.6万元，没收不合格食品106.5公斤，违法案件查处率达100%。是年，市公安部门全年打击食品药品领域犯罪嫌疑人69人，其中刑事拘留26人，取保候审43人，移送起诉30人。

**【药品和医疗器械监管】** 2015年，江阴市市场监督管理局强化药械日常监管，组织开展医疗器械“五整治”回头看、利用互联网制售假劣药品、化妆品、中药饮片安全等系列专项整治行动，检查各类涉药涉械企业680个次。上报ADR（药物不良反应）报告1071份，医疗器械不良事件1415件，药物滥用监测407例。查办药品违法案件29件，罚没款总额112.1万元，违法案件查处率达100%。积极服务企业发展，配合省、无锡市管理部门完成药品、医疗器械生产经营企业规范认证18个，组织256个药品零售企业完成GSP认证。市内医疗器械生产企业按规定全部通过质量管理规范的认证，药品生产、批发及零售连锁企业全部通过新版质量管理规范的认证，99%的药品零售企业通过新版质量管理规范的认证，圆满完成了年度目标任务。是年，还有序推进电子监管工作，485个药品零售企业全部使用中国药品电子监管网，药械安全保持良好态势。

**【食品药品安全宣传教育】** 2015年，江阴市加大食品药品安全宣传教育力度，全方位、多层次、立体化宣传食品药品安全法律法规和科普知识，形成政府、部门、企业、行业组织和消费者共同参与的宣传教育网络体系。年内，在传统的报纸、展板、橱窗展示、知识读本宣传的基础上，充分利用现代信息化媒介高效快速且受众量大的特点，开通短信群呼平台、新浪微博、地方网络论坛与消费者进行沟通、交流，宣传食品药品安全知识。公布投诉举报电话和电子邮箱，畅通与消费者之间的食品药品安全信息渠道。积极开展“食品安全宣传周”和“安全用药月”活动，在市内广场、镇（街道）庙会和集场进行宣传，利用电子广告屏、横幅和10个食品药品科普宣传站等定点宣传，主城区还出动食品安全宣传流动车进行巡回宣传，收到良好效果。全年编印发放《食品药品科普读本》、新《中华人民共和国食品安全法》等各类宣传手册7万余册。市场监督管理部门举办种植养殖、生产加工、流通经营人员和餐饮业负责人等各种培训班250余期，培训人数达5000余人次，组织镇食品安全协管员进行2次培训；镇（街道）组织339名食品安全信息员集中开展食品安全综合管理工作专题培训。

**【组建食品安全检测中心】** 2015年，江阴市根据国家、无锡市相关文件精神，经市委、市政府研究，投资近5000万元，建设江阴市食品安全检测中心，并于是年6月试运行。食品安全检测中心将原属农林局、卫生局、粮食局、质监局的检测机构职能合而为一，实现了全市食品安全检测“六统一”：即统一设备配置、统一检测计划、统一检测标准、统一检验检测、统一数据共享、统一信息发布，实现了硬件设施、人员、技术等资源的共享。至年底检测场所确定已全部完成，添置的新设施、设备进入招标程序。该中心完善了检测功能，为全面提高全市食品质量安全提供技术支撑和保障。（沈纯雅）

**【餐饮服务环节食品安全风险隐患排查】** 2015年11月12日起，江阴市卫生监督所按照市食品安全委员会办公室《关于严厉打击食品生产经营单位非法添加使用罂粟壳的紧急通知》精神，在全市范围内部署开展餐饮服务环节食品安全风险隐患排查专项行动。该专项行动以小餐饮店、火锅店、烧烤店等营业单位和以调料、底料、食品添加剂等烹饪辅料为重点，将隐患排查与日常监管相结合，至是月底出动执法人员688

人次,对 827 个餐饮营业单位使用罂粟检测试剂盒进行 160 余次现场快速检测,未发现阳性结果,也未发现其他非法添加情况。排查期间,对 84 个未执行索证索票规定或采取使用无标签原料等餐饮服务单位发出整改通知书,并督促这些单位于 12 月底前全部整改到位。

（沈敏能）

## 公共卫生安全

【概况】 2015 年,江阴市公共卫生工作紧抓不懈。建立传染病和突发公共卫生事件监测预警网络,并实现市内全覆盖。坚持“预防为主、常备不懈”的原则,设立了应急物资储备室,实际储备应急物资种类 176 种。举办急性传染病、H7N9 禽流感、霍乱、手足口病、中东呼吸综合征防控等各类培训班,建立了传染病疫情异常信息的快速反应机制,形成了一套科学完善的应对异常监控信息的快速反应流程。全市各类学校因病缺课网络直报覆盖率 100%。开展突发公共卫生事件应急处置演练,提高全市应对突发公共卫生事件的能力和水平。

【建成传染病和突发公共卫生事件监测预警网络】 2015 年,江阴市内所有一级以上医疗机构全部实行传染病和突发公共卫生事件网络直报,配备网络直报专管员,传染病和突发公共卫生事件报告及时准确。同时,在 33 个医疗机构设立传染病和突发公共卫生事件监测哨点,医疗机构发现 3 例以上相关疾病患者要及时向疾控中心和卫生行政部门报告。与教育局合作在全市各类学校开展因病缺课网络直报,覆盖率 100%,日报率 70%。此外,各医疗机构实行疫情 24 小时值班制度;市疾控中心加强网络报告的审核和分析,通过网络直报及时发现苗头性疫情,做好趋势研判,指导传染病防控工作。年内,市内传染病和突发公共卫生事件监测预警网络实现全覆盖。

【卫生应急物资储备】 2015 年,江阴市根据《江苏省突发公共卫生事件应急预案》的要求,严格按照《县(市、区)级卫生应急队伍装备参考目录》储备各类应急物资。设立了应急物资储备室,实际储备应急物资种类 176 种,其中传染病控制类 72 种,中毒处置类 35 种,队伍保障类 69 种(个人携行装备 17 种、后勤保障装备 32 种、通信办公装备 16 种、徽章标志 4 种)。应急物品储备总体齐全率为 70.68%,其中传染病控制类齐全率 81.82%。制定严格的药械储备管理制度,定期清理物品,更换过期药品,保证应急物资随时随地可以使用。

【开展应急培训演练】 2015 年,江阴市卫生管理部门为适应卫生应急工作的新形势、新情况,一方面多次组织召开专题培训会议,规范突发公共卫生事件和重大传染病疫情相关信息报告和处置;同时针对季节和传染病防控形势,积极举办急性传染病控制暨人感染 H7N9 禽流感、霍乱、手足口病防控,中东呼吸综合征防控,洪涝灾害后卫生防病等各类培训班,切实提高卫生应急队伍的应急处置能力。另一方面,组织承担卫生应急工作的有关医疗卫生单位采用桌面推演和现场演练的方式,开展突发公共卫生事件应急处置演练,提高市内应对突发公共卫生事件的能力和水平。全年组织各类培训和演练 20 余场。

【应对学校突发卫生事件】 2015 年,江阴市建立健全了传染病疫情异常信息的快速反应机制,形成应对异常监控信息的快速反应流程,快速、有效确认异常信息,及时应对。年内,江阴市先后发生 2 件乙型流感学校聚集性疫情,14 件手足口病学校聚集性疫情,2 件水痘学校聚集性疫情,5 件细菌性食物中毒事件,1 件亚硝酸盐食物中毒事件。其中,有 3 件达到一般突发公共卫生事件的级别,分别是北涸中心小学乙型流感暴发疫情、南闸中心小学水痘暴发疫情和南闸中心幼儿园手足口病暴发疫情。疫情发生后,江阴市疾病预防控制中心迅速启动突发公共卫生事件应急预案,制定缜密现场调查计划,对突发事件的界定流程正确、报告规范,预防控制措施全面落实到位,未发生疫情的进一步扩散和蔓延。

【有效处置灾后疫情】 2015 年,江阴市形成了一套科学完善的应对疫情的快速处理机制。年内,针对市内连续 2 次特大暴雨导致多地洪涝灾害情况,卫生监管部门抽调疫情防控专家,分组深入受灾地区指导开展卫生防疫工作,全力消除导致疫病发生的隐患;紧急调拨防疫药品 130 余箱,为受淹居民家庭免费提供消杀药品;加强宣传教育,积极向群众宣传灾后易发生疾病的预防知识,提高群众自我保健意识和自我防病能力;加强灾后疫情监测,重点加大洪灾后肠道传染病的监测,主动搜索疫情,做到早发现、早诊断、早报告、早隔离、早治疗。洪涝灾害后,市内未发生相关疫情。

（程　刚）

## 生产安全

【概况】 2015 年,江阴市安全生产监督管理工作全面落实“党政同责、一岗双责”,认真宣传贯彻新的《中华人民共和国安全生产法》,坚持依法治安,创新安全监管,积极主动工作,安全生产基础不断夯实,全民安全意识不断提升,全市安全生产形势保持稳定向好,继续实现了安全生产事故数量和死亡人数双下降。全年签订安全生产责任书 31945 份,专项整治中摸底排查各类企业 5419 个次,整改隐患 15177 处,安全教育培训人数 3 万余人次。是年,江阴市被国务院安委办评为全国“安全生产月”活动优秀单位,市远程监管监察系统获安全生产科技成果奖三等奖;市安全生产监督管理局被省局评为全省非煤矿山及冶金等工贸行业安全生产先进集体、安全生产新闻宣传先进单位,在“安康杯”竞赛活动中被评为先进组织单位,被无锡市评为安全生产先进单位;云亭街道成功创建全国安全社区。

【落实安全生产责任】 2015 年,江阴市高度重视安全生产工作,出台了《江阴市安全生产“党政同责、一岗双责”暂行规定》,进一步明确了党委、政府及其工作部门、领导班子成员在安全生产工作中各自担负的责任,实现安全生产各级全覆盖。2月,市委、市政府组织召开全市安全生产工作会议,市委常委、副市长和各部门、镇(街道、园区)党委政府一把手们全部参加,会后由市委常委和副市长分别带队进行了安全生产大检查。市委、市政府领导与各镇、街道、园区、市各有关部门和85个市安全生产直管企业等签订安全生产责任书和告知承诺书,各镇、街道、园区与各行政村(社区)、辖区企事业单位也签订安全生产责任书,全市共签订安全生产责任书31945份,比上年增长0.4%。

**【提升安全实质水平】** 2015年,江阴市全面推进安全标准化创建,全市有1364个工贸企业、112个危化品生产企业、102个危化品使用和经营企业、13个危化码头企业通过标准化考评。年内着力推动了海澜、云蝠、福斯特、福汇等纺织产业集群安全管理提升工程试点工作和60个危险化学品重点县(市)安全生产攻坚工作,努力实现标准化、自动化、信息化。全面开展了职业病危害现状普查工作,普查企业5485个,进一步摸清全市企业职业病危害现状。同时,紧贴全市安全生产工作特点,稳步推进危化作业、有限空间作业、液氨使用、煤气作业、高温液态金属吊运作业等专项整治工作,共摸底排查各类企业5419个次,整治了482个工贸企业、91个化工企业,56个职业病危害企业。高压打非治违,全年立案查处196件非法违法事件,8件申请法院强制执行,3人被刑事追责,3人被行政拘留,1人被司法拘留,2人受党纪处分,关停不符合安全生产条件的危化品生产和使用企业各1个,依法强制停止3个企业供电。加强应急管理,为切实提高预防和处置各类突发事件的能力,市安全生产监督管理局先后11次实战化组织和检查企业应急救援情况。6月16日,市举行了第22个"安全生产月"暨首届应急技能运动会启动仪式,共有19支代表队参加应急技能比赛,经过激烈角逐,高新区代表队、临港经济开发区代表队、新桥镇代表队分别取得了前三名。

**【治理安全生产隐患】** 2015年,市安全生产监督管理局着力"五个推动"治理安全生产隐患,成效明显。科技推动:市重大危险源预警监测系统对全市82个企业173个重大危险源点进行24小时预警监测,及时处置预警的多次事故苗头。安全生产综合监管智能一体化平台运行平稳,全市9533个企业上线,320个企业应用手机移动终端进行隐患排查,共计发现42406处一般隐患,整改率为93.22%。执法检查推动:按照"全员执法、全面覆盖、网格监管"的思路和市镇两级执法、行政村三级检查的模式,进一步强化安全生产执法检查。年内,服务企业5354个,整改隐患15177处,现场检查记录3762份,发出整改指令书81份。挂牌推动:重大生产安全事故隐患报送无锡市级3项、江阴市级11项,整改率100%。专家机构服务推动:坚持"市场主导、企业自主、政府推动、社会参与"的原则积极推进社会安全服务力量。全年通过公开招标、政府购买服务的方式,对81个高危企业"安全体检";聘请近400人次安全专家为企业安全"体检";全面推行小微企业安全托管工作,通过企业购买安全中介机构开展安全服务;组织同行业、同生产工艺的安全技术骨干开展交叉隐患排查,实现"大手拉小手"、资源共享与互补。细化隐患标准推动:由各行业主管部门制定行业安全生产事故隐患排查通用标准,指导各企业对照标准,开展岗位风险辨识,制定紧贴企业实际的标准并予以公示,并通过安全生产监管智能一体化平台运行,督促企业整改落实。

2015年6月16日,江阴市举行第22个"安全生产月"暨首届应急技能运动会启动仪式。图为技能表演 (市安监局提供)

**【增强全民安全意识】** 2015年,市安全生产监督管理局广泛通过各类新闻媒体,多措并举,深入宣传、贯彻、讲解新的《中华人民共和国安全生产法》;精心组织"安全生产月""安全生产暨阳行"和"安康杯"竞赛及安全冬训等活动;创办江阴安监微官网,拓展《安监手机报》内容、微信微博等安全宣传网络阵地;在江阴电视台开设每月一期专栏,让事故企业负责人现身说法,进行警示教育。年内在各级媒体上刊登报道126条,播出安全警示片11部,编发《安监手机报》45期,征文31篇,下发安全生产知识手册2万余份,新安全生产法释义1万余本。还创办网上安全培训学校,与隐患排查自查自报系统相衔接,开展网上安全教育培训,进一步丰富安全培训途径。开展小班化培训,建立"四库一班"(即安全知识考核题库、案例库、法规库、教案库和小型培训班)培训方式,从实效出发,进一步提高培训的效果。全年小班化开班21次,培训765人;法定培训"三类"人员、危化品单位负责人和安全管理员2万人;92次进村入企培训企业员工近万人。 (潘黎宾)

## 特种物品与设备安全

**【危化品安全管理】** 2015年,江阴市公安局组织开展缉枪治爆专项行动和治安隐患大排查,对全市38个剧毒物品单位、178个易制爆单位、98个放射源单位、2个民爆单位、3个烟花爆竹单位逐一检查过堂。会同市安监、环保部门组成专项检查组,分片分组对上述重点单位进行抽检,对存在的安全隐患一律限期整改,限期整改不到位的一律清空库存并暂停使用,共发现整改各类安全隐患54处。年内,加强涉危作业现场监管,先后完成周庄镇长南村、华宏村烟囱爆破工程的勘查、安评及监管工作;完成澄星磷高楼爆破工程;完成南闸白石山复垦复绿工程安全评审。是年,开展全市易燃易爆危险品场所专项整治,查获非法储存烟花爆竹案件1件,收缴各类烟花爆竹1535箱,收缴各种危化物品113种,计615公斤。 (朱斌 胡娟)

**【核与辐射安全管理】** 2015年,江阴市认真抓好辐射工作单位日常监督检查工作,开展输变电工程项目等专项检查,有效维护核与辐射环境安全,形成了以企业为主体、乡镇为依托、环保分局为主力、市环保局为指导的辐射安全管理体制,齐抓共管,全力防范辐射事故的发生,维护江阴市辐射环境安全。至年末,市环保管理部门现场检查企业235个次,完成率100%;督促20个企业领取辐射安全许可证;督促指导28个企业开展辐射安全许可证延续工作;督促协调6个涉源单位对44枚闲置源进行及时收贮,回收率100%;完成11个企业的辐射安全"三同时"环保竣工验收;射线装置网上平均申报率83.2%,放射源网上平均申报率83.1%。 (李玉芳)

**【特种设备安全监管】** 2015年,江阴市市场监管局进一步夯实特种设备安全监管基础,强化特种设备安全隐患治理。进一步明确了各市场监管分局对特种设备安全监管职能,向特种设备使用单位发放安全责任告知书2158份,先后开展了企业复工复产、春节、五一节前特种设备安全大检查及自动扶梯安全专项检查,开展叉车安全专项整治,共检验厂内机动车辆3372台,组织303个叉车使用单位开展隐患排查,排查安全隐患37处。开展电梯安全专项整治,共自查电梯使用单位302个,开展电梯隐患自查3561台;处理电梯相关投诉问题91个;摸底统计住宅电梯共有5743台,其中老旧住宅电梯(15年以上梯龄)32台;现场检查电梯使用单位74个,发现的89处隐患全部得到整改;积极推进电梯安全责任保险,全市已投保电梯责任保险8463台,投保率75%,其中新梯投保1633台,投保率100%,老梯投保6830台;对全市48个电梯维保单位进行了年度考核,考核不合格的有10个;6月开展特种设备"安全生产月"宣传活动,组织电梯维保单位开展电梯应急救援演练。全年共培训考核各类特种设备作业人员6021名,其中特种设备安全管理人员1014名,特种设备操作人员5007名,接受特种设备开工告知1703份,特种设备使用注册登记5472台,定期检验特种设备28276台(套),现场检查企业548个,排查各类隐患504处,签发特种设备安全监察指令56份,移送特种设备违法案件37件。 (唐晓白)

**【特种押运安全保卫】** 江阴市特种押运保安服务有限公司于2009年12月在江阴市梅园大街395号正式运营,拥有办公面积7000平方米。主营守护、押运等保安服务;安全技术防范服务;银行自助设备运行维护外包服务等。公司配备符合《专用运钞车防护技术条件》的押运车和枪弹,配置了车载实时监控、钱箱交接物联网、门禁道闸、监控报警等系统,为全市银行、企事业单位提供武装守押业务安全服务。2015年末,该公司有从业人员280余人,为38个金融和企事业单位提供服务。
(江阴市特种押运保安服务有限公司)

## 火灾事故与防范

**【概况】** 2015年,江阴市共发生火灾事故2043次,比上年增长10.19%;亡5人,与上年持平;伤3人,比上年下降57%;直接财产损失825.5万元,比上年下降15.1%。继2002年以来连续第13年未发生重大人员伤亡火灾事故。

**【灾情分析】** 2015年,江阴市发生的火灾事故从起火场所情况看,垃圾引发火灾459次,损失2.4万元;居民住宅火灾424次,亡3人,伤2人,损失121万元;厂房火灾286次,亡2人,伤2人,损失489.9万元;交通工具火灾210次,损失134.2万元;农副业场所火灾163次,损失23.2万元;餐饮场所火灾42次,损失4.57万元;商业场所火灾22次,损失2.9万元;宿舍火灾18次,损失3.7万元;物资仓储火灾15次,损失27.8万元;办公场所火灾8次,损失0.6万元;学校火灾4次,损失0.2万元;建筑工地火灾4次,损失0.5万元;公园火灾3次,损失0.02万元;宾馆火灾2次,损失1万元;公共娱乐场所火灾2次,损失0.2万元;动拆迁组火灾2次,损失0.4万元。其他火灾378次,损失12.8万元。

从火灾原因情况看,发生遗留火种火灾924次,亡2人,损失79万元;电气火灾406次,亡1人,损失98万元;生活用火不慎火灾120次,亡1人,损失6.5万元;生产作业类火灾74次,损失66.7万元;自燃引起火灾67次,损失16.4万元;放火火灾12次,损失0.7万元;玩火引起火灾10次,损失2.1万元;吸烟引起火灾6次,损失0.6万元;雷击火灾3次,损失0.3万元;静电火灾1次,亡1人,损失为50万元;不明原因火灾210次,损失147.5万元;其他火灾209次,伤3人,损失401.2万元。

从24小时火灾分布情况看,0时至2时,发生火灾68次,亡2人,伤1人,损失130.5万元;2时至4时,发生火灾53次,亡1人,损失27万元;4时至6时,发生火灾70次,损失36万元;6时至8时,发生火灾103次,损失65.6万元;8时至10时,发生火灾176次,损失23.5万元;10时至12时,发生火灾217次,损失24.9万元;12时至14时,发生火灾215次,损失57.4万元;14时至16时,发生火灾201次,亡1人,损失34.5万元;18时至20时,发生火灾346次,损失87万元;16时至

18时，发生火灾165次，直接财产损失138万元；20时至22时，发生火灾212次，损失118万元；22时至24时，发生火灾117次，亡1人，损失82.6万元。（朱斌 胡娟）

【火灾防范】 2015年，江阴市建立了市、镇（街道）、村（社区）三级的防火应急管理体系，在“消防宣传日”印发宣传单、宣传袋和悬挂标语等多种形式进行防火宣传，同时组织集中培训、现场宣讲、设置宣传栏等，广泛深入开展防火应急知识宣教活动，指导房屋管理部门、图书馆、学校等完善防火应急预案。针对江阴市天然气普遍使用的情况，制定《江阴市城市燃气突发事件应急预案》，防止天然气引起的火灾。商业主管部门特别关注店庆、周年庆、节日促销等活动，严格群体性活动事前、事中、事后的监督，强化对群体性活动的消防安全检查，发现问题认真督促整改，落实防范措施，还组织力量进行现场监督和防护，及时消除不安全因素。各镇、街道人民政府及执法监管部门和行业主管部门督促各有关单位切实落实消防工作主体责任，做好防火巡查等制度，要求各单位维护保养好各类消防设施，确保完整好用，并开展灭火技能战术研究，熟悉辖区道路、水源等情况，从思想、组织、装备、训练上做好灭火各项准备工作。做到一旦发生火灾，以最快的速度救人，以最快的速度灭火，以最快的速度抢救物资，最大限度地减少火灾危害。市消防大队组织消防志愿者深入社区、林区和展销会等现场开展消防志愿者活动。指导全市中小学校开展“清除火患，远离火灾”暑期消防安全教育、“消防安全第一课”活动。对消防控制中心人员、银行工作人员、村（社区）消防安全管理人员进行消防安全知识培训，指导商业单位和学校开展灭火疏散演练和应急避险、应急救护、意外逃生等避险救护技能训练。全年开展消防安全知识培训215次、消防演练162次。（史志）

## 域内安全技防

【概况】 2015年，江阴市优化社会治安防控体系建设。市内新建居民小区从严抓好技防设施建设，新建居民小区在出入口、车库通道、小区广场等部位安装视频监控探头1.4万余个；老小区改造中将技防监控设施建设纳入改造范围；部分自然村利用村有资金签署技防建设合同，共建成治安监控点462个。强化单位内部静态治安防控，以推进平安企业、校园、医院、金融单位等系列创安活动为载体，突出加强对治安保卫重点区域、重要部位的技防监控系统建设，提升对重大突发事案件的防控效能。年内推进新一轮治安保卫重点单位评定，不断完善拓展重点目标安防建设，全年发现单位各类隐患162处，并落实整改，单位内部案件比上年下降7.4%。推动出租车、公交车、公交站台等技防监控建设及联网，提高车辆、站台安全防范能力。加快道路智能监控建设，打造流动中的安全屏障。

【居民小区（村）安防建设】 2015年，江阴市突出抓好居民小区（村）安防建设。新建居民小区从严从实抓好小区技防设施建设方案的设计论证、竣工验收等环节，全年共验收商品房项目80余项，在出入口、车库通道、小区广场等部位安装视频监控探头1.4万余个，张贴明显警示标志200余块，并将小区技防与公安视频专网接入整合，丰富视频专网建设中社会面重要部位、重要场所视频监控的共享资源，实现技防监控的进一步升级；老小区改造中，将改变老旧小区安防薄弱面貌作为一项政府性建设工程，联合多个部门强力推进，城区8个老小区出入口、停车场等重点部位已安装60余个治安监控并全部实现联网运作，另有15个老小区的技防监控设施建设纳入了改造范围。自然村的技防设施建设也同步推进，全市有27个自然村利用村有资金签署技防建设合同，共建成治安监控点462个。

【推动“两车一台”动态治安防控】 2015年，江阴市公安局与交通运管等部门沟通协调，推动出租车、公交车、公交站台等技防监控建设及联网，进一步提高车辆、站台安全防范能力。全市370辆出租车安装3G监控，实现出租车内外视频全覆盖，620余辆公交车全部安装视频监控；32个公交站台和始末站、120个社会自行车租赁点完成安装电子站牌和联网视频监控，并全部接入公安视频专网。

【道路智能监控】 2015年，江阴市专门立项增建新开道路智能监控和交通管理工程，不断扩充车辆行踪监控系统点位，全力推进芙蓉大道、长山大道、扬子江大道等主干道路的82个信号交叉口电子警察和全市域22个点位卡口的车辆行踪监控系统三期工程建设。同时，全力推进江阴市海港大道、江阴大道两条新建道路沿线18个交叉路口智能设施（交通信号系统、高清电子警察、电视监控等）、12套超速抓拍系统（CSEP）、65套调查分析系统（OD）、4套隧道违法变道抓拍系统等项目建设，加快实现道路监控全覆盖，提升交通组织和治安防控效能。（朱斌 胡娟）

## 场所安保

【概况】 2015年，江阴市有6个保安服务有限公司经营场所安保服务工作，其中江阴市保安服务有限公司是江阴市公安局监管下的一个国有企业。各保安公司强化保安人员的思想政治教育，努力提升综合素质，优化服务理念，注重社会实效，坚持高标准、严要求、重服务、保安全的原则，为江阴市各机关、学校、企事业单位、金融单位等提供了安全保障。全市共计有场所保安人员近4200人，为800余个单位提供安保服务。

【江阴市保安服务有限公司】 江阴市保安服务有限公司（以下简称公司）成立于1992年7月，是江阴市公安局监管的国有企业，在江阴同类行业中成立时间最早，经营规模最大。公司自成立以来坚持把为客户提供优质服务作为根本宗旨，向客户作出了“把客户安全作为第一目标，把客户意见作为第一信号，把客户需求作为第一任务，把客户满意作为第一追求”的承诺，在优质服务、规范管理、确保平安、热心公益、奉献社会、打造品牌上取得实效。

坚持在系统内评选“形象美、作风正、纪律严、业务精、安全好”的优秀服务示范点，以点带面地开展比、学、赶、帮、超竞赛，提升服务水平，历年客户满意率98%以上，共承接各种保安任务800多场，安全率100%。2015年，公司初步形成现代企业管理的法人治理结构，经营和管理制度化、规范化。同时公司根据实际业务需要，对机构进行重新设置，建立健全公司的各项规章制度，相继出台了《关于机构设置、人员编制的规定》《部门职责规定》《人事管理规定》《员工考勤休假管理规定》《财务管理规定》《奖惩细则》《保安管理手册》《人员服装管理规定》等一系列规章制度；加快内部管理机制的改革步伐，逐步建立起适合企业发展的专业化经营管理模式。建立保安一部、二部、大队、分队、班、组等多级管理体系、层层签订目标管理责任书，做到纵向到底、横向到边，以条为主，条块结合。触角向全市各个方面延伸，客户范围不断扩大，至2015年年末，发展成为集人防、技防、消防器材、押运、培训等为一体的多元化、综合性业务公司，共派驻保安护卫点516个，在全市城乡各行业总资产超1亿元，员工2000余名，服务网点遍布市内机关、企事业单位、金融单位。

是年，公司推出多项举措，确保队伍形象良好。在从业人员的选拔标准和程序上把好关，严格培训、考试和政审，坚持持证上岗制度。强化从业人员的思想、政治、法制和职业道德教育，坚持“以会代训”制度，保安管理大队每月举行一次例会，组织保安人员集中学习和训练，积极开展技术大练兵活动，并列入管理干部考核内容，使之经常化、制度化。公司还举办各种培训班，不断提高保安人员的政治业务素质，提高员工的责任意识，增强危机感和使命感，完善保安培训、聘用、考核、奖惩、辞退等机制，教育保安队员爱岗敬业，注意仪容仪表，自觉遵守国家各项法律、法规和公司各项规章制度，严格依法办事，服务文明热情。坚持以以人为本的管理理念，设立见义勇为奖等奖项。开展“十佳保安员”评比，大力弘扬先进典型，鼓励保安队员发挥主观能动性，积极投身公司的建设。公司主动融入社会治安防范体系，开展“保安服务跨出一步、犯罪分子后退一步、群众安全提升一步”活动，组织保安队员参与派出所义务巡防，在有效地打击防范街面犯罪、维护路面治安秩序中发挥了积极作用。在为广大客户提供优质保安服务的同时，还积极参加各种公益活动，组织参加义务献血、争做好人好事等一系列活动。队员周国平、姜道标，唐海波等获全国无偿献血的奉献奖金奖。利用简报加强内外宣传，做强做精“江阴保安”这一服务品牌，使之成为客户心中“形象好、信得过”的服务品牌。年内，公司被无锡市保安协会评为无锡市保安服务业优秀保安服务公司。

**2015年江阴市(场所)保安服务有限公司一览**

表65

| 公司名称 | 成立时间 | 公司地址 | 从业人数 | 服务单位 |
|---|---|---|---|---|
| 江阴市保安服务有限公司 | 1992年7月 | 江阴市梅园大街397号 | 2000余人 | 516个 |
| 江苏飞鹰保安服务有限公司 | 2005年3月29日 | 江阴市大桥路96－100号 | 400余人 | 50余个 |
| 江阴市金鹏保安服务有限公司 | 2010年6月28日 | 江阴市安居巷90－92号 | 370余人 | 79个 |
| 江阴市雄鹰保安服务有限公司 | 2010年8月13日 | 江阴市杨岸路101号 | 500余人 | 40余个 |
| 江阴市春风保安服务有限公司 | 2012年3月28日 | 江阴市周庄镇宏苑路7号 | 300余人 | 60余个 |
| 江阴市飞龙保安服务有限公司 | 2012年10月28日 | 江阴市澄杨路11号 | 600余人 | 80余个 |

（李小良）

## 信息安全

【**概况**】 2015年，江阴市从加强网络安全水平与提升信息系统防护能力两方面入手，不断推动信息安全工作。加强网络监管，全年检查联网单位500余个次，强化对网站安全监管落实情况督查，全年固定IP联网单位用户备案332户，网站备案265户。12月24日，市召开打击治理电信网络新型违法犯罪专项行动部署推进会，明确相关部门要各司其职，形成合力，严厉打击、严密防范电信网络诈骗案件。提升信息系统防护能力，市完成重点政务信息系统信息安全等级保护评测定点服务商招标，“金保工程”业务系统完成国家三级标准等级保护、人社网站及网上办事大厅完成国家二级标准等级保护评测与整改，灾备中心建成灾备数据有效性验证平台。

（秦光华）

【**打击涉网犯罪**】 2015年，江阴市针对涉网案件高发态势，从案件源头抓好打击涉网犯罪工作，加大对现行涉网案件的侦查力度，开展了“集中打击黑客攻击破坏违法犯罪”等一系列专项行动，充分利用多种手段，突破一批重大案件。对有价值的线索一查到底，力争办成精品案件和有影响案件，打响网安主侦案件品牌。全年主动破获案件34件，共抓获网络犯罪嫌疑人142人，其中包括公安部督办的张某制作传播支付宝劫持木马程序案，以及江某等人使用黑客手段实施网络盗窃案、江某等人利用虚拟盘炒白银诈骗案等一批有重大影响的网络案件，涉案总价值1200余万元。

（姚春霞）

**【灾备中心建成数据有效性验证平台】** 江阴市数据容灾备份中心作为全市信息化建设信息安全的基础工程，为全市信息化建设提供重要信息数据异地容灾备份服务。2015年前，数据恢复业务（验证测试）在实施的过程中，只立足于特定单位临时制定方案，临时验证测试及恢复的方式，尚未完全形成一个完整的流程化、规范化软硬件统一方案。2015年4月，灾备中心启动建设灾备数据有效性验证平台，12月通过验收。该平台将云计算作为验证测试平台建设的技术方向，利用虚拟化的低硬件投入、高效软件操作的特性，采用高性能X86服务器结合小型存储阵列的方式提供小型私有云平台的应用基础，可在有限的硬件基础上为大部分灾备用户提供个性化的验证系统。为了便于管理及出于数据安全的考虑，均采用功能模块化的设计思路，满足验证平台系统今后升级扩容需求。平台建成投入运行服务后，可以利用验证平台将备份数据有效性测试形成一项流程化的工作，一方面可以通过经常性的验证测试来保证备份数据的完整性和有效性，另一方面也是针对日益突出的数据安全问题，利用验证平台的硬件基础建立各信息化建设单位数据恢复应急演练的长效机制，有效增强各单位信息安全的防灾意识和能力。（蒋宇翔）

**【人力资源和社会保障信息系统完成等级保护】** 人力资源和社会保障信息系统关系广大参保群众的切身利益，安全一直是整个信息系统建设的重点工作。该系统自1998年开始运行，2002年开始大规模联网建设以后从未有过大的安全问题。但为了更科学合理地推动整个系统的安全体系建设，按照国家信息安全等级保护的要求，江阴人社局于2014年开始着手提升体系安全，2015年完成了相关业务系统的国家信息安全等级保护测评与整改工作，其中“金保工程”业务系统按照国家三级标准、人社网站及网上办事大厅按照国家二级标准进行。整个等级保护测评工作外聘了无锡市基础信息安全测评认证中心为信息系统测评服务单位，从安全技术和安全管理两个方面抓好信息系统安全建设。整个测评针对网络安全、主机安全、应用安全、数据安全等10大项、73子项，共918个指标，发现部分系统中存在的问题及时进行整改。通过等级测评，强化了全体工作人员的信息安全意识，从管理制度、操作规范、硬件防护等多方面加强信息系统安全，为人力资源和社会保障信息系统更好地为群众服务打下了坚实基础。

（邹　军）

**【重点政务信息系统安全等级保护测评定点服务商招标】** 2015年，江阴市针对信息安全的重要性，努力提高市内重要信息系统的安全防护水平。12月，江阴市信息化办公室作为全市网络与信息安全主管部门，通过招标确定了无锡市基础信息安全测评认证中心和江苏省电子信息产品质量监督检验研究院2个服务商为全市重点政务信息系统2015—2018年度定点信息安全等级保护测评服务，上述2个中标单位不仅要为全市重要电子政务系统进行等级保护测评服务，同时还成为了江阴市2016—2018年度信息安全应急救援队伍，负责对突发信息安全事件进行应急救援，以及协助江阴市开展信息安全培训与检查。招标完成后，2个单位已对容灾备份系统、土地交易系统、“一张图”系统、建设局业务系统、市民卡系统、人口数据库系统6个重要业务系统开展等级保护测评工作。（秦光华）

## 应急管理

**【概况】** 2015年，江阴市高度重视应急管理工作，进一步健全网络、夯实基础、协调联动、防处并重，广泛开展应急常识宣讲活动，加强应急管理培训，建立健全应急管理体系，搭建应急管理服务平台，修订完善应急预案，加强监测预警和隐患排查。全市总体情况平稳向好，年内未有较大以上应急突发事件发生。

**【应急宣教】** 2015年，江阴市结合全国“防灾减灾日”“消防宣传日”和“安全生产月”，组织各级各部门采取集中培训、现场宣讲、设置宣传栏、印发宣传单和宣传袋、悬挂标语等多种形式，广泛深入开展应急知识宣教活动，组织开展应急避险、应急救护、意外逃生等避险救护技能训练，力促法律法规和安全常识进机关、进学校、进社区、进农村、进企业、进家庭，不断增强群众防灾避险意识和应对突发事件的能力。编印和发放《江阴市民应急手册》8万册。6月，市卫计委组织开展强降雨、洪涝灾害后防病应急知识培训，云亭街道在绿城广场举办消防安全知识图片展等。5—7月，结合全市公务员培训，市应急办以《应急管理与突发事件应急处置》为主题，对全市公务员进行了专题培训，使全体公务员掌握应急突发事件处置的流程、方法、技巧和相关注意事项。9月，邀请清华大学教授陈涛作《应急管理体系建设与科技发展》专题讲座，进一步增强全市应急系统干部危机意识，提高处理突发事件的能力。深入开展创建全国综合减灾示范社区活动，要求各镇、街道高度重视、及早规划，积极参与创建工作培训。年初确定的青阳镇普照村、璜土镇璜土村、祝塘镇文林社区、长泾镇河塘社区、徐霞客镇峭岐社区5个全市创建单位，至年底全部复检合格。是年，全市实现了镇、街道“国家级综合减灾示范社区”全覆盖。

**【应急联动】** 2015年，江阴市充分发挥各级各部门应急管理办事机构的综合协调优势，以及各有关部门和机构的职能作用和专业优势，建立了市、镇（街道）、村（社区）三级的应急管理体系，认真履行应急值守、综合协调、应对保障的职能，强化属地管理、严格落实责任，不断健全和完善信息通报、应急处置等联动协调制度。编印应急管理通讯录，建立覆盖全市的突发公共事件应对网络，形成了“统一指挥、反应灵敏、功能齐全、协调有序、运转高效”的应急管理工作格局。公安、水利、安监、环保、海事、气象等应急主要联动部门均实行24小时双人双岗应急值守，确保做到“无急可应，有急能应”。年内，按照科学规划，分步实施；联网对接，资源共享；先进实用，着眼发展的原则，依托市电子政务系统，充分利用和整合资源，着手建设江阴市应急指挥平台。市110应急指挥和社会联动服务平台开始运行，该系统能够实现指令网上流转、情况网上反馈、信息网上报送、测评网络统计，基本实现全面运用网络平台派单模式进行联动指挥。是年，按照“属地管理、协调配合”的原则，针对突发事件，相关联动部门快速反应，第一时间赶赴现场，通过会办、联办、专办等强有力举措，科学应对、有效处置，做到事态不压降不过夜，群众情绪不缓和不撤离，后续工作不开展不放松，能动遏制情况恶变，减少缩小负面影响。市应急办遇到突发事件第一时间赶赴现场协调处置，如6月江阴市连续出现了强降雨、强台风等不良气象灾害，各级领导第一时间赶赴受灾现场指挥，各相关部门和属地通力合作，确保了人民群众生命安全，努力降低了各类损失。

**【应急防范】** 2015年，江阴市严格按照无锡市政府办公室《关于印发无锡市突发事件应急预案管理办法的通知》精神，落实各类应急预案应当每3年至少修订1次的要求，围绕应急预案要“横向到边、纵向到底”的目标，对各类预案进行了一次完善修订，完成市级专项预案23个，同时相关部门抓好指导、协调与督促检查工作，进一步规范了有关部门和企事业单位应急预案，增强了各类预案的针对性和合理性。此外，根据不断出现的新情况和自身应急处突的实际需要，新增《江阴市城市燃气突发事件应急预案》，市交通运输局起草《江阴市普通干线公路（桥隧）突发事件应急预案》，确保了各类应急有预案。进一步加强江阴市突发事件应急处置和救援能力。全市先后组织重点企业、社区、村和人员密集场所举办各类应急演练1000余次，以此检验应急预案实施效果，锻炼应急救援队伍，磨合应急救援协调机制，不断加强各级各相关单位应对突发事件的处置能力。2月，华士镇华士社区联合江阴红十字蓝天救援队举办突发事件应急救援知识及自救技能培训；5月，在省公安厅实地考核中，江阴市公安局对突发警情的调度处置工作取得了全省县级公安机关第一的优异成绩；7月，市疾病防控中心和人民医院组织了食源性疾病暴发事件应急处置联合演练；11月12日，江阴市成功举办重污染天气应急演练桌面推演，进一步提升了应对突发重污染天气的处置能力。年内，依托公安、城管、安监、公用事业、气象等部门监测预警网络实时进行监测，一旦发现苗头性的问题，及时分析研判突发事件隐患和趋势，提出防范和应对对策，以达到预防或减少事故发生，突发事件风险隐患总体上得到了有效控制。特别是在护林防火、防汛排涝、重大节假日等特殊敏感时段，各级各部门切实加强对重点单位、重点区域的巡查督导，对可能引发自然灾害、事故灾难、公共卫生事件、社会安全问题等危险源、危险区域进行调查、登记，并及时进行隐患排查整改，加强隐患源头防控，确保应急管理措施、物资、人员三到位。此外，还结合强降雨、强台风等特殊时段对全市镇、街道进行检查，重点检查各相关单位应急预案修订、应急救援队伍、应急救援装备和应急救援物资储备等情况，督促各相关单位认真做好应急防范工作。

**【应急处置】** 2015年，江阴市按照无锡市政府办公室《关于印发无锡市政府系统值班工作规范实施细则的通知》精神，进一步强化值班室工作职责，认真落实各项工作制度。严格落实重要应急联动部门24小时应急值班，重大节假日、特殊敏感时期安排领导带班，提高应急值守与应对能力。坚持实行值班工作定期抽查、通报、责任追究制度等，确保24小时电话畅通，做到早发现、早报告、快应对，保证突发事件处理及时、信息报告及时，信息渠道畅通无阻。年初下发《关于进一步加强突发事件信息报送工作的通知》，明确突发事件信息的报送范围、核报要求、报送方式、督查反馈等规定，强化信息报告责任，突发事件信息报告机制得到进一步规范和完善，信息报告质量和效率有提高；对影响较大的突发事件，严格追究相关部门和单位在信息报告工作中的迟报、漏报、推卸责任等行为，并在年底综合考核中予以通报，全年共处理突发事件20余件；加大督查力度，对发生或可能发生的应急突发事件，相关部门组成联合检查小组第一时间赶赴现场，对事件进行督导检查，重点排查涉及的相关应急预案有没有完善到位、相关制度有没有执行到位以及日常举措有没有落实到位等。对发现的工作不负责任、预案不完善、防控措施不力和谎报、瞒报行为，造成传播流行（疫情）和严重后果的，及时下发督办通知单，并视情向市委、市政府通报，同时严肃追究相关人员的责任。是年，围绕学校发生集聚性传染病疫情，由市卫计委、教育局等相关部门成立联合督查组对部分学校的传染病防控工作情况进行现场督查，督促学校加强整改，确保传染病疫情在较短时间内得到有效控制。全年开展专项督查3次。（程顺德）

■类目编辑　王萍芳

# 街道·镇概况

## 澄江街道

**【概况】** 澄江街道地处江阴市中心城区，是江阴市委、市政府所在地及全市政治、经济、文化中心，孕育“刘氏三杰”（刘半农、刘天华、刘北茂）、教育家吴研因、爱国高僧巨赞、中国中药化学研究先驱赵承嘏、“中国机器人之父”蒋新松等一批优秀儿女。区域面积 82.71 平方千米，下辖 28 个社区、12 个行政村。2015 年年末，有户籍人口 266351 人，其中男性 131389 人、女性 134962 人；有少数民族 23 个 726 人。有外来暂住人口 196420 人，其中男性 111020 人、女性 85400 人。

*政治建设* 深入贯彻全面从严治党的各项要求，以“三严三实”* 主题教育活动为抓手，以培养和践行社会主义核心价值观为引领，努力推动党员干部能力提升、作风转变，大力营造全社会同舟共济、文明和谐的氛围，为街道经济社会持续稳健发展提供坚实保障。以创建全国文明城市为契机，精心策划、组织开展“文明澄江、从我做起”等系列主题教育活动。壮大志愿者队伍，丰富志愿者活动，全街道网络注册志愿者 1.5 万人，公益坊、大桥社区“连心桥服务队”、花园社区“晚霞巾帼助老志愿服务队”被评为市优秀志愿服务组织；北大街社区“老伙伴会客厅”被评为市志愿服务十佳项目。强化思想建党，突出理想信念教育，深化学习型领导班子、学习型党组织建设，深入推进领导班子好、党员队伍好、工作机制好、发展业绩好、群众反映好“五好”班子建设，组织开展党的十八届五中全会精神专题学习会、“百名书记讲党课”、“优秀党课教案评比”等活动，街道被评为全省冬训工作示范街道、无锡市马克思主义大众化学习实践基地。干部队伍建设不断加强。坚持从严从紧管理干部，全面开展干部退（离）休后在社会团体兼职情况、党政领导干部在企业兼职（任职）情况、领导干部因私出国（境）登记备案审批情况、干部超职数配备消化整改情况、干部“带病提拔”倒查情况“五项清查”工作，整理审核干部档案 157 份。优化干部培养平台，开展基层村社区后备干部民主推荐工作，建成街道后备干部人才库。落实干部选用全程纪实，构建市街、街村（社区）等多渠道双向挂职锻炼通道，开展年轻干部“墩苗”工作，推荐“墩苗”锻炼干部 6 人。基层组织建设整体提升。深化服务型党组织建设，积极推进项目化运作、组团化服务，深化楼道党小组、党员中心户建设，大力推广党员志愿者服务实践，基层党建内涵不断丰富，街道被评为江阴市“五先五好”* 服务型党组织。深入推进党建强经济强、班子好发展好“双强双好”非公企业党建工作，“青年点点爱心港”党支部成为无锡市首批“雁阵计划”培育对象。党风廉政建设全面加强。完善“两个责任”* 清单，健全责任传导机制，深化制度廉评及行政自立监察，监督制约机制不断完善，排查评估机制初步形成。大力推进廉政巡查和专项督查，加大监督执纪问责力度，全年查办党员违纪案件 20 件，处理党员 20 人，营造风清气正的发展环境。

*经济建设* 街道坚持把稳增长作为首要任务，采取各项政策举措，助力企业稳步增长、转型升级，街道经济继续保持健康向好的发展态势。全年完成地区生产总值 413.07 亿元，比 2014 年增长 7.5%；财政收入 28.8 亿元，比 2014 年增长 11.8%；全社会固定资产投资 139.5 亿元，比 2014 年增长 19.04%；工业开票销售收入 317.5 亿元，比 2014 年增长 6.03%；限额以上批发零售业零售额 151.03 亿元，比 2014 年增长 2.72%；进出口总额 13.3 亿美元，到位注册外资 3000 万美元，主要经济指标增幅高于全市平均增幅，经济发展总量和质量继续位居全市镇街前列。运行质态持续优化。牢牢把握产业结构调整的战略机遇，制定出台《街道企业创新驱动发展实施意见》，落实各项奖励扶持政策，推动企业创新转型、产业结构优化。全年完成服务业增加值 280.31 亿元，比 2014 年增长 6.9%，占地区生产总值比重达到 67.9%；完成高新技术产值 168.5 亿元，占规模以上企业总产值的 54%。江阴百意中医医院在“新三板”* 挂牌上市。把项目建设作为支撑发展、积蓄后劲的主抓手，全力以赴引项目、抓投入、快建设。街道在建重点服务业项目

2015 年 5 月 16 日，澄江街道举行“我参与、我运动、我出彩”——“文明与我同行”社区全民健身展示活动。图为君山社区居民健身展示

（澄江街道君山社区提供）

13 项，总投资 138 亿元，其中九方城、南门印象商业广场、橙天嘉禾、长江世纪广场、创客空间大厦、盈嘉国际商务中心、新财盛百货商城等重点项目开工建设，新长江希尔顿酒店、凤凰文化广场等续建项目按时序推进，万豪国际酒店、八佰伴入驻澄星广场成功签约，森茂汽车城竣工验收，“赞缘坊”时尚商业街区顺利开街，成为城市经济发展一批新的增长极。

社会建设　科技创新取得新突破，全年申报国家专利 578 件，其中发明专利 227 件，获批江苏省高新技术企业 6 个、民营科技企业 11 个、工程中心 1 个、优秀研发机构 1 个、重大科技成果转化项目 2 项、高新产品 9 种、研究生工作站 1 个。大力推进基础教育高位均衡发展，完成新一轮学校施教区调整优化工作，加大教育投入，江阴市实验小学老校区校舍加固工程竣工验收，北校区建成投运，完成 150 套学校班班通、5000 套课桌椅更新。着力提升环境卫生长效管理水平，城郊接合部小扫保洁队伍全部到位，国家卫生城市复检顺利通过。开展文化走基层活动，组织送电影、送评弹、送文艺演出 400 余场次，由街道文化体育站创作的延陵鼓书《炎黄》获市第二届“芙蓉花奖”曲艺故事类表演奖一等奖，舞蹈《水墨江南》获舞蹈类综合奖一等奖，女子乐坊、夕阳之约艺术团被列入市第一批非物质文化遗产传承示范点。大力推进企业节能减排，全年关停搬迁“三高两低”*企业 22 个，淘汰城区燃煤锅炉 5 台，江苏红柳床单有限公司热电厂、江阴市兴澄热电厂关停整合，城区供热管线施工保障工作全面结束，年度节能减排任务超额完成。严格落实“河长制”，深入开展黑臭河道治理，完成绮山中心河综合整治和长沟河、团结河等河道清淤工程。计生服务不断优化，开展育龄妇女免费健康检查，惠及群众 2.5 万余人，强化流动人口管理服务，新增流动人口个案信息 3500 余条。大力开展绿化造林，全年新增绿化面积 10.2 公顷。体育健身蓬勃开展，大桥社区等 6 个体育健身场地维修改造全面完成，第八届小学生阳光体育运动会成功举行。以全国文明城市创建标准为纲，突出重点，狠抓薄弱，全面增强城市综合管理服务能力，营造文明和谐的城市秩序。街道上下齐心协力投身文明创建，解决城市重要节点的顽疾，推动创建工作初见成效，128 项重点创建项目完成，顺利通过省文明办组织的创建工作年度测评。便民服务提高效能，街道便民服务中心全年办理各类事项 9 万项，被评为无锡市群众满意镇街便民服务中心，“12345”公共服务中心热线受理督办市民诉求 3792 件，群众满意率 100%。养老服务拓展阵地，革新、澄南、花园、天鹤 4 个社区日间照料中心建成投运，老年人助餐、家政保洁、助浴、理发、配备生活辅助器具“五大援助”服务项目深入实施。社会保障更加完善，全年城镇居民和农村居民人均可支配收入分别为 5.1 万元和 3.7 万元，比 2014 年增长 8.1% 和 11.84%。以创业带动就业、政策扶持就业、服务保障就业，全年完成职业技能培训 1493 人，实现本地劳动力就业 4300 人。全年新增城保扩面 5502 人，发放镇办企业退休金 1460 万元、各类困难补助 1224 万元。完善社区综合服务平台建设，澄江路、先锋、浮桥、贯庄 4 个社区配套服务用房验收交接，革新社区市民服务中心建成投运。促进社区减负增能，创建评比、机构挂牌、台账清理等工作实施到位。深化网格化服务，全年社区工作者走访居民家庭 5.3 万户，解决各类群众诉求事项 5500 余件。依托澄江公益坊、公益网，更大力度培育社会组织，全年新增各类社会组织 35 个，开展各类公益活动 3500 余场，受益人群 3 万余人。进一步规范集体资产管理运行，稳妥推进黄田港、秦泾、绿园等“空壳村”的资产量化，组织开展村级“三资”*管理专项检查。成立街道农村产权交易中心，搭建公开透明产权交易平台。积极构建“大信访”格局，全年受理群众来访 492 批 7852 人次，调解基层各类矛盾纠纷 1261 件，化解信访积案 7 件。加强老小区防控体系建设，五云家园等 8 个小区技防改造全面完成。严格落实安全生产“党政同责、一岗双责”，社会大局保持和谐稳定。

## 2015 年澄江街道主要经济社会指标一览

表 66

| 指标 | 单位 | 数量 | 比 2014 年增减(%) | 指标 | 单位 | 数量 | 比 2014 年增减(%) |
|---|---|---|---|---|---|---|---|
| 地区生产总值 | 亿元 | 413.07 | 7.50 | 到位注册外资 | 万美元 | 3000 | 42.38 |
| 人均地区生产总值 | 万元 | 15.51 | 4.70 | 工业企业 | 个 | 411 | -10.80 |
| 财政收入 | 亿元 | 28.80 | 11.80 | 服务业增加值 | 亿元 | 280.31 | 6.90 |
| 第二、第三产业增加值占地区生产总值比重 | % | 99.82 | 0.01(百分点) | 限额以上批发零售业销售总额 | 亿元 | 475.57 | -6.25 |
| 农业总产值 | 亿元 | 1.94 | 1.80 | 限额以上批发零售业零售额 | 亿元 | 151.03 | 2.72 |
| 粮食总产量 | 万公斤 | 143 | -5.30 | 小学校 | 所 | 15 | 7.14 |
| 工业总产值 | 亿元 | 334.97 | 0.06 | 小学校在校学生数 | 人 | 22745 | 2.10 |
| 其中:规模以上工业总产值 | 亿元 | 313.75 | 0.36 | 数字电视入户率 | % | 99 | 0(百分点) |
| 工业利税总额 | 亿元 | 42.84 | -10.30 | 农村居民人均可支配收入 | 元 | 37064 | 11.84 |
| 其中:规模以上工业利税总额 | 亿元 | 38.09 | -18.10 | 社保参保率 | % | 97.10 | 1.32(百分点) |
| 工业用电量(规模以上) | 亿千瓦时 | 4.91 | -10.73 | 劳动合同签订率 | % | 95 | 0.60(百分点) |
| 全社会固定资产投资 | 亿元 | 139.50 | 19.04 | 月薪制实施率 | % | 93.50 | 0.32(百分点) |
| 其中:工业投资 | 亿元 | 1.75 | -26.89 | 新型农村合作医疗参保率 | % | 100 | 0(百分点) |
| 服务业投资 | 亿元 | 137.75 | 20 | | | | |

说明:澄江街道辖区内中学均为市属学校,故只统计小学学校数、小学在校学生数

## 2015 年澄江街道开票销售收入前 10 名企业一览

表 67

| 名次 | 企业名称 | 销售收入(亿元) | 法人代表 | 名次 | 企业名称 | 销售收入(亿元) | 法人代表 |
|---|---|---|---|---|---|---|---|
| 1 | 江阴澄星实业集团有限公司 | 253.85 | 李　兴 | 6 | 江苏富仁集团有限公司 | 17.01 | 袁仁伟 |
| 2 | 江阴市贯庄金属材料市场有限公司 | 176.46 | 王国安 | 7 | 江阴市全顺汽车有限公司 | 15.06 | 胡鹏飞 |
| 3 | 江苏红柳床单有限公司 | 28.64 | 黄建均 | 8 | 江阴华地百货有限公司 | 14.79 | 宋　涛 |
| 4 | 江苏扬子江船业集团公司 | 27.97 | 任元林 | 9 | 江苏大众医药集团 | 9.90 | 刘柏生 |
| 5 | 江阴天力燃气有限公司 | 17.94 | 张伟志 | 10 | 江阴宝柏包装有限公司 | 9.29 | 刘志恺 |

## 2015 年澄江街道各村(社区)基本情况一览

表 68

| 村(社区)名称 | 户数(户) | 人口(人) | 村(社区)党支部(党总支、党委)书记 | 村(社区)主任 | 村开票销售收入(亿元) | 人均可支配收入(元) |
|---|---|---|---|---|---|---|
| 绮山村 | 1035 | 2812 | 王明章 | 黄全洪 | 2.37 | 36687 |
| 花北村 | 780 | 2338 | 张士强 | 徐国强 | 1.44 | 34278 |
| 皮弄村 | 1050 | 4075 | 徐　刚 | — | 3.42 | 38150 |
| 谢园村 | 430 | 2200 | 张　敏 | 徐苏英 | 2.11 | 36145 |
| 谢北村 | 856 | 2895 | 顾德松 | 陆惠军 | 2.30 | 38000 |
| 斜泾村 | 600 | 2898 | 夏惠文 | 夏惠文 | 4.09 | 40573 |
| 工农村 | 692 | 2365 | 王丹锋 | 邢　伟 | 0.16 | 39322 |

续表68

| 村(社区)名称 | 户数(户) | 人口(人) | 村(社区)党支部(党总支、党委)书记 | 村(社区)主任 | 村开票销售收入(亿元) | 人均可支配收入(元) |
|---|---|---|---|---|---|---|
| 红光村 | 810 | 3280 | 沈建明 | 沈建明 | 0.66 | 34565 |
| 通运村 | 746 | 2265 | 林　毅 | 黄华良 | 3.08 | 41420 |
| 璜塘上村 | 798 | 3102 | 杜叶清 | 沈　洪 | 3.47 | 38056 |
| 葫桥村 | 879 | 3079 | 李君成 | 蒋建秋 | 1.57 | 26326 |
| 黄田港村 | 601 | 2260 | 金满兴 | — | — | — |
| 蒲桥社区(含蒲桥村) | 5947 | 17800 | 陆惠明 | 陈亚娟 | 2.20 | — |
| 立新社区(含立新村) | 7240 | 19400 | 徐毛法 | 沈　刚 | 0.54 | — |
| 大桥社区(含要塞村) | 3506 | 12085 | 丁士福 | 马荷华 | 4.81 | — |
| 澄南社区(含澄南村) | 7150 | 20020 | 徐中兴 | 孙维君 | 2.11 | — |
| 先锋社区(含先锋村) | 7811 | 23430 | 高建平 | 顾建刚 | 2.20 | — |
| 革新社区(含革新村) | 4267 | 13350 | 黄惠兴 | 冯洪清 | 1.52 | — |
| 贯庄社区(含贯庄村) | 4611 | 16120 | 徐建卫 | 徐　伟 | 5.26 | — |
| 文富社区(含文富村) | 6337 | 16743 | 黄和洪 | 胡兴发 | 16.79 | — |
| 新华社区(含新华村) | 5660 | 18327 | 刘建钢 | 徐国耀 | 2.91 | — |
| 浮桥社区(含浮桥村) | 7168 | 17032 | 蒋星卫 | 夏建忠 | 1.81 | — |
| 梅园社区(含梅园村) | 2764 | 6204 | 彭正平 | 凌荣亚 | — | — |
| 黄山社区(含黄山村) | 6180 | 21773 | 孙兴焕 | 盛达生 | 9.43 | — |
| 江锋社区(含江锋村) | 7172 | 20000 | 许　钢 | 任纪顺 | — | — |
| 普惠社区(含普惠村) | 3600 | 11000 | 王俊华 | 王俊华 | 0.97 | — |
| 夏东社区(含夏东村) | 8000 | 24000 | 夏建锋 | 夏建锋 | 0.81 | — |
| 城中社区 | 6287 | 20425 | 范春燕 | 黄晓峰 | — | — |
| 环城东路社区 | 5135 | 12876 | 吕桂芬 | 眭菊萍 | — | — |
| 文定社区 | 7027 | 20300 | 张　静 | 承　育 | — | — |
| 芙蓉社区 | 5068 | 12681 | 施菊英 | 杜海华 | — | — |
| 塔南社区 | 5050 | 15401 | 夏　菁 | 卞荷娟 | — | — |
| 西大街社区 | 2518 | 6913 | 李联峰 | 杜慧菁 | — | — |
| 君山社区 | 4800 | 14300 | 王利民 | 陈玉琴 | — | — |
| 北大街社区 | 3208 | 11057 | 吴　敏 | 季波娜 | — | — |
| 澄康路社区 | 6912 | 19883 | 周怡科 | 浦　嵘 | — | — |
| 澄江路社区 | 6131 | 20300 | 吴　海 | 徐丽君 | — | — |
| 花园社区 | 6705 | 21018 | 蒋建娣 | 吴胜男 | — | — |
| 天鹤社区 | 5192 | 15580 | 赵丽君 | 吴　钢 | — | — |
| 普惠苑社区 | 5140 | 14718 | 蔡国明 | 蔡国明 | — | — |

说明:黄田港村及各社区无开票收入,故无数据,村居合一社区仅有村经济数据

【街道司法所获评全国模范司法所】澄江街道司法所是江阴市最大的基层司法所。自2011年以来，该所以“小事不出村、大事不出镇、纠纷不激化、矛盾不上交”为工作目标，立足自身实际，创新工作方法，发挥司法所在“法治街道”创建活动中的示范引领作用。“六五”普法期间，该所先后分片分区建成法治文化示范点4个，建成江苏省和无锡市法治文化示范点3个，搭建微博、微信、微电影、社区“法律大讲堂”等新型普法宣传平台5个，创新设立《澄江法律服务》刊物，打通百姓和政府沟通的“最后一公里”。同时，该所按照“大调解”机制要求，建立有28个相关部门、单位协同运作的社会矛盾纠纷调处服务中心，成立人民调解委员会41个，创新“公调对接”模式，聘请10名专职调解员在辖区派出所设立调解室，对接警后所发生的民事纠纷进行调解，把矛盾纠纷化解在初始状态，确保社会和谐稳定。2015年12月，该所被评为全国模范司法所，成为全省7个获此殊荣的基层单位之一。

【拆迁安置】 2015年，澄江街道以全国文明城市创建为引领，主动担当、克难攻坚，有序开展拆迁安置。全年完成拆迁面积68.8万平方米，其中涉及民房1001户、企业25个。黄山小区、夏东路南延伸段2项结转项目全部收尾。工农村戚家村、王家场、通运小庄上3项新开项目全部结束。长江饭店周边、法尔胜泓昇苑北侧、夏东污水处理厂、应天河风光带4项项目收尾。江阴澄高包装材料有限公司成功爆破拆除。完成革新村周家场、澄南花苑等26项项目2877套的安置分房工作，安置面积32.8万平方米，1589户被拆迁过渡户搬入新居。

【老城区改造】 2015年，澄江街道以老小区改造、城中村改造、棚户区改造和拆除违章建筑“三改一拆”为抓手，努力改善宜居环境。城中村改造取得新进展，黄山村委地块主体工程通过验收，江阴市工具厂地块主体大楼基本封顶，刘家村地块项目工程加快建设，葫桥徐家埭等10个城中村环境综合整治全面完成。至8月底，完成五星花苑、文富一区、普惠苑一区、五云家园、花园一村、北干宿舍等15个老小区的综合改造，对名时巷等15个区块背街小巷实施改造，改造面积78万平方米，改造内容包括整修路面、外立面出新，停车位改造等，投入改造资金6000万元。通过实施改造，小区面貌得到有效改观。

【物业管理】 2015年，澄江街道建立完善联动机制，物业管理标准化建设逐步推开，规范开放式小区物业管理，文定、天鹤等8个社区小区保洁服务招标托管。引导规范业主委员会参与小区民主管理，完成水岸新都等33个小区业主委员会成立、换届工作。深化物业纠纷矛盾化解机制，全年稳妥处置各类物业投诉纠纷案件1345件。开展物业管理综合行动，重拳整治违章搭建等小区乱象，拆除违建面积2.08万平方米。 （钱 莎）

# 城东街道

【概况】 城东街道是中国著名作家、出版家、教育家胡山源的故乡，位于江阴市主城区东部，东临张家港市，东南毗邻周庄镇、云亭街道，西连澄江街道，北枕长江。街道前身为新城东办事处（原山观镇和长山办事处撤并），于2009年12月18日成立。2012年3月，江阴高新区和城东街道实施一体化管理。区域面积53平方千米，下辖6个行政村、12个社区居委会。2015年年末，辖区总人口154868人，有户籍人口73074人，其中男性36485人、女性36589人；有少数民族16个342人。有外来暂住人口81794人，其中男性48912人、女性32882人。

*政治建设* 党工委紧紧围绕江阴高新区决策部署，牢牢把握“服务发展、服务民生”两大中心工作，顺利完成年初确定的各项任务，为高新区转型发展提供坚强组织保障。年内，街道继续优化整合村居结构，新建寿山、蟠龙、山源3个社区党总支部。成立街道物业、集体资产和殡葬服务3个管理中心。撤销基层党支部10个，实施全程纪实提拔干部7人，调整29人。新发展党员29人，按期转正预备党员51人。实施优秀年轻干部“墩苗”锻炼计划，接收市级机关和高新区机关下派挂职干部5人，街道上挂市级机关见习副主任科员1人，挂任见习村党总支部副书记1人、街道机关见习中层副职3人。组织各类培训班8期，提升村（社区）主要领导、机关中层干部以及非公企业党组织负责人的综合能力。街道党工委被评为江阴市“五先五好”*服务型党组织。长山社区建立“1+7”项目化党建模式，即以社区党建为龙头，确定“帮困解难、改善民生”之关注社区民生项目、“幸福和‘你’一起”之关怀社区妇女项目、“手拉手、一起向前走”之关爱社区青少年项目、“携手同行、互助同乐”之关爱社区弱势群体项目、“运动成就健康”之全民健身项目、“安全人人抓、幸福千万家”之关注社区安全项目、“情浓社区、味满人生”厨艺秀送温暖项目。石牌社区打造“三代二室一中心”服务品牌，“三代”为主动下访征民意，担当社区居民诉求的代言人；主动上门办民事，担当社区居民事务的代办人；主动服务解民忧，担当社区居民利益的代理。“二室”为党组织书记工作室和党代表工作室。“一中心”为党群服务中心。该两项服务品牌被市委组织部确定为重点宣传内容。石牌社区服务型党组织建设亮点被刊登在江苏《党的生活》杂志上。深入贯彻全面从严治党各项要求，认真开展“三严三实”*专题教育，不断巩固深化党的群众路线教育实践活动成果。全面落实党风廉政建设“两个责任”*，制定党工委领导班子主体责任清单22项、班子成员责任清单10项、纪工委监督责任清单20项。

*社会建设* 坚持以人为本、民生优先，统筹各项社会事业建设，扎实办好各项民生实事，全力推动群众生活持续改善，幸福指数不断提高。年内，街道推进第二实验小学、山观第二中学教学楼改建工程和长山中心幼儿园扩建工程。进一步规范幼儿看护点和无证幼儿园管理，限期整改看护点6个。开展“最美家庭”评选，表彰“最美家庭”58户。

建成石牌、杨市等社区文化活动室6个。山观医院中医疮疡专科和宣卷两项非遗项目被列入无锡市非物质文化遗产。开展食品卫生安全监督专项检查4次,检查小作坊、卤菜店150余个。进一步规范农贸市场、主次干道、小区内外管理秩序,顺利通过国家卫生城市复审暗访检查。对就餐人数100人以上的农村家庭自办宴席实行申报备案制度,累计备案登记105个。人口计生服务持续优化,流动人口管理服务率95.5%。完成8个社区健身点的整修,3所中小学体育设施向社会开放。完成街道养老服务中心公办民营试点改革,杨市社区居家养老中心实行社会化运作。居民养老保险续保率96%,新农合参保30315人、参保率98.8%。免费健康体检并建立电子档案25268人,免费体检65周岁以上老年人及高血压、糖尿病患者14130人。积极推行"政社互动",清理社区创建项目20项、台账资料35项、组织机构和挂牌30项。不断探索"一区一品"品牌建设,完善社区数字文化服务平台。全年街道举办大型招聘会4场,提供就业岗位5720个,解决本地劳动力1960人,扶持自主创业140人。困难家庭大中专毕业生就业率100%。组织各类技能培训20期、培训各类技能人才1477人。新增城保扩面4789人,公积金扩面1520人。完成企业劳动用工书面审查440个,签订工资专项集体合同301份,企业劳动合同签订率100%。完成"慈善一日捐"43.3万元,慈善冠名基金300万元,发放慈善、低保、残疾人、困难家庭学生等各类补助910万元。有序推进山源村、香山村、寿山村8个村民小组756人的"即征即保"工作,成功做好朝阳村第9小组143人的撤组工作。调整物业考核细则,加大物业管理考核力度。滨江、锦隆、金山3个社区成功创建江苏省和谐社区。深入推进社会稳定风险评估,完成南苑菜场等重点项目稳定风险评估5项。在12个社区全部成立司法行政服务站,全年接待法律咨询200人次,成立街道婚姻家庭纠纷人民调解委员会。进一步健全社区网格化管理模式,完善矛盾纠纷网格化排查机制,科学合理划分网格97个,配备信息员682人,实现人员、经费全部到位。办理"12345"公共服务中心热线1355件,按时办结率100%,群众满意率超98%,接待群众来访109批203人,办理上级转办信访件36件。护林防火、秸秆禁烧工作成效显著,"河长制"工作强力推进。强化安全隐患排查和应急处置,全年街道没有发生一件重大安全事故。

**2015年城东街道各村(社区)基本情况一览**

表69

| 村(社区)名称 | 户数(户) | 人口(人) | 村(社区)党支部(党总支、党委)书记 | 村(社区)主任 | 人均可支配收入(元) |
|---|---|---|---|---|---|
| 金童村 | — | — | 金建清 | 金建清 | 30015 |
| 许姚村 | 186 | 795 | 蒋国忠 | 蒋国忠 | 24370 |
| 团结村 | — | — | 王士忠 | 王士忠 | 23430 |
| 心经村 | — | — | 秦国民 | 秦国兴 | 23680 |
| 朝阳村 | — | — | 吴建国 | 李惠兴 | 23350 |
| 洪流村 | — | — | 葛建华 | 任德明 | 25135 |
| 山观社区 | 4697 | 12725 | 刘　学 | 刘　学 | — |
| 金山社区 | 4868 | 13559 | 刘奇云 | 刘奇云 | — |
| 双牌社区 | 3526 | 10580 | 梅国荣 | 梅国荣 | — |
| 锦隆社区 | 1173 | 3875 | 郭建龙 | 郭建龙 | — |
| 杨市社区 | 3340 | 8216 | 何永良 | 何永良 | — |
| 滨江社区 | 2766 | 6883 | 何成伟 | 何成伟 | — |
| 长山社区 | 3220 | 6100 | 沈民富 | — | — |
| 石牌社区 | 3318 | 9956 | 黄炜冬 | — | — |
| 金童社区 | 1844 | 6850 | 钱建校 | — | — |
| 寿山社区 | 2273 | 7274 | 黄　华 | — | — |
| 山源社区 | 2268 | 6800 | 顾耀平 | — | — |
| 蟠龙社区 | 905 | 3120 | 胡铭兴 | — | — |

说明:村人口与社区人口为交叉统计

**【安置拆迁实现“零过渡”】** 2015年，街道围绕华泰汽车工业项目等重点地块拆迁，全年签约农户380户、拆除550户，签约企业（小作坊）10个、拆除15个，拆除面积超25万平方米，完成市政府下达年度任务的170%。全年集中分房17批次，分房3000户、5800套，货币安置377户，被拆迁户当年拆迁、当年安置，实现“拆迁地块零障碍、安置分配零过渡”的目标。

**【街道环境综合整治】** 2015年，街道结合全市文明城市创建活动，大力推进城乡环境综合整治三年行动计划，从街道实际出发，确立文明创建工作从眼前的事情做起、从好做的事情做起、从群众关注的热点做起，创建工作与条线工作和维护社会稳定相结合的原则，投入资金4000余万元，完成各主干道路、村（社区）和重点地段集中整治，新增小区停车位2700个，13个老小区的天然气改造工程全部完成，双牌社区绿地及河道工程通过竣工验收，土地山墓区景观工程投入使用，金山、寿山、蟠龙等6个社区服务中心改造工程有序推进。根据市统一部署，稳步推进废旧回收行业专项整治，对辖区内136个废旧回收点摸清底细、登记造册。

**【街道食品安全监管网络建立】** 2015年，街道建立食品安全监管网络，与各村（社区）签订食品卫生目标责任书，全面加强食品卫生安全监督，全年开展专项检查4次，检查小作坊、卤菜店150余个。对就餐人数100人以上的农村家庭自办宴席实行申报备案制度，累计备案登记105个。进一步规范农贸市场、主次干道、小区内外管理秩序，顺利通过国家卫生城市复审暗访检查。

（缪海龙）

## 南闸街道

**【概况】** 南闸，因闸得名。宋代天禧年间建黄田闸和蔡泾闸，黄田闸位于江阴以北，又称北闸，蔡泾闸位于黄田闸之南，明代万历年间，改称南闸。南闸街道地处江阴市南郊，东接云亭街道，东南与徐霞客镇相连，南与月城镇隔河相望，西邻常州市天宁区郑陆镇，西北与临港街道接壤，东北紧挨中心城区澄江街道。辖区面积45平方千米，耕地面积1493公顷，集镇建成区面积4.5平方千米，下辖11个村（其中2个村居合一）。2015年年末，有户籍人口48245人，其中男性24469人、女性23776人；有少数民族17个183人。有外来暂住人口21429人，其中男性12367人、女性9062人。

政治建设　突出抓好理论武装、基层党建和廉政建设三大关键，不断提高党的建设科学化水平。以学习型党组织建设为抓手，进一步健全党工委中心组、机关干部、党员干部学习交流等制度。制定南闸街道2015年度党工委中心组学习计划，把《中国共产党纪律处分条例》等内容列为学习重点。党工委中心组坚持每月至少一次学习的同时，利用周末时间2周一次全面学习习近平总书记系列重要讲话精神。创新开展机关干部学习交流制度，每季度6名机关中层干部上台交流所思所想所感，引导机关学习氛围。深化蹲村干部到村指导、督促学习制度，以学习制度的刚性执行保障理论学习落到实处。从严落实党建责任，着力推动基层党组织建设规范化，获评2015年度无锡市先进基层党组织。加强非公企业党建工作，全面启动南闸医院与远能电力“雁阵计划”，进一步夯实党建工作基础。加强干部选拔任用，规范干部选拔任用工作行为，年内3名优秀大学生村干部到街道见习中层岗位，1名年轻干部到市科技局挂职，1名年轻干部到社区锻炼。选优配强基层党组织书记，新提拔1名村党总支书记、1名村党总支副书记，11名村书记全部完成述职评议。加强干部队伍建设，先后组织非公企业党组织负责人培训班和公务员基本能力提升主题培训班，进一步提升干部队伍的能力素养。严格落实监督责任，加强监督检查，从严查处违纪违法案件，努力营造风清气正的政治环境。加强反腐倡廉教育，通过参观警示教育基地、观看警示教育片、书记廉政谈话、法制宣讲、廉政短信等形式开展廉政教育，从源头上杜绝腐败。坚持严密制度建设，制定街道集体资产管理办法，并对街道2013年出台的村级财务管理规定进行制度廉评。严格执纪问责，全年受理信访案件11件，下发整改建议书1份，处理违纪党员6人。以提高吸引力、凝聚力、战斗力和扩大有效覆盖面为目标，不断创新基层群团组织设置和成员发展方式，做到立体化、多层面扩大组织覆盖。全年组建独立工会25个，组建工会小组27个，新增会员927

2015年7月8日，南闸街道举行“文明南闸、以文化人”主题活动。图为大合唱

（南闸街道党政办提供）

人,组织农民工入会2100多人,新建"两新"*团组织12个,规范非公企业团组织5个,新建妇女组织2个,新建企业科学技术协会1个。进一步选好配强群团领导班子,顺利完成南闸街道商会、文联换届。选树最美青工、最美志愿者、最美女性、最美青年等各类先进典型107人,进一步充分发挥榜样示范效应,切实提高群团队伍整体素质。通过整合资源、盘活阵地、完善设施等途径,不断推进群团工作的有形化建设。江南公益书屋和爱在南花园志愿服务站在如意滩成立,有效调动民间力量的积极性,使阵地长期有序运行。观山职工之家、青少年之家、妇女儿童之家正加快推进,远能职工书屋获评省级职工书屋示范点,泾西公寓"希望来吧"项目获评无锡市级"希望来吧",唯美L&D陶瓷馆获评无锡市科普教育基地。

经济建设　全年完成地区生产总值62.16亿元,比2014年增长7.1%;完成工商业开票销售收入169.49亿元,其中工业开票销售收入89.92亿元,商业开票销售收入79.56亿元;完成公共财政预算收入3.33亿元,比2014年增长12.55%;完成工业总产值106亿元,比2014年增长0.95%,其中规模以上工业总产值90.5亿元,比2014年增长0.6%;完成全社会固定资产投资8.97亿元,其中工业投资6亿元,比2014年增长19.5%,服务业投资2.11亿元;完成限额以上批发零售业零售额3.37亿元,比2014年增长14.3%。完成外贸进出口5399万美元,比2014年增长26.03%。加快农业结构调整发展现代、高效、生态农业,高效农业面积1234.33公顷,其中蔬菜565公顷,林果苗木497.93公顷,水产171.4公顷;各类专业大户807户。全面完成南农蔬菜配送中心二期建设,食用菌产业园二期制菌项目建设;玫瑰园项目建设有序推进,现代农业发展逐步提档升级。全年完成工业开票销售收入89.92亿元,其中规模以上工业企业实现工业开票销售收入70亿元。创新正逐渐成为新的增长动力源。全年高新技术产业产值31.5亿元,占比34.7%,新增省级高新技术企业1个,有6种新产品列入省重点高新技术产品。全年申报省市科技科协项目20多项,获上级奖励补助1220万元。赛英电子成功申请江苏省科技成果转化专项资金项目,获省科技厅项目资金1000万元。联通纪元、新光镭射"新三板"成功挂牌。现代服务业更注重品牌打造,依托现有房地产基础,以金三角家居市场为龙头,集聚人气,拉长城市消费短腿,提升现代服务业发展水平。通过举办春秋两季家装博览会、"美丽家居装修大讲坛"等形式,营造良好的金三角家居市场投资创业、休闲消费环境,吸引无锡、常熟、靖江、宜兴等周边区域的人群前来消费购物,大大提升知名度、影响力。市场整体招租率95%,有商户500多户,国内一线品牌120个,国际品牌5个。

社会建设　教育工作进步明显,南闸实验学校中考成绩取得明显提高,普高以上进线率接近50%,被无锡市教育局确定为新优质学校;南闸中心小学成为江阴唯一一个被教育部和国家体育总局评为全国学校体育工作示范学校。以"文明南闸、志愿先行""文明南闸、以文化人""文明南闸、法治引领"三大主题活动为统领,开展"文明大讲堂"、"家庭道德讲堂"、青年文明婚礼、志愿者表彰、学雷锋志愿服务活动、"周末电影免费看"、科技周活动、核心价值观合唱比赛等活动,助力文明城市创建。强化文化惠民,组织举办各类文化活动100余场次。加强未成年人思想道德建设,通过"两江画院杯"少儿书画比赛,少儿故事演讲比赛,"我的中国梦","文明南闸、七彩夏日"夏令营等活动,促进未成年人道德体验和礼仪养成。扎实做好史志工作,成立街道志办,着手编写《南闸街道志》。社区卫生服务推行一体化管理,服务能力明显增强。南闸医院全科医生分片包干,有效提升社区医疗服务质量。全面开展健身点规范整治工作,67个健身点完成整治。计生服务更加周全。认真受理群众再生育一孩申请,开展春季秋季孕环情监测,育龄妇女受检率98%。全面推进文明城市创建工作,突出社会主义核心价值观宣传主线,处处弘扬向上向善的社会正能量。突出机制创新。制定并下发2015年创建重点工作,强化"ABC"分类管理,增进工作效率和针对性。全年提供就业岗位2100个,本地大学毕业生就业率97.4%以上。解决本地劳动力就业1523人,推荐就业62人。扶持自主创业101人,其中"一对一"帮扶创业人数11人。完成创业培训43人,技能培训鉴定712人,高技能人才培训89人。全年城保净增人数388人;办理灵活就业参保手续527人;全年认定就业困难人员332人,办理社保补贴445人。新增农民基本养老保险发放对象287人。全年走访慰问困难群众454批次,发放金额51万元。农村土地确权登记颁证工作有序推进,各村土地流转合作社管理更加完善。切实完善人防技防措施,实施大巡防机制,开展24小时不间断巡逻;辖区内主要道口等要害部位全部实现实时电子监控,全年新装监控探头130只。村(社区)网格化服务管理工作全面铺开;学校、网吧、校园等公共场所安保措施有效加强,流动人口管理更加规范,平安南闸建设不断深入。运用法治思维和法治方式化解矛盾、维护稳定。在11个村(社区)建立村司法行政服务站,全年受理各类矛盾纠纷125件,调处率100%,成功率100%。接待信访上访人员46批次,连续8年无信访积案。

## 2015年南闸街道主要经济社会指标一览

表70

| 指标 | 单位 | 数量 | 比2014年增减(%) | 指标 | 单位 | 数量 | 比2014年增减(%) |
|---|---|---|---|---|---|---|---|
| 地区生产总值 | 亿元 | 62.16 | 7.10 | 到位注册外资 | 万美元 | 20 | -92.03 |
| 人均地区生产总值 | 万元 | 12.88 | 5.50 | 工业企业 | 个 | 633 | 20.22 |
| 财政收入 | 亿元 | 5.77 | 10.35 | 服务业增加值 | 亿元 | 36.54 | 8.70 |
| 第二、第三产业增加值占地区生产总值比重 | % | 96.78 | -1.20(百分点) | 限额以上批发零售业销售总额 | 亿元 | 24.35 | 17.20 |
| 农业总产值 | 亿元 | 3.72 | 6.20 | 限额以上批发零售业零售额 | 亿元 | 3.37 | 14.30 |
| 粮食总产量 | 万公斤 | 583.80 | -28.70 | 中小学校 | 所 | 2 | 0 |
| 工业总产值 | 亿元 | 106 | 0.95 | 中小学校在校学生数 | 人 | 4455 | 4 |
| 其中:规模以上工业总产值 | 亿元 | 90.50 | 0.6 | 数字电视入户率 | % | 100 | 0(百分点) |
| 工业利税总额 | 亿元 | 7.49 | -1 | 农村居民人均可支配收入 | 元 | 32469 | 8 |
| 其中:规模以上工业利税总额 | 亿元 | 6.31 | 1.10 | 社保参保率 | % | 96 | -2(百分点) |
| 工业用电量 | 亿千瓦时 | 2.73 | -4.41 | 劳动合同签订率 | % | 98 | 0(百分点) |
| 全社会固定资产投资 | 亿元 | 8.97 | -34.78 | 月薪制实施率 | % | 95 | 0(百分点) |
| 其中:工业投资 | 亿元 | 6 | 19.50 | 新型农村合作医疗参保率 | % | 100 | 0(百分点) |
| 服务业投资 | 亿元 | 2.11 | -73.90 | | | | |

## 2015年南闸街道开票销售收入前10名企业一览

表71

| 名次 | 企业名称 | 销售收入(亿元) | 法人代表 | 名次 | 企业名称 | 销售收入(亿元) | 法人代表 |
|---|---|---|---|---|---|---|---|
| 1 | 江苏双宇电工材料有限公司 | 19.08 | 符明君 | 6 | 江阴市东泽铝业科技有限公司 | 1.76 | 孙宇东 |
| 2 | 江阴联通实业有限公司 | 4.70 | 六以方 | 7 | 江阴宇杰制衣有限公司 | 1.70 | 缪　鹏 |
| 3 | 江阴南工锻造有限公司 | 4.62 | 高　欣 | 8 | 江苏日新印染机械有限公司 | 1.52 | 姜东日 |
| 4 | 江阴市三鑫精密钢管有限公司 | 3.34 | 王佩芬 | 9 | 江阴市圣曼不锈钢线棒品有限公司 | 1.51 | 刘广锐 |
| 5 | 江阴德耐特重工科技有限公司 | 2.99 | 张晓钟 | 10 | 江阴市恒通电器有限公司 | 1.37 | 吴士全 |

## 2015年南闸街道各村(社区)基本情况一览

表72

| 村(社区)名称 | 户数(户) | 人口(人) | 村(社区)党支部(党总支、党委)书记 | 村(社区)主任 | 村(社区)开票销售收入(亿元) | 人均可支配收入(元) |
|---|---|---|---|---|---|---|
| 花果村 | 945 | 3452 | 邓耀官 | 谭兴成 | 0.12 | 25814 |
| 谢南村(紫金社区) | 2651 | 8394 | 谢兴福 | 张　微 | 5.83 | 28000 |
| 曙光村 | 1096 | 4030 | 金顺才 | 徐国刚 | 1.83 | 22000 |
| 涂镇村 | 881 | 3165 | 谢金华 | 袁达成 | 5.75 | 26850 |
| 南新村(南闸社区) | 262 | 827 | 花雷成 | 何　刚 | 0.66 | 24000 |
| 南闸村 | 1071 | 3681 | 任阿成 | 陆惠忠 | 1.21 | 25447 |

续表72

| 村(社区)名称 | 户数(户) | 人口(人) | 村(社区)党支部(党总支、党委)书记 | 村(社区)主任 | 村(社区)开票销售收入(亿元) | 人均可支配收入(元) |
|---|---|---|---|---|---|---|
| 蔡泾村 | 1841 | 6298 | 薛建忠 | 王　瑛 | 5.23 | 25142 |
| 观山村 | 914 | 3184 | 吴克平 | 袁娅华 | 53.05 | 29247 |
| 泗河村 | 1242 | 4310 | 金锡强 | 金锡强 | 0.42 | 25920 |
| 观西村 | 1512 | 5101 | 徐　锋 | 徐　锋 | 1.19 | 28021 |
| 龙运村 | 1745 | 5837 | 蒋中平 | 徐洪福 | 2.34 | 25090 |

**【南闸街道“新三板”挂牌实现零突破】** 2014年以来,南闸街道企业始终谋求利用资本市场做大做强,提升核心实力和综合竞争力。2015年7月14日,江苏新光镭射包装材料股份有限公司股票在全国中小企业股份转让系统(又称“新三板”)挂牌项目正式获得核准,8月10日正式挂牌,成为南闸街道首个挂牌“新三板”的企业。12月,联通纪元印务有限公司也在“新三板”正式挂牌。至2015年年末,街道拥有“新三板”挂牌企业2个,“新三板”后备企业4个。

**【市场监督管理局南闸分局成立】** 2015年3月27日,江阴市市场监督管理局南闸分局揭牌成立。南闸分局由工商、食品药监和技术监督所合并成立,履行并为建立覆盖食品生产、流通、消费各环节最严格的监管制度奠定基础。分局的成立进一步推动政府职能转变,理清部门职责界限、畅通部门运转机制,提高行政效率、提升服务管理水平。

**【拆迁安置】** 2015年,街道在秦望山产业园南闸村邵庄拆迁项目中,创新成立由被拆迁户组成的南闸村邵庄拆迁民主监督组,采用捆绑式拆迁,做到由村民联名申请拆迁,100%签字拆迁才启动;采用“约束式捆绑拆迁合同”,100%签约合同才生效;约定交钥匙时间,100%交钥匙才实施拆房作业的“三个100%”,强化群众的参与权、知情权和监督权,确保拆迁工作的“公正、公平、公开”。全年,街道签约农户132户、企业3个,拆除农户4户、企业3个,拆除面积7800平方米,腾出成片净地77531平方米,为市街两级重点项目落地建设提供土地保障;安置农户73户、70套,安置面积9635平方米,其中货币安置3户。

**【南闸中心小学获评全国示范学校】** 2014年以来,南闸街道注重学校体育工作,投入1000余万元新建中心小学体艺馆。南闸中心小学也对体育课程十分重视,注重学生的体质锻炼,学生体质测试成绩在全市连续多年保持领先;学校体育工作达到全国《中小学校体育工作评估指标体系》优秀标准,被确认为成效突出、富有特色的学校。2015年10月,该学校被评为第一批全国学校体育工作示范学校,无锡地区有5所学校获此荣誉,江阴市仅1所。

**【市民族团结促进会南闸分会成立】** 2015年7月2日,江阴市民族团结促进会南闸分会正式成立,并举行第一次会议,会议选举产生理事会成员和领导班子。该会是街道致力于民族团结进步事业的各界人士及各民族代表人士组成的社会团体,是加强和改进街道民族团结进步工作的助手,致力于支持外来少数民族共谋发展,帮助他们解决生活、经营中存在的现实困难,在少数民族群众就业培训、子女入学、权益保障、法律援助等方面给予积极引导和切实帮助。大会选举产生民促会南闸街道分会第一届理事会,选举邱波为会长,吴春明、张凤英为副会长,王莉勤为秘书长。　(蒋　峰)

## 云亭街道

**【概况】** 云亭街道位于江阴城区东南部,距城区中心6千米,是国家重点文物保护单位——佘城遗址所在地,东邻周庄镇,南临徐霞客镇,西与澄江街道接壤,北与城东街道毗连,长山大道、云顾公路贯穿南北,澄杨公路、江阴大道横亘东西,东南的毗山与西南的花山互为犄角,东北的定山与西北的绮山遥遥相望。区域面积40.17平方千米,耕地面积1107公顷,下辖7个行政村和4个社区居委会。2015年年末,有户籍人口46061人,其中男性22891人、女性23170人;有少数民族14个186人。有外来居住人口33363人,其中男性18749人、女性14614人。

政治建设　街道党工委中心组全年重点学习党的十八大,十八届三中、四中、五中全会和习近平总书记系列重要讲话精神及社会主义核心价值观,全年召开党工委全体(扩大)会议19次,班子集中学习12次,并形成专题课题调研报告。开展机关工作人员“每月一学”学习活动,多次举办村(社区)干部业务培训班、入党积极分子与新党员培训班以及公务员基本能力提升主题培训班,把学习型机关建设与机关作风效能建设有机结合。充分利用“云亭发展论坛”、远程教育网、电视党校等载体,开展各类讲座培训活动。落实“千名书记讲党课”活动,全年书记上党课40余次。开展两轮党员干部教育培训,党员参训率98%。强化基层党组织队伍建设,扎实推进强基工程,组织开展庆祝建党94周年系列活动,完成年度村(社区)书记党建述职考评,选优配强基层党组织领导班子,新配备社区书记3人,提拔机关干部4人,新成立社区党支部3个,提拔村(社区)干部5人,交流村(社区)干部6人。创新党建工作机制,围绕“服务党员、服务群众、服务发展”主题,开展创新载体、统筹推进、分类实施服务型党组织建设,畅通联系服务群众的"最后一公里"。形成街道"一园一企一村一社区"四大党建精品工程建设,积极参与市委组织部编写100个基层服务型党组织建设新案例活动,建设群众满意的服务型党组织。着力转变机关作风,下发《2015年街道党风廉政建设工作责任分解》,与街道各基层党组织、机关各部门签订160份党风廉政责任书;开展严禁公款大吃大喝、违规公务接待、公款送礼等5项专项治理行动,杜绝各种奢侈浪费行为。加强监管督查,深入推进党务公开、政务公开、财务公开;以推进党风廉政建设责任制考核管理平台为抓手,认真梳理"一岗双责"责任清单,从岗位职责、廉政职责、风险源头、防控措施、落实措施五个方面对"一岗双责"责任清单进行梳理,纪检部门随时跟踪督查,逐步构建街道、村(非公企业)二级互动、上下配合的基层纪检组织网络。严明党风纪律,按照中央、省、市关于反腐倡廉建设总体部署,贯彻落实党风廉政"两个责任"*,强化问题线索管理,坚持教育在先、预防为主的原则,把党员干部的思想教育放在首位。

经济建设　全年完成地区生产总值86.74亿元,比2014年增长10.9%;全社会固定资产投资40.76亿元,比2014年增长14.1%;财政收入6.96亿元,比2014年增长2.69%;限额以上批发零售业销售总额29.39亿元,比2014年增长47.9%,进出口总额45819万美元,比2014年增长2.4%。全年完成高新产业产值70亿元,全社会研发投入4.1亿元。新增技改扩能项目15项,总投资5.74亿元。全街道新上工业项目7项,总投资17.5亿元,其中柳工无锡路面机械有限公司摊铺机新产品制造及研发测试中心竣工,江苏吉鑫风能科技股份有限公司年产5万吨风机轮毂项目和江阴宏能科技股份公司项目年内投建。集镇商业综合体项目和商业养老中心年内进行洽谈。全年开票超亿元企业35个,比2014年增加2个。其中江苏吉鑫风能科技股份有限公司超20亿元,江苏宝利国际投资股份有限公司、无锡百川化工股份有限公司两个企业超10亿元,江阴绮星水泥股份有限公司、江阴康瑞不锈钢制品有限公司两个企业超5亿元,江阴浩业纺织有限公司、江阴海特服饰有限公司两个企业开票首次超亿元。全年入库税金超800万元的工业企业12个,其中江苏吉鑫风能科技股份有限公司、江苏宝利沥青股份有限公司、江苏和时利新材料股份有限公司、无锡百川化工股份有限公司、江阴市长龄机械制造有限公司等10个企业入库税金超1000万元。无锡绿力环保科技股份有限公司、江苏华溢物流有限公司成功挂牌"新三板"*。全年有主板上市企业3个,"新三板"挂牌企业4个,Q板挂牌企业3个;江苏和时利新材料股份有限公司完成材料申报,江阴市长龄机械制造有限公司、江阴市协力新能源设备材料有限公司、江阴康瑞不锈钢制品有限公司、江阴市科强工业胶带有限公司、江阴市云峰电器设备有限公司、江阴市南方新能源科技有限公司,江苏华伯食品发展有限公司企业进入上市后备企业资源库,街道上市梯队动态保持在10个以上。新进江阴屹立机械制造有限公司、江阴市佐恩精品衣物洗涤护理有限公司等企业7个。整合利用园区标准厂房和剩余土地,清除低能用地,淘汰落后产能,严把项目准入关。强化企业节能,保护生态环境。全年削减化学需氧量39.9吨,氨氮4.01吨。劝退铅塑板等重污染项目3项,淘汰燃煤锅炉9台,关停"未批先建"项目4项,关停无锡禾美农化科技有限公司、江阴市新联铸业有限公司铸造车间、江阴长龄工程机械有限公司3个"三高两低"企业*。关停阳光热电厂,减少二氧化硫排放197.7吨、烟尘排放94.5吨,对江阴新兴混凝土有限公司、江阴绮星水泥有限公司和辖区建筑工地进行集中整治,完成新建项目防污验收16项,改建企业预处理设施5套,重点企业清洁生产审核1个。推进"三农"*重点工作,大力发展现代高效农业,现代农业投入2700万元。水稻种植面积303公顷,占可耕地面积的27%。三麦种植面积228.53公顷,占可耕地面积的21%。新增水稻高速插秧机4台,联合收割机2台,机耕机插面积278.67公顷,占水稻种植面积的92%。改造电灌站7座,以家庭农场、现代农民合作社为重点,加快培育新型农业主体,不断增强农业物质装备和技术水平。农业养殖有所放缓,年产生猪25690头,存栏11127头。对沿河小型畜禽养殖场进行全面清理,关停35个,减少生猪存栏16000头。鱼塘面积40公顷,年产295吨。种植果蔬233.93公顷,花卉5公顷。进一步规范农村产权交易,设立公共资源交易中心和农村产权交易平台,出台《关于规范集体土地、房屋等集体资产使用的实施意见》《关于进一步规范街道、村集体经济组织产权交易的实施意见》,强化制度规范和执行。投资300万元,建设位于应天河边、"华诚悦府"北侧的滨河公园,面积6700平方米。服务业企业541个,服务业投入27.25亿元,比2014年增长19.5%,房地产开发企业12个。建成拆迁商品房"绿城东苑"一区561套,二区864套,"绿城馨苑"10.3万平方米拆迁商品房主体封顶。有外贸公司34个,开票销售收入16.88亿元。

社会建设　街道工会举办各类培训18期,5000人次,广泛开展科技创新活动,开展法律服务进企业活动,维护职工权益。街道团委完善《云亭街道各村(社区)团工作考核条例》,继续深化区域化团建,15个单位加入区域化团建;开展"走听转办"深化行动,大力运用"云亭青年"微博在线、团干部微信群等载体开展教育。云亭妇联开展妇女法律咨询活动,组织"巾帼志愿者"进村入户开展"巾帼绿色家园行动""文明礼仪宣讲""文明新风"教学示范展示,全年"巾帼志愿者"参与"文明创建"活动500余人次。圆满完成上级下达的新兵征集任务,三年中无一退兵,街道武装部被评为2014年全市征兵先进单位。民兵预备役全部得到落实,圆满通过无锡军分区电话抽查和现场点验。组织基干民兵和民兵预备役进行森林防火训练和铁路轮渡抢修训练。6名预备役士兵参加无锡市比武,荣获集体第一名。开展"活力云亭·文明先行”“铭记红色历史、传承革命精神”“民族魂·中国梦”“弘扬文明礼仪·锤炼高尚品行”“秉承优良之风·呵护美好家园”等未成年人主题活动,把未成年人的思想教育落到实处。探索人才队伍建设,全年用于科技人才工作奖励资金250余万元。利用街道科技工作者之家、成人教育学校等平台,组织各类科普和专业技术培训3000余人次。完成高新产业产值70亿元,全社会研发投入4.1亿元。江苏海特服饰有限公司、柳工无锡路面机械有限公司成功申报江苏省高新技术企业,完成省级高新产品13种、专利478件。申报无锡市科普示范家庭1个,佘城村申报无锡市科普示范村,街道被评为江阴市十佳知识产权示范街道和江苏省创新型乡镇试点单位。组织会员赴上海复旦大学开展“云亭街道企业转型发展高级研修班”培训,邀请复旦大学教授徐为民到街道,举办为期3天的“创新特训营”培训,街道商会被评为2014年度无锡先进商会组织集体。江苏宝利沥青股份有限公司、无锡百川化工股份有限公司博士后工作站成为江苏省博士生创新实践基地,江苏宝利沥青股份有限公司成功建立江阴院士工作站。街道联合渤海大学新增产学研合作项目15项。江苏吉鑫风能科技股份有限公司、江苏宝利沥青股份有限公司、柳工无锡路面机械有限公司3名专家入围江阴市“三创”(创新创业创意企业)人才奖。街道被评为市科技人才工作先进乡镇。积极策应江阴市委创建全国文明城市号召,围绕验收测评指标,持续开创各项创建工作,《云亭报》开设“文明创建”专版,全方位报道社会各界参与创建工作动态。编印云亭街道文明创建工作简报12期,开通“活力云亭”公众微信号,在长山大道、澄鹿路等主干道沿线及云台路、太平路、建设路等重要道路,学校、医院、农贸市场等人员密集区设置核心价值观,讲文明树新风等公益广告500余处,街道通过全国安全社区建设评审。建成云台路、云新路和环西路3个停车场,设立停车位254个。改造农用桥4座、厕所4座,改建垃圾房26只,新增环卫清扫车、垃圾收集车4辆,垃圾桶270只。治理“三乱”(乱涂写、乱张贴、乱刻画)“牛皮癣”10000余处,查处违法搭建61处,14360平方米,拆除31处,2507.6平方米。严格落实“河长制”,对应天河、白屈港、半夜浜进行不间断水质测试,启动沿河小养殖场搬迁工作。《云亭报》出刊12期,编写报送130余篇新闻稿件,被省、市多种媒体录用70余篇,超额完成江阴电视台、江阴电台、《无锡日报》、《江阴日报》录用任务。树立社会新风,大力倡导凡人善举,评选“道德模范”和“云亭好人”40人,开展2015年度“五好文明家庭”创建工作,全街道11846户参与评比,参评率99%,有11725户达标,有436户被评为“五好文明家庭”标兵户,推进志愿服务常态化发展,组织文联志愿者、教师义工服务队、红十字志愿服务队、法律志愿服务队等开展“小爱也温暖,社区阳光行动”“法律服务进企业”等志愿活动56次,参与人数2800余人次,无偿献血309人次。参与维护交通秩序,进行文明劝导15000余人次。组织开展送春联进社区、迎新春少儿书画比赛、第十届少儿故事演讲比赛和“沐浴书香·享受人生”诗歌朗诵大赛。举办“陪着蜗牛去散步”点点老师育儿讲座。云亭实验小学开设“心蕾家长学校”,云亭中学利用“青春家园”常年开设青春期心理教育课程。开展“流动儿童”关爱活动,扩大“希望工程”受益面,受益青少年80余人次,慰问困难青少年20多人次。构建现代公共文化服务体系,各村文化辅导站全部达标。图书馆藏书量3.5万册,每周免费开放60小时。投资2000万元新建5100平方米文化中心土建工程竣工。金彪原创诗歌《襄阳,一朵在水中开放的城》获全国文学大赛优秀奖。原创民族舞蹈《江潮》获市第二届“芙蓉花奖”舞台艺术类作品评选舞蹈类综合类二等奖,小锡剧《人心回归》《阿丑的故事》分获小戏小品类表演奖三等奖,邬士金书法作品获美术类作品评选美术类·书法一等奖。花山村、毗山村、云亭社区和新敔山社区举办暑期校外辅导站,培训人数200多人次。举办各类培训、讲座18期,培训各类人员5000余人次。规范工资集体协商,签订工资集体协商合同企业305个,其中100人以上的企业60个,签订率100%。全年提供就业岗位2500个,解决本地劳动就业600人,困难大学生就业率100%,新增城保参保2300人,发放被征地农民等各类保障金2463.73万元,慈善救助金229.5万元,老年人慰问金90余万元,救助困难群众2165人次,发放原社办企业退休职工工龄工资775.52万元,新农合基本医疗保障提高到人均740元。提倡全民健身,开辟健身路径77条,新增乒乓台15张,篮球场44片,总场地面积12435.2平方米,健身用地面积15639.2平方米,配备一级社会体育指导员7人,二级社会体育指导员15人,三级社会体育指导员98人,成功协办敔山湾半程马拉松赛和“吉鑫杯”足球赛。街道团委开展“微爱传递”圆梦行动,4名品学兼优家庭困难的应届高中毕业生分别获3000元~5000元圆梦助学金。街道青商会组织会员为湖北省恩施土家族苗族自治州芭蕉侗族乡朱砂溪小学捐赠20万元,江阴市恒亮纺织有限公司捐赠儿童棉裤3800余条,街道妇联全年慰问各类贫困妇女50余人,慰问困难儿童150余人,发放慰问金10.8万元。积极稳妥实施“单独二孩”政策,免费孕前优生健康检查279对,健康检查覆盖率91%,办结再生育证153张,独生子女证164张。街道便民服务中心受理各类业务24585件,按时办结率100%,“12345”公共服务中心热线受理773件,诉求人满意率99.6%。

## 2015年云亭街道主要经济社会指标一览

表73

| 指标 | 单位 | 数量 | 比2014年增减(%) | 指标 | 单位 | 数量 | 比2014年增减(%) |
|---|---|---|---|---|---|---|---|
| 地区生产总值 | 亿元 | 86.74 | 10.90 | 到位注册外资 | 万美元 | 8 | — |
| 人均地区生产总值 | 万元 | 18.86 | 7.02 | 工业企业 | 个 | 972 | 30.47 |
| 财政收入 | 亿元 | 6.96 | 2.69 | 服务业增加值 | 亿元 | 40.37 | 12.90 |
| 第二、第三产业增加值占地区生产总值比重 | % | 46.54 | 1.87(百分点) | 限额以上批发零售业销售总额 | 亿元 | 29.39 | 47.90 |
| 农业总产值 | 亿元 | 2.29 | 3.40 | 限额以上批发零售业零售额 | 亿元 | 4.16 | 21.10 |
| 粮食总产值 | 万公斤 | 349.80 | 2.50 | 中小学校 | 所 | 4 | 0 |
| 工业总产值 | 亿元 | 222 | 4.70 | 中小学校在校学生数 | 人 | 4460 | 1.40 |
| 其中:规模以上工业总产值 | 亿元 | 162.28 | 2.60 | 数字电视入户率 | % | 98 | 0(百分点) |
| 工业利税总额 | 亿元 | 19.51 | 12 | 农村居民人均可支配收入 | 元 | 33209 | 11 |
| 其中:规模以上工业利税总额 | 亿元 | 18.72 | 17.50 | 社保参保率 | % | 100 | 0(百分点) |
| 工业用电量 | 亿千瓦时 | 8.19 | 2.38 | 劳动合同签订率 | % | 100 | 1(百分点) |
| 全社会固定资产投资 | 亿元 | 40.76 | 14.10 | 月薪制实施率 | % | 100 | 0(百分点) |
| 其中:工业投资 | 亿元 | 13.51 | 6.30 | 新型农村合作医疗参保率 | % | 100 | 0(百分点) |
| 服务业投资 | 亿元 | 27.25 | 19.50 | | | | |

## 2015年云亭街道开票销售收入前10名企业一览

表74

| 名次 | 企业名称 | 销售收入(亿元) | 法人代表 | 名次 | 企业名称 | 销售收入(亿元) | 法人代表 |
|---|---|---|---|---|---|---|---|
| 1 | 江阴吉鑫风能科技股份有限公司 | 22.57 | 包士金 | 6 | 江阴康瑞不锈钢制品有限公司 | 5.02 | 朱卫 |
| 2 | 江苏华滋物流有限公司 | 14.66 | 黄平 | 7 | 江阴市科茂金属制品有限公司 | 4.36 | 陈传度 |
| 3 | 江苏宝利国际投资股份有限公司 | 13.66 | 周德洪 | 8 | 江阴祥瑞不锈钢精线有限公司 | 4.03 | 胡建祥 |
| 4 | 无锡百川化工股份有限公司 | 10.08 | 郑铁江 | 9 | 江阴市万祥铝业有限公司 | 3.85 | 高张度 |
| 5 | 江阴绮星水泥有限公司 | 5.08 | 刘德旗 | 10 | 江苏和时利新材料股份有限公司 | 3.82 | 瞿建华 |

## 2015年云亭街道各村(社区)基本情况一览

表75

| 村(社区)名称 | 户数(户) | 人口(人) | 村(社区)党支部(党总支、党委)书记 | 村(社区)主任 | 村(社区)开票销售收入(亿元) | 人均可支配收入(元) |
|---|---|---|---|---|---|---|
| 定山村 | 2040 | 7103 | 殷开誉 | 朱华忠 | 8.97 | 35481 |
| 云新村 | 1387 | 5760 | 曹经纬 | 陈强 | 4.93 | 35442 |
| 毗山村 | 2845 | 9850 | 薛卓强 | 杨忠裕 | 11.94 | 32412 |
| 云亭村 | 1545 | 5294 | 李金虎 | 江和平 | 15.19 | 35000 |
| 佘城村 | 1437 | 5241 | 钱江 | 谭金忠 | 5.51 | 30745 |
| 花山村 | 1438 | 5084 | 朱雪春 | 谭瑞刚 | 6.12 | 35156 |
| 敔山村 | 1500 | 4942 | 李强 | 金冬芬 | — | 32657 |
| 云亭社区 | 1243 | 4351 | 刘敏虎 | — | — | — |

续表 75

| 村(社区)名称 | 户数(户) | 人口(人) | 村(社区)党支部(党总支、党委)书记 | 村(社区)主任 | 村(社区)开票销售收入(亿元) | 人均可支配收入(元) |
|---|---|---|---|---|---|---|
| 云东社区 | 1080 | 3875 | 金冶娟(副) | — | — | — |
| 金云社区 | 3560 | 12450 | 卜晓东 | 李　芬(副) | — | — |
| 迎瑞社区 | 1580 | 5530 | 李　春 | — | — | — |

**【云亭街道通过全国安全社区建设评审】** 自2012年起,云亭街道开展全国安全社区创建工作。该街道把全国安全社区建设工作与经济社会发展同部署、同推进,坚持"资源整合、全面参与、持续改进"的理念,深入开展社区诊断、把脉、查找安全隐患,分析事故发生的原因,立足街道实际,确立9大项目组,分类实施29项安全促进项目,进行针对性干预,投资18943.9万余元,用于辖区公共安全设施的升级改造、生活环境的改善和项目促进工作。至2015年,总计印发安全社区宣传资料15000本,改造中心护栏、交通标志、交通信号设施650米,为1401户农村家庭安装漏报器,改造农用桥梁4座,建防火通道、隔离带29.7千米,山林护栏铁绿网18千米,为街道居民创建一个安全生产和生活的环境。2015年10月17日,街道通过全国安全社区建设评审。

**【10项项目落户云亭】** 云亭街道处于城郊接合部,融合策应对接城市发展,在经济转型、城镇建设、生态建设、民生保障等方面成效明显,营造了"山水绿城·活力云亭"独特的投资环境。2015年10月20日,街道组织日本中华总商会、日本中王科技有限公司总经理,中国江苏闽龙集团、常州福建商会会长,981健康科技集团董事长,五道口投资基金管理有限公司董事长等30多个中外企业家,在园区党员人才服务中心举行2015年百日招商暨经贸合作洽谈投资说明会。在会上总投资1.1亿元的再生物资物流中心、总投资2.25亿元的工程机械产品、总投资1亿元的钢铁电商交易中心、总投资1.5亿元的物流中心、总投资1.05亿元的高档电子产品包装材料、总投资1.8亿元的激光发生器制造、总投资3亿元的商业综合体、投资2亿元的PBT(聚对苯二甲酸丁二醇酯)纤维深加工、总投资2亿元的金丝楠木养生生物科技、总投资8500万元的环保机械10项项目落户云亭,预计总投资30亿元。

**【云亭实验小学东校区及幼儿园奠基】** 云亭实验小学是一所百年老校,虽经三度搬迁,仍不能满足学生入学的需求。2015年年初,街道党工委、办事处决定启动建设新校区。新校区位于云顾路东侧云东社区西侧,占地面积6.33公顷,规划建筑面积4.63万平方米,其中小学规划3.74万平方米,办学规模8轨48班;幼儿园规划0.89万平方米,办学规模5轨15班,总投资1.6亿元,计划2017年12月全面建成,投入使用。2015年12月28日,街道组织三套班子成员,机关各部门负责人,村(社区)书记、主任,条线负责人,实验小学师生代表,施工方工程技术人员和当地村民举行云亭实验小学东校区及配套幼儿园项目奠基仪式。

**【云亭被拆迁户安置】** 2015年6月8日、9日、10日,街道在便民服务中心举行绿城东苑二期抽签分房大会。这次抽签分房涉及毗山村、云新村、定山村的330多户被拆迁户,不少被拆迁户全家总动员来到抽签分房现场。由市公证处公证,被拆迁户首先按姓氏笔画分别上台抽取顺序号,再按顺序号分别抽取房号,并办理好登记手续。一个星期后,这些被拆迁户领到新房钥匙,结束在外三年的过渡期,圆了拆迁安居梦。该绿城东苑安居房是简欧式风格,按商品房的规范要求设计和建设,配有休闲广场,将健身娱乐等功能融为一体。社区服务中心实行物业化管理,设施配套齐全。小区做到净化、美化、绿化、硬化、亮化,绿化率30%以上,环境优美。小区实行小高层与高层结合,错落有致,阳光充足,并配有车库与车位,适应现代化生活的需要。

**【花山村举办书画展】** 2015年5月12日,花山村委会在中山公园妙高阁举办"花山山花朵朵红"书画展,该展览共展出花山村18位书画爱好者的近百幅书画作品,在为期15天的展览中吸引了数千名观众。这是花山村第三次进城举办书画展,充分展示花山村村民的书画实力。

**【《云亭地区抗战史料读本》印发】** 2015年,街道为纪念抗日战争胜利70周年,组织由街道文联和关工委部分人员,共同编写《云亭地区抗战史料读本》,全书分《民族魂》和《日寇暴行》两个章节,由悲壮的花山保卫战、定山阻击战以及血洗周家湾、花山惨案等11个故事组成,计1.5万余字。是年9月1日,街道中小学校开学第一天,每位学生都领到了这本读物,接受爱国主义和革命传统教育,各学校还组织开展阅读《云亭地区抗战史料读本》的征文活动。

(邬士金)

# 临港街道

**【概况】** 临港街道位于江阴市城区西部,东临主城区,西与璜土镇相连,南与南闸街道和常州市相邻,北枕长江。街道区域总面积143.41平方千米,其中长江水域面积18.84平方千米,下辖36个行政村(社区)和管理1个城市社区。2015年年末,辖区总人口209371人,有户籍人口129037人,其中男性64623人、女性64414人;有少数民族27个520人。有外来暂住人口80334人,其中男性48911人、女性31423人。

政治建设　党工委、办事处理顺街道各项职能,有序衔接上下各个条线,迅速到位实体化运作开展各项工作。围绕打造人居环境、现代农村、百姓幸福、社会和谐、基层党建“五大示范区”建设，抓创建，抓整治，抓民生，抓服务，抓治理，抓富民，抓党建，为临港开发区打造全市现代产业集聚区、改革创新示范区和最强劲的增长极提供坚强保障。针对不同的群体，分层设计学习形式，分类组织学习内容，提升各类党员干部的能力素养。以宏观政策理论与实际工作定位相结合为重点内容，党工委中心组成员及中层干部每月学习一次，定期召开学习交流会、理论务虚会等，提升思考、调研、领导能力。组织举办“美丽乡村”建设专题培训班，并组织培训人员赴浙江省参观学习，提升街道机关部门负责人和各村（社区）书记统筹驾驭“美丽乡村”的建设能力；分别举办团干部、工会干部专题培训班，赴无锡市先进点学习，提升专职干部业务能力。实现党员远程教育和电化教育站点覆盖率100%，拍摄原创党员教育微视频《贴心百姓事的好书记》。“临港在线”推出“总书记的两会声音”“总理教你新词汇”等8期党员教育微课堂，方便广大农村、企业党员接受理论教育。规范化组织公务员参加网络安全、依法行政培训和网上学法，提升机关干部履职能力。以密切党群干群关系为主线，以加强党的执政能力建设为重点，抓好党员、干部两支队伍建设。开展村（社区）党支部（党总支、党委）村委会“两委”班子届中考察，考察测评辖区村（社区）干部230余人，配优建强薄弱村（社区）干部队伍，确保2016年村（社区）“两委”班子顺利换届。建立村（社区）书记、机关干部后备人才库，实行动态管理，定期跟踪考核。组织青年后备干部培训班、党务干部培训班，受训学员300余人。推荐“墩苗”培养计划优秀年轻干部1人，选拔机关、直属单位优秀年轻干部6人，赴村（社区）任“两委”班子成员。全年按程序提拔学校中层干部7人。发展党员50人，转正党员80人，横塘村团支部获评无锡市“五四”红旗团支部。健全机关干部和村（社区）干部绩效考核办法，着力增强干部队伍任务执行力和工作落实力。深入推进党组织关系排查工作，全面排查辖区党员5902人，摸清“隐形党员”“口袋党员”“空挂党员”“失联党员”底数，探索党员的退出机制。按照转职能、转方式、转作风的要求，强化责任落实，强化监督执纪，推进廉政建设。廉政责任落实网络清晰。修订《街道党工委主体责任清单》《党工委班子成员责任清单》《街道纪工委监督责任清单》《街道党风廉政建设落实两个责任问题清单》，形成党工委书记负总责，抓班子成员，班子成员抓分管线、片、村书记等一级抓一级的党风廉政责任网络。聘请一批素质好、责任心强的干部为农村纪检舆情信息员，加强农村纪检舆情信息监督，发现苗头，及早控制。廉政教育活动形式多样。组织党员干部参观江阴市廉政教育基地、参加法院庭审会、召开党风廉政专题教育会议、组织廉政知识竞赛等形式，营造风清气正的环境。落实经常性思想教育工作，街道主要领导和分管领导采用约谈、拉家常等形式，了解机关干部和部分村主职干部思想动态，强化预防警示。依托艺风堂廉政教育基地、廉政教育画廊、村（社区）廉政文化教育示范点等廉政教育资源，推进对街道全体党员干部的廉政教育。利用街道“临港在线”微信教育平台以及街道纪工委建立的QQ群，定期宣传廉政文化、廉政知识、政策法规等。全年查办各类违纪案件29件，处分违纪党员29人，开除党籍8人，“三公”经费*支出大幅压降，营造风清气正的发展环境。

**社会建设** 全面完成夏港实验小学和利港中学素质教育综合督导评估，交流教师82人，招录代课老师和编外用工62人，师资力量发展均衡、结构优化。启动夏港实验小学综合楼改造建设，办学条件大力度改善。完善物防和技防设施，修缮学校校舍11所，整改关停各类无证托儿所和幼儿园，全方位保障校园安全。完成33个国家级公共文化服务体系示范区创建和“季子书屋”全民阅读点打造，实施临港文化服务中心改造，常态化开展文化送演出、送图书、送评弹、送展览、送电影“五送”活动，规范整治健身点100个，“10分钟体育健身圈”实现提档升级，辖区公共文体设施完备、队伍健全，阵地作用凸显。承办无锡市老年体育交流现场会，举办各类文体比赛17场次，《我有祖国·我有母语》幼师合诵荣获市总决赛一等奖，老年“手杖操”团队创建成为无锡市大型特色团队，辖区文体活动精彩纷呈，文体人才脱颖而出。江市服务站通过无锡市级规范化验收，申港社区卫生服务中心率先探索实施健康促进志愿者服务，家庭医生服务模式创新建设在全市首个也是唯一一个获2015年省城市社区卫生服务能力建设专项资金扶持。建立完善农家宴备案制度，明确食品安全监管职责，强化隐患排查和联合执法，辖区食品安全零事故。新建锦湖公园健康步道，完成池改厕4座，完成各类免费体检3万人次。开展10000份课程表送校园、1000份文明台签送沿街店铺、10000个环保宣传袋送妇女、20000份文明城市应知应会宣传资料送群众、30000份手机贴和车贴送居民的“五送”活动，多样式印发宣传资料近10万份，传递创建到每家每户；举办以文明创建为主题的各类文体、艺术、竞赛等活动，吸引市民广泛参与；充分利用电视、网络、微信等平台，宣传创建成果，让创建进村入户，深入百姓生活。全方位营造创建气氛，全面布置50个公交站台、300个公交站牌，12条主次干道、商业街设置大型公益广告40面、道旗600杆；36个村（社区）制作安装核心价值观等制式标牌180余面，因地制宜制作彩绘、公益广告260余面。近6000名志愿者开展公益课堂、尊老敬老、环境保护、文明交通等各类公益志愿活动160余次，参与人数近28000人次；“爱在临港”志愿者服务队还通过成立公益爱心银行、拓荒创办爱心农场、定期举办文艺晚会等形式，让爱心之光温暖临港大地。城乡环境日新月异。完成夏港新长江路东侧、西石桥中街南侧、利港利康中路、兴港路东侧、申港中街、西街6条背街小巷和利港农贸市场改造，启动实施夏港新港小区、申港明珠花苑、利港兴港小区3个旧小区改造，夏港农贸市场改造和东刘村(水淹桥)小型农贸市场新建工程。集中开展汽车维修路边店、镇澄路沿线环境、镇村河道环境、畜禽养殖污染、废旧回收站点和违法建设6项专项整治,清淤疏浚河道11条近12千米,整治河道32条、汽车维修路边店10个,拆除违章建筑66处3326.6平方米。球庄自然村圆满通过江苏省、无锡市验收,成功创建无锡地区首个省级"美丽乡村",牌楼下自然村创建省级"美丽乡村"工作按序扎实推进,29个自然村的村环境整洁提升工程全面完成,创新村获评无锡市"美丽乡村"休闲旅游示范村。辖区道路按管理的难度和强度划分为一、二、三级道路实施分级管理,辖区道路环境,特别是一级道路环境在持续的严格管理和重点的整治建设中日益整洁有序。办结各类来信来访186件次、1809人次,完成省委巡视组进驻江阴巡视和党的十八届五中全会等重大敏感时期信访维稳任务。开展信访积案化解专项行动,化解重点信访事件5件。在全市率先建成村级司法行政服务站35个,人民调解、法律援助、法律服务、社区矫正延伸到最基层;组织矛盾纠纷排查1320余次,化解矛盾纠纷902件,转化以跳楼等极端手段相威胁事件4件;办理"12345"民生诉求1770件,满意度99.55%。规范、强化社区服刑人员管理,建成街道社区矫正劳动教育基地;着力优化社会治理手段,网格化服务管理全面展开,综治信息系统全域覆盖;加强治安重点整治,新增技防探头1260只,发案率下降44.12%,矛盾纠纷减少三成。创新社会治理,"临港法治微画报"、公共法律服务地图等一批特色项目和做法得到省市各级肯定。江阴市申港三鲜养殖有限公司试验成功稻蟹共生循环养殖、池塘集约化循环流水养殖新技术,拓展"长江二号"蟹苗繁育等养殖新品种。振江生物科技股份有限公司加大投资力度,扩展铁皮石斛种植面积,"芳湖仙品"品牌进一步做大做强。新华发蔬菜基地圆满解决蔬菜后期深加工和销售问题,延长生产产业链。红心猕猴桃、无花果种植等高效农业新技术落户后梅社区和苍山村,经济效益显著。推进现代渔业园区朝阳河整治和朝阳路改建工程,园区基础设施水平稳步提升。全年完成农业投资1.5亿元,新增高标准农田20公顷、高效设施农业面积20公顷、高效设施渔业94.67公顷。完成巨轮村土地确权试点,稳步实施10个村的农村土地承包经营权确权登记颁证各项工作。申报认定无锡市级家庭农场19个、无锡市示范家庭农场1个,申报省级"一事一议"项目13项共4346.7万元。高效开展畜禽防疫、森林防火、防汛防台和秸秆禁烧工作,有序应对"6·29"等4次超强暴雨和台风袭击,农业护林防火、防汛防台、动物防疫和秸秆禁烧"三防一禁"能力持续增强。全面推行"村(社区)财务代理",建成市临港街道农村产权交易服务中心。完成申西村中节能地块、江市社区常隆客车、朝阳河(路)清障,重点推进夏南村新农村建设项目、景贤村锡澄运河服务区项目等新开项目和新锡澄运河航道整治、新能源产业园等结转项目拆迁,完成拆迁签约495份,开展保障性施工3次。在建安置房75.8万平方米,交付锦湖苑四期安置房,分房1196套,安置被拆迁户755户。举办"创业临港,创新未来"临港开发区首届青年创业创新大赛、2015年临港开发区创业大讲堂和产生你的企业想法(GYB)、创办你的企业(SYB)创业培训班,培训创业人员160人,树立创业典型25人,建成江阴首个民营电商创业基地"海之语青年网络创业孵化基地"。举办大型招聘会2次,帮助本地劳动力实现就业6374人,困难大学生就业率100%。全年验证企业1000余个,检查用人单位800户,审查问题企业40多个,处置群体性突发事件3件,调解工伤案件85件,受理各类劳动争议案件315件,涉及职工840余人,追回劳动报酬、工伤待遇、赔偿金、经济补偿金等近3000万元,案件调解率90%以上。全面完成17个行政村(社区)120个组的民政撤组,纳入保障13430人,安排保障资金约4.4亿元,新被征地农民实现即征即保。推进未参保企业和参保人员不足的企业参保,新增参保人员4813人,新农合参保率100%。纳入居民最低生活保障986户,发放各类救助资金68万元,改造危房户16户,慰问五保户、特困户、孤老、低保等对象4637人次,发放慰问金410万元。

**2015年临港街道各村(社区)基本情况一览**

表76

| 村(社区)名称 | 户数(户) | 人口(人) | 村(社区)党支部(党总支、党委)书记 | 村(社区)主任 | 人均可支配收入(元) |
|---|---|---|---|---|---|
| 长江村 | 935 | 3733 | 李洪耀 | 范兴龙 | 45740 |
| 三元村 | 583 | 2155 | 徐君才 | 袁剑华 | 32650 |
| 李沟头村 | 200 | 744 | 张　平 | 石建林 | 31012 |
| 新沟村 | 226 | 738 | 蔡国明 | 曹洪良 | 29424 |
| 三联村 | 1212 | 4407 | 恽裕兴 | 刘宇平 | 30284 |
| 景贤村 | 573 | 2123 | 蒋惠军 | 柳泽华 | 26200 |
| 夏南村 | 1217 | 4580 | 黄惠忠 | 冯明飞 | 26160 |

续表76

| 村(社区)名称 | 户数(户) | 人口(人) | 村(社区)党支部(党总支、党委)书记 | 村(社区)主任 | 人均可支配收入(元) |
|---|---|---|---|---|---|
| 于门村 | 758 | 2870 | 李秋珍 | 曹甫生 | 31857 |
| 申南村 | 1835 | 6974 | 何惠忠 | 何国平 | 33312 |
| 夏港社区 | 513 | 1154 | 夏宏武 | 夏　勇 | 29000 |
| 东刘村 | 667 | 2495 | 缪剑农 | 虞国裕 | 32510 |
| 滨江村 | 1573 | 5891 | 华　一 | 华　一 | 27940 |
| 创新村 | 1027 | 3817 | 徐夏芳 | 郑银良 | 34157 |
| 申西村 | 1195 | 4350 | 高　明 | 符林章 | 31852 |
| 申浦村 | 822 | 3003 | 时建明 | 时建明 | 33907 |
| 申港村 | 849 | 2947 | 胡建军 | 殷振迅 | 36228 |
| 横塘村 | 1138 | 4212 | 黄明华 | 黄明华 | 29556 |
| 申兴村 | 1712 | 6358 | 殷宜俊 | 殷宜俊 | 25780 |
| 维常村 | 816 | 2829 | 钟　渊 | 徐立军 | 25200 |
| 东支社区 | 717 | 2524 | 常国和 | 薛　强 | 26424 |
| 苏港路社区 | 139 | 332 | 许芳华 | 许芳华 | — |
| 黄丹村 | 1196 | 4482 | 任金华 | 王永忠 | 28580 |
| 巨轮村 | 1118 | 4189 | 叶国庆 | 缪逸香 | 30424 |
| 西奚墅村 | 832 | 3088 | 谢国平 | 陈华中 | 24180 |
| 西安社区 | 628 | 2255 | 魏国瑜 | 刘跃生 | 24760 |
| 兴利社区 | 736 | 2870 | 周伯清 | 董德章 | 24500 |
| 利港社区 | 1305 | 4319 | 姚建军 | 姚建军 | 32412 |
| 陈墅社区 | 1016 | 3518 | 江建洪 | 张　波 | 31932 |
| 龙港社区 | 623 | 2117 | 蒋章林 | 蒋章林 | 28420 |
| 兴港社区 | 903 | 2877 | 奚华良 | 黄鞋娣 | 30616 |
| 仁和社区 | 745 | 2838 | 黄　平 | 黄　平 | 28516 |
| 苍山村 | 1073 | 3491 | 戚国兴 | 顾叙才 | 26000 |
| 江市社区 | 1168 | 4100 | 汤春明 | 汤春明 | 30540 |
| 北郭庄村 | 1485 | 4753 | 凌建华 | 黄国兴 | 26000 |
| 后梅社区 | 810 | 2609 | 盛南华 | 盛南华 | 27768 |
| 西石桥社区 | 1517 | 4748 | 吴助国 | 牟学军 | 29180 |

**【省级乡村公路管养创建】** 2015年11月24日，临港街道创建江苏省级乡村公路管理养护及安保工程示范镇工作顺利通过省交通运输厅组织的检查验收。验收组认真听取临港街道创建省级乡村公路管养及安保工程示范镇的工作汇报，并从内业和外业两方面，分别查看资料台账及线路管养情况，对创建工作给予充分肯定，认为街道创建氛围浓厚、创建举措扎实、创建机制长效、农路管养到位、内业资料规范，完全符合省级乡村公路管理养护示范镇创建标准。

**【申西村获评省级和谐社区建设示范社区】** 2015年，申西村依据江苏省民政厅制定的《江苏省和谐社区建设城市社区评估标准》和《江苏省和谐社区建设农村社区评估标准》，从建设社区阵地、活跃社区文化，强化社区治安、美化社区环境、拓展社区服务着手，以创建"和谐申西、美丽家园"为目标，开展江苏省和谐社区建设示范社区创建。12月，申西村通过省民政厅组织的考核验收,被评为江苏省和谐社区建设示范社区。

**【利港社区获评省生态村】** 2014年以来,利港社区十分重视生态环境保护和建设工作,按照“标本兼治、建管并重”的原则,积极开展生态村创建工作,积极打造生态利港,构筑绿色家园,辖区生态意识有了明显提高,人居环境有了明显优化,建成人与自然和谐相处、社会经济环境持续健康发展、群众生活质量全面提高的生态新农村。2015年11月和12月,利港社区分别通过无锡市环保局考核、公示和省环保厅的复核、审查,被评为江苏省生态村。

**【球庄村通过省级“美丽乡村”创建验收】** 2015年11月26日,江市社区球庄村通过江苏省农村改革综合领导小组办公室、省住建厅、农委和财政厅委托无锡市委农工办、财政局、住建局、规划局联合组织的江苏省“美丽乡村”创建工作验收,成为无锡地区第一个省级“美丽乡村”。验收组认真听取临港街道江市社区关于创建省级“美丽乡村”的工作汇报,查看球庄村创建工作台账和村庄环境,对创建工作给予充分肯定,认为江市社区球庄村设施配套完善、生态环境优美、产业特色鲜明、社会安定和谐、宜居宜业宜游,完全符合省级“美丽乡村”创建标准。

**【申港社区获评省社区侨务工作示范单位】** 2014年以来,申港社区始终把侨务工作作为社区建设的重要抓手,把创建侨务工作示范社区作为重要目标,在打造“富民强村、和谐社区”的过程中,积极开展社区侨务工作的“双向互动”,即:社区“关心侨、服务侨、凝聚侨”,侨“住在社区、热爱社区、反哺社区”,形成社区为侨服务好、侨为社区贡献多的良好局面。2015年10月16日,申港社区通过省侨办组织的考核验收,被评为江苏省社区侨务工作示范单位。

**【临港街道实体化运作】** 2015年1月15日,江阴市委、市政府在临港开发区召开深化行政体制改革工作会议,并下发中共江阴市委、江阴市政府《关于江阴临港经济开发区深化行政体制改革的意见》,组建临港街道党工委、办事处领导班子,临港街道实施实体化运作。临港街道独立运作,主要职责、内设机构按照实际运作要求重新明确,主要承担辖区党群工作、社会事业、政法综治、拆迁安置、城市管理、“三农”*服务等职能。临港街道管辖范围、行政隶属不变,由江阴市委、市政府委托临港开发区党工委、管委会实施管理。体制调整大会召开后,街道迅速组织人力物力,落实各项保障措施,一周内全部实现人员到岗到位;按照体制改革文件精神,积极主动对接开发区相关部门,明确职责划分,一个月内全部实现职能落实到位;按照日常工作边开展边调整原则,打破旧有块面工作模式,5个月内全部实现工作机制理顺到位。

**【临港街道成立总工会】** 2015年4月27日,临港街道总工会成立暨第一次代表大会在街道六楼会议室召开,大会选举产生街道总工会第一届委员会委员、经费审查委员会,李亚任工会主席,吴新华任工会副主席、经审委主任,谈蕴芬任总工会女职工委主任。街道总工会立足职工利益的维护者和职工文化、科学管理、争先创优的参与者,倾力打造党联系干部职工的桥梁和纽带,进一步改善工作环境,增进干部职工的凝聚力。 (江龙平 封 佳)

## 璜土镇

**【概况】** 璜土镇是江阴市的黄金西大门,北枕长江,西、南与常州无缝相融。璜土历史悠久,是5000多年前良渚文化的发祥地之一。生态环境优美,是中国优质葡萄生产基地,具有江苏葡萄第一镇的美誉。区域面积64.49平方千米,耕地面积2077公顷,下辖12个行政村(其中3个村居合一)。2015年年末,有户籍人口57432人,其中男性28731人、女性28701人;有少数民族16个179人。有外来暂住人口48589人,其中男性28505人、女性20084人。

政治建设 党委中心组学习内容围绕大局,学习方式不断创新,学习途径持续拓展。全年完成集中学习12次,专题讲座3次,实地调研3次,廉政教育2次。扎实开展送课进基层、书记讲党课活动。全镇基层组织书记讲党课90节,培训3100人次。完成机关中层干部和村干部培训工作,推荐32名机关年轻干部到市级机关和行政村“墩苗”挂职。按照全程纪实的要求,提拔2名村后备干部进入行政村党组织工作。深入贯彻“三严三实”*要求,执行中央“八项规定”*、勤俭节约等各项制度,“三公”*消费得到有效压减。办复人大代表建议22件,印发督查通报15期。组织镇村两级党员干部参观基层干部预防职务犯罪警示教育基地,签署廉政承诺书120份,赠送廉政书籍400本。

社会建设 出台《环境综合整治三年行动计划》,明确重点问题、重点区域、重点环节,联动执法、联手治理,大力开展店外店、占道经营、无证摊贩等专项整治行动,通报检查考核情况、曝光违规和不文明行为,全年查处无证摊位183个,违规车辆132辆,乱收费、乱罚款、乱摊派“三乱”154件,清除卫生死角1180处,集镇环境、交通秩序、村容村貌有了较大改善。投入3000余万元,完成镇澄路、桃花港路绿化改造;投入1000余万元,完成老桃花港、小湖港等15条河道整治工程。投入773万元实施花港苑天然气配套改造2430户;新增公交车4辆,新开通130路、131路镇村公交;整体推进农村土地承包经营权确权登记颁证工作,北湖西村试点经验在全市推广,建立运行农村产权交易服务中心;全年回购绿海香洲商品房290套,安置朱家丹、横沟上等自然村被拆迁户128户197套。全年新增城保参保人员1974人,提供就业岗位3282个;发放各类救助、慰问金1000余万元;完善居民健康档案17145户,成功创建无锡市幸福镇。全年接待群众来信来访1406人次,化解信访积案5件,调解矛盾纠纷215件,全年破获刑事案件233件、治安案件399件,确保社会大局平稳可控。

2015年璜土镇各村（社区）基本情况一览

表77

| 村（社区）名称 | 户数（户） | 人口（人） | 村（社区）党支部（党总支、党委）书记 | 村（社区）主任 | 村（社区）开票销售收入（亿元） | 人均可支配收入（元） |
|---|---|---|---|---|---|---|
| 利城村 | 1580 | 3710 | 臧建平 | 臧建平 | 1.20 | 27800 |
| 北湖西村 | 911 | 2897 | 刘建维 | 刘建维 | 0.71 | 15300 |
| 高枈村 | 1551 | 5242 | 许建明 | 许建明 | 2.80 | 30200 |
| 璜土村（社区） | 1718 | 5181 | 钱俊贤 | 钱俊贤 | 6.20 | 22500 |
| 小湖村（社区） | 2202 | 7021 | 周国伟 | 周国伟 | 23.94 | 33900 |
| 篁村村 | 1915 | 6230 | 高旭伟 | 高旭伟 | 0.20 | 36100 |
| 常泽桥村 | 1121 | 3596 | 张建清 | 张建清 | 0.76 | 24200 |
| 汇南村 | 1045 | 3278 | 丁　成 | 丁　成 | 0.57 | 24300 |
| 芦墩村 | 1009 | 3558 | 蔡志国 | 蔡志国 | 1.35 | 32700 |
| 石庄村（社区） | 1120 | 3278 | 彭　辉 | 彭　辉 | 11.50 | 33000 |
| 花港苑村 | 2837 | 10361 | 彭文峰 | 彭文峰 | 9.52 | 27000 |
| 启港苑村 | 865 | 3080 | 金小平 | 金岳彪 | 5.14 | 24100 |

**【璜土镇与临港开发区实施区镇一体化管理】** 2015年7月24日，根据江阴市委、市政府决策部署，临港经济开发区与璜土镇实施区镇一体化管理。在镇建制不变、组织架构不变的前提下，经济财政、城镇规划、企业服务等职能划归开发区和产业园，财政所、建管所、农经中心、环保安监、招商一二三局等部门和人员调整到临港开发区工作。按照"五个统一"，即统一财政管理、统一组织人事管理、统一规划建设管理、统一经济管理、统一社会管理的原则和"思想不乱、纪律不松、工作不停"的"三不"要求，努力做到思想认识到位、人员调整到位、职能履行到位、纪律执行到位，顺利推进一体化有序实施。

**【镇澄路绿化景观工程改造完工】** 镇澄路绿化景观改造工程东接扬子大道，西至辽河路，总长3.6千米，设计面积12.29万平方米，总投资额3000万元。设计强调绿色生态，打造富有地域特色的城市绿脉，把绿色、文化融为一体，谱写璜土生态之路的新篇章，打造成为富有江阴特色的现代城市主干道。该工程由上海亦境建筑景观有限公司设计，江苏江达市政园林建设有限公司施工，于2013年10月开工，2015年6月竣工。

**【石庄璜石路立面改造完工】** 石庄璜石路立面改造工程，南起兴隆路，北至日新路，全长1.2千米。临街有商业店铺400多个，项目总投资1987万元。立面改造在原有门店建筑基础上，按照欧式风格翻新设计施工。整条迎街店铺以GRC（玻璃纤维增强水泥）线条及欧式罗马柱作装饰，以暖式外墙涂料作修饰，门牌广告字统一更换安装发光亚克力字，全线路灯进行彻底双向改造。同时，璜石路街道改变原来三块板过境的公路模式，取消绿化隔离带，主街道宽度12米，减少过境车辆滞流量。两边人行道进行道板砖铺设，在部分地段设置停车区域，全线弱电入地。部分地段进行自来水和下水道改造，路面进行全线沥青混凝土摊铺。该工程于2014年1月开工，2015年12月竣工。

**【两条镇村公交线路开通】** 2015年12月28日，公交130路、131路两条镇村公交线路正式开通。公交130路起点站为璜土实验小学，迄点站为璜土镇前五市村，途经黄金南路镇澄路、璜郑路，迎宾路、璜后路，单程运距6.5千米。公交131路起点站为璜土客运站，迄点站为璜土镇井家头村，途经黄金南路、迎宾路、璜石路、大坎路，单程运距6.2千米。是年，镇村公交开通此两路公交，镇域基本实现全覆盖。

**【抗洪抢险】** 2015年6月，璜土镇遭遇百年一遇的特大洪水，全镇大部分地区受淹，南部圩区受灾严重。面对洪水，全镇上下众志成城，沉着应对，镇党委、政府及时投入价值212万元应急抢险物资，确保人民群众生命和财产安全；保险公司为农户索赔保险费535.8万元。灾后，镇启动应急防洪排涝工程计划，投入资金742万元，对北塘河全线，西横河南岸胡家桥以西至沪宁高速驳岸、北岸桃花港以西至沪宁高速驳岸以及部分排涝站进行改造加固。　（许慕艳）

# 月城镇

【概况】 月城镇是中国民间文化艺术之乡,位于江阴市西南,东与徐霞客镇毗邻,南连青阳镇,西接常州市武进区,北以秦望山为界与南闸街道接壤;紧靠沪宁、沿江高速公路,锡澄公路、锡澄运河、海港大道和江阴大道纵贯全镇,镇东设有新长铁路货运站。区域总面积38平方千米,耕地面积1740公顷,下辖9个行政村和2个社区。2015年年末,有户籍人口43656人,其中男性21703人、女性21953人;有少数民族8个68人。有外来暂住人口11695人,其中男性6953人、女性4742人。

政治建设 强化党委和基层班子抓党风廉政建设的责任主体意识,将班子成员"两个责任"*落实情况作为民主生活会和述职评议的重要内容,对照"三严三实"*,定期开展党风廉政建设的日常提醒、对照检查、专项督查工作,落实领导干部目标管理责任,明确职责,细化目标,形成书记抓全局,班子成员抓具体落实,分工不分家的工作格局。全力配合市委第一巡查组对全镇的巡查工作,强化整改落实。针对经济社会发展中出现的新情况、新要求,对《月城镇党委班子议事规则》进行完善,进一步细化重大事项决策、重要干部任免、重要项目安排、大额资金使用"三重一大"的具体议事细则,出台《月城镇重大行政决策评估制度》《月城镇公有资产管理办法》等规章制度,围绕决策、执行、监督三个重点环节,严格按规范运行,坚决杜绝个人决策、人情决策等现象。以"讲党性、守规矩"为主题,采取多种方式强化党员和干部队伍的教育培训,先后组织党组织班子成员轮训、党务干部例训、中青年干部赴高校专训、《中国共产党纪律处分条例》学习集训等活动,强化党章意识、纪律意识。强化建章立制,制定出台《月城镇机关和事业单位人员请休假制度》《月城镇村社区干部工资报酬管理实施意见》《月城镇绩效考核实施办法》《月城镇编外用工管理规定》等文件,对干部日常管理和绩效考核进一步明确、细化,提高了制度规范的刚性。强化党员干部日常管理,认真执行民主生活会、组织生活会和党员民主评议等制度,全面开展基层党组织届中考察、干部档案专项审核和党员组织关系排查清理等工作。重视干部队伍建设,严格执行干部选拔任用条例和全程纪实程序要求,对部分村(社区)和镇属单位领导干部进行调整,扎实开展后备干部"墩苗"工作。严把党员入口关,全镇发展党员36人,其中一线党员33人,发展质量得到进一步提高。扎实开展"质量效能建设提升年"主题活动,围绕经济运行质量、企业经营效益、基层党组织和部门单位服务质量、工作效能再上台阶的工作要求,建立基层自评、单位互评、部门考评、群众测评、代表参评、班子点评相结合的考评机制。全面推行重点事项督办制、工作问责考核制和政风行风评议制,机关部门和窗口单位的服务效率得到明显提升。深入开展党风廉政教育活动,邀请市纪委、检察院领导、专家作党风廉政建设讲座5次,培训640人次。组织班子成员和基层领导干部开展新《中国共产党廉洁自律准则》和《中国共产党纪律处分条例》专题培训,进一步增强了新常态下领导干部廉洁自律的自觉性。积极推动廉政文化进机关、进社区、进学校、进家庭、进企业、进农村"六进"活动,大力推进党务、政务、村务"三务直通车"建设,浓厚基层民主管理氛围。强化村账镇代理工作,落实村级工程镇审批要求,全面完成9村1社区审计工作。加强对违纪违法党员干部的教育和查处力度,诫勉谈话党员4人,查处违纪党员15人,其中开除4人。重视人大、政协工作,充分发挥人大代表的参政议政、依法监督以及政协委员的民主监督作用,民主决策、科学决策的氛围得到增强。深化党的理论武装,以学习宣传贯彻习近平总书记系列重要讲话精神为首要任务,深入开展"百名书记讲党课"活动。紧扣文明城市创建工作,大力培育和践行社会主义核心价值观,做优"道德讲堂",推荐"身边好人",举办"文明月城、从我做起"系列活动。紧扣党委政府中心工作,做好舆论引导,办好"一报一台一微信"。学习贯彻中央统战会议精神,全面落实党的统一战线政策,落实侨台及民族宗教政策,推进统战工作进社区。圆满完成民兵、预备役训练和征兵工作;围绕建设"强富美高"新月城的总目标,工会、妇联、团委、关工委、老促会、商会等群团组织开展丰富多彩的活动,在全社会努力营造聚心发展、合力发展的良好氛围。

经济建设 全年完成地区生产总值50.93亿元;实现全口径财政收入6.24亿元,公共财政预算收入3.28亿元;全社会固定资产投入17.81亿元;完成工商业开票销售收入130亿元,实现利税8.5亿元。农民人均可支配收入29302元。完成工业投资8.48亿元,新增项目19项,其中超亿元项目5项。完成工业总产值97.61亿元,其中规模以上工业总产值61.68亿元。传统钢铁行业占全镇比重由2014年的41%下降至25%,玻璃钢车船制造和彩印包装行业则分别比2014年增长16%和5%,工业产业结构得到进一步优化。现代服务业完成开票销售40亿元,增加值占地区生产总值比重提高1.8个百分点。全镇新增高效农业59.67公顷,高效农业比例74%,农业适度规模经营比例67.6%。全镇新批外商投资企业2个,完成到位外资1480万美元。全镇实现进出口总额1.8亿美元,其中出口1.07亿美元,进口7305万美元。新增"新三板"*挂牌企业1个,后备上市企业10个。新材料、新能源装备、车船装备等新兴产业发展迅速,产值占规模以上企业产值的41%以上。全社会研发经费支出占地区生产总值的2.13%,规模以上工业企业研发机构覆盖率98%。

社会建设 新增省高新技术企业3个、省工程技术中心1个、省民营科技企业3个、省中小型科技企业2个、省工业支撑科技项目1项、省社会发展科技项目1项,博士柔性进企业项目6项、省创新创业"双创"博士项目1项、省产学研项目1项、省研究生工作站1个,无锡市企业设计中心1个。获批授权国家发明专利20件、省高新产品3种、无锡市科技进步奖2项、无锡市高新产品6种、无锡市专利奖1个。重视教育投入，完成小学综合楼建设，投入100余万元实施中小学校基础设施改（进）薄（弱）工程，完成校车更新、提标，学生接送车辆全部使用新国标校车。开展第二轮“月城名教师”评选活动，启动校际教师交流工作，落实优秀骨干教师奖励政策，提高合同教师公积金标准。完成《月城镇第二期学前教育五年行动计划》编制工作，成功创建“无锡市学前教育示范镇”。举办文体惠民月活动，开展“文化走基层戏曲进万家”送戏进村、“我行我秀”青年才艺展示、端午民俗展示、小戏进课堂汇报演出等活动，由镇文化服务中心创作的小锡剧《一篮水蜜桃》获市第二届“芙蓉花奖”小戏小品类创作一等奖。优化卫生服务，加强社区卫生基本医疗体系建设，建成新镇区卧龙医疗卫生服务站，各级卫生院、站医疗设施和服务水平得到改进。加强人口计生工作，优生优育服务能力不断提升。完善全民健身服务体系，完成49个健身点的规范整治提档升级工作，社会体育指导员队伍不断扩大，成功承办各类象棋、篮球、乒乓球比赛，推动学校体育设施对社会开放。开展学校、超市、菜场周边、镇区路段“三边一路”交通秩序整治，乱停车、占道经营等现象得到有效遏制，全面启动镇区中心菜场改造工作。推进镇区立面美化，镇区新设大型公益广告牌10处，对7条干道两侧宣传标语标牌进行美化优化，完成人民路立面清洗，实施卧龙大街、红旗路立面改造。出台环境卫生长效管理考核办法，强化村容村貌、路容路貌、河容河貌、厂容厂貌及基础设施考核，做到旬旬有检查，月月有考核，年终有考评，实现环卫保洁常态化、环卫服务精细化、环卫管理规范化，固化整治成果，市级考核名列前茅。提升安置小区管理水平，完善戴庄新苑物业用房、技防、照明等设施，实施水芸苑停车位改造。推进江阴高新区青阳园区一期、秦望山产业园一期、华润制钢技改扩能和新沟河拓浚等4项拆迁安置项目，完成“两路一河”工程、高新区青阳园区被拆迁户安置1147户共1835套。完成卧龙大街南延伸段工程，新建道路360米，打通卧龙大街与水韵大桥的断头路；开工建设桃园路、文博路，实施环山路西段2.6千米修复改造工程，启动文化北路、月山路、卧龙大街、红旗路、人民路路面改造前期准备工作；优化调整镇域公交运行线路，方便群众出行。对管网、泵站、公园道板、路灯等设施、设备进行“回头看”，及时进行维修、更换，完成农夫果园道路、冯泾路、文化路等路面维修1200平方米，实施月东路区域景观绿化和整体环境改造，提标改造月发路、黄梅路、文化小区3个污水泵站设施。推进绿地、公园、污水管网养护市场化运作，绿化管护面积65万平方米，公园物业管护面积10.67公顷，污水管网管养长度52千米。加快实施生活污水接管工程，完成月东路、月翔路、月发路沿线企业生活污水的接管工作，企业生活污水接管实现全覆盖；开展卧龙五年桥村、双泾刘家村生活污水接管和集中处理工程，减少生活污水直排，改善周边河道水质。实施民生广场、新胜河、畅园路、文化路西侧等区域污水管网维修改造工程，改造管线4千米。完成就地解决环境信访突出问题专项行动，制定好一案一策、包案化解措施，着力做好矛盾纠纷排查化解工作，对月翔路、月冯路等重点地段的企业进行综合整治，群众诉求得到妥善解决。开展水韵大桥东侧、敬老院等地块绿化工作，全年完成绿化面积14.67公顷，山体复绿8万平方米，绿化提标3.5万平方米。完成中小河流治理重点县综合整治和水系连通（月城项目区）工程，建设农桥5座，疏浚河道34.5千米，建设泵站2座，实施防洪排涝工程5个；持续推进山体复绿工程，强化护林防火监管，实施双泾生态园提标工程，着力打造山清水秀新风貌，芙蓉湖水利风景区顺利创建国家级水利风景区，获批省级湿地公园。加强就业创业服务，全年提供就业岗位444个，本地劳动力实现就业908人，应届大学毕业生就业率97.72%；组织开展创业培训和职业技能培训878人，扶持自主创业人数103人，创业带动就业315人，高技能人才培养80人。全年发放被征地农民保障资金932.15万元，发放镇办退休职工工资、生活补助339万元。新增企业职工基本养老保险1541人，办理居民养老保险转接城镇职工养老保险235人。加强退休人员社会化管理工作，走访慰问退休职工151人，发放慰问金15100元。关注社会弱势群体，深入开展结对帮扶低保家庭、困难家庭活动，为各类困难对象发放救助金350余万元。基本医疗保险覆盖范围继续扩大，新农合参合人数2.1万余人，开展重点人群免费健康体检10723人次。推动老年事业发展，敬老院二期工程建成投用，新增床位130张。加快社区建设，积极筹建水韵社区，面向全镇公开招聘社区和敬老院工作人员，提升管理服务水平。以创建“社会治理创新引领区和平安法治建设示范区”为目标，推进网格化服务管理建设，“阳光信访”和综治信息系统网络全面开通。认真执行领导干部信访接待日制度，积极整合便民服务室、“86590123”民生热线和市“12345”公共服务平台功能，畅通群众诉求渠道，受理各类信访、咨询、投诉539件，及时处置和解决各类矛盾纠纷462件，满意率98%。提升技防镇建设水平，全面构建“视频监控、警务室驻点、联防队巡逻”的“三位一体”综治平安建设体系，技防监控设施由镇村主干道路向村级道路延伸。加强基层民主法治建设，推进社区矫正和安置帮教工作，严厉打击违法犯罪行为，确保全镇社会大局和谐稳定。进一步落实安全责任制和安全生产监管措施，生产、消防、交通、食品药品安全得到强化。

## 2015年月城镇主要经济社会指标一览

表78

| 指　　标 | 单　位 | 数　量 | 比2014年增减(%) | 指　　标 | 单　位 | 数　量 | 比2014年增减(%) |
|---|---|---|---|---|---|---|---|
| 地区生产总值 | 亿元 | 50.93 | -4.64 | 到位注册外资 | 万美元 | 1480 | 89.99 |
| 人均地区生产总值 | 万元 | 11.66 | -5.51 | 工业企业 | 个 | 624 | 5.76 |
| 财政收入 | 亿元 | 6.24 | 5.05 | 服务业增加值 | 亿元 | 21.49 | -1.38 |
| 第二、第三产业增加值占地区生产总值比重 | % | 94.84 | -2.02(百分点) | 限额以上批发零售业销售总额 | 亿元 | 21.35 | -64.12 |
| 农业总产值 | 亿元 | 4.78 | 6.22 | 限额以上批发零售业零售额 | 亿元 | 2.08 | 9.47 |
| 粮食总产量 | 万公斤 | 4624 | -2.08 | 中小学校 | 所 | 2 | 0.00 |
| 工业总产值 | 亿元 | 97.61 | -31.18 | 中小学校在校学生数 | 人 | 2832 | -1.70 |
| 其中:规模以上工业总产值 | 亿元 | 61.68 | -43.85 | 数字电视入户率 | % | 100 | 0(百分点) |
| 工业利税总额 | 亿元 | 5.06 | -44.52 | 农村居民人均可支配收入 | 元 | 29302 | 9.25 |
| 其中:规模以上工业利税总额 | 亿元 | 4.08 | -25.41 | 社保参保率 | % | 100 | 0(百分点) |
| 工业用电量 | 亿千瓦时 | 5.80 | -24.87 | 劳动合同签订率 | % | 100 | 0(百分点) |
| 全社会固定资产投资 | 亿元 | 17.81 | -33.22 | 月薪制实施率 | % | 100 | 0(百分点) |
| 其中:工业投资 | 亿元 | 8.48 | -44.14 | 新型农村合作医疗参保率 | % | 100 | 0(百分点) |
| 服务业投资 | 亿元 | 9.03 | -17.53 | | | | |

## 2015年月城镇开票销售收入前10名企业一览

表79

| 名次 | 企　业　名　称 | 销售收入(亿元) | 法人代表 | 名次 | 企　业　名　称 | 销售收入(亿元) | 法人代表 |
|---|---|---|---|---|---|---|---|
| 1 | 江阴华润制钢有限公司 | 10.95 | 张亚彬 | 6 | 江阴天奋科技有限公司 | 3.81 | 陈　铭 |
| 2 | 江阴锦澄钢铁有限公司 | 7.13 | 吴丁荣 | 7 | 江阴协统汽车附件有限公司 | 3.50 | 钱德洪 |
| 3 | 江阴泰富沥青有限公司 | 5.34 | 丁爱民 | 8 | 江苏宏晟重工股份有限公司 | 3.42 | 偶洪元 |
| 4 | 江苏秋林特能装备股份有限公司 | 5.01 | 钱秋林 | 9 | 江苏佼燕船舶设备有限公司 | 3.17 | 华世正 |
| 5 | 江阴市华盛印刷有限公司 | 4.50 | 严树珊 | 10 | 江苏金峰月城水泥有限公司 | 2.79 | 丁建庆 |

## 2015年月城镇各村(社区)基本情况一览

表80

| 村(社区)名称 | 户数(户) | 人口(人) | 村(社区)党支部(党总支、党委)书记 | 村(社区)主任 | 村(社区)开票销售收入(亿元) | 人均可支配收入(元) |
|---|---|---|---|---|---|---|
| 戴庄村 | 1200 | 4269 | 钱秋林 | 吴伯骏 | 6.71 | 27100 |
| 月城村 | 1543 | 5398 | 秦中华 | 殷建伟 | 10.55 | 28019 |
| 秦皇村 | 896 | 3630 | 苏冬青 | 葛建清 | 1.30 | 26600 |
| 沿山村 | 1200 | 4467 | 梁林宝 | 顾栋华 | 24.14 | 29000 |
| 卧龙村 | 1176 | 4287 | 吴国华 | 司建荣 | 3.05 | 24490 |
| 双泾村 | 2768 | 9328 | 钱德洪 | 钱国尧 | 13.15 | 28320 |
| 下塘村 | 905 | 3320 | — | 薛金方 | 4.26 | 27885 |

续表80

| 村(社区)名称 | 户数(户) | 人口(人) | 村(社区)党支部(党总支、党委)书记 | 村(社区)主任 | 村(社区)开票销售收入(亿元) | 人均可支配收入(元) |
|---|---|---|---|---|---|---|
| 蔡庄村 | 725 | 2455 | 严伟明 | 沈建新 | 2.86 | 25127 |
| 黄桥村 | 1255 | 4310 | 刘登峰 | 翟　民 | 0.98 | 24183 |
| 月城社区 | 706 | 2228 | 赵伟忠 | 赵伟忠 | — | — |

**【首批村级党风廉政监督员上岗】** 2015年,月城镇深入开展"作风建设深化年"活动,推进惩治和预防腐败体系建设,通过各村(社)党组织推选,产生政治素质高、责任心强、在群众中威望高的10名人大代表、党代表、村民代表、企业代表、退休干部,被镇纪委聘请担任党风廉政监督员,聘用期为2年。聘期内,他们有权对全镇党风廉政建设和村务公开情况进行监督,有权了解和督促群众反映问题的办理落实情况,对发现的问题可及时向相关部门提出处理意见建议。据了解,首批上岗的10名村级党风廉政监督员成为党风廉政建设向基层延伸的有力探索,取得较好的预期效果和社会反响。在此基础上,会在全镇事业单位、条线部门推广落实党风廉政监督员制度,实现党风廉政监督员全覆盖。

**【江阴首个"流动调解室"成立】** 2015年,月城镇司法所把超前预防与主动化解相结合,成立江阴首个"流动调解室",指导和参与基层调解组织调处各类民间矛盾纠纷。"流动调解室"精心设计简单实用的现场调解工作设备模式,即:一台照相机、一台记录仪、五个桌牌,主动深入群众家中、工厂办公室、纠纷现场,把人民调解搬到老百姓的家门口。通过现场登记、了解案情、笔录、调解、现场签订调解协议书,把矛盾纠纷化解在现场,并让村(社区)调解员积极参与调解工作,有效地提高全镇调解员的调解工作水平和能力。

**【总投资10亿元项目落户月城】** 2015年10月20日,月城镇在双泾生态园云外水庄举行2015年经贸合作恳谈会,向广大客商推介良好投资环境。该次经洽会上有总投资10亿元的2项项目落户月城,分别为华润制钢公司投资4亿元的20万吨高性能油田用管深加工技术项目和投资1亿美元的光大环保三期扩能项目。

**【道路整治工程】** 2014年12月,月城项目区道路整治工程开工建设,2015年5月汛前完工,整治内容涉及对新丰河、新胜河、创新河等河道进行疏浚、岸坡整治、水系连通、生态修复等,工程总投资3100多万元。整治工作完成河道清淤21.66千米,岸坡整治34.6千米,河道生态修复0.65公顷,新建亲水平台2座,新建桥梁1座。

**【"中国梦·水韵情"文体惠民月活动】** 2015年5月24日,月城镇"中国梦·水韵情"文体惠民月活动举行开幕式,吸引周边居民800余人到场观看。文体惠民月系列活动从5月下旬持续到7月中旬结束。活动期间,开展龙舟、象棋、篮球、乒乓球、自行车巡游等体育赛事,并有歌咏比赛、书画笔会、摄影比赛、民俗技能和非遗展示、微信大赛、广场舞、免费剧场等11项文化活动。通过举办文体惠民月活动,在全镇上下营造"文明大家行、创建齐参与"的浓厚氛围,同时搭建一个参与文明创建、自我展示、自娱自乐的交流平台。 (戴翊婷)

## 青阳镇

**【概况】** 青阳镇位于江阴市南端,东与徐霞客镇接壤,南与无锡市惠山区堰桥街道、前洲街道相邻,西与常州武进区芙蓉镇隔河相望,北与月城镇毗邻。中心镇区距江阴市区18千米。区域面积67.56平方千米,下辖15个行政村和4个社区居委会。2015年年末,有户籍人口70006人,其中男性35051人、女性34955人;有少数民族13个505人。有外来暂住人口33559人,其中男性18920人、女性14639人。

政治建设　坚持党要管党,从严治党,全面落实管党治党责任,深入贯彻落实党的十八大,十八届三中、四中、五中全会和习近平总书记系列重要讲话精神,严格执行党的政治纪律和政治规矩,持之以恒落实中央"八项规定"* 和省市"十项规定"*,从严治党取得新成效。举办机关、村(社区)干部队伍建设培训班、基层服务型党组织建设培训班、党建文化及农村政策解读专题讲座等学习活动16次,有效提升镇村干部的理论知识水平和实际工作能力。利用镇党校和各村分党校培训阵地,采取冬训,支部党员大会、支部委员会、党小组会、党课"三会一课","书记讲党课"等多种形式,加强理论辅导,冬训参训人数4048人,参训率98%。以"暨阳党建先锋行"为主题,以"五先五好"* 竞赛活动为抓手,深化党组织建设,重点打造普照村、旌秀社区和镇便民服务中心党建示范阵地,建立青阳医院"党建先锋行、青阳心连心"、江苏广信公司注入"量质齐升"新动力的党建格局,不断完善和创新基层党组织活动载体。依托青阳"无线知识堂"、道德大讲堂、农村党员远程教育站点等载体开展各类党员培训活动,全年培训入党积极分子54人、新党员68人、党员干部3986人。实施发展党员全程纪实,把紧"入口关"、把严"管理关"、把好"出口关",深入开展党员组织关系排查工作,完善流动党员管理制度,新发展党员50人。以"人才强企"为突破点,举办大学生专场招聘会3期,开展教授博士柔性进企业活动,新引进高层次人才18人,其中博士4人、研究生14人,新引进海外留学人才4人,新引进外国专家2人,新申报国外技术管理、人才项目1项,新申报江阴市级博士后科研工作站

1个。全面落实党风廉政建设责任制,严格执行党风廉政建设党委主体责任和纪委监督责任,完善镇村两级党组织党风廉政建设"两个责任"*清单,运行党风廉政建设"两个责任"网络管理系统,开展"强化纪律意识、落实'两个责任'"主题教育,定期开展作风监察、效能监察,党务、村务、财务"三务"公开检查等监督检查活动,对党员干部"八小时内外"作风建设情况开展全面监督,通过制度廉评整改公共资源交易等方面的廉政风险5条,筑牢青年干部"廉政价值观""思廉日"主题教育活动等廉政教育品牌作为特色亮点登录江苏省纪委网站。

经济建设　面对复杂严峻的宏观经济形势,坚持稳中有进总基调,综合施策,积极应对,全镇经济保持平稳健康发展。完成地区生产总值59.42亿元;完成一般公共预算收入3.2亿元,比2014年增长17.6%。产业经济加快转型,完成规模以上工业总产值70.20亿元,新上技改扩能项目38项,新增到位注册外资152万美元;全年完成进出口总额2.13亿美元,其中自营出口1.72亿美元,比2014年增长6.8%。传统行业加快转型升级,以江阴普顿塑胶有限公司、江阴德鑫汽车座椅有限公司、江苏江特科技有限公司为代表的优势成长型企业发展势头良好,以江苏广信感光新材料股份有限公司、江阴市辉龙电热电器有限公司为代表的企业通过开展国际技术合作,全力加快产品提档升级。积极防控经济金融风险,无锡市兆顺不锈钢中板有限公司、江阴青阳钢材市场等重点企业调整重组工作有序推进。完成限额以上社会消费品零售总额2.56亿元,完成主辅分离企业1个,实现服务业增加值28.93亿元。镇区商贸业态不断完善,以悟空寺、嘉茂国际花鸟园为主的生态文化旅游业,全年接待游客35万人次。新成立2个专业合作社、4个家庭农场,落实惠农补贴资金400多万元,粮食生产连续12年实现丰收。项目投入稳步推进,完成全社会固定资产投资28.6亿元,比2014年增长6.9%,其中超亿元项目10项。工业完成投资15.74亿元,丽宝第帝彩新材料、新海船舶竣工投产;服务业完成投资12.02亿元,恒和地产一期项目开盘,钻石广场加紧建设。产业结构加快调整,严格实施污染物总量控制,加强重污染高耗能行业整治,协调推进蒸汽管网和天然气管网建设,关停"三高两低"企业*5个,淘汰燃煤锅炉35台,完成"三同时"项目*验收25项,发展空间进一步拓展。园区开发成效初显,拆迁攻坚扫尾加快推进,河道清理工作扎实有效,桐岐工业大道、青霞路、第二过江通道全部建成通车,招商引项工作取得突破,园区面貌得到显著提升。

社会建设　科技创新取得显著成效,新认定省级高新技术企业4个、民营科技企业12个、信用管理贯标企业3个,获准省高新技术产品4种、省创新创业"双创"博士1名,全年申请专利329件,江苏广信感光新材料股份有限公司完成上市第一轮审核,无锡药兴医药有限公司、江苏江特科技有限公司、江阴市宏创铸造有限公司"新三板"*挂牌工作稳步推进。积极推进新一轮教育改革,办学特色逐步凸显。深入开展全国文明城市创建工作,扎实推进城乡环境综合整治,依法治理户外广告设施,滚动式清理乱张贴、乱喷涂、乱刻画"三乱"小广告,集中整治无证摊、店外经营行为,门店秩序得到进一步规范,积极推行建筑工地文明施工标准化建设,废旧回收点专项整治工作取得扎实成效。持续加大教育投入,教育质量稳步提升,平安校园建设日益稳固。凝秀湖健康主题公园建成投运,总投资300万元新建、改造健身场地89片。广泛开展广场舞比赛、家庭美德流动大舞台等一系列群众文化活动,全年向基层送演出72场次,送电影258场、送图书3800册。加大公共卫生投入力度,改造完成青阳医院医疗双路供电工程。继续推进新型农村合作医疗保障工作,为全镇近3万名群众开展免费健康体检,人口和计划生育工作取得新成效。全年拆除面积3万平方米,拆迁工作进入扫尾阶段。青东二期、南村头安置小区交付使用,分配安置房766套,毓秀园安置小区主体工程封顶。圣杨路改造提升工程开工建设,镇区污水管网工程有序实施,北环路桥加紧建设,新建8座功能型公交站台,全面实施远望南路、南桥引桥、振阳路等近3000米道路亮化工程,完成村级主要道路1300米护栏及道桩工程,安置小区停车位扩容改造、天然气接管工程进展顺利。举办劳动用工招聘会2期,提供就业岗位1393个,实现本地农村劳动力就业1128人,扶持自主创业124人,高校毕业生就业率98%,困难大学生就业率100%。举办各类职业技能培训班6期,完成培训鉴定取证人数598人。城保扩面新增参保2242人,全年为246人办理即征即保。大力推进救助体系建设,全面落实灾害救助应急保障,双拥优抚保障和安置,全年发放各类补、救助资金1000余万元,生活困难、因病致贫群众基本生活得到有效保障。全年新增绿化面积66.67公顷,全面完成海港大道、锡澄运河沿线绿化工程,普照村、悟空村、里旺里村创建为省级村庄绿化示范村,邓阳村顺利通过省卫生村复查。深入开展"社会治理创新深化年"活动,省综治信息系统覆盖到所有村社,网格员队伍建设得到强化,矛盾纠纷排查化解落实有力,有序开展社会稳定风险评估工作,群众来信来访全部得到有效答复,社区矫正、安置帮教和戒毒康复工作成效明显,全年调处各类矛盾纠纷案件2600件,成功率100%。扎实开展百场法制讲座、培训千名农村法律明白人、送法下乡一万户等活动,法治文化阵地建设初具规模,微博、微信、微视、动漫"三微一动"新媒体法制宣传品牌效应不断放大。推进治安监控网络化技防建设,规范外来人员管理,社会治安总体稳定。严格落实安全生产责任制,规范提升基层安监队伍建设,深入开展危险化学品、职业卫生、电梯安全等安全生产专项整治工作,企业安全生产标准化建设不断增强,全镇安全生产形势相对平稳。全年调处劳资和工伤纠纷案件275件,调解处理经济补偿额705万元。

## 2015 年青阳镇主要经济社会指标一览

表 81

| 指　　标 | 单　位 | 数　量 | 比 2014 年增减(%) | 指　　标 | 单　位 | 数　量 | 比 2014 年增减(%) |
|---|---|---|---|---|---|---|---|
| 地区生产总值 | 亿元 | 59.42 | 0.30 | 到位注册外资 | 万美元 | 152 | 347.12 |
| 人均地区生产总值 | 万元 | 5.70 | -1.13 | 工业企业 | 个 | 729 | 3.40 |
| 财政收入 | 亿元 | 5.92 | 9.37 | 服务业增加值 | 亿元 | 28.93 | 1.60 |
| 第二、第三产业增加值占地区生产总值比重 | % | 94.17 | -0.61(百分点) | 限额以上批发零售业销售总额 | 亿元 | 24.63 | -8.50 |
| 农业总产值 | 亿元 | 10.83 | 5.45 | 限额以上批发零售业零售额 | 亿元 | 2.56 | 6.20 |
| 粮食总产量 | 万公斤 | 2.35 | -8.24 | 中小学校 | 所 | 7 | 0 |
| 工业总产值 | 亿元 | 97.47 | -9.15 | 中小学校在校学生数 | 人 | 11456 | -3.32 |
| 其中:规模以上工业总产值 | 亿元 | 70.20 | -14.66 | 数字电视入户率 | % | 99 | 0(百分点) |
| 工业利税总额 | 亿元 | 5.71 | -18.31 | 农村居民人均可支配收入 | 元 | 25324 | 7.94 |
| 其中:规模以上工业利税总额 | 亿元 | 3.48 | -5.69 | 社保参保率 | % | 50 | 3(百分点) |
| 工业用电量 | 亿千瓦时 | 5.47 | -6.12 | 劳动合同签订率 | % | 98 | 0(百分点) |
| 全社会固定资产投资 | 亿元 | 28.60 | 6.90 | 月薪制实施率 | % | 93 | 5(百分点) |
| 其中:工业投资 | 亿元 | 15.74 | 0.10 | 新型农村合作医疗参保率 | % | 100 | 0(百分点) |
| 服务业投资 | 亿元 | 12.02 | 17.60 | | | | |

## 2015 年青阳镇开票销售收入前 10 名企业一览

表 82

| 名次 | 企　业　名　称 | 销售收入(亿元) | 法人代表 | 名次 | 企　业　名　称 | 销售收入(亿元) | 法人代表 |
|---|---|---|---|---|---|---|---|
| 1 | 无锡市金涛铜业有限公司 | 11.75 | 金　唐 | 6 | 江苏广大钢板加工有限公司 | 2.54 | 朱跃利 |
| 2 | 江阴市澄润石油化工有限公司 | 8.93 | 赵亚军 | 7 | 无锡早川电子有限公司 | 2.35 | 安达秀男 |
| 3 | 江阴市方强铜业有限公司 | 4.74 | 王美林 | 8 | 江苏森森水族用品有限公司 | 2.35 | 林坚定 |
| 4 | 江苏星源航天材料股份有限公司 | 3.99 | 王世英 | 9 | 江苏广信感光新材料股份有限公司 | 2.28 | 李有明 |
| 5 | 江苏巴赛尔聚烯烃新材料有限公司(三产) | 3.28 | 谭冬春 | 10 | 江阴铭源铜业有限公司 | 2.16 | 黄良华 |

## 2015 年青阳镇各村(社区)基本情况一览

表 83

| 村(社区)名称 | 户数(户) | 人口(人) | 村(社区)党支部(党总支、党委)书记 | 村(社区)主任 | 村(社区)开票销售收入(亿元) | 人均可支配收入(元) |
|---|---|---|---|---|---|---|
| 街西村 | 578 | 1803 | 郑　云 | 胡志龙 | 2.57 | 26250 |
| 青联村 | 905 | 3011 | 沈国清 | 陈国兴 | 14.57 | 27800 |
| 小桥村 | 1327 | 4870 | 李忠德 | 袁兴才 | 15.54 | 30500 |
| 建义村 | 940 | 3329 | 张国清 | 庄晓平 | 26.64 | 25000 |
| 里旺里村 | 1428 | 5206 | 朱伟清 | 吴耀兴 | 14.23 | 26000 |
| 悟空村 | 1471 | 5455 | 黄永庆 | 吴上飞 | 4.98 | 26480 |
| 普照村 | 1355 | 5021 | 王林仁 | 顾彰荣 | 3.53 | 25200 |

续表83

| 村(社区)名称 | 户数(户) | 人口(人) | 村(社区)党支部(党总支、党委)书记 | 村(社区)主任 | 村(社区)开票销售收入(亿元) | 人均可支配收入(元) |
|---|---|---|---|---|---|---|
| 芦塘村 | 1344 | 4992 | 薛　俊 | 李伟良 | 7.79 | 24800 |
| 邓阳村 | 715 | 2657 | 王建峰 | 薛荣伟 | 3.21 | 25200 |
| 塘头桥村 | 1147 | 3927 | 陈林芳 | 薛思新 | 5.21 | 23000 |
| 新安村 | 998 | 3588 | 吴伟祥 | 奚甫清 | 2.03 | 27500 |
| 桐岐村 | 1023 | 3533 | 马兴洪 | 顾敏刚 | 4.56 | 26323 |
| 赵宕村 | 1106 | 4110 | 俞建国 | 李立新 | 5.68 | 26000 |
| 泗河口村 | 1126 | 4330 | 曹文江 | 冯海光 | 5.87 | 24103 |
| 树家村 | 1415 | 5380 | 江　海 | 王建峰 | 4.58 | 26400 |
| 旌阳社区 | 1277 | 3074 | 薛　葵 | 薛　葵 | — | 25324 |
| 迎秀社区 | 1870 | 4988 | 孙　鸣 | 顾玉才 | — | 25324 |
| 桐岐社区 | 94 | 225 | 朱仁良 | 朱仁良 | — | 25324 |
| 旌秀社区 | 224 | 603 | 姜　桦 | 姜　桦 | — | 25324 |

**【省内首个综合性乡镇交通事故处理中心成立】** 2015年5月,为更好地顺应人民群众对交通管理工作的新期待新要求,交警青阳中队成立全省首个乡镇地区的交通事故处理综合服务中心。该中心整合市司法、法院、物价、人保、平安、太平洋保险、紫金保险、律师行业协会、江阴农商银行9个单位力量,建立服务引导台、接待受理室、交调对接室、保险理赔点、社会救助基金受理点、物价评估点、巡回法庭、人民调解室等,实现交警、法官、律师、人民调解员集中办公,并按照标准化要求,统一外观标志,相关职责、制度全部上墙公示,为事故当事人提供调查认定、交通事故裁判、人民调解、保险理赔、社会救助、司法援助、财损评估等一站式服务,确保交通事故案件"快审、快结、快赔",规范的硬件设施、周到的便民举措受到各级领导和当地群众的一致好评。

**【普照村获评全省首批"水美乡村"】** "水美乡村"是2014年由江苏省水利厅在全省范围内发起的,主要包括"水美乡镇"和"水美乡村"两大类。之后,普照村遵循人水和谐发展理念,在全面规划的基础上因地制宜开展水环境治理和水生态保护,做到水安全有保障、水资源有保证、水环境有保护、水文化有底蕴、水景观有特色,为全市农村水环境治理发挥示范带动作用。2015年2月,首批江苏省级"水美乡村"评选结果出炉,青阳镇普照村成功上榜。

**【青阳商会获评省先进集体】** 青阳商会成立于1993年12月,为江苏省第一个镇级商会,有会员112人,先后多次被无锡市工商联、江阴市工商联评为先进商会。2014年以来,青阳商会始终秉承"用心服务、用情凝聚"的发展理念,按照高标准认真履行人民团体和民间商会的工作职能,紧紧围绕服务经济开展各项工作,充分发挥商会作为联系党委政府与非公经济企业桥梁纽带和参谋助手作用,有力地促进地方经济发展,推进地区"三个文明"建设,为提升区域竞争力作出积极贡献。2015年5月20日,青阳商会召开第四次会员大会,大会选举产生青阳商会第四届理事会理事、会长、副会长、秘书长。聘任名誉会长、副会长。12月,青阳商会被江苏省工商联评为2015年度商会组织先进集体。

**【青阳镇第十八届人民代表大会第四次会议召开】** 2015年1月29—30日,青阳镇召开第十八届人民代表大会第四次会议,镇领导郁秋皓、邹星洪、张晓新、李玉虎、邱振海、赵华、顾健、华林其及大会主席团成员在主席台就座。大会由主席团执行主席张晓新主持。大会应到会代表91人,实到会代表87人。出席该届人代会的列席代表79人,应邀参加旁听市民代表8人。镇长邹星洪代表镇政府向大会作政府工作报告。镇人大副主席李玉虎代表镇人大向大会作人大工作报告。镇党委书记、人大主席郁秋皓在闭幕式上发表重要讲话。大会以无记名投票的方式,依法选举华林其、顾健为青阳镇政府副镇长。大会审议并通过《青阳镇人民政府工作报告》《青阳镇人民代表大会工作报告》《青阳镇2014年财政预算执行情况和2015年财政预算草案的报告》。通过关于政府工作报告的决议;通过关于人大工作报告的决议;通过关于2014年财政决算情况和2015年财政预算报告的决议;听取并通过关于2014年财政预算执行情况和2015年财政预算草案的审查报告。 (吴金伟)

## 徐霞客镇

**【概况】** 徐霞客镇是明代杰出地理学家、旅行家、探险家徐霞客的故乡,是国家卫生镇、全国环境优美乡镇、全国旅游特色景观名镇、全国经济发达镇行政管理体制改革试点镇和江苏省省级休闲旅游度假区。该镇位于江阴市南部，东与祝塘镇、周庄镇接壤，南和无锡市惠山区堰桥镇隔界河相望，西同青阳镇、月城镇毗邻，北连南闸街道、云亭街道。区域面积110.17平方千米，下辖21个行政村（其中7个村居合一）。2015年年末，有户籍32614户109803人，其中男性54828人、女性54975人；有少数民族20个948人。有外来暂住人口50571人，其中男性28199人、女性22372人。

政治建设　持续抓好党的群众路线教育实践活动专项整改，扎实推进"三严三实"*专题教育。组织开展社会主义核心价值观教育实践活动，建立"徐霞客好人榜"，开展"好人"关爱工程。开展"科学统筹、奋起实干，再创徐霞客新一轮改革发展新辉煌"主题宣传，以融入实际、融入工作、融入生活的"八个一"（一月讲、一条街、一块牌、一书签、一福贴、一封信、一个队、一传播）让社会主义核心价值观更加深入人心。继续推出"寻找徐霞客好人"栏目，大力宣传身边典型，弘扬正能量，全年在江苏省、无锡市级媒体报道信息15条，江阴市级媒体报道信息200余条。借助徐霞客公祭、徐霞客国际旅游文化节等交流活动，弘扬徐霞客文化、传承徐霞客历史、宣传徐霞客形象，提升徐霞客镇知名度和美誉度。"七一"期间，表彰优秀共产党员88人、先进基层党组织10个、优秀党务工作者10人、党员示范户8个、党员先锋岗9个、获评江阴市优秀党务工作者3人、江阴市"五先五好"*服务型党组织1个。全镇各级党组织组织培训达1万人次，涉及各级、各类党组织88个，党员6000余人。培训入党积极分子145人，发展党员44人，转正预备党员64人。组织行政村党总支书记、主任赴华西村参加无锡市培训班，市管干部和中层干部"选师选课选时"培训工作有序推进。坚持党务公开制度，对行政村（社区）的各类重大事项、人事任免、重要经费开支、党费收缴等信息，在党务、村务、财务"三务"公开栏里及时公布和更新。在全镇各级党组织中开展内容丰富、形式多样的"5·10"思廉日党风廉政主题教育7大系列活动。即开展一次廉政专题学习活动、一次廉政警示教育活动、一次廉政谈话活动、一次主要领导上廉政党课活动、一次廉政文化书画展览活动、一次村级财务大检查活动、一次党风廉政建设督查活动，营造更加风清气正的发展环境。由镇纪委牵头，建立日常巡查消费娱乐场所、不定期抽查镇机关各行政村（社区）工作作风、专项检查2013—2014年度村级财务查规章制度、查审批流程、查公开公示"三查"制度，并对查出的问题严肃问责，开展巡查、督查32次，廉政谈话26人次，有4名党员干部主动到镇纪委上交礼金礼品，制定出台《关于加强农村集体资金、资产、资源"三资"管理的若干规定》，年内处理各级纪检信访案件54件，完成交办案件23件，自办案件4件，给予党纪处分27人，挽回镇村直接经济损失57万余元。徐霞客镇商会换届更名为徐霞客镇总商会，升格为江阴市首个镇街总商会，并完成市民政社会团体登记。健全镇级党外代表人士信息库，筹划"少数民族之家"，探索非公企业参与少数民族流动人口管理工作模式。新建5个职工之家，举办"徐霞客工人好声音"歌咏比赛、职工羽毛球比赛、迎国庆职工足球赛、"天龙杯"电焊工技能操作比赛、"天天文化杯"职工技能比赛等，在基层企业挖掘职工中的"绝技、绝招、绝活"，多形式服务职工发展。建立全镇"困境儿童"信息库，探索困境儿童的长效帮扶机制，成立慈善助学基金会——"牵手助学基金"，首批募集慈善款20万元。东宏村青少年维权岗被评为无锡市级维权岗，进一步拓展团建阵地。向部队输送体检复检合格、政治考核合格"双合格"优秀青年，健全民兵应急指挥机制，完善反恐维稳、抢险救灾等方案，完善镇级战时国防动员指挥机构和网络建设。自觉接受人大、政协和群众监督，全年接受专项评议5次，办理人大代表提案和建议25件。年内8项民生实事工程全面完成。

经济建设　全年实现地区生产总值112.01亿元；完成全社会固定资产投资42.62亿元；全口径财政收入12.49亿元，公共财政预算收入6.22亿元；到账外资3321万美元。实现农业总产值10.01亿元，全年粮食总产量2380.9万公斤，出栏生猪8.1万头，家禽36.2万羽，果品面积649.9公顷，蔬菜生产面积933.8公顷，产量7.7万吨。新增设施农业84.3公顷，申报落实省级现代农业产业项目5项，引进农业新品种5个、示范农业新技术3项，培育科技示范户150户；新建农业项目18项，总投资1.54亿元。新增各类农机具79台套、农残速测点2个，经工商登记注册的合作社累计107个，推广农产品直销点5个，新增绿化造林面积45.08公顷，全镇林木覆盖率24.3%。秸秆还田率98%，峭岐村、璜塘村成功创建无锡市森林村。工业投资23.07亿元，完成工业项目、政府工程项目备案、核准50项。工业技改投入7.1亿元，技改扩能项目31项。同发机械、金茂化纤、弘基纺配等工业项目竣工投产，规模以上工业企业新增设备投入7.6亿元。成功举办2015年徐霞客金秋经贸洽谈会，成功签约15项项目，总投资48.5亿元，涉及工业、现代农业、服务业、民生、电子商务等多个领域。由中农批电商（北京）建设开发有限公司投资建设的"中国供销苏南农产品电商物流商贸园"总投资25亿元，建成集农副产品电商线上线下交易、冷链仓储、批发展销、加工配送、物流运输于一体的农副产品大数据、检测、价格、商品集散展销、电商仓储物流和食品加工中心。全镇进出口总额7.45亿美元，其中自营出口5.6亿美元。完成新批境外投资项目1项，外经合作中方协议投资额1000万美元。服务业投资18.03亿元，实现服务业增加值40.09亿元，占地区生产总值的比重35.8%。上报主辅分离企业1个。关停"三高两低"企业*6个，关停取缔各类小作坊45个，淘汰燃煤锅炉15台，实施煤改气5台。全年削减化学需氧量40.8吨，单位地区生产总值能耗下降4.3%，万元规模工业增加值能耗下降4.2%，重点用能企业万元产值能耗下降4.4%，年原煤消耗下降6万吨。完成企业废气治理工程1个，清洁生产审核1个。严把项目准入关，全年审批项目54项，拒批项目10项，检查“三同时”项目*85 项。2 项通过 ISO 14000 环境管理体系认证,3 项重点节能及循环经济项目通过验收。新建排涝泵站 6 座,完成徐霞客村界河京沪高铁段圩堤加高加固、马镇北渚驾校段圩堤灌浆工程,完成冶坊桥、黄泥沟河河道综合整治,清淤总长度 1.5 千米。建成丁岸桥、新璜河 1 号桥、公益桥、新须桥、青禾桥和芦青桥 6 座农桥。全年编制季度排行榜 4 期,发布统计信息 8 篇。参加统计从业资格考试 23 人,统计持证人员参加统计继续教育 419 个。年内规模以上工业企业、资质等级建筑业企业、限额以上批零住餐企业、服务业企业“四上企业”申报联网直报规范化建设达标单位 61 个。完成江阴市 1% 人口抽样调查工作,全镇调查登记 374 户 1341 人。市农村产权(徐霞客)交易服务中心试运行,实现网上交易 8 笔,总金额 5.8 万元。继续推进农村土地承包经营权确权登记工作,启动 14 个村确权登记颁证工作,涉及村民小组 356 个、农户 1.05 万户、人口 3.7 万人、承包地 1800.9 公顷。

社会建设　加强企业创新体系建设,全年全社会研发投入 3.5 亿元,占地区生产总值比重 3.12%。专利申请和授权分别为 205 件和 198 件,发明专利申请 36 件,规模以上工业企业新建研发机构 4 个,申报各级各类科技计划项目 11 项,组织实施重点产学研项目 1 项,申报高新技术企业 4 个,认定省民营科技企业 11 个,获批无锡市工程技术中心 1 个。申报省名牌 1 个、无锡名牌 2 个。配合市教育局招录公办教师 8 人,建成学生候车亭 20 座,发放校车运营补贴 200 多万元,完成峭岐实验小学西校区 5 号教学楼加固、峭岐实验小学消防改造、峭岐实验小学报告厅、徐霞客幼儿园食堂改造工程,完成璜塘实验小学 7 号、8 号教学楼扩建工程。全镇村级文化活动室全部达标,村文化辅导员全覆盖。出版《胜水桥诗钞》(第三辑),举办社会艺术人才培训班 8 期,镇村两级文艺工作者创作、表演的小品相继获市第二届“芙蓉花奖”曲艺故事类创作奖二等奖、小戏小品类创作奖二等奖。全年文化下乡送戏 85 场,送电影 257 场,送评弹 50 场,送书 5000 册,直接受惠群众近 20 万人次。新增体育健身场所 21 个,完成 110 个健身场地的塑胶面层铺设,体育场地人均面积超过国家先进标准。农村医疗卫生体系不断完善,新型农村合作医疗保险总保费增至 740 元,参保率继续保持 100%。推进“单独二孩”政策,办理 167 例。全年建成安置房面积 21.44 万平方米(1622 套),完成霞栖苑、方园七村、冯溪家苑等拆迁安置小区交房,完成安置被拆迁户 653 户。镇党委、政府倡导广大被拆迁户参加市场化安置,并根据镇被拆迁户实际需求,有针对性地推出有利于被拆迁户的政策,全年有 154 户采用市场化安置方式选购商品房 255 套,消化存量商品房 2.7 万平方米,累计为镇财政节约各类安置费用 1100 万元,带来土地出让收益 1742 万元。配合做好镇村布局规划修编,确定 42 个重点村、57 个特色村、4 个重点(特色)村,配合做好通用机场选址工作,提出相关优化方案。徐霞客镇被授予“十二五”规划课题村镇区域集约发展决策支持系统开发应用示范基地。完成峭岐人民东路道路改造、方园一村南道路沥青摊铺、凤凰路延伸、青南路沥青修补、白屈港沿河混凝土道路工程以及马镇外环北路延伸段路基工程。社会保障广泛覆盖,城保扩面完成 2612 人,居民养老保险续保率 98%。劳动保障书面审查和社会保险登记验证 861 个,职工技能培训鉴定取证人数 1030 人。本地籍高校毕业生就业率 96%,困难家庭毕业生就业率 100%。举办就业招聘会 3 场,提供就业岗位 3085 个。村级平台劳动力失业登记及动态维护率 100%。完成异地退休人员健康认证 1000 多人。全年调处各类劳资纠纷 293 个,涉及人员 1250 人,为职工讨回工资款及经济补偿款近千万元。调处工伤 93 件,调处金额 900 多万元。新增残疾人工作岗位 24 个,全镇有 104 户残疾人纳入农村低保。全年发放各类慰问金 345 万元,发放现役军人优待金 219.6 万元。认真开展“打非治违”专项行动,依法依规严厉打击非法违法行为。全年督查企业 620 余个(次),查出隐患 1860 余条,整改率 97%。全镇有 80 余个企业完成安全生产标准化申报工作,其中 40 余个企业通过考核验收。积极推进危化品企业安全生产标准化提档升级,1 个危化品企业达到二级标准化水平。培训特种操作人员、企业安全管理人员等 855 人。全年立案查处违法用地 3 件,拆除整改 5 件,立案查处厂企违建 70 件,拆除各类违建 92 件,拆违面积 2657 平方米。处理食品安全投诉举报 8 件。全年无重特大事故发生。深入开展“六五”普法教育活动,新增江苏省民主法治村 2 个。14 个村通过“无邪教创建示范镇”和“无邪教创建示范村(社区)”考评。开展“徐霞客老娘舅”村组义务调解员网络建设,21 个行政村有“老娘舅”271 人。深入开展技防镇二期——“平安技防村”工程建设,对全镇 21 个行政村村道路口、重点场所新增治安技防监控 500 个,通过一、二期工程建设,全镇技防建设工程竣工,镇村一体化技防网络圆满建成。积极推行村(社区)网格化服务管理,村(社区)综合服务管理体系进一步完善。峭岐社区被评为国家级防震减灾社区,阳庄村被评为省示范村。持续抓好环境卫生综合整治,璜塘村小桥头和南苑村王家村被评为省三星级康居乡村。全年镇便民服务中心受理业务 11410 件,办结率 100%。政府招标工程项目 143 项,金额 5165.6 万元,村级工程 26 个,金额 810.4 万元。镇便民服务中心建成,占地面积 1500 平方米,进驻部门 17 个,进驻事项 64 项,涉及农经、环保、卫生、计生、残联、民政、农林、水利、建设、城管、房管以及社保等部门。全年排查化解各类矛盾纠纷 700 多件,信访办结来信来访 1388 件,接待法律咨询 380 余人,办理法律援助案件 55 件。办结“12345”公共服务呼叫中心咨询、投诉 1495 件,市民满意率 98% 以上。省级综治信息平台平稳运行,平台数据 65545 条。全年破获刑事案件 211 件,抓获刑事作案人员 251 人,破获治安案件 773 件,抓获违法人员 451 人。

## 2015年徐霞客镇主要经济社会指标一览

表84

| 指标 | 单位 | 数量 | 比2014年增减(%) | 指标 | 单位 | 数量 | 比2014年增减(%) |
|---|---|---|---|---|---|---|---|
| 地区生产总值 | 亿元 | 112.01 | 4.40 | 到位注册外资 | 万美元 | 3321 | -18.30 |
| 人均地区生产总值 | 万元 | 10.19 | 4.20 | 工业企业 | 个 | 1327 | -5.10 |
| 财政收入 | 亿元 | 12.49 | 7 | 服务业增加值 | 亿元 | 40.09 | 9.20 |
| 第二、第三产业增加值占地区生产总值比重 | % | 95.53 | 0.79(百分点) | 限额以上批发零售业销售总额 | 亿元 | 50.21 | 61.50 |
| 农业总产值 | 亿元 | 10.01 | 4.50 | 限额以上批发零售业零售额 | 亿元 | 3.01 | 10.80 |
| 粮食总产量 | 万公斤 | 2380.90 | -11.80 | 中小学校 | 所 | 5 | 0 |
| 工业总产值 | 亿元 | 323.74 | 2.70 | 中小学校在校学生数 | 人 | 8985 | -0.30 |
| 其中:规模以上工业总产值 | 亿元 | 260.01 | 1.30 | 数字电视入户率 | % | 96 | -3.03(百分点) |
| 工业利税总额 | 亿元 | 23.71 | 21.10 | 农村居民人均可支配收入 | 元 | 24281 | 8.50 |
| 其中:规模以上工业利税总额 | 亿元 | 17.38 | 19.20 | 社保参保率 | % | 98 | 2.08(百分点) |
| 工业用电量 | 亿千瓦时 | 11.21 | -4.40 | 劳动合同签订率 | % | 92 | -3.15(百分点) |
| 全社会固定资产投资 | 亿元 | 42.62 | 5.60 | 月薪制实施率 | % | 95 | -1.04(百分点) |
| 其中:工业投资 | 亿元 | 23.07 | 2 | 新型农村合作医疗参保率 | % | 100 | 0(百分点) |
| 服务业投资 | 亿元 | 18.03 | 5.60 | | | | |

## 2015年徐霞客镇开票销售收入前10名企业一览

表85

| 名次 | 企业名称 | 销售收入(亿元) | 法人代表 | 名次 | 企业名称 | 销售收入(亿元) | 法人代表 |
|---|---|---|---|---|---|---|---|
| 1 | 海润光伏科技股份有限公司 | 94.86 | 杨怀进 | 6 | 江阴市南阳彩色纤维母粒有限公司 | 4.65 | 朱涵晓 |
| 2 | 江阴新仁科技有限公司 | 32.83 | 曾明柳 | 7 | 江苏霞客环保色纺股份有限公司 | 4.56 | 汪瑞敏 |
| 3 | 阿法拉伐(江阴)设备制造有限公司 | 10.40 | 约兰·马蒂 | 8 | 江阴市同发新能源科技有限公司 | 3.31 | 谢晨毅 |
| 4 | 江阴市中润化工有限公司 | 7.61 | 王网忠 | 9 | 江阴金球铜业有限公司 | 3.30 | 朱 翼 |
| 5 | 无锡圣马科技有限公司 | 6.21 | 孙秉忠 | 10 | 江阴康丽服装有限公司 | 3.24 | 夏婉珍 |

## 2015年徐霞客镇各村(社区)基本情况一览

表86

| 村(社区)名称 | 户数(户) | 人口(人) | 村(社区)党支部(党总支、党委)书记 | 村(社区)主任 | 村(社区)开票销售收入(亿元) | 人均可支配收入(元) |
|---|---|---|---|---|---|---|
| 金凤村 | 1581 | 5356 | 张国兴 | 许 栋 | 8.65 | 27050 |
| 任九房村(社区) | 1501 | 4382 | 任巍峰 | 任建平 | 101.68 | 30774 |
| 方园村(社区) | 2016 | 6953 | 潘岳明 | 施文革 | 9.31 | 28555 |

续表 86

| 村(社区)名称 | 户数(户) | 人口(人) | 村(社区)党支部(党总支、党委)书记 | 村(社区)主任 | 村(社区)开票销售收入(亿元) | 人均可支配收入(元) |
|---|---|---|---|---|---|---|
| 新须毛村 | 984 | 3632 | 张亚良 | 孔忠平 | 7.92 | 33000 |
| 璜东村 | 1059 | 3960 | 王　斌 | 朱国华 | 10.72 | 35500 |
| 上东村 | 1742 | 6202 | 程　云 | — | 12.75 | 28120 |
| 璜塘村(社区) | 1387 | 4088 | 张银初 | 张振华 | 30.99 | 30000 |
| 北渚村(社区) | 2030 | 6536 | 徐　虎 | 曾雷军 | 15.06 | 27300 |
| 徐霞客村(社区) | 1269 | 4053 | 沈玉娟 | 沈贤斌 | 5.10 | 24145 |
| 马镇村 | 1127 | 3785 | 俞立夏 | 张静德 | 8.09 | 25905 |
| 湖塘村 | 1040 | 3437 | 范云飞 | 张　坚 | 1.84 | 20227 |
| 红星村 | 1402 | 4962 | 王玉萍 | 顾建彬 | 10.07 | 25168 |
| 阳庄村 | 1250 | 4372 | 金　平 | 郭　峰 | 2.13 | 27256 |
| 皋岸村 | 1789 | 6331 | 孔维章 | 李金华 | 5.92 | 24468 |
| 东宏村 | 1769 | 6304 | 吴东晓 | 蒋洪清 | 6.97 | 21308 |
| 黎明村(社区) | 1279 | 4504 | 陆　振 | 封晓忠 | 12.48 | 21200 |
| 峭岐村(社区) | 2335 | 6144 | 陈加平 | 徐　锋 | 3.53 | 26775 |
| 钓岐村 | 1576 | 5469 | 吴雪英 | 林文兴 | 6.00 | 24000 |
| 宏岐村 | 1750 | 6228 | 胡震军 | 吴余清 | 5.88 | 24752 |
| 新街村 | 968 | 3542 | 胡建国 | 王林平 | 3.29 | 23090 |
| 南苑村 | 2760 | 9641 | 胡君良 | 王其海 | 3.15 | 18700 |

**【市场化安置被拆迁户】** 2015年，镇党委、政府通过广泛宣传，为更好解决广大被拆迁户的安置房需求，与被拆迁户代表面对面的座谈、对开发商的需求摸底，主动上门帮助被拆迁户算市场化安置利好的一本账，积极倡导广大被拆迁户参加市场化安置，在安置方式上，依据2014年初制定的市场化安置实施办法。其间，不断完善市场化安置实施办法，推出4个利好广大被拆迁户的政策，对新拆迁项目的协议也增加市场化安置这一栏，为新的被拆迁户创造了一个新的选择，并一步到位，无须申请或户型调整即可解决市场化安置，市场化安置利好政策，得到广大被拆迁户的充分认可，也得到市领导及友邻乡镇的高度评价。年内，峭岐片参加市场化安置并填写申请预定商品房的有127户被拆迁户，计221套商品房；璜塘片有26户被拆迁户，计34套商品房。全年建成3个安置房小区，包括璜塘方园一村七期390套、马镇霞栖苑五期120套、峭岐冯溪家园1112套，建筑面积21.44万平方米。上东村、方园村等7个行政村653户被拆迁户通过抓阄，确定在方园一村六期和凤栖一期的安置房号。

**【市首个农村产权交易市场运行】** 2015年2月6日，江阴市农村产权(徐霞客)交易服务中心揭牌成立，这是市首个综合性农村产权交易服务中心，标志着市农村产权交易平台建设迈出历史性、关键性的一步，在农村综合改革进程中具有十分重要的意义。该中心建筑面积300余

2015年2月6日，江阴市首个农村产权交易中心在徐霞客镇运行

(徐霞客镇党政办提供)

平方米，设有产权交易大厅、竞标室、办公场所，并配有专门的产权交易网站，为农村及涉农各类产权流转、发包、转让等交易提供场所设施、信息发布、登记审核、组织交易和交易鉴证等服务。交易内容主要有八大类：农村土地承包经营权流转、镇村两级集体经济组织的资产发包、镇村两级集体经济组织的资产转让、镇村两级集体经济组织的资金出借、农业生产性设施使用权交易、农村集体经济股份合作社股权抵押和流转、农村闲置房屋和宅基地的流转交易和其他依法属于镇村集体经济组织的农村产权交易等。对进场交易的农民和农村集体经济组织，一律不收取交易服务费。该交易中心的成立，将进一步规范基层资金出借、资产发包转让和土地承包经营权流转行为，弱化行政力量对农村产权交易的干预，从源头上遏制农村基层干部的腐败行为，实现反腐倡廉关口前移。至年末，中心实现网上交易8笔，金额5.8万元。

**【镇商会升格为市首个镇街总商会】** 一直以来，徐霞客镇商会秉承“团结、帮助、引导、教育”的方针，引导会员“爱国、敬业、诚信、守法、奉献”，对推动全镇经济发展做出巨大贡献，巩固和发展徐霞客镇政通人和的政治局面。通过“联心、联合、联谊、联系”，把各方面的智慧和力量凝聚到加快徐霞客发展、加快企业发展上来。2015年4月8日，徐霞客镇商会召开第二届一次会员大会，选举产生第二届商会领导班子。同时商会更名并升格为徐霞客镇总商会，这是江阴市在镇（街道）成立的首个总商会，150名商会会员出席大会。大会选举产生理事54人，无锡圣马科技有限公司董事长孙秉忠当选为新一届总商会会长。

**【流璜张氏宗谱出版】** 据考评，流璜张氏一族起源于徐霞客镇璜上东村流璜畔（后称流璜市），是江阴张氏中的第一大姓。从明朝永乐年间起已第12次修谱，上届修谱是1946年。新谱续修工作于2012年12月启动，涉及10多个乡镇。新谱共28卷，谱内记录2.8万名张氏族人生卒、婚嫁等重要信息。2015年2月1日，历时两年续修完成的“流璜张氏宗谱”在起源地徐霞客镇举行宏发庆典。来自河北、上海、南京、无锡等地500多名张氏族内宗亲代表欢聚一堂，共同庆祝宗谱玉成宏发。

2015年2月1日，流璜张氏宗谱宏发庆典暨宗亲联谊会代表大会召开

（徐霞客镇党政办提供）

**【徐霞客木增二公塑像落成】** 代表着木徐友谊的徐霞客木增二公塑像共做成两对，一对于2015年9月19日在云南省丽江市天雨流芳小广场落成。一对于10月18日在游圣徐霞客故居仰圣园内落成，共同出席活动的云南省丽江市相关部门还向徐霞客故居赠送东巴文对联、纳西族传统服饰、东巴文画字帖等。木增塑像高2.2米，重达950公斤，是江阴梧塍徐氏宗亲出资近50万元捐赠的。二公塑像的落成将成为丽江与江阴人民世代友好的象征，也是木徐两家世代相传友谊的最好体现。

**【周湘云个人书法展】** 周湘云是徐霞客镇马镇社区人，为中国书画艺术委员会委员、徐霞客书画院院长，徐霞客书画协会会长，江苏省书法家协会会员。多年来，周湘云先后以唐诗宋词、毛泽东诗词、徐霞客游记诗词等为题材，创作诸多精品力作。经20余载笔墨修炼，形成自己清丽秀劲、古朴雅健的艺术风格，是一位颇具影响力的实力派书法家。作品曾十多次在国内外书画大赛中获奖，入编《无锡书法五十年》《中国书画家大辞典》等；楷书《沙曾达诗》镌刻于江阴渡江纪念馆碑廊。2015年4月25日、5月18日，周湘云个人书法展分别在南京市金陵美术馆和江阴市博物馆开展，共展出周湘云近60幅书法作品，涵盖楷书、行草、隶书等多种表现形式。吸引江阴、无锡、南京等地书法名家和爱好者前来观展。12月，周湘云被英国牛津艺术学院聘为博士生导师，聘期3年。 （卢淑琴）

## 华士镇

**【概况】** 华士，原名华墅、华市，又称龙砂，素为江南名镇，有5000年的考证史，3200年的文字记载史。宋元时，华士地区已成为江南棉花交易集散中心，有“日出万匹，衣披天下”之美誉。华士钟灵毓秀，曾有“小小华士赛苏州”之誉。华士人文荟萃，南宋至清末，出进士50人，举人62人。华士名医辈出，有“大江南北延医者，都于华墅”之说。华士镇位于江阴市东部，东与张家港接壤，常合（沿江）高速公路、340省道横贯该镇，地理位置优越，水陆交通便捷。华士镇是全国文明镇，下辖27个行政村和2个社区居委会，是“天下第一村”华西新市村的所在镇。镇域总面积74.58平方千米，耕地面积1910公顷。2015年年末，有常住人口92715人，其中男性46071人、女性46644人;有少数民族20个263人,其中男性40人、女性223人。有外来暂住人口109596人,其中男性60585人、女性49011人。

政治建设　深入学习贯彻党的十八大和十八届三中、四中、五中全会精神,以巩固深化党的群众路线教育实践活动成果为重点,以服务型基层党组织建设为主题,深入开展"弘扬华西精神,团结实干担当"等主题活动。抓好机关干部素质教育,组织班子成员和中层干部参加"江阴大学堂"6期,组织开展全镇公务员基本能力提升主题培训。邀请市委组织部部务委员王青授课,对学习贯彻《党政领导干部选拔任用工作条例》等相关条例进行全面解读。抓好基层干部队伍建设,组织全镇村(社区)党组织书记参加无锡市委组织部专题培训,选派17名村(社区)"两委"班子成员参加全市优秀"两委"干部培训,全力打造政治素质强、科学发展能力强"双强"型带头人队伍,并为2016年村(社区)"两委"换届做准备。组织优秀非公企业党组织书记参加全市"两新"*组织优秀党务书记示范培训班。依托党校培训、社会培训等培训体系,培训普通党员5000多人次,培训新党员63人,其中女性25人,举办第50期入党积极分子培训班,培训入党积极分子66人。认真开展党员组织关系排查,按照"不漏一个党支部,不漏一名共产党员"的工作要求,全镇76个基层党组织、239个党支部通过大走访、大调查,共梳理排查党员信息5755人,其中流动党员81人,失联党员8人。深入贯彻落实党要管党,从严治党要求,认真学习推广红豆集团党建经验,发挥先进典型以点带面、示范引领的"领头雁"作用,上报江苏天华纱业集团和江苏巡天网络科技有限公司2个基层党组织作为"雁阵计划"培育对象。春节前,开展道德模范、身边好人走访慰问活动,向江阴市文明办推荐"身边好人"7人,累计拥有"中国好人"2人、"无锡好人"6人、"江阴好人"20多人。利用镇、村道德讲堂,大力开展"道德模范在身边"活动。大力培育和践行社会主义核心价值观,全年制作大型公益广告宣传喷绘21块、13条道路1356面道旗、建筑工地围挡404米、公交站台公益广告93块。大华西基督教活动场所通过省二星级档案室测评,成为全市首个基督教活动场所二星级档案室。江阴市鹏程农业科技发展有限公司总经理龚丽红被授予2015年度无锡市十佳"最美新型青年农民"称号,鹏程农业成功申报"省巾帼现代农业技术示范基地"。组织计算机、插花等培训6期,邀请老师走进企业为女职工授课,全年培训1000多人次。深化"五星文明家庭"创建活动,全镇评出"五星文明家庭"2500多户,"五星文明家庭标兵户"50户。新建独立工会15个,工会小组80个,吸纳工会会员3000多人。举办工资集体协商实务操作和劳动法律法规培训各1期,培训工会干部100多人次;组织100多名工会干部参加劳动争议仲裁庭旁听审理劳动报酬争议案。完成2015年度夏秋季新兵征集。严格按照"两个责任"*和"一岗双责"的政治责任,全面落实党风廉政建设责任制,成立党风廉政建设工作领导小组。严格执行"领导干部有关事项报告制度",实时更新干部廉政档案,认真落实"民主集中制"和重大事项决策、重要干部任免、重要项目安排、大额资金使用"三重一大"报告制,对基层单位主要负责人进行廉政谈话5人次。立案查处党员违纪案件17件,办结17件,处分违纪党员17人。收到信访线索21件,办结21件。

经济建设　全年完成地区生产总值262.86亿元,比2014年增长6.94%;完成公共财政预算收入9.31亿元,比2014年增长13.44%;实现工商业开票885亿元;全社会固定资产投资44.52亿元;完成服务业开票销售180亿元,服务业增加值82.35亿元,占地区生产总值比重31.3%;限额以上批发零售业零售额9.3亿元,比2014年增长4%。全镇592.87公顷小麦,平均每公顷产4879.5公斤,单产比2014年增产2.7公斤,总产量2892.9吨。油菜50.73公顷,单产140公斤,总产106.5吨。因6月特大雨情,导致全镇672.33公顷水稻近半受淹受涝,经过全力补种,秋收平均每公顷产量8964公斤,比2014年增加20.8公斤,总产量6026.6吨。严把叶菜类蔬菜进入市场关,每天抽样检测15份样本,合格率98%以上。新购大型拖拉机4台,旋耕机8台,开沟机4台,烘干机10套,新建农机库房800平方米,其他配套农机具40台套。全镇主要农作物生产机械化水平95%,高效农业主要生产环节机械化水平70%,夏、秋秸秆机械化还田率分别为80%和40%。开展"三走进三服务"*活动,化解风险影响,保障企业供给,为23个企业转贷10亿元。完成工业总产值825.56亿元,比2014年增长1.82%。新开工项目、技改扩能项目中33项超1000万元,4项超亿元。现代农业投入9000万元,完成农业总产值2.5亿元。粮食生产实现"十二连增",鹏程农业、华西智慧农田项目稳步推进。农村土地确权登记工作全面展开,建成镇级农村产权交易中心。有序推进陆丰村、红苗村、陆桥村、陆南村4个行政村农村土地承包经营确权登记工作,涉及农户2331户8319人,确权面积318.07公顷。重点推进海澜之家服饰有限公司投资20亿元扩建物流园区南区、江苏华西集团公司投资6亿元建设文体中心、江苏科利达电子有限公司投资2亿元年产5000万件新型电子元器件组件等一批产业项目。完成到位注册外资5032万美元,完成华西投资的江苏华新融资租赁有限公司一期、二期2项超3000万美元新办协议外资重大项目,新办自营出口获权企业8个,进出口总额9.8亿美元。组织客商参加市镇两级经贸洽谈,6项项目成功签约。全年关停"三高两低"企业*5个、小化工厂3个,关停并拆除废旧塑料造粒小作坊8个,淘汰燃煤锅炉12台,年减排化学需氧量57吨,氨氮7.5吨,完成年度减排目标。

社会建设　重视人才引进和产学研合作,坚持科教兴镇,加强企业知识产权建设。鼓励企业自主创新,申请专利505件,有效发明专利授权28件,省高新技术产品15种,新增中国驰名商标1种。全镇22个大中型企业全部完成研发机构的建设,85个规模以上工业企业完成研发机构建设,覆盖率80%。向阳科技、苏阳电子申报江苏省成果转化项目和江苏省创新创业“双创”计划,苏阳电子申报国家中小企业创新基金,创新气门嘴公司申报江苏省科技支撑计划,哲钢模塑公司申报江苏省国际合作项目,华东装饰材料等7个企业申报江苏省高新技术企业,2个企业参加复审,申报省民营科技企业7个。曙光幼儿园新建落成,陆桥实验小学教学楼改造项目进入招投标阶段,陆桥中学综合楼建设进入室内装饰阶段。全面启动额塘浜沿线企业、龙砂村等地生活污水接管工程,开展龙河村东风浜、龙砂村东升浜等河道清淤疏浚,补助300余万元完善村级防洪排涝工程设施,全镇防汛抗灾应急能力有效提升。加大环卫设施投入,完善环卫管理机制。顺利通过国家卫生镇复查验收。加大农村绿化造林力度,加强镇区主要道路沿线绿化整治,新增绿化面积13.33公顷。启动俭益路、东华路5.5万平方米绿化提升改造。在完成副城地区控制性详细规划及重点地区城市设计基础上,完成人民西路延伸段和龙河、华益、环南路三期,环西路二期近25万平方米安置房的方案及图纸设计。实施环西大桥、华塘河桥改造。全年拆除历史地块遗留被拆迁户47户,完成华益村新开工地块协议签订。镇村管理持续健全。推进陆桥背街小巷改造,完善农贸市场周边交通配套设施。以文明创建和城乡环境综合整治为抓手,投入1200万元开展主干道沿线环境整治,拆除违法建设3700平方米。通过全国文明镇复评。第二届全民运动会举办,第四人民医院平稳运行,第六次老年人代表大会召开。加快建立通村达户、便捷高效的便民服务网络,全年受理各类服务项目2万余项,即办件办结率100%。全镇新增治安监控探头604只,镇、村、企业、家庭防控新体系有效完善。全年举办千人以上文化活动39场、各类大型群众体育活动35场,依法办理二胎生育证336张。全年提供就业岗位6000个,实现本地劳动力就业2110人,新增城保扩面3842人。农村居民人均可支配收入35155元,比2014年增长10.1%。发放各类困难救助885万元、退伍军人安置费443万元、残疾人各类生活补助金382万元。新建居家养老服务站3个,实现居家养老镇村全覆盖,向698位困难老人提供居家援助服务。全年调处各类纠纷案件1600余件,提供法律咨询援助253次。

**2015年华士镇主要经济社会指标一览**

表87

| 指　　标 | 单　位 | 数　量 | 比2014年增减(%) | 指　　标 | 单　位 | 数　量 | 比2014年增减(%) |
|---|---|---|---|---|---|---|---|
| 地区生产总值 | 亿元 | 262.86 | 6.94 | 到位注册外资 | 万美元 | 5032 | 151.60 |
| 人均地区生产总值 | 万元 | 28.41 | 3.41 | 工业企业 | 个 | 1009 | 1.92 |
| 财政收入 | 亿元 | 21.68 | 17.32 | 服务业增加值 | 亿元 | 82.35 | -1.30 |
| 第二、第三产业增加值占地区生产总值比重 | % | 99.37 | -0.05(百分点) | 限额以上批发零售业销售总额 | 亿元 | 91.96 | -24.50 |
| 农业总产值 | 亿元 | 2.78 | 5.76 | 限额以上批发零售业零售额 | 亿元 | 9.30 | 4 |
| 粮食总产量 | 万公斤 | 896.16 | -6.72 | 中小学校 | 所 | 6 | 0 |
| 工业总产值 | 亿元 | 825.57 | 1.80 | 中小学校在校学生数 | 人 | 13597 | 0.82 |
| 其中:规模以上工业总产值 | 亿元 | 714.66 | 1.80 | 数字电视入户率 | % | 95.60 | 0.63(百分点) |
| 工业利税总额 | 亿元 | 52.55 | 14.70 | 农村居民人均可支配收入 | 元 | 35155 | 10.10 |
| 其中:规模以上工业利税总额 | 亿元 | 45.06 | 5.90 | 社保参保率 | % | 98 | 0(百分点) |
| 工业用电量 | 亿千瓦时 | 31.17 | -0.10 | 劳动合同签订率 | % | 98 | 0(百分点) |
| 全社会固定资产投资 | 亿元 | 44.52 | 5.29 | 月薪制实施率 | % | 98 | 0(百分点) |
| 其中:工业投资 | 亿元 | 23.94 | 10.19 | 新型农村合作医疗参保率 | % | 100 | 0(百分点) |
| 服务业投资 | 亿元 | 20.58 | 0.10 | | | | |

## 2015年华士镇开票销售收入前10名企业一览

表88

| 名次 | 企业名称 | 销售收入(亿元) | 法人代表 | 名次 | 企业名称 | 销售收入(亿元) | 法人代表 |
|---|---|---|---|---|---|---|---|
| 1 | 江苏华西集团公司 | 235.60 | 吴协恩 | 6 | 江苏爱康科技股份有限公司 | 15.30 | 邹承慧 |
| 2 | 江苏海达科技集团有限公司 | 80.00 | 徐友才 | 7 | 江苏向阳集团有限公司 | 14.60 | 李国良 |
| 3 | 海澜之家服饰有限公司 | 37.70 | 周建平 | 8 | 江苏鼎威科技集团有限公司 | 14.10 | 邵仲达 |
| 4 | 江苏蝙蝠塑料集团有限公司 | 30.30 | 孟永华 | 9 | 江苏天华纱业集团 | 13.10 | 周爱明 |
| 5 | 江阴市天达针纺织有限公司 | 23.80 | 李　旦 | 10 | 江阴市宏茂纺织有限公司 | 12.00 | 杨寿宝 |

## 2015年华士镇各村(社区)基本情况一览

表89

| 村(社区)名称 | 户数(户) | 人口(人) | 村(社区)党支部(党总支、党委)书记 | 村(社区)主任 | 村(社区)开票销售收入(亿元) | 人均可支配收入(元) |
|---|---|---|---|---|---|---|
| 华西新市村 | 475 | 1968 | 吴协恩 | 吴协恩 | 235.62 | 88000 |
| 华西一村 | 1233 | 4539 | 曹江涛 | 曹江涛 | 1.91 | 33500 |
| 华西二村 | 1053 | 3725 | 朱文明 | 朱文明 | 4.13 | 34720 |
| 华西三村 | 858 | 3185 | 张忠善 | 张忠善 | 3.37 | 33367 |
| 华西四村 | 518 | 1828 | 谢士兴 | 谢士兴 | — | 22000 |
| 华西五村 | 728 | 2747 | 朱惠洪 | 朱惠洪 | 8.44 | 30500 |
| 华西六村 | 658 | 2376 | 周建国 | 周建国 | 1.55 | 27800 |
| 华西七村 | 626 | 2324 | 杨惠英 | 杨惠英 | 0.16 | 28360 |
| 华西八村 | 814 | 2901 | 季惠忠 | 季惠忠 | 0.29 | 25150 |
| 华西九村 | 514 | 1910 | 吴金福 | 吴金福 | 6.04 | 26900 |
| 华西十村 | 675 | 2550 | 唐玉兴 | 唐玉兴 | 1.89 | 28500 |
| 华西十一村 | 853 | 3075 | 唐龙彪 | 唐龙彪 | 3.02 | 32518 |
| 华西十二村 | 572 | 2130 | 陆林仁 | 陆林仁 | 4.51 | 28000 |
| 华西十三村 | 972 | 3464 | 费仁德 | 费仁德 | 4.97 | 27500 |
| 华士村 | 1158 | 3713 | 徐长江 | 徐华江 | 8.62 | 43440 |
| 向阳村 | 703 | 2820 | 李国良 | 李江勇 | 14.60 | 49300 |
| 陆南村 | 748 | 2653 | 费　澄 | 费文洪 | 3.93 | 29600 |
| 陆桥村 | 880 | 3086 | 张忠敏 | 张忠敏 | 1.15 | 35600 |
| 陆新村 | 932 | 3165 | 孙政刚 | 夏　斌 | 2.40 | 29990 |
| 红苗村 | 722 | 2497 | 顾建军 | 王　勤 | 26.36 | 34800 |
| 陆丰村 | 1040 | 3782 | 周爱明 | 沈菊良 | 20.53 | 37368 |
| 勤丰村 | 981 | 3757 | 赵卫东 | 蔡瑞兴 | 24.97 | 26800 |
| 华中村 | 1366 | 4749 | 徐泽峰 | 赵正华 | 24.10 | 38200 |
| 华益村 | 1127 | 4223 | 吴国忠 | 吴元章 | 3.92 | 35000 |
| 龙河村 | 1346 | 4883 | 胡剑飞 | 胡剑飞 | 32.40 | 36500 |
| 曙新村 | 988 | 3556 | 赵正洪 | 徐惠高 | 46.62 | 37590 |
| 龙砂村 | 828 | 3143 | 汪少清 | 王　棋 | 31.81 | 45990 |
| 华士社区 | 2518 | 6521 | 殷浩泉 | 李　哲 | — | — |
| 陆桥社区 | 562 | 1492 | 陈东升 | 徐勤弟 | — | — |

**【入选2015年中国建制镇综合实力百强榜】** 2014年以来,中国乡镇实力快速增长,部分镇区也聚集相当规模的人口,具备较强经济实力。由中国社科院社科文献出版社出版的《中国中小城市绿皮书(2015)》显示,华士镇入围2015年度中国中小城市综合实力百强县(区、镇),在中国建制镇综合实力百强排名中列第54位。据悉,这是中国城市经济学会中小城市经济发展委员会、中国中小城市科学发展评价体系研究课题组、中小城市发展战略研究院连续第二年将建制镇列为研究对象,并依据地区生产总值、人均地区生产总值、地方财政收入3项指标,对其科学发展综合实力进行研究评价,通过《中国中小城市绿皮书(2015)》和《人民日报》公开发布阶段性研究成果。课题组表示将坚持对具备"建市"条件的建制镇进行科学发展评价研究,推动建制镇在科学发展和新型城镇化建设过程中发挥更大的作用。

**【华士社区侨务工作受调研组肯定】** 2014年11月13日,华士社区被评为全国社区侨务工作示范单位。2015年,华士社区围绕共建"幸福和谐社区"开展一系列有益的为侨服务活动,构筑了一个较为完善的为侨服务网络,做好社区为侨服务、侨为社区做贡献的"双向服务"。社区拥有为侨服务活动场所近3000平方米,专门设置侨文化展示区,凸显社区侨务品牌和地域文化,进一步提升社区侨务文化品质。7月15日,国务院侨办主任裘援平率调研组到华士镇调研社区侨务工作开展情况,调研组一行参观了华士社区。调研组认为,国内侨务工作是侨务的基础,而国内侨务工作的基础在社区,做好社区侨务工作功夫在国内,影响在海外,要通过社区侨务工作更好地团结凝聚海外侨胞,实现经济发展与侨务工作的良性互动,华士社区的侨务工作得到了调研组的肯定和好评。

**【"鼎威"商标被认定为中国驰名商标】** 2015年,在国家工商总局公布的被行政认定的中国驰名商标名单中,江苏鼎威集团的"鼎威 DINGWEI 及图"商标被国家工商总局认定为中国驰名商标,这是华士镇第6个驰名商标。江苏鼎威集团下设江阴鼎威金属有限公司、江阴鼎龙科技有限公司、江阴威达装潢材料厂等6个子公司,形成了集门窗、太阳能、工业铝型材、钢带、轻钢龙骨等产品于一体的产业集群,是中国建材行业产品研发、生产和销售的龙头企业。公司严格按照现代企业质量管理理念组织生产,先后获得无锡市信得过产品、江苏省著名商标,生产的"鼎威"品牌产品畅销国内,覆盖全国各地并远销东南亚、中东及欧美等国家和地区。

**【华士冰油酿造技艺入选省级非遗名录】** 华士冰油源于华士酱油,因其日晒浓缩至酱缸外表呈现盐霜,酷似薄冰,故取名"华士冰油",又称"鼎国酱油",创制于清咸丰三年(1853年)。华士酱油采用传统工艺,选用本地大豆为原料,发酵成酱后经日晒夜露一年以上,充沛成熟上色再制酱油,故色泽浓赤,酱香醇厚,味鲜可口,久存不坏。因其色红黑、味醇香,特别适用于烹制红烧类菜肴,故其能久负盛名,成为江阴历史上的著名土特产。据传,宋代大文豪苏东坡暮年移居原华士镇东苏墅桥时,常以黄酒、酱油烹肉,以此法烹制而成的肉,人们将它称为"东坡肉"。后以赵姓厨师为代表的华士人模拟苏东坡的烹肉之技,以酱油代盐烹肉,其味不亚于"东坡肉"。这样一来,酱油的用量大增。而当时所用之酱油,皆系华士酱油,华士酱油得以声名鹊起。2015年,在江苏省文化厅公示的第四批省级非物质文化遗产名录推荐项目中,华士冰油酿造技艺成为入选项目。

**【省高效设施农业机械化展示】** 2015年9月22日,江苏省高效设施农业机械化展示观摩会在华士镇鹏程农业召开。在鹏程农业展示现场,重点展出一大批技术含量高、适用性强、应用范围广的高效设施农业机械化技术及装备。省内外70多个知名农机企业带来微耕松土机、新型蔬菜播种机、智能精量配肥机、自走式水田喷雾机、茶园机械、高效植保机械等150多台套特色农机具参展,吸引近3000名农户及相关人员参加。观摩会现场还集中演示了棚室内蔬菜育苗、耕作、播种、移栽、搬运、植保、清洗、包装等机具的作业演示。

**【文明创建活动开展】** 2015年,华士镇先后召开党政联席会、文明创建暨城乡环境综合整治动员大会、现场推进会等会议,学习传达、贯彻落实、督查推进全镇文明创建工作。制定下发《华士镇深入开展文明创建活动三年行动计划(2015—2017)》《华士镇文明创建网格化责任分工方案》等文件,完善组织、明晰责任、狠抓落实。总投入超1200万元,抓集镇区整治,全面启动陆桥集镇区域背街小巷整治工作;抓主干道整治,对老镇区和平街、自由街、澄杨路集镇段等破损路面、道板进行硬化修复,疏通雨、污水管道。总投入超1000万元,启动东华路绿化改造工程。抓废旧垃圾回收点整治,部门联动、重拳整治,取得成效。围绕社会主义核心价值观、讲文明树新风除陋习、学雷锋志愿服务等重点内容,对全镇公益广告宣传进行整体设计和优化调整,形成大型公益广告牌、高炮、道旗、文化墙等形式多样、举目即见、统一协调的宣传新格局,造浓创建氛围。通过开展文明创建,镇区环境得到改善。

**【老年文体中心建成启用】** 2015年春节,老年文体中心建成启用。中心总投资1000多万元,总建筑面积1056平方米,一楼设书场,可容纳200人同时听书,并可开展一些小型文体演出展示活动,二楼为棋牌室和综合活动室,大楼周边绿化、停车场等配套设施一应俱全。该中心书场启用后,因环境整洁、配套设施健全,活动丰富,吸引了该镇居民和从周边乡镇赶来的居民,他们花上2元钱,在书场听戏、喝茶。

**【第四人民医院投入运行】** 医院原址位于澄杨路,随着时间的推移,医院原有设施已不能适应群众医疗卫生生活的需求。2015年4月15日,移址新建位于东华路的江阴市第四人民医院投入试运行,门诊、急诊、住院全面开诊。新医院总面积4.3万平方米,总投资超2亿元,床位350张,设有内科、普外科、骨科、妇产科、眼科五官科5个病区,整体设施齐全、设计合理。新医院的落成大大缓解原先停车、床位紧张等老大难问题造成的困扰，且医疗设备提档升级，满足华士及周边地区的医疗卫生需求。医院拥有6间空气净化层流手术室，其中1间的净化程度达到百级，为等级最高，可以开展多种无菌化程度较高的手术。同时，医院新增添全自动生化仪、DR（数字减影X线）拍片机和彩色B超机，新成立体检中心、血透中心和肿瘤科，与市人民医院开展无缝对接和人才引进，每周开设内科、妇产科、乳腺、甲状腺及B超等的专家门诊，方便市民就医。

【第二届全民运动会举办】 2015年5月30日，华士镇第二届全民运动会在华士高级中学操场开幕。该届运动会历时7个月。运动会设成人组、老年组和学生组，其中，成人组有足球、篮球、羽毛球、乒乓球、定点投篮、消防技能、田径、跳绳、拔河、象棋、围棋等比赛项目；老年组有乒乓球、象棋、围棋、门球、广场舞等趣味运动项目；学生组有游泳、击剑、少儿舞蹈大赛等。运动会参与者近万人，其中，参加竞技项目比赛的运动员3047人，参加表演比赛的运动员近1000人，裁判员150人，比赛工作人员和志愿者320人。运动会的成功举办，充分展现了华士镇广大干部群众健康积极向上的生活状态。 （张爱峰 汤中一）

## 周庄镇

【概况】 周庄镇是具有6000多年历史的文明古镇，地理位置优越，经济发达，人口众多，宋、元时期就有“江南布码头”盛誉，有工业企业1300余个，拥有江苏三房巷集团有限公司、江苏华宏实业集团有限公司、江阴江东集团公司、江苏倪家巷集团有限公司等一批龙头骨干企业，涤纶化纤、纺织、装饰型材、汽车零部件、橡塑制品、轨道交通、新能源太阳能配件等为优势产业。该镇西距江阴市区17千米，常合（沿江）高速公路、云顾公路穿镇而过，省道澄鹿公路、芙蓉大道东西横亘，世纪大道及国家3级航道张家港河纵贯南北；东与华士镇毗连，南与祝塘镇、徐霞客镇为邻，西与云亭街道、城东街道接壤，北以东横河为界与张家港市相望。区域面积75.96平方千米，耕地面积2470公顷，下辖15个行政村和1个街道办事处（含3个社区居民委员会）。2015年年末，该镇有户籍人口104899人，其中男性52669人、女性52230人；少数民族13个301人。有外来暂住人口108623人，其中男性59421人、女性49202人。

政治建设 成功召开周庄镇第十七届人民代表大会第六次会议，依法选举徐安长为周庄镇政府副镇长。开设“乐群大讲堂”和“道德讲堂”实施干部教育培训；深入开展政治素质好，团结协作好，用人导向好，作风形象好，科学发展实绩好“五好”班子创建活动，进一步规范干部选拔任用和日常监督；选优配强基层“带头人”，党在基层的战斗力和凝聚力得到加强；自觉接受人大的法律监督、工作监督和政协工委的民主监督，全年办理各类人大建议意见54件。“六五”普法接受省、无锡市考核验收，开展社会稳定风险评估10项。严格遵守中央“八项规定”*和省市“十项规定”*，建立健全工作责任体系。深入推进节约型机关建设，严格压缩一般性支出，公务接待进一步规范。切实加强廉政风险防控，坚决落实党风廉政建设党委主体责任和纪委监督责任，加强重要领域、重点项目、重大资金审计监督。强化财政资金管理，政府采购、工程招投标等制度更加完善。积极开展民主法治村创建活动，15个行政村、3个社区全部通过无锡市民主法治村考核，山泉村创建为全国民主法治示范村。《半月谈》聚焦以山泉村为代表的苏南农村新集体经济。

经济建设 实现地区生产总值289.9亿元，比2014年增长8%；完成工商开票销售收入1020.8亿元、进出口总额25.39亿美元；完成公共财政预算收入9.47亿元，比2014年增长11.97%；全镇工业用电33.04亿千瓦时，比2014年增长1.37%。主要产品化纤、瓶级切片、铝型材的产量分别比2014年增长14.8%、9.5%和9.3%。实现工业总产值954.73亿元，其中规模以上工业总产值865.77亿元，比2014年增长0.95%。江苏三房巷集团有限公司入围中国企业500强，江苏华宏实业集团有限公司入围中国制造业企业500强。完成新兴产业产值356亿元，占规模以上工业总产值比重41%。实现服务业增加值78.35亿元，比2014年增长5.7%，占地区生产总值比重25%；限额以上批发零售业销售总额160.95亿元，比2014年增长5.1%。农业良种覆盖率和机械化率均为95%以上，适度规模经营率90%。完成全社会固定资产投资58.1亿元，技改投入占工业投资的88%。完成工商登记协议注册外资6344万美元、到位注册外资5000万美元。搭建银企对接、校企合作、行业交流、协会活动、人才培训、质量管理等各类平台，开展企业“健康体检”1000余个，镇中小企业互助资金平台帮助企业转贷资金5.25亿元。

社会建设 新增省高新技术企业8个、民营科技企业26个，江阴市“专精特新”科技“小巨人”企业7个，建成江苏省、无锡市工程技术中心各1个，省研究生工作站2个。认定省高新产品20种。完成省“火炬”计划2项、省科技成果转化项目1项，获无锡市科技进步奖1项、江阴市科技进步奖特等奖1项，争取科技创新扶持资金3000余万元。申请专利854件，20个企业安装专利信息平台。新增各类人才1000人。申报“两化融合”*示范企业3个。申报省信用贯标企业3个。3个企业向证监会申报材料，3个企业完成股改，2个企业在“新三板”*挂牌。深化名校、名师、名班主任“三名工程”内涵，高考、中考取得好成绩。有序接纳新市民子女入学7000余人。中央电视台宣传该镇保障校车安全运行做法。以“共建共享辉煌三十年·创新创优文明新周庄”为主题，开展各类文化惠民活动。“乐群”艺术团全镇巡演17场次，举办2015年全国象棋男子甲级联赛第二阶段比赛。以《江阴市周庄镇总体规划（2012—2030）》为依据，完成长南安置房规划选址与设计，进一步优化砂山大道、西环路（世纪大道货运复线）等重点道路设计方案。完成拆迁面积2.58万平方米。改造龙山西路、长和路，道路骨架进一步优化。全面深入开展全国文明镇创建活动，制度完善，氛围浓厚，人人行动。开展环境综合整治，完成国家卫生镇复审迎检。镇村投入资金2500余万元用于环境整治，实行环境卫生长效管理月考核制。开展店外经营、无证摊贩、废旧物资回收点、农贸市场、停车秩序和镇郊结合部环境专项整治。加强路灯、交通安全设施的维护。推进5个村开展农村土地承包经营权确权登记颁证工作。扎实推进环保大检查，自查和核查企业936个。根据“党政同责、一岗双责、齐抓共管”要求，深入开展安全生产隐患专项排查整改。持续抓实印染企业专项整治，定型机全部安装冷却加静电废气处理设施。清淤各类河道15条。完成孟家浜整治一期工程，推进二号河、三号河整治，铺设雨污管网8.9千米。完成成片造林绿化10公顷。推进节能改造项目14项，对12个企业实行综合能耗限额目标，开展能源管理体系认证10个，淘汰落后电机130余台，淘汰10蒸吨/小时及以下燃煤锅炉55台，提标改造10蒸吨/小时以上燃煤锅炉18台，关停“三高两低”企业6个。削减化学需氧量118.8吨、氨氮9.9吨、总磷0.99吨，万元地区生产总值能耗下降6.4%。社会保障扩面提质，提供就业岗位4200个，安置本地劳动力就业2066个，扶持自主创业194个。完成职业技能培训鉴定取证1060人，高技能人才培养150人，创业培训66人。新增城保扩面4800个，居保参保、续保率稳定在96%以上。发放各类救助金、补助金、敬老金1600余万元。农民人均可支配收入37884元，比2014年增长13%。推进镇养老服务中心社会化运作。在册志愿者8000余人。启动《周庄镇志》续编工作。“单独二孩”新政平稳实施。协调做好1%人口抽样调查。社会治理网格化服务管理有效加强，建成港东法治公园，扎实抓好排查预警、矛盾化解、重点稳控、应急处置、防汛抗灾等工作，化解各类矛盾纠纷5118件，办理“12345”公共服务热线各类诉求1131件。

**2015年周庄镇主要经济社会指标一览**

表90

| 指标 | 单位 | 数量 | 比2014年增减(%) | 指标 | 单位 | 数量 | 比2014年增减(%) |
|---|---|---|---|---|---|---|---|
| 地区生产总值 | 亿元 | 289.90 | 8.00 | 到位注册外资 | 万美元 | 5000 | 61.15 |
| 人均地区生产总值 | 万元 | 27.64 | 4.50 | 工业企业 | 个 | 1367 | -1.80 |
| 财政收入 | 亿元 | 21.36 | 9.30 | 服务业增加值 | 亿元 | 78.35 | 5.70 |
| 第二、第三产业增加值占地区生产总值比重 | % | 99.25 | 0(百分点) | 限额以上批发零售业销售总额 | 亿元 | 160.95 | 5.10 |
| 农业总产值 | 亿元 | 4.50 | 7.10 | 限额以上批发零售业零售额 | 亿元 | 12.31 | 1 |
| 粮食总产量 | 万公斤 | 1.18 | -5.60 | 中小学校 | 所 | 6 | 0 |
| 工业总产值 | 亿元 | 954.73 | 1.31 | 中小学校在校学生数 | 人 | 14969 | -3.53 |
| 其中:规模以上工业总产值 | 亿元 | 865.77 | 0.95 | 数字电视入户率 | % | 100 | 0(百分点) |
| 工业利税总额 | 亿元 | 59.29 | -27.49 | 农村居民人均可支配收入 | 元 | 37884 | 13 |
| 其中:规模以上工业利税总额 | 亿元 | 52.27 | -30.07 | 社保参保率 | % | 100 | 0(百分点) |
| 工业用电量 | 亿千瓦时 | 33.04 | 1.37 | 劳动合同签订率 | % | 100 | 0(百分点) |
| 全社会固定资产投资 | 亿元 | 58.10 | 0.41 | 月薪制实施率 | % | 100 | 0(百分点) |
| 其中:工业投资 | 亿元 | 30.05 | 0.23 | 新型农村合作医疗参保率 | % | 100 | 0(百分点) |
| 服务业投资 | 亿元 | 27.03 | 0.57 | | | | |

**2015年周庄镇开票销售收入前10名企业一览**

表91

| 名次 | 企业名称 | 销售收入(亿元) | 法人代表 | 名次 | 企业名称 | 销售收入(亿元) | 法人代表 |
|---|---|---|---|---|---|---|---|
| 1 | 江苏三房巷集团有限公司 | 449.48 | 卞平刚 | 6 | 江阴市长乐新科技电源有限公司 | 32.25 | 李生虎 |
| 2 | 江苏华宏实业集团有限公司 | 163.73 | 胡士勇 | 7 | 江阴市电工合金有限公司 | 18.10 | 陈力皎 |
| 3 | 江阴江东集团公司 | 77.67 | 赵纪法 | 8 | 江苏海豹集团 | 12.21 | 胡德良 |
| 4 | 江苏倪家巷集团有限公司 | 59.53 | 倪成良 | 9 | 江阴海达橡塑股份有限公司 | 9.42 | 钱振宇 |
| 5 | 江阴模塑集团有限公司 | 44.17 | 曹明芳 | 10 | 江苏龙鼎集团有限公司 | 7.40 | 段宝林 |

2015 年周庄镇各村(街道)基本情况一览

表 92

| 村(街道)名称 | 户数(户) | 人口(人) | 村(街道)党支部(党总支、党委)书记 | 村(街道)主任 | 村(街道)开票销售收入(亿元) | 人均可支配收入(元) |
|---|---|---|---|---|---|---|
| 周庄村 | 3825 | 13293 | 赵　峰 | 徐惠庆 | 81.22 | 40985 |
| 金湾村 | 1349 | 5160 | 周国民 | 周国民 | 22.42 | 41500 |
| 三房巷村 | 2893 | 10664 | 卞平刚 | 卞平刚 | 368.79 | 40421 |
| 鸡龙山村 | 742 | 2803 | 余文兴 | 余文兴 | 25.74 | 40485 |
| 山泉村 | 817 | 3164 | 李全兴 | 高富兴 | 18.62 | 42075 |
| 华宏村 | 2213 | 8523 | 胡士勇 | 陈决平 | 163.88 | 37775 |
| 陶城村 | 1965 | 7144 | 袁晓华 | 袁晓华 | 10.92 | 31287 |
| 东林村 | 1127 | 4109 | 章洪良 | 章洪良 | 14.54 | 31382 |
| 稷山村 | 829 | 3029 | 蒋中华 | 蒋中华 | 2.50 | 32605 |
| 宗言村 | 2156 | 8296 | 殷良忠 | 殷良忠 | 46.57 | 41820 |
| 倪家巷村 | 1455 | 5774 | 徐明岳 | 杨忠庆 | 62.85 | 40652 |
| 周西村 | 974 | 3802 | 葛珠良 | 邬国龙 | 43.87 | 41049 |
| 长乐村 | 1166 | 4217 | 李浩庆 | 赵小兴 | 37.47 | 36778 |
| 长寿村 | 2947 | 104500 | 蔡永兴 | 蔡永兴 | 19.86 | 34927 |
| 长南村 | 2464 | 8760 | 孙长福 | 李文希 | 14.20 | 32631 |
| 街道办事处 | 2555 | 5711 | 许　青 | 许　青 | — | — |

**【中央级媒体采访周庄镇随迁子女入学工作成功经验】** 周庄镇是新市民就业的集中区域。2014 年以来,该镇随迁子女入学工作扎实有效,得到社会的认可,起到示范作用。2015 年 9 月 25 日上午,由中央电视台、《人民日报》、《光明日报》、《中国教育报》、《新华日报》、无锡教育频道等 30 多个中央、省、市级媒体记者组成的采访团到周庄镇,走进周庄中学,就扎实做好随迁子女入学工作进行采访。此次专访活动目的是为全面反映教育规划纲要实施 5 年来取得的巨大成就和成功经验,充分展示各地各校涌现出来的先进典型和有效做法。

**【央视节目聚焦周庄校车运行】** 2014 年以来,周庄镇为有效提升校车接送的安全保障水平,投入 1000 多万元更新购置 37 辆新国标校车,同时每年投入 350 多万元对全镇校车的运营费用实施兜底,并为每一辆校车配备护送员,每一个接送站点设立协管员,为校车的安全运行撑起安全大伞。2015 年 12 月 2 日,是第四个全国交通安全日,由中央电视台联合公安部交通管理局共同主办的专题特别节目《平安行 · 2015》,在央视一套、十二套"社会与法"频道晚间播出。节目在关注校车安全章节,专门聚焦展示周庄镇保障乡镇校车安全运行做法,周庄实验小学校长承正义并就相关问题回答主持人现场提问。

**【三房巷财务公司开业】** 2015 年 7 月 18 日,江苏银监局正式批准三房巷财务有限公司开业,这是国内聚酯行业首个获批开业的企业集团财务公司,也是江苏省内继华西村之后第二个社会主义新农村建设示范村成立的企业集团财务公司。该公司由江苏三房巷集团与集团下属的江苏兴业聚化有限公司和江苏海伦石化有限公司共同出资设立,注册资本 3 亿元,经营范围包括对成员单位办理财务和融资顾问、信用鉴证及相关的咨询、代理业务,协助成员单位实现交易款项的收付,经批准的保险代理业务,对成员单位提供担保,办理成员单位之间的委托贷款,对成员单位办理票据承兑与贴现,办理成员单位之间的内部转账结算及相应的结算、清算方案设计,吸收成员单位的存款,对成员单位办理贷款及融资租赁,从事同业拆借等。

**【全国标准化工作组首次落户周庄】** 自 2010 年起,江苏华宏科技股份有限公司介入国家标准和行业标准的制定和修订工作,2015 年 9 月 11 日,全国锻压机械标准化技术委员会物资回收加工机械工作组成立大会暨第一届全体委员会议在江苏华宏科技股份有限公司举行,华宏科技被选为组长单位。这是首次落户在周庄镇的全国标准化工作组。该工作组成立后，将充分发挥专家、生产、科研、监督、检验等方面的优势，加快推进物资回收加工信息技术领域的标准化工作。至年末，完成5项行业标准的制定。

**【华宏科技新型打包剪切机产品面世】** 2012年6月，江苏华宏科技股份有限公司与法国科派斯公司启动合作洽谈。2013年12月10日，双方签订《战略合作框架协议》，华宏科技开始制造基于领先技术的新型移动式废金属液压打包剪切机。2014年5月，负责双方合作产品全球市场销售业务的中国香港再生设备贸易有限公司在香港注册成功。2015年5月，新产品成功下线并完成验收。7月3日，"REFLEX－500系列移动式废金属液压打包剪切机"正式面世，国内外再生资源企业界代表约120人在华宏科技总装车间共同见证其成功运转，标志着华宏科技在全球化的道路上又向前迈进重要的一步。这款产品系采用先进技术和管理理念联合制造的全新产品，其运载灵活简便，运营成本低，性能先进，质量可靠。法国科派斯公司董事长、中国香港再生设备贸易有限公司总经理马林在发布会上对"REFLEX－500系列移动式废金属液压打包剪切机"的产品性能、销售及售后服务进行详细介绍。

（王　寅　李益强）

## 新桥镇

**【概况】** 新桥镇在宋、元、明代属白鹿乡，清代属马嘶镇，民国时属马嘶乡。新中国成立后隶属多变，1961年形成现有区域。该镇西距江阴市政府驻地25千米，镇政府驻新郁中路128号。境内常合（沿江）高速公路横穿镇域东西，在新桥设有服务区兼互通。东北与张家港市毗邻，东南与顾山镇连接，西与华士镇接壤，西南与长泾镇隔泰清河相望。区域面积19.6平方千米，耕地面积528公顷。下辖10个行政村和4个社区居委会。2015年年末，有户籍人口25540人，其中男性12553人、女性12987人；有少数民族15个74人。有外来暂住人口37337人，其中男性20803人、女性16534人。

政治建设　突出从严治党，严格执行党的政治纪律，以贯彻党的十八届四中、五中全会和习近平总书记系列重要讲话精神为主线，巩固党的群众路线教育实践活动成果。以标准化为立足点、以规范化为切入点、以项目化为着力点、以品牌化为支撑点"四化"为标准，全面强化基层党建，最大限度发挥园区党群公共服务中心作用，提升基层党组织和党员干部在各项工作中的战斗堡垒和典型示范作用。镇党委新出台《关于开展作风建设突破年活动实施意见》《加强村级管理补充规定》等一系列文件，组建党风廉政建设巡查小组，严格执行中央"八项规定"*、省市"十项规定"*，全面落实党风廉政"两个责任"*，建立内部巡视制度，廉政警示教育常态化，干部队伍廉洁自律意识不断增强。加强依法行政、高效施政、廉洁从政，政府服务能力有效提升。践行"既严以修身、严以用权、严以律己，又谋事要实、创业要实、做人要实"要求，强化作风建设的监督检查，党风廉政建设责任制和"一岗双责"责任制有效落实。贯彻落实市委十二届七次扩大会议精神，向全镇发出"打造产业升级新优势，当好转型发展的排头兵；打造城镇品质新优势，当好文明创建的排头兵；打造宜居环境新优势，当好生态文明建设的排头兵；打造民生福祉新优势，当好惠民富民的排头兵；打造作风建设新优势，当好真抓实干的排头兵"的号召，着手制定全镇"十三五"发展蓝图。创新大学生村干部与老干部帮扶机制，"心桥微服务"主题实践访谈活动助年轻村干部成长。加强财政预算管理，"三公"经费*不断下降。深入推进"企业服务月""三走进三服务"*等活动，解决发展难题29个。推进民情观察员、政务监督员机制，努力打通联系服务群众的"最后一公里"。开设党群微信平台宣扬示范典型，发挥榜样力量。依法行政扎实推进。办理人大代表建议14件，满意率100%。成立农村产权交易服务中心和公共资源交易服务中心，严格执行工程招投标、政府采购、责任审计等制度。规范政府信息公开，党务、村务、财务"三务"公开更加透明。紧扣创先争优目标，强化考核导向、责任意识，加大民生实事工程等重点项目的督查力度，确保政府各项工作有效落实。张海明等10名基层党员获评新桥镇最美基层共产党员。全镇培育"五好"文明家庭标兵30户、金牌工人10名、"十佳"工人先锋号30个，周海峰获评江阴"最美青工"，江南、赵维强获评无锡市劳动模范，周丽娟获评"无锡好人"，张建峰获评江苏省吴仁宝式好书记。

经济建设　围绕做大做强"总部、品牌、标准、资本、生态""五大经济"，加快推进厂部向总部、二产向三产、资源小镇向人才强镇转变。全年完成地区生产总值148亿元，比2014年增长8.2%；工商业开票销售收入737亿元，比2014年增长36.5%；公共财政预算收入12.3亿元，比2014年增长16.8%；完成规模以上工业总产值559.02亿元，比2014年增长6.4%；到位注册外资1.2亿美元，主要经济指标继续位列全市乡镇前茅。持续推进自主创新、品牌创建、智能化建设，积极培育行业龙头。江苏阳光集团有限公司承制纪念中国人民抗日战争暨世界反法西斯战争胜利70周年"9·3"大阅兵三军礼宾服，并荣获纺织行业唯一的"中国质量奖提名奖"，品牌知名度进一步提升。海澜集团有限公司围绕"千亿"目标，转型效应进一步显现，全年税收贡献超22亿元，继续位居无锡第一。江苏焱鑫科技集团有限公司、江苏精亚集团有限公司、江苏省振新实业有限公司、江阴鑫联金属制品有限公司等优势成长型企业的行业地位也得到持续提高。全镇服务业增加值占地区生产总值比重43.9%。阳光生态农林继续得到巩固发展，全镇高效农业比例86%。全年完成固定资产投入39.5亿元，比2014年增长12.2%。海澜创意研发培训中心、凯华机械高精度齿轮扩能等15项产业项目顺利投运，阳光人才科技研发中心、海澜职工之家等14项在建项目进展顺利。完成园区54个企业雨污分流改造。

加强对工业污水重点企业的日常监管。投入300余万元完成污水厂处理一期设备的维修改造,排放水质稳定达标。建立河道常态化监控机制,制定蔡港河从张家港市护城河调水方案,推进白子港闸站建设。完成雷下浜、徐家圩浜等河道清淤8万立方米、疏浚8.62千米。节能减排常抓不懈。分别关闭"三高两低"企业*41个和养猪场4个,实施秸秆综合利用,开展印染行业专项整治,部分企业预处理设施进行改造提升。通过清洁生产企业审核1个、ISO 14001企业认证2个。全年削减化学需氧量30.3吨,氨氮2.3吨。单位万元地区生产总值能耗下降3.8%。建设"三同时"项目*执行率100%。

社会建设　充分发挥大企业集团主体作用,海澜集团有限公司、江苏阳光集团、江苏精亚集团有限公司博士后工作站、研发中心等平台载体创新作用更加凸显。全镇申报各类科技项目22项,新增省级新技术产品4种,专利授权340件。承担省级以上外专项目5项,其中国家级外专项目3项。发放科技与人才专项扶持资金500余万元。镇科协完成换届选举,全镇新增各类人才超千人,其中高层次人才30人,外国专家1人。获评省科普示范乡镇和江阴市十佳知识产权示范乡镇。继续开展名师工程建设,新增无锡市学科带头人1人。新桥中学在南菁高中、江阴高级中学自主招生考试中,提前录取人数名列全市乡镇前茅。新桥小学荣获第三届省"连元杯"少儿国际象棋公开赛团体冠军、第十一届"华源杯"全国国际象棋公开赛男子C组团体亚军。新市民子女入学3000多人,占全镇学生比重56%。青少年活动中心培训学生975人,启动实施学生"人人学会游泳"三年行动计划。围绕打造无锡城乡发展一体化先导示范区标杆,进一步优化功能布局,完善配套基础设施。完成镇总体规划和控制性详规调整修订工作。稳步推进圩里村、新桥村、郁桥村等重点区域拆迁,全年签约民房218户、小企业29个,拆除民房3.2万平方米、厂房2.93万平方米。解决"三集中"*历史遗留问题217户,其中货币安置解决"3+1"住房紧张家庭127户。海澜文化中心、马文化博物馆等项目建设有计划推进。启动阳光生态旅游项目,顺利推进顺湖桥、庄桥路等郁桥老街一座桥、一条路、一条河、一条老街、一座庙、一个社区"六个一"配套工程。开工建设府前锦苑、新都苑二村五期等安置房11.35万平方米。竣工交付圩里新村二期、康宁小区等安置房8.55万平方米。有序推进六保小区、东方花苑等安置房两证办理工作。碧桂园城市花园、中科蓝郡、振新华府、华城悦庭等高端商业房产项目进展顺利。优化交通骨架,推进主干道路建设,新长大道二期顺利完工,新郁西路完成改造,陶新南路全面贯通。110千伏李家变电站开工建设,新杨路污水总管网、自来水总管网及4条道路供电配网改造等工程全面完成。雷下二村、振新二期等4个小区完成天然气改造,安置小区天然气管网实现全覆盖。圩里新村、府前小区、黄河一村等小区新增停车位近500个。广电中心、党群公共服务中心、园区管理服务中心建成投用,绿园社区体艺馆完成改造。黄河邻里中心、孝仪服务中心、白鹿公园建设正在有计划推进。北横河绿化景观工程、陶新南路滨水景观工程竣工,全年新增绿化面积10.2公顷。以江阴市创建全国文明城市和镇国家卫生镇复审为契机,实施整治镇中村、镇村结合部、主干道路、背街小巷老旧小区、镇村河道、农贸市场、镇村绿化、村庄环境、违法建筑、工地环境、停车秩序、户外广告、镇容镇貌、环境扰民,提升市民文明素质、综合治理能力、长效管理水平"八整六治三提升"三年行动计划,环境面貌不断出新。制订和完善路长、河长、村长、小区网格长等管理制度,完善联勤巡管"大城管""大巡防"执法模式,城市管理投诉率下降50%,满意率95%。苏市桥顺利通过省三星级康居乡村验收。高标准通过全国卫生镇复审,农村公路养护和环境卫生长效管理考核继续位列全市乡镇第一。荣获"全国宜居小镇示范"称号。加大民生投入力度,持续提升"六道保障线"水平。走访慰问、结对帮困家庭675户,发放助学、慰问、慈善救助等各类帮扶助困经费188万元,慈善冠名基金认缴208万元。为全镇5947名60周岁以上老人办理安康关爱意外保险。新增城保参保1810人。新农合参保6870人,参合率100%。推进大众创业、万众创新,全镇自主创业112人,大学生就业率96%。职业技能培训鉴定取证人数1446人。农村土地承包经营权确权工作通过验收。推进医疗卫生"三名"(名医、名科、名院)工程建设,提档升级社区卫生服务站。新桥卫生院被评为全国群众满意乡镇卫生院,糖尿病专科获评省基层特色专科。全镇285人义务献血量8.75万毫升。人口计生服务持续优化,计划生育率99%以上,康定社区获评无锡市人口文化示范单位。成功举办第二届全民运动会。成立市民族团结促进会新桥分会。园区民营企业组建联合关工委,开设"爱心课堂",不断壮大关爱力量。全年举办"书香新桥"读书节、"文明新桥、公益有约"社区文化体育节、"文明新桥、美好印记"摄影大赛、送戏进社区、广场舞展示等各类群众文化活动85场次。全镇注册志愿者人数2580人,全年志愿服务超6000人次。"六五"普法工作有效落实。组织开展"社会治理创新深化年"活动,村(社区)完善村规民约、居民公约,民主建设不断迈出新步伐。深入推进社会稳定风险评估,切实减少不稳定因素。开展大接访、大调解活动,镇村两级受理、化解各类矛盾146件。加强社会治安重点区域整治和技防建设,新增技防探头380只,各类刑事案件数量明显下降。按照属地为主、条块结合原则,安全生产督查117次,整改安全隐患678件,开展应急演练、安全培训7000余人次,全年无重特大事故发生,获评全国安全社区。

## 2015年新桥镇主要经济社会指标一览

表93

| 指标 | 单位 | 数量 | 比2014年增减(%) | 指标 | 单位 | 数量 | 比2014年增减(%) |
|---|---|---|---|---|---|---|---|
| 地区生产总值 | 亿元 | 148 | 8.20 | 到位注册外资 | 万美元 | 12000 | 20 |
| 人均地区生产总值 | 万元 | 58.26 | 5.45 | 工业企业 | 个 | 259 | 10.20 |
| 财政收入 | 亿元 | 28.71 | 14 | 服务业增加值 | 亿元 | 654 | 10.23 |
| 第二、第三产业增加值占地区生产总值比重 | % | 99.13 | -0.03(百分点) | 限额以上批发零售业销售总额 | 亿元 | 3.55 | 17.20 |
| 农业总产值 | 亿元 | 2.40 | 4.30 | 限额以上批发零售业零售额 | 亿元 | 302 | 30.40 |
| 粮食总产量 | 万公斤 | 94 | -22 | 中小学校 | 所 | 2 | 0 |
| 工业总产值 | 亿元 | 566.32 | 6.40 | 中小学校在校学生数 | 人 | 3963 | 5.37 |
| 其中:规模以上工业总产值 | 亿元 | 559.02 | 6.40 | 数字电视入户率 | % | 100 | 0(百分点) |
| 工业利税总额 | 亿元 | 84 | 16 | 农村居民人均可支配收入 | 元 | 37812 | 11.60 |
| 其中:规模以上工业利税总额 | 亿元 | 82.10 | 13.90 | 社保参保率 | % | 100 | 0(百分点) |
| 工业用电量 | 亿千瓦时 | 6.30 | 0.80 | 劳动合同签订率 | % | 99 | 0(百分点) |
| 全社会固定资产投资 | 亿元 | 39.50 | 12.20 | 月薪制实施率 | % | 95 | 0(百分点) |
| 其中:工业投资 | 亿元 | 13.70 | 5.60 | 新型农村合作医疗参保率 | % | 100 | 0(百分点) |
| 服务业投资 | 亿元 | 25.80 | 16.10 | | | | |

## 2015年新桥镇开票销售收入前10名企业一览

表94

| 名次 | 企业名称 | 销售收入(亿元) | 法人代表 | 名次 | 企业名称 | 销售收入(亿元) | 法人代表 |
|---|---|---|---|---|---|---|---|
| 1 | 海澜集团有限公司 | 420.86 | 周建平 | 6 | 江苏精亚集团有限公司 | 5.37 | 陶永生 |
| 2 | 江苏阳光集团有限公司 | 223.01 | 陆克平 | 7 | 江阴鑫联金属制品有限公司 | 3.20 | 刘惠丰 |
| 3 | 江阴市强力化纤有限公司 | 18.59 | 倪利锋 | 8 | 江阴市旺发科技有限公司 | 3.06 | 汪　东 |
| 4 | 江苏焱鑫科技集团有限公司 | 16.97 | 周国华 | 9 | 江苏宝力重工科技有限公司 | 2.88 | 陈建国 |
| 5 | 江阴市振新实业有限公司 | 6.86 | 张建锋 | 10 | 江阴龙阳纺织有限公司 | 2.69 | 郁玉才 |

## 2015年新桥镇各村(社区)基本情况一览

表95

| 村(社区)名称 | 户数(户) | 人口(人) | 村(社区)党支部(党总支、党委)书记 | 村(社区)主任 | 村(社区)开票销售收入(亿元) | 人均可支配收入(元) |
|---|---|---|---|---|---|---|
| 郁桥村 | 749 | 2628 | 钱　刚 | 姚利丰 | 4.31 | 38820 |
| 黄河村 | 759 | 2650 | 郁叙法 | 谢福祥 | 9.54 | 38100 |
| 圩里村 | 844 | 3160 | 尤惠清 | 徐川宝 | 1.71 | 36600 |
| 新桥村 | 996 | 3429 | 张建锋 | 张海明 | 7.82 | 36880 |
| 雷下村 | 521 | 1840 | 许柏新 | 张国龙 | 2.93 | 38600 |
| 六保村 | 347 | 1234 | 周国华 | 薛丽娜 | 17.32 | 34240 |
| 马嘶村 | 870 | 3164 | 陶永明 | 周建斌 | 19.68 | 35272 |
| 何巷村 | 593 | 2035 | 陈建国 | 强晓荣 | 3.99 | 38644 |

续表95

| 村(社区)名称 | 户数(户) | 人口(人) | 村(社区)党支部(党总支、党委)书记 | 村(社区)主任 | 村(社区)开票销售收入(亿元) | 人均可支配收入(元) |
|---|---|---|---|---|---|---|
| 苏市村 | 639 | 2335 | 朱建平 | 陶　平 | 6.35 | 35750 |
| 苏圩村 | 413 | 1490 | 陶妙锋 | 周雪琴 | 0.49 | 38915 |
| 绿园社区 | 17 | 50 | 叶永毅 | 王永忠 | — | — |
| 黄河社区 | 3 | 8 | 郁建明 | 郁建明 | — | — |
| 康定社区 | 30 | 89 | 钱正英 | 钱正英 | — | — |
| 新桥社区 | 397 | 1416 | 张海明 | — | — | — |

**【新桥镇获评全国文明村镇】** 2010年以来,新桥镇党委、政府围绕花园城镇、美好新桥主题,在加快城镇基础建设的同时,更加注重城镇管理,全镇10个行政村中建成省级生态村7个,获评无锡市森林镇。工业污水集中处理率100%,镇区生活污水处理率97%以上,全镇绿化覆盖率45%,风景宜居、街区宜居、功能宜居、生态宜居和生活宜居成为宜居新桥的显著特色。制定并实施《市民素质提升三年行动计划》,着力打造“10分钟文化服务圈”,丰富市民文化生活,提升市民文明素质。镇市民体育运动中心、游泳馆、体育馆、展示馆、青少年活动中心、三大社区广场等一批文化惠民工程建成,康定社区农家书屋被评为2012年度全国示范农家书屋。绿园社区获全国和谐社区荣誉。深入开展以“读书——让生活更美好”“我与文明同行、读书伴我成长”“美好新桥、文明先行”为主题的全镇性文明创建系列活动。通过建设道德讲堂阵地,广泛开展典型模范宣讲活动;唱响“爱我新桥、共创美好”的主旋律,突出扶老、助残、关爱未成年人、绿色家园、文明交通等主题志愿服务。成立4个青少年校外辅导站、8个民营企业关工委,开展“五好学生家长”评选活动,成功创建省级社区教育示范镇。倡导文明新风,各社区持续开展“好婆媳”“和谐新邻里”等评选活动,和谐互助渐成主旋律。2015年2月28日,中央精神文明建设指导委员会公布《关于表彰第四届全国文明城市(区)、文明村镇、文明单位的决定》,新桥镇名列其中。

**【新桥镇被命名为全国安全社区】** 2014年以来,新桥镇在“人人都享受安全、人人都享受健康、人人都享受幸福”的安全社区理念指引下,把安全社区建设与各项日常工作紧密联系起来,加强社区各项安全基础设施维护和安全社区理念培训。在工作场所、交通安全、消防安全、社会治安、居家安全、外来人口安全、学校安全、农业安全、涉水安全9项项目进行安全创建,组建文明交通志愿队、绿色家园志愿队、便民服务志愿队、爱心帮扶志愿队、文化惠民志愿队、文明宣讲志愿队、未成年人关爱志愿队7支志愿者队伍,形成“社区是我家,安全靠大家”齐抓共管的良好氛围,辖区群众安全防范意识不断提高,最大限度地预防和减少各类伤害事故的发生。2015年3月11日,中国职业安全健康协会发出公告,经全国安全社区评定组对申请单位进行评定,并报全国安全社区综合审定委员会审定,新桥镇被命名为全国安全社区。

**【新郁路改造工程竣工】** 该工程东起长新大道(西环路),西至红郁路(郁家桥),全长1.65千米。工程于2014年10月动工,2015年5月竣工通车。由镇政府投资改造,江阴市交通规划勘察设计院设计、施工,工程概算为1600多万元。路面机动车道由7米拓宽至为10米,增设2×2.5米侧分带2×3米的非机动车道,设计行车速度为60千米/小时。缘石全线采用石材。机动车道、非机动车道全部采用沥青混凝土路面,侧分带内保留原有道路两侧的水杉,成为一条漂亮的水杉景观大道。

**【园区两服务中心启用】** 2015年7月2日,新桥园区党群公共服务中心和园区管理服务中心启用。该中心建筑面积3800平方米,一楼为服务大厅,设有“一站式”窗口服务以及电子触摸屏;二楼为党建阵地,设有党建工作站、群团工作站、科技人才工作站、廉政教育室、调解室、新桥商会、党员宣誓室、党员活动室和远程教育室等;三楼为党群活动中心,设有园区学堂、乒乓室、桌球室、棋牌室、心理咨询室、舞蹈房、健身房、电子阅览室、计生服务室等。集便民服务、党员服务、人才服务于一体,是一个多功能的党建工作平台和公共服务载体。

**【新桥镇社区优化调整】** 2015年7月28日,由江阴市政府批准,镇中、新桥社区合并设立新桥社区居民委员会。区域范围为:东至蔡港河,南至庄园路,西至大振路,北至常合(沿江)高速公路。区域面积1.3平方千米,人口4500人,办公地址设在新桥镇新郁中路94号。绿园、康定、黄河3个社区调整区域范围,其中绿园社区区域范围为:东至张家港市界,南至新蕾路,西至蔡港河,北至常合高速公路。区域面积1.71平方千米,人口8200人,办公地址设在新桥镇康宁路2号。康定社区区域范围为:东至张家港市界及顾山镇界,南至南环路,西至蔡港河,北至新蕾路。区域面积0.86平方千米,人口9850人,办公地址设在新桥镇南园路4号。黄河社区区域范围为:东至大振路(新郁路北)、民乐路(新郁路南),南至大振河,西至西环路,北至常合(沿江)高速公路。区域面积0.73平方千米,人口6000人,办公地址设在黄河社区睦邻中心。

**【滨水公园落成】** 滨水公园是2015年新桥镇党委、政府为提升民生福祉、改善宜居环境、增加广大居民获得感、让发展更有温度更有质感的一项民生工程。公园东靠陶新南路、南至南环路,西傍蔡港河,北至南房巷大桥,南北长643米,东西宽40余米,绿化面积27240平方米。公园分南房印象区、杉林荷化漫步区、康体健身运动区、文化长廊休闲区和特色景观停车区5个部分。通过对周边用地、场地现状、历史文脉等综合分析,强化生态绿化,修建防护驳岸,建设人性化活动空间和设施,全面改善河道景观视觉形象,打造景观环境、休闲空间与生态走廊三位一体的滨河开敞带,使其成为新桥镇核心镇区东南组团重要的滨河公园,为周边居民提供一处亲水、休闲、健身、交流的滨河生态休闲空间。工程由新桥镇政府投资1580余万元建设,上海雅道建筑景观设计有限公司设计,江苏春辉生态农林开发股份有限公司施工,江阴大同建设项目管理有限公司监理,于2015年3月动工建设,12月竣工。

**【圩里新村拆迁安置房竣工】** 该拆迁安置房东至新民路,南至庄园路,西至圩里新村,北至横河,建筑占地面积6536.37平方米,总建筑面积43510.62平方米,有多层楼房9幢,共324户,其中145.73平方米的36户,占11.11%;124.07平方米的144户,占44.45%;89.04平方米的108户,占33.33%;73.44平方米的36户,占11.11%。有室内外停车位295个。非机动车停车位计2000个,按照2辆/户设计。容积率1.55,建筑密度23.2%,绿化率32.3%。工程于2014年7月动工,2015年12月竣工交付使用,由新桥镇政府投资1300余万元,无锡万城建筑研究院有限公司设计,江阴新桥建工有限公司施工,江苏外建建设咨询管理有限公司监理。 (赵彩宝)

## 长泾镇

**【概况】** 长泾镇北依长江,南临太湖,古名"东舜城",是吴文化的发祥地之一,也是中国著名电影表演艺术家上官云珠和著名化学家、催化学科奠基人之一张大煜的故乡;地处江阴市东南,界于沪宁高速公路与常合(沿江)高速公路之间,东与顾山镇毗邻,南与无锡市锡山区接壤,西与祝塘镇交界,北连华士、新桥两镇。区域面积54平方千米,耕地面积2298公顷,下辖12个行政村(其中2个村居合一)。2015年年末,该镇有户籍人口56575人,其中男性27721人、女性28854人;有少数民族14个108人。有外来暂住人口37867人,其中男性20695人、女性17172人。

*政治建设* 思想政治建设不断加强,以学习型党组织、学习型干部为抓手,健全党员干部学习教育培训制度,深入学习习近平总书记系列重要讲话精神,广泛开展向先进典型学习活动。深入推进干部能力素质提升培训计划,继续开展机关大讲堂、中青年干部培训、村干部华西轮训,切实提高党员干部在新常态下驾驭复杂局面、加快提升发展、做好群众工作的能力。规范用人选人,严格全程纪实,选拔任用机关中层正职4人,推荐"墩苗"计划人选5人。紧紧围绕"管理全面、标准严格、环节衔接、措施配套、责任分明"的要求,把从严管理干部作为从严治党的重点紧抓不放,严明党的纪律,完善制度规定,强化刚性执行,落实好领导干部个人事项申报、重大事项报告等各项制度,做好干部档案专项审核工作,开展党员组织关系排查,引导广大党员干部自觉践行"三严三实"*。严格落实党风廉政建设主体责任,健全完善党风廉政建设责任体系,严格执行中央"八项规定"*和省市"十项规定"*要求,扎实做好各项整改工作,以正风肃纪的常态化、制度化,防止"四风"*问题反弹。深入开展制度规范和制度廉洁性评价工作,强化权力运行的制约和监督,以零容忍的态度做到有案必查、有腐必惩,确保长泾干部清正、政府清廉、政治清明。召开镇人大十七届五次会议,选举钱浩为副镇长;召开镇人大十七届六次会议,选举陶理江为副镇长。镇人大依法履职职能、人大监督的实效性不断增强,镇人大办结人大代表意见、建议17件,对政府7件实事工程、2015年经济社会发展29项主要目标任务进行定期视察与监督。政协长泾镇工作委员会围绕涉及民生的热点、难点、重点问题开展主题调研和视察,人民政协政治协商、民主监督和参政议政的重要作用不断强化。全年政府按规定网上公开文件52件,发布微信动态信息310条。

*经济建设* 完成地区生产总值57.12亿元,比2014年增长1.66%;工商开票销售收入145.1亿元,比2014年下降1.84%;全口径财政收入6.05亿元,比2014年增长11.07%;公共财政预算收入2.98亿元,比2014年增长11.7%。大力发展实体经济,改造提升传统产业,着力培育新兴产业,积极开展企业"健康体检",努力防控经济金融风险。全年实现工业总产值124.8亿元,比2014年增长4.04%,其中规模以上工业总产值84.10亿元;完成工业开票销售收入108.5亿元,比2014年增长4%,工业应征税金2.65亿元,比2014年增长12%;工业用电6.61亿千瓦时,比2014年增长1.68%。规模企业平稳运行,全镇18个超亿元企业生产经营总体稳定,85个规模工业企业中76%的企业实现销售增长,资本经营有所突破,企业上市步伐加快,新增"新三板"*企业1个。着力改善服务业结构,不断扩大服务业规模,镇商贸物流园建设发展水平稳步提升,进园企业增至125个,全年开票销售收入23亿元、税收970万元,平台集聚效应显现;全年完成服务业增加值28.01亿元,比2014年增长2.1%;完成限额以上批发零售业零售额4.61亿元,增长4.3%;开票销售收入36亿元。积极用好外资政策,服务企业发展,年内新办外资企业1个,完成到位注册外资1939万美元,实现进出口贸易2.2亿美元,其中出口1.7亿美元。积极推广农林科技,加强水利农机建设,提高农业生产效益。完成农业总产值3.5亿元,农业投资1亿元;水稻平均单产630公斤,小麦平均单产339公斤,粮食生产连续13年实现丰收;新增设施农业面积20公顷,农业机械化水平85%,王家现代农业产业基地建设稳步推进,农村土地承包

经营权确权登记颁证工作进展顺利;有序应对百年一遇的洪涝灾害;各类农村经济合作组织健康发展,有效促进农民增收致富。积极加大有效投入,完成全社会固定资产总投入23.47亿元,比2014年增长5.8%。进一步完善园区配套设施,规范企业生产建设,全力推进招商引资,一批重点项目成功落地,全年有26项超千万元项目,其中超亿元项目5项,计划总投资13.5亿元,20项工业技改项目竣工投产,为稳增长增添后劲。

社会建设　产业发展水平不断提高,对全镇企业发放创新优化发展奖励金420万元,进一步引导广大企业持续加大对科技创新、品牌建设的投入,促进产业转型升级。年内全镇申报国家专利260件,其中发明专利98件,获批省高新企业2个,省科技型中小企业7个,省民营科技企业9个,省、市工程技术研究中心工作站6个,市创新型产业集群入库企业6个,新增省高新技术产品5件。做强教育事业,优化资源配置,提高教育质量,高考、中考取得好成绩;持续教育投入,改善教学设施,实施校安工程,更新国标校车11辆,学校电子围栏建设实现全覆盖,规范民办幼托机构办学,完成河塘小学场地、河塘中学车棚、长泾中学游泳池等改造工程。繁荣文化事业,积极发展文化旅游业和文化创意产业,广泛开展群众性文化娱乐活动,12个行政村文化活动室首批通过市考核验收。发展卫生事业,提升医院、社区卫生服务中心、各社区卫生服务站医疗卫生服务水平,开展全民健康教育、健康体检等公共卫生服务活动,做好新农合、红十字和打击非法行医工作,河塘社区卫生服务中心移地改建,通过无锡市规范化社区服务站验收。发展体育事业,改造升级全民健身点33个,组织各类体育比赛活动,实施中小学生"人人学会游泳"三年行动计划。发展老年事业,发挥澄东护理院、村级养老服务站养老服务作用,评比表彰村级优秀老年活动室,积极开展老年人文体活动和志愿服务。加强社区建设,提升3个社区管理服务水平,河塘社区创建成全国综合减灾示范社区。坚持为民办实事、解难事,各项社会事业齐头并进,社会保持和谐稳定。新增城保扩面1720人,提供就业岗位3300人,实现本地劳动力就业1495人。镇高校毕业生418人,其中回江阴就业246人,年内就业238人,就业率96.74%。提高居民保障水平,城镇居民养老保险基础养老金由210元调整到250元,最低生活保障由600元提高670元。大力推进职工工资月薪制,执行率80%以上,取缔无证无照企业13个。关心社会弱势群体,积极开展助困助医助老助残助学、"慈善一日捐"等活动,发动社会各界爱心捐款,坚持党员干部结对帮困,让困难家庭和困难人员得到政府和社会的帮助。做好人民武装和双拥工作,完成新兵征集任务。深入推进平安长泾、法治长泾建设,不断完善大调解机制,全年镇村受理各类矛盾纠纷1008件,调处成功率97%。扎实推进安全大检查活动,执法检查各类企业410余个,整改事故隐患511件,整改率99%,培训安全责任人389人次。新建政法综治中心,实施技防入户工程,新增高清监控探头294只。推进网格化管理服务工作,积极开展平安企业、平安校园、平安家庭等系列创建活动,始终保持严打的高压态势,社会治安持续好转。办理各类审批服务事项12017件,受理办结"12345"公共服务呼叫中心咨询诉求765件。

**2015年长泾镇主要经济社会指标一览**

表96

| 指标 | 单位 | 数量 | 比2014年增减(%) | 指标 | 单位 | 数量 | 比2014年增减(%) |
|---|---|---|---|---|---|---|---|
| 地区生产总值 | 亿元 | 57.12 | 1.66 | 到位注册外资 | 万美元 | 1939 | 53.41 |
| 人均地区生产总值 | 万元 | 10.08 | 1.31 | 工业企业 | 个 | 583 | 0.80 |
| 财政收入 | 亿元 | 6.05 | 11.07 | 服务业增加值 | 亿元 | 28.01 | 2.10 |
| 第二、第三产业增加值占地区生产总值比重 | % | 96.29 | 0(百分点) | 限额以上批发零售业销售总额 | 亿元 | 19.48 | -30.80 |
| 农业总产值 | 亿元 | 3.50 | 20.69 | 限额以上批发零售业零售额 | 亿元 | 4.61 | 4.30 |
| 粮食总产量 | 万公斤 | 1637.60 | -9.01 | 中小学校 | 所 | 4 | 0 |
| 工业总产值 | 亿元 | 124.80 | 4.04 | 中小学校在校学生数 | 人 | 5383 | 0.02 |
| 其中:规模以上工业总产值 | 亿元 | 84.10 | -3.07 | 数字电视入户率 | % | 99 | 0(百分点) |
| 工业利税总额 | 亿元 | 10.69 | 3.89 | 农村居民人均可支配收入 | 元 | 26536 | 9.60 |
| 其中:规模以上工业利税总额 | 亿元 | 6.56 | 16.10 | 社保参保率 | % | 99 | 0(百分点) |
| 工业用电量 | 亿千瓦时 | 6.61 | 1.68 | 劳动合同签订率 | % | 98 | 0(百分点) |
| 全社会固定资产投资 | 亿元 | 23.47 | 5.80 | 月薪制实施率 | % | 90 | 0(百分点) |
| 其中:工业投资 | 亿元 | 12.14 | 8 | 新型农村合作医疗参保率 | % | 100 | 0(百分点) |
| 服务业投资 | 亿元 | 10.35 | 3.50 | | | | |

## 2015年长泾镇开票销售收入前10名企业一览

表97

| 名次 | 企业名称 | 销售收入（亿元） | 法人代表 | 名次 | 企业名称 | 销售收入（亿元） | 法人代表 |
|---|---|---|---|---|---|---|---|
| 1 | 江阴通利光电科技有限公司 | 14.09 | 周永南 | 6 | 江阴市明康电子科技有限公司 | 4.57 | 颜明康 |
| 2 | 江苏苏青水处理工程集团有限公司 | 5.94 | 蒋惠平 | 7 | 江阴市长泾花园毛纺织有限公司 | 2.75 | 赵明昌 |
| 3 | 江苏升辉投资集团有限公司 | 5.59 | 宋建新 | 8 | 无锡共成交通器材有限公司 | 2.05 | 李文义 |
| 4 | 江阴市康源印染有限公司 | 5.16 | 夏国庆 | 9 | 江阴比图特种纸板有限公司 | 1.87 | 仰午正 |
| 5 | 江阴兴吴呢绒科技有限公司 | 5.11 | 吴栋标 | 10 | 无锡恒阳纺织有限公司 | 1.58 | 张丹山 |

## 2015年长泾镇各村（社区）基本情况一览

表98

| 村（社区）名称 | 户数（户） | 人口（人） | 村（社区）党支部（党总支、党委）书记 | 村（社区）主任 | 村（社区）开票销售收入（亿元） | 人均可支配收入（元） |
|---|---|---|---|---|---|---|
| 泾南村（社区） | 1822 | 5783 | 吴宪宏 | 金国新 | 8.15 | 27660 |
| 和平村 | 888 | 3284 | 吴文勇 | 程永建 | 13.01 | 28640 |
| 习礼村 | 1152 | 4014 | 王伟民 | 陈伟南 | 1.53 | 31030 |
| 泾东村（社区） | 1415 | 4569 | 夏均宾 | 夏春雷 | 5.17 | 28120 |
| 长东村 | 1079 | 3941 | 吴栋标 | 吴建刚 | 20.06 | 28200 |
| 南涸村 | 1944 | 6656 | 徐中勤 | 李明法 | 5.92 | 29000 |
| 花园村 | 1433 | 4740 | 宋建新 | 袁政忠 | 39.03 | 35000 |
| 刘桥村 | 1445 | 5004 | 刘　达 | 刘　荣 | 5.22 | 28750 |
| 蒲市村 | 1536 | 5688 | 周东明 | 蔡宪星 | 2.98 | 27632 |
| 河塘村（社区） | 1419 | 5357 | 王永芳 | 周新峰 | 8.83 | 29968 |
| 王家村 | 1471 | 5196 | 顾明香 | 华晓平 | 3.84 | 30266 |
| 蔡桥村 | 634 | 2425 | 蒋海滨 | 何诞华 | 1.87 | 26300 |

**【泾南社区获全国侨务工作先进】** 泾南社区侨资源丰富，有海外华侨27人，侨眷侨属89人，侨民分布在世界20多个国家和中国港澳台地区。作为江阴市社区侨务工作示范创建联盟的成员，泾南社区通过凝聚新侨、社区惠侨、侨惠社区、搭建平台4个方面打造社区侨务工作，通过扎实有效的社区侨务工作凝聚了侨心、维护侨益，真正做到"社区惠侨留根、侨惠社区留芳"。2015年12月15日，长泾镇泾南社区被国务院侨办授予"全国社区侨务工作示范单位"荣誉称号。

**【镇中青年干部培训班举办】** 2015年10月12—18日，长泾镇举办中青年干部培训班，来自镇机关、村"两委"的44名中青年干部参加培训。此次中青年干部培训班分别在上海复旦大学和江阴市委党校进行，课程包括习近平总书记系列重要讲话精神、"一带一路"（丝绸之路经济带和21世纪海上丝绸之路）与区域经济发展的定位与机遇、化解基层矛盾做好新时期群众工作等。培训内容丰富，形式多样，以集中学习、专题辅导、分组讨论、实地调研等方式进行，为年轻干部的加快成长和长泾镇经济社会发展提供强有力的组织保证和人才支撑。

**【城镇建设】** 2015年，长泾镇响应市委、市政府号召，完善机制、广泛发动，全面部署、扎实推进，开辟文明创建电视专栏，开通"美丽长泾"官方微信平台，编印文明创建工作简报、宣传手册，增设各类公益广告491块，发放文明创建宣传资料2万份，开展"美丽长泾人、美丽村庄、美丽庭院"评比活动，成立文明志愿者队伍，引导群众参与文明创建。实施环境综合整治三年计划，完善长效管理、督查考核等体制机制，围绕镇容秩序、环境卫生、违章建筑等管理难题，突出重点、逐个突破。年内改造镇中村2个、镇村接合部9个、老旧小区1个、农贸市场1个，拆除违章建筑380处、面积8394平方米，取缔废旧物品回收点150个。严格土地执法，制止违法用地16件、面积1.39公顷。河道管理、畜禽养殖、废旧回收、垃圾分类等整治初见成效。创新推进环卫绿化保洁养护、农贸市场社会化运作模式，一批镇容环境热点难点问题有效化解。

投资2300万元改造提升城镇基础设施建设,镇区公厕、垃圾箱改造,景贤路、南巷门路等道路改造顺利完工;环南路延伸段、共青路管线入地、道路建设及蚕种场停车场建设年内完成;长泾派出所业务用房改造按期实施;长文河、跃进河等国家中小河流整治一期工程,东部防洪排涝二期工程竣工。泾东花苑新一轮安置房建设方案完成规划,河塘锦河街安置小区完成分房交付。监督金水园、东舜公馆、四季花城等房地产项目有序推进。

**【镇生态环境建设】** 2015年,长泾镇落实减排治污举措,强化生态保护修复,严控污染物排放总量,建设中水回用工程,全年化学需氧量减排任务完成。加快淘汰落后产能,关停"三高两低"企业*3个,拆除染缸41台。抓大气污染治理,淘汰燃煤锅炉32台,新铺设天然气管网3.8千米,新建蒸汽管道6千米。推进绿色低碳发展,完成清洁生产审核企业3个。全力推进印染行业专项整治活动,新装定型机油烟净化装置15套;完成城镇污水专项规划修编,实施泾东村等4个自然村农村生活污水收集工程建设,新建污水主管网1.8千米;加强餐饮行业油烟监管,取缔无证无照夜宵烧烤摊18个;落实生态补偿机制,做好秸秆禁烧工作。开展镇村洁化、绿化、美化行动,新建道路硬化面积65000平方米,铺设管网7369米,清理乱搭建5500平方米,疏浚河道10条,清淤17万立方米,新建驳岸2056米。大力开展农业面源污染治理,关闭畜禽养殖场11个。抓经济林建设和生态林营造,新增绿化面积20公顷,刘桥村、河塘村、南湎村3个行政村创建江苏省绿化示范村。

**【巡查村级管理】** 2015年,长泾镇依据《关于进一步加强村级管理的实施意见》,规范村级管理、给村级资产套上"笼子",对12个行政村的党务、村务、财务规范化管理情况开展全方位"不留死角"巡查,检查内容涵盖中央"八项规定"*、省市"十项规定"*精神和长泾镇要求落实情况,村级土地租赁合同签订,工程项目决策和监管,资金财务台账,选人用人规定执行和党务、村务、财务"三务"公开信息直通车等情况。巡查过程中,通过看财务台账、看人员在岗情况、看"三务"公开情况等,与村"两委"班子主要负责人、村副书记、会计、老党员、村民代表分别进行个别谈话,对苗头性、倾向性问题及时批评提醒、限期整改,夯实全镇农村党风廉政建设基层基础。

**【镇化工设备行业联合关工委成立】** 2015年5月18日,长泾镇化工设备行业联合关心下一代工作委员会成立,是江阴市首个民营企业联合关工委,由长泾镇8个化工设备行业负责人及镇关工委成员组成。该关工委是长泾镇化工设备行业全面关爱青工成长,提升青工整体素质的有效载体,也是推动行业联合联动,进一步加强合作交流的有效平台。作为一个群众性工作组织,化工设备行业联合关工委围绕镇党委、政府的中心工作,立足行业自身,坚持以人为本,在加强青工的思想道德教育、职业技能培训、关爱青年工人及其子女、爱心奉献社会上做实文章做出贡献。

**【农村土地确认登记】** 2015年,长泾镇按照上级总体部署,坚持"依法规范、保持稳定、民主协商、确地为主、因地制宜"的原则,把握关键环节,全面稳妥推进农村土地承包经营权确权登记颁证工作,至年末,完成农村土地承包经营权确权登记颁证工作,共涉及11个村390个村民小组,1.22万农户和0.19万公顷承包地。

**【河塘村革命传统教育馆成立】** 2015年,在中国人民抗日战争胜利70周年之际,长泾镇河塘村收集该村不同时期的英雄、模范人物事迹以及特色传统文化,成立革命传统教育馆。该馆设在河塘村委,主要由6个版块组成。馆内除了英雄和模范人物外,还有廉政文化和特色传统文化、村党组织活动情况等内容。该馆成立后,长泾镇政府把其作为爱国主义教育基地,组织学校、基层党组织、社会团体前去参观学习。

**【便民服务中心扩容整合搬迁】** 2015年11月23日,经过重新装修的长泾镇便民服务中心正式对外开门服务。该中心位于镇人民中路长泾镇政府西楼。中心将原分散的便民、民政、社保3个部门整合在一个大厅,极大地方便百姓的出行和办事。中心底楼办事大厅面积150平方米,设有发改、经信、民政、残联、社保、市民卡六大窗口,二楼设有办公室、接待会议室、调解室等功能区域。长泾镇政府通过加强阵地建设,完善服务举措,提升了服务效能,更好地服务民生,服务企业,服务发展,真正实现了政府服务的亲民、爱民,便民、利民。

**【严熹烈士骨灰回归故里】** 严熹是在抗日战争中殉国的长泾人。2015年是中国人民抗日战争和世界反法西斯战争胜利70周年,通过各界有志人士的努力,严熹烈士的遗骨73年后得以认领并回归故乡,实现亲人的夙愿,也为烈士家乡的革命传统教育增添鲜活事例。4月25日,长泾镇在归真园安息堂举行严熹烈士骨灰接收安放仪式。严熹烈士魂归故里,受到了众多媒体的关注,中央电视台、省市等媒体专程前来报道。市镇领导、企业家、村干部、中小学师生和严熹烈士家属代表等参加严熹烈士骨灰接收安放仪式。

(徐　卓)

# 顾山镇

**【概况】** 顾山,新石器时期末就有先民聚居,禹治震泽称龟山,春秋时期是吴楚通衢,南梁时定名顾山,宋元时成集设镇至今。该镇位于江阴市东南边缘,距江阴市区41千米,东南以顾山山为界,和常熟市尚湖镇、无锡市锡山区东港镇相接,西紧连长泾镇,北隔新沙河,与张家港市杨舍镇塘市社区毗邻。省道云顾公路、暨南大道横越该镇东西,锡张高速、锡张公路纵贯该镇南北,并直达沪宁高速公路、常合(沿江)高速公路两道口。申张航道、十一圩航道在境域内相交畅流。区域东西长12.6千米,南北宽10.4千米,总面积49.51平方千米,耕地面积1863公顷,下辖12个行政村,2个社区居委会。2015年年末,有户籍人口56016人,其中男性27317人、女性28699人;有少数民族14个162人。

有外来暂住人口46910人，其中男性25377人、女性21533人。

政治建设 镇党委中心组学习常态化，把党的十八届三中、四中、五中全会，习近平总书记系列重要讲话精神，社会主义核心价值观作为党委中心组学习的主要内容，全年集中学习12次。不断加强思想政治建设，机关"每月一学""金顾山大讲坛""道德讲堂"等学习活动常抓常新，新闻宣传、舆论引导工作积极主动。着力加强干部队伍建设，成功举办青年干部培训班，坚持干部选任全程纪实，深入实施青年干部"墩苗"培养计划，推行村(社区)"两委"后备干部公开招录制，选人用人更加科学规范。创新基层党建模式，开展"三走进三服务"*"驻村入企联户"活动，走访群众5100余人次，联系企业3150余个(次)，协调解决民生问题580余件，顾山社区、赤岸村创建成全市党建示范点。强化党风廉政建设"两个责任"*，加强监督执纪问责，推动作风监督检查常态化。畅通联系服务群众渠道，受理"12345"公共服务呼叫投诉896件、满意率98.7%。严格执行中央"八项规定"*和省市"十项规定"*，严控各类会议、活动规模数量，"三公"经费*有效压降。自觉接受人大的法律监督和政协的民主监督，认真办理11件人大代表建议。大力实施"阳光工程"，镇公共资源交易中心全年完成市级限额以下交易项目70项，实现交易金额2468万元，核减金额383万元。人大、政协职能作用充分发挥，统战、人武、审计、物价、档案、老年协会、退管等各项工作取得新进步。

经济建设 面对严峻复杂的宏观经济形势，千方百计稳定经济增长，优化产业结构，激发创新活力，全镇经济发展质效不断提升。全年完成地区生产总值72.48亿元，比2014年增长7.41%；完成工商业开票销售收入248亿元，比2014年增长9.9%；完成公共财政预算收入4.3亿元，比2014年增长11.7%；完成工业开票销售收入134.2亿元、规模以上工业总产值99.59亿元，分别比2014年增长1.6%和1.52%。上市工作有新突破，江苏润达光伏科技有限公司"新三板"*成功挂牌。积极防控经济金融风险，组织镇村320个工业企业"健康体检"，确保全镇企业整体运行平稳。服务业开票销售首超百亿元，达113.7亿元，比2014年增长21.9%，完成限额以上批发零售业零售额1.82亿元，比2014年增长21.04%。江苏众网产业互联网园区新引进企业157个，累计330个，实现开票销售收入6.4亿元、入库税金4465万元，电子商务平台集聚效应显现。红豆乡村旅游基地建设快速推进，百花园初具雏形，休闲旅游人气进一步集聚。"金顾山"系列农产品热销市场，粮食生产连续12年实现丰收。推进专业组织建设，新增农业专业合作社2个。制定并实施《关于进一步加强村级管理的意见》，村级资金、资产、资源"三资"管理得到加强。成立镇农村产权交易服务中心，12个村(社区)的农村土地承包经营权确权登记工作有序推进。新龚村、南曹庄村、顾山社区完成村级集体经济股份制改革工作。积极加大有效投入，完成全社会固定资产投资27.96亿元，比2014年增长10.52%。更加重视工业集中区建设，全力推进招商引资，海晟服饰、浩天舟服饰等重点项目成功落地，百衣百顺、裕恒铝业、源盛铝业等超亿元项目相继竣工，为新一轮发展注入强劲动力。完成进出口总额5.3亿美元，比2014年增长6.2%，其中出口4.3亿美元，比2014年增长1.9%。

社会建设 实施重点产学研合作项目5项，获批省重点研发计划项目1项、省高新技术企业4个、省民营科技企业11个，新增省高新技术产品14种，列入省级引智项目2项，江阴芗菲服饰有限公司列入省"两化融合"*示范企业，引进省创新创业"双创"博士1人，发放科技创新奖励资金150.9万元。创建成江苏省科普示范镇。完成《国乐先辈周少梅》专题片制作，成功申报省级非遗项目1项，举办送文化下乡239场。公共卫生服务进一步优化，免费体检农民26192人，全年完成义务献血12.4万毫升，超额完成市下达的任务指标。推动创建工作，顺利通过国家卫生镇复审验收。加强公共体育设施建设与管理，提档升级全民健身站点70个。全面落实就业、创业等各项增收措施，实现农民人均可支配收入28038元，比2014年增长9.1%。解决本地劳动力就业1100人。健全社会保障体系，新增城保扩面1834人，居民养老保险基础养老金提高到每人每月250元，新农合人均筹资标准提高到740元，全镇参合28414人，财政补贴815.5万元。农村低保标准提高到月人均670元，全年发放316户536人，金额307.5万元。全年慰问困难家庭771人次，发放尊老、慰问、慈善救助等各类帮扶济困经费258万元。推进"安全生产月"活动，启动企业安全生产托管服务试点工作，开展各类安全生产专项整治6次，安全生产培训812人次。集中打击安全生产违法对象，开展联合执法行动25次，整改企业32个，排查食品加工小作坊178个，规范无证无照餐饮经营户4户，取缔非法燃气代充点1个，关闭生产经营单位(场所)5个。大力开展镇村环境综合整治，创造性地开展专项整治、小分队巡逻、联合执法等特色行动，设立流动摊位临时疏导点2个，整治流动摊点231件、店外店398件，新划停车线6.3千米，拆除违章建筑61件，计1200平方米。强化节能减排，推进生态修复，环境质量得到持续改善。严控污染物排放总量，全年削减化学需氧量21.3吨、氨氮2.6吨，减排任务顺利完成。加快淘汰落后产能，淘汰"三高两低"企业*5个。狠抓大气污染治理，淘汰燃煤锅炉25台。积极推进绿色低碳发展，完成清洁生产审核企业1个，ISO 14000认证企业1个。加大水环境综合治理，投入3200万元完成顾山片区中小河道综合整治工程，整治南大塘、北大塘等河道7条，驳岸8.1千米，清淤5.5万立方米，新建农桥2座。狠抓经济林建设和生态林建设，完成造林绿化面积56.67公顷。创建成无锡市"两型社会"(资源节约型、环境友好型社会)示范镇，建成省级村庄绿化示范村2个。花园雅居三期二区安置房配套设施全面完成。顾山社区卫生服务中心装潢工程加紧推进。投入820万元对旧庄路、顾山老菜场东侧等道路进行改造。完善镇村规划体系，优化重点区域规划，全镇功能布局进一步优化。森源溪岸一期、正大丹桂园二期、金泽花园、国韵华庭等商住开发项目建设顺利推进。全面启动创建全国文明城市、建设美丽乡村三年行动计划，严格落实区域网格制、问题通报制、督查问责制等制度。技防建设继续加强，新增高清监控探头187只。

### 2015年顾山镇主要经济社会指标一览

表99

| 指标 | 单位 | 数量 | 比2014年增减(%) | 指标 | 单位 | 数量 | 比2014年增减(%) |
|---|---|---|---|---|---|---|---|
| 地区生产总值 | 亿元 | 72.48 | 7.41 | 到位注册外资 | 万美元 | 0 | — |
| 人均地区生产总值 | 万元 | 12.94 | 6.15 | 工业企业 | 个 | 814 | 0.12 |
| 财政收入 | 亿元 | 9.79 | 13.12 | 服务业增加值 | 亿元 | 36.80 | 10.36 |
| 第二、第三产业增加值占地区生产总值比重 | % | 97.10 | -0.60(百分点) | 限额以上批发零售业销售总额 | 亿元 | 66.31 | 14.95 |
| 农业总产值 | 亿元 | 4.20 | 4 | 限额以上批发零售业零售额 | 亿元 | 1.82 | 21.04 |
| 粮食总产量 | 万公斤 | 1074.6 | -18.81 | 中小学校数 | 所 | 3 | 0 |
| 工业总产值 | 亿元 | 148.96 | 2.20 | 中小学校在校学生数 | 人 | 5878 | -1.80 |
| 其中:规模以上工业总产值 | 亿元 | 99.59 | 1.52 | 数字电视入户率 | % | 95 | -3(百分点) |
| 工业利税总额 | 亿元 | 10.09 | 22.47 | 农村居民人均可支配收入 | 元 | 28038 | 9.10 |
| 其中:规模以上工业利税总额 | 亿元 | 7.58 | 23.70 | 社保参保率 | % | 93 | 0(百分点) |
| 工业用电量 | 亿千瓦时 | 5.35 | -8.87 | 劳动合同签订率 | % | 98 | 1(百分点) |
| 全社会固定资产投资 | 亿元 | 27.96 | 10.52 | 月薪制实施率 | % | 98 | 0(百分点) |
| 其中:工业投资 | 亿元 | 14.08 | 9.34 | 新型农村合作医疗参保率 | % | 100 | 0(百分点) |
| 服务业投资 | 亿元 | 13.42 | 15.07 | | | | |

### 2015年顾山镇开票销售收入前10名企业一览

表100

| 名次 | 企业名称 | 销售收入(亿元) | 法人代表 | 名次 | 企业名称 | 销售收入(亿元) | 法人代表 |
|---|---|---|---|---|---|---|---|
| 1 | 云蝠投资控股有限公司 | 9.51 | 郭　健 | 6 | 江阴市民达投资有限公司 | 3.45 | 郭新民 |
| 2 | 江阴市江洲铜业有限公司 | 6.54 | 刘　江 | 7 | 江阴日毛纺纱有限公司 | 3.31 | 岡田啓 |
| 3 | 江阴裕华铝业有限公司 | 4.79 | 徐建刚 | 8 | 江阴爱居免服装有限公司 | 3.15 | 赵方伟 |
| 4 | 江苏澄阳投资集团 | 4.53 | 杨　亮 | 9 | 江阴建邦铝业有限公司 | 3.14 | 郭亚霓 |
| 5 | 江苏润达光伏科技有限公司 | 3.66 | 陈俊律 | 10 | 江苏恒灏投资有限公司 | 2.57 | 毛二度 |

### 2015年顾山镇各村(社区)基本情况一览

表101

| 村(社区)名称 | 户数(户) | 人口(人) | 村(社区)党支部(党总支、党委)书记 | 村(社区)主任 | 村(社区)开票销售收入(亿元) | 人均可支配收入(元) |
|---|---|---|---|---|---|---|
| 新龚村 | 1944 | 7208 | 郭正平 | 项建良 | 21.05 | 35050 |
| 涸东村 | 900 | 3131 | 杨　亮 | 俞　晓(至11月) | 31.49 | 34600 |
| 南曹庄村 | 1132 | 4280 | 毛二度 | 周　斌 | 19.88 | 34520 |
| 顾北村 | 734 | 2562 | 赵玉龙 | 周旦平 | 27.49 | 35400 |

续表101

| 村(社区)名称 | 户数(户) | 人口(人) | 村(社区)党支部(党总支、党委)书记 | 村(社区)主任 | 村(社区)开票销售收入(亿元) | 人均可支配收入(元) |
|---|---|---|---|---|---|---|
| 红豆村 | 1750 | 6276 | 吴敏东 | 夏飞龙 | 19.29 | 32800 |
| 解放村 | 805 | 2725 | 潘立新 | 许敏达 | 7.83 | 31400 |
| 洄南村 | 920 | 3182 | 唐伯恩 | 徐健荣 | 2.12 | 29920 |
| 万兴村 | 973 | 3168 | 王洪兴 | 王永标 | 3.55 | 27000 |
| 东岐村 | 1132 | 3920 | 吴红一 | 刘文广 | 5.01 | 31380 |
| 鉴青村 | 666 | 2137 | 陈金星 | 凌　慧 | 3.46 | 28400 |
| 赤岸村 | 1289 | 4407 | 李振华 | 李子红 | 6.71 | 31700 |
| 李家桥村 | 795 | 2858 | 钱为民 | 徐　敏 | 4.97 | 28500 |
| 顾山社区 | 2036 | 5842 | 孙祖涛 | 周　昶 | 10.90 | 33200 |
| 北洄社区 | 1531 | 4448 | 金建瑜 | 徐　波 | 2.69 | 27200 |

**【“驻村入企联户”制度实施】** 2015年以来，顾山镇坚持“五必清、五必到、五必访、五不准、五不少”的“五个五”工作要求，在机关、村（社区）全体干部中实行“驻村入企联户”制度。制度实施以来，全镇驻村干部走访群众5100余人次，联系企业3150余个（次），帮助解决急难愁事580余件，现场调解群众矛盾210余件，撰写“民情日记”2400余篇、“驻村日志”336篇，76项建议意见被镇党委、政府采纳，2项建议纳入2016年镇民生实事工程，1项建议列入镇长期发展规划。

**【润达光伏“新三板”挂牌】** 公司前身为江苏润达光伏科技有限公司，成立于2009年8月，2014年12月改制为股份有限公司。公司是新能源的光伏行业，主营光伏太阳能组件的研发、生产、销售，立足于“专业化、规模化、国际化”发展之路，以“高起点定位、高标准生产、高效率管理”赢得市场竞争，产品出口欧洲、日本、澳大利亚等国际市场，拥有广阔的市场前景，是国家高新技术企业、江苏省重点培育和发展的国际知名品牌企业、江阴市重点骨干企业。2015年5月5日，江苏润达光伏股份有限公司在全国中小企业股份转让系统（“新三板”）成功挂牌。年内，该公司实现年销售收入3.65亿元。

**【自主研发新产品通过科技成果鉴定】** 2015年12月26日，由来自中国纺织工业联合会、江苏省纺织工业协会、江南大学、苏州大学纺织与服装工程学院、南通大学科技与产业处等多位专家组成的新产品新技术鉴定委员会，对顾山镇企业自主研发的科技新产品进行科学技术成果鉴定。鉴定组先后到江苏圣华盾防护科技股份有限公司和江阴芗菲服饰有限公司，对圣华盾公司最新研发的“抑菌性防护面料防护服”和“新型抗菌舒适性防静电防护面料防护服”两种产品，以及江阴芗菲服饰有限公司新推出的“涤棉竹混纺机织面料”“股线效应涡流纺纱针织面料”“罗布麻多纤混纺针织面料”等6种新产品新技术进行鉴定。鉴定组一致认为，这两个公司自主研发的科技成果符合鉴定要求，主要技术指标达到国内领先水平，具有较高的经济价值和良好的市场前景，同意通过鉴定。

**【千年红豆树三株齐放】** 江阴顾山红豆树在江苏省“古树名木名录”中排第七。据《江阴市志》记载，该红豆树有1400多年的历史，树高8米，冠幅111平方米。红豆树在元代已基本枯死，到清代乾隆年间，又重新从根部长出来。20世纪80年代，从根部又长出两颗小树。古老的红豆树其开花的时间很独特，开花时间不定，3年到5年都有可能，甚至10年都不开，而且即使开花也是零星开花，且是半树开放。同时，红豆开花后，也不一定结果，即使开花开得也很少。据统计，红豆树上一次开花结果是在2012年，但结果仅千粒左右，而上一次“丰产”，则要推到1990年。2015年5月，古老的红豆树突然开花，满树绽放美丽洁白的花朵，老树旁边的两棵小红豆树也一起绽放，可谓三株齐放，百年一遇，盛景空前，引来各地游客争相观赏。

**【祈福红豆系列活动】** 2015年10月17日，顾山镇挖掘和弘扬红豆文化，发展红豆特色文化产业，打造红豆乡村旅游品牌，开展祈福红豆系列活动，包括红豆特色旅游商品展示活动、祈福红豆活动、红豆花开专题摄影展、红豆旅游推介会、“相思红豆情”广场文艺演出等活动。该活动由顾山镇红豆文化研究会、香山寺主办，邀请江苏省佛教协会副会长、扬州大明寺方丈能修大和尚为红豆树祈福洒净。活动期间，小小的红豆院，南音梵音声声入耳，俗语禅语句句动人，大家争相为红豆祈福祷告，也以此寄托自己对美好生活的向往和祝愿。

**【“3+1”困境儿童结对帮扶】** 为了给困境儿童予以全方位的关爱，顾山镇妇联招募一批爱心企业、爱心家庭和巾帼志愿者，以“3+1”的模式结对困境儿童。即由1个爱心企业、1个爱心家庭、1组巾帼志愿者帮扶1个困境儿童。爱心企业负责孩子每年的2000元~3000元的经济补助，直至完成学业；爱心家庭负责爱心陪伴,给孩子以父母般的关心和照顾;同时由4个以老师为主体的“巾帼志愿者”组成一组结对一个困境儿童,双休日上门帮助孩子进行学习辅导和心理辅导。通过三方面的努力,帮助孩子养成健康的心理和健全的人格。10月17日,顾山镇举行“小橘灯3+1”困境儿童结对帮扶签约暨“小橘灯巾帼志愿者”队伍成立仪式。至年末,“小橘灯巾帼志愿者”队伍有152人。并成立“小橘灯妇女儿童慈善基金”。此举得到顾山女企业家协会的大力支持,会员们首期募集基金10万元专款,全部用于顾山妇女儿童事业的发展。

**【镇便民中心北漍分中心成立】** 2015年5月25日,顾山镇便民服务中心北漍分中心在北漍社区成立。服务中心以“依法、规范、便民、高效、廉洁”为宗旨,在服务大厅内设计生残联、劳动保障、农水农服等9个便民工作台,还制作了便民服务卡,免费向群众发放。同时,对便民服务的内容、办事程序、收费标准、政策依据、服务电话、工作人员情况等进行全面公开,并在服务大厅内设置椅子、报刊架等,让群众能在温馨舒适的环境中办理各项事务。服务中心的成立为群众搭建服务绿色通道,将切实解决群众“办事远”“办事慢”等突出问题。

**【市首个村级商会成立】** 2015年12月28日,漍东商会成立暨第一次会员代表大会在顾山镇漍东村举行。会议听取漍东商会筹备工作情况汇报,审议并通过《漍东商会章程》,选举产生漍东商会第一届理事会。漍东商会是江阴市首个村级商会。商会成立旨在为会员企业提供优质服务,维护会员企业合法权益;协助村“两委”共同参与家乡建设,改善村容村貌;扶弱助困,多做公益,回报家乡人民。村级商会是顾山镇商会发展的一种探索,也是新农村建设的一种新模式。漍东商会的成立,有利于进一步整合全村行业资源,增强中小型企业的整体竞争力,对于深化村企共建新农村工作有着积极的推动作用。

(周春宇 钱思宇)

## 祝塘镇

**【概况】** 祝塘镇是徐霞客的祖居地,位于江阴市东南,南北分别与无锡市区、江阴市区相距20余千米,云顾、祝陆、祝璜、祝文公路在镇区交汇,暨南大道和长山大道分别在镇域内过境4.9千米和3.3千米,锡华大河贯穿全境,是澄东地区重要的交通枢纽。区域面积59.59平方千米,耕地面积2575公顷,下辖12个行政村(其中2个村居合一)。2015年年末,有户籍人口60940人,其中男性30183人、女性30757人;有少数民族18个332人,其中男性17人、女性315人。有外来人口87825人,其中男性44837人、女性42988人。

政治建设 按照中央“思想教育从严、干部管理从严、作风要求从严、组织建设从严、制度执行从严”的要求,全面扎实推进从严治党。严把党员发展关,着力提高新发展党员质量,全年发展党员32人,培训入党积极分子40人。严格党员管理,完成全镇54个基层党组织、3000余名党员组织关系全面排查。全面落实干部选拔任用条例与选拔任用事前报告和全程纪实办法,选派5名优秀年轻干部开展双向挂职“墩苗”锻炼。加强服务型党组织建设,文林村(社区)开展主题为“清风文林,党建先行”示范点建设,升格为全镇首个村级党委,并创建为全市党建工作示范点。江苏贝德时装有限公司党支部被评为江阴市“五先五好”*服务型党组织。以“作风建设突破年”为抓手,深入开展党风廉政教育系列活动,编印下发改进工作作风、提升工作效能实施意见和制度汇编,修订机关工作人员考核细则,细化量化作风效能考核指标,有力提升作风效能建设成效。举行祝塘镇科学技术协会第六次代表大会,全镇科技战线上的58名代表参加会议。会议审议并通过镇科协第五届委员会工作报告和《祝塘镇科学技术协会章程》,并选举夏建辉为镇科协第六届委员会主席,周和兴、戴加龙、陶国江、戴泽新为副主席,俞晖为秘书长。

经济建设 全年实现地区生产总值83.2亿元,比2014年增长4.61%;实现财政收入9.66亿元,比2014年增长5.57%,完成公共财政预算收入4.02亿元,比2014年增长15.73%;完成工商业开票销售收入207亿元,比2014年增长1.41%;实现进出口总额4.3亿美元;新增到位注册外资1500万美元;全年新增工业开票销售超亿元企业4个。粮食生产稳中有增,水稻种植面积0.14万公顷,平均每公顷产量633.9公斤,全年稻麦总产量1944.77万公斤。全年实现农业总产值5.7亿元,增长7.55%,农业适度规模经营比例87%,高效农业比例65%,设施农业比例21%,高标准农田比重63%。全年完成农业投入8300万元,落实农业高效设施项目14项,其中争取省级以上项目4项,无锡市级项目2项,江阴市级项目3项。加大工业项目建设力度,全年有工业项目107项,总投资32.79亿元,其中开工项目102项,总投资27.6亿元。全年完成工业投入18.1亿元,比2014年增长8.25%,有超千万元项目18项,其中超亿元项目7项。大力提升服务业,全年有服务业项目27项。完成服务业投入12.81亿元,比2014年增长10.81%,有超亿元项目3项。强化节能减排,全年完成化学需氧量减排48.7吨、氨氮4.9吨,超额完成污染物削减任务。认真落实“河长制”,青祝河、富贝河等主要河道断面水质保持良好。3个污水处理厂废水达标率96.8%,位居全市前列。15个企业废水IC(集成电路)卡装置正常率100%。完成“三同时”项目*验收23项,淘汰燃煤锅炉12台,关停“三高两低”企业*2个。完成工业集中区环评修编审批和11个重点企业环境风险评估及应急预案修订,新增1处镇级环境应急物资库。完成17个印染企业提升整治和小片印花废水集中处理。总投资1000余万元的文林社区防洪工程全面竣工,建设石堰西、小包家、老三房、河北庄4个小圩区。实施镇区南部排水畅通工程,完成鸭头泾浜排水箱涵和扁基河整治工程。全面完成文林大桥、皇母桥和漫水桥等6座危桥改造。启动镇区人民路、镇北路管线入地与道路改造工程。有序推进草河浜与梁家基浜、新开浜与颜家浜水系沟通工程。

社会建设 强化科技支撑,完成全社会研发投入1.06亿元。完成专利申请435件、专利授权113件。新增江苏省高新技术企业2个、民营科技企业6个、研究生工作站1个、工程技术中心1个,无锡市工程技术研究中心1个,江阴市工程技术中心4个。2个企业被列为市"专精特新"科技"小巨人"企业。6种产品获评市科技进步奖,2人获评市十佳科技创新(业)标兵。实施产学研合作项目3项,与浙江工商大学开展政产学研深度合作,国家再生有色纤维新材料研发生产基地落户恒泽复合材料,碳谷科技与国家纳米中心建立石墨烯研发与应用联合工程实验室。新增中国驰名商标2个、认定省著名商标2个。3个企业参与制(修)订国家标准、行业标准,7种产品通过专家评审。江阴康爱特包装有限公司成为全镇首个在"新三板"*挂牌的企业。投入900多万元完善各校设施设备薄弱环节,完成小学新国标校车更换。全力做好国家公共文化服务体系示范区建设。群众文体活动蓬勃开展,广场舞连续三年荣获全市一等奖,镇太极拳协会挂牌成立。新建梧塍园和古镇遗存公园。启动积庆公园建设、城管中队搬迁及派出所改造。启动新时期党史专题资料征编试点,《祝塘镇志》荣获首届江苏省优秀乡镇(街道)志、村志评选综合类二等奖。成立创建全国文明镇领导小组,出台文明创建三年行动计划,构建由党政领导挂钩负责的网格化责任体系。通过全员发动、全民参与,下发各类倡议书,在市镇媒体开设专版专栏,设置公益广告,营造文明创建氛围。通过编发短信"微悦读",编印创建工作简报,借助"大爱祝塘"微信公众平台推送创建动态信息,激发社会各界参与创建。工青妇等群团组织围绕"弘扬'炎黄'精神,建设大美祝塘"主题,积极开展"争做最美祝塘人""打造洁净美丽城镇""建设崇美诚信环境""创造幸福美满生活""传承祝塘美德文化""五美"系列创建活动。成功表彰首批祝塘"炎黄",深入开展学"炎黄"系列活动,扩大"炎黄"精神品牌影响力。成立祝塘"炎黄"志愿服务总队,各类志愿服务活动广泛开展,全力助推文明创建。依托"炎黄"讲堂,提升干部群众的文明素质。"炎黄"精神点燃文明"火炬"项目荣获2015年无锡市腾飞奖。出台环境综合整治三年行动计划,开展以环境综合整治行动,完成镇区和社区重点区域、重要路段的全面整治,全面完成全镇20%的自然村庄环境整治。组建2支环境综合整治长效管理队伍,进一步加强镇容镇貌、交通秩序和环境卫生管理,完善农村环境长效管理机制,打造12个村庄环境长效管理示范点,镇村面貌得到明显改观。加大对镇区垃圾、渣土倾倒和破坏绿化等违章行为的查处力度,强化农贸市场及其周边环境治理,有力提升镇区社区形象。深入推进违法建设专项整治,拆除各类违章建筑5300多平方米。全面完成无证照废旧物资回收点清理。大力开展交通违法整治,积极优化道路通行环境,确保群众出行安全。新建农村生活污水集中处理设施2个。完成土地复垦整理11.6公顷。新增绿化造林54公顷,林木覆盖率23.5%,建成省级村庄绿化示范村2个。加强河道环境综合整治,落实"河长制"管理,提升水环境质量。投入168万元完成全镇59个健身站点提档升级。全面完成云顾路3个交叉口改造及管线入地工程,完成金昌路南延伸段、尚东路、富贝支路建设和富林桥扩建,顺利打通镇北路延伸段瓶颈,人民路道板改造顺利竣工。完成镇北路、新巷路等3.6千米污水管道与云顾路西侧、环北西路等2.2千米雨水管道铺设,建设污水泵站1座。启动镇区北农贸市场改造。全年拆迁民房7730平方米、厂房3.8万平方米,安置分房40户。完成宁福苑9号楼和北前路安置房建设,新增安置面积4万平方米。完善就业创业服务,解决本地劳动力就业3637人,扶持自主创业人数135人,推荐就业79人。应届大学毕业生就业率97.3%。全年完成城保扩面2130人。成功调处劳资纠纷68件,追发工资244.9万元,工伤调解21件。加强社会救助,落实城乡一体化低保标准增长机制,发放低保金265.42万元、各类救助金及优抚金944.26万元。全年募集善款109.3万元,救助贫困家庭665户。全面完成农村土地承包经营权确权颁证首轮公示。完成永平村31组、45组撤组,104人进入被征地农民保障。全镇居家养老服务覆盖率100%。全面完成第二次全国地名普查工作,完成镇科协换届选举,完成全国1%人口抽样调查。文林社区建成全国综合减灾示范社区。完成市第五人民医院门诊大厅改造和全镇殡葬设施修缮。完成群众免费健康体检13294人,新农合参保33436人。筹建镇农产品检测室,定期开展蔬菜抽检。夯实基层基础,全面推行网格化管理新模式。健全矛盾纠纷源头预防、排查化解、应急处置工作机制,努力把矛盾消除在萌芽状态、化解在基层一线。深化普法工作,"六五"普法通过市级考核验收。12个村级司法行政服务站和调委会规范化建设全面到位。首创成立镇级劳资纠纷人民调解委员会,打造工资维权专门服务平台。深入开展月薪制排查,积极防范和打击涉众型经济犯罪与拖欠工资、拖欠工程款、业主弃企逃债的"两欠一逃"行为,开展无证无照企业专项整治行动。大力推进技防镇建设,新增高清探头110只。文林法治文化广场成为无锡市法治文化示范点。加强安全生产监管,突出隐患排查治理,全镇安全形势持续稳定。

## 2015年祝塘镇主要经济社会指标一览

表102

| 指标 | 单位 | 数量 | 比2014年增减(%) | 指标 | 单位 | 数量 | 比2014年增减(%) |
|---|---|---|---|---|---|---|---|
| 地区生产总值 | 亿元 | 83.20 | 4.61 | 到位注册外资 | 万美元 | 1500 | -13.59 |
| 人均地区生产总值 | 万元 | 13.60 | 3.82 | 工业企业 | 个 | 972 | 0.21 |
| 财政收入 | 亿元 | 9.66 | 5.57 | 服务业增加值 | 亿元 | 26.61 | 8.04 |
| 第二、第三产业增加值占地区生产总值比重 | % | 96.20 | -0.10(百分点) | 限额以上批发零售业销售总额 | 亿元 | 28.25 | 3.37 |
| 农业总产值 | 亿元 | 5.70 | 7.55 | 限额以上批发零售业零售额 | 亿元 | 2.26 | 12.44 |
| 粮食总产量 | 万公斤 | 2014 | -2.85 | 中小学校数 | 所 | 7 | 0 |
| 工业总产值 | 亿元 | 256.07 | 3.10 | 中小学校在校学生数 | 人 | 8727 | 0.40 |
| 其中:规模以上工业总产值 | 亿元 | 157.50 | 0.90 | 数字电视入户率 | % | 99 | 0(百分点) |
| 工业利税总额 | 亿元 | 20.14 | 11.58 | 农村居民人均可支配收入 | 元 | 29290 | 9.62 |
| 其中:规模以上工业利税总额 | 亿元 | 13.16 | 13.64 | 社保参保率 | % | 100 | 0(百分点) |
| 工业用电量 | 亿千瓦时 | 5.94 | 0.51 | 劳动合同签订率 | % | 98 | 1(百分点) |
| 全社会固定资产投资 | 亿元 | 31.74 | 9.52 | 月薪制实施率 | % | 98 | 0(百分点) |
| 其中:工业投资 | 亿元 | 18.10 | 8.25 | 新型农村合作医疗参保率 | % | 100 | 0(百分点) |
| 服务业投资 | 亿元 | 12.81 | 10.81 | | | | |

## 2015年祝塘镇开票销售收入前10名企业一览

表103

| 名次 | 企业名称 | 销售收入(亿元) | 法人代表 | 名次 | 企业名称 | 销售收入(亿元) | 法人代表 |
|---|---|---|---|---|---|---|---|
| 1 | 江阴市百舸有色金属材料有限公司 | 31.32 | 徐宇清 | 6 | 江阴市飞燕实业有限公司 | 3.17 | 蒋云南 |
| 2 | 江苏恒泽复合材料科技有限公司 | 7.29 | 戴泽新 | 7 | 江阴市茂达棉纺厂有限公司 | 2.93 | 郁广益 |
| 3 | 江苏贝德时装有限公司 | 6.11 | 蒋忠伟 | 8 | 江阴市春达铝业有限公司 | 2.87 | 朱忠良 |
| 4 | 江阴市恒润环锻有限公司 | 4.87 | 承立新 | 9 | 江阴市文林利达布厂 | 2.58 | 包贤明 |
| 5 | 江阴市友佳珠光云母有限公司 | 3.64 | 戴加龙 | 10 | 江阴亿欣新材料科技有限公司 | 2.51 | 任海涛 |

## 2015年祝塘镇各村(社区)基本情况一览

表104

| 村(社区)名称 | 户数(户) | 人口(人) | 村(社区)党支部(党总支、党委)书记 | 村(社区)主任 | 村(社区)开票销售收入(亿元) | 人均可支配收入(元) |
|---|---|---|---|---|---|---|
| 永昌村 | 1242 | 5004 | 王华 | 王征 | 40.53 | 24000 |
| 建南村 | 1606 | 6195 | 王良 | 俞荣彪 | 36.06 | 26000 |
| 文林村(社区) | 2042 | 6948 | 张荣庆 | 王力军 | 30.24 | 32000 |
| 金庄村 | 1932 | 7327 | 孔令福 | 何德兴 | 26.66 | 29000 |
| 景阳村(社区) | 1610 | 5118 | 戴汉兴 | 沈岳虎 | 19.53 | 29200 |
| 永平村 | 1263 | 4948 | 华兴 | 华兴 | 14.19 | 15080 |
| 北湾村 | 944 | 3272 | 王军伟 | 潘学红 | 13.45 | 24600 |
| 河湘村 | 1286 | 4592 | 龚军 | 朱建飞 | 11.84 | 24100 |
| 富顺村 | 1601 | 5479 | 潘浩德 | 孙建刚 | 4.81 | 20500 |
| 茂龙村 | 921 | 3545 | 顾叙兴 | 华国洪 | 4.51 | 24000 |
| 五福村 | 1436 | 4863 | 张星伟 | 季刚 | 3.42 | 20000 |
| 石堰村 | 1062 | 3649 | 包盘兴 | 徐立新 | 1.42 | 19588 |

**【获评省纺织行业百亿元特色名镇】** 祝塘镇的针织服装业起步较早，经过30余年的发展，全镇针织服装业规模逐年扩大，产业集聚效应日益明显，形成纺纱、织造、印染、成衣一条龙的完整产业链，纺织服装产品门类齐全、品种繁多，纱、线、针织运动装、针织休闲装、针织内衣等均有。至2014年，拥有针织服装生产企业近380个，其中外商独资和中外合资企业42个，有自营进出口权的企业96个，年销售超5000万元的企业40个；针织服装企业数占全镇企业数的40%，销售总额占全镇经济总量的42%以上。各类纱线年产12.8万吨、针织服装产品年产量3.5亿件。2015年9月11—13日，在第十七届江苏国际服装节上，由江苏省政府主办，省经信委和江苏纺织工业协会承办的2015年江苏纺织服装年度盛典成果发布会发布榜单，祝塘镇被评为江苏纺织行业百亿元特色名镇。

**【文林村升格为镇首个党委行政村】** 2015年初，文林村（社区）着力推进服务型党组织建设，开展主题为"清风文林、党建先行"示范点建设，试点推行"民生党建369"工作法，"3"即构建以村（社区）干部为核心、"两代表一委员"（党代表、人大代表、政协委员）为骨干、党员志愿者为重点力量的3支服务队伍，"6"即在日常服务百姓工作中形成"民生日记""民生热线""民生研究室""民生指南""民生联络员"和"民生观察员"等6个民生元素，"9"即将现有的各项服务功能进行梳理、整合、分类，形成党员人才、农业副业、社会保障、村镇建设、民政优抚、治安管理、交通协助、妇女儿童、工商管理9个大类。每一类服务项目明确责任人、公开服务承诺，有效提高各项便民工作的效率和质量。5月30日，根据市委组织部批复，文林村（社区）党总支成功升格为祝塘镇首个党委行政村，并成为全市党建工作示范点。10月21日，祝塘镇召开文林村（社区）党委成立大会，中国共产党祝塘镇文林村（社区）委员会正式挂牌。

**【创建全国文明镇启动】** 自2015年3月22日全市创建全国文明城市动员令发出后，祝塘镇明确提出创建全国文明镇的目标定位，并于4月15日，召开创建全国文明镇暨环境综合整治动员大会，成立创建全国文明镇领导小组，出台《祝塘镇创建全国文明镇三年行动计划（2015—2017）》，构建由党政领导挂钩负责的网格化责任体系。通过全员发动、全民参与，下发各类活动倡议书，在市镇媒体开设专版专栏，设置公益广告，短信微悦读，编印工作简报，全方位多角度报道社会各界积极参与创建工作的动态和热情。围绕"弘扬'炎黄'精神，建设大美祝塘"的主题，开展"争做最美祝塘人""打造洁净美丽城镇""建设崇美诚信环境""创造幸福美满生活""传承祝塘美德文化"等"五美"系列创建活动，倾力打造"三街三馆"（公园路——"炎黄"精神展示街、环北路——诚信经营一条街、镇北路——文明交通示范街；"炎黄"陈列馆、祝塘文史馆和"江抗"纪念馆）。开展学习"炎黄"张纪清系列活动。开展"寻找祝塘好人"活动，发动群众推荐评议道德模范与"我身边的'炎黄'榜样"，成立祝塘"炎黄"志愿服务总队，引导群众学习身边的凡人善举，引领崇尚先进、学习先进、争当先进的良好风尚。开展以"五整六治两提升"（"五整"指开展对镇容镇貌、社区环境、园区秩序、农村环境、农贸市场的整治；"六治"指治违章建筑、治工地环境、治环境扰民、治城镇绿化、治镇村河道、治停车秩序；"两提升"指提升居民文明素养和提升长效管理水平）为主要内容的环境综合整治行动，加强镇容镇貌、交通秩序和环境卫生管理，镇村面貌得到明显改观。

**【康爱特包装"新三板"挂牌】** 江阴康爱特包装股份有限公司是一个专业生产高品质IBC（复合型中型散装容器）集装桶的中外合资企业，于2007年注册成立，年产IBC集装桶24万只，200升以下50万只。该公司拥有国内先进的整套大型吹塑设备、框架自动生产线和各种检测设备，产品严格执行国际质量标准。IBC集装桶耐酸、碱、油等液体的腐蚀，适用于磷酸、甲酸等二、三类危险品的存储和运输，更适合标准集装箱出口。产品广泛用于油脂、染料、中间体、农药、酿造、日化、饮料、食品等液体行业。2008年6月公司进入试生产，11月通过中国船级社质量认证公司ISO 9000认证。2014年9月29日，康爱特包装正式向全国企业股份转让系统有限公司提交申报材料，12月26日，全国企业股份转让系统下发《关于同意江阴康爱特包装股份有限公司在全国企业股份转让系统挂牌的函》。2015年1月15日，江阴康爱特包装股份有限公司在"新三板"*正式挂牌，是全镇首个在"新三板"挂牌的公司。

**【文林社区防洪排涝工程竣工】** 2015年3月，该工程开工建设，总投资1000多万元，于10月全面竣工。主要建设石堰西、包家村、老三房和河北庄4个小圩区。具体内容包括新建改建堤防1465米，其中土工模袋砼290米、混凝土防洪墙465米、堤防加固710米，新建排涝站4座，铺设涵管400米，铺设混凝土预制排水沟880米。该工程竣工后，有效地提升文林社区的防洪排涝能力，确保居民免受水淹之苦。

**【镇"炎黄"志愿服务总队成立】** 2015年7月9日，祝塘镇举行"'炎黄'之乡，大爱祝塘""炎黄"志愿服务总队成立仪式。成立仪式上，镇党委授予张纪清等11人首届祝塘"炎黄"称号。副市长韩民和镇长赵炯为祝塘镇"'炎黄'之乡，大爱祝塘""炎黄"志愿服务总队揭牌。市文明办主任薛建国为"炎黄"大队、党员志愿服务队、工会志愿服务队、青年志愿服务队、"炎黄"爱心社、巾帼助老志愿服务队、巾帼护绿志愿服务队、爱心田园志愿服务队、网吧义务监督志愿服务队、环保志愿服务队、交通文明志愿服务队、教师义工志愿服务队、小"炎黄"爱心服务队、江阴五院志愿服务队和个体工商户志愿者服务队15支志愿者队伍授旗。市超宇针织有限公司总经理王卫平担任"炎黄"志愿服务总队队长。该服务总队以"弘扬'炎黄'精神，建设大美祝塘"为目标，凝聚志愿队伍，传播志愿服务理念，定期开展扶贫救助、文明礼仪、安全教育、交通文明等志愿服务活动。

【祝塘爱心人士情系宁夏海原】“执着执教者”退休教师丁道昌在宁夏回族自治区海原远景希望小学支教过程中，了解到海原县一些学生家庭贫困的实际情况后，先后8次前往海原县，为海原五小、史店小学等学校的贫困孩子捐赠衣物、爱心包裹1500余件，各类书籍700多本。2015年“六一”前夕，65岁的丁道昌和江阴嘉德瑞乐器公司爱心人士一同前往海原县开展捐资助学活动。他们为海原县的史店、马湾、山门、王井等学校带去祝塘镇爱心人士捐赠的书籍、乒乓球拍、乒乓球、音乐器材、衣服等物品，总价值42800元。至此，丁道昌联系祝塘镇的爱心企业家和各界人士，为海原县40多名贫困生募捐助学金87000元，并为他们每人每年联系到助学金2000元，直至其大学毕业。

【“祝塘工人精神”表述语征集】2015年9月，祝塘镇总工会启动“祝塘工人精神”概括提炼及表述语征集评选活动，征集活动在全镇广大职工和社会各界人士中展开。至月底，收到“祝塘工人精神”表述语266条。在此基础上，镇总工会邀请由6位熟知祝塘历史文化、高度关注祝塘发展、具有一定理论水平的人员组成专家评审小组负责评选工作，初步评选出20条“祝塘工人精神”表述语。10月，20条表述语作品通过“大爱祝塘”微信公众平台向社会公布，并进行公众投票，有7000多人参与投票。最终，在综合专家评审得分和公众投票得分后，“爱岗爱企爱祝塘，创新创业创一流”获评最佳“祝塘工人精神”表述语，同时评选出5条优秀表述语和10条入围表述语。

【祝塘镇书画展举办】2015年11月18—30日，“‘炎黄’之乡，大爱祝塘”祝塘镇书法、美术作品展在江阴市展览馆3号展厅展出。此次书画展由祝塘镇党委、政府主办，市文化馆和镇文联协办，展出镇文联下属的书法、美术协会会员精心创作的书画作品近120幅。书法作品中有收放自如的草书、如行云流水的行书、端庄秀丽的楷书，美术作品中有色彩绚丽的油画、古朴雅致国画、工整细致的工笔画，作品具有浓郁的乡土文化气息和地方人文情怀。此次活动，既为祝塘的书法美术爱好者提供了一个展示自我、相互交流的平台，也充分展示了地方文化的独特魅力。

【张玉庆《秋韵集》出版】张玉庆，系祝塘镇河湘村杜巷上人，为江苏省群众文化学会会员。2015年7月，记录张玉庆创作生涯的《秋韵集》由中国出版集团现代出版社出版。《秋韵集》计20万字，收录作者从1966年参加工作至退休后所创作发表的60余篇作品，包括散文、故事、报告文学、小戏、小品、诗歌和曲艺等。作品折射这位当年文林地区的“土记者”40多年的心路历程，反映作者几十年创作生涯的发展轨迹，尤其是较多篇幅的报告文学，在不经意间记录下了特定年代的时代风采。7月8日，在文林中心小学举行新书首发式暨赠书仪式。

【“大爱祝塘”微信公众平台开通】2015年8月14日，祝塘镇“大爱祝塘”微信公众平台正式开通。该微信公众平台由祝塘镇党委宣传科主办，主要设置政务公开、党建园地、企业风采、古镇新貌和近期活动等板块，以传播精神文明建设为重点话题，采用灵活多样的形式第一时间播报祝塘文明创建、好人好事、志愿服务、文体赛事等热点动态，定期传播祝塘历史文化知识及其周边生活资讯。平台每周推送2～3期内容，每期包含4～5条信息，信息一经推出即受到网友的广泛关注和普遍好评。至2015年年末，推送信息47期198条。

【市侨联祝塘分会成立】2015年，祝塘镇通过前期的认真排查核实，全镇建立并完善港澳同胞、台湾同胞、海外侨胞“三胞”人员及其眷属、华侨华人的基本信息，有驻镇涉侨人员56人，其中归国留学人员13人、留学生家属18人、侨眷23人、港澳同胞眷属2人。另外，有在国外的华人华侨21人、海外留学生18人，以及中国港澳居民3人。12月24日，市侨联祝塘镇分会成立，选举产生市侨联祝塘镇分会第一届主席、副主席和秘书长。镇侨联分会以“参政议政、维护侨益”为己任，发挥侨联组织的政治参与和民主监督作用，提高为侨服务水平，促进和谐社会建设；发挥侨联善于牵线搭桥的优势，宣传祝塘的投资创业环境，吸引更多的华侨华人、国外友人来祝塘参观考察，促进华人、华侨和港澳台同胞与祝塘开展互惠合作；发挥侨界人才荟萃、智力密集的优势，加大荐贤引智力度，助推全镇经济社会事业平稳、健康和可持续发展。

【市民族团结促进会祝塘分会成立】2015年，祝塘镇调查摸底全镇常住少数民族基本情况。据统计，全镇有少数民族常住人口332人，有18个族别。在此基础上，于11月20日成立江阴市民族团结促进会祝塘分会。该促进会是由致力于祝塘镇民族团结进步事业的单位和各族各界人士自愿组成的联合性、非营利性社会团体，成员广泛分布于全镇各行各业，是党和政府联系各族群众的桥梁和纽带。成立大会后，举行市民族团结促进会祝塘分会第一次会议，会议选举产生第一届理事会和领导班子，新当选的首届分会会长魏斯琪作表态发言。该分会的成立，标志着全镇少数民族在就业培训、子女入学、权益保障、法律援助等方面工作，会得到进一步指导和帮助。（何国荣）

■类目编辑　纪晓华

# 组织机构和领导人员名录

## 市级机构

### 中共江阴市委

书　　记　周铁根
　　　　　陈金虎(12 月任)
副 书 记　沈　建
　　　　　蔡叶明
　　　　　崔荣国(赴新疆工作)
常　　委　孙小虎
　　　　　徐冬青
　　　　　计　军
　　　　　孙　英(女)
　　　　　钱文琴(女)
　　　　　冯爱东
　　　　　吴　芳(女)
　　　　　袁秋中
　　　　　戴旭东

### 江阴市人大常委会(党组)

主　　任　赵国权
副 主 任　倪颖伟
　　　　　郑　元
　　　　　朱　敏
　　　　　黄耀清
党组书记　赵国权

### 江阴市人民政府(党组)

市　　长　沈　建
副 市 长　孙小虎
　　　　　计　军
　　　　　吴　芳(女)
　　　　　费　平
　　　　　龚振东
　　　　　封晓春
　　　　　唐仲贤
　　　　　程　政
　　　　　虞卫才
　　　　　韩　民
　　　　　张继文(挂职,至 8 月)
　　　　　佘新泉(挂职,11 月任)
党组书记　沈　建
副 书 记　孙小虎

### 政协江阴市委员会(党组)

主　　席　薛　良
副 主 席　须振宇
　　　　　黄丽泰(女,兼)
　　　　　张英毅
　　　　　喻伟力
　　　　　陈兴初
党组书记　薛　良
副 书 记　须振宇

### 中共江阴市纪律检查委员会

书　　记　孙　英(女)
副 书 记　郁李达
　　　　　陈明波
常　　委　缪明球(至 8 月)
　　　　　陆永祥(至 2 月)
　　　　　陆　欣
　　　　　沈　斌
　　　　　顾行行(2 月任)
　　　　　邹宇伟(8 月任)

#### 市委办公室

主　　任　张韶峰
副 主 任　郭　诚
　　　　　唐晓峰
　　　　　汤建影
　　　　　谢映军
市委政策研究室
主　　任　郭　诚

#### 市委组织部

部　　长　钱文琴(女)
副 部 长　张志浩
　　　　　王建新
　　　　　冯明刚(8 月任)
部务委员　徐　飞(至 7 月)
　　　　　冯明刚(至 7 月)
　　　　　王　青(7 月任)
　　　　　时军文(7 月任)
市委组织员办公室
主　　任　张志浩
市新经济社会组织党工委
书　　记　王建新
副 书 记　范　荣

#### 市委宣传部

部　　长　袁秋中
副 部 长　周晓虹(7 月任)
　　　　　刘　锋(至 1 月)
　　　　　杨建忠
　　　　　薛建国
文明办主任　刘　锋(至 1 月)

薛建国
副 主 任　曹　琰(女)

## 市委统战部

部　　长　缪　红
副 部 长　卞　宏
高文展
陈雪源
部务委员　潘少峰

## 市人民政府侨务办公室

主　　任　高文展
副 主 任　叶　敏(女,至7月)

## 市委台湾工作办公室

主　　任　江　城
副 主 任　赵　笛(女)
吴树坚

## 市委政法委员会

书　　记　蔡叶明
副 书 记　韩　民
顾培植
陶金虎
梅　强(派挂)

## 社会治安综合治理委员会办公室

主　　任　顾培植
副 主 任　潘　麒
许海英(女)

## 市机构编制委员会办公室

主　　任　俞烈彪
副 主 任　夏宏伟
张　华

## 市委农村工作办公室

主　　任　许忠新
副 主 任　李湘阳
孔玉兰(女)

## 市委市级机关工作委员会(纪工委)

书　　记　屠湘如
副 书 记　徐益民
周雯虹(女)
纪工委书记　徐益民

## 市委老干部局

局　　长　叶雪琴(女)
副 局 长　薛　卫
孙　渊

## 市委机要保密局

局　　长　郭　诚(至5月)
副 局 长　俞　良
石效民(5月任)

## 信访局

局　　长　印国兴
副 局 长　朱小卫
袁春霞(女)

## 史志办公室

主　　任　吴海英(女)
副 主 任　王萍芳(女)
李孜渊

## 档案局、档案馆

局长、馆长　张　伟
副局长、副馆长　吴红敏(女,至9月)
缪红珍(女)
张　平(7月任)

## 接待办公室

主　　任　何忆芳(女)
副 主 任　宦雪忠
朱学民(女)
林贤青(女)

## 市人大办公室

主　　任　梅海荣
副 主 任　赵　东
唐　徽(女)
市人大研究室
主　　任　袁金英(女)

## 市人大工作委员会

内务司法工委
主　　任　徐　斌
副 主 任　龚楚华
财政经济工委
主　　任　夏伟忠
副 主 任　黄立新(女)
环境资源城乡建设工委
主　　任　张伯庆
副 主 任　徐志伟
教科文卫工委
主　　任　高小乒(女)
副 主 任　袁忠良
人事代表联络工委
主　　任　李志浩(至7月)
副 主 任　赵勇兵(至3月)
缪　勤(3月任)

## 市人民政府办公室(党组)

主　　任　张　忠
副 主 任　顾　平
金啸峰
万小溪
吴家湘
许　伟
林　琪
党组书记　张　忠
人民政府研究室
主　　任　蒋万春
副 主 任　朱新开

## 市外事办公室

主　　任　赵茹珊(女,至3月)

## 市金融工作办公室

主　　任　顾　平
副 主 任　黄建祥

## 市机关事务管理局(党组、纪检组)

局　　长　陈建龙
副 局 长　陆桂兴
刘晓军
党组书记　陈建龙(7月任)
纪检组长　秦　伟(7月任)

## 发展和改革委员会(党组)

主　　任　陆礼平(至3月)
包锡龙(3月任)
副 主 任　王　凯
郝国光
李进仪(至1月)
薛　健
朱佳虎
党组书记　陆礼平(至3月)
包锡龙(3月任)
副 书 记　王　凯

## 经济和信息化委员会(党委、纪委)

主　　任　沈伟旗(至7月)

王利峰(7月任)
副主任　那叶青
翁国琪
薛德网
陶　宏
陆正宇
党委书记　沈伟旗(至7月)
王利峰(7月任)
副书记　肖朱东
纪委书记　毛　亚(女)

## 市信息化办公室

主　　任　翁国琪

## 教育局(党委、纪委)

局　　长　陈兴初
副局长　王　健
陈　华
单红霞(女)
党委书记　过建春
副书记　陈兴初
徐前锋
纪委书记　付良洲

## 人民政府教育督导室

主　　任　过建春

## 科学技术局(党组)

局　　长　赵志军
副局长　吴自强
俞均彦
陈光亚(女,2月任)
党组书记　赵志军

## 人力资源和社会保障局(党委、纪委)

局　　长　季相云
副局长　施晔新(女)
袁　飞
缪　勤(女,至1月)
华　江
刘小微
赵勇兵
党委书记　季相云
副书记　吴建农
纪委书记　夏　晓

## 财政局(党组、纪检组)

局　　长　包锡龙(至3月)
张少波(3月任)
副局长　王维秧
盛良斌(至1月)
李　琦(女)
黄海华
张海红
陈正华
党组书记　包锡龙(至3月)
张少波(3月任)
纪检组长　张　虎

## 市人民政府国有资产监督管理办公室

主　　任　包锡龙(至3月)
张少波(3月任)

## 公安局(党委、纪委)

局　　长　韩　民
副局长　严会东(至7月)
张德根
孙瑞元
赵　敏
卢　刚
杨　勇
党委书记　韩　民
政　　委　李　宏(至3月)
严会东(7月任)
副书记　李　宏(至3月)
严会东
政治处主任　朱福顺
纪委书记　符加良

## 维护稳定工作领导小组办公室

主　　任　张德根
副主任　陆林东(7月任)

## 监察局

局　　长　郁李达
副局长　缪明球(至8月)
陆永祥(至3月)
陆　欣(10月任)

## 民政局(党委、纪委)

局　　长　钱华光
副局长　朱永蕾(女,至7月)
陈晓东
徐　强(女)
赵国平
殷文华
党委书记　钱华光
副书记　华　青
纪委书记　徐国军

## 司法局(党组、纪检组)

局　　长　陈建国(至3月)
章见良(3月任)
副局长　陈卫宏
徐国良
洪向宇(女)
党组书记　章见良(3月任)
纪检组长　陈　开

## 国土资源局(党委、纪委)

局　　长　蒋和兴
副局长　赵晓敏(女)
胡伟峰
张国兴
吴　勇
唐文忆
党委书记　蒋和兴
副书记　赵晓敏(女)
纪委书记　周安伯

## 建设局(党委、纪委)(*)

局　　长　蔡　欣(至7月)
副局长　洪朝晖(至7月)
陈　林(至7月)
陈君平(至7月)
党委书记　蔡　欣(至7月)
副书记　华　锋(至7月)
纪委书记　张　悦(女,至7月)

## 住房和城乡建设局(党委、纪委)(★)

局　　长　蔡　欣(7月任)
副局长　洪朝晖(7月任)
陆　雁(女,7月任)
陈　斌(7月任)
陈　林(7月任)
朱念东(7月任)
陈君平(7月任)
邵　骥(7月任)
张　悦(女,7月任)
党委书记　蔡　欣(7月任)
副书记　华　锋(7月任)
纪委书记　濮益飞(7月任)

## 交通运输局(党委、纪委)

局　　长　张光华
副局长　华勇清
钦沉浮

傅士才
邱明玉
党委书记　张光伟
副书记　王玉龙
纪委书记　俞卫东

## 水利农机局(党委、纪委)

局长　卢建法
副局长　刘汉秋
张伟龙
梅少华(至1月)
陈转兰(女)
党委书记　卢建法
副书记　席卫平
纪委书记　单国民

## 农林局(党委、纪委)

局长　胡品洪
副局长　夏源秋(至7月)
孔秋海
曹亚成
臧存龙
龚荣进
党委书记　胡品洪
副书记　张耀忠(至3月)
夏源秋(7月任)
纪委书记　张金龙

## 商务局(党委、纪委)

局长　查建标
副局长　樊蓉(女,至7月)
陈鑫
徐立刚
陈华(女,7月任)
党委书记　查建标
副书记　钱标
纪委书记　吴灏(女)

## 招商局

局长　王建强
副局长　吴芸芸(女)
杨军颜

## 文化广电新闻出版局(党委、纪委)

局长　蒋青(女)
副局长　钱晴(女)
孔维度
严文华
党委书记　蒋青
副书记　陆建兴
纪委书记　周钧

## 卫生局(党委、纪委)(*)

局长　严军明(至7月)
副局长　蒋尧严(至7月)
钱大雁(至7月)
鄢宏云(至7月)
党委书记　严军明(至7月)
副书记　耿晨新(至3月)
纪委书记　张成慧(女,至7月)

## 卫生和计划生育委员会(党委、纪委)(★)

主任　严军明(7月任)
副主任　蒋尧严(7月任)
钱大雁(7月任,12月赴新疆工作)
俞勤龙(7月任)
鄢宏云(7月任,至9月)
许晨(女,7月任)
党委书记　严军明(7月任)
纪委书记　张成慧(女,7月任,至9月)

## 食品药品监督管理局(党组、纪检组)(*)

局长　薛炯(至1月)
副局长　鄂青(至1月)
杨益生(至1月)
仲崇前(至1月)
党组书记　薛炯(至1月)
纪检组长　鄂青(至1月)

## 市场监督管理局(党委、纪委)(★)

局长　陈俊虎(3月任)
副局长　鄂青(2月任)
冯学锋(2月任)
徐银芬(女,2月任)
易海红(女,2月任)
陈国强(2月任)
仲崇前(2月任)
杨益生(2月任)
潘文伟(2月任)
黄新栋(2月任)
缪志东(2月任)
党委书记　薛炯
副书记　陈俊虎
陆成法(至7月)
纪委书记　赵晓新

## 人口和计划生育委员会(党组)(*)

主任　胡莹洁(女,至7月)
副主任　俞勤龙(至7月)
许晨(女,至7月)
党组书记　胡莹洁(女,至7月)

## 审计局(党组、纪检组)

局长　汤龙生
副局长　顾国平
周铁
李焱(女)
党组书记　汤龙生
纪检组长　韩映红(女)

## 环境保护局(党委、纪委)

局长　王利峰(至7月)
陈福良(7月任)
副局长　浦强(至1月)
沈天星
金丹菁(女)
张明军
李煜(女,2月任)
党委书记　王利峰(至7月)
陈福良(7月任)
副书记　浦强
纪委书记　张荣保

## 规划局(党组、纪检组)

局长　缪敏
副局长　计慧红(女)
曹建峰
张旻
总工程师　汪运志
党组书记　缪敏
纪检组长　蒋宇正

## 统计局(党组)

局长　陈泓(女)
副局长　陈华(至7月)
季克军
倪秋萍(女,7月任)
党组书记　陈泓(女)

## 国家统计局江阴调查队

队长　江兆成

## 安全生产监督管理局(党组、纪检组)

局长　严建定

副局长 孙益民(至1月)
唐建荣
邬海江
顾敏华(女,7月任)
党组书记 严建定
纪检组长 顾敏华(女,至7月)
朱伟(7月任)

## 粮食局(党委、纪委)

局长 徐文侠
副局长 曹焕平
薛华君
党委书记 徐文侠
副书记 陈骏
纪委书记 任天佑

## 体育局(党组)

局长 顾洪伟
副局长 张海(女)
张健
党组书记 顾洪伟

## 物价局(党组、纪检组)

局长 张建明
副局长 赵惠千
张国生(至1月)
李蓉(女,至7月)
陈华(7月任)
党组书记 张建明
纪检组长 姚剑波

## 人民政府法制办公室

主任 张晓东
副主任 张宪伟
郭盛

## 城市管理局(党委、纪委)

局长 顾志强
副局长 姚剑刚(至1月)
吴子东
吴新
党委书记 顾志强
副书记 姚剑刚
纪委书记 葛文华

## 住房保障和房产管理局(党组、纪检组)(*)

局长 何建华(至7月)
副局长 陆雁(女,至7月)
陈斌(至7月)
朱念东(至7月)
党组书记 何建华(至3月)
纪检组长 濮益飞(至7月)

## 园林旅游管理局(党组、纪检组)

局长 顾金辉
副局长 吴有成
李俊泉
楚海芹(女)
党组书记 顾金辉
纪检组长 吴敏(女)

## 民防局

局长 施迪庆
副局长 陈江(女)
陆永祥

## 公用事业管理局(党委、纪委)

局长 陈国君
副局长 屠汉玉
黄勇锋
党委书记 陈国君
副书记 吴群力
纪委书记 李国忠

## 民族宗教事务局(党组)

局长 卞宏
副局长 冯正兴
党组书记 卞宏(7月任)

## 江阴高新技术产业开发区党工委、管委会

党工委书记 周铁根
陈金虎(12月任)
副书记 沈建
冯爱东(主持工作)
主任 沈建
纪工委书记 孙英(女)
副主任 冯爱东
符跃进(至1月)
陈耀才
陶正贤
郁秋皓
党工委委员 李平
主任助理 刘纳新
纪工委
副书记 顾爱芬(女)
监察局
副局长 徐琴芳(女)
党政办公室
副主任 陈勇奇
刘明波
夏天华
党群工作部
部长 徐岳明
副部长 柳蔚(女)
人大常委会高新区工作委员会
主任 庞忠德
招商局
局长 严倪芳
副局长 孙企华
周建峰
经济发展局
局长 黄健
副局长 朱学泽
钱建青
张晓华
财政局
局长 刘纳新
副局长 黄志锋
规划建设局
局长 陈炜
副局长 吕道锋
科学技术局
局长 王彪
副局长 张云霞(女)
江阴高新技术创业园管委会
主任 王彪
副主任 米建华(至3月)

## 江阴高新区青阳工业园区

党委书记 郁秋皓
副书记 张晓新
主任 孟胡坤
副主任 张剑峰
陈斌
葛燕峰

## 城东街道党工委、纪工委

党工委书记 冯爱东
副书记 陈耀仁
张丽君(女)
纪工委书记 俞晓峰
人大工委
主任 庞忠德
办事处主任 陈耀仁
副主任 沈强
邱奕
李克雨(女)
王文忠

## 江阴临港经济开发区党工委、纪工委

主　　任　徐冬青
党工委书记　钱文琴(女)
副 书 记　徐冬青
副 主 任　赵巧新
　　　　　王益新(至9月)
　　　　　方枫云
纪工委书记　卢澄晓(女)
主任助理　童金良
　　　　　孙展峰
党政办公室
主　　任　邱晓东
副 主 任　邹鹏辉
　　　　　赵海鹰(女,至9月)
监察局
局　　长　戴佳廉
副 局 长　刘丽华(女,至9月)
　　　　　曹　鸣(至1月)
　　　　　王　洁(女,7月任)
党群工作部
部　　长　王文平(至1月)
　　　　　庞祥芬(女)
副 部 长　韩　俊(至1月)
　　　　　吴春华(女,至1月)
　　　　　吴国平(至1月)
　　　　　吴玉兰(女)
　　　　　徐剑锋
人大常委会临港经济开发区工作委员会
主　　任　顾少农
副 主 任　陈　峰(至3月)
　　　　　华云岐(至3月)
政协临港经济开发区工作委员会
副 主 任　缪肖锋(至3月)
财政局
局　　长　方枫云(至7月)
　　　　　吕中立(7月任)
副 局 长　吕中立(至7月)
　　　　　方忠耀
　　　　　侯骥菁
　　　　　沈正兴(8月任)
经济发展局
局　　长　朱节文
副 局 长　徐科新(至1月)
　　　　　吴建兵
　　　　　孟　峰
　　　　　朱节文(至1月)
　　　　　韩　俊
招商局
局　　长　徐洪伟
副 局 长　邵红良(至1月)
　　　　　谢　挺(至1月)
　　　　　徐建锋
　　　　　徐建栋
规划建设局
局　　长　朱进华
副 局 长　虞　初
　　　　　缪建伟(至1月)
　　　　　华云岐
　　　　　俞　晖
社会事业局(*)
局　　长　庞祥芬(女,至1月)
副 局 长　钱　锋(至1月)
　　　　　徐剑锋(至1月)
　　　　　孙惠峰(至1月)
港口发展局
局　　长　吕　涛
副 局 长　仰炯豪
　　　　　李罗娜(女,至1月)
　　　　　黄　海
农村工作局(*)
局　　长　陈海峰(至1月)
副 局 长　吴志强(至1月)
　　　　　缪敏华(至1月)
便民服务中心
主　　任　何建国(至1月)
　　　　　陈海峰
副 主 任　俞　晖(至1月)
　　　　　刘　军
国际商务中心
主　　任　陈益军
副 主 任　杨种峰(至1月)
　　　　　陈　奕(女)
　　　　　姜　浩
　　　　　周　英(女)
　　　　　周　青(7月任)
长江港口综合物流园区管委会
主　　任　许登明
副 主 任　刘　军(至1月)
　　　　　高建钢
　　　　　刘光旭
　　　　　范春燕(女)
江阴市保税物流中心
副 主 任　陆志云(至1月)
　　　　　朱华英(女)
　　　　　袁建明
金属新材料产业园管委会(★)
主　　任　邵红良
副 主 任　缪敏华
　　　　　王　嵘
新能源产业园管委会(★)
党委书记　赵巧新
主　　任　谢　挺
副 主 任　孙惠峰
　　　　　沈　平
机械装备产业园管委会(★)
党委书记　方枫云
主　　任　徐科新
副 主 任　曹　鸣
石化新材料产业园管委会(★)
主　　任　徐洪伟(7月任)
副 主 任　顾正飞(7月任)
　　　　　李　昀(7月任)

## 临港街道党工委、纪工委

党工委书记　徐冬青
副 书 记　王文平
　　　　　缪建伟
　　　　　吴春华
纪工委书记　李罗娜(女)
人大工委
主　　任　邹鹏辉(3月任)
办事处主任　王文平(2月任)
副 主 任　吴志强(2月任)
　　　　　杨种峰(2月任)
　　　　　钱　锋(2月任)
　　　　　吴国平(2月任)
　　　　　王顺元(2月任)

## 靖江园区党委、管委会

书　　记　程　政
主　　任　梁英航
副 书 记　梁英航
　　　　　孙明江
副 主 任　孙明江(至2月)
　　　　　章　军
　　　　　沈宏伟(2月任)
办公室主任　梁金华(至2月)
　　　　　马建民(2月任)
招商局局长　陈　华(女,至7月)
　　　　　徐宇锋(7月任)
经济发展局
局　　长　章　军
财政局局长　刘　铭
规划建设局
局　　长　沈宏伟
港口事务局
局　　长　马建民(至2月)

## 行政服务中心(党委、纪委)(*)

主　　任　陆　军(至7月)
副 主 任　余　华(至7月)
　　　　　殷永华(至7月)

党委书记　陆　军(至7月)
副 书 记　龚定娟(女,至7月)
纪委书记　吴燕萍(女,至7月)

## 政务服务管理办公室(党委、纪委)(★)

主　　任　魏　锋(7月任)
副 主 任　余　华(7月任)
　　　　　殷永华(7月任)
　　　　　周正洪(7月任)
　　　　　蒋玉军(7月任)
党委书记　魏　锋(7月任)
副 书 记　龚定娟(女,7月任)
纪委书记　吴燕萍(女,7月任)

## 口岸办公室(党组)

主　　任　傅建荣
副 主 任　钱满清
　　　　　沈　平
　　　　　华　明
党组书记　傅建荣

## 市政协办公室

主　　任　黄林法
副 主 任　蔡玉梅(女)
　　　　　黄卫良
政协研究室
主　　任　瞿江烨(女)

## 市政协专门委员会

学习文史委员会
主　　任　胥洪才
副 主 任　杨静燕(女)
提案委员会
主　　任　郁志刚
副 主 任　徐　伟
经济科技委员会
主　　任　孔菊伟
社会法制与海外联络委员会
主　　任　刘国兴
教文卫体委员会
主　　任　张建平
副 主 任　翁新月(女)
城镇建设与环境保护委员会
主　　任　朱　健
副 主 任　杨健荣

## 法院(党组、纪检组)

院　　长　王立新
副 院 长　夏明丰
　　　　　王新达
　　　　　陈忠宇
　　　　　章见良(至3月)
　　　　　朱行军(3月任)
党组书记　王立新
党组副书记　夏明丰
政治处主任　朱行军(至3月)
　　　　　陶晓东(7月任)
纪检组长　黄　东(女)

## 检察院(党组、纪检组)

检 察 长　胡洪平
副检察长　吴海平
　　　　　赵建新
　　　　　朱彩娟(女)
党组书记　胡洪平
党组副书记　吴海平
政治处主任　缪红雄
纪检组长　沙智刚
反贪污贿赂局
局　　长　丁宏斌

## 工商联(党组)

主　　席　黄丽泰(女,兼)
副 主 席　陶建国
　　　　　方　政(至1月)
　　　　　朱顺清(至8月)
　　　　　金锡妹(女)
　　　　　刘　政(8月任)
党组书记　陶建国

## 总工会(党组)

主　　席　刘文红(女)
副 主 席　余　玲(女,至7月)
　　　　　胡荣华
　　　　　徐　飞(7月任)
　　　　　张红霞(女,7月任)
党组书记　刘文红(女)

## 团市委

书　　记　谈海平(至7月)
副 书 记　叶海舟
　　　　　居　琳(女)

## 妇女联合会(党组)

主　　席　周晓虹(女,至7月)
　　　　　胡莹洁(女,7月任)
副 主 席　施丽娟(女)
　　　　　孔晓燕(女)
党组书记　胡莹洁(女,7月任)

## 科学技术协会(党组)

主　　席　吴　钢
副 主 席　吴　彪
　　　　　杨红波(女)
党组书记　吴　钢

## 归侨侨眷联合会(党组)

主　　席　刘　锋
副 主 席　刘　政(至7月)
　　　　　苏曦泓(12月任)
　　　　　单红霞(女,兼,12月任)
　　　　　史晓晔(女,兼,12月任)
党组书记　刘　锋(7月任)

## 文学艺术界联合会

主　　席　王　敏(女)
副 主 席　周林海

## 残疾人联合会

主　　席　虞卫才(兼)
副 主 席　沈　军
　　　　　万小溪
理 事 长　沈　军
副理事长　江　良
　　　　　沈小狮

## 红十字会

会　　长　龚振东(兼)
副 会 长　陈兴初(兼)
　　　　　刘永红(女)
　　　　　严军明(兼)
　　　　　刘　锋(兼,至3月)
　　　　　屠湘如(兼)
　　　　　包锡龙(兼,至3月)
　　　　　万小溪(兼)

## 市委党校

校　　长　周铁根
　　　　　陈金虎(12月任)
副 校 长　俞伟人(主持工作)
　　　　　杨　赟(女)
　　　　　陈建华

## 江阴日报社

社　　长　张再兴
总 编 辑　李　春(女)
副总编辑　单　旭
　　　　　陈　曦
　　　　　陈　忠
　　　　　夏新炯

### 供销合作总社(党委、纪委)

主　　任　濮益民
副 主 任　包云丹(至1月)
　　　　　黄伟庆
党委书记　濮益民
副 书 记　包云丹
纪委书记　胡振芳

### 江阴广播电视集团(党委、纪委)

董 事 长　缪剑波
总 经 理　缪剑波
副总经理　刘志刚
　　　　　杨　明(至2月)
　　　　　许　坚
党委书记　缪剑波
总 编 辑　刘志刚
副 书 记　朱琳琳(女)
纪委书记　朱琳琳(女)

### 市文化艺术集团

董 事 长　蒋　青(女)
总 经 理　蒋　青(女)
副总经理　徐富康

### 土地储备中心(党组、纪检组)

主　　任　薛洪都
副 主 任　黄建华
　　　　　何志强
党组书记　薛洪都
纪检组长　许　玲(女)

### 市公共资源交易管理办公室(*)

主　　任　魏　锋(至7月)
副 主 任　周正洪(至7月)

### 职业技术学院(党委、纪委)

院　　长　钱　红
副 院 长　沈春英(女)
　　　　　张庆堂
　　　　　刘文君
　　　　　杭　强
党委书记　钱　红
副 书 记　董泽民
纪委书记　董泽民

### 南菁高级中学(党委)

校　　长　杨培明
副 校 长　赵长缨
　　　　　夏建新(至1月)
　　　　　陈　颖(女)
　　　　　戴加成
　　　　　马维林(7月任)
党委书记　杨培明
副 书 记　周　源

### 江阴高级中学(党委)

校　　长　郁洪千
副 校 长　陈　康
　　　　　陆振华
　　　　　张国英(女)
　　　　　顾晓峰(女)
党委书记　郁洪千
副 书 记　陈　康

### 教师进修学校(*)

校　　长　徐前锋(至7月)
副 校 长　糜冠兴(至7月)
　　　　　王华平(至7月)
　　　　　刘国平(至1月)

### 江阴市教师发展中心(党委)(★)

副 主 任　蒋志远(主持工作,7月任)
　　　　　糜冠兴(7月任)
　　　　　王华平(7月任)
党委书记　蒋志远(7月任)

### 江阴中等专业学校(党委)

校　　长　潘永惠
副 校 长　邵鹏飞(至7月)
　　　　　杭　强(至1月)
　　　　　浦建平
　　　　　常　征
　　　　　朱永林(2月任)
　　　　　张　寅(7月任)
党委书记　潘永惠
副 书 记　邵鹏飞(7月任)

## 街道、镇级机构

### 澄江街道党工委、纪工委

党工委书记　张国兴
副 书 记　谢洪兴
　　　　　毛　勇
　　　　　刘建国
纪工委书记　卢　芳(女)
人大工委主任　王华明
副 主 任　谭海鸣(至3月)
办事处主任　谢洪兴
副 主 任　唐雪江
　　　　　黄岳君
　　　　　邵　骥(至1月)
　　　　　陈祖平
　　　　　沈彦峰
　　　　　何　冰
　　　　　马　凯

### 南闸街道党工委、纪工委

党工委书记　缪　慧
副 书 记　周建荣(至3月)
　　　　　李志浩(7月任)
　　　　　朱富强
纪工委书记　陈　熙
人大工委主任　缪　慧(至3月)
　　　　　曹其龙(3月任)
副 主 任　吴志裕(至3月)
办事处主任　周建荣(至3月)
　　　　　李志浩(7月任)
副 主 任　曹其龙(至2月)
　　　　　钱昇贤
　　　　　顾丰良
　　　　　许铁军
　　　　　王　燾

### 云亭街道党工委、纪工委

党工委书记　陈卫东
副 书 记　程建明
　　　　　郐闽澄
纪工委书记　朱　伟(至7月)
　　　　　顾建萍(女,7月任)
人大工委主任　陈卫东(至7月)
　　　　　缪明球(7月任)
副 主 任　殷建华(至4月)
办事处主任　程建明
副 主 任　茅卫兵
　　　　　朱学明
　　　　　郐闽澄(至2月)
　　　　　沈利兴
　　　　　包　煜(7月任)

### 璜土镇

党委书记　陈福良(至7月)
　　　　　曹乐平(7月任)
副 书 记　曹乐平(至7月)
　　　　　谈海平(7月任)
　　　　　张　荣
纪委书记　臧　新(至7月)
人大主席　陈福良(至1月)
　　　　　占纪平
副 主 席　时怀龙(至1月)

曹伟平(至1月)
镇　　长　曹乐平(至9月)
谈海平(9月任)
副 镇 长　占纪平(至1月)
顾正飞(至9月)
黄伟庆(至1月)
周　青(至9月)
李　昀(至9月)
戴士良
臧　新(9月任)
徐文山(9月任)

## 月城镇

党委书记　杭　成
副 书 记　陈　峰
徐志华
纪委书记　陈建国
人大主席　杭　成(至1月)
陈国新
副 主 席　刘文光(至1月)
镇　　长　陈　峰
副 镇 长　陈国新(至1月)
顾　健(至1月)
杨　峰
荣英姿(女)
周海兵

## 青阳镇

党委书记　郁秋皓
副 书 记　邹星洪
张晓新
纪委书记　葛　艳(女)
人大主席　郁秋皓
副 主 席　李玉虎
镇　　长　邹星洪
副 镇 长　张晓华(至2月)
毛　亚(女,至1月)
邱振海
赵　华
华林其(2月任)
顾　健(2月任)

## 徐霞客镇

党委书记　叶韩清
副 书 记　王光华
范晓君
纪委书记　陈中华
人大主席　叶韩清(至8月)
陶杏全(8月任)
副 主 席　陶杏全(至8月)
镇　　长　王光华
副 镇 长　黄建祥(至3月)
张浩伟
张　平(至8月)
陆峥嵘
胡品贤(女,至3月)
刘忠明
舒建华(3月任)
钟　卿(8月任)

## 华士镇

党委书记　翟　菁
副 书 记　黄　伟
孙　健
门开阳
纪委书记　李富国
人大主席　陈　献(3月任)
副 主 席　赵建春(至3月)
镇　　长　黄　伟
副 镇 长　陈　献(至3月)
张光明
龚　英(女)
杨伟兵
王士龙(3月任)

## 周庄镇

党委书记　吴国忠
副 书 记　顾文浩
刘汉秋(至1月)
严伟荣
钱丽英(女)
纪委书记　朱军安
人大主席　吴国忠(至1月)
何玉林
副 主 席　王春平(至1月)
镇　　长　顾文浩
副 镇 长　何玉林(至1月)
钱丽英(女,至1月)
潘　江
徐韶润
王旭东
张学春
王春平

## 新桥镇

党委书记　赵　强
副 书 记　吴　广
陈剑雄
纪委书记　张　萍
人大主席　赵　强(至1月)
张国江
副 主 席　周明方(至1月)
镇　　长　吴　广
副 镇 长　张国江(至1月)
陈剑雄(至1月)
季德鸿
顾春宇
王　馥(女)

## 长泾镇

党委书记　六　扬(女)
副 书 记　江国虔
陶郁峻
纪委书记　周逸岗
人大主席　季　峰
镇　　长　江国虔
副 镇 长　张红霞(女)
张金龙(至1月)
孙仲英
余　江
刘国兴
钱　浩
陶理江(12月任)

## 顾山镇

党委书记　顾文瑜
副 书 记　仇　丰
季　震
纪委书记　刘志伟
人大主席　费锦菊(女)
副 主 席　费锦菊(女,至1月)
镇　　长　仇　丰
副 镇 长　俞卫东(至1月)
王　强
季　震(至1月)
冯　健
俞新钢
吴晓东
王新龙

## 祝塘镇

党委书记　张少波(至3月)
赵　炯(7月任)
副 书 记　赵　炯(至7月)
汪汉明
纪委书记　倪涛峰
人大主席　包嘉铭(至1月)

副主席　邱瑞忠(至1月)
　　　　华协刚
镇　长　赵　炯
副镇长　华协刚(至1月)
　　　　夏建辉
　　　　徐　铭
　　　　周　钧(至1月)
　　　　马　军
　　　　汪小琳(女)
　　　　谭荣伟

(＊为机构撤销或更名,★为新成立机构或机构整合)　(市委组织部供稿)

# 驻江阴机构

## 江阴市人民武装部

部　长　戴旭东
政　委　尹　平
副部长　江　涛

## 江阴市国家税务局

局　长　万庆涛
副局长　闵三红
　　　　陆晓东
　　　　孙惠民
　　　　杨潮阳
纪检组长　陈盘林

## 无锡市江阴地方税务局

局　长　任东飚
副局长　顾敏明
　　　　陈增伟
　　　　钱敏郁
　　　　顾　恩
纪检组长　徐　益
党组成员　董庆健

## 江阴市气象局

局　长　阮蔚琳(女,至8月)
　　　　黄　葵(女,8月任)
副局长　周章洪

## 江阴市邮政局(党委、纪委)

局　长　袁雪梅
副局长　沈　军
党委书记　袁雪梅
纪委书记　沈　军

## 江阴市电信局(党委、纪委)

局　长　洪　伟
副局长　徐宏良
　　　　陈建东
党委书记　洪　伟
纪委书记　徐宏良

## 江阴市供电公司(党委)

总经理　潘　勇
副总经理　许立新
　　　　徐国平
　　　　吴卫东
党委副书记　潘　勇
纪委书记　顾文献

## 江阴市盐务管理局

局　长　许文军(至7月)
　　　　沈　辉(7月任)
副局长　杨建伟
　　　　邵菊琴

## 江阴烟草专卖局

局长(经理)　吴建良
副局长(副经理)　于　进
副经理　万国锋(至10月)
　　　　杨　珏(11月任)
党组书记　吴建良

## 中国人民银行江阴市支行

行　长　黄亚伟(至8月)
　　　　戴新海(9月任)
副行长　周　蓉(女)
　　　　王黎明

## 中国银行业监督管理委员会无锡监管分局江阴办事处

主　任　朱立新

## 中国工商银行股份有限公司江阴支行

行　长　朱伊民
副行长　桂卫萍(女)
　　　　童运熠(至11月)
　　　　诸　红(11月任)
　　　　徐　园
行长助理　徐　鸣

## 中国农业银行股份有限公司江阴分行

行　长　胡　兵
副行长　宋雪平
　　　　张建强
　　　　宋　健
　　　　严益群
纪委书记　宋　健

## 中国农业发展银行江阴市支行

行　长　高晓东
副行长　季以红
　　　　陶　翔(至11月)
　　　　吴　森(11月任)

## 中国建设银行股份有限公司江阴支行

行　长　朱　勤
副行长　王永清
　　　　孙　伟
　　　　陈洁樱(女)
　　　　贡震宇

## 中国银行股份有限公司江阴支行

行　长　何晓明(至12月)
　　　　史雪芳(12月任)
副行长　黄凤和
　　　　潘　亮
　　　　王振君
　　　　朱晓鸣
纪委书记　黄伟敏

## 交通银行股份有限公司江阴支行

行　长　陆红娟(女)
副行长　陈文蓉(女)
行长助理　耿东霞(女)

## 江苏江阴农村商业银行股份有限公司

董事长　孙　伟
行　长　任素惠(女)
监事长　宋　萍(女)
副行长　仲国良
　　　　卜新锋
　　　　金　武
　　　　吴　开
　　　　王　峰

## 上海浦东发展银行股份有限公司江阴支行

行　　长　陈　晨
副 行 长　李　明
　　　　　王新颜
　　　　　李　旭

## 江苏银行股份有限公司江阴支行

行　　长　陈　虹(女)
副 行 长　张慧芸
　　　　　殷　飞(5月任)
行长助理　赵国健
　　　　　殷　飞(至4月)

## 招商银行股份有限公司江阴支行

行　　长　范文涛
副 行 长　顾　军
　　　　　徐广怡

## 中国邮政储蓄银行股份有限公司江苏省无锡市江阴市支行

行　　长　俞　彪
副 行 长　顾敏军
　　　　　朱　健

## 中信银行股份有限公司江阴支行

行　　长　黄建峰(至3月)
　　　　　王　栋(3月任)
副 行 长　沈卿芸(女)
　　　　　缪红光
行长助理　徐　渊(女,11月任)

## 中国人民财产保险股份有限公司江阴支公司

总 经 理　朱　勇
副总经理　顾　军
总经理助理　顾志峰
　　　　　王　盛
　　　　　何尧军

## 中国人寿保险股份有限公司江阴支公司

总 经 理　顾立新
总经理助理　顾晓静
　　　　　张　芳

## 江阴海事局(党组)

局　　长　张士元(至11月)
　　　　　韦庆才(11月任)
党组书记　张士元(至11月)
　　　　　韦庆才(11月任)
政　　委　韦庆才(至11月)
　　　　　丁湖海(12月任)
党组副书记　韦庆才(至11月)
　　　　　丁湖海(12月任)
副 局 长　王益鸣
　　　　　徐勇义
　　　　　祝忠武
纪检组长　韦庆才(至11月)
　　　　　丁湖海(12月任)

## 江阴海关(党组)

关　　长　薛晓星
党组书记　薛晓星
副 关 长　张　阳(兼江阴海关缉私分局局长)(至11月)
　　　　　陶　宏(兼江阴海关缉私分局局长)(11月任)
　　　　　陈书新
　　　　　缪建军(至11月)
　　　　　徐　迅(11月任)
驻江阴海关纪检监察
特 派 员　丁江华

## 江阴海关缉私分局

局　　长　张　阳(兼江阴海关副关长)(至11月)
　　　　　陶　宏(兼江阴海关副关长)(11月任)
政　　委　陈　明(12月任)
副 局 长　韩云川(至5月)
　　　　　毛帮富(5月任)

## 江阴边防检查站(党委)

站　　长　陈智敏
政　　委　卢忠茂
副 站 长　沙雪松(至3月)
　　　　　唐志军(至3月)
　　　　　薛　锋
　　　　　朱宇翔(3月任)
　　　　　崔恒宽(3月任)
副 政 委　张　建(至3月)
　　　　　周　伟(3月任)
参 谋 长　朱宇翔(至3月)
　　　　　徐智文(3月任)
政治处主任　周　伟(至3月)
　　　　　程景涛(3月任)
后勤处长　崔恒宽(至3月)
　　　　　冯士伟(3月任)

## 江阴出入境检验检疫局(党组)

局　　长　戴云徽
党组书记　戴云徽
副 局 长　何松涛
　　　　　李　浩
　　　　　姚　武
纪检组长　任龙平

## 中国船级社江阴办事处

副 经 理　蔡　高(主持工作)
　　　　　郭劲东

## 长江引航中心(党委)

主　　任　汪吉发(至4月)
党委书记　沈祥法(至4月)
　　　　　张铜宁(4月任)
副 主 任　程学仨(4月主持工作)
　　　　　许崇标
　　　　　孙琪琳(4月任)
党委副书记　宋　维(4月任)
纪检组长　孙琪琳(至4月)
　　　　　宋　维(4月任)

■类目编辑　杨佳杰

## 新任江阴市委书记简历

### 陈金虎

1967年12月生，江苏句容人，中共党员，研究生法学硕士。1985年9月至1989年9月，在南京师范大学政教系政治教育专业学习（其间，1987年11月入党）。1989年9月至1992年7月，在南京师范大学政教系国际共产主义运动专业读硕士研究生。1992年7月至1995年9月，任省委宣传部讲师团助教、讲师。1995年9月至1996年1月，任省政府办公厅机要秘书。1996年1月至1998年5月，任省政府办公厅工交处正科级秘书。1998年5月至2000年3月，任省政府办公厅秘书四处助理调研员。2000年3月至2002年5月，任省政府办公厅计划与经贸处调研员（其间，2000年7月至2001年8月挂职任丹阳市委副书记）。2002年5月至2003年4月，任共青团江苏省委青农部部长。2003年4月至2008年6月，任共青团江苏省委副书记（其间，2006年3月至2008年6月兼任省青联主席）。2008年6月至2012年5月，任无锡市副市长。2012年5月至2014年2月，任无锡市委常委、市委政法委书记。2014年2月至2015年12月，任无锡市委常委、市纪委书记。2015年12月起，任无锡市委常委、江阴市委书记、江阴高新技术产业开发区党工委书记。（张韶峰）

## 江苏省级以上先进个人

### 李洪耀

1967年11月生，临港街道夏港人，中共党员，高级经济师，长江村党委书记、江苏新长江实业集团董事长，江苏省人大代表。李洪耀脚踏实地、认真工作，一心一意谋发展，带领长江村村民过上“家家住别墅、人人有股份、户户有存款、个个有金银、处处有美景、年年有保障”的幸福生活，为长江村经济社会发展做出了突出贡献。长江村先后被评为江苏省卫生村、江苏省生态村、中国经济十强村、全国新农村建设示范村、全国民主法治示范村。李洪耀先后被评为无锡市劳动模范、江苏省劳动模范、全国钢铁工业劳动模范和江苏省十大杰出青年企业家。2015年4月，李洪耀被中共中央、国务院评为全国劳动模范。

（夏伟刚）

### 张纪清

1941年6月生，祝塘镇人，中共党员。1987年6月28日，普通市民张纪清首次化名“炎黄”捐资1000元支持建设祝塘敬老院，其后每年化名变址给江阴敬老院、学校和外地受灾地区及贫困学生等捐款捐物，还多次交纳特别党费。1998年，祝塘镇建“炎黄”陈列馆，该馆被命名为无锡市爱国主义教育基地。27年中，“炎黄”事迹被不少媒体聚焦。2006年4月，中央电视台四套《走遍中国》栏目组专程赴祝塘镇拍摄《谁是“炎黄”》专题片。2014年11月20日下午，张纪清在张家港市邮政储蓄银行向云南鲁甸灾区汇去1000元善款后突然晕倒，人们将他送到医院抢救时在他随身携带的汇款单据上发现了“炎黄”署名，行善27年的好人“炎黄”终于曝光被找到。2015年2月，张纪清被评为“感动中国2014年度人物”；9月，被江苏省精神文明建设

指导委员会评为江苏省道德模范；10月，被中央宣传部、中央文明办、解放军总政治部、全国总工会、共青团中央、全国妇联授予第五届全国道德模范提名奖。（何国荣）

## 孙　健

1969年10月生，月城镇人，中共党员，本科学历。2012年孙健任月城镇总工会主席后，带领镇总工会班子全体成员求真务实、共同奋斗，不断创新工会组织体制、运行机制和活动方式，在全市各镇（街道）率先建立集劳动争议调解室、心理咨询室、图书室、职工帮扶室、职工培训中心"五位一体"的实体职工之家，推动建立镇级职工技能操作比赛获奖选手岗位工资津贴制度，各项工作一直处在全市工会系统前列。月城镇总工会先后获无锡市工会工作示范乡镇工会、江苏省工会工作百强乡镇工会、全国职工书屋示范点等称号。2015年12月，孙健被中华全国总工会评为全国优秀工会工作者。

（夏伟刚）

## 龚　彬

女，1981年2月生，华士镇人，中共党员，江阴市华士镇敬老院职工。龚彬是先天性下肢肢残者，2002年3月，由华士镇、江阴市残联推荐，入选无锡市坐式排球队。集训期间，她勤奋刻苦、不怕困难，以顽强毅力经受严酷的体育技能训练，熟练掌握坐式排球的全面比赛技术。2003年5月，她与队友们在全省残运会上为无锡市摘得金牌，9月又与队友们代表江苏队出征全国残运会并获冠军。在2004年第12届世界残疾人奥运会上，作为国家队二传主力，龚彬与队友们配合默契，顽强拼搏，以6战全胜的战绩夺冠，实现江阴市残奥会金牌"零突破"。2010年，她再次与队友们出征，为江苏省队夺得全国坐式排球锦标赛金牌。2014年5月、6月，她和队友们先后参加在伊朗举行的坐式排球亚锦赛和在波兰举行的世锦赛，均获冠军。2014年10月，在韩国仁川亚洲残疾人运动会女子坐式排球决赛中，龚彬和队友们又默契配合，在决赛中3:0击败伊朗队，获冠军。龚彬先后获全国三八红旗手、全国五一劳动奖章、全国五四杰出贡献奖章、江苏省新长征突击手标兵、江苏省三八红旗手标兵、江苏省劳动模范、江阴市"时代先锋"等荣誉和称号。2015年9月，她与队友们代表江苏省体育代表团参加全国第九届残疾人运动会暨第六届特殊奥林匹克运动会，获银牌。（钱东昕）

## 包秀金

女，1964年7月生，澄江街道人。2012年，她承包徐霞客镇阳庄村百余亩低洼荒地，斥资整田平地，兴修农业水利基础设施，创办江阴恒欣种植专业合作社。合作社以种植黑花生、黑米、黑芝麻、黑豆、黑麦、黑荞麦、黑土豆等纯天然黑色植物为主，产品旺销江阴、无锡、上海、南京等地。她率合作社技术人员加强对周边地区农户的科普宣传和指导，带领周边地区农民共同致富，采取"合作社＋基地＋农户"的合作模式，集生产、科研、推广、销售、运输、加工、储藏服务于一体，推进现代化生态农业建设。合作社科普示范带动成效显著，得到农民和客户的一致好评，先后被评为江阴市兴农富民工程示范基地、江阴市科普惠农服务站、无锡市"四有"农民专业合作组织、无锡市"兴农富民工程"农业科技（科普）示范基地。包秀金先后被评为江阴市兴农富民工程科普带头人、江苏省妇女"双学双比"竞赛女能手。2015年6月，包秀金被中国科协评为"基层科普行动计划"农村科普带头人。（焦亚平）

## 黄翠娥

女，1968年6月生，长泾镇人，中共党员，注册高级黄金投资分析师，江阴市第十六届人大代表，江苏省妇联执委，中国女企业家协会会员，中国人民大学高级管理人员工商管理硕士。1993年至2008年历任工商银行江阴长泾支行行长、花园支行行长，工商银行江阴支行信用卡部主任和临港新城支行行长。2008年6月入职江苏金一文化发展有限公司，历任北京金一文化发展股份有限公司执行总裁，江苏金一文化发展有限公司总经理兼党支部书记等职。黄翠娥锐意进取，勇于开拓，带领金一文化发展有限公司走出一条独特的产业文化发展之路。2010年，公司被文化部命名为第四批国家文化产业示范基地；黄翠娥担任广州亚运会火炬手。2011年，黄翠娥被评为"十一五"全国黄金行业劳动模范；2015年2月，被全国妇联评为全国巾帼建功标兵。（薛　暄）

## 王建强

1963年4月生，江苏宜兴人，大学学历，九三学社江阴市委副主委，江阴市招商局局长。王建强从事招商引资工作10余年，紧扣发展主

题,不断学习研究,创新招商思路,改进招商方式,拓展招商领域,在先进制造业、现代服务业、高效农业等方面引进一批优秀项目。作为分管参政议政和组织工作的九三学社江阴市委副主委,他重视基层组织建设,规范基层组织生活;重视优化社员结构,严格组织发展程序;重视提升组织凝聚力,关心社员,服务社员。他组织专题调研课题组开展深入细致的调研活动,撰写的调研报告连续五年被市政协评为优秀调研报告,多项集体提案被市政协列为重点提案。2015 年 12 月,王建强被九三学社中央评为九三学社创建 70 周年全国优秀社员。

(韩琴敏)

## 缪志强

1973 年 4 月生,澄江街道人,中国民主建国会会员,硕士学位。江阴市人力资源和社会保障局社保中心监管科科长,民建江阴市委调研部部长。2005 年起,缪志强由医生转为从事医疗保险管理工作,他重德修身,以勤为本,率领科室人员严把医保基金支出关,累计减少医保基金损失 2000 余万元,妥善处理违规医保定点单位 30 余个,挽回经济损失数百万元。作为民建江阴市委调研部部长,他密切关注江阴经济社会发展中的热点、难点,紧密结合市委、市政府重点工作,积极参与市委重大课题的调研活动,主笔撰写多篇关于民生养老、城市建设、社会保障方面的调研文章,获江阴市政协优秀调研报告一等奖、二等奖各一次。2015 年 12 月,缪志强被民建中央评为民建全国优秀会员。

(孙敏霞)

## 孙伟贤

1956 年 11 月生,长泾镇人,中共党员,大专学历。1974 年 10 月参加工作,1976 年 2 月入伍,1995 年 9 月转业至中共江阴市委党校,历任办公室科员、办公室副主任(主持工作)、对外培训科副科长等职。工作中,孙伟贤吃苦耐劳,踏实敬业,业务精深,因成绩突出,先后受到上级各类表彰 57 次。工作之余,他热心公益,从 1999 年 4 月开始坚持无偿献血,累计无偿献血 116 次,其中献全血 6 次,成分献血 110 次,累计献血 13.3 万毫升,献血量名列江阴市献血者前茅,先后获 2002—2004 年度全省无偿献血奉献奖,2006—2007 年度、2008—2009 年度、2010—2011 年度全国无偿献血奉献奖金奖,被评为 2008 年度无锡市优秀志愿者、江阴市红十字慈善之星、江阴市市级机关十佳道德建设模范等。2015 年 3 月,孙伟贤又一次获国家卫生计生委、中国红十字会总会、中国人民解放军总后勤部卫生部授予的 2012—2013 年度全国无偿献血奉献奖金奖。

(许一鸣)

## 蒋士凡

1941 年 9 月生,云亭街道人,中共党员,中专学历,小学高级教师。1960 年 7 月参加工作,曾任云亭中心小学副校长、工会主席等职。2001 年退休后从事关心下一代工作,任云亭街道关工委常务副主任、云亭街道教育关工委常务副主任等职。蒋士凡重视青少年普法教育,"六五"普法教育期间,他编纂普法教育小册子,并走进全市 20 所中小学校和有关社区(村)校外教育辅导站,给学生作法治教育讲座,听众超 1 万人次。2008 年 8 月,江阴市东发管件制造有限公司建成全国第一个未成年人观护帮教工作站,蒋士凡担任专职帮教辅导员。至 2014 年年末,他累计帮教、挽救来自全国 16 个省 66 个市(县)的 101 名涉罪未成年人。同时,他还在市法院少年庭现场帮教涉罪未成年人,协助市检察院帮教附条件不起诉的涉罪未成年人,协助社区矫正部门帮教被判缓刑的少年犯。他结对扶持华士镇孤儿赵某 20 余年,直至赵某大学研究生毕业。他先后多次被评为江阴市、无锡市关心下一代先进工作者和江苏省教育系统关心下一代先进工作者。2015 年,蒋士凡被评为江阴市最美志愿者、江阴好人。是年 8 月,蒋士凡被中国关工委、中央文明办评为全国关心下一代工作先进工作者。

(周　红)

## 梅淑昕

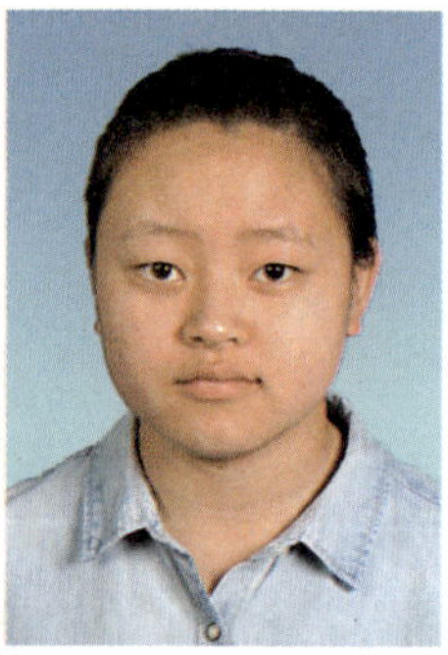

女,2000 年 3 月生,澄江街道人,共青团员,江阴初级中学初三(6)班学生,班级团支部书记、学校学生会主席。梅淑昕学习上刻苦努力,成绩优异,生活中自立自强。在学校有较强组织管理能力,经常带领同学们参加各类文体、公益活动。她爱好广泛,擅长弹古筝、打羽毛球、演讲等。2011 年,她被中国电影协会推荐赴印度参加第 17 届国际儿童电影节任小评委,并被评为江苏省优秀少先队员;2012

年，作为青少年代表在全国中小学生交通安全教育活动江苏省启动仪式上发表演讲；2013 年，被评为江苏省四好少年；2014 年，当选首届“江阴市小市长”。2015 年 5 月，梅淑昕被共青团中央评为 2014 年度全国优秀共青团员。

## 余　喆

1979 年 10 月生，浙江淳安人，本科学历，双良节能系统股份有限公司空冷事业部技术部主任工程师。他利用自己专业所长，带领一个年轻的技术团队在一线岗位上敬业奉献、勤于钻研、开拓创新。参与国内第一个全性能直接空冷系统 1000 兆瓦级单元样机的设计和建造及试验工作，作为项目技术经理组织完成国内第一套电站辅机机力通风间接空冷塔的设计和研发工作，完成新疆严寒地区第一套主机间接空冷系统的设计和研发工作，组织自主研发设计国内第一套立式布置直接空冷系统，获得《干湿式联合工业循环水冷却系统》《机力通风空气冷却塔》《节水型压缩机级间冷却系统》等 7 项国内技术专利。2015 年 5 月，由共青团中央举办的全国寻找 100 名“最美青工”第二季评选结果揭晓，余喆被评为全国“最美青工”。

## 凌一洲

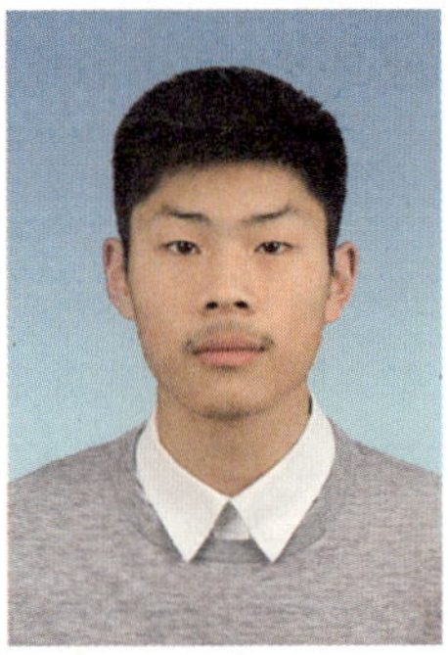

1998 年 5 月生，澄江街道人，共青团员，江苏省南菁高级中学高三(6)班学生，中国发明协会会员，南菁高中青少年科技中心创始人。凌一洲在南菁高中就学阶段，完成 10 余项科技创新项目，出版 22 万字学术专著《微科技实践录：实验探究与创意发明》，在省级、国家级期刊发表论文 10 余篇；申请国家专利 30 余项，其中发明专利 5 项，实用新型专利全部获授权。他先后被评为江阴市优秀共青团员、江阴市百佳书香学子、江苏省青少年发明家、江苏省青少年科技创新标兵。2014 年 8 月，他获国际知识产权交流会卓越创新奖；10 月，获第二十一届全国发明展览会铜奖；11 月，获第八届国际发明展览会金奖、宝钢青少年发明奖。2015 年 8 月，他获得第十一届宋庆龄少年儿童发明奖金奖；10 月，在全国青少年科技创意大赛中获得“全国十佳创意之星”称号，两个作品分获一等奖、二等奖。12 月，凌一洲被江苏省科协、省教育厅评为江苏省青少年科技创新标兵；同月，在团中央学校部、全国学联秘书处、中国青年报社共同发起的寻访 2015 年度“最美中学生”活动中，被评为 2015 年度全国“最美中学生标兵”。　（苏晓华）

## 熊汉云

1937 年 7 月生，璜土镇人，小湖村农民。20 世纪 70 年代，熊汉云靠挑担走村串巷补鞋、修伞养家糊口，因家庭贫困，地方政府把他列为照顾对象。为感恩地方政府对自己困难家境的照顾和救济，熊汉云决心回报社会，在担子醒目位置设置“五保户免费”木牌，为“五保户”提供义务补鞋、修伞等服务。后免费服务对象逐渐扩增至老年人、“五保户”、残疾人、三好学生、困难户 5 种人群，并将这一善举坚持了 40 余年。此外，他还经常到敬老院免费为老年人修鞋、修雨伞，并常年义务修理周边几个村庄的健身广场的健身器材和儿童游乐设施等。2015 年 7 月，在中央文明办主办、中国文明网承办的“我推荐、我评议身边好人”活动中，熊汉云荣登“中国好人榜”，被评为中国“诚实守信好人”，成为江阴市获“中国好人”殊荣第七人。　（许暮艳）

# 江苏省条线系统、无锡市、江阴市先进个人

**【江苏省条线系统先进个人】**

| 姓　名 | 工　作　单　位 | 荣　誉　称　号 | 授　予　单　位 |
|---|---|---|---|
| **2012—2014 年度：** | | | |
| 沈鸿宇 | 江阴海关 | 先进工作者 | 南京海关 |
| 卞辉文 | 江阴海关 | 先进工作者 | 南京海关 |
| **2014 年度：** | | | |
| 顾晨阳 | 市商业中等专业学校 | 江苏省中职学校共青团工作先进个人 | 江苏省教育厅、共青团江苏省委员会 |
| 熊年俊 | 市司法局 | “法润江苏”系列专项行动先进个人 | 江苏省司法厅 |

| | | | |
|---|---|---|---|
| 刘兴贵 | 高新区科技局 | 江苏省园区知识产权试点工作先进个人 | 江苏省知识产权局 |
| 高　虹 | 市检察院 | 全省检察机关反贪部门"十佳侦查员" | 江苏省人民检察院 |
| **2014—2015 年度:** | | | |
| 吉金明 | 江阴边检站 | 纪检保卫工作先进个人 | 江苏省公安边防总队党委 |
| **2015 年度:** | | | |
| 蒋和兴 | 市国土局 | 江苏省国土资源系统预防职务犯罪工作先进工作者 | 江苏省国土资源厅 |
| 赵　健 | 市国土局 | 土地例行督察先进个人 | 国家土地督察南京局 |
| 崔联合 | 九三学社江阴市委 | 参政议政工作先进个人 | 九三学社江苏省委 |
| 强静霞 | 九三学社江阴市委 | 社会服务工作先进个人 | 九三学社江苏省委 |
| 陆怀华 | 顾山镇计生站 | 江苏省避孕药具不良反应监测工作先进个人 | 国家计划生育药具不良反应监测中心 |
| 刘平华 | 高新区管委会 | 优秀帮扶工作队长 | 江苏省扶贫工作领导小组 |
| 曹学文 | 市公安局 | 全省公安机关开展考核竞赛推进"四项建设"活动业务标兵(并记个人二等功) | 江苏省公安厅 |
| 吴　敏 | 市公安局 | 追授第三届"江苏最美警察"特别奖 | 江苏省公安厅 |
| | | 追记个人一等功 | 江苏省公安厅 |
| 侯生德 | 市公安局 | 追记个人二等功 | 江苏省公安厅 |
| 谢纪锋 | 市公安局 | 全省公安机关抗战胜利 70 周年纪念活动安保工作成绩突出个人 | 江苏省公安厅 |
| 张顺珠 | 瑞兴科技有限公司 | 江苏省"百佳孝星" | 江苏省文明办、省老龄办、省老龄协会 |
| 杜金龙 | 徐霞客镇残联 | 优秀调查员 | 江苏省政府残疾人工作委员会 |
| 高　恒 | 市人民医院 | "卫生拔尖人才"第 1 期培养对象 | 江苏省人才工作领导小组办公室、省卫生厅 |
| 虞桂平 | 市人民医院 | "卫生拔尖人才"第 1 期培养对象 | 江苏省人才工作领导小组办公室、省卫生厅 |
| 刘鹏飞 | 市人民医院 | "卫生拔尖人才"第 1 期培养对象 | 江苏省人才工作领导小组办公室、省卫生厅 |
| 袁士良 | 市中医院 | 全国基层名老中医药专家传承工作室建设项目专家 | 江苏省中医药局 |
| 陈敏凤 | 江苏省江阴高级中学 | 江苏省优秀教育工作者 | 江苏省教育厅 |
| 田　杰 | 市司法局 | 信息工作先进个人 | 江苏省司法厅办公室 |
| 谢珊敏 | 青阳镇妇联 | 江苏省巾帼建功标兵 | 江苏省巾帼建功领导小组、省妇联 |
| 周嘉琳 | 江阴天江药业有限公司 | 江苏省百名巾帼科技创新典型人物 | 江苏省妇联 |
| 殷余忠 | 南闸实验学校 | 江苏省优秀家庭教育指导者 | 江苏省妇联、省教育厅 |
| 杨　艳 | 临港经济开发区经济发展局 | 全省开发区统计工作先进个人 | 江苏省商务厅 |
| 许忠新 | 市委农工办 | 全省农工办系统先进工作者 | 江苏省委农工办 |
| 汪一聪 | 江阴海关 | 第二届"南京海关我身边的好青年" | 南京海关直属机关团委 |
| 沈鸿宇 | 江阴海关 | 南京海关关区"海关榜样提名" | 南京海关政治部 |
| | | 南京海关关区优秀共产党员 | 南京海关直属机关党委 |
| 陈　敏 | 江阴海关 | 南京关区先进个人 | 南京海关 |
| 张　坤 | 江阴海关 | 南京关区先进个人 | 南京海关 |
| 赵建国 | 江阴海关 | 南京海关关区优秀党务工作者 | 南京海关直属机关党委 |

| | | | |
|---|---|---|---|
| 杨　勇 | 江阴海关 | 南京海关关区优秀党支部书记 | 南京海关直属机关党委 |
| 高文展 | 市委统战部 | 江苏省优秀统战干部 | 江苏省委统战部 |
| 王　鑫 | 市行政服务中心建设窗口 | 全省住房城乡建设系统窗口单位和服务行业优质服务明星 | 江苏省建设工会工作委员会 |
| 李雨成 | 江阴边检站 | 岗位技能练兵活动先进个人 | 公安部边防管理局 |
| 部佳文 | 江阴边检站 | 岗位技能练兵活动先进个人 | 公安部边防管理局 |
| 朱　康 | 江阴边检站 | 优秀“四会”政治教员 | 武警江苏省边防总队 |
| 严　鑫 | 江阴边检站 | 优秀“四会”政治教员 | 武警江苏省边防总队 |
| 潘伟伟 | 江阴边检站 | 优秀“四会”政治教员 | 武警江苏省边防总队 |
| 郁喻迪 | 江阴边检站 | 运输工作先进个人 | 武警江苏省边防总队 |
| 冯俊义 | 江阴边检站 | 提高边检服务水平十佳“文明使者” | 江苏省公安边防总队 |
| 严启鹏 | 江阴边检站 | 优秀政工信息员 | 武警江苏省边防总队 |
| | | 优秀报道员 | 江苏省公安边防总队 |
| 朱　圳 | 江阴边检站 | 信息工作先进个人 | 江苏省公安边防总队 |
| 蒋　静 | 江阴边检站 | 十佳党员 | 武警江苏省边防总队党委 |
| 黄嘉晨 | 江阴边检站 | 优秀团务工作者 | 武警江苏省边防总队 |
| 李逸飞 | 江阴边检站 | 优秀团务工作者 | 武警江苏省边防总队 |
| 胡海静 | 江阴边检站 | 十佳边防女警 | 江苏省边防总队、省妇联 |
| | | 巾帼建功标兵 | 武警江苏省边防总队、省妇联 |
| 张　涛 | 市检察院 | 首届全省未检业务竞赛标兵 | 江苏省人民检察院 |
| 盛　艳 | 市检察院 | 首届全省未检业务竞赛标兵 | 江苏省人民检察院 |
| 王心璇 | 江阴日报社 | 江苏省县市报系统优秀新闻工作者 | 江苏省县市报研究会 |
| 徐敏杰 | 江阴日报社 | 江苏省县市报系统优秀新闻工作者 | 江苏省县市报研究会 |
| 严　飞 | 江阴日报社 | 江苏省县市报系统优秀新闻工作者 | 江苏省县市报研究会 |
| 张　莹 | 江阴日报社 | 江苏省县市报系统优秀新闻工作者 | 江苏省县市报研究会 |
| 朱贻军 | 江阴日报社 | 江苏省县市报系统优秀新闻工作者 | 江苏省县市报研究会 |
| 朱雷阳 | 市水产指导站 | 全省水生动物疫病防控工作先进个人 | 江苏省海洋与渔业局 |
| 糜益锋 | 青阳畜牧兽医站 | 江苏省最美乡村兽医 | 江苏省农业委员会 |
| 胡正奇 | 市水产指导站 | 江苏省水产品质量安全专项整治工作先进个人 | 江苏省海洋与渔业局 |
| 张秋萍 | 市蔬菜园艺站 | 江苏省园艺推广先进个人 | 江苏省园艺学会 |
| 孙小虎 | 市政府 | 江苏省第三次全国经济普查先进个人 | 江苏省第三次全国经济普查领导小组 |
| 吴家湘 | 市政府办 | 江苏省第三次全国经济普查先进个人 | 江苏省第三次全国经济普查领导小组 |
| 陆云峰 | 市政府办 | 江苏省第三次全国经济普查先进个人 | 江苏省第三次全国经济普查领导小组 |
| 季克军 | 市统计局 | 江苏省第三次全国经济普查先进个人 | 江苏省第三次全国经济普查领导小组 |
| 倪秋萍 | 市统计局 | 江苏省第三次全国经济普查先进个人 | 江苏省第三次全国经济普查领导小组 |
| 庞　瑱 | 市统计局 | 江苏省第三次全国经济普查先进个人 | 江苏省第三次全国经济普查领导小组 |
| 谢红伟 | 市综合抽样调查队 | 江苏省第三次全国经济普查先进个人 | 江苏省第三次全国经济普查领导小组 |
| 郭铭辉 | 市综合抽样调查队 | 江苏省第三次全国经济普查先进个人 | 江苏省第三次全国经济普查领导小组 |
| 龚学东 | 江苏省统计局江阴调查局 | 江苏省第三次全国经济普查先进个人 | 江苏省第三次全国经济普查领导小组 |
| 谭鹏成 | 江苏省统计局江阴调查局 | 江苏省第三次全国经济普查先进个人 | 江苏省第三次全国经济普查领导小组 |
| 江兆成 | 国家统计局江阴调查队 | 江苏省第三次全国经济普查先进个人 | 江苏省第三次全国经济普查领导小组 |

| | | | |
|---|---|---|---|
| 陆　渊 | 国家统计局江阴调查队 | 江苏省第三次全国经济普查先进个人 | 江苏省第三次全国经济普查领导小组 |
| 刘海良 | 澄江街道统计站 | 江苏省第三次全国经济普查先进个人 | 江苏省第三次全国经济普查领导小组 |
| 吴　琦 | 澄江街道统计站 | 江苏省第三次全国经济普查先进个人 | 江苏省第三次全国经济普查领导小组 |
| 陈　屈 | 高新区经济发展局 | 江苏省第三次全国经济普查先进个人 | 江苏省第三次全国经济普查领导小组 |
| 周陈家 | 高新区经济发展局 | 江苏省第三次全国经济普查先进个人 | 江苏省第三次全国经济普查领导小组 |
| 顾　晓 | 顾山镇统计站 | 江苏省第三次全国经济普查先进个人 | 江苏省第三次全国经济普查领导小组 |
| 陆晓峰 | 华士镇统计站 | 江苏省第三次全国经济普查先进个人 | 江苏省第三次全国经济普查领导小组 |
| 张　泳 | 璜土镇统计站 | 江苏省第三次全国经济普查先进个人 | 江苏省第三次全国经济普查领导小组 |
| 侯　琳 | 江阴—靖江工业园区经济发展局 | 江苏省第三次全国经济普查先进个人 | 江苏省第三次全国经济普查领导小组 |
| 倪雪芳 | 江阴临港开发区经济发展局 | 江苏省第三次全国经济普查先进个人 | 江苏省第三次全国经济普查领导小组 |
| 张晓华 | 青阳镇统计站 | 江苏省第三次全国经济普查先进个人 | 江苏省第三次全国经济普查领导小组 |
| 吕惠琴 | 南闸街道统计站 | 江苏省第三次全国经济普查先进个人 | 江苏省第三次全国经济普查领导小组 |
| 刘　崟 | 新桥镇统计站 | 江苏省第三次全国经济普查先进个人 | 江苏省第三次全国经济普查领导小组 |
| 奚红雷 | 徐霞客镇统计站 | 江苏省第三次全国经济普查先进个人 | 江苏省第三次全国经济普查领导小组 |
| 许　凤 | 月城镇统计站 | 江苏省第三次全国经济普查先进个人 | 江苏省第三次全国经济普查领导小组 |
| 汤云丽 | 云亭街道统计站 | 江苏省第三次全国经济普查先进个人 | 江苏省第三次全国经济普查领导小组 |
| 周晓东 | 长泾镇统计站 | 江苏省第三次全国经济普查先进个人 | 江苏省第三次全国经济普查领导小组 |
| 黄玲琴 | 周庄镇统计站 | 江苏省第三次全国经济普查先进个人 | 江苏省第三次全国经济普查领导小组 |
| 季　弘 | 周庄镇统计站 | 江苏省第三次全国经济普查先进个人 | 江苏省第三次全国经济普查领导小组 |
| 蔡月姬 | 祝塘镇统计站 | 江苏省第三次全国经济普查先进个人 | 江苏省第三次全国经济普查领导小组 |
| 华勇清 | 市锡澄运河航道整治工程指挥部 | 江苏省五一劳动奖章 | 江苏省总工会 |
| 肖祥明 | 市交通重点工程建设指挥部 | 江苏省五一劳动奖章 | 江苏省总工会 |
| 朱维军 | 江苏法尔胜泓昇集团有限公司科技管理部 | 江苏省五一劳动奖章 | 江苏省总工会 |
| 余　玲 | 市总工会 | 江苏省五一劳动奖章 | 江苏省总工会 |
| 赖伟珍 | 瀚宇博德科技(江阴)有限公司 | 江苏省五一劳动荣誉奖章 | 江苏省总工会 |
| 蒋惠军 | 市锡澄运河航道整治工程指挥部 | 2015年度全省十大重点工程劳动竞赛先进个人(授予江苏省五一劳动奖章) | 江苏省总工会 |
| 刘文红 | 市总工会 | 江苏省优秀工会工作者 | 江苏省总工会 |
| 徐前锋 | 市教育局 | 江苏省优秀工会工作者 | 江苏省总工会 |
| 卢永辉 | 江苏法尔胜泓昇集团有限公司 | 江苏省优秀工会工作者 | 江苏省总工会 |
| 张建锋 | 新桥镇新桥村 | 吴仁宝式优秀村书记 | 江苏省委宣传部、省委组织部 |
| 陶新锋 | 新桥镇政府 | “法网杯”社区矫正信息化应用竞赛优秀奖 | 江苏省司法厅 |
| 朱新雄 | 市第一初级中学 | 江苏省优秀中小学科技辅导员 | 江苏省科协、省教育厅 |
| 胡伟凝 | 青阳实验小学 | 江苏省青少年科技创新标兵 | 江苏省科协、省教育厅 |

**【无锡市先进个人】**

**一、2012—2014年度无锡市劳动模范(无锡市政府表彰)**

顾　铭(贝瑞森生化技术有限公司)
薛洪权(洪腾机械有限公司)
夏明芳(澄东建筑集团有限公司长泾分公司)
蒋忠伟(贝德时装有限公司)
吴文玉(天水雅居餐饮管理有限公司)
夏咸明(泰富沥青有限公司)
瞿建忠(华西农产品交易有限公司)
荣朝晖(建筑设计研究院有限公司)
王武洪(市影剧公司)
陆　炯(新潮科技集团有限公司)
华肖峰(苏龙热电有限公司)
盛李冬(中国电信江阴分公司)
陶　忠(市供电公司)
赵庆华(江阴农村商业银行股份有限公司)
吴　亮(澄星实业集团有限公司)
王文金(兴澄特种钢铁有限公司)
陆建明(芙蓉有机农业专业合作社)
钱建新(月城鲜果源家庭农场)
秦国民(城东街道心经村委)
吴国忠(周庄镇政府)
孙益民(市安监局)
张海霞(市财政局)
陈明波(市纪委)
朱叶峰(市公安局)
陈晓萍(市第二实验幼儿园)
缪志强(双良节能系统股份有限公司)
周爱明(天华纱业有限公司)
毛二度(针织绒线有限公司)
沙建新(江南水务股份有限公司)
刘　勇(科强工业胶带有限公司)
高秋华(江海非织造布有限公司)
赵维强(阳光集团有限公司)
周建元(环宇驾培有限公司)
张国富(西郊环卫所)
沈永新(新扬子造船有限公司)
赵吕忠(江阴热电有限公司)
周云勤(市邮政局)
唐　懿(中石化江阴石油分公司)
刘清泉(中建钢构江苏有限公司)
江　南(海澜集团有限公司)
滕国俊(滕国俊阳庄菜业专业合作社)
卜春华(振江生物科技有限公司)
谢兴福(南闸街道谢南村委)
葛珠良(周庄镇周西村委)
汤龙生(市审计局)
金桂华(市法院)
王建新(市委组织部)
邹　军(市人社局)
许云刚(江阴海事局)
孟宪平(市人民医院)

**二、2012—2014年度无锡市优秀党务工作者(无锡市委表彰)**

屠湘如(市级机关党工委)
王健健(江阴船闸管理所)
赵　强(新桥镇党委)
恽裕兴(临港街道三联村委)
刘　印(法尔胜泓昇集团有限公司)
付良洲(市教育局)
缪　炎(市农林局)
朱雪春(云亭街道花山村委)
丁士福(澄江街道大桥社区)
钱振宇(海达橡塑股份有限公司)

**三、无锡市军分区先进个人(无锡军分区表彰)**

(一)三等功

李卓敏(市人武部)

(二)嘉奖

尹　平(市人武部)

(三)优秀共产党员

吴叙生(市人武部)

(四)新闻宣传先进个人、对台宣传先进个人

李卓敏(市人武部)

**【江阴市先进个人】(江阴市委、市政府表彰)**

**一、2015年度优秀企业家**

(一)工业

吴协恩 周建平 孙 峰 钱 刚 任元林 周 江 缪双大 陈丽芬 金亚洪
李洪耀 张 雷 赵纪法 徐友才 黄丽泰 周嘉琳 张国平 卞平芳 王新潮
周剑峰 廖振铎 袁仁伟 龚国贤 曹明芳 袁 勇 LarsFabricius 胡士勇
马 坚 蔡晓洪 倪成良 郭 健 李 兴 胡德良 包士金

(二)服务业

潘 勇 顾东升 孙 伟 卢鸿鹤 许 峰 许丽芳 吴建良 刘 振 黄翠娥
陶 园 宋 涛 霍钧平 吴协东 吴吉锋 朱永方 张宏飞 缪名言 赵建国
郭顺华 李洪芳 顾亚平 华 江 黄 坚 马 珏 刘柏生

**二、2015年度优秀总经理**

(一)市属

工 业:郭立忠 郭良清 姚冬雷 吴海峰 夏国平 陈国范
服务业:洪 伟 陈 晨 胡 兵 何晓明 陆红娟 朱 勤 周剑明 缪舒炎

(二)高新区

工 业:马建忠 刘 叶 戚继尧 陈少忠 黄珑琳 李 政 尹鹏均 张 峰
姚 君 陈 辉 松本功一 张士泉 陈 灏 陆正洪 张满刚 赵海浩
范建刚 吴世明
服务业:郭 靖 陈 蕴 包丽君 王 萍 汤 新 柳伟清 陈 朗 苏 华
王 东 谢 蔚 陆正洪 黄惠祥

(三)临港经济开发区

工 业:高兴元 奚英军 陈利民 杜成城 孙志华 胡学山 缪金凤 金基永
徐文燕 任锦华 王永良 郑银良 胡 震 华国平 刘 准 吴 钊
柳建峰 周凤珍 成润圭 高建华 孙俊翼 徐耀明 谢文庆 林东瑞
贾兰娣 张建忠 单志才
服务业:韩 杰 张新江 赵祥龙 翟国富 杨 丽 陈金忠 仰仲英 叶卫春

(四)靖江园区

工 业:欧阳超 赵德胜 刘禧德 陈 禹
服务业:季中华

(五)澄江街道

工 业:黄 磊 刘志恺 张 衡 李秋雁 汤晓楠 李征清 谢桃根 刘燕明
徐惠民 张浩荣 张建春 陈国贤 薛建良 殷海锋 周士兴 陈建章
服务业:王国安 解红光 胡鹏飞 叶寿泉 奚斌峰 王兆丰 谢 红 胡建新
黄建伟

(六)南闸街道

工 业:六颖康 高 欣 王晓龙 文 碧 周 成
服务业:李廷飞

(七)云亭街道

工 业:周德洪 瞿建华 郑铁江 卞宏伟 吴小丰 姚东明 夏继发 刘德旗
李国忠 谭柏民 施福德
服务业:祝 辉 黄 平

(八)月城镇

工 业:钱秋林 华世正 钱德洪 王坚群 严树珊 陈 龙 陈长生 严伟明
顾中达 薛生亮 徐文新

(九)青阳镇

工 业:松本利之 李有明 薛洪权 秦安君 谢 放 赵玲娣
服务业:陈荣团

(十)徐霞客镇

工 业:任向东 曾明柳 孙秉忠 沈 隽 杨怀进 薛国昌 施建清

(十一)华士镇

工　业:周爱明　喻祥富　徐进良　费庆和　李国良　邹承慧　赵正洪　赵建新　孟永华　赵建明　章坤良　胡银福　赵卫东　徐长江　姜建军　赵亦初　顾维明　邵仲达

服务业:许瑞龙　赵智杰

(十二)周庄镇

工　业:陈力皎　钱振宇　殷福华　吴奕宏　张理罡　李生虎　徐　泓　李全兴　卞良法　赵浩良　承良元　赵平宝　陈继忠　苏存章

服务业:沈　阳　周　军　盛龙才　沈建洪

(十三)新桥镇

工　业:周国华　张建锋　于万旭　徐东英　倪利锋

(十四)长泾镇

工　业:宋建新　夏国庆　李文义　周永南　仰午正　吴栋标

服务业:夏天宝　徐中勤　吉祖军

(十五)顾山镇

工　业:徐建刚　郭正平　杨仁荣　宋正兴　毛二度　陈泱光　岡田啟　蒋国峰　郭亚霓　陈太球　李一新　郭新民　徐多宝　王万里　虞寿铭

服务业:吴锦明

(十六)祝塘镇

工　业:戴泽新　承立新　任海涛　蒋忠伟　王　东　郁广益　徐宇清　包建新　颜世仪　周和兴　唐良君　顾　军　朱　斌　戴加龙　赵　舵

服务业:戴泽新　王　光

三、2015年度先进工作者

(一)高新区

纪玉忠　饶立华　吴道新　罗宏伟　朱正义　张　越　卫　健　刘　伟　马利中　冯建明　周其中　徐维清　韩刚庠　梅国海　苏松良　唐瑞刚　姚铭文　刘　玲　顾　铭　陈敬新　孙　瑜　何永良　刘奇云　黄炜冬　蒋国忠　胡铭兴　顾耀平　胡国才　郑力强　孟益军　展　翔　杨建良　徐煜平

(二)临港经济开发区

吕中立　吕　涛　奚　涛　吴海芳　吴　丹　盛颖洁　徐洪伟　许登明　张效学　顾德成　查国龙　许暮艳　顾耀明　钱耕龙　郭　娟　高建中　刘国平　汤　玉　徐　逸　王文金　吴建峰　顾凌鸣　范兴龙　恽裕兴　蒋惠军　李秋珍　胡建军　黄明华　黄　平　薛　强　江建洪　姚建军　盛南华　吴助国　汤春明　刘跃生　钱俊贤　高旭伟　周国伟　彭　辉　臧建平　丁　南　王俊华　吴银芝　刘荣增　夏宏武　徐小才　高　明　喻朝飞　缪剑农　许烨纶　赵建国　缪文彬　季江浩　黄岳兴　卞惠良　钱丽军　牛新亭　卞红梅　潘喜乐　汤　宏　彭　勇　陆金花

(三)靖江园区

胡贤清　耿红卫　修晓华　王春林　花思明　冯　毅　杨万祥　钱鹏海　张国武　李道谦　刘　伟　余莎莎

(四)澄江街道

毛伟平　蒋建峰　朱云希　李洪兴　沈利球　翟利岳　殷丽芳　徐中兴　蒋星卫　徐建卫　夏建锋　王明章　李君成　赵丽君　吕桂芬　张建兴　沈云彪　孙兴焕　王国平　沈　敏　沈晨光　谢晓龙　杭　伟　刘林发

(五)南闸街道

周　中　符明君　金越平　张学斌　吴满元　缪建新　郑先明　吴士全　缪　鹏　冯易易　袁　芳　张益民

(六)云亭街道

钱　敏　薛卓强　金治娟　高志峰　沙宇航　缪文兴　孙亚平　朱宇洪　朱　卫　周　明　朱海荣　陶　峰

(七)月城镇

梁林宝　丁爱民　倪建华　蒋玉芬　钦建华　丁福安　汪正华　陈　铭　陈秀娟　张开明　徐岳兴　郑清兴

(八)青阳镇

闵海华　马仕兴　齐藤和男　谭冬华　严德永　钱国良　张海江　陆继生　金　唐
李忠德　黄永庆　俞建国　时建军　戴红飞　周永余

(九)徐霞客镇

计耀金　小山宪之介　张国清　曾　荣　赵一兵　朱秋芬　申国兴　孔祥明　谢培金
曾佳雄　任奇兴　郁松宝　曾红军　缪天兴　沈玉娟　吴雪英　张亚良　张宏斌

(十)华士镇

何建南　吴凤英　瞿建军　唐永良　孙　忠　李　旦　赵林华　朱彦群　李元新
华明浩　卞少云　赵　鸣　何晓东　徐明虎　王玉庭　徐泽峰　张忠敏　胡剑飞

(十一)周庄镇

胡品贤　戈士勇　赵　清　余林法　顾长法　薛纪良　卞贤峰　胡士清　顾士清
黄冬升　顾根兴　赵颖益　庄秀兴　袁　庆　黄伟忠　承正义　刘敏芳　程雪峰

(十二)新桥镇

张晓帆　于　燕　郁正达　徐栋芳　汪　东　王永明　钱永平　尤惠清　张海明
钱正英　陶兴林　王俊华

(十三)长泾镇

吴宪宏　王永芳　顾明香　蔡一民　包理丰　顾建坤　吴琴贤　夏明芳　赵军伟
李明法　华晓平　陈伟南　周新峰　黄明龙　濮亚娟

(十四)顾山镇

赵玉龙　王洪兴　周　昶　赵方伟　吴卫江　杨锡宝　欧阳明辉　王爱东　屈红娟
刘富镭　张　伟　王建忠　张海峰　程国强　邹科亚

(十五)祝塘镇

颜柏松　周云龙　包贤明　潘涌江　包敢峰　徐　晔　张　洁　潘宗江　张荣庆
孔令福　张星伟　张富刚　姚正兴　黄新华　承　皓

(十六)工业直属

龚　华　高　立

(十七)服务业直属

费　伟　陈　虹　范文涛　王　栋

**四、2015 年度十大法治标兵**

王锡明　陈教智　朱国成　魏宏溥　汪建东　李全兴　徐文东　沈　懿　张一斌
阚　军

## 逝世人物

### 朱穆之

原名朱仲龙,1916 年 12 月生,澄江街道人,中共党员。1933 年起在北京大学外语系学习,参加"一二·九"运动、中华民族解放先锋队。1937 年起,任南京《金陵日报》编辑,山东聊城、临清专署秘书。1938 年 4 月加入中国共产党。1939 年后,任八路军一二九师政治部宣传部、统战部副部长,太行分局宣传部科长,北方局宣传部秘书,晋冀鲁豫中央局宣传科科长,新华通讯社特派记者、临时总社蒋管区组组长、解放区部主编、编辑部副主任、社委会成员、编辑委员会成员、第二副总编辑。1949 年后,任新华社副总编辑、副社长、编委会党组第二书记。"文化大革命"中受迫害,被关押劳动。1972 年 9 月后,任新华社社长、党的核心小组副组长、组长、党组书记,中宣部副部长兼中央对外宣传小组组长,文化部部长、党组书记,国务院新闻办公室主任,中国人权研究会会长。2004 年 3 月离休。朱穆之是中共第十届、十一届、十二届中央委员,中顾委委员,中纪委委员,第二届、三届全国人大代表,政协第二届全国委员会委员、第五届常务委员。2015 年 10 月 23 日,朱穆之因病医治无效在北京逝世,享年 99 岁。

(史　志)

■类目编辑　邢　盈

## 重要文件目录

### 2015 年中共江阴市委重要文件目录

一、1 月 15 日，江阴市委发《关于贯彻落实党的十八届四中全会精神　全面推进依法治市的实施意见》（澄委发〔2015〕1 号）。

二、1 月 15 日，江阴市委、市政府联合发《关于江阴临港经济开发区深化行政体制改革的意见》（澄委发〔2015〕2 号）。

三、1 月 29 日，江阴市委办公室发《印发〈关于深化“四化”整治、巩固和拓展党的群众路线教育实践活动成果的实施办法〉的通知》（澄委办〔2015〕13 号）。

四、2 月 13 日，江阴市委发《关于进一步从严干部管理监督的实施意见》（澄委发〔2015〕5 号）。

五、3 月 19 日，江阴市委、市政府联合发《关于印发〈2015 年全市农村工作要点〉的通知》（澄委发〔2015〕7 号）。

六、3 月 2 日，江阴市委办公室、市政府办公室联合发《关于开展“社会治理创新深化年”活动的实施意见》（澄委办〔2015〕17 号）。

七、3 月 20 日，江阴市委、市政府联合发《关于印发〈江阴市创建全国文明城市三年行动计划（2015—2017）〉的通知》（澄委发〔2015〕9 号）。

八、3 月 20 日，江阴市委、市政府联合发《关于印发〈江阴市城乡环境综合整治三年行动计划（2015—2017）〉的通知》（澄委发〔2015〕10 号）。

九、3 月 20 日，江阴市委办公室、市政府办公室联合发《关于印发〈2015 年江阴市创建全国文明城市重点工作〉的通知》（澄委办〔2015〕25 号）。

十、3 月 20 日，江阴市委办公室、市政府办公室联合发《关于开展“作风建设突破年”活动的实施意见》（澄委办〔2015〕28 号）。

十一、3 月 23 日，江阴市委办公室、市政府办公室联合发《印发〈关于加强当前招商引资工作的指导意见〉的通知》（澄委办〔2015〕29 号）。

十二、4 月 10 日，江阴市委、市政府联合发《关于印发〈江阴市人民政府职能转变和机构改革实施意见〉的通知》（澄委发〔2015〕11 号）。

十三、4 月 13 日，江阴市委、市政府联合发《关于印发〈江阴市 2015 年国民经济和社会发展重点工作目标责任分解〉的通知》（澄委发〔2015〕12 号）。

十四、4 月 17 日，江阴市委办公室、市政府办公室联合发《关于开展“项目建设突破年”活动的实施意见》（澄委办〔2015〕33 号）。

十五、4 月 21 日，江阴市委、市政府联合发《关于加快建设知识产权强市的实施意见》（澄委发〔2015〕13 号）。

十六、4 月 23 日，江阴市委办公室、市政府办公室联合发《印发〈关于加快工业企业创新优化提升发展的指导意见〉的通知》（澄委办〔2015〕34 号）。

十七、6 月 1 日，江阴市委办公室发《印发〈关于在县处级以上领导干部中开展“三严三实”专题教育的实施意见〉的通知》（澄委办〔2015〕38 号）。

十八、6 月 10 日，江阴市委、市政府联合发《关于印发〈江阴市 2015 年全面深化改革重点工作〉的通知》（澄委发〔2015〕18 号）。

十九、7 月 2 日，江阴市委、市政府联合发《关于建立生态补偿机制的实施意见（试行）》（澄委发〔2015〕23 号）。

二十、7 月 21 日，江阴市委办公室、市政府办公室联合发《印发〈关于全面推行村社区网络化服务管理的实施意见〉的通知》（澄委办〔2015〕46 号）。

二十一、8 月 18 日，江阴市委办公室发《印发〈关于开展“五从严五提升”党员常态化教育管理的实施意见〉的通知》（澄委办〔2015〕50 号）。

二十二、8 月 19 日，江阴市委发《关于推动全面从严治党迈上新台阶的实施意见》（澄委发〔2015〕26 号）。

二十三、8 月 27 日，江阴市委、市政府联合发《关于大力推进江阴高新区加快建设苏南国家自主创新示范区的实施意见》(澄委发〔2015〕27 号)。

二十四、8 月 27 日,江阴市委办公室、市政府办公室联合发《印发〈关于支持众创空间发展　促进大众创新创业的实施意见〉的通知》(澄委办〔2015〕51 号)。

二十五、9 月 17 日,江阴市委、市政府联合发《关于印发〈江阴市实施长江经济带建设和参与国家"一带一路"战略三年行动计划(2015—2017)〉的通知》(澄委发〔2015〕29 号)。

二十六、9 月 17 日,江阴市委、市政府联合发《关于印发〈中国制造 2025 江阴五年行动计划(2016—2020)〉的通知》(澄委发〔2015〕30 号)。

二十七、10 月 12 日,江阴市委、市政府联合发《关于深入实施创新驱动发展战略　加快推动经济转型提升发展的实施意见》(澄委发〔2015〕31 号)。

二十八、11 月 7 日,江阴市委发《关于进一步组织推动学习贯彻习近平总书记系列重要讲话精神的意见》(澄委发〔2015〕33 号)。

二十九、11 月 12 日,江阴市委发《关于印发〈中共江阴市委巡查工作办法〉的通知》(澄委发〔2015〕34 号)。

三十、11 月 27 日,江阴市委发《关于进一步加强和改进新形势下侨联工作的实施意见》(澄委发〔2015〕35 号)。　　　　　　　　　　　　　　　　　　　　　　　　(市委办)

## 2015 年江阴市人大常委会重要文件目录

一、1 月 4 日,江阴市人大常委会发《关于补选孙小虎、王立新、胡洪平为无锡市第十五届人民代表大会代表的报告》(澄人发〔2015〕1 号)。

二、1 月 7 日,江阴市人大常委会发《关于同意报批〈江阴市长泾镇总体规划(2014—2030)〉》的决议(澄人发〔2015〕6 号)。

三、1 月 7 日,江阴市人大常委会发《专题询问办法》(澄人发〔2015〕7 号)。

四、3 月 17 日,江阴市人大常委会发《2015 年江阴市人大常委会工作要点》(澄人发〔2015〕11 号)。

五、3 月 19 日,江阴市人大常委会发《关于 2015 年基层人大工作的指导意见》(澄人发〔2015〕12 号)。

六、3 月 19 日,江阴市人大常委会发《关于 2015 年市人大代表小组活动的意见》(澄人发〔2015〕13 号)。

七、3 月 19 日,江阴市人大常委会发《关于开展 2014—2015 年度市人大先进代表小组、代表活动积极分子和优秀联络员评选活动的意见》(澄人发〔2015〕14 号)。

八、4 月 1 日,江阴市人大常委会发《关于表彰 2013—2014 年度市人大代表建议政协委员提案办理工作先进集体和个人的决定》(澄人发〔2015〕15 号)。

九、5 月 27 日,江阴市人大常委会关于印发《江阴市人大常委会开展〈城镇排水和污水处理条例〉执法检查方案的通知》(澄人发〔2015〕20 号)。

十、7 月 10 日,江阴市人大常委会发《关于批准江阴市 2014 年度财政决算的决议》(澄人发〔2015〕21 号)。

十一、7 月 10 日,江阴市人大常委会发《关于接受李志浩同志辞去江阴市第十六届人大常委会委员职务请求的决定》(澄人发〔2015〕22 号)。

十二、7 月 23 日,江阴市人大常委会发《关于组织开展市人大代表"回选区、见选民"活动的实施意见》(澄人发〔2015〕28 号)。

十三、8 月 19 日,江阴市人大常委会发《关于组织开展 2015 年度"市人大代表活动周"专题活动的意见》(澄人发〔2015〕29 号)。

十四、8 月 21 日,江阴市人大常委会发《关于评议文物保护工作情况的实施意见》(澄人发〔2015〕30 号)。

十五、9 月 26 日,江阴市人大常委会发《关于开展养老服务体系建设情况专题询问的实施方案》(澄人发〔2015〕34 号)。

十六、江阴市人大常委会发《关于补选李小敏、王安岭为无锡市第十五届人民代表大会代表的报告》(澄人发〔2015〕39 号)。

十七、12 月 25 日,江阴市人大常委会发《关于同意市政府〈关于江苏省 2013—2017 年棚户区(危旧房)改造一期工程项目——江阴高新区项目资金列入财政预算的报告〉的通知》(澄人发〔2015〕38 号)。

十八、12 月 28 日,江阴市人大常委会发《关于批准 2015 年财政预算调整方案的决议》(澄人发〔2015〕40 号)。

十九、12 月 28 日,江阴市人大常委会发《关于批准 2015 年政府投资重点项目计划调整方案的决议》(澄人发〔2015〕41 号)。

二十、12 月 30 日,江阴市人大常委会发《江阴市人民代表大会常务委员会讨论决定重大事项的暂行规定》(澄人发〔2015〕42 号)。　　　　　　　　(市人大办)

## 2015 年江阴市政府重要文件目录

一、1 月 26 日,江阴市政府发《关于 2015 年春节期间市区有限制许可燃放烟花爆竹的公告的通知》(澄政发〔2015〕4 号)。

二、1 月 30 日,江阴市政府办公室发《关于做好 2015 年春运工作的通知》(澄政办发〔2015〕3 号)。

三、2 月 4 日,江阴市政府发《关于进一步明确安置房项目行政事业性收费和政府性基金收缴事项的通知》(澄政发〔2015〕13 号)。

四、2 月 11 日,江阴市政府发《关于停止征收统一收费及征收防洪保安资金的通知》(澄政发〔2015〕2 号)。

五、2月13日，江阴市政府办公室发《关于调整市政府办公室部分领导分工的通知》（澄政办发〔2015〕4号）。

六、2月17日，江阴市政府发《转发无锡市人民政府关于贯彻〈江苏省职工生育保险规定〉实施意见》的通知》（澄政发〔2015〕14号）。

七、2月17日，江阴市政府办公室发《关于印发江阴市关于水煤浆应用实施意见的通知》（澄政办发〔2015〕5号）。

八、3月4日，江阴市政府发《关于印发江阴市深化小型水利工程管理体制改革试点方案的通知》（澄政发〔2015〕16号）。

九、3月6日，江阴市政府办公室发《关于印发〈江阴市科技型中小企业信贷风险补偿资金池管理办法〉的通知》（澄政办发〔2015〕8号）。

十、3月17日，江阴市政府办公室发《关于做好2015年清明节期间安全文明祭扫工作的通知》（澄政办发〔2015〕12号）。

十一、3月24日，江阴市政府发《关于印发江阴市财政收入考核管理办法的通知》（澄政发〔2015〕23号）。

十二、3月26日，江阴市政府办公室发《关于印发加强城区政府性投资公共停车泊位管理意见的通知》（澄政办发〔2015〕16号）。

十三、3月30日，江阴市政府发《关于印发江阴市2015年生态文明建设实施意见的通知》（澄政发〔2015〕25号）。

十四、3月30日，江阴市政府办公室发《关于印发江阴市"十三五"重点专项规划编制计划的通知》（澄政办发〔2015〕17号）。

十五、4月10日，江阴市政府办公室发《关于印发江阴市2015年节能工作实施意见的通知》（澄政办发〔2015〕20号）。

十六、4月15日，江阴市政府发《关于加快淘汰落后产能、继续深入开展"三高两低"企业整治工作意见的通知》（澄政发〔2015〕32号）。

十七、4月24日，江阴市政府办公室发《关于印发2015年江阴市国家卫生城市复审迎检工作方案的通知》（澄政办发〔2015〕26号）。

十八、4月27日，江阴市政府发《关于公布江阴市2015年度重点重大项目的通知》（澄政发〔2015〕37号）。

十九、5月5日，江阴市政府办公室发《关于印发江阴市覆盖拉网式农村环境综合整治试点工作实施意见的通知》（澄政办发〔2015〕29号）。

二十、5月11日，江阴市政府办公室发《关于印发江阴市农村已建分散式污水处理设施一体化管养实施工作方案的通知》（澄政办发〔2015〕31号）。

二十一、5月12日，江阴市政府办公室发《关于推进全市户外广告资源管理改革的意见》（澄政办发〔2015〕32号）。

二十二、5月18日，江阴市政府发《关于印发2015年江阴市安全生产目标管理考核办法的通知》（澄政发〔2015〕45号）。

二十三、5月26日，江阴市政府发《关于印发加强电力设施保护工作意见的通知》（澄政发〔2015〕46号）。

二十四、5月26日，江阴市政府办公室发《关于印发江阴市2015年有序用电预案的通知》（澄政办发〔2015〕33号）。

二十五、6月1日，江阴市政府办公室发《关于印发江阴市高污染燃料锅炉大气污染整治工作方案的通知》（澄政办发〔2015〕35号）。

二十六、6月9日，江阴市政府办公室发《关于印发江阴市优质投资项目评审操作办法的通知》（澄政办发〔2015〕37号）。

二十七、6月24日，江阴市政府办公室发《关于印发〈江阴市创建省节水型社会示范区实施方案〉的通知》（澄政办发〔2015〕39号）。

二十八、7月1日，江阴市政府办公室发《关于印发全市农村供水管网及一户一表改造工作实施方案的通知》（澄政办发〔2015〕41号）。

二十九、7月30日，江阴市政府发《关于增设机动车停车严管道路的通告》（澄政发〔2015〕59号）。

三十、7月30日，江阴市政府发《关于加强城区道路停车秩序管理的通告》（澄政发〔2015〕60号）。

三十一、7月30日，江阴市政府办公室发《关于实行"三证合一"登记制度的实施意见（试行）》（澄政办发〔2015〕42号）。

三十二、8月5日，江阴市政府办公室发《关于印发江阴市政务服务管理办公室主要职责内设机构和人员编制规定的通知》（澄政办发〔2015〕44号）。

三十三、8月6日，江阴市政府办公室发《关于江阴市推广有机垃圾就地资源化处理的实施意见》（澄政办发〔2015〕45号）。

三十四、8月25日，江阴市政府发《关于加快发展养老服务业完善养老服务体系的实施意见的通知》（澄政发〔2015〕66号）。

三十五、8月26日，江阴市政府办公室发《关于印发江阴市公用事业管理局主要职责内设机构和人员编制规定的通知》（澄政办发〔2015〕47号）。

三十六、8月27日，江阴市政府办公室发《关于印发江阴市2016年度政府集中采购目录政府采购限额标准和公开招标数额标准的通知》（澄政办发〔2015〕48号）。

三十七、9月28日，江阴市政府办公室发《关于印发推进企业投资建设项目并联审批规范中介服务意见的通知》（澄政办发〔2015〕60号）。

三十八、9月29日，江阴市政府发《关于深化行政审批制度改革加强事中事后监管的意见》（澄政发〔2015〕70号）。

三十九、9月30日，江阴市政府办公室发《关于印发江阴市民族宗教事务局主要职责内设机构的通知和人员编制规定的通知》（澄政办发〔2015〕53号）。

四十、9月30日，江阴市政府办公室发《关于印发江阴市卫生和计划生育委员会主要职责内设机构和人员编制规定的通知》（澄政办发〔2015〕54号）。

四十一、9月30日，江阴市政府办公室发《关于印发江阴市煤炭消费总量控制和目标责任管理实施方案的通知》(澄政办发〔2015〕52 号)。

四十二、10 月 9 日,江阴市政府办公室发《关于印发江阴市农贸市场标准化改造实施方案》(澄政办发〔2015〕57 号)。

四十三、10 月 19 日,江阴市政府办公室发《关于加快老小区和早期拆迁安置小区技防建设实施意见的通知》(澄政办发〔2015〕63 号)。

四十四、10 月 21 日,江阴市政府发《关于表彰 2015 年江阴市专利奖决定的通知》(澄政发〔2015〕77 号)。

四十五、10 月 21 日,江阴市政府发《关于表彰 2015 年江阴市科学技术进步奖的决定的通知》(澄政发〔2015〕78 号)。

四十六、10 月 22 日,江阴市政府办公室发《关于印发江阴市中小微企业信贷风险补偿资金池管理办法(试行)的通知》(澄政办发〔2015〕64 号)。

四十七、10 月 30 日,江阴市政府发《关于进一步加强石油天然气管道保护提升安全发展水平的意见》(澄政发〔2015〕83 号)。

四十八、10 月 30 日,江阴市政府办公室发《关于切实做好“119”消防宣传月暨冬季防火工作的通知》(澄政办发〔2015〕65 号)。

四十九、11 月 11 日,江阴市政府办公室发《关于加强我市城市地下管线规划建设管理的实施意见》(澄政办发〔2015〕67 号)。

五十、11 月 13 日,江阴市政府办公室发《关于印发江阴市优质投资项目评审操作办法补充意见的通知》(澄政办发〔2015〕69 号)。

五十一、11 月 25 日,江阴市政府办公室发《关于印发江阴住房和城乡建设局主要职责内设机构和人员编制规定的通知》(澄政办发〔2015〕73 号)。

五十二、11 月 25 日,江阴市政府办公室发《关于印发江阴市环境突出问题专项检查行动方案的通知》(澄政办发〔2015〕76 号)。

五十三、11 月 26 日,江阴市政府办公室发《关于印发建立 2016 年度无偿献血应急队伍的通知》(澄政办发〔2015〕74 号)。

五十四、11 月 26 日,江阴市政府办公室发《关于印发加快新能源汽车推广应用的实施意见的通知》(澄政办发〔2015〕72 号)。

五十五、11 月 27 日,江阴市政府发《关于印发 2016 年新型农村合作医疗制度实施意见的通知》(澄政发〔2015〕71 号)。

五十六、12 月 3 日,江阴市政府发《关于印发江阴市城市燃气突发事件应急预案的通知》(澄政发〔2015〕87 号)。

五十七、12 月 3 日,江阴市政府发《关于印发江阴市餐厨废弃物管理实施细则的通知》(澄政发〔2015〕88 号)。

五十八、12 月 16 日,江阴市政府发《转发无锡市人民政府关于全面深化政府向社会力量购买服务的贯彻实施意见的通知》(澄政发〔2015〕90 号)。

五十九、12 月 17 日,江阴市政府办公室发《关于做好困境未成年人社会保护工作的意见》(澄政办发〔2015〕77 号)。

六十、12 月 29 日,江阴市政府办公室发《关于开展全民参保登记工作的通知》(澄政办发〔2015〕79 号)。

六十一、12 月 31 日,江阴市政府办公室发《关于建立疾病应急救助制度的实施意见》(澄政办发〔2015〕83 号)。

(市政府办)

# 先进集体

(以时间为序)

## 全国条线表彰的先进集体一览

表 105

| 时间(年.月.日) | 单位 | 荣誉称号 | 授予机关(部门) |
|---|---|---|---|
| 2013.10 | 江阴兴澄特种钢铁有限公司 | 全国职工教育培训优秀示范点 | 中华全国总工会 |
| | 海澜集团有限公司 | 全国工会职工书屋示范点 | |
| 2014.9 | | 全国民族团结进步模范集体 | 中华人民共和国国务院 |
| 2015.1 | 祝塘镇 | 2013—2014 年度纺织行业统计工作优秀集体 | 中国纺织工业联合会 |
| 2015.2.25 | 江阴市广播电视台 | 全国巾帼文明岗 | 中华全国妇女联合会 |

续表105

| 时间(年.月.日) | 单　位 | 荣　誉　称　号 | 授予机关(部门) |
|---|---|---|---|
| 2015.2 | 新桥镇 | 全国文明村镇 | 中央精神文明建设指导委员会 |
| | 中国人民财产保险股份有限公司江阴支公司 | 2014年交叉互动业务竞赛"优秀团体奖" | 中国人民保险集团股份有限公司 |
| 2015.3 | | 2014—2016年全国重质量守信誉诚信服务单位 | 中国保护消费者基金会打假工作委员会投诉举报办公室、中国消费者维权网、中国《商品与质量》周刊社 |
| | 江阴市法制宣传教育领导小组办公室 | 第十一届全国法治漫画动画微电影作品征集活动优秀组织奖 | 司法部、国家互联网信息办公室、全国普法办公室 |
| | 新桥镇 | 全国安全社区 | 中国职业安全健康协会 |
| 2015.4 | 中国人民财产保险股份有限公司江阴支公司车商业务一部 | 2014年人保财险保险服务示范团队 | 中国人民财产保险股份有限公司 |
| | 中国人民财产保险股份有限公司江阴支公司周庄营业部 | | |
| | 江阴热电有限公司 | 全国"安康杯"竞赛优胜单位 | 中华全国总工会、国家安监总局 |
| | 江苏精亚集团有限公司 | | |
| | 江阴市供电公司 | | |
| 2015.5.1 | 江阴市 | 全国超千亿元产值纺织产业集群地区 | 中国纺织工业联合会 |
| 2015.6.4 | 江阴市公安局情报信息研判作战中心 | 全国公安综合情报工作县级成绩突出集体 | 公安部情报中心 |
| 2015.6.24 | 江阴市科协 | 中国科协企业创新服务中心服务企业发展综合试点基地 | 中国科协 |
| 2015.6 | 江阴市妇联 | 2015年度《婚姻与家庭》杂志宣传推广先进奖 | 全国妇联宣传部、《婚姻与家庭》杂志社 |
| 2015.8.19 | 江阴市检察院 | 2015年度全国检察宣传先进单位 | 最高人民检察院、检察日报社 |
| 2015.8.21 | 江阴市 | 2015年全国青少年足球试点县(区) | 教育部 |
| 2015.8 | 江阴市妇联 | 2015年度全国妇女宣传舆论阵地建设"先进单位" | 全国妇联宣传部、中国妇女报社 |
| 2015.9.29 | 江苏法尔胜泓昇集团有限公司 | 全国工会"职工书屋"示范点 | 中华全国总工会 |
| 2015.10.20 | 江阴市安全生产监督管理局 | 2015年全国"安全生产月"活动先进单位 | 国务院安全生产委员会办公室 |
| 2015.10.26 | 江苏阳光集团 | 中国出口质量安全示范企业 | 国家质量监督检验检疫总局 |
| 2015.10 | 江阴浦发村镇银行 | 全国村镇银行资产总额前50强 | 中国县镇经济交流促进会、中国村镇银行发展论坛组委会、亚太金融学会 |
| | 江阴市总工会 | 2014年度市级工会财务工会先进单位 | 中华全国总工会 |
| 2015.11.30 | 江阴市澄江街道司法所 | 全国模范司法所 | 司法部 |
| 2015.11 | 江阴市顾山内衣行业协会 | 中国内衣行业优秀协会 | 中国纺织品商业协会内衣委员会 |
| 2015.12.4 | 无锡市江阴地方税务局第一税务分局分工会 | 全国模范职工小家 | 中华全国总工会 |
| | 江苏江阴农村商业银行股份有限公司工会委员会 | 全国模范职工之家 | |
| | 江苏阳光集团有限公司工会委员会 | | |
| 2015.12.7 | 新桥镇卫生院 | 2014—2015年度群众满意的乡镇卫生院 | 国家卫生计生委 |

续表 105

| 时间（年.月.日） | 单　位 | 荣　誉　称　号 | 授予机关(部门) |
|---|---|---|---|
| 2015.12.11 | 江阴边检站 | 岗位技能练兵活动先进基层单位 | 公安部边防管理局 |
| 2015.12.17 | 江阴市卫生和计划生育委员会 | 2014—2015 年度群众满意的乡镇卫生院 | 国家卫生计生委办公厅 |
| 2015.12.18 | 江阴高新技术产业开发区 | 国家知识产权试点园区 | 国家知识产权局 |
| 2015.12.24 | 祝塘镇文林社区 | 全国综合减灾示范社区 | 国家减灾委员会、民政部 |
| 2015.12 | 祝塘镇 | 中国针织行业可持续发展推动奖(2011—2015) | 中国针织工业协会 |
| | 江阴市国土资源局 | 全国国土资源管理系统先进集体 | 国土资源部、人力资源和社会保障部 |
| 2015 | 华士实验中学 | 未来科学家培养计划教育基地 | 中科院老科技工作者协会、中科院老专家技术中心 |
| | | NOC 信息化教育实验学校 | 中央电化教育馆、中国教育技术协会、中国发明协会 |
| | 长泾镇泾南社区 | 全国社区侨务工作示范单位 | 国务院侨务办公室 |
| | 江阴高新技术产业开发区 | 国家“火炬”特色产业基地 | 科技部“火炬”中心 |
| 2016.1.28 | 江阴市农林行政执法大队 | 2016 年度全国农业综合执法示范窗口 | 农业部 |
| 2016.1 | 临港街道司法所 | “H5 讲述‘六五’普法”新媒体创意大赛活动一等奖 | 全国普法办 |

## 江苏省条线表彰的先进集体一览

表 106

| 时间（年.月.日） | 单　位 | 荣　誉　称　号 | 授予机关(部门) |
|---|---|---|---|
| 2014.5 | 华士镇陆桥村、华士镇龙砂村 | 江苏省民主法治示范村 | 江苏省依法治省领导小组 |
| 2014.7.23 | 江阴市法院 | 集体一等功 | 江苏省高级法院 |
| 2014.11.27 | 江阴市法院临港经济开发区人民法庭 | 2012—2013 年度优秀法庭 | |
| 2014.11.30 | 江阴市中医院妇科 | 江苏省中医重点专科建设单位 | 江苏省中医药局 |
| 2014.12.31 | 江阴市经济普查办公室 | 江苏省第三次全国经济普查先进集体 | 江苏省第三次全国经济普查领导小组 |
| | 江阴市澄江街道经济普查办公室 | | |
| | 江阴国家高新技术产业开发区经济普查办公室 | | |
| | 江阴市周庄镇经济普查办公室 | | |
| 2014.12 | 江阴高新技术产业开发区 | 第三次全国经济普查工作省级先进集体 | |
| 2015.1.7 | 江阴市城市管理行政执法局 | 全省城市管理行政执法案卷工作先进单位 | 江苏省政府法制办 |
| 2015.1.23 | 江阴市行政服务中心建设窗口 | 全省住房城乡建设系统窗口单位和服务行业优质服务窗口 | 江苏省建设工会工作委员会 |
| 2015.1.27 | 江阴边检站 | 主题教育先进单位 | 江苏省边防总队政治部 |
| 2015.1.28 | 江阴市 | 2014 年度绿化造林成效显著县(市、区) | 江苏省绿化委员会、江苏省林业局 |

续表 106

| 时间（年.月.日） | 单　位 | 荣　誉　称　号 | 授予机关（部门） |
|---|---|---|---|
| 2015.1 | 江阴市商业中等专业学校团委 | 2014 年度江苏省优秀中职学校共青团组织 | 江苏省教育厅、共青团江苏省委员会 |
| | | 2014 年全省大中学生培育和践行社会主义核心价值观活动“先进单位” | 共青团江苏省委 |
| | 江阴市供销合作总社 | 20 强县级供销合作社 | 江苏省供销合作总社 |
| 2015.2.4 | 江阴市建设工程造价管理处 | 2013—2014 年度全省建筑行业管理先进单位 | 江苏省住房和城乡建设厅 |
| 2015.2.26 | 江阴市经信委（墙散办） | 2014 年度全省墙材革新工作考核一等奖 | 江苏省墙体材料改革办公室 |
| 2015.2 | 江阴市徐霞客镇离退休干部党支部 | 全市离退休干部先进集体 | 中共无锡市委组织部、中共无锡市委老干部局 |
| | 江阴市澄江街道司法所 | 江苏省社区矫正工作集体二等功 | 江苏省司法厅 |
| | 江阴市国土资源学会 | 2014 年度学会工作先进单位 | 江苏省土地学会 |
| 2015.3.6 | 江阴市交通运输局 | 江苏省五一劳动奖状 | 江苏省总工会 |
| | 江阴市航道管理处 | | |
| | 江阴市交通重点工程建设指挥部后勤保障部 | 江苏省工人先锋号 | |
| | 江阴市交通重点工程建设指挥部工程一部 | | |
| | 江阴市交通运输局综合计划科 | | |
| | 江阴市交通运输局交通工程质量监督站 | | |
| | 江阴市政府房屋征收管理办公室 | | |
| | 江阴一建建设有限公司第七项目部 | | |
| 2015.3.9 | 学雷锋志愿服务队 | 南京关区优秀志愿服务组织 | 南京海关政治部 |
| 2015.3.26 | 江阴市检察院 | 全省检察机关优秀预防卷宗（陈耀华受贿案） | 江苏省检察院 |
| 2015.3 | 江阴市人力资源和社会保障局 | 巾帼建功先进集体 | 江苏省妇女联合会、江苏省城镇妇女“巾帼建功”活动领导小组 |
| | 江阴市国家税务局第六税务分局办税服务厅 | 江苏省巾帼文明岗 | |
| | 江阴市第二实验幼儿园 | | |
| | 江苏阳光集团服饰公司设计部 | | |
| | 海澜国际马术女子表演队 | | |
| | 江苏圣澜服饰创意有限公司 | | |
| | 江阴市残疾人服务中心 | | |
| | 江阴市图书馆读者服务中心 | | |
| | 江阴爱心树家庭成长中心 | 江苏省“最优女性社会组织” | 江苏省妇联 |
| | 江阴市政府 | 2014 年度江苏省土地执法模范县（市、区） | 江苏省国土资源厅 |
| | 江阴市政府城东街道办事处 | 江苏省和谐社区建设示范街道 | 江苏省民政厅 |
| | 江阴市政府城东街道长山社区 | | |
| 2015.4.3 | 江阴市 | 江苏省公共体育服务体系示范区 | 江苏省体育局 |

续表106

| 时间（年.月.日） | 单 位 | 荣 誉 称 号 | 授予机关(部门) |
|---|---|---|---|
| 2015.4.8 | 江阴市公安局 | 全省公安机关禁毒会战成绩突出集体 | 江苏省公安厅政治部 |
| | 江阴市长江化工有限公司 | 第三批全省党建带工建“四统筹一创争”活动示范企业 | 江苏省委组织部、江苏省总工会 |
| | 江阴远能电力装备有限公司 | | |
| | 江苏金一文化发展有限公司 | | |
| | 阿尔法(江阴)沥青有限公司 | | |
| | 无锡鹰贝电化学有限公司 | | |
| | 江苏圣华盾服饰有限公司 | | |
| | 江阴市祝塘镇文林社区 | 第三批全省党建带工建“四统筹一创争”活动示范片区 | |
| 2015.4.21 | 无锡市江阴地方税务局第一税务分局 | 江苏省工人先锋号 | 江苏省总工会 |
| | 江苏长博集团有限公司江苏(渡)15号 | | |
| | 江阴苏派服装集团有限公司技术部打样组 | | |
| | 江苏圣华盾服饰有限公司技术部 | | |
| | 江阴兴澄特种钢铁有限公司 | 2015年江苏省五一劳动奖状 | |
| | 中建钢构江苏有限公司 | | |
| | 江苏长博集团有限公司 | | |
| 2015.4.27 | 江阴市车辆管理服务中心 | 集体二等功 | 江苏省公安厅 |
| 2015.4.30 | 江阴市公安局交警大队 | 2014年度交通安全宣传先进单位 | 江苏省公安厅交警总队 |
| 2015.4 | 江阴市教育局 | 2014年度江苏省教育宣传工作先进单位 | 江苏省教育厅 |
| | 江阴高新技术产业开发区 | 江苏省智能电网特色产业园 | 江苏省经信委 |
| | 江阴市国土资源局 | 2014年度全省国土资源系统推进依法行政工作先进单位 | 江苏省国土资源厅 |
| | 江苏江南水务股份有限公司 | 江苏省“安康杯”竞赛优胜单位 | 江苏省总工会、江苏省安全生产监督管理局 |
| | 江苏长博集团有限公司 | | |
| | 江苏法尔胜泓昇集团有限公司 | 江苏省“安康杯”竞赛组织工作优秀单位 | |
| 2015.5.4 | 江阴边检站监护二中队团支部 | 先进团支部 | 江苏省边防总队 |
| 2015.5.6 | 江阴市人民医院心内科护理组 | 江苏省卫生计生系统护理专业“巾帼文明岗” | 江苏省卫生和计划生育委员会、江苏省妇女联合会 |
| 2015.5.11 | 江阴爱心树家庭成长中心 | 江苏省“最优女性社会组织” | 江苏省妇联 |
| 2015.5.15 | 江阴市中医院脾胃病科 | 江苏省基层医疗机构中医特色专科 | 江苏省中医药局 |
| | 江阴市青阳医院针灸科 | 江苏省基层医疗机构中医特色专科建设项目 | |
| | 江阴市农林局 | 2015年全省蔬菜园艺转型升级与提质增效调研工作 | 江苏省园艺学会、江苏省农业委员会园艺 |
| 2015.5.19 | 江阴海关第二党支部 | 2015年关区先进党支部 | 南京海关直属机关党委 |
| 2015.5.25 | 江阴市工商业联合会 | 2014年度江苏省“五好”县(市、区)工商联 | 江苏省工商业联合会 |
| 2015.5.26 | 江阴市检察院 | 未成年人刑事检察工作十佳创事例奖 | 江苏省检察院 |

续表106

| 时间（年.月.日） | 单　位 | 荣　誉　称　号 | 授予机关（部门） |
|---|---|---|---|
| 2015.5 | 江阴市建设工程施工图审查中心审图室 | 工人先锋号 | 江苏省建设工会工作委员会 |
| | 江阴市法律援助中心《父母身亡留四孤儿　法援施救索赔偿款》 | 2014年度江苏省法律援助十大好案例 | 江苏省司法厅 |
| | 江阴香山法治书屋 | 省级法治文化建设示范点 | 中共江苏省委宣传部、江苏省依法治省工作领导小组办公室、江苏省法制宣传教育领导小组办公室、江苏省司法厅、江苏省文化厅、江苏省新闻出版广电局 |
| | 共青团新桥镇委员会 | 江苏省五四红旗团委 | 共青团江苏省委 |
| 2015.6.12 | 江阴市科协 | 江苏省科协系统先进集体 | 江苏省科协 |
| 2015.6 | 临港街道三联村 | 江苏省民主法治示范村 | 江苏省依法治省领导小组 |
| 2015.7.8 | 云亭中学 | 江苏省科学教育特色学校 | 江苏省科协 |
| 2015.7.14 | 吴仁彪家庭 | 江苏省最美家庭 | 江苏省妇联、江苏省委宣传部 |
| | 江阴市马镇卫生院、江阴市陆桥卫生院 | 第三批江苏省乡镇卫生院示范中医科 | 江苏省卫生和计划生育委员会、江苏省中医药局 |
| 2015.7.15 | 江阴市妇联 | 2015年度《中国妇女报》宣传工作先进单位 | 江苏省妇联 |
| | | 2015年度《中国妇女》杂志宣传工作先进单位 | |
| | | 2015年度《婚姻与家庭》杂志宣传工作先进单位 | |
| | | 2015年度《莫愁》杂志宣传工作先进单位 | |
| 2015.7.20 | 江阴高新技术产业开发区 | 2014年度江苏省园区知识产权试点工作优秀单位 | 江苏省知识产权局 |
| 2015.7 | 江阴市人口和计划生育服务中心 | 江苏省避孕药具不良反应监测工作先进集体 | 国家卫生计生委计划生育药具不良反应监测中心 |
| | 江阴市鹏程农业科技发展有限公司 | 江苏省巾帼现代农业科技示范地 | 江苏省妇女联合会、江苏省妇女“双学双比”竞赛活动领导小组 |
| | 江阴市政府 | 2014年度江苏省国土资源节约集约利用模范县（市、区） | 江苏省国土资源厅 |
| | 江阴市人力资源和社会保障局 | 全省军队转业干部安置先进集体 | 江苏省军队转业干部安置工作领导小组、中共江苏省委组织部、江苏省人力资源和社会保障厅、江苏省军区政治部 |
| | 江阴市鹏程农业科技发展有限公司 | 江苏省巾帼现代农业科技示范基地 | 江苏省双学双比竞赛活动领导小组 |
| | 江苏省圣澜服饰创意有限公司 | 江苏省巾帼来料加工示范基地 | |
| | 江阴市幸福园果品专业合作社 | 江苏省巾帼农家乐示范基地 | |
| | 江阴市祝塘镇永平村 | 江苏省巾帼电子商务示范村 | |
| 2015.8.18 | 江阴市供电公司 | 2015年江苏省五一劳动奖状 | 江苏省总工会 |
| 2015.8 | 祝塘镇 | 2014—2015年度江苏省针织行业竞争力优势集群 | 江苏省针织行业协会 |
| 2015.9.18 | 江阴远能电力装备有限公司 | 江苏省工会“职工书屋”示范点 | 江苏省总工会 |
| 2015.9.23 | 江阴高新技术产业开发区 | 省级创业示范基地 | 江苏省人力资源和社会保障厅 |
| 2015.9.28 | 中共江阴市委台湾工作办公室 | 全省台商服务工作示范点 | 江苏省台办 |

续表106

| 时间(年.月.日) | 单 位 | 荣 誉 称 号 | 授予机关(部门) |
|---|---|---|---|
| 2015.9 | 祝塘镇 | 江苏省纺织行业百亿特色名镇 | 江苏省经济和信息化委员会、江苏省纺织工业协会 |
| 2015.10.8 | 澄江街道北大街社区、江阴市金顾山水蜜桃专业合作社 | 江苏省"基层科普行动计划"科普示范社区、示范基地 | 江苏省科协 |
| 2015.10.11 | 江阴市 | 江苏省科普示范市 | |
| 2015.10.21 | 江阴市城市管理监督指挥中心 | 2013—2014年度省级青年文明号 | 江苏省住房和城乡建设厅、共青团江苏省委 |
| 2015.10 | 江阴长江港口综合物流园 | 江苏省文明诚信市场(集市) | 江苏省工商行政管理局、江苏省精神文明建设指导委员会办公室 |
| | 临港街道利港社区 | 省生态村 | 江苏省环保厅 |
| | 江阴市环保局 | 2015年度江苏省最具影响力环保政务微博 | 江苏省环境保护宣传教育中心 |
| 2015.11.3 | 江阴市石庄卫生院 | 第四批江苏省乡镇卫生院示范中医科 | 江苏省卫生和计划生育委员会、江苏省中医药局 |
| 2015.11.10 | 江阴市城中社区卫生服务中心、江阴市新桥卫生院 | 基层医疗卫生机构中医诊疗区(中医馆)服务能力建设项目 | 江苏省中医药局 |
| | 无锡市江阴地方税务局 | 全省扶残助残先进集体 | 江苏省人民政府残疾人工作委员会 |
| 2015.11.14 | 江阴市公安局云亭派出所 | "抗战胜利70周年纪念活动安保"成绩突出集体 | 江苏省公安厅 |
| 2015.11.22 | 江阴市科协 | 省科协"县级科协创新发展能力提升计划"优胜单位 | 江苏省科协 |
| 2015.11.25 | 江阴高新技术产业开发区 | 江苏省创新园区 | 江苏省科技厅 |
| 2015.11 | 三牛众创空间 | 江苏省级众创空间公示阶段 | |
| | 临港街道锦湖苑 | 省级和谐社区建设示范社区 | 江苏省民政厅 |
| | 临港街道东支社区 | | |
| | 临港街道江市社区球庄村 | 省级美丽乡村 | 江苏省住建厅 |
| | 临港街道 | 省级乡村公路管养及安保工程示范镇 | 江苏省交通运输厅 |
| 2015.12.1 | 江阴市人民医院手术麻醉科、江阴市中医院心内科肾内科病区 | 省级青年文明号重新认定名单 | 江苏省卫生和计划生育委员会、共青团江苏省委 |
| 2015.12.6 | 申港三鲜养殖有限公司 | 江苏省优秀科普惠农服务站 | 江苏省科协 |
| | 南闸街道蔡泾村 | 江苏省科普惠农服务站 | |
| 2015.12.7 | 江阴市地震办公室 | 2015年度防震减灾工作优秀单位 | 江苏省地震局 |
| 2015.12.9 | 江阴市祝塘镇金庄村卫生室、江阴市徐霞客镇北渚村卫生室、江阴市月城镇卧龙村卫生室、江阴市周庄镇东林村卫生室 | 江苏省示范村卫生室 | 江苏省卫生和计划生育委员会 |
| 2015.12.10 | 江阴高新技术产业开发区 | 省级众创空间 | 江苏省科学技术厅 |
| 2015.12.15 | 顾山镇 | 江苏省科普示范镇 | 江苏省科协 |
| | 华士镇华西新市村、新桥镇黄河社区、青阳镇普照村、周庄镇华宏村 | 江苏省科普示范村、社区 | |
| 2015.12.17 | 江阴市长山中学"教子有方"家长学校 | 江苏省优秀家长学校 | 江苏省妇联、江苏省教育厅 |
| | 江阴市家庭教育指导中心组 | 江苏省优秀家庭教育指导服务机构 | |

续表 106

| 时间（年.月.日） | 单　位 | 荣誉称号 | 授予机关(部门) |
|---|---|---|---|
| 2015.12.18 | 江阴市交通工程建设总公司 | 江苏省五一劳动奖状 | 江苏省总工会 |
| 2015.12.18 | 江阴市住房和城乡建设局白蚁防治所 | 江苏省工人先锋号 | 江苏省总工会 |
| 2015.12.18 | 江阴市住房和城乡建设局建设工程施工图审查中心 | 江苏省工人先锋号 | 江苏省总工会 |
| 2015.12.18 | 中交第三公路工程局有限公司锡澄运河航道整治工程桥梁项目 XCYH－SG－QL5 标项目经理部 | 江苏省工人先锋号 | 江苏省总工会 |
| 2015.12.18 | 江苏通航建设工程有限公司锡澄运河江阴北段航道整治工程 XCYH－SG－HD7 标项目经理部 | 江苏省工人先锋号 | 江苏省总工会 |
| 2015.12.18 | 中建筑港集团有限公司夏港船闸 XCYH－CZ－TJ1 项目部 | 江苏省工人先锋号 | 江苏省总工会 |
| 2015.12.23 | 江阴市植保技术指导站 | 2015 年全省农作物病虫害绿色防控工作先进集体 | 江苏省植物保护站 |
| 2015.12.25 | 江阴边检站监护三中队 | 纪律作风建设先进科所队 | 中共江苏省公安边防总队委员会 |
| 2015.12.25 | 江阴高新技术产业开发区 | 省级小企业创新基地 | 江苏省经信委 |
| 2015.12.27 | 江阴市公安局城中派出所 | 集体二等功 | 江苏省公安厅 |
| 2015.12.30 | 海澜集团有限公司工会委员会 | 江苏省模范职工之家 | 江苏省总工会 |
| 2015.12.30 | 江阴市天华纱业有限公司工会委员会 | 江苏省模范职工之家 | 江苏省总工会 |
| 2015.12.30 | 江阴市委组织部机关工会委员会 | 江苏省模范职工之家 | 江苏省总工会 |
| 2015.12.30 | 江苏扬子江船业集团公司加工车间分工会 | 江苏省模范职工小家 | 江苏省总工会 |
| 2015.12.30 | 江阴市长江房地产开发有限公司分工会 | 江苏省模范职工小家 | 江苏省总工会 |
| 2015.12.30 | 南京泛源电力设计有限公司江阴分公司分工会 | 江苏省模范职工小家 | 江苏省总工会 |
| 2015.12.30 | 江阴市渔政监督大队 | 江苏省 2015 年度长江渔政执法先进单位 | 江苏省渔政监督总队 |
| 2015.12.31 | 江阴传澄袜子博物馆、江阴道路交通安全主题宣传教育示范基地、江阴中医院名医堂 | 江苏省科普教育基地 | 江苏省科协 |
| 2015.12 | 江阴市 | 全省劳动保障监察两网化管理示范县（市、区） | 江苏省人力资源和社会保障厅 |
| 2015.12 | 江阴高新技术产业开发区管委会 | 全省开发区统计工作先进单位 | 江苏省商务厅 |
| 2015.12 | 九三学社江阴市电子电力支社 | 2015 年度参政议政工作先进集体 | 九三学社江苏省委员会 |
| 2015.12 | 临港街道申港社区 | 全省社区侨务工作示范单位 | 江苏省侨务办公室 |
| 2015.12 | 江阴市徐霞客镇 | 省级休闲旅游度假区 | 江苏省政府 |
| 2015.12 | 新桥镇 | 省级标准化气象灾害防御镇 | 江苏省气象局 |
| 2015 | 江阴市 | 全省第二批幸福家庭建设项目县 | 江苏省卫生和计划生育委员会 |
| 2015 | 临港街道申港社区 | 全省社区侨务工作示范单位 | 江苏省政府侨务办公室 |
| 2016.1.6 | 江阴市水产指导站 | 2015 年全省水产品药物残留快速检测工作绩效评价优秀等次 | 江苏省海洋与渔业局 |

续表106

| 时间(年.月.日) | 单位 | 荣誉称号 | 授予机关(部门) |
|---|---|---|---|
| 2016.1.7 | 江阴市国防动员委员会 | 江苏省国防动员先进单位 | 江苏省国防动员委员会 |
| 2016.1.11 | 中共江阴市委农村工作办公室 | 全省扶贫系统工作先进集体 | 江苏省扶贫工作领导小组办公室 |
| | 江阴边检站 | 安全工作先进单位 | 江苏省公安边防总队 |
| 2016.1.12 | 江阴市公安局 | 2015年省厅科技强警奖应用类三等奖 | 江苏省公安厅 |
| | | 2015年省厅科技强警奖开发与建设类三等奖 | |
| 2016.1.18 | 江阴市 | 2015年全省县级体育重点工作督查评分第一名 | 江苏省体育局 |
| 2016.1.19 | 祝塘镇建南村、石堰村 | 江苏省村庄绿化示范点 | 江苏省林业局 |
| 2016.1.25 | 江阴海关办公室 | 2015年南京关区"四好"达标先进基层科室 | 南京海关 |
| | 江阴海关缉私分局侦查科 | | |
| 2016.1.28 | 江阴市农林局 | 2015年度江苏省现代渔业建设先进单位 | 江苏省海洋与渔业局 |
| 2016.1.29 | 江阴市司法局 | 2014—2015年度江苏省优秀县(市、区)司法局 | 江苏省司法厅 |
| | 祝塘镇司法所 | 2014—2015年度江苏省优秀司法所 | |
| 2016.1.30 | 江阴边检站 | 政工信息工作先进单位 | 江苏省边防总队政治部 |
| 2016.1 | 江阴市体育彩票管理中心 | 先进单位 | 江苏省体育彩票管理中心 |
| | 江阴市国土资源局 | 全省国土资源系统预防职务犯罪工作先进集体 | 江苏省国土资源厅 |
| | 江阴日报社 | 2015年度江苏省县市报先进单位 | 江苏省县市报研究会 |
| 2016.2.14 | 江阴边检站 | 2015年度安全工作先进单位 | 江苏省公安边防总队 |
| 2016.2.19 | 江阴市政府 | 省"五方挂钩"帮扶工作先进单位 | 江苏省扶贫工作领导小组 |
| 2016.2 | 江阴市植保技术指导站 | 2015年全省"新农药、新技术"推广先进集体 | 江苏省植物保护站 |
| | 江阴市人民调解委员会、江阴市交通事故纠纷人民调解委员会、江阴市璜土镇人民调解委员会、江阴市月城镇人民调解委员会、江阴市周庄镇长寿村人民调解委员会 | 江苏省人民调解委员会规范化建设示范点 | 江苏省司法厅 |
| | 江阴市人武部 | 军事训练先进单位 | 江苏省军区 |

## 无锡市级先进集体

**一、无锡市地震局表彰的2014年度防震减灾宣传先进集体(2015年2月6日)**

江阴市地震办公室

**二、中共无锡市委员会、无锡市人民政府表彰的2014年度"法治镇(街道)创建工作示范单位"(2015年2月)**

祝塘镇

**三、无锡市妇联表彰的无锡女性公益"苔花奖"最美公益团队(2015年3月6日)**

江阴爱心树家庭成长中心

**四、无锡市妇联表彰的无锡女性公益"苔花奖"最美公益团队提名奖(2015年3月6日)**

江阴红豆爱心联盟

**五、无锡市妇联表彰的无锡市巾帼志愿服务示范基地(2015年3月6日)**

江阴市女性社会组织指导服务中心

**六、无锡市消费者委员会表彰的2014—2015年度无锡市诚信单位(2015年3月)**

中国人民财产保险股份有限公司江阴支公司

**七、中共无锡市委防范和处理邪教问题领导小组表彰的无邪教创建示范街道(镇)(2015 年 3 月)**

江阴市徐霞客镇

**八、无锡市科协表彰的 2015 年度无锡市科普教育基地(2015 年 5 月 6 日)**

江阴市物联网无线射频识别技术 RFID 演示中心　江阴市金三角陶瓷博物馆　云亭中学　利港中学　澄江街道君山社区

**九、无锡市委宣传部、无锡市妇女联合会表彰的无锡市百姓眼中的"最美家庭"(2015 年 5 月 14 日)**

吴仁彪家庭、张纪清家庭

**十、无锡市委宣传部、无锡市妇女联合会表彰的无锡市百姓眼中的"最美家庭"提名奖(2015 年 5 月 14 日)**

张顺珠家庭

**十一、共青团无锡市委表彰的 2014 年度"无锡市五四红旗团(总)支部"(2015 年 5 月)**

共青团江阴日报社支部委员会

**十二、无锡市科协表彰的 2015 年度无锡市科协重点软科学研究立项资助课题(2015 年 7 月 6 日)**

江阴职业技术学院科协

**十三、无锡市政府办公室表彰的无锡市电子商务示范产业园(2015 年 7 月)**

江苏江阴软件园

**十四、无锡市政府办公室表彰的无锡市电子商务示范企业(2015 年 7 月)**

无锡博棠电子商务有限公司

**十五、无锡市科学技术局表彰的无锡市首批众创空间(2015 年 11 月)**

"澄 e 工场"(江阴市澄壹电子商务产业发展有限公司)

**十六、无锡市科协表彰的 2015 年度无锡市科普示范村、社区(2015 年 12 月 8 日)**

澄江街道梅园社区　临港街道陈墅社区　祝塘镇景阳村　华士镇华士社区　云亭街道佘城村　徐霞客镇峭岐村　青阳镇旌阳社区　南闸街道紫金社区　顾山镇顾山社区

**十七、无锡市科协表彰的 2015 年度无锡市科普示范家庭(2015 年 12 月 17 日)**

潘雪中家庭　陈惠平家庭　杨红仪家庭　周玉娟家庭　汤谦家庭　黄鸣亚家庭　孙荣家庭　李红斌家庭　史瑞东家庭　赵彩宝家庭　王武家庭　庄红刚家庭　余国龙家庭　朱正钰家庭　李中林家庭

**十八、无锡市科协表彰的 2015 年度无锡市科技教育特色学校(2015 年 12 月 21 日)**

北大街小学　第三实验小学　利港实验小学

**十九、无锡市政务服务管理办公室、无锡市精神文明建设指导委员会办公室表彰的 2015 年度无锡市"群众满意镇(街)行政服务中心"(2015 年 12 月 31 日)**

江阴市临港街道便民服务中心

**二十、无锡市农业委员会表彰的无锡市美丽乡村休闲旅游示范村(2015 年 12 月)**

临港街道创新村

**二十一、无锡市科协表彰的 2015 年度无锡市"学术活动月"优秀学术交流活动项目(2015 年 12 月)**

江阴职业技术学院科协

**二十二、无锡市科协表彰的 2015 年度无锡市"百名科技专家兴农富民工程"农业科技示范基地(项目)(2015 年)**

月城镇倍斯特农业专业合作社　南闸街道卓远农庄有限公司

**二十三、无锡市科协、无锡市发改委、无锡市经信委表彰的 2015 年度无锡市"厂会协作"活动优秀项目(2016 年 1 月 5 日)**

江阴中等专业学校科协　江阴市物联网应用协会　江阴职业技术学院科协

**二十四、无锡市科协、无锡市发改委、无锡市经信委表彰的 2015 年度无锡市"金桥工程"优秀项目(2016 年 1 月 5 日)**

江苏泰富沥青有限公司科协　中船澄西船舶修造有限公司科协　江苏华宏实业集团有限公司科协　江苏法尔胜泓昇集团有限公司科协　圣华盾服饰有限公司科协

**二十五、无锡市科协、无锡市发改委、无锡市经信委表彰的 2015 年度无锡市"讲理想、比贡献"活动(2016 年 1 月 5 日)**

江阴兴澄特种钢铁有限公司　江苏法尔胜泓昇集团有限公司　中船澄西船舶修造有限公司　江苏华西节能装备有限公司　江阴泰富沥青有限公司　江阴天广科技有限公司

**二十六、无锡市科协表彰的 2015 年度无锡市第一届青少年科技创新市长奖(创新教育摇篮奖)(2016 年 1 月 6 日)**

南菁高级中学

**二十七、无锡市人民政府安全生产委员会表彰的先进集体(2016 年 1 月 25 日)**

江阴市顾山镇安监所

**二十八、无锡市政府表彰的 2015 年度无锡市"腾飞奖"(2016 年 1 月)**

祝塘镇

**二十九、无锡军分区表彰的新闻宣传先进单位(2016 年 4 月)**

江阴市人武部

三十、无锡军分区表彰的对台宣传先进单位(2016 年 4 月)

江阴市人武部

# 江阴市2015年度先进集体

一、镇街园区发展考核(9 项)

(一)综合奖项

(1)2015 年度绩效考核综合优胜单位(7 个)

一等奖:澄江街道

二等奖:新桥镇、徐霞客镇

三等奖:华士镇、周庄镇、云亭街道

园区奖:高新区

(2)2015 年度绩效考核综合保障优胜单位(6 个)

一等奖:新桥镇

二等奖:澄江街道、周庄镇

三等奖:南闸街道、祝塘镇、云亭街道

(二)单项奖项

(3)2015 年度绩效考核经济核心指标优胜单位(6 个)

一等奖:新桥镇

二等奖:澄江街道、徐霞客镇

三等奖:周庄镇、云亭街道

园区奖:高新区

(4)2015 年度绩效考核文明创建优胜单位(5 个)

一等奖:澄江街道

二等奖:新桥镇、华士镇

三等奖:周庄镇、璜土镇

(5)2015 年度绩效考核财政收入优胜单位(5 个)

一等奖:新桥镇

二等奖:华士镇、徐霞客镇

三等奖:青阳镇、周庄镇

(6)2015 年度绩效考核产业投入优胜单位(5 个)

一等奖:澄江街道

二等奖:高新区、云亭街道

三等奖:新桥镇、顾山镇

(7)2015 年度绩效考核招商引资优胜单位(8 个)

园区奖:高新区、临港开发区

一等奖:新桥镇

二等奖:华士镇、周庄镇、徐霞客镇

三等奖:长泾镇、月城镇

(8)2015 年度绩效考核拆迁安置优胜单位(5 个)

一等奖:高新区(城东街道)

二等奖:临港开发区(临港街道)、澄江街道

三等奖:月城镇、靖江园区

(9)2015 年度科技与人才工作先进单位(6 个)

一等奖:临港开发区

二等奖:高新区、周庄镇

三等奖:云亭街道、顾山镇、澄江街道

二、先进集体(16 项)

(一)市级机关、垂直部门和金融单位

1. 2015 年度人民满意机关(10 个)

组织部　纪委(监察局)　宣传部　农工办

发改委　科技局　公安局　经信委

人社局　国土局

2. 2015 年度绩效考核优胜机关(20 个)

总工会　政法委　妇联　机关党工委

编办　史志办　党校　团市委

民政局　财政局　体育局　商务局

水利农机局　安监局　文广新局　检察院

卫计委　城管局　审计局　法院

3. 2015 年度服务地方先进单位(15 个)

地税局　供电公司　气象局　出入境检验检疫局

邮政局　国税局　海关　农商银行

交通银行　浦发银行　江苏银行　华夏银行

人保财险　金阳担保　隆鑫小贷

(二)企业

4. 2015 年度百强明星企业(100 个)

(1)工业、建筑业企业(70 个)

江苏华西集团公司(华士镇)

海澜集团有限公司(新桥镇)

江苏利电能源集团(临港开发区)

江苏扬子江船业集团公司(靖江园区、澄江街道)

江苏法尔胜泓昇集团有限公司(高新区)

双良集团有限公司(临港开发区)

江苏阳光集团有限公司(新桥镇)

江阴苏龙热电有限公司(临港开发区)

江苏新长江实业集团有限公司(临港开发区、靖江园区)

远景能源(江苏)有限公司(临港开发区)

江阴江东集团公司(周庄镇)

江苏海达科技集团有限公司(华士镇)

江苏利安达集团有限公司(高新区)

江阴天江药业有限公司(高新区)

申达集团有限公司(临港开发区)

江苏三房巷集团有限公司(周庄镇)

江苏新潮科技集团有限公司(高新区)

阿尔法(江阴)沥青有限公司(临港开发区)

江阴新和桥化工有限公司(高新区)

江苏富仁集团有限公司(澄江街道)

江苏江南水务股份有限公司(市属)

江阴模塑集团有限公司(周庄镇)

帝斯曼工程塑料(江苏)有限公司(高新区)

阿法拉伐(江阴)设备制造有限公司(徐霞客镇)

江苏华宏实业集团有限公司(周庄镇)

江阴热电有限公司(周庄镇)

江苏中印印务集团有限公司(澄江街道)

江苏倪家巷集团有限公司(周庄镇)

江苏云蝠服饰股份有限公司(顾山镇)

江阴澄星实业集团有限公司(澄江街道)

江苏海豹集团(周庄镇)

江苏吉鑫风能科技股份有限公司（云亭街道）
江苏天华纱业集团（华士镇）
江苏红柳床单有限公司（澄江街道）
江阴市申澄集团有限公司（高新区）
江阴宝柏包装有限公司（澄江街道）
江阴信邦电子有限公司（高新区）
江阴电工合金股份有限公司（周庄镇）
江阴海达橡塑股份有限公司（周庄镇）
江阴福汇纺织有限公司（高新区）
江苏淼鑫科技集团有限公司（新桥镇）
江苏宝利国际投资股份有限公司（云亭街道）
建滔电子材料（江阴）有限公司（临港开发区）
威茨曼金属制品（江阴）有限公司（临港开发区）
江苏泓源光电科技有限公司（徐霞客镇）
江阴南泰家纺用品有限公司（临港开发区）
江苏中基复合材料有限公司（临港开发区）
江阴中南重工集团有限公司（高新区）
江苏康妮集团公司（华士镇）
江阴市创新气门嘴有限公司（华士镇）
江阴美纶纱业有限公司（华士镇）
江苏向阳集团有限公司（华士镇）
江阴江化微电子材料股份有限公司（周庄镇）
江苏新华发集团有限公司（临港开发区）
江苏爱康科技股份有限公司（华士镇）
江苏省振新实业有限公司（新桥镇）
江苏嘉盛新材料有限公司（临港开发区）
江苏恒泽复合材料科技有限公司（祝塘镇）
江阴市恒润环锻有限公司（祝塘镇）
江阴凯澄起重机械有限公司（高新区）
江苏苏利精细化工股份有限公司（临港开发区）
江阴市华厦建设工程有限公司（市属）
联合铁钢（中国）有限公司（临港开发区）
中粮麦芽（江阴）有限公司（高新区）
江阴联通实业有限公司（南闸街道）
江阴杜奥尔科技有限公司（高新区）
江阴振宏重型锻造有限公司（华士镇）
江阴市华方新技术科研有限公司（周庄镇）
江苏秋林特能股份有限公司（月城镇）
中建材浚鑫科技股份有限公司（临港开发区）
（2）服务业企业（30 个）
江苏省电力公司江阴市供电公司（市属）
江阴海澜之家供应链管理有限公司（新桥镇）
江苏江阴农村商业银行股份有限公司（市属）
江阴天力燃气有限公司（澄江街道）
江阴市锡能实业有限公司（市属）
见龙国际贸易有限公司（高新区）
无锡市烟草公司江阴分公司（市属）
华中融资租赁有限公司（高新区）
江苏金一文化发展有限公司（临港开发区）
江苏阳光置业发展有限公司（新桥镇）
江阴华地百货有限公司（澄江街道）
江阴利泰能源材料有限公司（临港开发区）
江苏华都置业有限公司（华士镇）
江阴金科置业发展有限公司（云亭街道）
江阴市长江房地产开发公司（临港开发区）
江苏江阴经济开发区靖江园区扬子劳务工程有限公司（靖江园区）
江阴市鼎阳置业有限公司（高新区）
江阴利锦热力有限公司（临港开发区）
江苏长博集团有限公司（澄江街道）
江阴市长江钢管有限公司（临港开发区）
江苏新沿海商品交易中心有限公司（周庄镇）
江阴市金顾山物流中心有限公司（顾山镇）
中国石化销售有限公司江苏江阴石油分公司（高新区）
江苏江阴港港口集团有限公司（临港开发区）
中国移动通信集团江苏江阴分公司（市属）
江阴爱家房地产实业有限公司（云亭街道）
江苏大众医药集团（澄江街道）
江阴万邦置业有限公司（高新区）
江阴爱家房地产投资有限公司（云亭街道）
江阴高新区碧桂园置业有限公司（高新区）
5. 2015 年度工商销售（营业）收入首次超百亿元企业（1 个）
江阴海澜之家供应链管理有限公司（新桥镇）
6. 2015 年度上缴税金净增超亿元企业（4 个）
海澜集团有限公司（新桥镇）
江苏利电能源集团（临港开发区）
江阴兴澄特种钢铁有限公司（高新区）
远景能源（江苏）有限公司（临港开发区）
7. 2015 年度税金超亿元企业（41 个）
（1）工业企业（35 个）
江苏华西集团公司（华士镇）
海澜集团有限公司（新桥镇）
江苏利电能源集团（临港开发区）
江阴兴澄特种钢铁有限公司（高新区）
江苏扬子江船业集团公司（靖江园区、澄江街道）
江苏法尔胜泓昇集团有限公司（高新区）
双良集团有限公司（临港开发区）
江苏阳光集团有限公司（新桥镇）
江阴苏龙热电有限公司（临港开发区）
瀚宇博德科技（江阴）有限公司（高新区）
江苏新长江实业集团有限公司（临港开发区、靖江园区）
远景能源（江苏）有限公司（临港开发区）
江阴江东集团公司（周庄镇）
江苏海达科技集团有限公司（华士镇）
江苏利安达集团有限公司（高新区）
江阴天江药业有限公司（高新区）
申达集团有限公司（临港开发区）
江苏三房巷集团有限公司（周庄镇）
江苏新潮科技集团有限公司（高新区）
阿尔法（江阴）沥青有限公司（临港开发区）
江阴新和桥化工有限公司（高新区）
江苏富仁集团有限公司（澄江街道）

江苏江南水务股份有限公司(市属)
江阴模塑集团有限公司(周庄镇)
帝斯曼工程塑料(江苏)有限公司(高新区)
阿法拉伐(江阴)设备制造有限公司 (徐霞客镇)
江苏华宏实业集团有限公司(周庄镇)
江阴热电有限公司(周庄镇)
江苏中印印务集团有限公司(澄江街道)
江苏倪家巷集团有限公司(周庄镇)
中石油江苏燃料沥青有限责任公司(高新区)
江苏云蝠服饰股份有限公司(顾山镇)
江阴澄星实业集团有限公司(澄江街道)
江苏海豹集团(周庄镇)
江苏吉鑫风能科技股份有限公司(云亭街道)
(2)服务业企业(6个)
江苏省电力公司江阴市供电公司(市属)
江阴海澜之家供应链管理有限公司(新桥镇)
江苏江阴农村商业银行股份有限公司(市属)
江阴天力燃气有限公司(澄江街道)
江阴市锡能实业有限公司(市属)
见龙国际贸易有限公司(高新区)
8. 2015年度先进市场(5个)
江阴长江港口物流园区交易中心(临港开发区)
江阴沿江石化市场(临港开发区)
江苏华东石化物资交易市场(临港开发区)
江阴市贯庄金属材料市场(澄江街道)
江苏长阳金属材料市场(靖江园区)
9. 2015年度十佳科技创新型企业(10个)
江阴兴澄特种钢铁有限公司(高新区)
江苏新扬子造船有限公司(靖江园区、澄江街道)
江苏法尔胜泓昇集团有限公司(高新区)
双良节能系统股份有限公司(临港开发区)
远景能源(江苏)有限公司(临港开发区)
江苏长电科技股份有限公司(高新区)
江苏兴业塑化股份有限公司(周庄镇)
江苏秋林特能装备股份有限公司(月城镇)
江阴贝瑞森生化技术有限公司(高新区)
江阴市联业生物科技有限公司(祝塘镇)
10. 2015年度十佳节能减排先进企业(10个)
江苏华西集团公司(华士镇)
江苏新长江实业集团有限公司(临港开发区、靖江园区)
江苏三房巷集团有限公司(周庄镇)
江苏海达科技集团有限公司(华士镇)
江阴宝柏包装有限公司(澄江街道)
江苏利电能源集团(临港开发区)
江阴苏龙热电有限公司(临港开发区)
江苏红柳床单有限公司(澄江街道)
江苏双良科技有限公司(临港开发区)
光大水务(江阴)有限公司滨江污水处理厂(高新区)
11. 2015年度十佳诚信企业(10个)
工业企业(7个)
江苏华西集团公司(华士镇)
江苏法尔胜泓昇集团有限公司(高新区)
海澜集团有限公司(新桥镇)
江苏扬子江船业集团公司(靖江园区、澄江街道)
江苏阳光集团有限公司(新桥镇)
江苏长电科技股份有限公司(高新区)
远景能源(江苏)有限公司(临港开发区)
服务业企业(3个)
江阴华地百货有限公司(澄江街道)
中国电信股份有限公司江阴分公司(市属)
江苏大众医药集团(澄江街道)
12. 2015年度"十佳"热心慈善企业(10个)
江苏华西集团公司(华士镇)
江苏三房巷集团有限公司(周庄镇)
江苏法尔胜泓昇集团有限公司(高新区)
江苏阳光股份有限公司(新桥镇)
江阴兴澄特种钢铁有限公司(高新区)
江阴澄星实业集团有限公司(澄江街道)
海澜集团有限公司(新桥镇)
江苏华宏实业集团有限公司(周庄镇)
江苏扬子江船厂有限公司(靖江园区、澄江街道)
江苏新长江实业集团有限公司(临港开发区、靖江园区)
13. 2015年度"十佳"外贸企业(10个)
中船澄西船舶修造有限公司(临港开发区)
江苏新潮科技集团有限公司(高新区)
江苏法尔胜泓昇集团有限公司(高新区)
海润光伏科技股份有限公司(徐霞客镇)
江苏新长江实业集团有限公司(临港开发区、靖江园区)
中建材浚鑫科技股份有限公司(临港开发区)
江苏吉鑫风能科技股份有限公司(云亭街道)
江苏爱康科技股份有限公司(华士镇)
江苏红柳床单有限公司(澄江街道)
云蝠投资控股有限公司(顾山镇)
14. 2015年度"十佳"外商投资企业(10个)
江阴兴澄特种钢铁有限公司(高新区)
远景能源(江苏)有限公司(临港开发区)
江阴利港发电股份有限公司(临港开发区)
江苏新扬子造船有限公司(靖江园区、澄江街道)
阿尔法(江阴)沥青有限公司(临港开发区)
江苏利士德化工有限公司(临港开发区)
中国贝卡尔特钢帘线有限公司(高新区)
见龙国际贸易有限公司(高新区)
帝斯曼工程塑料(江苏)有限公司(高新区)
阿法拉伐(江阴)设备制造有限公司(徐霞客镇)
(三)社区
15. 2015年度十佳和谐文明社区(10个)
城中社区(澄江街道) 大桥社区(澄江街道)
普惠苑社区(澄江街道) 锦湖苑社区(临港街道)
杨市社区(城东街道) 紫金社区(南闸街道)
绿园社区(新桥镇) 华士社区(华士镇)
旌秀社区(青阳镇) 文林社区(祝塘镇)

■类目编辑 杨佳杰

# 经济社会发展统计资料

## 一、综合

### 2015 年江阴市社会经济主要指标一览

表 107

| 指　标 | 单位 | 2015 年 | 比上年增减(%) | 指　标 | 单位 | 2015 年 | 比上年增减(%) |
|---|---|---|---|---|---|---|---|
| 户籍人口 | 万人 | 124.10 | 0.7 | 金融业年末存款余额 | 亿元 | 3099.29 | 5.6 |
| 全社会从业人数 | 万人 | 99.76 | 0.2 | 其中:居民储蓄存款余额 | | 1034.54 | 6.2 |
| 地区生产总值 | 亿元 | 2880.86 | 7.4 | 金融业年末贷款余额 | 亿元 | 2485.51 | 5.4 |
| 全社会粮食总产量 | 吨 | 176488 | -10.8 | 保费收入 | 亿元 | 49.82 | 12.3 |
| 油料作物总产量 | 吨 | 2795 | -3.4 | 赔款支出 | 亿元 | 13.38 | 25.6 |
| 水产品总产量 | 吨 | 26907 | 0.4 | 证券交易量 | 亿元 | 14893.36 | 276.1 |
| 生猪全年出栏数 | 万头 | 31.20 | 1.3 | 各类学校在校学生数 | 人 | 165569 | -0.5 |
| 货物运输量 | 万吨 | 4021 | 3.8 | 各类学校专任教师数 | 人 | 14320 | -0.7 |
| 旅客发送量 | 万人 | 7119 | -5.0 | 各类卫生机构医疗床位数 | 张 | 7829 | 2.9 |
| 邮电业务总收入 | 亿元 | 24.80 | 持平 | 卫生技术人员人数 | 人 | 8975 | 6.4 |
| 全社会用电量 | 万千瓦时 | 2355975 | -1.0 | 公共图书藏书量 | 万册 | 241 | -4.9 |
| 江南水务股份有限公司供水量 | 万立方米 | 25555 | 1.8 | 城镇非私营单位在岗职工平均人数 | 人 | 247176 | -1.7 |
| 固定资产投资额 | 亿元 | 1128.59 | 7.9 | 城镇非私营单位在岗职工年平均工资 | 元 | 72921 | 4.4 |
| 其中:工业投资 | | 514.58 | 7.5 | 城镇居民人均可支配收入 | 元 | 50701 | 8.1 |
| 社会消费品零售总额 | 亿元 | 705.16 | 9.7 | 农村居民人均可支配收入 | 元 | 26012 | 8.5 |
| 进出口总额 | 亿美元 | 203.11 | -8.9 | 城乡居民人均储蓄存款余额 | 元 | 83660 | 9.3 |
| 其中:自营出口额 | | 124.12 | -4.7 | 人均地区生产总值(按户籍人口) | 元 | 232966 | 3.6 |
| 一般公共预算收入 | 亿元 | 218.92 | 9.1 | 人均一般公共预算收入(按户籍人口) | 元 | 17703 | 8.1 |
| 一般公共预算支出 | 亿元 | 205.35 | 9.7 | 人均社会消费品零售额(按户籍人口) | 元 | 57024 | 8.6 |

### 2015 年江阴市地区生产总值及构成一览

表 108

| 指　标 | 2015 年 | 比上年增减(%)(不变价) | 指　标 | 2015 年 | 比上年增减(%)(不变价) |
|---|---|---|---|---|---|
| 地区生产总值 | 2880.86 | 7.4 | 批发和零售业 | 481.63 | 2.4 |
| 第一产业 | 46.28 | 0.5 | 住宿和餐饮业 | 63.06 | 持平 |
| 第二产业 | 1584.42 | 7.0 | 金融业 | 123.53 | 8.6 |
| 工业 | 1515.18 | 7.2 | 房地产业 | 115.09 | 4.8 |
| 建筑业 | 69.62 | 3.3 | 农林牧渔服务业 | 8.59 | 5.2 |
| 第三产业 | 1250.16 | 8.0 | 金属制品、机械和设备修理业 | 0.38 | 4.8 |
| 交通运输、仓储和邮政业 | 68.76 | 4.4 | 其他服务业 | 389.12 | 20.0 |

### 2015年与2014年江阴市总户数和总人口数比较一览

表109　　单位:万人

| 年份 | 户籍总户数(万户) | 户籍总人口 | 按性别分 | | 按农业、非农业分 | | 人口密度(人/平方千米) |
|---|---|---|---|---|---|---|---|
| | | | 男 | 女 | 农业人口 | 非农业人口 | |
| 2015 | 37.12 | 124.10 | 61.70 | 62.40 | 64.81 | 59.29 | 1257 |
| 2014 | 36.92 | 123.21 | 61.40 | 61.81 | 67.59 | 55.62 | 1248 |

### 2015年与2014年江阴市人口变动情况比较一览

表110　　单位:人

| 年份 | 年户籍平均人口(万人) | 自然变动 | | | | | | 机械变动 | |
|---|---|---|---|---|---|---|---|---|---|
| | | 出生人数 | 出生率(‰) | 死亡人数 | 死亡率(‰) | 自然增长人数 | 自然增长率(‰) | 迁入人数 | 迁出人数 |
| 2015 | 123.66 | 11306 | 9.14 | 8765 | 7.09 | — | 2.05 | 9534 | 2662 |
| 2014 | 122.48 | 13544 | 11.06 | 8373 | 6.84 | — | 4.22 | 12085 | 2667 |

### 2015年与2014年江阴市计划生育情况比较一览

表111

| 年份 | 晚婚率(%) | 节育措施落实率(%) | 计划生育率(%) | 一孩率(%) | 独生子女领证率(%) |
|---|---|---|---|---|---|
| 2015 | 75.77 | 98.90 | 99.71 | 66.58 | 24.19 |
| 2014 | 74.20 | 99.41 | 99.75 | 75.02 | 24.90 |

## 二、农村和农业

### 2015年江阴市农村基本情况一览

表112

| 指　标 | 单　位 | 年末实有数 | 指　标 | 单　位 | 年末实有数 |
|---|---|---|---|---|---|
| (一)农村组织情况 | | | 油料 | 千公顷 | 1.11 |
| 镇 | 个 | 10 | 其他农作物 | 千公顷 | 18.10 |
| 街道办事处 | 个 | 5 | 其中:蔬菜 | 千公顷 | 14.69 |
| 村民委员会 | 个 | 200 | (三)农业机械总动力 | 千瓦 | 255611 |
| 居民委员会 | 个 | 55 | 1.柴油机 | 千瓦 | 110136 |
| (二)农作物总播种面积 | 千公顷 | 44.44 | 2.汽油机 | 千瓦 | 20598 |
| 粮食作物 | 千公顷 | 25.23 | 3.电动机 | 千瓦 | 124877 |

### 2015年江阴市主要农副业产品产量一览

表113

| 产品名称 | 单　位 | 产　量 | 产品名称 | 单　位 | 产　量 |
|---|---|---|---|---|---|
| 粮食总产量 | 吨 | 176488 | 猪肉 | 吨 | 26750 |
| 其中:稻谷 | 吨 | 111206 | 牛肉 | 吨 | — |
| 小麦 | 吨 | 57898 | 羊肉 | 吨 | 58 |
| 油料 | 吨 | 2795 | 牛奶 | 吨 | 25663 |
| 茶叶 | 吨 | 5 | 禽蛋 | 吨 | 8743 |
| 水果 | 吨 | 73784 | 蜂蜜 | 吨 | 30 |
| 食用菌 | 吨 | 4653 | 淡水产品产量 | 吨 | 26907 |
| 生猪全年出栏 | 万头 | 31.20 | 其中:养殖产量 | 吨 | 25617 |
| 家禽全年出栏 | 万羽 | 800.30 | | | |

### 2015年江阴市农村集体经济收益分配一览

表114　　　　单位：万元

| 指　标 | 2015年 | 2014年 | 比2014年增减(%) | 指　标 | 2015年 | 2014年 | 比2014年增减(%) |
|---|---|---|---|---|---|---|---|
| 一、总收入 | 310742 | 324624 | -4.3 | 3.其他支出 | 99265 | 125528 | -20.9 |
| 1.经营收入 | 101057 | 97250 | 4.1 | 三、本年收益 | 126258 | 124542 | 1.4 |
| 2.发包及上交收入 | 107329 | 107450 | -0.1 | 四、年初未分配收益 | 55807 | 110261 | -49.4 |
| 3.投资收益 | 5384 | 3999 | 34.6 | 五、其他转入 | 2440 | 2751 | -11.3 |
| 4.补助收入 | 27639 | 50364 | -45.1 | 六、可分配收益 | 184505 | 237554 | -22.3 |
| 5.其他收入 | 69333 | 65760 | 5.4 | 1.提取公积金、公益金 | 50569 | 104113 | -51.4 |
| 二、总支出 | 184483 | 200082 | -7.8 | 2.提取应付福利费 | 4395 | 3964 | 10.9 |
| 1.经营支出 | 36138 | 12919 | 179.7 | 3.外来投资分利 | 11000 | 10500 | 4.8 |
| 2.管理费用 | 49081 | 61635 | -20.4 | 4.农户分配 | 32025 | 40268 | -20.5 |
| 其中：(1)干部报酬 | 20440 | 20639 | -1.0 | 5.其他分配 | 6561 | 14944 | -56.1 |
| (2)报刊费 | 910 | 709 | 28.4 | 七、年末未分配收益 | 79955 | 63766 | 25.4 |

## 三、工业和固定资产投资

### 2015年江阴市规模以上工业企业单位数及从业人员平均人数一览

表115

| 指　标 | 工业企业单位数(个) | | 2015年从事工业生产活动平均人数(万人) |
|---|---|---|---|
| | 2015年 | 比上年增减(%) | |
| 合计 | 1399 | -4.1 | 43.95 |
| 按轻重工业分 | | | |
| 其中：轻工业 | 575 | -3.4 | 17.42 |
| 重工业 | 824 | -4.6 | 26.53 |
| 按规模类型分 | | | |
| 其中：大型企业 | 46 | -14.8 | 21.06 |
| 中型企业 | 189 | -1.6 | 8.98 |
| 小微企业 | 1164 | -4.0 | 13.91 |
| 按经济类型分 | | | |
| 1.国有企业 | 1 | — | 0.18 |
| 2.集体企业 | 12 | — | 3.44 |
| 3.股份合作企业 | 3 | -25.0 | 0.04 |
| 4.股份有限公司 | 1104 | -2.9 | 31.29 |
| 5.外商和港澳台商投资企业 | 264 | -8.0 | 8.83 |
| 6.私营企业 | 1032 | -3.6 | 25.20 |

## 2015年江阴市规模以上工业生产主要产品产量一览

表116

| 产品名称 | 单位 | 产量 | 产品名称 | 单位 | 产量 |
|---|---|---|---|---|---|
| 发电量 | 万千瓦时 | 2704196 | 合成纤维 | 吨 | 3909058 |
| 粗钢 | 吨 | 12331576 | 印染布 | 万米 | 44132 |
| 成品钢材 | 吨 | 17032129 | 化学纤维 | 吨 | 3164045 |
| 生铁 | 吨 | 7286551 | 机制纸及纸板 | 吨 | 143782 |
| 化学农药 | 吨 | 22918 | 塑料制品 | 吨 | 965544 |
| 集成电路 | 万块 | 2120817 | 服装 | 万件 | 38315 |
| 半导体分立器材 | 万只 | 7466525 | 呢绒 | 吨 | 10925 |
| 水泥 | 吨 | 4064503 | 工业锅炉 | 蒸吨 | 274 |
| 纱 | 吨 | 506706 | 铜材 | 吨 | 99126 |
| 布 | 万米 | 62979 | 石油沥青 | 吨 | 1344965 |

## 2015年江阴市固定资产投资完成情况一览

表117　　单位:万元

| 指标 | 金额 | 指标 | 金额 |
|---|---|---|---|
| 全社会固定资产投资总额 | 11285870 | (四)按国民经济行业分(不含房地产开发投资) | |
| 其中:民营投资 | 8164335 | 1. 农林牧渔业 | 66816 |
| 其中:私个投资 | 4246284 | 2. 制造业 | 4775877 |
| (一)按产业分 | | 3. 电力、燃气及水的生产和供应业 | 369925 |
| 1. 第一产业 | 66816 | 4. 交通运输、仓储和邮政业 | 530325 |
| 2. 第二产业 | 5145802 | 5. 批发和零售业 | 147628 |
| 其中:工业 | 5145802 | 6. 住宿和餐饮业 | 13160 |
| 3. 第三产业 | 6073252 | 7. 信息传输、软件和信息技术服务业 | 71592 |
| (二)按报表种类分 | | 8. 金融业 | 1750 |
| 1. 项目投资 | 8681949 | 9. 房地产业 | 620125 |
| 其中:城镇投资 | 6420775 | 10. 租赁和商务服务业 | 24000 |
| 农村投资 | 2261174 | 11. 科学研究和技术服务业 | 97600 |
| 2. 房地产开发投资 | 2603921 | 12. 水利、环境和公共设施管理业 | 1637245 |
| (三)按性质分(不含房地产开发投资) | | 13. 居民服务和其他服务业 | 90200 |
| 1. 新建 | 2938504 | 14. 教育 | 25252 |
| 2. 扩建 | 3429400 | 15. 卫生和社会工作 | 86494 |
| 3. 改建和技术改造 | 1665735 | 16. 文化、体育与娱乐业 | 109920 |
| 4. 迁建 | 97889 | 17. 公共管理、社会保障和社会组织 | 14040 |
| 5. 单纯购置 | 550421 | | |

## 四、商贸、外经

### 2015年与2014年江阴市社会消费品零售总额比较一览

表118　　单位:万元

| 指　标 | 2015年 | 2014年 | 比2014年增减(%) | 指　标 | 2015年 | 2014年 | 比2014年增减(%) |
|---|---|---|---|---|---|---|---|
| 社会消费品零售总额 | 7051630 | 6430659 | 9.7 | 1.批发和零售业 | 6649416 | 6069430 | 9.6 |
| (一)按销售地区分 | | | | 2.住宿和餐饮业 | 402214 | 361229 | 11.3 |
| 1.城镇 | 5122375 | 4653666 | 10.1 | (三)按规模分 | | | |
| 2.农村 | 1929256 | 1776993 | 8.6 | 1.限额以上 | 2299934 | 2177401 | 5.6 |
| (二)按行业分 | | | | 2.限额以下和个体 | 4751697 | 4253259 | 11.7 |

### 2015年与2014年江阴市外向型经济综合指标比较一览

表119

| 指　标 | 单　位 | 2015年 | 2014年 | 比2014年增减(%) |
|---|---|---|---|---|
| (一)进出口总额 | 万美元 | 2031069 | 2230352 | -8.9 |
| (二)自营出口总额 | 万美元 | 1241161 | 1302303 | -4.7 |
| 1.外贸专业企业 | 万美元 | 234900 | 275608 | -14.8 |
| 2.自营生产企业 | 万美元 | 483445 | 414939 | 16.5 |
| 3.外商投资企业 | 万美元 | 522816 | 611756 | -14.5 |
| (三)进口总额 | 万美元 | 789907 | 928049 | -14.9 |
| (四)新批外资项目 | 项 | 45 | 49 | -8.2 |
| 其中:超千万美元项目 | 项 | 21 | 24 | -12.5 |
| (五)工商登记协议注册外资 | 万美元 | 332547 | 224386 | 48.2 |
| (六)到位注册外资 | 万美元 | 101102 | 85509 | 18.2 |
| (七)服务外包业务合同总额 | 万美元 | 175301 | 141922 | 23.5 |
| (八)服务外包业务执行总额 | 万美元 | 155845 | 124087 | 25.6 |
| (九)新批境外投资项目 | 项 | 32 | 28 | 14.3 |
| (十)新批境外投资项目中方投资额 | 万美元 | 68049 | 53309 | 27.7 |

## 五、财政、银行、保险

### 2015年江阴市财政、银行、保险一览

表120　　单位:万元

| 指　标 | 金　额 | 指　标 | 金　额 |
|---|---|---|---|
| (一)财政(预算内) | | 粮油物资储备支出 | 3963 |
| 1.一般公共预算收入合计 | 2189154 | 其他支出 | 7601 |
| 其中:税收收入 | 1803085 | 债务付息支出 | 2808 |
| 2.一般公共预算支出合计 | 2053514 | 债务发行费用支出 | 211 |
| 其中:一般公共服务支出 | 135347 | (二)银行 | |
| 国防支出 | 6697 | 1.银行机构人民币存款余额 | 29545578 |

续表 120

| 指　标 | 金　额 | 指　标 | 金　额 |
|---|---|---|---|
| 公共安全支出 | 114292 | 其中:城乡居民储蓄存款余额 | 10275065 |
| 教育支出 | 338805 | (1)城镇居民储蓄 | 6945944 |
| 科学技术支出 | 58911 | (2)农村居民储蓄 | 3329121 |
| 文化体育与传媒支出 | 24368 | 2. 银行机构人民币贷款余额 | 23961714 |
| 社会保障和就业支出 | 243311 | 其中:短期贷款 | 13746742 |
| 医疗卫生与计划生育支出 | 103754 | 中长期贷款 | 8320700 |
| 节能环保支出 | 87878 | 3. 银行机构外币存款余额(万美元) | 222884 |
| 城乡社区支出 | 502412 | 其中:城乡居民储蓄存款余额(万美元) | 10832 |
| 农林水事务支出 | 112687 | 4. 银行机构外币贷款余额(万美元) | 137583 |
| 交通运输支出 | 89132 | (三)保险 | |
| 资源勘探、电力、信息等支出 | 76081 | 1. 保费收入 | 498179 |
| 商业、服务业等支出 | 53677 | 其中:财产险收入 | 199544 |
| 金融监管支出 | 787 | 人寿险收入 | 298635 |
| 援助其他地区支出 | 9838 | 2. 赔款支出 | 133787 |
| 国土海洋气象等支出 | 17286 | 其中:财产险赔款支出 | 121325 |
| 保障住房支出 | 63668 | 人寿险赔款支出 | 12462 |

## 六、交通、邮电、电力、城建

### 2015 年与 2014 年江阴市交通、邮电情况比较一览

表 121

| 指　标 | 单　位 | 2015 年 | 2014 年 | 指　标 | 单　位 | 2015 年 | 2014 年 |
|---|---|---|---|---|---|---|---|
| (一)交通 | | | | 邮路总长度 | 公里 | 495 | 506 |
| 公路通车里程 | 公里 | 2363.8 | 2363.5 | 特快专递 | 万件 | 9.51 | 15.94 |
| 公路桥梁 | 座 | 827 | 906 | 集邮业务 | 万枚 | 295 | 272.47 |
| 内河航道通航里程 | 公里 | 394.55 | 394.55 | 邮政储蓄年平均余额 | 万元 | 595272 | 546512 |
| 旅客发送量 | 万人 | 7119 | 7490 | 邮政储蓄点 | 个 | 28 | 27 |
| 旅客周转量 | 万人公里 | 155533 | 94728 | 本地电话交换设备容量 | 万门 | 39 | 85 |
| 公路货运量 | 万吨 | 2833 | 2871 | 全市电话用户合计 | 户 | 360000 | 451847 |
| 公路货运周转量 | 万吨公里 | 317745 | 304240 | 其中:住宅电话 | 户 | 239000 | 275056 |
| 水路货运量 | 万吨 | 1188 | 1003 | 1. 城市固定电话用户 | 户 | 116000 | 133223 |
| 水路货运周转量 | 万吨公里 | 1638740 | 1556180 | 其中:住宅电话 | 户 | 83000 | 89422 |
| 港口货物吞吐量 | 万吨 | 12601.76 | 12462.25 | 2. 农村固定电话用户 | 户 | 218000 | 311717 |
| 港口集装箱运量 | 标箱 | 457352 | 522482 | 其中:住宅电话 | 户 | 156000 | 185634 |
| 长江轮渡车辆通过量 | 万辆 | 308.89 | 296.92 | 3. 公用电话用户 | 户 | 26000 | 6907 |
| (二)邮电 | | | | 4. 互联网用户 | 户 | 521148 | 453051 |
| 邮政局、所合计 | 个 | 33 | 33 | 其中:宽带网用户 | 户 | 521148 | 453051 |
| 其中:设在农村 | 个 | 28 | 28 | | | | |

## 2015年江阴市供电用电情况一览

表122　　　　单位：万千瓦时

| 指　标 | 2015年 | 比上年增减(%) | 指　标 | 2015年 | 比上年增减(%) |
|---|---|---|---|---|---|
| (一)发购电量总计 | 2366895 | -0.9 | 黑色金属冶炼及压延加工业 | 399153 | -14.5 |
| (二)全社会用电量 | 2355975 | -1.0 | 非金属矿物制品业 | 38891 | -3.5 |
| 1.农林牧渔业 | 5189 | 18.4 | 金属制品业 | 266224 | -4.1 |
| 其中：排灌 | 1310 | 24.6 | 通用及专用设备制造业 | 116155 | -2.1 |
| 2.工业 | 2084699 | -1.7 | 3.建筑业 | 8161 | -28.6 |
| 其中：轻工业 | 737053 | 3.5 | 4.交通运输、仓储和邮政业 | 14588 | 22.3 |
| 重工业 | 1347646 | -4.3 | 5.商业、住宿和餐饮业 | 45949 | 2.6 |
| 其中：纺织业 | 461274 | 7.4 | 6.其他行业 | 71676 | 8.7 |
| 化学原料及化学制品制造业 | 83631 | 6.0 | 7.城乡居民生活用电 | 125713 | 5.3 |

## 2015年江阴市城市建设情况一览

表123

| 指　标 | 单　位 | 数　量 | 指　标 | 单　位 | 数　量 |
|---|---|---|---|---|---|
| 城市面积 | 平方公里 | 198 | 天然气供气总量 | 万立方米 | 56442 |
| 城市建成区面积 | 平方公里 | 125 | 其中：家庭用 | 万立方米 | 2341 |
| 城市户籍人口 | 万人 | 36.92 | 用气户数 | 户 | 121786 |
| 城市人口密度 | 人/平方公里 | 1865 | 燃气普及率 | % | 100 |
| 污水处理率 | % | 96 | 公共交通运营车辆 | 辆 | 621 |
| 城市建成区绿地率 | % | 39.30 | 每万人拥有公共车辆 | 标台 | 18.8 |
| 城市建成区绿化覆盖率 | % | 42.68 | 市政道路长度 | 公里 | 434 |
| 城市自来水年供水总量 | 万立方米 | 6947.36 | 市政道路面积 | 万平方米 | 980 |
| 城市自来水年售水总量 | 万立方米 | 6156.24 | 人均市政道路面积 | 平方米 | 26.55 |
| 用水户数 | 户 | 145331 | 市政桥梁 | 座 | 91 |
| 人均日生活用水量 | 升 | 181.64 | 防洪堤长度 | 公里 | 4 |
| 用水普及率 | % | 100 | 绿化覆盖面积(城区) | 公顷 | 5556 |
| 城市液化气供气总量 | 万吨 | 0.42 | 绿地面积(城区) | 公顷 | 5115 |
| 其中：家庭用 | 万吨 | 0.13 | 公园面积 | 公顷 | 547 |
| 用气户数 | 户 | 17249 | 人均公园绿地面积 | 平方米 | 15.94 |

# 七、科、教、文、卫

## 2015 年江阴市各类科技机构、科技人员情况一览

表 124

| 指　标 | 单　位 | 数　量 | 指　标 | 单　位 | 数　量 |
|---|---|---|---|---|---|
| (一)科技团体、机构总计 | 个 | 790 | 其中:高级 | 人 | 6814 |
| 1. 市级学会、协会 | 个 | 34 | 中级 | 人 | 26459 |
| 2. 科技服务中心 | 个 | 1 | 初级(助、员) | 人 | 42109 |
| 3. 企业科协 | 个 | 96 | 未评 | 人 | 58718 |
| 4. 镇(街道)科协 | 个 | 15 | 2. 乡镇科技人员 | 人 | 18825 |
| 5. 农村专业技术研究会 | 个 | 19 | 其中:高级 | 人 | 255 |
| 6. 工程技术研究中心 | 个 | 625 | 中级 | 人 | 2649 |
| (二)科技人员总计 | 人 | 155715 | 初级(助、员) | 人 | 15921 |
| 1. 国家科技人员(在职) | 人 | 134100 | (三)政工专业职称人员 | 人 | 2790 |

## 2015—2016 学年江阴市各级各类学校基本情况一览

表 125

| 指　标 | 学校数(所) | 在校学生数(人) | 教职员工数(人) | 指　标 | 学校数(所) | 在校学生数(人) | 教职员工数(人) |
|---|---|---|---|---|---|---|---|
| (一)中小学 | | | | (三)普通高校 | 1 | 6690 | 482 |
| 1. 普通中学 | 47 | 54657 | 5979 | 1. 职业技术学院 | 1 | 5068 | 482 |
| 其中:初中 | 35 | 38515 | 3872 | 2. 五年制高职和大专班 | | 1622 | |
| 高中 | 12 | 16142 | 2107 | (四)技工学校 | 2 | 3675 | 149 |
| 2. 职业学校 | 2 | 4517 | 159 | (五)成人教育 | 80 | 204155 | 773 |
| 3. 小学 | 41 | 92329 | 4737 | 成人技术培训学校 | 80 | 204155 | 773 |
| 4. 特殊教育 | 1 | 157 | 58 | (六)幼儿园 | 67 | 41689 | 4220 |
| (二)中等专业学校 | 4 | 3544 | 863 | | | | |

## 2015 年江阴市文化、广播、电视基本情况一览

表 126

| 指　标 | 单　位 | 数　量 | 指　标 | 单　位 | 数　量 |
|---|---|---|---|---|---|
| (一)影剧管理机构 | 个 | 1 | (九)市图书馆、文化馆 | 个 | 2 |
| (二)影剧院 | 个 | 12 | (十)工人文化宫、少年宫 | 个 | 2 |
| (三)电影放映单位 | 个 | 12 | (十一)市博物馆 | 个 | 1 |
| 放映场次 | 场 | 104080 | (十二)镇级文化服务中心 | 个 | 15 |
| 观众人数 | 万人 | 278.59 | (十三)公共图书藏书量 | 万册 | 241 |
| 放映收入 | 万元 | 9352.43 | (十四)纪念馆 | 个 | 14 |
| 发行收入 | 万元 | 79.51 | (十五)文物保护单位 | 个 | 97 |
| (四)接待剧团演出 | 场 | 68 | 国家级 | 个 | 7 |
| 演出收入 | 万元 | 334.93 | 省级 | 个 | 7 |
| (五)市锡剧团演出 | 场 | 217 | 市级 | 个 | 83 |

续表 126

| 指　标 | 单　位 | 数　量 | 指　标 | 单　位 | 数　量 |
|---|---|---|---|---|---|
| 观众人数 | 万人 | 43.4 | (十六)江阴报社 | 个 | 1 |
| 演出收入 | 万元 | 345 | (十七)市电视台 | 个 | 1 |
| (六)市评弹团演出 | 场 | 1249 | (十八)市广播电台 | 个 | 1 |
| 观众人数 | 万人 | 20 | (十九)调频广播立体声发射机 | 部 | 4 |
| 演出收入 | 万元 | 25 | (二十)电视发射机 | 部 | 5 |
| (七)营业性舞厅、歌厅 | 个 | 165 | (二十一)电视发射塔 | 座 | 3 |
| (八)营业性书场 | 个 | 3 | (二十二)全市有线电视用户 | 万户 | 39.44 |

## 2015 年江阴市卫生事业基本情况一览

表 127

| 指　标 | 机构数（个） | 床位数（张） | 年末人员数（人） | | | | | |
|---|---|---|---|---|---|---|---|---|
| | | | | 卫生技术人员 | | | 监督员 | 管理人员 |
| | | | | | 执业(助理)医师 | 注册护士 | | |
| 全市总计 | 573 | 7829 | 11184 | 8975 | 3399 | 3635 | 80 | 381 |
| (一)医院合计 | 34 | 7414 | 7695 | 6430 | 2240 | 2967 | | 253 |
| 1. 综合医院 | 24 | 5667 | 5917 | 5032 | 1726 | 2392 | | 168 |
| 2. 中医院 | 4 | 1088 | 1331 | 1138 | 452 | 430 | | 61 |
| 3. 专科医院 | 4 | 260 | 329 | 211 | 51 | 115 | | 19 |
| 口腔医院 | 1 | 15 | 63 | 42 | 12 | 25 | | 3 |
| 眼科医院 | 1 | 65 | 79 | 28 | 5 | 21 | | 10 |
| 妇产(科)医院 | 1 | 30 | 80 | 63 | 18 | 39 | | 6 |
| 康复医院 | 1 | 150 | 107 | 78 | 16 | 30 | | 0 |
| 4. 护理院 | 2 | 399 | 118 | 49 | 11 | 30 | | 5 |
| (二)社区卫生服务中心(站) | 87 | 95 | 687 | 584 | 165 | 116 | | 9 |
| 1. 社区卫生服务中心 | 7 | 95 | 359 | 296 | 107 | 93 | | 9 |
| 2. 社区卫生服务站 | 80 | 0 | 328 | 288 | 58 | 23 | | 0 |
| (三)卫生院 | 10 | 300 | 558 | 460 | 188 | 150 | | 18 |
| (四)村卫生室 | 120 | 0 | 494 | 169 | 150 | 19 | | 0 |
| (五)门诊部 | 36 | 0 | 519 | 371 | 167 | 129 | | 4 |
| (六)诊所、卫生所、医务室 | 262 | 0 | 692 | 613 | 362 | 188 | | 0 |
| 1. 诊所 | 194 | 0 | 591 | 517 | 304 | 167 | | 0 |
| 2. 卫生所、医务室 | 68 | 0 | 101 | 96 | 58 | 21 | | 0 |
| (七)采供血机构 | 1 | 0 | 59 | 45 | 7 | 19 | | 2 |
| (八)妇幼保健所(院) | 2 | 20 | 101 | 75 | 39 | 20 | | 1 |
| (九)疾病预防控制中心 | 1 | 0 | 127 | 107 | 69 | 11 | | 0 |
| (十)卫生监督所 | 1 | 0 | 80 | 80 | 0 | 0 | 80 | 0 |
| (十一)健康教育所 | 1 | 0 | 32 | 7 | 0 | 4 | | 6 |
| (十二)专科疾病防治所 | 1 | 0 | 26 | 23 | 8 | 6 | | 0 |
| (十三)计划生育技术服务机构 | 15 | 0 | 90 | 11 | 4 | 6 | | 72 |
| (十四)其他卫生机构 | 2 | 0 | 24 | 0 | 0 | 0 | | 16 |

## 八、人民生活

### 2015 年江阴市人民生活一览

表 128

| 指　标 | 单　位 | 数　量 | 指　标 | 单　位 | 数　量 |
|---|---|---|---|---|---|
| (一)农村住户家庭基本情况 | | | (二)城镇居民家庭基本情况 | | |
| 1. 调查户数 | 户 | 85 | 1. 调查户数 | 户 | 119 |
| 2. 平均每户常住人口 | 人 | 3.00 | 2. 平均每户常住人口 | 人 | 3.33 |
| 3. 平均每户就业人口 | 人 | 2.38 | 3. 平均每户就业人口 | 人 | 2.55 |
| 4. 负担系数 | 人 | 1.25 | 4. 负担系数 | 人 | 1.31 |
| 5. 人均住房面积 | 平方米 | 70.3 | 5. 人均住房面积 | 平方米 | 58.1 |
| 6. 农村居民人均可支配收入 | 元 | 26012 | 6. 人均年可支配收入 | 元 | 50701 |
| 7. 农村居民人均生活消费支出 | 元 | 16716 | 7. 人均年生活消费支出 | 元 | 26970 |
| 8. 每百户耐用消费品拥有量 | | | 8. 每百户耐用消费品拥有量 | | |
| 微波炉 | 台 | 74 | 微波炉 | 台 | 95 |
| 热水器 | 台 | 84 | 热水器 | 台 | 102 |
| 组合音响 | 台 | 19 | 组合音响 | 台 | 14 |
| 洗衣机 | 台 | 87 | 洗衣机 | 台 | 112 |
| 电冰箱 | 台 | 88 | 电冰箱 | 台 | 114 |
| 彩色电视机 | 台 | 161 | 彩色电视机 | 台 | 204 |
| 照相机/摄像机 | 架 | 36 | 照相机/摄像机 | 架 | 48 |
| 摩托车 | 辆 | 40 | 摩托车 | 辆 | 33 |
| 空调器 | 台 | 184 | 空调器 | 台 | 250 |
| 电话机 | 部 | 80 | 电话机 | 部 | 93 |
| 移动电话 | 部 | 213 | 移动电话 | 部 | 268 |
| 家用计算机 | 台 | 89 | 家用计算机 | 台 | 97 |
| 助力车 | 辆 | 106 | 助力车 | 辆 | 121 |
| 家用汽车 | 辆 | 46 | 家用汽车 | 辆 | 80 |

## 九、经济发展排行榜

### 2015 年江阴市开票销售收入前 30 名村(社区)一览

表 129　　单位:万元

| 名　次 | 单　位　名　称 | 实　绩 | 名　次 | 单　位　名　称 | 实　绩 |
|---|---|---|---|---|---|
| 1 | 华士镇华西新市村 | 3887596 | 7 | 璜土镇花港苑村 | 1118176 |
| 2 | 周庄镇三房巷村 | 3687896 | 8 | 徐霞客镇任九房村 | 1016777 |
| 3 | 临港街道创新村 | 1869063 | 9 | 周庄镇周庄村 | 812161 |
| 4 | 周庄镇华宏村 | 1638848 | 10 | 城东街道金童村 | 712237 |
| 5 | 临港街道长江村 | 1633695 | 11 | 周庄镇倪家巷村 | 628476 |
| 6 | 临港街道陈墅社区 | 1574434 | 12 | 华士镇龙河村 | 601369 |

续表129

| 名次 | 单位名称 | 实绩 | 名次 | 单位名称 | 实绩 |
|---|---|---|---|---|---|
| 13 | 城东街道东新村 | 596387 | 22 | 临港街道申西村 | 356430 |
| 14 | 南闸街道观山村 | 553821 | 23 | 临港街道三联村 | 351423 |
| 15 | 华士镇曙新村 | 498612 | 24 | 华士镇陆丰村 | 336224 |
| 16 | 周庄镇宗言村 | 465686 | 25 | 顾山镇涸东村 | 314867 |
| 17 | 周庄镇周西村 | 438680 | 26 | 华士镇勤丰村 | 310164 |
| 18 | 祝塘镇永昌村 | 405272 | 27 | 祝塘镇文林村 | 302449 |
| 19 | 长泾镇花园村 | 390354 | 28 | 华士镇龙砂村 | 296442 |
| 20 | 周庄镇长乐村 | 374683 | 29 | 顾山镇顾北村 | 274897 |
| 21 | 祝塘镇建南村 | 360579 | 30 | 华士镇红苗村 | 270691 |

## 2015年江阴市开票销售收入前50名工业企业一览

表130

| 名次 | 单位名称 | 名次 | 单位名称 |
|---|---|---|---|
| 1 | 海澜集团有限公司 | 26 | 江苏嘉盛新材料有限公司 |
| 2 | 江苏三房巷集团有限公司 | 27 | 江苏蝙蝠塑料集团有限公司 |
| 3 | 江阴兴澄特种钢铁有限公司 | 28 | 江阴中南重工集团有限公司 |
| 4 | 江苏华西集团公司 | 29 | 瀚宇博德科技(江阴)有限公司 |
| 5 | 江阴澄星实业集团有限公司 | 30 | 江阴市长乐新科技电源有限公司 |
| 6 | 江苏阳光集团有限公司 | 31 | 江阴市百舸有色金属材料有限公司 |
| 7 | 江苏扬子江船业集团公司 | 32 | 中建材浚鑫科技股份有限公司 |
| 8 | 远景能源(江苏)有限公司 | 33 | 帝斯曼工程塑料(江苏)有限公司 |
| 9 | 江苏华宏实业集团有限公司 | 34 | 江苏红柳床单有限公司 |
| 10 | 江苏新长江实业集团有限公司 | 35 | 建滔电子材料(江阴)有限公司 |
| 11 | 江苏新华发集团有限公司 | 36 | 江苏利安达集团有限公司 |
| 12 | 双良集团有限公司 | 37 | 江阴市天达针纺织有限公司 |
| 13 | 江苏法尔胜泓昇集团有限公司 | 38 | 江苏吉鑫风能科技股份有限公司 |
| 14 | 江苏利电能源集团 | 39 | 江苏福尔泰铜铝集团 |
| 15 | 江阴新和桥化工有限公司 | 40 | 江阴市申澄集团有限公司 |
| 16 | 江苏海达科技集团有限公司 | 41 | 江苏向阳集团有限公司 |
| 17 | 海润光伏科技股份有限公司 | 42 | 江苏富仁集团有限公司 |
| 18 | 中石油江苏燃料沥青有限责任公司 | 43 | 江苏云蝠服饰股份有限公司 |
| 19 | 江苏新潮科技集团有限公司 | 44 | 江阴福汇纺织有限公司 |
| 20 | 江阴江东集团公司 | 45 | 江阴长江投资集团有限公司 |
| 21 | 阿尔法(江阴)沥青有限公司 | 46 | 江阴市强力化纤有限公司 |
| 22 | 中船澄西船舶修造有限公司 | 47 | 江阴电工合金股份有限公司 |
| 23 | 江苏倪家巷集团有限公司 | 48 | 江阴宗承钢铁有限公司 |
| 24 | 江阴苏龙热电有限公司 | 49 | 江苏焱鑫科技集团有限公司 |
| 25 | 江阴模塑集团有限公司 | 50 | 江苏鼎威科技集团有限公司 |

## 2015年江阴市工业投入前50名工业企业一览

表131

| 名　次 | 单　位　名　称 | 名　次 | 单　位　名　称 |
|---|---|---|---|
| 1 | 华欧德变速器有限公司 | 26 | 大明重工有限公司 |
| 2 | 江阴澄星实业集团有限公司 | 27 | 江阴嘉鸿橡塑科技有限公司 |
| 3 | 江苏新潮科技集团有限公司 | 28 | 江苏凯源电子科技股份有限公司 |
| 4 | 江苏利电能源集团 | 29 | 江苏华宏实业集团有限公司 |
| 5 | 江苏三房巷集团有限公司 | 30 | 江苏法尔胜泓昇集团有限公司 |
| 6 | 江阴通利光电科技有限公司 | 31 | 江苏新长江实业集团有限公司 |
| 7 | 江阴市振江钢结构有限公司 | 32 | 江阴达仕新能源科技有限公司 |
| 8 | 江阴科利达电子有限公司 | 33 | 江苏利生一光电有限公司 |
| 9 | 海澜集团有限公司 | 34 | 江阴亿欣新材料科技有限公司 |
| 10 | 江阴兴澄特种钢铁有限公司 | 35 | 江阴市丰硕文化产业有限公司 |
| 11 | 江苏利安达集团有限公司 | 36 | 江苏华西集团公司 |
| 12 | 江苏恒泽复合材料科技有限公司 | 37 | 柳工无锡路面机械有限公司 |
| 13 | 申达集团有限公司 | 38 | 江阴市长乐新科技电源有限公司 |
| 14 | 江阴苏龙热电有限公司 | 39 | 江苏海达科技集团有限公司 |
| 15 | 江苏阳光集团有限公司 | 40 | 江苏润玖纺织有限公司 |
| 16 | 江阴新仁科技有限公司 | 41 | 达门船用设备(江阴)有限公司 |
| 17 | 江阴热电有限公司 | 42 | 江阴市宏源机械有限公司 |
| 18 | 江苏吉鑫风能科技股份有限公司 | 43 | 江阴景众合金科技有限公司 |
| 19 | 江阴市恒润环锻有限公司 | 44 | 江阴中南重工集团有限公司 |
| 20 | 江阴华润制钢有限公司 | 45 | 江阴东升新能源有限公司 |
| 21 | 江阴市京澄玻璃有限公司 | 46 | 江阴市海江高分子材料有限公司 |
| 22 | 江阴市友佳珠光云母有限公司 | 47 | 江阴市强力化纤有限公司 |
| 23 | 江苏方程电力科技有限公司 | 48 | 江阴市山泉污水处理厂 |
| 24 | 中铁建电气化局集团康远新材料有限公司 | 49 | 江苏中基复合材料有限公司 |
| 25 | 江阴东南重工机械有限公司 | 50 | 中船澄西船舶修造有限公司 |

## 2015年江阴市入库税金前30名服务业企业一览

表132

| 名　次 | 单　位　名　称 | 名　次 | 单　位　名　称 |
|---|---|---|---|
| 1 | 江苏省电力公司江阴市供电公司 | 8 | 华中融资租赁有限公司 |
| 2 | 江阴海澜之家供应链管理有限公司 | 9 | 江苏金一文化发展有限公司 |
| 3 | 江苏江阴农村商业银行股份有限公司 | 10 | 江苏阳光置业发展有限公司 |
| 4 | 江阴天力燃气有限公司 | 11 | 江阴华地百货有限公司 |
| 5 | 江阴市锡能实业有限公司 | 12 | 江阴利泰能源材料有限公司 |
| 6 | 见龙国际贸易有限公司 | 13 | 江苏华都置业有限公司 |
| 7 | 无锡市烟草公司江阴分公司 | 14 | 江阴金科置业发展有限公司 |

续表132

| 名次 | 单位名称 | 名次 | 单位名称 |
|---|---|---|---|
| 15 | 江阴市长江房地产开发公司 | 23 | 中国石化销售有限公司江苏江阴石油分公司 |
| 16 | 江苏江阴经济开发区靖江园区扬子劳务工程有限公司 | 24 | 江苏江阴港港口集团股份有限公司 |
| 17 | 江苏新沿海商品交易中心有限公司 | 25 | 中国移动通信集团江苏有限公司江阴分公司 |
| 18 | 江阴市鼎阳置业有限公司 | 26 | 江阴爱家房地产实业有限公司 |
| 19 | 江阴利锦热力有限公司 | 27 | 江苏大众医药集团 |
| 20 | 江苏长博集团有限公司 | 28 | 江阴万邦置业有限公司 |
| 21 | 江阴市长江钢管有限公司 | 29 | 江阴爱家房地产投资有限公司 |
| 22 | 江阴市金顾山物流中心有限公司 | 30 | 江阴高新区碧桂园置业有限公司 |

## 2015年江阴市自营出口前30名企业一览

表133

| 名次 | 单位名称 | 名次 | 单位名称 |
|---|---|---|---|
| 1 | 江苏扬子江船业集团有限公司 | 16 | 江苏爱康科技股份有限公司 |
| 2 | 中船澄西船舶修造有限公司 | 17 | 江苏华宏实业集团有限公司 |
| 3 | 江苏三房巷集团有限公司 | 18 | 江阴联通实业有限公司 |
| 4 | 江苏新潮科技集团有限公司 | 19 | 中建材浚鑫科技股份有限公司 |
| 5 | 江阴兴澄特种钢铁有限公司 | 20 | 江苏吉鑫风能科技股份有限公司 |
| 6 | 江苏法尔胜泓昇集团有限公司 | 21 | 瀚宇博德科技(江阴)有限公司 |
| 7 | 江苏红柳床单有限公司 | 22 | 江苏华西集团公司 |
| 8 | 江阴福汇纺织有限公司 | 23 | 江苏申利实业股份有限公司 |
| 9 | 江阴宗承钢铁有限公司 | 24 | 江阴江东集团公司 |
| 10 | 海润光伏科技股份有限公司 | 25 | 帝斯曼工程塑料(江苏)有限公司 |
| 11 | 江苏阳光集团有限公司 | 26 | 阿法拉伐(江阴)设备制造有限公司 |
| 12 | 江苏海达科技集团有限公司 | 27 | 江阴南泰家纺用品有限公司 |
| 13 | 江苏新长江实业集团有限公司 | 28 | 江苏双良集团有限公司 |
| 14 | 江阴澄星实业集团有限公司 | 29 | 江阴信邦电子有限公司 |
| 15 | 云蝠投资控股有限公司 | 30 | 江阴天虹板业有限公司 |

（市统计局）

■类目编辑　谢　诚

# 索 引

该索引是以正文部分(不包括宣传画页)为主要内容的综合性主题索引。标目一般采用主题词、中心词,并按汉语拼音字母顺序排列。其右侧数字表示页码,字母 a 为左栏,b 为中栏,c 为右栏。

## A



## B



## C

J

K



L



M

T



W

X

■类目编辑　纪晓华

T



W

X

Y



Z

■类目编辑　纪晓华

# 2015年度人民满意机关和2015年度绩效考核优胜机关

编者按：

2015年，面对严峻复杂的宏观经济形势，江阴全市上下牢牢把握稳中求进的总基调，主动适应经济发展新常态，团结拼搏、攻坚克难，全市保持了经济社会稳健发展、各项事业协调并进的良好态势，取得了来之不易的发展成绩，各行各业、各条战线涌现出了一大批先进集体和先进个人。为进一步肯定成绩、褒扬先进，振奋精神、激励斗志，市委、市政府对2015年度取得显著成绩的先进集体和个人进行了表彰。该卷年鉴对被市委、市政府表彰的2015年度10个人民满意机关和20个绩效考核优胜机关共30个单位开设专栏，既飨读者，又作为重要年度史料予以保存。

# 组织部

2015年，江阴市委组织部深入贯彻中央、省、市全面从严治党的新要求，扎实推进“三严三实”专题教育，强化“五从严五提升”党员常态化教育管理。全面规范干部选任机制，调任干部713人次。严格规范干部监督管理，扎实开展社团企业兼职、超职数消化、“带病提拔”倒查等专项整治。从严加强干部教育培养，选拔142名优秀年轻干部开展双向挂职“墩苗”锻炼，举办江阴大学堂、“四个提升”专题轮训干部7500余人次。全面推进主导产业人才集聚区建设，江阴市累计引育诺贝尔奖得主、“千人计划”、省“双创”人才105人，省“双创”团队8个。总结编撰基层党建100个创新案例，新建党建示范点23个，表彰“五先五好”服务型党组织25个，优秀党务工作者105人。

1 2015年，市委组织部全面开展干部人事档案专项审核工作

2 2015年7月14日，江阴大学堂——对外开放新形势与新战略专题讲座现场

3 2015年10月22日，举办江阴市组工干部培训班开班

4 图为江阴市党建示范点——青阳镇旌秀社区服务大厅

5 2016年1月8日，贝瑞森创始股东杨森教授获2015年中华人民共和国国际科技合作奖（图片摘自：《中国日报》）

# 纪委（监察局）

2015年，江阴市纪委、监察局全面履行党章赋予的职责，严格党的纪律和规矩，强化监督执纪问责，推动全市党风廉政建设和反腐败工作取得新进展和新成效。健全责任体系，扎实推动“两个责任”落地生根；着眼常态长效，深入落实中央八项规定精神；坚持挺纪在前，强化纪律刚性约束；注重标本兼治，不断促进党员干部廉洁从政；聚焦主业主责，提升纪检监察干部能力素质。近年来，各项工作得到全市各级党政组织和广大党员的积极参与支持，“一案四访”发挥治本作用、“3+1”制度廉洁性评价、“三务”公开信息“直通车”、查办案件“三管三查”等工作获得无锡市反腐倡廉建设创新成果一等奖，制度廉洁性评价工作获省纪委创新工作优秀奖并在全省推广。部门先后被评为全国纪检监察系统先进集体、全省纪检监察先进集体和江阴市人民满意机关。

1 2015年2月9日，中共江阴市第十二届纪律检查委员会举行第五次全体会议，学习贯彻习近平总书记重要讲话精神，落实中纪委、省纪委、无锡市纪委全会精神，回顾总结2014年江阴市党风廉政建设和反腐败工作，安排部署2015年目标任务

2 2015年12月16日，江阴市召开领导干部警示教育暨党纪条规学习会

3 2015年7月7日，江阴市召开落实党风廉政建设“两个责任”管理考核系统培训会议，推进“两个责任”系统全覆盖

4 2015年11月26日，举办“政风面对面”媒体直播活动

5 2015年9月8日，举办纪检监察工作开放日活动会

6 2015年5月13日，新提拔市管领导干部参加党纪条规知识测试和廉政谈话

# 宣传部

2015年，江阴市委宣传部围绕中心，服务大局，扎实推进理论武装、舆论导控、文明创建、文化强市、队伍建设五大工程，为全面建设新江阴提供强大精神动力。组织200余场理论讲座送基层，编发《党员之友》近百万册，创办“江阴党员微学堂”，“百千万”活动被评为全省马克思主义大众化创新案例。组织市新闻媒体刊播稿件5000篇以上，唱响主旋律。推进微信“江阴发布”等微媒体建设，向无锡市级以上主流媒体刊发稿件2000余篇次，讲好“江阴故事”。开展寻找“江阴好人”等活动，宣传吴仁宝、李良宝、张纪清等感人事迹，弘扬正能量。全面启动全国文明城市创建，开展“文明江阴•从我做起”等系列活动，提升城市文明程度。香山书屋运行模式得到拓展，“书香江阴”读书活动引领社会新风尚。举办纪念刘天华诞辰120周年“光明行”音乐会等重大文化活动，丰富群众精神文化生活。

1 2015年3月22日，江阴市公开创建全国文明城市暨城乡环境综合整治、机关作风建设动员大会

2 2015年12月14日，江阴市宣传思想文化工作调研座谈会

3 2015年7月29日，江苏省道德模范与身边好人现场交流活动暨第二届“十佳江阴好人”颁奖典礼

4 2015年9月7日晚，大型音舞情景剧“寻找‘炎黄’”在江阴大剧院首演

5 2015年11月9日，开展马克思主义新闻观专题教育，表彰十佳新闻工作者

6 2015年1月15日，百场讲座进基层——十八届四中全会精神专题讲座

7 创建“江阴党员微学堂”

# 农工办

江阴市委农工办立足农村发展、农村改革、农村管理，改革创新、服务民生，努力推动农村经济社会稳健发展。2015年，建立健全村级集体资产保值增值机制，顺利完成第八轮经济薄弱村帮扶，全市年末村均净资产8666万元，村均收入1212万元；扎实推进农村土地承包经营权确权登记，启动进度90%；搭建完成市镇两级农村产权交易平台，首年交易2911万元；累计组建农民合作经济组织1024个，年度分红3.46亿元，农民人均可支配收入26012元，实现全省十六连冠；建立生态补偿机制，首年发放生态补偿资金1.06亿元；完善“三务”直通车平台，强化村级三资监管，荣膺全国农村集体“三资”管理示范县；发放村级公益事业“一事一议”财政奖补资金1505万元，切实惠及广大群众。

1 2015年2月6日，江阴市第一个综合性农村产权交易服务中心——徐霞客产权交易中心成立

2 2015年5月12日，举办江阴市农村土地承包经营权确权登记颁证工作培训班

3 江阴大道和海港大道实现两路互通，城乡一体的基础设施日益完善

4 周庄镇山泉村新农村美景

5 新桥镇群众在“三务”直通车触摸屏系统上查询信息

# 发改委

江阴市发改委充分发挥经济综合部门职能作用，聚焦中心工作，不断改革创新，持续改作风优服务，确保江阴市经济和社会健康发展。科学编制规划计划。着眼早谋划、早部署，于2014年12月启动了江阴市“十三五”规划的筹划工作。通过课题调研、专家咨询、座谈交流等方式，在主动对接省市纲要、摸清江阴市经济社会发展底数的基础上，研究提出江阴“十三五”时期的战略目标、主要任务和战略导向，形成规划送审稿，并经市委市政府市人大讨论通过。认真抓好目标管理。健全构建重点目标管理平台，建立情况通报、定期分析例会等沟通机制，认真跟踪监测重点目标完成情况，及时协调解决相关问题，督促各责任单位按照时序推进目标任务。定期组织市人大常委会现场视察民生实事完成情况，向市人大常委会报告江阴市目标任务年度执行情况，主动接受人大常委会的监督指导。扎实推进生态建设。为加强江阴市大气污染防治，减少煤炭消耗，按照年度工作计划，有序推进江阴市热电企业整合工作，2015年，整合热电企业6个。经测算，第一轮热电企业整合结束后，燃煤总量将削减5.9%，二氧化硫排放将削减87.6%，氮氧化物排放将削减76.4%，烟尘排放将削减70.9%。

1 2 牵头推进十件实事

3 推进热电整合

4 5 6 推进“十三五”规划

# 科技局

2015年，江阴市科技局深入实施创新驱动战略，深化拓展科技创新工程，区域创新能力和企业自主创新能力得到大幅提升。年内，成功举办第二十五届科技节，帮助企业承担实施无锡市级以上各类科技计划项目342项，争取到上级科技扶持资金1.62亿元。组织实施重点产学研项目60项，新建产业技术研究院1个，新建众创空间6个；全市新认定省级高新技术企业66个、省高新技术（后备）企业31个、省民营科技企业157个，万人有效发明专利拥有量达14.16件；企业被评国家科技进步奖3项、国际科学技术合作奖1项，中国专利奖优秀奖1项，省级科技进步奖3项。是年，江阴高新区顺利被批国家知识产权试点园区，江阴临港开发区被批省级科技产业园。市科技局（市知识产权局）被评为江苏省知识产权工作先进集体和江苏省知识产权政务信息工作先进集体。

1 2015年10月23日，6个众创空间集中授牌

2 2015年4月22日，市委市政府召开高标准建设国家知识产权示范城市暨知识产权强市工作推进会

3 2015年10月23日，江阴市第二十五届科技节暨大众创业万众创新工作推进会

4 2016年4月26日，江阴市科技管理人员能力提升重庆培训班

5 2016年4月26日，企业现场三服务活动

# 公安局

江阴市公安局以实现无锡第一、全省领先、全国一流为标准，以打造更高水平的平安江阴和过硬队伍为目标，坚定品牌化发展之路，勇当创新发展领跑者。在立体防控、网格巡防、合成打击、智能监管、社区警务、防范宣传、规范执法等方面始终坚持民意导向、创新驱动、品牌引领，在全省乃至全国打响了江阴公安品牌。2015年度公安绩效考核、社会治安满意度列无锡市第一，“万人评议机关”列全市同类部门第一，连续两年被评为全市“人民满意机关”；被公安部评为综合情报工作县级成绩突出集体、全国刑事技术示范室、全国县级公安机关优秀车管所、全国信访示范窗口单位等荣誉。有集体20个、个人188人受到记功表彰，其中集体二等功2个、三等功18个，个人一等功1人、二等功2人、三等功185人次。

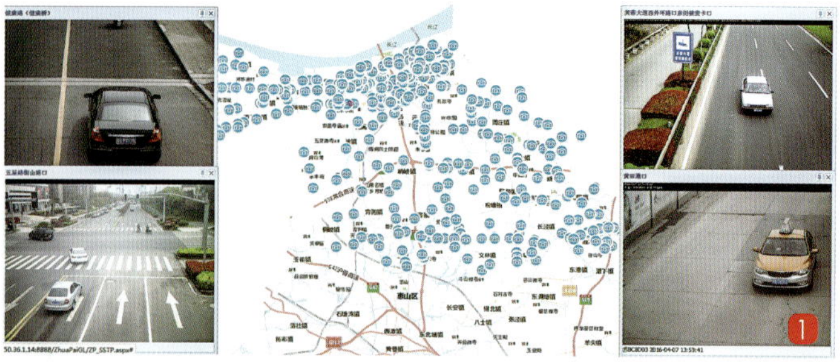

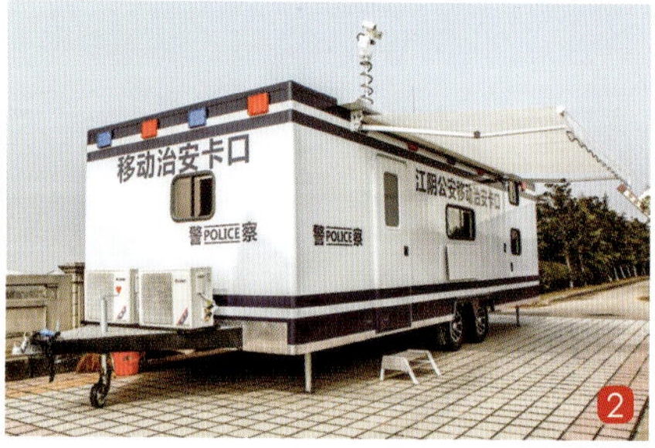

1 2015年，采用市场化租赁模式，完成江阴市1.4万余个视频监控布点任务

2 2015年2月19日，创新推出智能移动治安卡口，做好城市屏障

3 2015年5月18日，周庄、临港、徐霞客3个出入境分理点运行。图为临港出入境分理点办公现场

4 2015年6月3日，市公安局在要塞派出所新华警务室举行江阴市居住证首发启动仪式

5 2015年11月13日，江阴警方与新疆霍城警方建立跨区域警务协作机制

6 2015年12月22日，“江阴防范宣传”微信公众号被腾讯大苏网评为江苏十大公安微信

7 重要敏感节点加强人员密集场所巡逻防范。图为公安人员在江阴汽车客运站巡逻

# 经信委

2015年，江阴市经信委全力以赴稳增长、抓改革、调结构、促转型，工业经济实现平稳健康发展，呈现结构优化、质态提升的良好态势。工业经济运行平稳。全市规模以上工业产值5772.44亿元，比2014年增长1.44%，全市净入库税金超1000万元的工业企业228个，比2014年增加了15个，入库税金总额增长11.59%。产业结构调整加快。全市新兴产业产值2464.5亿元，比2014年增长2.96%，占规模以上工业产值42.69%，提高1.02个百分点。关停“三高两低”企业50个，淘汰落后电机232台，万元地区生产总值能耗比2014年下降5%。发展后劲稳步增强。全市完成工业投资514.58亿元，增长7.5%。全市技改投资405.13亿元，占工业总投资78%，增长8.5%。内涵发展成效明显，自主品牌增加值占地区生产总值比重达24%。新增“专精特新”科技“小巨人”企业55个、省级以上企业技术中心6个、省级以上“两化融合”示范试点企业9个、省级以上新产品新技术企业10个。

❶ 2016年1月5日，江阴市开展“走访企业、服务发展”活动

❷ 2015年8月20日，江阴市经信委召开贯彻落实市委十二届七次全会精神动员大会

❸ 2016年4月12日，江苏省经信委副主任陆元刚（中）一行调研顾山镇润达光伏有限公司

❹ 2016年3月31日，江阴市召开千企转型提升发展暨人才强企大会

# 人社局

2015年，江阴市人社局紧紧围绕“民生为本、人才优先”工作主线，着力改进机关作风、提升行政效能，努力为“强富美高”新江阴建设提供坚实的民生保障和人才支撑。扎实开展“三严三实”主题教育、“三走进三服务”等活动，大力推进基层人社所标准化建设。全面提升干部素质水平，组织人社系统干部赴高校进行能力提升培训，开展“十佳爱岗敬业标兵”评比。全年扶持2230人创业，提供就业岗位5.8万个，解决本地劳动力4.3万人就业；城保扩面4.3万人，养老、医疗、生育等各类保障待遇稳步提高；新增各类人才7520人，引进高层次人才303人；安置军转干部58人，阳光招录事业单位人员401人；书面审查企业1万余个，妥处劳动监察、工伤、仲裁案件1万余件；发放省社会保障卡和新版市民卡18余万张，“12333”受理各类咨询13万余次。

1 2015年6月30日，江阴市人社局党员干部参加“三严三实”教育专题党课

2 2015年5月11日，组织江阴市人社系统干部、人力资源经理赴复旦大学进行能力提升培训

3 2015年9月18日，在澄江街道人社所召开江阴市人社系统基层平台公共服务标准化建设现场会

4 2015年2月6日，召开江阴市人社局政风行风监督员座谈会听取意见建议

5 2015年4月24日，对新入职干部进行岗前勤廉谈话

# 国土局

2015年，江阴市国土局以创建“人民满意机关”活动为抓手，创新服务，主动作为，持续推进机关作风效能建设。强素质，提升战斗力。持续推进“清风行动”，坚决落实市委政府决策部署和要求，全面完成各项目标任务，特别是服务发展有力有为，江阴市重点重大项目，应保尽保。提绩效，提升公信力。建立“4+1”服务模式，合并精简流程节点65%，服务窗口被市评为先进窗口。充分运用“大监察”机制平台，倒逼作风转变。着力解决历史遗留问题，切实维护群众利益。落实“一线工作法”，着力解决与群众息息相关的问题。树形象，提升影响力。坚持纪律规矩挺在前面，严格执行中央“八项规定”，落实“两个责任”，开展集体廉政谈话，创新“身边人讲述身边故事”活动，落实硬考核硬评比；建立健全规章制度，真正把权力关进制度笼子。是年，局首次被评为江阴市“人民满意机关”。

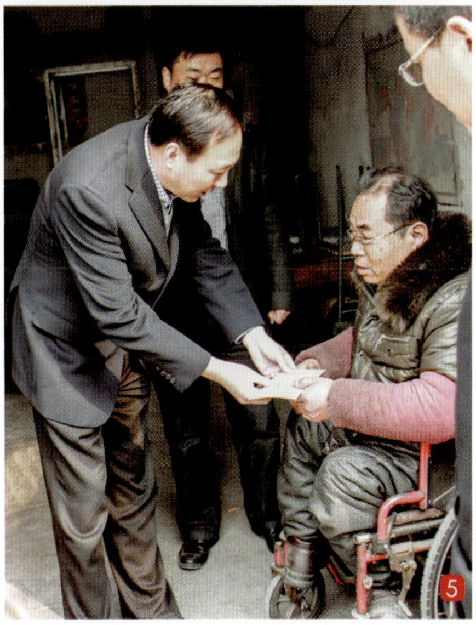

1 2015年3月11日，召开“创一流业绩，争满意机关”主题活动动员大会

2 2015年1月，全面建成“4+1”服务模式，方便群众办事

3 2015年6月23日，参加电台“空中热线”节目。图为现场解答群众疑问

4 2015年10月12日，局党委召开中心组学习会（“三严三实”专题教育）暨班子成员集体廉政谈话

5 2015年2月12日，组织党员干部慰问生活困难群众

# 总工会

2015年，江阴市总工会深入学习贯彻习近平总书记系列重要讲话精神和中央、省委市委对工会工作的新要求，切实加强基层基础、维权服务、作风建设，以新状态引领新常态，以新作为赢得新发展，工会各项工作继续走在了全省前列，先后荣获全国工会系统财务工作先进单位、江苏省模范职工之家、江苏省推动厂务公开民主管理工作先进单位等20项市级以上荣誉。

1 2015年4月30日，举办江阴市庆祝“五一”国际劳动节暨工会工作会议
2 2015年4月23日，举办“江阴工人好声音”歌咏比赛
3 2015年5月14日，组织开展“百人千企”法律监督服务志愿活动
4 2015年7月25日，在泓昇苑停车场建立环卫职工安康·爱心驿站
5 2015年8月21日，市总工会举办“金秋助学”活动助寒门学子圆上学梦
6 2015年9月19日，组织举办职工技能大赛推动创新创业
7 2015年11月20日，在长电科技股份有限公司召开江阴市职代会制度规范化建设现场会

# 政法委

2015年，市委政法委深入推进平安江阴、法治江阴、过硬队伍的三大建设，组织开展“社会治理创新深化年”主题活动。深化防范和处置“两欠一逃”专项工作，加强社会治安重点地区整治，开展“四个文明交通创建”，开展危爆物品寄递物流清理整顿专项行动，省综治信息化建设试点工作顺利通过验收，村（社区）网格化服务管理实现全覆盖，市级社会管理服务中心改扩建工程基本完成。采用向社会购买服务的方式全面完成2014—2015年两年技防建设4万余个视频监控点的既定目标，组织开展“一把手”法治访谈、市领导述法测评等工作，成功举办首届“十大法治标兵”评选活动，实施12项法治惠民实事项目，建立法治国情调研江阴基地。年内，经中共江苏省委政法委委托第三方民意调查，江阴市公众安全感97.5%、法治建设满意率99%、政法队伍满意率94.8%，三项重点指标均列无锡各县（市、区）第一。

1 2015年11月11日，中央综治办主任陈训秋（前右一）到江阴调研综治和平安建设工作

2 2015年12月18日，江苏省委政法委副书记侍鹏（右三）到江阴调研政法综治工作

3 2015年，举办村（社区）网格化服务管理工作培训班，年内实现网格服务管理全覆盖，全市建立网格2189个，设立网格长249人、网格信息管理员249人、网格员2189人、信息员13134人

4 5 2015年，江阴市按照快速、高效、实用的原则，大力推进综治信息系统建设，实现系统专线、账号开通、手持终端配发全覆盖和系统终端联网运行。在无锡市组织的信息化建设应用考核中，江阴综合得分名列第一

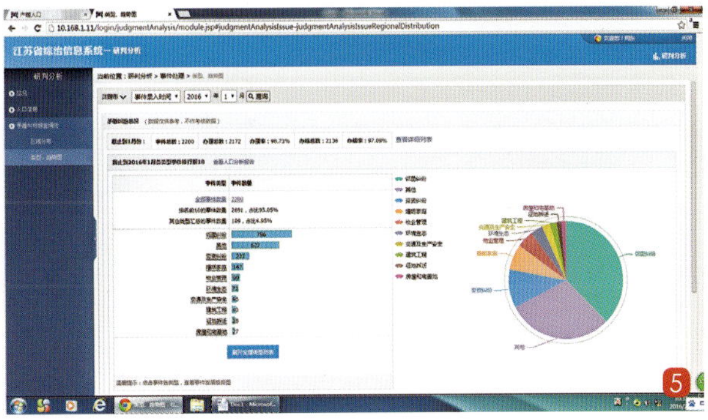

# 妇女联合会

2015年，江阴市妇联围绕党政中心工作，把握科学发展主题和转型升级主线，积极响应大众创业、万众创新号召，推动“互联网+助力现代农业”，深化农村妇女“双学双比”活动，推进“巾帼英才科技创新联盟行动”，引导广大妇女在经济建设主战场贡献智慧、绽放风采。围绕全国文明城市创建，寻访表彰最美家庭，举办家庭美德流动大舞台巡演，征集好家风好家训，引领江阴市妇女儿童和家庭提升素质、践行文明。针对妇女儿童维权需求，拓展服务手段，推进和谐婚姻家庭指导、儿童安全守护、小桔灯困境儿童帮扶等实事项目，在参与社会管理创新中彰显妇联特色。加强妇女组织自身建设，以广泛覆盖和有效联系为重点，推动成立编织协会、爱心妈妈协会等女性社会组织，推动实施女性社会组织第二轮13项公益项目，不断提升服务能力、激发组织活力。

1 2015年3月7日，江阴市纪念“三八”国际劳动妇女节105周年暨家庭美德流动大舞台启动仪式在江阴广电大楼演播厅举行

2 2015年5月22日，江阴市女性双创人才东南大学论坛活动现场

3 2016年1月23日，江阴市女企业家协会2015年度年会在江苏阳光集团召开

4 2015年3月4日，《江阴日报》专版刊登《家风沁润社会．美德传递文明——江阴市“五好文明家庭五十佳”事迹汇编》

5 2015年1月16日，江阴市妇联在市机关幼儿园开展“儿童安全守护”女性公益项目

# 机关党工委

2015年，江阴市级机关党工委认真贯彻全面从严治党新要求，围绕“服务中心、建设队伍”总目标，扎实推进机关党建工作。突出抓全员培训，组织党务干部、基层党支部书记、机关党员、入党积极分子学习培训，开展党务知识、微型党课竞赛比武，努力提升机关党员干部能力素质；突出抓创先争优，扎实开展从严治党的“三学三讲”“双强双优”等活动，增强机关比学赶帮浓厚氛围；突出抓作风突破，深化机关“三走进三服务”“万人评议机关”等活动，创新服务举措，率先在社区成立机关党员工作室，拓宽与群众沟通渠道，筑牢机关干部执政为民意识；突出抓履职尽责，规范“双推一选”支部换届、“三会一课”、民主评议党员、批评与自我批评等党建制度的落实；突出抓文化建设，积极开展“书香伴我行、建设新江阴”“文体欢乐行、汇聚精气神”“文明创建机关先行”等活动，组织机关党员干部志愿者进社区、驻网点，劝导文明行为，践行社会主义核心价值观，倡导“团结拼搏、健康向上”的工作生活方式。

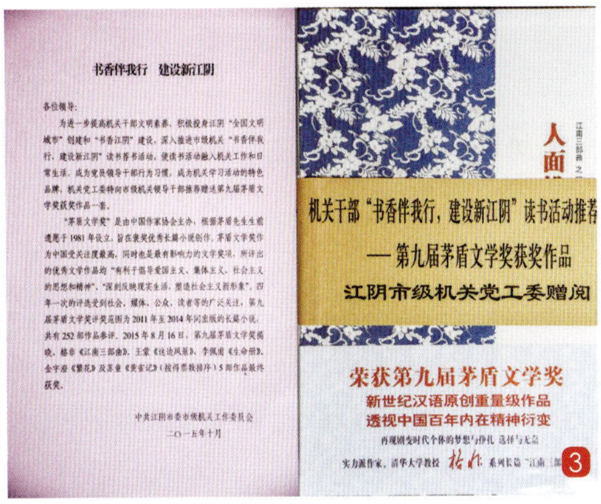

书香伴我行 建设新江阴

各位领导：

为进一步提高机关干部文明素养，积极投身江阴“全国文明城市”创建和“书香江阴”建设，深入推进市级机关“书香伴我行，建设新江阴”读书荐书活动，使读书活动融入机关工作和日常生活，成为党员领导干部行为习惯，成为机关学习活动的特色品牌，机关党工委特向市级机关领导干部推荐赠送第九届茅盾文学奖获奖作品一套。

“茅盾文学奖”是由中国作家协会主办，根据茅盾先生生前遗愿于1981年设立，旨在褒奖优秀长篇小说创作。茅盾文学奖作为中国受关注度最高，同时也是最有影响力的文学奖项，所评出的优秀文学作品均“有利于倡导爱国主义、集体主义、社会主义的思想和精神”、“深刻反映现实生活，塑造社会主义新形象”。四年一次的评选受到社会、媒体、公众、读者等的广泛关注，第九届茅盾文学奖评奖范围为2011年至2014年间出版的长篇小说，共有252部作品参评。2015年8月16日，第九届茅盾文学奖揭晓，格非《江南三部曲》、王蒙《这边风景》、李佩甫《生命册》、金宇澄《繁花》及苏童《黄雀记》（按得票数排序）5部作品最终获奖。

中共江阴市委市级机关工作委员会

二〇一五年十月



1 2015年4月8日，举办入党积极分子培训班

2 2015年11月3日，召开市级机关党员志愿者进社区推进会

3 举行荐书活动

4 5 6 7 组织各类文体活动

# 编　办

2015年，江阴市编办认真履行深化行政体制改革的工作，推行政府责权清单管理，推进行政审批职能归并，推动审批服务提速规范，强化政务服务体系建设，完成市场监管体制改革。做好控编减编工作，开展党政机关借用人员清理规范工作。完成部分事业单位机构编制优化调整工作，533个事业单位法人年度报告在网上公示。承接机关工作目标绩效考核职能，在编办内部开展“强化作风建设、努力保障发展”专项活动。江阴市简政放权优化服务工作成果入选《江苏简政放权100例》，并被评选为全省20个优秀典型案例之一。年内，市编办被江阴市委市政府评为2015年度绩效考核优胜机关。

1 2 2015年10月13日，江苏省经信委副主任高清（前右一）带领省督查组到江阴专项督查江阴市行政审批制度改革情况

3 2015年9月30日，无锡市编办主任陆卫东（前左二）带领相关处负责人到江阴市徐霞客镇开展专题调研，深入了解镇行政管理体制改革试点工作的推进情况

4 2015年3月9日，江阴市编办就全市推进权力清单制度的工作情况征求专家意见

5 2015年5月4日，江阴市召开市政府职能转变和机构改革动员大会，全面启动新一轮的政府机构改革

# 史志办

2015年，江阴市史志办在志书编纂、史志宣传、基层指导等方面均取得了新成绩。征编出版《难忘乡愁——江阴市消失自然村图志》和《中共江阴历史》第二卷（1949—1978），《江阴年鉴》获第三届江苏省年鉴奖特等奖，获版协编纂质量一等奖。创建“江阴纪事”公众微信，年内推送150期原创文章大力宣传江阴地方历史，深受欢迎。增加《江阴人民抗日斗争史》等授课内容，为机关和基层送讲座7场、送书籍8000册，在《党员之友》等刊物宣传地方党史知识，获全省党史宣传工作一等奖。为200余人次举办业务培训，审阅指导镇村志、部门志8部300余万字，提出修改意见3000余条。编发《中共江阴市委大事记》，为60余人次提供地情资料查询服务。是年，史志办被人力资源社会保障部、中国地方志指导小组联合被评为全国地方志系统先进集体，是江苏省5年来地方志事业唯一获此项荣誉的单位。

1 2015年4月18日，江苏省志办在江阴召开苏南片综合年鉴培训班

2 2015年4月27日，为华士镇入党积极分子上党课

3 2015年9月1日，市史志办召开新时期江阴党史专题资料征编试点工作会议

4 《中共江阴历史》第二卷（1949—1978）出版发行

5 2015年12月18日，市史志办被评为全国地方志系统先进集体，受到人力资源社会保障部、中国地方志指导小组联合表彰

6 全国地方志先进集体奖牌

1

2

3

4

荣誉证书

授予 江苏省江阴市史志办公室：

“全国地方志系统先进集体”荣誉称号

人力资源社会保障部 中国地方志指导小组

2015年12月18日

5

全国地方志系统

先进集体

人力资源和社会保障部

中国地方志指导小组

二〇一五年十二月

6

# 党校

江阴市委党校占地3公顷，建筑面积29000平方米，有报告厅、教室、会议室20间，餐位800个，学员床位430张；有在编员工33人，其中教研人员19人（硕博士研究生15人、中高级职称17人）。近年来，学校秉承“立校为党，执教为民”的责任使命，遵循干部培训、理论武装、思想引领、决策咨询的职能定位，围绕建设“在长三角有较大影响，在全国有一定知名度”的示范性县级党校目标，打造“党员干部的大学堂、市委政府的思想库、学习型组织的示范点”。先后荣获江苏省党校系统先进集体、江苏省文明单位、优秀县级党校等称号。2015年，中央党校《学习时报》先后2次刊登文章介绍江阴市委党校教学科研工作经验。

1 2015年4月28日，江阴市委党校教师参加苏南基层党校精品课展示活动

2 2015年5月7日，市委党校与市委办研讨江阴市“十三五”改革发展研究课题

3 2015年4月14日，2015年度江阴市公务员基本能力提升主题培训班第一期开班

4 2015年3月28日，市管干部“四个提升”轮训暨年轻干部挂职“墩苗”锻炼动员大会

5 2015年科研专著

# 团市委

2015年，江阴团市委召开第二十次团代会，选举产生第二十届团市委委员及候补委员。举行“向上．向善”少先队鼓号大赛，举办第二季青年创业大赛，评选“最美青工”25人、“我身边的好青年”263人、“追梦好少年”1000人。开展第十届大学生暑期勤工助学“阳光行动”，提供勤工助学岗位744个；新增无锡市级就业创业见习基地5个，提供岗位340个，完成见习210人。建立“青少年之家”12个，建立基层团建项目、示范点29个（项），扶持小微公益项目4项，培训青年社会组织骨干120人。举办“青澄有I”青年交友专场活动4场，集体婚礼1场。举办“我要上大学”圆梦助学行动，发放助学金29.4万元，成立2个冠名圆梦助学金。开展“暖冬行动”，捐赠“爱心暖包”1058个。

1 2015年5月4—5日，中国共产主义青年团江阴市第二十次代表大会召开

2 2015年9月17日，江阴市首届“最美青工”评选活动颁奖典礼在江阴电视台演播厅举行

3 2015年10月13日，“向上．向善”少先队鼓号大赛暨纪念少先队建队66周年庆祝活动在江阴职业技术学院举行

4 2015年8月25日，江阴市“我要上大学”圆梦行动10周年纪念暨2015年助学金发放仪式举行

5 2015年7月15日，江阴市大学生暑期勤工助学“阳光行动”专场见面会在市人力资源服务中心举行

# 民政局

2015年，江阴市民政局以民生保障为根本，以改革创新为动力，瞄准创建现代民政示范市目标，突出养老服务、社区治理两个重点，夯实社会救助、公共服务、队伍建设三个基础，深入推进民政事业改革创新发展，各项工作呈现了新气象，取得了新成效。江阴市被省民政厅评为“现代民政示范市”，民政局党委被中共江阴市委评为“五先五好”服务型党组织，民政局在“万人评议机关”活动中被评为绩效考核优胜机关，市慈善总会再次被中民慈善捐助信息中心评为卓越组织，荣获“慈善透明榜样”奖。

1 2015年，江阴市社区信息平台——城乡社区e网通建成，在14个镇街257个城乡社区投入使用

2 2015年6月18日，江阴市民政局与武警江阴市中队共建签约

3 2015年7月30日，庆祝建军88周年，江阴市举行庆“八一”文艺慰问演出

4 2015年8月13日，省民政厅厅长侯学元率省委第一督查组对江阴市城乡社区减负增效工作进行专项督查

5 2015年12月17日，省民政厅对江阴市现代民政示范市创建进行考核验收

6 7 8 荣誉奖牌

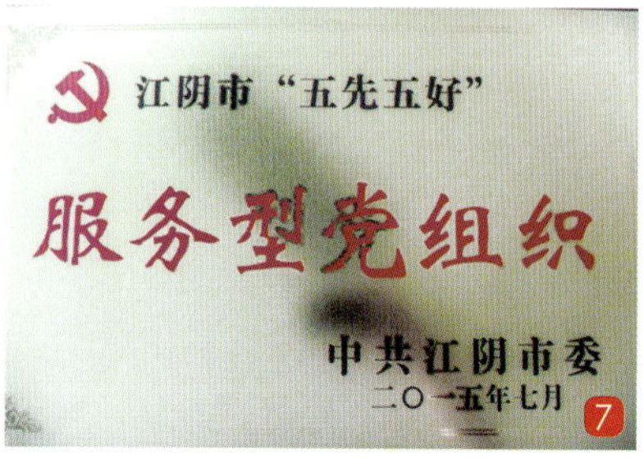

# 财政局

2015年江阴市财政局有在职干部职工107人，内设18个职能科室，下属8个事业单位。全体财政干部职工围绕建设“强富美高”新江阴总目标，主动适应新常态，积极应对新挑战，充分发挥财政职能作用，统筹推进稳增长、调结构、惠民生、促改革等各项工作，财政运行总体平稳，收入增长稳中有进，全市完成一般公共预算收入218.9亿元，“十二五”期间实现年均增长10.86%，有力推动了经济转型发展，保障了民生支出需求，为“十三五”起步奠定了良好基础。

1 加强城市基础设施建设，支持地方经济发展。图为锡澄高速江阴南收费站
2 财政资金投入38亿元支持江阴大道建设
3 财政投入16亿元支持四期保障房建设
4 支持教育优先发展。图为新澄江中心小学建设现场
5 加强财政专项资金使用管理。图为热源点整合整治专项资金绩效评价抽查现场

# 体育局

2015年，江阴市体育局践行社会公开承诺，坚持体育事业发展与文明创建同行，立足本职为江阴城市发展添光彩，全心全意为江阴百姓健康谋福利，相继推出“1000个健身点”规范整治为民办实事工程、学生“人人学会游泳”三年行动计划、体育“三进校园”工程、“江阴公益体育健身大会”品牌体系打造、公益体育健身知识大讲堂等创新举措，全年举办各级各类群众体育赛事活动500余项次，组织市级中小学体育竞赛11项次，承办洲际男篮巅峰争霸赛等国家级以上赛事5项20余场次；参加无锡市体育竞赛8项8次，参加省级体育竞赛8项18次，夺得省及省以上金牌27枚，向省体校及省以上优秀运动队输送19人；申报省级体育产业资助连续5年位列全省县级市第一，体彩年销售超5.3亿元，一直保持全国县级市领先，有力确保了体育事业健康发展。年内江阴市被评为“全国游泳之乡”，建成首批江苏省公共体育服务体系示范区和全国青少年校园足球试点县（市），以满分成绩获全省县级体育工作考评“六连冠”。

1 2015年1月1日早上，数千市民齐聚体育中心，参加2015年全民健身全民阅读公益捐书暨江阴市首届市民徒步大会

2 2015年6月17日——21日，2015年361° 全国男排冠军赛（江阴赛区）在江阴市体育馆举行

3 2015年10月25日上午8时，江阴首届半程马拉松比赛在江阴敔山湾开幕

4 2015年8月8日，胡荣华、郭莉萍、徐天红等象棋国际特级大师走进校园，到周庄镇实验小学指导学生下棋

5 2015年10月29日—11月2日，在山东潍坊举办的2015年全国中等城市青少年足球赛中，江阴体校足球队勇夺第一，并荣获体育道德风尚奖

6 7 荣誉奖牌

# 商务局

江阴市商务局是主管全市对外贸易、利用外资、服务业和商贸流通工作的政府部门。承担全市开放性经济和服务业经济的综合协调任务。局机关内设办公室、综合管理科（政策法规科）、对外贸易科、外国投资科等10个科室，下属市服务业办公室、市商贸管理办公室、市投资促进中心、市商务执法大队和贸促会5个事业单位。2015年，市商务局促进了全市商务经济平稳健康发展。全年实现服务业占地区生产总值比重43.4%；完成进出口203亿美元，其中出口124亿美元；完成利用外资10.11亿美元；完成中方协议投资额6.8亿美元，在全省同类县市中保持首位；实现社会消费品零售总额首次突破700亿元大关。

1 2015年6月9日，举办江阴外贸实务培训
2 2015年10月20日，“一带一路”企业座谈会
3 荣誉奖牌
4 2015年10月20日，经洽会新闻发布会现场
5 2015年11月26日，商务领域诚信经营示范单位创建
6 2015年11月27日，与浮桥社区开展结对共建活动
7 2014年6月，江阴市成品油市场专项整治工作会议
8 2014年5月，重点韩资企业座谈会
9 2014年5月，重点日资企业座谈会

# 水利农机局

2015年，江阴市水利农机局以水利农机现代化建设和水生态文明城市创建为工作主线，重点水利工程、水生态文明建设、江河生态管理、农业机械化发展取得新进展。全面推进新沟河延伸拓浚工程，完成第五批中央财政小型农田水利重点县二期工程、中小河流治理重点县综合整治及水系连通一期工程等重点水利工程。完成长泾镇东部、祝塘镇文林社区等一批防洪排涝工程，城乡防洪排涝能力得到较大提升。成功创建国家级水利风景区1个，省级水美乡镇1个、水美村庄7个，水生态文明建设初见成效。年底市水利现代化指标测评分为95.25分，农业机械化综合水平保持在90%以上，名列全省前茅。

❶《太湖流域水环境综合治理总体方案》中重要引排工程——新沟河延伸拓浚工程，于2013年开工建设，2015年在建

❷ 2015年7月，月城镇芙蓉湖水利风景区通过国家级水利风景区评审

❸ 2015年拍摄的完成河道综合整治工作的老夏港河

❹ 2015年10月，中小河流治理重点县综合整治及水利连通试点工程，顾山项目区红豆浜完成河流整治工作

# 安监局

2015年，江阴市安监局全面贯彻落实安全生产的“党政同责、一岗双责”，紧紧围绕年度工作目标，抓住重点和薄弱环节，主动作为、强基固安，全市安全生产形势保持稳定向好，继续实现安全生产事故起数和死亡人数“双下降”。年内，江阴市被国务院安委办评为全国“安全生产月”活动优秀单位。市安监局被省局评为全省非煤矿山及冶金等工贸行业安全生产先进集体、安全生产新闻宣传先进单位、安全生产科技成果奖三等奖（市远程监管监察系统）、“安康杯”竞赛活动先进组织单位；被无锡市评为安全生产先进单位。云亭街道成功创建全国安全社区。在江阴市“万人评议机关”中，局排名再次提升4位。

1 2015年2月5日，江阴市委市政府召开江阴市安全生产工作会议

2 2015年6月16日，江阴市举行第22个安全生产月启动仪式暨应急技能运动会开幕

3 2015年6月16日，江阴沿江危化应急救援基地奠基仪式在原利港中学举行

4 2015年6月19日上午，江阴市安监局联合市建设局、市场监管局等17个市安委会成员单位，在江阴学院场举行市第22个安全生产月宣传咨询活动

# 文广新局

2015年，江阴市文广新局以创建全国文明城市为契机，围绕服务全市中心工作、服务人民群众文化需求，以“文化走基层．服务进万家”活动为载体，实施“五个三”工程，把文化阵地交给市民，让文化活动惠及市民，用文化艺术熏陶市民。公共文化创建稳步推进。服务效能提升，工作重心下移，各镇（街道）公共文化服务均建成3个以上示范村（社区）。文化惠民成效显著。完成全市公共图书编目管理；开设“市民大讲堂”，市民文化课堂65期，暨阳大讲坛24场；搭建“市民大舞台”，组织公益性群文演出500场，开展市民文化周系列活动100余项，承办纪念刘天华诞辰120周年“光明行”音乐会等大型活动，创作巡演大型音乐舞蹈情景剧《寻找“炎黄”》、评弹《李良宝》；创办“市民大书房”，创新全民阅读“江阴模式”，吸引社会资本建立5个“三味书咖”城市阅读联盟点。文化产业发展壮大。“金一文化”被评省民营文化企业30强，3部影视作品获省优秀文化成果奖。江阴市12个影院全年票房收入过亿元。依法保障文化市场健康有序发展。文化遗产有效保护，按要求完成全国第一次可移动文物普查工作，申报可移动文物14510件，2项非遗项目分别获国家级、省级补助资金，8项“非遗”项目入选第四批省级“非遗”代表性项目名录。

1

2

3

4

1 2015年5月31日，由江苏省作家协会、江苏凤凰文艺出版社主办，江阴市文广新局承办的夏坚勇《绍兴十二年》创作汇报活动在南京举行

2 2015年9月8日上午，江苏省委常委、宣传部部长王燕文（前中）一行，到江阴市图书馆视察工作

3 2015年9月26日，江苏省文化厅厅长徐耀新（前左三）一行到江阴调研文化建设情况

4 2015年9月29日，江阴市“芙蓉花奖”群众文艺汇演在江阴大剧院上演，标志着江阴市首届市民文化周拉开帷幕

# 检察院

2015年，江阴市人民检察院坚持“以理念先进引领工作领先”的工作思路，始终坚持检察工作与地方发展同步合拍为第一要务，紧密结合本地实际，不断开拓创新思维，切实把握创新方法，勇于承担创新风险，相继推出了“乡镇检察室办理轻微刑事案件”“涉罪外来人员管护教育基地”“职务犯罪危险源点查控”和“一体两翼三平台未检工作模式”等一批创新工作品牌，取得了良好的法律效果和社会效果。其中，未成年人管护教育基地被中央综治办、共青团中央、中国法学会联合被评为未成年人健康成长法制保障制度创新最佳事例，乡镇检察室办理轻微刑事案件工作获评无锡市法治建设实事工程二等奖、无锡检察创新项目特等奖。市检察院先后被评为全省先进基层检察院、全国先进基层检察院，被高检院荣记集体一等功，多次被评为全国检察机关文明接待室、全国检察宣传先进集体、全国优秀青少年维权岗、全国巾帼文明岗，多名干警荣获“全省十佳公诉人”“全省优秀民行检察干警”“全省十佳反渎侦查员”“全省未检业务竞赛标兵”“全国未检工作十佳标兵”等称号。

1 2015年6月4日，当庭对质：黑社会案件开庭，法庭启动非法证据排除程序，公诉科依法申请侦查人员到庭说明情况

2 2015年5月26日，宣布刑拘：反贪局立案侦查职务犯罪嫌疑人江某，宣布采取刑事拘留强制措施后送看守所

3 2015年3月2日，澄检快递：“快递哥”检察长胡洪平在“三八”节亲自给女干警们送上温馨的礼物和暖暖的祝福

4 2015年3月3日，法律宣传：利用江阴市科普志愿者服务月广场宣传活动进行法律宣传

5 2015年6月8日，文明讯问：公诉科检察官在本院刑检办案区讯问取保候审的犯罪嫌疑人

# 卫生计生委

2015年，江阴市卫生计生委以卫生、计生机构整合为契机，调动全系统坚持围绕中心，服务大局，把握稳中求进的基调，各项工作取得显著成效。过去的一年，是深化医改迈出关键步伐的一年。深入推进医药卫生体制改革，医改的红利逐步被释放，在无锡医改工作会议上，省卫计委对江阴市医联体工作表示充分肯定。是年，是创新发展取得丰硕成果的一年。完成卫生、计生机构改革，实现了机构整合、业务融合和人心契合。医联体成效也逐步显现，进一步完善了五大资源共享型中心运行机制。也是群众得益受惠更多的一年。新农合人均筹资标准提高到740元，227万人次得到结报补偿，受益面达100%。发放计划生育奖励扶助、特别扶助资金6602.3万元，惠及33059人。

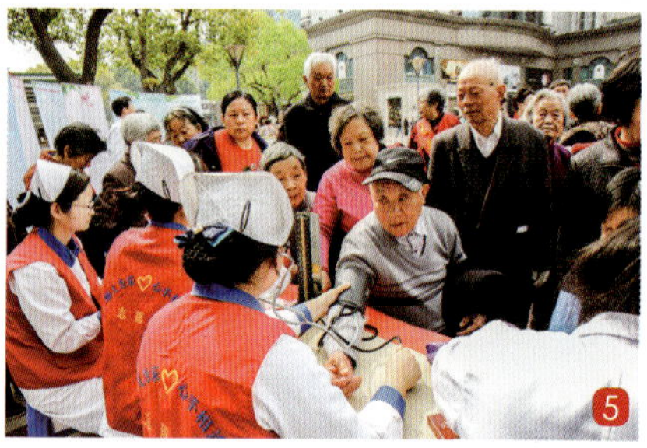

1 2015年9月22日，省计生协领导考察江阴市流动人口计划生育协会工作

2 2015年7月7日，江阴市举行卫生和计划生育委员会成立大会

3 2015年5月25日，江阴市中医院成立皮肤激光整形美容中心

4 2015年6月21日下午，诺贝尔医学奖获得者巴里•马歇尔教授一行5人到江阴市中医院进行访问。图为马歇尔教授在集粹堂了解中药

5 2015年4月15日，在人民路步行街广场举行江阴市“第二十一届全国肿瘤防治宣传周”活动

6 2015年10月25日，美国威明顿第一长老会访问团访问市人民医院

7 2015年9月22日，江阴市迎接苏鲁豫皖鄂五省疟疾联防联控工作检查

# 城管局

2015年，江阴市城市管理局做实管理基础，以做好执法管治为根本、以做深机制改革为动力、以做优民生服务为追求、以做美城乡形象为导向、以做强队伍素质为保障，着力打造法治城管、科学城管、满意城管、勤廉城管。开展“城管事业发展在路上、作风建设永远在路上、履职尽责城管在路上”主题教育活动，以省931城市环境整治、市“七整七治三提升”整治等为抓手，勇当全国文明城市创建先行军、环境整治主力军、攻坚克难排头兵。全年围绕“门店、停车、经营、工地、环境、建设”六大秩序，大力开展城乡市容环境综合整治；开通“城市啄木鸟”公众交互平台，通过对各类城市问题的快速处置反馈，实现政府与市民群众间的高效互动；对江阴市渣土运输车辆实施密闭化改装和GPS卫星定位系统安装，整合视频监控资源，强化渣土运输全程监管；加强停车管理，城区对人行道板违法停车实施“城警联动”执法，主城区政府投资性公共停车泊位实现社会化管理；立足违建综治办，统筹开展专项督查，积极参与、妥善处置城乡各类违建，完成江阴市新建住宅小区单项验收，查处违法建筑10万余平米。通过打基础、建机制，抓改革、破难题，强执法、严管理，促和谐、赢满意，有效化解了城市管理中的薄弱问题和群众反映强烈的突出问题，圆满完成了全年各项目标任务，赢得市民群众的满意和认可。

1

2

3

4

1 2015年10月30日，“城市啄木鸟”公众交互平台上线运行启动

2 2015年5月4日，整治违规夜宵摊

3 2015年6月17日，开展防汛救灾行动

4 城警联动，加强道路停车管理

5 大学生城管志愿者参与街面秩序管理

6 2015年10月9日，城管工作获赠锦旗

7 2015年1月19日，省“931”检查组视察江阴市环境整治工作

5

6

7

# 审计局

2015年，江阴市审计局坚持“发展、改革、法治、反腐”目标，紧紧围绕市委市政府“强富美高”新江阴建设中心工作。依法全面履行审计职责，扎实推进公共资金、国有资产、国有资源、领导干部履行经济责任情况的审计监督全覆盖，着力维护财政经济秩序、促进政府依法行政、保障经济健康发展、制约权力运行、加强廉政建设。全年共完成审计项目52项，提交各类报告78篇，查出违规资金1.33亿元、管理不规范资金17.51亿元，追缴财政资金5603.21万元，移送违法违纪案件线索6件。市审计局被评为江苏省审计系统先进集体、江阴市绩效考核优胜机关、江阴市结对共建先进党组织、江阴市十佳结对帮扶薄弱村工作先进单位。

1 2014年7月11日，召开专题会议研究财政同级审整改工作

2 2015年1月19日，组织全体审计人员赴南京审计学院开展为期一周的封闭式培训

3 2013年6月27日，局领导向人大常委会作本级预算执行审计工作报告

4 2015年10月15日，局领导在市国立金属制品有限公司拆迁审计现场了解情况

5 2014年6月12日，审计人员在市医疗中心工地开展工程跟踪审计

6 2013年5月24日，审计人员在援疆项目工地开展跟踪审计

7 2015年2月5日，审计人员开展村级三资审计调查

# 法　院

2015年，江阴市法院围绕“让人民群众在每一个司法案件中都感受到公平正义”的目标，依法履行审判职能，稳妥推进司法改革，积极参与社会治理，全面加强法院建设，努力为促进全市经济社会平稳发展提供强有力的司法保障和服务。全年全院受理各类案件31807件，审执结25410件，比2014年分别增长17.16%和10.66%，涉案标的162.72亿元；全年有2个审判组合结案1000件以上，4个审判组合结案800件以上，6个审判组合结案500件以上，一线主审法官人均结案518件，法院审判权运行机制改革团队办案的经验做法被江苏省高级人民法院向全省法院推广，并在中央司改办、最高人民法院召开的相关司法体制改革座谈会上作汇报交流，得到了上级领导以及专家学者的充分肯定，为全国司法体制改革试点提供鲜活的经验样本。

1 2015年12月3日，院领导参加全国司法体制改革研讨会

2 2015年9月30日，江苏省高级人民法院院长许前飞（前右一）到江阴法院调研审判权运行机制改革情况

3 2015年12月1日，无锡市首个法律工作者公益服务站在长泾法庭挂牌成立

4 2015年6月15日，江阴法院刑事庭到周庄镇南新社区开展巡回审判

5 2015年8月25日，江阴法院干警到立新社区开展法律咨询服务

# 《江阴年鉴》获全国性奖项

- 《江阴年鉴（1988—1992》获中国地方年鉴奖（综合奖）二等奖
- 《江阴年鉴（1998）》获全国第二届地方年鉴评比综合奖一等奖
- 《江阴年鉴（2004）》获首届中国地方志年鉴奖特等奖
- 《江阴年鉴（2004）》获全国第三届年鉴质量综合奖一等奖
- 《江阴年鉴（2009）》获全国地方志系统第二届年鉴综合特等奖
- 《江阴年鉴（2010）》获第五届全国年鉴编校质量特等奖
- 《江阴年鉴（2011）》获第六届全国年鉴编校质量特等奖
- 《江阴年鉴（2012）》获第七届全国年鉴编校质量一等奖
- 《江阴年鉴（2014）》获第五届年鉴编纂出版质量评比综合一等奖
- 《江阴年鉴（2014）》获全国地方志优秀成果（年鉴类）特等奖

# 《江阴年鉴》获江苏省奖项

- 《江阴年鉴（1988—1992》获江苏省地方志优秀成果一等奖
- 《江阴年鉴（1994）》获江苏省地方志优秀成果三等奖
- 《江阴年鉴（2001）》获江苏省第三届地方志优秀成果特等奖
- 《江阴年鉴（2005）》获江苏省第四届地方志优秀成果特等奖
- 《江阴年鉴（2009）》获首届江苏省年鉴奖综合特等奖
- 《江阴年鉴（2011）》获第二届江苏省年鉴奖综合特等奖
- 《江阴年鉴（2012）》获第二届江苏省年鉴奖特等奖
- 《江阴年鉴（2014）》获第三届江苏省年鉴奖特等奖